Management und Optimierung des Testprozesses

Martin Pol
verfügt über mehr als 30 Jahre Erfahrung in der IT-Branche. Seit 1984 arbeitet er in unterschiedlichen Funktionen im Bereich des Testens von Software für zahlreiche Unternehmen. Er ist der geistige Vater der strukturierten Test-Vorgehensweise TMap®. Unter seiner Leitung entwickelte sich TMap zum Test-Standard in über 200 Unternehmen insbesondere in den BeNeLux-Ländern, aber auch in anderen europäischen Ländern. Als F&E Manager war er verantwortlich für die Entwicklung des Test-Prozess Optimierungs Modells TPI®. Martin ist ein gefragter Sprecher auf internationalen Konferenzen. 1998 erhielt er den »European Testing Excellence Award« für seinen Beitrag zur Professionalisierung des Testens in Europa.

Drs. Tim Koomen
schloß sein Informatik-Studium an der Universität Amsterdam 1986 mit dem Master Degree ab. Seit 1992 arbeitet er als Test-Experte und hat seitdem umfassende Erfahrungen in einer Vielzahl von Test-Funktionen sammeln können. Er wirkte in zahlreichen Test-Projekten für Kunden der IQUIP Informatica B.V. in den Niederlanden mit. Tim ist Mitarbeiter des F&E Teams und hat sich auf die Themen TPI, E-Commerce, Component Based Development und Entwickler-Tests spezialisiert. Häufig tritt er als Referent und Trainer bei internationalen Konferenzen in Erscheinung. Auf der Basis des TPI-Modells hat Tim eine Vielzahl von Unternehmen erfolgreich bei der Optimierung ihres Testprozesses beraten.

Prof. Dr. Andreas Spillner
ist seit 1994 Hochschullehrer an der Hochschule Bremen. Er studierte Informatik an der TU Berlin und hat an der Universität Bremen zum Thema »Dynamischer Integrationstest modularer Softwaresysteme« promoviert. Er ist Sprecher der Fachgruppe »Test, Analyse und Verifikation von Software« der Gesellschaft für Informatik e.V., Autor von vielen Beiträgen auf nationalen und internationalen Tagungen und Mitherausgeber von Zeitschriften und Tagungsbänden. Seine Interessen und Arbeitsschwerpunkte liegen im Bereich der Qualitätssicherung von Softwaresystemen, der Softwaretechnik und der Objektorientierung.

Martin Pol · Tim Koomen · Andreas Spillner

Management und Optimierung des Testprozesses

Ein praktischer Leitfaden
für erfolgreiches Testen von Software
mit TPI® und TMap®

Martin Pol
E-Mail: m.pol@iquip.nl

Tim Koomen
E-Mail: t.koomen@iquip.nl

Andreas Spillner
E-Mail: spillner@informatik.hs-bremen.de

Die Ideen und Konzepte dieses Buchs basieren auf den niederländischen Büchern
»Test Process Improvement, Leidraad voor stapsgewijs beter testen«
(Test Process Improvement – ein Leitfaden für schrittweise besseres Testen)
von Tim Koomen und Martin Pol, sowie »Testen volgens TMap« (Testen mit TMap)
von Martin Pol, Ruud Teunissen und Erik van Veenendaal.
Die Autoren haben dieses Material bearbeitet und an die Situation in Deutschland
angepasst.

Die Deutsche Bibliothek – CIP-Einheitsaufnahme

Pol, Martin:
Management und Optimierung des Testprozesses : Ein praktischer Leitfaden für erfolg-
reiches Testen von Software mit TPI und TMap / Martin Pol ; Tim Koomen ; Andreas Spillner –
1. Aufl. – Heidelberg : dpunkt-Verl., 2000
   (Software-Entwicklung & Programmierung)
   ISBN 3-932588-65-7

1. Auflage 2000
Copyright © 2000 dpunkt.verlag GmbH
Ringstraße 19 b
69115 Heidelberg

Lektorat: Dr. Michael Barabas
Copy Editing: Ursula Zimpfer, Herrenberg
Herstellung: Verlagsservice Hegele, Dossenheim
Umschlaggestaltung: Helmut Kraus, Düsseldorf
Druck und Bindung: Koninklijke Wöhrmann B.V., Zutphen, Niederlande

Die vorliegende Publikation ist urheberrechtlich geschützt. Alle Rechte vorbehalten.
Die Verwendung der Texte und Abbildungen, auch auszugsweise, ist ohne die schriftliche
Zustimmung des Verlages urheberrechtswidrig und daher strafbar. Dies gilt insbesondere
für die Vervielfältigung, Übersetzung oder die Verwendung in elektronischen Systemen.
Alle Informationen in diesem Buch wurden mit größter Sorgfalt kontrolliert.
Weder Autoren noch Verlag können jedoch für Schäden haftbar gemacht werden, die in
Zusammenhang mit der Verwendung dieses Buches stehen.
In diesem Buch werden eingetragene Warenzeichen, Handelsnamen und
Gebrauchsnamen verwendet. Auch wenn diese nicht als solche gekennzeichnet sind,
gelten die entsprechenden Schutzbestimmungen.

Inhaltsverzeichnis

1	**Einleitung**	**1**
1.1	Testmanagement und Testprozeß-Optimierung	1
1.2	Aufbau des Buchs	2
1.3	Zielgruppe	3
1.4	Rückblick	4
1.5	Dankwort	4

Teil I   **7**

2	**Der Testrahmen**	**9**
2.1	Was ist Testen?	9
2.2	Ziel des Testens	9
2.3	Produkte	11
2.4	Die Rolle des Testens innerhalb des Qualitätsmanagements	12
2.5	Testen und Prüfen	14
2.6	Teststufen und -techniken	15
2.7	Zusammenhang zwischen Entwicklungs- und Testprozeß	18
3	**Die Notwendigkeit zur Optimierung**	**21**
3.1	Probleme beim Testen	21
3.1.1	Einfaches Testen	21
3.1.2	Der heutige Stand der Dinge	21
3.1.3	Neue Entwicklungen	22
3.2	Optimierung des Testprozesses	23
3.2.1	Der Rahmen der Testprozeßoptimierung	23
3.2.2	Ein verbesserter Testprozeß	25
4	**Ein Modell zur Optimierung des Testprozesses**	**27**
4.1	Die Optimierungsschritte	27
4.2	Bezugsrahmen	28
4.3	Modellanforderungen	29
4.4	Verfügbare Modelle	30
4.4.1	Modelle zur Softwareprozeßoptimierung	30
4.4.2	Modelle zur Testprozeßoptimierung	30
5	**Das TPI-Modell**	**31**
5.1	Allgemeine Beschreibung des Modells	31
5.2	Positionierung des Modells	33
5.2.1	TMap	33
5.2.2	Prüfen	34

5.2.3	Prüfen, High-Level- und Low-Level-Tests	34
5.2.4	DV-Unterstützung der Geschäftsprozesse	35
5.3	Kernbereiche	35
5.4	Ebenen	39
5.4.1	Beschreibung der Ebenen	39
5.4.2	Merkmale	42
5.5	Entwicklungsmatrix	43
5.5.1	Beschreibung	43
5.5.2	Matrix	44
5.5.3	Aufbau der Matrix	45
5.5.4	Erläuterung: Tools und Metriken	46
5.5.5	Einsatz der Matrix	47
5.6	Kontrollpunkte	50
5.7	Optimierungsvorschläge	51
5.8	Eigenschaften des TPI-Modells	52

6 Einsatz des TPI-Modells — 55

6.1	Änderungsprozeß	55
6.1.1	Schaffung des Bewußtseins	56
6.1.2	Bestimmung von Ziel, Betrachtungsbereich und Vorgehensweise	57
6.1.3	Ausführung des Assessments	61
6.1.4	Definition der Optimierungsmaßnahmen	64
6.1.5	Aufstellen des Plans	67
6.1.6	Implementierung von Optimierungsmaßnahmen	70
6.1.7	Ausführung der Bewertung	71
6.2	Quick-Scan	71
6.3	Organisation des Änderungsprozesses	72
6.4	Erforderliche Kenntnisse und Fähigkeiten	74
6.5	Widerstände	76
6.6	Kosten und Nutzen	77
6.7	Kritische Faktoren	79
6.7.1	Erfolgsfaktoren	79
6.7.2	Mißerfolgsfaktoren	80

7 Ebenen je Kernbereich — 83

7.1	Kernbereich: Teststrategie	83
7.1.1	Teststrategie, Ebene A: Strategie für einzelne High-Level-Tests	84
7.1.2	Teststrategie, Ebene B: Strategie für High-Level-Tests	87
7.1.3	Teststrategie, Ebene C: Strategie für High-Level-Tests und Low-Level-Tests oder Prüfungsstufen	90
7.1.4	Teststrategie, Ebene D: Strategie für alle Test- und Prüfungsstufen	92
7.2	Kernbereich: Einsatz des Phasenmodells	93
7.2.1	Einsatz des Phasenmodells, Ebene A: Hauptphasen Planung, Spezifikation, Durchführung	94
7.2.2	Einsatz des Phasenmodells, Ebene B: Vollständiges Phasenmodell Planung, Vorbereitung, Spezifikation, Durchführung und Abschluß	97
7.3	Kernbereich: Zeitpunkt der Beteiligung	99
7.3.1	Zeitpunkt der Beteiligung, Ebene A: Fertigstellung der Testbasis	99

7.3.2	Zeitpunkt der Beteiligung, Ebene B: Aufstellen der Testbasis	100
7.3.3	Zeitpunkt der Beteiligung, Ebene C: Aufstellen der Anforderungen	101
7.3.4	Zeitpunkt der Beteiligung, Ebene D: Beginn des Projekts	101
7.4	Kernbereich: Kostenvoranschlag und Planung	102
7.4.1	Kostenvoranschlag und Planung, Ebene A: Fundierter Kostenvoranschlag und Planung	103
7.4.2	Kostenvoranschlag und Planung, Ebene B: Statistisch fundierter Kostenvoranschlag und Planung	104
7.5	Kerngebiet: Test-Spezifikationstechniken	105
7.5.1	Test-Spezifikationstechniken, Ebene A: Nicht formale Techniken	106
7.5.2	Test-Spezifikationstechniken, Ebene B: Formale Techniken	107
7.6	Kernbereich: Statische Testtechniken	108
7.6.1	Statische Testtechniken, Ebene A: Detailüberprüfung	108
7.6.2	Statische Testtechniken, Ebene B: Checklisten	109
7.7	Kernbereich: Metriken	110
7.7.1	Metriken, Ebene A: Projektmetriken (über Produkt)	112
7.7.2	Metriken, Ebene B: Projektmetriken (über Prozeß)	113
7.7.3	Metriken, Ebene C: Systemmetriken	115
7.7.4	Metriken, Ebene D: Organisationsmetriken (>1 System)	116
7.8	Kernbereich: Test-Tools	116
7.8.1	Test-Tools, Ebene A: Planungs- und Verwaltungs-Tools	117
7.8.2	Test-Tools, Ebene B: Durchführungs- und Analyse-Tools	118
7.8.3	Test-Tools, Ebene C: Weitgehende Automatisierung des Testprozesses	122
7.9	Kernbereich: Testumgebung	123
7.9.1	Testumgebung, Ebene A: Kontrollierte Testumgebung	123
7.9.2	Testumgebung, Ebene B: Testen in der geeignetsten Umgebung	125
7.9.3	Testumgebung, Ebene C: »Umgebung auf Abruf«	126
7.10	Kernbereich: Testarbeitsplatz	127
7.10.1	Testarbeitsplatz, Ebene A: Adäquate und rechtzeitige Einrichtung der Testarbeitsplätze	127
7.11	Kernbereich: Engagement und Motivation	128
7.11.1	Engagement und Motivation, Ebene A: Zuweisung von Budget und Zeit	128
7.11.2	Engagement und Motivation, Ebene B: Testen in Projektorganisation integriert	129
7.11.3	Engagement und Motivation, Ebene C: Test-Engineering wird akzeptiert	132
7.12	Kernbereich: Testfunktionen und Ausbildungen	134
7.12.1	Testfunktionen und Ausbildungen, Ebene A: Testmanager und Tester	135
7.12.2	Testfunktionen und Ausbildungen, Ebene B: (Formale) methodische, technische und funktionale Unterstützung, Management	137
7.12.3	Testfunktionen und Ausbildungen, Ebene C: Formale interne Qualitätssicherung	139
7.13	Kernbereich: Reichweite der Methodik	140
7.13.1	Reichweite der Methodik, Ebene A: Projektspezifisch	141
7.13.2	Reichweite der Methodik, Ebene B: Organisationsgenerisch	142
7.13.3	Reichweite der Methodik, Ebene C: Organisationsoptimierend, F&E Aktivitäten	144
7.14	Kernbereich: Kommunikation	144
7.14.1	Kommunikation, Ebene A: Interne Testkommunikation	145

7.14.2 Kommunikation, Ebene B:
Projektkommunikation, Analyseforum, Änderungsüberwachung 145
7.14.3 Kommunikation, Ebene C:
Kommunikation über die Qualität der Testprozesse auf Organisationsebene . 147
7.15 Kernbereich: Berichterstattung 148
7.15.1 Berichterstattung, Ebene A: Aufdecken der Abweichungen 149
7.15.2 Berichterstattung, Ebene B: Fortschritt einschließlich Prioritätenzuweisung
und Berichterstattung über Zeitaufwand und Testfortschritt 149
7.15.3 Berichterstattung, Ebene C: Risiken und Empfehlungen anhand von Metriken 151
7.15.4 Berichterstattung, Ebene D:
Empfehlungen haben einen »Software Process Improvement«-Charakter 154
7.16 Kernbereich: Dokumentation der Abweichungen 154
7.16.1 Dokumentation der Abweichungen, Ebene A:
Interne Dokumentation der Abweichungen 155
7.16.2 Dokumentation der Abweichungen, Ebene B: Umfangreiche Dokumentation
der Abweichungen mit flexiblen Berichterstattungsmöglichkeiten 157
7.16.3 Dokumentation der Abweichungen, Ebene C:
Dokumentation der Abweichungen wird im gesamten Projekt eingesetzt 158
7.17 Kernbereich: Testware-Management 159
7.17.1 Testware-Management, Ebene A: Internes Testware-Management 159
7.17.2 Testware-Management, Ebene B:
Externes Management von Testbasis und Testobjekt 162
7.17.3 Testware-Management, Ebene C: Übertragbare Testware 163
7.17.4 Testware-Management, Ebene D:
Rückverfolgbarkeit von Systemanforderungen bis Testfälle 165
7.18 Kernbereich: Testprozeßmanagement 166
7.18.1 Testprozeßmanagement, Ebene A: Planung und Durchführung 166
7.18.2 Testprozeßmanagement, Ebene B:
Planung, Durchführung, Überwachung und Anpassung 167
7.18.3 Testprozeßmanagement, Ebene C:
Überwachung und Anpassung in der Organisation 168
7.19 Kernbereich: Prüfen 169
7.19.1 Prüfen, Ebene A: Überprüfungstechniken 169
7.19.2 Prüfen, Ebene B: Überprüfungsstrategie 171
7.20 Kernbereich: Low-Level-Tests 172
7.20.1 Low-Level-Tests, Ebene A: Phasenmodell für Low-Level-Tests
(Planung, Spezifikation und Durchführung) 173
7.20.2 Low-Level-Tests, Ebene B: White-Box-Techniken für Low-Level-Tests 176
7.20.3 Low-Level-Tests, Ebene C: Strategie für Low-Level-Tests 177
7.21 Übersicht über die Abhängigkeiten 178

Teil II   181

8 Zusammenfassung TMap   183
8.1 Testeinteilung in Phasen 185
8.1.1 Die Phase Planung & Verwaltung 186
8.1.2 Die Vorbereitungsphase 186
8.1.3 Die Spezifikationsphase 187
8.1.4 Die Testdurchführungsphase 187

8.1.5	Die Abschlußphase	188
8.2	Techniken	189
8.2.1	Strategiebestimmung	190
8.2.2	Test-Spezifikationstechniken	190
8.2.3	Checklisten	191
8.3	Infrastruktur und Tools	191
8.3.1	Testumgebung	192
8.3.2	Test-Tools	192
8.3.3	Büroeinrichtung	193
8.4	Organisation	193
8.4.1	Der betriebliche Testprozeß	194
8.4.2	Die strukturelle Testorganisation	195
8.4.3	Testmanagement	195
8.4.4	Personal & Ausbildungen	196
9	**Phasenmodell für High-Level-Tests**	**197**
9.1	Einleitung	197
9.2	Phase Planung & Verwaltung	197
9.2.1	Ziel	197
9.2.2	Randbedingungen	198
9.2.3	Arbeitsweise	198
9.2.4	Aktivitäten	199
9.2.5	Auftragsformulierung	200
9.2.6	Allgemeine Überprüfung und Untersuchung	201
9.2.7	Festschreibung der Systemdokumentation	203
9.2.8	Bestimmung der Teststrategie	204
9.2.9	Einrichtung der Organisation	205
9.2.10	Einrichtung der Dokumentation	208
9.2.11	Definition der Infrastruktur	209
9.2.12	Einrichten der Verwaltung	211
9.2.13	Bestimmung der Planung	213
9.2.14	Festlegung des Testplans	214
9.2.15	Aktualisierung des Testplans	216
9.2.16	Durchführung der Verwaltung	218
9.2.17	Berichterstattung	218
9.2.18	Bestimmung der Detailplanung	219
9.3	Vorbereitungsphase	220
9.3.1	Ziel	220
9.3.2	Randbedingungen	220
9.3.3	Arbeitsweise	220
9.3.4	Aktivitäten	221
9.3.5	Detailüberprüfung der Testbasis	221
9.3.6	Definition der Testeinheiten	223
9.3.7	Zuweisung der Test-Spezifikationstechniken	224
9.3.8	Spezifikation der Infrastruktur	224
9.4	Spezifikationsphase	225
9.4.1	Einleitung	225
9.4.2	Randbedingungen	225

9.4.3	Arbeitsweise	225
9.4.4	Aktivitäten	226
9.4.5	Aufstellen der Testspezifikationen	226
9.4.6	Definition der Ausgangsdateien	227
9.4.7	Aufstellen von Testskripten	228
9.4.8	Aufstellen eines Testablaufs	229
9.4.9	Ermittlung der Überprüfung des Testobjekts/der Infrastruktur	230
9.4.10	Realisierung der Infrastruktur	231
9.5	Testdurchführungsphase	232
9.5.1	Einleitung	232
9.5.2	Randbedingungen	232
9.5.3	Arbeitsweise	232
9.5.4	Aktivitäten	233
9.5.5	Überprüfung des Testobjekts/der Infrastruktur	233
9.5.6	Füllen von Ausgangsdateien	234
9.5.7	Durchführen von (erneuten) Tests	235
9.5.8	Kontrollieren und Beurteilen der Testergebnisse	236
9.5.9	Aktualisierung des Testablaufs	237
9.6	Abschlußphase	238
9.6.1	Einleitung	238
9.6.2	Randbedingungen	238
9.6.3	Arbeitsweise	238
9.6.4	Aktivitäten	239
9.6.5	Beurteilung des Testobjekts	239
9.6.6	Beurteilung des Testprozesses	240
9.6.7	Aufstellen des Abschlußberichts	241
9.6.8	Konservieren der Testware	242
9.6.9	Entlastung des Testteams	243
10	**Phasenmodell für Low-Level-Tests**	**245**
10.1	Einleitung	245
10.2	Merkmale der Low-Level-Tests	245
10.2.1	Mehr Struktur und Intensität bei den Low-Level-Tests?	246
10.2.2	Phase Planung & Verwaltung	249
10.2.3	Vorbereitungsphase	257
10.2.4	Spezifikationsphase	258
10.2.5	Durchführungsphase	259
10.2.6	Abschlußphase	260
10.3	Abstimmung der Low-Level-Tests	260
10.3.1	Beschreibung der Vorgehensweise	260
11	**Mastertestplanung**	**263**
11.1	Einleitung	263
11.2	Betrachtungsbereich	264
11.3	Voraussetzungen	265
11.4	Allgemeine Arbeitsweise	266
11.5	Aktivitäten	266
11.5.1	Auftragsformulierung	267

11.5.2	Orientierung	269
11.5.3	Bestimmung der Teststrategie	270
11.5.4	Definition der Organisation	271
11.5.5	Definition der Infrastruktur	273
11.5.6	Bestimmung der Planung	274
11.5.7	Festlegung des Mastertestplans	275

12 Qualitätsmerkmale — 279

12.1	Dynamische Qualitätsmerkmale	279
12.1.1	Sicherheit	279
12.1.2	Einsetzbarkeit	280
12.1.3	Kontinuität	280
12.1.4	Kontrollierbarkeit	281
12.1.5	Funktionalität	281
12.1.6	Benutzungsfreundlichkeit	281
12.1.7	Externe Integrierbarkeit	282
12.1.8	Leistung	282
12.1.9	Sparsamkeit	282
12.2	Statische Qualitätsmerkmale	282
12.2.1	Verwaltungsfähigkeit	283
12.2.2	Interne Integrierbarkeit	283
12.2.3	(Eignung der) Infrastruktur	283
12.2.4	Flexibilität	283
12.2.5	Wiederverwendbarkeit	284
12.2.6	Aktualisierbarkeit	284
12.2.7	Portabilität	284
12.2.8	Testbarkeit	284

13 Strategiebestimmung — 285

13.1	Einleitung	285
13.2	Risikoeinschätzung	287
13.3	Arbeitsweise	289
13.4	Strategiebestimmung im Mastertestplan	289
13.4.1	Bestimmung der Qualitätsmerkmale	290
13.4.2	Bestimmung der relativen Bedeutung	290
13.4.3	Zuweisung Qualitätsmerkmale zu Teststufen	291
13.5	Strategiebestimmung für die Teststufen	293
13.5.1	Bestimmung der Qualitätsmerkmale	293
13.5.2	Bestimmung der relativen Bedeutung der Qualitätsmerkmale	293
13.5.3	Unterteilung in Teilsysteme	294
13.5.4	Bestimmung der relativen Bedeutung der Teilsysteme	294
13.5.5	Detaillierung der Testbedeutung je Teilsystem und Qualitätsmerkmal	295
13.5.6	Bestimmung der einzusetzenden Testtechniken	296
13.5.7	Anpassung der Teststrategie während des Testens	299
13.5.8	Strategiebestimmung in der Wartung	300

14	**Testpunktanalyse**	**303**
14.1	Einleitung	303
14.2	Philosophie	303
14.2.1	Größe des IT-Systems	303
14.2.2	Teststrategie	304
14.2.3	Produktivität	305
14.3	Allgemeine Funktion	305
14.4	Ausgangspunkte	306
14.5	TPA – die Technik im Detail	307
14.5.1	Eingabe und Startbedingungen	307
14.5.2	Dynamische Testpunkte	308
14.5.3	Statische Testpunkte	314
14.5.4	Gesamtanzahl Testpunkte	314
14.5.5	Primäre Teststunden	315
14.5.6	Gesamtanzahl Teststunden	318
14.5.7	Verteilung über die Phasen	319
14.6	TPA in einem frühen Stadium	320
14.7	TPA – ein Rechenbeispiel	320
14.7.1	Berechnung der direkten Testpunkte	320
14.7.2	Berechnung statische Testpunkte (Qi)	321
14.7.3	Berechnung der primären Teststunden	321
14.7.4	Bestimmung des Zuschlags für Planung und Verwaltung	322
14.7.5	Berechnung der Gesamtanzahl an Teststunden	322
15	**Test-Spezifikationstechniken**	**323**
15.1	Test-Spezifikationstechniken: Weshalb?	323
15.2	Generische Beschreibung der Schritte	324
15.3	Merkmale	325
15.3.1	White-Box oder Black-Box	325
15.3.2	Formal oder nicht formal	326
15.3.3	Anwendungsbereiche	326
15.3.4	Das Prinzip der Ableitung von Testfällen	326
15.3.5	Einteilung der Test-Spezifikationstechniken	330
15.4	Strukturtest	334
15.4.1	Allgemein	334
15.4.2	Arbeitsweise	334
15.4.3	Testdurchführung und Beurteilung	339
15.5	Entscheidungstabellentest	339
15.5.1	Allgemein	339
15.5.2	Arbeitsweise	340
15.5.3	Testdurchführung und Beurteilung	354
15.6	Datenkombinationstest	354
15.6.1	Allgemein	354
15.6.2	Arbeitsweise	355
15.6.3	Testdurchführung und Beurteilung	360
15.7	Elementarer Vergleichstest	360
15.7.1	Allgemein	360
15.7.2	Arbeitsweise	360

15.7.3	Testdurchführung	369
15.7.4	Beurteilung	370
15.8	Error Guessing	370
15.8.1	Allgemein	370
15.8.2	Arbeitsweise	370
15.8.3	Testdurchführung	371
15.9	Datenzyklustest	372
15.9.1	Allgemein	372
15.9.2	Arbeitsweise	373
15.9.3	Erstellung von Testfällen je Entität	374
15.9.4	Festlegung von Testaktionen und Kontrollen	374
15.9.5	Erstellung eines Testskriptes	375
15.9.6	Testdurchführung und Beurteilung	375
15.10	Modul-Interface-Test	376
15.10.1	Allgemein	376
15.10.2	Allgemeine Funktion	376
15.10.3	Arbeitsweise	378
15.10.4	Testdurchführung und Beurteilung	380
15.11	Geschäftsprozeßtest	381
15.11.1	Allgemein	381
15.11.2	Arbeitsweise Geschäftsprozeßtest mit Testmaß 2	382
15.11.3	Arbeitsweise Geschäftsprozeßtest mit Testmaß 1	387
15.11.4	Testdurchführung und Beurteilung	389
15.12	Real-Life-Test	389
15.12.1	Allgemein	389
15.12.2	Arbeitsweise	390
15.12.3	Testdurchführung und Beurteilung	391
15.13	Semantischer Test	391
15.13.1	Allgemein	391
15.13.2	Arbeitsweise	392
15.13.3	Testdurchführung und Beurteilung	395
15.14	Syntaktischer Test	395
15.14.1	Allgemein	395
15.14.2	Arbeitsweise	396
15.14.3	Testdurchführung und Beurteilung	397
15.14.4	Ein alternative Arbeitsweise	398
15.14.5	Syntaktische Kontrollen	398
16	**Detailüberprüfung der Testbasis**	**401**
16.1	Einleitung	401
16.2	Arbeitsweise	401
16.2.1	Bestimmung der relevanten Dokumentation	401
16.2.2	Erstellung einer Checkliste	401
16.2.3	Beurteilung der Dokumentation auf Testbarkeit	402
16.2.4	Berichterstattung	402
16.3	Checkliste »Testtechniken«	403
16.3.1	Strukturtest	403
16.3.2	Entscheidungstabellentest	403

16.3.3	Datenkombinationstest	403
16.3.4	Elementarer Vergleichstest	404
16.3.5	Error Guessing	404
16.3.6	Datenzyklustest	404
16.3.7	Modul-Interface-Test	405
16.3.8	Geschäftsprozeßtest (Integrierbarkeit)	405
16.3.9	Real-Life-Test (u.a. Leistung und Sparsamkeit)	406
16.3.10	Semantischer Test (u.a. Sicherheit)	407
16.3.11	Syntaktischer Test	407
16.4	Checkliste »Black-Box-Test«	408
16.4.1	Allgemein	408
16.4.2	Logisches Datenmodell	408
16.4.3	Logische Datenstruktur	409
16.4.4	Einteilung in Teilsysteme und Schnittstellen	409
16.4.5	Funktionsstruktur	410
16.4.6	Beschreibung Bildschirmverlauf einschließlich Layout	410
16.4.7	Spezifikation der erforderlichen Hard- und Software	411
16.4.8	Qualitätsanforderungen	411
16.5	Checkliste »White-Box-Test«	411
16.5.1	Allgemein	411
16.5.2	Entwurf der physischen Datenbank	411
16.5.3	Systemschutz	412
16.5.4	Systemskelett	412
16.5.5	Modulverteilung	412
16.5.6	Modulbeschreibung	413
16.5.7	Leistungsanforderungen	413
17	**Checklisten für Qualitätsmerkmale**	**415**
17.1	Einleitung	415
17.2	Checkliste »Verwaltungsfähigkeit«	416
17.3	Checkliste »Sicherheit«	419
17.4	Checkliste »Integrierbarkeit«	422
17.5	Checkliste »Kontinuität«	422
17.5.1	Betriebssicherheit	423
17.5.2	Robustheit	425
17.5.3	Wiederherstellbarkeit	425
17.5.4	Weiterarbeitsmöglichkeit	427
17.5.5	Ausweichmöglichkeit	427
17.6	Checkliste »Kontrollierbarkeit«	428
17.7	Checkliste »Flexibilität«	429
17.8	Checkliste »Benutzungsfreundlichkeit«	430
17.9	Checkliste »Wiederverwendbarkeit«	431
17.10	Checkliste »Eignung der Infrastruktur«	432
17.11	Checkliste »Aktualisierbarkeit«	433
17.12	Checkliste »Portabilität«	434
17.13	Checkliste »Testbarkeit«	435

18	**Übrige Checklisten**	**437**
18.1	Einleitung	437
18.2	Checkliste »Allgemeine Untersuchung des IT-Systems«	438
18.3	Checkliste »Randbedingungen und Ausgangspunkte«	439
18.4	Checkliste »Risiken Testprojekt«	441
18.5	Checkliste »Testeinrichtungen«	442
18.6	Checkliste »Testmetriken«	444
18.7	Checkliste »Produktionsfreigabe«	447

19	**Inspektionen**	**449**
19.1	Einleitung	449
19.2	Vorteile	449
19.3	Arbeitsweise	450
19.3.1	Prüfung Produkt an Eingangskriterien	451
19.3.2	Organisation der Inspektion	451
19.3.3	Kick-off (Start)	451
19.3.4	Vorbereitung	452
19.3.5	Fehlererfassungs-Meeting	452
19.3.6	Diskussions-Meeting	453
19.3.7	»Causal analysis«-Meeting	453
19.3.8	Ausführen der Überarbeitung	453
19.3.9	Follow-up	453
19.3.10	Prüfung an Ausgangskriterien	454

20	**Metriken**	**455**
20.1	Einleitung	455
20.2	GQM-Methode für Testmanager in sechs Schritten	456
20.2.1	Schritt 1: Definition von Zielen	456
20.2.2	Schritt 2: Fragen stellen je Ziel (goal-tree)	457
20.2.3	Schritt 3: Von den Fragen zu den Metriken	457
20.2.4	Schritt 4: Datensammlung und Analyse	458
20.2.5	Schritt 5: Präsentation und Verteilung der Meßdaten	459
20.2.6	Schritt 6: Meßdaten zu den Fragen und Zielen in Beziehung setzen	459
20.3	Hinweise und Tips	459

21	**Test-Tools**	**461**
21.1	Einleitung	461
21.2	Test-Tools einmal näher betrachtet	462
21.3	Vorteile	463
21.4	Übersicht über Test-Tools	463
21.4.1	Planungs- und Verwaltungsphase	464
21.4.2	Vorbereitungsphase	466
21.4.3	Spezifikationsphase	466
21.4.4	Durchführungsphase	467
21.5	Automatisierung der Testdurchführung	472
21.5.1	Record & Playback	472
21.5.2	TAKT – Testen, Automatisierung, Kenntnisse, Tools	473

22	**Testumgebungen**	**481**
22.1	Einleitung	481
22.1.1	Komponenten der Testumgebung	481
22.1.2	Allgemeine Anforderungen an Testumgebungen	481
22.2	Arten von Testumgebungen	482
22.2.1	Traditionelle Testumgebungen	482
22.2.2	Variationen	485
22.3	Entscheidungen und Überlegungen	487
22.3.1	Qualitätsmerkmal, Testart, Testumgebung	487
22.3.2	Einrichtungsfaktoren	487
22.4	Einrichtungen für den Aufbau und Einsatz von Dateien	489
22.4.1	Aufbau von Dateien	489
22.4.2	Einsatz von Dateien	490

23	**Testfunktionen**	**491**
23.1	Die Funktion »Testen«	491
23.2	Die Funktion »Testmanagement«	493
23.3	Die Funktion »Methodische Unterstützung«	495
23.4	Die Funktion »Technische Unterstützung«	496
23.5	Die Funktion »Funktionale Unterstützung«	499
23.6	Die Funktion »Verwaltung«	500
23.7	Die Funktion »Koordination und Beratung«	501
23.8	Die Funktion »Anwendungsintegrator«	504
23.9	Die Funktion »TAKT-Architekt«	506
23.10	Die Funktion »TAKT-Ingenieur«	507

24	**Organisationsstruktur**	**509**
24.1	Einleitung	509
24.2	Strategisch	510
24.3	Taktisch	510
24.4	Operational	510
24.5	Anmerkung	511
24.6	Universelle Organisationsstruktur?	512
24.7	Modelle und Überlegungen	513
24.7.1	Operationales Testteam	513
24.7.2	Beziehung zur Projektorganisation	514
24.7.3	Bezug zur Linienorganisation	515

Literaturverzeichnis	**519**
Glossar	**523**
Anhang – TMap-Qualitätsmerkmale im Vergleich zu ISO-9126	**531**
Index	**537**
IQUIP Deutschland GmbH	**544**

1 Einleitung

1.1 Testmanagement und Testprozeß-Optimierung

Testen ist ein Muß! Testen ist eine notwendige Voraussetzung für die erfolgreiche Implementierung und Einführung von IT-Systemen. Testen wird aber auch häufig als ein notwendiges Übel betrachtet, als ein mühsamer und unkontrollierbar verlaufender Prozeß, der zu lange dauert, zu viel kostet und meistens nicht dazu führt, daß ein IT-System problemlos in der Praxis eingesetzt werden kann.

Bedauerlicherweise ist diese Kritik in vielen Fällen berechtigt. Obgleich das Testen zwischen 25 und 50% des gesamten Projektbudgets umfaßt, kümmert sich das Management in nur wenigen Unternehmen in ausreichendem Maße um den ordnungsgemäßen Ablauf eines so großen Teilprozesses.

Eine Strukturierung des Testprozesses bietet für viele Testprobleme eine Lösung. Strukturiertes Testen bedeutet, daß eine (dokumentierte) Sammlung von Aktivitäten, Verfahren und Techniken Anwendung findet, mit der alle Aspekte des Testprozesses abgedeckt werden. Das zweite Teil des vorliegenden Buchs enthält die Testmethodik TMap® (Test Management Approach) von IQUIP [Pol, Teunissen und Van Veenendaal, 1999 (1. Druck 1995)]. Der TMap-Standard bietet ein strukturiertes Testkonzept für IT-Systeme. In der Praxis stellt sich indessen häufig heraus, daß es schwierig ist zu bestimmen, welche Schritte in welcher Reihenfolge ausgeführt werden müssen, um zu der gewünschten Struktur zu gelangen.

Auf der Grundlage des Einsatzes von TMap, der Kenntnisse und des Know-how von IQUIP wurde das »Test Process Improvement«-Modell (TPI®-Modell) entworfen. Der erste Teil dieses Buchs befaßt sich mit TPI. Das TPI-Modell bietet einen Bezugsrahmen für die Ermittlung der Stärken und Schwächen des Testprozesses in einem Unternehmen. Ferner unterstützt das Modell die Formulierung gezielter und durchführbarer Vorschläge zur Verbesserung dieses Testprozesses in Hinblick auf Durchlaufzeiten, Kosten und Qualität. Die Grundlage des Modells bildet das strukturierte Testkonzept TMap, das aber auch bei jedem anderen Testprozeß angewandt werden kann.

Das TPI-Modell ist in der Praxis entstanden; ein wissenschaftlicher Beweis der Validität des Modells liegt jedoch nicht vor; das Modell wurde veröffentlicht, damit es verwendet und weiterentwickelt werden kann. Aus diesem Grund wurde auch ein Kommunikationskanal über das Internet geöffnet:

www.iquip.nl/tpi

1.2 Aufbau des Buchs

Der erste Teil des Buchs befaßt sich mit der Verbesserung des Testprozesses durch das TPI-Modell. Er enthält eine umfassende Beschreibung des TPI-Modells. Er befaßt sich mit dem Einsatz des Modells bei der Optimierung des Testprozesses. Der zweite Teil des Buchs enthält – aufbauend auf der strukturierten Testmethodik TMap – viele Hinweise, Techniken und Beschreibungen, die in der alltäglichen Praxis des Testens eingesetzt werden können. Das Buch ist so aufgegliedert, daß im ersten Teil, insbesondere in Kapitel 7, verschiedene Hinweise auf den zweiten Teil vorliegen. Diese Einteilung hat den Vorteil, daß zunächst ein Rahmen für eine schrittweise Verbesserung des Testprozesses geboten wird und die Verbesserung anschließend, anhand dieses Rahmens, sehr praktisch nachvollzogen werden kann. Außerdem ist es möglich, die im zweiten Teil beschriebenen Techniken und Arbeitsweisen unabhängig vom TPI-Modell einzusetzen. Die Kapitel über das »Phasenmodell« (Kapitel 9–11) dienen in diesem Fall als »roter Faden« für die Bestimmung der Testaktivitäten. Von den einzelnen Aktivitäten gibt es mehrere Verweise auf Techniken und sonstige Informationen in den anderen Kapiteln.

Teil I

- Kapitel 2 beschreibt den allgemeinen Rahmen des Testens.
- Kapitel 3 befaßt sich mit der Notwendigkeit zur Optimierung des Testprozesses.
- Kapitel 4 erläutert, weshalb ein Modell dabei so wichtig ist.
- Kapitel 5 erklärt in groben Zügen, wie das TPI-Modell aufgebaut ist: Kernbereiche mit Ebenen, die Entwicklungsmatrix, die Kontrollpunkte und die Optimierungsvorschläge für jede Ebene.
- Kapitel 6 behandelt die Arbeitsweise zur Optimierung des Testprozesses und erläutert, wie das Modell dabei eingesetzt werden kann.
- Kapitel 7 ist in erster Linie ein Nachschlagekapitel. Zu jedem Kernbereich sind hier die entsprechenden Ebenen sowie die dazugehörigen Kontrollpunkte und Optimierungsvorschläge beschrieben.

Teil II

- Kapitel 8 enthält eine Zusammenfassung der Testmethode TMap, da diese Methode die Grundlage für die folgenden Kapitel darstellt.
- Kapitel 9, 10 und 11 behandeln ein ausgearbeitetes Phasenmodell für High-Level- und Low-Level-Tests sowie die übergreifende Mastertestplanung.
- Kapitel 12 gibt eine Beschreibung der verschiedenen Qualitätsmerkmale, die in diesem Buch eine Rolle spielen.

- Die Kapitel 13 bis einschließlich 19 beinhalten Technikbeschreibungen und Checklisten bzw. Techniken zur Bestimmung der jeweiligen Teststrategie (13), zur Veranschlagung des Testaufwands (14), zur Ableitung der verschiedenen Testfälle (15), zur Überprüfung der Testbasis auf ihre Testbarkeit (16) und zum Prüfen im allgemeinen (19). Checklisten befinden sich in Kapitel 17 (Qualitätsmerkmale) und Kapitel 18 (allgemeine Checklisten).

- Kapitel 20 befaßt sich mit Metriken für den Testprozeß und damit, wie diese eingesetzt werden können.

- Kapitel 21 und 22 haben die Testinfrastruktur zum Thema, zum einen zu Test-Tools (21) und zum anderen zur Testumgebung (22).

- Kapitel 23 und 24 vermitteln jeweils eine Beschreibung der verschiedenen Testfunktionen und möglicher Organisationsstrukturen.

1.3 Zielgruppe

Dieses Buch richtet sich an einen Personenkreis, der beim Testen von IT-Systemen und insbesondere bei der Verbesserung des Testprozesses beteiligt ist (sei es als Auftraggeber, sei es als aktiver Tester). Der Leser sollte über allgemeine Kenntnisse des Testens innerhalb der Datenverarbeitung verfügen, jedoch erfordert das Buch keine spezifischen Kenntnisse einer bestimmten Testmethode.

Für diejenigen Leser, die sich in der Praxis mit der Verbesserung des Testprozesses beschäftigen, empfiehlt sich ein gründliches Studium der Kapitel 3 bis 7. Abhängig von den Gebieten, die optimiert werden sollen, können zur Vertiefung der Kenntnisse die Kapitel 8 bis 24 hinzugezogen werden.

Falls man eine Verbesserung des Testprozesses – eventuell als Auftraggeber – nur erwägt oder sich eher am Rande des Optimierungsprozesses befindet, so genügt das Lesen der Kapitel 3 bis 6. Abhängig von den Vorkenntnissen in bezug auf das Testen und um sich mit der in diesem Buch verwendeten Terminologie vertraut zu machen, kann es sinnvoll sein, Kapitel 2 zu lesen. Wem eine allgemeine Beschreibung des Modells genügt, sollte Kapitel 5 lesen.

Es besteht auch die Möglichkeit, daß man zwar nicht das TPI-Modell anwenden will, aber dennoch einen strukturierten Testprozeß zu unterstützen beabsichtigt. Für einen praktischen Vorschlag zur Ausführung eines solchen Verfahrens in Form eines Phasenmodells oder bestimmter Techniken empfiehlt sich das Lesen der entsprechenden Kapitel 8 bis 24. Kapitel 8 vermittelt eine Zusammenfassung der strukturierten Testmethode TMap, die Phasenmodell-Kapitel (9 bis 11) dienen anschließend als roter Faden zur Bestimmung der Testaktivitäten. Ausgehend von diesen Aktivitäten wird auf Techniken und andere Informationen in weiteren Kapiteln verwiesen.

1.4 Rückblick

TMap
Im April 1995 erschien die erste Version des TMap-Buches in niederländischer Sprache. Es ist ein echter Bestseller geworden, die Nachfrage ist enorm. TMap hat sich in den vergangenen Jahren in Belgien und den Niederlanden zum Standard für das Testen von Informationssystemen entwickelt. Momentan wird es in Hunderten von Unternehmen und Organisationen eingesetzt, insbesondere bei niederländischen und belgischen Banken, Versicherungsunternehmen, Rentenversicherungsunternehmen, Telekommunikationsunternehmen und Behörden. Außerdem kommt es immer öfter in sonstigen Marktbereichen wie der Embedded Softwareindustrie und bei logistischen Systemen zum Einsatz. Auch auf internationaler Ebene stößt TMap auf wachsendes Interesse und aus diesem Grund wurde bereits eine englische Kurzfassung publiziert [Pol und Van Veenendaal, 1999]. Wegen der großen Nachfrage nach einer deutschen Fassung haben wir uns dazu entschieden, das vorliegende Buch zu publizieren.

TPI
Das TPI-Modell ist dadurch entstanden, daß bei IQUIP und seinen Kunden der Bedarf nach einem Modell, das die Verbesserung des Testprozesses unterstützt, immer größer wurde. Aus diesem Grund wurde im Jahre 1996 eine Fachgruppe gegründet, die untersuchen sollte, welche Modelle einsatzfähig sind. Dabei wurden verschiedene bestehende Modelle untersucht und deren Vor- und Nachteile diskutiert. Kein einziges Modell – so stellte sich heraus – schien die gewünschten Eigenschaften zu besitzen. Die Diskussionen führten im Februar 1997 dazu, daß die Grundstruktur eines neuen Modells entwickelt wurde, das TPI-Modell. Obgleich die Details des Modells im Laufe der Zeit angepaßt wurden, sind die damals festgelegten Hauptkonzepte nicht mehr geändert worden. Im Laufe des Jahres 1997 wurde das Modell weiter ausgearbeitet und zum ersten Mal in der Praxis eingesetzt. Damals entschloß man sich ebenfalls dazu, das Modell in Buchform herauszubringen. Ende 1997 und Anfang 1998 wurde die niederländische Ausgabe veröffentlicht, verschiedene Präsentationen gehalten und das Modell weiter in der Praxis eingesetzt. Die englische Übersetzung ist im zweiten Quartal 1999 erschienen. Die vorliegende deutsche Übersetzung ist im Vergleich zum niederländischen und englischen Buch stark erweitert, da viele Techniken und Arbeitsweisen der TMap-Methode darin aufgenommen wurden (siehe dazu auch die Kapitel 9 bis 24).

1.5 Dankwort

Selbstverständlich wären TMap, das TPI-Modell sowie dieses Buch nicht ohne das Engagement einer Vielzahl von Menschen aus der täglichen Praxis möglich gewesen. In Anbetracht der Bedeutung, die wir diesem Engagement beimessen, möchten wir diese Personen an dieser Stelle gerne namentlich nennen und ihnen für ihren Einsatz danken:
   Mark van Alphen, Rob Baarda, Philip Boersen, Arjan Brands, Bart Broekman, Klaas Brongers, Wieger van Brug, Mark Buenen, Rob Dekker, Bart Ellen, Theo Feenstra, Frank

Geerts, Ed van der Geest, Stefan Gerstner, Henk Grondel, Joost van Haarlem, Bart Hendriks, Christiaan Hoos, Kees Hopman, Erwin van den Hul, Henk Jacobs, Corné de Koning, Rob Kuijt, Frank Langeveld, Bert Noorman, Ingrid Ottevanger, Mark Paap, Désirée Pardoel, André van Pelt, Wil Rehr, Marjolein Steyerberg und Gerrit de Vries (alle von IQUIP, teilweise Mitglied der TPI-Fachgruppe). Ferner gilt unser besonderer Dank Han Gerritsen von ING Barings (Niederlande), Stefan Steurs von Eurocontrol – CFMU (Belgien), Stephanie Ulrich von der Dresdner Bank (Deutschland) und Rudi van Vliet für seinen besonderen Beitrag zur Entwicklung der TMap-Methodik, sowie auch den Ko-Autoren der ursprünglichen TMap-Version, Ruud Teunissen und Erik van Veenendaal. Selbstverständlich gilt unser Dank auch diejenigen, die auf irgendwelche Weise einen Beitrag zu diesem Buch geleistet haben und hier nicht mit Namen genannt wurden.

Düsseldorf, März 2000
Martin Pol, Tim Koomen und Andreas Spillner

Teil I

Dieser erste Teil des Buches bildet einen allgemeinen Rahmen für das Testen (Kapitel 2) und befaßt sich anschließend mit der Notwendigkeit zur Optimierung des Testprozesses (Kapitel 3). Der Einsatz eines Modells, wie in Kapitel 4 dargestellt, bietet eine hilfreiche Unterstützung bei dieser Verbesserung. Kapitel 5 beschreibt allgemein den Aufbau des TPI-Modells: Kernbereiche mit verschiedenen Ebenen, Entwicklungsmatrix, Kontrollpunkte und Optimierungsvorschläge je Ebene. Kapitel 6 umfaßt die Arbeitsweise zur Verbesserung des Testprozesses und erläutert, wie das Modell in diesem Rahmen eingesetzt werden kann. Die Einzelheiten zum Modell sind im Nachschlagekapitel 7 beschrieben. In diesem Kapitel wird, insbesondere im Rahmen der Optimierungsvorschläge, auf viele Stellen im zweiten Teil des Buches verwiesen, in dem u.a. verschiedene Techniken, Arbeitsweisen und zusätzliche Informationen näher erläutert sind.

2 Der Testrahmen

In diesem Kapitel werden einige Begriffe erläutert, die mit dem Testen in Zusammenhang stehen. Es wird darauf eingegangen, was Testen eigentlich ist, weshalb es durchgeführt wird und welche Produkte (und Ergebnisse) man von einem Testprozeß erwarten kann. Außerdem wird das Testen im Zusammenhang mit dem Qualitätsmanagement und dem Software-Entwicklungsprozeß betrachtet. Die letzten Abschnitte beschäftigen sich mit den Begriffen Prüfen, Testarten, Teststrategie, White-Box- und Black-Box-Testtechniken.

2.1 Was ist Testen?

Testen ist auf jeden Fall Vergleichen; Testen erfordert ein zu testendes Objekt und einen Bezugsrahmen, dem das Objekt entsprechen muß, die Testbasis. Testen ermittelt den Unterschied zwischen dem tatsächlichen und dem erforderlichen Zustand eines Objekts.

Für den Begriff »Testen« sind viele Definitionen im Umlauf. In TMap [Pol u.a., 1995] wird eine gut handhabbare Definition gegeben, die auch in diesem Buch verwendet wird.

Unter Testen versteht man den Prozeß des Planens, der Vorbereitung und der Messung, mit dem Ziel, die Eigenschaften eines IT-Systems festzustellen und den Unterschied zwischen dem tatsächlichen und dem erforderlichen Zustand aufzuzeigen.

Die spezifische Nennung von Aktivitäten wie Planung und Vorbereitung weist ausdrücklich darauf hin, daß Testen nicht als ein Prozeß betrachtet werden kann, der erst dann beginnt, wenn das zu testende Objekt ausgeliefert wird. Ein Testprozeß erfordert eine gute Planung und Vorbereitung, bevor mit dem eigentlichen »Messen« begonnen werden kann.

2.2 Ziel des Testens

Bei der Entwicklung und Wartung von IT-Systemen ist der Qualität besondere Aufmerksamkeit zu widmen. Qualität bedeutet dabei, daß den Erwartungen der verschiedenen Anwender entsprochen wird. In der Praxis stellt sich das für die Softwarebranche als heikle Angelegenheit heraus, weil sie wie wenige Zweige der Industrie mit dem Image kämpfen muß, schlechte Qualität zu liefern. Die Qualität bezieht sich sowohl auf die Zuverlässigkeit, die Pünktlichkeit, mit der innerhalb des festgelegten finanziellen Rahmens geliefert wird, als auch auf die Beantwortung der ursprünglichen Zielsetzungen, nämlich dem Entwickeln einer Lösung für ein gegebenes Problem.

Wenn Qualität also im großen und ganzen definiert werden kann als »den Anforderungen entsprechend«, liefert das Testen demnach Einsicht in das Maß an Qualität. Testen erlaubt somit eine Einschätzung der Risiken, die beim Akzeptieren einer geringeren Qualität eingegangen werden. Damit gelangen wir zur Hauptzielsetzung des Testens.

Testen reduziert das Maß an Unsicherheit in bezug auf die Qualität eines IT-Systems.

Testen kostet Zeit und Geld. Es liegt am Auftraggeber des Testprozesses zu bestimmen, wieviel Zeit und Geld er zur Verfügung stellen will, um Unsicherheiten zu reduzieren oder auszuschließen. Die Menge der Testaufwandes ist von den Risiken abhängig, die man beim Einsatz eines IT-Systems bereit ist einzugehen.

Ohne Risiken ist ein Test unnötig.

Testen gründet sich auf eine möglichst gute Stichprobe aus allen möglichen Situationen, die innerhalb des IT-Systems auftreten können, und ist in der Praxis niemals vollständig. Mit Hilfe des Testens können ausschließlich Symptome festgestellt werden. Die Gefahr dabei ist groß, daß Testen nur zur Symptombekämpfung verwendet wird, so daß also lediglich die gefundenen Fehler korrigiert werden.

Das Ergebnis des Testens sollte jedoch Anlaß zum Analysieren sein, zur Suche nach den Ursachen hinter den Problemen. Eine Diagnose wird nicht auf einzelne Fehler gegründet, vielmehr sollte auf das zugrundeliegende Fehlermuster geschlossen werden. Auf dieser Grundlage kann anschließend mit dem Korrekturprozeß begonnen werden, und das heißt bei IT-Systemen mehr als das Lösen eines isolierten Problems. *Die strukturelle Erhöhung von Qualität muß top-down, also von oben nach unten, erfolgen.* Qualität muß *implementiert*, nicht »eingetestet« werden! Eines der Fundamente des Qualitätsdenkens besteht darin, daß Vorbeugen besser (und vor allem kostengünstiger) ist als Heilen. Dieses Vorbeugen erfolgt bei den Vorbereitungen, also bei der Systementwicklung. Da die Verbesserung von Qualität durch Testen extrem teuer ist, muß bei einem schlechten System das Testen gestoppt und mit einem Neuentwurf begonnen werden.

Die beobachteten Symptome ermöglichen es, eine Bewertung durchzuführen und die Probleme zu lösen. Mindestens genauso wichtig ist, daß die Symptome es gestatten, eine Aussage zu den Risiken zu machen, die der Einsatz einer bestimmten Software-Version mit sich bringt. Auf der Grundlage der Symptome, die sich während des Testens zeigen, kann das Systemverhalten im Ernstfall extrapoliert werden. Diese Abschätzung ist von wesentlicher Bedeutung für denjenigen, der für die Freigabe oder Annahme eines Systems verantwortlich ist. Viele Probleme können vermieden werden, indem man auf der Grundlage eines guten Testberichts zu dem Schluß gelangt, daß ein System nicht oder nur teilweise eingeführt oder freigegeben werden kann. Der Aufschub der Einführung eines Systems ist zwar schmerzhaft und häufig mit hohen Kosten verbunden, die Implementierung eines schlechten Systems ist jedoch noch viel teurer und schmerzhafter.

2.3 Produkte

Die wichtigsten Produkte eines Testprozesses sind:

- Abweichungen
  Die gefundenen Unstimmigkeiten zwischen den Erwartungen und den tatsächlichen Ergebnissen werden Abweichungen genannt. Diese Abweichungen und deren Bearbeitung müssen sorgfältig erfaßt und verwaltet werden.

- Qualitätsempfehlung
  Auf der Grundlage der gefundenen Abweichungen vermittelt der Testprozeß dem Auftraggeber Informationen über die Qualität des IT-Systems und gibt Empfehlungen zur Freigabe für eine nächste Phase. Es handelt sich hier ausdrücklich um eine Empfehlung, da die Tester keine Entscheidungsbefugnis haben. Der Auftraggeber kann trotz einer negativen Freigabeempfehlung dennoch beschließen, das System einzusetzen. Ein Grund dafür kann sein, daß andernfalls eine Lieferfrist verstreicht und die damit verbundenen Kosten viele Male höher sind als die möglichen Folgen einer unzureichenden Qualität des Systems.

- Testware
  Während des Testens werden u.a. Testpläne aufgestellt, Testfälle spezifiziert, Testdatenbanken und Dateien gefüllt, Testabläufe und Testresultate erarbeitet. Diese Produkte werden Testware genannt. Wichtig ist, daß diese Testware nicht als Wegwerfprodukt betrachtet wird, sondern als etwas, das aufbewahrt und verwaltet und nach Beendigung des Projektes mit übergeben werden kann. Hiermit erreicht man, daß spätere Tests, auch in der Wartungsphase, nicht jedesmal die zeitraubende Vorbereitungsphase erneut komplett durchlaufen müssen.

- Übrige Testdokumentation
  Neben der Testware werden auch verschiedene andere Dokumente erstellt, beispielsweise Testberichte.

- Kennzahlen
  Während des Testens können Informationen über Fortschritt, Umfang und Qualität des Testprozesses gesammelt werden. Diese Daten können als Indikatoren für die Steuerung künftiger Testprozesse nützlich sein.

Das getestete IT-System selbst wird nicht als Testprodukt betrachtet, da der Testprozeß selbst das IT-System nicht anpaßt oder verändert.

2.4 Die Rolle des Testens innerhalb des Qualitätsmanagements

Wie bereits gesagt, ist die Lieferung von Qualität innerhalb der Softwarebranche immer noch ein Problem. Testen ist dabei keine Lösung, sondern nur eines der Instrumente, die dazu beitragen können, die Qualität von IT-Systemen zu verbessern. Testen muß in ein System von Maßnahmen eingebettet werden, mit dessen Hilfe man zu Qualität gelangt: Testen muß gleichsam in das *Qualitätsmanagement* des Unternehmens eingefügt werden.

In der Theorie des Qualitätsmanagements wurden ein Reihe von Begriffen und Konzepten entwickelt. Die ISO – die *International Standards Organisation* – spielt eine wesentliche Rolle beim Zustandekommen einheitlicher Definitionen. Die Definition von Qualität gemäß ISO lautet wie folgt:

> Qualität ist die Gesamtheit von Merkmalen eines Produktes oder einer Dienstleistung bezüglich ihrer Eignung, festgelegte und vorausgesetzte Erfordernisse zu erfüllen.

Diese Definition von Qualität zeigt sehr deutlich den »unfaßbaren« Aspekt von Qualität. Wenn etwas für den einen selbstverständlich ist, ist es das für den anderen noch lange nicht. Da Selbstverständlichkeit ein subjektiver Begriff par excellence ist, besteht ein wichtiger Aspekt von Qualitätsmanagement in der Minimierung als selbstverständlich angesehener Eigenschaften, indem diese in explizite Anforderungen umgesetzt werden. Dadurch kann dann durch Prüfungen und Tests sichtbar gemacht werden, inwieweit diesen Anforderungen entsprochen wird. Zur Festlegung der Anforderungen und Überwachung des Entwicklungsprozesses werden jeweils entsprechende Maßnahmen getroffen. Diese Maßnahmen können mit »Qualitätssicherung« (engl.: quality assurance) umschrieben werden.

> Qualitätssicherung ist die Gesamtheit aller geplanten und systematischen Aktionen, die erforderlich sind, um in ausreichendem Maße das Vertrauen darin zu vermitteln, daß ein Produkt oder eine Dienstleistung den festgelegten Qualitätsanforderungen entspricht.

Diese Maßnahmen können in drei unterschiedliche Bereiche eingeteilt werden, nämlich in Vorbeuge-, Prüf- und Beurteilungs- sowie in Korrekturmaßnahmen:

- Vorbeugemaßnahmen sollen den Mangel an Qualität *verhindern*. Dabei kann man beispielsweise an Dokumentationsrichtlinien, Methoden und Techniken denken.
- Prüf- und Beurteilungsmaßnahmen sollen den Mangel an Qualität *entdecken*. Beispiele hierfür sind die Durchführung von Überprüfungen, das Durchdenken von Problemen und – natürlich – das Durchführen von Tests.
- Korrekturmaßnahmen sollen den Mangel an Qualität *beheben*. Ein Beispiel dafür ist die Korrektur von Fehlern, die durch das Testen offengelegt wurden.

2.4 Die Rolle des Testens innerhalb des Qualitätsmanagements

Die Maßnahmen sollen dazu führen, daß:

- Meßpunkte und -größen entstehen, die einen Hinweis auf die Qualität der Prozesse vermitteln (Normierung);
- für den einzelnen Mitarbeiter klar ist, welchen Ansprüchen seine Arbeit genügen muß und daß er diese anhand der oben genannten Normen überprüfen kann;
- es für eine unabhängige Partei möglich ist, die Produkte/Dienstleistungen anhand der oben genannten Normen zu prüfen;
- das Management bei festgestellten Mängeln an Produkten oder Dienstleistungen nachvollziehen kann, wodurch diese Mängel entstanden sind und wie diese in Zukunft vermieden werden können.

Es ist äußerst wichtig, daß zwischen den verschiedenen Maßnahmen ein Zusammenhang bestehen bleibt. Testen ist keine isolierte Aktivität, sondern nur ein Stein im Gesamtbauwerk des Qualitätsmanagements. Es bildet nur eine der möglichen Formen von Qualitätsprüfung, während Qualitätsprüfung nur eine der Aktivitäten ist, mit der Qualität gesichert werden kann. Qualitätssicherung wiederum ist nur eine der Dimensionen des Qualitätsmanagements.

Die Maßnahmen, die im Rahmen des Qualitätsmanagements getroffen werden müssen, kosten Geld. Der Mangel an Qualität(smanagement) kostet jedoch ebenfalls Geld, nämlich die Fehlerfolgekosten. Der Oberbegriff für diese unterschiedlichen Kosten heißt *Qualitätskosten*. In Abbildung 2.1 von Juran [Juran, 1988] wird der Zusammenhang zwischen den unterschiedlichen Kostenarten dargestellt.

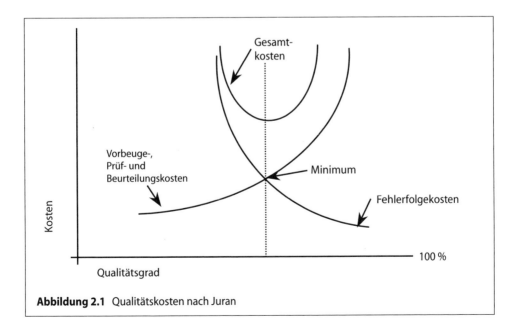

Abbildung 2.1 Qualitätskosten nach Juran

Abbildung 2.1 zeigt, daß ein Minimum bei den Qualitätskosten existiert. Unter Qualitätskosten werden folgende Kosten verstanden:

- Fehlervorbeugekosten: Kosten für die Durchführung von Vorbeugemaßnahmen
- Prüf- und Beurteilungskosten: Kosten für das Treffen von Prüf- und Beurteilungsmaßnahmen
- Fehlerfolgekosten: Kosten für die Durchführung von Korrekturmaßnahmen oder Kosten, die infolge unzureichender Qualität entstehen (Erlöseinbußen, zusätzliche Servicekosten, Garantieansprüche, Schadensersatzansprüche)

Eine wichtige Aussage von Juran ist, daß das Streben nach perfekter Qualität wirtschaftlich nicht sinnvoll ist, da irgendwann jeder kleine Zuwachs an Qualität immer größere Investitionen erfordert.

Testen ist ökonomisch sinnvoll, solange die Kosten für das Finden und die Beseitigung eines Fehlers im Test niedriger sind als die Kosten, die mit dem Auftreten eines Fehlers bei der Nutzung des Produktes verbunden sind.

2.5 Testen und Prüfen

Testen gehört zu den Prüf- und Beurteilungsmaßnahmen eines Qualitätssystems. Diese beinhalten u.a. Revision, Simulation, Inspektion, Auditing, Bewertung, Schreibtischtest, Nachvollziehung eines Problems (sog. Walkthrough). Die unterschiedlichen Prüf- und Beurteilungsinstrumente werden zwei Gruppen zugeordnet: Prüfen und Testen[1].

Unter Prüfen versteht man die Inspektion von Zwischenprodukten und Entwicklungsprozessen. Dabei handelt es sich um sämtliche Aktivitäten, die die Frage beantworten sollen, ob optimal entwickelt wird.

Unter Testen versteht man die Aktivitäten, die nötig sind um die Qualität eines Endprodukts herauszufinden. Entspricht das Produkt den Anforderungen? Wird das richtige Produkt entwickelt?

Natürlich kann diese Trennung nicht scharf gezogen werden. Ein wesentlicher Aspekt bei der Vorbereitung des Testens ist beispielsweise die Evaluierung der Testbasis, um zu prüfen, ob sie ausreichend testfähig ist (siehe auch Abb. 2.2).

---

1. In der Theorie wird auch Verifikation und Validierung benutzt. Verifikation beinhaltet die Evaluierung eines (Teil-)Systems, um zu prüfen, ob die Produkte der Entwicklungsphase den vorab festgelegten Anforderungen entsprechen. Validierung ist die Prüfung, ob Produkte der Systementwicklung den Wünschen und Anforderungen der Benutzer entsprechen [IEEE-Standard 1012, 1994].

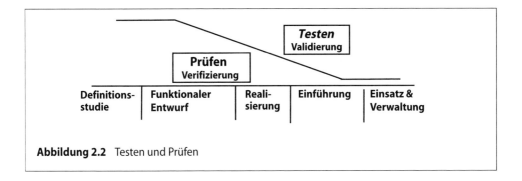

Abbildung 2.2 Testen und Prüfen

2.6 Teststufen und -techniken

Um Einsicht in den aktuellen und den geforderten Zustand des IT-Systems zu erhalten, ist es wichtig, sich der Tatsache bewußt zu sein, daß der geforderte Zustand in mehr als nur einem Dokument beschrieben ist. Beispielsweise entstehen zunächst technische und anwenderorientierte Anforderungen, nach denen dann ein funktionaler Entwurf spezifiziert wird, auf den anschließend der technische Entwurf und die Programmierung folgen. Um die Qualität des getesteten Systems einschätzen zu können, reicht es nicht aus, dieses mit dem funktionalen oder dem technischen Entwurf zu vergleichen, da diese Entwürfe ebenfalls Fehler enthalten können. Ebenso reicht es nicht aus, nur zu testen, ob das System den Anwenderanforderungen entspricht, da diese häufig auf so hohem Abstraktionsniveau formuliert sind, daß die sich darauf gründenden Testfälle nicht ausreichend viel vom Programm oder sogar von der Systemfunktionalität erfassen, um eine gute Beurteilungsgrundlage zu erhalten. Die Antwort ist natürlich, daß unterschiedliche Tests erforderlich sind, um herauszufinden, inwiefern Programme gemäß dem technischen Entwurf arbeiten, inwiefern die Anwendung gemäß dem funktionalen Entwurf arbeitet und inwieweit das gesamte System den Anforderungen des Kunden entspricht.

Damit all diese Tests effizient organisiert werden können, kommen verschiedene Testtechniken auf verschiedenen Teststufen zum Einsatz. Jede Stufe deckt dabei eine bestimmte Gruppe von Anforderungen oder funktionellen oder technischen Spezifikationen ab.

Eine Teststufe ist eine Gruppe von Testaktivitäten, die gemeinsam organisiert und gelenkt werden.

Beispiele für Teststufen sind der Modultest, der Integrationstest, der Systemtest und der Abnahmetest.

Auf der Grundlage der vorliegenden Anforderungen oder Spezifikationen und der Risiken, die eintreten, falls diese Anforderungen nicht erfüllt werden, wird bei jeder Teststufe eine Strategie definiert, um die wichtigsten Fehler so früh und so effizient wie möglich herauszufinden.

Ein wichtiger Aspekt bei der Bestimmung dieser Strategie ist die Wahl der einzusetzenden Spezifikationsverfahren. Diese Verfahren bieten eine strukturierte Vorgehensweise zur Ableitung von Testfällen von der Testbasis (beispielsweise Anforderungen, funktionale oder technische Spezifikationen) und zielen darauf ab, bestimmte Fehlertypen zu finden. Der Einsatz von gut ausgewählten Techniken ergibt eine sehr viel effizientere Fehlersuche als eine »zufällige« Spezifikation von Testfällen.

Zur Messung der Gründlichkeit, mit der ein Produkt getestet wird, wird der Begriff »Coverage« oder »Deckungsgrad« verwendet, womit man das Verhältnis bezeichnet zwischen dem, was getestet werden kann (Anzahl der möglichen Testziele), und dem, was getestet wurde. Häufig wird der Deckungsgrad im Zusammenhang mit dem Programmcode verwendet (»mit den verfügbaren Testfällen werden x % aller Programmteile oder Zustände abgedeckt«), er kann jedoch auch auf funktionale Spezifikationen bezogen werden (Bedingungen, Zweige oder Schnittstellen (Interfaces)).

Bei den Testtechniken unterscheidet man zwischen White-Box- und Black-Box-Verfahren. Die White-Box-Techniken basieren auf dem Programmcode, der Programmbeschreibung oder dem technischen Entwurf. Hierbei werden also ausdrücklich Kenntnisse über den internen Aufbau des Systems verwendet. Die Black-Box-Techniken gründen sich auf die funktionalen Spezifikationen und die Qualitätsanforderungen. Bei diesen Tests betrachtet man das System in der Erscheinungsform, die es auch beim späteren Einsatz annehmen wird. Theoretisch werden hier die Informationen darüber, wie das System aufgebaut ist, nicht verwendet, sondern es wird ausschließlich auf der Grundlage dessen beurteilt, was das System können muß. Nur die Schnittstelle nach außen ist dabei wichtig: Leistet »der schwarze Kasten« bei Input A tatsächlich Output B im Zeitraum C und Umgebung D usw.?

Tests können in zwei Kategorien eingeteilt werden, die im Kontext dieses Buches von Bedeutung sind: Low-Level- und High-Level-Tests.

Low-Level-Tests (Modul- und Integrationstest)

Diese Teststufen beziehen sich auf das Testen einzelner Systemkomponenten, beispielsweise von Prozeduren oder Funktionen, individuell oder in Kombination [Kit, 1995]. Die Low-Level-Tests werden nahezu ausschließlich von den Entwicklern durchgeführt. Schon mit der Entstehung der ersten Bausteine eines Systems werden sogenannte *Unit-, Programm-* oder *Modultests* ausgeführt. In welchem Maße einzelne Tests für Units oder Module eingesetzt werden, ist von der angewandten Infrastruktur und Programmiersprache abhängig. Es muß sichergestellt werden, daß die elementarsten Programmteile oder entsprechende Kombinationen davon gemäß den technischen Spezifikationen codiert sind. In diesem Buch wird hierfür ausschließlich die Bezeichnung *Modultest* verwendet.

Ein Modultest ist ein von einem Entwickler unter Laborbedingungen ausgeführter Test, der nachweisen soll, daß ein Programm(-segment) den technischen Spezifikationen entspricht.

Nachdem festgestellt ist, daß die elementarsten Teile eines Systems eine gute Qualität aufweisen, werden hieraus gebildete komplexere Teile des Systems in sogenannten Integrationstests geprüft. Dabei liegt der Schwerpunkt auf dem Datenfluß und den Schnittstellen zwischen den Programmteilen bis auf Teilsystemebene. Der Integrationstest ist gleichsam ein Montagetest; abhängig von der Entwicklungsstrategie wird das System schrittweise freigegeben und in immer umfangreicheren Teilen integral getestet.

Ein Integrationstest ist ein von einem Entwickler unter Laborbedingungen ausgeführter Test, der nachweisen soll, daß ein logischer Block von Programmteilen den in den technischen Spezifikationen festgestellten Anforderungen entspricht.

Da diese Low-Level-Teststufen eine gute Kenntnis der internen Struktur eines Systems erfordern, werden hier vornehmlich White-Box-Techniken angewandt.

High-Level-Tests (System- und Abnahmetest)
Bei diesen Teststufen handelt es sich um das Testen von kompletten Produkten [Kit, 1995]. Die Tests bieten dem Entwickler Einsicht in die Qualität des Systems, das zur Abnahme angeboten wird. Ferner informieren die Tests den Auftraggeber, Anwender und Systemadministrator über den Umfang, in dem der Auftrag erfüllt worden ist und ob das System (erneut) eingesetzt werden kann. Nach der Durchführung der Low-Level-Tests und der Korrektur der entdeckten Fehler führt der Entwickler einen *Systemtest* aus, um herauszufinden, ob das System den funktionalen und den technischen Bedingungen entspricht. In der Praxis läuft es häufig darauf hinaus, daß das System zunächst »schichtweise« getestet wird, bis das gesamte System integral getestet werden kann. Der Systemtest erfordert eine in Hinsicht auf die Software und die Testdaten kontrollierbare Umgebung.

Ein Systemtest ist ein von einem Entwickler unter (gut kontrollierten) Laborbedingungen ausgeführter Test, der nachweisen soll, daß das entwickelte System oder Teile davon den in den funktionalen und technischen Spezifikationen (Fachkonzept und DV-Konzept) festgelegten Anforderungen entspricht.

Nachdem der Entwickler den Systemtest durchgeführt und die damit verbundenen Fehler korrigiert hat, wird das System dem Auftraggeber zur Abnahme angeboten. Die spezifizierten Abnahmetests können nun ausgeführt werden. Der *Abnahmetest (auch: Akzeptanztest)* muß Fragen beantworten wie »Kann das System (erneut) eingesetzt werden?«, »Welche Risiken bestehen dabei?« und »Hat der Lieferant seine Verpflichtungen erfüllt?«. Die Durchführung des Abnahmetests erfordert eine Umgebung, die für die meisten Aspekte repräsentativ für die Produktions- oder Praxisumgebung ist (»produktionsnahe Umgebung«).

Ein Abnahmetest ist ein von dem/den Anwender(n) und Systemadministrator(en) in einer möglichst »produktionsnahen« Umgebung ausgeführter Test, der nachweisen soll, daß das entwickelte System den funktionalen und qualitativen Anforderungen entspricht.

Innerhalb des Abnahmetests sind zwei gesonderte Teststufen zu unterscheiden, die aufgrund ihres besonderen Charakters meistens separat vorbereitet und ausgeführt werden: der funktionale Abnahmetest und der Produktions-Abnahmetest.

Der *funktionale Abnahmetest* richtet sich insbesondere auf die Funktionalität, während der *Produktions-Abnahmetest* den Nachweis erbringt, ob das System den verwaltungs- und betriebsmäßigen Anforderungen des Praxisbetriebs entspricht. Der von den Anwendern und dem Funktionsverwalter ausgeführte funktionale Abnahmetest schließt in bezug auf die Planung weitestgehend eng an den Systemtest an und ist in vielen Fällen zu Anfang schichtweise organisiert. Der Produktions-Abnahmetest wird in den meisten Fällen erst kurz vor Produktionsanlauf von den Systemadministratoren ausgeführt.

Insbesondere die High-Level-Tests können als individuelle Prozesse betrachtet (und somit auch organisiert) werden. Es handelt sich dabei um Prozesse, die parallel zum Entwicklungsprozeß verlaufen und in der Phase des funktionalen Entwurfs beginnen. Ein gutes Management dieser Prozesse und ihre Abstimmung auf den Rest des Projekts in Form von Testberichten und Rücksprachen ist sehr wichtig. Die Erfahrungen aus der Praxis zeigen, daß man sich bei High-Level-Testarten sehr viel bewußter ist, welche Bedeutung ein guter Testprozeß hat als bei Low-Level-Tests.

Da die High-Level-Tests sich häufig auf die extern sichtbaren Eigenschaften eines Systems richten, werden hier vornehmlich Black-Box-Techniken eingesetzt. Übrigens verläuft die Grenze zwischen High-Level-Tests/Black-Box-Techniken und Low-Level-Tests/White-Box-Techniken nicht so scharf, wie man annehmen könnte. Bei ersteren stellt sich immer häufiger heraus, daß man ebenfalls Kenntnisse über die internen Funktionen und die Struktur des Systems braucht. Auf der anderen Seite werden in typischen Low-Level-Tests wie dem Modultest immer häufiger funktionale Spezifikationen als Testgrundlage verwendet.

2.7 Zusammenhang zwischen Entwicklungs- und Testprozeß

Die Entwicklung von IT-Systemen erfolgt größtenteils immer noch nach dem üblichen Phasenmodell, der »Wasserfallmethode«. Diese Methode verläuft wie folgt:

1. Man beginnt betriebsumfassend mit der Definition der *Möglichkeiten*, die die Informationstechnologie für die Lösung von Problemen oder für die Optimierung von Betriebsprozessen bietet, und weist hierbei entsprechende Prioritäten (Informationspolitik, Informationsplanung) zu.

2. Man stellt grob fest, welchen funktionalen und sonstigen *Anforderungen* das System zu entsprechen hat (Informationsanalyse, Definitionsstudie).

3. Anschließend wird festgelegt, *welche* Funktionalität entwickelt werden soll, um die Probleme zu lösen (funktionaler Entwurf oder Fachkonzept).

4. Man legt fest, *wie* diese Lösung zu erfolgen hat (technischer Entwurf oder DV-Konzept).

5. Man entwickelt das System; anschließend testet man es, führt es ein und wendet es an.

Die hier benutzte Terminologie stammt von *einem* Phasenmodell. Es bestehen zahlreiche Phasenmodelle, die alle in irgendeiner Weise ähnliche Vorgehensweisen beinhalten. Das gilt auch für moderne Varianten des klassischen Modells, wie Rapid Application Development (RAD) und Evolutionäres Entwickeln. Die Vielfalt an Teststufen kann gut mit einem solchen Phasenmodell in Beziehung gebracht werden.

Eine häufig angewandte Präsentation des Phasenmodells für Systementwicklung und Testen ist das sogenannte V-Modell [V-Modell, 1997] (siehe Abb. 2.3).

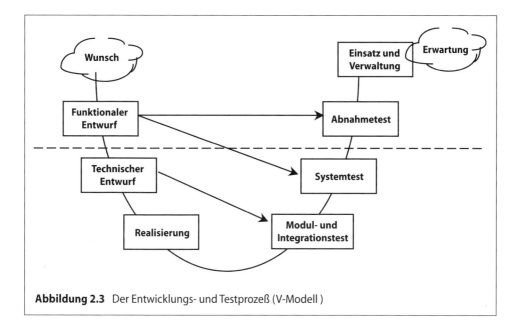

Abbildung 2.3 Der Entwicklungs- und Testprozeß (V-Modell)

Auf der linken Seite des Modells befinden sich die Phasen, in denen das System implementiert oder modifiziert wird, ausgehend von Wunsch, Idee, Bedürfnis, Gesetz, Politik, Änderung bzw. Anforderung hin zur Lösung. Auf der rechten Seite befindet sich der entsprechende Testvorgang. Die Strichellinie deutet (formal) eine Trennung zwischen den Zuständigkeiten an: Auftraggeber, Anwender, Manager und Rechenzentrum oberhalb der Linie, Systementwickler, Zulieferer und Entwickler unterhalb. Für das Testen ist es gewiß von Bedeutung festzustellen, wo die Zuständigkeiten liegen. Wer ist der Auftraggeber für das Testen, wer fordert einen Qualitätsbericht? Jeder Phase stehen eine oder mehrere Testarten gegenüber.

Die Kästen des V-Modells stellen nur die Durchführungsphasen der unterschiedlichen Teststufen dar. Die Durchführungsphase bildet lediglich 40% des gesamten Aufwands einer solchen Testart. Die Pfeile deuten den Pfad von der Ausgangsdokumentation (der

Testgrundlage) zur Durchführung des Tests an. Die restlichen 60% sind Planungs- und Vorbereitungsaktivitäten. Das V-Modell verdeutlicht, daß die Durchführungsphasen der verschiedenen Testarten sich auf dem kritischen Pfad des Entwicklungsprozesses befinden. Es liegt auf der Hand, daß es äußerst wichtig ist, die Planungs- und Vorbereitungsaktivitäten abzuschließen, bevor mit der tatsächlichen Testdurchführung begonnen wird.

3 Die Notwendigkeit zur Optimierung

Dieses Buch zielt in erster Linie auf die Optimierung des Testprozesses. Zunächst muß man sich fragen, weshalb man überhaupt optimieren soll. Im ersten Abschnitt werden daher einige Situationen dargestellt, die verdeutlichen, daß Unternehmen mit unterschiedlichen Problemen im Zusammenhang mit dem Testen zu kämpfen haben. Testen wird im allgemeinen als teuer und zeitraubend empfunden, während die getesteten Systeme nicht über die erwartete Qualität verfügen. Diese Probleme nehmen in Zukunft eher zu als ab, wenn keine entsprechenden Maßnahmen getroffen werden. Die folgenden Abschnitte zeigen, daß eine Verbesserung des Testprozesses hierfür eine Lösung bietet.

3.1 Probleme beim Testen

3.1.1 Einfaches Testen

Obgleich bereits viel darüber geschrieben wurde, wie das Testen im Idealfall stattzufinden hat, sieht die alltägliche Praxis ganz anders aus. Regelmäßig ist eine »primitive« Form des Testens anzutreffen, bei der mit der Aktivität »Testen« begonnen wird, kurz bevor ein System (erneut) in Betrieb genommen wird. In der dann noch verbleibenden Zeit führt derjenige das Testen durch, der zu dem Zeitpunkt gerade zufällig verfügbar ist. Die Testfälle eignen sich dann meistens nur zur einmaligen Verwendung für den Tester selbst, und es gibt keine Erkenntnisse über das Maß der Vollständigkeit oder Intensität des Testens. Die Aktivität endet dabei fast immer dann, wenn das System (erneut) eingesetzt wird oder wenn einige Zeit lang keine Mängel mehr festgestellt werden. Diese Arbeitsweise führt dazu, daß das System meistens mit vielen Fehlern akzeptiert wird und daß infolge dieser Qualitätsmängel teure und häufige Korrekturarbeiten sowie erneute Testaktivitäten erfolgen müssen.

3.1.2 Der heutige Stand der Dinge

Durch Schaden klug geworden, wird die Bedeutung eines guten Testprozesses immer mehr eingesehen. Tests werden geplant und vorbereitet, bevor die tatsächliche Ausführung stattfindet. Die Testfälle beruhen dabei u.a. auf dem Fachkonzept, damit abgeschätzt werden kann, was bereits getestet ist und was nicht. Obgleich dies bereits ein großer Schritt in die richtige Richtung ist, bleibt der Testprozeß in vielen Unternehmen immer noch schlecht kontrollierbar. Das Testen leidet an einem Mangel an Zeit, Personal, Ressourcen und Sachkenntnis. Zudem wird im Vergleich zum Entwicklungsprozeß häufig erst spät mit dem Testen begonnen; das alles führt zu einem anscheinend unendlichen und sehr kostspieligen Kreislauf von Test, Korrektur, erneutem Test, Korrektur usw. Wenn das Testen schließlich beendet wird, ist meistens immer noch unklar, ob genügend Informationen über die Qualität des Testobjekts gesammelt werden konnten.

Wenn versucht wird, den Testprozeß mit Hilfe von Tools (Automatisierung) zu beschleunigen bzw. kostengünstiger zu gestalten, stellt sich heraus, daß infolge unterschiedlichster Ursachen häufig genau das Gegenteil erreicht wird. Außerdem ist die Wiederverwendbarkeit der Testware unzureichend, so daß viel Zeit mit der Schaffung der erforderlichen neuen Testware verlorengeht.

Übrigens darf die Ursache für hohe Korrekturkosten und lange Durchlaufzeiten nicht ausschließlich im Testprozeß gesucht werden, sondern dies ist auch auf einen mangelhaften Entwicklungsprozeß zurückzuführen.

Durch das Testen wird lediglich festgestellt, daß das System eine unzureichende Qualität aufweist. Zur Steigerung der Qualität im nachhinein ist ein großer Aufwand erforderlich. Der Testprozeß kann jedoch zunehmend darauf abzielen, (einen Mangel an) Qualität so früh wie möglich nachzuweisen, und dafür zu sorgen, daß die Tests so kostengünstig und so schnell wie möglich ausgeführt werden können.

3.1.3 Neue Entwicklungen

Obwohl schon der heutige Stand der Dinge nicht gerade befriedigend genannt werden kann, bilden viele neue Entwicklungen noch eine zusätzliche Herausforderung für den Testprozeß. Um als Unternehmen im heutigen Markt konkurrenzfähig zu bleiben, ist eine immer kürzere »Time-to-Market«-Spanne für neue Produkte erforderlich. Ein wesentlicher Bestandteil dieser neuen Produkte sind häufig die unterstützenden IT-Systeme. Der Druck auf die Unternehmen, neue oder angepaßte Systeme in kürzester Zeit herzustellen, wird dadurch immer größer [Boreel und Franken, 1997]. Zudem werden IT-Systeme immer mehr in der Kommunikation mit dem Kunden eingesetzt, und die Integration verschiedener IT-Systeme wird immer wichtiger. Man denke hier beispielsweise an Internet-Anwendungen oder die Integration von Computer und Telefon: Systeme, die wiederum an Auftrags- und Fakturierungssysteme gekoppelt sind. Die Betriebsführung wird damit immer abhängiger von qualitativ gut funktionierenden IT-Systemen. Dadurch treten aber auch die negativen Folgen einer unzureichenden Qualität immer stärker hervor. Kunden akzeptieren immer seltener die Entschuldigung »Wir können nichts machen, der Computer ist abgestürzt«.

Schließlich nehmen die Innovationen in der Software-Entwicklung eine immer wichtigere Position ein. Die Einführung von Rapid Application Development (RAD), Graphical User Interfaces (GUI), Objektorientierung (OO) und Architekturen wie Client/Server hat zur Folge, daß der Entwicklungsprozeß in einer technisch heterogenen Umgebung immer schneller verläuft. Dennoch besteht kein Grund zur Annahme, daß die Anzahl der Fehler pro Zeiteinheit abnehmen wird. Der Mangel an Erfahrung und die steigende Komplexität rechtfertigen die Ansicht, daß die Anzahl der gemachten Fehler pro Zeiteinheit mindestens gleich bleibt [Beizer, 1990]. Als Beispiel für die steigende Komplexität denke man an die nahezu unendliche Anzahl an möglichen Verarbeitungskombinationen in einer grafisch orientierten Benutzerschnittstelle im Vergleich zu den sehr viel beschränkteren Kombinationsmöglichkeiten bei einer zeichenorientiertenBenutzerschnittstelle. Dennoch wird es im allgemeinen nicht akzeptiert, die Ersparnis aufgrund kürzerer Durchlaufzeiten in die Ausweitung des Testprozesses zu stecken.

Die Schlußfolgerung daraus lautet, daß, selbst wenn der Testprozeß für die derzeitige Situation noch ausreichend ist, dieses in Zukunft nicht mehr der Fall sein wird.

3.2 Optimierung des Testprozesses

Die Ursache für viele der genannten Probleme ist auf einen unkontrollierten oder schlecht aufgebauten Testprozeß zurückzuführen. Es liegt daher auf der Hand, diesen Prozeß zu verbessern. Da jeder seine eigenen Vorstellungen zur Testprozeßoptimierung hat, empfiehlt es sich, die Definition für Testprozeßoptimierung, wie sie in diesem Buch angewandt wird, kurz zu erläutern.

Testprozeßoptimierung ist die Optimierung von Qualität, Kosten und Zeitaufwand für den Testprozeß in bezug zum gesamten Entwicklungsaufwand.

»Qualität« steht hier für Kenntnisstand, den der Testprozeß im Zusammenhang mit der Qualität des getesteten Objekts liefert. Weitergehende Informationen kann man erhalten, indem man beispielsweise intensiver testet oder auch besser darüber berichtet. Eine wichtige Randbemerkung dabei ist, daß die Qualität des zu testenden Systems oder Programms nicht unter diese Definition fällt: Das Ergebnis eines qualitativ optimierten Testprozesses ist nicht automatisch eine bessere Qualität des getesteten Systems, da das Testen selbst nicht die Qualität des Systems erhöht, sondern nur die vorhandene Qualität ermittelt und anderen (Entwicklern) damit ermöglicht, die Qualität zu verbessern.

»In bezug zum gesamten Entwicklungsprozeß« heißt, daß der Testprozeß nicht unabhängig von anderen Faktoren ist. Schneller, kostengünstiger und besser Testen darf kein Ziel an sich werden, sondern muß zu einem höheren Wirkungsgrad der gesamten Entwicklung beisteuern. Es ist schließlich nicht Sinn der Sache, einen sehr langen und gründlichen Test eines Systems durchzuführen, das die Mitglieder des örtlichen Fußballvereins verwaltet. Anderseits hat es auch wenig Sinn, schnell und kostengünstig zu testen, wenn das System anschließend in der Anwendung so schwerwiegende Fehler aufweist, daß sie in der Presse Schlagzeilen machen.

3.2.1 Der Rahmen der Testprozeßoptimierung

Der Testprozeß ist ein Teil des gesamten Entwicklungsprozesses. Bei der Analyse der mit dem Testen im Zusammenhang stehenden Probleme ist es wichtig, zwischen dem Testprozeß selbst und den Aktivitäten zu unterscheiden, die Auswirkungen auf den Testprozeß haben. Diese Aktivitäten (beispielsweise Fachkonzept oder Realisierung) sind kein Thema der Testprozeßoptimierung.

Folgende Beispiele sollen verdeutlichen, wie schwierig diese Unterscheidung ist:

- Qualität des Systems
  Wenn ein System während des Betriebs viele Störungen aufweist oder das Produkt nicht den Erwartungen der Anwender entspricht, ist das die Schuld der Tester?
  – Ja, denn es wurde schlecht getestet.
  – Nein, da die Anforderungen nicht ausreichend dokumentiert wurden.
  – Nein, da die Anwender nicht gut vorbereitet und ausgebildet sind.
  – Nein, da die Projektorganisation bewußt das Risiko eingegangen ist, die letzten Änderungen nur sehr beschränkt von den Testern testen zu lassen und das System trotz der negativen Freigabeempfehlung der Tester freizugeben.

- Zeit
  Die Testphasen sind langfristig und sprengen häufig den geplanten Rahmen. Eine kürzere Time-to-Market-Spanne der freizugebenden Systeme ist dadurch nicht erreichbar. Kann man dafür die Tester verantwortlich machen?
  – Ja, da das Testen viel zu spät beginnt und im allgemeinen sehr ineffizient funktioniert.
  – Nein, da der Mangel an Qualität der ausgelieferten Systeme häufige Regressionstest erfordert.

- Geld
  Obwohl die Qualität der ausgelieferten Systeme zufriedenstellend ist, sind sehr viele Personen mit dem Testen beschäftigt. Sind daran die Tester schuld?
  – Ja, da das Testteam immer und überall sehr gründliche und arbeitsintensive Tests ausführt.
  – Nein, da das umfangreiche Testen andere Beteiligte veranlaßt, sich selbst weniger anzustrengen, um eine gute Qualität zu gewährleisten. Es hat sich bereits verschiedene Male herausgestellt, daß Programmierer ihre Programmteile nicht getestet hatten.

Wird nur der Testprozeß optimiert, dann ist der Nutzen geringer, falls der restliche Entwicklungsprozeß nicht Schritt hält.

Wenn beispielsweise das Testen den Nachweis erbringt, daß die Software eine unzureichende Qualität aufweist, so führt das zu einer Korrektur der Software und zu einem neuen Release. Dieses wird wiederum getestet, und es wird erneut festgestellt, daß die Software qualitativ unzureichend ist. Erfolgt hierdurch ein langwieriger Kreislauf von Korrektur, erneuten Tests und erneuter Feststellung der unzureichenden Qualität, ist der Gesamtprozeß weit vom Optimalzustand entfernt. Bei einem guten Testprozeß wird dieser Trend zwar festgestellt, beispielsweise durch Analyse der Mängel, und es können auch Empfehlungen ausgesprochen werden, jedoch geht eine Testprozeßoptimierung nicht auf die Verbesserung der restlichen Entwicklungsprozesse ein. Zur Verbesserung des gesamten Entwicklungsprozesses (Software Process Improvement) stehen Hilfsmittel wie das Capability Maturity Model [Humphrey, 1989; SEI, 1995], Bootstrap [Kuvaja u.a., 1994] usw. zur Verfügung.

Die Verbesserung des Software-Entwicklungsprozesses ist nur ein Aspekt aus einer viel größeren Gruppe von Aspekten, die die Gesamtergebnisse der Systementwicklung beeinflussen (siehe auch Abb. 3.1).

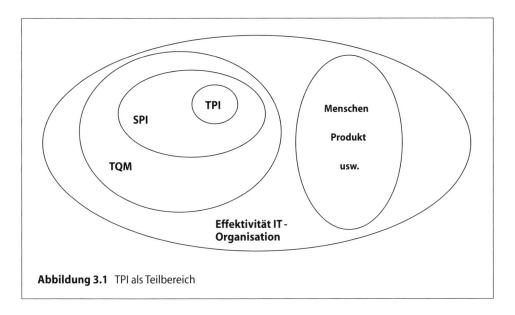

Abbildung 3.1 TPI als Teilbereich

3.2.2 Ein verbesserter Testprozeß

Was muß bei einem verbesserten Testprozeß alles bedacht werden? Zur Optimierung des Testprozesses können als Richtlinie einige Lösungswege angegeben werden.

Wie bereits im Jahre 1979 festgestellt wurde [Boehm, 1979], nehmen die Korrekturkosten in den verschiedenen Phasen der Systementwicklung exponentiell zu. Abbildung 3.2 stellt die Korrekturkosten in Bezug zur Phase dar, in der der Fehler festgestellt wird. Der Testaufwand muß daher in Hinblick auf den Entwicklungsprozeß mehr in den Mittelpunkt gerückt werden. Die Fehler sollten so nahe wie möglich an der Quelle gefunden werden, so daß die Korrekturkosten möglichst niedrig sind und so früh wie möglich eine Empfehlung bezüglich der Qualität des Systems ausgesprochen werden kann. Das bedeutet für den gesamten Prüfungs- und Testaufwand eine Verschiebung von High-Level-Tests in Richtung Evaluierung und Low-Level-Tests. Es bedeutet ebenfalls, daß alle Prüfungs- und Testaktivitäten sorgfältig aufeinander abgestimmt werden müssen, um fortan nach einer optimierten Strategie die wesentlichsten Fehler so früh und so kostengünstig wie möglich zu finden. Die unterschiedlichen Teststufen werden nach verschiedenen Test-Spezifikationstechniken ausgeführt, wobei jede Technik darauf abzielt, bestimmte Fehlerarten zu finden.

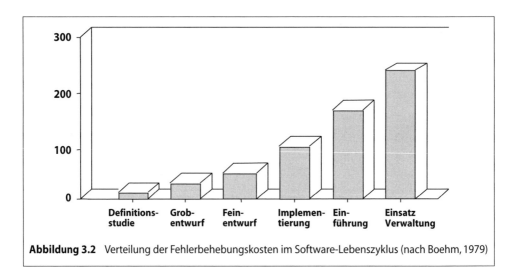

Abbildung 3.2 Verteilung der Fehlerbehebungskosten im Software-Lebenszyklus (nach Boehm, 1979)

Ferner muß das Testen einen präventiveren Charakter erhalten. Das heißt, Testen muß dazu führen, daß so wenig Fehler wie möglich gemacht werden. Das kann durch eine frühestmögliche Rückkopplung der gefundenen Abweichungen zu den beteiligten Personen wie den Entwicklern und Programmierern erreicht werden. Eine weitere Möglichkeit ist der Einsatz von Testfällen zur Validierung der Anforderungen oder des Entwurfs: Das zu gestaltende System muß diese Testfälle später einwandfrei verarbeiten können. Außerdem ist ein korrekter Einsatz der Tools erforderlich, um schneller, kostengünstiger und besser zu testen. Organisatorisch gesehen erfordert das Testen besondere »Test«-fähigkeiten und ist mit Funktionen wie Testmanagern, Methodikspezialisten und technischen Ingenieuren weiter zu professionalisieren. Testware ist wie ein wiederverwendbares Produkt zu verwalten, damit erneute Tests und Regressionstests vereinfacht werden. Der Fortschritt und die Qualität des gesamten Prozesses wird gemessen, die jeweiligen Ergebnisse sind »Input« für das Management oder für die weitere Optimierung des Testprozesses.

Bei der Konzeption eines neuen Systems ist nicht ausschließlich mehr die Frage zu beantworten »Können wir es entwickeln?«, sondern auch die Frage »Können wir es testen?«. Eine gute *Testbarkeit* von Systemen wird immer wichtiger. Dabei vertreten die Autoren dieses Buches den Standpunkt, daß sich die Testbarkeit nicht nur auf die Eigenschaften des zu testenden IT-Systems selbst bezieht, wie die ISO-9126-Definition angibt (»Eigenschaften des IT-Systems, die sich auf die Schwierigkeiten beziehen, mit denen das geänderte System getestet werden kann«), sondern insbesondere auch auf die Organisation und Infrastruktur des Testprozesses.

4 Ein Modell zur Optimierung des Testprozesses

Wenn die Verbesserung oder Optimierung des Testprozesses strukturiert erfolgt, werden im allgemeinen mehrere Schritte durchlaufen. Dabei kann ein Bezugsrahmen in Form eines Modells die entsprechende Unterstützung leisten. Auf der Grundlage der Anforderungen, die an das Modell zur Optimierung des Testprozesses gestellt werden, können verschiedene vorhandene Modelle geprüft werden. Da diese Modelle jedoch nur in unzureichendem Maße den gewünschten Bezugsrahmen bieten, wurde ein neues Modell entwickelt: das TPI-Modell.

4.1 Die Optimierungsschritte

Das Was und Warum der Optimierung ist im vorigen Kapitel ausführlich behandelt worden. Die nächste Frage, die wir uns stellen müssen, ist, *wie* wir optimieren. Die Beibehaltung der bisherigen Arbeitsweise beim Testen – also, indem einfach getestet wird – führt nach und nach auch zu einer Verbesserung:

- Aktivitäten, die anfangs noch mühsam verlaufen, werden beim nächsten Mal schon etwas geschmeidiger gehen.

- Fallgruben, in die man beim ersten Mal fällt, werden beim nächsten Mal vermieden (»Ein gebranntes Kind scheut das Feuer«).

Verbesserungen können jedoch auch strukturierter erfolgen. Diese Vorgehensweise ist tiefgreifender, da die Verbesserungen meistens umfangreicher sind und gewisse Investitionen erfordern. Obgleich sich dieses Buch insbesondere mit der letzten Vorgehensweise befaßt, wird kein negatives Urteil über die erste Form gefällt. Im Gegenteil: Beide Formen der Optimierung ergänzen einander; daher wird nach einer Kombination der beiden Verfahren gestrebt.

Für eine strukturelle Verbesserung kann die Optimierung des Testprozesses mit der Optimierung jedes anderen Prozesses verglichen werden. Im allgemeinen werden folgende Schritte durchgeführt:

- Bestimmung von Zielsetzung und Untersuchungsbereich
  Bestimmt werden die Optimierungsziele und der Untersuchungsbereich des Optimierungsprozesses. Muß das Testen schneller, kostengünstiger oder besser erfolgen? Welche Testprozesse sind Objekt der Verbesserung; wie lange darf ein Optimierungsprozeß im allgemeinen dauern, und wie groß darf der Aufwand sein?

- Feststellung des Ist-Zustands
  Bestimmung der Stärken und Schwachpunkte der aktuellen Situation.

- Festlegung des Soll-Zustands
  Basierend auf der Analyse des Ist-Zustands und der gestellten Optimierungsziele wird festgelegt, wie der Soll-Zustand sich darstellt und welche Optimierungsmaßnahmen getroffen werden müssen, um diesen Zustand zu erreichen. Der Kernaspekt dabei ist, daß es in der Praxis meistens nicht möglich ist, in einem Unternehmen ad hoc die gewünschte Endsituation einzuführen. Zuviel auf einmal führt zu viel Widerstand, Unsicherheit und Chaos. Dadurch verwandelt sich das Ergebnis meistens genau in das Gegenteil vom dem, was man sich gewünscht hat: Die Veränderungen finden nicht statt, und der Widerstand der Organisation gegen Veränderungen nimmt stark zu. Ferner bestehen Abhängigkeiten: Bestimmte Veränderungen sind erst dann sinnvoll, wenn andere Verbesserungen bereits durchgeführt sind. Es empfiehlt sich daher, die Maßnahmen so festzulegen, daß eine allmähliche und schrittweise Verbesserung möglich ist.

- Einführung der Veränderungen
  Die vorgeschlagenen Optimierungsmaßnahmen werden planmäßig durchgeführt. Danach wird kontrolliert, ob die gesteckten Ziele erreicht wurden. Ein wesentlicher Bestandteil dieser Phase ist die Konsolidierung. Alle Beteiligten müssen weiterhin gemäß der veränderten Arbeitsweise vorgehen, um zu vermeiden, daß die eingeführten Verbesserungsmaßnahmen zu singulären Erscheinungen werden.

4.2 Bezugsrahmen

Vor allem das Ermitteln des Ist- und Soll-Zustands ist nicht einfach. Wie ist die aktuelle Situation, und wie soll die gewünschte Situation aussehen? Bittet man die an einem Testprozeß beteiligten Personen, die Stärken und Schwächen des Testprozesses zu nennen, erhält man ebenso viele unterschiedliche Antworten, wie es Befragte gibt. Die Frage, *was* zu verbessern ist, führt zu noch mehr unterschiedlichen Antworten.

Für beide Situationen bildet ein Bezugsrahmen die Lösung. Indem der Testprozeß mit einem vorgegebenen Rahmen verglichen wird, können die starken und die schwachen Seiten schneller erkannt werden. Ein Bezugsrahmen kann sowohl eine Testmethodik als auch ein Modell für einen Testprozeß (oder seine Optimierung) sein.

Bei einer Methodik wird ein bestimmter Entwurf für den Testprozeß vorgeschrieben. Eine Untersuchung zeigt, in welchem Umfang der Ist-Zustand des Testprozesses von diesem Entwurf abweicht. Der angestrebte Zustand besteht meistens im vollständigen Einsatz der Methodik. Wenn dies nicht oder nicht auf einmal erreichbar ist, wird man sich nach eigenem Ermessen für einen teilweisen Einsatz entscheiden.

Ein Modell zielt zwar ebenfalls auf die Einrichtung des Testprozesses, das Ziel ist indessen nicht eine bestimmte Einrichtung des Testprozesses. Das Grundprinzip besteht darin, daß, wenn ein Unternehmen einen Testprozeß nach einem bestimmten Entwurf gestaltet und diesen Entwurf auch kontrolliert, es dann die gesteckten Optimierungsziele erreicht.

Bei der Feststellung des Ist-Zustands des Testprozesses werden sowohl die organisatorische Umsetzung als auch die Ergebnisse des Testprozesses betrachtet. Auf dieser Basis und abhängig von den Optimierungszielen wird bestimmt, welche Optimierungsmaßnahmen getroffen werden.

Der Einsatz eines Modells zur Optimierung des Testprozesses hat den Vorteil, den Prozeß schrittweise verbessern zu können. Will man den Soll-Zustand mit zu großen Schritten einführen, stößt man meistens auf Probleme. Eine Verbesserung in kleinen und überschaubaren Schritten zeigt viel größere Erfolgsaussichten. Der Grund dafür liegt darin, daß Veränderungen in Unternehmen immer auf Widerstände stoßen. Zu viele Veränderungen schaffen so viele Probleme und erzeugen so viele Widerstände, daß die Wirkung sich ins Gegenteil umkehrt und die Beteiligten sehr schnell in alte Gewohnheiten zurückfallen.

Es ist also wichtig, Veränderungen nach und nach zu realisieren. Ein Modell, das bei der Formulierung dieser Schritte hilft, ist dabei sehr nützlich. Wenn sich dieses Modell auf sogenannte »best practices« gründet, unterstützt es die interne Argumentation und verhindert dadurch unnötige Diskussionen.

4.3 Modellanforderungen

Vor diesem Hintergrund können einige Anforderungen formuliert werden, denen das Modell zu entsprechen hat. Diese Anforderungen finden sich in Tabelle 4.1.

Gezielte, kontrollierte Optimierungsschritte möglich	Dieses ist die wesentlichste Anforderung: Es müssen gezielte und kontrollierte Schritte möglich sein, so daß die Verbesserungen nach und nach durchgeführt werden können.
Praxisorientiert	Der praktische Einsatz und Nutzen des Modells muß im Vordergrund stehen. Das bedeutet, daß das Modell optimal auf die Realität und »best practices« zugeschnitten sein muß.
So objektiv wie möglich	Das Modell muß ausreichend kontrollierbar sein, damit so objektiv wie möglich festgestellt werden kann, in welchem Zustand sich der Testprozeß befindet und ob der Soll-Zustand erreicht ist. Zwei verschiedene Personen, die den gleichen Testprozeß analysieren, müssen zu Ergebnissen gelangen, die sich nur wenig voneinander unterscheiden dürfen.
Optionen und Prioritäten	Jeder Testprozeß ist anders. Daher müssen jedesmal andere Optimierungsentscheidungen gefällt werden. Das Treffen solcher Entscheidungen muß unterstützt werden.
Detailliert	Zur sinnvollen Anwendung des Modells muß es sehr detailliert sein. Es darf nicht zu allgemein sein und muß sowohl für Prozesse eingesetzt werden können, die als relativ »ausgereift« angesehen werden, als auch für solche, die noch sehr unstrukturiert sind.
Rasche Einsicht in aktuelle Situation möglich	Die Feststellung des Ist-Zustands muß relativ schnell und kostengünstig erfolgen. Auch zwischenzeitliche Messungen sollten einfach durchgeführt werden können, um den Fortschritt des Testprozesses feststellen zu können.

Unabhängigkeit	Für einen breiten Einsatz muß das Modell ungeachtet der Tatsache eingesetzt werden, ob sich ein Unternehmen mit der Verbesserung des gesamten Softwareprozesses beschäftigt oder ob nur der Testprozeß verbessert werden soll. Ferner muß das Modell unabhängig von einer bestimmten Test- oder Entwicklungsmethodik, Entwicklungssprache oder -architektur sein.

Tabelle 4.1 Modellanforderungen

4.4 Verfügbare Modelle

Auf der Grundlage der genannten Anforderungen können einige Modelle miteinander verglichen werden. Dabei berücksichtigen wir sowohl Modelle für die Softwareprozeßoptimierung als auch Modelle, die sich vornehmlich auf die Verbesserung des Testprozesses richten.

4.4.1 Modelle zur Softwareprozeßoptimierung

Für die Softwareprozeßoptimierung stehen eine Vielzahl an Modellen zur Verfügung, die den gesamten Entwicklungsprozeß abdecken, also von der Spezifizierung der Anforderungen bis hin zum Testen und zur Einführung. Beispiele sind das Capability Maturity Model [Humphrey, 1989; SEI, 1995], Bootstrap [Kuvaja u.a., 1994], SPICE [Emam u.a., 1998] und TickIt [Hall, 1995]. Diese Modelle gehen zwar auf das Testen ein, bieten jedoch einen unzureichenden Rahmen für eine schrittweise Verbesserung des Testprozesses. Infolge des hohen Abstraktionsniveaus wird die Optimierung des Testprozesses häufig als ein einziger Schritt betrachtet. Damit genügen diese Modelle nicht oder nur in beschränktem Maße den Anforderungen im Zusammenhang mit gezielten und kontrollierten Optimierungsschritten.

4.4.2 Modelle zur Testprozeßoptimierung

Neben den allgemeinen Optimierungsmodellen gibt es einige Modelle, die sich speziell mit der Verbesserung des Testprozesses beschäftigen. Bekannte Modelle sind das Testability Maturity Model (TMM) von David Gelperin [Gelperin, 1996], das Test Improvement Model (TIM) von Ericson/Subotic/Ursing [Ericson u.a., 1996] und das Testing Maturity Model (TMM, leider wird das gleiche Akronym wie beim Gelperin-Modell verwendet) des Illinois Institute of Technology [Burnstein u.a., 1996].

Obwohl alle diese Modelle als Bezugsrahmen eingesetzt werden können, hatten die Autoren dieses Buches ein Modell vor Augen, das mehr Optimierungsschritte, praktische Details und Anweisungen beinhaltet. Das war der wichtigste Grund dafür, auf der Grundlage von Praxiskenntnissen ein neues Modell zu entwickeln, das diesen Anforderungen entspricht: Das »Test Process Improvement«-Modell (TPI-Modell).

5 Das TPI-Modell

Der erste Abschnitt dieses Kapitels beinhaltet eine allgemeine Beschreibung des Modells. Anschließend werden einige spezifische Merkmale erläutert. Die Abschnitte 5.3 bis 5.7 beziehen sich jeweils auf die verschiedenen Teile des Modells. Am Ende des Kapitels werden die in Abschnitt 4.3 bereits beschriebenen Anforderungen in bezug auf das TPI-Modell erneut diskutiert.

5.1 Allgemeine Beschreibung des Modells

Wie bereits im vorigen Kapitel erläutert wurde, wird das TPI-Modell dazu verwendet, um den Ist-Zustand eines Testprozesses zu analysieren und die Stärken und Schwächen des Testprozesses zu verdeutlichen. Dazu muß das Modell den Testprozeß unter verschiedenen Gesichtspunkten betrachten und diesen u.a. auf den Einsatz von Test-Tools, Spezifikationstechniken und Testberichten hin bewerten. Diese Aspekte werden mit **Kernbereichen** bezeichnet. Bei der Betrachtung der jeweiligen Kernbereiche findet eine Klassifizierung des Testprozesses in bestimmte **Ebenen** von Entwicklung statt. Mit ansteigenden Ebenen erfolgt eine Optimierung in zeitlicher (schneller), finanzieller (kostengünstiger) bzw. qualitativer (besser) Hinsicht. Für den Kernbereich »Berichterstattung« sind z.B. folgende Ebenen, aufsteigend von A bis D, definiert:

A) Die Anzahl der gefundenen Abweichungen wird festgehalten.

B) Der Fortschritt wird notiert (Tests, Produkte, Aktivitäten, gefundene Abweichungen), und Abweichungen werden mit Prioritäten versehen.

C) Die Risiken für das System werden festgestellt, und es werden Empfehlungen aufgrund von Beobachtungen ausgesprochen.

D) Die Empfehlungen haben einen »Software Process Improvement«-Charakter.

Da nicht jeder Kernbereich und jede Ebene gleich wichtig für den Nutzen des gesamten Testprozesses sind und außerdem Abhängigkeiten zwischen den verschiedenen Kernbereichen und Ebenen bestehen, sind alle Kernbereiche und Ebenen in einer **Entwicklungsmatrix** zueinander in Beziehung gestellt.

Um eine objektive Einteilung in Ebenen sicherzustellen, ist jede Ebene mit einem oder mehreren **Kontrollpunkten** versehen, die ein Testprozeß erfüllen muß, um auf dieser Ebene klassifiziert zu werden.

Außer zur Erfassung des Ist-Zustands des Testprozesses können die Kernbereiche und Ebenen auch zur Definition des Soll-Zustands verwendet werden sowie zur Bestimmung der möglichen Zwischenschritte auf dem Wege dahin. Als zusätzliches Hilfsmittel sind dem Modell noch **Optimierungsvorschläge** in Form von Anweisungen und Vorschlägen hinzugefügt, um eine höhere Ebene zu erreichen.

Das Modell kann wie folgt dargestellt werden:

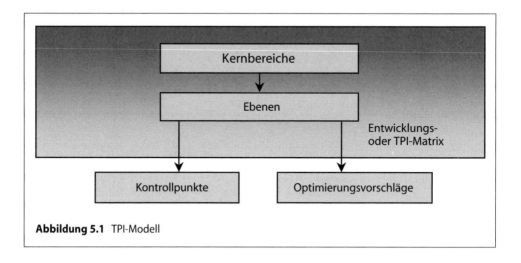

Abbildung 5.1 TPI-Modell

Man kann hier einen Vergleich zu einem Trainingsprogramm ziehen, durch das die körperliche Kondition oder Fitness erhöht wird. Die Kernbereiche stellen dabei die Körperteile dar: Beine, Arme, Bauch usw., und die Ebenen geben die Steigerung der Geschwindigkeit oder Kraft der Körperteile an. Diese Ebenen werden anhand von Kontrollpunkten bestimmt, beispielsweise wird die Fähigkeit gemessen, ein bestimmtes Gewicht heben zu können oder eine Übung in einer vorgegebenen Zeit durchzuführen. Eine umfassende Steigerung der körperlichen Leistung hängt häufig von einer kombinierten Leistung von mehr als einem Körperteil ab. Gewichtheben ist beispielsweise ein Zusammenspiel von Körperteilen wie Armen, Beinen und Bauch. Die Entwicklungsmatrix ist eine Art »Punktekarte«, die dabei hilft, den Zusammenhang zwischen den Leistungen der verschiedenen Körperteile zu erkennen. Hiermit kann vermieden werden, daß eine einseitige Verbesserung stattfindet, und man kann ein individuelles »Trainingsprogramm« zusammenstellen, wobei von der momentanen Leistungsebene ausgegangen wird. Optimierungsvorschläge zum Erreichen einer höheren Leistungsebene sind beispielsweise spezifische Übungen, gesündere Ernährung oder die Einnahme von Anabolika ...

In den folgenden Abschnitten werden die Kernbereiche, Ebenen und die Entwicklungsmatrix eingehender erläutert. In Kapitel 7 »Ebenen je Kernbereich« werden die Ebenen mit den dazugehörenden Kontrollpunkten und Optimierungsvorschlägen im einzelnen erörtert.

5.2 Positionierung des Modells

Das TPI-Modell ist in der Praxis entstanden und bietet einen Bezugsrahmen für:

- die Feststellung der starken und der weniger starken Aspekte des Ist-Zustands eines Testprozesses in einem Unternehmen und
- die Formulierung gezielter und erreichbarer Vorschläge für die Verbesserung dieses Testprozesses.

In den folgenden Abschnitten werden einige Faktoren erklärt, die beim Zustandekommen dieses Modells eine Rolle gespielt haben.

5.2.1 TMap

Als Grundlage für das Modell wurde die Methodik für strukturiertes Testen, »TMap«, verwendet, die mit verschiedenen Aspekten aus den in Abschnitt 4.4 »Verfügbare Modelle« genannten Modellen ergänzt wurde.

Diese Methodik hat vier Pfeiler: ein mit dem Entwicklungszyklus im Zusammenhang stehendes *Phasenmodell (P)* der Testaktivitäten, eine gute *organisatorische Einbettung (O)*, die richtige *Infrastruktur* und *Tools (I)* sowie brauchbare *Techniken (T)* für die Durchführung der Aktivitäten, wie in Abbildung 5.2 dargestellt ist.

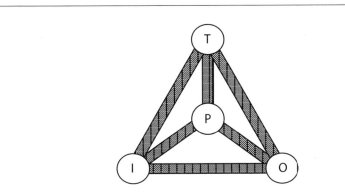

Abbildung 5.2 Die vier Pfeiler eines strukturierten Testprozesses

Die Pfeiler sind allgemein gültig; innerhalb eines jeden Testprozesses wird jedem der Pfeiler mehr oder weniger Aufmerksamkeit geschenkt werden müssen. Für einen ausgewogenen Testprozeß muß der Inhalt der Pfeiler ebenfalls gleichwertig sein. Kapitel 8 enthält eine kurze Beschreibung von TMap.

Es wird hiermit nachdrücklich darauf hingewiesen, daß die Einführung von TMap nicht das Endziel des TPI-Modells ist, sondern daß einzelne Punkte der Methodik verwendet werden, um das Modell so vollständig wie möglich entwickeln zu können. Das Modell kann daher auch ohne Schwierigkeiten dort eingesetzt werden, wo eine eigene Methode verwendet wird, da diese ganz einfach auf den gleichen Pfeilern ruht und die gleichen Aspekte berücksichtigt.

5.2.2 Prüfen

Die Grenze zwischen dem Testen eines Endprodukts und dem Prüfen eines Zwischenprodukts wird immer theoretischer. Aus diesem Grund und da beim Prüfen viel eher und sehr viel kostengünstiger Fehler entdeckt werden können als beim Testen, ist das Prüfen von Zwischenprodukten ein Teil des Betrachtungsbereichs des TPI-Modells. Die Prüfung der Prozesse der Systementwicklung gehört indessen nicht zu diesem Betrachtungsbereich. Bei solchen Prüfungen spielen auch andere Aspekte eine Rolle, beispielsweise die Prozeßbeschreibungen und die Mitarbeiter, die an diesen Prozessen beteiligt sind.

5.2.3 Prüfen, High-Level- und Low-Level-Tests

Bei einem »unausgereiften« Testprozeß stammt der Anreiz zur Verbesserung meistens von den Anwendern oder den Administratoren des IT-Systems. Sie erkennen (zu spät), daß das bereits eingesetzte IT-System von unzureichender Qualität ist. Die Schlußfolgerung lautet dann, daß der Testprozeß – und dabei insbesondere die letzten (High-Level-)Teststufen wie beispielsweise der System- oder Abnahmetest – die vorhandenen Fehler nur ungenügend entdeckt hat. Als Lösung entscheidet man sich dann für eine bessere Kontrolle dieser letzten Teststufen, so daß diese mehr Sicherheit und Informationen über die Qualität des Systems bieten.

Erst wenn diese Kontrolle erfolgt ist, wird die Effizienz des Testprozesses wichtig. Man wird sich der Tatsache bewußt, daß viele überflüssige Überlappungen zwischen den verschiedenen Teststufen vorhanden sind und daß es zeitliche und finanzielle Vorteile mit sich bringt, wenn man zu einem früheren Zeitpunkt Maßnahmen im Systementwicklungsprozeß trifft. Das wichtigste Argument dabei ist, daß es viel kostengünstiger ist, wenn Fehler so früh wie möglich gefunden und korrigiert werden. Sowohl die Low-Level-Tests als auch die Prüfungen erfolgen zu einem früheren Zeitpunkt in der Systementwicklungsphase als die High-Level-Tests und sind dadurch in der Lage, Fehler näher am Ursprung zu erkennen.

Die Ebenen des Modells richten sich nach der Praxis, daß ein Unternehmen sich meistens zunächst an den High-Level-Tests orientiert. Zu Beginn zielen diese Ebenen daher mehr auf diese Teststufen und erst bei einem »ausgereifteren« Testprozeß mehr auf die Low-Level-Tests, auf die Prüfungen und insbesondere auch auf die Abstimmung und die Integration zwischen allen unterschiedlichen Arten von Tests und Prüfungen.

5.2.4 DV-Unterstützung der Geschäftsprozesse

Das TPI-Modell ist hauptsächlich anhand der Kenntnisse und Erfahrungen im Bereich des Testens innerhalb der DV-Unterstützung von Geschäftsprozessen entwickelt worden. Obgleich das Testen bei dieser Anwendung viele Berührungspunkte mit dem Testen anderer Anwendungen aufweist, beispielsweise die »embedded Software« oder die Prozeßautomatisierung, bestehen auch Unterschiede. Manche Aspekte sind z.B. bei der einen Art gerade nicht oder eben gerade von Bedeutung, oder die Prioritäten liegen anders. Ein Beispiel für einen solchen Aspekt ist die Integration zwischen Hard- und Software. Dies ist bei der Unterstützung von Geschäftsprozessen wahrscheinlich weniger wichtig als im Bereich der embedded Software. Es liegt in der Verantwortung der Person, die das TPI-Modell anwendet, die Übereinstimmungen und die Unterschiede zu erkennen und diese richtig zu interpretieren.

5.3 Kernbereiche

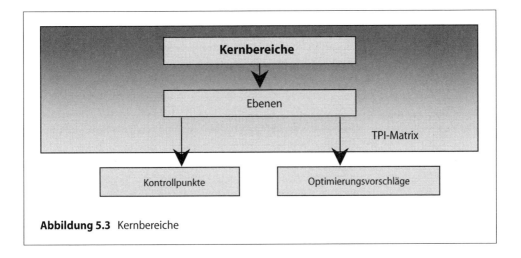

Abbildung 5.3 Kernbereiche

Im Rahmen der einzelnen Aspekte eines jeden Pfeilers in einem strukturierten Testprozeß wurden für das TPI-Modell 20 Kernbereiche unterschieden, die den gesamten Testprozeß beinhalten.

Der Betrachtungsbereich der Testprozeßoptimierung umfaßt vor allem die High-Level-Tests; darauf sind die meisten Kernbereiche abgestimmt. Damit zur Optimierung der besser entwickelten Testprozesse auch den Low-Level-Tests und Prüfungen die notwendige Aufmerksamkeit geschenkt werden kann, wurden hierfür gesonderte Kernbereiche gebildet.

In der folgenden Tabelle sind die verschiedenen Kernbereiche kurz beschrieben. Die erste Spalte gibt an, zu welchem Pfeiler der Kernbereich gehört.

Pfeiler:

P = Phasenmodell   I = Infrastruktur und Tools
T = Techniken   O = Organisation

Pfeiler	Kernbereich	Beschreibung
P	Teststrategie	Die Teststrategie muß darauf ausgerichtet sein, die wesentlichsten Fehler so früh wie möglich und zu den geringstmöglichen Kosten zu finden. Bei der Teststrategie wird festgelegt, welche (Qualitäts-)Anforderungen und Risiken mit welchen Tests abzudecken sind. Je besser jede Teststufe ihre eigene Strategie bestimmt und je besser diese verschiedenen Strategien koordiniert werden, desto höher wird die Qualität der gesamten Teststrategie, da Redundanzen oder nicht abgedeckte Bereiche (»Löcher«) zwischen den verschiedenen Tests vermieden werden.
P	Einsatz des Phasenmodells	Innerhalb des Testprozesses können einige Phasen unterschieden werden, beispielsweise Planung, Vorbereitung, Testspezifikation, Ausführung und Abschluß. In jeder Phase werden verschiedene Aktivitäten durchgeführt; je Aktivität sind u.a. folgende Aspekte festzulegen: Ziel, Eingabe, Prozeß, Ausgabe, Abhängigkeiten, anzuwendende Techniken und Tools, erforderliche Einrichtungen, Dokumentation usw. Die Bedeutung eines Phasenmodells besteht darin, daß der Testprozeß übersichtlicher und besser zu verwalten ist, da verschiedene Aktivitäten in ihrem gegenseitigen Zusammenhang geplant und überwacht werden können.
P	Zeitpunkt der Beteiligung	Obwohl die tatsächliche Ausführung des Tests normalerweise nach der Realisierung der Software beginnt, kann und muß der Testprozeß sehr viel früher anfangen. Eine frühe Beteiligung des Testens bei der Systementwicklung ist dabei behilflich, Fehler so früh bzw. so einfach wie möglich zu finden und sogar zu vermeiden. Zwischen den verschiedenen Tests kann somit eine bessere Abstimmung stattfinden, und die Zeit, in der das Testen sich auf einem kritischen Pfad im Projekt befindet, kann so kurz wie möglich gehalten werden.
T	Kostenvoranschlag und Planung	Testplanung und Kostenvoranschlag geben an, welche Aktivitäten zu welchem Zeitpunkt durchzuführen sind und wieviel Ressourcen (Mitarbeiter, Rechner, Tools usw.) erforderlich sind. Ein qualitativ guter Kostenvoranschlag und eine gute Planung sind sehr wichtig, da sie beispielsweise die Grundlage für eine Reservierung der Kapazitäten bilden.
T	Test-Spezifikationstechniken	Die Definition für Test-Spezifikationstechniken ist »eine standardisierte Vorgehensweise für die Ableitung von Testfällen anhand von Ausgangsinformationen«. Durch den Einsatz solcher Techniken erhält man Informationen über die Qualität und Intensität der Tests, und die Wiederverwendbarkeit der Tests wird dadurch erhöht.

Pfeiler	Kernbereich	Beschreibung
T	Statische Testtechniken	Nicht alles kann und muß dynamisch, d.h. durch Ablauf von Programmen, getestet werden. Die Überprüfung von Produkten ohne Programmausführung oder die Beurteilung von Maßnahmen, die zu einer bestimmten Qualitätsebene führen sollen, werden als statisches Testen bezeichnet. Dabei sind Checklisten und ähnliche Dokumente sehr nützlich.
T	Metriken	Unter »Metriken« versteht man quantifizierte Beobachtungen. Sie sind für den Testprozeß in Hinblick auf den Fortschritt des Prozesses und die Qualität des getesteten Systems von wesentlicher Bedeutung. Metriken werden dazu eingesetzt, den Testprozeß zu überwachen und Testempfehlungen zu begründen sowie Systeme oder Prozesse miteinander vergleichen zu können. Sie helfen bei der Beantwortung von Fragen, weshalb das eine System wesentlich weniger Störungen bei der Produktion aufweist als das andere System, oder weshalb der eine Testprozeß schneller und gründlicher ist als der andere. Bei der Optimierung des Testprozesses sind Metriken besonders nützlich für die Bewertung von Folgen oder Auswirkungen bestimmter Optimierungsmaßnahmen, da sie Informationen, die vor und nach dem Einsatz der jeweiligen Maßnahmen entstanden sind, miteinander vergleichen.
I	Test-Tools	Test-Tools sind automatisierte Hilfsmittel für den Testprozeß. Eine Automatisierung innerhalb des Testprozesses kann auf unterschiedliche Weise durchgeführt werden und verfolgt in der Regel eines oder mehrere der folgenden Ziele: – weniger Arbeitsstunden – kürzere Durchlaufzeiten – höhere Testintensität – größere Flexibilität beim Testen – besseren bzw. schnelleren Einblick in den Status des Testprozesses – bessere Motivation des Testpersonals
I	Testumgebung	Die Ausführung des Tests findet in einer sogenannten Testumgebung statt, die sich hauptsächlich aus folgenden Komponenten zusammensetzt: – Hardware – Software – Kommunikationsmittel – Einrichtungen für den Aufbau und Einsatz von Dateien – Verfahren Die Testumgebung sollte so eingerichtet sein, daß anhand der Testergebnisse optimal festgestellt werden kann, inwiefern das Testobjekt den Anforderungen genügt. Die Umgebung beeinflußt in erheblichem Maße die Qualität, Durchlaufzeit und Kosten des Testprozesses. Wichtige Aspekte bei der Umgebung sind Zuständigkeiten, Kontrolle, rechtzeitige und ausreichende Verfügbarkeit, Repräsentanz und Flexibilität.
I	Testarbeitsplatz	Das Testpersonal benötigt Räume, Schreibtische, Stühle, PCs, Textverarbeitungseinrichtungen, Drucker, Telefone usw. Eine gute und rechtzeitige Einrichtung der Büroinfrastruktur beeinflußt nicht nur die Motivation der Mitarbeiter positiv, sondern wirkt sich auch entsprechend günstig auf die Kommunikation innerhalb und außerhalb des Teams und auf die effiziente Ausführung der Arbeiten aus.

Pfeiler	Kernbereich	Beschreibung
O	Engagement und Motivation	Das Engagement und die Motivation der am Testprozeß Beteiligten sind wesentliche Voraussetzungen für einen gut funktionierenden Testprozeß. Bei den beteiligten Personen handelt es sich nicht nur um die Tester, sondern beispielsweise auch um Projektmanager und Seniormanager. Der Testprozeß wird mit – sowohl qualitativ als quantitativ – ausreichenden zeitlichen, finanziellen und personellen Mitteln ausgestattet, um einen optimalen Test zu gewährleisten. Die Mitarbeit und Kommunikation mit anderen am Projekt Beteiligten führt zu einem möglichst optimalen Gesamtprozeß.
O	Testfunktionen und Ausbildungen	Sehr wichtig bei einem Testprozeß ist die optimale Zusammensetzung des Testteams. Dabei ist eine richtige Mischung verschiedener Disziplinen, Funktionen, Kenntnisse und Fähigkeiten notwendig. Beispielsweise sind neben spezifischen Testkenntnissen ebenfalls Erfahrungen in der Organisation und allgemeine IT-Kenntnisse erforderlich. Ferner bedarf es selbstverständlich gewisser sozialer Fähigkeiten. Zur Erlangung dieser ausgewogenen Mischung an Fähigkeiten müssen entsprechende Ausbildungen und Trainings absolviert werden.
O	Reichweite der Methodik	Jeder Testprozeß findet gemäß einer bestimmten Methode oder Vorgehensweise mit bestimmten Aktivitäten, Verfahren, Vorschriften, Techniken usw. statt. Wenn sich diese Methoden zu sehr voneinander unterscheiden oder wenn eine Methode zu generisch ist, müssen viele Elemente jedesmal aufs neue ausgearbeitet werden, was der Effizienz des Testprozesses nicht zugute kommt. Ziel ist es, daß eine Methode verwendet wird, die ausreichend generisch ist, um breit eingesetzt werden zu können, und detailliert genug, um zu vermeiden, daß jedesmal das Rad neu erfunden werden muß.
O	Kommunikation	Bei einem Testprozeß findet auf verschiedene Weisen Kommunikation statt, sowohl zwischen dem Testteam als auch zwischen den Testern und anderen Mitgliedern des Projekts, beispielsweise dem Entwickler, dem Endanwender, dem Projektmanager. Diese Kommunikation ist äußerst wichtig für einen gut verlaufenden Testprozeß, sowohl um gute Bedingungen zu schaffen und die Teststrategie abzustimmen als auch um über den Fortschritt und die Qualität zu sprechen.
O	Berichterstattung	Testen beschäftigt sich nicht nur mit dem Aufdecken von Fehlern, sondern hat auch zum Ziel, Einblick in die Qualität des Produkts zu erhalten. Die Berichterstattung sollte fundierte Ratschläge für den Auftraggeber zum Produkt und sogar zum Systementwicklungsverfahren enthalten.
O	Dokumentation der Abweichungen	Obwohl die Dokumentation von Abweichungen eher eine projektinterne Angelegenheit ist, sind Tester sehr eng an diesem Aspekt beteiligt. Eine gute Verwaltung muß den Lebenszyklus einer Abweichung verfolgen und außerdem die Analyse der Qualitätsentwicklung in den aufgedeckten Abweichungen unterstützen können. Diese Analysen werden u.a. dazu verwendet, fundierte Qualitätsaussagen zu machen.
O	Testware-Management	Da es möglich sein muß, Testprodukte zu aktualisieren und wieder zu benutzen, müssen sie verwaltet werden. Außer den Testprodukten selbst, beispielsweise Testpläne, -spezifikationen und -dateien, ist es erforderlich, daß die Produkte vorheriger Vorgänge wie Fachkonzept und Realisierung gut verwaltet werden, da der Testprozeß u.a. durch die Anwendung falscher Programmversionen schwer gestört werden kann. Wenn die Tester entsprechende Anforderungen an die Versionenverwaltung stellen, wird ein positiver Einfluß ausgeübt und die Testbarkeit der Produkte erhöht.

Pfeiler	Kernbereich	Beschreibung
O	Testprozeß-management	Wesentlich für die Verwaltung eines jeden Prozesses und einer jeden Aktivität sind die vier Schritte des sogenannten Deming-Kreises: Planung, Ausführung, Überwachung und Anpassung. Prozeßmanagement ist wichtig, wenn in einem doch häufig turbulenten Testprozeß ein optimaler Test ausgeführt werden soll.
(alle)	Prüfen	Unter Prüfen versteht man die Überprüfung von Zwischenprodukten wie beispielsweise die Anforderungen und den Fachkonzept. Im Vergleich zum Testen liegt der Vorteil darin, daß Fehler sehr viel eher entdeckt werden können. Die Korrekturkosten sind dadurch wesentlich niedriger. Außerdem kann eine Beurteilung sehr viel einfacher durchgeführt werden, da u.a. keine Programme ausgeführt und keine Testumgebungen geschaffen werden müssen.
(alle)	Low-Level-Tests	Low-Level-Tests werden fast ausschließlich von den Entwicklern durchgeführt. Bekannte Low-Level-Tests sind der Modultest und der Integrationstest. Genauso wie die Prüfung finden diese Teststufen eher Fehler in der Systementwicklung als die High-Level-Tests. Low-Level-Tests sind effizient, da sie wenig Kommunikation erfordern, die Analyse einfacher ist und der Finder des Fehlers diesen häufig auch gleich selbst beseitigen kann.

Tabelle 5.1 Kernbereiche

5.4 Ebenen

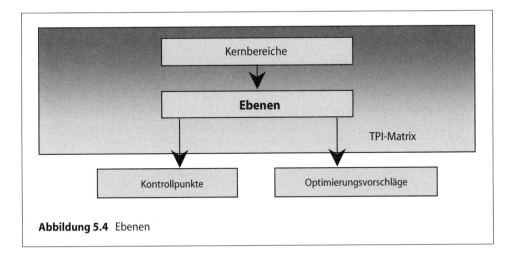

Abbildung 5.4 Ebenen

5.4.1 Beschreibung der Ebenen

Im TPI-Modell sind die Kernbereiche in verschiedene Ebenen unterteilt, A, B, C usw., wobei C höher liegt als B und B höher als A. Die Anzahl der Ebenen ist nicht bei allen Kernbereichen gleich, liegt jedoch aus Gründen der Einsatzfähigkeit bei durchschnittlich drei Ebenen je Kernbereich.

Jede nächsthöhere Ebene ist in zeitlicher, finanzieller und/oder qualitativer Hinsicht besser als die vorige Ebene. Durch eine Einteilung in Ebenen kann der derzeitige Zustand eines Testprozesses klarer festgestellt und können bessere Ziele für eine schrittweise Optimierung vorgeschlagen werden.

Um einer Ebene zugeteilt zu werden, müssen die jeweiligen Kontrollpunkte erfüllt werden. Die Anforderungen (= Kontrollpunkte) einer Ebene beinhalten auch die Anforderungen, die zu einer niedrigeren Ebene gehören. Ein Testprozeß auf der B-Ebene entspricht sowohl den Anforderungen der A-Ebene als auch denen der B-Ebene. Erfüllt ein Testprozeß nicht die Anforderungen der A-Ebene, befindet sich der Prozeß auf der sogenannten Startebene. An diese niedrigste Ebene werden keine Anforderungen gestellt.

In der folgenden Tabelle sind die Ebenen für die verschiedenen Kernbereiche dargestellt. Kapitel 7 »Ebenen je Kernbereich« enthält eine Erklärung aller Ebenen mit den dazugehörigen Kontrollpunkten und Optimierungsvorschlägen.

Ebenen \ Kernbereich	A	B	C	D
Teststrategie	Strategie für einzelne High-Level-Tests	Strategie für High-Level-Tests	Strategie für High-Level-Tests sowie Low-Level-Tests oder Prüfungsstufen	Strategie für alle Test- und Prüfungsstufen
Einsatz des Phasenmodells	Hauptphasen Planung, Spezifikation, Durchführung	Vollständiges Phasenmodell: Planung, Vorbereitung, Spezifikation, Durchführung und Abschluß		
Zeitpunkt der Beteiligung	Fertigstellung der Testbasis	Aufstellen der Testbasis	Aufstellen der Anforderungen	Beginn des Projekts
Kostenvoranschlag und Planung	Fundierter Kostenvoranschlag und Planung	Statistisch fundierter Kostenvoranschlag und Planung		
Test-Spezifikationstechniken	Nicht formale Techniken	Formale Techniken		
Statische Testtechniken	Detailüberprüfung	Checklisten		
Metriken	Projektmetriken (über Produkt)	Projektmetriken (über Prozeß)	Systemmetriken	Organisationsmetriken (>1 System)
Test-Tools	Planungs- und Verwaltungs-Tools	Durchführungs- und Analyse-Tools	Weitgehende Automatisierung des Testprozesses	
Testumgebung	Kontrollierte Testumgebung	Testen in der geeignetsten Umgebung	»Umgebung auf Abruf«	
Testarbeitsplatz	Adäquate und rechtzeitige Einrichtung der Testarbeitsplätze			

Kernbereich \ Ebenen	A	B	C	D
Engagement und Motivation	Zuweisung von Budget und Zeit	Testen in Projektorganisation integriert	Test-Engineering wird akzeptiert, d.h., Testwissen fließt in den gesamten Entwicklungsprozeß ein	
Testfunktionen und Ausbildungen	Testmanager und Tester	Formale Unterstützung (methodische, technische und funktionale); Management	Formale interne Qualitätssicherung	
Reichweite der Methodik	Projektspezifisch	Organisationsgenerisch	Organisationsoptimierend, F&E-Aktivitäten	
Kommunikation	Interne Testkommunikation	Projektkommunikation, Analyseforum, Änderungsüberwachung	Kommunikation über die Qualität der Testprozesse auf Organisationsebene	
Berichterstattung	Aufdecken der Abweichungen	Abweichungen einschließlich Prioritätenzuweisung und Berichterstattung über Zeitaufwand und Testfortschritt	Risiken und Empfehlungen anhand von Metriken	Empfehlungen mit SPI (»Software Process Improvement«)-Charakter
Dokumentation der Abweichungen	Interne Dokumentation der Abweichungen	Umfangreiche Dokumentation der Abweichungen mit flexiblen Berichterstattungsmöglichkeiten	Dokumentation der Abweichungen wird im gesamten Projekt eingesetzt.	
Testware-Management	Internes Testware-Management	Externes Management von Testbasis und Testobjekt	Übertragbare Testware	Rückverfolgbarkeit von Systemanforderungen bis Testfälle
Testprozeßmanagement	Planung und Durchführung	Planung, Durchführung, Überwachung und Anpassung	Überwachung und Anpassung in der Organisation	
Prüfen	Überprüfungstechniken	Überprüfungsstrategie		
Low-Level-Tests	Phasenmodell für Low-Level-Tests (Planung, Spezifikation und Durchführung)	(White-Box-)Techniken für Low-Level-Tests	Strategie für Low-Level-Tests	

Tabelle 5.2 Ebenen

Nachfolgend werden zwei Beispiele zur Bedeutung bestimmter Ebenen aufgeführt. Einzelheiten hierzu finden sich in Kapitel 7.

> **Beispiel 1:**
>
> Bei einem Abnahmetest wird eine Teststrategie erstellt, bei der man sich bewußt dafür entscheidet, welche Systemelemente oder Qualitätsmerkmale des Systems getestet werden und welche nicht und wie intensiv jeder Test sein muß (mit Hilfe einer Auswahl der Test-Spezifikationstechniken). Es erfolgt jedoch keine Abstimmung mit anderen Teststufen wie Modul-, Integrations- oder Systemtest; das bedeutet, daß der Abnahmetestprozeß für den Kernbereich »Teststrategie« in die A-Ebene eingeteilt wird.

> **Beispiel 2:**
>
> Der Testprozeß berichtet wöchentlich und enthält eine Übersicht über die gefundenen Abweichungen und den dafür benötigten Zeitaufwand. Da den Abweichungen keine Prioritäten zugewiesen werden und kein Testfortschritt angegeben wird, wird der Prozeß für den Kernbereich »Berichterstattung« in Ebene A eingeteilt und (noch) nicht in Ebene B.

5.4.2 Merkmale

Bei den höheren Ebenen im TPI-Modell können folgende Merkmale aufgeführt werden:

- Projektübergreifende Testkonzeption
  Die niedrigen Ebenen des Modells orientieren sich an einem gut eingeführten Testprozeß innerhalb eines Projekts. Da Projekte per Definition einen befristeten Charakter haben, zielt das Modell in höheren Ebenen mehr auf die Unterstützung ab, die ein Unternehmen zur Organisation von Testprozessen geben sollte. Dadurch wird vermieden, daß jedes Projekt das (Testprozeß-)Rad neu oder auf eine andere Art erfindet.
  Kernbereiche: Metriken, Reichweite der Methodik, Kommunikation, Testprozeßmanagement

- Früherer Start
  Ein früherer Teststart in der Systementwicklung bedeutet nicht nur, daß Fehler eher gefunden werden können, sondern auch, daß eine Abstimmung zwischen den verschiedenen Tests und Prüfungen, sowie zwischen Testen und Entwurf/Implementierung besser möglich ist.
  Kernbereiche: Teststrategie, Zeitpunkt der Beteiligung, Prüfen, Low-Level-Tests

- Größere Beteiligung bei vorherigen Phasen
  Das Einbeziehen des Testens bei den Phasen wie Entwurf und Implementierung hat den Vorteil einer verbesserten Kommunikation und hilft zudem, die Testbarkeit des Systems

zu erhöhen. Dadurch kann der Testprozeß effizienter erfolgen und können Fehler früher gefunden oder sogar verhindert werden.
Kernbereiche: Zeitpunkt der Beteiligung, Engagement und Motivation, Kommunikation, Berichterstattung

- Immer weitreichendere Automatisierung des Testprozesses
  Mit der Automatisierung des Testprozesses können Vorteile wie eine kürzere Durchlaufzeit, weniger Kosten und eine höhere Qualität erzielt werden. Wie für jede Automatisierung gilt auch hier, daß sie als ein Hilfsmittel zu betrachten ist und nicht als ein Ziel an sich.
  Kernbereiche: Test-Tools

- Professionalisierung des Testens
  Das Testen muß die Aufmerksamkeit bekommen, die ihm gebührt. Erwartet wird, daß der Testprozeß verbessert wird, daß die Tester sachkundige Empfehlungen erteilen usw. Das bedeutet auch, daß die Personen, die mit dieser Aufgabe betraut werden, über ausreichende Kenntnisse verfügen müssen. Testausbildungen, Aufgabenbeschreibung und eine organisatorische Unterstützung können dabei behilflich sein.
  Kernbereiche: Testfunktionen und Ausbildungen, Engagement und Motivation

5.5 Entwicklungsmatrix

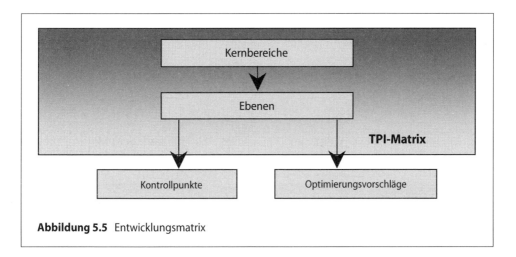

Abbildung 5.5 Entwicklungsmatrix

5.5.1 Beschreibung

Bei der Analyse eines Testprozesses werden die Ebenen für jeden Kernbereich festgestellt. Auf der Grundlage dieser Ebenen können dann Verbesserungen in Form der gewünschten höheren Ebene vorgeschlagen werden. Dabei besteht die Versuchung, beispielsweise alle

Kernbereichen auf Ebene B zu bringen, um dann sagen zu können, daß »sich der Testprozeß auf Ebene B befindet«. Das ist ganz sicher nicht Sinn der Sache, da verschiedene Abhängigkeiten und Prioritäten zwischen den Ebenen und den Kernbereichen bestehen. Ein Beispiel kann dies verdeutlichen:

> Bei Ebene A des Kernbereichs »Metriken« wird angegeben, daß Projektmetriken geführt werden. Das bedeutet beispielsweise, daß für jede Zeiteinheit sowohl Daten zu dem zeitlichen Aufwand als auch zu den Abweichungen vorliegen müssen. Das Führen dieser Daten beinhaltet, daß der Testprozeß sich für die Kernbereiche »Berichterstattung« und »Dokumentation der Abweichungen« bereits mindestens auf Ebene B bzw. A befindet. Das heißt, daß »Metriken«, Ebene A, abhängig ist von »Berichterstattung«, Ebene B, und von »Dokumentation der Abweichungen«, Ebene A.

Solche Abhängigkeiten bestehen zwischen vielen Ebenen und Kernbereichen. Abschnitt 7.21 enthält eine Übersicht über alle Abhängigkeiten. Ferner sind verschiedene Prioritäten zu setzen. Bei einem sehr »unausgereiften« Testprozeß ist es wichtiger, sich auf eine gute Teststrategie, den Einsatz eines Phasenmodells und die Anwendung von Test-Spezifikationstechniken zu konzentrieren, als Metriken zu sammeln, Test-Tools zu verwenden oder eine vollständige Testmethodik für das Projekt beschrieben zu haben.

Auf der Grundlage der Abhängigkeiten und Prioritäten stehen alle Ebenen und Kernbereiche in einer Entwicklungsmatrix (die TPI-Matrix) in Beziehung zueinander. In der Matrix sind vertikal die Kernbereiche aufgeführt und horizontal die Entwicklungsstufen. Die Ebenen sind in den Matrixelementen angegeben. Aus dieser Einteilung hat sich eine Matrix mit 13 Entwicklungsstufen ergeben.

5.5.2 Matrix

Tabelle 5.3 stellt die Matrix dar.

Kernbereich / Stufe	0	1	2	3	4	5	6	7	8	9	10	11	12	13
Teststrategie		A				B				C		D		
Einsatz des Phasenmodells		A		B										
Zeitpunkt der Beteiligung			A			B				C		D		
Kostenvoranschlag und Planung				A						B				
Test-Spezifikationstechniken		A		B										
Statische Testtechniken					A	B								
Metriken						A		B			C		D	
Test-Tools					A			B		C				
Testumgebung				A				B						C
Testarbeitsplatz				A										
Engagement und Motivation		A			B							C		

Kernbereich / Stufe	0	1	2	3	4	5	6	7	8	9	10	11	12	13
Testfunktionen und Ausbildungen				A			B				C			
Reichweite der Methodik					A						B			C
Kommunikation			A		B							C		
Berichterstattung		A			B	C					D			
Dokumentation der Abweichungen		A				B	C							
Testware-Management				A		B				C				D
Testprozeßmanagement		A	B									C		
Prüfen							A			B				
Low-Level-Tests					A		B		C					
		beherrschbar					**effizient**				**optimierend**			

Tabelle 5.3 Entwicklungsmatrix

Die leeren Felder zwischen den unterschiedlichen Ebenen haben an sich keine Bedeutung, geben jedoch an, daß das Erzielen einer höheren Entwicklung für den jeweiligen Kernbereich mit dem Entwicklungsgrad anderer Kernbereiche zusammenhängt. Es gibt in diesem Modell keine Abstufung zwischen den Ebenen: Wenn sich der Testprozeß für einen bestimmten Kernbereich fast (jedoch nicht vollständig) auf Ebene B befindet, wird er dennoch der Ebene A zugeordnet.

5.5.3 Aufbau der Matrix

Die verschiedenen Entwicklungsstufen können in drei Kategorien eingeteilt werden:

- beherrschbar
- effizient
- optimierend

Beherrschbar
Die Stufen 1 bis 5 zielen primär auf die Verwaltung des Testprozesses. Die unterschiedlichen Ebenen verweisen auf einen kontrollierten Testprozeß, der ausreichende Erkenntnisse über die Qualität des getesteten Objekts ermöglicht.
Konkret bedeutet dies, daß der Testprozeß in Phasen und nach einer im Vorfeld aufgestellten Strategie verläuft. Zum Testen werden dabei Spezifikationstechniken verwendet. Man dokumentiert die Abweichungen und berichtet darüber. Die Testware und Testumgebung werden gut beherrscht, und die Testmitarbeiter sind ausreichend ausgebildet.

Effizient

Die Ebenen der Stufen 6 bis 10 sind mehr auf die Effizienz des Testprozesses ausgerichtet. Diese Effizienz wird beispielsweise durch Automatisierung des Testprozesses, durch eine bessere Abstimmung und Integration zwischen den Testprozessen untereinander und mit den übrigen Beteiligten innerhalb der Systementwicklung sowie durch Verankerung der Arbeitsweise des Testprozesses in der Organisation erreicht.

Optimierend

Ein Testprozeß, der heute effizient ist, kann es morgen schon nicht mehr sein. Veränderte Verhältnisse wie beispielsweise die Einführung neuer Architekturen und Entwicklungsmethodiken erfordern jedesmal aufs neue eine Anpassung des Testprozesses. Die Ebenen der letzten drei Stufen sind durch eine immer umfangreichere Optimierung des Testprozesses gekennzeichnet und zielen darauf ab, daß eine ständige Verbesserung des generischen Testprozesses Teil der normalen Arbeitsweise des Unternehmens wird.

5.5.4 Erläuterung: Tools und Metriken

Im folgenden wird die Stellung einiger Ebenen in der Matrix näher erläutert:

- Es mag vielleicht überraschen, daß der Einsatz z.B. von »Record & Playback«-Tools zur Unterstützung der Testausführung relativ hoch eingeteilt ist (Stufe 7). Es geschieht häufig, daß ein Auftraggeber, der den Testprozeß verbessern will, zunächst an den Einsatz von Tools denkt. Diese Auffassung führt oft zu Enttäuschungen, da insbesondere beim Einsatz von Tools viele Fallgruben bei der Testausführung lauern. In einem gut organisierten Prozeß können Tools gewiß einen wichtigen Mehrwert darstellen, sie haben jedoch bei einem unzureichend organisierten Testprozeß eher kontraproduktive Auswirkungen. Einige Zitate aus der Testliteratur bestätigen dies:
  - »Automating chaos leads to faster chaos« [Graham u.a., 1996]
  - »Structure then tool« [Pol u.a., 1995]

  Probleme können auftreten durch die unzureichende Aktualisierbarkeit der automatisierten Testware oder durch zuviel Automatisierung oder dadurch, daß das Tool sich nicht für die Infrastruktur eignet, unter der das System läuft. Außerdem rentiert sich die Investition erst nach längerer Zeit, beispielsweise nach der Durchführung einiger Tests und Regressionstests. Das bedeutet auch, daß die automatisierte Testware gut wiederverwendbar sein muß.

- Obwohl das Sammeln von Metriken in Änderungsprozessen eine hohe Priorität hat, taucht in der Matrix die erste Ebene der Metriken erst in Stufe 5 auf. Der Grund dafür liegt darin, daß der Testprozeß in den Stufen 1 bis 4 noch kaum in der Lage ist, Metriken zu liefern, und falls dies doch möglich ist, können sie beim Prozeß noch nicht eingesetzt werden.

5.5.5 Einsatz der Matrix

Die Entwicklungsmatrix wird nach einer kritischen Betrachtung des Testprozesses ausgefüllt und bietet dann allen Beteiligten eine übersichtliche Vorstellung davon, auf welcher Ebene sich der Testprozeß befindet. Anhand der Matrix können anschließend gezielte Überlegungen zur Optimierung stattfinden.

In der Matrix ist von links nach rechts zu arbeiten, damit gering entwickelte Kernbereiche als erstes verbessert werden. Durch die Abhängigkeiten zwischen den Ebenen und Kernbereichen untereinander wissen wir aus Erfahrung, daß echte »Ausreißer« (d.h. ein Kernbereich mit einem hohen Entwicklungsgrad, während die restlichen Kernbereiche eine geringe oder durchschnittliche Entwicklung aufweisen) wenig Nutzen bringen. Was hat es beispielsweise für einen Sinn, eine sehr umfangreiche Dokumentation der Abweichungen zu führen, wenn diese nicht für Analysen und Berichte verwendet wird? Es darf zwar von den Modellprinzipien abgewichen werden, jedoch nicht ohne guten Grund.

Im folgenden Beispiel werden drei Zustände beschrieben: Der erste bezieht sich auf den Start des Optimierungsprozesses, der zweite Zustand muß am Ende des ersten Optimierungszeitraums erreicht worden sein, und der dritte ist der angestrebte Zustand am Ende des zweiten Optimierungszeitraums. Die Verbesserungen folgen dem Aufbau der Matrix »von-links-nach-rechts«. Damit das Beispiel so einfach und verständlich wie möglich bleibt, wird hier nur eine Auswahl der Kernbereiche erläutert.

Der erste Zustand bezieht sich auf den Abnahmetest und hat folgende Merkmale:

- Beim Testprozeß wird keine bewußte, auf Risiken basierende Entscheidung darüber getroffen, was wie intensiv zu testen ist (Teststrategie, Ebene < A), sondern alles wird mit zwei selbst entwickelten informellen Techniken getestet (Test-Spezifikationstechniken, Ebene A).
- Der Testprozeß verläuft phasenweise (Einsatz des Phasenmodells, Ebene A).
- Das Testen beginnt, sobald die Testbasis vollständig vorliegt (Zeitpunkt der Beteiligung, Ebene A).
- Es werden verschiedene Arten von Test-Tools verwendet (Test-Tools, Ebene A).
- Die Berichterstattung besteht aus einer Übersicht über die gefundenen Abwechungen (Berichterstattung, Ebene A).
- Die erstellte Testware wird schlecht verwaltet und ist dadurch nur unzureichend wiederverwendbar (Testware-Management, Ebene < A).

Das Ergebnis dieser Situation stellt sich folgendermaßen dar: Obwohl eine erhebliche zeitliche und finanzielle Investition in das Testen stattgefunden hat, liefert der Testprozeß dennoch wenig Informationen über die Qualität des zu testenden Objekts. Ferner kostet jeder erneute Test einen erheblichen Arbeitsaufwand, was häufig zu Projektverzögerungen führt.

Kernbereich \ Stufe	0	1	2	3	4	5	6	7	8	9	10	11	12	13
Teststrategie		A					B				C		D	
Einsatz des Phasenmodells		A			B									
Zeitpunkt der Beteiligung			A				B			C		D		
Test-Spezifikationstechniken		A		B										
Metriken					A				B			C		D
Test-Tools					A			B			C			
Berichterstattung		A			B		C				D			
Testware-Management			A		B					C		D		
Low-Level-Tests					A		B		C					
usw.														

Zur Verbesserung dieser Situation wird beschlossen, in einem ersten Anlauf folgende Schritte durchzuführen:

- Beim Testprozeß ist entsprechend der Risiken bewußt zu entscheiden, was wie intensiv getestet werden soll (Teststrategie, Ebene A), wobei aus einer Vielzahl von Test-Spezifikationstechniken jetzt eine Auswahl getroffen wird (Test-Spezifikationstechniken, Ebene B).

- Der Testprozeß wird um eine Phase erweitert, in der die Testbasis überprüft wird, so daß man Informationen über die Qualität und Testbarkeit der Testbasis erhält, sowie um eine weitere Phase zur Konservierung der Testware und Evaluierung des Prozesses (Einsatz des Phasenmodells, Ebene B).

- Den Abweichungen werden Prioritäten zugeteilt. In periodischen Abständen wird darüber berichtet, wobei gleichzeitig auch Informationen über den Fortschritt mit angegeben werden (Berichterstattung, Ebene B).

- Die erstellte Testware muß anhand entsprechender Verfahren durch eine hierfür zuständige Person gut verwaltet werden (Testware-Management, Ebene A).

Das führt zu einem tieferen Einblick in die Qualität des Testobjekts und im Falle von Regressionstests zu weniger Arbeit.

5.5 Entwicklungsmatrix

Kernbereich \ Stufe	0	1	2	3	4	5	6	7	8	9	10	11	12	13
Teststrategie			A				B				C		D	
Einsatz des Phasenmodells			A		B									
Zeitpunkt der Beteiligung				A				B		C		D		
Test-Spezifikationstechniken			A	B										
Metriken							A		B		C	D		
Test-Tools					A			B		C				
Berichterstattung			A		B	C				D				
Testware-Management				A			B			C		D		
Low-Level-Tests					A	B	C							
usw.														

Innerhalb eines zweiten Optimierungszeitraums wird die Testprozeßoptimierung auf alle Teststufen ausgedehnt, also auch auf Modul-, Integrations- und Systemtest. Folgende Verbesserungen werden durchgeführt:

- Der Abnahmetest muß seine Strategie mit dem anderen High-Level-Test, dem Systemtest, abstimmen, so daß »Löcher« und unnötige Überlappungen in der Testabdeckung vermieden werden (Teststrategie, Ebene B). Das stellt auch besondere Anforderungen an den Systemtest, was jedoch im Rahmen dieses Beispiels nicht näher erläutert werden soll.

- Ein früherer Start des Testprozesses ist erforderlich, um die Teststrategien gut koordinieren zu können (Zeitpunkt der Beteiligung, Ebene B).

- In der Berichterstattung werden Metriken gesammelt und verwendet (Metriken, Ebene A).

- Die Berichterstattung enthält Empfehlungen zur Qualität des Testobjekts. Diese Empfehlungen werden mit Metriken belegt (Berichterstattung, Ebene C).

- Die Testbasis und das Testobjekt müssen anhand bestimmter Verfahren und durch die Übertragung der Verantwortung auf eine Person gut verwaltet werden. Da dieses Management eine projektinterne Verantwortlichkeit ist, hat es außerhalb des Testprozesses stattzufinden (Testware-Management, Ebene B).

- Bei Low-Level-Tests werden das Phasenmodell und White-Box-Testtechniken verwendet, damit der Prozeß optimaler verwaltet werden kann und ein besserer Einblick in die Qualität ermöglicht wird (Low-Level-Tests, Ebene B).

Diese Verbesserungen werden zu einem früheren Zeitpunkt und in einem größeren Umfang Informationen über die Qualität liefern, so daß rechtzeitig Maßnahmen ergriffen werden können und die Wahrscheinlichkeit einer zeitlichen Verzögerung infolge einer unzureichenden Qualität des Testobjekts geringer ist.

Kernbereich	Stufe	0	1	2	3	4	5	6	7	8	9	10	11	12	13
Teststrategie			A					B				C		D	
Einsatz des Phasenmodells			A		B										
Zeitpunkt der Beteiligung				A					B			C		D	
Test-Spezifikationstechniken			A	B											
Metriken						A				B				C	D
Test-Tools						A			B		C				
Berichterstattung			A			B		C			D				
Testware-Management				A		B				C		D			
Low-Level-Tests						A	B	C							
usw.															

5.6 Kontrollpunkte

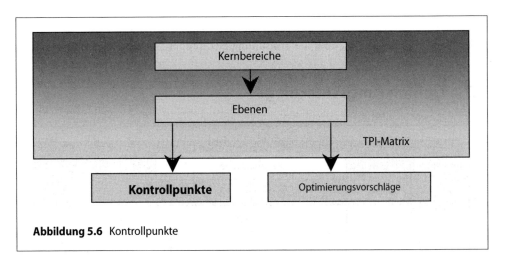

Abbildung 5.6 Kontrollpunkte

Zur objektiven Bestimmung der Ebene, auf der sich ein Testprozeß befindet, verfügt das Modell über ein Meßinstrument, die sogenannten Kontrollpunkte. Jede Ebene hat einige Kontrollpunkte. Ein Testprozeß muß diese Punkte erfüllen, um in diese Ebene eingeteilt zu werden. Die Kontrollpunkte sind kumulativ, d.h. um für Ebene B in Betracht zu kommen, muß der Testprozeß sowohl den Kontrollpunkten von Ebene B als auch denen von Ebene A entsprechen.

Beispiele:

Kernbereich Teststrategie: Ebene A, Strategie für einzelne High-Level-Tests
• Es erfolgt eine begründete Risikoabwägung durch Kenntnisse über das System sowie des Einsatzes und der Verwaltung des Systems.
• Es findet eine Differenzierung in der Intensität des Tests statt, die von den eingegangenen Risiken und – falls vorhanden – von den Akzeptanzkriterien abhängig ist: Nicht alle Teilsysteme und nicht jedes Qualitätsmerkmal wird gleich intensiv getestet.
• usw.
Kernbereich Teststrategie: Ebene B, Strategie für die High-Level-Tests
• Es erfolgt eine Abstimmung zwischen den verschiedenen High-Level-Tests, vor allem zwischen den System- und Abnahmetests, im Bereich der Teststrategie (Risiken, Qualitätsmerkmale, Betrachtungsbereich des Tests und Planung).
• Das Ergebnis der Koordinierung ist eine übergreifende Strategie, die schriftlich festgelegt und während des gesamten Testprozesses überwacht wird.
• usw.

In Kapitel 7 sind die Kontrollpunkte vollständig beschrieben.

5.7 Optimierungsvorschläge

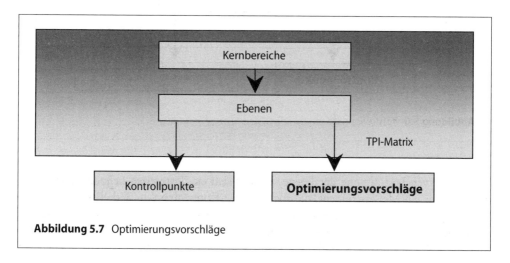

Abbildung 5.7 Optimierungsvorschläge

Die Kontrollpunkte einer bestimmten Ebene sind für sich gesehen ein Hilfsmittel bei der Verbesserung des Prozesses. Eine weitere Hilfe bieten die Optimierungsvorschläge auf jeder Ebene. Diese Vorschläge sind ausdrücklich als Tips und Hinweise gedacht und nicht als obligatorische Schritte, die zum Erreichen einer bestimmten Ebene einzuhalten sind.

Beispiele:

Kernbereich Teststrategie: Ebene A, Strategie für einzelne High-Level-Tests
• Beteiligung der verschiedenen Interessengruppen wie Endanwender, Systemadministrator und Projektmanager bei der Bestimmung der Teststrategie
• Betrachtung der unterschiedlichen Teilsysteme/Qualitätsmerkmale und Versuch der Feststellung der relativen Bedeutung eines jeden Teilsystems/Qualitätsmerkmales.
• usw.

Ebenso wie die Kontrollpunkte sind auch die Optimierungsvorschläge in Kapitel 7 vollständig aufgeführt.

5.8 Eigenschaften des TPI-Modells

In Abschnitt 4.3 sind einige Anforderungen beschrieben, denen ein Modell zu entsprechen hat. Im folgenden ist erläutert, auf welche Weise das TPI-Modell diese Anforderungen erfüllt:

Anforderung	Beschreibung
Gezielte, kontrollierte Optimierungsschritte möglich	Für die verschiedenen Kernbereiche sind Ebenen eingerichtet, wobei jeder Übergang in eine andere Ebene als Verbesserungsschritt betrachtet wird.
Praxisorientiert	Das Modell ist aus folgenden Gründen praxisnah: – Grundlage ist eine in der Praxis erprobte Testmethodik. – Die hohe Detailliertheit in Kombination mit den gebotenen Auswahlmöglichkeiten machen das Modell für die meisten Praxissituationen einsetzbar.
So objektiv wie möglich	Anhand der Kontrollpunkte wird so objektiv wie möglich bestimmt, auf welcher Ebene eines Kernbereichs sich ein Testprozeß befindet.
Optionen und Prioritäten	Die verschiedenen Ebenen und die Entwicklungsmatrix leisten viel Unterstützung bei der Wahl der richtigen Entscheidungen. Außerdem sind die Optimierungsvorschläge eine wichtige Quelle für Ideen und Hinweise, um maßgeschneiderte Verbesserungen zu definieren.
Detailliert	Durch die große Menge an Ebenen, Kontrollpunkten und Optimierungsvorschlägen, die hauptsächlich in Kapitel 7 beschrieben sind, verfügt das Modell über ein hohes Maß an Detaillierung.
Rasche Einsicht in aktuelle Situation möglich	Die Kontrollpunkte helfen bei der Feststellung der aktuellen Situation. Das ist sowohl für die Ermittlung des Ist-Zustands des Testprozesses von Vorteil als auch für zwischenzeitliche Messungen zur Bestimmung, ob der Optimierungsprozeß noch nach Plan verläuft.

Anforderung	Beschreibung
Unabhängigkeit	Eine Organisation kann sich neben der Verbesserung des Testprozesses auch mit der Verbesserung des gesamten Entwicklungsprozesses befassen (Software Process Improvement). Wenn zu diesem Zweck SPI-Modelle eingesetzt werden, findet eine potentielle Überlappung mit dem TPI-Modell statt. In einem solchen Fall müssen die Folgen für die Verbesserung des Testprozesses geprüft werden. Bei den meisten SPI-Modellen wird die Testprozeßoptimierung als ein einziger großer Schritt betrachtet. Das TPI-Modell kann dann dabei behilflich sein, diesen Schritt in kleinere, besser kontrollierbare Schritte aufzuteilen.

Tabelle 5.4 Eigenschaften des TPI-Modells

6 Einsatz des TPI-Modells

Dieses Kapitel befaßt sich mit der Art und Weise, in der der Testprozeß verbessert wird – dem Änderungsprozeß –, und es erläutert, wie das TPI-Modell innerhalb dieses Prozesses angewandt wird.

Anschließend werden einige Aspekte eines Änderungsprozesses, wie Organisation, erforderliche Kenntnisse und Fähigkeiten, der zu erwartende Widerstand gegen die Änderungen und die Bestimmung der Kosten und des Nutzens eines verbesserten Testprozesses beschrieben. Das Kapitel schließt mit der Erläuterung von Erfolgs- und Mißerfolgsfaktoren.

6.1 Änderungsprozeß

Jeder Änderungsprozeß besteht im allgemeinen aus den gleichen Arbeitsschritten. Auf der Grundlage von Zielsetzungen werden Änderungen ausgeführt, um vom gegenwärtigen Zustand zu der gewünschten Situation zu gelangen. Die Optimierung des Testprozesses unterscheidet sich hierbei nicht wesentlich von jedem beliebigen anderen Änderungsprozeß. In diesem Abschnitt werden die verschiedenen Aktivitäten eines Änderungsprozesses für das Testen dargestellt, wobei die Stellen, an denen das TPI-Modell eingesetzt werden kann, besonders hervorgehoben werden.

Abbildung 6.1 stellt die Aktivitäten eines Änderungsprozesses dar.

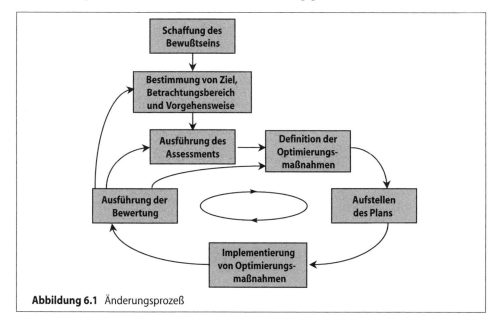

Abbildung 6.1 Änderungsprozeß

6 Einsatz des TPI-Modells

Die unterschiedlichen Aktivitäten werden in den folgenden Abschnitten erläutert. Obwohl das Schema den Eindruck vermittelt, daß es sich um gesonderte und aufeinanderfolgende Aktivitäten handelt, ist hier eine gewisse Überlappung vorhanden. Bestimmte Aktivitäten, beispielsweise die Schaffung des richtigen Bewußtseins, sind sogar als eine kontinuierliche Aktivität zu betrachten. Eine sorgfältige Formulierung bildet demnach den Schwerpunkt der verschiedenen Aktivitäten, die aufeinanderfolgen.

6.1.1 Schaffung des Bewußtseins

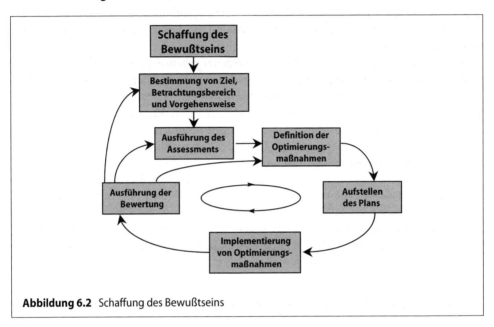

Abbildung 6.2 Schaffung des Bewußtseins

Der Grund für eine Optimierung des Testprozesses liegt meistens im Erkennen gewisser Probleme im Bereich des Testens. Für diese Probleme will man Lösungen finden, und eine Optimierung des Testprozesses wird als eine solche Lösung angesehen.

Bei diesem ersten Schritt ist es wichtig, daß sich alle Beteiligten bewußt sind, daß:

1. es sinnvoll und notwendig ist, den Testprozeß zu verbessern und

2. ein Änderungsprozeß mit dem Einsatz des TPI-Modells dazu der richtige Weg ist.

Dieses Bewußtsein beinhaltet, daß alle Beteiligten untereinander über die wichtigsten Punkte des Änderungsprozesses einig werden und ihre Unterstützung zusichern.

Welcher Personenkreis in erster Linie am Prozeß beteiligt wird, ist gänzlich von den festgestellten Problemen und dem gewählten Umfang des Änderungsprozesses abhängig. Man kann hier an die Geschäftsführung, die Linienmanager, Projektmanager, Testmanager und die Tester denken. Wird in einem späteren Stadium des Änderungsprozesses die Anzahl der beteiligten Parteien erweitert, ist die Bewußtseinsphase für diese Parteien erneut zu durchlaufen.

Es ist sehr wichtig, daß die Notwendigkeit der Optimierung des Testprozesses erkannt wird und man einsieht, daß hiermit (große) Vorteile erreicht werden können. Wird die Notwendigkeit einer Optimierung nicht eingesehen, können die vorgeschlagenen Änderungen nicht in der Organisation verankert werden, und der angesprochene Personenkreis wird ständig dazu neigen, wieder in die herkömmliche Arbeitsweise zurückzufallen.

Tatsächlich ist diese Bewußtseinsphase nicht als ein einzelner Schritt innerhalb des Änderungsprozesses zu sehen, sondern eher als wesentliche Voraussetzung. Wenn das Engagement unzureichend ist, sollte man besser nicht mit dem Änderungsprozeß beginnen, da die Wahrscheinlichkeit des Mißlingens relativ groß ist. Zudem ist zu erwarten, daß der Widerstand der Organisation gegen eine zukünftige Änderung nach einem ersten mißlungenen Änderungsprozeß noch größer sein wird.

In dieser Phase ist es wichtig, daß die Mitarbeiter erkennen, daß das Management den Änderungsprozeß unterstützt. Der Bewußtseinsprozeß muß das Management daher bereits in einem frühen Stadium mit einbeziehen. Mit dem Management werden die Langzeitzielsetzungen und der Faktor Kosten/Nutzen erörtert. Mit den Testern werden Probleme am Arbeitsplatz und Kurzzeitoptimierungen besprochen. Wird eine dieser beiden Gruppen übergangen, besteht bei der Testprozeßoptimierung das Risiko, daß sie fehlschlägt, insbesondere wenn das Tagesgeschäft und der Änderungsprozeß plötzlich aufgrund verschiedener Prioritäten miteinander kollidieren. Ein Mittel zur Schaffung des erforderlichen Bewußtseins sind beispielsweise Präsentationen oder sogenannte »Brainstorming«-Sitzungen.

Das Engagement darf nicht nur zu Beginn des Änderungsprozesses vorhanden sein, sondern muß sich durch alle Phasen des Prozesses ziehen. Das erfordert regelmäßige Informationsverteilung und Meetings.

6.1.2 Bestimmung von Ziel, Betrachtungsbereich und Vorgehensweise

Abbildung 6.3 Bestimmung von Ziel, Betrachtungsbereich und Vorgehensweise

Bei dieser Aktivität werden insbesondere Ziel, Betrachtungsbereich und Vorgehensweise des Änderungsprozesses bestimmt.

Ziel

Das Endziel des Änderungsprozesses ist die Optimierung der erforderlichen zeitlichen, finanziellen und qualitativen Aspekte des Testens in bezug auf den Nutzen der Gesamtinformationsbeschaffung für das Unternehmen. Obgleich dies nur schwer konkretisiert werden kann, muß versucht werden, die Ziele so konkret, erreichbar, untereinander konsistent und meßbar wie möglich zu formulieren. Zur Operationalisierung der Ziele werden relevante Meilensteine definiert und Kosten geschätzt.

Mögliche Ziele können beispielsweise sein, daß das Testen nach einigen Monaten oder Jahren x% kostengünstiger und y% schneller wird oder daß z% weniger Störungen in der Produktion oder in einem nächsten Test auftreten. Bei solchen Zielsetzungen gibt es jedoch folgende Probleme:

- (Objektive) Informationen über die aktuelle Situation sind in der Praxis häufig nicht bekannt.

- Es ist schwierig zu bestimmen, inwieweit eine Optimierung des Testprozesses zu den gewünschten Zielen führt (»führt die Einführung von Test-Spezifikationstechniken zu z% weniger Störungen bei der Produktion?«).

- Externe Faktoren, wie beispielsweise die Qualität des Entwicklungsprozesses, haben großen Einfluß auf die Qualität und Wirksamkeit des Testprozesses.

Aus diesen Gründen kann bei der Festlegung der Ziele meistens keine »Garantie« gegeben werden. Statt dessen müssen die Risiken und Unsicherheiten deutlich benannt werden.

Andere Ziele können sein:

- Erhöhte Übersichtlichkeit und damit bessere Verwaltbarkeit des Testprozesses

- Mehr Informationen über die Qualität des Testobjekts durch erhöhte Intensität des Testens

- Erhöhte Qualität und frühzeitige Testempfehlungen

- Kürzere Einarbeitungszeiten und bessere Verwendbarkeit durch Einsatz einer einheitlichen Arbeitsweise

- Schaffung eines von bestimmten Personen unabhängigen Testprozesses

Ein besonders zu berücksichtigender Aspekt ist, daß der Auftraggeber für den Änderungsprozeß nicht in allen Fällen Langzeitziele vor Augen hat. Häufig will der Auftraggeber lediglich Kurzzeitziele wie Kostenreduzierung oder Verkürzung der Durchlaufzeiten erreichen. Bei der Optimierung des Testprozesses ist es wichtig, daß klar ist, weshalb die Optimierung gewünscht wird, so daß die Optimierungsvorschläge mit den (Kurzzeit-) Zielsetzungen des Auftraggebers übereinstimmen.

Ein Grund für eine Optimierung kann darin liegen, daß das Testen kurzfristig kostengünstiger werden muß. In einem solchen Fall tragen Maßnahmen, die eine Investition mit langem Return on Investment erfordern (man denke hier beispielsweise an qualitätssteigernde Maßnahmen) in sehr viel geringerem Maße zur Realisierung der Zielsetzung bei. Bei der vorgeschlagenen Maßnahme ist dann der Nachdruck auf die Kurzzeitzielsetzung zu legen. Ferner empfiehlt es sich, die Anzahl der Schritte, in denen der Testprozeß verbessert wird, zu verringern und die Anzahl der Zeitpunkte, zu denen der Fortschritt des Änderungsprozesses gemessen wird, zu erhöhen. Bei einer solchen (einseitigen) Prozeßoptimierung sind die dazugehörigen Risiken deutlich anzugeben (da keine qualitätssteigernden Maßnahmen getroffen werden, bleibt das Risiko bestehen, daß man erst bei der Produktion feststellt, daß das Produkt keine ausreichende Qualität aufweist).

Der Vorteil der Prozeßoptimierung mit Kurzzeitzielsetzungen liegt darin, daß das Fundament für weitere Optimierungen allmählich immer größer wird, insbesondere wenn die Maßnahmen Wirkung zeigen.

Beispiel

Bei einem mittelgroßen Geldinstitut soll ein zentrales IT-System ersetzt werden. Man hat sich für eine projektmäßige Vorgehensweise entschieden, wobei das Projekt für den gesamten Austausch des Systems zuständig ist. Innerhalb des Projekts werden Teilprojekte eingerichtet, deren Aufgabe es ist, einen bestimmten Teil des Systems zu ersetzen. Das verhindert die negativen Auswirkungen eines »big bang«, eines großen Knalls, der bei einem abrupten Austausch des alten Systems durch ein neues entstehen könnte, indem alte Teilsysteme nach und nach durch neue Teilsysteme ersetzt werden.

Nach einem sehr chaotisch verlaufenden Testprozeß erfolgt die Freigabe der ersten Teilsysteme, die nicht die erwartete Qualität aufweisen.

Um mehr Struktur in den Testprozeß zu bringen, schaltet der Leiter der Abteilung für Systementwicklung für dieses Projekt einen externen Testberater ein. Dieser untersucht das Projekt und formuliert einige Kurz- und Langzeitzielsetzungen. Die Kurzzeitempfehlungen, die sehr kostengünstig und mit wenig Zeitaufwand durchzuführen sind, werden schnell übernommen. Die Langzeitempfehlungen, wozu auch der Einsatz formalerer Testtechniken zählt, werden mit dem Projektmanager und dem Abteilungsleiter der Systementwicklung erörtert.

Nach diesen Empfehlungen erhält der Berater einen weiteren Auftrag: Unterstützung des Testleiters für einen startenden Testprozeß. Dabei werden die gleichen Kurzzeitempfehlungen wie für den vorigen Testprozeß übernommen; außerdem werden noch einige Optimierungen durchgeführt.

Die Testphase verläuft besser, jedoch bemerkt der Berater, daß die Langzeitempfehlungen nicht berücksichtigt werden. Da die nächsten auszutauschenden Teilsysteme immer komplexer werden, die Integration ein immer wichtigerer Aspekt wird und die Kenntnisse über diese Teilsysteme bei den Testern eher geringer sind, gibt der Berater ein weiteres Mal an, daß es für die

> Lösung der Problematik nicht ausreicht, nur die Kurzzeitempfehlungen zu berücksichtigen. Als Antwort wird ihm mitgeteilt, daß die zeitlichen (und nur in geringerem Maße die finanziellen) Investitionen für die Langzeitempfehlungen vorläufig nicht realisierbar sind. Das Projekt braucht »alle Mann an Deck«, wodurch eine Weiterschulung für den Einsatz von Testtechniken nicht möglich ist. Obgleich der Berater davor warnt, daß die gegenwärtige Arbeitsweise für die kommenden zu testenden Teilsysteme nicht ausreicht und die Wahrscheinlichkeit groß ist, daß der Testprozeß unkontrollierbar und zeitaufwendig wird, verfügt das Projekt nicht über genügend Rückendeckung durch das Management.
>
> Später stellt sich heraus, daß der Testprozeß Probleme aufweist und im Rückstand ist.
>
> **Erkenntnis:**
>
> Man hatte die Lektionen der ersten Teilprojekte noch nicht richtig gelernt, als bereits die nächsten Teilprojekte eine (zeitweilige) Optimierung zeigten. Innerhalb eines Projekts, das unter großem Zeitdruck steht – und auf welches Projekt trifft das nicht zu? – ist es ganz besonders schwierig, strukturelle Optimierungen durchzuführen. Häufig ist die zeitliche bzw. finanzielle Investition für das Projektmanagement nicht akzeptabel. Das entsteht zum Teil aus dem Wunschdenken des Managements heraus, das hofft, daß die Risiken, gegen die die Maßnahmen getroffen werden, nicht eintreten. Dazu kommt, daß das Projektmanagement häufig hauptsächlich nach Zeit und Geld bezahlt wird und in sehr viel geringerem Maße nach der Qualität der freizugebenden Systeme. Dies lädt nicht zur Investition in Maßnahmen ein, die die Qualität erhöhen.

Betrachtungsbereich
Der Betrachtungsbereich des Änderungsprozesses hat unterschiedliche Varianten:

- Eine einzige Teststufe in einem Projekt (beispielsweise der Systemtest in Projekt X)
- Alle Teststufen in einem Projekt
- Alle Tests einer bestimmten Teststufe in der gesamten Organisation (beispielsweise alle Abnahmetests)
- Alle Teststufen in der gesamten Organisation

Eine eingeschränkte Betrachtungsweise hat zur Folge, daß die Möglichkeiten zur Optimierung des Testprozesses ebenfalls beschränkt sind. Wenn der Betrachtungsbereich der Optimierung eine einzige Teststufe (beispielsweise der Abnahmetest) in einem einzigen Projekt ist, wird man einerseits wenig Einfluß auf die restlichen Tests innerhalb dieses Projekts ausüben können und wird andererseits das Risiko groß sein, daß man bei einem folgenden Projekt wieder von vorne anfangen muß. Die Optimierung eines Testprozesses mit einem solchen Betrachtungsbereich muß sich demnach auf eine kurzfristige Optimierung richten. Hierzu bieten insbesondere die niedrigen Ebenen des TPI-Modells Unterstützung. Es ist jedoch Aufgabe des Modellanwenders, die korrekten Kurzzeitmaßnahmen herauszufinden.

6.1 Änderungsprozeß

Vorgehensweise
Obgleich in allen Fällen die aufeinanderfolgenden Schritte des Änderungsprozesses zu durchlaufen sind, ist die Ausfüllung eines jeden Schrittes stark von den gewählten (Kurz- oder Langzeit-)Zielen und dem Betrachtungsbereich abhängig. Dies hat entsprechende Folgen für die Vorgehensweise des Änderungsprozesses. Bei einem Änderungsprozeß mit eingeschränkten Zielen und einem eingeschränkten Betrachtungsbereich können die Änderungen meistens innerhalb relativ kurzer Zeit eingeführt werden. Die Kosten sind dabei niedrig und die Anzahl der Beteiligten gering. Die Folge dabei ist beispielsweise, daß dem Erreichen und dem Erhalt des Engagements sehr viel weniger Aufmerksamkeit geschenkt zu werden braucht als bei einem Änderungsprozeß, bei dem sämtliche Testprozesse in der Organisation verbessert werden sollen.

Für die Kontrolle des Änderungsprozesses ist es wichtig, daß die Änderung in relativ kleinen Schritten stattfindet. Der Einsatz des TPI-Modells leistet bei der Auswahl dieser Schritte eine Hilfestellung in Form von Kernbereichen, Ebenen und einer Entwicklungsmatrix. Neben inhaltlichen Änderungen des Testprozesses ist auch der Änderungsprozeß selbst zu betreuen. Festgelegt wird u.a., wie der Änderungsprozeß organisiert wird, wer zuständig ist und wie die Fortschrittsüberwachung stattzufinden hat.

Die Ergebnisse dieses Schrittes sind in einem Dokument festzuhalten, das mit den Ergebnissen eines jeden weiteren Schrittes ständig weiter ergänzt oder angepaßt wird.

6.1.3 Ausführung des Assessments

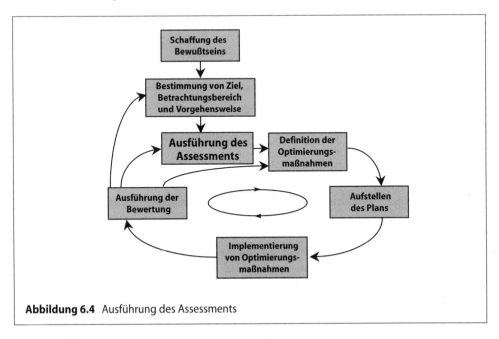

Abbildung 6.4 Ausführung des Assessments

Beim Assessment werden die starken und die weniger starken Aspekte der aktuellen Situation aufgenommen. Auf dieser Grundlage und der im Vorfeld ermittelten Ziele und der heutigen Situation werden in einer nächsten Aktivität die Optimierungsaktionen festgestellt. Der Einsatz des TPI-Modells ist ein wesentlicher Bestandteil des Assessments, da das Modell einen Bezugsrahmen bietet, anhand dessen die genannten starken und schwachen Aspekte des untersuchten Testprozesses aufgenommen werden können.

»If you don't know where you are, a map won't help.« [Humphrey, 1989]
»Wenn du nicht weißt, wo du dich befindest, hilft dir auch keine Karte.«

Wenn eine Vielzahl von Testprozessen zum Betrachtungsbereich des Änderungsprozesses gehört, kann man häufig feststellen, daß es genauso viele verschiedene Arbeitsweisen gibt. Beim Assessment kann man sich in einem solchen Fall darauf beschränken, zunächst eine Analyse eines repräsentativen Teilbereichs der Testprozesse durchzuführen. Der Durchschnitt dieser verschiedenen Analysen vermittelt anschließend eine Vorstellung der gegenwärtigen Testentwicklung der Organisation. Auf dieser Grundlage können in einer nächsten Aktivität die allgemeinen Optimierungsmaßnahmen formuliert werden. Danach ist es möglich, die heutige Situation für jede einzelne Testabteilung, -organisation oder jeden einzelnen Testprozeß zu analysieren, und die allgemeinen Optimierungsaktionen können an die spezifische Situation angepaßt werden.

Ein Assessment besteht aus folgenden Schritten:

- Vorbereitung
- Informationssammlung
- Analyse
- Berichterstattung

Vorbereitung
Im ersten Schritt bestimmt oder bestimmen die Person(en), die das Assessment durchführen (die sog. Assessor), wer am Assessment teilnimmt, welche Dokumente verwendet werden können und wann das Assessment in welcher Form stattfindet.

Bei der Vorbereitung der Gespräche wird ebenfalls festgelegt, welche Personen zu welchen Kernbereichen befragt werden, einerseits, um somit jeden Kernbereich abzudecken, und andererseits, um die Gespräche so wirkungsvoll wie möglich führen zu können. Beispiele für zu sammelnde und zu untersuchende Dokumente sind Testentwürfe und -berichte, Testskripte, Dokumentation der Abweichungen, Testverfahren und Richtlinien für das Testen.

Die Teilnahme des Managements ist wichtig, um das erforderliche Engagement zu erhalten. Wenn das Management nicht beim Assessment mit einbezogen und erst später mit den Ergebnissen konfrontiert wird, besteht das Risiko, daß die Akzeptanz zu gering ist.

Ferner werden die Teilnehmer unter den Testern, Testmanagern, Projektleitern, Entwicklern, Systemadministratoren und Endanwendern bestimmt.

Informationssammlung
Anhand von Gesprächen mit Teilnehmern, durch Untersuchung des Dokumentationsmaterials und manchmal durch tatsächliche Teilnahme am Testprozeß erhält man die erforderlichen Informationen. Eine einseitige Darstellung kann dadurch entstehen, daß die befragte Person ein zu positives oder gerade zu negatives Bild der Situation vermittelt. Der Assessor muß hier aufmerksam bleiben; durch Lesen der Dokumentationsmaterialien ist es möglich, diese einseitige »Färbung« zu erkennen. Ferner hat der Prüfer zu gewährleisten, daß alle in den Gesprächen gesammelten Informationen streng vertraulich behandelt werden. Das soll der befragten Person das Vertrauen in die Weise vermitteln, in der ihre Informationen eingesetzt werden, so daß sie sich in bezug auf ihre Aussagen nicht gehemmt fühlt.

Analyse
Auf der Grundlage der gesammelten Informationen werden für jeden Kernbereich des TPI-Modells gesondert anhand der Kontrollpunkte die Ebenen bestimmt, und es wird festgelegt, welchen Kontrollpunkten ganz, teilweise oder nicht entsprochen wurde. Das bedarf einer klaren Argumentation. Ein Kernbereich entspricht einer bestimmten Ebene, wenn:

- alle Kontrollpunkte dieser Ebene und
- alle Kontrollpunkte der vorigen Ebenen erfüllt sind.

Bei den Gesprächen im Rahmen des Assessments werden regelmäßig Probleme festgestellt, die sich nicht auf den Testprozeß beziehen. Man denke hierbei an eine hohe Fluktuation im Personalbestand, einen nicht verwalteten Entwicklungsprozeß oder eine neue Vorgehensweise bei der Entwicklung (beispielsweise Rapid Application Development oder objektorientiertes Entwickeln), die nicht den Erwartungen entspricht. Es wäre falsch, diese Feststellungen unberücksichtigt zu lassen. Als Lösung bietet sich an, sie getrennt zu bearbeiten und sich anschließend einvernehmlich mit dem Auftraggeber darüber zu beraten, was mit ihnen geschehen soll.

Berichterstattung
Die Ergebnisse der Analyse werden dokumentiert. Dabei wird die Entwicklungsmatrix verwendet, die eine Übersicht über den Zustand des Testprozesses vermittelt, wobei die Stärken und Schwächen des Testprozesses in Form der zugewiesenen Ebenen der Kernbereiche und ihre Stellung innerhalb der Matrix dargestellt werden. Diese Stärken und Schwächen werden dann in einem Bericht publiziert, bei dem die Matrix als Anhang mitgeliefert wird. Übrigens wird die Berichterstattung des Assessments oft mit dem Ergebnis der nächsten Aktivität, das Definieren der Optimierungsmaßnahmen, kombiniert.

Die folgende Abbildung ist ein Beispiel für eine ausgefüllte Matrix. Die schraffierten Felder zeigen die Ebene an, auf der sich der Testprozeß in diesem Beispiel befindet.

6 Einsatz des TPI-Modells

Kernbereich / Stufe	0	1	2	3	4	5	6	7	8	9	10	11	12	13
Teststrategie		A					B				C		D	
Einsatz des Phasenmodells		A		B										
Zeitpunkt der Beteiligung			A				B				C		D	
Kostenvoranschlag und Planung				A							B			
Test-Spezifikationstechniken		A	B											
Statische Testtechniken					A		B							
Metriken						A			B			C		D
Test-Tools				A				B			C			
Testumgebung			A					B						C
Testarbeitsplatz			A											
Engagement und Motivation		A				B						C		
Testfunktionen und Ausbildungen			A				B			C				
Reichweite der Methodik				A							B			C
Kommunikation			A	B								C		
Berichterstattung		A		B		C						D		
Dokumentation der Abweichungen		A				B		C						
Testware-Management			A			B				C				D
Testprozeßmanagement		A		B								C		
Prüfen							A			B				
Low-Level-Tests					A		B		C					

Tabelle 6.1 Entwicklungsmatrix: Assessment-Beispiel

6.1.4 Definition der Optimierungsmaßnahmen

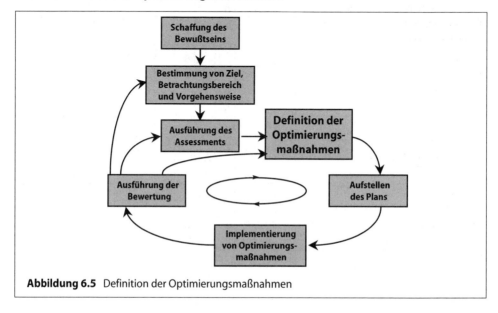

Abbildung 6.5 Definition der Optimierungsmaßnahmen

Auf der Grundlage der Optimierungszielsetzungen und dem Ergebnis des Assessments werden die Optimierungsmaßnahmen ermittelt. Die Maßnahmen werden so definiert, daß eine allmähliche und schrittweise Optimierung durchgeführt werden kann, da es in der Praxis nicht möglich ist, in einer Organisation in einem einzigen Schritt den gewünschten Zielzustand zu implementieren.

Das TPI-Modell hilft bei der Bestimmung der Optimierungsmaßnahmen. Die Ebenen der Kernbereiche und die Entwicklungsmatrix bieten die Möglichkeit, allmähliche Optimierungsschritte festzulegen. Abhängig von den Zielen, dem Betrachtungsbereich, der Durchlaufzeit und den Ergebnissen des Assessments kann entschieden werden, ob man ein oder mehrere Kernbereich(e) optimiert. Bei jedem einzelnen ausgewählten Kernbereich kann man sich ferner dafür entscheiden, in die nächste Ebene oder – in Sonderfällen – sogar in eine darauffolgende nächsthöhere Ebene zu wechseln. In bestimmten Fällen kann man sich dafür entscheiden, von der Optimierungsreihenfolge, wie die Entwicklungsmatrix sie vorschreibt, abzuweichen. Es soll aber einen guten Grund dafür geben, weil die Matrix sich auf die Abhängigkeiten zwischen Kerngebieten und Ebenen basiert (siehe dazu auch Paragraph 7.21). Wenn davon abgewichen wird, kann sich in ein späteres Stadium zeigen, daß die erwünschte Optimierungen plötzlich viel schwieriger zu implementieren sind, weil manchen Rahmenbedingungen (in der Form von abhängigen Ebenen) nicht entsprochen werden.

Ein Beispiel für die Ausarbeitung einer langfristigen Optimierungsmaßnahme zeigt Tabelle 6.2. Die hell schraffierten Felder stellen die gegenwärtige Ebene dar, die dunkel schraffierten Felder die gewünschte Ebene.

Kernbereich \ Stufe	0	1	2	3	4	5	6	7	8	9	10	11	12	13
Teststrategie		A					B				C		D	
Einsatz des Phasenmodells		A		B										
Zeitpunkt der Beteiligung			A				B				C		D	
Kostenvoranschlag und Planung				A							B			
Test-Spezifikationstechniken		A		B										
Statische Testtechniken					A	B								
Metriken						A		B				C		D
Test-Tools					A		B		C					
Testumgebung				A			B							C
Testarbeitsplatz				A										
Engagement und Motivation			A			B					C			
Testfunktionen und Ausbildungen				A		B		C						
Reichweite der Methodik					A					B			C	
Kommunikation		A		B							C			
Berichterstattung			A		B	C				D				
Dokumentation der Abweichungen		A			B	C								
Testware-Management				A		B				C			D	
Testprozeßmanagement		A	B								C			
Prüfen						A		B						
Low-Level-Tests				A	B	C								

Tabelle 6.2 Entwicklungsmatrix: Beispiel für Optimierungsmaßnahmen

Außerdem liefert das TPI-Modell eine Vielzahl an Optimierungsvorschlägen, die dabei behilflich sein können, die gewünschten höheren Ebenen zu erreichen.

Kriterien, die beispielsweise bei der Festlegung von Optimierungsmaßnahmen verwendet werden können, sind:

- Schnelle, sichtbare Resultate
- Niedrige Kosten
- Einfachste Maßnahmen zuerst
- Maß der Akzeptanz innerhalb der Organisation
- Bestes Kosten/Nutzen-Verhältnis
- Verringerung der größten Risiken

Inwieweit diese Kriterien eine Rolle spielen, ist völlig von Faktoren wie den festgelegten Zielsetzungen, dem Maß der Akzeptanz des Änderungsprozesses und den verfügbaren Kenntnissen und Mitteln abhängig.

Die Optimierungsmaßnahmen müssen mit den vorher festgelegten Zielen zur Optimierung des Testprozesses übereinstimmen und dazu führen, daß diese erreicht werden. Hierbei handelt es sich um einen der schwierigsten Aspekte der Optimierung. Wie kann festgestellt werden, daß die Implementierung verschiedener Aktionen dazu führt, daß die vorher festgelegten Ziele erreicht werden? Das Erreichen bestimmter Ebenen der Kernbereiche kann meistens nicht gewährleisten, daß auch die Ziele erreicht werden, zumal dies häufig von viele verschiedenen externen Faktoren beeinflußt wird. Deshalb ist es wichtig, daß die formulierten Zielsetzungen in irgendeiner Weise meßbar sind und daß in regelmäßigen Abständen geprüft wird, ob durch die Optimierungsaktionen das gewünschte Ergebnis erreicht und in welchem Maße den Zielsetzungen entsprochen wurde.

Insbesondere bei den langfristigen Optimierungsprozessen werden gelegentlich mehrere Optimierungszyklen definiert, die jeweils eine bestimmte Anzahl an Optimierungsmaßnahmen umfassen. Die Einteilung in solche Optimierungszyklen soll dazu führen, daß der gesamte Optimierungsprozeß kontrollierbar bleibt. Sie hilft dabei zu verhindern, daß die Einsicht in den Fortschritt verlorengeht, wenn eine Vielzahl von einzelnen Optimierungsmaßnahmen über einen längeren Zeitraum durchgeführt werden müssen. Ein Zyklus durchläuft die Phasen Planung, Implementierung und Beurteilung, so daß nach Beendigung eines Zyklus ein nächster geplanter Zyklus beginnen oder eine Anpassung stattfinden kann. Die Dauer eines Zyklus beläuft sich durchschnittlich auf einen Zeitraum zwischen einigen Monaten und einem Jahr.

Für jede Optimierungsmaßnahme werden die veranschlagten Kosten, die Abhängigkeiten und die Prioritäten festgelegt. Ferner wird angegeben, zu welchem Optimierungszyklus die Maßnahme gehört. Oft wird diese Festlegung der Optimierungsmaßnahmen mit der Berichterstattung der vorangehenden Assessmentaktivität kombiniert.

6.1.5 Aufstellen des Plans

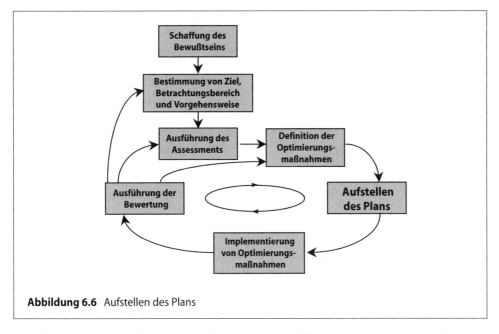

Abbildung 6.6 Aufstellen des Plans

Ein Plan wird aufgestellt, um kurzfristig (einen Teil der) Optimierungsmaßnahmen zu implementieren. In diesem Plan sind die Zielsetzungen festgelegt, und es ist angegeben, welche Optimierungen wann durchzuführen sind, um diese Zielsetzungen zu erreichen.

Der Plan muß folgende Fragen beantworten:

- Wer ist der Auftraggeber?
- Wer ist der Auftragnehmer bzw. für die Implementierung zuständig?
- Wie lautet der Auftrag und welches ist der Betrachtungsbereich des Auftrags?
- Welche Optimierungsmaßnahmen werden gewählt?
- Wie werden diese Maßnahmen implementiert?
- Welches sind die Meilensteine für die Implementierung der Optimierungsmaßnahmen?
- Wer und was ist wann notwendig?
- Wieviel kostet es?
- Welche Ergebnisse müssen die Maßnahmen erbringen (beispielsweise in Form von Produkten)?
- Wieviel und welche (zwischenzeitlichen) Zeitpunkte werden unterschieden, um den Fortschritt zu messen?
- Welches sind die Risiken, und wie können diese kontrollierbar gemacht werden?

Der Plan bezieht sich sowohl auf die inhaltlichen Aktivitäten zur Optimierung des Testprozesses als auch auf die Aktivitäten, die erforderlich sind, um den Änderungsprozeß in die richtige Bahn zu lenken.

Mögliche Aktivitäten der ersten Kategorie sind (Aufzählung ist nicht vollständig):

- Auswahl und Einsatz von Pilotprojekten zur Implementierung der Optimierungen zunächst im kleinen Bereich und in einer kontrollierbaren Umgebung
Bei der Auswahl der Pilotprojekte muß nachgeprüft werden, ob sich diese tatsächlich für den gewünschten Einsatz eignen. Ein Projekt, das unter starkem Zeitdruck steht, ist ein sehr viel ungeeigneterer Kandidat, da die Optimierungsmaßnahmen, die eine anfängliche zeitliche und finanzielle Investition erfordern, als erstes gestrichen werden, wenn der Druck zu groß wird. Es ist einerseits nicht nur ein einziges Projekt auszuwählen, da sich bei einem Fehlschlag bei diesem Projekt sofort der gesamte Änderungsprozeß verzögern kann, andererseits sind auch nicht zu viele Projekte auszuwählen, da die Betreuung sehr arbeitsintensiv sein kann und eine Anpassung somit schwierig wird.

- Ausbildungen und Training
Es reicht nicht aus, nur Ausbildungen anzubieten (»man schickt sie drei Tage auf ein Seminar und dann müssen sie alles selbst machen«). Ausbildungen sind eine gute Grundlage, auf denen jedoch weiter aufgebaut werden muß, beispielsweise durch Training am Arbeitsplatz, Mentoring, Coaching und regelmäßige Beurteilungen.

- Die Anpassung von Verfahren und Handbüchern
Auch hier gilt erneut, daß es nicht ausreicht, überall die neueste Version des Handbuchs in den Schrank zu legen, sondern es muß tatsächlich nach den Büchern und Verfahren gearbeitet werden. Man sollte nicht einfach davon ausgehen, daß die dokumentierten Verfahren die Wirklichkeit darstellen.

- Anschaffung und Implementierung von Tools
Beim Wort »Tools« wird häufig an eine erhebliche prozentuale Steigerung der Produktivität gedacht. Diese Erwartungen müssen oftmals korrigiert werden, da sich diese Zahlen in der Praxis auf sehr spezifische Situationen beziehen und nicht auf den gesamten Testprozeß. Ferner ist zu vermeiden, daß die Anschaffung von Tools als Ablösesumme betrachtet wird (»ich gebe eine Menge Geld für die Tools aus und möchte ansonsten nicht mehr damit belästigt werden«). Prozeßoptimierung ist mehr als nur eine einmalige Investition und erfordert über einen längeren Zeitraum die Aufmerksamkeit und das Engagement des Managements.

- Der Einsatz von Testexperten
Diese können bei vielen Aktivitäten die erforderliche Unterstützung bieten. Hier muß vermieden werden, daß externe Testexperten externe Tester ausbilden und betreuen und nach Beendigung des Projekts beide Personengruppen verschwinden, so daß der Organisation damit nicht wirklich geholfen ist. Das Ziel muß sein, die Optimierungen zu implementieren und in der Organisation zu verankern.

Mögliche Aktivitäten, um den Änderungsprozeß in die richtigen Bahnen zu lenken:

- Präsentationen
  Alle beteiligten Ebenen der Organisation sind über die Änderungen zu informieren. Dazu sind Präsentationen eine geeignete Form der Kommunikation. Ist noch am Engagement zu arbeiten oder besteht noch viel Ungewißheit über den einzuschlagenden Weg, so eignet sich die folgende Form der Kommunikation besser:

- Diskussionstreffen
  Es ist besser, von vornherein mögliche Widerstände strukturiert offenzulegen, als Widerstände zu ignorieren oder zu bagatellisieren. Bei einem solchen Treffen können einerseits Beteiligte vom Nutzen der Änderung überzeugt und andererseits Ideen und Probleme genannt werden, an die das Änderungsteam noch nicht gedacht hat. Eine passive Variante zu diesem Thema ist die Einführung eines Ideenkastens. Mit Hilfe der Ideen und Maßnahmen für die Probleme kann der Veränderungsprozeß reibungsloser verlaufen, und das Engagement für die Änderung steigt.

- Teilnahme an Beratungsgremien
  Eine regelmäßige Teilnahme an Beratungsgremien sorgt dafür, daß der Optimierungsprozeß im Mittelpunkt des Interesses bleibt. Zu häufig muß man feststellen, daß die Optimierung des Testprozesses mit viel Aufhebens eingeführt wird und danach die große Stille folgt. Wenn das mit der Änderung betraute Team dann nach langer Zeit mit den entsprechenden Produkten wieder von sich hören läßt, ist das Interesse schon längst verflogen, und niemand ist mehr begeistert, damit zu arbeiten.

- Startveranstaltung
  Beim Start der Durchführung von Optimierungsmaßnahmen wird mit allen unmittelbar Beteiligten eine sogenannte »Startveranstaltung« organisiert. Bei einer solchen Veranstaltung wird angegeben, welche Aktivitäten in Kürze beginnen müssen, was das Ziel dieser Aktivitäten ist und wer was wann tut. Jeder einzelne hat jetzt eine klare Vorstellung davon, was zu geschehen hat, wodurch die Kommunikation und die Zusammenarbeit erheblich vereinfacht wird.

- Veröffentlichungen
  Mit Veröffentlichungen, Broschüren, Postern oder Karten ist es häufig möglich, auf sehr viel einfachere (und kostengünstigere) Weise an ein viel größeres Publikum heranzutreten als mit Präsentationen. Abgesehen vom Engagement, das man dadurch gewinnt, eignet sich diese Form auch sehr gut dazu, das Interesse wach zu halten, beispielsweise, indem regelmäßig Artikel über den Fortschritt und Verlauf des Änderungsprozesses geschrieben werden.

6.1.6 Implementierung von Optimierungsmaßnahmen

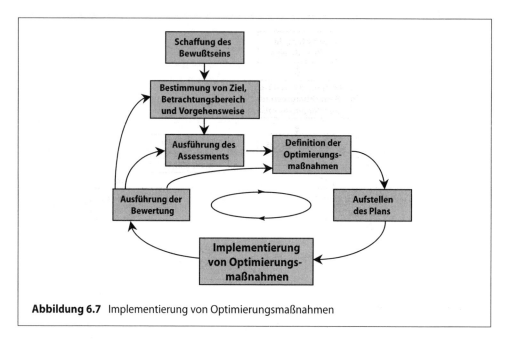

Abbildung 6.7 Implementierung von Optimierungsmaßnahmen

Der Plan wird ausgeführt. Da man die Folgen des Änderungsprozesses in dieser Phase am ehesten zu spüren bekommt, ist hier der Kommunikation viel Aufmerksamkeit zu widmen. Diejenigen, die am veränderten Testprozeß beteiligt sind, müssen sehr gut über den Inhalt, den Grund und die Ausführung der durchzuführenden Maßnahmen informiert werden. Ferner muß sich diese Gruppe stark an der Ausführung beteiligt fühlen. Ein Hilfsmittel dabei ist die Schaffung von Kommunikationskanälen, in denen Fragen, Vorschläge, Probleme und Ideen geäußert werden können. Die Widerstände, die zweifelsohne vorhanden sind, müssen offengelegt und besprochen werden. Außerdem hilft hierbei ein deutliches und sichtbar beteiligtes und engagiertes Management.

Bei den jeweiligen Maßnahmen muß gemessen werden, ob und inwieweit diese ausgeführt wurden. Hilfsmittel dabei sind sogenannte *self assessments (Selbsteinschätzungen)*, wobei das TPI-Modell eingesetzt wird, um schnell den Zustand des Testprozesses festzustellen. Dabei untersuchen die Beteiligten anhand des TPI-Modells ihren eigenen Testprozeß. Ein Nachteil bei dieser Arbeitsweise liegt darin, daß das Risiko von subjektiv »gefärbten« Angaben größer ist als beim »normalen« Assessment.

Aufgrund der Ergebnisse kann eine Aussage zum Fortschritt des Änderungsprozesses gemacht werden. Ein weiteres wesentliches Element in dieser Phase ist die *Konsolidierung*. Es ist zu vermeiden, daß die implementierten Optimierungsmaßnahmen einen einmaligen oder vorübergehenden Charakter haben. Die veränderte Arbeitsweise muß weiterhin angewendet werden. Die Kommunikation im Zusammenhang mit Ergebnissen, Ausbildungen, Trainings und einem Qualitätssystem können dabei helfen.

6.1.7 Ausführung der Bewertung

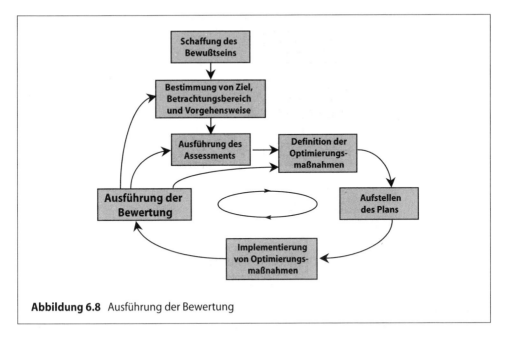

Abbildung 6.8 Ausführung der Bewertung

Inwieweit haben die implementierten Maßnahmen das gewünschte Ziel erbracht? In dieser Phase wird festgestellt, in welchem Umfang die Maßnahmen erfolgreich implementiert worden sind und inwiefern die ursprünglichen Ziele erreicht wurden. Aufgrund dieser Beobachtungen kann der Änderungsprozeß auf unterschiedliche Arten fortgesetzt werden:

- Der nächste Optimierungszyklus wird begonnen.
- Die Optimierungsmaßnahmen werden angepaßt.
- Ein neues Assessment findet statt; im Anschluß daran fährt man im Änderungsprozeß fort mit der Definition von Optimierungsmaßnahmen, der Erstellung neuer Pläne usw.
- Neue Zielsetzungen oder Betrachtungsbereiche werden festgelegt; anschließend wird der Änderungsprozeß fortgesetzt.
- Die weitere Optimierung des Testprozesses wird beendet.

6.2 Quick-Scan

Neben dem Einsatz des im vorigen Abschnitt beschriebenen vollständigen Änderungsprozesses kann das TPI-Modell auch in eingeschränkterem Maße bei einer besonderen Form des Assessments – dem *Quick-Scan* – angewendet werden.

Bei einem Quick-Scan führt ein TPI-Experte ein begrenztes Assessment durch. Dieses bildet mit einigen Empfehlungen das Endprodukt. Dem Assessment vorangehende Aktivitäten, beispielsweise Schaffung des Bewußtseins und Zielbestimmung, Betrachtungsbereich und Vorgehensweise, werden nur minimal ausgeführt. Der große Vorteil des Quick-Scan liegt darin, daß die Organisation schnell Einblick in die Qualität des eigenen Testprozesses erhält, da dieser Testprozeß vor den Hintergrund eines Bezugsrahmens gesetzt wird (in diesem Fall das TPI-Modell). Auf der Grundlage dieser Informationen kann die Organisation zwar beschließen, die jeweiligen Empfehlungen zu implementieren, im Unterschied zu einem regulären Änderungsprozeß entscheidet sie sich jedoch nicht von vornherein, daß Änderungen stattfinden.

Ein Quick-Scan ist dann vorzuziehen, wenn beispielsweise das Interesse mehr auf Kurzzeitlösungen zielt als auf Ergebnisse, die langfristig Vorteile liefern (auch wenn diese Vorteile möglicherweise größer sind), oder wenn noch nicht deutlich ist, ob eine Optimierung des Testprozesses eigentlich überhaupt zu den gewünschten Ergebnissen führt.

6.3 Organisation des Änderungsprozesses

Bei der Organisation des Änderungsprozesses spielt insbesondere der Betrachtungsbereich eine wesentliche Rolle. Wenn dieser Bereich relativ begrenzt ist, kann man sich für die Einrichtung eines einzigen Änderungsteams oder -projekts entscheiden, das für die Planung, Durchführung und Überwachung aller Aktivitäten verantwortlich ist, von der Schaffung des Bewußtseins bis hin zur Bewertung. In einem solchen Falle werden in der Regel nur die tatsächlichen Implementierungsaktivitäten von den am Testprozeß Beteiligten ausgeführt.

Wenn es sich beim Betrachtungsbereich um eine große Organisation mit mehreren Abteilungen oder mehreren Teststufen handelt, kann man sich ebenfalls dazu entschließen, einige der Verantwortlichkeiten und Aufgaben zu delegieren. Auf **zentraler** Ebene bleibt in einem solchen Fall zwar das Änderungsteam bestehen, es werden jedoch auch ähnliche Teams auf dezentraler Ebene eingerichtet. Die zentrale Gruppe beschäftigt sich mit der Schaffung des Bewußtseins, der Bestimmung des Ziels, des Betrachtungsbereichs und der Vorgehensweise, dem Assessment und der Formulierung der Optimierungsmaßnahmen. Sowohl für das Assessment als auch für die Formulierung der Optimierungsmaßnahmen schafft das zentrale Team die Richtlinien. **Dezentrale** Gruppen führen auf der Grundlage dieser Richtlinien die Aktivitäten im einzelnen aus und sind für die darauffolgenden Aktivitäten »Aufstellen des Plans« bis zur »Ausführung der Bewertung« verantwortlich. Die zentrale Gruppe beschäftigt sich mehr mit der Hilfestellung, der Koordinierung und Überwachung der verschiedenen Teilaktivitäten, dem Erhalt des Engagements und der allgemeineren Bewertung der erreichten Ergebnisse.

Der Vorteil bei der Dezentralisierung liegt darin, daß die Beteiligung bzw. das Engagement beim Änderungsprozeß viel größer ist und man sehr viel mehr Mitspracherecht hat. Die Kehrseite ist, daß zuviel Dezentralisierung die Koordination erschwert. Jedes dezentrale Team ist mit Änderungen beschäftigt, die zwar für die eigene Situation eine Optimierung, möglicherweise jedoch keine Optimierung für die Organisation insgesamt bedeuten.

Ein wesentlicher Aspekt bei der Organisation eines Änderungsprozesses ist die Frage, wer die Kosten trägt. Bei einem Änderungsprozeß, bei dem jede Abteilung oder jedes Projekt selbst die Kosten für die Änderung auf sich nehmen muß, ist die Aussicht auf Erfolg sehr gering. Welcher Projektleiter hat schließlich das Bedürfnis, auf Kosten seines Projekts Änderungen zu implementieren, die erst bei späteren Projekten einen Vorteil erbringen? Gleiches gilt für Abteilungen, jedoch in etwas geringerem Maße. Manche Abteilungen werden die Kosten für Änderungen tragen müssen, die zwar für das gesamte Unternehmen von Nutzen sind, für ihre eigene Abteilung jedoch zusätzliche Lasten bedeuten. Die Lösung hierfür besteht darin, das Management auf der Ebene anzusprechen, auf der die Kosten und der Nutzen einer Testprozeßoptimierung zusammenkommen. Ein Änderungsprozeß spielt fast nie sofort das wieder ein, was er gekostet hat, und hat immer eine Verschiebung von Kosten und Nutzen zur Folge. Es ist jedoch wesentlich, dies von Anfang an zu berücksichtigen, um das Risiko zu minimieren, daß Änderungen aus Kostengründen verhindert werden.

Beispiel

In einem großen finanziellen Unternehmen entschließt man sich zur Testprozeßoptimierung. Die Hauptzielsetzung lautet, daß das Testen schneller und kostengünstiger verlaufen muß, ohne Qualität einzubüßen. Zu den Auftraggebern gehört eine Stabsabteilung und eine EDV-Abteilung. Beim Änderungs-prozeß wird das TPI-Modell als Bezugsrahmen verwendet. Zum Betrachtungsbereich des Optimierungsprozesses gehören alle High-Level-Tests in dem Unternehmen. Die Laufzeit des Änderungsprozesses wird auf anderthalb bis zwei Jahre geschätzt.

Man beginnt mit einem Assessment. Die verschiedenen Gespräche und Dokumentationsuntersuchungen liefern ein Bild der aktuellen Situation der Testprozesse. Auf der Grundlage dieses Bildes (bei dem u.a. die Entwicklungsmatrix hilfreich ist) werden verschiedene Optimierungsvorschläge unterbreitet. Im allgemeinen wird veranschlagt, daß die verschiedenen Testprozesse in etwa anderthalb Jahren einen bestimmten Grad an Entwicklung erreicht haben müssen. Einer der wesentlichsten vorgeschlagenen Optimierungen besteht darin, daß die verschiedenen Teststufen besser aufeinander abgestimmt und – wo möglich – integriert werden müssen. Der derzeitige Zustand enthält zu viele überflüssige Überlappungen zwischen den Teststufen.

Nach der Präsentation der allgemeinen Pläne wird es den unterschiedlichen Organisationseinheiten selbst überlassen, die Zielsetzungen für ihre spezifische Situation in konkrete Pläne umzusetzen und auszuarbeiten. Ein zentrales Änderungsteam wird mit der Koordinierung und Überwachung all dieser Änderungsprozesse betraut.

Obwohl verschiedene Präsentationen und Versammlungen zur Schaffung des erforderlichen Bewußtseins gehalten werden, um die notwendige Beteiligung zu erreichen, und jeder begeistert ist, stellt sich bereits sehr schnell heraus, daß der gesamte Prozeß sehr mühsam verläuft. Die Organisationseinheiten sind nicht in der Lage, die festgelegten konkreten Pläne innerhalb der vereinbarten Frist zu realisieren. Offensichtlich ist jeder für sich mit der Durchführung verschiedener kleiner und einfacher Optimierungen beschäftigt, während die wesentlichsten Empfehlungen einfach liegenbleiben. Bei der Analyse stellen sich zwei wichtige Probleme heraus:

1. Es wird von den verschiedenen Organisationseinheiten erwartet, daß sie ihre Testprozeßoptimierung mit ihrem eigenen Etat durchführen. Als Ansprechpartner für die verschiedenen Einheiten ist das Änderungsteam bislang an bestimmte Stabsabteilungen herangetreten. Die Managementebene, die für die Genehmigung der Etats verantwortlich ist, wurde jedoch nicht am Änderungsprozeß beteiligt. Die Zuweisung eines bestimmten Etats hat daher zu Schwierigkeiten geführt.

2. Die Abstimmung der unterschiedlichen Teststufen bedeutet, daß die verschiedenen Organisationseinheiten miteinander überlegen müssen, wie dies zu organisieren ist. Durch die Unternehmenskultur ist dies jedoch problematisch: Es herrscht viel Mißtrauen untereinander, und es findet keine Lenkung »von oben« statt.

Die nun durchzuführende Maßnahme besteht darin, daß der Änderungsprozeß einige Schritte zurückgesetzt wird, um dann nochmals zu versuchen, die jeweilige Managementebene zu motivieren. Außerdem wird vorgeschlagen, die vorhandene Lenkungsgruppe mit (einem Teil von) diesen Managern zu erweitern. Neben dem allgemeinen Fortschritt des Änderungsprozesses gehören nunmehr die spezifischen Probleme im Zusammenhang mit der Abstimmung untereinander zum Aufgabenbereich der Lenkungsgruppe.

Erkenntnis:

Die Änderungsorganisation muß sich auf den Betrachtungsbereich der Optimierungsmaßnahmen beziehen. Bei Maßnahmen, die eine Abstimmung zwischen den verschiedenen Organisationseinheiten erfordern, ist die Beteiligung des zuständigen Managements unbedingt notwendig.

6.4 Erforderliche Kenntnisse und Fähigkeiten

Das mit der Änderung betraute Team muß über folgende Kenntnisse und Fähigkeiten verfügen:

- Soziale Fähigkeiten wie:
  - Beratungsfähigkeiten
  - Umgang mit Konflikten
  - Verhandlungsgeschick
  - Enthusiasmus und Überzeugungskraft
  - Ehrliche und offene Einstellung
  - Krisen- und kritikfest (»shock-proof«)
  - Geduld
- Gute Kenntnisse über die Organisation im allgemeinen
- Gute Kenntnisse über den Testprozeß innerhalb der Organisation
- Gute Kenntnisse über und Erfahrungen mit Änderungsprozessen
- Intensive Testfachkenntnisse
- Gute Kenntnisse des TPI-Modells

Diese Mischung findet sich kaum jemals in einer einzigen Person. Daher ist bei der Zusammensetzung der Gruppe dafür zu sorgen, daß die genannten Kenntnisse und Fähigkeiten im Team vorhanden sind. Der Leiter des Änderungsteams hat in der Regel bevorzugt aus der Organisation selbst zu kommen und kein externer Testberater zu sein, da danach gestrebt werden sollte, daß nicht ein externer Berater »die treibende Kraft« ist, sondern daß sich diese Kraft in der Organisation befindet. Ansonsten ist das Risiko größer, daß der Ausfall des externen Beraters dazu führt, daß die Organisation in die alte Situation zurückfällt.

Zur Ausführung des Assessments hingegen ist der Einsatz von externen Beratern zu bevorzugen, da diese wegen ihrer Erfahrungen mit anderen Unternehmen meistens über einen objektiven und ungetrübten Blick verfügen. Ein interner Prüfer wird viel eher als parteiisch betrachtet. Ein weiterer Grund ist, daß der Prüfer als »Hiobsbotschafter« angesehen werden könnte. Das geschieht insbesondere dann, wenn die Ergebnisse des Assessments viel Widerstand hervorrufen. Ein interner Prüfer kann dadurch persönlichen Schaden erleiden und einen unerwünschten Stempel aufgedrückt bekommen. Bei einem externen Prüfer ist dies von wesentlich geringerer Bedeutung.

Ein wichtiger Punkt bei der Zusammenstellung des Änderungsteams ist die tatsächliche Verfügbarkeit von Personen. Insbesondere bei internen Mitarbeitern, die als »Teilzeitbeschäftigte« in einem Änderungsprozeß eingesetzt werden, spielt der Zwiespalt zwischen ihren regulären, täglichen Aufgaben und den Änderungsaktivitäten, auch mit *going-concern* und *growing-concern* bezeichnet, eine wesentliche Rolle. Unter Zeitdruck werden die regulären Aufgaben meistens vorrangig vor den Aktivitäten des Veränderungsprozesses behandelt, was zur Folge hat, daß der Veränderungsprozeß immer weiter in den Hintergrund rückt.

Im folgenden werden noch einige Persönlichkeitsmerkmale der Teilnehmer im Änderungsteam näher erläutert:

- Durchhaltevermögen neben Enthusiasmus und Überzeugungskraft
  Wichtig ist, daß der Teilnehmer selbst von der Notwendigkeit der Änderung überzeugt ist. Die Erfahrung lehrt, daß die gewünschte Änderung meistens nicht schnell genug Gestalt annimmt, wodurch manche zu der Überzeugung gelangen, daß die Änderung überhaupt nicht möglich ist. Das größte Risiko ist, daß dies zu einer sich selbst erfüllenden Prophezeiung führt: Der Teilnehmer interpretiert die verschiedenen Signale so, als wolle die Organisation die Änderungen nicht durchführen. Das kann seine Haltung dergestalt beeinflussen, daß er nicht mehr in der Lage ist, andere davon zu überzeugen, daß die Änderungen durchgeführt werden müssen.

  Die jeweilige Person könnte in einem solchen Falle nach positiven Signalen suchen, die ihr anzeigen, daß eine Änderung sogar sehr erwünscht ist. Allein die Tatsache, daß mit einem Änderungsprozeß begonnen wurde, ist ein wichtiges Signal dafür, daß ein entsprechender Bedarf besteht.

- Ehrliche und offene Einstellung
  Ein weiterer Kernpunkt ist die Einstellung. Eine kooperative Einstellung wirkt sehr viel positiver als die arrogante Haltung eines Besserwissers. Die Probleme und die Menschen sind ernstzunehmen. Die an einem Testprozeß Beteiligten wissen im allgemeinen gut,

was sie tun, sie tun ihr Bestes, haben häufig alles Mögliche versucht und schätzen es nicht, wenn jemand kommt und ihnen erzählt, daß sie alles besser machen müssen. Eine kooperative Einstellung und Haltung vermittelt den Menschen das Gefühl, daß man gemeinsam an der Optimierung des Prozesses arbeitet und daß ihr Beitrag dabei geschätzt wird.

6.5 Widerstände

Häufig wird das Phänomen »Widerstand« weit unterschätzt. Dort, wo Änderungen stattfinden, sind manche Menschen aus Prinzip *dagegen* und haben vielerlei Gründe, sich nicht für den Änderungsprozeß zu begeistern. Das Änderungsteam muß damit umgehen können; es muß sich aktiv damit befassen, den Widerstand zu reduzieren. Das erfordert Einblick in die Beziehung zwischen der Phase, in der sich der Änderungsprozeß befindet, und dem Verhalten des Veränderungsteams sowie dem Umfang des dadurch hervorgerufenen Widerstands. Widerstand ist vorhersehbar und kann beeinflußt werden.

Zu Beginn des Änderungsprozesses wissen nur wenige Bescheid. Der Widerstand kann erst dann ansteigen, wenn die Pläne zur Änderung und ihr Einfluß bekanntgemacht werden. Nach der Bekanntgabe müssen adäquate Unterstützung und Hilfsmittel zur Verfügung stehen, um den Widerstand zu verringern. Beim Einsatz und der dabei geleisteten Unterstützung kommt das Testpersonal mit Vorschlägen zur Optimierung. Diese müssen verarbeitet werden, notfalls ist zu verhandeln. Ein offenes Ohr und die Annahme der Vorschläge verringert den Widerstand erheblich. Bei einer stetigen Weiterführung der Unterstützung werden die Tester in dieser Phase zu der Überzeugung gelangen, daß die Änderungen nützlich sind. Noch zweifelnde Kollegen werden dann mit in diese Überzeugung einbezogen oder sogar gezwungen zu kooperieren. Indem nicht zu spät, aber auch nicht zu früh informiert wird, kann die Widerstandskurve beeinflußt werden. Bevor also breit

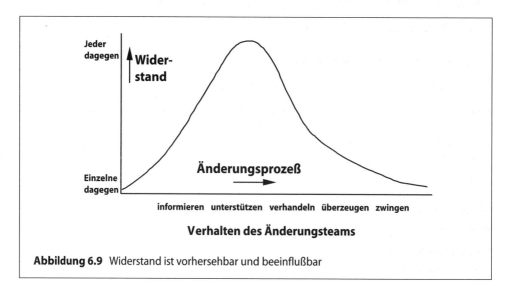

Abbildung 6.9 Widerstand ist vorhersehbar und beeinflußbar

informiert wird, müssen widerstandsverringernde Einrichtungen wie Unterstützung und Hilfsmittel zur Verfügung stehen. Indem von vornherein berücksichtigt wird, welchen Widerstand eine bestimmte Aktion hervorrufen wird, können vorher reduzierende Maßnahmen getroffen werden. Auf diese Weise ist Widerstand beeinflußbar (siehe Abb. 6.9).

Eine wichtige Schlußfolgerung ist, daß all diese Stadien durchlaufen werden *müssen*. Befindet sich ein Prozeß bereits in einer Phase, in der Optimierungsmaßnahmen implementiert werden, und ist von Widerstand immer noch keine Spur, so ist die wahrscheinlichste Ursache, daß überhaupt nichts implementiert wird! Aus diesen Gründen ist es wichtig, die Widerstände offenzulegen und zum Gesprächsthema zu machen, anstatt es unter der Oberfläche brodeln zu lassen.

Wurde bereits früher einmal mit einem Änderungsprozeß begonnen und ist dieser mißlungen, ist der Widerstand gegen eine neue Änderung noch größer als beim ersten Mal. Weshalb schließlich sollte es beim zweiten Mal doch gelingen? Das ist einer der vielen Gründe, weshalb man nicht ohne eine gewissenhafte Vorbereitung mit einem Änderungsprozeß beginnen sollte.

6.6 Kosten und Nutzen

Ein wichtiges Thema bei einem Änderungsprozeß ist der Nachweis, inwieweit die gesetzten Ziele erreicht wurden und inwiefern der Nutzen des Änderungsprozesses höher ist als seine Kosten. Leider handelt es sich hierbei um ein problematisches Thema, da sowohl Kosten als auch Nutzen schwierig festzustellen sind.
Einige Kosten des Änderungsprozesses sind jedoch meist gut zu bestimmen:

- Kosten des Änderungsteams und der -aktivitäten
- Kosten der verschiedenen Präsentationen, Besprechungen usw., an denen sich die Mitarbeiter im Rahmen des Änderungsprozesses zu beteiligen haben
- Erforderliche Mittel wie Tools, Ausbildungen usw.

Schwieriger zu bestimmende Kosten sind:

- Einarbeitungszeit und Ausbildungen am Arbeitsplatz
- Durch den Änderungsprozeß hervorgerufene zusätzliche Aktivitäten im Testprozeß (»zunächst wurden drei Mitarbeiter drei Wochen vor Produktionsdatum tätig, jetzt muß plötzlich ein Plan aufgestellt und Testfälle vorbereitet werden, die zur Folge haben, daß drei Mitarbeiter bereits fünf Wochen vor dem Produktionsdatum eingesetzt werden müssen.«)

Die Bestimmung des Nutzens ist häufig der problematischste Aspekt. Unter Nutzen versteht man:

- Ein qualitativ besseres System
Was jedoch ist ein qualitativ besseres System? Weniger Störungen in der Produktion?

Besser oder weniger als was? Ist das System besser, weil die Tester besser testen oder weil der Entwickler besser entwickelt?

- Einen qualitativ besseren Test
  Wie wissen wir, daß ein besserer Test durchgeführt wurde? Die Anzahl der Fehler oder Störungen in der Produktion ist an sich kein guter Maßstab, da der Entwickler einen großen Einfluß auf diese Faktoren ausübt.

- Bessere Information über die Qualität des Systems und der Risiken, bevor das System in Produktion genommen wird
  Wieviel ist diese Information wert? Ist dies in Hinblick auf die Kosten zu quantifizieren?

- Kürzere Durchlaufzeiten oder niedrigere Kosten des Testprozesses und des gesamten Projekts
  Kürzer oder niedriger als was? Wichtige Faktoren für die Durchlaufzeit und die Kosten sind Umfang, Bedeutung und Komplexität des Systems. Das bestimmt, wieviel und wie intensiv getestet werden muß. Ferner ist die anfängliche Qualität des zu testenden Systems meistens ein im Vorfeld unbekannter Faktor: Je höher die Qualität, desto schneller und kostengünstiger kann der Testprozeß verlaufen.

- Wiederverwendbare Testware
  Das bedeutet, daß die nächste Freigabe weniger Testaufwand erfordert, als das normalerweise der Fall ist. Jedes System ist jedoch in bezug auf Größe, Bedeutung und Komplexität anders. Jede Freigabe hat andere Anpassungen, und die Anzahl der Anpassungen beeinflußt den Umfang der Wiederverwendbarkeit der Testware.

- Weitere Vorteile, die in diesem Zusammenhang genannt werden können, sind eine bessere Verwaltung des Prozesses, eine größere Motivation der Tester, eine bessere Kommunikation zwischen den Testern und dem Rest des Projekts, eine größere Zufriedenheit der Abnehmer und mehr Vertrauen in die Qualität des getesteten Produkts. Für alle diese Aspekte gilt, daß ihr Nutzen quantitativ nur sehr schwer ausgedrückt werden kann.

Trotz der Schwierigkeiten, die mit der Feststellung der Kosten und des Nutzens einhergehen, können Lösungswege vermittelt werden:

Im Kernbereich der Metriken und in Kapitel 20 werden verschiedene zu führende Metriken genannt, die sich mit der Qualität, den Kosten und der Durchlaufzeit des Testprozesses befassen. Beispiele von Metriken sind die Anzahl der Abweichungen, die stündlich ermittelt werden, der Prozentsatz an Code, der mit Testfällen abgedeckt wird, und die Anzahl beim Test gefundener Fehler im Vergleich zur Anzahl der vorhandenen Fehler. Mit Hilfe des kombinierten Einsatzes von Metriken kann man eine gute Vorstellung des Nutzens und der Optimierung erhalten. Solche Metriken sind die weitaus objektivste Weise zur Verdeutlichung des Nutzens eines verbesserten Testprozesses.

Der Einsatz der Metriken hat jedoch einige Nachteile, die einer breiten Verwendung in der Praxis gelegentlich im Wege stehen. Der erste Nachteil liegt darin, daß man für einen Vergleich sowohl die Daten des Zustands vor als auch nach der Änderung benötigt. Daten der Situation vor der Änderung sind jedoch meistens nicht verfügbar, da niemand zu diesem Zeitpunkt den Nutzen einsah, diese Daten zu sammeln; außerdem muß für ein Sammeln und Verwenden von Metriken die Arbeitsweise des Testprozesses angepaßt werden. Die Implementierung von Metriken wird häufig als gesonderter Änderungsprozeß betrachtet (bei dem übrigens die Kosten und Nutzen noch schwieriger meßbar sind). In Kapitel 20 wird näher auf die Implementierung von Metriken eingegangen.

Neben den Metriken spielen beim Nachweis der Nutzen auch der »gesunde Menschenverstand« und – allgemeiner gesagt – die subjektiveren Kriterien eine wesentliche Rolle. Mit Hilfe von Diskussionsrunden und Gesprächen können die Nutzen eines verbesserten Testprozesses auf subjektivere Weise verdeutlicht werden. Bei der Feststellung der Ziele sind dabei jedoch ganz klar die Einschränkungen und Unsicherheiten der subjektiveren Vorgehensweise anzugeben, so daß jeder darüber informiert ist und diese Arbeitsweise akzeptiert.

6.7 Kritische Faktoren

Zum Abschluß dieses Kapitels werden einige Faktoren genannt, die für den Erfolg des Änderungsprozesses von wesentlicher Bedeutung sind. Diese Faktoren sind in Erfolgs- und Mißerfolgsfaktoren unterteilt.

6.7.1 Erfolgsfaktoren

- Notwendigkeit zur Änderung
  Wenn mit einem Änderungsprozeß begonnen wird, ist eine der wichtigsten Voraussetzungen die Einsicht, daß die gegenwärtige Situation nicht mehr annehmbar ist. Die verschiedenen Ebenen in der Organisation müssen der festen Überzeugung sein, daß der Testprozeß verbessert werden muß.

- Klarheit über die gewünschte Situation
  Der Änderungsprozeß muß ein festumrissenes Ziel haben, so daß für jeden deutlich ist, was erreicht werden muß. Diese Ziele können für jede Zielgruppe unterschiedlich sein. Für das Management gehört es zum Beispiel zum Ziel, daß die »Time-To-Market«-Spanne für neue Produkte kürzer wird, und für die Tester, daß weniger (lästige) erneute Tests erforderlich sind. Die verschiedenen Zielgruppen müssen die für sie relevanten Ziele vor Augen haben.

- Engagement des Managements
  Der vielleicht wichtigste Erfolgs-(und Mißerfolgs-)Faktor ist das Engagement des Managements für einen Änderungsprozeß. Die Ungeduld des Managements hilft einerseits dabei, dieses Engagement zu bekommen und die Änderungen umzusetzen, kann jedoch andererseits auch eine umgekehrte Auswirkung hervorrufen, wenn die geschaffenen Erwartungen nicht schnell genug eintreffen. Wenn keine Klarheit im Zusammenhang mit der Unterstützung des Änderungsprozesses seitens des Managements besteht, ist zunächst an diesem Aspekt zu arbeiten. Es ist zu vermeiden, daß die Änderungsprozesse als Versuchsballons in der Organisation dienen.

- Teilnehmer im Änderungsteam
  Der Einsatz der richtigen Personen zur Steuerung und Betreuung des Änderungsprozesses ist für einen erfolgreichen Verlauf des Prozesses von großer Bedeutung. Diese Mitarbeiter müssen eine offene Atmosphäre schaffen, in der keine Zurückhaltung im Zusammenhang mit Ideen oder Kritik herrscht. Sie werden vorzugsweise als »Vollzeitbeschäftigte« im Änderungsprozeß eingesetzt und haben keine weiteren Aufgaben. Ist letzteres dennoch der Fall, besteht das Risiko, daß bei einem zeitlichen Druck auf die anderen Aktivitäten die Teilnahme am Änderungsprozeß als erstes abgebrochen wird.

  Der Status der (internen) Mitarbeiter, die die Implementierung der Änderungen durchführen, ist ein Signal für die restliche Organisation im Zusammenhang mit der Bedeutung des Änderungsprozesses. Werden kompetente Mitarbeiter eingesetzt, oder eher gerade jene, die für die »regulären« Aufgaben nicht optimal geeignet sind? Die ausgewählten Prüfer müssen über umfangreiche (Test- und Änderungs-)Erfahrungen verfügen und sich mit den spezifischen Problemen des Testprozesses befassen, anstatt nur die allgemeinen Modellempfehlungen zu formulieren.

- Umgang mit Widerstand
  In einem früheren Abschnitt wurde bereits darauf hingewiesen, daß gegen Änderungen immer Widerstand entsteht. Der Umfang des Widerstands ist unter anderem von der Unternehmenskultur abhängig: Inwiefern ist die Organisation an Änderungen gewöhnt? Das Management ist davon zu überzeugen, daß dieser Widerstand immer entsteht (und entstehen *muß*), und es ist zu verhindern, daß der erstbeste Widerstand zur Folge hat, daß der Änderungsprozeß stagniert und das Engagement verschwindet. Zur Überwindung von Widerständen ist es wesentlich, die Mitarbeiter soviel wie nur eben möglich in den Prozeß mit einzubeziehen und daran zu beteiligen. Unverständnis über die Bedeutung von Änderungen hat einen hohen Widerstand zur Folge.

- Vorausschau
  Häufig stellt sich heraus, daß Ereignisse, die außerhalb des Betrachtungsbereichs des Änderungsprozesses auftreten, Folgen für den eigentlichen Prozeß haben. Erst unter Druck wird deutlich, wie entwickelt der Testprozeß eigentlich ist. Werden alle Änderungen sofort über Bord geworfen, während nur »kleine Feuer gelöscht werden«, oder fährt man bei Gegenwind einfach etwas langsamer weiter? Wenn man im Vorfeld über einige Angelegenheiten nachdenkt (wie werden wir reagieren, wenn ... passiert?) kann man vermeiden, daß der ganze Änderungsprozeß gestoppt wird.

6.7.2 Mißerfolgsfaktoren

- Ausschließlich Top-down- oder Bottom-up-Optimierungen
  Von Top-down-Optimierungen wird dann gesprochen, wenn man Optimierungen durchzuführen versucht, indem man Richtlinien vom Management aus auf niedrigere Ebenen formuliert (Optimierungen von oben nach unten). Eine andere Art ist die Bottom-up-Optimierung (von unten nach oben), wobei die Quelle der Optimierungen die Mitarbeiter sind.

Eine Optimierung kann nicht ausschließlich top-down oder bottom-up erfolgen. Eine Top-down-Optimierung, beispielsweise durch die Herausgabe eines Handbuchs, wird nicht zu einem Erfolg führen. Auf der anderen Seite wird auch eine Bottom-up-Optimierung ohne die zeitliche und finanzielle Unterstützung des Managements nicht die gewünschten strukturellen Verbesserungen erzielen. Der Optimierungsprozeß muß aktiv vom Management unterstützt werden und außerdem über eine ausreichende Grundlage in den übrigen Einheiten und Abteilungen der Organisation verfügen.

- Beschränkung auf Schulungen
  Gelegentlich geschieht es, daß Organisationen einen massiven Betrag in ein Schulungsprogramm für das Testpersonal stecken und anschließend überhaupt nichts damit anfangen. Das ist weggeworfenes Geld. Die bei einer solchen Schulung erzielten Kenntnisse müssen in einer Organisation eingesetzt werden können, in der den Mindestbedingungen zur Optimierung des Testprozesses entsprochen wurde. Ferner müssen die ersten Anwendungsversuche des gelernten Stoffs ausreichend betreut werden.

- Unausgeglichene Optimierung
  Die vier Pfeiler eines strukturierten Testkonzepts (Phasenmodell, Techniken, Infrastruktur und Organisation) müssen untereinander gleichgewichtig ausgefüllt werden. Wird beispielsweise nur den Testtechniken Aufmerksamkeit geschenkt oder nur die Testorganisation berücksichtigt, wird ein solches Vorgehen zu Enttäuschungen führen.

- Ungeeignetes Pilotprojekt
  Ein Pilotprojekt muß repräsentativ sein und einen übersichtlichen Umfang haben sowie eine gute Auswirkung erzielen. Einerseits darf das Pilotprojekt nicht zu viele Risiken für den primären Prozeß der Organisation mit sich bringen, andererseits darf es auch nicht zu unverbindlich bleiben. Das Pilotprojekt darf sich aber auch nicht auf einen isolierten Test beschränken, sondern es ist bereits in diesem Stadium die Organisation und die Infrastruktur ausdrücklich dabei mit einzubeziehen.

- Test-Tools als das Ei des Kolumbus
  Für Test-Tools gilt, daß sie Hilfestellungen beim Testprozeß leisten können. Das bedeutet in erster Linie, daß der Testprozeß vor dem Einsatz von Test-Tools bereits eine bestimmte Entwicklung aufweisen muß, und zweitens, daß Tools Unterstützung bieten können, jedoch nicht mehr als das! Der Testprozeß kann nicht vollständig von Tools übernommen werden.

- Alleinige Strukturierung der High-Level-Tests
  Eine Optimierung des Testprozesses erstreckt sich über alle Teststufen und -formen. Es ist wenig sinnvoll, nur ein einziges großes Sicherheitsnetz (High-Level-Tests) für oder gegen die Fehler der Entwickler anzuschaffen. Das ist zu kostspielig! Die Optimierung muß sich ebenfalls auf die Low-Level-Tests beziehen: Dort können schließlich mit den geringsten Kosten bereits viele Fehler entdeckt werden.

- Unterschätzung der Implementierung
  Insbesondere die Phasen nach der Definition der Optimierungsmaßnahmen werden häufig unterschätzt. Die »angenehmste« Aktivität – das Nachdenken darüber, wie alles bes-

ser gestaltet werden muß – ist dann vorbei. Die externen Sachverständigen verlassen zu diesem Zeitpunkt das Projekt, weil sie ihre Aufgabe erledigt haben, und die interne Lenkungsgruppe reduziert die Anzahl ihrer Treffen, da die Empfehlungen nur noch implementiert werden müssen. Dies sind jedoch gerade die schwierigsten Aktivitäten des gesamten Prozesses, bei denen die zu überwindenden Widerstände am größten sind. Zu berücksichtigen sind hierbei folgende Aspekte:
- Messen des Fortschritts und der Ergebnisse (»messen = wissen«)
- Vorstellung sichtbarer Ergebnisse
- Vermeiden von zu großen Schritten auf einmal
- Vermeiden, daß die Änderungen als »Ladenhüter« enden

- Zu viele Versprechen wecken falsche Hoffnungen
Eine Optimierung des Testprozesses kostet Zeit und geht mit Höhen und Tiefen einher. Es ist wichtig, im Zusammenhang mit der Frist, in der sichtbare Ergebnisse erzielt werden, keine zu hohen Erwartungen zu wecken. Kurzfristig werden kleine Erfolge erreicht, langfristig werden die Vorteile immer deutlicher und allgemeiner sichtbar.

7 Ebenen je Kernbereich

In diesem Kapitel werden die Ebenen für jeden Kernbereich eingehender erläutert und die dazugehörigen Kontrollpunkte und Optimierungsvorschläge beschrieben. Dieser Teil eignet sich daher vor allem als Nachschlagewerk.

Die Einteilung ist wie folgt:

- Zu jeder Ebene wird eine Beschreibung gegeben, in der auch die Bedeutung der jeweiligen Ebene hervorgehoben wird.

- Die Kontrollpunkte für die jeweilige Ebene werden beschrieben: Um den Testprozeß für die Ebene zu klassifizieren, ist diesen Punkten zu entsprechen.

- Abhängigkeiten von anderen Ebenen werden separat erläutert. Diese Abhängigkeiten beziehen sich auf die Bedeutung und die Zielrichtung der unterschiedlichen Ebenen und nicht auf jeden einzelnen Kontrollpunkt dieser Ebene. Sie erklären die Position einer Ebene in der TPI-Matrix und sind somit speziell von Bedeutung bei der Bestimmung der (Reihenfolge der) Optimierungsaktionen. Bei der Feststellung, ob der Testprozeß einer bestimmten Ebene entspricht, spielen die Abhängigkeiten keine Rolle. Eine Gesamtübersicht über die Abhängigkeiten befindet sich in Abschnitt 7.21, »Übersicht über die Abhängigkeiten«.

- Bei jeder Ebene werden die entsprechenden Optimierungsvorschläge beschrieben, die Hinweise darauf vermitteln, wie die jeweilige Ebene erreicht werden kann. Wenn sich der Testprozeß auf der Startebene befindet, und man will Hinweise dazu, wie man Ebene A erreichen kann, so sind die Optimierungsvorschläge für Ebene A zu befolgen.

7.1 Kernbereich: Teststrategie

Einer der wichtigsten Kernbereiche ist die Teststrategie, deren Ziel es ist:

So früh und so kostengünstig wie möglich die wichtigsten Fehler zu finden.

Die Formulierung »wichtigsten« bezieht sich auf die Risiken für die Organisation, wenn sich das System als qualitativ unzureichend herausstellt. In der Teststrategie wird bestimmt, welche (Qualitäts-)Anforderungen und Risiken mit welchen Tests abgedeckt werden. Je besser jede Teststufe die eigene Strategie bestimmt und je besser diese verschiedenen Teststrategien einander angepaßt werden, desto höher wird die Qualität der gesamten Teststrategie.

Wie in Abschnitt 5.2.3 erläutert, beginnt die Optimierung des Testprozesses in erster Linie bei den High-Level-Tests. Deshalb durchläuft ein Testprozeß für diesen Kernbereich folgende Entwicklungsebenen: In der ersten Ebene wird mit einer Teststrategie für einen einzelnen High-Level-Test begonnen, in der nächsten Ebene findet die Koordination der Strategie zwischen den verschiedenen High-Level-Tests statt, bis auf der höchsten Ebene eine Gesamtstrategieabstimmung zwischen sämtlichen Test- und Prüfungsstufen erfolgt.

Ein Merkmal der Startebene ist, daß der Test nur über die Ressourcen und die Zeit kontrolliert wird. Meistens wird nur eine einzige Testtechnik angewandt und nur die Korrektheit der Verarbeitung getestet. Ferner findet zwischen den verschiedenen Teststufen keine Abstimmung im Zusammenhang mit den zu überprüfenden Qualitätsmerkmalen, dem Betrachtungsbereich des Tests usw. statt.

7.1.1 Teststrategie, Ebene A: Strategie für einzelne High-Level-Tests

Beschreibung

Der Auftraggeber eines Tests erwartet vom freizugebenden System bestimmte Qualitäten, die von Fall zu Fall sehr unterschiedlich sind. Es ist von größter Bedeutung, daß hierüber Vereinbarungen mit dem Auftraggeber getroffen werden und daß – abhängig von den Wünschen des Auftraggebers – diese in ein entsprechendes Testverhalten umgesetzt werden.

Eine Risikoeinschätzung bildet die Grundlage für die Teststrategie, da es wichtig ist, den Testaufwand (d.h. Testabdeckung) zu optimieren. Anhand einer Strategiebestimmung wird analysiert, was, wo und wie umfangreich getestet werden muß, um ein optimales Gleichgewicht zwischen der gewünschten Qualität und dem erforderlichen zeitlichen und finanziellen Umfang zu finden. Es erfolgt eine Optimierung, die das Ziel hat, die verfügbaren Ressourcen korrekt über die auszuführenden Testaktivitäten zu verteilen.

> **Beispiel 1**
>
> Besprechungen mit dem Auftraggeber über eine Teststrategie stellen sich häufig als eine wahre Offenbarung heraus. Anstatt nur Entscheidungen in Hinsicht auf Geld und Zeit zu treffen, stehen plötzlich auch ganz andere Auswahlmöglichkeiten zur Diskussion. Durch eine Detaillierung wird der Testprozeß zudem kontrollierbarer. Das vermittelt dem Auftraggeber Vertrauen und vereinfacht die Gespräche über Angelegenheiten wie Zeit und Geld. Wenn ein Auftraggeber will, daß das Testen kostengünstiger erfolgt, kann der Testmanager ihn vor die Entscheidung stellen, einen bestimmten Test wegfallen zu lassen oder einen anderen Test in abgeschwächter Form, also weniger intensiv, durchzuführen. Das bietet dem Auftraggeber später die Möglichkeit, sein eigenes Budget zu verteidigen. Dies steht im Gegensatz zu so wohlbekannten, peinlichen Diskussionen wie die folgende:

Testmanager	Auftraggeber
»Wir brauchen vier Wochen lang vier Mann.«	»Ich kann drei Wochen lang drei Personen zur Verfügung stellen.«
»Ja, dann können wir aber weniger testen.«	»Was oder wie testet Ihr dann weniger?«
»Das wissen wir noch nicht, aber wenn wir weniger Zeit haben, können wir weniger testen, und das erhöht das Risiko für das System.«	»Wieviel höher ist das Risiko dann?«
usw.	

Beispiel 2

Bei einem Ministerium erhält ein Testberater den Auftrag, ein Audit über ein Testprojekt durchzuführen. Bei Betrachtung der Strategiebestimmung im Testplan stellt sich heraus, daß diese ganz nach Vorschrift ausgearbeitet worden ist, mit Qualitätsmerkmalen, Teilsystemen und Testtechniken. Nach einer gewissen Zeit nimmt der Berater Stichproben bei einigen ausgearbeiteten Testfällen und stellt fest, daß diese nicht gemäß einer der Techniken durchgeführt wurden, sondern daß eine ganz eigene inoffizielle Technik angewandt wurde. Auf seine Frage, weshalb nicht nach den vereinbarten Techniken vorgegangen worden ist, erhält er zur Antwort, daß der Testplan für nicht wirklich brauchbar gehalten wurde. Bei eingehender Nachfrage kommt der Kern des Problems auf den Tisch: Bei dem zu testenden System handelt es sich um eine neue Freigabe mit nur wenigen Änderungen im Vergleich zur aktuellen Version. Die Strategie wurde jedoch so ausgearbeitet, als handele es sich um ein gänzlich neu zu entwickelndes System. Folglich sollten Teile, die zwar wichtig sind, jedoch (fast) nicht geändert wurden, dennoch nach einer schwierigen Testtechnik getestet werden. Kein Wunder also, daß die Tester nicht auf der Grundlage der geplanten Strategie arbeiten wollten.

Kontrollpunkte

- Es findet eine fundierte Risikoüberlegung statt, zu der Kenntnisse des Systems und zur Anwendung und Verwaltung des Systems erforderlich sind.
- Es erfolgt eine Differenzierung in der Intensität der Tests, abhängig von den erkannten Risiken und – falls vorhanden – den Akzeptanzkriterien. Es werden weder alle Teilsysteme gleich intensiv getestet noch wird jedes Qualitätsmerkmal (gleich intensiv) getestet.
- Es werden eine oder mehrere formale oder nicht formale Test-Spezifikationstechniken angewandt, abhängig von der jeweils gewünschten Intensität eines Tests.
- Für erneute Tests findet ebenfalls eine (einfache) Strategiebestimmung statt, wobei eine fundierte Auswahl zwischen den Möglichkeiten »nur Lösungen testen« und »vollständigen Regressionstesten durchführen« getroffen wird.

Abhängigkeiten

- Test-Spezifikationstechniken, Ebene A, nicht formale Techniken
  Techniken sind erforderlich, um die Wahl zwischen einem einfacheren oder einem schwierigeren Test zu konkretisieren.

- Engagement und Motivation, Ebene A, Zuweisung von Budget und Zeit
  Mit dem Auftraggeber des Tests muß über die Strategie gesprochen werden können, da diese stark im Zusammenhang mit den erforderlichen zeitlichen und finanziellen Mitteln steht.

Optimierungsvorschläge

- Beziehen Sie die verschiedenen Beteiligten, wie Endanwender, Systemadministratoren und Projektmanager, bei der Bestimmung der Teststrategie ein.

- Schaffen Sie »Bewußtsein«, indem Sie die Risiken bei der heutigen Arbeitsweise angeben, oder schlagen Sie vor, wie das Testen kostengünstiger bzw. schneller verlaufen kann.

- Wenn nur eine Test-Spezifikationstechnik vorliegt, so versuchen Sie, anhand einfacher Variationen die Möglichkeit zu schaffen, mehr bzw. weniger Aufwand anzusetzen. Als Beispiel von mehr oder weniger Intensität kann das Testen oder Nichttesten von Grenzwerten genannt werden. Grenzwerte sind Werte, die kurz vor, auf oder kurz hinter der Grenze eines Bereichs liegen. Bei der Bedingung »A≥10« gelten 9, 10 und 11 als Grenzwerte bei ganzen Zahlen.

- Stellen Sie für erneute Tests eine Arbeitsweise auf, bei der jeweils die Abwägung zwischen völlständigem Regressionstesten, eingeschränktem Regressionstesten (je Fehler/Funktion/Teilsystem) oder sogar kein Regressionstest erfolgen kann (und dies schriftlich festgehalten wird).

- Unterscheiden Sie zwischen den verschiedenen Teilsystemen und Qualitätsmerkmalen, und versuchen Sie, jedem Teilsystem und jedem Qualitätsmerkmal eine relative Bedeutung zuzuweisen. Setzen Sie diese Bedeutung in einen umfangreichen oder weniger umfangreichen Test um.

- Für eine Beschreibung der verschiedenen Qualitätsmerkmale, die auf das Testen angewandt werden können, wird auf Kapitel 12 »Qualitätsmerkmale« verwiesen.

- Um die Durchlaufzeit des Tests so gering wie möglich zu halten, kann schichtweises Testen eine Lösung sein. Anstatt abzuwarten, bis das System vollständig realisiert ist, wird bereits bei der Fertigstellung eines jeden einzelnen Teilsystems mit der Testdurchführung begonnen. Wesentliche Kernaspekte dabei sind die Abstimmung mit dem Entwickler (dieser muß testbare Teilsysteme abliefern) und das Risiko der Regression (ein bereits getestetes Teilsystem funktioniert plötzlich nicht mehr richtig, nachdem ein anderes Teilsystem freigegeben ist).

- Bestimmen und Aktualisieren Sie einen Regressionstest, der dazu verwendet wird, neue Freigaben des zu testenden Systems auf Regression zu testen. Ein solcher Test wird häufig aus bestehenden Testfällen zusammengesetzt und eignet sich gut für eine Testautomatisierung (siehe auch Kapitel 21 »Test-Tools«).

- Führen Sie eine vollständige Strategiebestimmung durch. Die zu unternehmenden Schritte, um zu einer Teststrategie zu gelangen, sind in Abschnitt 13.4 »Strategiebestimmung für Teststufe« beschrieben.

- In der Praxis erfolgt eine Strategiebestimmung häufig zusammen mit einem Testaufwandsschätzung. Das hat den Vorteil, daß die Konsequenzen der gewählten Strategie sofort auf die erforderliche Testzeit und damit auf die Testkosten umgesetzt werden, wodurch die Entscheidungen bezüglich der Strategie leichter zu treffen sind. Ferner ist es möglich, wenn die Länge der Testzeit bekannt ist, mit Hilfe der Teststrategie zu bestimmen, was innerhalb der festgestellten Zeit »möglich« bzw. »realisierbar« ist. Vielleicht noch wichtiger ist, daß dabei außerdem explizit deutlich gemacht wird, welche Teile nicht oder nicht vollständig getestet werden können und welche Risiken damit verbunden sind.

7.1.2 Teststrategie, Ebene B: Strategie für High-Level-Tests

Beschreibung

Die Abstimmung der Teststrategien der verschiedenen High-Level-Tests verhindert, daß Tests doppelt ausgeführt werden oder daß »Löcher« zwischen den Tests auftreten. Außerdem ist man besser in der Lage, die Tests zum richtigen Zeitpunkt durchzuführen, d.h., wenn (bei einer übereinstimmenden Testintensität) die Testkosten zzgl. der Korrektur- und Regressionstestkosten am niedrigsten sind. Diese Abstimmung setzt voraus, daß bekannt ist, was und mit welcher Intensität von jedem High-Level-Test getestet wird.

Kontrollpunkte

- Es erfolgt eine Abstimmung zwischen den verschiedenen High-Level-Tests – vor allem dem System- und Abnahmetest – auf dem Gebiet der Teststrategie (Risiken, Qualitätsmerkmale, Betrachtungsbereich des Tests und der Planung).

- Das Ergebnis der Abstimmung ist eine koordinierte Strategie, die schriftlich festgelegt und während des gesamten Testprozesses überwacht wird.

- Jeder High-Level-Test bestimmt auf der Grundlage der koordinierten Strategie die eigene Teststrategie, wie bei Ebene A beschrieben.

- Abweichungen in Hinsicht auf die koordinierte Strategie werden gemeldet, wonach auf der Grundlage der Risiken eine fundierte Änderung dieser Strategie erfolgt.

Abhängigkeiten

- Einsatz des Phasenmodells, Ebene A, Hauptphasen Planung, Spezifikation, Durchführung
  Zur Abstimmung müssen im Vorfeld des Testens Vereinbarungen getroffen werden, was, wie und wann zu testen ist (Planungsphase). Hinterher muß verdeutlicht werden können, daß gemäß den Vereinbarungen vorgegangen worden ist. Dies erfordert einen transparenten Prozeß, der den Einsatz eines Phasenmodells als Voraussetzung hat.

- Test-Spezifikationstechniken, Ebene B, formale Techniken
  Durch die Abstimmung der verschiedenen Tests aufeinander werden höhere Anforderungen an die Informationen zur Qualität und Intensität eines jeden Tests gestellt. Das heißt, daß formalere Test-Spezifikationstechniken eingesetzt werden müssen.

- Engagement und Motivation, Ebene B, Testen ist in die Projektorganisation integriert
  Zur Gewährleistung der Abstimmung ist vom Projektmanagement Einsatz gefordert. Dieses Management muß daher Interesse daran haben, Einsicht in die Qualität und Intensität des Testens zu gewinnen.

- Kommunikation, Ebene B, Projektkommunikation, Analyseforum, Änderungsüberwachung
  Eine Abstimmung zwischen den Teststufen und dem übrigen Projekt hat während des gesamten Testprozesses zu erfolgen.

- Testprozeßmanagement, Ebene B, Planung, Durchführung, Überwachung und Anpassung
  Einsicht in die Qualität eines jeden Tests bedeutet, daß man sich nicht nur auf Pläne verlassen kann, sondern daß eine Überwachung und Anpassung der Testprozesse stattfinden muß.

Optimierungsvorschläge

- Fangen Sie damit an, Informationen darüber zu sammeln, was die verschiedenen Tests bewirken. Wichtig hierbei ist der Bereich, über den man Einblick in Intensität und Vollständigkeit der einzelnen Tests erhalten kann. Stellen Sie hierbei mögliche Risiken fest.

- Häufig beginnt die Verbesserung eines Testprozesses bei einer bestimmten Teststufe und es gibt noch keine Abstimmung mit anderen Teststufen. Legen Sie in einem solchen Fall bei der Strategiebestimmung der jeweiligen Teststufe fest, was die Erwartungen bei den anderen Tests sind (Was bewirken diese Tests im Bereich der Testabdeckung?).

- Versuchen Sie, offensichtliche »Löcher« oder doppelte Tests aufzudecken und diese zur Diskussion zu stellen. Verdeutlichen Sie dabei, wie wichtig entsprechende Informationen sind.

- Eine Arbeitsweise, anhand derer man zu einer koordinierten Teststrategie gelangen kann, ist in Kapitel 11 »Mastertestplanung« sowie in Abschnitt 13.3, »Strategiebestimmung im Mastertestplan« beschrieben.

- Benennen Sie einen Testkoordinator, der die Teststufen miteinander abstimmt, in einem Mastertestplan festlegt und die Abstimmung überwacht. Der Testkoordinator erstattet dem Projektmanager und eventuell auch dem Auftraggeber des Systems Bericht. Zur Vermeidung einer Interessenvermischung empfiehlt es sich, daß der Testkoordinator unabhängig von den zuständigen Gruppen für die verschiedenen Teststufen ist.

- Zu erwägen ist die Einführung einer Abnahmekontrolle, bei der die Testware einer bestimmten Teststufe von einer anderen beteiligten Gruppe auf Vollständigkeit und Korrektheit überprüft wird. Beispiel: Die Systemtest-Gruppe liefert an die Abnahmetest-Gruppe ein funktionell getestetes System mitsamt den Testfällen. Die Abnahmetest-Gruppe überprüft (vollständig oder stichprobenweise) diese Testfälle und führt in Zweifelsfällen einen Testfall an einer freigegebenen Software aus. Bei diesem Test kann sich das Hauptaugenmerk dann darauf richten, wie integrierbar in die Organisation bzw. wie benutzungsfreundlich sich das System darstellt.

- Bei umfangreichen Überlappungen zwischen bestimmten Teststufen gibt es auch die Möglichkeit, beide Teststufen miteinander zu kombinieren. Man denke hierbei an eine Kombination von Systemtest und Abnahmetest zu einem integrierten Test. Kernaspekte dabei sind die Verantwortlichkeiten und Erwartungen. Legitime Gründe für einen integrierten Test sind beispielsweise:
  - Die Möglichkeiten, die dem Anwender geboten werden, die Funktionalität in einer geeigneteren, durch weniger komplexe Verfahren belasteten Umgebung zunächst gründlich zu beurteilen
  - Die Eignung der Systemtestumgebung für ein – in erster Linie – (künstliches) Testen von Aspekten wie Streß, Autorisierung usw.
  - Die frühzeitige Aufdeckung und insbesondere auch Korrektur von relativ wichtigen Fehlern durch den Einsatz von Abnahmetestfällen
  - Der frühzeitige Austausch von Kenntnissen zum IT-System von seiten der Entwickler und zur Fachmaterie von seiten der Anwender
  - Der gemeinsame Einsatz der Testumgebung und der dazugehörigen Verwaltungsverfahren
  - Test-Tools, die aus Sicherheitsgründen normalerweise nicht in der »produktionsnahen« Umgebung verwendet werden dürfen, stehen – zusammen mit der dabei erforderlichen technischen Unterstützung – dem Anwender zur Verfügung
  - Die rechtzeitige Weitergabe von Kenntnissen an Anwender und mögliche (künftige) Systemadministratoren zum Testen und insbesondere zum Einsatz von Test-Tools
  - Die frühzeitige Beteiligung beim Testen wird die Anwender zum aktiven Mitdenken über das Testen anspornen sowie die Einführung erleichtern und den Akzeptanzgrad erhöhen
  - Durch den integrierten Test wird der Einsatz von Ressourcen optimiert; Personal und Testeinrichtungen werden zentral eingesetzt und Prioritätskonflikte rechtzeitig verhindert
  - Die Einrichtung des Testens unter einer zentralen Leitung wird das gegenseitige Verständnis erhöhen, wodurch alle Beteiligten besser miteinander kommunizieren können.

> **Beispiel**
>
> Für ein Ministerium wird ein großes neues System entwickelt. Der Entwickler ist für den Entwurf, die Durchführung, den Modul- sowie den Systemtest verantwortlich. Für den Abnahmetest werden neben den Anwendern auch externe Testexperten eingesetzt. Bei der Beurteilung des Testens der ersten Freigabe dieses Systems stellt sich heraus, daß der Systemtest und der Abnahmetest viele Überlappungen bei der Testdeckung aufweisen. Der Systemtest ist nicht sehr umfangreich und findet recht unstrukturiert statt, während der Abnahmetest einen breiteren Betrachtungsbereich aufweist und sehr viel gründlicher ist.
>
> Beim Abnahmetest werden sehr viele Fehler entdeckt, die im Systemtest bereits hätten aufgedeckt werden müssen. Als Lösung zur weitestgehenden Einschränkung der Überlappung hat man sich für eine Kombination der beiden Tests entschieden. Obgleich den früheren Abnahmetestern für die darauffolgende Freigabe ein System geliefert wurde, das faktisch eine geringere Qualität aufwies (da kein Systemtest mehr ausgeführt wird), wurde das Nettoergebnis für positiv befunden. Gründe hierfür sind: eine gute und schnelle Bearbeitung der Fehler, die zusätzliche Kapazität durch die Systemtester sowie ein adäquates Erwartungsmanagement. Als ein weiteres positives Ergebnis ist ein größeres Verständnis und eine bessere Kommunikation zwischen Entwicklern und Testern zu verzeichnen.

7.1.3 Teststrategie, Ebene C: Strategie für High-Level-Tests und Low-Level-Tests oder Prüfungsstufen

Beschreibung

Indem bei der Koordinierung auch die Low-Level-Tests oder Prüfungsstufen mit einbezogen werden, bestehen noch mehr Möglichkeiten zur Optimierung.

Die Low-Level-Tests haben im Vergleich zu den High-Level-Tests folgende Vorteile:

- Sie erfordern wenig Kommunikation, da der Entdecker eines Fehlers häufig auch derjenige ist, der ihn sowohl produziert hat als auch behebt.
- Sie finden frühzeitiger Fehler im Systementwicklungsprozeß als die High-Level-Tests.

Verglichen mit Testen bedeutet Prüfen, daß mehr in weniger Zeit gefunden wird. Da aber nicht alles geprüft werden kann, bleibt das Testen sehr wichtig. Die Ausdehnung des Abstimmungsbereichs vom Testen auf Prüfen bietet zusätzliche Möglichkeiten, um den Aufwand zu optimieren. Insbesondere nicht funktionale Qualitätsmerkmale wie Aktualisierbarkeit, Portabilität und Wiederverwendbarkeit können häufig vorzugsweise eher geprüft als getestet werden.

Die Einbeziehung von Prüfungen oder Low-Level-Tests in die Gesamtteststrategie ist ein Gewinn für den gesamten Testprozeß, da mehr Möglichkeiten zur Optimierung bestehen, d.h., die wichtigsten Fehler werden so früh und so kostengünstig wie möglich gefunden.

Kontrollpunkte

- Es findet eine Abstimmung zwischen den High-Level- und den Low-Level-Tests oder den Prüfungsstufen im Bereich der Teststrategie statt (Risiken, Qualitätsmerkmale, Betrachtungsbereich von Test/Prüfung und Planung).
- Das Ergebnis der Abstimmung ist eine koordinierte Strategie, die schriftlich festgehalten wird. Während des gesamten (Prüfungs- und) Testprozesses wird diese Strategie überwacht.
- Jeder High-Level-Test ermittelt auf der Grundlage der Abstimmung die eigene Teststrategie, wie bei Ebene A beschrieben.
- (falls zutreffend) Jeder Low-Level-Test ermittelt auf der Grundlage der Abstimmung die eigene Teststrategie, wie beim Kernbereich Low-Level-Tests, Ebene C, beschrieben.
- (falls zutreffend) Jede Prüfungsstufe bestimmt auf der Grundlage der Abstimmung die eigene Prüfungsstrategie, wie beim Kernbereich »Prüfen«, Ebene B, beschrieben.
- Abweichungen in Hinblick auf die koordinierte Strategie werden mitgeteilt, danach erfolgt auf der Grundlage der Risiken eine fundierte Anpassung der Strategie.

Abhängigkeiten

- (falls zutreffend) Low-Level-Tests, Ebene C, Strategie für Low-Level-Tests
  Die Low-Level-Tests müssen in der Lage sein, innerhalb der koordinierten Strategie eine Teststrategie zu bestimmen und auszuführen.
- (falls zutreffend) Prüfen, Ebene B, Prüfungsstrategie
  Die Prüfungen müssen in der Lage sein, innerhalb der koordinierten Strategie eine Prüfungsstrategie zu bestimmen und auszuführen.
- (falls zutreffend) Zeitpunkt der Beteiligung, Ebene C, Aufstellen der Anforderungen
  Die Gesamtstrategie muß bereits in einem frühen Stadium bestimmt werden.

Optimierungsvorschläge

- Beginnen Sie die Kommunikation über die koordinierte Strategie der High-Level-Tests mit der Abteilung, die für die Low-Level-Tests (= Entwickler) oder die Prüfungen (= häufig Qualitätssicherung) zuständig ist. Suchen Sie Überlappungen und »Löcher« in der Deckung zwischen allen Tests und Prüfungen.
- Untersuchen Sie, ob bestimmte High-Level-Tests nicht vorzugsweise während der Low-Level-Tests oder Prüfungen und umgekehrt ausgeführt werden können. Die Überprüfung auf Richtlinien der Software (Qualitätsmerkmal: Aktualisierbarkeit) kann beispielsweise Teil eines Tests oder einer Prüfung sein.

> **Beispiel**
>
> Bei der Entwicklung eines neuen Systems sind die Tests unter der Verantwortung eines Testkoordinators aufeinander abgestimmt. Das System besteht aus einigen Modulen (Bildschirmfenster, Datenbankvalidierung, Verarbeitung usw.), die von Entwicklungsteams realisiert werden. Für jede Art von Software wurde vereinbart, mit welcher Testtechnik der Entwickler zu testen hat. Neben der Software liefert ein Entwicklungsteam auch die dazugehörigen Testfälle. Diese werden von einem Vertreter des Testkoordinators auf Richtigkeit und Vollständigkeit überprüft. Sind die Testfälle nicht korrekt oder nicht in ausreichender Anzahl vorhanden, wird der entsprechende Teil der Freigabe abgelehnt. Am Anfang wird vieles abgelehnt, was sich jedoch im Laufe der Zeit ändert. Die Entwicklungsteams haben auf diese Weise auch mehr Sicherheiten im Zusammenhang mit der Qualität der von ihnen gelieferten Software. In einigen Fällen hat sich herausgestellt, daß der Einsatz der vorgeschriebenen Technik nicht möglich ist, wonach im gegenseitigen Einvernehmen eine alternative Test-Spezifikationstechnik ausgewählt wurde.
>
> Obwohl diese Arbeitsweise nicht sicherstellt, daß der Entwickler die Testfälle tatsächlich ausgeführt hat, konnte in nachfolgenden Tests gezeigt werden, daß die freigegebene Software auf funktionaler Ebene von hoher Qualität ist.

- Sowohl die Low-Level-Tests als auch die Prüfungen setzen früher ein als die High-Level-Tests. Berücksichtigen Sie bei der Abstimmung diesen früheren Start, und beginnen Sie rechtzeitig.
- Kombinieren Sie die Detailüberprüfung (Kernbereich »Einsatz des Phasenmodells«, Ebene B) mit den Prüfungen der Spezifikationen.
- Tauschen Sie die Testware zwischen den verschiedenen Teststufen aus, beispielsweise zwischen Abnahmetest und Modultest. Der Vorteil dabei liegt darin, daß bestimmte Tests nicht doppelt ausgeführt zu werden brauchen. Achten Sie aber darauf, daß man dazu neigen kann, die eigenen Tests nicht vorzubereiten bzw. auszuführen, oder daß die Testware die Rolle der Spezifikationen übernimmt (»wenn die Testfälle gut verarbeitet werden, dann ist das Modul auch gut implementiert«).

7.1.4 Teststrategie, Ebene D: Strategie für alle Test- und Prüfungsstufen

Beschreibung

Diese Beschreibung ist die gleiche wie die der vorigen Ebene C. In dieser Ebene findet jetzt aber eine Abstimmung zwischen High-Level-Test-, Low-Level-Test- und Prüfungsstufen statt, um eine weitere Optimierung der gesamten Test- und Prüfungsstrategie zu erreichen.

Kontrollpunkte

- Es erfolgt eine Abstimmung zwischen den High-Level-, Low-Level- und Prüfungsstufen auf dem Gebiet der Teststrategie (Risiken, Qualitätsmerkmale, Betrachtungsbereich des Tests/der Prüfung und Planung).

- Das Ergebnis der Abstimmung ist eine koordinierte Strategie, die schriftlich festgehalten wird. Während des gesamten Prüfungs- und Testprozesses wird diese Strategie überwacht.
- Jeder High-Level-Test ermittelt auf Grundlage der Abstimmung die eigene Teststrategie, wie bei Ebene A beschrieben.
- Jeder Low-Level-Test ermittelt auf Grundlage der Abstimmung die eigene Teststrategie, wie bei Kernbereich »Low-Level-Tests«, Ebene C, beschrieben.
- Jede Prüfungsstufe ermittelt auf Grundlage der Abstimmung die eigene Prüfungsstrategie, wie bei Kernbereich »Prüfen«, Ebene B, beschrieben.
- Abweichungen im Zusammenhang mit der koordinierten Strategie werden gemeldet, wonach abhängig von den Risiken eine fundierte Anpassung der koordinierten Strategie vorgenommen wird.

Abhängigkeiten

- Low-Level-Tests, Ebene C, Strategie für Low-Level-Tests
  Low-Level-Tests müssen in der Lage sein, innerhalb der koordinierten Strategie eine Teststrategie zu bestimmen und auszuführen.
- Prüfungen, Ebene B, Prüfungsstrategie
  Die Prüfungen müssen in der Lage sein, innerhalb der koordinierten Strategie eine Prüfungsstrategie zu bestimmen und auszuführen.
- Zeitpunkt der Beteiligung, Ebene C, Aufstellen der Anforderungen
  Die Gesamtstrategie muß bereits in einem frühen Stadium bestimmt werden.

Optimierungsvorschläge

- Benennen Sie einen Test- und Prüfungskoordinator (TPK), der die Prüfungen und Tests aufeinander abstimmt und diese Abstimmungen überwacht. Der TPK erstattet dem Projektmanager und eventuell auch dem Auftraggeber des Systems Bericht. Wichtig ist die Unabhängigkeit des TPK.
- Sorgen Sie dafür, daß der Test- und Prüfungsplan ein integraler Bestandteil des (Systementwicklungs-)Projektplans wird.

7.2 Kernbereich: Einsatz des Phasenmodells

Innerhalb des Testprozesses können mehrere Phasen unterschieden werden, nämlich Planung, Vorbereitung, Spezifikation, Durchführung und Abschluß. Jede Phase setzt sich aus einigen Aktivitäten zusammen. Bei jeder Aktivität ist beschrieben, welches ihr Ziel ist, welches die freizugebenden Produkte sind und wie die Aktivität durchzuführen ist. Die Einteilung in Phasen macht den Testprozeß kontrollierbar, da klar wird, wer was wann zu tun hat und wie die verschiedenen Aktivitäten in ihrem gegenseitigen Zusammenhang geplant und überwacht werden können. Bestehen diese Kenntnisse nicht, werden Aktivitäten zu spät ausgeführt oder vergessen; während andere Aktivitäten viel zuviel Zeit kosten, da nicht eingegriffen werden kann. Außerdem gibt es keine Informationen über den Fortschritt und damit auch nicht über den erforderlichen Zeitaufwand. Schließlich befindet sich der Testprozeß wahrscheinlich länger auf dem kritischen Pfad der Systementwicklung als unbedingt notwendig ist.

7.2.1 Einsatz des Phasenmodells, Ebene A: Hauptphasen Planung, Spezifikation, Durchführung

Beschreibung

Die wichtigsten Phasen im Testprozeß sind Planung, Spezifikation und Durchführung.

Die Hauptaktivität der Planungsphase ist die Erstellung eines Testplans. In einem Testplan wird festgelegt, *wie*, von *wem*, *womit* und *wann* die Testaktivitäten ausgeführt werden.

Die Spezifikationsphase hat das Ziel, die Testfälle aufzustellen und die Testdurchführung vorzubereiten. Ferner wird hier für die Bereitstellung der Infrastruktur gesorgt.

Das Ziel der Durchführungsphase ist die Durchführung der spezifizierten Tests, um Einblick in die Qualität des Testobjekts zu erhalten.

Kontrollpunkte

- Für den Test werden (mindestens) folgende Phasen unterschieden: Planung, Spezifikation und Durchführung. Diese werden nacheinander ausgeführt, eventuell je Teilsystem. Hierbei ist eine Überlappung zwischen den Phasen möglich.

Die in jeder Phase auszuführenden Aktivitäten werden nachfolgend genannt. Jede Aktivität ist mit Unteraktivitäten bzw. Aspekten versehen, die als zusätzliche Informationen zu verstehen sind und daher nur Möglichkeiten darstellen.

- Die Planungsphase:

Aktivität	Teilaktivitäten / Aspekte	Produkt
Formulierung des Auftrags	– Auftraggeber und -nehmer – Betrachtungsbereich – Ziel – Randbedingungen – Ausgangspunkte	Im Testplan festgelegt
Festlegen der Testbasis	– Bestimmen der relevanten Dokumentation – Identifikation der Dokumentation	Im Testplan festgelegt
Bestimmen der Teststrategie	– Strategiebestimmung – Erstellen eines Kostenvoranschlags	Im Testplan festgelegt

7.2 Kernbereich: Einsatz des Phasenmodells

Aktivität	Teilaktivitäten / Aspekte	Produkt
Einrichten der Organisation	– Bestimmung der erforderlichen Funktionen – Zuweisung der Aufgaben, Befugnisse und Verantwortlichkeiten – Beschreibung der Organisation – Zuweisung des Personals – Feststellen der Ausbildungen – Feststellen der Kommunikationsstrukturen – Feststellen der Hierarchie der Berichterstattungen	Im Testplan festgelegt
Einrichten der Testprodukte	– Festlegen Testprodukte – Erstellen (Auswählen) von Richtlinien	Im Testplan festgelegt
Definition von Infrastruktur und Tools	– Definition der Testumgebung – Definition der Test-Tools – Definition der Büroeinrichtung – Feststellen Infrastrukturplanung	IIm Testplan festgelegt
Einrichten des Managements	– Definition Testprozeßmanagement (Fortschritt, Qualität, Metriken, Berichte) – Definition Infrastrukturmanagement – Definition Testproduktmanagement – Definition Bearbeitung der Abweichungen	Im Testplan festgelegt
Bestimmung der Planung	– Erstellen einer allgemeinen Planung	Im Testplan festgelegt
Festlegung des Testplans	– Feststellen der Risiken, Gefahren und Maßnahmen – Feststellen des Testplans – Festlegung des Testplans (Genehmigung des Auftraggebers)	Testplan

- Die Spezifikationsphase:

Aktivität	Teilaktivitäten /Aspekte	Produkt
Aufstellen Testspezifikationen und -skripte	– Testfälle (logisch und konkret) – Definition Ausgangsdateien – Testskripte	– Testfälle – Definition Dateien – Testskripte
Spezifizierung Überprüfung von Testobjekt und -infrastruktur	– Checkliste Testobjekt und Infrastruktur (Vollständigkeitskontrolle) – Testskript Vorbereitungstest	– Checkliste Infrastruktur – Testskript Vorbereitungstest
Realisierung Testinfrastruktur	– Testumgebung – Test-Tools	Einsatzbereite Testumgebung und Tools

- Die Durchführungsphase:

Aktivität	Teilaktivitäten /Aspekte	Produkt
Überprüfung Testobjekt und -infrastruktur	– Überprüfung Infrastruktur und Testobjekt (Vollständigkeitskontrolle) – Durchführung des Vorbereitungstests	Testbares Testobjekt
Füllen Ausgangsdateien		Ausgangsdateien
Durchführung der (erneuten) Tests	– Durchführung Testskripts – Durchführung statische Tests (einschl. Beurteilung der Testergebnisse und Analyse der Unterschiede)	– Abweichungen – Testberichte

Abhängigkeiten

- Engagement und Motivation, Ebene A, Zuweisung von Budget und Zeit
  Es muß genügend Unterstützung von seiten des (Projekt-)Managements vorhanden sein, um ein Phasenmodell einzusetzen. Insbesondere die ersten Phasen – Planung und Spezifikation – richten sich nicht auf die Testdurchführung und können daher den Eindruck vermitteln, überflüssig zu sein.

Optimierungsvorschläge

- Richten Sie die Aufmerksamkeit auf einen möglichst kurzen Verbleib des Testprozesses auf dem kritischen Pfad des Projekts. Meistens gelangt das Testen auf einen kritischen Pfad, wenn der Entwickler die Software für die Testdurchführung geliefert hat. Im Testprozeß muß *soviel wie möglich* bereits im Vorfeld geregelt worden sein, wofür keine zu testende Software erforderlich ist. Damit wird erreicht, daß die Durchlaufzeit des gesamten Projekts so kurz wie nur möglich ist bzw. daß soviel wie möglich Zeit zur Verfügung steht, um alle geplanten Tests durchzuführen.

- Eine etwas detailliertere Einteilung in Phasen findet sich in Kapitel 9, »Phasenmodell für High-Level-Tests«. Für diese Ebene sind insbesondere die Phasen Planung und Verwaltung, Spezifikation und Durchführung relevant.

- Zur Unterstützung der Planungsphase sind in Kapitel 18 Checklisten aufgenommen, um a) das IT-System allgemein untersuchen zu können, b) Beispiele von Randbedingungen und Ausgangspunkten zu bieten, c) mögliche Risiken des Testprojekts anzugeben und d) die erforderlichen Testeinrichtungen bereitzustellen.

7.2.2 Einsatz des Phasenmodells, Ebene B: Vollständiges Phasenmodell Planung, Vorbereitung, Spezifikation, Durchführung und Abschluß

Beschreibung

Beim vollständigen Phasenmodell kommen zwei Phasen hinzu: Vorbereitung und Abschluß.

Eine Hauptaktivität der Vorbereitungsphase ist die Detailüberprüfung. Dabei wird die Testbasis auf ihre Testbarkeit hin überprüft. Diese Evaluierung hat folgende Ziele:

- Überprüfung, ob sich die Testbasis für die ausgewählten Test-Spezifikationstechniken eignet. Wenn nicht, muß man entweder andere Techniken auswählen oder die Testbasis anpassen.
- Einblick in die Qualität der Testbasis in einem möglichst frühen Stadium, so daß bei unzureichender Qualität frühzeitig geeignete Maßnahmen getroffen werden können. (Eingangskontrolle).
- Fehler und Mängel in einem möglichst frühen Stadium zu finden, so daß diese nicht erst in der Spezifikationsphase erkannt werden und damit diese Phase verzögern;
- Tester mit der Testbasis vertraut zu machen, so daß die Spezifikationsphase schneller und besser verläuft.

In der Abschlußphase stehen zwei Aktivitäten im Mittelpunkt:

- Vervollständigung und Aktualisierung der Testware, so daß diese in anderen Testprozessen wiederverwendbar ist, beispielsweise bei Erweiterungen. Dies reduziert den Aufwand zukünftiger Testprozesse.
- Die Bewertung des getesteten Objekts und des Testprozesses zur Informationen an den Auftraggeber über die Qualität beider Aspekte und zur Formulierung von Empfehlungen für folgende Testprozesse.

Kontrollpunkte

- Für High-Level-Tests werden ferner folgende Phasen unterschieden: Planung, Vorbereitung, Spezifikation, Durchführung und Abschluß. Die Phasen werden nacheinander ausgeführt, eventuell je Teilsystem. Eine gewisse Überlappung ist möglich.

Im folgenden werden die auszuführenden Aktivitäten für jede Phase aufgezählt. Jede Aktivität ist mit Unteraktivitäten bzw. Aspekten versehen. Diese dienen als zusätzliche Informationen und sind daher lediglich als Möglichkeiten anzusehen.

- Die Vorbereitungsphase:

Aktivität	Teilaktivitäten /Aspekte	Produkt
Detailüberprüfung Testbasis	– Bestimmung der relevanten Dokumentation – Erstellen von Checklisten zur Überprüfung – Beurteilung Dokumentation (Überprüfung) – Erstellen Bericht Testbarkeit	– Unstimmigkeiten zur Testbasis – Bericht Testbarkeit

- Die Abschlußphase:

Aktivität	Teilaktivitäten /Aspekte	Produkt
Bewertung des Testobjekts	– Bestimmung der offenstehenden Abweichungen und festgestellten Trends – Bestimmung der Risiken bei Freigabe – Formulierung einer Empfehlung	Freigabeempfehlung, festgelegt im Abschlußbericht
Bewertung des Testprozesses	– Bewertung der Teststrategie – Planung versus Realisierung	Festgelegt im Abschlußbericht
Aufstellen eines Abschlußberichts		Abschlußbericht
Konservieren der Testware	– Auswahl der zu konservierenden Testware – Sammeln und Aktualisieren der Testware – Übertragung der Testware	Testware

Abhängigkeiten

- Statische Testtechniken, Ebene A, Detailüberprüfung
  Die Detailüberprüfung in der Vorbereitungsphase erfordert den Einsatz einer Technik, um sinnvoll zu sein.

- Testware-Management, Ebene A, internes Testware-Management
  Damit die Testware nach Beendigung des Tests vervollständigt werden kann, muß sie während des Testprozesses richtig verwaltet worden sein.

Optimierungsvorschläge

- Ein detaillierter ausgearbeitetes Phasenmodell befindet sich in Kapitel 9, »Phasenmodell für High-Level-Tests«.

- Zur Unterstützung der Abschlußphase ist in Kapitel 18 eine Checkliste für die Freigabe an die Produktion aufgenommen.

- Siehe Anweisungen unter »Statische Testtechniken – Detailüberprüfung«.

- Siehe Anweisungen unter »Testware-Management – Übertragbare Testware«.

7.3 Kernbereich: Zeitpunkt der Beteiligung

Obwohl die tatsächliche Durchführung des Tests normalerweise nach der Realisierung der Software beginnt, kann und muß der Testprozeß sehr viel früher anfangen. Eine frühe Beteiligung des Testens bei der Systementwicklung ist dabei behilflich, Fehler so früh bzw. so einfach wie möglich zu finden und sogar zu vermeiden. Zwischen den verschiedenen Tests kann eine bessere Abstimmung stattfinden, und die Zeit, in der das Testen sich auf einem kritischen Pfad im Projekt befindet, kann so kurz wie möglich gehalten werden.

Ein Merkmal der Startebene ist, daß die Aktivität »Testen« erst kurz vor oder kurz nach dem Zeitpunkt einsetzt, wenn mit der Durchführung der Tests begonnen werden soll (meistens das Datum der Freigabe der Software durch die Entwickler). Es fehlen hier Informationen über die Qualität der Testplanung, Vorbereitung und Spezifikation.

7.3.1 Zeitpunkt der Beteiligung, Ebene A: Fertigstellung der Testbasis

Beschreibung

Ein rechtzeitiger Beginn sorgt dafür, daß die Testfälle vorbereitet werden können, bevor das System zum Testen freigegeben wird. Zu diesem Zeitpunkt befindet sich das Testen meistens auf dem kritischen Pfad des Projekts. Da die Tests nur noch ausgeführt zu werden brauchen (sie sind bereits entwickelt worden), wird die Durchlaufzeit des Testens auf dem kritischen Pfad der gesamten Systementwicklung so kurz wie möglich gehalten.

Kontrollpunkte

- Die Aktivität »Testen« beginnt entweder zur gleichen Zeit oder früher als die Fertigstellung der Testbasis für einen begrenzten Teil des Systems, das separat getestet werden soll.
(Das System kann in mehrere Teile unterteilt worden sein, die getrennt implementiert und getestet werden. Das Testen des ersten Teilsystems muß dann gleichzeitig oder früher als die Fertigstellung der Testbasis jenes Teilsystems erfolgen.)

Abhängigkeiten

- Einsatz des Phasenmodells, Ebene A, Hauptphasen Planung, Spezifikation, Durchführung
Ein früherer Start hat nur dann Sinn, wenn die Zeit gut genutzt werden kann. Die Phasen Planung und Spezifikation steuern die Aktivitäten, die durchgeführt werden können, bevor die zu testende Software verfügbar ist.

Optimierungsvorschläge

- Machen Sie den Testern und den am Projekt Beteiligten klar, daß die Durchlaufzeit länger ist, wenn die Aktivität »Testen« erst zum Zeitpunkt der Testdurchführung beginnt. Wenn dann erst noch Testfälle erstellt werden müssen, geht das auf Kosten der Testqualität bzw. der Durchlaufzeit. Testen darf sich nur so kurz wie möglich auf dem kritischen Pfad befinden.

- Engagieren Sie einen Testmanager bei der Festlegung der Testbasis (vorzugsweise eher), der den Testprozeß startet.

7.3.2 Zeitpunkt der Beteiligung, Ebene B: Aufstellen der Testbasis

Beschreibung

Diese Ebene beinhaltet einen früheren Start (als Ebene A), der eine bessere Abstimmung mit anderen Teststufen darüber ermöglicht, wer was wann testet. Die Abstimmung ist aber weniger sinnvoll, wenn andere Tests bereits in einem fortgeschritteneren Stadium sind. Ein zusätzlicher Vorteil besteht darin, daß die Testvorbereitungen früher beginnen und Fehler dadurch eher gefunden werden.

Kontrollpunkte

- Die Aktivität »Testen« startet gleichzeitig oder früher als die Phase, in der die Testbasis (häufig der funktionale Entwurf (das Fachkonzept)) aufgestellt wird.

Abhängigkeiten

- Einsatz des Phasenmodells, Ebene B, vollständiges Phasenmodell: Planung, Vorbereitung, Spezifikation, Durchführung und Abschluß
  Die Vorbereitungsphase liefert meistens verschiedene Abweichungen zur Testbasis. Es ist wichtig, daß diese Unstimmigkeiten so schnell wie möglich gefunden werden, da die Korrekturkosten dann am niedrigsten sind.

Optimierungsvorschläge

- Abstimmung mit anderen Tests (die Testabdeckung der Qualitätsmerkmale, aber auch des Betrachtungsbereichs des Tests, beispielsweise: Überprüft der Systemtest die Schnittstelle mit dem anderen System oder nicht?)
- Eine offizielle Abstimmung kann anhand des Mastertestplans erreicht werden, wie in Kapitel 11, »Mastertestplanung«, und in Abschnitt 13.3, »Strategiebestimmung im Mastertestplan« beschrieben.
- Stellen Sie sicher, daß rechtzeitig eine Detailüberprüfung der fertiggestellten Elemente der Testbasis ausgeführt werden kann.
- Engagieren Sie einen Testkoordinator, der die Tests miteinander abstimmt und diese Abstimmung weiterhin überwacht.
- Überlegen Sie, anderen Teststufen Einblick in die spezifizierten Testfälle zu geben. Der Vorteil liegt darin, daß andere Tests von diesen Testfällen Gebrauch machen können, um Fehlinterpretationen frühzeitig festzustellen. Abnahmetestfälle können beispielsweise

dem Systemtest übergeben werden. Der Systemtest kann dann feststellen (evtl. sogar ohne Software), ob das System gemäß den Testfällen funktionieren wird. Ein mögliches Risiko dabei ist, daß der Systemtest ausschließlich diese Fälle verwendet (was nicht Sinn der Sache ist!) und daß faktisch der gleiche Test zweimal ausgeführt wird.

7.3.3 Zeitpunkt der Beteiligung, Ebene C: Aufstellen der Anforderungen

Beschreibung

Wenn das Testen beim Aufstellen der Anforderungen mit einbezogen wird, erhält man mehr Sicherheit über die Qualität des Systems. Das Testen kann sich darauf konzentrieren, daß die Qualitätsanforderungen vollständig und meßbar spezifiziert werden, daß Akzeptanzkriterien bestimmt und die Testbarkeit des Entwurfs und der Software berücksichtigt werden. Indem solche Klarheiten in dieser Phase geschaffen werden, können zu einem späteren Zeitpunkt teure Diskussionen über Anforderungen und Kriterien vermieden werden.

Kontrollpunkte

- Die Aktivität »Testen« beginnt gleichzeitig oder früher als die Phase, in der die Anforderungen gestellt werden.

Abhängigkeiten

- Keine

Optimierungsvorschläge

- Beziehen Sie die Tester bei der Aufstellung der Anforderungen mit ein, um dafür zu sorgen, daß die Anforderungen konkret, meßbar und testbar sind.
- Eine wichtige Voraussetzung ist, daß das Testteam über ausreichende Kenntnisse und Erfahrungen verfügt, um oben genannte Kontrollpunkte ordnungsgemäß zu überprüfen. Sorgen Sie in diesem Zusammenhang für die erforderlichen Sachkenntnisse bzw. Ausbildungen.
- Stellen Sie sicher, daß bei jeder Anforderung Akzeptanzkriterien aufgestellt werden.
- Beachten Sie auch die Anweisungen beim Kernbereich »Engagement und Motivation«, Ebene C, Test-Engineering.

7.3.4 Zeitpunkt der Beteiligung, Ebene D: Beginn des Projekts

Beschreibung

Die Einbeziehung des Testens in dieser Phase bedeutet, daß bereits vom ersten Augenblick der Systementwicklung an aus der Sicht des Tests über die Auswahl einer bestimmten Entwurfstechnik und -vorgehensweise mitgedacht wird. Wie testbar ist das System bei einer bestimmten Vorgehensweise oder Methode? Wie einfach oder schwierig können nachher Informationen über die Qualität des Systems vermittelt werden? Als Beispiel kann das Rapid Application Development (RAD) dienen: Ist später immer noch ein formaler Abnahmetest erforderlich, und wenn ja, wie lange darf dieser dann dauern, und bleiben die ursprünglich beabsichtigten Vorteile der RAD-Methode in dem Fall immer noch bestehen?

Kontrollpunkte

- Wenn mit der Aufnahme des Projekts begonnen wird, startet auch die Aktivität »Testen«.

Abhängigkeiten

- Engagement und Motivation, Ebene C, Test-Engineering wird akzeptiert
  Die Einbeziehung des Testens ab der Projektaufnahme erfordert ein hohes Maß an Kenntnissen und Erfahrungen vom Testteam. Außerdem muß das Projektmanagement ausreichend viel Vertrauen in die Qualität der Tester haben, um diese bereits in einem so frühen Stadium einzuschalten.

Optimierungsvorschläge

- Beziehen Sie die Tester bereits in den ersten Phasen im Systementwicklungsprozeß mit der Aufgabe mit ein, die Testbarkeit des zu entwickelnden Systems zu untersuchen (Faktoren sind hier beispielsweise die auszuwählende Entwicklungsmethode und das Projektkonzept).

- Wichtige Voraussetzung ist, daß das Testteam über ausreichende Kenntnisse und Erfahrungen verfügt, um oben genannte Kontrollpunkte ordnungsgemäß durchzuführen. Sorgen Sie in diesem Zusammenhang für die erforderlichen Sachkenntnisse bzw. Ausbildungen.

7.4 Kernbereich: Kostenvoranschlag und Planung

Die Testplanung und der Kostenvoranschlag geben an, wann welche Aktivitäten auszuführen sind und wieviel Ressourcen (Menschen) dafür benötigt werden. Ein qualitativ guter Kostenvoranschlag und eine ebenso gute Planung sind sehr wichtig, da auf dieser Grundlage die erforderliche Kapazität reserviert wird.

Unzuverlässige Kostenvoranschläge und Planungen verursachen häufig eine Verzögerung, da nicht ausreichend viel Ressourcen zugewiesen werden, um die jeweiligen Aktivitäten in der vorgegebenen Zeit auszuführen, oder sie bewirken einen weniger effizienten Einsatz der Ressourcen, weil zuviel davon zugewiesen wurden. Im ersten Fall werden relativ teure Maßnahmen zur Behebung des Mißstands erforderlich sein. Um die Planung oder den Kostenvoranschlag doch noch einzuhalten, werden Testaktivitäten länger dauern, oder es werden Aktivitäten gestrichen (einhergehend mit einer größeren Unsicherheit über die Qualität des zu testenden Objekts). Im zweiten Fall bekommt das Testen das Image, »teuer und verschwenderisch« zu sein, und dadurch steigt das Risiko, daß zukünftige Ressourcenforderungen nicht mehr ernstgenommen werden.

7.4.1 Kostenvoranschlag und Planung, Ebene A: Fundierter Kostenvoranschlag und Planung

Beschreibung

Ein erster wichtiger Schritt bei der Erstellung von Testplanung und Kostenvoranschlag ist die Begründung des Kostenvoranschlags für den Testaufwand. Ein fundierter Kostenvoranschlag verfügt meistens über eine höhere Qualität, da dieser zuverlässiger ist und die Ressourcen effizienter zuweist. Wenn eine Abweichung auftritt, kann besser analysiert werden, ob es sich hierbei um einen einmaligen Fall handelt oder ob die Abweichung einen strukturellen Charakter hat. Im letzten Fall muß wahrscheinlich die gesamte Planung und möglicherweise sogar die Art der Erstellung des Kostenvoranschlags überarbeitet werden. Eine strukturierte Arbeitsweise macht eine Verbesserung möglich.

Kontrollpunkte

- Der Testkostenvoranschlag und die -planung können begründet werden (aber nicht so: »Wir haben das beim vorigen Projekt genauso gemacht«).
- Im Testprozeß erfolgt eine Überwachung des Kostenvoranschlags und der Planung, und falls notwendig findet auch eine Anpassung statt.

Abhängigkeiten

- Einsatz des Phasenmodells, Ebene A, Hauptphasen Planung, Spezifikation, Durchführung
  Damit ein zuverlässiger Kostenvoranschlag und eine ebensolche Planung aufgestellt werden können, müssen die einzelnen Aktivitäten des Testprozesses unterschieden werden. Hierzu ist ein Phasenmodell erforderlich.

Optimierungsvorschläge

- Sammeln Sie Informationen über die (Qualität der) Weise, in der Kostenvoranschläge und Planungen gemacht werden (verschaffen Sie sich beispielsweise einen Überblick über Kostenvoranschlag und Planung voriger Projekte und ob diese zuverlässig waren).
- Versuchen Sie, den Kostenvoranschlag nach unterschiedlichen Gesichtspunkten zu beurteilen. Möglichkeiten zur Bestimmung des Aufwands sind:
  – Nehmen Sie einen Prozentsatz des insgesamt veranschlagten Aufwands, der sich auf die Erfahrungen mit ähnlichen Testprozessen gründet (beispielsweise Fachkonzept: 20%, DV-Konzept, Realisierung und Modultest: 40–45%, Systemtest: 15–20%, Abnahmetest: 20%).

- Verwenden Sie Kennzahlen, die auf Erfahrungen mit ähnlichen Testprozessen basieren (unsere eigenen Erfahrungen gehen von folgenden Zahlen aus: 10% Vorbereitung, 40% Spezifikation, 45% Durchführung, einschließlich eines erneuten Tests, 5% Abschluß; die Durchführung eines erneuten Tests kostet etwa 50% der Zeit, die man für eine erste Testdurchführung benötigt, da die Testware jetzt »getestet« und wiederverwendbar ist); veranschlagen Sie den zeitlichen Aufwand für Testmanagementaufgaben auf 10–20%.
- Schätzen Sie die Stunden für die einzelnen Aktivitäten ein, und extrapolieren Sie diese anschließend. Beispielsweise dauert die Spezifikation der Testfälle für eine Funktion 4 Stunden; bei 100 Funktionen sind also 400 Stunden erforderlich. Addieren Sie hierzu geschätzte 50 Stunden für die anderen Aktivitäten in der Spezifikationsphase (Infrastruktur!), und Sie erhalten 450 Stunden. Eine weitere Extrapolation ist jetzt anhand der Standardverhältnisse (siehe voriger Punkt) möglich.
- Extrapolation eines Testpilotprojekts
- Umrechnung auf Prozentsätze je Teststufe (Modul-, Integrations-, System- und Abnahmetest)
- Einsatz der Testpunktanalyse (TPA); mit dieser Technik werden Teststunden auf der Grundlage der Funktionspunktanalyse, der zu testenden Qualitätsmerkmale und gewünschten Intensität unter Berücksichtigung verschiedener Einflußfaktoren veranschlagt. Für eine umfangreichere Beschreibung siehe auch Kapitel 14.

- Erarbeiten Sie ein Verfahren, wie ein Testkostenvoranschlag aufzustellen ist (beispielsweise Anwendung von mindestens zwei Faustregeln).

- Beurteilen Sie nach Beendigung des Projekts den Kostenvoranschlag sowie das Verfahren, und passen Sie erforderlichenfalls das Verfahren an.

- Treffen Sie bereits vorher entsprechende Vereinbarungen darüber, wie mit dem Anlernen, mit Mehrarbeit und Wartezeiten umzugehen ist.

- Berücksichtigen Sie in der Planung die erforderliche Zeit für:
  - Übertragung (von der vorigen Phase, beispielsweise von Systemtest auf Abnahmetest) und Installation des Testobjekts
  - Korrektur und erneute Tests

- In der Praxis hat sich folgende Vorgehensweise für die Planung bewährt: Der gesamte Testprozeß wird erst in großen Linien geplant und danach wird jeweils ein Detailplan für die kommenden drei bis vier Wochen aufgestellt.

7.4.2 Kostenvoranschlag und Planung, Ebene B: Statistisch fundierter Kostenvoranschlag und Planung

Beschreibung

Metriken können erstellt und deren Ergebnisse analysiert werden. Auf der Grundlage dieser Analysen kann die Vorgehensweise für Planung und Kostenvoranschlag weiter optimiert werden.

Kontrollpunkte

- Es werden Metriken über den Fortschritt und die Qualität (auf Ebene B des Kernbereichs »Metriken«) für mehrere vergleichbare Projekte geführt.
- Diese Daten werden für die Begründung des Testkostenvoranschlags und der -planung verwendet.

Abhängigkeiten

- Berichterstattung, Ebene B, Fortschritt einschließlich Prioritätenzuweisung und Berichterstattung über Zeitaufwand und Testfortschritt
  Statistisch fundierte Kostenvoranschläge und Planungen sind wenig sinnvoll, wenn nicht während des gesamten Projekts über den Fortschritt berichtet wird.

Optimierungsvorschläge

- Sorgen Sie dafür, daß jedes Projekt anhand von Berichten in Grundzügen den Fortschritt und die Qualität (Fehler) angibt. Später werden hier mehr Details eingebracht, die von der Linienorganisation bestimmt werden. Ein wesentlicher Aspekt hierbei ist das Wachstum der Funktionalität in bezug auf die anfängliche Planung: Häufig steigt die Funktionalität eines Systems während der Implementierungs- und Testphase noch erheblich, was vielfach an einem ständigen Strom an Änderungsvorschlägen sichtbar ist.
- Lassen Sie diese Metriken von der für das Testen zuständigen Abteilung innerhalb der Linienorganisation verwalten und eine periodische Analyse der Metriken ausführen, wobei nach den Kosten/Nutzen-Kennziffern gesucht wird. Welche Systeme hatten viele Probleme in der Produktion, welche weniger? Welche Beziehung kann zu den ausgeführten Tests hergestellt werden, welche mit der Entwicklungsmethode, nach der vorgegangen wurde, usw.? Sorgen Sie dafür, daß auf der Grundlage der oben genannten Informationen Verbesserungsmaßnahmen vorgeschlagen und implementiert werden.

7.5 Kerngebiet: Test-Spezifikationstechniken

Folgende Definition wird verwendet:

Eine Test-Spezifikationstechnik ist eine Methode zum Ableiten von Testfällen aus Ausgangsinformationen.

Durch Anwendung solcher Techniken ist folgendes möglich:

- Der Teststrategie kann eine fundierte Bedeutung gegeben werden, das heißt, die richtige Abdeckung an der richtigen Stelle.
- Fehler können effektiver aufgespürt werden, anstatt auf gut Glück Testfälle zu spezifizieren.

- Informationen über die Qualität und Intensität der Tests entstehen.
- Die Tests sind besser wiederverwendbar.

7.5.1 Test-Spezifikationstechniken, Ebene A: Nicht formale Techniken

Beschreibung

Die Verwendung von nicht formalen Techniken bedeutet, daß dem Entwerfer von Testspezifikationen viel Spielraum für die Aufstellung von Testfällen gelassen wird. Dadurch wird die Qualität des Tests stark von der (Sach-)Kenntnis dieser Person abhängig, und der Deckungsgrad ist in bezug auf die Testbasis unklar. Diese Vorgehensweise ist jedoch immer noch besser, als daß jeder Tester für sich Testfälle ausdenkt, ohne sich um die Dokumentation dieser Tests zu kümmern.

Vorhersagen sind bei der Spezifikation von Testfällen sehr wichtig, da die Kontrolle im nachhinein unter dem Zeitdruck der Testdurchführung häufig nicht gründlich genug erfolgt (»das Ergebnis ist 990, ich hatte einen Wert zwischen 800 und 1000 erwartet, also stimmt dies wahrscheinlich«).

Kontrollpunkte

- Die Testfälle werden anhand der beschriebenen Technik aufgestellt.
- Die Technik erfordert mindestens eine Beschreibung von:
  1. Anfangssituation
  2. Verarbeitungsprozeß = auszuführende Testaktionen
  3. Erwartetes Endergebnis

Abhängigkeiten

- Keine

Optimierungsvorschläge

- Überzeugen Sie die Tester von der Wichtigkeit, die erwarteten Ergebnisse vorab zu überlegen und zu dokumentieren.
- Sorgen Sie für eine Beschreibung der Spezifikationstechnik. Versuchen Sie, dabei möglichst viele praktische Anweisungen zu verarbeiten, so daß der Spielraum für den denjenigen, der die Tests aufstellt, etwas eingeschränkter wird. Die Testfälle müssen so detailliert beschrieben werden, daß eine andere Person als der Ersteller der Testfälle ausreichend viele Informationen hat, um die Tests durchführen zu können.
- In Kapitel 15 »Test-Spezifikationstechniken«, sind die verschiedenen Techniken beschrieben. Techniken, die sich insbesondere für diese erste Ebene eignen, sind der Datenkombinationstest, Error Guessing und Real-life Test.

7.5.2 Test-Spezifikationstechniken, Ebene B: Formale Techniken

Beschreibung

Der Einsatz von formalen Test-Spezifikationstechniken hat verschiedene Vorteile:

- Sie ermöglichen fundiertere Aussagen über die Intensität und Vollständigkeit des Tests.
- Die Testware wird besser wiederverwendbar.
- Der Testprozeß wird weniger abhängig von der Person, die die Testfälle erstellt und durchführt.
- Der Testprozeß kann besser überwacht werden, weil im Vorfeld eingeschätzt werden kann, wie viele Testfälle erforderlich sind. Auf diese Weise ist eine bessere Planung und Fortschrittsüberwachung möglich.

Die Einführung mehrerer Techniken ist wichtig, weil verschiedene Systeme (oder Teilsysteme) unterschiedliche Testintensitäten erfordern.

Kontrollpunkte

- Neben nicht formalen Techniken werden in den High-Level-Tests auch formalere Techniken eingesetzt, wobei der Weg von der Testbasis zu den Testfällen eindeutig vorgegeben ist.
- Für High-Level-Tests ist eine fundierte Aussage über den Deckungsgrad der Sammlung an Testfällen (in bezug auf die Testbasis) möglich.
- Die Testware ist (innerhalb des Testteams) durch die einheitliche Arbeitsweise übertragbar.

Abhängigkeiten

- Testfunktionen und Ausbildungen, Ebene A, Testmanager und Tester
  Die Tester müssen mit den formalen Techniken umzugehen wissen. Das erfordert eine entsprechende Ausbildung und Training.
- Testware-Management, Ebene A, internes Testware-Management
  Der Einsatz der (relativ teuren) formalen Techniken liefert Testfälle. Äußerst wichtig ist, daß diese Testfälle wiederverwendbar sind, entweder in erneuten Tests oder für den Test späterer Freigaben des Systems. Dies erfordert ein gutes Management der Testfälle.

Optimierungsvorschläge

- Sorgen Sie für eine entsprechende Ausbildung und ein Coaching der Tester, die mit diesen Techniken arbeiten sollen.
- Sorgen Sie für eine Beschreibung der Technik, wenn diese von einer Standardtechnik abweicht.

- In Kapitel 15, »Test-Spezifikationstechniken«, sind Beschreibungen von verschiedenen Techniken aufgenommen. Techniken, die sich insbesondere für diese zweite Ebene eignen, sind der Entscheidungstabellentest, der elementare Vergleichstest, der Datenzyklustest, der Geschäftsprozeßtest sowie der semantische und syntaktische Test.
- Eine Vielzahl von Testtechniken ist in der Testliteratur beschrieben [Beizer, 1990], [Kaner u.a., 1993], [Kit, 1995], [Pol u.a., 1999], d.h., es besteht also keine Notwendigkeit, sie noch einmal neu zu entwickeln.

7.6 Kernbereich: Statische Testtechniken

Dynamisches Testen ist die Durchführung von Tests anhand einer funktionsfähigen Software. Dies ist jedoch nicht immer erwünscht oder möglich. Wenn man nicht mit ausführbarer Software testet, spricht man von statischem Testen. Bei dieser Form des Testens handelt es sich um die Kontrolle und das Untersuchen von Produkten wie Dokumentation, Verfahren, Quellen usw. Sie zielt mehr auf die Beurteilung von Maßnahmen zum Erreichen einer bestimmten Qualität als auf die Qualität selbst. Ein Beispiel hierfür ist ein statischer Test von Sicherungsmaßnahmen. Bei diesen Maßnahmen kann es sich um den Einsatz von Logging-Prozeduren und bestimmter Datenbankeinstellungen handeln. Die Überprüfung, ob diese Maßnahmen den Sicherungsbedarf ausreichend abdecken und implementiert sind, fällt unter das statische Testen. Wenn man tatsächlich versucht, die Sicherheitsmaßnahmen zu durchbrechen, testet man dynamisch. Verschiedene Qualitätsmerkmale können statisch getestet werden (unter anderem Wiederverwendbarkeit, Aktualisierbarkeit, Portabilität, Sicherheit). Statisches Testen ist im allgemeinen kostengünstiger und früher als dynamisches Testen möglich. Checklisten sind hierfür sehr brauchbare Hilfsmittel.

7.6.1 Statische Testtechniken, Ebene A: Detailüberprüfung

Beschreibung

Wie bereits beim Einsatz des vollständigen Phasenmodells beschrieben wurde, ist die Ausführung einer Detailüberprüfung in der Vorbereitungsphase aus drei Gründen wichtig: zur Kontrolle der Testbarkeit, zur frühen Entdeckung von Fehlern in der Testbasis (z.B., wenn eine Funktion falsch spezifiziert ist) sowie zur detaillierten Einarbeitung in die Testbasis. Ein Vorgehen anhand einer Checkliste ist erforderlich, um die Überprüfung auf strukturierte Art auszuführen, so daß man sich auf die wesentlichen Aspekte konzentriert; andernfalls hat man keinen Überblick über jene Aspekte, die berücksichtigt wurden, und es besteht das Risiko, daß das Dokument nur auf Rechtschreibfehler überprüft wird.

Kontrollpunkte

- Vor der Aufstellung der Testfälle wird die Testbarkeit der Testbasis überprüft.
- Bei dieser Überprüfung werden die Checklisten eingesetzt.

Abhängigkeiten

- Keine

Optimierungsvorschläge

- Machen Sie den Testern die Bedeutung einer Detailüberprüfung und den Einsatz von Checklisten klar.
- Legen Sie Checklisten für folgendes an:
  - Allgemeine Überprüfungen
    Diese Checkliste beinhaltet allgemein durchzuführende Überprüfungen der Testbasis, beispielsweise »Stimmt das Inhaltsverzeichnis mit dem Rest der Testbasis überein?«, »Liegt ein logisches Datenmodell vor?« und »Sind Bildschirm- und Listenlayouts vorhanden?«.
  - Je verwendete Testtechnik
    Nicht jede Testtechnik eignet sich für eine bestimmte Testbasis. Eine Technik kann nur verwendet werden, wenn die Testbasis bestimmten Anforderungen entspricht, die für diese Technik spezifisch sind, beispielsweise das Vorhandensein von Bildschirmlayouts oder eines Datenmodells. Die Festlegung dieser Anforderungen in Checklisten ermöglicht eine schnelle Kontrolle der Eignung der Testbasis für die ausgewählte Testtechnik.
- Machen Sie die Ergebnisse der Überprüfung (gefundene Abweichungen, Einblick in die Qualität der Testbasis) für die Tester sichtbar, und weisen Sie sie darauf hin, daß durch diese Ergebnisse das Verständnis und die Kenntnis der Testbasis erlangt und verbessert werden.
- Kapitel 16, »Detailüberprüfung der Testbasis‹, beinhaltet eine detaillierte Ausarbeitung einer möglichen Arbeitsweise zuzüglich einiger Beispielchecklisten.

7.6.2 Statische Testtechniken, Ebene B: Checklisten

Beschreibung

Außer für die Detailüberprüfung können Checklisten auch für andere statische Tests eingesetzt werden. Der Einsatz von Checklisten ermöglicht eine Durchführung dieser Tests auf strukturierte Weise, so daß die wichtigsten Aspekte berücksichtigt werden. Damit erhält man Informationen über jene Aspekte, die bereits berücksichtigt wurden. Ein weiterer Vorteil eines Einsatzes von Checklisten liegt darin, daß im Vorfeld eine Abstimmung über die zu testenden Aspekte möglich ist. Auftretende Unterschiede werden hierdurch schneller deutlich.

Kontrollpunkte

- Mit Hilfe von (vom Projektmanagement bzw. Auftraggeber genehmigten) Checklisten finden andere statische Tests in Ergänzung zur Detailüberprüfung statt.

Abhängigkeiten

- Keine

Optimierungsvorschläge

- Überzeugen Sie die Tester von der Objektivität und relativen Vollständigkeit der Checklisten als Begründung eines Urteils (im Gegensatz zu Angaben aus der Erinnerung, wie beispielsweise »es ist nicht benutzungsfreundlich«).
- Überzeugen Sie Tester davon, daß Checklisten bereits im Vorfeld mit den Entwicklern und anderen Projektbeteiligten besprochen werden müssen, um Diskussionen im nachhinein zu vermeiden oder um eine »stärkere« Position einnehmen zu können.
- Sorgen Sie dafür, daß die richtigen (Fach- oder System-)Kenntnisse für die Spezifizierung bzw. Durchführung von statischen Tests vorliegen.
- Kapitel 17, »Checklisten Qualitätsmerkmale«, beinhaltet eine Vielzahl an Beispielchecklisten, die zum statischen Testen verschiedener Qualitätsmerkmale verwendet werden können.

7.7 Kernbereich: Metriken

Unter »Metriken« versteht man quantifizierte Beobachtungen der Eigenschaften eines Produkts oder Prozesses, wie zum Beispiel die Anzahl der Zeilen des Quellcodes. Manche Metriken werden aus anderen Metriken zusammengesetzt. Für den Testprozeß sind Metriken im Zusammenhang mit dem Fortschritt des Prozesses und der Qualität von großer Bedeutung. Sie werden dazu eingesetzt, den Testprozeß zu überwachen, und sie helfen dabei, Testempfehlungen zu begründen und Systeme oder Prozesse miteinander vergleichen zu können. Sie helfen des weiteren bei der Beantwortung von Fragen, weshalb das eine System wesentlich weniger Störungen bei der Produktion aufweist als ein anderes, oder weshalb der eine Testprozeß schneller und gründlicher ist als ein anderer. Bei der Optimierung des Testprozesses sind Metriken besonders nützlich für die Bewertung von Folgen oder Auswirkungen bestimmter Optimierungsmaßnahmen, da sie Informationen von Zeitpunkten vor und nach dem Treffen der jeweiligen Maßnahmen miteinander vergleichen.

Es gibt zwei Vorgehensweisen, anhand derer man Metriken erhalten kann: *top-down* und *bottom-up*.

Bei der *Top-down-Vorgehensweise* wird von den Wünschen und Anforderungen des höheren Managements ausgegangen. Eine sehr bekannte Form ist das »Goal-Question-Metric«-Konzept von Basili [Basili u.a., 1984], bei dem auf der Grundlage dieser Anforderungen und Wünsche die Ziele aufgestellt werden. Fragen werden formuliert, um herauszufinden, inwiefern die Ziele erreicht wurden, woraufhin anschließend die Metriken identifiziert werden, um die Fragen zu beantworten. Das ami-Konzept [Pulford u.a., 1995] bietet eine Methode, um einen solchen Einsatz von Metriken zu implementieren.

Nachteil des Top-down-Konzepts ist, daß das Management nicht immer weiß, welches die richtigen Ziele sind oder es nicht immer mit den Zielen einverstanden ist, z.B., weil zuverlässige Informationen häufig fehlen: ein typisches Huhn-Ei-Problem. Schließlich besteht noch das Risiko, daß die Messungen manipuliert werden, um die gesetzten Ziele um jeden Preis zu erreichen.

Bei einer *Bottom-up-Vorgehensweise* [Hetzel, 1993] werden die (Zwischen-)Produkte, die Vorgehensweise und die beteiligten Personen als Grundlage für die Messungen betrachtet. Für jedes Zwischenprodukt wird ein Grundstock an Messungen vorgeschlagen:

- Input: Informationen über die verwendeten Ressourcen (Menschen, Computer, Tools, andere Produkte usw.) und die Prozeßschritte oder Aktivitäten, die ausgeführt werden

- Output: Informationen über die freizugebenden Produkte

- Ergebnis: Informationen über den Einsatz und die Effektivität der freigegebenen Produkte in bezug auf die gestellten Anforderungen

Das wichtigste Argument für die Bottom-up-Vorgehensweise ist, daß die erhaltenen Informationen ausreichen, um fast jede Frage zu beantworten. Diese Methode hilft bei der Feststellung der Ziele für die Testprozeßoptimierung. Im Grunde richtet sich diese Vorgehensweise nach den verfügbaren Daten, und die Metriken orientieren sich an dem Nutzen für die ausführenden Personen. Weil diese Ebene auch die Messungen durchführt, ist die Erfolgschance erheblich größer.

Bei beiden Vorgehensweisen ist das Engagement des Managements eine wichtige Voraussetzung.

Ohne der Top-down-Vorgehensweise Abbruch tun zu wollen, haben wir uns bei der Ausarbeitung dieses Kernbereichs für die Bottom-up-Vorgehensweise entschieden. Diese Methode stützt sich auf bestimmte Basisdaten. Jede Organisation verfügt zur Festlegung dieser Basisdaten über mehr oder weniger ausgeprägte Richtlinien und Verfahren. Hierbei handelt es sich um die elementaren Bausteine, die benötigt werden, um den Einsatz von Metriken zu etablieren:

- Fortschrittsüberwachung: Veranschlagung und Überwachung von Ressourceneinsatz, Aktivitäten, freizugebenden Produkten, Meilensteinen

- Konfigurationsmanagement: Überwachung und Verwaltung von Versionen und Änderungen (Quellcode und Entwurfdokumentation)

- Dokumentation der Abweichungen und der Änderungen: Überwachung und Verwaltung von Abweichungen und unbearbeiteten Änderungsvorschlägen

Danach wird für jede Ebene angegeben, worauf sich die Messungen beziehen.

7.7.1 Metriken, Ebene A: Projektmetriken (über Produkt)

Beschreibung

Für den Testprozeß sind Metriken über den Fortschritt des Prozesses und die Qualität des getesteten Systems von großer Bedeutung. Sie werden verwendet, um den Testprozeß zu verwalten, die Testempfehlungen zu fundieren, und auch, um Systeme oder Prozesse miteinander vergleichen zu können. Diese Ebene beinhaltet Metriken für den Input (eingesetzte Mittel) und den Output (Ergebnisse usw.).

Kontrollpunkte

- Im (Test-)Projekt werden Input-Metriken geführt:
  - Eingesetzte Ressourcen: Stunden
  - Ausgeführte Aktivitäten: Stunden und Durchlaufzeit
  - Umfang und Komplexität des zu testenden Systems: Funktionspunkte, Anzahl der Funktionen bzw. Programmieraufwand
- Im (Test-)Projekt werden Output-Metriken geführt:
  - Testprodukte: Spezifikationen und Testfälle, Protokolle
  - Testfortschritt: ausgeführte Tests, Status (beendet/nicht beendet)
  - Anzahl der Abweichungen: Anzahl der gefundenen Fehler je Teststufe, je Teilsystem, nach Ursache, Priorität, Status (neu, in Lösung befindlich, korrigiert, erneute Test durchgeführt)
- Die Metriken werden im Testbericht verwendet.

Abhängigkeiten

- Engagement und Motivation, Ebene B, Testen in Projektorganisation integriert
  Das Führen von Metriken ist als Investition in die Qualität des Testprozesses zu betrachten. Das erfordert bei den Auftraggebern des Testens ein gewisses Maß an Qualitätsdenken.

- Testprozeßmanagement, Ebene B, Planung, Durchführung, Überwachung, Anpassung
  Die für Metriken verwendeten Werte müssen zuverlässig sein. Das erfordert eine gute Verwaltung des Testprozesses.

- Berichterstattung, Ebene B, Fortschritt einschließlich Prioritätenzuweisung und Berichterstattung über Zeitaufwand und Testfortschritt
  Das Führen von Metriken hat wenig Sinn, wenn sie nicht festgehalten und verwendet werden.

- Dokumentation der Abweichungen, Ebene A, interne Dokumentation der Abweichungen
  Wichtiges Element der verschiedenen Metriken sind die gefundenen Abweichungen. Daher ist ihre gute Verwaltung eine Voraussetzung.

Optimierungsvorschläge

- Fangen Sie klein an: Halten Sie die Stunden und Durchlaufzeit der Phasen fest sowie die Anzahl der gefundenen Abweichungen je Phase.
- Fangen Sie so früh wie möglich mit dem Messen an, vorzugsweise sogar bevor der Verbesserungsprozeß beginnt, so daß später Vergleichsmaterial vorliegt.
- Bei einer guten Dokumentation der Abweichungen kann die Anzahl der unterschiedlichen Messungen immer wieder angepaßt oder erweitert werden.
- Sorgen Sie dafür, daß die Organisation (und nicht jedes Projekt einzeln) an der Festlegung der zu führenden Metriken beteiligt wird.
- Kapitel 20, »Metriken«, vermittelt eine allgemeine Beschreibung der Implementierung von Metriken. Die Implementierung von Metriken wird aufgrund der Auswirkungen auf die Organisation häufig als ein gesondertes Projekt betrachtet. Berücksichtigen Sie dies, und unterschätzen Sie die Problematik nicht.
- Einige Beispiele von zu führenden Metriken sind in der Checkliste »Testmetriken« in Kapitel 18 aufgenommen.
- Verwenden Sie Metriken niemals dazu, um Personen auf ihre individuellen Qualitäten hin zu beurteilen, beispielsweise auf ihre Produktivität. Die Gefahr einer Fehlinterpretation ist viel zu groß. Außerdem fördert eine solche Vorgehensweise die Manipulation von Daten.

> **Beispiel**
>
> Wir wollen Tester auf ihre Produktivität hin beurteilen und gehen dabei von der Anzahl der erstellten Testfälle pro Zeiteinheit aus. Es zeigt sich, daß Tester 1 erheblich weniger Testfälle pro Zeiteinheit erstellt als Tester 2. Grund dafür ist jedoch, daß Tester 1 der bessere Tester ist und dadurch die komplexeren Tests spezifizieren muß!

- Sorgen Sie dafür, daß Metriken als »Gerüst« für die (Abschluß-)Berichte und Testpläne (zur Begründung von Testkostenvoranschlägen) angesehen werden.

7.7.2 Metriken, Ebene B: Projektmetriken (über Prozeß)

Beschreibung

Neben den Input- und Output-Metriken der vorigen Ebene werden auch auf dieser Ebene die Ergebnismetriken berücksichtigt: Wie gut testen wir eigentlich? Die Anzahl der gefundenen Fehler alleine ist nicht so aussagekräftig, denn viele gefundene Fehler heißt nicht per Definition, daß gut getestet wurde, denn es kann auch schlecht implementiert worden sein. Andererseits gilt, daß wenige gefundene Fehler bedeuten kann, daß gut implementiert, aber unzureichend getestet wurde.

Solche Informationen sind einerseits nützlich, um die Qualitätsempfehlung zu untermauern, und sie können gleichzeitig als Input zur Verbesserung des Testprozesses dienen. Wenn der Testprozeß verbessert ist, muß das in irgendeiner Weise kontrollierbar sein. Die Metriken helfen, die Ergebnisse der Verbesserungen sichtbar zu machen.

Kontrollpunkte

- Im (Test-)Projekt erfolgen Ergebnismessungen für mindestens zwei der folgenden Aspekte:
  - Effektivität der Fehlersuche:
    - Die gefundenen Fehler im Vergleich zur Gesamtanzahl der vorhandenen Fehler (in %). Letzteres ist schwer meßbar, man sollte hier jedoch die gefundene Anzahl an Fehlern in späteren Tests oder in den ersten Monaten des Einsatzes berücksichtigen.
    - Analyse, welcher Test die Fehler eher hätte finden müssen (dies sagt etwas über die Effektivität voriger Tests aus!).
  - Effizienz der Fehlersuche:
    - Die Anzahl der gefundenen Fehler pro aufgewandte Stunde, gemessen über die gesamte Testperiode oder über verschiedene Testperioden hinweg.
  - Testdeckungsgrad:
    - Die Testziele, die mit einem Testfall abgedeckt sind, im Vergleich zur Anzahl der möglichen Testziele (in %). Diese Ziele können sowohl für Funktionsspezifikationen als auch für Software bestimmt werden, man denke beispielsweise an die Abdeckung von Anweisungen und Bedingungen.
  - Bewertung der Testware:
    - Die Anzahl der gefundenen »Fehler«, deren Ursache in einem falschen Testen lagen (z.B. schlechte, nicht fehleraufdeckende Testdaten, falsche Version der Testbasis benutzt), im Vergleich zur Gesamtanzahl der gefundenen Fehler (in %).
  - Qualitätsempfinden:
    - Ermittelt aus Überprüfungen und Gespräche mit den Anwendern, Testern und anderen Beteiligten.
- Die Metriken werden bei der Testberichterstattung verwendet.

Abhängigkeiten

- Berichterstattung, Ebene C, Risiken und Empfehlungen anhand von Metriken
  Das Führen von Metriken für den Testprozeß hat wenig Sinn, wenn die Metriken weder festgehalten noch verwendet werden. Bei Ebene C der Berichterstattung können solche Metriken eingesetzt werden.
- Dokumentation der Abweichungen, Ebene B, umfangreiche Dokumentation der Abweichungen mit flexiblen Berichterstattungsmöglichkeiten
  Eine umfangreiche Dokumentation der Abweichungen ist erforderlich, um Metriken für die Qualität des Testprozesses sammeln zu können.

Optimierungsvorschläge

- Tools leisten häufig eine gute Unterstützung beim Sammeln von Metriken.
- Siehe auch Kapitel 20, »Metriken«, und Abschnitt 18.6, »Checkliste Testmetriken«.

7.7.3 Metriken, Ebene C: Systemmetriken

Beschreibung

Das Funktionieren eines Systems in der Praxis ist eigentlich die definitive Endkontrolle. Die Erweiterung der Metriken auf den Systemeinsatz anstatt nur für die Entwicklungsphase bietet eine sehr viel höhere Qualität der Informationen. Die Metrikinformation aus der Entwicklungsphase kann zwar ein sehr positives Bild der Qualität eines Systems vermitteln, wenn jedoch anschließend im Einsatz eine ganze Reihe von Störungen auftreten, muß dies in das Gesamturteil mit einfließen.

Kontrollpunkte

- Die oben genannten Metriken werden für die Neuentwicklung, die Aktualisierung und den Praxiseinsatz geführt.
- Die Metriken werden bei der Beurteilung der Effektivität und Effizienz des Testprozesses verwendet.

Abhängigkeiten

- Reichweite der Methodik, Ebene B, Organisationsgenerisch
  Das Führen von Metriken für ein System erfordert, daß die Informationen, die von verschiedenen Seiten angeliefert werden, miteinander vergleichbar sind. Eine generische Testmethode ist dabei eine Randbedingung.
- Kommunikation, Ebene C, Kommunikation über die Qualität der Testprozesse auf Organisationsebene
  Das endgültige Ziel bei der Sammlung von Metriken für Systeme besteht darin, zu einer Verbesserung von (Test-)Prozessen zu gelangen. Die Metriken sind daher im Rahmen eines Koordinierungsbesprechungs zu erörtern.
- Testprozeßmanagement, Ebene C, Überwachung und Anpassung in der Organisation
  Die für die Metriken erforderlichen Daten stammen von verschiedenen Prozessen. Die Zuverlässigkeit dieser Daten ist von größter Bedeutung; das erfordert eine Verwaltung auf Organisationsebene.

Optimierungsvorschläge

- Fangen Sie so früh wie möglich damit an, die Effektivität der Fehlersuche (Anzahl der gefundenen Fehler im Test / Anzahl der vorhandenen Fehler im Praxis) und die Effizienz der Fehlersuche (Anzahl der Fehler im Test / Anzahl der Teststunden) festzuhalten. Diese Zahlen können je Projekt bzw. System verglichen werden.

- Sorgen Sie dafür, daß die für das Testen zuständige Abteilung innerhalb der Linienorganisation bzw. die Wartungsorganisation die Metriken auf zentraler Ebene verwaltet. Jedes Projekt überträgt die aufgebauten Metriken an diese Linienabteilung.
- Die Wartungsorganisation bzw. Linienabteilung beurteilt die Effektivität und Effizienz.
- Siehe auch Kapitel 20, »Metriken«, und Abschnitt 18.6, »Checkliste Testmetriken«.

7.7.4 Metriken, Ebene D: Organisationsmetriken (>1 System)

Beschreibung

Das eine System verfügt über eine bessere Qualität als das andere. Indem miteinander vergleichbare Metriken eingesetzt werden, können die besseren Systeme erkannt und die Unterschiede analysiert werden. Diese Ergebnisse können für eine weitere Prozeßoptimierung verwendet werden.

Kontrollpunkte

- Es werden in der gesamten Organisation miteinander vergleichbare Metriken für die bereits genannten Daten geführt.
- Die Metriken werden bei der Beurteilung der Effektivität und Effizienz der einzelnen Testprozesse eingesetzt, um zu einer Optimierung der generischen Testmethode und künftiger Testprozesse zu gelangen.

Abhängigkeiten

- Keine

Optimierungsvorschläge

- Die Linien- oder Stabsabteilung, die für das Testen verantwortlich ist, fordert von verschiedenen Projekten einheitliche Metriken.
- Jedes Projekt oder die Wartungsorganisation überträgt die aufgebauten Metriken an diese Abteilung.
- Siehe auch Kapitel 20, »Metriken«, und Abschnitt 18.6, »Checkliste Testmetriken«.

7.8 Kernbereich: Test-Tools

Zur Erläuterung des Kernbereichs »Test-Tools« ist es zunächst wichtig festzustellen, was unter einem Test-Tool verstanden wird:

Ein Test-Tool ist ein automatisiertes Hilfsmittel, das einem oder mehreren Testaktivitäten, wie Planung und Verwaltung, Spezifikation, Aufbau der Ausgangsdateien, Testdurchführung und Beurteilung Unterstützung bietet.

Der Nachdruck liegt dabei auf »unterstützen«. Durch den Einsatz von Test-Tool muß eine höhere Produktivität bzw. Effizienz erreicht werden können. Das bedeutet, daß ein Test-Tool erst dann ein Hilfsmittel ist, wenn sein Einsatz einen Vorteil bringt; der Einsatz eines Tools darf kein Ziel an sich sein.

Automatisierung innerhalb des Testprozesses kann auf verschiedene Weisen stattfinden und hat in der Regel eines oder mehrere der folgenden Ziele:

- Weniger erforderliche Stunden
- Kürzere Durchlaufzeit
- Mehr Testintensität
- Größere Flexibilität beim Testen
- Mehr/schneller Einblick in den Status des Testprozesses
- Bessere Motivation des Testpersonals

Kapitel 21 befaßt sich ausführlicher mit Test-Tools.

7.8.1 Test-Tools, Ebene A: Planungs- und Verwaltungs-Tools

Beschreibung

Bei Planung und Verwaltung können Tools insbesondere bei folgenden Aktivitäten helfen:

- Kostenvoranschlag
- Planung
- Fortschrittsüberwachung
- Konfigurationsmanagement
- Dokumentation der Abweichungen

Viele dieser Tools sind nicht spezifisch für das Testen, sondern für das Projektmanagement im allgemeinen gedacht. Die Tools sind relativ preiswert, einfach zu implementieren, benötigen wenig Einarbeitungszeit und erhöhen die Qualität und Geschwindigkeit der jeweiligen Prozesse.

Kontrollpunkte

- Für die Dokumentation der Abweichungen und für mindestens zwei andere Aktivitäten von Planung und Verwaltung werden automatisierte Hilfsmittel (andere als Standardtextverarbeitungsprogramme) verwendet.

Abhängigkeiten

- Keine

Optimierungsvorschläge

- Setzen Sie in der Organisation vorzugsweise bestehende Tools ein; überprüfen Sie, ob diese ausreichen.

7.8.2 Test-Tools, Ebene B: Durchführungs- und Analyse-Tools

Beschreibung

Bei der Durchführung und Analyse können verschiedene Tool-Arten Unterstützung bieten:

- Record & Playback
- Load & Stress
- Testabdeckung
- Testdatengenerator
- Simulatoren
- Drivers und Stubs
- Compiler
- Comparatoren
- Statischer Analyzer
- Datenbankabfragesprachen
- Debugger
- Monitore

In Abschnitt 21.4, »Übersicht über Test-Tools«, ist eine kurze Beschreibung jeder dieser Tools aufgenommen. Die Kosten für diese Tools (in bezug auf Anschaffung, Ausbildungen, Implementierung und Einsatz) sind durchschnittlich höher als die für Planung und Verwaltung, vorteilhaft dabei ist jedoch, daß der potentielle Nutzen in bezug auf Qualität, Geld bzw. Zeit auch höher ist. Der wichtigste Grund, um den Einsatz dieser Tools eine Ebene höher einzureihen, ist die Tatsache, daß das Risiko eines Mißlingens bei diesen Tools relativ groß ist. Unter Mißlingen versteht man hier, daß der Nutzen niemals größer sein wird als die Kosten.

Beispiel

Bei einem großen Unternehmen wurde ein »Record & Playback«-Tool eingesetzt, um einen häufig auszuführenden Test zu automatisieren. Bei der Implementierung des Tools wurde von Anfang an viel Aufwand für eine gute Aktualisierbarkeit des automatisierten Testskripts geleistet. Das wurde einerseits dadurch ermöglicht, daß man die Struktur der automatisierten Skripte modular aufbaute, und andererseits, indem die Testdaten getrennt von den Tool-Skripten gespeichert wurden.

Obgleich dies in erster Linie mehr Aufwand bedeutete und gleichzeitig mehr Softwarekenntnis erforderlich war, traten die Vorteile im Verlauf der Tests ganz klar hervor. Anpassungen im zu testenden System konnten durch geringen Aufwand in den automatisierten Testskripten verarbeitet werden, so daß die erneute Durchführung der Skripte viel schneller erfolgte, als dies bei einer manuellen Durchführung jemals möglich gewesen wäre.

Es ist möglich, daß der Einsatz von Tools für einen Testprozeß untersucht wurde und man zu der Schlußfolgerung kam, daß dieser Einsatz nicht gerechtfertigt war. Obgleich es sich hierbei um eine sehr »fortschrittliche« Arbeitsweise handelt, bedeutet das dennoch, daß der Testprozeß den Ansprüchen dieser Ebene nicht genügt.

Kontrollpunkte

- Es werden mindestens zwei Arten von automatisierten Hilfsmitteln für die Testdurchführung verwendet, wie z.B. »Record & Playback«-Tools und Tools zur Testabdeckung.
- Das Testteam kennt das Kosten/Nutzen-Verhältnis dieser Hilfsmittel.

Abhängigkeiten

- Testfunktionen und Ausbildungen, Ebene A, Testmanager und Tester
  Ein guter Einsatz von Test-Tools für Durchführung und Analyse erfordert Sachkenntnis vom Testpersonal.
- Test-Spezifikationstechniken, Ebene B, formale Techniken
  (Nur zutreffend, wenn »Record & Playback«- oder Tools zur Testabdeckung verwendet werden.) Eine automatisierte Testdurchführung hat nur Sinn, wenn die Testskripte gut aktualisiert werden können. Das beinhaltet den Einsatz entsprechender Test-Spezifikationstechniken. Der Einsatz von Werkzeugen zur Testabdeckung (Welcher Prozentsatz des Systems ist mit Testfällen abgedeckt?) beinhaltet ebenfalls diese Techniken, da es ohne diese fast unmöglich ist, die gewünschte Abdeckung zu erzielen.

Optimierungsvorschläge

- Dokumentieren und untermauern Sie den Bedarf und die Notwendigkeit von Tools. Verwenden Sie dabei nicht nur Produkte, die im Handel erhältlich sind, sondern berücksichtigen Sie, daß auch ganz kleine, selbst zu implementierende Tools wie Stubs, Drivers und Displays im System sehr nützlich sein können. Der Entwickler kann häufig in sehr kurzer Zeit solche Tools implementieren.

- Führen Sie einen strukturierten Auswahl- und Einführungsprozeß aus. Anforderungen (Einschränkungen) und Wünsche sind beispielsweise für folgende Aspekte möglich:
  - Funktionalität (beispielsweise Programmierbarkeit, Erkennen von GUI-Objekten)
  - Dienstleistungsebene
  - Qualität
  - Kosten
  - (Umgebung) Hard- und Software (ganz wichtig: Funktioniert das Tool in dieser spezifischen Umgebung?)
  - Anzahl der Nutzer, Kenntnisebene, Qualität der Dokumentation
- Sorgen Sie für Ausbildungen und Unterstützung für ein Tool, das erworben werden soll.
- Führen Sie ein Pilotprojekt durch.
- Zu den kritischen Faktoren für die »Record & Playback«-Tools siehe Abschnitt 21.5.1, »Record & Playback«.
- Sorgen Sie dafür, daß sich im Team genügend Sachkenntnis über das Tool befindet (häufig handelt es sich um jemanden, der Technik- und Programmierkenntnisse besitzt).
- Erstellen Sie eine Beschreibung, wie die Einrichtung des Tools auszusehen hat.
- Erstellen Sie bei der Anschaffung des Tools eine fundierte Kosten/Nutzen-Analyse.

Folgendes Beispiel soll einen Eindruck vermitteln, welche Unterschiede zwischen manuellem (M) Testen und automatisiertem Testen mit einem »Record & Playback«-Tool (A) bestehen:

1. *Stellen Sie fest, welcher Testaufwand für die Automatisierung in Betracht kommt*
   Annahme: Es soll viermal im Jahr ein Regressionstest ausgeführt werden, bei dem vier Personen drei Wochen lang ganztägig mit Testen beschäftigt sind: 4 x 4 x 3 x 5 = 240 Arbeitstage im Jahr.

2. *Schätzen Sie die »reine Ausführungszeit«*
   Die »reine Ausführungszeit« ist die Zeit, in der automatisiert werden kann. Es handelt sich um die Zeit, in der jemand vor dem Bildschirm damit beschäftigt ist, Testfälle auf eine Anwendung auszuführen, plus der Zeit, die darauf verwendet wird, Unterschiede festzustellen (das Ergebnis des Tests ist 10, obwohl 9 erwartet wurde). *Nicht* zur »reinen Ausführungszeit« gehört die Analyse der Unterschiede und die Suche nach der Ursache (die Berechnung ergibt 10 anstatt 9, da in Funktion X ein bestimmter Prozentsatz nicht mitgezählt wird). Im Beispiel von 240 Arbeitstagen jährlich schätzen wir die reine Ausführungszeit auf ein Viertel, also auf 60 Arbeitstage im Jahr.

3. *Erstellen Sie eine Schätzung für folgende Voraussetzungen*
   Die automatisierte Durchführung des ersten Tests kostet durchschnittlich X-mal soviel Zeit wie eine manuelle Durchführung (im Beispiel nehmen wir X = 2, also A = M x 2). Automatisiertes Regressionstesten ist Y-mal schneller als manuelles Testen (im Beispiel nehmen wir Y = 4, A = M/4).

4. *Berechnen Sie den möglichen Zeitgewinn*
Manuell = 60 Arbeitstage im Jahr oder 15 Arbeitstage je Regressionstest
Automatisiert = (erster Test kostet doppelt soviel: 15 x 2) + (Regressionstests sind viermal schneller: 3 x 15/4) = 41 Arbeitstage im ersten Jahr und (4 x 15/4) = 15 Arbeitstage in jedem weiteren Jahr
Nutzen = Unterschied, also 19 Arbeitstage im ersten Jahr und 45 Arbeitstage in jedem weiteren Jahr

Diese Berechnungen können auch grafisch dargestellt werden, beispielsweise zur Bestimmung des Break-Even-Points: Nach wie vielen Tests zahlt das Tool sich aus?

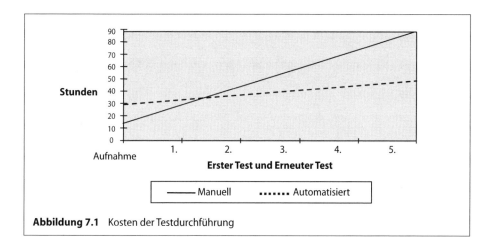

Abbildung 7.1 Kosten der Testdurchführung

5. *Schätzen Sie die folgenden Faktoren ein: (»-« steht für Kosten und »+« für Nutzen eines Tools)*
   - Anschaffung eines Tools
   - Ausbildungen
   - Einrichtung des Tools
   - Aktualisierung der Skripte bei Änderungen (Aktualisierung von automatisierten Skripten ist wesentlich arbeitsintensiver als die Aktualisierung von manuellen Skripten)
   + Höhere Qualität von automatisierten Tests (davon ausgehend, daß der menschliche Tester bei der Durchführung des x-ten Regressionstests weniger aufmerksam wird)
   + Höhere Motivation und Produktivität des Personals (ein Tool verleiht dem Testen eine neue Dimension, es macht mehr Spaß (bei guten Tools))
   + Schnellere Durchlaufzeit

Diese Faktoren müssen eingeschätzt werden, wobei insbesondere die Aktualisierung der automatisierten Skripte viel Aufwand erfordern kann und auch schwierig vorhersehbar ist.

6. *Erstellen Sie jetzt einen vollständigen Kosten/Nutzen-Vergleich*
   Der Vergleich steckt zwar voller Annahmen, vermittelt jedoch ebenfalls eine Grundlage für eine weitere Begründung. Häufig stellen sich die Erwartungen als viel zu hoch heraus. Übrigens kann der Vergleich auch für »normale« Tests anstelle von Regressionstest durchgeführt werden. Berücksichtigen Sie auf jeden Fall, daß die erste Testdurchführung in der Regel zweimal solange dauert wie ein erneute Test und daß nicht alle Tests einen erneuten Test zur Folge haben werden.

- Überwachen Sie die Kosten und Nutzen in regelmäßigen Zeitabständen, wobei angegeben wird, ob der Break-Evenpoint bereits erreicht worden ist oder nicht. Veranschlagen Sie dafür Kosten wie Einrichtung des Tools und Ausbildungen separat, und berechnen Sie für den Einsatz des Tools bestimmte Gemeinkosten oder aber den Zeitgewinn.

7.8.3 Test-Tools, Ebene C: Weitgehende Automatisierung des Testprozesses

Beschreibung

Eine Integration der Tools, die in den verschiedenen Phasen des Testprozesses verwendet werden, ergibt bei geringerem Aufwand eine höhere Qualität. Neben den in den Phasen Planung und Durchführung bereits beschriebenen Tools können auch für die Phasen Vorbereitung und Spezifikation entsprechende Tools verwendet werden, beispielsweise:

- Case Tool Analyzer, zur Ermittlung der Kontrollflußstruktur im Testobjekt
- Testentwurf

Kontrollpunkte

- Für die Phasen Planung und Verwaltung sowie Spezifikation und Durchführung werden automatisierte Hilfsmittel (andere als Textverarbeitungsprogramme) verwendet (für die Aktivitäten Kostenvoranschlag, Planung, Fortschrittsüberwachung, Konfigurationsverwaltung und Dokumentation der Abweichungen). Insgesamt sind mindestens fünf Tool-Arten einzusetzen.
- Das Testteam kennt das Kosten/Nutzen-Verhältnis dieser Hilfsmittel.

Abhängigkeiten

- Keine

Optimierungsvorschläge

- Sorgen Sie dafür, daß die Tools möglichst untereinander integriert sind. Die Möglichkeit zur Integration sollte beim Auswahlverfahren für Tools ein wichtiger Faktor sein.
- Für weitere Informationen siehe bei den Hinweisen für Tools zur Durchführung und Analyse.

7.9 Kernbereich: Testumgebung

Die Testdurchführung findet in einer bestimmten Testumgebung statt. Diese Umgebung setzt sich hauptsächlich aus folgenden Komponenten zusammen:

- Hardware
- Software
- Kommunikationsmittel
- Einrichtungen für den Aufbau und Einsatz von Dateien
- Verfahren

Die Umgebung muß so zusammengestellt und eingerichtet werden, daß anhand der Testergebnisse optimal festgestellt werden kann, inwiefern das Testobjekt den Anforderungen entspricht. Die Umgebung hat großen Einfluß auf die Qualität, Durchlaufzeit und Kosten des Testprozesses. Wichtige Aspekte der Umgebung sind Verantwortlichkeiten, Verwaltung, pünktliche und ausreichende Verfügbarkeit, Repräsentanz und Flexibilität. Kapitel 22, »Testumgebungen«, befaßt sich eingehender mit den verschiedenen Faktoren, die für die Testumgebung von Bedeutung sind.

7.9.1 Testumgebung, Ebene A: Kontrollierte Testumgebung

Beschreibung

Testen muß in einer kontrollierten Umgebung stattfinden. Häufig befindet sich diese Umgebung in einer gewissen Entfernung von der Entwicklungs- oder Einsatzumgebung. Unter »kontrolliert« versteht man, daß das Testteam Eigentümer der Umgebung ist und daß nichts ohne Zustimmung des Testteams angepaßt wird. Dies verringert die Wahrscheinlichkeit einer Störung durch andere Aktivitäten. Beispiele von Störungen sind Software-Freigaben, die ohne Wissen des Testteams installiert werden, oder Anpassungen in der Infrastruktur, die zur Folge haben, daß die Testumgebung nicht mehr zur Entwicklungs- oder der Produktionsumgebung paßt.

Je mehr die Testumgebung der zukünftigen Einsatzumgebung gleicht, desto größer ist die Sicherheit, daß später während des Einsatzes keine Probleme durch eine abweichende Umgebung entstehen. Insbesondere beim Testen auf Leistung ist eine repräsentative Umgebung von großer Bedeutung.

Die Umgebung muß so eingerichtet sein, daß die Testdurchführung so effizient wie möglich erfolgen kann. Ein Beispiel ist das Vorhandensein von ausreichend vielen Testdatenbanken, so daß die Tester nicht aufeinander warten müssen.

Kontrollpunkte

- Anpassungen bzw. Freigaben in der Testumgebung finden nur mit der Genehmigung des Testmanagers statt.
- Die Umgebung ist rechtzeitig eingerichtet.

- Die Testumgebung wird verwaltet (Einrichtung, Zurverfügungstellung, Aktualisierung, Versionsverwaltung, Störfallbehandlung, Autorisierungen usw.).
- Speicherung und Zurücksetzen bestimmter Testsituationen ist schnell und einfach zu regeln.
- Die Umgebung ist ausreichend repräsentativ für den auszuführenden Test: Je weiter man sich im Testverlauf in Richtung Einsatz bewegt, desto »produktionsnaher« wird die Umgebung.

Abhängigkeiten

- Testfunktionen und Ausbildungen, Ebene A, Testmanager und Tester
  Eine gute Verwaltung der Testumgebung erfordert Sachkenntnis vom Testpersonal.

Optimierungsvorschläge

- Wenn das Bewußtsein für eine funktionsfähige Testumgebung bei den Projektbeteiligten nicht ausreicht, sammeln Sie dann Beispiele, in denen die Testumgebung »unkontrolliert« war, und diskutieren Sie die dadurch entstandenen Probleme.
- Kapitel 22 beschäftigt sich ausgiebig mit den verschiedenen Aspekten der Testumgebung. Außerdem beinhaltet Abschnitt 18.5 eine Checkliste »Testeinrichtungen«, die bei der Vorbereitung der Umgebung verwendet werden können.
- Treffen Sie Maßnahmen für einschränkende Faktoren, die nicht geändert werden können. (Beispiel: Wenn von der Freigabe durch das Testteam bis zum Einsatz immer mindestens eine Woche vergeht, beschränken Sie dann die Anzahl der Freigaben, indem Sie andere Aktivitäten, »creative workarounds« ausführen.)
- Sorgen Sie dafür, daß die Verantwortung für die Testumgebung beim Testmanager liegt.
- Kümmern Sie sich rechtzeitig um Aspekte wie Backup und Restore von Testsituationen, Verwaltung, benötigte Tools (Datenbankabfragesprachen!), erforderliche Anzahl an Testdatenbanken usw.
- Ein bekanntes Testproblem besteht darin, daß Tests, die in der gleichen Umgebung ausgeführt werden, einander störend beeinflussen.

> **Beispiel**
>
> Tester 1 führt verschiedene Kundendaten ein; wenn er diese zu einem bestimmten Zeitpunkt kontrollieren will, findet er jedoch keinen einzigen Kunden mehr. Grund: Tester 2 hat die »Reinigungsfunktion« überprüft, indem er sämtliche Kunden entfernt hat.
>
> Auch das Systemdatum ist in diesem Zusammenhang berühmt-berüchtigt. Manche Berechnungen sind stark von einem Systemdatum abhängig. Wenn Tester 2 unbemerkt das Systemdatum für seinen eigenen Test anpaßt, werden die Berechnungen von Tester 1 unerwartete Ergebnisse zeigen.

- Zur Vermeidung der im vorigen Beispiel genannten Probleme sowie zur Beschleunigung der Durchlaufzeit kann man erwägen, mehrere Testumgebungen oder -datenbanken einzurichten. Tester können dann parallel arbeiten, ohne andere Tests berücksichtigen zu müssen. Nachteil dabei ist, daß die Verwaltung der Testumgebungen komplexer wird. Man kann aber hierfür auch eine Art Schichtdienst einrichten (beispielsweise morgens führt Team 1 Tests aus und mittags Team 2).
- Sorgen Sie dafür, daß dem Testteam technische Kenntnisse zur Verfügung stehen.
- Verschaffen Sie sich einen Überblick darüber, was im Zusammenhang mit Datenbankgröße, -parametrisierung, -füllung und Variationen davon repräsentativ ist (das ist häufig schwieriger, als es auf den ersten Blick aussieht). Berücksichtigen Sie dabei, daß jede Teststufe eine andere repräsentative Umgebung benötigt (für den Systemtest beispielsweise eine »Werkstatt«-Umgebung, für den Abnahmetest eine »produktionsnahe« Umgebung).
  – Richten Sie die Umgebung ein, und geben Sie bei Abweichungen die Risiken und eventuellen Maßnahmen an.
- Die Testumgebung ist durch verschiedene interne und externe Ursachen ständig Veränderungen unterworfen, die ein gutes Management und das Vorhandensein von technischen Kenntnissen erforderlich machen. Im folgenden werden einige Beispiele für Veränderungen genannt, die zu berücksichtigen sind:
  – Freigabe und Änderungen in der Infrastruktur in Phasen
  – Freigabe oder erneute Freigabe des Testobjekts (oder Teilen davon)
  – Neue oder veränderte Verfahren oder Autorisierungen
  – Änderungen in der Simulations- und Systemsoftware
  – Änderungen in den Geräten, Protokollen, Parametern usw.
  – Neue oder geänderte Test-Tools
  – Änderungen in den Testdateien, Tabellen usw.:
    – Migrierung von Testeingabedateien in eine neues Format
    – Reorganisation von Testdateien
    – Veränderungen in der Bezeichnung

7.9.2 Testumgebung, Ebene B: Testen in der geeignetsten Umgebung

Beschreibung

Das Management der verschiedenen Testumgebungen ist ausreichend gut, so daß problemloser von der »Teststufen-spezifischen« Umgebung abgewichen werden kann. Auf diese Weise ist es möglich, in einer anderen Umgebung zu testen (z.B. Durchführung eines Teils des Abnahmetests in der Systemtestumgebung) oder die eigene Umgebung schnell anzupassen. Gründe für das Testen in einer anderen Umgebung sind beispielsweise die bessere Eignung dieser Umgebung (z.B. eine schnellere Durchlaufzeit oder bessere Einrichtungen, um Zwischenergebnisse zu überprüfen) oder daß ein bestimmter Test eher ausgeführt werden kann. Dabei wird bewußt die Entscheidung getroffen, Testergebnisse frühzeitiger zu erhalten oder eine geringere Repräsentanz zu erzielen.

Kontrollpunkte

- Jeder Test wird in der Umgebung ausgeführt, die sich am besten dafür eignet: entweder in einer neuen Umgebung oder in einer rasch und problemlos anzupassenden eigenen Umgebung.
- Die Umgebung ist rechtzeitig für den Test vorbereitet, und während des Tests erfolgen keine Störungen durch andere Aktivitäten.
- Die Risiken, die dabei eingegangen werden, wurden analysiert, und es wurden ausreichende Maßnahmen getroffen.

Abhängigkeiten

- Teststrategie, Ebene B, Strategie für High-Level-Tests
 Die Fähigkeit zum Testen in einer anderen Umgebung als in der eigenen erfordert eine gute Abstimmung zwischen den verschiedenen Teststufen. Voraussetzung dafür ist eine koordinierte Teststrategie.

Optimierungsvorschläge

- Sorgen Sie dafür, daß das Testen so früh wie möglich beginnt; wägen Sie dabei einerseits die Vorteile einer separaten, verwalteten und repräsentativen Umgebung und andererseits die Vorteile eines frühen Testens bzw. der effizienten Testdurchführung ab. Beispiel: Teile des Produktions-Abnahmetests können bereits in der Systemtestumgebung ausgeführt werden. Berücksichtigen Sie hierbei die Überprüfungen der Speicherkapazitäten. Ferner können beispielsweise einige wichtige Abnahmetestfälle bereits in der Systemtest- oder Entwicklungsumgebung ausgeführt werden, oder es kann die Kontrolle der Benutzungsfreundlichkeit in der Entwicklungsumgebung stattfinden.
- Berücksichtigen Sie die oben genannten Aspekte bei der Strategiebestimmung, beispielsweise, daß das Testen zwar in einer anderen Umgebung eher beginnt, daß jedoch ein Abschlußtest doch noch in der eigenen Umgebung erfolgen muß.
- Stimmen Sie den Einsatz einer (anderen) Umgebung rechtzeitig ab.
- Siehe auch den Unterabschnitt »Variationen« in Kapitel 22, »Testumgebungen«.

7.9.3 Testumgebung, Ebene C: »Umgebung auf Abruf«

Beschreibung

Das Testteam gibt an, welche Tests wann ausgeführt werden und welchen Anforderungen die Testumgebungen genügen muß. Die geforderte Umgebung wird rechtzeitig eingerichtet und freigegeben; das Risiko externer Störungen ist minimal. Eventuelle Änderungen in der Umgebung sind rasch und flexibel vorzunehmen.

Kontrollpunkte

- Die Umgebung, die sich für einen Test am meisten eignet, ist sehr flexibel und kann schnell an geänderte Bedürfnisse angepaßt werden.

Abhängigkeiten

- Keine

Optimierungsvorschläge

- Sorgen Sie dafür, daß eine gute Verwaltung der verschiedenen Umgebungen vorhanden ist.
- Diese Ebene erfordert faktisch mehr Aufwand von der Systemadministration als vom Testprozeß. Berücksichtigen Sie dies!

7.10 Kernbereich: Testarbeitsplatz

Das Testpersonal benötigt Räume, Schreibtische, Stühle, PCs, Textverarbeitungsprogramme, Drucker, Telefone usw.

7.10.1 Testarbeitsplatz, Ebene A: Adäquate und rechtzeitige Einrichtung der Testarbeitsplätze

Beschreibung

Eine gute und rechtzeitige Einrichtung der Büroinfrastruktur hat zur Folge, daß viele mögliche Effizienzverluste wie Umzüge, Wartezeiten und unproduktive Stunden auf ein Minimum beschränkt bleiben. Ferner hat die Einrichtung von Arbeitsplätzen einen positiven Einfluß auf die Qualität des Testprozesses. Man denke in diesem Zusammenhang an die Qualität sowohl der internen als auch der externen Kommunikation sowie an die Motivation und Produktivität der beteiligten Personen.

Kontrollpunkte

- Für die für das Testen erforderliche Büroinfrastruktur (Arbeitszimmer, Versammlungsräume, Telefone, PCs, Netzwerkanschlüsse, Bürosoftware, Drucker usw.) ist rechtzeitig gesorgt.
- Aspekte im Zusammenhang mit der Büroeinrichtung haben eine möglichst geringe Auswirkung auf den Verlauf des Testprozesses (also möglichst wenige Umzüge, keine zu große Distanz zwischen Testern und den restlichen Projektbeteiligten usw.).

Abhängigkeiten

- Keine

Optimierungsvorschläge

- Erkundigen Sie sich in einem möglichst frühen Stadium nach den Bestellzeiten der verschiedenen erforderlichen Gegenstände.
- Sorgen Sie dafür, daß mögliche Umzüge und dergleichen separat veranschlagt werden.
- Wenn Tester sich lokal in einer größeren Entfernung voneinander befinden, müssen womöglich zusätzliche Stunden für Gemeinkosten veranschlagt werden. Das verdeutlicht die Nachteile der gewählten Büroinfrastruktur.
- Abschnitt 18.5 beinhaltet eine Checkliste »Testeinrichtungen«, die bei der Vorbereitung der Büroinfrastruktur verwendet werden kann.

7.11 Kernbereich: Engagement und Motivation

Das Engagement und die Motivation der verschiedenen am Testprozeß Beteiligten sind wichtige Bedingungen für einen gut verlaufenden Testprozeß. Dazu gehören nicht nur die Tester selbst, sondern beispielsweise auch das Projektmanagement und das Linienmanagement. Letztere sind insbesondere für die Schaffung guter Voraussetzungen wichtig. Der Testprozeß erhält auf diese Weise ausreichende zeitliche, finanzielle und andere (quantitative und qualitative) Mittel, um einen guten Test auszuführen, wobei die Zusammenarbeit und eine gute Kommunikation mit den restlichen Projektmitgliedern einen Gesamtprozeß so effizient wie möglich machen.

Ein Merkmal der Startebene ist, daß das Testen als ein notwendiges Übel betrachtet wird. Das Testteam setzt sich zum Großteil aus Personen zusammen, die auf Teilzeitbasis und aus anderen Bereichen (Anwender, Entwickler) zugewiesen werden, um im Testteam mitzuarbeiten. Testen hat einen niedrigen »Status« und wird als überflüssig und ineffizient betrachtet. Die Tester verfügen nur über eine geringe Motivation, vieles wird »pro forma« getestet, und man vertraut voll und ganz auf die Entwickler. Von Testern gefundene Abweichungen werden nicht strukturell bearbeitet.

7.11.1 Engagement und Motivation, Ebene A: Zuweisung von Budget und Zeit

Beschreibung

Auf dieser Ebene ist sich das obere und das mittlere Management der Bedeutung des Testens bewußt. Ferner ist man sich darüber im klaren, daß Testen weder ein geringer noch ein unwichtiger Aufwand ist.

Wichtig ist, die Mitarbeiter ausreichend zu motivieren, da dies einen direkten Einfluß auf die Produktivität ausübt. Ein Prozeß kann noch so gut eingerichtet sein, ohne gut motivierte Mitarbeiter ist das Endergebnis schlecht. Da Motivation ein kaum meßbarer Begriff ist, sind die Kontrollpunkte in Form verschiedener Aspekte dargestellt, die eine Rolle bei der Motivation spielen.

Kontrollpunkte

- Testen wird von den Beteiligten für erforderlich und wichtig gehalten.
- Dem Testen wird eine bestimmte Menge an Zeit und Geld zugewiesen.
- Das Management lenkt das Testen anhand zeitlicher und finanzieller Mittel. Ein Merkmal ist, daß bei einer Überschreitung der Testzeit oder des Testbudgets hauptsächlich nach einer Lösung innerhalb des Testens gesucht wird (Überstunden oder Einsatz zusätzlicher Mitarbeiter bei einer zeitlichen Überschreitung oder Kürzung von zeitlichen bzw. finanziellen Mitteln der späteren Testaktivitäten).
- Im Team sind ausreichende Kenntnisse und Erfahrungen im Bereich des Testens vorhanden.
- Die Testarbeiten werden von den meisten Teilnehmern ganztags ausgeführt (also bestehen kaum Konflikte mit anderen Aufgaben).
- Es herrscht eine gute Beziehung zwischen den Testern und anderen Bereichen in Projekt und Organisation.

Abhängigkeiten

- Keine

Optimierungsvorschläge

- Dokumentieren Sie die im Einsatz oder in »späten« Tests (Abnahmetest) auftretenden Probleme: Welches sind die Folgen von unzureichenden Testaktivitäten und welches sind die (Organisations-)Kosten bei Problemen im Einsatz?
- Überprüfen Sie, was man früher hätte finden können.
- Halten Sie Vorträge, Seminare usw., um das erforderliche Bewußsein zu schaffen.
- Versuchen Sie, den Einsatz von Vollzeitbeschäftigten für das Testen zu erreichen.
- Sorgen Sie für Ausbildungen im Bereich des Testens, aber auch auf dem Gebiet von sozialen Fähigkeiten, Systementwicklung, Fachwissen usw.
- Arbeiten Sie so schnell wie möglich mit einem Phasenmodell und einer Planung für das Testen. Damit kann der Aufwand optimiert und können Konflikte mit dem Projekt- und dem Linienmanagement vermieden werden, da der erforderliche Einsatz von Mitarbeitern bereits in einem frühen Stadium bekannt ist.

7.11.2 Engagement und Motivation, Ebene B: Testen in Projektorganisation integriert

Beschreibung

Ein professionell eingerichteter Testprozeß ist besser kontrollierbar und vorhersehbar. Bei einer möglichen Überschreitung (zeitlich oder finanziell) besteht mehr Einsicht in die

Ursache, so daß entsprechende Maßnahmen getroffen werden können. Ferner besteht eine bessere Kommunikation zwischen den Testern und den übrigen im Projekt beteiligten Gruppen, so daß die einzelnen Gruppen bezüglich der Planung besser aufeinander abgestimmt sind. Dadurch kann der Gesamtprozeß effizienter eingerichtet werden.

Da die Produktivität von Mitarbeitern in unmittelbarem Zusammenhang mit ihrer Motivation steht, ist es wichtig, diese so gut wie möglich zu motivieren. Eine Möglichkeit, um das zu erreichen, besteht im kontrollierten Ablauf des Testprozesses – wie im vorigen Abschnitt beschrieben –, so daß die Mitarbeiter mehr Einblick in den Stand der Dinge haben. Unsicherheit in diesem Zusammenhang wirkt sich meistens demotivierend aus. Die Anerkennung des Testens durch andere Gruppen sowie Aufstiegsmöglichkeiten für Tester sind weitere motivierende Faktoren.

> **Beispiel**
>
> Obwohl in einer großen Organisation ständig ein sehr wesentlicher Teil der Mitarbeiter in Testprozessen eingesetzt wird, sind auf Organisationsebene keine Aufgaben, Verantwortlichkeiten oder Laufbahnmöglichkeiten für diese Funktionen beschrieben. Dadurch betrachtet jeder die Durchführung von Testarbeiten als einen befristeten »Seitensprung« oder sogar als eine Unterbrechung der geplanten Karriere in der Systementwicklung. Selbst solche Mitarbeiter, die im Testen eine spannende Herausforderung sehen und gut sind, müssen aus Karrieregründen einen anderen Weg einschlagen. Ein wesentlicher Aspekt bei der Verbesserung des Testprozesses besteht daher darin, die Testfunktionen mit einem passenden Gehalt und entsprechenden Karrieremöglichkeiten in die bestehende Funktionsstruktur aufzunehmen, so daß nicht jedesmal die Mitarbeiter mit den meisten Erfahrungen das Testfach wieder verlassen.

Kontrollpunkte

- Alle Beteiligten sind der Ansicht, daß das Testen einen deutlichen und spürbaren Einfluß auf die Qualität des Produkts hat.
- Das Management will Einblick in die Intensität und Qualität des Testens haben.
- Das Management lenkt das Testen anhand von zeitlichen, finanziellen und qualitativen Mitteln. Ein Merkmal ist, daß die Lösung für Testprobleme (beispielsweise eine Überschreitung der Testzeit oder des Testbudgets) auch außerhalb des Testprojekts gesucht wird. Dabei wird möglicherweise auch der Entwickler angesprochen.
- In der Projektplanung wird der Zyklus Testen, Korrektur und erneut Testen berücksichtigt.
- Das Testen beeinflußt die Reihenfolge der vom Entwickler bestimmten Freigabe.
- Die Empfehlungen der Tester werden bei der Projektbesprechung erörtert.

Abhängigkeiten

- Einsatz des Phasenmodells, Ebene A, Hauptphasen Planung, Spezifikation, Durchführung

- Testprozeßmanagement, Ebene B, Planung, Durchführung, Überwachung und Anpassung
  Eine gute Integration des Testens in das Projekt bedeutet, daß der Testprozeß planbar und verwaltbar sein muß. Das erfordert den Einsatz eines Phasenmodells und einen gut kontrollierten Prozeß.

- Berichterstattung, Ebene B, Dokumentation der Abweichungen, einschließlich Prioritäten und Berichterstattung über Zeitaufwand und Testfortschritt

- Dokumentation der Abweichungen, Ebene A, interne Dokumentation der Abweichungen
  Eine Mindestvoraussetzung für die Integration des Testens in das Projekt ist, daß der Fortschritt und die Abweichungen richtig verwaltet und festgehalten werden.

Optimierungsvorschläge

- Stellen Sie sicher, daß der Testmanager an den Projektbesprechungen teilnimmt.
- Sorgen Sie für eine strukturelle Kommunikation und Abstimmung mit dem Entwickler bezüglich des Fortschritts der Teilprojekte.
- Schaffen Sie im Testteam eine aktive Einstellung – eine Art Signalfunktion. Die Tester müssen aktiv daran arbeiten, potentielle Qualitätsprobleme so früh wie möglich anzugeben.
- In Kapitel 24, »Organisationsstruktur«, werden diverse Überlegungen zur Auswahl einer Testorganisationsstruktur gegeben.

> **Beispiel**
> Bei einem Projekt herrscht eine sehr straffe Planung. Es wurde vereinbart, daß der Entwickler eine bestimmte Aktivität zu einem bestimmten Datum beendet haben soll, damit am nächsten Tag mit dem Testen begonnen werden kann. Der Entwickler ist immer zum vereinbarten Zeitpunkt fertig, und tags darauf wird die Software auf die Testumgebung übertragen und dort installiert. Diese Übertragung dauert aber – einschließlich der dazugehörigen Probleme – immer zwei bis drei Tage, wodurch das Testen während dieser Tage nicht beginnen kann. Da die Planung oft sehr knapp bemessen ist, wird die Projekt-Deadline vom Testteam – als letzter Glied in der Entwicklung – nicht eingehalten. Bei der Projektbesprechung schieben der Entwickler und die Tester in erster Linie einander die Schuld für diese Zeitverzögerung zu, man ist sich jedoch sehr schnell darüber einig, daß die Planung angepaßt werden muß. Künftig werden zwei Tage für die Übertragung eingeplant, wonach die Problematik zum größten Teil der Vergangenheit angehört.

- Führen Sie im Testteam eine Kommunikation ein, in der das Team über den Fortschritt, die (Test-)Ergebnisse und über das Projekt im allgemeinen informiert wird.
- Fördern Sie die Gründung einer unterstützenden Abteilung Testen, in der die Kenntnisse und Fähigkeiten der verschiedenen Testteams gesammelt und gebündelt werden können.

- Sorgen Sie für Vorträge und dergleichen, um die Organisation bzw. alle Projektbeteiligten von der Bedeutung des Testens zu überzeugen.

7.11.3 Engagement und Motivation, Ebene C: Test-Engineering wird akzeptiert

Beschreibung

Auf dieser Ebene sind die Motivation, Kenntnisse und Fähigkeiten innerhalb des Testteams so groß, daß der Testprozeß als ein wesentlicher Faktor in der gesamten Systementwicklung betrachtet wird, der frühzeitig einbezogen werden muß. Das Testen wird nicht nur als eine Suchmaßnahme, sondern auch als Vorsorgemaßnahme gesehen.

Die zu entwickelnden oder zu aktualisierenden Systeme werden immer komplexer, und die Systeme weisen eine immer größere Integration auf. Die Testbarkeit der Systeme steht dabei zunehmend unter Druck. Indem man die Testbarkeit beim Entwurf und der Realisierung besser berücksichtigt, kann man diese stark erhöhen, so daß das Testen bei einem geringeren Aufwand mehr Sicherheit über die Qualität des Systems bieten kann. Ein Beispiel, in dem sich die unzureichende Testbarkeit herausstellt, war die Problematik im Zusammenhang mit der Datumsanpassung im Jahr 2000. Das Testen der häufig veralteten und schlecht dokumentierten Systeme, die in vielerlei Hinsicht miteinander verbunden sind, war eine der größten Herausforderungen.

Wenn der Testprozeß ein integraler und optimierender Teil des Entwicklungsprozesses ist, dann kann ein Mangel an Qualität so früh wie möglich und zu geringsten Kosten im Gesamtprozeß bemerkt oder sogar vermieden werden. Der gesamte Entwicklungsprozeß ist dadurch viel besser zu kontrollieren.

Ein optimaler Testprozeß erfordert hochmotiviertes und ausgebildetes Personal. Neben internen Maßnahmen zum Erreichen einer hohen Motivation bei Mitarbeitern spielen auch verschiedene externe Faktoren eine Rolle. In einem gut eingerichteten Entwicklungsprozeß werden Faktoren wie Zeit, Geld und Qualität überwacht. Das verhindert, daß Planungen wiederholt nicht eingehalten werden oder daß die Produkte wie Fachkonzept und Software eine unzureichende Qualität aufweisen. Wenn das Testteam jedesmal mit solchen Problemen konfrontiert wird, hat das einen negativen Einfluß auf die Motivation. Eine weitgehende Automatisierung hat gerade bei guten Werkzeugen einen positiven Einfluß auf die Tester, weil langweilige und sich wiederholende Arbeiten soweit wie möglich automatisiert sind.

Kontrollpunkte

- Beim Entwurf und der Realisierung wird das Testteam mit einbezogen, um eine optimale Testbarkeit des Systems zu erzielen (»design for test«).
- Das Testteam verfügt über ausreichende Kenntnisse und Fähigkeiten, um oben genannten Kontrollpunkten ausreichend Inhalt zu verleihen.
- Die Organisation bzw. das Projekt geht mit den Empfehlungen des Testteams »ernsthaft« um.

- Das Management unterstützt die Tester (mit Personal und Mitteln), damit sich diese ohne Unterbrechung mit der Verbesserung des Testprozesses beschäftigen können.
- Die Teilnahme am Testen wird als »Beförderung« betrachtet; Testen hat einen hohen Status.
- Der Entwicklungsprozeß ist ausreichend entwickelt; überwacht werden mindestens die Aspekte Zeit und Qualität.
- Testfunktionen werden auf Organisationsebene beschrieben, einschließlich der Karrieremöglichkeiten und passenden Gehälter.

Abhängigkeiten

- Teststrategie, Ebene C, Strategie für High-Level-Test plus Low-Level-Tests oder Prüfungsstufen
- Zeitpunkt der Beteiligung, Ebene C, Aufstellen von Anforderungen
- Test-Tools, Ebene B, Durchführung- und Analyse-Tools
  Test-Engineering impliziert eine hohe Entwicklung des Testprozesses. Das bedeutet, daß der Testprozeß früh in das Projekt mit einbezogen wurde, daß die verschiedenen einzelnen Testarten und Teststufen aufeinander abgestimmt sind und daß der Testprozeß ausreichend automatisiert ist.
- Berichterstattung, Ebene C, Risiken und Empfehlungen anhand von Metriken
  Zur Adressierung der in den Kontrollpunkten genannten Empfehlungen ist die Berichterstattung auf einer ausreichend hohen Managementebene erforderlich.

Optimierungsvorschläge

- Werben Sie in der Organisation für eine professionelle Testvorgehensweise.
- Halten Sie Vorträge für die Entwickler und veranlassen Sie Ausbildungen im Bereich des Testens.
- Sorgen Sie dafür, daß die Funktionen Tester, Testmanager usw. als gesonderte Funktionen bei der Personalabteilung anerkannt werden. Dazu gehört eine umfangreiche Aufgabenbeschreibung.
- Veranlassen Sie, daß die Tester (auch) auf ihre spezifischen Testqualitäten hin beurteilt werden.
- Sorgen Sie für eine meßbare bzw. testbare Formulierung der relevanten Qualitätsanforderungen. Veranlassen Sie die Tester anschließend, diese Anforderungen auf Meßbarkeit hin zu beurteilen und Empfehlungen zu formulieren (die Aussage »das System muß benutzungsfreundlich sein« ist nicht objektiv meßbar).
- Bringen Sie beim fachlichen Entwurf und der Realisierung Aspekte ein, die die Testbarkeit erhöhen, beispielsweise eingebaute Beobachtungs- und Kontrollmöglichkeiten.

Beobachtungsmöglichkeiten sind:
- Zeigen von Statusinformationen (interne Programmvariablen)
- Fortschrittsstatistiken
- Ablaufinformationen (welchen Pfad hat die Software durchlaufen)

Kontrollmöglichkeiten sind
- Verzögerung der Ausführung eines Programms
- Stoppen der Ausführung eines Programms
- Fähigkeit, ein Programm »abstürzen« lassen zu können
- Veränderung des Systemstatus (manipulierbares Systemdatum!)

Diese Möglichkeiten können ein- oder ausgeschaltet werden.

- Erwägen Sie ebenfalls die Implementierung von in die Software eingebrachten Tests. Diese Tests führen eine bestimmte Standardkontrolle durch, beispielsweise, ob eine Datenstruktur vollständig ausgefüllt ist. Das erhöht das Vertrauen in den Betrieb eines Systems und die Analysierbarkeit der Probleme.

- Automatisierung des Testprozesses hat einen positiven Einfluß auf die Motivation, da langweilige und sich wiederholende Arbeiten nicht mehr manuell durchgeführt zu werden brauchen.

- Für weitgehende Automatisierung siehe die Hinweise bei der entsprechenden Ebene der Test-Tools.

- Bilden Sie Tester aus, bzw. engagieren Sie Personal mit spezifischen Sachkenntnissen, so daß das Testteam einen sinnvollen Beitrag zum frühen Entwicklungsprozeß leisten kann.

- Drängen Sie die Organisation dazu, mit einem »Software Process Improvement«-Programm zu beginnen, um den Entwicklungsprozeß besser kontrollierbar und vorhersehbar zu machen.

- Werben Sie in der Organisation für das Testen. Hiermit wird innerhalb der Organisation das Augenmerk auf das Testen gerichtet, auf die Vorteile des Testens, darauf, daß es ein separates Fach ist, usw.

7.12 Kernbereich: Testfunktionen und Ausbildungen

In einem Testprozeß ist die richtige Zusammenstellung eines Testteams sehr wichtig. Es bedarf einer Mischung von verschiedenen Bereichen, Funktionen, Kenntnissen und Fähigkeiten. Neben der spezifischen Testsachkenntnis sind beispielsweise auch die Kenntnis der zu testenden Materie (Fachwissen) sowie Kenntnisse der Organisation und allgemein zur Softwareentwicklung notwendig. Ferner sind soziale Fähigkeiten sehr wichtig. Eine solche Mischung erfordert unter anderem entsprechende Ausbildungen.

7.12.1 Testfunktionen und Ausbildungen, Ebene A: Testmanager und Tester

Beschreibung

Der Einsatz von fachkundigen Testern ist für einen gut verlaufenden Testprozeß von großer Bedeutung. Bei einem Testteam, das sich beispielsweise ganz aus Anwendern oder Entwicklern zusammensetzt, ist die Wahrscheinlichkeit viel kleiner, daß ein qualitativ guter Testprozeß zustande kommt.

Abgesehen von den spezifischen Kenntnisse und Fähigkeiten, über die ein Tester verfügen muß, spielt hier auch ein bißchen »Psyche« mit. Myers [Myers, 1979] hat bereits nachgewiesen, daß die Grundeinstellung eines Testers eine wesentlich andere ist als die eines Entwicklers: Ein Tester versucht, den Mangel an Qualität aufzuzeigen, und begibt sich dazu aktiv auf die Suche nach Fehlern. Ein Entwickler hingegen will vielmehr nachweisen, daß das System gut ist.

Kontrollpunkte

- Das Testpersonal besteht aus mindestens einem Testmanager und einigen Testern.
- Die Aufgaben und Zuständigkeiten sind festgelegt.
- Das Testpersonal hat eine spezifische Testausbildung absolviert (beispielsweise Testmanagement und Testtechniken) oder verfügt über ausreichende Erfahrungen auf dem Testgebiet.
- Für den Abnahmetest stehen dem Testteam Fachkenntnisse aus dem Anwendungsbereich zur Verfügung.

Abhängigkeiten

- Keine

Optimierungsvorschläge

- Sorgen Sie dafür, daß Tester und Testmanager entsprechende Testausbildungen absolvieren.
- Nehmen Sie im Testplan Funktionsbeschreibungen auf, in denen angegeben ist, wer welche Aufgaben ausübt.
- Kapitel 23, »Testfunktionen«, enthält verschiedene Funktionsbeschreibungen, die als Beispiel dienen können.
- In Kapitel 24, »Organisationsstruktur«, werden diverse Überlegungen zur Auswahl einer Testorganisationsstruktur gegeben.
- Kümmern Sie sich rechtzeitig um die erforderlichen Fachkenntnisse (insbesondere bei Abnahmetests).
- Neben den üblichen Problemen mit Mitarbeitern ist die Personalbesetzung für das Testen durch folgende Eigentümlichkeiten gekennzeichnet, die bei der Auswahl, dem Engagement und der Ausbildung zu berücksichtigen sind:

- Verkennung des Testberufs, also auch des Testpersonals
  Testfunktionen sind nur in wenigen Organisationen gleichwertig mit anderen Funktionen anerkannt und geschätzt, während andererseits immerhin etwa 20% des für die Softwareentwicklung bereitgestellten Budgets in das Testen investiert wird.
- Testen erfordert eine Testeinstellung und besondere soziale Fähigkeiten
  Testpersonal beschäftigt sich mit der (Un-)Tauglichkeitserklärung von Arbeiten von Kollegen, die sich enorm dafür eingesetzt haben, ihr Produkt im bestmöglichen Zustand freizugeben. Das erfordert Taktgefühl.
- Tester müssen aus gutem Holz geschnitten sein, denn sie werden von allen Seiten kritisiert:
  - *Sie entdecken nicht alle Fehler (weil 100%iges Testen nicht möglich ist).*
  - *Tester werden für haarspalterisch gehalten!*
  - *Tester befinden sich zu lange auf dem kritischen Pfad: Das Testen dauert zu lange.*
  - *Der Testprozeß ist zu teuer; geht es nicht weniger umfangreich und (vor allem) mit weniger Personal?*
  - *Tester sind zu dominant. Wir implementieren nicht um zu testen! Im allgemeinen gilt, wenn das System Fehler aufweist, schiebt man dem Testpersonal die Schuld zu, und wenn es gut funktioniert, bekommen die Programmierer die Lorbeeren.*
  - *Nicht alle Tests werden beendet, und Testempfehlungen werden gelegentlich in den Wind geschlagen; das muß ein Tester also akzeptieren.*
  - *Tester müssen Talent zur Improvisation und Innovation haben. Die Testpläne werden meistens durch einen aufgebauten Rückstand bei vorherigen Prozessen durchkreuzt.*
  - *Tester sind häufig noch unerfahren, da das Testen noch ein sehr junger Berufszweig ist.*
- Schwierig planbare Fluktuation von Testpersonal
  Sowohl der Start als auch der Verlauf und die Beendigung von Testprozessen ist schwierig vorhersehbar. Ein Testprozeß kennzeichnet sich durch Leerlauf, Mehrarbeit und unerwartete Spitzen im Arbeitsvolumen. Die Zulieferer von Personal fragen lange Zeit vorher bereits an, wer zu welchem Zeitpunkt zur Verfügung stehen muß. Das verursacht Konflikte, Enttäuschungen, Qualitätskosten und Planungsdefizite.
- Testausbildung wird für überflüssig gehalten
  Testen gehört in die gleiche Sparte wie Spülen, Kochen oder Gärtnern: Das kann man doch ganz einfach. Ein Kurs oder Seminar ist Luxus oder Hobbysache. Nur Freaks besuchen einen speziellen Kurs!
- Für den Testmanager empfiehlt es sich, Fachleute auf dem Gebiet der Personalauswahl einzubeziehen. Aus Erfahrung ist bekannt, daß Personalleiter gerne dabei behilflich sind, vor allem dann, wenn Funktionsbeschreibungen, wie die in diesem Buch dargestellten, mitgebracht und vorgelegt werden können. Sorgen Sie daher für einen guten Einblick in die Bedürfnisse, sowohl in bezug auf die Funktionen als auch auf die Planung (des Zustroms). Wenn unvorhergesehen Personal mit einer bestimmten Sachkenntnis angeworben werden muß, was in Testprozessen sehr regelmäßig vorkommt, müssen selbst-

verständlich auch Kenntnisse über die für die Anwerbung verfügbaren Budgets bestehen.

7.12.2 Testfunktionen und Ausbildungen, Ebene B: (Formale) methodische, technische und funktionale Unterstützung, Management

Beschreibung

Neben dem Einsatz von sachkundigen Testern ist es wichtig, im Testprozeß Unterstützung und Management zu organisieren. Bei einer methodischen Unterstützung muß beispielsweise an die Einrichtung des Testprozesses gedacht werden, wie etwa das Aufstellen von Vorschriften und die Bestimmung der Teststrategie. Technische Unterstützung ist erforderlich, um die Infrastruktur einzurichten und zu bedienen. Funktionale Unterstützung hilft bei der Beantwortung von Funktionsfragen, die während des Testens entstehen. Insbesondere für die beiden letzten Formen der Unterstützung sind Personengruppen von außerhalb des Testprozesses erforderlich, wodurch es notwendig ist, den Einsatz gut und rechtzeitig zu regeln. Eine unzureichende Unterstützung kann den Testprozeß erheblich verzögern.

Außerdem wird der Kontrolle des eigenen Testprozesses viel Aufmerksamkeit geschenkt: Quality Assurance (Qualitätssicherung). Das soll verhindern, daß Abweichungen bzw. Entgleisungen des Prozesses zu spät entdeckt werden. Werden diese Probleme nicht rechtzeitig beseitigt, hat das fast immer seinen Preis: entweder zusätzliche Zeit oder weniger Testqualität.

> **Beispiel**
>
> Unerfahrene Tester können viele Fehler bei der Testspezifikation machen. Wenn das rechtzeitig entdeckt wird, kann man problemlos korrigierend eingreifen, beispielsweise durch zusätzliche Trainings und begrenzte Überarbeitungen. In einem späteren Stadium ist der Schaden sehr viel schwieriger zu beheben.

Kontrollpunkte

- Die Aufgabe der methodischen Unterstützung ist von anderen Personen gesondert auszuführen. Zu den Aktivitäten gehören das Aufstellen und Aktualisieren von Testvorschriften, -verfahren und -techniken sowie die Beratung zur und die Kontrolle über eine korrekte Anwendung.

- Die Aufgabe der technischen Unterstützung ist von anderen Personen gesondert auszuführen.

- Die Aufgabe der funktionalen Unterstützung ist von anderen Personen gesondert auszuführen.

- Die Aufgabe der Testprozeßverwaltung ist von anderen Personen gesondert auszuführen. Diese Aufgabe besteht aus der Erfassung, Speicherung und Zurverfügungstellung aller Verwaltungsobjekte des Testprozesses. Dies erfolgt manchmal durch eigenständiges Führen der Verwaltung, in anderen Fällen durch Einrichtung bzw. Kontrolle der Verwaltung. Zu verwaltende Objekte sind Fortschritt, Budgets und Abweichungen.

- Die Aufgabe des Testware-Managements ist von anderen Personen gesondert auszuführen. Zu der Aufgabe gehören die Erfassung, Speicherung und Zurverfügungstellung aller Verwaltungsobjekte der Testware. Dies geschieht manchmal durch eigenständiges Führen der Verwaltung, in anderen Fällen durch Einrichtung bzw. Kontrolle der Verwaltung. Zu verwaltende Objekte sind Testdokumentation, Testbasis und Testobjekt (intern), Testware einschließlich Dateien (logisch und konkret) und Testregelung.

- Die Aufgabe des Infrastrukturmanagements ist von anderen Personen gesondert auszuführen. Sie besteht aus der Erfassung, Speicherung und Zurverfügungstellung aller Verwaltungsobjekte der Testinfrastruktur. Dies erfolgt manchmal durch eigenständiges Führen der Verwaltung, in anderen Fällen durch Einrichtung bzw. Kontrolle der Verwaltung. Zu verwaltende Objekte sind Testumgebungen (Testdatenbanken) und Test-Tools.

- Die Personen, die die oben genannten Aufgaben erfüllen, verfügen über ausreichende Kenntnisse und Erfahrungen.

- Die für die genannten Aufgaben erforderliche Zeit wird eingeplant. Es wird kontrolliert, ob die Aufgaben tatsächlich durchgeführt werden.

Abhängigkeiten

- Keine

Optimierungsvorschläge

- Nehmen Sie im Testplan Funktionsbeschreibungen auf, in denen angegeben ist, wer welche unterstützenden Aufgaben hat.

- Kapitel 23, »Testfunktionen«, enthält verschiedene Funktionsbeschreibungen, die als Beispiel dienen können.

- Reservieren Sie für die unterstützenden Aufgaben entsprechende Kapazitäten, und überprüfen Sie, ob diese Kapazitäten tatsächlich genutzt werden.

- Beginnen Sie mit der Kontrolle der korrekten Einhaltung der Vorschriften, Verfahren und Techniken, indem Sie Testern oder Testmanagern einfache Kontrollaktivitäten zuweisen, beispielsweise die Überprüfung der gegenseitigen Testspezifikationen usw.

- Methodische, technische und funktionale Unterstützung und Verwaltung sind häufig einsatzfähige Testfunktionen. Sie eignen sich jedoch auch besonders für eine ganze oder teilweise Trennung der einsatzfähigen Testprozesse, beispielsweise in einer Stabsabteilung.

7.12.3 Testfunktionen und Ausbildungen, Ebene C: Formale interne Qualitätssicherung

Beschreibung

Die bei der vorigen Ebene beschriebene Kontrolle der Testarbeiten wird erweitert und formalisiert, um zwei Ziele zu erreichen:

- Vermittlung von Vertrauen in die Qualität des Testprozesses; das bedeutet Vertrauen in die Empfehlungen des Testens. Dadurch besteht mehr Sicherheit über die Qualität des getesteten Objekts.
- Die Ermöglichung einer ständigen Verbesserung des Testprozesses

Kontrollpunkte

- Parallel zum Testplan wird ein interner Qualitätssicherungsplan für das Testen aufgestellt.
- Die mit der Qualitätssicherung beauftragte Person erfüllt innerhalb des Teams keine anderen Aufgaben.
- Die Ergebnisse der Qualitätssicherungsaktivitäten werden als Ausgangspunkt für eine weitere Testprozeßoptimierung betrachtet.
- Die mit der Qualitätssicherung beauftragte Person verfügt über ausreichende Kenntnisse und Erfahrungen im Bereich der Qualitätssicherung.

Abhängigkeiten

- Reichweite der Methodik, Ebene A, projektspezifisch
  Die Qualitätssicherung beinhaltet, daß der Testprozeß beurteilt und überprüft wird. Diese Aufgabe hat erst dann einen Sinn, wenn der Testprozeß zumindest nach einem der beschriebenen Verfahren erfolgreich durchgeführt wird.

Optimierungsvorschläge

- Sorgen Sie dafür, daß die Rolle der internen Qualitätssicherung von einem Mitarbeiter der Linienabteilung für Qualitätssicherung oder Testen ausgeführt wird.
- Kandidaten, denen der mit der Qualitätssicherung Beauftragte Bericht erstattet, sind der Testmanager, der Projektmanager, der Auftraggeber des Testens und die Linienabteilung Testen.
- Achten Sie darauf, daß die Ergebnisse der Qualitätssicherung tatsächlich entweder vom Testmanager oder von der Linienabteilung für Testen verwendet werden (beispielsweise für eine weitere Testprozeßoptimierung).

- Richten Sie das interne Qualitätsmanagement eines Testprozesses so ein, daß auf jeden Fall folgende Aspekte gewährleistet werden:
  - *Audit Trail*
    Mit dem Audit Trail wird die strukturelle Beziehung zwischen den Testaktivitäten und den Produkten sichtbar gemacht, die im Testprojekt verwendet und hergestellt werden. Ein Auditor oder Reviewer kann beispielsweise auf der Grundlage der verfügbaren Dokumentation den »Weg« von der Testbasis zum Testergebnis und umgekehrt zurückverfolgen. Der Audit Trail koppelt unter anderem die Produkte Testbasis, Testskripte, Testdateien, Testobjekt und Testergebnisse miteinander.
    Der Audit Trail gewährleistet ebenfalls die Reproduzierbarkeit und die Verwaltung des Testens im Zusammenhang mit möglichen Regressionstests und Aktualisierungstätigkeiten.
  - *Deckungsgrad (Coverage)*
    Überprüfung des im Testplan festgelegten Deckungsgrades.
  - *Zeit und Budget*
    Es wird eine Beziehung zwischen der Testplanung, den Aktivitäten und den Produkten einerseits, und der Zeit und dem Budget andererseits hergestellt.

- Es empfiehlt sich, zu bestimmten Zeiten Risikoanalysen beim Testprozeß auszuführen. Auf dieser Grundlage können bei der Kommunikation mit dem Auftraggeber (eventuell) entsprechende Maßnahmen getroffen werden. Zu folgenden Zeitpunkten sind Risikoanalysen beispielsweise angebracht:
  - Nach der Festlegung des Testplans!
  - Zu Beginn der Spezifikationsphase
  - Beim Start der Testdurchführung
  - Nachdem das Testobjekt einmal getestet ist

  Die Risiken, die während des Testprozesses eingegangen werden, sind in folgende Rubriken einzuteilen:
  - Kosten- bzw. Budgetüberschreitung
  - Zeitüberschreitung
  - Lieferung von falscher oder unzureichender Funktionalität
  - Lieferung von unzureichender Qualität

  Hierbei sind die Kosten- bzw. Budgetüberschreitung und die Zeitüberschreitung entsprechende Hinweise darauf, wie effizient der Testprozeß abläuft, während die Lieferung von falscher oder unzureichender Funktionalität bzw. Qualität darauf hinweist, wie effektiv das (Test-)Projekt durchgeführt wird.

7.13 Kernbereich: Reichweite der Methodik

Jeder Testprozeß in der Organisation findet gemäß einer bestimmte Methode oder Vorgehensweise mit bestimmten Aktivitäten, Verfahren, Vorschriften, Techniken usw. statt. Wenn sich diese Methoden stets voneinander unterscheiden oder wenn eine Methode so generisch ist, daß viele Elemente jedesmal aufs neue ausgearbeitet werden müssen, so kommt dies der Effizienz des Testprozesses nicht zugute. Ziel ist es, eine Methode zu verwenden, die ausreichend generisch ist, um breit eingesetzt werden zu können, und detailliert genug, um zu vermeiden, daß nicht jedesmal alles neu erfunden werden muß.

7.13.1 Reichweite der Methodik, Ebene A: Projektspezifisch

Beschreibung

Eine Dokumentation der Arbeitsweise und der Vorschriften verdeutlicht, wie der Prozeß aussieht. Die Qualität des Prozesses wird dadurch weniger von individuellen Personen abhängig, die Anlernzeit für neue Mitarbeiter wird verkürzt, und die Eindeutigkeit der Methode fördert die Verwaltungsfähigkeit und erhöht die Qualität des Prozesses. Außerdem ermöglicht eine dokumentierte und strukturierte Arbeitsweise eine Verbesserung. Wenn keine Arbeitsweise vorliegt, kann auch keine verbessert werden. Zur Dokumentation zählen beispielsweise Methode, Vorschriften, Verfahren und Techniken. In der weiteren Beschreibung wird hier die Sammelbezeichnung »Methodik« verwendet.

Kontrollpunkte

- Die Methodik wird für jedes Projekt ermittelt.
- Die beschriebenen Aspekte beinhalten zumindest folgendes: Beschreibung des vollständigen Phasenmodells des Testens, Verwaltung des Testprozesses (Fortschritt und Qualität), Testproduktmanagement und anzuwendende Test-Spezifikationstechniken.
- Es wird tatsächlich nach der Methodik vorgegangen.

Abhängigkeiten

- Einsatz des Phasenmodells, Ebene A, Hauptphasen Planung, Spezifikation und Durchführung
- Test-Spezifikationstechniken, Ebene B, formale Techniken
- Testware-Management, Ebene A, internes Testware-Management
- Dokumentation der Abweichungen , Ebene A, interne Dokumentation der Abweichungen
  Man kann erst dann von einer Methodik sprechen, wenn der Testprozeß den oben genannten Ebenen entspricht.
- Testprozeßmanagement, Ebene B, Planung, Durchführung, Überwachung und Anpassung
  Die Methodik darf nicht nur beschrieben sein, sondern ist auch einzuhalten. Zu diesem Zweck muß eine Überwachung und Anpassung des Prozesses stattfinden.

Optimierungsvorschläge

- Legen Sie eine Beschreibung der Methodik in einem Handbuch oder einem Testplan fest, oder verweisen Sie auf Literatur. Diese wird sich zum Teil aus der Sammlung von bestehendem Material zusammensetzen.

- Sorgen Sie dafür, daß ausreichende Testsachkenntnis vorhanden oder zu erwarten ist (Ausbildungen), um zu gewährleisten, daß tatsächlich nach der beschriebenen Methodik vorgegangen werden kann.

7.13.2 Reichweite der Methodik, Ebene B: Organisationsgenerisch

Beschreibung

Die gleichen Vorteile wie bei der vorigen Ebene gelten jetzt für die gesamte Organisation. Jeder neu zu startende Testprozeß braucht nicht völlig neu erstellt zu werden, sondern adoptiert vielmehr die bestehenden Arbeitsweisen und Vorschriften. Da das Konzept mehrerer Projekte vergleichbar ist, passen die Testprozesse zueinander, und dadurch ist die Testware besser übertragbar. Das vereinfacht einen wechselseitigen Vergleich der verschiedenen Testprozesse, so daß man die Ursachen für eine gute oder weniger gute Leistung eines Testprozesses schneller ermitteln kann. Das Risiko bei einem Konzept für die gesamte Organisation liegt darin, daß das Konzept entweder zu generisch ist oder zu detailliert, so daß nur wenig Spielraum für die spezifischen Eigenschaften eines jeden Testprozesses übrig bleibt.

Kontrollpunkte

- Die Methodik ist in einem generischen Modell für die Organisation festgelegt.
- Jedes Projekt geht nach diesem generischen Modell vor.
- Abweichungen werden ausreichend begründet und dokumentiert.

Abhängigkeiten

- Keine

Optimierungsvorschläge

- Legen Sie eine Beschreibung der organisationsweiten Methodik in einem Handbuch fest, oder verweisen Sie auf die Literatur. Diese wird sich zum Teil aus der Sammlung von bestehenden Verfahren zusammensetzen. Berücksichtigen Sie besonders den Unterschied zwischen generisch und spezifisch: Spezifische Angelegenheiten sind nicht in einer organisationsweiten Methodik festzulegen.
- Bringen Sie die Verantwortlichkeiten für die Aufstellung und Überwachung der Methodik in einer Linienabteilung unter. Diese Abteilung muß zu diesem Zweck über eine ausreichende Testsachkenntnis verfügen.
- Sorgen Sie für eine strukturelle Kommunikation zwischen den Projekten und der Linienabteilung (beispielsweise zur Erörterung von Abweichungen von den Vorschriften).
- In Kapitel 24, »Organisationsstruktur«, werden diverse Überlegungen zur Auswahl einer Testorganisationsstruktur gegeben.

Beispiel

Eine spezielle Form einer Testorganisation, die sofort erreicht, daß die Testmethodik nicht projektspezifisch bleibt, ist eine Testorganisation, die als Linienabteilung eingerichtet ist. Sie ist häufig auch bekannt unter Bezeichnungen wie TSite®, Testfabrik, Test-Service-Zentrum, Testlabor oder Test Competence Centre.

In dieser Form wird der Testprozeß als eine Fabrik mit Personal (Testern), Maschinen (Infrastruktur und Tools) usw. betrachtet. Verschiedene Kunden (Abteilungen, Projekte, Systeme) können diese Testorganisation mit der Durchführung ihrer Tests beauftragen. Der Kunde kommt mit seinem Auftrag in die Fabrik, der Auftrag wird in Form von Arbeitsaufträgen für das Personal eingeplant, die Maschinen werden korrekt eingestellt, der Auftrag wird ausgeführt, und der Kunde kann das Produkt (das getestete Objekt, mögliche Abweichungen, Berichterstattungen und Empfehlungen) zum vereinbarten Zeitpunkt wieder abholen. Die Qualitätsrichtlinien der Fabrik garantieren dem Kunden eine ganz bestimmte Qualität des Testens.

Da dieser Prozeß in groben Zügen für jeden Auftrag der gleiche ist, und sich die Maschinen und das Personal bereits in der Fabrik befinden, ist diese Vorgehensweise sehr viel effizienter, und das Testen kann sehr viel schneller durchgeführt werden, als in einem Fall, in dem die Fabrik jedesmal aufs neue wieder von Anfang an aufgebaut werden müßte (= für jedes Projekt).

Da mehr Nachdruck auf dem Testprozeß (Effizienz, Qualität) als auf den Projektaspekten liegt, wird der Wiederverwendbarkeit, der Konservierung von Testware, der Werkzeugbeschaffung/-einrichtung und Personalmanagement – kurz: den Langzeitaspekten – besonders viel Aufmerksamkeit gewidmet.

Voraussetzung für einen solchen Prozeß ist, daß der Auftrag mit den verfügbaren Maschinen ausgeführt werden kann. Muß eine neue Maschine angeschafft werden, so muß auch eine bestimmte »Umstellzeit« berücksichtigt werden. Obgleich mit diesem Konzept schneller, kostengünstiger und besser getestet werden kann, müssen einige Aspekte sehr viel mehr beachtet werden als normalerweise:

- Gute Vereinbarungen und eine gute Kommunikation mit den Kunden, die ihre Produkte zum Testen anliefern (Auftraggeber, Entwickler, Abnehmer)

- Vorhandensein eines ausreichenden Arbeitsvorrats

- Vorhandensein von Sachkenntnissen

Eine solche Testorganisation hat sich insbesondere in den folgenden Situationen als wertvoll erwiesen [Ottevanger, 1998]:

- Regressionstests

- Großangelegte Projekte

- Spezielle Entwicklungsumgebungen, beispielsweise Rapid Application Development oder Objektorientierung

- Als Element einer »Software-Produktionsfabrik«

7.13.3 Reichweite der Methodik, Ebene C: Organisationsoptimierend, F&E Aktivitäten

Beschreibung

Eine generische Vorgehensweise darf nicht »statisch« sein, sondern muß überwacht und angepaßt werden, um den sich ändernden Verhältnissen zu entsprechen. Bei Entwicklungen, die neu für eine Organisation sind (beispielsweise Rapid Application Development), muß ermittelt werden, ob das Testkonzept anzupassen ist. Ferner wird versucht, auf dieser Ebene das Optimum zwischen generisch und detailliert so gut wie möglich zu erreichen.

Kontrollpunkte

- Es findet ein strukturierter Feedback-Prozeß zum generischen Modell statt.
- Es findet eine strukturelle Wartung und Innovation (F&E) zum generischen Modell statt, u.a. auf der Grundlage von Feedback.

Abhängigkeiten

- Engagement und Motivation, Ebene B, Testen in Projektorganisation integriert
  F&E auf dem Testgebiet erfordert ein hohes Engagement aller Beteiligten.
- Testprozeßmanagement, Ebene C, Überwachung und Anpassung in der Organisation
  Eine Voraussetzung für die Aktualisierung und Innovation des generischen Modells ist, daß dieses Modell auch tatsächlich (in richtiger Weise) eingesetzt wird. Das erfordert eine entsprechende Überwachung.

Optimierungsvorschläge

- Sorgen Sie dafür, daß die Linienabteilung Überprüfungs- und Abschlußbesprechungen mit Mitarbeitern aus jedem Testprojekt führt, in denen das organisationsweite Testmodell erörtert und bewertet wird.
- Stellen Sie regelmäßig, beispielsweise (halb)jährlich, einen Plan für die aufzunehmenden Punkte für Aktualisierung und Innovation auf. Beanspruchen Sie entsprechende Ressourcen für die Ausführung dieses Plans, und überwachen Sie die Ausführung.
- Sorgen Sie dafür, daß die Produkte der Aktualisierung und Innovation im generischen Modell verarbeitet werden, und setzen Sie die Organisation von den Anpassungen in Kenntnis.

7.14 Kernbereich: Kommunikation

In einem Testprozeß muß auf alle möglichen Arten eine Kommunikation mit den verschiedenen Beteiligten stattfinden, sowohl innerhalb des Testteams als auch mit anderen Parteien, beispielsweise dem Entwickler, dem Anwender und dem Auftraggeber. Diese Kommunikationsformen sind für einen gut verlaufenden Testprozeß von wesentlicher

Bedeutung, sowohl zur Abstimmung der richtigen Voraussetzungen und der Teststrategie als auch zur Kommunikation über den Fortschritt und die Qualität.

7.14.1 Kommunikation, Ebene A: Interne Testkommunikation

Beschreibung

Eine gute Kommunikation zwischen den Teilnehmern am Testteam ist sowohl für ein gutes gegenseitiges Einvernehmen als auch für Motivation und gegenseitiges Verständnis wichtig. Kommunikation führt auch zu einer früheren Identifizierung von (anstehenden) Problemen, so daß entsprechende Maßnahmen rechtzeitig getroffen werden können.

Kontrollpunkte

- Innerhalb des Testteams finden regelmäßig Besprechungen statt. Diese Besprechungen haben einen feststehenden Inhalt und richten sich vornehmlich auf den Fortschritt (Durchlaufzeit und Stunden) und die Qualität des zu testenden Objekts.
- Jedes Teammitglied nimmt regelmäßig an diesen Besprechungen teil.
- Abweichungen vom Testplan werden mitgeteilt und schriftlich festgehalten.

Abhängigkeiten

- Keine

Optimierungsvorschläge

- Bitten Sie jedes Teammitglied regelmäßig um eine Bewertung des Testprozesses: Was läuft gut, und was könnte besser laufen?
- Sorgen Sie für eine konsistente Bearbeitung der Aktionen, die sich aus den Besprechungen ergeben.
- Sorgen Sie dafür, daß Projektneuigkeiten in den Besprechungen mitgeteilt werden.

7.14.2 Kommunikation, Ebene B: Projektkommunikation, Analyseforum, Änderungsüberwachung

Beschreibung

Eine gute Integration des Testens am gesamten Projekt erhöht das gegenseitige Verständnis und führt zu einer besseren Kommunikation. Das schafft meistens mehr Zeit und Möglichkeiten, um sich auf kommende Entwicklungen vorzubereiten (»Leider haben sich noch ein paar Schwierigkeiten ergeben, wir können morgen noch nicht ausliefern, sondern wahrscheinlich erst in zwei Monaten«).

Die Festlegung von Vereinbarungen erhöht die Verwaltungsfähigkeit des Testprozesses, da eine bessere Verantwortung möglich ist. Das zwingt die Mitarbeiter zu klaren,

»unbabylonischen« Formulierungen der Vereinbarungen (»Sie haben damals doch gesagt, daß ..., ich habe das zumindest so verstanden« ... »Nein, das habe ich so nicht gesagt, sondern ...«).

Eine strukturierte Kommunikation über Abweichungen sorgt für deren optimale Bearbeitung, und die Parteien verstehen sich besser.

Normalerweise beurteilen die Entwickler und der Auftraggeber die vorgeschlagenen Anpassungen der Testbasis oder des Testobjekts (häufig »Änderungsvorschläge« genannt). Tester können die Folgen solcher Anpassungen für das Testen einschätzen. Eine kleine Implementierungsanpassung kann einen großen Testaufwand zur Folge haben. Die Beteiligung der Tester an der Änderungsüberwachung (*change control*) vermittelt dadurch mehr Einsicht in die zeitlichen, finanziellen und qualitativen Folgen der vorgeschlagenen Anpassungen, so daß die Verwaltungsfähigkeit des gesamten Entwicklungsprozesses erhöht wird.

Kontrollpunkte

- Die internen Testbesprechungen werden schriftlich protokolliert.

- Bei den internen Testbesprechungen ist, neben dem Fortschritt und der Qualität des Testobjekts, auch die Qualität des Testprozesses ein fester Tagesordnungspunkt.

- Der Testmanager berichtet regelmäßig während der Projektbesprechung über den Fortschritt und die Qualität des zu testenden Objekts, einschließlich der Risiken. Der Testmanager berichtet ebenfalls über die Qualität des Testprozesses.

- Vereinbarungen, die bei diesen Treffen festgelegt werden, sind zu dokumentieren.

- Der Testmanager wird rechtzeitig über Änderungen im geplanten und vereinbarten Freigabedatum (sowohl der Testbasis als des Testobjekts) in Kenntnis gesetzt.

- Bei einem in regelmäßigen Abständen stattfindenden Auswertungsbesprechung (auch »Analyseforum« genannt) werden Testergebnisse zwischen den Vertretern des Testteams und anderen beteiligten Gruppen erörtert.

- Tester sind beim *change control* an der Beurteilung der Auswirkung von Änderungsvorschlägen im Testaufwand beteiligt.

Abhängigkeiten

- Berichterstattung, Ebene B, Abweichungen, einschließlich Prioritäten und Berichterstattung über den Zeitaufwand und den Testfortschritt

- Einsatz des Phasenmodells, Ebene A, Hauptphasen Planung, Spezifikation und Durchführung
  Die Teilnahme an den Projektbesprechungen, in denen das Testteam über die Qualität und den Fortschritt berichtet, bedeutet, daß der Testprozeß überprüfbar sein muß. Der Einsatz eines Phasenmodells ist dabei besonders wichtig. Ferner ist auf einer bestimmten Ebene Bericht zu erstatten.

- Dokumentation der Abweichungen, Ebene A, interne Dokumentation der Abweichungen
Voraussetzung für eine Teilnahme am Auswertungsbesprechung ist die korrekte interne Verwaltung der Fehler und Abweichungen.

Optimierungsvorschläge

- Sorgen Sie dafür, daß der (High-Level-)Test im Projektbesprechung von jemandem vertreten wird, der nicht noch zusätzlich für andere Aktivitäten (insbesondere Implementierungsaktivitäten) verantwortlich ist. Ansonsten besteht das Risiko, daß vom Testen ausgehende Signale zu sehr abgeschwächt werden.
- Stellen Sie ein Verfahren für die periodisch stattfindenden Auswertungsbesprechungen auf. Vergessen Sie dabei nicht die Möglichkeit einer Eskalation und eines »Absturzverfahren« (bei Fehlern, die den Testfortschritt blockieren).
- Beginnen Sie mit den Auswertungsbesprechungen, widmen Sie dabei dem Lerneffekt der Formulierung von Fehlern entsprechende Aufmerksamkeit (Tester schreibt: »Berechnung stimmt nicht«, Programmierer erwartet: »in Zeile 124 in Programm 23a steht ein »–« statt eines »+«; das muß zu einer Vereinbarung über eine gute Detaillierung von Abweichungen führen). Deutliche Fehlerbeschreibungen ersparen eine Menge Sucharbeit und Kommunikation.
- Berücksichtigen Sie bei der Veranschlagung der Änderungen das Regressionstesten. Das gleichzeitige Testen von einigen Änderungen ist sehr viel kostengünstiger als nacheinander durchgeführte Einzeltests (und der Übergang in eine nächste Systementwicklungsphase) dieser Änderungen. Das ist übrigens ein wichtiges Argument, um (Gruppen) von Änderungen in Freigaben auszuliefern. Sorgen Sie dafür, daß bei der Veranschlagung von Änderungen die oben genannten Aspekte berücksichtigt werden; dabei sind Kenntnisse über eine fundierte Veranschlagung von Tests erforderlich.
- Ermöglichen Sie, daß entweder der Test- oder der Projektmanager die zusammenfassende Testberichterstattung in der Lenkungsgruppe bekannt macht.
- In Kapitel 24, »Organisationsstruktur«, werden diverse Überlegungen zur Auswahl einer Testorganisationsstruktur gegeben.

7.14.3 Kommunikation, Ebene C: Kommunikation über die Qualität der Testprozesse auf Organisationsebene

Beschreibung

Die Verbesserung von Testprozessen ist eine andauernde Aktivität. Die Organisation ist sich darüber im klaren, daß ein gut eingerichteter Testprozeß viel zur Überwachung der Qualität und der Kosten beiträgt. Die Einrichtung von Besprechungen auf Organisationsebene sorgt dafür, daß die vorhandenen Kenntnisse zu ausreichend vielen Personen gelangen und auf diese Weise erhalten bleiben. Das vereinfacht die Einrichtung neuer Testprozesse (mit neuen Mitarbeitern).

Kontrollpunkte

- Besprechungen, in denen Vorschläge zur Verbesserung der eingesetzten Testmethodik und der Testprozesse besprochen werden, finden regelmäßig statt.
- Teilnehmer sind Vertreter des Testteams und der Linienabteilung Testen.

Abhängigkeiten

- Reichweite der Methodik, Ebene B, Organisationsgenerisch
 Kommunikation auf Organisationsebene über das Testen ist wenig sinnvoll, wenn jeder Testprozeß nach einem anderen Konzept stattfindet. Eine generische Methodik ist daher Voraussetzung.

Optimierungsvorschläge

- Ernennen Sie jemanden aus der für das Testen verantwortlichen Linienabteilung als Organisator für die (periodischen) Besprechungen.
- Stellen Sie eine feste Agenda auf, mit Aktionspunkten usw.
- Beziehen Sie die Tester der verschiedenen Teststufen in die Besprechungen mit ein (auch die Vertreter der Low-Level-Tests).
- Beziehen Sie die Entwickler ad hoc in die Besprechungen mit ein.
- Überwachen Sie die korrekte Bearbeitung von Hinweisen und Verbesserungsvorschlägen aus den verschiedenen Testprozessen. Es ist nicht schlimm, wenn ein Vorschlag nicht angenommen wird, wohl jedoch, wenn nie mehr darauf zurückgekommen wird.
- Sorgen Sie insbesondere am Anfang dafür, daß bereits einige Verbesserungsvorschläge besprochen werden und daß der Fortschritt bei laufenden Verbesserungen angegeben werden kann.
- Wenn gleichzeitig »Software Process Improvement«-Initiativen durchgeführt werden, empfiehlt es sich, einen dort beteiligten Mitarbeiter davon bei den Projektbesprechungen mit einzubeziehen, so daß beide Optimierungsaktivitäten weiterhin parallel verlaufen.

7.15 Kernbereich: Berichterstattung

Testen beschäftigt sich nicht nur mit dem Finden von Abweichungen, sondern hat auch zum Ziel, Einblick in die Qualität des Produkts zu erhalten. Daher ist die Berichterstattung das wesentlichste Produkt des Testprozesses. Sie sollte fundierte Ratschläge an den Auftraggeber zum Produkt und sogar zum Systementwicklungsverfahren enthalten.

7.15.1 Berichterstattung, Ebene A: Aufdecken der Abweichungen

Beschreibung

Die erste Ebene beinhaltet, daß eine Berichterstattung überhaupt vorliegt. In dieser Berichterstattung werden zumindest die Anzahl der gemachten und die Anzahl der noch offenstehenden Abweichungen angegeben. Das vermittelt einen ersten Eindruck der Qualität des zu testenden Systems. Wichtig ist außerdem eine periodische Berichterstattung, da das Projekt nach einem (ausschließlichen) Abschlußbericht nicht mehr geändert werden kann.

Kontrollpunkte

- Die gefundene Abweichungen werden periodisch festgehalten, getrennt nach gelösten und noch offenstehenden Abweichungen.

Abhängigkeiten

- Keine

Optimierungsvorschläge

- Dokumentieren Sie allgemein, wie viele Abweichungen in etwa aufgedeckt worden sind, ungeachtet der Tatsache, ob sie gelöst wurden oder nicht.
- Dokumentieren Sie die noch offenstehenden Abweichungen. Dabei handelt es sich sowohl um die Abweichungen, die noch gelöst werden, als auch um solche, die nicht gelöst werden, auch wenn sie berechtigt sind (diese bezeichnet man mit »known errors« – bekannte Fehler).
- Sorgen Sie dafür, daß die Behebung der Abweichungen in ein schlüssiges verwaltungsmäßiges Verfahren eingegliedert wird. Eine Anforderung an dieses Verfahren ist, daß es nicht allzuviel Zeit kosten darf, die oben genannte Berichterstattung aufzustellen.

7.15.2 Berichterstattung, Ebene B: Fortschritt einschließlich Prioritätenzuweisung und Berichterstattung über Zeitaufwand und Testfortschritt

Beschreibung

Die Testberichterstattung beinhaltet zusätzliche Informationen in Form der geplanten, der bislang verwendeten und der noch erforderlichen Budgets und Durchlaufzeiten. Diese Informationen sind relevant, da der Auftraggeber dadurch einen besseren Überblick über die Kosten des Testens und die Durchführbarkeit der (Gesamt-)Planung erhält. Zudem wird die Berichterstattung der Abweichungen mit Schweregradkategorien Kategorien entsprechend ihrer Bedeutung (Schweregradkategorien) versehen. Zehn »kosmetische« Fehler sind wahrscheinlich weniger schwerwiegend als ein produktionsblockierender Fehler. Das erhöht den Überblick über die Qualität des getesteten Systems.

Kontrollpunkte

- Die Abweichungen werden festgehalten und nach klaren und objektiven Richtlinien in Schweregradkategorien eingeteilt.
- Der Fortschritt einer jeden Testaktivität wird periodisch und schriftlich dokumentiert, u.a.: Durchlaufzeit, aufgewandte Stunden, was ist spezifiziert, was ist getestet, was ist dabei korrekt und was nicht korrekt verlaufen, und was muß noch getestet werden.

Abhängigkeiten

- Testprozeßmanagement, Ebene B, Planung, Durchführung, Überwachung und Anpassung
- Einsatz des Phasenmodells, Ebene A, Hauptphasen Planung, Spezifikation und Durchführung
  Um den Fortschritt schriftlich festhalten zu können, muß dieser bekannt sein. Das bedeutet, daß der Testprozeß verwaltet werden muß.
- Dokumentation der Abweichungen, Ebene A, interne Dokumentation der Abweichungen
  Voraussetzung für eine Berichterstattung über die gefundenen Abweichungen bedeutet, daß die Fehler intern gut verwaltet werden müssen.

Optimierungsvorschläge

- Machen Sie im Projekt klar, daß allein die Tatsache, daß keine offenstehenden Abweichungen mehr vorhanden sind, nicht heißt, daß nach Beendigung des Tests eine positive Empfehlung formuliert werden kann. Beispiel: Es wurde ein Fehler in Funktion A gefunden, der möglicherweise einen strukturellen Charakter trägt und ebenfalls in den Funktionen B bis Z enthalten ist. Wenn der Fehler in Funktion A behoben wurde, sagt das nichts über die Möglichkeit aus, daß sich der Fehler noch in den Funktionen B bis Z befindet. Die Empfehlung könnte lauten, zunächst diese Funktionen noch einmal zu testen, bevor das System freigegeben wird.
- Konzentrieren Sie sich auf die wichtigsten Abweichungen.
- Bei einer Berichterstattung über den Fortschritt wird sichtbar, was das Testen bringt und wieviel Zeit jede Aktivität etwa kostet. Das vergrößert den Überblick und das gegenseitige Verständnis.
- Auftraggebern oder Projektmanagern muß Einblick in den Fortschritt des Testprozesses vermittelt werden. Dazu ist es wichtig, auf der Ebene der Produkte des Testprozesses über den Fortschritt berichten zu können. Es ist daher empfehlenswert, die Erfassung und Berichterstattung je Teststufe und Testeinheit zu erweitern.
- Bei der Erfassung des Fortschritts kann man zwischen *Management & Unterstützung* und *primären Aktivitäten* unterscheiden. Aus Gründen der Effizienz empfiehlt es sich, nicht jede kleinste Aktivität explizit festzuhalten. Der Nutzen muß (selbstverständlich

im Einvernehmen mit dem Auftraggeber) von Zeit zu Zeit neu betrachtet werden. Management und Unterstützung von Aktivitäten können beispielsweise nur gesondert verwaltet werden, wenn der Umfang der Aktivität signifikant ist (> 1 Tag pro Woche).

- Es muß ein (eventuell automatisiertes) Verfahren für die Erfassung und Verwaltung der zu verwaltenden Daten und Produkte vorliegen.
- In den meisten Fällen wird für die Überwachung und Überprüfung der aufgewandten Stunden ein *Stundenerfassungssystem* benutzt. Das System muß mit Budgets je Aktivität/Produkt ergänzt werden. Anschließend muß das Testpersonal wöchentlich über die Ausgaben berichten.
- Meistens sind die hier genannten Verfahren und Hilfsmittel auf Projekt- bzw. Organisationsebene vorhanden. Verwenden Sie sie!
- Wichtig ist, von Beginn des Testprozesses an, also ab dem Zeitpunkt, zu dem der Testplan festgelegt ist, dem Auftraggeber periodisch Bericht zu erstatten. Während der Phasen Vorbereitung und Spezifikation neigt das Management im Zusammenhang mit dem Testen zur Gleichgültigkeit. Erst bei der Testdurchführung, wenn das Testen sich auf dem kritischen Pfad befindet, ist man am Fortschritt interessiert. In allen Phasen des Testprozesses werden jedoch Trends entdeckt, die interessant oder kostendämpfend sind, und wir wissen: Je früher, desto besser!
- Denken Sie daran, daß zu jedem Zeitpunkt außerhalb der regulären Berichterstattung ein Bericht über die Qualität angefordert werden kann. Anlässe können beispielsweise sein:
  – Das Erreichen eines Meilensteindatums im Projekt
  – Abschluß eines System- oder des Abnahmetests bei einem Teil- oder beim gesamten System
  – Lenkungsgruppen- oder Managementversammlung
  – Anfragen der internen Rechnungsabteilung

7.15.3 Berichterstattung, Ebene C: Risiken und Empfehlungen anhand von Metriken

Beschreibung

Die Risiken werden soweit wie möglich mit Trendanalysen von Metriken (Budgets, Zeit und Qualität (Abweichungen)) im Zusammenhang mit dem getesteten Objekt oder seinen Elementen belegt. Bei Risiken kann es sich um das Verstreichen der Frist handeln, zu der das Objekt eingesetzt werden soll, oder um eine unzureichende Qualität des getesteten Objekts. Für die festgestellten Risiken werden Empfehlungen formuliert, die insbesondere auf die Aktivitäten des Testens zielen. Man denke bei solchen Empfehlungen beispielsweise an die Durchführung eines vollständigen Regressionstests von Teilsystem A und eines beschränkten Regressionstests für Teilsystem B. Der große Vorteil ist, daß eine solche Berichterstattung den Auftraggeber in die Lage versetzt, rechtzeitig entsprechende Maßnahmen zu treffen. Die Untermauerung mit Trendanalysen liefert dem Auftraggeber die entsprechenden Argumente, um die (häufig kostenträchtigen) Maßnahmen zu treffen.

Kontrollpunkte

- Über das Testobjekt wird ein Qualitätsurteil abgegeben. Dieses Urteil gründet sich auf die Akzeptanzkriterien – falls vorhanden – und wird auf die Teststrategie bezogen.
- Mögliche Trends im Zusammenhang mit dem Fortschritt und der Qualität werden angegeben.
- Der Bericht enthält Aussagen zu Risiken für die Betriebsführung sowie Empfehlungen.
- Grundlage des Qualitätsurteils sowie der festgestellten Trends sind Statistiken (anhand der Dokumentation der Abweichungen und der Fortschrittsüberwachung).

Abhängigkeiten

- Metriken, Ebene A, Projektmetriken (über Produkt)
- Dokumentation der Abweichungen, Ebene B, umfangreiche Dokumentation der Abweichungen mit flexiblen Berichterstattungsmöglichkeiten
  Die für die Berichterstattung erforderliche Untermauerung mit Metriken erfordert mindestens diese Ebenen.
- Teststrategie, Ebene A, Strategie für einzelnen High-Level-Test
- Test-Spezifikationstechniken, Ebene B, formale Techniken
  Zur Formulierung eines fundierten Urteils über das zu testende System sind Informationen über die Risiken notwendig. Zudem muß die Teststrategie auf diesen Risiken basieren.

Optimierungsvorschläge

- Nehmen Sie die gewählte Teststrategie als Ausgangspunkt. Wurde davon abgewichen? War diese Strategie bereits »dünn«? Ist der Regressionstest eigentlich strukturiert verlaufen? Wie groß ist die Wahrscheinlichkeit einer Regression?
  Stellen Sie diese Fragen bei jedem zu testenden Qualitätsmerkmal. Versuchen Sie, durch diese Antworten eine Einschätzung der Risiken vorzunehmen, und schlagen Sie Maßnahmen vor.
- Untermauern Sie die wichtigsten Schlußfolgerungen soviel wie möglich mit Tatsachen, d.h. mit Metriken aus der Fortschrittsüberwachung und Dokumentation der Abweichungen.
- Ein Testmanager muß in der Lage sein, innerhalb von 24 Stunden einen Bericht zu erstellen, in dem folgende Aspekte berücksichtigt werden:
  - Was wurde von dem getestet, was im Testplan festgelegt ist?
  - Was muß noch getestet werden?
  - Welches sind die Trends und Statistiken im Zusammenhang mit der Qualität des Testobjekts?
  - Empfehlung über eventuelle Alternativen wie Aufschub, Bereitstellen von weniger Funktionalität, Regressionstests.

- Einige Hinweise im Zusammenhang mit dem Aufstellen eines Testberichts:
  - Berichten Sie immer korrekt und vollständig, es nützt niemandem, wenn die Angelegenheiten schöner dargestellt werden, als sie in Wirklichkeit sind.
  - Versuchen Sie, einen Bericht über die Risiken zu erstellen, bei denen sich der Auftraggeber betroffen fühlt, nicht nur einen Bericht mit mengenmäßigen Angaben zu den Abweichungen.
  - Beziehen Sie die Berichterstattungen auf die Testbasis.
  - Beantworten Sie Fragen wie »Kann produziert werden?« oder »Kann akzeptiert werden?« niemals mit »Nein!«, sondern immer mit »Ja, unter der Voraussetzung, daß...«.

Ein **Beispiel** für das Inhaltsverzeichnis eines Fortschrittsberichts:
1 Einleitung
2 Vereinbarungen
3 Ausgeführte Aktivitäten
　3.1 Fortschrittsübersicht
　3.2 Trends, Anmerkungen und Empfehlungen zum Fortschritt
4 Qualität
　4.1 Qualitätshinweise
　4.2 Trends, Anmerkungen und Empfehlungen über die Qualität
5 Engpässe und Diskussionspunkte
6 Aktivitäten im kommenden Zeitraum

Das Inhaltsverzeichnis eines Abschlußberichts ist mehr oder weniger das gleiche wie bei einem Fortschrittsbericht:
1 (Zusammenfassung für das Management)
2 Einleitung
3 Vereinbarungen
4 Bewertung Testobjekt
　4.1 Allgemein
　4.2 Freigabeempfehlung
5 Bewertung Testprozeß
　5.1 Allgemein
　5.2 Empfehlungen für künftige (Test-)Projekte
6 Ausgeführte Aktivitäten
　6.1 Fortschrittsübersicht
　6.2 Trends, Anmerkungen und Empfehlungen über den Fortschritt
7 Qualität
　7.1 Qualitätshinweise
　7.2 Trends, Anmerkungen und Empfehlungen über die Qualität

7.15.4 Berichterstattung, Ebene D: Empfehlungen haben einen »Software Process Improvement«-Charakter

Beschreibung

Bei dieser Form der Berichterstattung richten sich die Empfehlungen nicht mehr ausschließlich auf Testaktivitäten, sondern auch auf Aktivitäten außerhalb des Testens bzw. auf den gesamten Systementwicklungsprozeß. Man denke in diesem Rahmen an Empfehlungen, das Fachkonzept (zusätzlich) zu überprüfen, eine Versionsverwaltung einzurichten oder in der Projektplanung die erforderliche Zeit für die Übertragung der Software zu berücksichtigen. Mit dieser Form der Berichterstattung zielt das Testen etwas mehr auf die Verbesserung des Prozesses als auf die des Produkts sowie auf die Vermeidung von Fehlern (oder auf jeden Fall darauf, Fehler so früh wie möglich zu finden).

Kontrollpunkte

- Empfehlungen werden nicht nur auf dem Testgebiet formuliert, sondern auch im Bereich anderer Projektelemente.

Abhängigkeiten

- Teststrategie, Ebene C, Strategie für High-Level-Tests sowie Low-Level-Tests oder Prüfungsstufen
  Um Empfehlungen zu anderen Projektelementen formulieren zu können, ist es wichtig, daß alle Testprozesse eine konsistente Gesamtheit bilden und gut aufeinander abgestimmt sind. Die Empfehlungen sind erst dann wertvoll, wenn sie vor dem Hintergrund ausreichender Informationen in den gesamten Testprozeß formuliert werden (die Empfehlungen müssen »testübergreifend« sein).

- Engagement und Motivation, Ebene C, Test-Engineering wird akzeptiert
  Außerdem muß die Organisation ein hohes Maß an Engagement für den Testprozeß aufweisen, um die Testempfehlungen für andere Projektelemente »ernstzunehmen«.

Optimierungsvorschläge

- Fangen Sie klein an, mit Empfehlungen, die nur für das Projekt gelten.

- Beziehen Sie in einer späteren Phase die Linienabteilung mit ein, weil Software Process Improvement projektübergreifend ist (u.a. auch die Wartung).

- Sorgen Sie dafür, daß die Linienabteilung die Empfehlungen und Maßnahmen koordiniert und überwacht.

7.16 Kernbereich: Dokumentation der Abweichungen

Obwohl die Dokumentation der Abweichungen eher eine projektinterne und weniger eine spezifische Angelegenheit der Tester ist, sind Tester sehr eng an diesem Aspekt beteiligt. Eine gute Dokumentation muß den Lebenszyklus einer Abweichung überwachen können und außerdem entsprechende (statistische) Übersichten vermitteln können. Diese Übersichten werden u.a. zur Formulierung fundierte Qualitätsaussagen eingesetzt.

7.16.1 Dokumentation der Abweichungen, Ebene A: Interne Dokumentation der Abweichungen

Beschreibung

Die Speicherung der Abweichungen in einer Dokumentation hilft einerseits, eine gute verwaltungsmäßige Bearbeitung und Überwachung zu ermöglichen und andererseits stellt sie eine Informationsquelle zur Qualität des Systems dar. Die Bearbeitung und Überwachung ist wichtig, denn nur so kann vermieden werden, daß Abweichungen unkorrigiert bleiben, ohne daß die richtigen Personen darüber entschieden haben. Das bedeutet beispielsweise, daß ein Entwickler niemals eine Abweichung als unberechtigt beiseite legen darf, ohne daß jemand sie noch einmal überprüft.

Um einen Eindruck von der Qualität eines Systems zu bekommen, ist es nicht nur interessant zu wissen, daß sich keine offenstehenden Abweichungen mehr darin befinden, sondern auch, wie viele Abweichungen insgesamt gemacht wurden und um welche Abweichungen es sich dabei handelte.

Kontrollpunkte

- Die unterschiedlichen Stadien der Lebenszyklen der Abweichungen werden verwaltet (bis zum Regressionstest).
- Folgende Aspekte der Abweichung werden festgelegt:
  - Eindeutige Nummer
  - Mitarbeiter
  - Datum
  - Schweregrad
  - Problembeschreibung
  - Statusangabe

Abhängigkeiten

- Keine

Optimierungsvorschläge

- Das Führen einer solchen Verwaltung kann meistens mit einem Spreadsheet- oder Textverarbeitungsprogramm erfolgen, es sei denn, daß:
  - eine sehr hohe Anzahl an Abweichungen erwartet wird (beispielsweise bei einem umfangreichen Projekt) bzw.
  - umfangreiche Berichterstattungmöglichkeiten gewünscht werden (siehe auch nächste Ebene).

  Für diese Fälle ist es besser, ein spezifisches Tool für die Dokumentation der Abweichungen einzusetzen.

- Führen Sie die Aufgabe des Vermittlers im Testteam oder Projekt ein. Diese Aufgabe soll die Abweichungsfindung und deren Lösungen adäquat kanalisieren. Der Vermittler unterhält dazu die externen Kontakte auf Ausführungsebene. Der Vermittler fungiert als Mittelsmann zwischen Fehlern auf der einen Seite und deren Lösungen auf der anderen. Vorteile dabei sind, daß die Qualität der Abweichungsfindung und der Lösungen besser überwacht und daß die Kommunikation gestrafft wird.
- Ein Basisverfahren für die Abweichungsbehandlung ist in Abbildung 7.2 dargestellt:

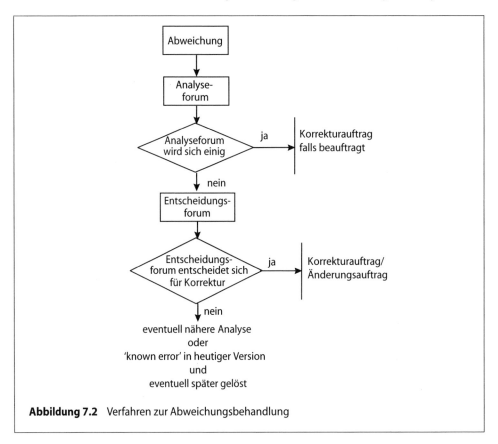

Abbildung 7.2 Verfahren zur Abweichungsbehandlung

Das Analyseforum ist eine Arbeitsplattform, an der u.a. Vertreter von Testern, Sachverständigen und Entwicklern teilnehmen. In diesen Besprechungen werden Entscheidungen über die Behandlung der Abweichungen getroffen. Wird man sich dabei nicht einig, oder hat eine Abweichung zu große Auswirkungen, greift man auf ein Entscheidungsforum zurück. In diesem Forum befinden sich Projektleiter und möglicherweise sogar Auftraggeber.

- Bevor ein Abweichung einem solchen Verfahren unterzogen wird, sollte zunächst ermittelt werden, ob die Ursache für die Abweichung nicht intern liegt, also innerhalb des Testprozesses. Interne Fehler sind beispielsweise:
  - Testspezifikationsfehler
  - Testumgebungsfehler
  - Durchführungsfehler
  - Beurteilungsfehler

  Externe Fehlerquellen sind beispielsweise:
  - Testbasis (Spezifikationen, Anforderungen)
  - Testobjekt (Software, Dokumentation),
  - Testumgebung und Test-Tools (ein Fehler in der Testumgebung kann also sowohl ein interner Testfehler als auch ein Fehler außerhalb des Tests sein)

- Der Einsatz von Kategorien anstatt von freiem Text zur Erfassung beispielsweise der Fehlerursache, der Schwere des Fehlers und des Status vereinfacht spätere Analysen und Sortierungen in erheblichem Maße.

7.16.2 Dokumentation der Abweichungen, Ebene B: Umfangreiche Dokumentation der Abweichungen mit flexiblen Berichterstattungsmöglichkeiten

Beschreibung

Von den Abweichungen werden verschiedene Daten festgehalten, die für eine gute Bearbeitung relevant sind. Auf diese Weise ist sowohl bei der Lösung als auch beim Regressionstesten deutlich, auf welchen Teil der Testbasis oder des Testobjekts sich die Abweichung bezieht und bei welchem Testfall die Abweichung derzeit aufgedeckt wurde. Durch umfangreiche Berichterstattungsmöglichkeiten können zusätzliche Informationen gesammelt werden, die dabei helfen, Trends so früh wie möglich zu signalisieren. Mögliche Trends sind beispielsweise die Feststellung, daß sich ein Großteil der Abweichungen auf einen Teil der Funktionsbeschreibungen bezieht oder daß die Abweichungen sich hauptsächlich auf die Bildschirmbearbeitung konzentrieren. Diese Informationen können wiederum dazu verwendet werden, rechtzeitig einzugreifen und entsprechende Maßnahmen zu treffen.

Kontrollpunkte

- Für die späteren Trendanalysen werden die Daten der Abweichung umfassend festgelegt:
  - Testfall
  - Test
  - Teilsystem
  - Priorität (testblockierend J/N)
  - Software + Version
  - Testbasis + Version
  - Ursache (vermutlich + definitiv)

- Alle Statusübergänge der Abweichungen, einschließlich Daten
- Beschreibung der Problemlösung
- (Version von) Testobjekt, in der die Fehler beseitigt sind
- Problemlöser

- Die Verwaltung eignet sich für umfassende Berichterstattungsmöglichkeiten; Übersichten können auf unterschiedliche Weise ausgewählt und sortiert werden.
- Eine Person ist dafür zuständig, daß die Dokumentation der Abweichungen korrekt und konsequent durchgeführt wird.

Abhängigkeiten

- Keine

Optimierungsvorschläge

- Für eine solche Dokumentation der Abweichungen ist meistens eine automatisierte Unterstützung erforderlich (selbst entwickelt oder als Produkt erworben).
- Geben Sie die Bedeutung einer Priorisierung der Abweichungen an, um Diskussionen zu vereinfachen, Verfahren schneller ablaufen zu lassen und mehr Einblick in die Testergebnisse zu erhalten. Besondere Aufmerksamkeit ist hier einer raschen Bearbeitung der Abweichungen zu schenken, die den Testfortschritt blockieren.

7.16.3 Dokumentation der Abweichungen, Ebene C: Dokumentation der Abweichungen wird im gesamten Projekt eingesetzt

Beschreibung

Eine einzige Dokumentation der Abweichungen für das gesamte Projekt bietet große Vorteile. Alle bei der Systementwicklung beteiligten Parteien, also u.a. die Entwickler, Anwender, Tester, Qualitätssicherungsmanager, können sowohl ihre gefundenen Abweichungen als auch eventuelle Lösungen an diese Verwaltung weiterleiten. Die Kommunikation über die Bearbeitung der Abweichungen wird damit stark vereinfacht. Des weiteren ist eine zentrale Verwaltung eine zusätzliche Quelle von Informationen. Aufmerksamkeit erfordert hierbei die Autorisierung: Es darf nicht möglich sein, Abweichungen unerwünscht anzupassen oder zu löschen.

Kontrollpunkte

- Die Dokumentation der Abweichungen wird in das Projekt integriert. Die Abweichungen stammen aus verschiedenen Bereichen; diejenigen, die die Fehler beheben, leiten ihre Lösungen selbst an die Verwaltung weiter usw.
- Mit Hilfe von Autorisierungen wird gewährleistet, daß jeder Anwender einzig und allein jene Aktivitäten ausführen kann, die ihm erlaubt sind.

Abhängigkeiten

- Keine

Optimierungsvorschläge

- Die optimale Regelung von Autorisierungen (oder sehr guten Verfahren) ist hier wichtig, da andernfalls nicht genügend Sicherheit besteht, daß die Abweichungen gut überwacht werden können.
- Eine zu eingeschränkte Dokumentation der Abweichungen reicht nicht aus, um im gesamten Projekt eingesetzt zu werden. Wenn die Dokumentation der Abweichungen jedoch größtenteils (also nicht ganz!) Ebene B entspricht, kann es sinnvoll sein, die Dokumentation der Abweichungen im gesamten Projekt einzusetzen.

7.17 Kernbereich: Testware-Management

Da es möglich sein muß, Testprodukte zu warten und zu übertragen, müssen sie verwaltet werden. Außer den Testprodukten selbst, wie Testplänen, -spezifikationen und -dateien, müssen auch die Produkte vorheriger Vorgänge wie Entwurf und Entwicklung gut verwaltet werden, da der Testprozeß u.a. durch die Anwendung falscher Programmversionen schwer gestört werden kann. Wenn die Tester entsprechende Anforderungen an die Verwaltung stellen, wirkt sich dies positiv aus und die Testbarkeit der Produkte wird erhöht.

7.17.1 Testware-Management, Ebene A: Internes Testware-Management

Beschreibung

Eine (gute) (Versions-)Verwaltung der internen Testware, beispielsweise der Testspezifikationen, -dateien und -datenbanken ist erforderlich, um die (Regressions-)Tests schnell durchführen zu können. Es kostet dann nicht so viel Zeit, um kurz vor der Testdurchführung zu ermitteln, was genau getestet werden muß und was wozu gehört. Außerdem werden Änderungen in der Testbasis zur Folge haben, daß auch Testfälle angepaßt werden müssen. Um herauszufinden, um welche Testfälle es sich handelt, ist die Beziehung zwischen Testbasis und Testfällen sehr wichtig.

Kontrollpunkte

- Die Testware (Testfälle, Ausgangsdatenbanken usw.), Testbasis, Testobjekt, Testdokumentation und Testvorschriften werden intern nach einem vorgeschriebenen Verfahren mit den entsprechenden Schritten für die Anlieferung, Erfassung, Archivierung und Benutzung verwaltet.
- Das Management umfaßt die Beziehungen zwischen den verschiedenen Elementen (u.a. Testbasis, Testobjekt, Testware).

- Die Übergabe an das Testteam findet nach einem festgelegten Verfahren statt. Der Inhalt der Übergabe muß bekannt sein: Welche Teile und Versionen des Testobjekts betrifft es, welche (Version der) Testbasis, gelöste Fehler, noch offenstehende Fehler, einschließlich der noch ungelösten Fehler des Entwicklers.

Abhängigkeiten

- Keine

Optimierungsvorschläge

- Betrauen Sie jemanden mit der Aufgabe des Testware-Managements. Setzen Sie dazu vorzugsweise nicht den Testmanager ein, da dieser der »Auftraggeber« ist.
- Legen Sie das Verfahren für das Management fest, und erläutern Sie dieses. Das folgende Beispiel verdeutlicht die Basisschritte:

Beispiel

Die vier Schritte des Testware-Management-Verfahrens:

Anlieferung

Die zu verwaltenden Produkte werden vom Tester an den Testware-Manager geliefert. Die Produkte sind komplett anzuliefern (u.a. mit Datum- und Versionsangabe versehen). Der Manager überprüft auf Vollständigkeit. Produkte in elektronischer Form müssen mit einer festen Bezeichnung geliefert werden, in der ebenfalls die Versionsnummer enthalten ist.

Erfassung

Der Testware-Manager erfaßt die gelieferten Produkte in seiner Verwaltung u.a. anhand des Namens des Zulieferers, der Produktbezeichnung, des Datums und der Versionsnummer.

Bei der Erfassung der geänderten Produkte muß der Manager darauf achten, daß die Konsistenz zwischen den verschiedenen Produkten gewährleistet bleibt.

Archivierung

Es wird zwischen neuen und geänderten Produkten unterschieden. Im allgemeinen kann man sagen, daß dem Archiv neue Produkte hinzugefügt werden und geänderte Produkte die vorige Version ersetzen.

Benutzung

Die Ausgabe von Produkten an Projektteam-Mitglieder oder Dritte erfolgt anhand einer Kopie der angeforderten Produkte. Der Manager erfaßt, welche Version der Produkte an wen ausgehändigt wurde und wann.

- Sorgen Sie für Gedächtnisstützen, beispielsweise in Form von Fragen oder Eingaberubriken in Testware-Schablonen.
- Untersuchen Sie die Möglichkeiten, um Versionsverwaltungs-Tools einzusetzen.
- Nachfolgend finden Sie eine umfangreichere Beschreibung von Produkten, die unter die Testware fallen können:
  - *Logische Testspezifikationen*
    Die logischen Spezifikationen beinhalten die logische Beschreibung der Testfälle.
  - *Konkrete Testspezifikationen*
    Die logischen Testfälle werden auf meßbare (durchführbare und kontrollierbare) Testfälle übertragen. Diese werden als konkrete Testfälle bezeichnet und bilden die Testskripte.
  - *Testablauf*
    Eine Sammlung von Testskripten, bei denen die Reihenfolge der auszuführenden Tests angegeben wird.
  - *Testeingabedateien*
    In den auf der Grundlage der Testskripte oder des Testablaufs erstellten Testeingabedateien muß folgendes kurz beschrieben werden:
    - Ziel
    - Die »konkrete« Bezeichnung
    - Herstellungsdatum
    - Kurze Beschreibung des Inhalts
    - Dateiart und andere relevante Merkmale
    - Hinweis auf die Testskripte oder den Testablauf
  - *Testausgabe*
    Die freizugebende Ausgabe kann aus einer Druckausgabe bestehen oder aus »Hardcopies« von Bildschirmen, Druckdateien und Ausgabedateien. Der Tester liefert nach dem Abschluß des Tests die hergestellte Ausgabe an den Verwalter. Die freizugebende Testdokumentation der Ausgabe beinhaltet:
    - Die »konkrete« Bezeichnung
    - Herstellungsdatum
    - Kurze Beschreibung des Inhalts
    - Dateiart und andere relevante Merkmale
    - Hinweis auf den Testablauf
  - *Basisdokumentation*
    Eine Beschreibung der Testumgebung, Test-Tools, Testorganisation und Ausgangsdatenbanken
  - *Test-Spezifikationsdossier*
    Das Test-Spezifikationsdossier besteht aus:
    - Logischen Testspezifikationen
    - Konkrete Testspezifikationen und Testskripten
    - Beschreibung der Eingabedateien
    - Beschreibung der Ausgabedateien
    - Testablauf

- *Test-Durchführungsdossier*
  Das Test-Durchführungsdossier besteht aus:
  - Beschreibung der Testinfrastruktur
  - Beschreibung der Test-Tools
  - Testergebnisse und Berichte
  - Informationen über Abweichungen und Änderungen
  - Übertragung und Versionsdokumentation

7.17.2 Testware-Management, Ebene B: Externes Management von Testbasis und Testobjekt

Beschreibung

Ein gutes Management der Testbasis und des Testobjekts liegt in der Verantwortung des Projektes. Wenn das Verwalten der Testbasis und des Testobjekts gut geregelt ist, kann das Testen problemlos eine Aussage über die Qualität des Systems formulieren. Ein großes Risiko bei einem unzureichenden Management besteht beispielsweise darin, daß eine andere Version der Software als die getestete eingesetzt wird.

Kontrollpunkte

- Die Testbasis und das Testobjekt (meistens Entwurf und Software) werden vom Projekt nach einem vorgeschriebenen Verfahren mit den entsprechenden Schritten für die Anlieferung, Erfassung, Archivierung und Benutzung verwaltet.
- Das Management umfaßt die Beziehungen zwischen den verschiedenen Elementen (Testbasis, Testobjekt).
- Das Testteam wird rechtzeitig über Änderungen in der Testbasis oder im Testobjekt informiert.

Abhängigkeiten

- Keine

Optimierungsvorschläge

- Versuchen Sie, einige Beispiele dazu zu sammeln, was infolge einer unvorschriftsmäßigen (externen) Versionsverwaltung falsch gelaufen ist. Verwenden Sie diese Beispiele, um innerhalb des Projekts sowie dem Management klarzumachen, wie wichtig eine Versionsverwaltung ist, sowohl vom Standpunkt des Tests als auch von dem des Projekts aus.
- Wenn die Versionsverwaltung unzureichend geregelt ist, weisen Sie dann in den Testempfehlungen folgendermaßen auf die Risiken hin: »Das System, das wir getestet haben, weist eine gute Qualität auf; wir haben aber keine Sicherheit darüber, daß es sich hierbei um die Version handelt, die in Produktion genommen werden soll, oder ob es

sich um die Version handelt, die der Auftraggeber zu erhalten erwartet.« Geben Sie außerdem an, wie schwierig der Testprozeß infolge einer unzureichenden Versionsverwaltung war, da viel Ermittlungsarbeiten erforderlich waren bzw. viele unnötige Abweichungen gefunden wurden, verursacht durch falsche Versionszusammenstellung.

- Sorgen Sie für eine gute Kommunikation mit den Projektmitarbeitern und dem Entwickler.
- Schaffen Sie sich einen Überblick darüber, auf welche Weise die externe Verwaltung geregelt ist bzw. geregelt sein sollte (»Schubladendenken« ist häufig die Ursache für eine schlechte Versionsverwaltung: Jede Abteilung oder Gruppe hat die Versionsverwaltung der relevanten Komponenten zwar für sich selbst gut geregelt, jedoch wird der Zusammenhang zwischen den verschiedenen Komponenten unzureichend verwaltet).
- Durchleuchten Sie erforderlichenfalls den Prozeß für die Versionsverwaltung des Projekts, und formulieren Sie Empfehlungen.

7.17.3 Testware-Management, Ebene C: Übertragbare Testware

Beschreibung

Indem die Testware wiederverwendbar gemacht wird, vermeidet man, daß die arbeitsintensive Spezifizierung von Testfällen in einer nächsten Projekt- oder Wartungsphase erneut stattfinden muß. Obgleich das sehr logisch klingt, stellt sich in der Praxis häufig heraus, daß es in der Streßperiode kurz vor Auslieferung oftmals nicht gelingt, die Testware aktuell zu halten, und daß es nach Beendigung des Testes meist nicht mehr erfolgt. Es ist jedoch fast unmöglich, die unvollständige und nicht aktualisierte Testware eines anderen wiederzuverwenden. Da die Wartung meistens nur einen beschränkten Teil der Testware wiederverwenden wird, empfiehlt es sich, diesen Teil sorgfältig zu übertragen. Gute Vereinbarungen beispielsweise, welche Testware vollständig und aktualisiert übertragen werden muß, helfen erheblich bei der Vermeidung einer erneuten Spezifizierung.

Kontrollpunkte

- Die Testprodukte (oder eine vorher vereinbarte Auswahl davon) werden nach Beendigung des Testes vervollständigt (= vollständig und aktualisiert) und an die Wartung übertragen; anschließend wird die Übertragung formal bestätigt.
- Die übertragenen Testprodukte werden tatsächlich wiederverwendet.

Abhängigkeiten

- Test-Spezifikationstechniken, Ebene B, formale Techniken
  Um Testware übertragbar zu machen, muß die Arbeitsweise (wie die Testware zustande gekommen ist) für jeden verständlich sein. Das bedeutet, daß bestimmte Techniken angewandt werden müssen.

Optimierungsvorschläge

- Sorgen Sie für eine gute Kommunikation mit der gegenwärtigen Wartungsorganisation (oder mit den Teilnehmern des nächsten Projekts).
- Das Wartungspersonal muß tatsächlich mit der übertragenen Testware testen. Möglicherweise können Tester aus dem aktuellen Testteam für kurze Zeit an die Wartungsorganisation »ausgeliehen« werden, um die Wiederverwendung der Testware zu vereinfachen und zu gewährleisten. Außerdem muß das Wartungspersonal entsprechende Kenntnisse zu den eingesetzten Testtechniken haben oder sich aneignen.
- Das Problem bei der Aktualisierung der Testware besteht vor allem darin, daß relativ kleine Änderungen in der Testbasis große Folgen für die Testware haben können. Wenn das Fachkonzept in zehn Minuten angepaßt ist und der Programmierer die Änderungen innerhalb von zwei Stunden codiert, ist es dann annehmbar, daß das eigentliche Testen der Änderung vier Stunden dauert, daß jedoch 20 Stunden dazu nötig sind, um die Testware anzupassen? Eine mögliche Lösung für dieses Dilemma ist die Einschränkung der Testware-Menge, die jederzeit vollständig und aktuell sein muß. Diese Einschränkung ist von folgenden Erwartungen abhängig:
  – Wie häufig muß die jeweilige Testware noch (wieder) verwendet werden?
  – Wie lange dauert eine Aktualisierung jedesmal im Vergleich zur Zeit, die für eine Neuspezifizierung der Testfälle benötigt wird?
  Es ist von wesentlicher Bedeutung, hierzu gute Vereinbarungen zu treffen.

Beispiel

Bei einem sehr umfangreichen Testprojekt für ein Ministerium stellt sich heraus, daß in den Wirren nach einer Freigabe des neuen Systems regelmäßig nur die Testware angepaßt wurde, die zum Testen einer Änderung eingesetzt wurde. Verschiedene Teile der Testware wurden nicht an die ständig anfallenden Funktionsänderungen angepaßt.

Eine Gesamtüberarbeitung wird auf 1200 Stunden veranschlagt. Erwartet wird, daß nur ein Teil der Testware wiederverwendet werden wird. Da jedoch noch nicht vorhersehbar ist, um welchen Teil der Testware es sich hierbei handeln wird, muß sich faktisch die gesamte Testware auf dem neuesten Stand befinden. Als (Kompromiß-)Lösung entscheidet man sich dafür, nur die logische Ebene der Testfälle zu aktualisieren. Diese Aktivität wird auf 400 Stunden veranschlagt. Wenn ein bestimmter Teil der Testware wiederverwendet wird, muß nur die niedrigste und detaillierteste Ebene der jeweiligen Testfälle angepaßt oder erneut spezifiziert werden. Das wird als Mittelweg zwischen einer Gesamtüberarbeitung und einer jeweils vollständigen Neuspezifizierung der Testfälle betrachtet.

7.17.4 Testware-Management, Ebene D: Rückverfolgbarkeit von Systemanforderungen bis Testfälle

Beschreibung

Die Produkte der verschiedenen Phasen des Entwicklungszyklus beziehen sich aufeinander: Die Systemanforderungen sind in ein Fachkonzept umgesetzt, dieses wird wieder in einen technischen Entwurf umgesetzt, und auf der Grundlage dieses letzten Entwurfs werden die Programme codiert. Testfälle werden anhand der Testbasis erstellt (der Systemanforderungen bzw. des Fachkonzepts bzw. des DV-Konzepts) und auf dem Testobjekt (Software, Gebrauchsanleitung usw.) ausgeführt. Eine gute Verwaltung dieser Beziehungen hat für das Testen einige wesentliche Vorteile:

- Es besteht ein guter Einblick in die Qualität und Intensität des Tests, da von den Systemanforderungen, dem Fachkonzept und dem DV-Konzept sowie der Software bekannt ist, mit welchen Testfällen diese kontrolliert sind (oder werden). Die Wahrscheinlichkeit auf Auslassungen im Test wird hierdurch sehr viel kleiner.

- Bei Veränderungen in der Testbasis oder dem Testobjekt ist sehr schnell rückverfolgbar, welche Testfälle angepaßt bzw. neu ausgeführt werden müssen.

- Wenn es aufgrund eines hohen Zeitdrucks nicht möglich ist, alle geplanten Tests durchzuführen, müssen Testfälle gestrichen werden. Da die Beziehung mit den Anforderungen, Spezifikationen und Programmen bekannt ist, können jene Testfälle gestrichen werden, deren dazugehörige Anforderung oder Spezifikation das geringste Risiko in der Produktion bedeuten, und es ist klar erkennbar, bei welchen Anforderungen oder Spezifikationen keine oder weniger fundierte Aussagen über die Qualität möglich sind.

Kontrollpunkte

- Jede Systemanforderung und Spezifikation steht in eindeutiger Beziehung zu einem oder mehreren Testfällen und umgekehrt.

- Diese Beziehungen werden auf der Ebene gesonderter Versionen überwacht (beispielsweise Systemanforderung A, Version 1.0, bezieht sich auf das Fachkonzept B, Version 1.3, dieser auf die Programme C und D, Versionen 2.5 und 2.7, und diese wiederum auf die Testfälle X bis einschl. Z, Version 1.4).

Abhängigkeiten

- Keine

Optimierungsvorschläge

- Beziehen Sie bei der Testbasis nicht nur die Spezifikationen mit ein, sondern auch die Systemanforderungen. Das wird häufig entsprechende Ermittlungsarbeiten mit sich bringen.

- Die nicht funktionalen Qualitätsanforderungen sind vielfach undeutlich formuliert. Stellen Sie zur Diskussion, wie diese gemessen und beurteilt werden sollen.
- Diese Ebene bezieht sich eher auf das Projekt oder die Organisation als auf den eigentlichen Testprozeß. Berücksichtigen Sie dies!
- Sorgen Sie beim Testware-Management für einen guten Bezug zwischen Testfällen, Testbasis und Testobjekt. Denken Sie dabei an eine gute Versionsverwaltung.

7.18 Kernbereich: Testprozeßmanagement

Für die Überwachung eines jeden Prozesses und einer jeden Aktivität sind vier Schritte aus dem Deming-Kreis [Deming, 1992] wichtig: Jede Aktivität wird geplant, ausgeführt, überwacht und erforderlichenfalls angepaßt oder mit anderen Worten: »say what you do, do what you say«.

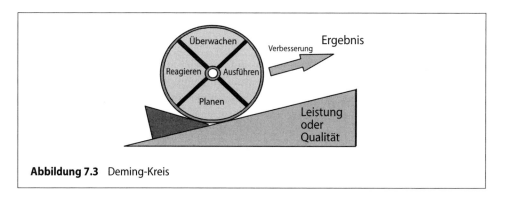

Abbildung 7.3 Deming-Kreis

Ein kontrollierter Testprozeß ist äußerst wichtig, um in einem doch häufig turbulenten Testumfeld einen optimalen Test auszuführen.

Die Startebene ist durch das Fehlen einer Planung gekennzeichnet. Es wird sofort mit der Durchführung von Aktivitäten begonnen.

7.18.1 Testprozeßmanagement, Ebene A: Planung und Durchführung

Beschreibung

Bei den auszuführenden Aktivitäten ist es zunächst einmal wichtig, über das Was, Wie und Wann nachzudenken: Es findet eine Planung der Aktivitäten statt. Dadurch wird schneller deutlich, was und wann alles zu erfolgen hat und wieviel Zeit und Ressourcen erforderlich sind. Diese Überlegungen können dann in der gesamten Projektplanung berücksichtigt werden. Übrigens weist diese Ebene große Ähnlichkeiten mit Ebene A des Kernbereichs »Einsatz des Phasenmodells« auf.

Kontrollpunkte

- Vor den eigentlichen Testaktivitäten wird ein Testplan aufgestellt, in dem alle auszuführenden Aktivitäten genannt sind und je Aktivität angegeben wird, in welchem Zeitraum diese stattfindet, welche Ressourcen (Personal oder Mittel) erforderlich sind und welches die freizugebenden Produkte sind.

Abhängigkeiten

- Keine

Optimierungsvorschläge

- Siehe Kernbereich »Einsatz des Phasenmodells«, Ebene A.
  Es empfiehlt sich, Aktivitäten mit einem geringen Umfang zu einer einzigen Aktivität zusammenzufassen.

7.18.2 Testprozeßmanagement, Ebene B: Planung, Durchführung, Überwachung und Anpassung

Beschreibung

Wenn Aktivitäten geplant werden, bietet das noch keine Garantie für eine (korrekte) Durchführung. Jeder Testprozeß ist gekennzeichnet durch ein gewisses Maß an Chaos. Es gehört eher zur Regel als zur Ausnahme, daß im Laufe des Prozesses mit neuen Aktivitäten begonnen wird, Aktivitäten plötzlich nicht mehr relevant sind oder anders ausgeführt werden, als vorgeschrieben ist. Die Überwachung der (Ausführung der) Aktivitäten ist notwendig, um sicherzustellen, daß nach Beendigung alles ausgeführt worden ist, was ausgeführt werden mußte (nicht zuviel, aber auch nicht zuwenig). Neben der Überwachung ist auch eine Steuerung erforderlich, entweder durch Anpassung der Planung oder durch Anpassung dessen, was ausgeführt wird oder werden soll.

Kontrollpunkte

- Es findet eine Überwachung der Ausführung aller geplanten Aktivitäten statt.
- Es findet außerdem eine zeitliche und finanzielle Überwachung einer jeden Aktivität statt.
- Abweichungen werden schriftlich festgelegt.
- Bei Abweichungen wird korrigierend eingegriffen, indem entweder die Pläne angepaßt oder die Aktivitäten doch noch gemäß Plan ausgeführt werden. Der Eingriff wird begründet.

Abhängigkeiten

- Keine

Optimierungsvorschläge

- Änderungen und mögliche Anpassungen können in einer neuen Version des Testplans oder in Projektberichten festgelegt werden.
- Sorgen Sie für eine Genehmigung der Änderungen und der Anpassungen durch den Auftraggeber des Tests.
- Sorgen Sie dafür, daß eine Gesamtübersicht über diese Änderungen hinterher problemlos herzustellen ist.
- Verwenden Sie die im Phasenmodell genannten Aktivitäten und Produkte als Referenz für den Fortschritt, z.B.
    - Überprüfung Testbasis   Überprüfung Abweichungen
    - Testspezifikation   Testablauf
    - Füllen der Testdateien   Testdateien
    - Testdurchführung   Testergebnisse
    - Überprüfung und Beurteilung   Abweichungen
    - Konservieren   Testware

Der Umfang der Fertigstellung der Testprodukte vermittelt Einsicht in den Fortschritt. Bei jeder Aktivität wird folgendes erfaßt:
- Fortschrittstatus (nicht gestartet; in Bearbeitung; unterbrochen; ausgeführt; Prozentsatz ausgeführt)
- Stunden und Ressourcen (geplant, absolviert, noch zu absolvieren, Über-/Unterschreitung)

7.18.3 Testprozeßmanagement, Ebene C: Überwachung und Anpassung in der Organisation

Beschreibung

Auch in der Organisation findet eine Überwachung und Anpassung der verschiedenen Testprozesse statt, wenn auch auf einer viel allgemeineren Ebene. Es handelt sich hier vornehmlich um die Überwachung und Steuerung der Qualität der Testprozesse, wie z.B. den Einsatz der vorgeschriebenen Methodik (Methoden, Richtlinien, Techniken und Verfahren).

Kontrollpunkte

- Auf Organisationsebene erfolgt eine Überwachung des Einsatzes der Methodik (Methoden, Richtlinien, Techniken und Verfahren) in der Organisation.
- Änderungen werden schriftlich festgelegt und den Beteiligten im Testprozeß mitgeteilt.
- Bei Änderungen werden die Risiken analysiert, und es wird korrigierend eingegriffen, beispielsweise durch Anpassung der Methodik oder indem die Aktivitäten oder Produkte doch noch an die Methodik angepaßt werden. Die Anpassung wird begründet.

Abhängigkeiten

- Reichweite der Methodik, Ebene B, organisationsgenerisch
Überwachung und Anpassung auf Organisationsebene ist nur möglich, wenn alle Testprozesse in der Organisation nach einer ähnlichen Arbeitsweise vorgehen.

Optimierungsvorschläge

- Machen Sie die Linienabteilung oder einen ihrer Vertreter für die Überwachung des Einsatzes der Methodik verantwortlich.
- Sorgen Sie für Checklisten, auf deren Grundlage die Überwachung stattfindet.

7.19 Kernbereich: Prüfen

Unter Prüfungen versteht man die Überprüfung von Zwischenprodukten, beispielsweise das Fachkonzept. Im Vergleich zum Testen liegt der Vorteil von Prüfungen darin, daß Abweichungen im Entwicklungsprozeß sehr viel eher entdeckt werden können. Die Korrekturkosten sind dadurch wesentlich niedriger. Außerdem kann eine Beurteilung sehr viel einfacher durchgeführt werden, da u.a. keine Programme laufen und keine Testumgebungen geschaffen werden müssen.

7.19.1 Prüfen, Ebene A: Überprüfungstechniken

Beschreibung

Es ist erwiesen, daß Prüfungen, Reviews usw. die effizienteste und effektivste Möglichkeit sind, um Fehler aus einem System (oder seinen Zwischenprodukten) zu filtern. In der Praxis scheitern jedoch gutgemeinte Absichten so manches Mal an den praktischen Durchführungsproblemen (»Können Sie diese sechs Ordner mit den Funktionsspezifikationen einmal durchsehen? Können Sie damit übermorgen bitte fertig sein, denn dann fängt die Implementierung an?«). Techniken in Form von Prozeßbeschreibungen und Checklisten helfen dabei, um dies kontrollierbar zu machen. Außerdem ist es wichtig, über mehrere Techniken zu verfügen, da, analog zum Testen, nicht jedes Zwischenprodukt gleich intensiv getestet zu werden braucht.

Kontrollpunkte

- Beim Prüfen von (Zwischen-)Produkten werden bestimmte Techniken verwendet. Es wird nach einer formalen und beschriebenen Arbeitsweise vorgegangen.
- Es findet eine Berichterstattung der Prüfungen und der gefundenen Ergebnisse statt.
- Es erfolgt eine Überwachung der Bearbeitung der Ergebnisse.
- Tester sind an diesen Prüfungen beteiligt.

Abhängigkeiten

- Keine

Optimierungsvorschläge

- Sorgen Sie dafür, daß verschiedene Prüfungstechniken zur Verfügung stehen, aus denen bei der Bestimmung einer Prüfungsstrategie ausgewählt werden kann. Beispiele von Prüfungstechniken sind die Inspektionen, Walkthroughs, 4-Augentest usw. Jede Technik hat im großen und ganzen folgende Phasen:
  - Plan
    In dieser Phase erfolgt eine Identifikation der Risikobereiche, und es wird ermittelt, welche Analysemethoden am besten eingesetzt werden können (mit anderen Worten: Wie können wir vermeiden, daß nur auf Rechtschreib- und Stilfehler geachtet wird?). Die Ergebnisse werden in einem Review-Plan festgelegt, zusammen mit den Antworten auf die Fragen nach dem Wer, Was und Wann und dem erforderlichen Aufwand.
  - Assessment
    Ein Assessment kann durch Information, Untersuchung oder Diskussion stattfinden. Der Organisator erstellt eine Agenda, die zu untersuchenden Produkte werden analysiert und die gefundenen Probleme protokolliert. Größere Fehler werden verwaltet und überwacht; bei kleineren Fehlern wird dies häufig dem Autor überlassen.
  - Korrektur
    Die Unstimmigkeiten werden bearbeitet. Bei bestimmten größeren Fehlern kann diskutiert werden, ob diese gelöst werden müssen; die Beseitigung manch kleinerer Fehler kann möglicherweise verschoben werden.
    Die Unterschiede zu der vorigen Version werden dokumentiert.
  - Kontrolle
    Es erfolgt eine Kontrolle aller Änderungen, und es wird ein zusammenfassender Bericht erstellt.

- Die meisten Prüfungstechniken basieren auf dem oben genannten generischen Phasenmodell, wobei sich die Variation vornehmlich in der angewandten Form des Assessments äußert:
  4-Augentest: Plan, (Information), Untersuchung, Korrektur, Kontrolle
  Walkthrough: Plan, Information, Korrektur, Kontrolle
  usw.

- Versehen Sie jede eingesetzte Prüfungstechnik mit einem solchen (Mini-)Phasenmodell, in dem beschrieben ist, was wann von wem durchzuführen ist.

- Die Ausarbeitung einer Technik, der Inspektion, ist in Kapitel 19 beschrieben.

- Ein Problem bei formalen Inspektionen ist, daß Neuinspektionen häufig für zu teuer gehalten werden. Es muß vermieden werden, daß die Korrekturarbeiten dann überhaupt nicht kontrolliert werden. Es ist in einem solchen Fall besser, die Neuinspektion in vereinfachter Weise ausführen zu lassen.

- Sorgen Sie dafür, daß die in den Prüfungen gefundenen Unstimmigkeiten verwaltet werden. Die Behebung wichtiger Fehler ist zu überprüfen.

7.19.2 Prüfen, Ebene B: Überprüfungsstrategie

Beschreibung

Genauso wie die Teststrategie ist eine Prüfungsstrategie sehr wichtig, einerseits, um den Aufwand optimal einzusetzen, und andererseits zur Kommunikation mit dem Auftraggeber.

Mit einer Strategiebestimmung wird analysiert, was, wo und wie intensiv geprüft werden muß, um das optimale Gleichgewicht zwischen dem gewünschten Einblick in die Qualität sowie der erforderlichen Zeit und dem benötigten Geld zu erhalten. Optimierung findet mit dem Ziel statt, die verfügbaren Ressourcen richtig über die auszuführenden Aktivitäten zu verteilen.

Kontrollpunkte

- Es findet eine bewußte Risikoabwägung statt.
- Es findet eine Differenzierung in Betrachtungsbereich und Intensität der Ptüfung statt, die von den eingegangenen Risiken und – falls vorhanden – von den Akzeptanzkriterien abhängig ist: Nicht alle Zwischenprodukte und Qualitätsmerkmale werden gleich intensiv getestet.
- Aus mehreren Prüfungstechniken wird eine Auswahl getroffen, die sich für die gewünschte Intensität der Prüfung eignet.
- Auch bei Neuprüfungen findet eine (einfache) Strategiebestimmung statt, bei der motiviert zwischen den Varianten »nur Lösungen prüfen« und »vollständig neu prüfen« gewählt wird.
- Die Strategie wird aufgestellt und danach auch ausgeführt. Es wird überwacht, daß die Durchführung der Prüfungen gemäß Strategie stattfindet. Falls erforderlich wird steuernd eingegriffen.

Abhängigkeiten

- Keine

Optimierungsvorschläge

- Geben Sie die Risiken bei der gegenwärtigen Arbeitsweise an, oder weisen Sie darauf hin, daß die Prüfung schneller oder preiswerter durchgeführt werden kann.
- Wenn nur eine Technik vorliegt, versuchen Sie dann, durch einfache Varianten mehr oder weniger Intensität zu erzielen. Als Beispiel einer variablen Intensität kann die (Nicht-)Einbeziehung bestimmter Personen genannt werden oder eine Einschränkung bzw. Ausdehnung der Anzahl der Fragen.

- Stellen Sie für den erneuten Test eine Arbeitsweise auf, bei der jedesmal bewußt (und schriftlich festgelegt) die Abwägung zwischen vollständigem neu Testen oder »abgespecktem« neu Testen (je Fehler, Teilsystem oder Zwischenprodukt) gemacht werden muß.

- Diskutieren Sie die verschiedenen Zwischenprodukte und Qualitätsmerkmale mit dem Auftraggeber, und versuchen Sie, die relative Bedeutung eines jeden Produkts oder Merkmals zu ermitteln.

- Führen Sie eine vollständige Strategiebestimmung durch. Die zur Erstellung einer Teststrategie erforderlichen Schritte sind im folgenden kurz beschrieben:
  - *Bestimmung der Qualitätsmerkmale*
    Im Einvernehmen mit dem Auftraggeber und möglichen anderen Beteiligten werden die Qualitätsmerkmale festgelegt, denen der Test zu entsprechen hat. Die ausgewählten Qualitätsmerkmale sind dem Auftraggeber während des Testprozesses mitzuteilen.
  - *Bestimmung der relativen Bedeutung der Qualitätsmerkmale*
    Auf der Grundlage der Ergebnisse des vorigen Schrittes wird angegeben, wie der Prüfungsaufwand über die ausgewählten Qualitätsmerkmale zu verteilen ist, wobei davon ausgegangen wird, daß das Prüfen eines jeden Qualitätsmerkmals gleich arbeitsintensiv ist.
  - *Unterteilung Zwischenprodukte oder Teilsysteme*
    Das IT-System wird bei diesem Schritt in Zwischenprodukte und, falls erforderlich, in weitere Teilsysteme unterteilt. Die Einteilung ist hierbei im Prinzip die gleiche wie bei der Entwurfsdokumentation. Wenn von der Einteilung abgewichen wird, ist dies deutlich zu begründen und zu beschreiben.
  - *Bestimmung der relativen Bedeutung der Zwischenprodukte oder Teilsysteme*
    Auf der Grundlage der Ergebnisse des vorigen Schrittes wird angegeben, wie der Prüfungsaufwand über die unterschiedlichen Zwischenprodukte oder Teilsysteme verteilt werden muß, wobei auch hier davon ausgegangen wird, daß die Prüfung jedes Produkts gleich arbeitsintensiv ist. Geben Sie anschließend je Zwischenprodukt oder Teilsystem an, welche Qualitätsmerkmale relevant sind und wie intensiv diese, bezogen auf die zugewiesene Bedeutung, zu testen sind.
  - *Festlegung der einzusetzenden Prüfungstechniken*
    Als letzter Schritt bei der Prüfungsstrategie werden Prüfungstechniken ausgewählt, anhand derer die im ersten Schritt bestimmten Qualitätsmerkmale und die festgestellten Teilsysteme geprüft werden.

7.20 Kernbereich: Low-Level-Tests

Die Low-Level-Tests werden von den Entwicklern durchgeführt. Bekannte Low-Level-Tests sind der Modultest und der Integrationstest. Genauso wie bei der Prüfung finden diese Teststufen eher Fehler während der Systementwicklung als die High-Level-Tests. Low-Level-Tests sind effizient, da sie wenig Kommunikation erfordern, die Analyse einfacher ist und der Finder des Fehlers häufig auch derjenige ist, der ihn verursacht hat und ihn auch behebt.

7.20.1 Low-Level-Tests, Ebene A: Phasenmodell für Low-Level-Tests (Planung, Spezifikation und Durchführung)

Beschreibung

Der Vorteil einer strukturierteren Arbeitsweise bei Low-Level-Tests liegt darin, daß der Prozeß besser verwaltet werden kann und der Einblick in die Qualität des Tests größer wird. Wenn bei den Testaktivitäten nicht festgehalten wird, wann diese beginnen, wer den Test durchführt und was der Test beinhaltet, ist der Testprozeß nicht verwaltbar. Man kann auf diese Weise keine Informationen über die Qualität des getesteten Objekts erhalten. Damit man diese Informationen dennoch bekommt, müssen andere Teststufen dann mehr leisten.

Kontrollpunkte

- Bei einem Low-Level-Test werden (mindestens) folgende Phasen unterschieden: Planung, Spezifikation und Durchführung. Diese werden nacheinander ausgeführt, eventuell je Teilsystem.

Die auszuführenden Aktivitäten für jede Phase werden im folgenden genannt. Jede Aktivität ist mit Unteraktivitäten bzw. -aspekten versehen. Diese verstehen sich als zusätzliche Informationen und haben daher keinen zwingenden Charakter.

- Die Planungsphase:

Aktivität	Teilaktivitäten /Aspekte	Produkt
Auftragsformulierung	– Auftraggeber und -nehmer – Betrachtungsbereich – Ziel – Randbedingungen – Ausgangspunkte	Im Testplan oder Implementierungsplan festgelegt
Festlegung der Testbasis	– Bestimmung relevante Dokumentation – Identifikation der Dokumentation	Im Testplan oder Implementierungsplan festgelegt
Einrichten Organisation	– Bestimmung der erforderlichen Funktionen – Zuweisung der Aufgaben, Befugnisse und Verantwortlichkeiten – Beschreibung der Organisation – Zuweisung des Personals	Im Testplan oder Implementierungsplan festgelegt
Einrichten Testprodukte	– Festlegung der Testprodukte – Erstellen (ggf. Auswählen) von Richtlinien	ImTestplan oder Implementierungsplan festgelegt

Aktivität	Teilaktivitäten /Aspekte	Produkt
Definition Infrastruktur und Tools	– Definition Testumgebung – Definition Test-Tools	Im Testplan oder Implementierungsplan festgelegt
Einrichten der Verwaltung	– Definition Testprozeßmanagement (Fortschritt, Qualität, Statistiken, Berichterstattung) – Definition Testproduktmanagement – Definition Bearbeitung der Abweichungen	Im Testplan oder Implementierungsplan festgelegt
Bestimmung der Planung	– Aufstellen der allgemeinen Planung	Im Testplan oder Implementierungsplan festgelegt
Festlegung des Testplans	– Dokumentieren der Risiken, Gefahren und Maßnahmen – Festschreiben des Testplans – Festlegung Testplan (Genehmigung Auftraggeber)	Testplan oder Implementierungsplan

- Die Spezifikationsphase:

Aktivität	Teilaktivitäten /Aspekte	Produkt
Aufstellen der Testspezifikationen und -skripte	– Testfälle (logisch und konkret) – Definition der Ausgangsdateien – Testskripte	–Testfälle – Definition Ausgangsdateien – Testskripte

- Die Durchführungsphase:

Aktivität	Teilaktivitäten /Aspekte	Produkt
Füllen der Ausgangsdateien		Ausgangsdateien
Durchführung (Regressions-)Tests	– Durchführung Testskripte – Durchführung von statischen Tests (einschl. Beurteilung der Testergebnisse und Analyse der Unterschiede)	– Dokumentation der Abweichungen – Testberichte

Abhängigkeiten

- Keine

Optimierungsvorschläge

- Der rechtzeitige Beginn der Testvorbereitung muß so schnell wie möglich zur normalen Arbeitsweise werden.

- Entwicklern und Testern, aber auch der Projektleitung, muß klar gemacht werden, daß sich die Planung und Vorbereitung des Testens in einer kürzeren Durchlaufzeit der Testdurchführung und einer höheren Qualität des ausgeführten Tests auszahlt. Im folgenden werden verschiedene Vorteile eines verbesserten Testprozesses *für das Entwicklungsteam* genannt:
  - Es sind weniger Korrekturarbeiten erforderlich, da die Produkte, die an nachfolgende Teststufen geliefert werden, eine höhere Qualität aufweisen.
  - Die Planung wird besser, weil sich die schwierig abzuschätzende Korrekturarbeit verringert.
  - Die Durchlaufzeit des Gesamtentwicklungsweges wird – aus den gleichen Gründen – kürzer.
  - So früh wie möglich korrigieren, ist viel preiswerter als eine Korrektur in einem späteren Stadium, da alle Kenntnisse über die entwickelten Produkte noch frisch in der Erinnerung sind und Mitarbeiter das Entwicklungsteam in einem späteren Stadium häufig bereits verlassen haben.
  - Die Analyse selbstgefundener Fehler erfolgt häufig viel schneller als die Analyse von Abweichungen, die andere gefunden haben. Je weiter der Finder der Abweichung (sowohl organisatorisch als auch lokal) entfernt ist, desto schwieriger und zeitraubender ist häufig die Analyse. Das wird noch dadurch verstärkt, daß das System in späteren Testvorgängen als Ganzes (Black-Box) getestet wird, so daß sich der entdeckte Fehler häufig in vielen individuellen Komponenten befinden kann.
  - Die Entwickler erhalten ein rascheres Feedback auf ihre Fehler, so daß sie eher in der Lage sind, ähnliche Fehler in anderen Modulen zu vermeiden.
  - Untersuchungen haben ergeben, daß bestimmte Fehler am besten mit Low-Level-Tests auffindbar sind. Wenn ein Low-Level-Test einen zu geringen Teil dieser Fehler findet, hat das zur Folge, daß die High-Level-Tests unter Zuhilfenahme ineffizienter Techniken (zur Suche solcher Fehler) unverhältnismäßig viel Aufwand leisten müssen, um die gleiche Qualität des Testobjekts zu erreichen, als in einem Fall, bei dem die Low-Level-Tests gut ausgeführt worden wären.
  - Für das gesamte Projekt und sogar den gesamten Lebenszyklus des Systems gelten diese Vorteile *in verstärktem Maße*, da die späteren Teststufen auch (und häufig sogar umfangreicher!) von diesen Vorteilen profitieren, da beispielsweise viel weniger erneute Tests erforderlich sind. Da sich die Testdurchführung meistens auf dem kritischen Pfad befindet, wird die Durchlaufzeit des gesamten Projekts auch kürzer. Außerdem müssen die genannten Beteiligten darüber aufgeklärt werden, daß ein qualitativ gut ausgeführter Low-Level-Test insgesamt niedrigere Korrekturkosten zur Folge hat. [Boehm, 1979].

- In Kapitel 10 ist die Ausarbeitung eines Phasenmodells für Low-Level-Tests beschrieben, das den oben genannten Kontrollpunkten entspricht.

- Stellen Sie Testwissen bereit, um beim Einsatz der Low-Level-Tests effizienter zu sein;
- Sorgen Sie für eine gewisse Unabhängigkeit zwischen dem Tester und dem Programmierer (beispielsweise, indem Sie die Testfälle von Funktion X von jemandem anderen als dem Programmierer aufstellen lassen).

7.20.2 Low-Level-Tests, Ebene B: White-Box-Techniken für Low-Level-Tests

Beschreibung

Der Einsatz geeigneter Techniken für den Tests durch die Entwickler führt zu einer Steigerung der Qualität dieser Tests und damit der Qualität der Software. Von großer Bedeutung dabei ist, daß so viele Fehler wie möglich zu einem frühestmöglichen Zeitpunkt gefunden werden. Außerdem führt die strukturierte Arbeitsweise zu einer Vermeidung von Fehlern, da der Entwickler mehr Information darüber erhält, wo die Fehler gemacht worden sind. Schließlich bietet sie Möglichkeiten zur Prozeßverbesserung, da bei einer beschriebenen und strukturierten Arbeitsweise besser sichtbar ist, wo und wie optimiert werden kann.

Wichtig ist, daß die Techniken von den Entwicklern auch tatsächlich benutzt werden, da diese dazu neigen, das Testen in erster Linie als überflüssig, unkreativ und unangenehm zu betrachten (»Ich bin ein guter Programmierer, bin immer pünktlich fertig und mache wenig Fehler, muß jedoch jetzt plötzlich viel Zeit investieren, um nachzuweisen, daß mein Programm gut funktioniert? Und das, obwohl das Testteam diese Aufgabe nach uns gut und gründlich erledigt und ihm das auch noch Spaß macht? Quatsch!«).

Kontrollpunkte

- Neben nicht formalen Techniken werden bei den Low-Level-Tests auch formale Techniken angewandt, bei denen auf eindeutige Weise von der Systemdokumentation zu den Testfällen gelangt werden kann.
- Für die Low-Level-Tests bestehen fundierte Aussagen zum Deckungsgrad des Testsatzes (bzgl. der Testbasis).
- Dank der einheitlichen Arbeitsweise ist die Testware innerhalb des Testteams übertragbar.

Die Implementierung der oben genannten Kontrollpunkte bedeutet nicht, daß Techniken »aus dem Handgelenk« nicht mehr erlaubt sind. Für diese Techniken ist sehr wohl noch Platz. Jedoch müssen zusätzlich auch formale Techniken eingesetzt werden, die übertragbar und dokumentiert sind. Damit ist eine Aussage zum Deckungsgrad möglich: Bestimmte Teile des Systems sind mit einer formalen Technik gründlich getestet, andere (weniger wichtige) Teile sind zwar getestet, es fehlt jedoch der Einblick in die Qualität und Intensität des ausgeführten Tests.

Abhängigkeiten

- Keine

Optimierungsvorschläge

- Siehe die Anweisungen für den Kernbereich »Test-Spezifikationstechniken«, Ebene B.

- Beginnen Sie mit nicht formalen Techniken, beispielsweise, indem Sie bei jeder zu testenden Bedingung auf einer Kopie des Fachkonzepts ankreuzen lassen, welche Bedingung getestet wurde.

- Vermitteln Sie den Beteiligten die Bedeutung und die Vorteile von White-Box-Testtechniken.

- In Kapitel 15, »Test-Spezifikationstechniken«, sind Beschreibungen der folgenden White-Box-Techniken aufgenommen: Strukturtest, Entscheidungstabellentest und Modul-Interfacetest.

- Verschaffen Sie sich Einsicht in Qualität und Intensität der Low-Level-Tests, indem Sie einfache Testtechniken einsetzen. Der Einsatz von schwierigen und formalen Techniken wird weniger leicht akzeptiert werden.

7.20.3 Low-Level-Tests, Ebene C: Strategie für Low-Level-Tests

Beschreibung

Der Auftraggeber eines Tests erwartet eine bestimmte Qualität, der das freizugebende System entsprechen soll. Die Qualitätserwartungen können bei jedem Test unterschiedlich sein. Es ist von größter Bedeutung, mit dem Auftraggeber hierzu entsprechende Vereinbarungen zu treffen und diese anschließend durch die Art des Testens umzusetzen.

Eine Risikoeinschätzung bildet die Grundlage für die Teststrategie, da es wichtig ist, den Testaufwand (d.h. Testabdeckung) zu optimieren. Mit einer Strategiebestimmung wird analysiert, was, wo und wieviel getestet werden muß, damit das erforderliche Gleichgewicht zwischen der gewünschten Qualität und dem zeitlichen oder finanziellen Aufwand, der dafür notwendig ist, gefunden wird. Eine Optimierung findet mit dem Ziel statt, die verfügbaren Ressourcen richtig über die auszuführenden Testaktivitäten zu verteilen.

Kontrollpunkte

- Es findet eine bewußte Risikoabwägung statt, wofür es Kenntnisse sowohl des Systems als auch seiner Anwendung und Verwaltung bedarf.

- Es findet eine Differenzierung in Betrachtungsbereich und Intensität des Tests statt, die von den eingegangenen Risiken und – falls vorhanden – von den Akzeptanzkriterien abhängig ist: Nicht alle Zwischenprodukte und Qualitätsmerkmale werden gleich intensiv getestet.

- Es werden eine oder mehrere formale oder nicht formale Test-Spezifikationstechniken verwendet, je nach Eignung für die gewünschte Intensität eines Tests.

- Auch bei Regressionstests findet eine (einfache) Strategiebestimmung statt, bei der motiviert zwischen den Varianten »nur neue Teile testen« und »vollständig neu testen« gewählt wird.
- Die Strategie wird aufgestellt und danach auch ausgeführt. Daß die Durchführung der Tests gemäß Strategie stattfindet, wird überwacht. Falls erforderlich, erfolgt eine Anpassung.

Abhängigkeiten

- Keine

Optimierungsvorschläge

- Siehe die Anweisungen für den Kernbereich »Teststrategie«, Ebene A.
- In Kapitel 10, »Phasenmodell für Low-Level-Tests« ist eine Arbeitsweise für die Bestimmung einer Teststrategie für Low-Level-Tests beschrieben.
- Es ist gut, wenn Entwickler ihre eigene Arbeit testen. Berücksichtigen Sie dabei jedoch die jeweiligen Vor- und Nachteile. Der Vorteil ist, daß die Person ihre eigene Arbeit gut kennt und dadurch sehr schnell passende Testfälle bedenken und durchführen kann. Außerdem kann sie bei festgestellten Problemen die Ursache schnell finden und Abhilfe schaffen. Der Nachteil dabei ist, daß die »blinden Flecken« des Programmierers nicht von ihm selbst entdeckt werden. Erwägen Sie daher die Möglichkeit, Entwickler gegenseitig ihre Arbeiten testen zu lassen (beispielsweise stichprobenweise oder in integrierenden Tests).

7.21 Übersicht über die Abhängigkeiten

Bei jeder Ebene sind in Klammern die Abhängigkeiten von anderen Ebenen angegeben. Beim Kernbereich »Teststrategie«, Ebene A, stehen beispielsweise zwei Abhängigkeiten: 5a und 11a. Die Nummer weist auf den Kernbereich hin und der Buchstabe auf die Ebene. In diesem Beispiel ist die Ebene A der Teststrategie also von den Test-Spezifikationstechniken, Ebene A, und Engagement und Motivation, Ebene A abhängig.

7.21 Übersicht über die Abhängigkeiten

	Kernbereich	A	B	C	D
1	Teststrategie	Strategie für einzelne High-Level-Tests (5a, 11a)	Strategie für High-Level-Tests (2a, 5b, 11b, 14b, 18b)	Strategie für High-Level-Tests sowie Low-Level-Tests oder Prüfungsstufen (3c, 19b) oder (20c)	Strategie für alle Test- und Prüfungsstufen (3c, 19b, 20c)
2	Einsatz des Phasenmodells	Hauptphasen Planung, Spezifikation, Durchführung (11a)	Vollständiges Phasenmodell: Planung, Vorbereitung, Spezifikation, Durchführung und Abschluß (6a, 17a)		
3	Zeitpunkt der Beteiligung	Fertigstellung der Testbasis (2a)	Aufstellen der Testbasis (2b)	Aufstellen der Anforderungen	Beginn des Projekts (11c)
4	Kostenvoranschlag und Planung	Fundierte Kostenvoranschlag und Planung (2a)	Statistisch fundierter Kostenvoranschlag und Planung (7b, 15b)		
5	Test-Spezifikationstechniken	Nicht formale Techniken	Formale Techniken (12a, 17a)		
6	Statische Testtechniken	Detailüberprüfung	Checklisten		
7	Metriken	Projektmetriken (über Produkt) (11b, 15b, 16a, 18b)	Projektmetriken (über Prozeß) (15c, 16b)	Systemmetriken (13b, 14c, 18c)	Organisationsmetriken (>1 System)
8	Test-Tools	Planungs- und Verwaltungs-Tools	Durchführungs- und Analyse-Tools (5b, 12a)	Weitgehende Automatisierung des Testprozesses	
9	Testumgebung	Kontrollierte Testumgebung (12a)	Testen in der geeignetsten Umgebung (1b)	«Umgebung auf Abruf»	
10	Testarbeitsplatz	Adäquate und rechtzeitige Einrichtung der Testarbeitsplätze			

Tabelle 7.1 Übersicht über die Abhängigkeiten

	Kernbereich	A	B	C	D
11	Engagement und Motivation	Zuweisung von Budget und Zeit	Testen in Projektorganisation integriert (2a, 15b, 16a, 18b)	Test-Engineering wird akzeptiert (1c, 3c, 8b, 15c), d.h., Testwissen fließt in den gesamten Entwicklungsprozeß ein	
12	Testfunktionen und Ausbildungen	Testmanager und Tester	Formale Unterstützung (methodische, technische und funktionale); Management	Formale interne Qualitätssicherung (13a)	
13	Reichweite der Methodik	Projektspezifisch (2a, 5b, 16a, 17a, 18b)	Organisationsgenerisch	Organisationsoptimierend, F&E-Aktivitäten (11b, 18c)	
14	Kommunikation	Interne Testkommunikation	Projektkommunikation, Analyseforum, Änderungsüberwachung (2a, 15b, 16a)	Kommunikation über die Qualität der Testprozesse auf Organisationsebene (13b)	
15	Berichterstattung	Aufdecken der Abweichungen	Abweichungen, einschließlich Prioritätenzuweisung und Berichterstattung über Zeitaufwand und Testfortschritt (2a, 16a, 18b)	Risiken und Empfehlungen anhand von Metriken (1a, 5b, 7a, 16b)	Empfehlungen mit SPI (»Software Process Improvement«)-Charakter (1c, 11c)
16	Dokumentation der Abweichungen	Interne Dokumentation der Abweichungen	Umfangreiche Dokumentation der Abweichungen mit flexiblen Berichterstattungmöglichkeiten	Dokumentation der Abweichungen wird im gesamten Projekt eingesetzt	
17	Testware-Management	Internes Testware-Management	Externes Management von Testbasis und Testobjekt	Übertragbare Testware (5b)	Rückverfolgbarkeit Systemanforderungen bis Testfälle
18	Testprozeßmanagement	Planung und Durchführung	Planung, Durchführung, Überwachung und Anpassung	Überwachung und Anpassung in der Organisation (13b)	
19	Prüfen	Überprüfungstechniken	Überprüfungsstrategie		
20	Low-Level-Tests	Phasenmodell für Low-Level-Tests (Planung, Spezifikation und Durchführung)	(White-Box-)Techniken für Low-Level-Tests	Strategie für Low-Level-Tests	

Tabelle 7.1 Übersicht über die Abhängigkeiten

Teil II

Dieser zweite Teil des Buches beinhaltet unter anderem verschiedene Techniken, Arbeitsweisen und zusätzliche Informationen, die eine sehr praktische Hilfe dabei sein können, die verschiedenen Kernbereiche des Testprozesses bis auf eine bestimmte Ebene zu optimieren. Diese Kapitel sind weniger generisch als das TPI-Modell und können demnach als umfangreiche Optimierungsvorschläge betrachtet werden. Aus diesem Grund sind bei den verschiedenen Optimierungsvorschlägen im vorigen Kapitel Hinweise auf die jeweiligen Kapitel oder Abschnitte in diesem Teil angebracht.

Als Beispiel für oben genannte Ausführungen kann hier angegeben werden, daß das TPI-Modell für den Kernbereich »Test-Spezifikationstechniken« auf Ebene B den Einsatz formaler Testtechniken erfordert. Wenn diese Techniken innerhalb der Organisation noch nicht (in ausreichendem Umfang) vorhanden sind, können eine oder mehrere der Test-Spezifikationstechniken aus Kapitel 15 eingesetzt werden.

Da die Kapitel aus der Testmethode TMap stammen, beginnt dieser Teil mit einer Zusammenfassung der TMap-Methode. Die nachfolgenden Kapitel sind in die vier TMap-Pfeiler unterteilt: Phasenmodell (Kapitel 9 bis 11), Techniken (Kapitel 12 bis 20), Infrastruktur (Kapitel 21 bis 22) und Organisation (Kapitel 23 bis 24).

Ein wesentlicher Kernpunkt ist, daß die in diesem zweiten Teil aufgenommenen Techniken und Vorgehensweisen auch unabhängig vom TPI-Modell zur Unterstützung eines strukturierten Testprozesses angewandt werden können. Die Kapitel zum Phasenmodell (9 bis 11) dienen in diesem Fall gleichsam als roter Faden zur Bestimmung der Testaktivitäten. Ausgehend von diesen Aktivitäten wird auf Techniken und andere Informationen aus den weiteren Kapiteln hingewiesen.

8 Zusammenfassung TMap

Die Entwicklung und Wartung von IT-Systemen erfordern besonders viel Aufmerksamkeit für die Qualität dieser Systeme. Testen liefert Informationen über die Qualität eines IT-Systems. Damit bietet es auch Einblick in die Risiken, die mit der Akzeptanz einer geringeren Qualität einhergehen. Die Kosten des Testens belaufen sich häufig auf 30% bis 40% des gesamten Budgets. Sowohl die zunehmende Bedeutung von IT-Systemen für Betriebsprozesse als auch die hohen Kosten des Testens rechtfertigen einen optimal verwaltbaren und strukturierten Testprozeß.

TMap steht für *Test Management approach* und bietet ein strukturiertes Testkonzept für IT-Systeme. Dieses Konzept gibt Antworten auf die Fragen, *was, wann, durch wen, wie, womit* und *wo* getestet werden sollte. Zur adäquaten Beantwortung dieser Fragen müssen die verschiedenen Aspekten des Testprozesses berücksichtigt werden. Diese Aspekte sind in TMap anhand von vier Pfeilern dargestellt: ein mit dem Entwicklungszyklus im Zusammenhang stehendes *Phasenmodell (P)* der Testaktivitäten, eine gute *organisatorische Einbettung (O)*, die richtige *Infrastruktur* und *Tools (I)* sowie brauchbare *Techniken (T)* für die Durchführung der Aktivitäten. Diese Pfeiler sind allgemein gültig, d.h., in jedem Testkonzept sind diese Pfeiler anzutreffen und müssen beachtet werden.

Testen als Prozeß

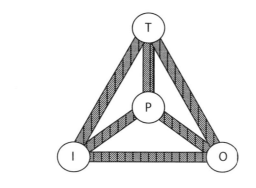

Abbildung 8.1 Die vier Pfeiler eines strukturierten Testprozesses

Grundlage eines strukturierten Testkonzepts sind die Hauptaktivitäten Planung, Vorbereitung und Durchführung. Ein wesentlicher Teil des Aufwands entfällt auf die Planung und die Vorbereitung. Als Faustregel für die Verteilung werden 20% für die Planung, 40% für die Vorbereitung und nur 40% für die Durchführung gerechnet.

Im großen und ganzen läuft es darauf hinaus, daß während der Aufstellung oder Anpassung der fachlichen Spezifikation ein Mastertestplan (Siehe Kapitel 11) festgelegt wird, in dem angegeben ist, wer wann welche Teststufe durchführt. Im Idealfall kann dieser Mastertestplan für alle Teststufen, also vom Modul- bis hin zum Abnahmetest, eingesetzt werden. Manchmal beschränkt sich die Auswirkung jedoch auf die High-Level-Tests (System- und Abnahmetests) oder beispielsweise nur auf die Tests des Entwicklers (Low-Level-Tests und Systemtest). Da diese Art von Testplänen mehrere Unternehmensbereiche berühren, müssen die verschiedenen Aufgaben, Zuständigkeitsbereiche, Meilensteine und Produkte genau beschrieben werden.

Auf der Grundlage des vereinbarten Mastertestplans werden anschließend Teiltestpläne erstellt, meistens je einer für die Low-Level-Tests, für den Systemtest und für den Abnahmetest. Die Durchführung der jeweiligen Teiltestpläne gehört selbstverständlich zu den Verantwortlichkeiten der jeweiligen Unternehmensbereiche.

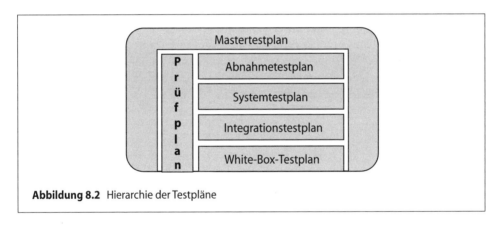

Abbildung 8.2 Hierarchie der Testpläne

Nach Festlegung der Testpläne werden parallel zu den Entwurfs- und Durchführungsaktivitäten die Testfälle und die Testinfrastruktur entwickelt. Nach der Freigabe des Testobjekts werden dann die Tests durchgeführt.

Ein Testprozeß führt neben dem Systementwurf also einen zweiten Entwurfprozeß ein: den Testentwurf. Wie es scheint, ein teurer Spaß, jedoch werden durch gute Planung und Vereinbarungen, Einsatz der Risikoeinschätzung, eine sorgfältige Strategiebestimmung und insbesondere durch einen pünktlichen Start die Kosten stark gesenkt. In der Praxis stellt sich heraus, daß der Entwurf von Testfällen und die dazu erforderliche Evaluierung der Systemspezifikationen bereits so viele Unklarheiten und Inkonsistenzen in den Systemspezifikationen aufdeckt, daß sich die Kosten schon auszahlen, bevor überhaupt der erste Test durchgeführt wurde. Schließlich nehmen die Korrekturkosten von Fehlern je Entwicklungsphase exponentiell zu.

8.1 Testeinteilung in Phasen

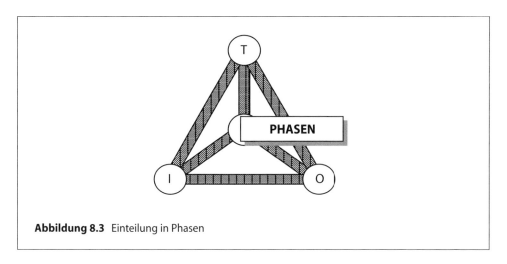

Abbildung 8.3 Einteilung in Phasen

Die Testaktivitäten sind in einem Phasenmodell dargestellt, das parallel zu den Phasenmodellen wie SDM (System Development Methodology) oder V-Modell eingesetzt werden kann. Im Phasenmodell TMap sind die Hauptaktivitäten des Testens in fünf Phasen eingeteilt: Planung & Verwaltung, Vorbereitung, Spezifikation, Testdurchführung und Abschluß.

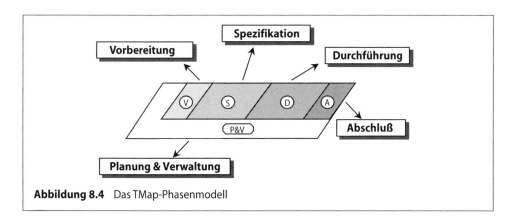

Abbildung 8.4 Das TMap-Phasenmodell

Das TMap-Phasenmodell ist ein generisches Modell: Es kann auf alle Teststufen angewandt werden. Für die Low-Level-Tests enthält es etwas zu viele Aktivitäten; nur in ganz extremen Situationen werden hier sämtliche Register gezogen. Es gehört zum Aufgaben- und Verantwortungsbereich des Testers, die richtige Auswahl aus dem TMap-Arsenal zu treffen. Innerhalb der Hierarchie der Testpläne werden in einem Systementwicklungsprozeß somit mehrere TMap-Modelle für verschiedene Teststufen eingesetzt.

Im folgenden ist das generische Modell allgemein beschrieben, also auch in bezug auf die Terminologie (»Spezifikationen« steht hier demnach sowohl für »Programmbeschreibungen« als auch für »fachlichen Entwurf«).

8.1.1 Die Phase Planung & Verwaltung

Die Phase Planung & Verwaltung beginnt während der Systemspezifikationsphase oder der »Fachkonzept«-Phase. Die durchzuführenden Aktivitäten bilden die Grundlage für einen verwaltbaren und qualitativ hochwertigen Testprozeß. Wie schwierig es auch sein mag, bereits in diesem frühen Stadium der Systementwicklung muß auf alle jene Angelegenheiten eingegangen werden, die den Testprozeß so schwer lenkbar und verwaltbar machen, beispielsweise auf den Realitätswert der Freigabeplanung, auf die Qualität des Testobjekts mit den damit einhergehenden Änderungen und erneuten Tests, auf die Einrichtung der Verwaltungsaufgaben und die Verfügbarkeit von Mitarbeitern, Mitteln und Zeit. Die Planungsphase ist eigentlich die wichtigste Testphase. Sie wird in den meisten Fällen unterschätzt.

Nachdem der Testauftrag festgelegt ist – und das ist kein übertriebener Luxus –, wird man sich einen groben Überblick über die allgemeinen Systemspezifikationen, die Fachmaterie und die Organisation (des Testprojekts) verschaffen. Es ist unmöglich, das System vollständig zu testen: 100% deckende Testtechniken gibt es nur theoretisch, und keine einzige Organisation verfügt über die entsprechenden zeitlichen oder finanziellen Mittel.

Anhand einer Risikoeinschätzung wird daher die Teststrategie bestimmt. Abhängig von den Risiken wird festgestellt, welche Systemteile die meiste Aufmerksamkeit bekommen, welche etwas weniger usw. Entsprechendes wird selbstverständlich ausdrücklich mit dem Auftraggeber abgestimmt. Tester dürfen und können diese Entscheidungen nicht selbst treffen, das Ziel ist: *Erreichen des optimalen Deckungsgrades (oder Coverage) an der richtigen Stelle!* Außerdem wird ein Anstoß zur Einrichtung der Testorganisation und Testinfrastruktur gegeben. Diese Aktivitäten werden zu Beginn des Testprozesses durchgeführt.

Die übrigen Aktivitäten dieser Phase erfolgen im Laufe des gesamten Systementwicklungsprozesses und haben zum Ziel, den Fortschritt des Testens in Hinblick auf den Einsatz zeitlicher und finanzieller Mittel zu verwalten.

Entsprechend der im Testplan festgelegten Form und Frequenz wird der Auftraggeber über den Fortschritt des Testprozesses sowie die Qualität des Testobjekts in Kenntnis gesetzt. Das wesentlichste Produkt eines Testprozesses ist schließlich die Empfehlung zur Qualität und damit die Risikoempfehlung.

8.1.2 Die Vorbereitungsphase

Die Vorbereitungsphase beginnt so früh wie möglich nach der Festlegung des Testplans mit der möglichen Ausbildung des Testpersonals. Nachdem die Systemspezifikationen festgelegt, d.h. von den ersten groben Unzulänglichkeiten befreit sind, können die richtigen Vorbereitungsaktivitäten beginnen. Die Definition der Systemspezifikationen ist von wesentlicher Bedeutung; sie bilden schließlich die Grundlage sowohl für die Tester als auch für die Entwickler. In vielen Fällen kann der Zeitpunkt der Festlegung sehr lange auf sich warten lassen. Man strebt nach 100%igen Spezifikationen, die jedoch bedauerlicherweise (noch) nicht möglich sind. Die Versuchung ist groß, recht frühzeitig anzufangen. Davon ist stark abzuraten weil das Gefahr dann ist, daß man zu früh angefangen hat. Es geschieht zu häufig, daß zu »unreife« Testentwurf- und Implementierungsaktivitäten völlig neu durchgeführt werden müssen.

Die eigentliche Vorbereitung beginnt mit der Detailüberprüfung der Systemspezifikationen und der übrigen Dokumente, die als Testbasis dienen. Man erhält Einblick in die Testbarkeit, indem man beispielsweise die einheitliche Notierung, Trennbarkeit und Erkennbarkeit untersucht. Wenn man die Ergebnisse dieser Überprüfung nutzt, kann die Qualität der Testbasis gesteigert werden. Nach der Überprüfung wird die Testbasis (in Zusammenarbeit mit den Entwicklern) in voneinander unabhängige freigabebereite und testbare Systemteile unterteilt. Danach werden den verschiedenen Testeinheiten bestimmte Testtechniken zugewiesen, und es erfolgt eine zeitliche Einschätzung des künftigen Testaufwands.

8.1.3 Die Spezifikationsphase

Während der Spezifikationsphase werden die Testfälle spezifiziert und die dazugehörige Testinfrastruktur entworfen und realisiert. Die Schaffung der Testfälle erfolgt in zwei Schritten: dem logischen und dem konkreten Testentwurf. Sobald die Testbasis zur Verfügung steht, werden auf dieser Grundlage die (logischen) Testfälle spezifiziert (Testspezifikationen). Bei einem Testfall muß hier an die Beschreibung der Ausgangssituation, des Bearbeitungsprozesses und der Ergebnisvorhersage gedacht werden. In einem späteren Stadium, wenn mehr über die technische Durchführung bekannt ist, werden die logischen Testfälle in konkrete Testfälle umgesetzt (Testskripte). Bei diesem Prozeß wird auch der Inhalt der verschiedenen Eingabetestdateien, die konkreten Testschritte und das Sollergebnis definiert.

Parallel zum Testentwurf wird die Testinfrastruktur entworfen und soweit wie möglich realisiert (Hardware- und Software-Umgebungen usw.).

8.1.4 Die Testdurchführungsphase

Die Testdurchführungsphase beginnt, sobald die ersten testbaren Komponenten verfügbar sind. Hierzu sowie beispielsweise über die einzusetzende Testinfrastruktur sind in den vorigen Phasen entsprechende Vereinbarungen getroffen worden. Zunächst werden die freigegebenen Systemkomponenten auf Vollständigkeit geprüft und in die Testumgebung installiert. Danach wird kontrolliert, ob die Zusammensetzung zwischen Anwendungen und technischer Infrastruktur überhaupt funktioniert (Überprüfung). Um mit dem tatsächlichen Testen anfangen zu können, sind zunächst die Eingabetestdateien zu füllen, was eine sehr wichtige und präzise Aufgabe ist, die übrigens soweit wie möglich mit Hilfe echter Systemfunktionen ausgeführt wird. Eigentlich wird also bereits getestet.

Wenn sowohl die Anwendungen (als Teile davon), die Infrastruktur als auch die Ausgangsdateien fertiggestellt sind, werden die sogenannten Vorbereitungstests (oder Pre-Tests) durchgeführt, die die Funktion der Hauptaufgaben des zu testenden Objekts überprüfen sollen. Die Vorbereitungstests beantworten die Frage, ob die Qualität des zu testenden Objekts so gut ist, daß dem Objekt »gründlich auf den Zahn gefühlt werden kann«. Wenn die Vorbereitungstests mit gutem Ergebnis abgeschlossen sind, kann mit der richtigen Testdurchführung der entworfenen Testskripte begonnen werden. Diese Durchführung erfolgt auf der Grundlage der vereinbarten Teststrategie.

Der Unterschied zwischen dem Ergebnis des Tests und dem vom Tester vorausgesagten Ergebnis (Abweichung) kann einen Programmierfehler anzeigen, einen Fehler oder Unklarheiten in den Systemspezifikationen, einen Fehler in der Testinfrastruktur oder einen fehlerhaften Testfall. Welche dieser Möglichkeiten in Frage kommt, wird während der Begutachtungs- und Beurteilungsaktivitäten untersucht. Nach einer (eventuellen) Korrektur werden die Tests erneut durchgeführt usw.

Im Laufe der gesamten Testdurchführungsphase wird auf eine schnelle, zuverlässige Risikoberichterstattung Wert gelegt. Das Management darf erwarten, daß ihm die Risiken, die zu berücksichtigen sind, schnell und zuverlässig mitgeteilt werden. Man will folgendes wissen: Was ist von dem getestet worden, was vereinbart wurde? Was muß demnach noch getestet werden? Wie viele Fehler wurden gefunden? Welches sind die Trends? Kann ich die Tests beenden?

8.1.5 Die Abschlußphase

Nachdem der Testprozeß beendet ist, müssen noch einige Aktivitäten erfolgen, die im allgemeinen schlecht ausgeführt oder sogar vergessen werden. Die letzten Aktivitäten der Testdurchführung finden meistens unter großem Zeitdruck statt. Man macht Konzessionen bei den Verwaltungsverfahren, was als lästiges Symptom zur Folge hat, daß nach einer Übertragung eines Testobjekts garantiert Probleme auftreten, deren Lösung keinen Aufschub erlaubt (»postnataler Streß«). Diese Probleme müssen mit vereinten Kräften behoben werden; dabei spielt auch das Testpersonal eine wesentliche Rolle, beispielsweise im Zusammenhang mit auszuführenden Regressionstests. Aus diesem Zustand folgt, daß die Abschlußaktivitäten zu wenig Priorität erhalten; wenn hierfür keine Zeit und keine Mitarbeiter eingeplant werden, wird die Testware nicht konserviert, und das bedeutet letztendlich Kapitalvernichtung.

Während der Abschlußphase wird eine Auswahl unter der meist großen Menge an Testware, wie Testfällen, Testergebnissen und auch Beschreibungen der Testinfrastruktur sowie der eingesetzten Tools, getroffen. Das Ziel dabei ist, daß die Testware bei Änderungen und den darauffolgenden Wartungstests nur angepaßt zu werden braucht und nicht eine komplett neue Testserie entworfen werden muß.

Während dieser Phase wird der Testprozeß zudem evaluiert. Die bei den vorigen Phasen gesammelten Metriken und Bewertungen werden zu den Ergebnissen der Endbewertung hinzugefügt. Thema der Bewertung ist nicht nur die Produktqualität, sondern auch der Testprozeß. Nach der Bewertung, der Konservierung und dem Anbieten des Endberichts kann der Auftraggeber die Testorganisation entlasten.

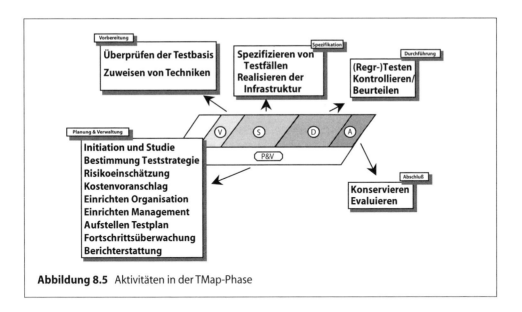

Abbildung 8.5 Aktivitäten in der TMap-Phase

8.2 Techniken

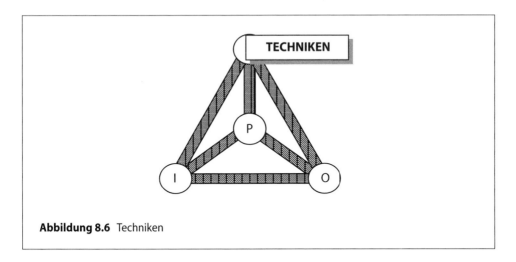

Abbildung 8.6 Techniken

TMap wird durch eine Vielzahl von Techniken unterstützt, die dem Testpersonal erprobte, universelle Vorgehensweisen und dem Management (und den Auditoren) die Möglichkeiten bietet, dem Testprozeß inhaltlich zu folgen.

Im Phasenmodell wird der Tester auf die anzuwendenden Techniken hingewiesen. Die verschiedenen Testtechniken können wie in Abbildung 8.7 unterteilt werden.

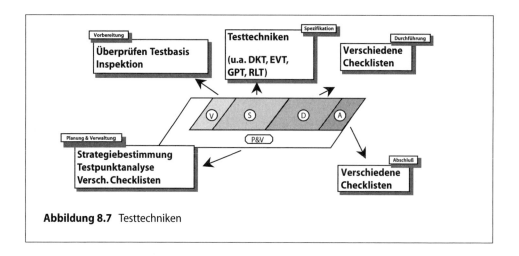

Abbildung 8.7 Testtechniken

Im folgenden werden einige (Gruppen von) Testtechniken kurz charakterisiert.

8.2.1 Strategiebestimmung

Die Bestimmung einer expliziten Teststrategie ist ein Instrument, um mit dem Auftraggeber (des Tests) Vereinbarungen über die Organisation und die strategischen Entscheidungen beim Testen zu treffen.

Der Auftraggeber eines Tests erwartet bestimmte Qualitäten, denen das freizugebende System entsprechen soll, und dabei kann es sich in jedem einzelnen Fall um andere Qualitäten handeln. Es ist von äußerster Bedeutung, mit dem Auftraggeber hierzu entsprechende Vereinbarungen zu treffen und diese anschließend, abhängig von seinen Ansprüchen, im Test umzusetzen.

Eine Risikoeinschätzung bildet die Grundlage für die Teststrategie, da es wichtig ist, den Testaufwand (d.h. Testabdeckung) optimal einzusetzen. Mit der Technik zur Strategiebestimmung wird analysiert, wieviel in einen Test investiert werden muß, damit das erforderliche Gleichgewicht zwischen der gewünschten Qualität und dem dafür notwendigen zeitlichen oder finanziellen Volumen gefunden wird.

8.2.2 Test-Spezifikationstechniken

Auf Grundlage der »Ausgangsinformationen« sind *Testfälle* zu spezifizieren. Ein elementarer Testfall besteht aus einer Ausgangssituation, dem Verarbeitungsprozeß und einer Ergebnisvoraussage.

Ein Testfall testet einen einzigen oder mehrere Qualitätsaspekte eines oder mehrerer (Teil-) Funktionen des zu testenden Systems. Zur Ableitung von Testfällen aus der Testbasis werden *Test-Spezifikationstechniken* verwendet. Auf der Grundlage der in der Strategie bestimmten Qualitätseigenschaften, der gewünschten Testintensität und der Struktur der Testbasis werden die Test-Spezifikationstechniken ausgewählt.

Eine Test-Spezifikationstechnik ist eine standardisierte Vorgehensweise, anhand derer Testfälle von Ausgangsinformationen (der Testbasis) abgeleitet werden können.

Beispiele für Test-Spezifikationstechniken sind u.a. der Datakombinationstest, der elementare Vergleichstest, der syntaktische und semantische Test.

Die individuellen Testfälle werden anschließend zu Testskripten gruppiert, die vorschreiben, welche Ausgangssituation und welche weiteren Aktionen und Evaluierungen für die Durchführung des Tests nacheinander zu erfolgen haben. Die Sammlung an Testskripten wird anschließend in einem Gesamttestablauf aufgenommen, wobei die Beziehung zur erforderlichen Testinfrastruktur hergestellt wird.

8.2.3 Checklisten

TMap bietet eine Vielzahl von Checklisten. Für die Phasen Planung & Verwaltung und Vorbereitung sind Checklisten verfügbar, die beispielsweise bei der Detailüberprüfung, der Risikoeinschätzung und der Definition der Randbedingungen, der Testeinrichtungen und der Infrastruktur von Nutzen sein können. Die »Checklisten Qualitätsmerkmale« (siehe Kapitel 17) unterstützen die Testspezifikation und die Testdurchführung sowohl bei den statischen als auch bei den dynamischen Tests. Beurteilungschecklisten helfen bei den Berichterstattungs- und Abschlußaktivitäten.

8.3 Infrastruktur und Tools

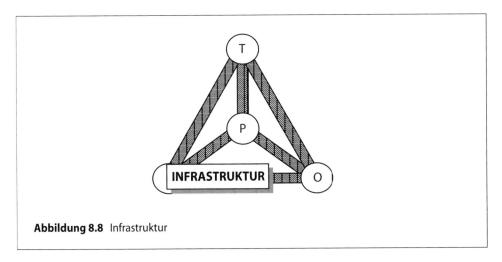

Abbildung 8.8 Infrastruktur

Die Infrastruktur für das Testen beinhaltet alle notwendigen Einrichtungen und Mittel, um den Anforderungen entsprechend testen zu können. Dabei kann zwischen Einrichtungen unterschieden werden, die erforderlich sind, um den Test gut durchführen zu können

(Testumgebung), Einrichtungen, die zur Unterstützung der Testdurchführung gebraucht werden (Test-Tools), und – was auch nicht unwichtig ist – die Büroeinrichtung.

Die »Auswahl« der Infrastruktur für die Tests ist in den meisten Fällen keine echte Auswahl, sondern eine feststehende Tatsache. Es *ist* eine Testumgebung, es *sind* Test-Tools und es *sind* Arbeitsplätze für das Testen vorhanden. Meistens besteht nur die Möglichkeit, kleinere Anpassungen an die vorhandene Infrastruktur und die Einrichtung der Testdateien vorzunehmen. Außerdem ist der Aufbau der Infrastruktur stark von der vorhandenen Rechnerplattform und von der Firmenorganisation abhängig. Daher muß TMap in diesem Rahmen allgemein bleiben und kann nur einige Hinweise geben.

8.3.1 Testumgebung

Traditionell stehen für das Testen drei Testumgebungen zur Verfügung: die Laborumgebung für die Low-Level-Tests, die (besser) verwaltbaren Systemtestumgebungen und die »produktionsnahen« Umgebungen für die Abnahmetests.

Die Low-Level-Tests stellen ganz andere Anforderungen an die Infrastruktur als beispielsweise der Produktions-Abnahmetest: Welche Qualitätsmerkmale werden getestet? Ist eine offizielle Regelung getroffen worden, oder ist das komplette Volumen der Produktion erforderlich (»produktionsnahe« Tests)? Oder ist zur Gewährleistung der Kontinuität des Testprozesses die Möglichkeit einer raschen Anpassung des Testobjekts das Wichtigste?

Diese Fragen sind bereits in einem frühen Stadium des Testprozesses zu beantworten, schon alleine deshalb, weil die Durchlaufzeiten im allgemeinen nicht gering sind. Die Rechenzentren, die den Testern diese Einrichtungen zur Verfügung stellen, müssen rechtzeitig und vollständig über die »Bestellung« informiert werden. Zur Vermeidung von Enttäuschungen ist es dringend zu empfehlen – oder sogar notwendig –, bei der Formulierung dieser »Bestellung« einen Mitarbeiter des Rechenzentrums einzuschalten.

8.3.2 Test-Tools

Die Entwicklung und das Marketing von Test-Tools haben in den letzten Jahrzehnten einen mächtigen Aufschwung erhalten; Anwendungsbereiche und Vielfalt der Test-Tools haben enorm zugenommen. Test-Tools können anhand der Aktivitäten (und somit der TMap-Phasen) unterteilt werden, die sie unterstützen.

Bei der *Planung und Überwachung des Fortschritts* können die gleichen Hilfsmittel verwendet werden wie bei jedem anderen Prozeß, beispielsweise Planungs-Software, Spreadsheets und Programme zur Risikoanalyse.

Bei der *Durchführung und Beurteilung* der Tests können vielerlei Arten von Test-Tool eingesetzt werden, beispielsweise Tools, die eine Testsitzung »aufnehmen« können, so daß diese hinterher automatisch noch einmal abgespielt werden kann (Record & Playback), und Tools, die Testergebnisse automatisch mit Ergebnissen voriger Testsitzungen vergleichen (Comparator).

Bei den *übrigen Phasen* stehen Tools zur Verfügung, die beispielsweise Unterstützung leisten beim Laden und Verwalten von Testdatenbanken, der Übertragung und Verwaltung von Software bzw. Dokumentationen sowie bei der Erfassung von Abweichungen und der Sammlung und Präsentation von Kennziffern (Metriken).

8.3.3 Büroeinrichtung

Der Testprozeß, von der Planung bis zum Abschluß, erfordert eine passende Arbeitsumgebung. Das erscheint eine Selbstverständlichkeit, jedoch stellt sich in der Praxis häufig heraus, daß die Tester ihre Schreibtische und PCs entweder nicht rechtzeitig einnehmen können oder mit anderen Kollegen teilen müssen.

8.4 Organisation

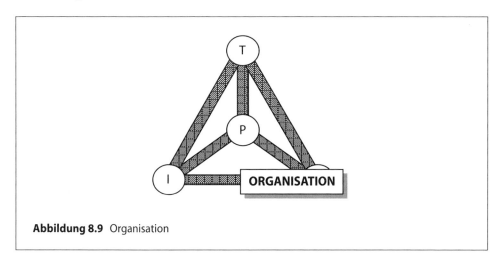

Abbildung 8.9 Organisation

Jeder Testprozeß, dessen Organisation eine unzureichende Qualität aufweist, läuft unweigerlich auf ein Fiasko hinaus. Die Beteiligung vieler verschiedener Unternehmensbereiche (siehe Abb. 8.10), die gegensätzlichen Interessen, die Unvorhersehbarkeit, die komplizierten Verwaltungsaufgaben, der Mangel an Erfahrung(-szahlen) und der Zeitdruck führen dazu, daß die Einrichtung und die Verwaltung der Testorganisation keine einfache Aufgabe ist.

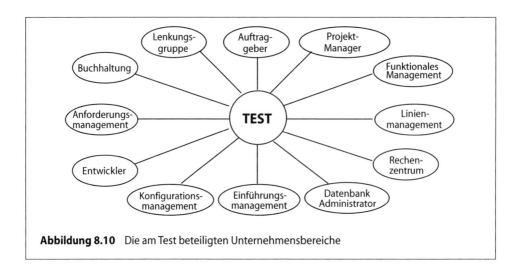

Abbildung 8.10 Die am Test beteiligten Unternehmensbereiche

Folgende Aspekte müssen bei der Organisation des strukturierten Testens beachtet werden:

- Betrieblicher Testprozeß
- Strukturelle Testorganisation
- Testmanagement
- Personal & Ausbildungen

8.4.1 Der betriebliche Testprozeß

Es ist wichtig, auf Abteilungs- oder Projektebene, wo die Testprozesse tatsächlich stattfinden, eine flexible und gleichzeitig stabile Organisationsform auszuwählen. Dies erfordert vom (Test-)Management Taktgefühl, Geduld und ein Gefühl für Timing. Die Einrichtung der Funktionen und der Verwaltungsmittel muß ständig mit dem Fortschritt und der Qualität des Systementwicklungsprozesses abgestimmt werden, dessen Element der Testprozeß ist. Zu frühe oder zu späte Beteiligung von Personal oder beispielsweise Installation von Hilfsmitteln sind klassische Problembereiche bei Testprozessen.

Eine betriebliche Testorganisation beinhaltet viele verschiedene Funktionen. Abhängig von der Teststufe und beispielsweise dem Umfang des Testobjekts haben eine oder mehrere Person(en) diese Funktionen inne. Manchmal besteht ein Testteam aus einem einzigen Teilzeitbeschäftigten, während bei größeren Projekten das Testteam 20 bis 30 Mitarbeiter umfassen kann. Die wichtigsten Testfunktionen sind: Testen, Testmanagement und Verwaltung. TMap empfiehlt, die High-Level-Tests im Projektverband auszuführen (Testteam). Wichtig ist, daß in einer betrieblichen Testorganisation die richtige Mischung aus Sachkenntnissen gewährleistet ist:

- Kenntnisse und Fähigkeiten im Testen
- Funktionale Kenntnisse des Testobjekts
- Kenntnisse und Erfahrungen in der Verwaltung und Überwachung von Tests
- Kenntnisse der technischen Infrastruktur und Test-Tools

8.4.2 Die strukturelle Testorganisation

Auch die Einrichtung und Verwaltung der strukturellen Testorganisation ist von einer Vielzahl von Faktoren abhängig, beispielsweise von der Entwicklung der Automatisierung, der Größe der Organisation und selbstverständlich von den Anforderungen, die die Organisation an die Informationsbeschaffung stellt.

Die Testfunktionen sind zu unterteilen in solche, die Voraussetzungen schaffen, und solche, die den Einsatz betreffen. Zu den Voraussetzung schaffenden Funktionen gehören beispielsweise Aufstellung der Testvorschriften, Koordination der Testprozesse, Testmanagement sowie methodische und technische Unterstützung. Häufig sind die Aufgaben zur Testregulierung und Überprüfung einer Abteilung Qualitätssicherung bzw. Methoden & Techniken zugeteilt. In anderen Fällen gibt es auch eine spezielle Testabteilung, und gelegentlich ist das entsprechende Aufgabengebiet nur auf Abteilungs- oder Projektebene eingerichtet. Kurz: *Für Testen existiert keine allgemeingültige Organisationsform.*

8.4.3 Testmanagement

Management bedeutet soviel wie *Verwaltung, Betreuung, Kontrolle.* Damit ist sehr typisch die Funktion des Managements in einem Testprozeß wiedergegeben. Eines der wesentlichsten Probleme eines Testprozesses ist, daß alles, sogar die Umgebung, sich ständig verändert. Diese gesamten Änderungen müssen verwaltet und betreut werden, um am Ende des Prozesses eine Qualitätsbewertung mit hohem Aussagekraft über das Testobjekt formulieren zu können.

Innerhalb des Testprozesses können drei Verwaltungsformen unterschieden werden:

- Verwaltung des Testprozesses
- Verwaltung der Testinfrastruktur
- Verwaltung der Testprodukte

Abhängig von der ausgewählten Organisationsform findet das Management ganz oder zum Teil auf einer Betriebsebene (Abteilungs- oder Projektebene) oder auf der Ebene der strukturellen Organisation statt. Manche Verwaltungsaufgaben, beispielsweise die Verwaltung des Testobjekts bzw. der Testbasis können im Prinzip außerhalb (des Testprozesses) erledigt werden.

Die Verwaltungsaufgaben werden grundsätzlich jedem zugewiesen, der bei einem Testprozeß beteiligt ist. Bei der Verwaltung von Testprozessen ist es wichtiger, die richtige persönliche Einstellung oder Umgangsweise zu haben, als einer Menge von Vorschriften zu folgen.

8.4.4 Personal & Ausbildungen

Das Testen hat sich in den letzten Jahrzehnten immer weiter entwickelt und ist mit vergleichbaren Bereichen in der Informatik zu einem eigenen Fachgebiet geworden. Der stets zunehmende Bedarf an guten Tests und die damit einhergehenden Entwicklungen auf dem Testgebiet erfordern spezielle Kenntnisse und Erfahrungen und ebensolche Ausbildungen.

Das bedeutet nicht, daß das Testen nur denen vorbehalten ist, die darauf spezialisiert sind. Ein Anwender, ein Systemadministrator oder ein Entwickler kann oder muß neben seinen primären Aufgaben auch Tests durchführen können. Die Mitarbeiter in einem Testteam kommen aus vielen verschiedenen Bereichen, und sie bringen alle, zum Teil als Teilzeitkraft, ihre eigenen Sachkenntnisse ein. Hinreichendes Engagement von Testspezialisten ist dabei sehr wesentlich, sowohl im Bereich des Testmanagements als auch der Testtechniken. Die Personalbesetzung für das Testen erfordert ein breites Engagement des (Test-) Managements.

Die Funktionsanforderungen stellen hohe Ansprüche an Kenntnisse und Fähigkeiten von Testern. Ein Ausbildungsprogramm für Testpersonal muß natürlich auch testspezifische Komponenten wie Testmanagement und Testtechniken beinhalten und zudem noch allgemeine Kenntnisse über Qualitätssicherung und Systementwicklung vermitteln. Ferner darf der Aspekt »soziale Fähigkeiten« keineswegs fehlen.

Testausbildungen werden derzeit umfangreich angeboten. Wie für viele andere Ausbildungen gilt auch für das Testen, daß eine Mischung aus Theorie und Praxis eine Grundvoraussetzung ist. Testmitarbeiter sind am besten vorbereitet, wenn nach einer kurzen theoretischen Einführung eine adäquate Ausbildung am Arbeitsplatz stattfindet.

9 Phasenmodell für High-Level-Tests

9.1 Einleitung

Sowohl der Systemtest als auch der Abnahmetest gehören zu den High-Level-Tests. Man kann sie gleichsam als individuelle Prozesse betrachten (und somit auch organisieren), die jeweils nach ihrem eigenen Phasenmodell verlaufen. Es handelt sich um Prozesse, die parallel zum Entwicklungsprozeß stattfinden und während der Erstellung der funktionalen Systemspezifikationen beginnen müssen. Das in diesem Kapitel erläuterte Phasenmodell stammt von TMap und bezieht sich auf den Kernbereich »Phasenmodell«, Ebene B des TPI-Modells.

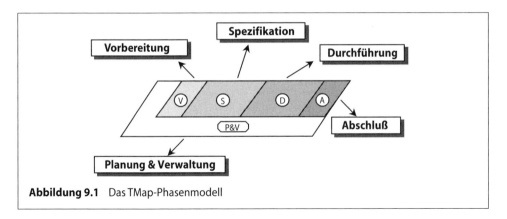

Abbildung 9.1 Das TMap-Phasenmodell

9.2 Phase Planung & Verwaltung

9.2.1 Ziel

In einem Testplan wird festgelegt, *wie*, von *wem*, *womit* und *wann* die Testaktivitäten ausgeführt werden. Anschließend befassen sich die Aktivitäten mit der Koordinierung, Überwachung und Verwaltung des Testprozesses und zielen auf die Ermittlung der Qualität des Testobjekts. Anhand von periodischen und sogenannten Ad-hoc-Berichten wird der Auftraggeber informiert.

9.2.2 Randbedingungen

Folgende Voraussetzungen müssen erfüllt sein, bevor mit der Phase »Planung & Verwaltung« begonnen werden kann:

- Eine Organisation für den Systementwicklungsprozeß muß eingerichtet sein.
- Falls für den gesamten Testprozeß ein Mastertestplan aufgestellt wurde, ist dieser anzuwenden.
- Einblick in die (Freigabe-)Planung des Systementwicklungsprozesses
- Informationen über die Entwicklungsumgebung
- Für die Definition der Testumgebung sind Informationen über die künftige Produktionsumgebung erforderlich.
- Einblick in die Arbeitsweise bei der Aufstellung der Entwurfsdokumentation (Systementwicklungsmethode)

9.2.3 Arbeitsweise

Die Phase »Planung & Verwaltung« beginnt während der Systemspezifikationsphase oder der Phase des Fachkonzepts. Im Laufe dieser Phase wird mit Hilfe eines Testplans die Grundlage für den Testprozeß geschaffen.

Nach der Festlegung des Testauftrags werden die vorhandene System- und Projektdokumentation, die Anforderungen an das System in bezug auf die Funktionalität und Qualität, die Organisation des Systementwicklungsprozesses, die verfügbaren Erfahrungen und Kenntnisse im Testbereich und – im Zusammenhang mit dem Abnahmetest – die Benutzerorganisation ermittelt. Anschließend wird die Teststrategie bestimmt, anhand derer festgestellt wird, welche Eigenschaften des Systems mit Hilfe des Tests beurteilt, welche Eigenschaften in den Mittelpunkt gestellt, welche Systemelemente am meisten berücksichtigt werden und welche etwas weniger usw. Das Ziel ist: *Erreichen des optimalen Deckungsgrades (oder Coverage) an der richtigen Stelle!* Außerdem wird die Einrichtung der Organisation, der (freizugebenden) Testprodukte, der Infrastruktur und deren Verwaltung angeregt; ferner wird eine (allgemeine) Planung aufgestellt. Auf der Grundlage der vorigen Aktivitäten wird der Testplan zusammengestellt und festgelegt. Obwohl diese Aktivitäten in einer bestimmten Reihenfolge beschrieben worden sind, ist es durchaus möglich, daß einige Aktivitäten mehrmals und in einer anderen Reihenfolge durchlaufen werden. Wenn z.B. der Auftraggeber die abgegebene Planung nicht akzeptiert, so muß vielleicht mehr Personal eingesetzt oder die Strategie angepaßt werden.

Die Aktivitäten dieser Phase, nachdem der Testplan festgeschrieben worden ist, werden im Laufe des gesamten Testprozesses durchgeführt und haben die Koordinierung, Überwachung und Verwaltung des Testprozesses zum Ziel sowie die Beschaffung von Informationen über die Qualität des Testobjekts. Während des Testprozesses wird für jede Testphase ein Detailplan aufgestellt und geführt.

Entsprechend der im Testplan festgelegten Form und Frequenz und auf Wunsch ad hoc wird der Auftraggeber über den Fortschritt des Testprozesses sowie die Qualität des Testobjekts in Kenntnis gesetzt.

9.2.4 Aktivitäten

Die Phase »Planung & Verwaltung« besteht aus folgenden Aktivitäten:

1. Auftragsformulierung
2. Allgemeine Überprüfung und Untersuchung
3. Festschreibung der Systemdokumentation
4. Bestimmung der Teststrategie
5. Einrichten der Organisation
6. Einrichten der Dokumentation
7. Definition der Infrastruktur
8. Einrichten der Verwaltung
9. Bestimmung der Planung
10. Festlegung des Testplans

Folgende Aktivitäten finden im Rahmen der Koordinierung, Überwachung und Verwaltung des Testprozesses statt:

11. Aktualisierung des Testplans
12. Durchführung der Verwaltung
13. Berichterstattung
14. Bestimmung der Detailplanung

Abbildung 9.2 stellt die Reihenfolge und die Abhängigkeiten zwischen den verschiedenen Aktivitäten dar.

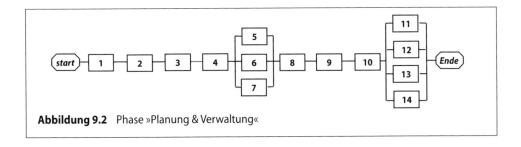

Abbildung 9.2 Phase »Planung & Verwaltung«

9.2.5 Auftragsformulierung

9.2.5.1 Ziel

Die Auftragsformulierung verfolgt drei Ziele: In erster Linie wird festgelegt, wer der Auftraggeber und wer der Auftragnehmer ist. Anschließend wird der Betrachtungsbereich und das Ziel des Testprozesses ermittelt, und zum Schluß werden die Ausgangspunkte und Randbedingungen für den Testprozeß bestimmt.

9.2.5.2 Arbeitsweise

Folgende Aspekte werden festgelegt:

- *Auftraggeber*
  Der Erteiler des Testauftrags und somit auch derjenige, an den Bericht erstattet wird

- *Auftragnehmer*
  Der für die Durchführung des Testauftrags Verantwortliche; im folgenden mit »Testmanagement« bezeichnet

- *Betrachtungsbereich*
  Die Abgrenzung des Auftrags, beispielsweise:
  – Einmalige Identifizierung des zu testenden IT-Systems
  – Schnittstellen mit angrenzenden Systemen
  – Migration
  – Die Verwaltungsorganisation
    Es ist ebenfalls wichtig festzustellen, was *nicht* zum Betrachtungsbereich des Testauftrags gehört.

- *Ziel*
  Das Ziel des Testprozesses, beispielsweise:
  – Die freizugebenden Produkte
  – Die zu testenden Qualitätsaspekte und eine fundierte Empfehlung in Hinblick auf:
    – Funktionalität
    – Wartbarkeit nach der Inbetriebnahme
    – Möglichkeiten zur Integration in die Verwaltungsorganisation
    – Leistungsaspekte
    – usw.

- *Randbedingungen*
  Unter Randbedingungen werden jene Bedingungen beschrieben, die dem Testprozeß »extern« auferlegt werden, wie beispielsweise:
  – *Festes Enddatum*
    Zum Zeitpunkt der Erteilung des Testauftrags steht häufig bereits ein Enddatum für die Freigabe des zu testenden IT-Systems fest.
  – *Planungen*
    Zum Zeitpunkt der Auftragserteilung stehen häufig bereits die Planungen für die Freigabe der Systemdokumentation, des Testobjekts und die Infrastruktur fest.

- *Verfügbare Ressourcen*
  Der Auftraggeber hat vielfach Grenzen für das verfügbare Personal, die Mittel, das Budget und die Zeit gestellt.
- *Ausgangspunkte*
  Unter Ausgangspunkten werden die Bedingungen beschrieben, die vom Testprozeß ausgehend Dritten auferlegt werden, dazu gehören beispielsweise:
  - *Unterstützung bei der Systemdokumentation*
    Während des Testprozesses besteht der Bedarf an Unterstützung bei Fragen bzw. Unklarheiten in bezug auf die Systemdokumentation.
  - *Unterstützung beim Testobjekt*
    Wenn während der Durchführung des Tests Fehler auftreten, müssen Vereinbarungen darüber getroffen sein, auf welche Weise der Zulieferer des Testobjekts Hilfestellung leistet. Häufig wird der Zulieferer gebeten, sofort mit den Korrekturarbeiten zu beginnen, sobald störende Fehler auftreten, die den Fortschritt des Testprozesses behindern. Dabei muß übrigens die Anzahl der Versionen des Testobjekts, das in der Testumgebung installiert wird, beschränkt bleiben.
  - *Unterstützung im Zusammenhang mit der Infrastruktur*
    In den meisten Fällen sind bei der Infrastruktur spezielle Kenntnisse im Zusammenhang mit der Einrichtung einer technischen Infrastruktur erforderlich, die der künftigen Produktionsumgebung so weit wie möglich ähnelt.
  - *Änderungen der Systemdokumentation*
    Der Testprozeß ist über die durchgeführten Änderungen zu informieren. Oftmals bedeutet dies ganz einfach den Anschluß an vorhandene Verfahren innerhalb des Systementwicklungsprozesses.

Im Laufe des weiteren Planungsprozesses werden die Randbedingungen und Ausgangspunkte weiter ausgearbeitet.

9.2.5.3 Produkte

Die im Testplan festgelegte Auftragsformulierung.

9.2.5.4 Techniken

Checkliste »Randbedingungen und Ausgangspunkte« (Kapitel 18.3).

9.2.6 Allgemeine Überprüfung und Untersuchung

9.2.6.1 Ziel

Das Ziel dieser Aktivität besteht darin, Informationen zu erhalten über die verfügbaren System- und Projektdokumente, die Bedingungen an das System in bezug auf Funktionalität und Qualität, die Organisation des Systementwicklungsprozesses, die verfügbaren Erfahrungen und Kenntnisse im Testbereich und – im Zusammenhang mit dem Abnahmetest – über die Benutzerorganisation.

9.2.6.2 Arbeitsweise

Die Arbeitsweise beinhaltet folgende Teilaktivitäten:

- Untersuchung der verfügbaren Dokumentation
- Führen von Gesprächen

9.2.6.2.1 Untersuchung der verfügbaren Dokumentation

Die zur Verfügung stehende Dokumentation wird untersucht. Bezieht sich der Testprozeß auf einen Regressionstest oder erneuten Test, wird auch geprüft, ob Testware dafür besteht und eingesetzt werden kann.

9.2.6.2.2 Führen von Gesprächen

Mit den verschiedenen am Systementwicklungsprozeß Beteiligten werden Gespräche geführt. Man denke dabei an:

- Die Auftraggeber (oder deren Vertreter), um sowohl Einblick in die Betriebszielsetzungen und die »Betriebskultur« als auch in die Zielsetzungen und die strategische Bedeutung des Systems zu erhalten
- Die Sachverständigen aus der Benutzerorganisation, um Informationen über die Funktionalität des Systems zu bekommen
- Das Rechenzentrum, um Einblick in die (künftige) Produktionsumgebung des IT-Systems zu erhalten
- Den Lieferanten der Systemdokumentation, des Testobjekts und der Infrastruktur, um in einem frühen Stadium bereits eine Abstimmung zwischen den verschiedenen beteiligten Parteien zu erzielen
- Tester aus dem Projekt oder aus der Testabteilung, um sich einen Überblick über die verfügbaren Erfahrungen und Kenntnisse im Testbereich zu verschaffen

Ferner empfiehlt es sich, indirekt Beteiligte, wie z.B. die Buchhaltung, das Management für die Inbetriebnahme oder die künftige Wartungsorganisation, zu Rate zu ziehen.

9.2.6.3 Produkte

Eine Mappe mit dem gesammelten Material und den Gesprächsberichten.

9.2.6.4 Techniken

Checkliste »Allgemeine Untersuchung des Informationssystems« (Kapitel 18.2).

9.2.7 Festschreibung der Systemdokumentation

9.2.7.1 Ziel

Ziel dieser Aktivität ist die eindeutige Definition der Systemdokumentation und der Ausgangsdokumentation.

9.2.7.2 Arbeitsweise

Die Arbeitsweise beinhaltet folgende Teilaktivitäten:

- Bestimmung der relevanten Dokumentation
- Identifizierung der Dokumentation

9.2.7.2.1 Bestimmung der relevanten Dokumentation

Zur richtigen Durchführung des Tests und Einhaltung des Testauftrags muß bekannt sein, welchen Bedingungen das System bei der Funktionalität und Qualität entsprechen muß. Alle Dokumente, in denen diese Bedingungen skizziert sind, werden in die *Testbasis* aufgenommen. Außerdem werden für den Planungsprozeß noch weitere Dokumentationen wie beispielsweise die folgenden benutzt:

- Eine Funktionspunktezählung, falls diese für den Testprozeß die Basis für die Aufwandsschätzung und die Planung bildet
- Die Planungen des Lieferanten der Testbasis, des Testobjekts und der Infrastruktur
- Die zur Verfügung gestellte und untersuchte Dokumentation (siehe auch die Aktivität »allgemeine Überprüfung und Untersuchung«)

9.2.7.2.2 Identifizierung der Dokumentation

Bei diesem Schritt ist soweit wie möglich die Identifizierung der relevanten Dokumentation festzustellen. Hierbei sind insbesondere Aspekte wie Freigabedatum, Version, Status usw. zu berücksichtigen.

9.2.7.3 Produkte

Die im Testplan festgelegte Testbasis und alle anderen Dokumente.

9.2.7.4 Techniken

Nicht zutreffend

9.2.8 Bestimmung der Teststrategie

9.2.8.1 Ziel

Es wird festgelegt, auf welche Weise und wie intensiv getestet wird. Tatsächlich findet hier eine Optimierung dahingehend statt, die verfügbaren Ressourcen richtig über die auszuführenden Testaktivitäten zu verteilen. Anschließend wird für den Testprozeß – ausgehend von der Strategie – eine fundierte (Stunden-)Planung erstellt.

9.2.8.2 Arbeitsweise

Die Auftragsformulierung wird in eine konkrete Vorgehensweise für den Testprozeß umgesetzt.

Die Arbeitsweise umfaßt folgende Teilaktivitäten:

- Strategiebestimmung
- Erstellung eines Aufwandsschätzung

9.2.8.2.1 Strategiebestimmung

Die zur Erstellung einer Teststrategie erforderlichen Schritte sind im folgenden kurz beschrieben (siehe Kapitel 13 »Strategiebestimmung«).

- *Bestimmung der Qualitätsmerkmale*
  Im Einvernehmen mit dem Auftraggeber und möglichen anderen Beteiligten werden die Qualitätsmerkmale festgelegt, die der Test zu überprüfen hat. Die ausgewählten Qualitätsmerkmale sind während des Testprozesses dem Auftraggeber mitzuteilen.

- *Bestimmung der relativen Bedeutung der Qualitätsmerkmale*
  Auf der Grundlage der Ergebnisse des vorigen Schrittes wird angegeben, was die relative Bedeutung der ausgewählten Qualitätsmerkmale zu einander ist.

- *Unterteilung der Teilsysteme*
  Das IT-System wird bei diesem Schritt in Teilsysteme unterteilt, um die Bedeutung der verschiedenen Teilsysteme festzustellen. Nicht alle Teilsysteme müssen mit der gleichen Intensität getestet werden.

- *Bestimmung der relativen Bedeutung der Systemelemente*
  Auf der Grundlage des vorigen Schrittes wird angegeben, welches die relative Bedeutung der verschiedenen Teilsysteme ist.

- *Detaillieren Testbedeutung pro Teilsystem und Qualitätsmerkmal*
  In diesem Schritt wird die Bedeutung der Qualitätsmerkmal/Teilsystem-Kombination angegeben.

- *Feststellung der einzusetzenden Testtechniken*
  Als letzter Schritt bei der Teststrategie werden Testtechniken ausgewählt, anhand derer die festgelegten Qualitätsmerkmale und Teilsysteme getestet werden. Testtechniken

umfassen sowohl die Test-Spezifikationstechniken oder Testfall-Ermittlungstechniken als auch die Checklisten.

9.2.8.2.2 Erstellung eines Kostenvoranschlags

Ausgehend von der Strategie und unter Berücksichtigung der verfügbaren Ressourcen wird ein fundierter Kostenvoranschlag für den Testprozeß aufgestellt. In der Regel wird man hier auf möglicherweise bereits vorhandene und aus Erfahrung bekannte Zahlen oder Faustregeln zurückgreifen. Ein Hilfsmittel, das ebenfalls verwendet werden kann und das an die Technik der Strategiebestimmung anschließt, ist die Testpunktanalyse (siehe Kapitel 14).

Die High-Level-Tests umfassen etwa 30% bis 40% des gesamten Aufwands, dessen es für die Erstellung eines Fachkonzepts bis zur Inbetriebnahme bedarf. Etwa 10–15% sind für die Durchführung des Systemtests erforderlich, und etwa 20–25% benötigt die Durchführung des Abnahmetests.

Weil ein Testprozeß viele Unsicherheiten kennt, ist zu erwägen, hierzu einen Posten »Unvorhergesehenes« im Budget zu reservieren. Dieser Posten sollte im allgemeinen etwa 10–15% des Testbudgets betragen.

9.2.8.3 Produkte

Die im Testplan festgelegte Strategie einschließlich des dazugehörigen Kostenvoranschlags;
Testpunktanalyse, festgelegt im Testplan.

9.2.8.4 Techniken

Strategiebestimmung (Kapitel 13)
Testpunktanalyse (Kapitel 14)

9.2.9 Einrichtung der Organisation

9.2.9.1 Ziel

Bei dieser Aktivität wird festgelegt, wie die Organisation des Testprozesses eingerichtet wird: Funktionen, Aufgaben, Befugnisse, Verantwortlichkeiten, Verhandlungsstrukturen und Hierarchie der Berichterstattung. Ferner wird untersucht, ob Fortbildungen erforderlich sind.

9.2.9.2 Arbeitsweise

Eine detaillierte Beschreibung der Testorganisation und aller relevanten Aspekte ist in den Kapiteln 23 und 24 enthalten. Die Arbeitsweise umfaßt folgende Teilaktivitäten:

- Bestimmung der erforderlichen Funktionen

- Zuweisung von Aufgaben, Befugnissen und Verantwortlichkeiten

- Beschreibung der Organisation
- Einteilung der Mitarbeiter
- Ermittlung von Ausbildungsbedarf
- Festlegung der Verhandlungsstrukturen
- Festlegung der Hierarchie der Berichterstattung

9.2.9.2.1 Bestimmung der erforderlichen Funktionen

Bestimmt wird, welche der möglichen Testfunktionen notwendig sind, um den Testprozeß ordentlich ausführen zu können (siehe Kapitel 23, »Testfunktionen«). Folgende Testfunktionen sind bei der Einrichtung des Testprozesses wesentlich:

- Tester
- Testmanagement
- Methodische Unterstützung
- Technische Unterstützung
- Fachliche Unterstützung
- Management

9.2.9.2.2 Zuweisung von Aufgaben, Befugnissen und Verantwortlichkeiten

Den Testfunktionen (oder Rollen) werden die spezifischen Aufgaben, Befugnisse und Verantwortlichkeiten innerhalb des Testprozesses zugewiesen, und anschließend werden sie beschrieben. Die Aufgaben beziehen sich auf die Aktivitäten, die in diesem Phasenmodell aufgeführt sind. Die Befugnisse und Verantwortlichkeiten betreffen die anstehenden Entscheidungen innerhalb des Testprozesses, beispielsweise:

- Aktualisierung eines Testplans
- Erstellung bzw. Anpassung von Detailplänen
- Genehmigung von Testspezifikationen, Testskripten, Testabläufen usw.
- Beginn oder Beendigung von Testaktivitäten (beispielsweise aufgrund von unzureichender Qualität der Systemdokumentation, des Testobjekts oder der Infrastruktur)
- Einsatz/Kosten von (zusätzlichem) Testpersonal
- Kategorisierung von gefundenen Abweichungen
- Eventuelle Durchführung von externen Prüfungen
- Beginn einer neuen Version der Systemdokumentation bzw. des Testobjekts

9.2.9.2.3 Beschreibung der Organisation

Beschrieben werden der Zusammenhang zwischen den verschiedenen Testfunktionen innerhalb des Testteams sowie die Beziehungen mit den anderen beteiligten Parteien innerhalb des Systementwicklungsprozesses (siehe Kapitel 24, »Organisationsstruktur«, und Abbildung 9.3).

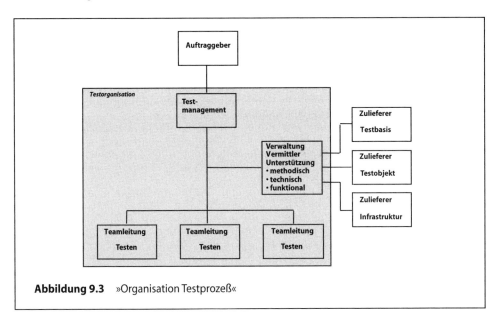

Abbildung 9.3 »Organisation Testprozeß«

9.2.9.2.4 Einteilung der Mitarbeiter

Nachdem festgestellt ist, welche Testfunktionen innerhalb des Testprozesses zu erfüllen sind, werden die entsprechenden Mitarbeiter eingestellt. Dabei werden selbstverständlich die unterschiedlichen Fähigkeiten der verfügbaren Mitarbeiter sowie die für die verschiedenen Testfunktionen notwendigen Kenntnisse und Fähigkeiten berücksichtigt (siehe auch Kapitel 23, »Testfunktionen«). Übrigens kann eine Person durchaus mehrere Funktionen erfüllen, wobei jedoch Sorgfalt beim Zusammenbringen mehrerer Verantwortlichkeiten zu wahren ist!

9.2.9.2.5 Ermittlung von Ausbildungsbedarf

Anhand der Strategiebestimmung wurde festgelegt, auf welche Weise getestet wird. Sollte das engagierte Personal das Testkonzept oder die anzuwendenden Testtechniken nur in unzureichendem Maße beherrschen, so hat eine entsprechende Ausbildung stattzufinden. In der Planung des Testprozesses ist die jeweils erforderliche Zeit hierfür mit einzukalkulieren. Auch ist es empfehlenswert, den nicht am Testprozeß direkt Beteiligten, wie Projekt- oder Abteilungsmanagement, durch eine Präsentation die Bedeutung des strukturierten Testens zu vermitteln.

9.2.9.2.6 Festlegung der Verhandlungsstrukturen

Beschrieben werden hier die Verhandlungsstrukturen, die für ein optimales Funktionieren der Testorganisation erforderlich sind. Man denke hierbei sowohl an die internen Verhandlungen, wie die Team-/Arbeitsbesprechungen und die Testteam-/Abteilungsbesprechungen, als auch die externen Besprechungen, wie die Projekt- oder Managementverhandlungen, das Analyseforum bzw. die Problemverwaltung und das Entscheidungsforum bzw. die Änderungenverwaltung und das Eskalationsverfahren.

9.2.9.2.7 Festlegung der Hierarchie in der Berichterstattung

Beschrieben werden hier die unterschiedlichen Berichterstattungshierarchien, -formen und -häufigkeit (Empfehlung: wöchentlich). Dazu gehören sowohl die internen als auch die externen Berichte über den Fortschritt und die Qualität.

9.2.9.3 Produkte

Im Testplan festgelegte Testorganisation.

9.2.9.4 Techniken

Nicht zutreffend

9.2.10 Einrichtung der Dokumentation

9.2.10.1 Ziel

Das Ziel dieser Aktivität ist die eindeutige Definition der (freizugebenden) Testprodukte.

9.2.10.2 Arbeitsweise

Die Einrichtung der Testprodukte umfaßt folgende Teilaktivitäten:

- Ermittlung der Testprodukte
- Aufstellen von Richtlinien

9.2.10.2.1 Ermittlung der Testprodukte

Anhand der Auftragsformulierung und der Strategiebestimmung werden die freizugebenden Testprodukte ermittelt. Folgende Testprodukte werden unterschieden:

- *Testware*
  Unter Testware wird sämtliche Testdokumentation verstanden, die während des Testprozesses erstellt wird, zu Führungszwecken eingesetzt werden kann und daher übertragbar und aktualisierbar sein muß. Testware umfaßt u.a. folgendes:
  – Testplan
  – Logische Testspezifikationen

- Physikalische (konkrete) Testspezifikationen
- Testablauf
- Testeingabedateien und Testausgabe
- Testspezifikations- und Testausgabemappe

- *Übrige Testdokumentation*
  Während des Testprozesses erhält oder erstellt man u.a. folgende Dokumente:
  - Projektpläne
  - Protokolle der Besprechungen (mit Beschluß- und Aktivitätenlisten)
  - Korrespondenz
  - Memos
  - Richtlinien
  - Berichte über Fortschritt und Qualität

Anhand einer kurzen Beschreibung werden Inhalt und Ziel der verschiedenen Produkte bzw. Dokumente angegeben.

9.2.10.2.2 Aufstellen von Richtlinien

Für die Testprodukte werden die Richtlinien, beispielsweise Vereinbarungen über Bezeichnungen, bestimmt. Es empfiehlt sich, hierbei die allgemein innerhalb des Systementwicklungsprozesses gültigen Richtlinien für Dokumentationen einzuhalten. Falls möglich werden sogenannte »Templates« (Schablonen) für die verschiedenen Dokumente angefertigt, die dem Testteam zur Verfügung gestellt werden.

9.2.10.3 Produkte

Eine Beschreibung der freizugebenden Testprodukte einschließlich der im Testplan festgelegten Richtlinien;
Schablonen (Templates) für die verschiedenen Dokumente.

9.2.10.4 Techniken

Nicht zutreffend

9.2.11 Definition der Infrastruktur

9.2.11.1 Ziel

Diese Aktivität zielt darauf, bereits in einem frühen Stadium die für den Testprozeß erforderliche Infrastruktur festzustellen. Die Infrastruktur setzt sich aus Testumgebung, Test-Tools und der Büroeinrichtung zusammen.

9.2.11.2 Arbeitsweise

Die Arbeitsweise umfaßt folgende Teilaktivitäten:

- Definition der Testumgebung
- Definition der Test-Tools
- Definition der Büroeinrichtung
- Festlegung der Infrastrukturplanung

9.2.11.2.1 Definition der Testumgebung

Die erforderliche Testumgebung wird in groben Umrissen definiert. Die Testumgebung besteht aus Einrichtungen, die für eine Durchführung des Tests erforderlich sind, und ist von der Systementwicklungsumgebung sowie der künftigen Produktionsumgebung abhängig (siehe Kapitel 22, »Testumgebungen«). Für den Testprozeß ist es wesentlich, daß einige spezifische Bedingungen festgelegt werden. Man denke hierbei beispielsweise an eine Bereitstellung mehrerer logischer Umgebungen für das Testteam, so daß Tests parallel zueinander und konkurrenzlos verlaufen können, oder an ein manipulierbares Systemdatum oder an die Darstellung (inwiefern ähnelt die Testumgebung der künftigen Produktionsumgebung?) usw.

Fast immer bestehen Unterschiede zwischen der Testumgebung und der künftigen Produktionsumgebung. Die dadurch hervorgerufenen Risiken und die eventuell zu treffenden Maßnahmen werden beschrieben.

9.2.11.2.2 Definition der Test-Tools

Die erforderlichen Test-Tools werden kurz definiert. Test-Tools können den Testaktivitäten in Hinsicht auf Planung und Verwaltung, Aufbau der Ausgangsdateien, Testdurchführung und Beurteilung (siehe Kapitel 21, »Test-Tools«) Unterstützung leisten.

9.2.11.2.3 Definition der Büroeinrichtung

Die erforderliche Büroeinrichtung wird in groben Zügen festgelegt. Hierbei handelt es sich um Büroeinrichtung im weitesten Sinne, denn auch die Tester müssen ihre Arbeit unter den besten Bedingungen ausführen können.

9.2.11.2.4 Festlegung der Infrastrukturplanung

Für alle benötigten Elemente der Infrastruktur wird bestimmt, wer für die weitere Ausarbeitung, Auswahl und den Erwerb zuständig ist. Vereinbarungen werden festgelegt, und es wird ein Plan aufgestellt, anhand dessen abgelesen werden kann, wann dem Testteam was zur Verfügung gestellt werden kann.

9.2.11.3 Produkte

Die im Testplan festgelegte Beschreibung der erforderlichen Infrastruktur einschließlich der Planung.

9.2.11.4 Techniken

Nicht zutreffend

9.2.11.4.1 Hinweis:

Es kann geschehen, daß die erforderliche Infrastruktur nicht zur Verfügung gestellt werden kann: Entweder sind die Kosten für die angegebene Lösung zu hoch, oder die angegebene Lösung ist technisch nicht realisierbar oder nicht rechtzeitig fertig. In diesen Fällen werden die Konsequenzen für den Testprozeß ermittelt. Das kann möglicherweise zu einer Anpassung des Testauftrags führen, da sich herausstellt, daß einige Tests nicht mehr möglich sind. Selbstverständlich wird der Auftraggeber davon in Kenntnis gesetzt, und es werden Alternativen und eventuell zu treffende Maßnahmen erwogen.

9.2.12 Einrichten der Verwaltung

9.2.12.1 Ziel

Das Ziel dieser Aktivität besteht in der Festlegung, auf welche Weise die Verwaltung des Testprozesses, der Infrastruktur und der Testprodukte erfolgt.

9.2.12.2 Arbeitsweise

Die Arbeitsweise umfaßt folgende Teilaspekte:

- Testprozeßverwaltung
- Infrastrukturverwaltung
- Testproduktverwaltung
- Dokumentation der Abweichungen

9.2.12.2.1 Testprozeßverwaltung

Das Testprozeßmanagement zielt auf die Überwachung des Testprozesses und der Qualität des Testobjekts. Innerhalb des Testprozeßmanagements werden somit folgende Elemente bzw. Aspekte unterschieden:

- Fortschritt
- Qualität
- Statistiken
- Berichterstattung

Folgende Hauptaufgaben müssen definiert werden:

- *Erfassung, Verwaltung, Lagerung und Interpretation:*
  - Fortschritt und Verwendung von Budget und Zeit
  - Qualitätsindikatoren
  - Teststatistiken

- *Berichterstattung*

9.2.12.2.2 Infrastrukturverwaltung

Die Testinfrastruktur ist in drei Gruppen von Einrichtungen unterteilt:

- Testumgebung
- Test-Tools
- Büroeinrichtung

Die auszuführenden technischen Managementaufgaben sind Teil der Funktion der technischen Unterstützung. Bei der Ausführung dieser Aufgaben gibt erforderlichenfalls der Zulieferer oder beispielsweise das Rechenzentrum die notwendige Hilfestellung.

9.2.12.2.3 Testproduktverwaltung

Es ist wichtig, daß die verschiedenen Testprodukte gut voneinander unterschieden und auf eindeutige Weise verwaltet werden. Unterschieden werden externe und interne Produkte. Im Rahmen dieser Aktivität ist ein Verfahren zum Testproduktmanagement aufzustellen.

9.2.12.2.4 Dokumentation der Abweichungen

Während des Testens werden zwei Arten von Abweichungen festgestellt: interne Fehler (ein Testfehler) und externe Fehler (der Fehler liegt außerhalb des Tests). Es ist ein Verfahren zu entwickeln, anhand dessen sämtliche Fehler behandelt und verwaltet werden können. Besondere Aufmerksamkeit sind den Befugnissen und Verantwortlichkeiten innerhalb des Verfahrens zu widmen.

9.2.12.3 Produkte

Eine im Testplan festgelegte Beschreibung der verschiedenen Managementprozesse.

9.2.12.4 Techniken

Nicht zutreffend

9.2.13 Bestimmung der Planung

9.2.13.1 Ziel

Das Ziel dieser Aktivität ist die Aufstellung eines allgemeinen Plans für den gesamten Testprozeß und eines Detailplans für die Vorbereitungsphase.

9.2.13.2 Arbeitsweise

Die Arbeitsweise umfaßt folgende Teilaktivitäten:

- Aufstellen der allgemeinen Planung
- Aufstellen der Kostenplanung
- Aufstellen der Detailplanung für die Vorbereitungsphase

9.2.13.2.1 Aufstellen der allgemeinen Planung

Anhand des aufgestellten (Stunden-)Rahmens, der verfügbaren Mittel und Ressourcen sowie der Freigabeschemata der verschiedenen Zulieferer wird eine allgemeine Planung für den weiteren Testprozeß durchgeführt. Sowohl das engagierte Personal (siehe Aktivität »Einrichten der Organisation«) als auch die freizugebenden Produkte (siehe Aktivität »Definition der Testprodukte«) werden den auszuführenden Aktivitäten innerhalb des Testprozesses zugewiesen.

Für die Verteilung der Stunden über die verschiedenen Phasen kann die in Abbildung 9.4 dargestellte Faustregel angewandt werden.

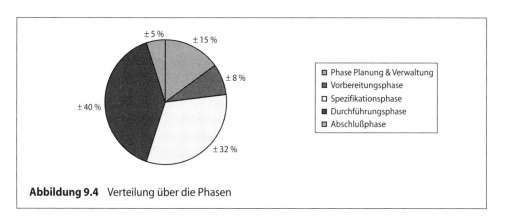

Abbildung 9.4 Verteilung über die Phasen

Die Planung wird – abhängig von der innerhalb der Organisation üblichen Arbeitsweise – beispielsweise anhand einer Netzwerkplanung oder eines Balkendiagramms dargestellt.

9.2.13.2.2 Aufstellen der Kostenplanung

Die finanziellen Konsequenzen der Entscheidungen, die innerhalb der bislang durchgeführten Aktivitäten getroffen worden sind, werden aufgelistet. Folgende Verteilung hat sich dabei als sehr geeignet herausgestellt:

- *Personal*
  Die Kosten für die ausgewählte Organisation und das engagierte Personal (siehe Aktivität »Einrichten der Organisation«) sind zu bestimmen. Hierzu zählen neben dem Einsatz von gemietetem Personal (externe Kapazitäten) auch die Kosten für das »eigene« Personal.

- *Infrastruktur*
  Kalkuliert werden hier die Kosten, die mit der ausgewählten Infrastruktur für den Testprozeß einhergehen (siehe Aktivität »Definition der Infrastruktur«).

9.2.13.2.3 Aufstellen der Detailplanung für die Vorbereitungsphase

Für die Vorbereitungsphase wird eine Detailplanung aufgestellt. In diese Detailplanung werden mindestens folgende Aspekte aufgenommen:

- Auszuführende Aktivitäten (je Teilsystem)
- Beziehungen zu und Abhängigkeiten von anderen Aktivitäten (innerhalb oder außerhalb des Testprozesses)
- Zeitaufwand je Aktivität
- Verfügbare Durchlaufzeit
- Freizugebende Produkte
- Durchführender Mitarbeiter

9.2.13.3 Produkte

Die im Testplan festgelegte Planung für den gesamten Testprozeß; Detailplanung für die Vorbereitungsphase.

9.2.13.4 Techniken

Nicht zutreffend

9.2.14 Festlegung des Testplans

9.2.14.1 Ziel

Das Ziel dieser Aktivität ist die Festlegung der Ergebnisse der bislang ausgeführten Aktivitäten sowie die Genehmigung der gewählten Vorgehensweise von seiten des Auftraggebers.

9.2.14.2 Arbeitsweise

Die Arbeitsweise umfaßt folgende Teilaktivitäten:

- Feststellung der Risiken und Maßnahmen
- Festlegung des Testplans
- Aufstellung des Änderungsverfahrens für den Testplan
- Genehmigung des Testplans

9.2.14.2.1 Feststellung der Risiken und Maßnahmen

Es ist erforderlich, im Testplan die möglichen Gefahren für den Testprozeß zu benennen. Diese können sich u.a. auf folgendes beziehen:

- *Durchführbarkeit*
  Inwieweit sind die aufgestellte Testplanung und die Planungen der verschiedenen Zulieferer durchführbar und realistisch?

- *Testbarkeit*
  Inwieweit reicht die erwartete Qualität der Systemdokumentation für den durchzuführenden Testprozeß?

- *Stabilität*
  In welchem Maße wird die Systemdokumentation im Laufe des Testprozesses Änderungen unterworfen?

- *Erfahrung*
  In welchem Maße reicht die Erfahrung bzw. die Ausbildung des einzusetzenden Testteams aus, um den Testprozeß ordentlich durchführen zu können?

Im Testplan wird je Risikobereich angegeben, welche Maßnahmen getroffen worden sind. Man denke hierbei an präventive Maßnahmen zur Vermeidung von Risiken, eventuell jedoch auch an Prüf- und Beurteilungsmaßnahmen zur vorzeitigeren Feststellung von Risiken.

9.2.14.2.2 Festlegung des Testplans

Die Ergebnisse der bislang durchgeführten Aktivitäten werden im Testplan festgelegt. Der Testplan beinhaltet folgende Themen:

- Auftragsformulierung
- Systemdokumentation
- Strategie
- Organisation
- Testprodukte

- Infrastruktur
- Management
- Planung
- Risiken und Maßnahmen

Anlage(n)

- Änderungsverfahren in bezug auf den Testplan
- Fundierung der Aufwandsschätzung, eventuell anhand der ausgeführten Testpunktanalyse

Eine Zusammenfassung für das Management, in der Strategie, Planung, Kostenvoranschlag, Risiken und Maßnahmen grob skizziert werden, ist möglich. Sie ist sinnvoll, wenn der Testplan sehr umfangreich geworden ist oder die Zielgruppe des Testplans neben dem Auftraggeber auch noch beispielsweise aus einer Lenkungsgruppe oder dem allgemeinen Management besteht.

9.2.14.2.3 Aufstellung des Änderungsverfahrens für den Testplan

Im Zusammenhang mit dem genehmigten Testplan wird ein Änderungsverfahren aufgestellt. In diesem Verfahren werden sowohl die Kriterien als auch die Zuständigkeiten für die Änderung des Testplans ausgearbeitet.

9.2.14.2.4 Genehmigung des Testplans

Der Testplan wird dem Auftraggeber zur Genehmigung vorgelegt. Es empfiehlt sich, die Genehmigung offiziell bestätigen zu lassen, indem man sie sowohl vom Testmanagement als auch vom Auftraggeber unterzeichnen läßt. Außerdem kann eine Präsentation, beispielsweise für die Lenkungsgruppe und die unterschiedlichen beteiligten Parteien, zum Erlangen einer Genehmigung und – was mindestens genauso wichtig ist – zu einer höheren Akzeptanz innerhalb der Organisation beitragen.

9.2.14.3 Produkte

Der Testplan, einschließlich der Anlagen.

9.2.14.4 Techniken

Checkliste »Risiken Testprojekt« (Kapitel 18.4);

9.2.15 Aktualisierung des Testplans

9.2.15.1 Ziel

Ziel dieser Aktivität ist es, den Testplan und die (allgemeine) Planung auf dem neusten Stand zu halten.

9.2.15.2 Arbeitsweise

Die Aktualisierung des Testplans erfolgt dann, wenn eine Änderung stattfindet, die gemäß den festgelegten Kriterien zu einer Anpassung des Testplans führt. Die Planung wird dann aktualisiert, wenn eine Verzögerung oder eine Beschleunigung Konsequenzen für die allgemeine Planung hat.

Die Arbeitsweise umfaßt folgende Teilaktivitäten:

- Anpassung des Testplans und/oder der Teststrategie
- Aktualisierung der Planung

9.2.15.2.1 Anpassung des Testplans und/oder der Teststrategie

Änderungen im Testplan beeinflussen nahezu alle auszuführenden Aktivitäten im Testprozeß. Theoretisch werden die Aktivitäten »Auftragsformulierung« bis »Festlegung des Testplans« erneut durchgeführt. Speziell die Teststrategie wird manchmal geändert. Ein guter Grund für Strategieänderungen ist, daß bestimmte Tests mehr oder gerade weniger Abweichungen liefern als erwartet. Es wird dann jeweils beschlossen, zusätzliche Tests zu spezifizieren und auszuführen oder die geplanten Tests nur beschränkt oder sogar gar nicht mehr zu verwenden. Ein schlechter Grund für eine Strategieänderung wäre, wenn auf Tests verzichtet werden würde, um Kostenüberschreitung oder Zeitverzug im Entwicklungsprozeß kompensieren zu wollen.

Die Änderungen werden in einer neuen Version des Testplans oder in einer Ergänzung festgelegt, die dem Auftraggeber erneut zur Genehmigung vorgelegt wird. Es liegt in der Verantwortung des Testmanagers, die Konsequenzen der Änderungen mit dem Auftraggeber abzustimmen.

9.2.15.2.2 Aktualisierung der Planung

Die meisten bestehenden und zu erwartenden Änderungen beziehen sich auf die Planung. Gründe für die Aktualisierung einer Planung können u.a. sein:

- Verzögerte/beschleunigte Freigabe der Systemdokumentation
- Verzögerte/beschleunigte Freigabe des Testobjekts
- Verzögerte/beschleunigte Verfügbarkeit der Infrastruktur
- Schlechtere/bessere Qualität der Systemdokumentation
- Schlechtere/bessere Qualität des Testobjekts
- Unzureichende Verfügbarkeit des Testpersonals
- Unzureichende Kenntnisse und Fachwissen im Testteam
- Niedrigere/höhere Produktivität des Testteams
- Übermäßige Veränderungen im Personalbestand
- Übermäßige Funktionsänderungen in der Systemdokumentation und dem Testobjekt

Falls die Konsequenzen einer Neuplanung zu einer Verzögerung des Freigabedatums führen, werden alle beteiligten Parteien darüber informiert, und es wird erforderlichenfalls ihre Zustimmung eingeholt. Es kann ebenfalls geschehen, daß aufgrund der durchgeführten Änderungen eine Anpassung des Testauftrags bzw. der Teststrategie notwendig ist.

9.2.15.3 Produkte

Geänderter Testplan
Angepaßte Testplanung

9.2.15.4 Techniken

Abhängig von den (neu) durchzuführenden Aktivitäten in der Phase »Planung & Verwaltung«.

9.2.16 Durchführung der Verwaltung

9.2.16.1 Ziel

Ziel dieser Aktivität ist die Verwaltung des Testprozesses, der Infrastruktur und der Testprodukte, um einen kontinuierlichen Einblick in den Fortschritt des Testprozesses und in die Qualität des Testobjekts zu gewährleisten.

9.2.16.2 Arbeitsweise

Ein gutes Management ist eine Randbedingung für einen guten Testprozeß. Schließlich bildet es die Grundlage für die Überwachung des Fortschritts und der Berichterstattung im Zusammenhang mit der Qualität des Testobjekts.

Entsprechend der im Testplan festgelegten Verfahren werden drei unterschiedliche Formen der Verwaltung durchgeführt: Verwaltung des Testprozesses, der Infrastruktur und der Testprodukte (siehe Aktivität »Einrichten der Verwaltung«).

9.2.16.3 Produkte

Ein kontrollierter Testprozeß

9.2.16.4 Techniken

Nicht zutreffend

9.2.17 Berichterstattung

9.2.17.1 Ziel

Ziel dieser Aktivität ist die Aufstellung von Berichten, um sowohl Informationen über den Fortschritt des Testprozesses als auch über die Qualität des Testobjekts zu vermitteln.

9.2.17.2 Arbeitsweise

In regelmäßigen Abständen und auf Wunsch ad hoc wird über den Fortschritt des Testprozesses und die Qualität des Testobjekts berichtet. Im Testplan sind im Punkt »Management« die Form und die Häufigkeit der Berichterstattung festgelegt.

Die Arbeitsweise umfaßt folgende Teilaktivitäten:

- Aufstellen des Fortschritts- und Qualitätsberichts
- Aufstellen des Ad-hoc-Berichts

9.2.17.2.1 Aufstellen des Fortschritts- und Qualitätsberichts

Es wird entsprechend des im Testplan festgelegten Verfahrens berichtet. Der Fortschritts- und Qualitätsbericht beinhaltet Informationen über den aktuellsten Berichtszeitraum und zusammengefaßte Informationen über den gesamten Testprozeß. Ein solcher Bericht kann aus folgenden Elementen bestehen:

- Was ist von dem bereits getestet, was im Testplan angegeben ist?
- Was ist noch zu testen?
- Sind Trends im Zusammenhang mit der Qualität des Testobjekts und den Abweichungen festzustellen?

9.2.17.2.2 Ad-hoc-Bericht

Neben den periodischen und strukturellen Berichten können der Auftraggeber oder andere Beteiligte einen Ad-hoc-Bericht verlangen. Die Erfassung des Fortschritts und der Qualität muß so erfolgen, daß ein Bericht in einem kurzen Zeitraum (meistens ein Arbeitstag) erstellt werden kann.

9.2.17.3 Produkte

Fortschritts- und Qualitätsbericht
Ad-hoc-Bericht

9.2.17.4 Techniken

Nicht zutreffend

9.2.18 Bestimmung der Detailplanung

9.2.18.1 Ziel

Ziel dieser Aktivität ist die Aufstellung und Aktualisierung einer Detailplanung für die verschiedenen Phasen: Vorbereitung, Spezifikation, Durchführung und Abschluß.

9.2.18.2 Arbeitsweise

In die Detailplanung für jede Phase werden mindestens folgende Aspekte aufgenommen:

- Durchzuführende Aktivitäten (je Testeinheit, siehe Aktivität »Definition Testeinheiten« in Abschnitt 9.3.6)
- Beziehungen zu und Abhängigkeiten von anderen Aktivitäten (innerhalb oder außerhalb des Testprozesses)
- Zeitaufwand je Aktivität
- Erforderliche und verfügbare Durchlaufzeit
- Freizugebende Produkte
- Durchführender Mitarbeiter

9.2.18.3 Produkte

Detailplanung für jede Phase

9.2.18.4 Techniken

Nicht zutreffend

9.3 Vorbereitungsphase

9.3.1 Ziel

Das wichtigste Ziel in der Vorbereitungsphase ist die Ermittlung, ob die Systemdokumentation qualitativ ausreichend ist, um die Testfälle zu spezifizieren und auszuführen (Testbarkeit).

9.3.2 Randbedingungen

Folgende Bedingung muß erfüllt sein, bevor mit der Vorbereitungsphase begonnen werden kann:

- Die Systemdokumentation muß verfügbar und festgeschrieben sein.

9.3.3 Arbeitsweise

Nachdem die Systemdokumentation zur Verfügung gestellt worden ist, wird mit der Detailüberprüfung begonnen. Man erhält Einblick in die Testbarkeit, indem man beispielsweise die einheitliche Notierung, Konsistenz und Vollständigkeit untersucht. Nach der Überprüfung wird das IT-System in testbare Einheiten (Testeinheiten) eingeteilt, und es werden den verschiedenen Testeinheiten bestimmte Testtechniken zugewiesen. Ausgangspunkt dabei ist immer die bereits in einem früheren Stadium definierte Teststrategie. Schließlich wird die Definition der Infrastruktur, wie im Testplan festgelegt, erforderlichenfalls in eine Detailspezifikation umgesetzt.

9.3.4 Aktivitäten

Bei der Vorbereitungsphase werden folgende Aktivitäten unterschieden:

1. Detailüberprüfung der Testbasis
2. Definition der Testeinheiten
3. Zuweisung der Test-Spezifikationstechniken
4. Spezifikation der Infrastruktur

Abbildung 9.5 stellt die Reihenfolge und die Abhängigkeiten zwischen den verschiedenen Aktivitäten dar.

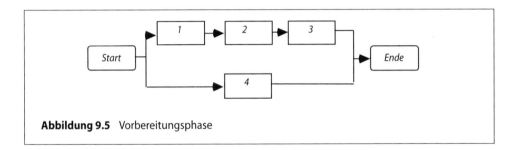

Abbildung 9.5 Vorbereitungsphase

9.3.5 Detailüberprüfung der Testbasis

9.3.5.1 Ziel

Die Detailüberprüfung hat das Ziel, die Testbarkeit der Systemdokumentation festzustellen. Unter Testbarkeit wird hier die Vollständigkeit, Konsistenz und Zugänglichkeit der Systemdokumentation und die Umsetzbarkeit auf Testfälle verstanden.

9.3.5.2 Arbeitsweise

Die Arbeitsweise umfaßt folgende Teilaktivitäten:

- Durchführung der Detailüberprüfung
- Aufstellen des Testbarkeitsberichts

9.3.5.2.1 Durchführung der Detailüberprüfung

Die Detailüberprüfung ist im folgenden kurz erläutert. Eine eingehendere Beschreibung findet sich in Kapitel 16, »Detailüberprüfung der Testbasis«.

- *Bestimmung der relevanten Dokumentation*
  Festgestellt wird, ob die im Testplan aufgenommene Definition der Systemdokumentation noch richtig ist. Sollten sich zwischenzeitlich Änderungen ergeben haben, so ist der Testplan anzupassen. Letztendlich muß das Testteam selbstverständlich über die richtige (Version der) Systemdokumentation verfügen.

- *Aufstellen von Checklisten*
  Anhand der im Testplan festgestellten Teststrategie werden Checklisten für die unterschiedlichen Teilsysteme erstellt. Diese Checklisten bilden die Richtschnur für die Beurteilung der Systemdokumentation.

- *Beurteilung der Dokumentation*
  Die Testbasis wird anhand der erstellten Checklisten beurteilt, damit man Informationen über die Einsatzmöglichkeiten der festgelegten Teststrategie und den damit verbundenen Testtechniken erhält. Wenn die Testbasis nicht den Anforderungen entspricht, muß der Auftraggeber den Zulieferer der Testbasis so schnell wie möglich darüber in Kenntnis setzen, damit dieser umgehend für weitergehende Erklärungen, Verbesserungen der festgestellten Mängel bzw. für die Beseitigung von Unklarheiten sorgen kann. Die Erfassung und Meldung dieser Ermittlung erfolgt anhand der im Punkt »Management« des Testplans festgelegten Verfahren.

9.3.5.2.2 Aufstellen des Testbarkeitsberichts

Auf der Grundlage der Beurteilungsergebnisse der Systemdokumentation wird der »Testbarkeitsbericht« erstellt, in dem die Schlußfolgerungen in bezug auf die Testbarkeit festgelegt werden. Eventuell wird für jedes einzelne Dokument der Systemdokumentation festgelegt, welche Abweichungen (Befunde) das Testteam ermittelt hat.

9.3.5.3 Produkte

Abweichungen in der Systemdokumentation
Testbarkeitsbericht

9.3.5.4 Techniken

Detailüberprüfung der Testbasis (Kapitel 16)
Inspektion (Kapitel 19)

9.3.6 Definition der Testeinheiten

9.3.6.1 Ziel

Um das Testen größerer Systeme verwaltbar und überprüfbar zu gestalten, sind die zu testenden Teilsysteme in verschiedene Testeinheiten zu unterteilen. Diese Testeinheiten müssen unabhängig voneinander getestet werden können.

9.3.6.2 Arbeitsweise

Die Arbeitsweise im Zusammenhang mit der Definition von Testeinheiten umfaßt folgende Teilaktivitäten:

- Bestimmung der Testeinheiten
- Aufstellen der Testeinheitenmatrix

9.3.6.2.1 Bestimmung der Testeinheiten

Im Laufe dieser Teilaktivität wird für jedes Teilsystem beurteilt, welche Transaktionen innerhalb des jeweiligen Teilsystems einen logischen Zusammenhang aufweisen bzw. stark voneinander abhängig sind. Beispielsweise kann eine Änderungsfunktion in Kombination mit einer Eingabefunktion getestet werden. Schließlich müssen Daten, die zu ändern sind, zunächst einmal eingegeben werden. Jedoch gelten auch hier bestimmte Einschränkungen. Wenn die miteinander zusammenhängenden Transaktionen zu groß sind, kann ein Zusammenfügen zur Folge haben, daß die Testeinheiten *zu* umfangreich werden. Dadurch wird die Spezifikation von Testfällen ein schwieriger Prozeß, bei dem man die Übersicht verlieren kann.

9.3.6.2.2 Aufstellen der Testeinheitenmatrix

Für jedes Teilsystem wird angegeben, aus welchen Testeinheiten sich das Teilsystem zusammensetzt. Diese Untergliederung wird vorzugsweise in einer Testeinheitenmatrix festgelegt:

IT-System	Testeinheiten
Teilsystem 1	Testeinheit 1 Testeinheit 2 Testeinheit 3 usw.
Teilsystem 2	Testeinheit 1 Testeinheit 2

9.3.6.3 Produkte

Testeinheitenmatrix

9.3.6.4 Techniken

Nicht zutreffend

9.3.7 Zuweisung der Test-Spezifikationstechniken

9.3.7.1 Ziel

Auf der Basis der festgestellten Teststrategie und der Unterteilung in Testeinheiten erfolgt eine Detaillierung der Teststrategie, wonach eine Zuweisung von Test-Spezifikationstechniken an Testeinheiten stattfinden kann.

9.3.7.2 Arbeitsweise

Die Eigenschaften der Testeinheiten und die Merkmale der in der Teststrategie ausgewählten Test-Spezifikationstechniken bilden die Basis für eine Detaillierung der Teststrategie. Es wird eine Matrix erstellt, in der für jede Testeinheit die anzuwendenden Test-Spezifikationstechniken aufgenommen sind. Es ist selbstverständlich erlaubt, mehrere Techniken je Testeinheit anzuwenden, jedoch unter Berücksichtigung der Eigenschaften der Test-Spezifikationstechniken. Die während der vorigen Aktivität erstellte Testeinheitenmatrix kann um die Spalte »Test-Spezifikationstechniken« erweitert werden.

Informationssystem	Testeinheiten	Test-Spezifikationstechniken
Teilsystem 1	Testeinheit 1	Datenkombinationstest
	Testeinheit 2	Syntaktischer Test
	Testeinheit 3	Elementarer Vergleichstest
	usw.	Elementarer Vergleichstest
Teilsystem 2	Testeinheit 1	Geschäftsprozeßtest
	Testeinheit 2	Geschäftsprozeßtest
		Syntaktischer Test

9.3.7.3 Produkte

Testeinheitenmatrix, einschließlich Test-Spezifikationstechniken.

9.3.7.4 Techniken

Nicht zutreffend

9.3.8 Spezifikation der Infrastruktur

9.3.8.1 Ziel

Die Definition der Infrastruktur wird dort, wo notwendig, zu einer Spezifikation ausgearbeitet, in der die erforderliche Infrastruktur bis ins Detail beschrieben wird.

9.3.8.2 Arbeitsweise

Anhand der im Testplan aufgenommenen Definition der Infrastruktur wird ermittelt, ob eine eingehendere Spezifizierung und Detaillierung erforderlich ist. Es handelt sich hierbei insbesondere um die Testumgebung und die Test-Tools. Auf der Grundlage der Gespräche mit den in der Organisation vorhandenen Sachverständigen bzw. den einzelnen Zulieferern stellt die technische Unterstützung fest, ob die Definition angepaßt oder detailliert werden muß.

Die mit den Zulieferern getroffenen Vereinbarungen werden festgelegt, und es wird eine Detailplanung im Zusammenhang mit den verschiedenen Freigaben der Infrastruktur aufgestellt.

9.3.8.3 Produkte

Detailspezifikation Infrastruktur

9.3.8.4 Techniken

Nicht zutreffend

9.4 Spezifikationsphase

9.4.1 Einleitung

In der Spezifikationsphase werden die Testfälle vorbereitet, und es wird für den Aufbau der Infrastruktur gesorgt.

9.4.2 Randbedingungen

Folgende Bedingungen sind zu erfüllen, bevor mit der Spezifikationsphase begonnen werden kann:

- Die Systemdokumentation muß verfügbar und festgelegt sein.
- Die Abweichungen aus der Detailüberprüfung der Systemdokumentation müssen verarbeitet sein.
- Für die Definition der Ausgangsdateien steht eine Beschreibung der Realisierung zur Verfügung.
- Zum Aufstellen des Testablaufs steht das Freigabeschema des Testobjekts und der Infrastruktur zur Verfügung.

9.4.3 Arbeitsweise

Während der Spezifikationsphase werden die Testfälle ermittelt, und es wird die dazugehörige Infrastruktur gebildet. Die Schaffung von Testfällen erfolgt für jede Testeinheit anhand der zugewiesenen Test-Spezifikationstechniken. Sobald die Testbasisbefunde aus der Detailüberprüfung beantwortet und bearbeitet sind, werden die Testfälle abgeleitet und in Testspezifikationen festgelegt. Während dieses Prozesses wird auch der Inhalt der verschiedenen initialen Datenbanken definiert. Schließlich werden die in den Testspezifikationen ermittelten Testfälle in eine ausführbare Reihenfolge in die Testskripte umgesetzt. Die Bereitstellung der Infrastruktur, wie in der Detailüberprüfung der Infrastruktur beschrieben, erfolgt parallel zu der Schaffung der Testfälle.

9.4.4 Aktivitäten

Bei der Spezifikationsphase werden folgende Aktivitäten unterschieden:
1. Aufstellen der Testspezifikationen
2. Definition der Ausgangsdateien
3. Aufstellen der Testskripte
4. Aufstellen des Testablaufs
5. Ermittlung der Überprüfung des Testobjekts/der Infrastruktur
6. Realisierung der Infrastruktur

Abbildung 9.6 stellt die Reihenfolge und die Abhängigkeiten zwischen den verschiedenen Aktivitäten dar.

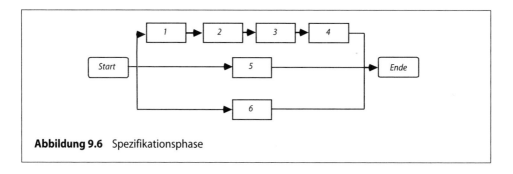

Abbildung 9.6 Spezifikationsphase

9.4.5 Aufstellen der Testspezifikationen

9.4.5.1 Ziel

Ziel dieser Aktivität ist die Aufstellung der Testspezifikationen bzw. der Testfälle je Testeinheit.

9.4.5.2 Arbeitsweise

Zur Ableitung der Testfälle aus der Systemdokumentation werden Test-Spezifikationstechniken eingesetzt, anhand derer die Testfälle auf eindeutige und wiederholbare Weise erstellt werden können. Ein Testfall besteht aus einer Beschreibung der Ausgangssituation, des Verarbeitungsprozesses und einer Ergebnisvoraussage.

Es ist zu erwägen, für die konkrete Umsetzung der Testfälle (Teile der) Echtdaten zu nutzen. Dies kann Zeit sparen. In Kapitel 22, »Testumgebungen«, werden die jeweiligen Vor- und Nachteile eingehender erläutert.

Während der Ermittlung der Testfälle sind ferner Vereinbarungen im Zusammenhang damit zu treffen, daß unterschiedliche Testfälle nicht die gleichen Daten verwenden (Konkurrenz). Wenn bei einen Testfall »Löschen der Auftragszeile« und bei einem anderen gerade »Ändern der Auftragszeile« getestet wird, so ist die Wahrscheinlichkeit groß, daß die Testfälle einander im Wege stehen. Eine Lösung hierfür bietet die Vereinbarung von einmaligen Nummernserien, in diesem Fall Auftragsnummern, innerhalb derer die Testspezifizierer arbeiten müssen. Damit ist das Risiko einer Konkurrenz erheblich verringert.

Die Testspezifikationen werden entsprechend der im Testplan festgelegten Richtlinien aufgestellt und nach Abschluß übertragen und verwaltet. Es ist möglich, daß während dieser Aktivität Mängel bzw. Unklarheiten in der Systemdokumentation festgestellt werden. Es ist selbstverständlich wichtig, daß der Auftraggeber diese dem Zulieferer der Systemdokumentation so schnell wie möglich mitteilt, so daß dieser umgehend für eine Verbesserung bzw. eine Klärung der festgestellten Mängel bzw. Unklarheiten sorgen kann. Die Erfassung und Meldung dieser Befunde erfolgt anhand der im Punkt »Management« des Testplans festgelegten Verfahrens.

9.4.5.3 Produkte

Abweichungen in der Systemdokumentation
Testspezifikationen

9.4.5.4 Techniken

Test-Spezifikationstechniken (Kapitel 15)

9.4.6 Definition der Ausgangsdateien

9.4.6.1 Ziel

Ziel dieser Aktivität ist die Sammlung der in den Testspezifikatonen beschriebenen initialen Daten und die zentrale Definition der erforderlichen Ausgangsdateien.

9.4.6.2 Arbeitsweise

Bei den Testspezifikationen werden für jede Testeinheit gesondert die erforderlichen initiellen Datenbanken ermittelt. Zur Vermeidung von Redundanzen und zur Einschränkung der Anzahl der erforderlichen physischen Dateien werden diese Daten gesammelt – insbesondere die tabellarischen – und zu einer zentralen Beschreibung der initiellen Datenbank zusammengefügt. Die Beschreibung erfolgt gemäß den im Testplan festgelegten Richtlinien und wird nach Beendigung übertragen und verwaltet.

Die Testspezifikationen werden entsprechend der im Testplan festgelegten Richtlinien aufgestellt und nach der Abschluß ebenfalls verwaltet. Es ist möglich, daß während dieser

Aktivität Abweichungen bzw. Unklarheiten in der Systemdokumentation festgestellt werden. Es ist selbstverständlich wichtig, daß der Auftraggeber diese dem Zulieferer der Systemdokumentation so schnell wie möglich mitteilt, so daß dieser umgehend für eine Verbesserung bzw. eine Klärung der festgestellten Mängel bzw. Unklarheiten sorgen kann. Die Erfassung und Meldung dieser Abweichungen erfolgt anhand der im Punkt »Management« des Testplans festgelegten Verfahrens.

9.4.6.3 Produkte

Abweichungen in der Testbasis
Eine Beschreibung der initiellen Datenbanken

9.4.6.4 Techniken

Test-Spezifikationstechniken (Kapitel 15)

9.4.7 Aufstellen von Testskripten

9.4.7.1 Ziel

Ziel dieser Aktivität ist die Umsetzung der in den Testspezifikationen beschriebenen Testfälle in durchführbare, konkrete Testaktivitäten. Die Reihenfolge der auszuführenden Handlungen und die Bedingungen für die Durchführung werden in einem Testskript festgelegt.

9.4.7.2 Arbeitsweise

Damit man das zu testende IT-System in einer logischen Reihenfolge mit den in den Testspezifikationen beschriebenen Testfällen »konfrontieren« kann, werden Testskripte aufgestellt. Dabei werden die Testfälle in durchführbare und überprüfbare Testaktivitäten umgesetzt und in eine logische Reihenfolge gesetzt. Dabei ist zu berücksichtigen, daß eine Testaktivität falsch verlaufen kann. Das Testskript sollte nicht in einer Form aufgestellt werden, bei der ein fehlerhafter Verlauf dazu führt, daß ein erheblicher Teil des Skriptes nicht (weiter) verwendet werden kann. Aus diesem Grund sind die Abhängigkeiten zwischen den durchzuführenden Testaktivitäten so weit wie möglich zu reduzieren. Das wird in einigen Fällen dazu führen, daß mehrere Skripte je Testspezifikation entworfen werden müssen.

Im Testskript wird außerdem beschrieben, welche Ausgangsdaten erforderlich sind, um die beschriebenen Testaktivitäten durchführen zu können. Diese werden als Bedingungen für die Einhaltung des Testskriptes betrachtet. Außerdem ist es möglich, das Laden bzw. die Speicherung bestimmter Datenbanken als gesonderte Handlungen im Testskript aufzunehmen.

Auch bei dieser Aktivität kann es vorkommen, daß Abweichungen bzw. Unklarheiten in der Systemdokumentation festgestellt werden. Die Erfassung und Meldung dieser Fehler erfolgt dabei einmal mehr anhand des im Testplan festgelegten Verfahrens.

9.4.7.3 Produkte

Abweichungen in der Systemdokumentation
Testskripte

9.4.7.4 Techniken

Test-Spezifikationstechniken (Kapitel 15)

9.4.8 Aufstellen eines Testablaufs

9.4.8.1 Ziel

Das Ziel dieser Aktivität besteht darin, die Reihenfolge festzulegen, in der nach den Testskripten gearbeitet wird.

9.4.8.2 Arbeitsweise

Der Testablauf bildet die Grundlage für eine strukturierte Vorgehensweise in der Testdurchführungsphase. Hier wird die Reihenfolge festgelegt, in der nach den Testskripten vorgegangen wird, wobei berücksichtigt wird, daß die Durchführung eines Testskripts falsch verlaufen kann. Es ist nicht sinnvoll, den Testablauf dergestalt aufzusetzen, daß bei einem fehlerhaften Verlauf ein erheblicher Teil des Ablaufs nicht (weiter) verwendet werden kann. Aus diesem Grund ist für eine geringstmögliche Abhängigkeit zwischen den durchzuführenden Testskripten untereinander zu sorgen. Das kann beispielsweise erreicht werden, indem vor Beginn der Durchführung des nächsten Testskriptes die Ausgangsdateien erneut geladen werden. Außerdem besteht nach Beendigung eines Testskriptes die Möglichkeit zur Speicherung der Dateien. Eventuelle Fehler können dann problemlos analysiert und reproduziert werden.

Damit die wichtigsten Fehler als erste gefunden werden, werden die Testskripte, die sich auf die wesentlichsten Teile des Systems beziehen, in der Teststrategie festgelegt und falls möglich bereits in der Anfangsphase des Testens ausgeführt.

Die Hauptbedingung, die an den Testablauf gestellt wird, ist Flexibilität. Wenn störende Fehler in bestimmten Teilen des Systems auftreten, muß eine Änderung schnell durchgeführt und der Test fortgesetzt werden können.

Bei manchen Situationen kann das Erstellen eines Testablaufs eine besonders komplexe Angelegenheit sein, beispielsweise, wenn

- ein Testskript sich über mehrere Tage erstreckt, wodurch der Synchronisierung der verschiedenen Testskripte besondere Aufmerksamkeit zu widmen ist;
- Übersichten zu testen sind, die ihre Informationen aus der Datenbank als Ganzes beziehen. Die Zusammenstellung eines Ablaufs auf der Grundlage einer solchen Datenbank sowie des dazugehörigen Testskriptes ist komplex, da insbesondere dafür zu sorgen ist, daß andere Testskripte diesen Test nicht durcheinanderbringen. Falls möglich, ist ein solcher Test gesondert durchzuführen.

Diese Aktivität hat eine starke Ähnlichkeit mit der Teilaktivität »Aktualisierung eines Testplans« (Abschnitt 9.2.15).

9.4.8.3 Produkte

Testablauf

9.4.8.4 Techniken

Nicht zutreffend

9.4.9 Ermittlung der Überprüfung des Testobjekts/der Infrastruktur

9.4.9.1 Ziel

Ziel dieser Aktivität ist es festzulegen, wie die Überprüfung des Testobjekts und der Infrastruktur erfolgen soll.

9.4.9.2 Arbeitsweise

Diese Aktivität umfaßt folgende Teilaktivitäten:

- Aufstellen der Checkliste Testobjekt
- Aufstellen der Checkliste Testinfrastruktur
- Aufstellen des Testskriptes Vorbereitungstest

9.4.9.2.1 Aufstellen der Checkliste Testobjekt

Im Rahmen der Überprüfung des Testobjekts wird festgelegt, welche Produkte freizugeben sind, wenn das Testobjekt oder bestimmte Elemente zur Verfügung gestellt werden. Selbstverständlich muß dies in Übereinstimmung mit den Verträgen der verschiedenen Zulieferer erfolgen. Entsprechendes resultiert in einer kurzen Checkliste, anhand derer die Vollständigkeit der Freigabe festgestellt werden kann. Folgende Dokumente können beispielsweise Teil der Checkliste für das Testobjekt sein:

- Bedienungsanleitung
- Benutzungsanleitung
- Installationsanleitung
- Versionsübersicht über freigegebene Software

9.4.9.2.2 Aufstellen der Checkliste Infrastruktur

Im Zusammenhang mit der Infrastruktur wird eine Checkliste aufgestellt, deren Grundlage die Ermittlung der Infrastruktur ist. Auf diese Weise muß geprüft werden, ob alle ermittelten Elemente vorhanden sind. Die Arbeitsfähigkeit wird anhand eines Vorbereitungstests nachgewiesen.

9.4.9.2.3 Aufstellen des Testskriptes Vorbereitungstest

Im Rahmen des auszuführenden Vorbereitungstests wird bestimmt, ob das freizugebende Testobjekt oder eines seiner Elemente so funktioniert, daß die strukturelle Testdurchführung beginnen kann. Hierzu wird oft eine Auswahl der Testfälle für den »echten« Test benutzt, eventuell in Kombination mit einer Checkliste der anzuwendenden Funktionen. Das Ergebnis ist ein Testskript, mit dem ein repräsentativer Teil der Funktionen erreicht werden kann.

9.4.9.3 Produkte

Checkliste Überprüfung Infrastruktur
Checkliste Überprüfung Testobjekt
Testskript Vorbereitungstest

9.4.9.4 Techniken

Nicht zutreffend

9.4.10 Realisierung der Infrastruktur

9.4.10.1 Ziel

Realisierung der Infrastruktur gemäß den festgelegten Spezifikationen.

9.4.10.2 Arbeitsweise

Parallel zu den übrigen Aktivitäten der Spezifikationsphase wird die Infrastruktur realisiert. Diese Aktivität umfaßt häufig folgende Elemente:

- Überprüfung, ob alle Vereinbarungen noch gültig sind
- Lösung von Engpässen, Problemen und Festlegung zu treffender Maßnahmen anhand von neuen Vereinbarungen
- Installationscheck
- Probelauf!
- Ausführung (falls möglich) der erstellten Checklisten im Rahmen der Überprüfung der Infrastruktur (siehe Abschnitt 9.4.9)
- Testen von Recovery- und Backup-Verfahren und eventuell auch von Rollback-Einrichtungen

Da das Testteam nicht unmittelbar für die Zulieferung der erforderlichen Produkte zuständig ist, handelt es sich hierbei häufig um einen schwer kontrollierbaren Prozeß, der eine gute Koordinierung erfordert.

9.4.10.3 Produkte

Einsatzbereite Infrastruktur

9.4.10.4 Techniken

Nicht zutreffend

9.5 Testdurchführungsphase

9.5.1 Einleitung

Das Ziel dieser Phase ist die Durchführung von spezifizierten Tests, um Einblick in die Qualität des Testobjekts zu erhalten.

9.5.2 Randbedingungen

Folgende Bedingung muß erfüllt sein, bevor mit der Testdurchführungsphase begonnen werden kann:

- Das Testobjekt sowie die dazugehörige Infrastruktur müssen realisiert bzw. fertiggestellt sein.

9.5.3 Arbeitsweise

Die tatsächliche Durchführung des Tests beginnt, wenn die ersten testbaren Testeinheiten freigegeben werden. Zunächst werden diese Testeinheiten auf Vollständigkeit überprüft und in der Testumgebung installiert, um beurteilen zu können, ob alles ordentlich funktioniert. Der erste Test, der durchgeführt wird, ist der Vorbereitungstest. Bei diesem Test wird untersucht, ob das zu testende IT-System im Zusammenhang mit der Testinfrastruktur eine ausreichende Qualität aufweist, um umfangreich getestet zu werden. Wenn alles qualitativ ausreichend ist, werden die entsprechenden Anfangswerte in die jeweiligen initiellen Datenbanken eingegeben. Anschließend werden die Testskripte aus dem Testablauf ausgeführt.

Während der Aktivität »Kontrollieren und Beurteilen der Testergebnisse« wird untersucht, was die Ursache für die möglichen Unterschiede zwischen den vorher berechneten und den nachher ermittelten Testergebnissen (den Soll- und Istergebnissen der Tests) ist. Eine der Ursachen kann ein Programmfehler sein, es sind jedoch auch andere möglich, beispielsweise Unklarheiten in der Systemdokumentation, Fehler in der Testumgebung, aber auch Fehler in den Testfällen. Nach der Korrektur eines Fehlers werden die jeweiligen Tests erneut durchgeführt und beurteilt, im Prinzip so lange, bis alle Tests durchgeführt und keine offenen Abweichungen mehr vorhanden sind.

9.5.4 Aktivitäten

In der Testdurchführungsphase werden folgende Aktivitäten unterschieden:

1. Überprüfung des Testobjekts/der Infrastruktur
2. Füllen von Ausgangsdateien
3. Durchführen von (erneuten) Tests
4. Kontrollieren und Beurteilen der Testergebnisse
5. Aktualisierung eines Testablaufs

Abbildung 9.7 stellt die Reihenfolge und die Abhängigkeiten zwischen den verschiedenen Aktivitäten dar.

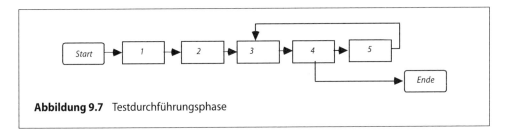

Abbildung 9.7 Testdurchführungsphase

9.5.5 Überprüfung des Testobjekts/der Infrastruktur

9.5.5.1 Ziel

Es ist festzustellen, ob die freigegebenen Teile des Testobjekts und der Infrastruktur so funktionieren, daß sinnvoll getestet werden kann.

9.5.5.2 Arbeitsweise

Die Arbeitsweise umfaßt folgende Teilaktivitäten:

- Überprüfung der Infrastruktur
- Überprüfung des Testobjekts
- Durchführung des Vorbereitungstests

9.5.5.2.1 Überprüfung der Infrastruktur

Falls diese Überprüfung noch nicht in der Aktivität »Realisierung der Infrastruktur« (Abschnitt 9.4.10) durchgeführt wurde, wird hier anhand der aufgestellten Checkliste die Infrastruktur auf Vollständigkeit hin untersucht. Eventuell fehlende Elemente werden den beteiligten Parteien anhand eines Befundes mitgeteilt. Selbstverständlich müssen diese Elemente so schnell wie möglich verfügbar sein, da die Durchführung des Tests schließlich erst dann stattfinden kann, wenn alle erforderlichen Elemente vorhanden sind.

9.5.5.2.2 Überprüfung des Testobjekts

Anhand der aufgestellten Checkliste wird das freigegebene Testobjekt auf Vollständigkeit hin überprüft. Auch hierbei gilt natürlich, daß eventuell fehlende Elemente den beteiligten Parteien anhand eines Testbefundes mitgeteilt werden. Nach deren Einverständnis kann die Installation des Testobjekts erfolgen.

9.5.5.2.3 Durchführen des Vorbereitungstests

Nachdem sowohl die Infrastruktur als auch das Testobjekt vollständig installiert worden sind, wird auf der Grundlage des beschriebenen Testskriptes der Vorbereitungstest ausgeführt. Ein guter Verlauf des Vorbereitungstests ist eine grundlegende Voraussetzung für den Beginn weiterer Aktivitäten in der Testdurchführungsphase. Die Abweichungen aus dem Vorbereitungstest werden erfaßt und den beteiligten Zulieferern sofort zur Verfügung gestellt. Auf diese Weise können Anpassungen so schnell wie möglich durchgeführt oder adäquate Maßnahmen getroffen werden, um den Vorbereitungstest doch noch erfolgreich zu beenden.

9.5.5.3 Produkte

Abweichungen
Einsatzbereites und testbares Testobjekt, einschließlich Testinfrastruktur

9.5.5.4 Techniken

Nicht zutreffend

9.5.6 Füllen von Ausgangsdateien

9.5.6.1 Ziel

Es werden Ausgangsdateien aufgebaut, die für die Durchführung der in den Testskripten beschriebenen Tests erforderlich sind.

9.5.6.2 Arbeitsweise

In die Dateien wird – wie bei der Aktivität »Definition der Ausgangsdateien« (Abschnitt 9.4.6) beschrieben – ein »Anfangsstand« eingegeben. Der Aufbau dieser Ausgangsdateien kann auf unterschiedliche Weisen stattfinden. Sobald die Ausgangsdateien aufgebaut und überprüft worden sind, wird ein Backup erstellt, so daß dieser Anfangsstand jederzeit wieder zurückgesetzt werden kann. Abweichungen werden gemäß den im Testplan festgelegten Verfahren erfaßt. In Kapitel 22, »Testumgebungen«, befindet sich ein Abschnitt zu dieser Problematik und den verschiedenen Alternativen, die beim Aufbau von Ausgangsdateien eingesetzt werden können.

9.5.6.3 Produkte

Abweichungen
Ausgangsdateien (konkret)

9.5.6.4 Techniken

Nicht zutreffend

9.5.7 Durchführen von (erneuten) Tests

9.5.7.1 Ziel

Ziel dieser Aktivität ist es, Testergebnisse zu erhalten, auf deren Grundlage die Beurteilung des Testobjekts erfolgen kann.

9.5.7.2 Arbeitsweise

Die Arbeitsweise umfaßt folgende Teilaktivitäten:

- Durchführen von Testskripten
- Durchführen von statischen Tests

9.5.7.2.1 Durchführen von Testskripten

Die Testskripte werden in der Reihenfolge des Testablaufs ausgeführt. Während der Durchführung der Tests ist der Aspekt Disziplin von äußerster Bedeutung. Die Tests müssen so erfolgen, wie im Ablauf und in den Testskripten festgelegt worden ist. Wenn die Tester von den Testskripten abweichen, kann nicht gewährleistet werden, daß die im Testplan festgelegte Strategie tatsächlich eingehalten wird. Eigentlich ist man dann sehr unstrukturiert tätig. Andererseits ist es möglich, falls genügend Zeit zur Verfügung steht, anhand der »Technik« Error Guessing zusätzliche Tests durchzuführen. Diese Tests müssen jedoch dokumentiert werden, damit mögliche Fehler analysiert und reproduziert werden können.

Insbesondere bei der Durchführung der Testskripte, die sich auf den Batch-Teil des Systems beziehen, muß bei Großrechneranwendungen eine Abstimmung mit dem Rechenzentrum im Zusammenhang mit der Durchführung erfolgen.

9.5.7.2.2 Durchführen von statischen Tests

In der Teststrategie ist festgelegt, ob statisch testbare Qualitätsmerkmale, wie beispielsweise Flexibilität und Kontinuität, in den »Bereich« der auszuführenden Tests gehören. Falls dies so ist, werden diese statischen Tests anhand einer Checkliste durchgeführt. Auf dieser Grundlage versucht man, Informationen über den jeweiligen Qualitätsaspekt zu bekommen. Auch hierfür gilt wieder, daß mögliche Fehler anhand eines Verfahrens für die Bearbeitung von Abweichungen erfaßt und verarbeitet werden. Die Schlußfolgerungen im

Zusammenhang mit dem ausgeführten Test werden im periodisch erscheinenden Qualitätsbericht aufgenommen.

9.5.7.3 Produkte

Testergebnisse

9.5.7.4 Techniken

Checklisten Qualitätsmerkmale (Kapitel 17)

9.5.8 Kontrollieren und Beurteilen der Testergebnisse

9.5.8.1 Ziel

Ziel dieser Aktivität ist die Ermittlung der Übereinstimmungen und die Analyse der Unterschiede zwischen den ermittelten Testergebnissen und den in den Testskripten vorausgesagten Ergebnissen.

9.5.8.2 Arbeitsweise

Die Arbeitsweise umfaßt folgende Teilaktivitäten:

- Vergleich der Testergebnisse
- Analyse der Unterschiede

9.5.8.2.1 Vergleich der Testergebnisse

Die Testergebnisse werden mit den in den Testskripten vorausgesagten Ergebnissen verglichen. Dabei handelt es sich um die wichtigste Aktivität des gesamten Testprozesses! Wenn zu diesem Zeitpunkt Unterschiede übersehen werden, so besteht überhaupt keine Gewähr mehr, daß diese im nachhinein noch festgestellt werden! Falls keine Abweichungen festgestellt werden, so wird das dokumentiert. Findet man jedoch Abweichungen, so müssen diese näher analysiert werden.

9.5.8.2.2 Analyse der Unterschiede

Die festgestellten Unterschiede werden im Laufe dieser Teilaktivität eingehender analysiert. Wo liegt die Ursache für die Abweichung? Bei der Bestimmung der Ursache für eine Abweichung bestehen verschiedene Möglichkeiten:

- Testdurchführungsfehler; der entsprechende Test muß erneut ausgeführt werden
- Spezifizierungsfehler
- Fehler in der Software
- Unzulänglichkeiten in der Testumgebung
- Inkonsistenzen bzw. Unklarheiten in der Systemdokumentation

Probleme (Testfehler) werden offiziell gemäß den feststehenden Verfahren gemeldet. In den Testskripten werden die Nummern der Testabweichungen bei den Testaktivitäten erfaßt, bei denen der Abweichung festgestellt wurde. Auf diese Weise ist bei einem möglichen erneuten Test schnell zu erkennen, welche Testaktivitäten mindestens erneut ausgeführt werden müssen. Die Testskripte, die Testabweichungen und die Testergebnisse werden zu einem Testbericht zusammengefügt. Sowohl für den Vergleich der Testergebnisse als auch für die Analyse der Unterschiede sind verschiedene Test-Tools verfügbar, beispielsweise Vergleicher (Comparatoren) und Datenbankabfragesprachen (siehe Kapitel 21).

9.5.8.3 Produkte

Abweichungen
Testberichte

9.5.8.4 Techniken

Nicht zutreffend

9.5.9 Aktualisierung des Testablaufs

9.5.9.1 Ziel

Ziel dieser Aktivität ist es, der Testablauf auf dem neusten Stand zu halten, so daß jederzeit klar ist, welche Tests(kripte) in welcher Reihenfolge auszuführen sind.

9.5.9.2 Arbeitsweise

Während der Durchführung der (erneuten) Tests können Probleme festgestellt werden, die entsprechende Folgen für die Durchführung der Tests haben. In erster Linie z.B. Abweichungen im Zusammenhang mit dem Test: Dabei wird bestimmt, ob die Testware angepaßt und der Test erneut ausgeführt werden muß. Im Testablauf wird die Regression des Tests aufgenommen, und mögliche Korrekturarbeiten werden im Zusammenhang mit der Testware initiiert.

Die übrigen Abweichungen führen fast immer dazu, daß im Testablauf ein erneuter Test aufgenommen wird. Wichtig ist jedoch festzustellen, auf welche Weise der erneute Test durchgeführt werden muß. Die gesamte oder teilweise Neudurchführung eines Testskriptes hängt u.a. von folgenden Faktoren ab:

- Schwere der Abweichung
- Menge der Abweichungen in einem Testskript
- In welchem Umfang die früheren Durchführungen des Testskriptes infolge der Abweichungen gestört wurden
- Verfügbare Zeit
- Bedeutung der Funktion

Das Aktualisieren eines Testablaufs ist sehr wichtig, da es nicht nur Einblick in die noch auszuführenden Tests(kripte) vermittelt, sondern auch die Grundlage bildet für die noch anstehenden Änderungen in der Detailplanung für die Testdurchführungsphase und die allgemeine Planung für den gesamten Testprozeß.

9.5.9.3 Produkte

Angepaßter Testablauf

9.5.9.4 Techniken

Nicht zutreffend

9.6 Abschlußphase

9.6.1 Einleitung

Die Abschlußphase verfolgt mehrere Ziele:

- Konservierung der Testware, so daß diese bei einem Folgetest (z.B. Wartungstest) erneut eingesetzt werden kann
- Sammlung von Erfahrungswerten für eine bessere Überprüfung der künftigen Teststrecken
- Aufstellen eines Abschlußberichts, so daß der Auftraggeber über den Verlauf des Tests informiert wird und das Testteam entlastet werden kann

9.6.2 Randbedingungen

Folgende Bedingung muß erfüllt sein, bevor mit der Abschlußphase begonnen werden kann:

- Die Testdurchführung ist beendet; es wurde entschieden, keine (erneuten) Tests mehr durchzuführen.

9.6.3 Arbeitsweise

Es wird eine Auswahl unter der meist großen Menge an Testware getroffen, beispielsweise die Testfälle, die Testergebnisse, die Beschreibungen der Infrastruktur und die eingesetzten Tools. Beabsichtigt ist hierbei, daß die Testware bei Änderungen und den dazugehörigen Wartungstests nur angepaßt zu werden braucht und es nicht notwendig ist, diese jedesmal einem komplett neuen Test zu unterziehen. Während des Testprozesses wurde versucht, die Testfälle mit den Testspezifikationen und dem entwickelten System in Übereinstimmung zu bringen. Falls notwendig, müssen die ausgewählten Testfälle aktualisiert werden, damit sie während der Wartungsphase in Einklang mit den Systemspezifikationen bleiben.

Außerdem wird der Testprozeß evaluiert. Die gesammelten Statistiken und Bewertungen werden zu den Ergebnissen einer Endbeurteilung hinzugefügt. Thema der Bewertung ist nicht nur der Testprozeß, sondern auch die Produktqualität. Es empfiehlt sich, auch eine Kosten/Nutzen-Analyse des Testprozesses aufzustellen, was zwar eine schwierige, andererseits jedoch auch eine sehr spannende und insbesondere lehrreiche Aktivität ist. Die Unmengen an Statistiken, die dann anfallen, sind unentbehrlich für die Planung von zukünftigen Testprozessen, Systementwicklungsprozessen und für die Einrichtung von Qualitätssystemen.

Nach der Konservierung, Bewertung und dem Erstellen des Beurteilungsberichts kann der Auftraggeber die Testorganisation entlasten.

9.6.4 Aktivitäten

Die Abschlußphase besteht aus folgenden Aktivitäten:

1. Beurteilung des Testobjekts
2. Beurteilung des Testprozesses
3. Aufstellen des Abschlußberichts
4. Konservieren der Testware
5. Entlastung des Testteams

Abbildung 9.8 stellt die Reihenfolge und die Abhängigkeiten zwischen den unterschiedlichen Aktivitäten dar.

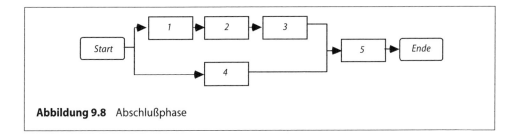

Abbildung 9.8 Abschlußphase

9.6.5 Beurteilung des Testobjekts

9.6.5.1 Ziel

Ziel dieser Aktivität ist die Beurteilung der Qualität des Testobjekts und die Aufstellung der definitiven Freigabeempfehlung.

9.6.5.2 Arbeitsweise

Auf der Grundlage der ausgeführten Tests, der Testberichte und den ermittelten Abweichungen (und deren Status) wird eine definitive Freigabeempfehlung ausgesprochen.

Wichtig ist, daß angegeben wird, welche Fehler zum Zeitpunkt der Freigabe noch nicht gelöst (»known errors«) sind und welche Risiken damit verbunden sind. Man denke hierbei auch an die Angabe möglicher Alternativen wie Aufschub oder an ein System mit geringerer Funktionalität usw. Für diese Beurteilung kann die Checkliste »Produktionsfreigabe« in Kapitel 18.7 verwendet werden.

9.6.5.3 Produkte

Freigabeempfehlung

9.6.5.4 Techniken

Checkliste »Produktionsfreigabe« (Kapitel 18.7)

9.6.6 Beurteilung des Testprozesses

9.6.6.1 Ziel

Ziel dieser Aktivität ist das Sammeln von Informationen über den Verlauf des Testprozesses und von Erfahrungsdaten für künftige Testprozesse.

9.6.6.2 Arbeitsweise

Die Arbeitsweise beinhaltet folgende Aktivitäten:

- Beurteilung des Testprozesses
- Sammeln von Erfahrungsdaten
- Aufstellen Kosten/Nutzen-Analyse

9.6.6.2.1 Beurteilung des Testprozesses

Am Ende des Testprozesses wird festgestellt, wie der Testprozeß verlaufen ist. Wichtig dabei ist insbesondere die Beurteilung des Testplans, der Teststrategie und der angewandten Methoden und Techniken.

9.6.6.2.2 Sammeln von Erfahrungsdaten

Auf der Grundlage des durchgeführten Testprozesses werden Erfahrungsdaten gesammelt und zusammengefügt. Im Rahmen dieser Teilaktivität sind u.a. folgende Informationen von Bedeutung:

- Anzahl der gefundenen Fehler
- Dauer einer jeden Hauptaktivität
- Erforderliche Zeit für das Aufstellen einer Testspezifikation in bezug auf die Anzahl der Testpunkte der jeweiligen Testeinheit

- Erforderliche Zeit für die Durchführung eines Tests in bezug auf die Anzahl der Testpunkte der jeweiligen Testeinheit
- Anzahl der erneuten Tests

Eine umfangreiche Aufzählung der möglichen Erfahrungsdaten, die gesammelt werden können, findet sich in der Checkliste »Testmetriken« (siehe Kapitel 18.6).

9.6.6.2.3 Aufstellen Kosten/Nutzen-Analyse

Die Kosten für den Testprozeß, wie z.B. die Kosten für die eingesetzten Ressourcen, Personen und Mittel, können relativ einfach festgestellt werden. Die Nutzen des Testprozesses sind jedoch weniger leicht zu bestimmen. Eine der Möglichkeiten ist, die Schwere des Problems mit eventuellen Korrekturkosten nach der Inbetriebnahme in Beziehung zu setzen, beispielsweise:

- Kosten einer Stillegung der Produktion und das »Stillsitzen« der Anwender
- Kosten für die Korrektur von Inkonsistenzen in der Datenbank, die erst nach einiger Zeit bemerkt werden und daher eingreifende Korrekturarbeiten verursachen, nicht nur bei der Software, sondern auch bei den Produktionsdaten
- Fehlerfolgekosten: Betriebszielsetzungen werden nicht oder nur ungenügend erreicht
- Image- bzw. Kundenverlust

9.6.6.3 Produkte

Testprozeßbeurteilung
Erfahrungsdaten
Kosten/Nutzen-Analyse

9.6.6.4 Techniken

Checkliste »Testmetriken« (Kapitel 18.6)

9.6.7 Aufstellen des Abschlußberichts

9.6.7.1 Ziel

Der Abschlußbericht informiert den Auftraggeber über die Qualität des Testobjekts und den Verlauf des Testprozesses.

9.6.7.2 Arbeitsweise

Auf der Grundlage der Ergebnisse der Beurteilung des Testobjekts und des Testprozesses wird ein Abschlußbericht erstellt, in dem mindestens folgende Aspekte aufgenommen werden:

- *Beurteilung des Testobjekts*
  Die Ergebnisse der ausgeführten Beurteilung des Testobjekts werden dargestellt. Wichtig hierbei ist, die offenen Abweichungen und die damit verbundenen Risiken aufzunehmen.

- *Beurteilung des Testprozesses*
  Die Ergebnisse der ausgeführten Beurteilung des Testprozesses werden dargestellt. Folgende Unterteilung kann erfolgen:
  - *Beurteilung Teststrategie*
    Inwieweit wurde von der ausgewählten Strategie abgewichen?
    War die Teststrategie die richtige? Welche Elemente des Systems wurden zuviel und welche zuwenig getestet?
  - *Planung versus Realisierung*
    Inwieweit ist die Planung realisiert?
    Wurden strukturelle Abweichungen festgestellt?
  - *Beurteilung der Hilfsmittel, Methoden und Techniken*
    In welchem Umfang wurden die gewählten Hilfsmittel verwendet?
    Sind die ausgewählten Methoden und Techniken korrekt eingesetzt, und bestehen möglicherweise Abweichungsermittlungen im Zusammenhang mit diesen Methoden und Techniken?

Der Abschlußbericht wird dem Auftraggeber zur Verfügung gestellt und eventuell präsentiert.

9.6.7.3 Produkte

Abschlußbericht

9.6.7.4 Techniken

Nicht zutreffend

9.6.8 Konservieren der Testware

9.6.8.1 Ziel

Ziel dieser Aktivität ist die Auswahl und Aktualisierung der angefertigten Testware, so daß diese bei künftigen Tests optimal eingesetzt werden kann.

9.6.8.2 Arbeitsweise

Die Arbeitsweise beinhaltet folgende Aktivitäten:

- Aufstellen »Packzettel« Testware
- Sammlung und Aktualisierung der Testware
- Übertragung der Testware

9.6.8.2.1 Aufstellen »Packzettel« Testware

Im Einvernehmen mit dem künftigen Verwalter des Systems wird ermittelt, welche Dokumentation zur Verfügung gestellt wird. Hauptaugenmerk liegt auf der Wiederverwendbarkeit der Testware, so daß auch im Falle von Änderungen und den dazugehörigen Wartungstests das System nicht gleich völlig neuen Tests unterzogen werden muß. Die freizugebenden Testprodukte werden in einem »Packzettel« festgelegt. Dieser »Packzettel« ist eine Teilsammlung der Testprodukte, die im Punkt »Testprodukte« des Testplans definiert sind.

Es ist wichtig anzugeben, auf welche Weise diese Testprodukte zustande gekommen sind, um eine künftige Aktualisierung korrekt durchführen zu können. Dabei muß insbesondere an die angewandten Test-Spezifikationstechniken, Tools usw. gedacht werden.

9.6.8.2.2 Sammlung und Aktualisierung der Testware

Die zu übertragende Testware muß erforderlichenfalls vervollständigt und angepaßt werden. Vor allem während der letzten Phasen der Durchführung wird die Aktualisierung der Testware häufig aufgeschoben. Um eine gute Übertragung an den künftigen Anwender sicherzustellen, müssen Änderungen immer verarbeitet werden.

9.6.8.2.3 Übertragung der Testware

Schließlich findet die endgültige Übertragung der Testware statt. Gemäß dem »Packzettel« werden alle ausgewählten Elemente sowohl konkret (in digitaler Form und auf Papier) als auch logisch (in bezug auf die Verwaltung) übertragen.

9.6.8.3 Produkte

»Packzettel« Testware
Testware

9.6.8.4 Techniken

Nicht zutreffend

9.6.9 Entlastung des Testteams

9.6.9.1 Ziel

Die offizielle Beendigung des Testprozesses und das Aushändigen einer Entlastungserklärung an das Testteam.

9.6.9.2 Arbeitsweise

Auf der Grundlage des Abschlußberichts und der übertragenen Testware wird der Auftraggeber gebeten, den Testprozeß offiziell zu beenden und das Testteam zu entlasten. Nach der Entlastungserklärung wird das Testteam aufgelöst.

9.6.9.3 Produkte

Entlastungserklärung

9.6.9.4 Techniken

Nicht zutreffend

10 Phasenmodell für Low-Level-Tests

10.1 Einleitung

Dieses Kapitel beschreibt das Phasenmodell für Low-Level-Tests mit den jeweils auszuführenden Aktivitäten in jeder Phase. Die Einteilung in Phasen stammt von TMap und bezieht sich auf Ebene A des Kernbereichs »Low-Level-Tests« des TPI-Modells. Dieses Konzept sorgt auf praxisnahe Weise für mehr Struktur und Intensität in den Low-Level-Tests. Die Beschreibung konzentriert sich auf die Unterschiede zum Phasenmodell für High-Level-Tests. Wenn man also eine Einteilung in Phasen für Low-Level-Tests implementieren will, ist es sehr hilfreich, auch die Beschreibung im vorigen Kapitel 9, »Phasenmodell für High-Level-Tests« zu kennen.

10.2 Merkmale der Low-Level-Tests

Ab der Entstehung des ersten Bausteins eines Systems werden *Unit-* und *Modultests* ausgeführt. In welchem Umfang es sich dabei um einzelne Tests für Units, Programme oder Module handelt, ist von der angewandten Infrastruktur und Programmiersprache abhängig. Mit Hilfe der Tests wird überprüft, ob die elementarsten Teile oder entsprechende Zusammensetzungen davon gemäß den technischen Spezifikationen codiert sind. Unabhängig davon wird in diesem Buch ausschließlich die Bezeichnung *Modultest* verwendet.

Ein Modultest ist ein von einem Entwickler unter Laborbedingungen ausgeführter Test, der nachweisen soll, daß ein Programm den in den technischen Spezifikationen festgelegten Anforderungen entspricht.

Nachdem festgestellt ist, daß die elementarsten Teile eines Systems eine gute Qualität aufweisen, werden während des Integrationstests größere Teile des Systems getestet. Dabei liegt der Nachdruck auf dem Datenfluß und den Schnittstellen zwischen den Programmteilen bis hoch zur Teilsystemebene.

Ein Integrationstest ist ein von einem Entwickler unter Laborbedingungen ausgeführter Test, der nachweisen soll, daß eine logische Serie von Programmteilen den in den technischen Spezifikationen festgelegten Anforderungen entspricht.

Vergleicht man die Low-Level-Tests mit den High-Level-Tests, wie dem Systemtest und dem Abnahmetest, sind einige wichtige Unterschiede festzustellen:

- Insbesondere bei den Modultests ist der Finder von Fehlern (= Tester) gleichzeitig auch derjenige, der die Fehler beheben kann (= Entwickler). Das bedeutet, daß die Kommunikation im Zusammenhang mit den Fehlern minimal sein kann.

- Das Konzept der Low-Level-Tests zielt darauf ab, daß möglichst viele Fehler behoben sind, bevor die Programmteile übertragen werden. Die Berichterstattung bei den Low-Level-Tests kann daher begrenzter sein als bei den Black-Box-Teststufen.

- Bei White-Box-Tests testen häufig die Entwickler selbst. Ein Entwickler hat die Grundeinstellung, daß sein Produkt funktioniert, und das will er zeigen, während ein Tester den Unterschied zwischen der erforderlichen und der aktuellen Qualität des Produkts nachweisen will (und dazu aktiv nach Fehlern sucht). Dieser Unterschied bei der Vorgehensweise bedeutet, daß ein umfangreiches bzw. intensives White-Box-Testen im krassen Gegensatz zur Grundhaltung des Entwicklers steht und somit zu viel Widerstand bzw. zu unsorgfältig ausgeführten Tests führen kann.

- Im Gegensatz zu den Black-Box-Tests bilden die Low-Level-Tests einen integralen Bestandteil des Systementwicklungsprozesses. Die Einteilung der Testaktivitäten in Phasen ist demnach auch mehr als bei den Black-Box-Tests mit den Aktivitäten der Systementwicklung verwoben und integriert.

- Die Low-Level-Tests setzen häufig Kenntnisse der internen Funktionen des Systems voraus, wodurch andere Fehler gefunden werden als bei den High-Level-Tests. Bei Low-Level-Tests kann (und darf) beispielsweise erwartet werden, daß jedes Statement im Programmcode einmal durchlaufen wurde. Ein solcher Deckungsgrad ist für die High-Level-Tests in der Praxis sehr schwer zu erreichen. Es ist demnach kaum möglich, die Low-Level-Tests durch die High-Level-Tests zu ersetzen.

- Bei einem Low-Level-Test handelt es sich um den ersten Testdurchlauf; das bedeutet, daß alle Fehler sich noch im Produkt befinden. Das ermöglicht eine kostengünstige und schnelle Fehlerbehebung. Zur optimalen Durchführung ist eine flexible Umgebung mit wenig verfahrenstechnischen Beschränkungen von großer Bedeutung.

10.2.1 Mehr Struktur und Intensität bei den Low-Level-Tests?

In der Praxis ist häufig zu beobachten, daß die Low-Level-Tests unstrukturiert verlaufen: Tests werden nicht geplant oder vorbereitet, es werden keine Testtechniken verwendet, und es sind keine Kenntnisse darüber vorhanden, was wie intensiv getestet werden soll und was nicht. Damit fehlen auch die Informationen über die Qualität des (getesteten) Produkts. Schwierige, langwierige und ineffiziente Black-Box-Tests werden danach häufig ausgeführt, um im nachhinein noch ausreichende Aussagen zur Qualität zu erhalten und den Entwicklern die Möglichkeit zu bieten, die Qualität auf ein annehmbares Niveau anzuheben. Es liegt somit auf der Hand, die Low-Level-Tests besser zu strukturieren. Im folgenden werden einige Argumente genannt, weshalb dies in der Praxis nicht erfolgt (»Contra mehr Struktur und Itensität«) und weshalb es aber so wichtig ist (»Pro mehr Struktur und Intensität«).

10.2.1.1 Contra mehr Struktur und Intensität

Die wichtigsten Argumente, weshalb mehr Struktur und Intensität bei den Low-Level-Tests *nicht* selbstverständlich sind:

- *Zeitdruck / zu hohe Kosten im Vergleich zum Nutzen*
  Ein Entwicklungsteam steht häufig unter hohem Zeitdruck. Es besteht dann die Versuchung, Aktivitäten, die nicht zu den Aufgaben gehören, anhand derer dieses Team beurteilt wird, unvollständig oder nicht auszuführen. Ein Team wird meistens an einem »harten« Kriterium wie Zeit gemessen. Eine Beurteilung nach einem viel weicheren Kriterium wie Qualität ist schwieriger und erfolgt daher in der Praxis seltener. Der direkte Nutzen von gutem Testen ist daher für das Entwicklungsteam häufig gering, auch wenn er für das gesamte Projekt viel größer ist.

- *Ausreichendes Vertrauen in die Qualität*
  Ein Entwickler ist normalerweise stolz auf sein Produkt und hält die Qualität für gut. Daher widerspricht es seiner inneren Einstellung, große Anstrengungen zu unternehmen, um Fehler im eigenen Produkt zu finden.

- *Es folgt ein weiterer guter Test*
  Im nächsten Schritt, beispielsweise dem Systemtest, werden viel intensivere Tests ausgeführt, als der Tester in einem Low-Level-Test jemals durchführen kann/wird/will. Weshalb sollte der Tester daher mehr und besser testen, wenn später sowieso intensiv getestet wird?

10.2.1.2 Pro mehr Struktur und Intensität

Die größte Bedeutung einer besseren Struktur und Intensität der Low-Level-Tests liegt darin, daß der Entwickler damit selbst feststellen kann, daß seine Programmteile eine ausreichende Qualität aufweisen, um den nächsten Test zu durchlaufen (möglicherweise den Systemtest). Darüber, was eine »ausreichende Qualität« ist, kann man sich natürlich streiten. Im folgenden wird angegeben, weshalb eine »ausreichende Qualität« viele Vorteile *für das Entwicklungsteam* hat:

- Es sind weniger Fehlerbehebungsaktivitäten erforderlich, da die Produkte, die an nachfolgende Teststrecken geliefert werden, bereits eine höhere Qualität aufweisen.
- Die Planung wird besser, weil sich der meist unbekannte Umfang der Fehlerbehebungsaktivitäten verringert.
- Die Durchlaufzeit der Gesamtentwicklung wird – aus den gleichen Gründen – kürzer.
- So früh wie möglich Fehler zu beheben, ist viel preiswerter als Korrekturen in einem späteren Stadium, da das Wissen über die entwickelten Produkte zu diesem frühen Zeit-

punkt noch frisch ist und Mitarbeiter das Entwicklungsteam in einem späteren Stadium häufig bereits verlassen haben.

- Die Analyse selbst gefundener Fehler erfolgt oftmals viel schneller als die Analyse von Fehlern, die durch andere gefunden wurden. Je weiter der Finder des Fehlers (sowohl organisatorisch als auch lokal) entfernt ist, desto schwieriger und zeitraubender ist meist die Analyse. Das wird noch verstärkt, da das System in späteren Testvorgängen als Ganzes (Black-Box) getestet wird, so daß sich der gefundene Fehler häufig in vielen individuellen Komponenten befinden kann.

- Die Entwickler erhalten ein rascheres Feedback auf ihre Fehler, so daß sie eher in der Lage sind, solche Fehler in anderen Programmteilen zu vermeiden.

- Untersuchungen haben ergeben, daß bestimmte Fehler am besten mit Low-Level-Tests entdeckt werden können. Wenn der Low-Level-Test zu wenige dieser Fehler findet, hat das zur Folge, daß die High-Level-Tests unter Zuhilfenahme ineffizienter Techniken (zur Suche solcher Fehler) unverhältnismäßig viel Aufwand leisten müssen, um die gleiche Qualität des Testobjekts zu erreichen, verglichen mit einem Fall, bei dem die Low-Level-Tests gut ausgeführt worden sind.

Für das gesamte Projekt und sogar den gesamten Lebenszyklus des Systems gelten diese Vorteile *in verstärktem Maße*, da die späteren Phasen auch (und häufig sogar umfangreicher!) von diesen Vorteilen profitieren, beispielsweise, weil viel weniger erneute Tests erforderlich sind.

Des weiteren bestehen neue Entwicklungen, die neben den genannten Vorteilen auch die Notwendigkeit einer strukturierten Vorgehensweise für die Low-Level-Tests verstärken: Die zunehmende Komplexität von IT-Systemen in Verbindung mit den stets höher werdenden Qualitätsanforderungen und kürzerem Time-to-Market bewirken, daß ein später stattfindender Gesamttest (der angibt, ob das System über die erforderliche Qualität verfügt oder nicht) nicht mehr ausreicht. Außerdem werden beim Entwicklungsprozeß immer häufiger Komponenten eingesetzt, die nicht selbst entwickelt worden sind. Das bedeutet, daß es bei der Analyse von Problemen immer schwieriger wird, die Ursache festzustellen.

Damit wiegen die Vorteile einer besser strukturierten Testvorgehensweise deutlich die Nachteile auf. Eine Voraussetzung für eine erfolgreiche Strukturierung der Low-Level-Tests besteht darin, daß die verschiedenen Beteiligten, wie der Projektleiter und die Entwickler, sich über die Bedeutung eines besseren Testprozesses im klaren sind. Daher sollte ein Projektleiter das Entwicklungsteam sehr viel häufiger bezüglich der Qualität beurteilen, statt nur anhand der Kriterien Zeit und Geld.

TMap unterscheidet im Testprozeß fünf Phasen: Planung & Verwaltung, Vorbereitung, Spezifikation, Durchführung und Abschluß. Jede Phase setzt sich aus verschiedenen auszuführenden Tätigkeiten zusammen (siehe Abb. 10.1). Aufgrund der oben genannten Unterschiede ist die Vorgehensweise der Low-Level-Tests in bezug auf die High-Level-Tests anzupassen. Die Low-Level-Tests sollten jedoch weniger nach formalen Verfahren durchgeführt werden. Aus diesen Gründen sind die fünf TMap-Phasen für die Low-Level-Tests »abgespeckt«.

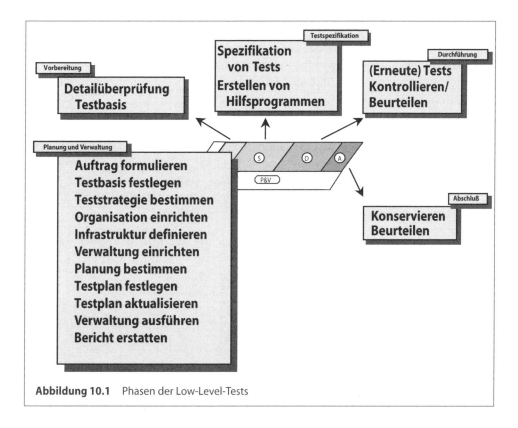

Abbildung 10.1 Phasen der Low-Level-Tests

10.2.2 Phase Planung & Verwaltung

Die Phase Planung & Verwaltung umfaßt folgende Aktivitäten:

1. Auftragsformulierung
2. Festlegen der Testbasis
3. Bestimmung der Teststrategie
4. Einrichten der Testprodukte und -berichte
5. Einrichten der Organisation
6. Definition der Infrastruktur
7. Einrichten der Verwaltung
8. Bestimmung der Planung
9. Festlegung des Testplans
10. Aktualisierung des Testplans
11. Durchführung der Verwaltung
12. Berichterstattung

10.2.2.1 Auftragsformulierung

In der Auftragsformulierung wird festgelegt, wer der Auftraggeber (meistens der Projektmanager), wer der Auftragnehmer (meistens der Entwicklungsteamleiter) und welches der Betrachtungsbereich des Tests ist. Unter Betrachtungsbereich versteht man beispielsweise:

- Testen / nicht testen bestimmter Schnittstellen mit anderen Systemen
- Testen / nicht testen von Migrations-Software

Außerdem werden die Ausgangspunkte und die Randbedingungen beschrieben. Der Testprozeß stellt Ausgangspunkte an das restliche Projekt, Randbedingungen werden dem Testprozeß »extern« auferlegt, beispielsweise *Planungen* und *verfügbare Ressourcen*.

10.2.2.2 Festlegen der Testbasis

Zur optimalen Durchführung der Low-Level-Tests und zur Erfüllung des Testauftrags muß bekannt sein, auf welche Weise das System realisiert wird. Alle (System-)Dokumente, in denen dies beschrieben ist, ergeben zusammen die *Testbasis*.

Die Test-/Entwicklungsbasis kann durch folgendes gebildet werden:

- Fachkonzept
- DV-Konzept
- Programmcode
- Änderungsvorschläge
- Systemverwaltungsdokumentation
- Richtlinien

10.2.2.3 Bestimmung der Teststrategie

Ziel

Bei dieser Aktivität wird festgelegt, auf welche Weise und wie intensiv getestet wird. Faktisch findet hier eine Optimierung statt, die das Ziel hat, die verfügbaren Ressourcen richtig über die auszuführenden Testaktivitäten zu verteilen. Des weiteren hilft die Teststrategie bei der Bestimmung, wann das Testen beendet werden kann. Anschließend wird für den Testprozeß – ausgehend von der Strategie – eine fundierte (Stunden-)Kalkulation, d.h. eine Aufwandsschätzung, erstellt. Die Strategiebestimmung hat als Rahmenbedingung und Startposition selbstverständlich die möglicherweise vorhandene Strategiebestimmung aus dem Mastertestplan.

Arbeitsweise

Die Arbeitsweise umfaßt folgende Teilaktivitäten:

- Strategiebestimmung Modultest
- Strategiebestimmung Integrationstest
- Erstellen einer Aufwandsschätzung

10.2 Merkmale der Low-Level-Tests

Strategiebestimmung Modultest

1) Zunächst wird bestimmt, welche Qualitätsmerkmale in den Test einbezogen werden. Beispiele von Qualitätsmerkmalen, auf die sich der Test beziehen <u>könnte</u>, sind Funktionalität, Leistung und Aktualisierbarkeit. Der Nachdruck liegt auf »könnten«, da für das Testen eines jeden Qualitätsmerkmals nicht immer die Einbeziehung von Low-Level-Tests gewünscht wird.

2) Zusätzlich wird anhand der jeweiligen Entwicklungsphilosophie, der Systementwicklungsumgebung und der Programmiersprache eine Unterteilung in die verschiedenen Programmarten vorgenommen. Man denke hierbei beispielsweise an (Gruppen von) Programmen für Bildschirmbearbeitung, Datenmanipulation und Berechnungen.

3) Anschließend wird den Kombinationen der ausgewählten Qualitätsmerkmale und den unterschiedlichen Programmarten ein Testintensitätsgrad zugewiesen, beispielsweise leicht, normal oder intensiv zu testen. Ein Kriterium, das hierbei eine Rolle spielt, ist die Bedeutung bestimmter Programmteile für den Abnehmer. Dieser Testintensitätsgrad kann auf Wunsch anhand bestimmter Kriterien im Zusammenhang mit dem Deckungsgrad weiter detailliert werden, beispielsweise in der Form, daß beim Testen ein bestimmter Prozentsatz aller Anweisungen oder aller Programmpfade oder aller zusammengesetzten Bedingungen durchlaufen wird.

4) Schließlich werden auf der Grundlage dieser Einstufung und des erforderlichen Deckungsgrads die einzusetzenden Test-Spezifikationstechniken sowie die gewünschte Beweisführung ausgewählt. Bei dieser Auswahl muß außer dem Testintensitätsgrad auch berücksichtigt werden, was realisierbar ist, sowohl in bezug auf den Tester als auch auf die technische Umgebung.

Geeignete formale Test-Spezifikationstechniken für Low-Level-Tests sind beispielsweise der Strukturtest und der Entscheidungstabellentest. Eine nicht formale Technik wie das Error Guessing ist ebenfalls ausgezeichnet anwendbar. Falls gewünscht, können die Techniken auch mit der Grenzwertanalyse kombiniert werden; siehe hierzu auch Kapitel 15. Ferner werden häufig Checklisten eingesetzt, beispielsweise beim Testen von grafischen Benutzerschnittstellen (GUIs).

Neben den oben genannten Techniken kann auch nach einer Testweise vorgegangen werden, bei der nichts schriftlich festgelegt wird (häufig die gängige Situation!). Der Nachteil ist, daß keine Übersicht über die Intensität und Vollständigkeit des Tests vorliegt und damit auch nicht über die Qualität des Testobjekts. Andere und nachfolgende Tests werden dann später nachweisen müssen, daß das Testobjekt über eine ausreichende Qualität verfügt. Als mögliche Gründe, sich dennoch für diese Form zu entscheiden, können angeführt werden, daß andere Techniken mehr Zeit und Kapazität kosten, im Verhältnis zu den jeweiligen Risiken zu wenig zusätzliche Qualität leisten und daß man eine Verbesserung des Testprozesses in kleinen Schritten erreichen will.

Folgende Tabelle vermittelt einen Überblick darüber, wie die Zuweisung von Techniken an Qualitätsmerkmale und Modularten aussehen kann:

Qualitätsmerkmal / Modulart	Bildschirmfenster	Rechenmodul	Berichtfunktionen
Funktionalität	Strukturtest	Strukturtest, Entscheidungstabellentest (Anforderung: 100% Anweisungsüberdeckung, Statement-Coverage)	Frei (= undokumentiert)
Verwaltungsfähigkeit	Nicht zutreffend	Checkliste Neustartmöglichkeiten	Nicht zutreffend
usw.			

Tabelle 10.1 Strategiematrix Modultest

Strategiebestimmung Integrationstest

Für die Teststrategie des Integrationstests bestehen unterschiedliche Varianten. Bei dem einen Extrem werden alle Programmteile auf einmal miteinander integriert, und das Ganze wird anschließend getestet. Beim anderen Extrem werden alle Programmteile nacheinander miteinander integriert und nach jedem Integrationsschritt getestet. Zwischen diesen beiden Extremen sind verschiedene Varianten möglich.

Die erste Variante hat den Vorteil, daß keine nicht betriebsbereiten Programmteile simuliert zu werden brauchen. Der Nachteil liegt darin, daß im allgemeinen viele Fehler bei dieser späten Integration gefunden werden und daß die Ermittlung der Fehlerursache viel Zeit erfordert: Faktisch wird nämlich dann nach dem Modultest sofort mit dem Systemtest begonnen!

Die zweite Variante hat den Vorteil, daß die Fehler in einem frühen Stadium gefunden werden, wenn die Fehlerursache noch relativ problemlos ermittelt werden kann. Nachteilig daran ist, daß es sich hierbei um eine zeitintensivere Aktivität handelt.

Abgesehen von der Menge der Integrationsschritte bestehen unterschiedliche Möglichkeiten für die Reihenfolge der Programmintegration:

- *Top-down*
  Getestet wird von oben nach unten (beispielsweise vom Menübildschirm aus). Programmteile werden durch Stellvertreter (stubs) ersetzt (siehe auch Aktivität »Erstellen von Hilfsprogrammen«, Abschnitt 10.2.4.2).

- *Bottom-up*
  Getestet wird von unten nach oben (beispielsweise zuerst die Datenmanipulation und erst später der dazugehörige Bildschirm). Programmteile werden durch Treiber (driver) ersetzt (siehe auch Aktivität »Erstellen von Hilfsprogrammen«, Abschnitt 10.2.4.2).

- *Verfügbare Teile zuerst*
  Die Integration erfolgt rein nach der Freigabereihenfolge der Programmteile.

- *Funktion nach Funktion*
  Die Integration erfolgt auf der Grundlage von Funktionen, wie im Fachkonzept festgelegt.

Was die beste Integrationsreihenfolge ist und wie viele Integrationsschritte erforderlich sind, hängt von der Lage der risikoreichsten Teile des Systems ab. Die beste Entscheidung ist, mit jenen Programmteilen zu beginnen, bei denen die meisten Probleme erwartet werden. Dadurch wird vermieden, daß am Ende des Integrationstests große Probleme auftauchen, aufgrund derer ein Teil des IT-Systems angepaßt werden muß.

Die Strategiebestimmung für den Integrationstest verläuft nahezu analog zu der beim Modultest. Die einzelnen Schritte und die wesentlichsten Unterschiede zur Strategiebestimmung des Modultests sind:

- Schritt 1: Auswahl der zu testenden Qualitätsmerkmale
  Dieser Schritt zielt insbesondere auf das Qualitätsmerkmal Funktionalität, da der Integrationstest aufzeigen soll, daß die Module technisch gesehen korrekt zusammenarbeiten.

- Schritt 2: Aufteilung in Integrationsschritte
  Es erfolgt eine Aufteilung des Systems in Integrationsschritte statt nach Modularten.

- Schritt 3: Bestimmung der Testintensität je Qualitätsmerkmal/Integrationsschritt

- Schritt 4: Zuweisung der einzusetzenden Techniken und Meßvorschriften

Beim Integrationstest finden andere Techniken als beim Modultest Anwendung, beispielsweise der Modul-Interface-Test. Der Deckungsgrad solcher Techniken betrifft die Anzahl der Entitäten, Funktionen oder Schnittstellen, die im Test vorkommen (im Vergleich zur Gesamtanzahl). Folgende Tabelle vermittelt eine Übersicht über eine Strategiematrix für den Integrationstest:

Qualitätsmerkmal / Integrationsschritt	Integrationsschritt A	Integrationsschritt B	usw.
Funktionalität	Modul-Interface-Test mit Grenzwerten	Modul-Interface-Test	
Sicherung	Checkliste Autorisierungsfunktionalität	Checkliste Autorisierungsfunktionalität	
usw.			

Tabelle 10.2 Strategiematrix Integrationstest

Erstellen eines Kostenvoranschlags

Ausgehend von der Strategie und unter Berücksichtigung der verfügbaren Ressourcen wird eine fundierte Aufwandsschätzung für den Testprozeß aufgestellt. Häufig werden hier Erfahrungszahlen, beispielsweise ein bestimmter Prozentsatz des Gesamtentwicklungsaufwands, eingesetzt. Die erforderliche und verfügbare Zeit wird über die zu testenden Programmteile bzw. die Integrationsschritte verteilt.

10.2.2.4 Einrichten der Testprodukte und der -berichte

Das Ziel dieser Aktivität ist die eindeutige Definition der freizugebenden Testprodukte und wie darüber berichtet wird. Auf der Grundlage der Teststrategie sind bestimmte Testtechniken ausgewählt worden, deren Einsatz folgende Testware zum Ergebnis hat:

- Testfälle, Checklisten usw.
- Testergebnisse in Form von ausgefüllten Checklisten, Protokollen, Screendumps, verarbeiteten Berichten usw.

Eine wesentliche Entscheidung ist über den Umfang der Beweisführung des Testens zu treffen. Wieviel Sicherheit will man haben, daß die Tests tatsächlich vollständig gemäß den vereinbarten Strategien ausgeführt wurden? Und wieviel Zeit und Geld will man in diese Beweisführung investieren? Immer häufiger stellen beispielsweise überwachende Instanzen Anforderungen an die zu leistende Beweisführung. Mögliche Formen der Beweisführung (von einfach bis umfangreich und häufig auch kombiniert) sind:

- *Markierte Testbasis*
  Bei dieser Beweisführung wird in der Testbasis (beispielsweise im DV-Konzept) das bereits Getestete abgehakt, ohne zu verdeutlichen, wie es getestet wurde.
  - Testfälle
    Die (mit Hilfe einer bestimmten Test-Spezifikationstechnik) aufgestellten Testfälle
  - Testfälle + Testberichte
    Bei dieser Form erhält man zusätzlich zu den Testfällen noch Testberichte, die angeben, welche Testfälle mit welchem Ergebnis ausgeführt wurden.
  - Testfälle + Testberichte + Beweis
    Zusätzlich zu den bisherigen Unterlagen erhält man hier noch einen Beweis der Testdurchführung in Form von Screen- und Datenbankdumps, Ausdrucke usw.

- *Test-Coverage-Tools (Tools zur Messung des erreichten Deckungsgrades)*
  Die Ausgabe solcher Tools zeigt, was alles getestet wurde, beispielsweise, welcher Prozentsatz des Codes oder der Schnittstellen zwischen den Modulen durch den Test abgedeckt wurde.

- *Automatisierte Testskripte*
  Die automatisierte Durchführung solcher Skripte zeigt sehr schnell, ob es sich bei der gelieferten Software um die gleiche handelt, die getestet wurde, und ob die Installation korrekt verlaufen ist.

Des weiteren ist noch die Form des Berichts zu vereinbaren. Er kann sowohl als gesonderter Testbericht freigegeben werden als auch Teil der regulären Entwicklungsberichte sein.

10.2.2.5 Einrichten der Organisation

Für das Testen bedarf es einer Organisation; die primären Testaufgaben und die Verantwortlichkeiten für den Testprozeß müssen Personen zugewiesen werden. Auf jeden Fall müssen ein Testleiter und ein oder mehrere Tester vorhanden sein. Häufig ist der Entwicklungsprojektleiter auch für den Testprozeß der Low-Level-Tests verantwortlich, und vielfach ist jeder Entwickler auch ein Modultester.

Hierbei kann die Entscheidung getroffen werden, ob der Modultest vom Entwickler des Programmteils oder von einem Kollegen in der Entwicklung durchgeführt wird. Der Vorteil beim Testen des eigenen Programmteils liegt darin, daß der Entwickler die internen Funktionen des Programmteils genau kennt. Das wirkt sich positiv auf die Kosten aus, da keine Einarbeitungszeit erforderlich ist und fast keine Gemeinkosten im Zusammenhang mit der Kommunikation anfallen. Das Testen durch einen Kollegen hat den Vorteil, daß mögliche »blinde Flecken« des Entwicklers eher entdeckt werden und daß der Kollege einen objektiveren Test durchführt als der Entwickler selbst. Eine weitere Variante dazu ist, daß der Entwickler den Test des eigenen Programms durchführt, aber ein Kollege diesen Test vorbereitet. Die genannten Entscheidungen sind übrigens stark von der Bestimmung der Teststrategie abhängig.

Für den Integrationstest kann als Alternative für den Projektleiter auch ein Anwendungsintegrator (AI) eingeschaltet werden. Dieser AI ist für den Fortschritt des Integrationsprozesses sowie für die Qualität des daraus hervorgehenden Produkts zuständig. Da der AI nicht für die vielen Aufgaben und Verantwortlichkeiten des Projektleiters verantwortlich ist, kann er dem Testen und damit der Qualität des Testobjekts mehr Aufmerksamkeit widmen (siehe dazu Kapitel 23, »Testfunktionen«, in dem diese Funktion eingehender erläutert wird).

Das Testteam hat über eine gründliche Systemkenntnis und ausreichende Testkenntnisse zu verfügen. In der Praxis stellt sich häufig heraus, daß zwar vielfach die Systemkenntnisse vorliegen, die Testkenntnisse jedoch fehlen. Hilfsmittel zur Steigerung dieser Kenntnisse sind:

- Ausbildungen, sowohl im Bereich der Testtechniken und des -managements als auch auf dem Gebiet der Bedeutung des Testens

- Unterstützung und Coaching durch einen Testspezialisten

Der Einsatz von Testern ohne jegliche Systemkenntnisse ist bei Low-Level-Tests ohne Einschränkung abzulehnen.

10.2.2.6 Definition der Infrastruktur

Obgleich die Low-Level-Tests normalerweise ein Teil des gesamten Entwicklungsprozesses sind, können vom Testen aus spezifische Anforderungen an die Infrastruktur gestellt werden. Die Infrastruktur besteht aus der Testumgebung, den Test-Tools und der Büroeinrichtung. Eine entsprechende Definition hat das Ziel, diese Anforderungen in einem möglichst frühen Stadium transparent zu machen, so daß entsprechende Maßnahmen getroffen werden können.

Bei der Testumgebung muß man beispielsweise an die erforderliche Anzahl an Testdatenbanken oder an die Möglichkeit der Manipulation des Systemdatums denken.

Test-Tools können bei Testaktivitäten im Zusammenhang mit dem Aufbau von Ausgangsdateien, Testdurchführung und Beurteilung Unterstützung bieten. Bekannte Arten von Test-Tools für Low-Level-Tests sind Stubs und Driver (-Generatoren), Compiler,

Datenbankabfragesprachen, Test-Coverage-Tools, Debugger sowie statische Analyse-Tools (siehe auch Kapitel 21 »Test-Tools«). Neben kommerziellen Tools sind häufig auch selbst zu entwickelnde systemspezifische Hilfsprogramme besonders praktisch. Möglicherweise ist solche Software bereits in der Organisation vorhanden, falls nicht, müssen jedoch Aktivitäten eingeplant werden, um diese zu entwickeln (und zu testen).

10.2.2.7 Einrichten der Verwaltung

Unter Verwaltung versteht man hier die Verwaltung des Testprozesses, der Infrastruktur und der Testprodukte. Man betrachtet sie als einen Teil der normalen Entwicklungsaktivitäten. Einzige Ausnahme ist die Dokumentation der Abweichungen und Fehler.

Bei den High-Level-Tests ist die Festlegung und Verwaltung jeder Abweichung »heilig«, da der Inhalt dazu verwendet wird, Einblick in die noch auszuführenden Aktivitäten (erneute Tests) zu erhalten, Berichte zu erstellen, Metriken zu sammeln und Trends zu analysieren. Bei den Low-Level-Tests ist dies zwar auch möglich, jedoch sehr viel weniger notwendig. Wenn ein Programmierer eine Abweichung feststellt, diese sofort behebt und erneut testet, so braucht die Abweichung nicht festgehalten zu werden, (es sei denn, das Programmteil wird bereits andernorts ebenfalls eingesetzt). Auf diese Weise wird vermieden, daß ein Programmierer einerseits »schmutzige Wäsche raushängen« muß und andererseits viel Zeit mit der Verwaltung verbringt. Als Nachteil ist anzusehen, daß weniger Informationen über die Qualität der Low-Level-Tests vorliegen.

Bei Zweifeln über die Ursache oder bei Unklarheiten über die Testbasis werden die Abweichungen jedoch beschrieben, denn in diesem Falle müssen sie dem Entwerfer im Entwicklungsteam vorgelegt werden.

Ab dem Augenblick, in dem das Testobjekt offiziell in Betrieb genommen und andernorts eingesetzt wird, müssen sämtliche »known errors« (bekannten Fehler) und die ab dann gefundenen Fehler erfaßt werden.

10.2.2.8 Bestimmung der Planung

Anhand der erstellten (Stunden-)Kalkulation, den verfügbaren Mitteln und Ressourcen, der Entwicklungsplanung und den Freigabeschemata der verschiedenen anderen beteiligten Parteien wird die allgemeine Planung für den weiteren Testprozeß festgelegt. Meistens wird die Planung für den Modultest nicht getrennt aufgestellt, sondern ist Teil der Programmieraktivitäten. Die Planung des Integrationstests erfolgt hingegen meistens gesondert. In der Planung werden mindestens folgende Aspekte aufgenommen:

- Auszuführende Aktivitäten
- Zeitaufwand je Aktivität
- Verfügbare Durchlaufzeit
- Freizugebende Produkte
- Durchführende Mitarbeiter

Es empfiehlt sich, diese allgemeine Planung periodisch bis zur Detailplanung durchzuführen. Die Detailplanung vermittelt eine Übersicht darüber, wer was wann in nächster Zeit testen muß.

10.2.2.9 Festlegung des Testplans

Nach der Durchführung der oben aufgeführten Aktivitäten wird der Testplan aufgestellt, mit dem Auftraggeber besprochen und verabschiedet.

10.2.2.10 Aktualisierung des Testplans

Während der Durchführung der restlichen Low-Level-Tests gehört es zu den Verantwortlichkeiten des Auftragnehmers für die Low-Level-Tests, den Testplan sowie die Planung auf dem aktuellsten Stand zu halten und mögliche Abweichungen, insbesondere von der vereinbarten Teststrategie, anzugeben.

10.2.2.11 Durchführung der Verwaltung

Gemäß der im Testplan aufgestellten Verfahren werden die drei jeweiligen Formen der Verwaltung ausgeführt: Verwaltung des Testprozesses, der Infrastruktur und der Testprodukte (siehe Aktivität »Einrichten der Verwaltung«).

10.2.2.12 Berichterstattung

Periodisch und auf Wunsch ad hoc wird über den Fortschritt des (Test-)Prozesses und die Qualität des Testobjekts berichtet. Die Fortschritts- und Qualitätsberichte werden im allgemeinen zu einem Bericht zusammengefaßt, der in die bereits aufgestellten Fortschrittsberichte innerhalb des Systementwicklungsprozesses integriert wird.

In diesem Bericht werden mindestens folgende Aspekte schriftlich abgedeckt:

- Gesamtanzahl Testfälle
- Gesamtanzahl auszuführende Testfälle
- Gesamtanzahl korrekt ausgeführte Testfälle

Und am Ende eines Tests:

- Beurteilung des Testobjekts, »was wurde getestet«, einschließlich der sogenannten »known errors«, d.h. der festgestellten Fehler, die (noch) nicht beseitigt wurden
- Beurteilung der Teststrategie, wobei dem Auftraggeber eventuelle Abweichungen von der ursprünglich vereinbarten Teststrategie mitgeteilt werden

10.2.3 Vorbereitungsphase

In der Vorbereitungsphase fällt lediglich eine Aktivität an:

- Ausführung der Detailüberprüfung der Testbasis

10.2.3.1 Ausführung der Detailüberprüfung der Testbasis

Parallel zur Entwicklungsüberprüfung, in der ermittelt wird, ob (der Entwurf) auf der Grundlage der Ausgangsdokumentation entwickelt werden kann, wird eine Überprüfung vorgenommen, die das Ziel hat, die Testbarkeit der Dokumentation festzustellen. Mit Testbarkeit ist hier die Vollständigkeit, Konsistenz und Zugänglichkeit der Testbasis und die Übertragbarkeit auf Testfälle gemeint.

10.2.4 Spezifikationsphase

Die Spezifikationsphase hat zum Ziel, die Testfälle für jedes Programmteil bzw. für jeden Integrationsschritt anhand der zugewiesenen Test-Spezifikationstechniken abzuleiten und die Testdurchführung vorzubereiten.

Innerhalb der Spezifikationsphase werden folgende Aktivitäten unterschieden:

1. Spezifizieren von Tests (Aufstellen von Testspezifikationen, Definition von Ausgangsdateien, Aufstellen von Testskripten und eines Testablaufs)
2. Erstellen von Hilfsprogrammen

10.2.4.1 Spezifizieren von Tests

Das Aufstellen von Testfällen findet je Programmteil bzw. Integrationsschritt anhand der zugewiesenen Test-Spezifikationstechniken statt, wobei es aber möglich ist, daß für ein bestimmtes Programmteil keine Technik vorgeschrieben ist. In diesem Fall ist der Tester dafür zuständig, während der Testdurchführung gleichzeitig die Testfälle zu erarbeiten und auszuführen, ohne das in spezifischer Weise zu dokumentieren. Wenn keine Technik vorliegt, so bedeutet das nicht, daß das Testen übergangen werden darf. Es bedeutet nur, daß die Testfälle nicht nach einer vorgeschriebenen Arbeitsweise aufgestellt, ausgeführt und dokumentiert werden müssen.

Während dieser Aktivität können Mängel bzw. Unklarheiten in der Testbasis festgestellt werden. Es ist selbstverständlich wichtig, diese umgehend offenzulegen, damit sie möglichst schnell verbessert bzw. geklärt werden können. Die Erfassung und Anmeldung von Abweichungen hat anhand von allgemeinen, im Entwicklungsprozeß festgelegten Verfahren zu erfolgen.

Im Vergleich zur Durchführungsphase kostet diese Aktivität weniger Zeit als bei den High-Level-Tests, weil die Testfälle vielfach nicht vollständig aufgeschrieben werden.

10.2.4.2 Erstellen von Hilfsprogrammen

Zum Testen eines Programmteils oder eines Integrationsschrittes ist es in einigen Fällen notwendig, sogenannte Stubs oder Driver herzustellen. Die Stubs ersetzen Programmteile, die von der zu testenden Software »aufgerufen« werden. Die Driver ersetzen Programmteile, welche die zu testenden Programmteile »aufrufen«.

Die Kommunikation zwischen der zu testenden Software und den Stubs und Driver erfolgt mit Hilfe einer Schnittstelle. Die Stubs und Driver müssen so ausgerüstet sein, daß diese Schnittstellen reelle Werte beinhalten und mit den endgültigen, tatsächlichen Schnittstellen zwischen den verschiedenen Programmteilen übereinstimmen. Selbstverständlich müssen die Stubs und Driver selbst auch getestet werden.

10.2.5 Durchführungsphase

Die Durchführungsphase beginnt, wenn die Testumgebung geschaffen worden ist, die Test-Tools zur Verfügung stehen und das Testobjekt zum Testen bereit steht.

In der Durchführungsphase werden zwei Aktivitäten unterschieden:

1. Durchführung der (erneuten) Tests
2. Überprüfung und Beurteilung der Testergebnisse

10.2.5.1 Durchführung der (erneuten) Tests

Während der Durchführung der Tests ist Disziplin äußerst wichtig. Die Tests sind so auszuführen, wie in der Teststrategie festgelegt wurde. Wenn die Tester davon abweichen, ist das immer dem Auftraggeber mitzuteilen, so daß entsprechende Maßnahmen getroffen werden können. Wenn ein begründeter Anlaß besteht, beispielsweise, weil ein bestimmter Fehler strukturell auftritt, ist es aber möglich, zusätzliche (nicht dokumentierte) Tests auszuführen.

Es bleibt jederzeit die Verantwortlichkeit des Entwicklers, ein korrektes und qualitativ gut funktionierendes Programmteil oder System zu liefern.

10.2.5.2 Überprüfung und Beurteilung der Testergebnisse

Die Testergebnisse werden mit den erwarteten Ergebnissen verglichen (falls in den Testskripten vorhergesagt). Hierbei handelt es sich um die wichtigste Aktivität während des gesamten Testprozesses! Wenn jetzt Unterschiede übersehen werden, so besteht keine Gewähr mehr dafür, daß sie im nachhinein doch noch einmal entdeckt werden! Die Ursache kann ein Programmierfehler sein. Wenn der Modultest vom Programmierer selbst ausgeführt wird, werden Programmierfehler sofort beseitigt, bis alle Testfälle gut verlaufen. Möglich sind indessen auch andere Ursachen: Unklarheiten in der Testbasis, Fehler in der Testumgebung, aber auch Fehler in den Testfällen. Alle Probleme außerhalb der unmittelbaren Verantwortung des Programmierers/Modultesters und in bestimmten Fällen auch die Programmfehler (siehe Aktivität »Einrichten der Verwaltung«, Abschnitt 10.2.2.7) werden formell gemäß den festgelegten Verfahren angemeldet. Nach der Korrektur eines Fehlers werden die jeweiligen Tests erneut ausgeführt, bis alle Tests durchlaufen worden sind und keine offenstehenden Abweichungen mehr vorliegen. Die Testfälle und die Testergebnisse werden zu einem Testbericht zusammengefügt.

10.2.6 Abschlußphase

Die Abschlußphase umfaßt zwei Aktivitäten:
1. Konservieren der Testware
2. Beurteilung des Testprozesses (Option)

10.2.6.1 Konservieren der Testware

In dieser Phase wird bestimmt, welche Testware für künftige (Regressions-)Tests erhalten bleiben soll, so daß diese Tests mit einer minimalen Anpassung durchgeführt werden können. Falls möglich, wird mit dem künftigen Verwalter des Systems (und ansonsten mit dem Auftraggeber) festgelegt, welche Dokumente zur Verfügung gestellt werden müssen. Die freizugebenden Testprodukte werden festgelegt. Die zu übertragende Testware muß – wo nötig – vervollständigt und angepaßt werden. Zum Schluß erfolgt die faktische Sicherung bzw. Konservierung der Testware. Ein wichtiges Produkt von Low-Level-Tests bildet die Testware des Integrationstests, da sie sich häufig für einen Regressionstest bei der Aktualisierung eines IT-Systems eignet.

10.2.6.2 Beurteilung des Testprozesses (Option)

Am Ende des Tests wird festgestellt, wie der Testprozeß verlaufen ist. Wichtig dabei ist insbesondere die Beurteilung des Testplans, der Teststrategie sowie der angewandten Methoden und Techniken.

10.3 Abstimmung der Low-Level-Tests

Wenn sowohl der Modultest als auch der Integrationstest nach der beschriebenen Arbeitsweise funktionieren, liegt es auf der Hand, zwischen diesen beiden Tests eine Abstimmung zu erreichen, so daß sich keine unnötige Überlappung oder insbesondere »Lücken« in der gesamten Testabdeckung befinden. Im folgenden wird eine praktische Vorgehensweise beschrieben, die diese Abstimmung vereinfacht, die Testverantwortlichkeiten deutlich belegt und einen Einstieg in die Verbesserung des Testprozesses der Low-Level-Tests bietet.

10.3.1 Beschreibung der Vorgehensweise

Bei dieser Vorgehensweise wird ein sogenannter »Anwendungsintegrator« (AI) mit der Kontrolle des Fortschritts des Integrationsprozesses sowie der Qualität des daraus hervorgehenden Produkts betraut. Der AI trifft mit seinem Auftraggeber (dem Projektleiter oder Teamleiter für Entwicklung) Vereinbarungen über die erforderliche Qualität: Unter welchen Voraussetzungen darf das System oder Teilsystem für eine nächste Phase freigegeben werden (Ausgangskriterien)? Des weiteren muß der AI die Qualität der eingehenden Programmteile (Eingangskriterien) beurteilen, um feststellen zu können, ob die Qualität dieser Produkte ausreicht, um den eigenen Integrationsprozeß effizient durchlaufen zu können. Ein Programmteil wird nur dann in den Integrationsprozeß aufgenommen, wenn es den Eingangskriterien entspricht. Ein (Teil-)System wird herausgegeben, wenn (nachweislich) die Ausgangskriterien erfüllt sind (siehe Abb. 10.2). Es sollte klar sein, daß eine gute Anwendung der Ausgangs- und Eingangskriterien eine große Auswirkung auf (den Einblick in) die Qualität der einzelnen Programmteile und letztendlich des Systems hat. Testen ist für die Festlegung dieser Kriterien sehr wichtig; Teile eines Kriteriums sind beispielsweise das zu testende Qualitätsmerkmal, der gewünschte Deckungsgrad, der Einsatz bestimmter Testtechniken und das zu liefernde Beweismaterial. Die Eingangs- und Ausgangskriterien werden daher bei der Strategiebestimmung des Modul- und des Integrationstests verwendet. Diese Vorgehensweise greift auch dann, wenn der Integrationsprozeß aus mehreren Schritten besteht, oder in der Wartung.

Zur Vermeidung einer Interessenvermischung hat der AI vorzugsweise nicht auch noch die Rolle des Entwerfers oder des Projektleiters für die Entwicklung einzunehmen. Damit wird bewußt ein Spannungsfeld zwischen dem AI, der für die Qualität verantwortlich ist, und dem für die Entwicklung zuständigen Projektleiter geschaffen, der insbesondere auf Aspekte wie die geleistete Funktionalität, Durchlaufzeit und das investierte Budget achten muß. Die Funktion des AI ist in Kapitel 23, »Testfunktionen«, beschrieben.

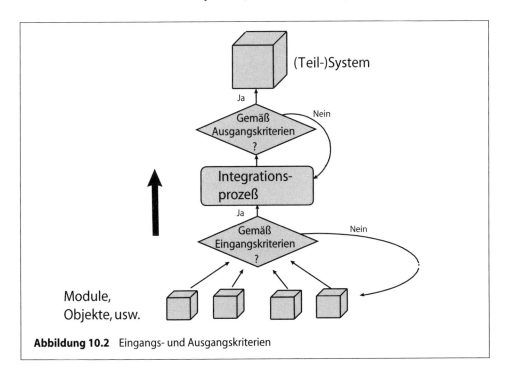

Abbildung 10.2 Eingangs- und Ausgangskriterien

Auffällige Maßnahmen bei dieser Vorgehensweise sind:

- Es wird eine bewußte Entscheidung für die zu leistende Qualität sowie für die auszuführenden Tests vor der Übergabe an eine nächste Phase getroffen (so daß auch Informationen über die Qualität vorliegen).
- Die von den Programmierern ausgeführten Tests werden übersichtlicher.
- Neben der Endverantwortlichkeit des Projekt- oder Teamleiters für die Entwicklung liegt die Zuständigkeit für das Testen bei einer Person innerhalb des Entwicklungsteams.

Durch einige Umsetzungen dieser Vorgehensweise konnte inzwischen nachgewiesen werden, daß in den späteren Tests eine erheblich niedrigere Anzahl an schweren Fehlern gefunden wird. Ein weiterer Vorteil dieses Verfahrens liegt darin, daß eine frühzeitige Beteiligung der High-Level-Tests möglich ist. Da ein besserer Einblick in die Qualität der einzelnen Elemente des Systems vorliegt, kann eine fundiertere Risikoeinschätzung stattfinden, um bestimmte Tests bereits in einem früheren Stadium auszuführen. Ein Beispiel hierfür ist, daß der Abnahmetest die Bildschirmfenster bereits Benutzungsfreundlichkeit und Einsatzfähigkeit beurteilt, während der Integrationstest noch läuft. Solche Tests haben nur dann Sinn, wenn bereits ein gewisses Maß an Vertrauen in die Qualität dieser Fenster besteht.

11 Mastertestplanung

Durch eine gute Abstimmung der einzelnen Teststufen kann eine Optimierung des gesamten Testprozesses gewährleistet werden. In diesem Kapitel wird erläutert, wie diese Abstimmung mit Hilfe eines Mastertestplans erfolgen kann. Der beschriebene Planungsprozeß stammt aus TMap und bezieht sich auf den Kernbereich »Teststrategie«, Ebenen B, C und D des TPI-Modells.

11.1 Einleitung

Zu Beginn einer Systementwicklung geben verschiedene Beteiligte, wie der Auftraggeber, Endanwender und Systemadministrator ihre Anforderungen, Wünsche und Standpunkte an. Ein Projektmanager wird mit der Aufgabe betraut, den Systementwicklungsprozeß auf der Grundlage der oft großen Menge von Anforderungen zu definieren und einzurichten. Dieser Projektmanager ist für die Ausführung aller erforderlichen Aktivitäten innerhalb dieses Prozesses, also auch der Testaktivitäten, verantwortlich.

Die Organisation aller notwendigen Testaktivitäten bedeutet in der Regel, daß der Testprozeß über einzelne Teststufen verteilt wird, wobei jeder Teststufe bestimmte Aufgaben und Verantwortungen zugewiesen werden. In jeder Teststufe wird getestet, ob Teile des IT-Systems bestimmten Anforderungen und dem Fachkonzept bzw. DV-Konzept entsprechen. Auf der Grundlage der zu testenden Anforderungen oder Spezifikationen sowie der Risiken bei Nichtrealisierung der Anforderungen für die Organisation wird für jede Teststufe eine Teststrategie und eine Testplanung erstellt. Ziel ist es, die wichtigsten Fehler so früh und so kostengünstig wie möglich zu entdecken und sich so kurz wie möglich auf dem kritischen Pfad der Systementwicklung zu befinden. Gelegentlich wird die Strategie sehr implizit bestimmt (»jeder Programmierer hat sein eigenes Programmteil auf die Weise zu testen, die ihm am besten erscheint, sofern die zur Verfügung stehende Zeit nicht überschritten wird«) und manchmal sehr explizit nach der in Kapitel 13, »Strategiebestimmung«, beschriebenen Methode.

Wenn die Strategie für jede Teststufe unkoordiniert festgelegt wird, ist es sehr wahrscheinlich, daß Tests entweder doppelt ausgeführt werden oder sich Lücken zwischen den Tests befinden. So kommt es gelegentlich vor, daß man beispielsweise innerhalb des Systemtests und des Abnahmetests die gleichen Test-Spezifikationstechniken für die gleichen Funktionsspezifikationen anwendet. Ein weiteres Risiko besteht darin, daß Teststufen in der Planung nicht optimal aneinander anschließen und sich daher der gesamte Testprozeß sehr viel länger als erforderlich auf dem kritischen Pfad der Systementwicklung befindet.

Es liegt daher auf der Hand, die verschiedenen Teststufen aufeinander abzustimmen. Dies vermeidet eine unerwünschte Redundanz bzw. Lücken zwischen den verschiedenen Tests und erhöht die Qualität des gesamten Tests/der gesamten Teststrategie erheblich. Außerdem werden die Tests eher zum richtigen Zeitpunkt ausgeführt.

Die Erfahrung hat gelehrt, daß eine derartige Organisation des Testens sehr komplex ist, zumal der Projektmanager normalerweise dieser Aufgabe nur wenig Aufmerksamkeit widmen kann. Um dieses Risiko zu vermeiden, sollte der Projektmanager einen Testmanager engagieren, der für alle Testaktivitäten verantwortlich ist. Der Testmanager stimmt die verschiedenen Teststufen aufeinander ab und optimiert auf diese Weise den gesamten Testprozeß. Ein wichtiges Hilfsmittel, um diese Abstimmung zu erreichen, ist der Mastertestplan. Dieser bildet die Grundlage für die Detailtestpläne der einzelnen Teststufen. In Abbildung 11.1 ist die Position des Testens, des Testmanagers und des Mastertestplans innerhalb der Systementwicklung dargestellt.

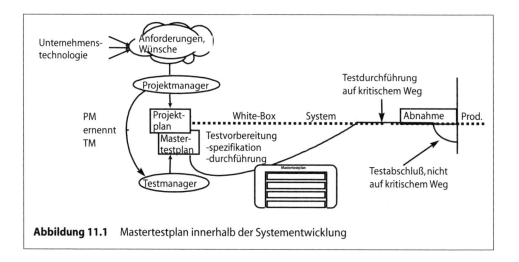

Abbildung 11.1 Mastertestplan innerhalb der Systementwicklung

11.2 Betrachtungsbereich

Eine wesentliche Frage betrifft die Ausdehnung des Betrachtungsbereich des Mastertestplans. Dieser Bereich kann von den High-Level-Teststufen (System- und Abnahmetests) bis hin zu den Tests- und Prüfungsstufen (siehe Abb. 11.2) variieren. Dies steht im Zusammenhang mit der Einstufung des Testprozesses im Kernbereich »Teststrategie« des TPI-Modells.

Ein wichtiger Faktor bei der Abstimmung anhand eines Mastertestplans ist das Wissen darüber, was jede Test- oder Prüfungsstufe testet und mit welcher Intensität, aber auch was nicht getestet wird. Wie ist beispielsweise eine Abstimmung mit einem Modultest möglich, wenn lediglich bekannt ist, daß ein Programmierer testet, aber nicht wie? Kann oder will man diese Information für eine bestimmte Teststufe nicht liefern, so wird es sehr schwierig, diese Teststufe in einen Mastertestplan einzubeziehen.

In der Praxis werden insbesondere die High-Level-Tests anhand eines Mastertestplans aufeinander abgestimmt, da diese entweder bereits ausreichend transparent sind oder man dazu bereit ist, diese ausreichend transparent zu machen. Nur in seltenen Fällen sind auch die Low-level-Tests sowie das Prüfen Teil des Plans.

Es ist aber sehr wohl wichtig, die Low-Level-Tests und das Prüfen in den Mastertestplan mit einzubeziehen, da dies vielerlei Möglichkeiten zur Optimierung des gesamten Testprozesses bietet. Sowohl die Low-Level-Tests als auch die Prüfungen erfolgen im Gegensatz zu den High-Level-Tests eher in der Systementwicklungsphase und sind somit in der Lage, Fehler früher und näher an der Quelle zu finden. Das bedeutet, daß die Fehlerbehebungskosten niedriger sind und sehr viel früher eine erste Beurteilung der Qualität des Systems erfolgen kann. Das Prüfen sollte daher Teil des Plans sein. Um zu vermeiden, daß in diesem Kapitel stets die Begriffe »Testen und Prüfen« verwendet werden, wird hier nur der Begriff »Testen« benutzt. Dieser schließt das Prüfen mit ein.

Es liegt nicht immer im Interesse des für eine bestimmte Teststufe Verantwortlichen, eine Abstimmung im Rahmen eines Mastertestplans vorzunehmen, da dies bedeuten kann, daß man bestimmte Testaufgaben abgeben muß oder zusätzlich zugewiesen bekommt. Eine Abstimmung wird dann (berechtigter- oder unberechtigterweise) als ein unerwünschter Einfluß anderer Parteien auf den eigenen Test erfahren. Es ist jedoch immer sinnvoll, möglichst alle Teststufen in den Mastertestplan mit einzubeziehen, da der Mastertestplan sowohl einen doppelten Test des gleichen Aspekts als auch einen fehlenden Test eines Aspekts explizit sichtbar macht. Wenn beispielsweise das System extern entwickelt wird, gibt es manchmal nur unzureichende Möglichkeiten, die Teststufen im Vorfeld aufeinander abzustimmen. Der Mastertestplan beschränkt sich dann auf die Abstimmung der Teststufen, die innerhalb des eigenen Zuständigkeitsbereichs ausgeführt werden, beispielsweise auf den fachlichen sowie den Produktions-Abnahmetest. Im Mastertestplan können dann jedoch Anforderungen der in den Plan miteinbezogenen Teststufen an die im Vorfeld durch die externe Partei durchgeführten Teststufen aufgenommen werden. Der Mastertestplan dient somit ebenfalls als Kommunikationsmittel mit den externen Beteiligten.

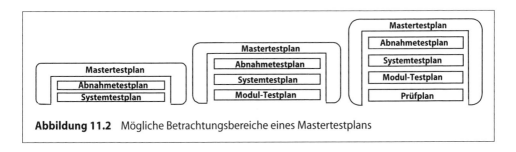

Abbildung 11.2   Mögliche Betrachtungsbereiche eines Mastertestplans

11.3 Voraussetzungen

Folgende Bedingungen müssen erfüllt sein, bevor mit der Aufstellung des Mastertestplans begonnen werden kann:

- Zunächst müssen die aufgelisteten Punkte grob geklärt sein:
  - Ziel und Bedeutung des zu testenden Systems auf Organisationsebene
  - Allgemeine Systemanforderungen
  - Organisation des Systementwicklungsprozesses
  - Allgemeine (Freigabe-)Planung des Systementwicklungsprozesses
  - Entwicklungsumgebung
  - Künftige Produktionsumgebung
  - Arbeitsweise zur Erstellung der Testbasis (Systementwicklungsmethode)
- Alle Beteiligten sind bereit, allgemeine Vereinbarungen im Bereich des Testens einzugehen und vertraglich zu regeln.

11.4 Allgemeine Arbeitsweise

Um den Betrachtungsbereich des Mastertestplans und die dabei einzubeziehenden Teststufen festzustellen, wird zunächst der Testauftrag formuliert. Anschließend werden Informationen zum Systementwicklungsproceß und zum Projekt gesammelt.

Durch die Strategiebestimmung wird die Stellung des Testens innerhalb des gesamten Qualitätsmanagements bestimmt. Dabei wird festgelegt, welche Aspekte des Systems mit welcher Intensität getestet werden sollen. Danach findet eine Verteilung der ausgewählten Aspekte über die einbezogenen Teststufen statt, und es wird ein allgemeiner Kostenvoranschlag erstellt. Währenddessen erfolgt eine teststufenübergreifende Dokumentierung der erforderlichen Testorganisation und Infrastruktur. Insbesondere die Regelung einiger Testfunktionen und Vereinbarungen im Zusammenhang mit der Infrastruktur auf »hohem« Niveau können zu einer Kosteneinsparung führen. Außerdem wird eine allgemeine Planung für den gesamten Testprozeß aufgestellt. Auf der Grundlage der vorherigen Aktivitäten wird der Mastertestplan zusammengestellt und festgelegt.

In der Projekt-Realität kann es vorkommen, daß manche Aktivitäten mehrmals und in einer anderen Reihenfolge ausgeführt werden müssen. Wenn beispielsweise der Auftraggeber die erstellte Planung nicht akzeptiert, muß möglicherweise mehr Personal eingesetzt oder die Strategie angepaßt werden.

11.5 Aktivitäten

Die Aufstellung des Mastertestplans beinhaltet folgende Aktivitäten:

1. Auftragsformulierung
2. Orientierung
3. Bestimmung der Teststrategie
4. Definition der Organisation
5. Definition der Infrastruktur

6. Bestimmung der Planung
7. Festlegung des Mastertestplans

Abbildung 11.3 stellt die Reihenfolge und die Abhängigkeiten zwischen den verschiedenen Aktivitäten dar.

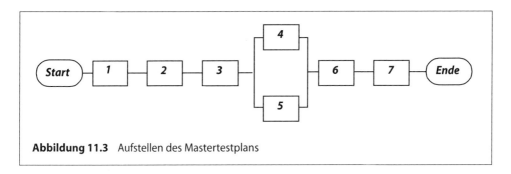

Abbildung 11.3 Aufstellen des Mastertestplans

11.5.1 Auftragsformulierung

11.5.1.1 Ziel

Die Auftragsformulierung verfolgt drei Ziele. In erster Linie wird festgestellt, wer der Auftraggeber und wer der Auftragnehmer ist. Anschließend wird der Betrachtungsbereich und das Ziel des gesamten Testprozesses ermittelt, und zum Schluß wird bestimmt, welche Teststufen am Mastertestplan beteiligt werden.

11.5.1.2 Arbeitsweise in Detail

Folgende Aspekte werden festgelegt:

- *Auftraggeber*
  Der Erteiler des Testauftrags und des Auftrags zur Aufstellung des Mastertestplans: Hierbei handelt es sich häufig um den allgemeinen (Projekt-) Manager für den Systementwicklungsprozeß, der aus den Reihen der Benutzerorganisation selbst kommt oder in ihrem Namen eingestellt ist.

- *Auftragnehmer*
  Derjenige, der für die Aufstellung des Mastertestplans verantwortlich ist; im folgenden »Mastertestplan-Ersteller« genannt.

- *Teststufen*
  Die Teststufen, auf die sich der Mastertestplan bezieht: Man denke hierbei z.B. an die Modultests, den Integrationstest, den Systemtest, den fachlichen sowie den Produktions-Abnahmetest.

- *Betrachtungsbereich*
  Die Abgrenzung des gesamten Testprozesses, wie beispielsweise:
  - Einmalige Identifizierung des zu testenden IT-Systems
  - Schnittstellen mit angrenzenden Systemen
  - Migration
  - Ablauf-Organisation

  Es ist ebenfalls wichtig festzulegen, was *nicht* zum Betrachtungsbereich des Testauftrags gehört.

- *Ziel*
  Das Ziel des Testprozesses, beispielsweise:
  - Die freizugebenden Produkte
  - Die zu testenden Qualitätsaspekte und eine fundierte Empfehlung in bezug auf:
    - Funktionalität
    - Aktualisierbarkeit nach der Inbetriebnahme
    - Möglichkeiten zur Integration in die Ablauf-Organisation
    - Leistungsaspekte
    - usw.

- *Rahmenbedingungen*
  Als Rahmenbedingungen werden die Bedingungen bezeichnet, die dem Testprozeß »extern« auferlegt werden, beispielsweise:
  - *Feststehendes Enddatum*
    Zum Zeitpunkt der Vergabe des Testauftrags steht häufig das Enddatum für die Fertigstellung des zu testenden IT-Systems bereits fest.
  - *Planungen*
    Zum Zeitpunkt der Vergabe des Testauftrags sind häufig bereits die Planungen für die Freigabe der Systemdokumentation, des Testobjekts sowie der Infrastruktur festgelegt.
  - *Verfügbare Ressourcen*
    Der Auftraggeber hat vielfach bereits Grenzen im Zusammenhang mit den verfügbaren Mitarbeitern, (finanziellen) Mitteln und der Zeit definiert.

- *Ausgangspunkte*
  Als Ausgangspunkte werden die Bedingungen bezeichnet, die vom Testprozeß ausgehend Dritten auferlegt werden, beispielsweise:
  - *Zu leistende Unterstützung*
    Im Rahmen eines Testprozesses sind unterschiedliche Formen der Unterstützung erforderlich, z.B. im Zusammenhang mit der Systemdokumentation, dem Testobjekt bzw. der Infrastruktur.
  - *Änderungen in der Systemdokumentation*
    Die Systemdokumentation muß im Zusammenhang mit durchgeführten Änderungen aktuell gehalten werden. Hierzu ist eine Kopplung mit den vorhandenen Verfahren innerhalb des Systementwicklungsprozesses erforderlich.

Im Laufe des Planungsprozesses werden die Rahmenbedingungen und Ausgangspunkte weiter ausgearbeitet.

11.5.1.3 Produkte

Die im Mastertestplan festgelegte Auftragsformulierung.

11.5.1.4 Techniken

Nicht zutreffend

11.5.2 Orientierung

11.5.2.1 Ziel

Durch diese Aktivität gewinnt man Einblick in die Organisation und in die Zielsetzung des Systementwicklungsprozesses des zu entwickelnden (und zu testenden) IT-Systems sowie in die Anforderungen, denen das System zu entsprechen hat.

11.5.2.2 Arbeitsweise

Die Arbeitsweise umfaßt folgende Teilaktivitäten:

- Untersuchung der verfügbaren Dokumentation
- Führen von Gesprächen

11.5.2.3 Untersuchung der verfügbaren Dokumentation

Die vom Auftraggeber zur Verfügung gestellte Dokumentation wird untersucht. Dazu gehören:

- Systemdokumentation, beispielsweise die Ergebnisse einer Informationsanalyse oder einer Definitionsstudie
- Projektdokumentation, beispielsweise das Konzept für den Systementwicklungsprozeß, die Organisationsschemata, der Qualitätssicherungsplan und eine (allgemeine) Funktionspunktanalyse
- Beschreibung der Systementwicklungsmethode einschließlich der Richtlinien
- Verträge mit Zulieferern

Bezieht sich der Systementwicklungsprozeß auf die Wartungsphase, wird ebenfalls untersucht, ob Testware vorhanden und einsetzbar ist.

11.5.2.4 Führen von Interviews

Folgende am Systementwicklungsprozeß Beteiligte werden zu Besprechungen herangezogen:

- Die (Vertreter der) Auftraggeber, um sowohl Einblick in die Betriebszielsetzungen und die »Kultur« als auch in die Zielsetzungen und die strategische Bedeutung des Systems zu erhalten

- Die Fachseite aus der Benutzerorganisation, um Informationen über die Funktionalität des Systems zu bekommen

- Das Rechenzentrum, um etwas über die (künftige) Produktionsumgebung des IT-Systems zu erfahren

- Der Zulieferer der Testbasis, des Testobjekts und der Infrastruktur, um in einem frühen Stadium bereits eine Abstimmung zwischen den verschiedenen beteiligten Parteien zu erzielen

Ferner empfiehlt es sich, indirekt Beteiligte zu Rate zu ziehen. Man denke hierbei an die Buchhaltung, das Management für die Inbetriebnahme, die künftige Verwaltungsorganisation usw.

11.5.2.5 Produkte

Eine Mappe mit dem gesammelten Material und den Gesprächsberichten.

11.5.2.6 Techniken

Checkliste »Allgemeine Untersuchung des IT-Systems« (Kapitel 18.2)

11.5.3 Bestimmung der Teststrategie

11.5.3.1 Ziel

Bei dieser Aktivität wird festgestellt, welche Qualitätsmerkmale bei welcher Teststufe getestet werden.

11.5.3.2 Arbeitsweise

Die Bestimmung der Teststrategie umfaßt folgende Teilaktivitäten:

- Einblick in die Qualitätsmanagementmaßnahmen

- Strategiebestimmung

- Erstellung eines (allgemeinen) Aufwandsschätzungs für die Teststufen

11.5.3.2.1 Einblick in die Qualitätsmanagementmaßnahmen

Das Testen bildet einen Teil des gesamten Qualitätsmanagements innerhalb des Systementwicklungsprozesses. Zur Bestimmung, welche Aspekte getestet werden müssen, wird festgestellt, auf welche Weise das Qualitätsmanagement eingehalten wird. Ganz wesentlich hierbei ist das (Vorhandensein von einem) Qualitätssystem und der Qualitätsplan für den spezifischen Systementwicklungsprozeß. Damit der Gesamtaufwand für das Qualitätsmanagement so effizient wie möglich genutzt wird, erfolgt eine Ermittlung der bereits definierten Aktivitäten des Qualitätsmanagements.

11.5.3.2.2 Strategiebestimmung

Die zur Erstellung einer Teststrategie erforderlichen Schritte sind im folgenden kurz beschrieben (siehe Kapitel 13, »Strategiebestimmung«):

- *Bestimmung der Qualitätsmerkmale*
  Im Einvernehmen mit dem Auftraggeber und möglichen anderen Beteiligten werden die Qualitäts*merkmale*festgelegt, denen der Test zu entsprechen hat. Über die ausgewählten Qualitäts*merkmale*ist während des Testprozesses dem Auftraggeber zu berichten.

- *Bestimmung der relativen Bedeutung der Qualitätsmerkmale*
  Auf der Grundlage der Ergebnisse des vorigen Schrittes wird angegeben, wie der Testaufwand über die ausgewählten Qualitätsmerkmale zu verteilen ist, wobei davon ausgegangen wird, daß das Testen eines jeden Qualitätsmerkmals gleichermaßen arbeitsintensiv ist.

- *Zuweisung der Qualitätsmerkmalean Teststufen*
  Mit dem Ziel, den gesamten Testaufwand so effizient wie möglich zu nutzen, wird angegeben, welche Teststufe(n) die verschiedenen Qualitätsmerkmale abdecken. Auf diese Weise wird eine Abstimmung zwischen den verschiedenen Teststufen erreicht, die im Rahmen des Mastertestplans ausgeführt werden. Selbstverständlich dürfen hierbei die verschiedenen Zuständigkeiten und Befugnisse nicht aus den Augen verloren werden.

11.5.3.2.3 Erstellung einer (allgemeinen) Aufwandsschätzung für die Teststufen

Ausgehend vom Umfang des Systems, eventuell in Funktionspunkten ausgedrückt, sowie von den verfügbaren Ressourcen und der ausgewählten Strategie wird eine allgemeine Aufwandsschätzung für die verschiedenen Teststufen aufgestellt. Während der Phase »Planung & Verwaltung« der jeweiligen unterschiedlichen Teststufen werden die definitiven Aufwandszahlen berechnet.

11.5.3.3 Produkte

Die im Masterplan festgelegte Strategie einschließlich einer allgemeinen Aufwandsschätzung.

11.5.3.4 Techniken

Strategiebestimmung (Kapitel 13)

11.5.4 Definition der Organisation

11.5.4.1 Ziel

Bei dieser Aktivität werden die Funktionen, Aufgaben, Befugnisse und Verantwortlichkeiten definiert, die teststufenübergreifend für den gesamten Testprozeß Anwendung finden.

Hinweis: Obwohl die Aktivität »Einrichten der Verwaltung« bei der Aufstellung des Mastertestplans nicht als gesonderte Aktivität betrachtet wird, ist es sinnvoll, manche Verwaltungsaspekte teststufenübergreifend zu organisieren. Das gilt insbesondere für die Verwaltung der Infrastruktur.

11.5.4.2 Arbeitsweise

Die Definition der Organisation im Rahmen des Mastertestplans umfaßt folgende Teilaktivitäten:

- Bestimmung der erforderlichen Funktionen oder Rollen
- Ermittlung des Ausbildungsbedarfs
- Zuweisung von Aufgaben, Befugnissen und Verantwortlichkeiten

11.5.4.2.1 Bestimmung der erforderlichen Funktionen

Damit eine optimale Abstimmung zwischen den verschiedenen Teststufen stattfindet, wird allgemein festgelegt, welche Testfunktionen zu unterscheiden und abzudecken sind, um den Testprozeß vorschriftsmäßig und konsistent durchführen zu können. Man denke hierbei insbesondere an:

- (allgemeines) Testmanagement
- Verwaltung

Eventuell werden einige Testfunktionen/Personen aus der Linienorganisation (teilzeitlich) am Testprozeß beteiligt, z.B.

- Koordinierung und Beratung
- Testmanagement

Die Einrichtung der verschiedenen Teams je Teststufe erfolgt während der Phase »Planung & Verwaltung« in den jeweiligen Teststufen.

11.5.4.2.2 Ermittlung des Ausbildungsbedarfs

Wenn die Mitarbeiter, die bei den Teststufen einbezogen werden, nur unzureichend mit dem Testen oder seinen Vorteilen sowie den einzusetzenden Testtechniken und -Tools vertraut sind, müssen sie entsprechend ausgebildet werden. Für diese Ausbildung ist ausreichend viel Zeit in die Planung einzukalkulieren.

11.5.4.2.3 Zuweisung von Aufgaben, Befugnissen und Verantwortlichkeiten

Die spezifischen Aufgaben, Befugnisse und Verantwortlichkeiten innerhalb des Testprozesses werden den Testfunktionen zugewiesen und beschrieben. Diese Aufgaben beziehen sich auf die Abstimmung zwischen den verschiedenen Teststufen sowie auf die anstehenden Entscheidungen, beispielsweise:

- Erstellung von Vorschriften für die Produkte, die nach Beendigung der verschiedenen Teststufen freigegeben werden
- Kontrolle auf die Einhaltung der verschiedenen Vorschriften (z.B. durch interne Audits)
- Koordinierung der Testaktivitäten, die bei den verschiedenen Teststufen vergleichbar sind. Beispiel hierfür ist die Einrichtung der technischen Infrastruktur, der Verwaltung usw.
- Erstellung von Richtlinien für die Kommunikation und Berichterstattung zwischen den Teststufen untereinander sowie dem Testprozeß und den diversen Zulieferern
- Einrichtung einer methodischen, technischen und funktionalen Unterstützung
- Einhaltung der Konsistenz der verschiedenen Testpläne

11.5.4.3 Produkte

Die im Mastertestplan festgelegte Testorganisation.

11.5.4.4 Techniken

Nicht zutreffend

11.5.5 Definition der Infrastruktur

11.5.5.1 Ziel

Das Ziel dieser Aktivität ist es, bereits in einem frühen Stadium die für den Testprozeß erforderliche Infrastruktur festzulegen. Die Infrastruktur setzt sich aus Testumgebung, Test-Tools und der Büroeinrichtung zusammen.

11.5.5.2 Arbeitsweise

Die Arbeitsweise umfaßt folgende Teilaktivitäten:

- Definition der Testumgebung
- Definition der Test-Tools
- Festlegung der Infrastrukturplanung

11.5.5.2.1 Definition der Testumgebung

Die erforderliche Testumgebung wird in groben Zügen definiert. Sie besteht aus Einrichtungen, die für eine Durchführung des Tests notwendig sind, und ist von der Systementwicklungsumgebung sowie der künftigen Produktionsumgebung abhängig (siehe Kapitel 22, »Testumgebungen«). Für den Testprozeß ist es wesentlich, daß einige spezifische Bedingungen festgelegt werden, beispielsweise eine Bereitstellung mehrerer logischer

Umgebungen für das Testteam, ein manipulierbares Systemdatum oder die Darstellung (inwiefern ähnelt die Testumgebung der künftigen Produktionsumgebung?) usw.

Unterschiede zwischen der Testumgebung und der künftigen Produktionsumgebung sind nicht zu vermeiden. Die Risiken, die dadurch entstehen, werden angegeben und die eventuell zu treffenden Maßnahmen beschrieben.

11.5.5.2.2 Definition der Test-Tools

Die erforderlichen Test-Tools werden kurz definiert. Test-Tools können bei den Testaktivitäten in bezug auf Planung und Verwaltung, Aufbau der Ausgangsdateien, Testdurchführung und Beurteilung (siehe Kapitel 21, »Test-Tools«) Unterstützung leisten.

11.5.5.2.3 Festlegung der Infrastrukturplanung

Für alle benötigten Elemente der Infrastruktur wird festgelegt, wer für die weitere Ausarbeitung, Auswahl und den Erwerb zuständig ist. Vereinbarungen werden getroffen, und es wird ein allgemeiner Plan aufgestellt, anhand dessen abgelesen werden kann, wann dem Testteam welche Einrichtungen zur Verfügung stehen können.

11.5.5.3 Produkte

Die im Testplan festgelegte Beschreibung der erforderlichen Infrastruktur einschließlich der Planung.

11.5.5.4 Techniken

Checkliste »Testeinrichtungen« (Kapitel 18.5)

11.5.6 Bestimmung der Planung

11.5.6.1 Ziel

Das Ziel dieser Aktivität ist die Aufstellung eines allgemeinen Plans für den gesamten Testprozeß.

11.5.6.2 Arbeitsweise

Anhand der Planung des Systementwicklungsprozesses wird eine allgemeine (Ablauf-)Planung für den gesamten Testprozeß aufgestellt. Für jede Teststufe werden Start- und Enddatum sowie die (Freigabetermine der) Meilensteine angegeben. Dem allgemeinen Aufwandsschätzung für die unterschiedlichen Teststufen werden die verfügbaren Mittel und Ressourcen zugewiesen. In der Phase Planung & Verwaltung der verschiedenen Teststufen selbst wird die Detailplanung für die unterschiedlichen Teststufen aufgestellt.

Die allgemeine Planung muß mindestens folgende Aspekte beinhalten:

- Auszuführende Aktivitäten (in entsprechender Phase und Ebene je Teststufe)
- Beziehungen mit und Abhängigkeiten von anderen Aktivitäten (innerhalb oder außerhalb des Testprozesses und zwischen den verschiedenen Teststufen untereinander)

- Zeitaufwand je Teststufe
- Erforderliche und verfügbare Durchlaufzeit
- Freizugebende Produkte

Hierbei sind insbesondere die Abhängigkeiten zwischen den verschiedenen Teststufen wichtig. Für die Durchführungsphase einiger Teststufen gilt schließlich, daß diese sequentiell auszuführen sind: Modultest, Integrationstest, Systemtest und schließlich Abnahmetest.

Die Planung wird – abhängig von der innerhalb der Organisation üblichen Arbeitsweise – beispielsweise anhand einer Netzwerkplanung oder eines Balkendiagramms dargestellt.

Die finanziellen Konsequenzen der Entscheidungen, die innerhalb der bislang durchgeführten Aktivitäten getroffen worden sind, werden aufgelistet. Folgende Verteilung hat sich dabei als sehr geeignet herausgestellt:

- *Personal*
  Die Kosten für die ausgewählte Organisation und das eingestellte Personal (siehe Aktivität »Einrichten der Organisation«) sind zu bestimmen. Dazu gehören neben dem Einsatz von gemietetem Personal (externe Kapazitäten) auch die Kosten für das »eigene« Personal.

- *Infrastruktur*
  Festgelegt werden hier die Kosten, die mit der ausgewählten Infrastruktur für den Testprozeß einhergehen (siehe Aktivität »Definition der Infrastruktur«).

11.5.6.3 Produkte

Die im Mastertestplan festgelegte allgemeine Planung für den gesamten Testprozeß.

11.5.6.4 Techniken

Nicht zutreffend

11.5.7 Festlegung des Mastertestplans

11.5.7.1 Ziel

Das Ziel dieser Aktivität ist einerseits die Festlegung der Ergebnisse der bislang ausgeführten Aktivitäten sowie andererseits der Erhalt der Genehmigung der gewählten Vorgehensweise von seiten des Auftraggebers.

11.5.7.2 Arbeitsweise

Die Arbeitsweise umfaßt folgende Teilaktivitäten:

- Ermittlung der Gefahren, Risiken und Maßnahmen
- Aufstellen des Mastertestplans
- Genehmigung und Festlegung des Mastertestplans

11.5.7.2.1 Ermittlung der Gefahren, Risiken und Maßnahmen

Es ist wichtig, die möglichen Gefahren für den Testprozeß im Mastertestplan zu benennen. Diese können sich u.a. auf folgendes beziehen:

- *Durchführbarkeit*
  Inwiefern sind die aufgestellte Testplanung und die Planungen der verschiedenen Zulieferer durchführbar und reell?
- *Testbarkeit*
  Inwieweit ist die erwartete Qualität der Systemspezifikationen ausreichend für den durchzuführenden Testprozeß?
- *Stabilität*
  In welchem Maße werden die Systemspezifikationen im Laufe des Testprozesses Änderungen unterworfen?
- *Erfahrung*
  In welchem Maße reicht die Erfahrung bzw. die Ausbildung des einzusetzenden Testteams aus, um den Testprozeß vorschriftsmäßig durchführen zu können?

Im Mastertestplan wird je Risikobereich angegeben, welche Maßnahmen getroffen worden sind. Man denke hierbei an präventive Maßnahmen zur Vermeidung von Risiken, eventuell jedoch auch an Prüf- und Beurteilungsmaßnahmen zur vorzeitigeren Ermittlung von Risiken.

11.5.7.2.2 Aufstellen des Mastertestplans

Die Ergebnisse der bislang durchgeführten Aktivitäten werden im Mastertestplan festgelegt. Der Mastertestplan umfaßt folgende Punkte:

- Auftragsformulierung
- Teststrategie
- Gefahren, Risiken und Maßnahmen
- Organisation
- Infrastruktur
- Allgemeine Planung

11.5.7.2.3 Festlegung des Mastertestplans

Der Mastertestplan wird dem Auftraggeber zur Genehmigung vorgelegt. Es empfiehlt sich, die Genehmigung offiziell einzuholen, indem man sie vom Auftraggeber unterzeichnen läßt. Außerdem kann eine Präsentation, beispielsweise für die Lenkungsgruppe und die unterschiedlichen beteiligten Parteien, zum Erhalt einer Genehmigung und – was mindestens genauso wichtig ist – zu einer höheren Akzeptanz innerhalb der Organisation beitragen.

11.5.7.3 Produkte

Der Mastertestplan

11.5.7.4 Techniken

Checkliste »Risiken des Testprojekts« (Kapitel 18.4)

12 Qualitätsmerkmale

Die Qualitätsmerkmale, die im Rahmen des Testens Bedeutung haben, können in dynamische und statische Qualitätsmerkmale unterschieden werden. Für einen Vergleich zu den ISO-9126-Qualitätsmerkmalen, siehe Anhang.

Dieses Kapitel bezieht sich auf die Kernbereiche »Teststrategie«, Ebene A, und »Statische Testtechniken«, Ebene B, des TPI-Modells.

12.1 Dynamische Qualitätsmerkmale

Bei den dynamischen Qualitätsmerkmalen geht es um das Funktionieren des IT-Systems aus der Sicht des Anwenders beziehungsweise um Aspekte, die für den Anwender von Bedeutung sind. Diese Aspekte bzw. Qualitätsmerkmale gehören somit vielfach in den Bereich des Abnahmetests. Die im folgenden aufgezählten Qualitätsmerkmale werden meistens dynamisch getestet:

- Sicherheit
- Einsetzbarkeit
- Kontinuität
- Kontrollierbarkeit
- Funktionalität
- Benutzungsfreundlichkeit
- Externe Integrierbarkeit
- Leistung
- Sparsamkeit

12.1.1 Sicherheit

Unter Sicherheit versteht man in diesem Zusammenhang, daß das Abfragen oder Ändern von Daten ausschließlich von zuständigen Personen vorgenommen wird.

Sicherheit kann dynamisch explizit mit Hilfe der semantischen Testtechnik getestet werden und statisch, indem das Konzept und Vorhandensein der Sicherheitsmaßnahmen anhand einer Checkliste beurteilt werden.

12.1.2 Einsetzbarkeit

Einsetzbarkeit bedeutet hier, inwieweit das IT-System auf die Organisation und das Profil des Endanwenders zugeschnitten ist, für den es geschaffen wurde, und inwieweit es zum Erreichen der Betriebszielsetzungen beiträgt. Ein brauchbares IT-System zeigt sich in einer erhöhten Effizienz von Betriebsprozessen. Wird das neue System in der Praxis funktionieren oder nicht? Die einzige, die diese Frage letztlich beantworten kann, ist die Anwenderorganisation selbst!

Wenn der Aspekt Einsetzbarkeit ausdrücklich in der Teststrategie genannt wird, ist hierfür eine separate Teststufe einzurichten, nämlich die Betriebssimulation oder das Versuchsfeld. Bei einer Betriebssimulation testet eine willkürlich ausgewählte Gruppe potentieller Anwender die Einsetzbarkeitsaspekte des Produkts in einer Umgebung, die der »natürlichen« Umgebung, in der das System eingesetzt werden soll, ähnelt. Der Test findet anhand einiger praxisorientierter Aufträge bzw. Testskripte statt. Einsetzbarkeitstests können daher als dynamisch explizites Testen eingestuft werden.

12.1.3 Kontinuität

Unter Kontinuität versteht man die Sicherheit, daß die Datenverarbeitung ungestört abläuft, d.h., daß sie auch nach ernsthaften Störungen innerhalb einer akzeptablen Frist wieder aufgenommen werden kann. Das Qualitätsmerkmal Kontinuität kann in Merkmale unterteilt werden, die bei einer sich ausbreitenden Störung des IT-Systems nacheinander Anwendung finden:

- Betriebssicherheit: Angabe darüber, in welchem Umfang die Datenverarbeitung störungsfrei bleibt
- Robustheit: Maßangabe, inwiefern mit der Information auch nach einer Störung weiter gearbeitet werden kann
- Wiederherstellbarkeit: Angabe, wie leicht und schnell die Information nach einer Störung wiederhergestellt werden kann
- Möglichkeit der Umgehung von ausgefallenen Systemteiles: Ist mit geringem Aufwand die Kernfunktionalität des Systems erhaltbar, wenn »Randteile« fehlerhaft sind oder ausfallen
- Ausweichmöglichkeit: Ist mit geringem Aufwand die Fortsetzung der Arbeiten an einem anderen Ort durch Transferieren der Information (oder Teile davon) möglich (z.B. im Brandfall)

Kontinuität wird meistens statisch getestet, indem das Konzept und das Vorhandensein von Maßnahmen im Rahmen der Kontinuität mit Hilfe einer Checkliste beurteilt werden. Sie kann jedoch auch dynamisch implizit getestet werden, indem während der Durchführung dynamisch expliziter Tests Statistiken (z.B. über die Ausfallhäufigkeit) erstellt werden.

12.1.4 Kontrollierbarkeit

Die Kontrollierbarkeit gibt an, wie mühelos die Korrektheit und Vollständigkeit der Information (im Laufe der Zeit) überprüft werden können. Bekannte Möglichkeiten zur Erhöhung der Kontrollierbarkeit sind Kontrollsummen, Quadratzählungen und Audit Trail. Kontrollierbarkeit kann – wenn sie sich auf das Konzept der jeweiligen Maßnahmen richtet – anhand einer Checkliste statisch getestet werden, und sie kann dynamisch explizit getestet werden, wenn sie auf die Durchführung der jeweiligen Maßnahme im System zielt.

12.1.5 Funktionalität

Unter Funktionalität versteht man die Sicherheit, daß die Datenverarbeitung korrekt und vollständig und gemäß der Beschreibung der fachlichen Spezifikationen erfolgt.

Das Qualitätsmerkmal Funktionalität kann in die Merkmale Korrektheit und Vollständigkeit unterteilt werden:

- Korrektheit: Angabe, inwieweit das System die angebotenen Eingaben und Änderungen korrekt gemäß den Systemspezifikationen zu konsistenten Datensammlungen verarbeitet
- Vollständigkeit: Die Sicherheit, daß alle Eingaben und Änderungen vom System verarbeitet werden

Beim Testen ist es vielfach das wichtigste Kriterium, um die Akzeptanz des IT-Systems zu erreichen, daß der spezifizierten Funktionalität entsprochen wird. Mit Hilfe der verschiedenen Testtechniken kann das »fachliche Funktionieren« dynamisch explizit getestet werden.

12.1.6 Benutzungsfreundlichkeit

Unter Benutzungsfreundlichkeit (oder Anwenderfreundlichkeit) versteht man die Mühelosigkeit, mit der der Endanwender mit dem IT-System umgehen kann. Häufig wird diese Definition noch einmal unterteilt in: Wie leicht der Endanwender mit dem IT-System umzugehen lernt, und die Benutzungsfreundlichkeit des IT-Systems für geschulte Anwender.

Eine objektive und einsetzbare Meßeinheit ist für den Aspekt der Benutzungsfreundlichkeit häufig schwer feststellbar, hier sind also durchaus (subjektive) Meinungen gefragt. Bei der Feststellung der Benutzungsfreundlichkeit spielen die Endanwender selbstverständlich eine wichtige Rolle.

Benutzungsfreundlichkeit kann dynamisch implizit getestet werden, indem während der Durchführung des Funktionalitätstests Statistiken erstellt werden. Die Tester müssen dabei nach Beendigung eines bestimmten Testzeitraums, in dem insbesondere semantische und syntaktische Tests durchgeführt wurden, eine Fragenliste im Zusammenhang mit der Benutzungsfreundlichkeit ausfüllen.

12.1.7 Externe Integrierbarkeit

Die externe Integrierbarkeit gibt an, in welchem Umfang die manuellen Verfahren an das automatisierte IT-System anschließen und wie einsetzbar diese manuellen Verfahren für die Organisation sind.

Beim Testen der externen Integrierbarkeit wird häufig auch der Aspekt der Rechtzeitigkeit mit einbezogen. Rechtzeitigkeit wird als das Maß definiert, in dem die Informationen zur rechten Zeit verfügbar sind, um die Maßnahmen zu treffen, für die die Informationen gedacht waren. Externe Integrierbarkeit wird dynamisch explizit mit Hilfe des Geschäftsprozeßtests getestet.

12.1.8 Leistung

Unter Leistung versteht man die Geschwindigkeit, mit der das IT-System interaktive und Batch-Verarbeitungen ausführt.

Wenn man sich für dieses Qualitätsmerkmal entscheidet, ist es häufig erforderlich, Sondertests zu definieren, wobei die Leistung in einer produktionsnahen Umgebung repräsentativ gemessen werden kann. Leistung kann dynamisch explizit mit Hilfe von sogenannten Real-Life-Tests (Alltagstest) bzw. dynamisch implizit getestet werden, indem während der Durchführung von Tests im Zusammenhang mit der Funktionalität Statistiken erstellt werden.

12.1.9 Sparsamkeit

Unter Sparsamkeit versteht man das Verhältnis zwischen dem Leistungsniveau des Systems (zum Ausdruck gebracht in Transaktionsvolumen und der gesamten Geschwindigkeit) und der Menge an dafür verwendeten Ressourcen (CPU-Zyklen, I/O-Zeit, Speicherkapazität usw.).

Sparsamkeit kann dynamisch explizit mit Hilfe von Real-Life-Tests bzw. dynamisch implizit getestet werden, indem während der Durchführung von Tests im Zusammenhang mit der Funktionalität Statistiken erstellt werden.

12.2 Statische Qualitätsmerkmale

Bei den statischen Qualitätsmerkmalen geht es um die intrinsischen Eigenschaften des IT-Systems und der Dokumentation, und zwar aus der Sicht des Entwicklers und des zukünftigen Verwalters. Die aufgezählten Qualitätsmerkmale werden meistens statisch getestet und können wie folgt unterschieden werden:

- Verwaltungsfähigkeit
- Interne Integrierbarkeit
- Flexibilität

- Wiederverwendbarkeit
- (Eignung der) Infrastruktur
- Aktualisierbarkeit
- Portabilität
- Testbarkeit

12.2.1 Verwaltungsfähigkeit

Verwaltungsfähigkeit ist ein Maß dafür, wie leicht das IT-System in Einsatzbereitschaft gebracht und gehalten werden kann.

Verwaltungsfähigkeit richtet sich primär auf die technische Systemverwaltung, die sich häufig in einem Rechenzentrum befindet. Die Installierbarkeit des IT-Systems ist ein Teil der Verwaltungsfähigkeit. Verwaltungsfähigkeit wird anhand von verfügbaren Maßnahmen und Hilfsmitteln beurteilt, die die Verwaltung vereinfachen bzw. sie ermöglichen.

12.2.2 Interne Integrierbarkeit

Die interne Integrierbarkeit gibt an, wie einfach eine Verbindung mit einem anderen oder innerhalb eines IT-System(s) zustande gebracht und geändert werden kann.

Die interne Integrierbarkeit kann durch den Einsatz von Standardisierung stark gefördert werden. Eine häufig eingesetzte internationale Norm in diesem Bereich ist der OSI-Standard. Interne Integrierbarkeit kann getestet werden, indem man die jeweilige Maßnahme anhand einer Checkliste beurteilt.

12.2.3 (Eignung der) Infrastruktur

Unter Eignung der Infrastruktur versteht man die Eignung der Geräte, des Netzwerks, der Systemsoftware und des Datenbank-Managementsystems (DBMS) für den jeweiligen Einsatz sowie den Umfang, in dem diese Infrastrukturelemente aufeinanderpassen.

Das Testen dieses Aspekts kann auf unterschiedliche Weise erfolgen. Wichtig hierbei ist die Sachkenntnis des Testers im Bereich der jeweiligen Infrastrukturelemente.

12.2.4 Flexibilität

Die Flexibilität ist ein Maß dafür, in welchem Umfang der Anwender selbst Erweiterungen oder Änderungen am IT-System durchführen kann, ohne daß die Software angepaßt werden muß, oder das System von der Verwaltungsorganisation angepaßt werden kann, ohne daß eine Aktualisierung von der Entwicklungsabteilung notwendig ist.

Flexibilität kann getestet werden, indem man die jeweilige Maßnahme anhand einer Checkliste beurteilt.

12.2.5 Wiederverwendbarkeit

Unter Wiederverwendbarkeit versteht man das Ausmaß, in dem Teile des IT-Systems oder des Entwurfs für die Entwicklung anderer Anwendungen erneut verwendet werden können.

Wenn die Grundlage des Systems in hohem Maße wiederverwendbare Module sind, wird dies auch der Aktualisierbarkeit zugute kommen. Wiederverwendbarkeit kann getestet werden, indem man das IT-System bzw. den Entwurf anhand einer Checkliste beurteilt.

12.2.6 Aktualisierbarkeit

Die Aktualisierbarkeit gibt an, wie leicht das IT-System an die neuen Wünsche der Anwender oder die geänderte externe Umgebung angepaßt oder eingesetzt werden kann, aber auch, wie problemlos Mängel und Fehler zu korrigieren sind.

Einblick in die Aktualisierbarkeit kann man beispielsweise erhalten, indem man während des Testens den zeitlichen Aufwand (Stunden) erfaßt, der erforderlich ist, um einen Fehler zu beheben. Man kann dann den durchschnittlichen Aufwand (Mean Time To Repair (MTTR)) berechnen und die Verteilung (eventuell je Teilsystem) feststellen. Aktualisierbarkeit kann ebenfalls getestet werden, indem man die interne Qualität des IT-Systems anhand einer Checkliste beurteilt. Einblick in die Strukturierung der Software (ein Aspekt von Aktualisierbarkeit) kann man durch dynamische bzw. direkte Tests mit Hilfe der Strukturtechnik (Kapitel 15, »Test-Spezifikationstechniken«) erhalten.

12.2.7 Portabilität

Unter Portabilität versteht man die unterschiedlichen Hardware- und Systemsoftware-Umgebungen, in denen das IT-System laufen kann, sowie die Mühelosigkeit, mit der das System von der einen Umgebung auf eine andere übertragen werden kann.

Die Portabilität auf eine bestimmte Umgebung ist zu quantifizieren, indem man die Kosten der Anpassung als einen Prozentsatz der Kosten für den Wiederaufbau in der neuen Umgebung ausdrückt. Der Umfang der Portabilität kann anhand einer Checkliste festgestellt werden.

12.2.8 Testbarkeit

Die Testbarkeit in ein Maß dafür, wie leicht und schnell die Funktionalität und das Leistungsniveau des Systems (nach jeder Anpassung) getestet werden können.

Testbarkeit betrifft in diesem Falle das gesamte IT-System. Wie groß die Testbarkeit der Dokumentation ist, wird indirekt anhand einer Checkliste »Überprüfung der Testbasis« (siehe Kapitel 16) während der Vorbereitungsphase gemessen. Zur Messung der Testbarkeit des gesamten IT-Systems liegt ebenfalls eine Checkliste vor.

13 Strategiebestimmung

Die in diesem Kapitel beschriebene Arbeitsweise zur Bestimmung der Teststrategie bezieht sich auf den Kernbereich »Teststrategie«, Ebene A (Abschnitt 13.3.2) und Ebenen B, C und D (Abschnitt 13.3.1).

13.1 Einleitung

Die Bestimmung einer Teststrategie bietet eine gute Möglichkeit, um mit dem Auftraggeber des Tests über die Organisation sowie die strategischen Entscheidungen des Testens zu verhandeln. Die Teststrategie gibt an, auf welche Weise getestet werden wird. Um die verfügbaren Kapazitäten an Personal und Zeit optimal zu nutzen, wird bestimmt, auf welchen Systemelementen und Aspekten das Hauptaugenmerk zu liegen hat. Die Teststrategie ist eine wichtige Grundlage für eine strukturierte Testvorgehensweise und leistet einen wichtigen Beitrag zu einem übersichtlichen Testprozeß.

Der Auftraggeber eines Tests erwartet vom freizugebenden System bestimmte Qualitätseigenschaften und will wissen, ob das abgelieferte System diesen Erwartungen entspricht. Wenn das System diesen Qualitätsanforderungen nicht oder nur unzureichend genügt, bedeutet dies letztendlich einen Schadensposten für die Organisation, da z.B. hohe Fehlerbehebungskosten anfallen oder die Kunden unzufrieden sind. Dies stellt daher ein Risiko für die Organisation dar. Die in diesem Buch verwendete Definition für den Begriff »Risiko« ist:

> Ein Risiko ist die Wahrscheinlichkeit, daß ein Fehler auftaucht (Fehlschlagwahrscheinlichkeit) in bezug zu dem erwarteten Schaden, wenn dieser Fehler tatsächlich auftritt.

Obgleich in den vorigen Kapiteln Angaben zur Qualität und zu den Risiken getroffen wurden, können diese von Fall zu Fall sehr unterschiedlich sein. Es ist von wesentlicher Bedeutung, hierüber mit dem Auftraggeber zu sprechen und auf die Wünsche des Auftraggebers durch eine entsprechende Ausrichtung der Strategie einzugehen. Das Testen deckt nämlich solche Risiken auf, indem es Einblick vermittelt, inwieweit das System den Qualitätsanforderungen entspricht. Bei einer unzureichenden Qualität können dann noch rechtzeitig Maßnahmen, beispielsweise eine Fehlerbehebung durch den Entwickler, getroffen werden. Wenn die Ablieferung eines Systems große Risiken für die Organisation beinhaltet, liegt es auf der Hand, daß umfangreicher getestet wird. Auch die umgekehrte Situation ist möglich:

No risk, no test.

Die Teststrategie zielt daher auf das Finden eines optimalen Gleichgewichts zwischen dem zu leistenden Testaufwand und der gewünschten Aufdeckung der Risiken (siehe Abbildung 13.1). Zu diesem Zweck werden die Risiken bis auf die Ebene der Qualitätsmerkmale und der gesonderten Teilsysteme detailliert. Diese Detaillierung ermöglicht das Finden einer passenden Testabdeckung, auch Coverage genannt, für die bekannten Risiken. Hierbei hat eine höhere Testabdeckung normalerweise einen größeren Testaufwand zur Folge. Damit die erforderliche Variation in der Testabdeckung erreicht wird, ist der Einsatz mehrerer Testtechniken, die jeweils eine bestimmte Testabdeckung leisten, sehr wichtig.

In diesem Zusammenhang kann eine Analogie mit Versicherungen gezogen werden. Wenn jemand ein Risiko abdecken will, so schließt er eine Versicherung mit einer Deckung ab, die so optimal wie möglich zu diesem Risiko paßt. Diese Deckung kostet eine bestimmte Versicherungsprämie. Will die Person nicht soviel Geld ausgeben, wird eine Versicherung mit einer geringeren Deckung genommen. Die Konsequenz ist, daß kein Recht auf eine Versicherungsleistung für das ungedeckte Risiko besteht. Ist die Deckung zu breit, wird faktisch zuviel an Prämie bezahlt, da auch Risiken mitversichert werden, die für diesen Versicherten nicht relevant sind.

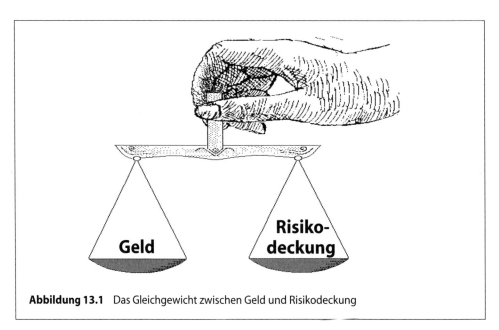

Abbildung 13.1 Das Gleichgewicht zwischen Geld und Risikodeckung

13.2 Risikoeinschätzung

Die Risikoeinschätzung, bei der die Risiken von Fehlern in der Produktion beurteilt werden, bildet die Basis für die Bestimmung der Teststrategie. Diese Einschätzung erfolgt auf der Grundlage von Qualitätsattributen und Teilsystemen. Was sind z.B. die negativen Konsequenzen, falls das System nicht ausreichend benutzungsfreundlich ist? Wie hoch ist der Schaden, wenn das Berechnungsmodul in einem Lohnsystem nicht korrekt funktioniert? Zur optimalen Durchführung einer solchen Einschätzung werden die einzelnen Faktoren eines Risikos analysiert:

$$\text{Risiko} = \text{Fehlschlagwahrscheinlichkeit} * \text{Schaden}$$

wobei die Fehlschlagwahrscheinlichkeit von Faktoren wie der Einsatzfrequenz und der Wahrscheinlichkeit, daß ein Fehler vorhanden ist (Fehlerwahrscheinlichkeit), abhängig ist.

Diese Faktoren werden im folgenden erläutert:

- Einsatzfrequenz
  Bei einer Funktion, die einige Dutzend Male pro Tag aufgerufen wird, ist die Wahrscheinlichkeit, daß sich ein vorhandener Fehler manifestiert, viel größer, als bei einer Funktion, die einmal im Jahr aufgerufen wird.

- Fehlerwahrscheinlichkeit
  Zur Einschätzung der Fehlerwahrscheinlichkeit kann die folgende Übersicht von (Programm-)Stellen behilflich sein, an denen sich Fehler häufig konzentrieren. Die zugrundeliegenden Angaben finden sich auch bei [Schaefer, 1996]:
  - Komplexe Funktionen
  - Gänzlich neue Funktionen
  - (Insbesondere vielfach) angepaßte Funktionen
  - Funktionen, bei denen bestimmte Tools oder Techniken zum ersten Mal eingesetzt werden
  - Funktionen, deren Entwicklung zwischenzeitlich einem anderen übertragen wurden
  - Funktionen, die unter extrem hohem Zeitdruck entwickelt wurden
  - Funktionen, die überdurchschnittlich optimiert werden müssen (bspw. zur Beschleunigung oder Kosteneinsparung einer Funktion)
  - Funktionen, in denen bereits zu einem früheren Zeitpunkt viele Fehler gefunden worden sind (bspw. in einer früheren Freigabe oder während früheren Prüfungen)
  - Funktionen mit vielen Schnittstellen

Die Fehlerwahrscheinlichkeit ist ebenfalls größer, wenn einer oder mehrere der folgenden Faktoren zutreffen:
- Unerfahrene Entwickler
- Unzureichende Beteiligung der Anwender
- Unzureichende Qualitätssicherung während der Entwicklung
- Unzureichende Qualität der Low-Level-Tests

- Neue Entwicklungs-Tools und -umgebungen
- Große Entwicklungsteams
- Entwicklungsteams ohne optimale Kommunikation (durch geografische oder persönliche Ursachen)
- Schaden
Welcher Schaden ergibt sich, wenn sich der Fehler manifestiert? Hierbei kann man beispielsweise an Fehlerbehebungskosten (sowohl des Systems als auch der Folgen), Verdienstausfall und Vertrauens- oder Kundenverlust denken. Der Schaden wird meistens größer, wenn sich der Fehler auf andere Funktionen oder Systeme auswirkt. Bei Fehlern in Batch-Prozessen können Schwierigkeiten für die Anwender leichter vermieden werden, so daß letztendlich der Schaden kleiner ist als bei ähnlichen Online-Prozessen. Das gilt natürlich nur dann, wenn man den Fehler rechtzeitig entdeckt und beseitigt.

Durch die Komplexität der Materie ist es schwierig, die Risikoeinschätzung vollständig objektiv und detailliert auszuführen; es handelt sich also hierbei nur um subjektive Einschätzungen. Daher ist es wichtig, daß die Risikoeinschätzung nicht nur vom Testmanager ausgeführt wird, sondern daß eine Vielzahl Beteiligter einen entsprechenden Beitrag leisten, beispielsweise Auftraggeber, Anwender, Entwicklungsteams, Buchhaltung usw. Das trägt zu einer besseren Teststrategie bei und hat als weiteren Vorteil, daß die verschiedenen Gruppen sich besser sowohl über die Risiken als auch den Beitrag, den das Testen zur Beherrschung dieser Risiken leisten kann, im klaren sind.

Beim Entwurf der Teststrategie sollte man sich bewußt sein, daß der Abnehmer bei der Einschätzung der Risiken am besten den Schaden sowie die Einsatzfrequenz beurteilen kann (Endanwender, System- und Funktionsmanager, Linienmanager), während die Projektmitglieder vor allem etwas über die Fehlerwahrscheinlichkeit aussagen können (Projektmanager, Designer, Programmierer, Projektqualitätsmanager, Testmanager).

Der Kernpunkt bei der Risikoeinschätzung liegt im Bereich des Produktrisikos; mit anderen Worten: Was ist das Risiko für die Organisation, wenn das Produkt nicht die erwartete Qualität aufweist? Außerdem bestehen noch (Test-)Projektrisiken. Das System soll beispielsweise unbedingt am 1. Januar betriebsbereit sein, die Freigabe der Funktionsspezifikationen erfolgt zu spät, Tester stehen nicht zur Verfügung, oder die Testinfrastruktur ist nicht rechtzeitig fertig. Diese Beispiele für (Test-)Projektrisiken werden nicht bei der Bestimmung der Teststrategie mit einkalkuliert, sondern bei der Aufstellung des Testplans (siehe auch Abschnitt 9.2.14). Kapitel 18 enthält eine Checkliste für derartige Risiken.

Mit Hilfe der Bestimmung der Teststrategie wird der Test so organisiert, daß mit einiger Sicherheit die folgenden Punkte erfüllt werden:

- Die wichtigen Probleme werden gefunden.
- Die Probleme werden in einem frühen Stadium gefunden.
- Die Probleme, deren Behebung am aufwendigsten ist, werden als erste gefunden.
- Ressourcen werden effizient eingesetzt.
- Nach Beendigung kann eine fundierte Qualitätsempfehlung abgegeben werden.

Konkret wird dies wie folgt zusammengefaßt:

Ziel der Teststrategie ist es, so **früh** wie möglich die **wichtigsten** Fehler zu den **geringsten Kosten** zu finden.

In der Praxis wird die Strategie häufig zusammen mit einem Aufwandsschätzung für den Test bestimmt, beispielsweise mit Hilfe einer Testpunktanalyse (siehe Kapitel 14). Dies hat den Vorteil, daß die Konsequenzen der jeweiligen Strategie bezüglich der erforderlichen Testzeit und den entsprechenden Testkosten deutlich werden. Auf dieser Basis können die Verantwortlichen bewußte Entscheidungen über die passende Strategie treffen. Wenn die Testzeit ein feststehender Faktor ist, kann mit Hilfe der Teststrategie in Verbindung mit der Testpunktanalyse bestimmt werden, was innerhalb der festgelegten Zeit durchführbar ist. Noch wichtiger ist es, daß durch diese Vorgehensweise explizit gemacht wird, welche Elemente nicht oder nicht vollständig getestet werden können und welche Risiken damit verbunden sind.

13.3 Arbeitsweise

Bei der Arbeitsweise werden die Strategiebestimmung im Rahmen eines Mastertestplans und die Strategiebestimmung im Rahmen eines Testplans für eine spezifische Teststufe, beispielsweise den Abnahmetestplan oder den Systemtestplan, unterschieden.

Die Arbeitsweise gilt sowohl für den Neubau eines IT-Systems als auch für seine Wartung. Im Zusammenhang mit der Wartung kann die Durchführung einiger kleiner Anpassungen in der Arbeitsweise jedoch praktisch sein. Im letzten Abschnitt wird auf die Bestimmung der Teststrategie in einer Wartungssituation eingegangen. Die Bestimmung einer Teststrategie kann nicht rein methodisch bzw. formal erfolgen. Die im folgenden beschriebenen Schritte sind Hilfsmittel und geben eine mögliche Richtung an. Ein wichtiger Erfolgsfaktor für eine gute Strategiebestimmung sind entsprechend gute Kenntnisse und Erfahrungen des Betreibers dieser Aktivität im Testen.

Des weiteren sollte man sich darüber im klaren sein, daß die Strategiebestimmung ein iterativer Prozeß ist, der im Zusammenhang mit anderen Aktivitäten für die Aufstellung des Testplans zu sehen ist. Wenn eine erste Strategiebestimmung einen erforderlichen Aufwand oder eine Planung zur Folge hat, die für den Auftraggeber nicht akzeptabel ist, so ist möglicherweise die Strategie anzupassen. Außerdem kann eine Anpassung der Strategie notwendig sein, wenn die erforderlichen Testkenntnisse oder die Infrastruktur nicht vorhanden sind.

13.4 Strategiebestimmung im Mastertestplan

Folgende Schritte sind bei der Erstellung einer Teststrategie im Rahmen des Mastertestplans erforderlich:

1. Bestimmung der Qualitätsmerkmale
2. Bestimmung der relativen Bedeutung der Qualitätsmerkmale
3. Zuweisung der Qualitätsmerkmale zu Teststufen

13.4.1 Bestimmung der Qualitätsmerkmale

Im Einvernehmen mit dem Auftraggeber und anderen Beteiligten werden die Qualitätsmerkmale festgelegt, die der Test berücksichtigen soll. Bei der Bestimmung dieser Qualitätsmerkmale sind die entsprechenden Risiken für die Betriebsführung sowie Aspekte wie spezifizierte Systemanforderungen, Betriebszielsetzungen im Zusammenhang mit dem IT-System sowie Richtlinien des Rechenzentrums zu berücksichtigen. Der Auftraggeber wird während des gesamten Testprozesses über den Status des Testobjekts bezüglich der ausgewählten Qualitätsmerkmale informiert.

Manche Qualitätsmerkmale können nur schwer getestet werden. Häufig wird zwar gefordert, daß das System benutzungsfreundlich oder flexibel sein soll, jedoch sind die Anforderungen nicht in meßbare Ansprüche umgesetzt. Daher wird oft ein wesentlicher Teil der Aktivität »Bestimmung der Qualitätsmerkmale« darauf verwandt, eine so meßbar und konkret wie mögliche Formulierung von relevanten Qualitätsanforderungen zu erstellen. Außerdem erfordert das Testen mancher Qualitätsmerkmale relativ viel Aufwand. Es ist nicht sinnvoll, Entscheidungsmöglichkeiten zu bieten, die im nachhinein nicht verwirklicht werden können. Es ist also im Vorfeld zu bestimmen, welchen Aufwand das Testen dieser Qualitätsmerkmale schätzungsweise erfordert, bevor eine bestimmte Entscheidung getroffen wird.

Die in Kapitel 12 erläuterten Qualitätsmerkmale sind für Personen, die wenig Beziehung zur Softwareentwicklung haben, schwer verständlich. Daher sollten die jeweiligen Begriffe »belebt« , d.h. auf die Begriffswelt des Gesprächspartners umgesetzt werden. Das ist beispielsweise möglich, indem man bei den verschiedenen Qualitätsmerkmalen zur Verdeutlichung passende Beispiele für Probleme oder Fehler im praktischen Einsatz sucht und den möglichen Schaden aufzeigt. Die Anwendbarkeit von Qualitätsmerkmalen für die verschiedenen Personen ist einer der schwierigsten Aspekte der Strategiebestimmung.

13.4.2 Bestimmung der relativen Bedeutung

Auf der Grundlage der Ergebnisse des ersten Schrittes wird angegeben, welche Bedeutung die ausgewählten Qualitätsmerkmale im Verhältnis zueinander haben. Das ist möglich, indem man in der »Gewichtungsmatrix« (siehe unten) die relative Bedeutung (in Prozent) im Zusammenhang mit den ausgewählten Qualitätsmerkmalen angibt. Es geht hier nicht darum, exakte Prozentsätze zu nennen. Ziel ist vielmehr, im Einvernehmen mit dem Auftraggeber und möglichen anderen Beteiligten eine allgemeine Vorstellung davon zu erhalten, welche Rangfolge die verschiedenen Qualitätsmerkmale untereinander haben. Dies kann erfolgen, indem man die Risiken bei jedem Qualitätsmerkmal abwägt. Das Ausfüllen der Matrix unterstützt dabei den Denkprozeß.

Um den Auftraggeber zu zwingen, Entscheidungen zu treffen, gilt als Richtlinie, daß der Prozentsatz sich auf mindestens 5% belaufen muß. Die Summe aller Prozentsätze muß 100 ergeben.

Ein Beispiel einer solchen Gewichtungsmatrix ist im folgenden dargestellt:

Qualitätsmerkmale	Relative Bedeutung
Verwaltungsfähigkeit	5
Sicherheit	5
Einsetzbarkeit	–
Externe Integrierbarkeit	–
Kontinuität	10
Kontrollierbarkeit	–
Flexibilität	–
Funktionalität	50
Benutzungsfreundlichkeit	10
Wiederverwendbarkeit	–
Infrastruktur	–
Interne Integrierbarkeit	10
Aktualisierbarkeit	5
Leistung	5
Portabilität	–
Testbarkeit	–
Sparsamkeit	–
Gesamt	100%

Auffällig ist in dieser Matrix die große Bedeutung (50%), die der Funktionalität zugewiesen wird. Dies entspricht aber der Praxis, da in mehr als 50% aller Fälle die Funktionalität so gewichtet wird. Der Grund dafür ist, daß die Risiken im allgemeinen bei einem System größer sind, das nicht korrekt funktioniert (Funktionalität), als bei einem System, das zu langsam (Leistung) oder nicht praktisch (Benutzungsfreundlichkeit) ist.

13.4.3 Zuweisung Qualitätsmerkmale zu Teststufen

Wie bereits in Kapitel 11 angegeben wurde, kann auch die Prüfung in den Betrachtungsbereich des Mastertestplans und somit auch unter die Strategiebestimmung fallen. Um zu vermeiden, daß in diesem Kapitel stets die Begriffe »Testen und prüfen« verwendet werden, wird hier nur der Begriff »Testen« benutzt. Damit ist jedoch ebenfalls ausdrücklich das Prüfen gemeint.

Mit dem Ziel, den Gesamttestaufwand so effizient wie möglich zu verteilen, wird während der Aufstellung der Teststrategie angegeben, mit Hilfe welcher (Kombination von)

13 Strategiebestimmung

Teststufe(n) die verschiedenen Qualitätsmrkmale getestet werden. Auf diese Weise wird eine Abstimmung zwischen den Teststufen erreicht, die innerhalb des Projekts durchgeführt werden. Selbstverständlich dürfen hierbei die verschiedenen Verantwortlichkeiten und Befugnisse nicht aus den Augen verloren werden.

Mit Hilfe eines »+«-Zeichens wird in einer Matrix vermerkt, ob ein bestimmtes Qualitätsmerkmal Teil der Teststrategie einer bestimmten Teststufe ist. Mit »++« oder sogar »+++« wird angegeben, daß dem Qualitätsmerkmal während der Durchführung der entsprechenden Teststufe relativ viel Bedeutung zuzumessen ist. Selbstverständlich kann ein Qualitätsmerkmal durch mehrere Teststufen überprüft werden, die Intensität wird jedoch häufig verschieden sein. Werden strukturierte Testtechniken verwendet, können beispielsweise beim Abnahmetest die Ergebnisse vorheriger Testarten eingesetzt werden, anhand derer eventuell weniger intensiv getestet werden muß.

Beispiel einer Strategiematrix von Teststufen:

	Prüf. DS	Prüf. FO	Prüf. TO	MT	IT	ST	FAT	PAT	Relative Bedeutung
Verwaltungsfähigkeit	+	+	++				+		5
Sicherheit	+	+	+				+	+	5
Einsetzbarkeit									–
Externe Integrierbarkeit									–
Kontinuität	+		+					++	10
Kontrollierbarkeit									–
Flexibilität									–
Funktionalität	++	++		+	+	+++	++		50
Benutzungsfreundlichkeit		++					++		10
Wiederverwendbarkeit									–
(Eignung der) Infrastruktur									–
Interne Integrierbarkeit	+	++					++		10
Aktualisierbarkeit		+					+		5
Leistung			+				+	+	5
Portabilität									–
Testbarkeit									–
Sparsamkeit									–
									100%

Erläuterung der Abkürzungen:
Prüf.DS: Prüfung/Review der Definitionsstudie (Anforderungskatalog)
Prüf.FO: Prüfung/Review des Fachkonzepts
Prüf.TO: Prüfung/Review des DV-Konzepts
MT: Modultest
IT: Integrationstest
ST: Systemtest
FAT: Fachlicher Abnahmetest
PAT: Produktions-Abnahmetest

13.5 Strategiebestimmung für die Teststufen

Folgende Schritte sind zu unternehmen, um zu einer Teststrategie für eine spezifische Teststufe zu gelangen:

1. Bestimmung der Qualitätsmerkmale
2. Bestimmung der relativen Bedeutung der Qualitätsmerkmale
3. Unterteilung in Teilsysteme
4. Bestimmung der relativen Bedeutung der Teilsysteme
5. Detaillierung der Testbedeutung je Teilsystem und Qualitätsmerkmal
6. Festlegung der einzusetzenden Testtechniken

Die Strategiebestimmung für eine spezifische Teststufe hat natürlich die eventuell vorhandene Strategiebestimmung aus dem Mastertestplan als Randbedingung und Startposition. Wenn ein Mastertestplan einschließlich der Teststrategie vorhanden ist, kann Aktivität 1 (»Bestimmung der Qualitätsmerkmale«) übergangen werden und Aktivität 2 (»Bestimmung der relativen Bedeutung der Qualitätsmerkmale«) wird eine einfache und relativ schnell auszuführende Aktivität. Bei dieser Beschreibung der Teststrategiebestimmung für eine spezifische Teststufe sind alle genannten Schritte vollständig ausgearbeitet. Das bedeutet, daß die Beschreibung sowohl auf eine Situation Anwendung findet, in der kein Mastertestplan vorliegt, als auch für eine mit einem Mastertestplan (einschließlich einer Teststrategie). In letztgenannter Situation ist die Strategiebestimmung, wie bereits oben angegeben, weniger umfangreich.

13.5.1 Bestimmung der Qualitätsmerkmale

Im Einvernehmen mit dem Auftraggeber und möglichen anderen Beteiligten werden die Qualitätsmerkmale festgelegt, auf die der Test sich – unter Berücksichtigung der Risiken für den Kunden – richten soll. Hierfür gelten die gleichen Anweisungen wie für den entsprechenden Schritt aus der Strategiebestimmung für den Mastertestplan. Im Zusammenhang mit den ausgewählten Qualitätsmerkmalen muß dem Auftraggeber während der Durchführung und nach Abschluß des Tests Bericht erstattet werden.

13.5.2 Bestimmung der relativen Bedeutung der Qualitätsmerkmale

Auf der Grundlage der Ergebnisse des ersten Schrittes wird angegeben, welche Bedeutung die ausgewählten Qualitätsmerkmale im Verhältnis zueinander haben. Die Bedeutung wird bestimmt, indem die Risiken eines jeden Qualitätsmerkmals in bezug aufeinander abgewägt werden.

Die Angabe erfolgt in der »Gewichtungsmatrix« anhand eines Prozentsatzes in der Spalte »Relative Bedeutung«. Um den Auftraggeber zu zwingen, Entscheidungen zu treffen, gilt als Richtlinie, daß der Prozentsatz sich auf mindestens 5% beläuft. Die Summe aller Prozentsätze muß 100 ergeben.

Beispiel einer »Gewichtungsmatrix« für einen Fachlichen Abnahmetest (auf der Grundlage der oben beschriebenen »Strategiematrix Teststufen« aus dem Mastertestplan):

Qualitätsmerkmale	Relative Bedeutung
Sicherheit	5
Integrierbarkeit	20
Funktionalität	60
Benutzungsfreundlichkeit	10
Leistung	5
Gesamt	100%

13.5.3 Unterteilung in Teilsysteme

Während dieser und späterer Schritte wird die Teststrategie weiter verfeinert. Das heißt, daß die Qualitätsmerkmale und die relative Bedeutung aus der vorherigen »Gewichtungsmatrix« bis auf die Kombinationen Testtechnik/Teilsystem und später sogar Testtechnik/Testeinheit verteilt werden müssen.

Das IT-System wird während dieses Schrittes in Untersysteme unterteilt, da nicht für alle Teilsysteme die gleichen Qualitätsansprüche zu gelten brauchen und die verschiedenen Teilsysteme andere Risiken für die Organisation bedeuten können. Die Einteilung ist im Prinzip die gleiche, die während der Entwurfsdokumentation gemacht worden ist. Wenn von dieser Einteilung abgewichen wird, muß dies deutlich begründet werden. Ein Beispiel für eine alternative Einteilung ist die Abgabereihenfolge des Entwicklers. Wenn von einem Migrationsteil die Rede ist, ist die Migration (Umsetzung) als separates Teilsystem zu behandeln. Ferner wird häufig das Teilsystem »Gesamtsystem« unterschieden, um angeben zu können, daß manche Qualitätsattribute erst anhand eines integralen Tests effektiv beurteilt werden können. Während des Verbundtests wird – beispielsweise mit Hilfe des Datenzyklustests – der Zusammenhang zwischen den verschiedenen Teilsystemen getestet.

In einer späteren Phase werden die verschiedenen Teilsysteme in unabhängige Testeinheiten unterteilt. Innerhalb eines logistischen Systems werden beispielsweise die Teilsysteme Einkauf, Verteilung und Verkauf unterschieden, wobei das Teilsystem Verkauf weiter untergliedert wird in die Testeinheiten »Angebote« (alle Funktionen im Zusammenhang mit Angeboten) und »Aufträge«.

13.5.4 Bestimmung der relativen Bedeutung der Teilsysteme

Ausgehend von den Ergebnissen des ersten Schrittes wird nun in der »Gewichtungsmatrix« die relative Bedeutung (in Prozent) im Zusammenhang mit den ausgewählten Teilsystemen eingetragen, indem die Risiken für jedes Teilsystem gegeneinander abgewogen werden. Es geht hier nicht darum, die exakten Prozentsätze anzugeben, sondern vielmehr darum, im Einvernehmen mit dem Auftraggeber und möglichen anderen Beteiligten eine allgemeine Vorstellung der Bedeutung der verschiedenen Teilsysteme zu erhalten. Durch das Ausfüllen dieser Gewichtungsmatrix wird man gezwungen, darüber nachzudenken.

Bei jedem ausgewählten Teilsystem wird bestimmt, welches seine relative Bedeutung innerhalb des IT-Systems ist. Das wird in der »Gewichtungsmatrix« anhand eines Prozentsatzes in der Spalte »Relative Bedeutung« angegeben. Alle Teilsysteme zusammen müssen 100% ergeben.

Beispiel einer »Gewichtungsmatrix« für einen fachlichen Abnahmetest:

	Relative Bedeutung
Teilsystem 1	30
Teilsystem 2	15
Teilsystem 3	20
Migration	15
System	20
Gesamt	100%

13.5.5 Detaillierung der Testbedeutung je Teilsystem und Qualitätsmerkmal

Schließlich wird noch genauer bestimmt, welche Bedeutung die Kombination von Qualitätsmerkmal und Teilsystem hat. So wird beispielsweise detaillierter angegeben, daß Benutzungsfreundlichkeit zwar wesentlich ist (Bedeutung: 10), daß dies jedoch insbesondere für Teilsystem 1 gilt, aber überhaupt nicht für Teilsystem 3. Mit Hilfe eines »+«-Zeichens ist definiert, ob ein bestimmtes Qualitätsmerkmal für ein bestimmtes Teilsystem zutrifft, mit ++ oder sogar +++, daß der Kombination Qualitätsattribut/Teilsystem relativ viel Bedeutung zuzumessen ist. Die Bestimmung der Teststrategie, darauf möchten wir noch einmal hinweisen, ist keine mathematische Angelegenheit, sondern dazu gedacht, eine Vorstellung von der relativen Testbedeutung der verschiedenen Teilsystem/Qualitätsmerkmal-Kombinationen zu erhalten.

Das ist auch der Grund dafür, daß hier die Zeichen + und ++ verwendet werden und nicht anhand einer mathematischen Formel eine Scheinsicherheit geschaffen wird. Als Beispiel soll hier dienen, daß sowohl die Benutzungsfreundlichkeit als auch ein bestimmtes Batch-Teilsystem sehr wichtig ist. Die Anwendung von Formeln würde sicherlich einen umfangreichen Testaufwand im Zusammenhang mit der Benutzungsfreundlichkeit des Batch-Teilsystems erzeugen, was wohl keineswegs Sinn der Sache sein kann. Die endgültige »Gewichtungsmatrix« im Beispiel könnte so aussehen:

	Teilsyst. 1	Teilsyst. 2	Teilsyst. 3	Migration	Gesamtsystem	Relative Bedeutung
Sicherheit	+	+				5
Einsetzbarkeit						–
Kontinuität						–
Kontrollierbarkeit						–
Funktionalität	++	+	+	++	+	60
Benutzungsfreundlichkeit	++	+				10
Leistung	+		+			5
Integrierbarkeit	+	+	+		++	20
Sparsamkeit						–
Relative Bedeutung	30	15	20	15	20	100%

13.5.6 Bestimmung der einzusetzenden Testtechniken

Als letzter Schritt innerhalb der Teststrategie werden Testtechniken ausgewählt, mit denen die festgelegten Qualitätsmerkmale und Teilsysteme getestet werden. Selbstverständlich spielt das Ergebnis der vorherigen Schritte, nämlich die Testbedeutung der Kombination zwischen Qualitätsmerkmal und Teilsystem, eine wichtige Rolle bei der Auswahl der Techniken. Ein hoher Prozentwert in der Spalte »Relative Bedeutung« impliziert den Einsatz von Techniken mit einer höheren Deckung bzw. den Einsatz von mehreren Techniken; eine geringere Bedeutung (kleiner Prozentwert) impliziert das Gegenteil. In der Einleitung des Kapitels 15, »Test-Spezifikationstechniken«, wird ausführlich auf die verschiedenen Arten der Intensität in bezug auf die Testtechniken eingegangen. Das weiteren wird für jede Testtechnik beschrieben, auf welche Weise innerhalb einer Technik die Testabdeckung variiert werden kann.

Neben der Intensität müssen bei der Auswahl der Techniken verschiedene andere Faktoren berücksichtigt werden.

Im folgenden werden einige dieser Faktoren kurz genannt. Für detailliertere Informationen wird auf die Einleitung von Kapitel 15, »Test-Spezifikationstechniken«, verwiesen.

- Zu testendes Qualitätsmerkmal
  Eine Technik eignet sich zum Testen einer oder mehrerer Qualitätsmerkmale. Dieser Abschnitt enthält eine Übersicht darüber, welche Techniken zum Testen welcher Qualitätsmerkmale in Frage kommen.

- Einsatzbereiche (siehe Kapitel 15, »Test-Spezifikationstechniken«)
  Manche Techniken eignen sich insbesondere zum Testen der Interaktion (Bildschirmfenster, Berichte, Online) zwischen System und Anwender, andere nur zum Testen der Verarbeitung (Batch-Verarbeitungen). Dies ist abhängig von der Art des Fehlers, der mit Hilfe der Technik gefunden werden kann, beispielsweise fehlerhafte Eingabekontrollen, unrichtige Bearbeitungen oder Integrationsfehler.

- Verfügbare Testbasis (siehe Kapitel 15, »Test-Spezifikationstechniken«)
  Jede Technik benötigt eine bestimmte Testbasis. Dabei kann es sich um die Funktionsspezifikationen, das DV-Konzept, den Programmcode bzw. die Geschäftsablauf-Beschreibungen handeln. Für die Auswahl der Technik ist auch noch die Form der Testbasis von Bedeutung, beispielsweise Entscheidungstabellen, Pseudocode, strukturiertes Deutsch oder unstrukturierte Prosa.

- Umfang der Formalität (siehe Kapitel 15, »Test-Spezifikationstechniken«)
  Nicht formale Testtechniken bieten im Vergleich zu formalen Testtechniken für den Tester mehr Möglichkeiten bei der Aufstellung von Testfällen.

- Einsatz von Ressourcen
  Der Einsatz einer Technik erfordert eine bestimmte Menge an Ressourcen, sowohl in bezug auf menschliche als auch auf maschinelle Kapazitäten. Ein Beispiel für letztere ist das Testen in einer produktionsnahen Umgebung. Der Einsatz von Ressourcen steht natürlich in unmittelbarer Beziehung zu den Kosten.

- Erforderliche Kenntnisse und Fähigkeiten
  Nicht jeder kann jede Technik anwenden; für bestimmte Techniken ist viel Kenntnis der Materie erforderlich, um sie sinnvoll einzusetzen, für andere bedarf es eher analytischer Kenntnisse. Die Kenntnisse und Fähigkeiten des zur Verfügung stehenden Testpersonals üben damit großen Einfluß auf die Auswahl der Techniken aus.

Die vorhandenen Techniken können in drei Testgruppen unterteilt werden: dynamisch explizites Testen, dynamisch implizites Testen und statisches Testen. Häufig wird das Funktionieren des Systems anhand von gezielten Testfällen (dynamisch explizites Testen) getestet. Hierzu stehen verschiedene Test-Spezifikationstechniken zur Verfügung. Das Testen kann auch anhand des Aufbaus von Statistiken während des Entwicklungs- und Testprozesses stattfinden (dynamisches implizites Testen) bzw. durch eine Beurteilung der getroffenen Maßnahmen anhand einer Checkliste (statisches Testen).

In folgender Matrix ist angegeben, welche Techniken Anwendung finden, um einen Test im Zusammenhang mit einem Qualitätsmerkmal auszuführen. Ziel ist es, mit einer Mindestmenge an Techniken alle ausgewählten Qualitätsmerkmale abzudecken. Eine umfangreiche Information über die verschiedenen Techniken befindet sich in Kapitel 15, »Test-Spezifikationstechniken«, und Kapitel 17, »Checklisten Qualitätsattribute«.

	ST	ETT	BS	CKL	DT	DKT	EVT	EG	DZT	MIT	GPT	RLT	SEM	STAT	SYN
Verwaltungsfähigkeit				x											
Sicherheit				x			x					x	x	x	
Einsetzbarkeit			x							x					
Externe Integrierbarkeit				x											
Kontinuität				x								x		x	
Kontrollierbarkeit				x		x	x	x							
Flexibilität				x											
Funktionalität	x	x				x	x	x	x	x			x		x
Benutzungsfreundlichkeit				x				x		x			x	x	x
Wiederverwendbarkeit				x											
(Eignung der) Infrastruktur				x						x					
Interne Integrierbarkeit								x		x					
Aktualisierbarkeit				x										x	
Leistung								x				x		x	
Portabilität				x											
Testbarkeit				x	x										
Sparsamkeit									x				x	x	

Erläuterung der Abkürzungen:
ST: Strukturtest
ETT: Entscheidungstabellentest
BS: Betriebssimulation
CKL: Beurteilung mit Hilfe einer Checkliste
DT: Detailüberprüfung Testbasis
DKT: Datenkombinationstest
EVT: Elementarer Vergleichstest
EG: Error Guessing
DZT: Datenzyklustest
MIT: Modul-Interface-Test
GPT: Geschäftsprozeßtest
RLT: Real-Life-Test
SEM: Semantischer Test
STAT: Beurteilung durch Aufbau von Statistiken
SYN: Syntaktischer Test

Die Technik »Error Guessing« scheint gemäß der vorstehenden Tabelle als Technik sehr attraktiv zu sein, da sie auf nahezu alle Qualitätsattribute anwendbar ist. Da aber Error Guessing nichts anderes beinhaltet als sachkundiges unstrukturiertes Testen, kann es nur eine wertvolle Ergänzung zu den strukturierten Testtechniken darstellen.

Obwohl eine Vielzahl von Techniken vorliegt, stellt sich in der Praxis heraus, daß durch eine Berücksichtigung der verschiedenen Faktoren eine schnelle Auswahl der Techniken möglich ist. Dabei sind Kenntnisse und Fachwissen des Testmanagers von großer Bedeutung.

Die Auswahl von Testtechniken ist in einem sehr frühen Stadium des Testprozesses zu treffen. Das Testteam kann dann, falls erforderlich, in bezug auf die Techniken ausgebildet und die Checklisten können – falls erwünscht – an die spezifische Situation angepaßt werden.

Als Ergebnis dieser Unteraktivität sind die Techniken definiert, die je Teilsystem eingesetzt werden. Insbesondere bei großen Testprojekten ist es auch möglich, die Teststrategie erst während der Vorbereitungsphase weiter zu detaillieren, indem Techniken explizit bestimmten Testeinheiten zugewiesen werden. Außerdem wird die Reihenfolge der Prioritäten der auszuführenden Tests festgelegt, so daß die wichtigsten Tests so früh wie möglich vorgenommen werden.

13.5.7 Anpassung der Teststrategie während des Testens

Häufig gerät die im Vorfeld festgelegte Teststrategie in einem späteren Stadium des Testprojekts unter Druck. Zur Einhaltung der Projektplanung wird der Testmanager gebeten, weniger bzw. kürzer zu testen. Dies wirkt sich insbesondere auf den letzten Schritt der Strategiebestimmung aus: Bestimmte Tests müssen plötzlich nicht mehr oder weniger intensiv ausgeführt werden. Mit Hilfe der Strategiebestimmung vereinbart der Testmanager mit dem Auftraggeber, was weniger getestet werden muß. Auf Grund dieser Vereinbarung und unter Berücksichtigung der bekannten Risiken (umgesetzt auf die Interessen in der Strategiebestimmung) kann der Testmanager passend über das dadurch entstehende Risiko nach dem Testen berichten. Die Schritte 1 bis 5 der Strategiebestimmung ändern sich nicht, da die bekannten Risiken und Interessen sich nicht ändern. Bei einem geringeren Testaufwand entsteht also bei der Inbetriebnahme des Systems ein größeres Risiko. Außerdem kommt es vor, daß ein Teil des Systems während der Testdurchführung übermäßig viel oder übermäßig wenig Fehler enthält. Dies berechtigt in beiden Fällen zu einer Anpassung der Strategie, entweder indem mehr oder weniger Testaufwand als geplant geleistet wird. Aber im Gegensatz zur oben genannten Methode besteht hier sehr wohl ein gleichbleibendes Risiko nach dem Testen. Diese Anpassung kann folgendermaßen zusammengefaßt werden:

Das Testen sollte fortgesetzt werden, solange die Kosten für das Finden und die Behebung eines Fehlers während des Testens niedriger sind als die Kosten, die mit dem Auftreten eines Fehlers in der Praxis verbunden sind.

Beim »Finden und Beheben eines Fehlers« geht es um mehr als nur um die reinen Testkosten; so entstehen beispielsweise mit der Verschiebung einer Inbetriebnahme häufig erhebliche Mehrkosten. Beim »Auftreten des Fehlers in der Praxis« muß auch die Wahrscheinlichkeit berücksichtigt werden, daß der jeweilige Fehler auftreten wird: Ein Fehler, der niemals auftritt, ist kein Fehler!

13.5.8 Strategiebestimmung in der Wartung

Die oben beschriebene Strategiebestimmung findet ohne weiteres beim Neubau von Systemen Anwendung. Die Frage ist, inwieweit diese Schritte beim Testen in der Wartung eines IT-Systems einsetzbar sind. In diesem Abschnitt wird auf den (Test-)Unterschied zwischen Neubau und Wartung eingegangen sowie auf die Folgen, die dies auf die einzelnen Schritte der Strategiebestimmung hat.

Der wesentliche Unterschied zwischen Neubau und Wartung für die Teststrategie ist die Fehlerwahrscheinlichkeit. Bei der Wartung werden Anpassungen, meist im Zusammenhang mit gemeldeten Fehlern oder Änderungsvorschlägen, an einem bereits bestehenden System vorgenommen. Diese Änderungen sind zu testen. Bei der Anpassung können unbeabsichtigt Fehler in unveränderten Teilen des Systems eingeführt werden, wodurch das System an Qualität verliert. Dieses Phänomen des Qualitätsrückgangs heißt Regression und ist der Grund dafür, daß auch die unveränderten Teile des Systems getestet werden.

Diese Verteilung von Fehlerwahrscheinlichkeiten bei der Wartung bedeutet für die Strategiebestimmung, daß sich insbesondere die Bedeutung der Teilsysteme anders als in einer Neubausituation verhält. Ein Teilsystem, das beim Neubau eine sehr hohe Testbedeutung hatte, bleibt bei einer Wartung möglicherweise unverändert. Da die Wahrscheinlichkeit auf Regression nun das einzige Risiko darstellt, ist die Testbedeutung sehr viel geringer. Aus diesem Grund kann die Strategiebestimmung für eine Teststufe vor der Wartung angepaßt werden, indem in den Schritten der Strategiebestimmung der Begriff »Teilsysteme« durch den Begriff »Änderungen« ersetzt wird. Eine solche Form der Strategiebestimmung wird auch mit (Test-)Impact-Analyse bezeichnet. Für jede Änderung (ein akzeptierter Änderungsvorschlag oder ein Problemlösungsbericht) wird dokumentiert, welche Teile des Systems geändert werden, welche Teile des Systems möglicherweise durch die Änderung beeinflußt werden und welche Qualitätsattribute relevant sind. Für das Testen einer jeden Änderung bestehen verschiedene Möglichkeiten, die jeweils von den vorhandenen Risiken abhängig sind:

- Ein begrenzter Test, nur für diese Änderung

- Ein vollständiger (Regressions-)Test der Funktion, in der die Änderung vorgenommen wurde

- Das Testen des Zusammenhangs zwischen der geänderten Funktion und den sich in unmittelbarer Nähe befindlichen Funktionen

Außerdem wird der Regressionstest des Systems als Ganzes unterschieden. Der Regressionstest zielt insbesondere auf den Zusammenhang zwischen den geänderten und den unveränderten Teilen des Systems, da hier die Wahrscheinlichkeit auf Regression am größten ist. Wenn die Strategiebestimmung für den Neubau verfügbar ist, kann die den Teilsystemen hier zugemessene Bedeutung eine Rolle bei der Zusammenstellung dieses Regressionstests spielen. Ein Regressionstest kann eingeschränkt oder vollständig ausgeführt werden, abhängig von den Risiken und dem erforderlichen Testaufwand. Bei der Durchführung von Regressionstests ist der Einsatz von Test-Tools am vorteilhaftesten. Der große Vorteil einer Automatisierung des Regressionstests liegt darin, daß mit einem geringen Aufwand jedesmal der vollständige Test ausgeführt werden kann und nicht die Entscheidung getroffen werden muß, welcher Teil des Regressionstests ausgeführt wird und welcher nicht.

Die Entscheidung für eine Formulierung der Strategie im Zusammenhang mit Teilsystemen oder Änderungsvorschlägen wird durch die Anzahl der Änderungsvorschläge sowie den Teil des Systems beeinflußt, an dem diese Änderungen stattfinden. Je mehr Änderungen vorgenommen werden und je größer der Teil des Systems ist, der dadurch beeinflußt wird, desto mehr ist es zu empfehlen, die Teststrategie auf der Ebene von Teilsystemen anstatt von Änderungsvorschlägen zu bestimmen.

Die Schritte der Strategiebestimmung für eine Teststufe sehen bei der Entscheidung für Änderungsvorschläge wie folgt aus:

1. Bestimmung der Änderungen (in Form von akzeptierten Änderungsvorschlägen und Problemlösungsberichten)
2. Bestimmung der relativen Bedeutung der Änderungen und des Regressionstests
3. Bestimmung der Qualitätsmerkmale
4. Bestimmung der relativen Bedeutung der Qualitätsmerkmale
5. Detaillierung der Testbedeutung je Änderung/Regressionstest und Qualitätsmerkmal
6. Festlegung der einzusetzenden Testtechniken

Ein Beispiel für eine »Gewichtungsmatrix« für Schritt 2:

	Relative Bedeutung
Änderungsvorschlag 1	20
Änderungsvorschlag 2	20
Problemlösungsbericht 1	20
...	30
Regressionstest gesamtes System	10
Gesamt	100%

In diesem Beispiel wurde dem Regressionstest eine Bedeutung von 10% zugewiesen, da diese im Zusammenhang mit der Testintensität und nicht mit dem Testaufwand steht. Andererseits ist der gesamte Aufwand für diesen Regressionstest häufig viel größer als der Testaufwand, der für das detaillierte Testen der Änderungen erforderlich ist. Der Grund dafür liegt darin, daß sich bei einer Wartung meistens nur sehr wenige Funktionen ändern. Neben der veränderten Fehlerwahrscheinlichkeit bestehen natürlich auch andere

Unterschiede zwischen Neubau und Wartung. Diese haben jedoch keinen Einfluß auf die *Technik* der Strategiebestimmung, sondern eher auf die letztendliche Teststrategie.
Beispiele für andere Unterschiede:

- Die Testbasis fehlt, ist unvollständig oder nicht aktuell
Diese bei einer Wartung häufig auftretende Situation hat Folgen für die Auswahl der Testtechniken.

- Geplante und Ad-hoc-Wartungen
Der größte Teil der Wartungen kann geplant werden, und die beschriebene Strategiebestimmung ist dabei ohne weiteres einsetzbar. Schwieriger wird es bei einer Ad-hoc-Wartung, bei der eine Produktionsstörung behoben und das System so schnell wie möglich wieder in Betrieb genommen werden muß. Eine formale Strategiebestimmung kostet hier häufig zu viel Zeit. Es können aber im Vorfeld einige Strategiekonzepte vorbereitet werden: Wenn sich Programm X festfährt und wiederhergestellt wird, was müßte dann getestet werden? Diese Konzepte unterstützen einen optimalen Test bei einer Ad-hoc-Wartung.

Bei der Bestimmung einer Strategie für einen Mastertestplan verändern sich die Schritte nicht. Bei der Zuweisung der Bedeutung wird jedoch die veränderte Fehlerwahrscheinlichkeit berücksichtigt.

14 Testpunktanalyse

14.1 Einleitung

In diesem Kapitel wird eine spezielle Technik zur Veranschlagung der Testkosten, die Testpunktanalyse (TPA®), als Hilfsmittel für den Kernbereich »Aufwandsschätzung und Planung« beschrieben. Mit Hilfe der Testpunktanalyse kann auf objektive Weise eine Aufwandsschätzung für einen System- oder Abnahmetest erstellt werden. Die Reichweite der Testpunktanalyse beschränkt sich auf die High-Level-Tests, da die Kosten für die davor liegenden Testaktivitäten (die Low-Level-Tests) nämlich bereits in der Aufwandsschätzung aufgenommen sind, der sich aus der Funktionspunktanalyse (FPA) ergibt. Der Produktivitätsfaktor beinhaltet bei der Funktionsanalyse also die Low-Level-Tests wie die Modul- und Integrationstests, nicht jedoch den Systemtest und den Abnahmetest.

Die Testpunktanalyse kann ebenfalls eingesetzt werden, wenn die Anzahl der aufzuwendenden Teststunden bereits festgestellt wurde. Durch Ausführung einer Testpunktanalyse können die möglichen Risiken, die eingegangen werden, deutlich aufgezeigt werden, indem die objektive Aufwandsschätzung der Testpunktanalyse mit der vorher festgestellten Anzahl Stunden verglichen wird. Ferner ist es möglich, mit Hilfe der Testpunktanalyse die relative Bedeutung zwischen den verschiedenen Funktionen zu bestimmen bzw. zu berechnen, auf deren Grundlage anschließend die verfügbare Zeit so optimal wie möglich eingeteilt werden kann.

14.2 Philosophie

Bei der Bestimmung der Aufwandsschätzung im Rahmen eines High-Level-Tests spielen drei Dinge eine Rolle: Die *Größe des IT-Systems*, das getestet werden soll, *die Teststrategie* (welche Systemelemente und welche Qualitätsmerkmale sind in welcher Intensität zu testen?) und *die Produktivität*. Die beiden ersten Faktoren bestimmen zusammen den Umfang des auszuführenden Tests (ausgedrückt in Testpunkten). Multipliziert man die Anzahl der Testpunkte mit der Produktivität (die Zeit, die man für die Durchführung eines bestimmten Tests benötigt), ergibt dies eine Veranschlagung der Testkosten in Stunden. Die genannten drei Faktoren sind im folgenden ausführlicher erläutert.

14.2.1 Größe des IT-Systems

Die Größe eines IT-Systems innerhalb der Testpunktanalyse wird insbesondere durch die Anzahl der Funktionspunkte bestimmt. Bei der Funktionspunktanalyse sind jedoch im

Rahmen der Testpunktanalyse einige Ergänzungen bzw. Anpassungen durchzuführen, da beim Testen etliche Faktoren zu unterscheiden sind, die bei der Bestimmung der Anzahl der Funktionspunkte keine oder kaum eine Rolle spielen, beim Testen jedoch von wesentlicher Bedeutung sind. Diese Faktoren sind:

- Komplexität: Wie viele Bedingungen befinden sich in einer Funktion? Mehr Bedingungen bedeutet fast automatisch mehr Testfälle und daher mehr Testaufwand.

- Einfluß auf das System: Wie viele Datenbestände werden von der Funktion verwaltet und wie viele andere Funktionen nutzen diese Datenbestände? Die »anderen« Funktionen sind ebenfalls zu testen, wenn diese Verwaltungsfunktion angepaßt wird.

- Uniformität: Ist die Struktur einer Funktion so aufgebaut, daß bereits bestehende Testspezifikationen mit nur einer geringen Anpassung wiederverwendet werden können? Anders gesagt: Sind innerhalb des IT-Systems mehrere Funktionen mit der gleichen Struktur vorhanden?

14.2.2 Teststrategie

Während der Systementwicklung oder der Aktualisierung werden Qualitätsanforderungen für das IT-System spezifiziert bzw. aufgestellt. Während des Testens wird festgestellt, inwieweit diesen Qualitätsanforderungen entsprochen wurde. Nach Rücksprache mit dem Auftraggeber wird bestimmt, welchen Qualitätsmerkmalen während des Testens Aufmerksamkeit zu schenken ist und welche Bedeutung ein zu testendes Qualitätsmerkmal besitzt. Die Bedeutung des jeweiligen Qualitätsmerkmals gibt die Intensität an, mit der die verschiedenen Testaktivitäten auszuführen sind. Wichtige Qualitätsmerkmale erfordern einen tiefgehenden, umfangreichen Test und daher einen relativ hohen Testaufwand. Das Festlegen der Bedeutung der Qualitätsmerkmale für das Testen hat in Zusammenarbeit mit dem Auftraggeber während der Bestimmung der Teststrategie zu erfolgen und bildet die Eingabe für die Testpunktanalyse. Innerhalb der Testpunktanalyse findet eine Umsetzung der Teststrategie auf die erforderliche Testzeit statt.

Neben den allgemeinen Qualitätsanforderungen des IT-Systems bestehen verschiedene andere Anforderungen zwischen den Funktionen untereinander. Das zuverlässige Funktionieren mancher Funktionen ist für den Betriebsprozeß von wesentlicher Bedeutung. Diese Funktionen sind der Grund dafür, weshalb das IT-System entwickelt wurde. Aus der Sicht des Anwenders ist die Funktion, die den ganzen Tag über eingesetzt wird, vielleicht viel wichtiger als die Verarbeitungsfunktion, die nachts läuft. Für jede Funktion wurden daher zwei (subjektive) Faktoren festgelegt, die das Maß der Intensität bestimmen: die Anwenderbelange der Funktion und die Anwendungsintensität. Die Intensität spiegelt gleichsam das Maß an Sicherheit bzw. Einsicht in die Qualität wider, die der Auftraggeber wünscht. Grundlage der Faktoren Anwenderbelange und Anwendungsintensität ist selbstverständlich die Teststrategie.

Die Bedeutung, die den verschiedenen Qualitätsmerkmalen im Rahmen des Testens zuerkannt wird, sowie die relative Bedeutung der verschiedenen Teilsysteme bzw. Funktionen bilden die Grundlage für die Teststrategie. Diese Teststrategie vermittelt, welche Qualitätsmerkmale in Kombination mit welchen Teilsystemen bzw. Funktionen und in welcher Intensität getestet werden müssen. Testpunktanalyse und Teststrategie hängen daher eng miteinander zusammen und werden in der Praxis häufig größtenteils gleichzeitig ausgeführt.

14.2.3 Produktivität

Der Einsatz dieses Begriffs ist für jemanden, der bereits früher auf der Grundlage von Funktionspunkten Kostenvoranschläge erstellt hat, nicht neu. Innerhalb der Funktionspunktanalyse wird die Beziehung bei der Produktivität zwischen aufgewandten Stunden und der gemessenen Anzahl an Funktionspunkten hergestellt. Für die Testpunktanalyse bedeutet Produktivität die Zeit, die erforderlich ist, um einen einzigen Testpunkt, bestimmt durch die Größe des IT-Systems und der Teststrategie, zu realisieren. Die Produktivität setzt sich aus zwei Elementen zusammen: die Produktivitätsziffer und der Umgebungsfaktor. Grundlage der Produktivitätsziffer sind die Kenntnisse und das Knowhow des Testteams. Diese Ziffer ist daher organisationsspezifisch. Der Umgebungsfaktor gibt an, in welchem Maße die Umgebung einen Einfluß auf die Testaktivitäten hat, auf die sich die Produktivität bezieht. Dabei handelt es sich um Aspekte wie Verfügbarkeit von Test-Tools, die Erfahrung mit der jeweiligen Testumgebung, die Qualität der Testbasis und die eventuelle Verfügbarkeit von Testware.

14.3 Allgemeine Funktion

Die Funktion der Testpunktanalyse kann schematisch wie folgt dargestellt werden:

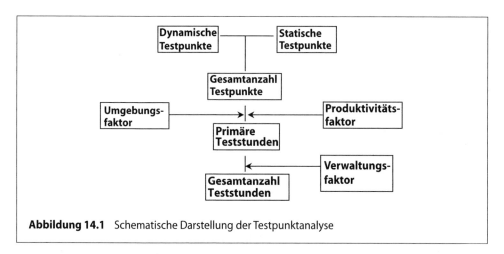

Abbildung 14.1 Schematische Darstellung der Testpunktanalyse

Auf der Grundlage der Anzahl an Funktionspunkten je Funktion, der funktionsabhängigen Faktoren (Komplexität, Einfluß, Uniformität, Anwenderbelange und Anwendungsintensität) sowie der Qualitätsanforderungen bzw. der Teststrategie im Zusammenhang mit den dynamisch meßbaren Qualitätsmerkmalen werden für jede Funktion die Anzahl der Testpunkte berechnet, die erforderlich sind, um die dynamisch meßbaren Qualitätsmerkmale zu testen. (Dynamisch meßbar bedeutet, daß man sich ein Urteil zu einem bestimmten Qualitätsmerkmal bildet, indem man entsprechende Programme laufen läßt.) Eine Addition dieser Testpunkte zu den Funktionspunkten ergibt die »dynamischen Testpunkte«.

Aus der Gesamtanzahl an Funktionspunkten des IT-Systems und der Qualitätsanforderungen bzw. der Teststrategie im Zusammenhang mit den statischen Qualitätsmerkmalen wird die Anzahl der Testpunkte bestimmt, die erforderlich sind, um die statisch meßbaren Qualitätsmerkmale zu testen. (Statisches Testen: Testen durch Kontrolle und Untersuchung von Produkten, ohne Ausführung von Programmen.) Das ergibt die »statischen Testpunkte«.

Die »Gesamtanzahl an Testpunkten« entsteht durch Addition der dynamischen und der statischen Testpunkte.

Die »primären Teststunden« werden anschließend durch Multiplikation der »Gesamtanzahl an Testpunkten« mit dem berechneten Umgebungsfaktor und dem geltenden Produktivitätsfaktor erlangt. Die Anzahl an »primären Teststunden« gibt die Zeit an, die erforderlich ist, um die primären Testaktivitäten durchführen zu können. Anders gesagt, die Zeit, die notwendig ist, um die Testaktivitäten der Phasen Vorbereitung, Spezifikation, Durchführung und Abschluß des Phasenmodells vorzunehmen. Die »Gesamtanzahl an Teststunden« erhält man schließlich durch Addition von sekundären Testaktivitäten (Planung & Verwaltung) zu der » Anzahl der primären Teststunden«. Diese Erhöhung ist von der Größe des Testteams und dem verfügbaren Verwaltungsinstrumentarium abhängig und wird benötigt, um die Verwaltungsaktivitäten ausführen zu können. Die »Gesamtanzahl an Teststunden« ist eine Kalkulation für alle Testaktivitäten, außer für die Aufstellung des Testplans.

14.4 Ausgangspunkte

Im Zusammenhang mit der Testpunktanalyse gelten folgende Ausgangspunkte:

- Die Testpunktanalyse beschränkt sich auf die Qualitätsmerkmale, die »meßbar« sind. Meßbar bedeutet, daß für das jeweilige Qualitätsmerkmal eine Testtechnik vorliegt. Außerdem müssen für diese Testtechnik in bezug auf das jeweilige Qualitätsmerkmal ausreichende Praxiskenntnisse vorhanden sein, um konkrete Aussagen zum erforderlichen Testaufwand machen zu können.

- Nicht alle möglichen Qualitätsmerkmale, die vorkommen können, sind in der aktuellen Version der Testpunktanalyse aufgenommen. Der Grund dafür ist, daß es (noch) keine konkrete Testtechnik gibt oder daß mit einer Testtechnik noch zu wenig Erfahrungen gemacht worden sind und daher noch zu wenig zuverlässige Metriken vorliegen. Eine nächste Version der Testpunktanalyse kann eventuell mehr Qualitätsmerkmale umfassen.

- Die Testpunktanalyse ist personenunabhängig. Das heißt, unterschiedliche Personen, die eine Testpunktanalyse beim gleichen IT-System ausführen, müssen im Prinzip zum gleichen Ergebnis kommen. Entsprechendes kann ermöglicht werden, indem man alle Faktoren, die nicht objektiv klassifiziert werden können, vom Auftraggeber bestimmen läßt, und bei allen Faktoren, die hingegen objektiv klassifiziert werden können, eine eindeutige Klasseneinteilung vornimmt.

- Die Testpunktanalyse kann ausgeführt werden, wenn eine Funktionspunktezählung gemäß NESMA (Nederlandse Software Metrics Associatie) [NESMA, 1996] oder IFPUG (International Function Point User Group) [IFPUG, 1994] vorliegt. Dabei werden die brutto vorliegenden Funktionspunkte als Ausgangspunkt genommen. Die Abhängigkeit der Funktionspunktezählung macht die Testpunktanalyse für das Testen von objektorientierten Systemen weniger geeignet.

- Die Kenntnisse des Anwendungsbereichs werden in der Testpunktanalyse nicht als ein Faktor betrachtet, der Einfluß auf den erforderlichen Testaufwand hat. Andererseits ist es jedoch wichtig, über eine bestimmte Menge an Fachkenntnissen innerhalb des Testteams zu verfügen. Fachkenntnis ist in diesem Rahmen eine Randbedingung und muß während der Aufstellung des Testplans berücksichtigt werden.

- Innerhalb der Testpunktanalyse wird bei der Bestimmung der Aufwandsschätzung von durchschnittlich einem ganzen erneuten Test ausgegangen. Dieser Durchschnitt ist ein gewichteter Durchschnitt auf der Grundlage des Umfangs der Funktionen, ausgedrückt in Testpunkten.

14.5 TPA – die Technik im Detail

14.5.1 Eingabe und Startbedingungen

Zur Durchführung einer Testpunktanalyse muß man über ein Fachkonzept verfügen. Dieser muß detaillierte Prozeßbeschreibungen sowie ein logisches Datenmodell, vorzugsweise eine CRUD-Matrix (Create, Read, Update, Delete), beinhalten.

Des weiteren muß eine Funktionspunktezählung gemäß NESMA oder IFPUG ausgeführt worden sein. Diese Funktionspunktmethode ist für TPA als Eingabe einsetzbar. Auf der Funktionspunktezählung sind im Rahmen von TPA folgende Anpassungen anzubringen bzw. durchzuführen:

- Die Funktionspunkte der (logischen) Datenbestände, die innerhalb der Funktionspunktezählung unterschieden werden, müssen der/den Funktion(en) zugewiesen werden, die für die Eingabe der jeweiligen (logischen) Sammlung sorgt/sorgen.

- Die Funktionspunkte der Referenzdaten, die innerhalb der Funktionspunktezählung unterschieden werden, werden der Funktion (oder eventuell den Funktionen) zugewiesen, die die jeweiligen Referenzdaten verwendet (oder verwenden).

- Für FPA-Funktionen der Klonklasse wird die Anzahl an Funktionspunkten festgehalten, die für die originale FPA-Funktion gilt. Ein Klon ist eine FPA-Funktion, die bereits spezifiziert bzw. in einer anderen oder der gleichen Anwenderfunktion innerhalb des Projekts realisiert wurde.

- Für FPA-Funktionen der Dummy-Klasse wird möglichst die Anzahl der Funktionspunkte bestimmt, andernfalls erhält diese FPA-Funktion die Qualifikation der durchschnittlichen Komplexität und die entsprechende Anzahl an Funktionspunkten. Ein Dummy ist eine FPA-Funktion, wenn die Funktionalität nicht spezifiziert bzw. realisiert zu werden braucht, da dies bereits außerhalb des Projekts erfolgt ist.

Wenn keine Funktionspunktezählung vorhanden ist und man diese im nachhinein (für TPA) auszuführen wünscht, kann zur Bestimmung der erforderlichen Zeit folgende Richtlinie verwendet werden: Zählen Sie die Anzahl der logischen Datenbestände, und multiplizieren Sie diese mit 30. Das ergibt eine sehr allgemeine Schätzung der Anzahl Funktionspunkte. Teilen Sie diese geschätzte Zahl durch 400, und Sie erhalten die Anzahl der Tage, die gebraucht werden, um die Funktionspunkte zu ermitteln. (PS: Als Regel gilt, daß täglich 400 bis 500 Funktionspunkte ermittelt werden können.)

14.5.2 Dynamische Testpunkte

Die Anzahl der dynamischen Testpunkte ergibt sich aus der Summe der Testpunkte je Funktion. Zur Berechnung der Anzahl Testpunkte je Funktion sind die Einflußvariablen bzw. -faktoren bezüglich der Anzahl Funktionspunkte festzustellen, die in zwei Kategorien eingeteilt sind:

- Funktionsabhängige Faktoren (Af)

- Dynamisch meßbare Qualitätsmerkmale (Qd)

Als Funktionseinheit wird die FPA-Funktion eingesetzt. Bei der Bestimmung der Anwenderbelange und der Anwendungsintensität steht die Anwenderfunktion als Kommunikationsmittel im Mittelpunkt der Betrachtung. Die Bedeutung, die der Anwenderfunktion von den Anwendern zuerkannt wird, gilt auch für alle darunterliegenden FPA-Funktionen.

14.5.2.1 Funktionsabhängige Faktoren (Af)

Im folgenden Abschnitt werden die funktionsabhängigen Faktoren beschrieben, einschließlich der dazugehörigen Bewertungen. Es kann nur eine einzige der drei beschriebenen Bewertungen gewählt werden (Zwischenwerte sind daher nicht erlaubt). Wenn zu wenige Informationen zur Verfügung stehen, um einen bestimmten Faktor zu klassifizieren, so muß dieser den Nominalwert (in diesem Abschnitt fett hervorgehoben) erhalten.

14.5.2.1.1 Anwenderbelang

Anwenderbelang ist definiert als die relative Bedeutung, die der Anwender einer bestimmten Funktion in bezug auf die restlichen im System vorhandenen Funktionen zuerkennt. Als Faustregel gilt, daß etwa 25% der Funktionen in die Kategorie »hoch« eingeteilt werden müssen, 50% in die Kategorie »neutral« und 25% in die Kategorie »niedrig«.

Die Bestimmung des Anwenderbelangs an einer Funktion muß selbstverständlich im Einvernehmen mit dem Auftraggeber und anderen Vertretern der Anwenderorganisation erfolgen.

Bewertung:

3 niedrig: Die relative Bedeutung der jeweiligen Funktion in bezug auf die restlichen Funktionen ist niedrig.

6 neutral: Die relative Bedeutung der jeweiligen Funktion in bezug auf die restlichen Funktionen ist neutral.

12 hoch: Die relative Bedeutung der jeweiligen Funktion in bezug auf die restlichen Funktionen ist hoch.

14.5.2.1.2 Anwendungsintensität

Anwendungsintensität ist als die Frequenz definiert, mit der eine bestimmte Funktion vom Anwender genutzt wird. Sie ist auch abhängig von der Größe der Anwendergruppe, die die jeweilige Funktion einsetzt.

Genauso wie der Anwenderbelang wird die Anwendungsintensität der vom Anwender genannten Funktionalität bzw. der Anwenderfunktion zuerkannt.

Bewertung:

2 niedrig: Die Funktion wird lediglich einige Male täglich oder wöchentlich ausgeführt.

4 neutral: Die Funktion wird viele Male täglich ausgeführt.

8 hoch: Die Funktion wird ständig (mindestens 8 Stunden täglich) ausgeführt.

14.5.2.1.3 Einfluß auf das System

Der Einfluß auf das System gibt an, inwieweit sich eine Veränderung, die innerhalb der jeweiligen Funktion stattfindet, auf das System auswirkt. Das Maß des Einflusses wird bestimmt, indem zunächst die logischen Datenbestände (LDS), bei denen die jeweilige Funktion eine Veränderung ausführen kann, festgestellt werden und anschließend die Anzahl der anderen Funktionen (innerhalb der Systemgrenzen), welche die jeweiligen LDS verwenden.

Die Bewertung des Einflusses erfolgt anschließend anhand einer Matrix, in der vertikal die Anzahl der LDS angegeben ist, die von der Funktion verändert werden, und horizontal die Anzahl anderer Funktionen, welche die jeweiligen LDS benutzen. Eine bestimmte Funktion kann eventuell mehrere Male im Rahmen ihres Einflusses gezählt werden, da die jeweilige Funktion mehrere LDS verwenden kann, die alle von der vorliegenden Funktion verwaltet werden.

LDS\Funktionen	1	2–5	>5
1	G	G	D
2-5	G	D	H
>5	D	H	H

Erläuterung:
G: Geringer Einfluß
D: Durchschnittlicher Einfluß
H: Hoher Einfluß

Wenn eine Funktion keine LDS ändert, fällt sie in die Kategorie »niedriger Einfluß«. Bei der Bestimmung des Systemeinflusses ist eine CRUD-Matrix äußerst hilfreich.

Bewertung:

2   Die Funktion hat einen geringen Einfluß.

4   Die Funktion hat einen durchschnittlichen Einfluß.

8   Die Funktion hat einen hohen Einfluß.

14.5.2.1.4 Komplexität

Die Bewertung der Komplexität einer Funktion erfolgt anhand einer Aussage über den Algorithmus. Das allgemeine Konzept eines Algorithmus kann durch einen Pseudocode, ein Nassi-Shneiderman-Diagramm oder einen einfachen Text beschrieben sein.

Der Umfang der Komplexität wird durch die Anzahl der Bedingungen innerhalb des Algorithmus bestimmt. Bei der Aufzählung der Bedingungen braucht lediglich ein Verarbeitungsalgorithmus berücksichtigt zu werden. Bedingungen, die die Folge von Datenbankkontrollen wie Validierung von Domäne oder Überprüfung auf physische Anwesenheit sind, werden außer acht gelassen, da diese bereits implizit in der Funktionspunktezählung berücksichtigt worden sind.

Die Komplexität kann also einfach bestimmt werden, indem die Bedingungen gezählt werden. Zusammengesetzte Bedingungen, wie IF a AND b THEN, tragen zur Komplexität doppelt bei. Schließlich beinhaltet die Abfrage eigentlich zwei IF-*statement*s. Auf dieselbe Weise wird ein CASE-*statement* mit n Casus (Fällen) als n-1 Bedingungen gezählt. Zählen Sie also zur Bestimmung der Komplexität die Teil-Bedingungen, nicht die Abfragen.

Bewertung:

3   Innerhalb der Funktion befinden sich höchstens fünf Bedingungen.

6   Innerhalb der Funktion befinden sich mindestens sechs und höchstens elf Bedingungen.

12 Innerhalb der Funktion befinden sich mehr als elf Bedingungen.

14.5.2.1.5 Uniformität

Bei folgenden drei Situationen braucht eine Funktion nur zu 60% gezählt zu werden:

- Beim zweiten Auftreten einer fast gleichen Funktion wird die zweite Funktion nur zu 60% gezählt. In diesem Fall können die aufzustellenden Testspezifikationen nämlich zum größten Teil wiederverwendet werden.

- Klone werden nur zu 60% mitgezählt. Auch in diesem Fall können die aufzustellenden Testspezifikationen wiederverwendet werden.

- Dummy-Funktionen dürfen nur zu 60% gezählt werden. Das gilt jedoch nur, wenn für den jeweiligen Dummy bereits Testspezifikationen aufgestellt worden sind, die sich für eine Wiederverwendung eignen.

Der Faktor Uniformität erhält den Wert 0,6, wenn eine der oben genannten Bedingungen erfüllt ist, andernfalls erhält er den Wert 1.

Innerhalb des IT-Systems können also Funktionen vorliegen, die im Rahmen des Testens ein bestimmtes Maß an Uniformität aufweisen, jedoch innerhalb der Funktionspunktanalyse als einzigartig angegeben sind. Innerhalb der Funktionspunktanalyse bedeutet »einmalig sein«:

- Eine einzigartige Kombination von Datenbeständen im Vergleich zu den anderen Eingabefunktionen

- Keine einzigartige Kombination von Datenbeständen, jedoch eine andere logische Verarbeitungsart (beispielsweise auf eine andere Art Datenbestände aktualisieren)

Des weiteren liegen innerhalb eines IT-Systems Funktionen vor, die im Rahmen der Funktionspunktanalyse als vollständig uniform betrachtet werden müssen und daher keine Funktionspunkte erhalten, die jedoch beim Testen mitzuzählen sind, da diese Funktionen sehr wohl getestet werden müssen. Hierbei handelt es sich um Klone und Dummies.

14.5.2.1.6 Berechnung

Indem man die Summe der Werte der ersten vier funktionsabhängigen Variablen (Anwenderbelang, Anwendungsintensität, Einfluß auf das System und Komplexität) durch 20 (den Nominalwert) dividiert, erhält man den Faktor (Af). Das Ergebnis ist anschließend mit dem Wert des Faktors »Uniformität« zu multiplizieren. Der Faktor Af wird für jede Funktion gesondert berechnet.

$$A_f = ((Ab + Ai + Se + K) / 20) \times U$$

Af = Bewertungsfaktor der funktionsabhängigen Faktoren
Ab = Anwenderbelang
Ai = Anwendungsintensität
Se = Systemeinfluß
K = Komplexität
U = Uniformität

14.5.2.1.7 Standardfunktionen

Wenn innerhalb der Funktionspunktermittlung die Funktionen zum Bearbeiten von Fehlermeldungen, Hilfefenstern bzw. Menüpunkten vorkommen, was häufig der Fall ist, sind diese wie folgt zu bewerten (FPe = Funktionspunkte):

Funktion	FPe	Ab	Ai	Se	K	U	Af
Fehlermeldung	4	6	8	4	3	1	1,05
Hilfefenster	4	6	8	4	3	1	1,05
Menüpunkte	4	6	8	4	3	1	1,05

14.5.2.2 Dynamisch meßbare Qualitätsmerkmale (Qd)

Im folgenden Abschnitt wird erläutert, wie die Anforderungen, die im Zusammenhang mit den dynamisch meßbaren Qualitätsmerkmalen innerhalb der Testpunktanalyse gestellt werden, zu berücksichtigen sind. Bei den dynamisch meßbaren Qualitätsmerkmalen wird zwischen explizit und implizit meßbaren Qualitätsmerkmalen unterschieden.

TPA hat vier dynamisch explizit meßbare Qualitätsmerkmale:

- Funktionalität
- Sicherheit
- Integrationsfähigkeit
- Leistung

Bei jedem Qualitätsmerkmal muß die Bedeutung der Qualitätsanforderungen im Rahmen des auszuführenden Tests mit einer Zahl, eventuell je Teilsystem, bewertet werden.

Bewertung:

0 Ohne Bedeutung, wird daher nicht gemessen

3 Niedrige Qualitätsanforderungen; im Test zu berücksichtigen

4 Normale Qualitätsanforderungen (häufig zutreffend, wenn sich das IT-System auf einen unterstützenden Prozeß bezieht)

5 Hohe Qualitätsanforderungen (häufig zutreffend, wenn sich das IT-System auf einen primären Prozeß bezieht)

6 Extrem hohe Qualitätsanforderungen

Dynamisch explizit meßbare Qualitätsmerkmale:

charakteristisch / Bewertung: 0   3   4   5   6
Funktionalität   (Bewertung 0,75)
Sicherheit   (Bewertung 0,05)
Integrationsfähigkeit   (Bewertung 0,10)
Leistung   (Bewertung 0,10)

Im Rahmen eines High-Level-Test sind für die Funktionalität der elementare Vergleichstest (EVT), der Datenkombinationstest (DKT) sowie der semantische und der syntaktische Test verfügbar; für die Sicherheit kann der semantische Test (SEM), für die Integration der Geschäftsprozeßtest (GPT) und für die Leistung kann der Real-Life-Test (RLT) eingesetzt werden.

In folgender Matrix ist angegeben, wie häufig die Entscheidung für bestimmte Testtechniken mit der Bewertung zusammenhängt, die den direkt dynamisch meßbaren Qualitätsmerkmalen erteilt wird:

Bewertung	3	4	5	6
Funktionalität • Verarbeitung	DKT und Error Guessing	DKT	EVT und DKT	EVT
• Bildschirmkontrollen	Error Guessing	Stichprobe SEM und Error Guessing	Stichprobe SEM und SYN	SEM und Stichprobe SYN
Sicherheit	Error Guessing	SEM Stichprobe Anwenderprofile	SEM Anwenderprofile	SEM Anwenderprofile und Gesamtsystem *
Integrationsfähigkeit	Keine formalen Testspezif.	GPT Testmaß 1 Stichprobe	GPT Testmaß 1	GPT Testmaß 2
Leistung		Die *Intensität* des RLT ist variabel und wird durch die Bewertung und somit durch die Anzahl der Stunden bestimmt, die infolgedessen verfügbar werden.		

*: Wenn das Merkmal »Sicherheit« mit einer »6« bewertet worden ist, werden mit Hilfe des semantischen Tests die Anwenderprofile und die dazugehörigen Zugangsprivilegien im Zusammenhang mit dem zu testenden IT-System und mit der gesamten Informationsversorgung bzw. Infrastruktur getestet.

Es muß festgestellt werden, welche relevanten (in der Teststrategie unterschiedenen) Qualitätsmerkmale dynamisch implizit getestet werden. Eine Aussage kann zu diesen Qualitätsmerkmalen getroffen werden, indem während der Testdurchführung Statistiken aufgestellt werden. Beispielsweise kann also Leistung explizit mit Hilfe eines Real-Life-Tests oder implizit durch das Aufstellen von Statistiken gemessen werden. Die dynamisch implizit zu messenden Qualitätsmerkmale sind zu spezifizieren. Anschließend kann die Anzahl der Qualitätsmerkmale bestimmt werden. Für jede Charakteristik gilt eine Bewertung von 0,02 für Qd.

14.5.2.2.1 Berechnung (Qd)

Bei jedem dynamisch explizit meßbaren Qualitätsmerkmal wird die entsprechend erteilte Bewertung durch vier (den Nominalwert) geteilt und anschließend mit dem Bewertungsfaktor multipliziert. Die Ergebnisse, die auf diese Weise bei den vier dynamisch explizit meßbaren Qualitätsmerkmalen entstehen, werden addiert.

Wenn man sich dazu entschlossen hat, bestimmte Qualitätsmerkmale dynamisch implizit im Test zu berücksichtigen, ist die jeweilige Bewertung (0,02 je Charakteristik) zu dem bereits erzielten Ergebnis (der dynamisch explizit meßbaren Qualitätsmerkmale) zu addieren. Die auf diese Weise erzielte Zahl ist der Qd. Der Faktor Qd wird im Prinzip einmalig für das gesamte System bestimmt. Wenn die Teststrategie bei jedem Teilsystem unterschiedlich ist, muß der Faktor Qd aber für jedes Teilsystem bestimmt werden.

14.5.2.3 Formel für dynamische Testpunkte

Die Anzahl der dynamischen Testpunkte ist die Summe der Testpunkte je Funktion. Die Anzahl Testpunkte je Funktion kann festgestellt werden, indem die jetzt bekannten Werte in folgende Formel eingegeben werden:

$$TP_f = FP_f \times A_f \times Q_d$$

TPf = Anzahl Testpunkte je Funktion
FPf = Anzahl Funktionspunkte je Funktion
Af = Bewertungsfaktor der funktionsabhängigen Faktoren
Qd = Bewertungsfaktor der dynamischen Qualitätsmerkmale

14.5.3 Statische Testpunkte

Die Anzahl der statischen Testpunkte ist insbesondere von den statisch zu testenden Qualitätsmerkmalen (dem Faktor Qi) abhängig. Ferner wird die Anzahl der indirekten Testpunkte durch die Gesamtanzahl der Funktionspunkte des Systems beeinflußt. Eine statische Beurteilung eines umfangreichen IT-Systems kostet nun einmal mehr Zeit als die Beurteilung eines einfachen IT-Systems.

Bei den relevanten Qualitätsmerkmalen muß festgestellt werden, ob sie statisch getestet werden oder nicht. Eine Aussage über diese Qualitätsmerkmale wird anhand einer Checkliste getroffen. Im Prinzip können alle Qualitätsmerkmale mit Hilfe einer Checkliste statisch getestet werden.

Beispielsweise kann also die Sicherheit dynamisch mit Hilfe eines semantischen Tests bzw. statisch durch die Beurteilung der Sicherheitsmaßnahmen auf der Grundlage einer Checkliste gemessen werden.

14.5.3.1 Berechnung (Qi)

Wenn man beschließt, ein bestimmtes Qualitätsmerkmal im Test zu berücksichtigen, so erhält der Faktor Qi den Wert 16. Bei jedem nächsten statisch zu messenden Qualitätsmerkmal, das berücksichtigt wird, erhöht sich der Wert von Qi um 16.

14.5.4 Gesamtanzahl Testpunkte

Die Gesamtanzahl an Testpunkten des gesamten Systems kann ermittelt werden, indem die bekannten Werte in folgende Formel eingegeben werden:

$$TP = \sum TP_f + (FP * Qi) / 500$$

TP   = Anzahl Testpunkte des gesamten Systems
$\sum TP_f$ = Summe der Anzahl Testpunkte je Funktion (dynamische Testpunkte)
FP   = Anzahl Funktionspunkte des gesamten Systems (Mindestwert 500)
Qi   = Bewertungsfaktor der statischen Qualitätsmerkmale

14.5.5 Primäre Teststunden

Aus der im vorigen Abschnitt genannten Formel ergibt sich die Gesamtanzahl an Testpunkten. Diese ist ein Maßstab für den Umfang der primären Testaktivitäten. Durch Multiplikation der primären Testpunkte mit dem Produktivitätsfaktor und dem Umgebungsfaktor erzielt man die primären Teststunden. Die Anzahl der primären Teststunden ist die Zeit, die erforderlich ist, um die Testaktivitäten der Phasen – Vorbereitung, Spezifikation, Durchführung und Abschluß – des Phasenmodells auszuführen.

14.5.5.1 Produktivitätsfaktor

Der Produktivitätsfaktor gibt an, wie viele Teststunden pro Testpunkt erforderlich sind. Ein höherer Produktivitätsfaktor benötigt also mehr Teststunden. Der Produktivitätsfaktor ist ein (umgekehrt proportionales) Maß für die Erfahrung, die Kenntnisse und das Know-how des Testteams (Je kleiner der Faktor, desto größer ist die Erfahrung).

In der Praxis hat der Produktivitätsfaktor meistens einen Wert zwischen 0,7 (hohe Produktivität) und 2,0 (niedrige Produktivität).

Der Produktivitätsfaktor kann selbstverständlich in jeder Organisation, und sogar innerhalb einer Organisation, ein anderer sein. Ein Produktivitätsfaktor kann durch eine Analyse der bereits realisierten Testprojekte ermittelt werden. Zur Ausführung einer solchen Analyse ist es erforderlich, über Erfahrungszahlen von ausgeführten Testprojekten zu verfügen.

14.5.5.2 Umgebungsfaktor

Die Anzahl der erforderlichen Teststunden je Testpunkt wird nicht nur durch den Produktivitätsfaktor, sondern auch durch den Umgebungsfaktor beeinflußt.

Zur Berechnung des Umgebungsfaktors unterscheidet man einige Umgebungsvariablen. Im folgenden Abschnitt werden die Umgebungsvariablen einschließlich der dazugehörigen Bewertungen erläutert. Auch hier ist es wiederum nur möglich, einen einzigen der beschriebenen Werte auszuwählen. Wenn zu wenig Informationen zur Verfügung stehen, um eine bestimmte Variable zu klassifizieren, so muß diese den Nominalwert (fett hervorgehoben) erhalten.

14.5.5.2.1 Test-Tools

Der Faktor Test-Tools gibt an, in welchem Maß das Testen automatisiert ist bzw. in welchem Umfang von automatisierten Hilfsmitteln Gebrauch gemacht wird. Test-Tools sind in diesem Zusammenhang Hilfsmittel für die primären Testaktivitäten. Test-Tools können dazu beitragen, daß ein Teil der Testaktivitäten automatisch und dadurch viel schneller ausgeführt wird.

Bewertung:

1   Beim Test werden unterstützende Tools (nicht nur Textverarbeitungsprogramme) für die Phasen »Planung & Verwaltung« (für die Aktivitäten Aufstellen des Budgets, Planung, Fortschrittsüberwachung, Konfigurationsmanagement und Dokumentation der Abweichungen), Spezifikation und Durchführung eingesetzt (insgesamt mindestens fünf Arten von Tools).

2   Beim Test wird ein unterstützendes Hilfsmittel (nicht nur Textverarbeitungsprogramme) für die Dokumentation der Abweichungen sowie mindestens zwei automatisierte Hilfsmittel für Testplanung, Verwaltung und Durchführung (z.B. Fortschrittsüberwachungs-Tools, Record & Playback-Tools, Test-Coverage-Tools usw.) eingesetzt.

4   Es werden keine Test-Tools verwendet.

14.5.5.2.2 Entwicklungstest

Beim Faktor Entwicklungstest ist die Qualität des vorher ausgeführten Tests von Bedeutung. Bei der Veranschlagung eines Abnahmetests geht es hier um einen Systemtest und bei der Veranschlagung eines Systemtests um die Low-Level-Tests. Die Qualität des Entwicklungstests ist einerseits auch bestimmend für den Umfang der Funktionalität, die eventuell in eingeschränkterem Maße getestet werden kann, und andererseits für den reibungslosen Ablauf der Tests. Bei einem qualitativ hochwertigeren Entwicklungstest treten nämlich weniger fortschrittshemmende Störungen auf.

Bewertung:

2   Im Rahmen des/der Entwicklungstest(s) liegt ein Testplan vor und das Testteam verfügt über Einblick in die konkreten Testfälle und Testergebnisse (*coverage*)

4   Im Rahmen des/der Entwicklungstest(s) liegt ein Testplan vor.

8   Im Rahmen des/der Entwicklungstest(s) ist kein Testplan vorhanden.

14.5.5.2.3 Testbasis

Die Testbasis ist definiert als die Qualität der (System-)Dokumentation, die die Grundlage für den auszuführenden Test darstellen muß. Die Qualität der Testbasis hat insbesondere Einfluß auf die erforderliche Zeit für die Vorbereitungs- und Spezifikationsphase.

Bewertung:

3   Bei der Aufstellung der Systemdokumentation werden Standards und Schablonen (*templates*) eingesetzt; außerdem erfolgen Überprüfungen der Dokumentationen.

6   Bei der Aufstellung der Systemdokumentation werden Standards und Schablonen (*templates*) eingesetzt.

12 Bei der Systementwicklung werden keine Standards und Schablonen (*templates*) eingesetzt.

14.5.5.2.4 Entwicklungsumgebung

Die Entwicklungsumgebung ist die Umgebung, in der die Realisierung des IT-Systems stattfindet. Dabei ist ganz besonders wichtig, inwiefern die Entwicklungsumgebung Fehler bereits verhindert bzw. bestimmte Aspekte erzwingt. Wenn bestimmte Fehler nicht mehr gemacht werden können, brauchen sie natürlich auch nicht mehr getestet zu werden.

Bewertung:

2 4-GL-Programmiersprache mit einem integrierten Datenbank-Managementsystem (DBMS), in dem bereits eine große Menge an Beschränkungen festgelegt ist

4 4-GL-Programmiersprache, eventuell in Kombination mit einer 3-GL-Programmiersprache

8 Zur Realisierung des IT-Systems wird lediglich eine 3-GL-Progammiersprache (beispielsweise COBOL, PASCAL oder RPG) eingesetzt.

14.5.5.2.5 Testumgebung

Für die Testumgebung wird eine Bewertung angegeben, inwieweit die physikalische Testumgebung, in der der Test ausgeführt wird, bereits erprobt ist. Wenn eine vielfach erprobte Testumgebung verwendet wird, werden weniger Störungen während der Durchführungsphase auftreten.

Bewertung:

1 Die Umgebung ist bereits mehrere Male zur Durchführung eines Tests verwendet worden.

2 Für den jeweiligen Test ist eine neue Umgebung eingerichtet worden; innerhalb der Organisation bestehen bereits in umfangreichem Maße Erfahrungen mit solchen Umgebungen.

4 Für den jeweiligen Test ist eine neue Umgebung eingerichtet worden, die für die Organisation als experimentell bezeichnet werden kann.

14.5.5.2.6 Testware

Die Bewertung der Testware gibt den Umfang an, in dem während des auszuführenden Tests bereits vorhandene Testware verwendet werden kann. Das Vorhandensein von einsatzbereiter Testware ist insbesondere für die Zeit von Bedeutung, die für die Spezifikationsphase erforderlich ist.

Bewertung:

1 Es liegen bereits brauchbare allgemeine initiale Datenbestände (Tabellen u.dergl.) sowie spezifizierte Testfälle für die auszuführenden Tests vor.

2 Es liegen bereits brauchbare allgemeine initiale Datenbestände (Tabellen u.dergl.) vor.

4 Es liegt keine brauchbare Testware vor.

14.5.5.2.7 Berechnung (Uf)

Der Umgebungsfaktor (Uf) wird bestimmt, indem die Summe der Werte der Umgebungsvariablen (Test-Tools, Entwicklungstests, Testbasis, Entwicklungsumgebung, Testumgebung und Testware) errechnet und diese durch 21 (dem Nominalwert) dividiert wird. Der Umgebungsfaktor Uf kann einmalig für das gesamte System bestimmt werden, eventuell jedoch auch für jedes Teilsystem gesondert.

14.5.5.3 Formel für primäre Teststunden

Die Anzahl der primären Teststunden erhält man durch Multiplikation der Anzahl der Testpunkte mit dem Produktivitätsfaktor und dem Umgebungsfaktor:

$$PT = TP * P * Uf$$

PT = Gesamtanzahl primäre Teststunden
TP = Anzahl Testpunkte des gesamten Systems
P = Produktivitätsfaktor
Uf = Umgebungsfaktor

14.5.6 Gesamtanzahl Teststunden

Da in jedem Testprozeß Aktivitäten ausgeführt werden, die unter dem Nenner »Planung & Verwaltung« zusammengefaßt werden können, muß in diesem Rahmen noch eine Erhöhung der primären Teststunden stattfinden. Das ergibt die endgültige Anzahl der Teststunden.

Standardmäßig (nominal) wird ein Erhöhungsprozentsatz von 10% angenommen. Man unterscheidet jedoch zwei Einflußfaktoren, wodurch dieser Prozentsatz höher oder niedriger ausfallen kann:

- Teamgröße
- Verwaltungsinstrumente

14.5.6.1 Teamgröße

Bei der Teamgröße handelt es sich um die Anzahl der Mitglieder des Testteams (einschließlich des Testmanagers und eventueller Testverwalter).

Bewertung:

3   Das Testteam besteht aus maximal vier Personen.

6   Das Testteam besteht aus minimal fünf und maximal zehn Personen.

12 Das Testteam besteht aus mehr als zehn Personen.

14.5.6.2 Verwaltungsinstrumente

Bei Verwaltungsinstrumenten wird berücksichtigt, inwieweit automatisierte Hilfsmittel beim Testprozeß im Rahmen von Planung und Verwaltung eingesetzt werden.

Bewertung:

2   Es liegen ein automatisiertes Planungs- und Fortschrittsüberwachungssystem und ein Problemverwaltungssystem (einschl. Konfigurationsmanagement) vor.

4   Es liegt ein automatisiertes Planungs- und Fortschrittsüberwachungssystem oder ein Problemverwaltungssystem (einschl. Konfigurationsmanagement) vor.

8   Es stehen keine automatisierten (Verwaltungs-)Hilfsmittel zur Verfügung.

Berechnung

Der Zuschlagsprozentsatz ergibt sich aus der Summe der Werte der Einflußfaktoren (Teamgröße und Verwaltungsinstrumente). Der Zuschlag (in Stunden) errechnet sich aus der Multiplikation der Anzahl der primären Teststunden mit dem errechneten Zuschlagsprozentsatz.

Die Gesamtanzahl an Teststunden erhält man schließlich durch Addition des berechneten Zuschlags für »Planung & Verwaltung« zur Gesamtanzahl an primären Teststunden.

14.5.7 Verteilung über die Phasen

TPA vermittelt eine Aufwandsschätzung für den gesamten Testprozeß einschließlich der Aufstellung eines Testplans. Der Testprozeß ist auf Ebene B des Kernbereichs »Einsatz des Phasenmodells« in fünf Phasen unterteilt, und mancher Auftraggeber wird neben der Aufwandsschätzung für den gesamten Testprozeß ebenfalls an der Aufwandsschätzung je Testphase interessiert sein.

Bei der Planungs- und Verwaltungsphase wird im Prinzip die Anzahl der Stunden veranschlagt, die man erhält, wenn die Anzahl der primären Teststunden mit dem Verwaltungsfaktor multipliziert wird. Die primären Teststunden werden über die restlichen Phasen verteilt (Vorbereitung, Spezifikation, Durchführung und Abschluß).

Die Verteilung der primären Teststunden über die Phasen kann selbstverständlich bei jeder Organisation und sogar innerhalb einer Organisation eine andere sein. Eine für die Organisation zutreffende Verteilung kann durch eine Analyse der bereits realisierten Testprojekte ermittelt werden. Zur Ausführung einer solchen Analyse ist es erforderlich, über Erfahrungszahlen von ausgeführten Testprojekten zu verfügen.

Praxiserfahrung mit der Testpunktanalyse ergibt folgende Verteilung des Testaufwands über die verschiedenen Phasen:

- Vorbereitung   10%
- Spezifikation   40%
- Durchführung   45%
- Abschluß   5%

14.6 TPA in einem frühen Stadium

Häufig muß bereits in einem frühen Stadium ein Projektvoranschlag für das Testen erstellt werden. Dann ist es nicht möglich, Faktoren wie Komplexität, Einfluß und dergleichen. zu bestimmen, da detaillierte Funktionsspezifikationen fehlen. Vielfach kann jedoch auf der Grundlage sehr allgemeiner Spezifikationen eine sogenannte allgemeine Funktionspunktanalyse ausgeführt werden. Wenn das der Fall ist, kann auch eine allgemeine Testpunktanalyse vorgenommen werden.

Im Rahmen einer allgemeinen Testpunktanalyse wird eine einzige Funktion definiert, die den Umfang der Gesamtanzahl an festgestellten (brutto) Funktionspunkten aufweist. Alle funktionsabhängigen Faktoren (Anwenderbelang, Anwendungsintensität, Komplexität, Einfluß und Uniformität) erhalten im Prinzip den neutralen Wert, wodurch Af den Wert 1 ergibt. Anschließend kann eine wie im vorigen Abschnitt beschriebene Testpunktanalyse ausgeführt werden. Bei der Feststellung des Umgebungsfaktors werden viele Annahmen gemacht werden müssen. Wichtig ist, diese Annahmen bei der Präsentation der Aufwandsschätzung deutlich anzugeben.

14.7 TPA – ein Rechenbeispiel

Ein IT-System hat zwei Anwenderfunktionen und einen internen logischen Datenbestand:
Erfassen (11 Funktionspunkte) mit den darunterliegenden FPA-Funktionen:

- Eingeben   3 Funktionspunkte
- Ändern   4 Funktionspunkte
- Entfernen   4 Funktionspunkte

Verarbeiten (12 Funktionspunkte) mit den darunterliegenden FPA-Funktionen:

- Übersicht 1   5 Funktionspunkte
- Übersicht 2   7 Funktionspunkte

Der interne logische Datenbestand »Daten« hat 7 Funktionspunkte und wird im Rahmen der Testpunktanalyse der Eingabefunktion »Erfassen« zugeschrieben.

14.7.1 Berechnung der direkten Testpunkte

14.7.1.1 Bestimmung der funktionsabhängigen Variablen (Af)

	Erfassen	Verarbeiten
Anwenderbelang	6	12
Anwendungsintensität	8	2
Einfluß auf das System	2	2
Komplexität	3	6
Uniformität	1	1
Af =	19/20 x 1 = 0,95	22/20 x 1 = 1,10

(In diesem Beispiel wird davon ausgegangen, daß die Bewertung der Faktoren »Einfluß auf das System« und »Komplexität« für die FPA-Funktionen innerhalb einer Anwenderfunktion identisch sind.)

14.7.1.2 Bestimmung der dynamisch meßbaren Qualitätsmerkmale (Qd)

Funktionalität	5	5/4 x 0,70 = 0,87
Sicherheit	4	4/4 x 0,05 = 0,05
Integrationsfähigkeit	0	
Leistung	0	

Dynamisch implizit werden gemessen:
Leistung	= 0,02
Benutzerfreundlichkeit	= 0,02
Aktualisierbarkeit	= 0,02
Qd = 0,87 + 0,05 + (3 x 0,02)	= 0,98

14.7.1.3 Bestimmung der Anzahl an dynamischen Testpunkten

	FPf	Af	Qd	=	TPf
Erfassen	18	0,95	0,98	=	17
Verarbeiten	12	1,10	0,98	=	13
Gesamtanzahl an direkten Testpunkten					30

14.7.2 Berechnung statische Testpunkte (Qi)

Statisch (anhand einer Checkliste) werden gemessen:
Wiederherstellbarkeit   = 16

Berechnung Gesamtanzahl Testpunkte:
(TP = $\sum TP_f$ + (FP x Q_i) / 500)
TP = 30 + (500 x 16) / 500 = 46

14.7.3 Berechnung der primären Teststunden

14.7.3.1 Produktivitätsfaktor

Für die jeweilige Organisation gilt ein Produktivitätsfaktor von 1,2.

14.7.3.2 Umgebungsfaktor

Die verschiedenen Umgebungsvariablen haben folgende Bewertung erhalten:

Test-Tools	4 (keine Test-Tools)
Entwicklungstest	4 (es liegt ein Entwicklungsplan vor)
Testbasis	3 (Dokumentation mit Schablonen (*templates*) und Inspektionen)

Entwicklungsumgebung 4 (4-GL (Oracle) in Kombination mit COBOL)
Testumgebung 1 (erprobte Umgebung)
Testware 4 (keine brauchbare Testware vorhanden)
O = 20/21 = 0,95
(PT = TP x P x O)
Primäre Teststunden (PT) = 46 x 1,2 x 0,95 = 52,44 (52 Stunden)

14.7.4 Bestimmung des Zuschlags für Planung und Verwaltung

Teamgröße 3 (das Testteam besteht aus zwei Personen)
Verwaltungsinstrumente 4 (eine automatisierte Zeiterfassung und ein Problemverwaltungssystem)
Zuschlagsprozentsatz = 7%

14.7.5 Berechnung der Gesamtanzahl an Teststunden

Primäre Teststunden 52
Zuschlag P & V 52 x 0,07 = 3,63 (4)
Gesamtanzahl Stunden 52 + 4 = <u>56</u>

Das heißt, daß beim Einsatz von drei Personen im Testteam der Test also in ca. 2,5 Tagen durchzuführen ist.

15 Test-Spezifikationstechniken

Folgende Definition gilt für eine Test-Spezifikationstechnik:

Eine Test-Spezifikationstechnik ist eine standardisierte Vorgehensweise für die Ableitung von Testfällen anhand von Ausgangsinformationen.

In diesem Kapitel wird zunächst erläutert, weshalb der Einsatz von Test-Spezifikationstechniken so wesentlich ist. Auf generischer Ebene wird eine Beschreibung der Schritte einer Test-Spezifikationstechnik und den Merkmalen der innerhalb von TMap verfügbaren Testtechniken vermittelt. Auch werden für jede Test-Spezifikationstechnik mögliche Variationen genau erläutert. Diese Übersichten vereinfachen die Entscheidung für die richtige Technik bei der Bestimmung der Teststrategie. Anschließend werden die verschiedenen Test-Spezifikationstechniken im Detail ausgearbeitet. Dieses Kapitel hat einen unmittelbaren Bezug zu dem Kernbereich »Test-Spezifikationstechniken« und zur Ebene B des Kernbereichs » Low-Level-Tests«.

15.1 Test-Spezifikationstechniken: Weshalb?

Im folgenden werden einige Argumente aufgeführt, die die große Bedeutung eines Einsatzes von Test-Spezifikationstechniken verdeutlichen sollen:

- Man erhält einen Einblick in Qualität und Intensität der Tests, da die Teststrategie mit fundiertem Inhalt versehen wird, d.h., für jede Anwendung (jeden Anwendungsteil) ist die erwünschte Testabdeckung vorhanden.
- Da jede Test-Spezifikationstechnik vorwiegend eine bestimmte Fehlerart aufdecken kann im Vergleich zu anderen Test-Spezifikationstechniken (bspw. in den Schnittstellen, in den Eingabekontrollen oder in der Verarbeitung), werden solche Fehler auf effektivere Weise gefunden, als wenn aufs Geradewohl Testfälle spezifiziert werden.
- Die Tests sind reproduzierbar, da die Reihenfolge und der Inhalt der Testdurchführung im einzelnen beschrieben sind.
- Die standardisierte Arbeitsweise macht den Testprozeß unabhängig von der Person, welche die Testfälle spezifiziert und durchführt.
- Die standardisierte Arbeitsweise macht die Testspezifikationen übertragbar und aktualisierbar.
- Der Testprozeß ist besser plan- und kontrollierbar, da die Prozesse der Testspezifikation und -durchführung in gut definierbare Elemente unterteilt werden können.

15.2 Generische Beschreibung der Schritte

Für die Beschreibung der Test-Spezifikationstechnik sind einige generische Schritte zu unterscheiden. Dies vereinfacht den Vergleich der Test-Spezifikationstechniken:

Schritt	Beschreibung
Identifikation der Testsituationen	Jede Test-Spezifikationstechnik zielt auf das Finden von bestimmten Fehlerarten. Damit diese gefunden werden können, besteht der erste Schritt aus der Ermittlung der zu testenden Situationen in der Testbasis. Die Testbasis besteht beispielsweise aus den fachlichen Spezifikationen, der Benutzungsanleitung bzw. den Verwaltungsverfahren. Diese Testbasis wird durchlaufen, und jede zu testende Situation wird dabei identifiziert. Die Test-Spezifikationstechnik schreibt beispielsweise als zu testende Situationen vor, daß bei jeder Bedingung zunächst die Wahr- oder Unwahrsituation oder jedes Eingabefeld mit einem gültigen und einem ungültigen Eingabewert getestet wird. Da die Unterscheidung von Testsituationen für jede Test-Spezifikationstechnik eine andere ist, finden sich in diesem Schritt die größten Unterschiede zwischen den verschiedenen Test-Spezifikationstechniken. Der Schritt zeigt, daß ein bestimmter Deckungsgrad der Testbasis mit den zu spezifizierenden Testfällen erreicht wird. Des weiteren sind die Testfälle besser aktualisierbar, da bei Änderungen in der Testbasis nachvollziehbar ist, welche Testsituationen und welche Testfälle (in welchen Schritten) sich dadurch ändern.
Aufstellen von logischen Testfällen	Bei manchen Test-Spezifikationstechniken erfolgt eine Aneinanderreihung von zu testenden Situationen zu einem logischen Testfall. Ein solcher Testfall durchläuft das jeweilige Testobjekt (bspw. eine Funktion) von Anfang bis Ende. Dieser Schritt wird durchgeführt, wenn die einzelnen Testsituationen bei der Testdurchführung nicht direkt zu erreichen, sondern zunächst verschiedene andere Testsituationen zu durchlaufen sind, und umgekehrt, wenn die Überprüfung des Ergebnisses einer bestimmten Testsituation nicht unmittelbar möglich ist, sondern erst nach dem Durchlaufen verschiedener anderer Testsituationen. Dieser Zwischenschritt vermittelt mehr Sicherheit darüber, daß alle zu testenden Situationen letztendlich in konkreten Testfällen untergebracht werden, und er vergrößert die Aktualisierbarkeit des Tests: Bei Änderungen in den zu testenden Situationen sind die jeweils korrespondierenden konkreten Testfälle einfacher nachvollziehbar.
Aufstellen der konkreten Testfälle	Ein konkreter Testfall setzt sich aus den drei Aspekten zusammen: »Ausgangssituation«, »zu treffende Maßnahmen« und »auszuführende Ergebnisüberprüfung(en)«. Bei der sogenannten »Physischmachung« wird jede zu testende Situation oder jeder logische Testfall so weit detailliert und konkretisiert, daß später während der Testdurchführung so effizient wie möglich gearbeitet werden kann. Die Entscheidung für die Konkretisierung beruht selbstverständlich auf den vorigen Schritten, wird jedoch zudem durch entsprechende Vereinbarungen beeinflußt, beispielsweise über den Einsatz von Grenzwerten (siehe folgenden Abschnitt für weitere Informationen) oder über den Einsatz einer bestimmten initialen Datensammlung, beispielsweise eine Kopie der Produktionsdatenbank. Der Schritt der Konkretisierung verhindert, daß diese (zeitraubenden) Aktivitäten während der tatsächlichen Testdurchführung stattfinden müssen.

Schritt	Beschreibung
Bereitstellung der initialen Datensammlung	Zur Durchführung der konkreten Testfälle erfordert es meistens eine Ausgangssituation. Häufig enthalten die Ausgangssituationen für mehrere Testfälle die gleichen Informationen. Solche Informationen werden dann in einer sogenannten initialen Datensammlung für den gesamten Test aufgenommen und nicht mehr gesondert bei jedem Testfall. Diese Ausgangsdatensammlung wird vor der Testdurchführung bereitgestellt.›
Aufstellen des Testskriptes	Als letzter Schritt wird ein Testskript freigegeben. Darin befindet sich eine Beschreibung der Testaktionen und der Überprüfungen der konkreten Testfälle in einer für die Testdurchführung optimalen Reihenfolge. Das Testskript stellt als solches einen schrittweisen Plan für die Testdurchführung dar und bietet ferner die Möglichkeit zur Fortschrittsüberwachung. Die konkreten Testfälle und die Ausgangsdatensammlung bilden selbstverständlich die Grundlage für das zu erstellende Testskript. In diesem Testskript werden außerdem die möglichen Vorbedingungen angegeben. Dabei handelt es sich um die Bedingungen, die erfüllt sein müssen, bevor das Testskript ausgeführt werden kann. Bei den Vorbedingungen wird häufig auf das Vorhandensein einer initialen Datensammlung oder auf die Tatsache hingewiesen, daß das Systemdatum einen bestimmten Wert aufweisen muß.

15.3 Merkmale

Zur Vereinfachung der Auswahl einer Test-Spezifikationstechnik und um Test-Spezifikationstechniken miteinander vergleichen zu können, sind für jede Test-Spezifikationstechnik einige Merkmale zu nennen, die wie folgt unterschieden werden:

- White-Box oder Black-Box
- Formal oder nicht formal
- Anwendungsbereiche
- Prinzip der Ableitung von Testfällen
- Qualitätsmerkmal
- Testbasis

Zudem liegt eine Menge Literatur über Test-Spezifikationstechniken vor. Im Literaturverzeichnis sind einige Verweise aufgeführt.

15.3.1 White-Box oder Black-Box

Die White-Box-Testtechniken basieren meistens auf dem Code, den Programmbeschreibungen und dem DV-Konzept. Für den Test werden ausdrücklich die Kenntnisse über die interne Struktur des Systems eingesetzt. Grundlage der Black-Box-Testtechniken sind die Funktionsspezifikationen, verwaltungstechnischen Verfahren und die Qualitätsanforderungen. Beim Black-Box-Testen wird das System in der Erscheinungsform betrachtet, die auch während des endgültigen Einsatzes vorliegen wird, nämlich ohne Kenntnis von Interna.

15.3.2 Formal oder nicht formal

Bei den Test-Spezifikationstechniken findet eine weitere Unterteilung in formal und nicht formale Test-Spezifikationstechniken statt. Nicht formale Test-Spezifikationstechniken bieten dem Tester im Vergleich zu den formalen Techniken viel Raum für die Aufstellung von Testfällen. Das legt den Schwerpunkt auf die Kreativität des Testers und macht die Qualität des Tests stark von der (Sach-)Kenntnis des Testfallentwerfers abhängig. Nicht formale Test-Spezifikationstechniken sind weniger von der Qualität der Testbasis abhängig, haben jedoch den Nachteil, daß der Deckungsgrad in Hinblick auf die Testbasis unklarer ist.

15.3.3 Anwendungsbereiche

Manche Test-Spezifikationstechniken eignen sich insbesondere für das Testen der Interaktion (Bildschirmfenster, Berichte, Online) zwischen System und Anwender, andere mehr für das Testen der Beziehung zwischen der verwaltungstechnischen Organisation und dem System oder für das Testen komplexer Verarbeitungen (Batch-Prozesse), und wieder andere sind dafür geschaffen, die Integration zwischen Funktionen bzw. Daten zu testen. Dies hat einen Bezug zu der Art von Fehlern, die mit Hilfe der ausgewählten Technik gefunden werden kann, beispielsweise fehlerhafte Eingabekontrollen, unkorrekte Verarbeitungen oder Integrationsfehler.

15.3.4 Das Prinzip der Ableitung von Testfällen

Es bestehen unterschiedliche Prinzipien, nach denen die Test-Spezifikationstechniken zur Ableitung von Testfällen vorgehen können. Im folgenden sollen einige Prinzipien erläutert werden.

15.3.4.1 Verarbeitungslogik

Ein wichtiges Prinzip besteht darin, die Testfälle anhand der detaillierten Kenntnisse zur internen Verarbeitungslogik des zu testenden Programms, der zu testenden Funktion oder des zu testenden Systems zu erstellen. Die Verarbeitung wird dabei als eine Zusammensetzung von Entscheidungen und Aktionen betrachtet. Eine Entscheidung wiederum setzt sich aus einer oder mehreren Bedingung(en) zusammen. Die verschiedenen möglichen Kombinationen von Aktionen und Entscheidungen, die durchlaufen werden, nennt man Pfade. Bei einem Testfall handelt es sich hier um einen zu durchlaufenden Pfad bzw. um einen Teil der Verarbeitungslogik. Andere Begriffe für diese Form der Ableitung von Testfällen sind logic testing [Myers, 1979], [Kit, 1995], control flow testing, path testing und transaction-flow testing [Beizer, 1990].

Spezifikation
WENN gearbeitet = J und Anzahl der Jahre > 10

    DANN Gehalt := 10.000
    SONST Gehalt := 5.000

WENN verheiratet = J

    DANN Gehalt := Gehalt + 2.000

Erläuterung
Entscheidung B1, bestehend aus Bedingungen C1 und C2
Aktion A1
Aktion A2

Entscheidung B2, bestehend aus Bedingung C3
Aktion A3

In diesem Beispiel durchläuft eine Person, die verheiratet ist und fünf Jahre gearbeitet hat, den Pfad B1/A2/B2/A3, mit dem Ergebnis eines Gehalts von 7.000.

Die Verarbeitungslogik kann auf unterschiedlichen Ebenen betrachtet werden. Bei White-Box-Tests steht die interne Struktur von Modulen im Mittelpunkt. Die Anweisungen im Programm sind dann die Entscheidungen und Aktionen. Für das Black-Box-Testen werden beispielsweise die Funktionsspezifikationen als Verarbeitung betrachtet.

Die Intensität solcher Tests wird durch die Anzahl der Kombinationen von Aktionen, Bedingungen und Pfaden, die getestet werden, bestimmt. Bekannte Formen der Testintensität (engl.: coverage) sind:

Testintensität	Erläuterung
Statement coverage (Anweisungsüberdeckung, C0-Maß)	Jede Aktion (= Anweisung) wird mindestens einmal ausgeführt.
Decision coverage (Zweigüberdeckung, C1-Maß)	Jede Aktion wird mindestens einmal ausgeführt und jedes mögliche Ergebnis (»wahr« oder »unwahr«) einer Entscheidung mindestens einmal erzeugt.
Condition coverage (einfacher Bedingungsüberdeckungstest)	Jede Aktion wird mindestens einmal ausgeführt und jedes mögliche Ergebnis einer Bedingung mindestens einmal erzeugt.
Decision / condition coverage (Zweigüberdeckung in Kombination mit dem einfachen Bedingungsüberdeckungstest)	Jede Aktion wird mindestens einmal ausgeführt und jedes mögliche Ergebnis einer Bedingung und einer Entscheidung mindestens einmal erzeugt. Das beinhaltet also sowohl *condition* als auch *decision coverage*.
Modified decision / condition coverage [SIGIST, 1998] (Minimale Mehrfach-Bedingungsüberdeckung)	Jede Aktion wird mindestens einmal ausgeführt, und jedes mögliche Ergebnis einer Bedingung bestimmt mindestens einmal unabhängig von anderen Bedingungsergebnissen das Ergebnis der Entscheidung. Das impliziert *decision/condition coverage*.
Multiple condition coverage (Mehrfach-Bedingungsüberdeckungstest)	Alle möglichen Kombinationen von Ergebnissen von Bedingungen in einer Entscheidung werden mindestens einmal erzeugt. Das impliziert *modified decision/condition coverage*.

Schritt	Beschreibung
Path^n coverage, mit n=1, 2, .., ∞, auch mit Testmaß n bezeichnet (Segmentpaareüberdeckung CSP mit begrenzter Anzahl von Segmenten CS(n)-Überdeckung)	Die im vorigen Abschnitt genannten Arten der Intensität beziehen sich allesamt auf einzelne Aktionen und Entscheidungen. Beim path coverage steht die Anzahl der möglichen Pfade im Mittelpunkt, und mit Hilfe des Begriffs »Testmaß« wird bestimmt, inwiefern Abhängigkeiten zwischen aufeinanderfolgenden Entscheidungen getestet werden. Beim Testmaß n werden alle Kombinationen von n aufeinanderfolgenden Entscheidungen in Testpfaden untergebracht. Selbstverständlich hat die Entscheidung für ein bestimmtes Testmaß unmittelbar Einfluß auf die Anzahl der Testfälle (und demnach auf den Testaufwand) einerseits und den Deckungsgrad der Tests andererseits. Mit Hilfe des Parameters »Testmaß« kann also die Anzahl der Testfälle bestimmt werden, die sich mit der definierten Teststrategie vereinbaren lassen. Für ein Beispiel dieser etwas problematischen Definition des Testmaßes wird auf die Beschreibung des Strukturtests verwiesen (Abschnitt 15.4).

Tabelle 15.1 Arten der Testintensität (teilweise nach [Riedemann, 1997])

Neben den oben genannten Formen der Intensität bestehen verschiedene Zwischenformen.

15.3.4.2 Äquivalenzklassen

Bei diesem Prinzip der Ableitung von Testfällen wird untersucht, welche Klassen von möglichen Eingabewerten zu einer ähnlichen Art der Verarbeitung führen. Diese Klassen werden Äquivalenzklassen genannt (engl.: equivalence partitioning). Ein weiterer Terminus technicus, mit dem die Ableitung mit Äquivalenzklassen bezeichnet wird, ist »domain testing« [Beizer, 1990]. Es wird zwischen gültigen und ungültigen Äquivalenzklassen unterschieden. Eingabewerte aus den ungültigen Äquivalenzklassen führen zu Fehlermeldungen. Eingabewerte aus den gültigen Äquivalenzklassen werden korrekt verarbeitet. Das Prinzip hinter dieser Einteilung ist, daß für die Erstellung eines Testfalls jeder Wert aus einer solchen Klasse die gleiche Wahrscheinlichkeit hat, einen Fehler zu finden, und daß das Testen mit mehreren Werten aus der gleichen Klasse diese Wahrscheinlichkeit kaum erhöht. Wenn die Basis für diese Äquivalenzklassen Testfälle sind anstelle beliebiger Eingabewerte, so bleibt die Anzahl der Testfälle beschränkt, während dennoch eine gute Deckung erzielt wird. Zur Verdeutlichung dient folgendes Beispiel, wobei das »Alter« bei der Eingabe einer Überprüfung unterzogen wird:

18 < Alter =< 65

Für »Alter« sind jetzt drei Äquivalenzklassen zu unterscheiden, nämlich:

a) Alter =< 18
b) Alter hat einen Wert in der Menge zwischen 19 und 65
c) Alter > 65

Für »Alter« auszuwählende Testfälle sind dann beispielsweise 10 (ungültig), 35 (gültig) und 70 (ungültig).

Im übrigen ist hier noch anzumerken, daß bei Test-Spezifikationstechniken, bei denen Testfälle über die Verarbeitungslogik abgeleitet werden, häufig auch implizit Äquivalenzklassen eingesetzt werden.

15.3.4.3 Grenzwertanalyse

Eine spezielle Form des oben genannten Prinzips ist die Grenzwertanalyse (engl.: boundary value analysis). Die Werte, die sich auf und in der Umgebung der Grenzen der Äquivalenzklassen befinden, nennt man Grenzwerte. Das sind Werte, bei denen in der Praxis viele Fehler gefunden werden. Bei der Bestimmung der Testfälle werden die Werte im Bereich dieser Grenzen gewählt, also wird jede Grenze mit mindestens zwei Testfällen getestet, einem Testfall, bei dem der Eingabewert gleich dem Grenzwert ist, und einem weiteren mit einem Eingabewert gerade oberhalb dieses Grenzwertes. Der Einsatz der Grenzwertanalyse führt zu mehr Testfällen, erhöht jedoch die Fehlerfindungswahrscheinlichkeit des Tests im Vergleich zu einer stichprobenartigen Auswahl aus der Äquivalenzklasse.

Beispiel: 18 < Alter =< 65
Für Alter auszuwählende Grenzwerte sind dann 18 (ungültig), 19 (gültig), 65 (gültig) und 66 (ungültig).

Grenzwertanalyse umfaßt übrigens nicht nur die Grenzwerte auf der Eingabeseite, sondern auch auf der Ausgabeseite. Beispiel: Wenn eine Angebotsseite maximal zehn Zeilen umfassen darf, so wird das getestet, indem ein Angebot mit zehn Zeilen (alle Zeilen auf einer Seite) gedruckt wird und eine mit elf Zeilen (elfte Zeile auf der zweiten Seite).

Eine mögliche Erweiterung der Grenzwertanalyse besteht noch darin, daß bei einer Grenze drei statt zwei Werte ausgewählt werden müssen. Der zusätzliche Wert befindet sich dann gerade vor der maximal zugestandenen Grenze.

Beispiel: Alter =< 18
Für Alter auszuwählende Grenzwerte sind dann 17 (gültig), 18 (gültig) und 19 (ungültig). Wenn dieser Vergleich fälschlich als »Alter =18« programmiert ist, wird dies mit zwei Grenzwerten alleine nicht gefunden, sondern nur unter Einbeziehung des zusätzlichen Wertes 17.

15.3.4.4 Operationaler Einsatz

Testfälle können ebenfalls auf der Grundlage des erwarteten praktischen Einsatzes des Systems abgeleitet werden. Die Testfälle simulieren gleichsam die unterschiedlichen Situationen, wie diese in der Produktion auftreten (werden). Das bedeutet beispielsweise, daß für Funktionen, die in der Praxis sehr häufig verwendet werden, proportional viele Testfälle spezifiziert werden, ohne Berücksichtigung der Komplexität oder der Bedeutung der Funktion. Das Testen auf der Basis des operationalen Einsatzes resultiert in einer Vielzahl von Testfällen, die alle zur gleichen Äquivalenzklasse gehören. Daher besteht keine große Wahrscheinlichkeit, daß neue Fehler gefunden werden. Der operationale Einsatz wird häufig bei der Durchführung von Leistungstests angewandt.

15.3.4.5 CRUD

Testfälle können sich auch auf den Lebenszyklus von Daten gründen (Create, Read, Update und Delete – CRUD). Daten entstehen, werden abgefragt und geändert und schließlich häufig wieder entfernt. Testfälle, die auf diesem Prinzip beruhen, untersuchen, ob die Daten von den Funktionen korrekt verarbeitet werden und ob den Beziehungskontrollen (Konsistenzprüfungen des Datenmodells) entsprochen wird. Auf diese Weise erhält man Einblick in den Lebenslauf (und dessen Vollständigkeit) der Daten bzw. Entitäten.

15.3.4.6 Übrige Ableitungsmethoden

Oben genannte Prinzipien werden bei den Test-Spezifikationstechniken von TMap eingesetzt. Zudem sind noch verschiedene andere Prinzipien bekannt, beispielsweise Cause/Effect graphing, State-transition und Syntax testing. Siehe für eine Beschreibung dieser Prinzipien Myers [Myers, 1979] und Beizer [Beizer, 1990].

15.3.5 Einteilung der Test-Spezifikationstechniken

Die folgende Tabelle stellt die Merkmale der Test-Spezifikationstechniken von TMap dar. Die Tabelle vereinfacht eine Auswahl der richtigen Test-Spezifikationstechniken, da auf einen Blick die wichtigsten Merkmale einer Technik zu sehen sind und mit anderen Test-Spezifikationstechniken verglichen werden können.

15.3 Merkmale

TMap-Technik	White-Box (WB) oder Black-Box (BB) Formal oder nicht formal	Testbasis	Prinzip des Ableitens (unter Angabe der Intensität): Verarbeitungslogik Äquivalenzklassen Operationaler Einsatz CRUD Übrige	Qualitätsmerkmale	Anwendungsbereiche
Strukturtest	WB, formal	Interne Struktur, bspw. Programmcode oder DV-Konzept	Verarbeitungslogik: decision coverage in Kombination mit path coverage, wahlweise mit Testmaß 2 oder höher zu intensivieren	Funktionalität	Verarbeitung
Entscheidungstabellentest	WB und BB, formal	Entscheidungstabellen, sowohl interne Struktur als auch (Funktions-) Spezifikationen	Verarbeitungslogik: decision coverage in Kombination mit path coverage, wahlweise intensivierbar mit decision/condition coverage bzw. mit einem höheren Testmaß	Funktionalität	Komplexe Verarbeitung
Datenkombinationstest	BB, nicht formal	Funktionsspezifikationen	Äquivalenzklassen	Funktionalität Kontrollierbarkeit	Verarbeitung, Integration von Funktionen und Daten
Elementarer Vergleichstest	WB und BB, formal	Interne Struktur (WB) oder formale Funktionsspezifikationen (BB), bspw. Pseudocode oder strukturiertes Deutsch	Verarbeitungslogik: modified decision/condition coverage	Funktionalität Kontrollierbarkeit	Komplexe Verarbeitung

Technik	Typ	Testbasis	Grundlage	Qualitätsmerkmale	Bemerkung
Error Guessing	BB, nicht formal	Alle Arten von Testbasen	Übrige: auf der Grundlage von Vermutungen, wo sich Fehler befinden	Sicherheit, Kontrollierbarkeit, Funktionalität, Benutzungsfreundlichkeit, Integrierbarkeit, Leistung, Sparsamkeit	Alle
Datenzyklustest	BB, nicht formal	Funktionsspezifikationen	CRUD: auf der Grundlage des Lebenszyklus von Daten	Funktionalität	Integration von Funktionen und Daten
Modul-Interface-Test	WB, formal	Interne Struktur, bspw. Programmcode oder DV-Konzept	Äquivalenzklassen	Funktionalität	Integration von Modulen
Geschäftsprozeßtest	BB, formal	Geschäftsprozeßverfahren	Verarbeitungslogik: decision coverage, Standard mit Testmaß 2, wahlweise ist dieses Testmaß jedoch zu verkleinern oder zu intensivieren	Sicherheit, Einsetzbarkeit, Benutzungsfreundlichkeit, Integrierbarkeit	Integration des Geschäftsprozesses und des Systems
Real-Life-Test	BB, nicht formal	Alle Arten von Testbasen	Operationeller Einsatz	Sicherheit, Kontinuität, Infrastruktur, Leistung, Sparsamkeit	Simulation des Praxiseinsatzes
Semantischer Test	BB, formal	Funktionsspezifikationen	Äquivalenzklassen: auf der Grundlage der Beziehungen zwischen Daten bei der Eingabe	Sicherheit, Funktionalität, Benutzungsfreundlichkeit	Interaktion (Bildschirmfenster) zwischen System und Anwender, Validierung der Eingabe, einfache Verarbeitung
Syntaktischer Test	BB, formal	Funktionsspezifikationen	Testen des Layouts von Bildschirmfenstern und Ausdrucke und den primären Datendefinitionen (letzteres erfolgt auf der Grundlage von Äquivalenzklassen)	Funktionalität, Benutzungsfreundlichkeit	Interaktion (Fenster, Ausdrucke, Online) zwischen System und Anwender, Validierung der Eingabe

Tabelle 15.2 Merkmale der Test-Spezifikationstechniken

15.3.6 Variationen der Test-Spezifikationstechniken

Bei der Bestimmung der Teststrategie werden den verschiedenen Qualitätsmerkmalen oder Teilen des Systems unterschiedliche Bedeutungen zugewiesen (siehe Abschnitt 13.3.2, »Bestimmung der relativen Bedeutung«). Dabei impliziert die Zuweisung eines hohen Wertes den Einsatz von Techniken mit einer höheren Deckung bzw. den Einsatz mehrerer Techniken, die Zuweisung eines niedrigen Wertes impliziert das Gegenteil. Die vielen Test-Spezifikationstechniken, die in TMap aufgenommen sind, helfen dabei, der Strategie einen optimalen Inhalt zu geben. Außerdem bieten die meisten Test-Spezifikationstechniken die Möglichkeit, Variationen bei der Testintensität anzubringen. Dies erhöht wesentlich die Entscheidungsmöglichkeiten, so daß eine optimale Strategie bestimmt werden kann. Die folgende Tabelle vermittelt für die verschiedenen Test-Spezifikationstechniken Beispiele für anzuwendende Variationen. Diese Variationen sind durch viele Erfahrungen aus der Praxis zustande gekommen.

Technik	Variationen in der Intensität durch:
Strukturtest	– Einsatz eines höheren oder eines niedrigeren Testmaßes – Einsatz von Grenzwerten
Entscheidungstabellentest	– Einsatz eines höheren oder niedrigeren Testmaßes – Einsatz eines höheren oder niedrigeren Detaillierungsmaßes – Einsatz von Grenzwerten
Datenkombinationstest	– Einsatz von Grenzwerten – Abhängigkeiten zwischen Begriffen bzw. Äquivalenzklassen in Betracht ziehen
Elementarer Vergleichstest	– Einsatz von Grenzwerten – Multiple condition coverage (anstatt modified decision/condition coverage)
Error Guessing	– Variation der einzusetzenden Zeit (time-boxing)
Datenzyklustest	– Geringere Intensität, indem nicht alle »Änderungs«-Aktionen zu einem Datum in den Test mit einbezogen werden
Geschäftsprozeßtest	– Einsatz eines höheren oder niedrigeren Testmaßes – Explizite Kontrolle des Ergebnisses der Verarbeitung (anstatt implizite Überprüfung, daß die nächste Aktion durchführbar ist)
Modul-Interface-Test	– Einsatz von Grenzwerten
Real-Life-Test	– Variation im Umfangs der Repräsentativität des Tests und der Testumgebung im Vergleich zur erwarteten Produktionssituation: – Will man bspw. testen, ob das System hinsichtlich die Leistung die erwarteten 60 Anwender gleichzeitig schafft, kann man entweder 60 Anwender simulieren oder 10 Anwender und das Ergebnis auf 60 extrapolieren. – Einschränkung der Testsituationen auf die häufigsten Produktionssituationen (80%-Regel)
Semantischer Test	– Einsatz von Grenzwerten

Technik	Variationen in der Intensität durch:
Syntaktischer Test	– Entweder detailliertes Ausschreiben von Testfällen oder Einsatz einer Checkliste: In beiden Fällen ist die Intensität die gleiche, die Erstellung einer Checkliste benötigt jedoch weniger Aufwand, stellt andererseits jedoch höhere Anforderungen an die Kenntnisse und Erfahrung des ausführenden Testers. – Testen der primären Datendefinitionen erfolgt nicht für jedes Bildschirmfenster (wenn also »Geburtsdatum Kunde« auf zwei Fenstern erscheint, wird nur auf dem ersten Fenster die Eingabekontrolle getestet) – Bei jeder primären Datendefinition sind viele Kontrollen möglich, Beispiele für einen numerischen Wert sind Testfälle auf der untersten Grenze, unterste Grenze – 1, oberste Grenze, oberste Grenze + 1, nicht numerische Zeichen, Leertasten usw. Dies kann eingeschränkt werden. – Stichprobenartiges Testen – Einsatz von Grenzwerten

Tabelle 15.3 Variationen in der Intensität

15.4 Strukturtest

15.4.1 Allgemein

Da der Test das Ziel hat, die Struktur eines Programms zu testen, wird er mit *Strukturtest* bezeichnet; die Testfälle ergeben sich aus der Struktur des Programms und nicht aus der dazugehörigen Verarbeitung. Mit Struktur ist hier die Kontrollfluß-Struktur (im Gegensatz zur Datenfluß-Struktur) des Programms gemeint. Jeder Testfall setzt sich daher aus einer Gruppe aufeinanderfolgender Aktionen zusammen, die gemeinsam einen »Pfad« durch das Programm durchlaufen.

Der Strukturtest ist eine formale White-Box-Testtechnik par excellence, die bei der Durchführung des Modul- bzw. des Integrationstests verwendet wird.

15.4.2 Arbeitsweise

Die im Rahmen eines Strukturtests zu unternehmenden Schritte sind:

1. Ermittlung der Entscheidungspunkte (Verzweigungen im Programm)
2. Bestimmung der Testpfade
3. Spezifizierung der Testfälle
4. Festlegung der initialen Datensammlung
5. Erstellung eines Testskriptes

15.4.2.1 Ermittlung der Entscheidungspunkte

Die Testbasis für den Strukturtest, meistens der Programmentwurf oder der DV-Konzept, wird untersucht. Im Entwurf muß im Prinzip eine Übersicht über die Struktur des Algorithmus vorliegen, beispielsweise in Form eines Flußdiagramms, einer Entscheidungstabelle oder eines Nassi-Shneidermann-Diagramms. Ist es anhand des Entwurfs nicht möglich, Einsicht in die Struktur des Algorithmus zu erhalten, so kann der Programmcode herangezogen werden, oder es muß eine ergänzende Dokumentation erstellt werden.

Auf der Grundlage der Einsicht in die Struktur des Algorithmus werden die Entscheidungspunkte und die Aktionen, die gefunden wurden, individuell bezeichnet (A, B, C usw. für die Entscheidungspunkte und 1, 2, 3 usw. für die Aktionen). Sequentielle Aktionen zwischen zwei Entscheidungspunkten erhalten dabei eine gemeinsame Nummer.

15.4.2.2 Bestimmung der Testpfade

Abhängig von der gewählten Intensität werden nacheinander Aktionen zu Testpfaden kombiniert. Die gewünschte Intensität ist in ein gewünschtes Testmaß umzusetzen.

15.4.2.2.1 Testmaße

Mit dem Parameter »Testmaß« wird ermittelt, inwiefern Abhängigkeiten zwischen aufeinanderfolgenden Entscheidungspunkten getestet werden. Bei Testmaß n werden alle Abhängigkeiten von Aktionen vor einem Entscheidungspunkt und nach n-1 Entscheidungspunkten verifiziert, indem alle möglichen Kombinationen im Zusammenhang mit den jeweiligen Aktionen in Testpfaden untergebracht werden.

Selbstverständlich beeinflußt die Entscheidung für ein bestimmtes Testmaß unmittelbar die Anzahl der Testfälle (und demnach den Testaufwand) einerseits und den Deckungsgrad des Tests andererseits. Mit Hilfe des Parameters Testmaß kann demnach die Anzahl der Testfälle festgelegt werden, die mit der definierten Teststrategie übereinstimmen.

Die problematische Definition des Testmaßes, die oben beschrieben wurde, kann am besten an einem Beispiel erklärt werden. Das folgende Beispiel, bei dem von Testmaß 2 ausgegangen wurde, zeigt, wie die Bestimmung der Testpfade für ein bestimmtes Testmaß erfolgen kann.

15.4.2.2.2 Beispiel für Testmaß 2

Bei jedem gefundenen Entscheidungspunkt werden Aktionskombinationen erstellt. Ausgehend von Testmaß 2 werden alle möglichen Aktionskombinationen zweier aufeinanderfolgender Aktionen ermittelt. Eine Aktionskombination beim Testmaß 2 ist also eine Kopplung einer Aktion für einen Entscheidungspunkt mit einer Aktion nach einem weiteren Entscheidungspunkt. Alle Aktionskombinationen, also alle Kombinationen zweier aufeinanderfolgender Aktionen mit einem Entscheidungspunkt dazwischen, werden aufgelistet.

Folgendes Flußdiagramm ist gegeben:

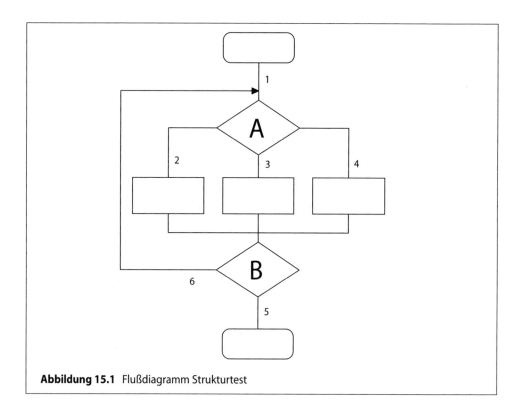

Abbildung 15.1 Flußdiagramm Strukturtest

Die Aktionskombinationen bei den Entscheidungspunkten sind:

A: (1, 2); (1, 3); (1, 4); (6, 2); (6, 3); (6, 4)
B: (2, 5); (3, 5); (4, 5); (2, 6); (3, 6); (4, 6)

Anschließend müssen diese Aktionskombinationen zu Pfaden aneinandergekoppelt werden, die vom Anfang bis zum Ende des Algorithmus verlaufen. Im Beispiel fängt jeder Pfad mit Aktion 1 an und endet mit Aktion 5. Jede Aktionskombination muß mindestens einmal in einem Pfad untergebracht werden. Im Beispiel verläuft dies wie folgt:

Die Aktionskombinationen sind: (1, 2); (1, 3); (1, 4); (2, 5); (2, 6); (3, 5); (3, 6); (4, 5); (4, 6); (6, 2); (6, 3); (6, 4).

Angefangen wird mit einer beliebigen (Anfangs-)Aktionskombination. In diesem Fall ist das (1, 2). Anschließend wird hier die erste Aktionskombination angekoppelt, die mit einer 2 beginnt und die noch nicht in einem Pfad untergebracht ist, in diesem Fall (2, 5). Dadurch ist der Pfad (1, 2, 5) entstanden, und es können weitere Pfade zusammengesetzt werden.

Die restlichen Aktionskombinationen sind: ~~(1, 2)~~; (1, 3); (1, 4); ~~(2, 5)~~; (2, 6); (3, 5); (3, 6); (4, 5); (4, 6); (6, 2); (6, 3); (6, 4).

Es wird mit den restlichen Aktionskombinationen fortgefahren. Die erste Aktionskombination, die noch nicht in einem Pfad untergebracht ist, ist (1, 3). Die erste Aktionskombination, die mit einer 3 beginnt und noch nicht in einem Pfad untergebracht ist, ist (3, 5). Dadurch ist der Pfad (1, 3, 5) entstanden.

Die restlichen Aktionskombinationen sind: ~~(1, 2)~~; ~~(1, 3)~~; (1, 4); ~~(2, 5)~~; (2, 6); ~~(3, 5)~~; (3, 6); (4, 5); (4, 6); (6, 2); (6, 3); (6, 4).

Es wird mit den restlichen Aktionskombinationen fortgefahren. Die erste Aktionskombination, die noch nicht in einem Pfad untergebracht ist, ist (1, 4). Die erste Aktionskombination, die mit einer 4 beginnt und noch nicht in einem Pfad untergebracht ist, ist (4, 5). Dadurch ist der Pfad (1, 4, 5) entstanden.

Die restlichen Aktionskombinationen sind: ~~(1, 2)~~; ~~(1, 3)~~; ~~(1, 4)~~; ~~(2, 5)~~; (2, 6); ~~(3, 5)~~; (3, 6); ~~(4, 5)~~; (4, 6); (6, 2); (6, 3); (6, 4).

Die erste Aktionskombination, die noch nicht in einem Pfad untergebracht ist, ist (2, 6). Da diese Aktionskombination nicht vorne im Algorithmus beginnt, muß eine Aktionskombination davorgestellt werden. Hierfür wird (1, 2) ausgewählt. Diese ist dann zwar zweimal eingesetzt worden, was jedoch kein Problem ist. Anschließend ist mit einer Aktionskombination fortzufahren, die mit einer 6 beginnt und die noch nicht in einem Pfad untergebracht ist. Die Aktionskombination (6, 2) wird ausgewählt. Der Testpfad wird mit der Kombination (2, 5) beendet, wodurch der Testpfad (1, 2, 6, 2, 5) entsteht.

Die restlichen Aktionskombinationen sind: ~~(1, 2)~~; ~~(1, 3)~~; ~~(1, 4)~~; ~~(2, 5)~~; ~~(2, 6)~~; ~~(3, 5)~~; (3, 6); ~~(4, 5)~~; (4, 6); ~~(6, 2)~~; (6, 3); (6, 4).

Die restlichen Aktionskombinationen werden im Testpfad (1, 3, 6, 4, 6, 3, 5) untergebracht. Damit sind alle Aktionskombinationen in den folgenden Pfaden enthalten:

Pfad 1: (1, 2, 5)
Pfad 2: (1, 3, 5)
Pfad 3: (1, 4, 5)
Pfad 4: (1, 2, 6, 2, 5)
Pfad 5: (1, 3, 6, 4, 6, 3, 5)

Bei der Auswahl der Pfade gilt die Anforderung, daß Wiederholungen (Aktion 6) 0, 1 und 2 oder mehrmals ausgeführt werden. Im Beispiel ist mit Hilfe von Pfad 5 der Anforderung von zwei oder mehreren Malen entsprochen.

Wie aus der Vorgehensweise ersichtlich wird, besteht die Idee bei Testmaß 2 darin, daß die Durchführung einer (Programm-)Aktion sich auf die unmittelbar hinter einer nach einem Entscheidungspunkt liegenden (Programm-)Aktion auswirken kann. Mit anderen Worten, für eine Aktion ist nicht nur die Entscheidung wichtig, sondern auch die Ausführung der vorherigen Aktion(en).

15.4.2.2.3 Beispiel für Testmaß 1 (Zweigüberdeckung)

Bei Testmaß 1 wird vorausgesetzt, daß eine Aktion nur durch die Entscheidung beeinflußt wird und nicht durch die vorherigen Aktionen. Es entstehen dabei folgende »Aktionskombinationen«:

-: (1)
A: (2); (3); (4)
B: (5); (6)

Für diese Aktionskombinationen lauten die Pfadkombinationen:

Pfad 1: (1, 2, 5)
Pfad 2: (1, 3, 6, 4, 5)

Der geringeren Menge an Testpfaden und dem daraus resultierenden geringeren Aufwand steht ein niedrigerer Deckungsgrad gegenüber.

15.4.2.2.4 Übrige Testmaße

Neben den Testmaßen 1 und 2 bestehen auch höhere Testmaße. Dabei ist die Voraussetzung, daß die Durchführung einer Aktion sich auf zwei oder mehr aufeinanderfolgende Aktionen auswirkt. Diese Testmaße werden im allgemeinen für äußerst riskante und komplexe Funktionen gewählt. In der administrativen Datenverarbeitung kommen meistens nur eine geringe Anzahl an Funktionen für ein höheres Testmaß als 2 in Betracht. Die Entscheidung zwischen Testmaß 1, Testmaß 2 oder eventuell einem höheren Testmaß wird für jede Funktion oder für jedes Teilsystem separat getroffen.

15.4.2.3   Spezifizierung der Testfälle

Bei diesem Schritt werden die logischen Testpfade in konkrete, ablauffähige Testfälle umgesetzt. Das bedeutet, daß bei jedem Testpfad eine Testeingabe bestimmt werden muß, so daß genau der richtige Pfad durchlaufen wird. Des weiteren ist bei jeder Testeingabe eines Testpfades eine Ausgabevorhersage zu treffen.

Das Finden einer korrekten physischen Umsetzung ist häufig ein sehr komplizierter Prozeß. Die Testeingabe muß nämlich so sein, daß genau der richtige Pfad durchlaufen wird. Das bedeutet, daß die Testeingabe bei jedem Entscheidungspunkt genau der für diesen Pfad gewünschten Erwartung entspricht, so daß der richtige »Weg« eingeschlagen wird. Das kann an sich schon sehr problematisch sein, jedoch wird die größte Schwierigkeit dadurch verursacht, daß in der Testeingabe während der »Wanderung« über den Pfad bestimmte Aktionen ausgeführt werden. Bei jedem Entscheidungspunkt müssen demnach alle vorherigen Aktionen berücksichtigt werden. Dabei ist wichtig, daß Variablen und Parameter, die (gemäß den Entwurfspezifikationen) keinen Einfluß auf den Pfad haben, einen Defaultwert erhalten.

15.4.2.4   Festlegung der initialen Datensammlung

Es ist festzulegen, ob für die Testdurchführung eine spezifische initiale Datensammlung vorliegen muß. Ist dies erforderlich, muß hierzu eine kurze Beschreibung angegeben werden, die der Beschreibung der Testpfade und Testfälle hinzuzufügen ist.

15.4.2.5   Erstellung eines Testskriptes

Als Ergebnis dieses Schrittes wird ein Testskript aufgestellt. Dabei sind die Testaktionen und Überprüfungen, die auszuführen sind, in der korrekten Reihenfolge beschrieben. Die Testspezifikation bildet selbstverständlich die Grundlage für das zu erstellende Testskript.

Im Testskript werden außerdem die möglichen Vorbedingungen angegeben. Die Vorbedingungen eines Testskriptes sind die Bedingungen, die erfüllt sein müssen, bevor das

Testskript ausgeführt werden kann. Bei den Vorbedingungen wird häufig auf das Vorhandensein der initialen Datensammlung Bezug genommen, d.h. auf die Tatsache, daß das Systemdatum einen bestimmten Wert aufweisen muß, oder auf bestimmte Stubs bzw. Driver, die eingesetzt werden.

Dieser letzte Schritt ist nicht zwingend, er gehört lediglich zu den Möglichkeiten, wenn der Strukturtest bei einem Modultest eingesetzt wird. Abhängig von insbesondere der Organisation des Tests und der Bedeutung der Testware für eine künftige Aktualisierung wird möglicherweise ein detailliertes Testskript erstellt werden müssen.

15.4.3 Testdurchführung und Beurteilung

Die Durchführung des Tests erfolgt auf der Grundlage der beschriebenen Testpfade und Testfälle, eventuell näher in einem Testskript ausgearbeitet. Die Beurteilung des Tests geschieht in erster Linie anhand der vorausberechneten Ergebnisse. Da der Strukturtest häufig während des Modultests eingesetzt wird, ist der Tester vielfach gleichzeitig der Entwickler bzw. der Programmierer. Wenn es sich um diese Organisationsform handelt, bedeutet eine Beurteilung ebenfalls, daß die Ursache des Fehlers gefunden werden muß und deshalb eine umfangreichere Beurteilung stattfindet als im Falle einer Aufgabentrennung.

Die Dokumentation von Testergebnissen ist beim Modultest weniger wichtig, wenn das Testen und die Lösung der Probleme vom gleichen Mitarbeiter erfolgt. In diesem Fall kann die Aufstellung einer Testdokumentation aber im Zusammenhang mit der »Beweisführung« von Bedeutung sein.

15.5 Entscheidungstabellentest

15.5.1 Allgemein

Der Test auf Grundlage von Entscheidungstabellen ist eine formale Testtechnik. Das bedeutet, daß die Testfälle nach festen Regeln von der Testbasis abgeleitet werden. Der Entscheidungstabellentest ist von zwei Parametern abhängig. Der eine Parameter (Testmaß) gibt an, inwieweit Abhängigkeiten zwischen verschiedenen »Entscheidungspunkten« getestet werden, der andere Parameter (Detaillierungsmaß) legt fest, inwieweit Abhängigkeiten innerhalb von »Entscheidungspunkten« getestet werden. Abhängig von der Auswahl dieser Parameter liefert diese Technik viele oder wenige Testfälle und einen höheren oder einen niedrigeren Deckungsgrad. Ein starker Aspekt bei der Entscheidungstabellentechnik ist, daß der Test mit Hilfe der Parameter auf die Teststrategie abgestimmt werden kann. Sobald die Parameter definiert sind, liegt die Arbeitsweise für den Entscheidungstabellentest eindeutig fest.

Der Entscheidungstabellentest zielt auf die Vollständigkeit und Korrektheit der *Verarbeitung* und damit auf das Qualitätsmerkmal »Funktionalität«. Diese Technik ist im Prinzip für das White-Box-Testen entwickelt worden, kann jedoch ebenfalls bei einem Black-Box-Test eingesetzt werden.

15.5.2 Arbeitsweise

Die Schritte, die unternommen werden müssen, um zu einem Entscheidungstabellentest zu gelangen, sind:

1. Definition der logischen Testspalten
2. Spezifizierung der logischen Testfälle
3. Spezifizierung der konkreten Testfälle
4. Festlegung der initialen Datensammlung
5. Erstellung eines Testskriptes

15.5.2.1 Definition der logischen Testspalten

Bei diesem Schritt wird bei jedem Prozeß eine oder mehrere Entscheidungstabelle(n) erstellt. Eine Entscheidungstabelle wird dazu verwendet, um die logische Verarbeitung eines Prozesses eindeutig darzustellen; sie bildet für den Tester das Bindeglied zwischen der Testbasis und den logischen Testfällen.
Das Aufstellen der Entscheidungstabellen hat drei Ziele:

- Die explizite Festlegung der logischen Verarbeitung der Prozesse, so daß bei den folgenden Phasen keine Unklarheiten auftreten
- Feststellen möglicher Unvollständigkeiten in der Testbasis (bspw. unvollständig beschriebene Situationen)
- Erhalt einer Ausgangssituation für die logischen Testfälle

Die Erstellung der logischen Testspalten ist in drei Aspekte unterteilt:

1. Ermittlung der Trigger
2. Bestimmung der Determinanten
3. Erstellung von Entscheidungstabellen

Zur Verdeutlichung erfolgt das Beispiel eines Prozesses (einer Aufgabe) zur Berechnung des auszuzahlenden Gehalts. Der Prozeß wird als Teil der Monatsabrechnung betrachtet.

Die Person, für die das Gehalt berechnet wird, wird anhand einer Personalnummer identifiziert; das Gehaltberechnungsprogramm überprüft, ob die Nummer gültig ist, d.h., ob die Person eingestellt ist. Bei einer ungültigen Peronalnummer, generiert das System eine Fehlermeldung. (1)

Die Gehaltsberechnung findet wie folgt statt:

WENN gearbeitet = J UND Anzahl Jahre > 10 (2)
DANN Gehalt := 10.000
SONST Gehalt := 5.000
WENN (verheiratet = J ODER zusammenlebend = J) UND Land = »Deutschland« (3)
DANN Gehalt := Gehalt + 5.000

SONST WENN Alter > 18 UND Alter < 60 (4)
    DANN Gehalt := Gehalt + 4.000
    SONST Gehalt := Gehalt + 3.000
WENN gearbeitet = J UND Abteilung = »Produktion« UND Alter > 18 (5)
DANN Gehalt := Gehalt + 1.000

15.5.2.1.1 Feststellen der Trigger

In diesem ersten Teilschritt müssen die Trigger (»Auslöser« – die Aktivitäten, die den Prozeß in Gang setzen) ermittelt werden. Ein Prozeß kann von einem Anwender, von einem externen System oder von einer internen Funktion »getriggert« werden. Jeder Prozeß hat mindestens einen Trigger, kann jedoch auch mehrere haben. In unserem Beispiel gibt es einen Trigger, die Monatsabrechnung.

15.5.2.1.2 Bestimmung der Determinanten

Bei diesem zweiten Teilschritt werden die Determinanten bestimmt. Dabei handelt es sich um die Merkmale, welche die Verarbeitung des Prozesses beeinflussen. Hierbei sind sowohl die Merkmale des Triggers als auch die der Verarbeitung zu berücksichtigen.

Eine Determinante kann sowohl negativ als auch positiv sein. Sie ist negativ, wenn der Prozeß immer eine Fehlermeldung generiert, sobald die Determinante wahr ist. Eine Determinante ist positiv, wenn sie nicht negativ ist. In diesem Teilschritt wird auch festgestellt, ob die Determinanten negativ oder positiv sind.

Im Beispiel der Gehaltsberechnung bestehen fünf Determinanten:

0. Monatsabrechnung   (Trigger)
1. Personalnummer unbekannt   (negative Determinante)
2. Angabe gearbeitet/Anzahl der Dienstjahre   (positive Determinante)
3. Familienstand/Land   (positive Determinante)
4. Alter   (positive Determinante)
5. Gearbeitet/Alter/Abteilung   (positive Determinante)

15.5.2.2 Erstellung von Entscheidungstabellen

Beim dritten Teilschritt werden Entscheidungstabellen auf der Grundlage der Determinanten erstellt. Die allgemeine Form einer Entscheidungstabelle sieht wie folgt aus:

Identifikation der Tabelle				
Logische Testspalte	1	2	..	n
Trigger	1	1	..	1
Determinante 1	0	1	..	1
Determinante 2	..	..	..	..
Determinante 3	..	..	..	..
Determinante 4	..	..	..	..
Ergebnis 1	X	nm		
Ergebnis 2	..	..	..	..

Oberhalb des Doppelstrichs haben alle Zellen die Werte »0«, »1« oder »-«. Der Wert »1« bedeutet, daß die Determinante wahr ist, der Wert »0«, daß die Determinante unwahr (falsch) ist, und der Wert »-« schließlich zeigt an, daß der Wert der Determinante ohne Einfluß ist. Der entscheidende Trigger hat immer den Wert »1«. Unter dem Doppelstrich steht in allen Zellen ein »X«, ein »nm« oder gar nichts. Bei einem »X« tritt das jeweilige Ergebnis in dieser Situation auf; wenn eine Zelle leer ist, tritt das jeweilige Ergebnis nicht in dieser Situation auf. Bei einem »nm« ist die jeweilige Situation nicht möglich, da beispielsweise bestimmte Werte von Determinanten einander ausschließen.

Jede Spalte der Entscheidungstabelle bildet eine logische Testspalte. Der Teil oberhalb des Doppelstrichs enthält den Trigger und die Situationsbeschreibung, und der Teil unter dem Strich zeigt die Folge bzw. die Ergebnisse. In einer Entscheidungstabelle ist also für verschiedene Situationen beschrieben, welches das spezifizierte Ergebnis ist, wenn im Prozeß eine Entscheidung auf der Grundlage eines Triggers getroffen werden muß. Die Menge der Situationen, die beschrieben werden, ist durch die Teststrategie bestimmt.

Bei den Situationen werden folgende Möglichkeiten unterschieden:

- Es werden alle möglichen Situationen, d.h. alle Kombinationen von Determinanten, getestet.

- Es wird die Mindestanzahl an Situationen getestet, wobei jede Determinante auf jeden Fall einmal 0 und einmal 1 ist.

- Die Menge der Situationen, die getestet werden, liegt zwischen den oben genannten Extremwerten.

Die oben genannte Kombinationsart wird nur bei positiven Determinanten angewandt. Die negativen Determinanten werden nicht in Kombination miteinander getestet, sondern nehmen nacheinander den Wert »wahr« an. Bei den restlichen Tests sind diese Determinanten dann »falsch«.

Einige Punkte werden im folgenden anhand eines Beispiels näher erläutert:

Für einen Prozeß wird eine Entscheidungstabelle erstellt, wobei ein Trigger und fünf Determinanten ermittelt wurden. Drei der fünf Determinanten sind positiv und zwei negativ. Auf der Grundlage der Teststrategie (extrem große Bedeutung) wird beschlossen, alle Kombinationen (also alle Situationen) der (positiven) Determinanten zu testen.

Zunächst wird eine Entscheidungstabelle für die negativen Determinanten aufgestellt:

Identifikation der Tabelle			
Logische Testspalte	1	2	3
Trigger	1	1	1
Determinante 1	1	0	0
Determinante 2	-	1	0
Fehlermeldung	X	X	→

15.5 Entscheidungstabellentest

In der ersten logischen Testspalte ist die Situation beschrieben, daß die Determinante 1 wahr ist. Da Determinante 1 eine negative Determinante ist, folgt aus der Definition der negativen Determinanten, daß das Ergebnis eine Fehlermeldung ist, unabhängig von den Werten der übrigen Determinanten. In der zweiten logischen Testspalte ist die Determinante 1 falsch und die Determinante 2 wahr. Auch hier ist das Ergebnis wieder eine Fehlermeldung. Da das korrekte Funktionieren der Determinante 1 bereits anhand der ersten logischen Testspalte verifiziert wurde und die zweite logische Testspalte dazu gedacht ist, das korrekte Funktionieren der Determinante 2 zu verifizieren, wird Determinante 1 der Wert »falsch« zugewiesen. Dieser Vorgang wird fortgesetzt, bis alle negativen Determinanten einmal wahr gewesen sind. Danach werden bei der weiteren Ausarbeitung der positiven Determinanten die negativen Determinanten nicht mehr berücksichtigt. Das heißt, daß nach der logischen Testspalte 2 alle negativen Determinanten falsch sind. Der Pfeil beim Ergebnis der letzten Spalte gibt an, daß diese Situation, also alle negativen Determinanten falsch, übergreifend für alle folgenden Situationen gilt.

Der Rest der Entscheidungstabelle (der positive Teil), in dem also die positiven Determinanten beschrieben sind, wird anschließend aufgestellt. Jeder logischen Testspalte ist im Prinzip also die letzte Spalte der negativen Entscheidungstabelle hinzuzufügen. Da man sich für einen Test aller möglichen Situationen entschlossen hat, sieht die Entscheidungstabelle wie folgt aus:

Identifikation der Tabelle								
Logische Testspalte	4	5	6	7	8	9	10	11
Trigger	1	1	1	1	1	1	1	1
Determinante 3	0	1	1	0	0	1	1	0
Determinante 4	0	0	1	1	0	0	1	1
Determinante 5	0	0	0	0	1	1	1	1
Ergebnis 1	X				X	X		
Ergebnis 2		X	X	X	X		X	X

Es ist sehr einfach zu ermitteln, daß alle möglichen Situationen der Determinanten in der Tabelle angegeben sind. Insgesamt entstehen für diesen Prozeß elf logische Testspalten. Das bedeutet einen 100%igen Deckungsgrad auf logischer Spezifikationsebene, mit dem Nachteil einer großen Menge an logischen Testspalten und somit Testfällen. Der Aufwand zur Durchführung des Tests ist daher groß.

Für Prozesse mit einer niedrigeren Priorität muß nach einer anderen Vorgehensweise verfahren werden, um die Anzahl der logischen Testspalten zu begrenzen und gleichzeitig dennoch einen zufriedenstellenden Deckungsgrad zu erzielen. Um dafür eine Lösung zu bieten, wird der Parameter »Testmaß« eingeführt.

Eine Entscheidungstabelle hat das Testmaß »n«, wenn die Tabelle für jede Gruppe von »n« Determinanten alle möglichen Kombinationen enthält. Anders gesagt, wenn eine Entscheidungstabelle das Testmaß »n« aufweist, liegen für jede Gruppe von n Determinanten 2n Situationen in der Entscheidungstabelle vor.

Die Bedeutung dieser Definition soll wieder anhand des eingeführen Beispiels erklärt werden. Die Entscheidungstabelle aus diesem Beispiel hat Testmaß 3, da sie alle möglichen Kombinationen der drei Determinanten aufweist. Mit Testmaß 2 sieht die Entscheidungstabelle (positiver Teil) für das gleiche Beispiel folgendermaß aus:

	Identifikation der Tabelle			
Logische Testspalte	**4**	**5**	**6**	**7**
Trigger	1	1	1	1
Determinante 3	0	1	1	0
Determinante 4	0	0	1	1
Determinante 5	1	0	1	0
Ergebnis 1	X			
Ergebnis 2	X	X	X	X

Für jede Gruppe von zwei Determinanten befinden sich alle Kombinationen in der Entscheidungstabelle.

Aus der Anzahl der logischen Testspalten je Testmaß und der Anzahl der positiven Determinanten ist es also möglich, den erreichten Deckungsgrad zu berechnen. Damit kann also bei einer bestimmten Anzahl an Determinanten ein Testmaß ausgewählt werden, das einerseits am besten zum gewünschten Deckungsgrad paßt – auf der Grundlage der Teststrategie – und andererseits den veranschlagten Testaufwand nicht übersteigt. Die folgenden zwei Tabellen stellen die Ergebnisse solcher Berechnungen für Prozesse mit höchstens zehn positiven Determinanten dar.

In der ersten Tabelle steht die Anzahl der logischen Testspalten (und somit Testfälle) je Testmaß bei der in den Zeilen angegebenen Anzahl an positiven Determinanten:

Testmaß:	**1**	**2**	**3**	**4**	**5**	**6**	**7**	**8**	**9**	**10**
1 Determinante	2	2	2	2	2	2	2	2	2	2
2 Determinanten	2	4	4	4	4	4	4	4	4	4
3 Determinanten	2	4	8	8	8	8	8	8	8	8
4 Determinanten	2	5	8	16	16	16	16	16	16	16
5 Determinanten	2	6	10	16	32	32	32	32	32	32
6 Determinanten	2	7	12	22	32	64	64	64	64	64
7 Determinanten	2	8	14	29	49	64	128	128	128	128
8 Determinanten	2	9	16	37	72	107	128	256	256	256
9 Determinanten	2	10	18	46	102	172	228	256	512	512
10 Determinanten	2	11	20	56	140	266	392	476	512	1024

Die folgende Tabelle enthält den Deckungsgrad (in Prozenten) je Testmaß und der Anzahl an positiven Determinanten.

Testmaß:	1	2	3	4	5	6	7	8	9	10
1 Determinante	100	100	100	100	100	100	100	100	100	100
2 Determinanten	50	100	100	100	100	100	100	100	100	100
3 Determinanten	25	50	100	100	100	100	100	100	100	100
4 Determinanten	13	31	50	100	100	100	100	100	100	100
5 Determinanten	6	19	31	50	100	100	100	100	100	100
6 Determinanten	3	11	19	34	50	100	100	100	100	100
7 Determinanten	2	6	11	23	38	50	100	100	100	100
8 Determinanten	1	4	6	14	28	42	50	100	100	100
9 Determinanten	0,5	2	4	9	20	34	45	50	100	100
10 Determinanten	0,2	1	2	5	14	26	38	46	50	100

Mit Hilfe dieser Tabellen kann die richtige Entscheidung für ein Testmaß getroffen werden, wonach die Entscheidungstabellen erstellt werden können.

Im Zusammenhang mit dem Beispiel der »Gehaltsberechnung« aus Abschnitt 15.3.4 werden folgende Entscheidungstabellen unterschieden:

Zunächst die Entscheidungstabelle für die negative Determinante »Personalnummer«:

Gehaltsberechnung		
Logische Testspalte	1	2
Trigger: Monatsabrechnung	1	1
Det.: »Personalnummer unbekannt«	1	0
Fehlermeldung	X	→

Der Rest der Entscheidungstabelle (der positive Teil), in dem also die positiven Determinanten beschrieben sind, ist nachfolgend abgebildet. Jeder logischen Testspalte muß also wiederum die letzte Spalte der negativen Entscheidungstabelle hinzugefügt werden. Ausgewählt wurde hier ein Test mit dem Testmaß 2:

Gehaltsberechnung					
Logische Testspalte	3	4	5	6	7
Monatsabrechnung	1	1	1	1	1
Angabe gearbeitet/ Anzahl Dienstjahre	0	1	1	0	1
Familienstand/Land	0	0	1	1	1
Alter	1	0	- (1)	- (0)	- (0)
Gearbeitet/Alter/Abteilung	1	0	0	0	1
Gehalt	X	X	X	X	X

Ein »-« in der Tabelle oben weist darauf hin, daß eine solche Kombination nach der Verarbeitungslogik unmöglich ist.

15.5.2.3 Spezifizierung der logischen Testfälle

Jede logische Testspalte einer Entscheidungstabelle zeigt an, welche Ergebnisse auftreten müssen, wenn die Determinanten jene Werte aufweisen, die in der Spalte spezifiziert sind. Während des Tests ist zu verifizieren, ob die Ergebnisse in der jeweiligen Situation auch wirklich auftreten.

Eine logische Testspalte ähnelt daher sehr einem logischen Testfall. Die Entscheidungstabellen-Testtechnik fordert von den logischen Testfällen, daß diese eindeutig definiert sind, was bei den logischen Testspalten nicht immer der Fall ist, da Determinanten aus den logischen Testspalten zusammengesetzt sein können. Wenn eine Determinante aus mehreren einfachen Determinanten (bspw. X > 0 UND Y = 3) besteht, kann die zusammengesetzte Determinante auf mehrere Arten wahr oder falsch sein. Die Situation liegt daher nicht eindeutig fest.

Nur wenn alle Determinanten einfach sind, liegt die Situation eindeutig fest und die logische Testspalte entspricht dann dem logischen Testfall. In allen anderen Fällen müssen die Kombinationen von Determinanten weiter zu Kombinationen von einfachen Determinanten detailliert werden.

So wie das *Testmaß* angibt, inwiefern Kombinationen *zwischen* verschiedenen Determinanten getestet werden, bestimmt das *Detaillierungsmaß*, inwiefern Kombinationen von einfachen Determinanten *innerhalb* einer zusammengesetzten Determinante getestet werden.

Zur näheren Detaillierung einer zusammengesetzten Determinante bestehen verschiedene Detaillierungsmaße. Auch hierbei gilt, daß ein hohes Maß an Detaillierung (hohes Detaillierungsmaß) zu relativ vielen Testfällen führt und somit zu einem relativ hohen Testaufwand. Die Bedeutung des jeweiligen Prozesses ist auch hier wieder ausschlaggebend für das gewählte Detaillierungsmaß.

Folgende Detaillierungsmaße werden unterschieden:

- multiple condition coverage
- decision coverage
- condition coverage
- decision/condition coverage
- condition/determination coverage

Die Bedeutung und das Funktionieren der verschiedenen Detaillierungsmaße wird anhand des folgenden Beispiels dargestellt:

«V ist eine zusammengesetzte Determinante, die aus den einfachen Determinanten A, B und C besteht (V = A UND (B ODER C))».

Die zusammengesetzte Determinante V hat folgende Wahrheitstabelle:

Nummer	A	B	C	V
1	0	0	0	0
2	0	0	1	0
3	0	1	0	0
4	0	1	1	0
5	1	1	0	1
6	1	1	1	1
7	1	0	0	0
8	1	0	1	1

Obige Tabelle stellt das erste Detaillierungsmaß dar, die »multiple condition coverage«. Bei diesem Detaillierungsmaß werden alle möglichen Kombinationen innerhalb einer zusammengesetzten Determinante getestet. Das ist die größtmögliche Form der Detaillierung. Dieses Detaillierungsmaß ergibt sehr viele Testfälle, auf logischer Ebene jedoch einen 100%igen Deckungsgrad. Die Anzahl der Testfälle nimmt jedoch schnell zu, wenn die zusammengesetzte Determinante aus einer großen Menge einfacher Determinanten besteht (2n Testfälle bei n einfachen Determinanten).

Das zweite Detaillierungsmaß ist die »decision coverage«. Dieses Detaillierungsmaß testet die Richtigkeit der zusammengesetzten Determinante, indem es sie als Ganzes einmal wahr und einmal falsch macht. Das kann beispielsweise folgende Wahrheitstabelle ergeben:

Nummer	A	B	C	V
1	0	1	1	0
2	1	1	1	1

Das Detaillierungsmaß »decision coverage« leistet immer nur zwei Testfälle. Der Deckungsgrad beim Einsatz dieses Detaillierungsmaßes ist daher niedrig. Bei den oben genannten Testfällen würde die falsche Implementierung V = A UND B nicht als Fehler erkannt werden.

Das dritte Detaillierungsmaß ist die »condition coverage«. Dieses Detaillierungsmaß testet die Richtigkeit der zusammengestellten Determinante, indem es jede einfache Determinante einmal wahr und einmal falsch macht. Für unser Beispiel kann das folgende Tabelle ergeben:

Nummer	A	B	C	V
1	0	1	1	0
2	1	0	0	0

Ein wesentlicher Unterschied zur vorigen Ausarbeitung ist die Möglichkeit, bei der »condition coverage« für die verschiedenen Auswirkungen die gleichen Werte der zusammengestellten Determinante zu erhalten. Auch dieses Detaillierungsmaß liefert nur zwei Testfälle, ebenfalls mit einem niedrigen Deckungsgrad. Wird statt V = A UND (B ODER C) die falsche Zusammensetzung V = A UND B UND C implementiert, dann wird bei den oben angeführten Testfällen dieser Fehler nicht gefunden.

Das vierte Detaillierungsmaß ist die »decision/condition coverage«. Dieses Detaillierungsmaß testet die Richtigkeit der zusammengesetzten Determinante, indem es die zusammengesetzte Determinante einmal wahr und einmal unwahr macht, unter der Bedingung, daß jede einfache Determinante ebenfalls einmal wahr und einmal unwahr ist. Im Beispiel könnte dies folgende Testfälle erbringen:

Nummer	A	B	C	V
1	1	1	1	1
2	0	0	0	0

Wie bei den beiden vorigen Detaillierungsmaßen liefert auch dieses Detaillierungsmaß nur zwei Testfälle, der Deckungsgrad ist deshalb wiederum sehr niedrig. Bei Anwendung der oben genannten Testfälle würde die falsche Implementierung V = (A ODER B) UND C nicht als Fehler entdeckt werden.

Das fünfte Detaillierungsmaß schließlich ist die »condition/determination coverage«. Dieses Detaillierungsmaß testet die Richtigkeit der zusammengesetzten Determinante, indem es jede einfache Determinante zweimal den Ergebniswert (einmal »wahr« und einmal »falsch«) der zusammengesetzten Determinante bestimmen läßt. Im Beispiel kann dies folgende Testfälle erbringen:

Nummer	A	B	C	V
1 (A ist bestimmend)	0	1	1	0
2 (B und C sind bestimmend)	1	0	0	0
3 (A und C sind bestimmend)	1	0	1	1
4 (A und B sind bestimmend)	1	1	0	1

Dieses Detaillierungsmaß liefert höchstens »(3/2 * n) + 1« Testfälle (bei einer klugen Wahl kann die Anzahl sogar bis auf »n + 1« beschränkt werden, siehe auch die EVT-Beschreibung), wobei n für die Anzahl der einfachen Determinanten steht. Der Deckungsgrad dieses Detaillierungsmaßes ist relativ hoch und weist eine begrenzte Anzahl an Testfällen auf. Es ist sogar schwierig, ein Beispiel für eine unkorrekte Implementierung von einfachen Determinanten in der zusammengesetzten Determinante anzugeben, die durch diese Testfälle nicht gefunden wird.

Im Beispiel der »Gehaltsberechnung« entscheidet man sich für die »decision coverage« für die zusammengesetzten Determinanten:

Bei der Gehaltsberechnung liegen vier zusammengesetzte Determinanten vor:

2. Angabe gearbeitet/Anzahl Dienstjahre

3. Familienstand/Land

4. Alter

5. Gearbeitet/Alter/Abteilung

Der Einsatz des Detaillierungsmaßes »decision coverage« bei Determinante 2 »Angabe gearbeitet/Anzahl Dienstjahre« (WENN gearbeitet = J UND Anzahl Jahre > 10) ergibt:

Determinante 2	Angabe gearbeitet	Anzahl Jahre
Det. 2 = wahr	1	1
Det. 2 = falsch	1	0

Der Einsatz des Detaillierungsmaßes »decision coverage« bei Determinante 3 »Familienstand/Land« (WENN (verheiratet = J ODER zusammenlebend = J) UND Land = »Deutschland«) ergibt:

Determinante 3	Verheiratet	Zusammenlebend	Land
Det. 3 = wahr	1	0	1
Det. 3 = falsch	0	1	0

Der Einsatz des Detaillierungsmaßes »decision coverage« bei Determinante 4 »Alter« (WENN Alter > 18 UND Alter < 60) ergibt:

Determinante 4	Alter > 18	Alter < 60
Det. 4 = wahr	1	1
Det. 4 = falsch	0	1

Der Einsatz des Detaillierungsmaßes »decision coverage« bei Determinante 5 »Gearbeitet/Alter/Abteilung« (WENN gearbeitet = J UND Abteilung = »Produktion« UND Alter > 18) ergibt:

Determinante 5	Angabe gearbeitet	Abteilung	Alter > 18
Det. 5 = wahr	1	1	1
Det. 5 = falsch	1	0	1

Wenn alle zusammengesetzten Determinanten entsprechend des ausgewählten Detaillierungsmaßes beschrieben sind, bestehen zwei Möglichkeiten, um die logischen Testspalten in logische Testfälle umzusetzen: Trennung und Unterbringung.

Bei der *Trennung* wird jede logische Testspalte in mehrere logische Testfälle aufgeteilt. Der Vorteil dabei ist, daß die Ursache bei einer möglichen Abweichung schnell ermittelt werden kann, als Nachteil muß man in Kauf nehmen, daß die Anzahl der logischen Testfälle zunimmt. Bei der *Unterbringung* werden die verschiedenen Testfälle, die infolge der Detaillierung der zusammengesetzten Determinanten entstehen, innerhalb der logischen Testspalten untergebracht. Der Vorteil besteht darin, daß dies eine 1:1-Übertragung ergibt (eine logische Testspalte wird in einen logischen Testfall umgesetzt), was wenig Aufwand kostet. Der Nachteil liegt jedoch darin, daß bei einer möglichen Abweichung nicht immer sofort klar ist, wo die Ursache zu suchen ist.

Der Unterschied zwischen beiden Umsetzungstechniken wird anhand eines Beispiels dargestellt. Ausgangspunkt dabei ist die folgende Entscheidungstabelle mit Testmaß 2.

	Identifikation der Tabelle				
Logische Testspalte	1	2	3	4	5
Trigger	1	1	1	1	1
A > 0	1	0	0	0	1
B = 6	0	1	0	0	1
C = 2 UND D = 4 UND E = 5	0	0	1	0	1
F < 0 ODER G > 0	0	0	0	1	1
Ergebnis 1	X				X
Ergebnis 2		X	X	X	X

Als Detaillierungsmaß gilt die »condition/determination coverage«. Das bedeutet für die dritte Determinante folgende Fälle:

Determinante 3	C = 2	D = 4	E = 5	Ergebnis
1 (C, D und E sind bestimmend)	1	1	1	1
2 (E ist bestimmend)	1	1	0	0
3 (D ist bestimmend)	1	0	1	0
4 (C ist bestimmend)	0	1	1	0

Auch für die vierte Determinante gilt die »condition/determination coverage«, was zu folgenden Fällen führt:

Determinante 4	F < 0	G > 0	Ergebnis
1 (F und G sind bestimmend)	0	0	0
3 (G ist bestimmend)	0	1	1
4 (F ist bestimmend)	1	0	1

15.5 Entscheidungstabellentest

Eine Trennung ergibt folgende logische Testfälle:

Logischer Testfall	Identifikation der Tabelle											
	1a	1b	1c	2a	2b	2c	3	4a	4b	4c	5a	5b
Trigger	1	1	1	1	1	1	1	1	1	1	1	1
A > 0	1	1	1	0	0	0	0	0	0	0	1	1
B = 6	0	0	0	1	1	1	0	0	0	0	1	1
C = 2	1	1	0	1	1	0	1	1	1	0	1	1
D = 4	1	0	1	1	0	1	1	1	0	1	1	1
E = 5	0	1	1	0	1	1	1	0	1	1	1	1
F < 0	0	0	0	0	0	0	0	0	1	1	0	1
G > 0	0	0	0	0	0	0	0	1	0	0	1	0
Ergebnis 1	X	X	X								X	X
Ergebnis 2				X	X	X	X	X	X	X	X	X

Die Trennung der logischen Testspalten ergibt zwölf logische Testfälle, was eine Steigerung von sieben logischen Testfällen bedeutet.

Die Unterbringung entsprechend des ausgewählten Detaillierungsmaßes ergibt nachfolgende logische Testfälle:

Logischer Testfall	Identifikationstabelle				
	1	2	3	4	5
Trigger	1	1	1	1	1
A > 0	1	0	0	0	1
B = 6	0	1	0	0	1
C = 2	1	1	1	0	1
D = 4	1	0	1	1	1
E = 5	0	1	1	1	1
F < 0	0	0	0	0	1
G > 0	0	0	0	1	0
Ergebnis 1	X				X
Ergebnis 2		X	X	X	X

Im allgemeinen entscheidet man sich bei der Umsetzung der logischen Testspalten in logische Testfälle für die Unterbringung. Nur in Ausnahmefällen (eine sehr große Bedeutung bzw. ein hohes Risiko) ist die Trennung zu bevorzugen. Als Detaillierungsmaß wird meistens das maximale Detaillierungsmaß gewählt, das noch in den bestehenden logischen Testspalten untergebracht werden kann. Dadurch bleibt die Anzahl der logischen Testfälle, und somit der Aufwand, begrenzt. In unserem Beispiel kann das Detaillierungsmaß

»condition/determination coverage« gerade eben noch in den bestehenden Spalten untergebracht werden. Für das Detaillierungsmaß »multiple condition coverage« hingegen sind in diesem Beispiel mindestens sieben weitere Spalten erforderlich, in denen die dritte Determinante unwahr ist. Das Detaillierungsmaß »condition/determination coverage« ist daher das höchste erreichbare Detaillierungsmaß, das noch untergebracht werden kann.

Der letzte Schritt, der für das Beispiel »Gehaltsberechnung« ausgearbeitet ist, bezieht sich auf die Umsetzung der logischen Testspalten in logische Testfälle. Die Unterbringung der vorher beschriebenen logischen Testspalten in logische Testfälle hat folgendes Ergebnis:

	Gehaltsberechnung					
Logischer Testfall	**1**	**2**	**3**	**4**	**5**	**6**
Trigger	1	1	1	1	1	1
Det.1: Personalnummer unbekannt	1	0	0	0	0	0
Det.2: gearbeitet = J	1	1	1	1	1	1
Det.2: Anzahl Jahre > 10	0	0	1	1	0	1
Det.3: verheiratet = J	0	0	0	1	1	1
Det.3: zusammenlebend = J	1	1	1	0	0	0
Det.3: Land = »Deutschland«	0	0	0	1	1	1
Det.4: Alter > 18	1	1	0	-	-	-
Det.4: Alter < 60	1	1	1	-	-	-
Det.5: gearbeitet = J	1	1	1	1	1	1
Det.5: Abteilung = »Produktion«	1	1	0	0	0	1
Det.5: Alter > 18	1	1	0	1	1	1
Fehlermeldung	X					
Gehalt		10.000	13.000	15.000	10.000	16.000

Bei der Unterbringung der logischen Testfälle entsteht bei Determinante 5 bei Testfall 2 ein Problem im Zusammenhang mit der unmittelbaren Übernahme des dazugehörigen »Wertes« aus der »decision coverage«-Tabelle. Hier gilt ebenfalls eine Abhängigkeit vom Wert des Alters aus Determinante 4. Daraus wird ersichtlich, daß die Umsetzung von logischen Testspalten auf logische Testfälle und später auf konkret durchführbare Testfälle der erforderlichen Sorgfalt bedarf und nicht nur eine Frage der sofortigen »Übernahme« aus den bereits vorhandenen Informationen und Daten ist.

15.5.2.4 Spezifizierung der konkreten Testfälle

Der nächste Schritt ist die Umsetzung der logischen Testfälle in konkrete Testfälle. Bei diesem Schritt wird jeder logische Testfall in eine detaillierte Beschreibung umgesetzt, in der angegeben wird, wie genau während der Testdurchführung zu handeln ist, um den logischen Testfall abzudecken.

Dieser Schritt resultiert in einer Beschreibung der konkreten Testfälle, die nachfolgend näher erläutert wird:

15.5.2.4.1 Nummer

Jeder konkrete Testfall ist so numeriert, daß genau festgestellt werden kann, von welchem logischen Testfall er abgeleitet wurde. Das ist möglich, indem die gleiche Nummer verwendet wird, jedoch die Buchstabenkombination LTF (logischer Testfall) durch KTF (konkreter Testfall) ersetzt wird. Die Numerierung kann anhand der Stelle des Testfalls in der Entscheidungstabelle erfolgen, bzw. sie kann sich auf die Testbasis beziehen, von der sie abgeleitet wurde.

15.5.2.4.2 Determinanten

Der Testfall wird durch die Werte der Determinanten des jeweiligen Testfalls bestimmt. Diese Werte müssen detailliert und vor allem konkret beschrieben werden. Manchmal jedoch werden die Werte einer Determinante durch eine Aktion oder den Trigger bestimmt. In diesem Fall muß eine detaillierte Beschreibung der zu treffenden Maßnahmen erfolgen.

15.5.2.4.3 Ergebnis

Das erwartete Ergebnis wird bestimmt und falls notwendig berechnet. Das erwartete Ergebnis muß so beschrieben sein, daß es kontrollierbar ist, d.h., es muß genau beschrieben werden, was zu kontrollieren ist und auf welche Weise.

15.5.2.5 Festlegung der initialen Datensammlung

Zur Durchführung dieser konkreten Testfälle sind bestimmte Informationen erforderlich. Bei einigen dieser Daten ist dies bereits explizit anhand von konkreten Auslegungen der Determinanten angegeben. Häufig ist es jedoch erforderlich, neben den Daten, die primär für den Test erforderlich sind, bestimmte Stammdaten zu definieren. Vor dem Hintergrund von Verwaltung und Wiederverwendung ist es sinnvoll, diese Daten im Vorfeld bereits einmalig zu definieren und bereitzustellen (anstatt sie erst während des Tests zu bestimmen). Während dieses Schrittes wird die initiale Datensammlung beschrieben. Empfohlen wird, diesen Daten aussagekräftige Bezeichnungen zu geben, so daß abgeleitet werden kann, zu welchem Testfall sie gehören. Wenn zeitabhängige Daten vorhanden sind, so ist dies explizit anzugeben, so daß diese bei erneuten Tests später berücksichtigt werden können.

15.5.2.6 Erstellung eines Testskriptes

Im Testskript wird festgelegt, in welcher Reihenfolge die konkreten Testfälle ausgeführt werden müssen. Dabei ist eine optimale Effizienz zu erreichen. Das bedeutet, daß eine Reihenfolge ausgewählt werden muß, welche die geringsten Umstellungen zur Folge hat (bspw. Ein- und Ausloggen unter verschiedenen User-IDs oder Zurücksetzen der Ausgangsdatenbanken), da es sich hierbei häufig um sehr zeitraubende Aktivitäten handelt.

Allgemeine Regeln können hierfür nicht aufgestellt werden. Eine explizite Testexpertise ist bei diesem Schritt daher unentbehrlich.

15.5.3 Testdurchführung und Beurteilung

Die Durchführung des Tests erfolgt anhand des Testskriptes. Man erhält einen guten Überblick über den Fortschritt des Tests, wenn man verfolgt, wie viele Testfälle insgesamt definiert wurden, wie viele getestet sind und wie viele davon für fehlerhaft befunden wurden.

Die Beurteilung der Ergebnisse eines Entscheidungstabellentests schwankt stark. Es ist nicht immer sofort klar, was falsch ist. Das hängt insbesondere von der Anzahl der Determinanten ab, die mit einem bestimmten Testfall getestet werden.

Die Testergebnisse können mit Hilfe des Testskriptes festgelegt werden. In diesem Rahmen werden im Testskript zwei Spalten aufgenommen: »OK« und »Anm.«. In der Spalte »OK« wird beispielsweise mit »ja« (kein Fehler gefunden) oder »nein« (Fehler gefunden) das Testergebnis angegeben, während in der Spalte »Anm.« die Nummer des dazugehörigen Problemberichts eingesetzt werden kann. Im Testskript kann ebenfalls eine allgemeine Beurteilung in bezug auf das ausgeführte Testskript aufgenommen werden.

15.6 Datenkombinationstest

15.6.1 Allgemein

Die Ausgangspunkte bei einem Datenkombinationstest (DKT) sind die *Datenflüsse* und deren Verarbeitung. Es handelt sich um einen Test, bei dem die Verarbeitung durch Funktionen und Beziehungen zwischen Funktionen getestet wird. Der Datenkombinationstest ist eine Test-Spezifikationstechnik, die beim Testen der Funktionalität (die Richtigkeit und Vollständigkeit der Verarbeitung) im Rahmen eines Black-Box-Tests, insbesondere beim Abnahmetest, eingesetzt wird.

Der Datenkombinationstest ist eine nicht formale Testtechnik. Obgleich klare Richtlinien für die Auswahl von Testfällen vorliegen (siehe im folgenden), bilden die Intuition des Testers und sein Verständnis des Testobjekts die Basis für diese Auswahl.

Das hat folgende Vorteile:

- Personen, die nicht an der Entwicklung des Systems beteiligt sind, können mit ihren (eher oberflächlichen) Kenntnissen des IT-Systems problemlos einen guten Test zusammenstellen.
- Die Qualität der Testbasis ist weniger wichtig.
- Mit relativ wenig Aufwand können gute Testspezifikationen und Testskripte erstellt werden.

Der Nachteil ist jedoch die relative Unvollständigkeit des Tests. Infolge des informellen Charakters ist die Qualität eines durchgeführten Datenkombinationstests von der Qualität des Testers abhängig. Für einen formaleren und vollständigeren Test steht die elementare Vergleichstechnik (EVT) zur Verfügung.

Beim Datenkombinationstest wird mit der Ermittlung der Eingabedaten je Hauptfunktion begonnen. Für jedes Datum wird festgestellt, welche Werte den Prozeßfluß bestimmen. Auf dieser Grundlage wird eine beschränkte Anzahl an Testfällen ausgewählt. Anschließend wird je (Teil-)Funktion bestimmt, welche Testfälle wichtig sind und welche Verarbeitung getestet werden muß.

Damit ist die Grundlage für den Test gelegt. Indem die Testfälle und Kontrollen in eine auszuführende Reihenfolge gesetzt und mögliche vorbereitende Aktionen hinzugefügt werden, erhält man ein Testskript. Mit Hilfe dieser Test-Spezifikationstechnik können außerdem auch die Funktionalitäten im Zusammenhang mit der Anwendungs- und der Systemverwaltung getestet werden.

Der Datenkombinationstest vermittelt eine gute Deckung der Funktionen in bezug auf deren erwarteten Einsatz in der Praxis. Bei Fehlern, die mit dem Datenkombinationstest gefunden werden, handelt es sich insbesondere um Fehler in der Verarbeitung: Werden die Daten richtig manipuliert, dann werden auch Berechnungen korrekt ausgeführt und die verschiedenen Funktionen passen auch richtig zueinander.

15.6.2 Arbeitsweise

Folgende Schritte sind zu unternehmen, um zu einer Spezifikation für einen Datenkombinationstest zu gelangen:

1. Spezifikation der Testfälle
2. Festlegung der initialen Datensammlung
3. Erstellung eines Testskriptes

15.6.2.1 Spezifikation der Testfälle

Als Ergebnis dieses Schrittes muß eine Testspezifikation freigegeben werden, in der die Testfälle und die Art und Weise der Auswahl beschrieben sind.

Der Schritt »Spezifikation der Testfälle« wird in folgende Elemente unterteilt:

1. Bestimmung der Testsituationen
2. Bestimmung der Testfälle
3. Bestimmung der Testaktionen
4. Bestimmung der Kontrollen

Zur Verdeutlichung dient das folgende Beispiel eines Prozesses (einer Aufgabe), der (die) Angebote herausgibt und bearbeitet.

Ein Angebot wird von einem Vertreter eingebracht, wobei für jeden Artikel eine Angebotszeile erstellt wird. Dabei sind verschiedene Variationen u.a. mit Rabatten, Lieferungs- und Zahlungsbedingungen möglich. Der Vorgesetzte des Vertreters kann das Angebot genehmigen. Hier besteht also eine Funktionstrennung. Sobald das Angebot genehmigt ist, kann es gedruckt und versandt werden. Wenn das Angebot gedruckt ist, kann es nicht mehr geändert werden. Eine genehmigtes (noch nicht gedrucktes) Angebot, das geändert wird, erhält automatisch wieder den Status »vorläufig«. Nach einiger Zeit geht die Antwort des Kunden auf das versandte Angebot ein, wobei das Angebot angenommen oder abgewiesen werden kann.

15.6.2.1.1 Bestimmung der Testsituationen

Die Bestimmung der zu testenden Situationen beginnt mit der Ermittlung der Daten, die bei der Durchführung der Aufgabe von Bedeutung sind. Jede Aufgabe hat im allgemeinen einen *zentralen Begriff*, in diesem Beispiel ist das natürlich das Angebot. Für jede Aufgabe müssen die Beziehungen des zentralen Begriffs mit anderen wesentlichen Begriffen (den sog. *Randbegriffen*) festgelegt werden.

Die Bestimmung des zentralen Begriffs und der Randbegriffe ist die Quelle für den auszuführenden Datenkombinationstest und hat daher sorgfältig zu erfolgen. Der zentrale Begriff liegt im allgemeinen auf der Hand. Wenn dem nicht so ist, dann wurden die Aufgaben wahrscheinlich nicht gut herausgearbeitet. Vor der Bestimmung der Randbegriffe muß ermittelt werden, ob der zentrale Begriff weiter unterteilt werden muß. Anschließend kann festgestellt werden, welche Randbegriffe das Verhalten des Systems beeinflussen. Diese Aktivität liefert eine Liste von Daten (Randbegriffe). Für die zu testende Aufgabe sind jetzt der zentrale Begriff sowie die dazugehörigen Randbegriffe bekannt.

Die zu unterscheidenden Werte je Begriff müssen in ihrer Beziehung zum zentralen Begriff bestimmt werden. Dabei ist es nicht so wichtig, nach verschiedenen möglichen Werten zu suchen (bspw. für Währungen EUR, USD und CAD), sondern vielmehr nach den verschiedenen Statuswerten (bspw. (kein) Default, (nicht) bekannt im System). Man berücksichtige hierbei auch die illegalen Werte!

Gelegentlich kann es vorkommen, daß ein Randbegriff so wichtig ist, daß er weiter ausgearbeitet werden muß, wie im folgenden Beispiel die Angebotszeile.

1. Testsituationen

Begriff	Beziehung zu	Werte
Angebot	-	vorläufig, genehmigt, gedruckt, erteilt, abgewiesen
	Abnehmer	(nicht) im System bekannt
	Angebotsadresse	(nicht) vorhanden
	Angebotszeile	Anzahl: 0, 1 oder mehrere Fenster
	Verkaufsrabatt	(nicht) ausfüllen
	Zahlungsbedingungen	(kein) Default aus Abnehmerdaten
	Lieferbedingungen	(kein) Default aus Abnehmerdaten
Angebotszeile	-	Anzahl: 0, 1 oder mehrere Fenster
	Preis	(kein) Default
	Zeilenrabatt	(nicht) vorhanden
	Zeilentext	(nicht) eingeben

15.6.2.1.2 Bestimmung der Testfälle

Auf der Grundlage der oben beschriebenen Testsituationen werden anschließend die Testfälle bestimmt. Bei dieser Tätigkeit muß darauf geachtet werden, daß alle Testsituationen (Werte) einmal vorkommen. Eine wichtige Einschränkung liegt in der Tatsache, daß die verschiedenen Testsituationen sich einander häufig ausschließen. Bei Zweifeln ist es oft sinnvoll, zusätzliche Testfälle zu erstellen, damit dies nicht noch während der Durchführung des Tests erfolgen muß.

2. Testfälle

Testfall	Angebot-1	Angebot-2	Angebot-3
Angebot:			
Abnehmer	ABN_1	neu	ABN_2
Angebotsadresse	vorhanden	eingeben	eingeben
Verkaufsrabatt	eingeben	eingeben	nicht
Zahlungsbedingungen	Default	eingeben	Default überschreiben
Lieferbedingungen	Default	eingeben	Default überschreiben
Angebotszeile:			
Anzahl Artikel	0	1	mehrere Fenster
Preis	-	ja	(kein) Default
Zeilenrabatt	-	ja	(nicht) vorhanden
Zeilentext	-	nein	(nicht) eingeben

15.6.2.1.3 Bestimmung der Testaktionen

Wenn die Testfälle bestimmt sind, können u.a. anhand dieser die Testaktionen beschrieben werden. Bei einer Testaktion handelt es sich um eine vorher definierte Aktion, die richtig oder falsch verlaufen kann (der tatsächliche Test). Bei jedem Begriff ist zu ermitteln, welche Funktionen hier zutreffen. Dabei müssen Aspekte wie Eingabe, Änderung, Entfernen, Einsehen, Drucken und die Änderung des Status berücksichtigt werden. Dabei dürfen auch die Funktionen, die mit einem Zeitzyklus in Beziehung stehen (Tag/Woche/Monat/Jahresabschluß), nicht unberücksichtigt bleiben.

Ausgehend von diesen Begriffen und in Kombination mit den möglichen Funktionen müssen die Testaktionen bestimmt werden.

3. Testaktionen
1. Eingabe
001 Eingabe Angebot-1
002 Eingabe Angebot-2
003 Eingabe Angebot-3

2. Änderung
004 Status vorläufig
005 Status genehmigt (nicht gedruckt)
006 Status gedruckt *
007 Status erteilt *
008 Status abgewiesen *

3. Zeigen Angebot
009 Zeigen Angebot

4. Drucken Angebot
010 Status vorläufig *
011 Status genehmigt
012 Status gedruckt *
013 Status erteilt *

5. Ausdruck Angebot
014 Ausdruck Angebote nach Eingabe
015 Ausdruck Angebote mit gemischtem Status

6. Freigabe Angebot
    von Status   nach Status
016 vorläufig   genehmigt
017 ....

Ein * zeigt an, daß nach der jeweiligen Aktion eine Fehlermeldung erfolgen muß.

15.6.2.1.4 Bestimmung der Kontrollen

Es muß beschrieben werden, wie kontrolliert wird, ob die Verarbeitung korrekt verlaufen ist. Die verschiedenen Ergebnisse können eventuell in diesem Schritt vorausberechnet werden.

4. Kontrollen
C01 Gesamtangebotsbetrag auf Bildschirm bei Zeileneingabe, Änderung und Löschung
C02 Vollständigkeit beim Drucken
C03 Angebotsnummer erhöhen in Steuerungsdaten
C04 ....

15.6.2.2 Feststellung der initialen Datensammlung

Es ist zu bestimmen, ob für die Testdurchführung eine initiale Datensammlung vorliegen muß. Falls dies erforderlich ist, muß hierfür eine Beschreibung erfolgen, bei der – für die (künftige) Testware-Verwaltung – anzugeben ist, für welchen Testfall ein Datum in die initiale Datensammlung aufgenommen wurde. Diese Beschreibung ist der bereits freigegebenen Testspezifikation hinzuzufügen.

Im Zusammenhang mit dem vorliegenden Beispiel kann folgendes angegeben werden:

5. Initiale Datensammlung
Abnehmer:

- ABN_1 für Testfall Angebot-1

- ABN_2 für Testfall Angebot-3

Artikel:

- ....

Wenn in der Ausgangsdatensammlung Daten festgelegt werden, die nur befristet verwendungsfähig sind, beispielsweise aufgrund eines Enddatums, so sind diese separat anzugeben. Bei einem folgenden Abnahmetest muß dann kontrolliert werden, ob diese »zeitabhängigen« Daten noch gültig sind und ob infolgedessen die initiale Datensammlung angepaßt werden muß.

15.6.2.3 Erstellung eines Testskriptes

Als Ergebnis dieses Schrittes muß ein Testskript freigegeben werden, in dem beschrieben wird, in welcher Reihenfolge die Testaktionen und Überprüfungen bei der tatsächlichen Testdurchführung vorzunehmen sind. Die Testspezifikationen mit einer Beschreibung der Testfälle bilden die Grundlage für das zu erstellende Testskript.

Die Zusammenstellung des Testskriptes ist relativ einfach. Es geht vor allem darum, daß die bislang gesammelten Informationen in die richtige Reihenfolge gesetzt werden. Dabei ist dafür zu sorgen, daß alle Testaktionen und alle Kontrollen mindestens einmal durchgeführt werden.

Des weiteren werden im Testskript die möglichen Vorbedingungen angegeben. Die Vorbedingungen eines Testskriptes sind die Bedingungen (bspw. das Vorhandensein eines bestimmten Angebots), denen die initiale Datensammlung entsprechen muß, bevor das Testskript ausgeführt werden kann; meistens werden diese Bedingungen von einem anderen Testskript erfüllt. Die Ergebnisse des einen Tests stellen vielfach eine Vorbedingung für einen anderen Test dar. Als Faustregel gilt, daß die Anzahl der Vorbedingungen minimalisiert werden muß; auf diese Weise können Tests unabhängiger voneinander ausgeführt werden. Anhand der Vorbedingungen kann die Reihenfolge der auszuführenden Tests festgelegt werden.

15.6.3 Testdurchführung und Beurteilung

Die Durchführung des Tests erfolgt anhand eines Testskriptes, das in der richtigen Reihenfolge ausgeführt werden muß. Die Reihenfolge der Durchführung ist im Testablauf festgelegt.

Eventuelle Mängel in bezug auf die Testspezifikation, das Testskript oder die initiale Datensammlung müssen festgestellt werden. Für den folgenden Testzyklus muß die initale Datensammlung zurückgesetzt, angepaßt und wieder gespeichert werden.

Die Beurteilung des Datenkombinationstests ist nicht »trivial«, trotz der Kontrollen, die explizit ausgeführt worden sind. Häufig treten unerwartet Fehler auf, die es zu untersuchen gilt. Dabei ist die Durchführbarkeit des Tests und demnach die Reproduzierbarkeit der Testergebnisse von wesentlicher Bedeutung.

Die Testergebnisse können mit Hilfe des Testskriptes festgelegt werden. Dazu werden im Testskript zwei Spalten aufgenommen: »OK« und »Anm.«. In der Spalte »OK« wird beispielsweise mit »ja« (kein Fehler gefunden) oder »nein« (Fehler gefunden) das Testergebnis angegeben, während in der Spalte »Anm.« die Nummer des dazugehörigen Problemberichts vermerkt werden kann.

Im Testskript kann ebenfalls eine allgemeine Beurteilung in bezug auf das ausgeführte Testskript aufgenommen werden.

15.7 Elementarer Vergleichstest

15.7.1 Allgemein

Beim elementaren Vergleichstest (EVT) wird die Verarbeitung detailliert getestet. Der Test verifiziert sämtliche Funktionspfade einer Funktion.

Zunächst wird eine Ermittlung aller funktionalen Entscheidungen und eine Unterteilung in vergleichende Pseudocodes vorgenommen. Anschließend werden Testfälle für die Funktionspfade definiert, die innerhalb der Funktion unterschieden werden.

Der EVT gewährleistet eine relative Vollständigkeit, ist jedoch sehr arbeitsintensiv. Er ist insbesondere beim Testen sehr wichtiger Funktionen bzw. komplexer Berechnungen einzusetzen. Diese Technik kann sowohl in einer Batch- als auch in einer Online-Umgebung angewandt werden.

15.7.2 Arbeitsweise

Folgende Schritte sind zu unternehmen, um einen elementaren Vergleichstest auszuführen:

1. Analyse der Funktionsbeschreibung
2. Bestimmung der Testsituationen
3. Bestimmung der logischen Testfälle
4. Konkretisierung der logischen Testfälle

5. Bestimmung der Testaktionen

6. Bestimmung der Kontrollen

7. Festlegung der initialen Datensammlung

8. Erstellung eines Testskriptes

Im folgenden sind die genannten Schritte näher erläutert. Auf der Grundlage der Ergebnisse der Schritte 1 bis 7 entsteht eine Testspezifikation.

Zur Verdeutlichung wird folgendes Beispiel für die einzelnen Schritte verwendet:

```
WENN    (Systemdatum – Geburtsdatum) ≤ 18 Jahre
    DANN Beitrag := 0
    SONST
        Beitrag := 200
        WENN Geburtsdatum ≥ 1-1-1964 UND Einkommen < 45000 UND Angabe säumiger Zahler = 0
            DANN Beitrag := Beitrag – 50
        ENDE-WENN
        WENN Datum Einschreibung < 1-1-1988 UND Art Mitgliedschaft = »allgemein« UND
        Angabe säumiger Zahler = 0 UND (Art Spieler = »Wettk« ODER Ebene Spieler = »c«)
            DANN Beitrag := Beitrag + 50
        ENDE-WENN
ENDE-WENN
```

15.7.2.1 Analyse der Funktionsbeschreibung

In der Funktionsbeschreibung ist ein Abschnitt über die Verarbeitung aufgenommen, der auf eindeutige Weise die Entscheidungspfade und dergleichen beschreibt. Das kann – wie im vorliegenden Beispiel dargestellt – in Pseudocode vorliegen. Wenn die Beschreibung in einer anderen Technik erfolgte, beispielsweise mit Hilfe der Entscheidungstabellen, ist der EVT ebenfalls einsetzbar. Wesentlich ist nur, daß eine eindeutige Beschreibung der »Verarbeitungspfade« vorliegt.

Bevor bestimmt werden kann, welche Situationen getestet werden sollen, muß eine Analyse der Verarbeitung, im Beispiel im Pseudocode beschrieben, erfolgen. Dabei sind die entsprechenden Entscheidungen zu ermitteln. Diese sind häufig an Ausdrücken wie DURCHFÜHREN, WENN, WIEDERHOLEN usw. zu erkennen. Sie werden alle einzeln nacheinander hervorgehoben und mit einer individuellen Identifizierung versehen, wonach anschließend die zu testenden Situationen bestimmt werden. Das gilt aber nur, wenn der WENN- und DURCHFÜHREN-Teil mit Hilfe einer Dateneingabe gesteuert wird. Beispielsweise wird bei »DURCHFÜHREN solange Zähler < 10« der DURCHFÜHREN-Teil intern und nicht mit Hilfe einer expliziten Dateneingabe angesteuert. Solche Elemente werden bei der Bestimmung der Testsituationen im Rahmen eines EVT nicht berücksichtigt.

Beispiel »Beitrag«:

```
C1    WENN (Systemdatum – Geburtsdatum) ≤ 18 Jahre
         DANN Beitrag: = 0
      SONST
         Beitrag: = 200
C2       WENN Geburtsdatum ≥ 1-1-1964 UND Einkommen < 45000 UND
                  Angabe säumiger Zahler = 0
            DANN Beitrag: = Beitrag – 50
         ENDE-WENN
C3       WENN Datum Einschreibung < 1-1-1988 UND Art Mitgliedschaft = »allgemein«
                  UND Angabe säumiger Zahler = 0 UND (Art Spieler = »Wettk«
                  ODER Ebene Spieler = »c«)
            DANN Beitrag: = Beitrag + 50
         ENDE-WENN
      ENDE-WENN
```

15.7.2.2 Bestimmung der Testsituationen

Nachdem die Entscheidungen festgestellt wurden (im vorliegenden Beispiel mit C1, C2 und C3 angegeben), ist für jede Entscheidung zu ermitteln, welche Situationen zu testen sind. Dabei ist wichtig, zwischen einfachen und zusammengesetzten Entscheidungen zu unterscheiden. Einfache Entscheidungen bestehen aus nur einer einzigen Bedingung, der sogenannten *elementaren Bedingung (elementarer Vergleich)*. Ein Beispiel dafür ist die Entscheidung C1. Bei zusammengesetzten Entscheidungen handelt es sich um Entscheidungen, die mehrere Bedingungen enthalten, zwischen denen eine UND- oder eine ODER-Beziehung besteht. Ein Beispiel dafür ist Entscheidung C2.

Bevor das oben aufgeführte Beispiel in den zu testenden Situationen weiter ausgearbeitet wird, werden zunächst einige Begriffe aus der Booleschen Algebra erläutert.

Die (einfache) Bedingung »WENN (Systemdatum – Geburtsdatum) <= 18 Jahre« ist entweder wahr oder falsch. Mehr Möglichkeiten gibt es nicht.

Einfache Entscheidungen führen zu zwei Testsituationen, nämlich der Situation, in der die Bedingung »wahr« ist, und der Situation, in der die Bedingung »falsch« ist. Im folgenden Beispiel führt dies zu folgenden zwei Testsituationen.

Testsituation	1	2
C1	Wahr	Falsch
Systemdatum – Geburtsdatum	≤ 18 Jahre	> 18 Jahre

Gleiches gilt für die zusammengesetzten Entscheidungen. Vergleiche folgende zusammengesetzte Entscheidungen:

WENN Geburtsdatum >= 1-1-1964 UND Einkommen < 45000   und

WENN Geburtsdatum >= 1-1-1964 ODER Einkommen < 45000

Auch diese Art von Bedingungen sind entweder wahr oder falsch, was jedoch von der Frage abhängt, ob die einzelnen Bedingungen wahr oder falsch sind. Zudem spielt es auch eine wichtige Rolle, ob die Bedingungen mit UND oder ODER verknüpft sind. In der Booleschen Algebra wird die 0 verwendet, um anzugeben, daß etwas falsch ist, und 1, um anzugeben, daß etwas wahr ist. Ausgehend von zwei Bedingungen ergibt dies folgende mögliche Kombinationen:

```
0    0
0    1
1    0
1    1
```

In der 0-0-Situation sind beide Aussagen falsch. In der 0-1-Situation und der 1-0-Situation ist nur eine der beiden Aussagen wahr, und in der 1-1-Situation sind beide wahr. Die Frage stellt sich, was letztlich das Ergebnis eines mehrfachen Vergleichs in bezug auf die Art der Verknüpfung ist. Folgende Tabelle vermittelt die verschiedenen Möglichkeiten:

```
(0 UND 0) -> 0      (0 ODER 0) -> 0
(0 UND 1) -> 0      (0 ODER 1) -> 1
(1 UND 0) -> 0      (1 ODER 0) -> 1
(1 UND 1) -> 1      (1 ODER 1) -> 1
```

Wie sich herausstellt, bestehen wesentliche Unterschiede. Liegt eine UND-Situation vor, so ist das Endergebnis von zwei Entscheidungen nur wahr, wenn die beiden einzelnen Entscheidungen wahr sind: In allen anderen Fällen ist das Endergebnis falsch. Bei der ODER-Situation gilt genau das Gegenteil. Das Endergebnis ist nur dann falsch, wenn die beiden einzelnen Entscheidungen falsch sind: In allen anderen Fällen ist das Endergebnis wahr.

Eine zusammengesetzte Entscheidung, die nicht aus zwei, sondern aus drei einzelnen Entscheidungen besteht, erbringt die folgenden Kombinationen:

```
0    0    0
0    0    1
0    1    0
0    1    1
1    0    0
1    0    1
1    1    0
1    1    1
```

Es sollte klar sein, daß die Anzahl an Möglichkeiten sehr schnell explodiert. Bei sechs Bedingungen gibt es bereits 64 (2^6) Möglichkeiten. Die Grundidee des EVT ist, daß es nicht sinnvoll ist, alle diese Möglichkeiten als zu testende Situationen zu betrachten, sondern daß mit einer sehr viel geringeren Anzahl an Testsituationen ebenfalls eine gute Überdeckung erreicht werden kann. Die Testsituationen bei zusammengesetzten Entscheidungen werden bei einem EVT so ausgewählt, daß eine Veränderung des Wertes einer jeden einzelnen Bedingung das Ergebnis des Wertes der zusammengesetzten Entscheidung ändert.

Das bedeutet, daß bei einer ODER-Verknüpfung die Situation »wahr«-»wahr« und bei einer UND-Verknüpfung die Situation »falsch«-»falsch« nicht getestet wird. Die Wahrscheinlichkeit, daß hierbei ein Fehler gefunden wird, der noch nicht bei den Situationen »wahr«-»falsch« oder »falsch«-»wahr« festgestellt worden ist, ist minimal. Setzt man jetzt für »falsch« den Wert »0« ein und für »wahr« den Wert »1«, so kann man wie folgt zusammenfassen:

Bei einer zusammengesetzten Entscheidung aus mehreren Bedingungen, zwischen denen eine UND-Beziehung vorliegt, werden die Situationen getestet, bei denen jede elementare Bedingung den Wahrheitswert »1« aufweist, sowie die Situationen, bei denen jeweils eine elementare Bedingung den Wahrheitswert »0« aufweist und der Rest den Wert »1«. Das gleiche gilt für eine zusammengesetzte Entscheidung mit ODER-Beziehungen, wobei nunmehr nur die Situation getestet wird, bei der jede elementare Bedingung den Wahrheitswert »0« aufweist, sowie die Situationen, bei denen jeweils eine elementare Bedingung den Wahrheitswert »1« aufweist und der Rest den Wert »0«.

Hiermit ist die Anzahl der Testsituationen auf die Anzahl der einzelnen Bedingungen plus eins (= keine Veränderung) beschränkt.

Im folgenden ist dies für die Entscheidung C2 des Beispiels ausgearbeitet, wobei noch anzugeben ist, daß eine UND-Verknüpfung auch mit einem &-Zeichen und eine ODER-Verknüpfung auch mit einem | dargestellt werden kann. Das ergibt folgendes:

Testsituation	C2.1	C2.2	C2.3	C2.4
C2 (=C2a & C2b & C2c)	1 (111)	0 (011)	0 (101)	0 (110)
C2a: Geburtsdatum >= 1-1-1964 UND	≥ 1-1-1964 (1)	< 1-1-1964 (0)	≥ 1-1-1964 (1)	≥ 1-1-1964 (1)
C2b: Einkommen < 45000 UND	< 45000 (1)	< 45000 (1)	≥45000 (0)	< 45000 (1)
C2c: Angabe säumiger Zahler = 0	= 0 (1)	= 0 (1)	= 0 (1)	= 1 (0)

Bei zusammengesetzten Entscheidungen mit ausschließlich UND- oder ausschließlich ODER-Beziehungen sind die Testsituationen einfach ermittelbar. Schwieriger wird es, wenn die zusammengesetzte Entscheidung aus einer Kombination von einer oder mehreren UND- und ODER-Beziehungen besteht, wie in Beispiel C3 dargestellt ist. In solchen Fällen wird eine Matrixschreibweise angewendet. In der ersten Spalte wird jede einzelne Bedingung aufgeführt. Die Spalten 2 und 3 enthalten die Werte der zusammengesetzten Entscheidung, bei der – bei einer Veränderung eines Wertes einer Bedingung – das (Gesamt-)Ergebnis sich entsprechend ändert (wahr oder falsch ist). Dabei wird der Wert der zusammengesetzten Entscheidung in der binären Form geschrieben. Die Bedingung, die sich ändert und zur Änderung des (Gesamt-)Ergebnisses führt, wird unterstrichen. Ein Punkt in der Schreibweise sorgt dafür, daß die einzelnen Gruppen in der zusammengesetzten Entscheidung einfach erkennbar sind. Indem nun in der Matrix die sich wiederholenden Testsituationen weggestrichen werden, bleiben automatisch die logischen Testsituationen übrig. Dabei ist die Unterstreichung der weggestrichenen Werte zu übernehmen. Auf diese Weise bleibt eine Kontrolle möglich.

Wird dies auf die Entscheidung C3 aus dem Beispiel umgesetzt, ergibt sich folgendes Bild:

15.7 Elementarer Vergleichstest

C3 (=C3a & C3b & C3c & (C3d | C3e)	1 (Beitrag: = Beitrag + 50)	0 (Beitrag: = Beitrag)
Datum Einschreibung < 1-1-1988 (C3a)	<u>1</u>.1.1.01	<u>0</u>.1.1.01
Art Mitgliedschaft = »allgemein« (C3b)	1.<u>1</u>.1.01	1.<u>0</u>.1.01
Angabe säumiger Zahler = 0 (C3c)	1.1.<u>1</u>.01	1.1.<u>0</u>.01
Art Spieler = »Wettk« (C3d)	1.1.1.<u>1</u>0	1.1.1.<u>0</u>0
Ebene Spieler = »c« (C3e)	1.1.1.0<u>1</u>	1.1.1.0<u>0</u>

Streicht man jetzt die sich wiederholenden Werte, so bleiben folgende Testsituationen übrig (man achte darauf, daß es sich hierbei tatsächlich um die Anzahl der Bedingungen plus eins handelt):

C3 (=C3a & C3b & C3c & (C3d | C3e)	1 Beitrag: = Beitrag + 50	0 Beitrag: = Beitrag
Datum Einschreibung < 1-1-1988 (C3a)	<u>1</u>.1.1.01	<u>0</u>.1.1.01
Art Mitgliedschaft = »allgemein« (C3b)	1.<u>1</u>.1.01	1.<u>0</u>.1.01
Angabe säumiger Zahler = 0 (C3c)	1.1.<u>1</u>.01	1.1.<u>0</u>.01
Art Spieler = »Wettk« (C3d)	1.1.1.<u>1</u>0	1.1.1.<u>0</u>0
Ebene Spieler = »c« (C3e)	1.1.1.0<u>1</u>	1.1.1.0<u>0</u>

Ausgeschrieben gelangt man auf diese Weise zu den folgenden logischen Testsituationen für C3:

Testsituation	C3.1	C3.2	C3.3	C3.4	C3.5	C3.6
C3	1 (11101)	1 (11110)	0 (01101)	0 (10101)	0 (11001)	0 (11100)
Datum Einschreibung	< 1-1-1988 (1)	< 1-1-1988 (1)	≥ 1-1-1988 (0)	< 1-1-1988 (1)	< 1-1-1988 (1)	< 1-1-1988 (1)
Art Mitgliedschaft	allgemein (1)	allgemein (1)	allgemein (1)	≠allgemein (0)	allgemein (1)	allgemein (1)
Angabe säumiger Zahler	= 0 (1)	= 0 (1)	= 0 (1)	= 0 (1)	= 1 (0)	= 0 (1)
Art Spieler	≠Wettk (0)	Wettk (1)	≠Wettk (0)	≠Wettk (0)	≠Wettk (0)	≠Wettk (0)
Ebene Spieler	c (1)	≠c (0)	c (1)	c (1)	c (1)	≠c (0)

15.7.2.3 Bestimmung der logischen Testfälle

Bei der Bestimmung der logischen Testfälle muß nach den Funktionspfaden gesucht werden, wobei jede Situation einer jeden Entscheidung mindestens einmal durchlaufen werden muß. Dabei ist die Möglichkeit zu berücksichtigen, daß ein und dieselbe Bedingung in mehreren Entscheidungen vorkommen könnte. Ein Beispiel dafür ist die Bedingung »Angabe säumiger Zahler = 0« in den Entscheidungen C2 und C3. Des weiteren ist bei der Auswahl der Pfadkombinationen darauf zu achten, daß das erwartete Endergebnis für die ausgewählte Pfadkombination so einmalig wie möglich ist. Im Beispiel ergibt C2 = wahr und C3 = wahr das gleiche Ergebnis wie C2 = falsch und C3 = falsch, der Beitrag bleibt nämlich der gleiche. Testfälle mit C2 = wahr und C3 = falsch (oder umgekehrt) weisen indes ein unterschiedliches Endergebnis auf und sind demnach die besseren Testfälle.

Ein Hilfsmittel bei der Suche nach Testfällen und gleichzeitig ein Kontrollmittel, ob alle Situationen in den Testfällen aufgenommen wurden, ist der Einsatz einer Matrix, in der alle definierten Testsituationen in der ersten Spalte aufgelistet werden. In der zweiten Spalte werden die Werte der Entscheidung bei der jeweiligen Situation angegeben und in der dritten Spalte die darauffolgende Entscheidung. Anschließend werden die Testfälle nacheinander aufgeführt. Wenn die Testfälle gut definiert sind, sind alle zu testenden Situationen mindestens einmal angekreuzt. Die Matrix des Beispiels »Beitrag« sieht wie folgt aus:

Testsituation	Wert	Nachfolger	Testfall: 1	2	3	4	5	6	6	Kontrolle
C1.1	1	Ende	X							1
C1.2	0	C2		X	X	X	X	X	X	6
C2.1	1	C3		X				X		2
C2.2	0	C3			X			X		2
C2.3	0	C3				X				1
C2.4	0	C3					X			1
C3.1	1	Ende	X							1
C3.2	1	Ende		X						1
C3.3	0	Ende			X					1
C3.4	0	Ende				X				1
C3.5	0	Ende					X			1
C3.6	0	Ende							X	1

Bei großen Matrizen kann dem Ausdruck halber noch eine Kontrollspalte hinzugefügt werden, in die die Gesamtanzahl der Kreuzchen aufgenommen wird. Diese Anzahl darf dann nicht 0 sein.

Manche Situationen werden mehrmals getestet. Das ist häufig unvermeidlich und selbstverständlich nicht problematisch.

15.7.2.4 Konkretisierung der logischen Testfälle

Der nächste Schritt besteht darin, die gefundenen logischen Testfälle in konkrete Testfälle umzusetzen. Man beachte hierbei, daß das Systemdatum beeinflussend ist!

Testfall	1	2	3
Pfad	C1.1	C1.2, C2.1, C3.1	C1.2, C2.2, C3.2
Geburtsdatum	25.10.1990	1.1.1964	31.12.1963
Einkommen	44999	44999	44999
Datum Einschreibung	31.12.1987	31.12.1987	31.12.1987
Art Mitgliedschaft	allgemein	allgemein	allgemein
Angabe säumiger Zahler	1	0	0
Art Spieler	Freizeit (≠Wettk)	Freizeit	Wettk
Ebene Spieler	c	c	a (≠c)

Testfall	4	5	6
Pfad	C1.2, C2.3, C3.3	C1.2, C2.4, C3.5	C1.2, C2.1, C3.4
Geburtsdatum	1.1.1964	1.1.1964	1.1.1964
Einkommen	45000	44999	44999
Datum Einschreibung	1.1.1988	31.12.1987	31.12.1987
Art Mitgliedschaft	allgemein	allgemein	Ehrenmitglied (≠allgemein)
Angabe säumiger Zahler	0	1	0
Art Spieler	Freizeit	Freizeit	Freizeit
Ebene Spieler	c	c	c

Testfall	7
Pfad	C1.2, C2.2, C3.6
Geburtsdatum	31.12.1963
Einkommen	44999
Datum Einschreibung	31.12.1987
Art Mitgliedschaft	allgemein
Angabe säumiger Zahler	0
Art Spieler	Freizeit
Ebene Spieler	a

15.7.2.5 Bestimmung der Testaktionen

Wenn die Testfälle ermittelt worden sind, können – auf dieser Grundlage – die Testaktionen bestimmt werden. Eine Testaktion ist eine im Vorfeld definierte Aktion, die richtig oder falsch verlaufen kann (der tatsächliche Test). Dazu werden zunächst die Teilaufgaben (Funktionen) ermittelt, die wichtig sind. Im allgemeinen handelt es sich dabei um Tätigkeiten wie Eingeben, Ändern, Genehmigen, Abbilden, Löschen usw.

Die Frage ist jedoch, was in diesem Beispiel »Beitrag« eine Testaktion ist. Das ist wiederum davon abhängig, wie der Beitrag berechnet wird. Die Berechnung kann nach der Aufnahme einer Person erfolgen: Personendaten werden eingegeben, und das System berechnet anhand der eingegebenen Daten den entsprechenden Beitrag. Eine zweite Möglichkeit ist jedoch, daß ein Batch-Prozeß den Beitrag für alle Personen auf einmal berechnet.

Wenn die erste Möglichkeit zutrifft, werden zur Eingabe von Personen Testaktionen aufgeführt werden müssen. Die Kontrollen können schließlich nur stattfinden, wenn eine Person eingegeben wurde. In der zweiten Situation genügt eine initiale Datensammlung. Dabei werden die Personendaten einmalig eingegeben und die Datensammlung wird anschließend als Testset gespeichert. Jedesmal, wenn der Batch-Job erneut getestet werden muß, wird das Testset geladen und der Batch-Job ausgeführt. Die Ergebnisse werden anschließend kontrolliert.

Bei diesem Beispiel wird davon ausgegangen, daß ein Batch-Job vorliegt, der den Beitrag für alle Personen auf einmal berechnet.

Testaktionen

Es liegt ein Batch-Job vor, siehe auch Spezifikation »Initiale Datensammlung«.

15.7.2.6   Bestimmung der Kontrollen

Es muß beschrieben werden, was zu kontrollieren ist, damit festgestellt werden kann, ob die Verarbeitung korrekt verlaufen ist. Die verschiedenen Ergebnisse werden in diesem Schritt im Vorfeld berechnet:

Kontrollen

C01	Testfall 1	Beitrag: = 0
C02	Testfall 2	Beitrag: = 200
C03	Testfall 3	Beitrag: = 250
C04	Testfall 4	Beitrag: = 200
C05	Testfall 5	Beitrag: = 200
C06	Testfall 6	Beitrag: = 150
C07	Testfall 7	Beitrag: = 200

15.7.2.7   Festlegung der initialen Datensammlung

Es muß ermittelt werden, ob für die Testdurchführung eine initiale Datensammlung vorliegen muß. Falls dies erforderlich ist, muß eine Beschreibung darüber angefertigt werden, für welchen Testfall welche Daten in die Sammlung aufgenommen werden müssen. Diese Beschreibung ist der bereits freigegebenen Testspezifikation hinzuzufügen. Die Eingabe der initialen Daten erfolgt im Anschluß daran während der Aktivität »Füllen Ausgangsdateien« (Phase »Durchführung«). Im Zusammenhang mit dem vorliegenden Beispiel kann folgendes festgehalten werden:

Initiale Datensammlung

Datei »Personen/Mitglieder«:

- gemäß Testfälle 1 bis 7 (Testfälle gründen sich auf jedes beliebige Systemdatum zwischen jetzt und dem 24.10.2009)

Datei »Art der Mitgliedschaft«:

- »allgemein« für Testfall 1, 2, 3, 4, 5 und 7
- »Ehrenmitglied« für Testfall 6

Datei »Art der Spieler«:

- »Freizeit« für Testfall 1, 2, 4, 5, 6 und 7
- »Wettk« für Testfall 3

Datei »Ebene der Spieler«:

- »c« für Testfall 1, 2, 4, 5 und 6
- »a« für Testfall 3 und 7

Wenn in der initialen Datensammlung Daten festgelegt werden, die nur befristet verwendungsfähig sind, beispielsweise aufgrund eines Enddatums oder eines Systemdatums wie im vorliegenden Beispiel, so ist dies separat anzugeben. Bei einem folgenden erneuten Test muß dann kontrolliert werden, ob diese »zeitabhängigen« Daten noch gültig sind und ob infolgedessen die initiale Datensammlung angepaßt werden muß.

15.7.2.8 Erstellung eines Testskriptes

Auf der Grundlage der Testfälle wird ein Testskript aufgestellt, in dem die nacheinander auszuführenden Testaktionen und Kontrollen beschrieben sein müssen. Des weiteren werden im Testskript die möglichen Vor- und Nachbedingungen angegeben. Eine Vorbedingung bei Testskript X kann beispielsweise sein, daß Testskript Y vollständig ausgeführt ist oder daß das Systemdatum einen bestimmten Wert aufweist.

Da in diesem Beispiel eine Batch-Verarbeitung angeführt wird, bleibt das Testskript relativ einfach. Nur das Starten des jeweiligen Batch-Jobs sowie die entsprechend durchzuführenden Kontrollen sind darin angegeben.

15.7.3 Testdurchführung

Die Durchführung des Tests erfolgt anhand des Testskriptes.

Um den Fortschritt des Tests gut verfolgen zu können, ist es sinnvoll einen Ausdruck darüber zu führen, wie viele Testfälle insgesamt definiert, wie viele getestet und wie viele für fehlerhaft befunden sind.

15.7.4 Beurteilung

Die Beurteilung der Ergebnisse des elementaren Vergleichstests ist häufig problematisch. Die vielen Entscheidungen in den Pfaden erschweren bei einem abweichenden Ergebnis die Isolierung der für dieses Ergebnis eventuell in Frage kommenden Entscheidung.

Die Berichterstattung kann mit Hilfe des Testskriptes festgelegt werden. Dazu werden im Testskript zwei Spalten aufgenommen: »OK« und »Anm.«. In der Spalte »OK« wird beispielsweise mit »ja« (kein Fehler gefunden) oder »nein« (Fehler gefunden) das Testergebnis angegeben, während in der Spalte »Anm.« die Nummer des dazugehörigen Problemberichts genannt werden kann. Im Testskript kann ebenfalls eine allgemeine Beurteilung in bezug auf das ausgeführte Testskript aufgenommen werden.

15.8 Error Guessing

15.8.1 Allgemein

Beim Error Guessing handelt es sich im wesentlichen um unstrukturiertes Testen, d.h. das Mutmaßen von Fehlern. Der Wert liegt im Unerwarteten: Es werden Tests vorgenommen, die sonst nicht ausgeführt werden würden. Somit ist es eine wertvolle Ergänzung zu den strukturierten Testtechniken. Die Technik des Error Guessing wird insbesondere beim Black-Box-Testen eingesetzt und kann im Prinzip auf alle möglichen Qualitätsmerkmale angewendet werden.

Beim Error Guessing spielt die »Erfahrung« des Testers eine wichtige Rolle. Der Tester hat die völlige Freiheit, sich vor Ort Testfälle auszudenken und diese auszuprobieren. Das Wesentlichste beim Error Guessing ist, daß der Tester sich auf die Suche nach jenen Fällen begibt, die immer Schwierigkeiten verursachen. Indem diese Fälle ausprobiert werden, wird getestet.

Im Prinzip ist die einzige Grundvoraussetzung für Error Guessing ein gutes Verständnis für die zu testenden Systeme, andererseits ist auch ein gewisses Maß an Stabilität des zu testenden Systems erwünscht. Error Guessing eignet sich daher auch ganz besonders für die Endphase des Testprozesses.

Error Guessing darf nicht als einzige Technik eingesetzt werden. Der Nutzen eines strukturierten Testens liegt in der relativen Vollständigkeit, die damit erreicht wird. Es empfiehlt sich ebensowenig, Error Guessing bei einem relativ instabilen System anzuwenden: Durch die Art der Technik ist die Durchführbarkeit und somit auch die Reproduzierbarkeit der gefundenen Abweichungen sehr gering.

15.8.2 Arbeitsweise

Zur Vorbereitung auf die Testdurchführung wird im Rahmen des Error Guessing die Aktivität »Identifizieren der Schwachstellen« ausgeführt.

15.8.2.1 Identifizieren der Schwachstellen

Das Identifizieren der Schwachstellen erfolgt vor der Durchführung des Error-Guessing-Tests. Während dieser Aktivität kann auch festgestellt werden, daß es noch notwendig ist, eine bestimmte Ausgangssituation (bspw. initiale Datensammlung) für den Test aufzubauen.

Die Schwachstellen sind meistens Fehler im Denkprozeß anderer oder in bestimmten Aspekten, die übersehen wurden. Diese Aspekte bilden die Grundlage für die auszuführenden Testfälle. Beispiele sind:

- Fehlerkorrektur: Fehler auf Fehler, Unterbrechung eines Prozesses zu einem unerwarteten Zeitpunkt usw.

- Illegale Werte: negative Zahlen, Nullen, zu hohe Werte, zu lange Namen, leere Sätze usw.

- Teile des IT-Systems, die während des Projekts häufig Thema für Änderungsvorschläge gewesen sind

- Sicherheit

- Anforderung zu vieler Ressourcen

Auf der Grundlage der identifizierten Schwachstellen wird eine Planung des Error-Guessing-Tests gemacht. Ein Tester erhält den Auftrag, im Zusammenhang mit einem spezifischen Element oder Aspekt für eine bestimmte Zeit ein Error Guessing durchzuführen.

15.8.3 Testdurchführung

Die Durchführung des Tests ist von dem abhängig, was man zu testen beabsichtigt: eine Beziehung, die Verarbeitung im Zusammenhang mit einer bestimmten Funktion oder ein Bildschirmlayout. Je nachdem, was man testen will, kann es erforderlich sein, eine bestimmte Ausgangssituation aufzubauen. Wenn der Test nicht in den (strukturellen) Testablauf aufgenommen werden soll, was beispielsweise beim Finden von Fehlern von Vorteil wäre, muß die aufgebaute Ausgangsdatensammlung nach der Durchführung des Tests entfernt werden, um Verfälschungen der nachfolgenden Tests zu vermeiden.

Von der initialen Datensammlung bzw. der faktischen Durchführung des Tests wird keine Dokumentation in Form von Testspezifikationen, Testskripten und dergl. angelegt. Wenn Fehler gefunden werden, muß der Test jedoch in einen strukturierten Test aufgenommen und im nachhinein eine Dokumentation erstellt werden. Es ist übrigens wichtig, in diesem Fall die bereits vorhandene Testdokumentation zu überprüfen. Schließlich kann es vorkommen, daß der Fehler auch auf der Grundlage der bereits vorhandenen Testfälle gefunden worden wäre, daß jedoch das dazugehörige Testskript erst in einem späteren Stadium ausgeführt wird.

Eine zweite Voraussetzung, der weitestgehend zu entsprechen ist, ist die Reproduzierbarkeit des Tests. Es kann passieren, daß man bei der Durchführung eines Error Guessing Abweichungen ermittelt, bei denen man nicht mehr weiß, welche Ausgangssituation bzw. Testaktionen dem zugrunde lagen.

Wenn ein Tester mit Hilfe des Error Guessing eine Testeinheit testet, die zum Verantwortungsbereich eines anderen Testers gehört – was übrigens empfehlenswert ist –, so müssen die Abweichungen dem verantwortlichen Tester mitgeteilt werden. Mit dem verantwortlichen Tester ist der Tester gemeint, der einen strukturierten Test auf der jeweiligen Testeinheit durchführt. Dabei muß sorgfältig beschrieben werden, welche Ausgangspunkte bzw. Testaktionen zu der jeweiligen Abweichung geführt haben. Der zuständige Tester wird anschließend beurteilen, inwieweit seine/ihre Testdokumentation angepaßt werden muß.

15.9 Datenzyklustest

15.9.1 Allgemein

Beim Datenzyklustest handelt es sich um eine Test-Spezifikationstechnik, die dazu verwendet wird, den *Lebenslauf von Daten* zu testen. Daten entstehen, werden abgefragt und geändert und schließlich häufig wieder gelöscht. Beim Datenzyklustest wird verifiziert, ob die Daten durch die Funktionen korrekt verarbeitet werden und ob den Beziehungskontrollen (Konsistenzprüfungen des Datenmodells) entsprochen wird. Das Ziel des Datenzyklustests ist also *nicht* das Testen der Funktionskontrollen, die in der Funktionsbeschreibung enthalten sind.

Das bedeutet, daß nicht nur anhand des Ausgabefensters kontrolliert wird, ob die Daten korrekt verarbeitet worden sind, sondern daß auch die Einschränkungen ermittelt und getestet werden, die das Datenmodell während der Eingabe, Änderung bzw. Entfernung vorgibt. Des weiteren wird geprüft, ob alle Funktionen, die diese Daten gemäß der CRUD-Matrix einsetzen, tatsächlich ausgeführt werden können.

Bei einer CRUD-Matrix handelt es sich um eine Matrix, bei der auf den Achsen die Entitäten horizontal und die Funktionen vertikal dargestellt sind. Mit den Buchstaben C(reate), R(ead), U(pdate) und D(elete) wird die Matrix »gefüllt«. An der Stelle, wo eine Funktion eine bestimmte Aktion im Zusammenhang mit einer Entität ausführt, wird dies in der Matrix mit den Buchstaben C, R, U bzw. D angegeben. Auf diese Weise erhält man einen Überblick über (die Vollständigkeit von) Lebensläufe(n) der Daten bzw. der Entitäten.

Der Datenzyklustest ist eine Black-Box-Testtechnik, die insbesondere beim Abnahmetest eingesetzt wird. Beim Einsatz des Datenzyklustests wird häufig das gesamte IT-System berührt. Daher wird diese Technik vielfach in einer der letzten Phasen des Abnahmetests eingesetzt: dem Verbundtest.

Beim Datenzyklustest bestehen zwei Varianten. Die erste Variante bezieht sich auf die Verwaltungsfunktionen von Stammdaten bzw. Grundtabellen. Eine Verwaltungsfunktion ist in diesem Zusammenhang als eine Funktion definiert, die alle elementaren Aktionen (Eingeben, Abfragen, Ändern und Löschen) ausführt. Die übrigen Funktionen des IT-Systems lesen im Prinzip nur die jeweiligen Datensammlungen. Gelegentlich wird nur ein einziges Merkmal der Datensammlung anhand einer anderen Funktion aktualisiert, beispielsweise die letzte Rechnungsnummer. Verwaltungsfunktionen werden häufig als Ganzes implementiert und an das Testteam freigegeben. Daher ist es möglich und empfehlenswert, alle Aspekte einer solchen Funktion in einem Test zu vereinen. Für diese Variante des Datenzyklustests ist eine CRUD-Matrix wünschenswert, jedoch nicht notwendig.

Für die zweite Variante, den Datenzyklustest auf Systemebene, ist die CRUD-Matrix unentbehrlich. Bei dieser Variante handelt es sich häufig um einen Test, der mehrere Teile des IT-Systems berührt. Der Lebenslauf der jeweiligen Daten (häufig die Kerndaten des IT-Systems) wird durch die Anzahl an Funktionen bestimmt.

15.9.2 Arbeitsweise

Folgende Schritte müssen unternommen werden, um zu einem Datenzyklustest zu gelangen:

1. Dokumentierung/Erstellung der CRUD-Matrix und der Beziehungskontrollen
2. Erstellung von Testfällen je Entität
3. Festlegung von Testaktionen und Kontrollen
4. Festlegung der initialen Datensammlung
5. Erstellung eines Testskriptes

15.9.2.1 Dokumentierung/Erstellung der CRUD-Matrix und der Beziehungskontrollen

Die Testbasis wird nach Verwaltungsfunktionen durchsucht. Für jede einzelne Funktion wird bestimmt, welche Aktionen (Eingeben, Abfragen, Ändern und Löschen) von der jeweiligen Funktion im Zusammenhang mit welcher Entität ausgeführt werden. Eine möglicherweise vorhandene CRUD-Matrix erleichtert natürlich die Ausführung dieser Aktivität erheblich. Im Prinzip ergibt der erste Teil dieser Aktivität eine CRUD-Matrix.

Die Erstellung einer CRUD-Matrix ist übrigens auch ohne einen eventuellen Einsatz durch das Testteam eine sinnvolle Beschäftigung. Beim Entwurf eines IT-Systems wird für jede Funktion beschrieben, welche Daten eingesetzt werden. Auch die umgekehrte Blickrichtung ist gegeben. Durch Erstellen einer solchen Querverweistabelle (CRUD-Matrix) kommen manchmal Unklarheiten bzw. Mängel ans Licht, die bei einer funktionsorientierten Herangehensweise wahrscheinlich nicht gefunden worden wären und die jetzt also bereits in einem frühen Stadium entdeckt werden können!

	Entität 1	Entität 2	Entität n
Funktion 1	R	C, U, D	–
Funktion 2	C	R	–
Funktion n	C, R, D	–	–

Im allgemeinen werden durch eine einzige Verwaltungsfunktion eine sehr begrenzte Anzahl Entitäten gleichzeitig gewartet. Die CRUD-Matrix kennt für diese Funktionen eine sehr einfache Darstellung. Bei der Durchführung des Datenzyklustests im Zusammenhang mit den primären Daten des IT-Systems ist eine umfangreiche CRUD- Matrix erforderlich, da in dieser mehr Funktionen vorkommen.

Nach der Erstellung der CRUD-Matrix wird die Testbasis erneut untersucht, jetzt mit dem Ziel, die Stellen innerhalb des IT-Systems zu bestimmen, an denen die Beziehungskontrollen stattfinden. Unter Beziehungskontrollen versteht man Kontrollen zwischen mehreren Entitäten, beispielsweise: »wenn ein KUNDE gelöscht wird, sind auch die jeweiligen KUNDENADRESSEN zu löschen« oder »die Gültigkeitsperiode einer KUNDENADRESSE darf keine Überlappung mit der Gültigkeitsperiode einer anderen KUNDENADRESSE aufweisen«.

15.9.3 Erstellung von Testfällen je Entität

Für jede Entität werden Testfälle erstellt. Die Aktionen finden im Prinzip in folgender Grundreihenfolge statt:

- Create, Read
- Update, Read
- Delete, Read

Ein Testfall besteht daher aus:

- Eingabe von Daten (pro Erzeugungsmöglichkeit ein Testfall)
- Änderung (pro Änderungsmöglichkeit ein Testfall)
- Löschung (mit jeder Löschfunktion) von Daten
- Überprüfung von Daten nach jeder Aktion anhand der Abfragefunktionen

Durch die dokumentierten Beziehungskontrollen entstehen selbstverständlich weitere Ergänzungen und Varianten.

15.9.4 Festlegung von Testaktionen und Kontrollen

Die Überprüfung der Verarbeitung ist in jeden Testfall integriert, indem nach jeder Wartung eine Abfragefunktion angegeben ist. Die Daten werden demnach zuerst erstellt und anschließend mit jeder Abfrageaktion gelesen, um zu überprüfen, ob sie korrekt und vollständig erstellt worden sind. Nachdem sie mit Hilfe einer jeden Änderungsmöglichkeit einmal geändert worden sind, werden sie mit einer Funktion, die mit R(ead oder Abfrage) in der CRUD-Matrix angegeben ist, abgefragt, um zu überprüfen, ob die Änderung korrekt stattgefunden hat. Anschließend werden die Daten mit jeder möglichen Löschfunktion gelöscht, und auch hier erfolgt mit einer Abfragefunktion eine Überprüfung.

Beim Testen der Entitäten im Zusammenhang mit einer oder mehreren Verwaltungsfunktion(en) wird ebenfalls anhand mindestens einer anderen Funktion kontrolliert, ob die an anderen Stellen im IT-System vorhandenen Daten »verwendbar« sind. Für diese

Funktionen wird ein kurzer Test ausgeführt, dabei handelt es sich häufig lediglich um die Durchführung der Abfragefunktionen.

Es ist wichtig, daß bei der Abfrage nicht nur überprüft wird, ob die Daten korrekt verarbeitet worden sind, sondern auch ob folgende Punkte erfüllt sind:

- Alle Einschränkungen (Konsistenzkontrollen des Datenmodells) zur Eingabe, Änderung bzw. Löschung sind gefunden, beschrieben und getestet worden. Beispiel: »Ein Ländercode darf erst dann entfernt werden, wenn er (nicht mehr) von Kreditoren oder Debitoren eingesetzt wird«.

- Für alle Funktionen, die nach Angaben der CRUD-Matrix die Entität einsetzen (also auch die Batch-Funktionen), ist eine Testaktion definiert.

15.9.4.1 Festlegung der initialen Datenbank

Es wird festgelegt, ob für die Testdurchführung eine initiale Datenbank vorhanden sein muß. Falls dies erforderlich ist, wird sie beschrieben, wobei außerdem angegeben wird, für welchen Testfall bestimmte Daten in die initiale Datenbank aufgenommen worden sind. Die entsprechende Beschreibung wird der aufgestellten Testspezifikation hinzugefügt.

Wenn in der initialen Datenbank Daten festgelegt werden, die nur eine bestimmte Zeit einsetzbar sind, beispielsweise infolge einer Datumsänderung, so ist dies gesondert anzugeben. Bei einem nächsten Test ist zu überprüfen, ob diese »zeitabhängigen« Daten noch gültig sind oder ob die initiale Datenbank geändert werden muß.

15.9.5 Erstellung eines Testskriptes

Als Ergebnis dieses Schrittes entsteht ein Testskript, in dem die Testaktionen und Überprüfungen, die vorzunehmen sind, in der auszuführenden Reihenfolge beschrieben sind. Die erstellte Testspezifikation bildet selbstverständlich die Grundlage für das zu erstellende Testskript.

Des weiteren werden im Testskript die möglichen Vorbedingungen angegeben. Unter den Vorbedingungen eines Testskriptes versteht man die Bedingungen (bspw. das Vorliegen eines bestimmten Angebots), denen in der initialen Datenbank entsprochen werden muß, bevor das Testskript ausgeführt werden kann. Meistens werden diese Vorbedingungen von einem anderen Testskript erfüllt. Das heißt, die Ergebnisse des einen Tests sind häufig eine Vorbedingung für einen anderen Test.

Als Faustregel gilt, daß die Anzahl an Vorbedingungen zu minimieren ist. Auf diese Weise können Tests unabhängiger voneinander ausgeführt werden. Anhand der Vorbedingungen kann die Reihenfolge der auszuführenden Tests festgestellt werden.

15.9.6 Testdurchführung und Beurteilung

Die Durchführung des Tests erfolgt anhand der Testskripte. Die Beurteilung der Testergebnisse ist bei einem Datenzyklustest für Verwaltungsfunktionen einfach. Eine Kontrolle erfolgt häufig bereits während der Testdurchführung am Bildschirm. Wenn der Inhalt der Dateien nicht anhand einer Abfragefunktion oder einer Ausdrucksfunktion eingesehen werden kann, muß ein Hilfsmittel (bspw. SQL) verwendet werden, um den Inhalt der Datenbank anzusehen und eine entsprechende Überprüfung vorzunehmen.

Die Testergebnisse können mit Hilfe des Testskriptes festgelegt werden. Dazu werden im Testskript zwei Spalten aufgenommen: »OK« und »Anm.«. In der Spalte »OK« wird beispielsweise mit »ja« (kein Fehler entdeckt) oder »nein« (Fehler entdeckt) das Testergebnis angegeben, während in der Spalte »Anm.« die Nummer des dazugehörigen Problemberichts vermerkt werden kann.

15.10 Modul-Interface-Test

15.10.1 Allgemein

Der Modul-Interface-Test (MIT) ist eine Test-Spezifikationstechnik, die dazu verwendet wird, die Schnittstellen zwischen den verschiedenen Programmteilen bzw. Modulen zu testen. Bevor mit einem Modul-Interface-Test begonnen werden kann, müssen die zu integrierenden Programmteile selbst bereits unabhängig voneinander mit Hilfe simulierter Datenströme (Ein- und Ausgabedaten) getestet worden sein. Voraussetzung ist, daß alle zu integrierenden Programmteile beim (Einzel-)Test mit simulierten Datenströmen unabhängig voneinander gut funktionieren. Mit Hilfe dieser Test-Spezifikationstecchnik wird verifiziert, ob die Programmteile nach der Integration immer noch korrekt funktionieren. In diesem Fall werden die Programmteile mit »echten« anstatt mit simulierten Datenströmen getestet.

Der Modul-Interface-Test ist eine Test-Spezifikationstechnik, die insbesondere beim Integrationstest eingesetzt wird.

15.10.2 Allgemeine Funktion

Im allgemeinen funktioniert der Modul-Interface-Test folgendermaßen:

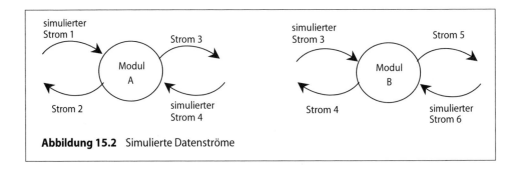

Abbildung 15.2 Simulierte Datenströme

Modul A und Modul B sind bereits mit Hilfe der simulierten Datenströme getestet worden. Die Eingabe von Modul A ist durch die Ströme 1 und 4 simuliert, die Ausgabe von Prozeß 1 (Strom 2 und 3) wurde beobachtet und auf ihre Richtigkeit hin überprüft. Gleiches gilt für Modul B: Die Eingabe ist durch die Ströme 3 und 6 simuliert, die Ausgabe (4 und 5) wurde beobachtet und auf ihre Richtigkeit hin überprüft.

Während des MIT muß verifiziert werden, ob Modul B immer noch korrekt funktioniert, wenn bei der Eingabe der simulierte Strom 3 durch den »echten« Strom 3 ersetzt wird, und ob Modul A immer noch korrekt funktioniert, wenn für die Eingabe durch den simulierten Strom 4 der »echte« Strom 4 eingesetzt wird.

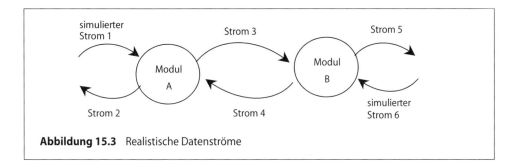

Abbildung 15.3   Realistische Datenströme

Hier handelt es sich also lediglich um die Schnittstelle zwischen Modul A und Modul B. Die Eingabe von anderen Programmteilen aus wird immer noch simuliert (Strom 1 und 6) und die Ausgabe in andere Programmteile immer noch »abgezapft«. In einem späteren Integrationsschritt werden die restlichen Schnittstellen behandelt. Die Module A und B werden dann als ein Programmteil betrachtet, mit den Strömen 1 und 6 als Eingabe und den Strömen 2 und 5 als Ausgabe. Anschließend wird die Schnittstelle des zusammengesetzten Programmteils mit den anderen Modulen oder Programmteilen getestet. Das bedeutet, daß der simulierte Strom 1 und der simulierte Strom 6 durch Datenströme der neu zu integrierenden Programmteile ersetzt werden.

Ziel des Modul-Interface-Tests ist die Überprüfung, ob die verschiedenen Programmteile die Datenströme alle auf die gleiche Weise interpretieren. Dabei entstehen häufig Fehler, da Datenströme zwischen zwei Programmen an mehreren Stellen beschrieben sind. Strom 3 ist beispielsweise als Ausgabestrom von Modul A und als Eingabestrom von Modul B beschrieben. Selbstverständlich hat hierzu eine entsprechende Kommunikation zwischen den Beteiligten stattgefunden und wurden Vereinbarungen in bezug auf die Größe der Datenströme getroffen, aber diese Vereinbarungen können falsch interpretiert oder implementiert worden sein. Falls dies zutrifft, ist das bei früheren Tests nicht aufgefallen, da nur auf der Grundlage einer einzigen Beschreibung getestet worden ist. Bei einem Integrationstest kommen diese Art von Fehlinterpretationen und Fehlimplementierungen zur Sprache, wobei die Modul-Interface-Testtechnik ein gutes Hilfsmittel darstellt. Der Modul-Interface-Test zielt vornehmlich auf die Schnittstellen und nicht explizit auf die Richtigkeit und Vollständigkeit der Verarbeitung.

Es kann zwischen zwei Arten von Datenströmen unterschieden werden: den direkten und den indirekten Datenströmen. Bei einem direkten Datenstrom gibt das sendende Programmteil die Daten direkt, ohne eine Speicherung der Daten in einer Datei, an das empfangende Programmteil weiter. Bei einem indirekten Datenstrom speichert das sendende Programmteil die Daten in eine Datei, und das empfangende Programmteil holt sich die Daten aus dieser Datei. Beide Arten von Datenströmen können mit dem Modul-Interface-Test getestet werden. Zum Testen der indirekten Datenströme kann ebenfalls der Datenzyklustest eingesetzt werden.

15.10.3 Arbeitsweise

Folgende Schritte sind im Rahmen eines Modul-Interface-Tests zu unternehmen:

1. Identifizieren der Datenströme
2. Bestimmung der Äquivalenzklassen
3. Bestimmung der Testfälle
4. Bestimmung der Testaktionen und Kontrollen
5. Festlegung der initialen Datensammlung
6. Erstellung eines Testskriptes

15.10.3.1 Identifizieren der Datenströme

Als erstes sind bei diesem Schritt die Datenströme (sowohl die direkten als auch die indirekten), die bei der Integration beteiligt werden, zu identifizieren. Alle Daten der Datenströme werden anschließend beobachtet. Für jedes gefundene Datenelement wird der Wertebereich festgestellt sowie die Gültigkeitsregeln, die für die Zusammenarbeit mit andere Daten vorliegen.

15.10.3.2 Bestimmung der Äquivalenzklassen

Im allgemeinen ist es nicht möglich, alle Datenwerte aus den jeweiligen Wertebereichen in den Testfällen unterzubringen. Daher ist der jeweilige Wertebereich für jedes Datum in Äquivalenzklassen einzuteilen. Eine Äquivalenzklasse ist eine Teilsammlung eines Wertebereichs, in der sich die Datenwerte befinden, die für den Test gleichwertig (äquivalent) sind. Es ist klar, daß ein Datenwert zu nur einer einzigen Äquivalenzklasse gehören kann.

Die Einteilung eines Wertebereichs in Äquivalenzklassen ist insbesondere vom Format (numerisch, alphanumerisch oder Tagesdatum) des Datums abhängig. Für jedes Format gelten andere Regeln. Zudem werden noch folgende allgemeine Regeln unterschieden:

- Jeder Datenwert aus einem Wertebereich muß in einer Äquivalenzklasse aufgenommen sein.
- Jeder Datenwert darf in nur einer einzigen Äquivalenzklasse vorkommen.
- Wenn ein Datum bei einem Programmteil nicht gesendet werden muß (aber kann), so ist die leere Menge ebenfalls eine Äquivalenzklasse.

- Wenn der Wertebereich eines Datums nur einige Werte beinhaltet, so wird jeder Wert zu einer Äquivalenzklasse (bestehend aus einem einzigen Element). Faktisch sind also keine äquivalenten Werte vorhanden.

- Wenn der Wertebereich eines Datums eine große Anzahl an numerischen Werten umfaßt, so gelten als spezielle Werte oder Äquivalenzklassen:
  - die kleinste Anzahl
  - die größte Anzahl
  - die Zahl 0 (falls innerhalb des Wertebereichs)
  - eine Zahl mit den meisten Stellen (sowohl vor als auch hinter dem Komma)
  - eine Zahl mit den geringsten Stellen (sowohl vor als auch hinter dem Komma)
  - die restlichen Zahlen
  Wenn diese Zahlen zusammenfallen (die größte Zahl des Wertebereichs ist bspw. die Zahl mit den meisten Stellen, oder die kleinste Zahl innerhalb des Wertebereichs ist 0) werden diese Äquivalenzklassen selbstverständlich zusammengelegt.

- Wenn der Wertebereich eines Datums eine große Anzahl an alphanumerischen Werten umfaßt, so gelten als Äquivalenzklassen:
  - ein Wert mit dem Minimum an Stellen
  - ein Wert mit einem Maximum an Stellen
  - die übrigen Werte

Wenn dieser Schritt ausgeführt ist, sind die Testfälle für den Modul-Interface-Test auf logischer Ebene beschrieben.

15.10.3.3 Bestimmung der Testfälle

Dieser Schritt besteht aus zwei Teilen. Als erstes ist aus jeder Äquivalenzklasse ein Repräsentant auszuwählen. Besteht eine Äquivalenzklasse aus nur einem einzigen Datumswert, ist natürlich keine Auswahl möglich. Besteht eine Äquivalenzklasse hingegen aus mehreren Werten, so ist eine Entscheidung zu treffen. Am Anfang ist es unerheblich, welche Werte als Repräsentant gewählt werden. Dennoch empfiehlt es sich, folgende Regeln zu beachten:

- Wählen Sie die Werte, die nicht explizit in den Gültigkeitsregeln genannt sind, da diese nämlich bereits in anderen Tests verifiziert werden. Eine (noch) nicht korrekt funktionierende Gültigkeitsregel kann den Modul-Interface-Test unnötig blockieren.

- Wählen Sie, bei völliger Entscheidungsfreiheit, einen Datenwert als Repräsentanten, der auf der Grenze zu einer anderen Äquivalenzklasse liegt.

Wenn aus jeder Äquivalenzklasse ein Repräsentant ausgewählt worden ist, sind die Repräsentanten anschließend zu Testfällen zu kombinieren. Diese Testfälle sind fast automatisch ebenfalls die konkreten Testfälle. Dabei sind die Gültigkeitsregeln zu berücksichtigen, da diese vorschreiben, daß bestimmte Kombinationen von Datenwerten nicht erlaubt sind. Die Repräsentanten sind in einer möglichst niedrigen Anzahl an Testfällen unterzubringen, da jeder Testfall nämlich eine bestimmte Durchführungszeit erfordert und die Testfälle nur ein Mittel sind, um die Repräsentanten testen zu können.

15.10.3.4 Bestimmung der Testaktionen und Kontrollen

Für jeden Testfall ist eine Beschreibung der dazugehörigen Testaktion(en) und meßbaren Überprüfung(en) zu erstellen. Das bedeutet, daß für jeden Testfall festzustellen ist, welche Aktionen der Tester beim sendenden Programmteil durchführen muß, d.h., wie das sendende Programmteil zu »triggern« ist, damit ein Datenstrom mit der richtigen Eingabe (gemäß Testfall) zum empfangenden Programmteil gesandt wird. Dabei kann es sich um eine komplexe Aktivität handeln, da rückwirkend von der Ausgabe aus (dem Testfall) bestimmt wird, was die Eingabe sein muß. Das erfordert auf jeden Fall Kenntnisse in der Funktionalität des sendenden Programmteils, außerdem jedoch ein gewisses Maß an Erfindungsgabe und Kreativität.

Für jeden konkreten Testfall muß des weiteren festgelegt werden, welches das erwartete Ergebnis ist und wie die Ausgabe des Programmteils kontrolliert werden kann, um festzustellen, ob das erwartete Ergebnis eingetreten ist oder nicht. Dabei muß – ausgehend von der gegebenen Eingabe (dem Testfall) – bestimmt werden, welches die Ausgabe des empfangenden Prozesses sein muß. Auch hierzu sind entsprechende Kenntnisse der Funktionalität, in diesem Fall des empfangenden Programmteils, erforderlich.

15.10.3.5 Festlegung der initialen Datensammlung

Zur Durchführung der konkreten Testfälle, also der Aktionen zum sendenden Programmteil und der Überprüfungen des empfangenden Programmteils, sind bestimmte Daten erforderlich.

Vor dem Hintergrund von Verwaltung und Wiederverwendung ist es sinnvoll, diese Daten im Vorfeld bereits einmalig zu definieren und bereitzustellen (anstatt sie während des Tests zu erzeugen). Bei diesem Schritt werden die Ausgangsdaten beschrieben. Empfohlen wird, diesen Daten aussagekräftige Bezeichnungen zu geben, so daß abgeleitet werden kann, zu welchem Testfall sie gehören. Wenn »zeitabhängige« Daten vorhanden sind, so sind diese explizit anzugeben, so daß sie bei erneuten Tests später berücksichtigt werden können.

15.10.3.6 Erstellung eines Testskriptes

Im Testskript wird festgelegt, in welcher Reihenfolge die konkreten Testfälle ausgeführt werden müssen. Dabei ist eine optimale Effizienz zu erreichen. Das bedeutet, daß innerhalb des Raums, der dafür zur Verfügung steht, eine Reihenfolge ausgewählt werden muß, die die geringsten Umstellungen zur Folge hat (bspw. Ein- und Ausloggen unter verschiedenen User-IDs oder Zurücksetzen der Ausgangsdatenbanken), da es sich hierbei häufig um sehr zeitraubende Aktivitäten handelt. Allgemeine Regeln können hierfür nicht aufgestellt werden. Eine explizite Testexpertise ist bei diesem Schritt daher unentbehrlich.

15.10.4 Testdurchführung und Beurteilung

Die Durchführung des Tests erfolgt auf der Grundlage der beschriebenen konkreten Testfälle, die in der richtigen Reihenfolge, festgelegt im Testablauf, ausgeführt werden müssen. Die Beurteilung des Tests geschieht in erster Linie anhand der vorausberechneten

Ergebnisse. Da der Modul-Interface-Test häufig als Teil eines Integrationstests eingesetzt wird, ist der Tester manchmal gleichzeitig der Entwickler bzw. der Programmierer. Wenn es sich um diese Organisationsform handelt, bedeutet es auch, daß die Ursache des Fehlers gefunden werden muß und deshalb eine umfangreichere Beurteilung stattfindet als im Falle einer Funktionstrennung.

15.11 Geschäftsprozeßtest

15.11.1 Allgemein

Der Geschäftsprozeßtest (GPT) hat das Ziel, die Integrationsfähigkeit eines automatisch ablaufenden Programmteils des IT-Systems innerhalb des Geschäftsprozesses zu überprüfen, wobei insbesondere die Kommunikation zwischen den automatisiert und den manuell ausgeführten Arbeitsschritten (Prozessen) betrachtet wird. Die Annahme dabei ist, daß die automatisierten Schritte für sich gesehen gemäß den Spezifikationen funktionieren. Beim Geschäftsprozeßtest wird verifiziert, ob die automatisierten Prozesse an die manuellen Prozesse fehlerfrei anschließen und umgekehrt. Dabei sind u.a. Antworten auf folgende Fragen erforderlich:

- Liefern die automatisierten Prozesse genügend Informationen, um alle manuellen Verfahren ausführen zu können?
- Erzeugt die Ausführung der manuellen Prozesse ausreichende Informationen, um alle automatisierten Prozesse starten zu können?
- Verfügen die Mitarbeiter über ausreichende Autorisierung, um die Prozesse ausführen zu können?

Der Geschäftsprozeßtest wird vornehmlich eingesetzt, um die Integrationsfähigkeit festzustellen. Eventuell kann der Geschäftsprozeßtest auch auf die Qualitätsmerkmale »Benutzungsfreundlichkeit« und »Sicherheit« angewendet werden.

Der Geschäftsprozeßtest weicht in einigen Punkten von anderen Testtechniken ab. So handelt es sich beim Geschäftsprozeßtest beispielsweise nicht um einen Spezifikationstest, sondern um einen Strukturtest, da die Testfälle aus der Struktur des Verfahrensflusses hervorgehen (genauso wie in einem Modultest die Testfälle aus der Struktur des Algorithmus entstehen) und nicht aus den Entwurfspezifikationen. Jeder Testfall besteht daher aus einer Gruppe aufeinanderfolgender Aktionen, die gemeinsam genau einen »Pfad« durch den Verfahrensfluß bilden.

Zu diesen Aktionen gehören – im Gegensatz zu den Testfällen, die mit Hilfe anderer Test-Spezifikationstechniken erstellt werden – keine (expliziten) Überprüfungen. Die (impliziten) Überprüfungen einer bestimmten Aktion bestehen nämlich darin, daß die nächste Aktion ausführbar ist. Es reicht also aus zu kontrollieren, daß eine Reihe von Aktionen tatsächlich nacheinander ausführbar sind. Ein weiterer Unterschied zu den übrigen Testtechniken ist der, daß bei einer Testdurchführung mehr notwendig ist als nur die technische Testinfrastruktur, auf der der automatisierte Teil des IT-Systems läuft. Die manuellen Verfahren sind nämlich häufig von vielen verschiedenen Mitarbeitern auszuführen, was bedeutet, daß bei der Testdurchführung mehrere Tester erforderlich sind, die eine bestimmte Rolle spielen müssen. Es ist selbstverständlich auch möglich, den Test von einem Tester durchführen zu lassen, der über mehrere User-IDs verfügt und während der Testdurchführung mehrmals ein- und ausgeloggt. Schließlich befinden sich die erforderlichen Daten nur zum Teil in der Datenbank des automatisierten Teils des IT-Systems, im übrigen jedoch außerhalb, beispielsweise in Form von ausgefüllten Formularen. Auch das ist ein Unterschied zu den restlichen Testtechniken.

Bei der Ausarbeitung der verschiedenen Schritte wird zwischen einem intensiven Geschäftsprozeßtest und einem »normalen« Geschäftsprozeßtest unterschieden. Die Entscheidung zwischen den beiden erfolgt auf der Grundlage der Bedeutung, die dem Qualitätsmerkmal »Integrationsfähigkeit« in der Teststrategie zugeteilt worden ist. Der Unterschied zwischen beiden Tests ist auf einen Unterschied im Testmaß zurückzuführen.

Mit dem Testmaß wird bestimmt, inwieweit Abhängigkeiten zwischen aufeinanderfolgenden Entscheidungspunkten getestet werden. Beim Testmaß n werden alle Abhängigkeiten von Aktionen vor einem Entscheidungspunkt und nach n-1 Entscheidungspunkten verifiziert, indem alle möglichen Kombinationen im Zusammenhang mit den Aktivitäten in Testpfaden untergebracht werden. Beim intensiven Geschäftsprozeßtest wird auf der Grundlage von Testmaß 2 gearbeitet und beim »normalen« Geschäftsprozeßtest auf der Grundlage von Testmaß 1. Wie sich dieser Unterschied in Testmaßen beim Einsatz des Geschäftsprozeßtests in der Praxis auswirkt, ist im Abschnitt zur Arbeitsweise beschrieben. Hier wird zunächst der intensive Geschäftsprozeßtest (Testmaß 2) erläutert und anschließend der »normale« Geschäftsprozeßtest (Testmaß 1).

15.11.2 Arbeitsweise Geschäftsprozeßtest mit Testmaß 2

Die Arbeitsweise hier entspricht analog dem Strukturtest mit dem Unterschied, daß beim Strukturtest der Programmtext Grundlage der Überlegungen ist. Der Geschäftsprozeßtest setzt auf dem Verfahrensfluß eines zu bearbeitenden Vorgangs auf, also auf einer weitaus höheren Ebene.

Folgende Schritte sind zu unternehmen, um zu einer Spezifikation für einen Geschäftsprozeßtest Testmaß 2 zu gelangen:

1. Ermittlung der Entscheidungspunkte
2. Bestimmung der Pfadkombinationen und Pfade
3. Spezifizierung der Testfälle
4. Festlegung der initialen Datensammlung
5. Erstellung eines Testskriptes

15.11.2.1 Ermittlung der Entscheidungspunkte

Die Testbasis für den jeweiligen Test wird gelesen. Für den Geschäftsprozeßtest handelt es sich dabei um eine Beschreibung des Geschäftsprozesses. Innerhalb dieser Geschäftsprozesse müssen die Entscheidungspunkte (Entscheidungsprozesse oder Entscheidungsverfahren) ermittelt werden. In der idealen Situation, wenn die Geschäftsprozesse in Form eines Workflow-Diagramms dargestellt sind, ist dies eine sehr einfache Aktivität: Hier müssen nur die rautenförmigen Entscheidungssymbole (Rauten) gesucht werden.

15.11.2.2 Bestimmung der Pfadkombinationen und Pfade

Bei jedem gefundenen Entscheidungspunkt müssen Pfadkombinationen erstellt werden. Bei einer Pfadkombination handelt es sich um eine Kopplung einer Aktion vor einem Entscheidungspunkt mit einer Aktion nach dem gleichen Entscheidungspunkt. Bei der Erstellung von Pfadkombinationen ist es ratsam, die Aktionen zunächst zu numerieren. Sequentielle Aktionen zwischen zwei Entscheidungspunkten erhalten dabei eine gemeinsame Nummer. Alle Pfadkombinationen, also alle Kombinationen zweier aufeinanderfolgender Aktionen mit einem Entscheidungspunkt dazwischen, müssen aufgeschrieben werden. Im folgenden Beispiel ist das erläutert.

Gegeben ist der folgende Verfahrensfluß und die dazugehörige Beschreibung:

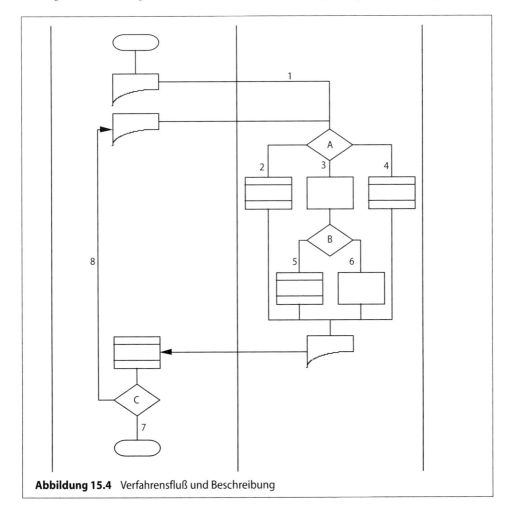

Abbildung 15.4 Verfahrensfluß und Beschreibung

In der Abteilung für Kundenerfassung gehen Änderungsformulare zu den N(ame)A(dresse)W(ohnort)-Daten (= NAW-Daten) eines Kunden ein. Die Änderungsformulare erhält der Abteilungsleiter, der diese anschließend an einen Mitarbeiter der Abteilung weiterreicht. Abhängig von der Art der Änderung (Ändern, Eingeben oder Löschen) wird eine Aktualisierungsfunktion im Zusammenhang mit den jeweiligen Änderungen der NAW-Daten gestartet. Wenn es sich um einen neuen Kunden handelt (Änderungsart = Eingeben), ist abhängig vom Ländercode ein Nachfolgefenster auszufüllen.

Nachdem die jeweilige Änderung durchgeführt worden ist, teilt der Mitarbeiter dem Abteilungsleiter schriftlich die Fertigstellung mit, dieser kontrolliert anhand der Funktion »Genehmigung der NAW-Daten« die durchgeführten Änderungen. Eine korrekte Änderung wird genehmigt, und das Verfahren ist beendet. Wird jedoch ein Fehler gefunden, wird die Änderung dem Mitarbeiter erneut vorgelegt.

Die Pfadkombinationen beim Entscheidungspunkt A: (1, 2); (1, 3); (1, 4); (8, 2); (8, 3); (8, 4).
Beim Entscheidungspunkt B: (3, 5) und (3, 6).
Beim Entscheidungspunkt C: (2, 7); (4, 7); (5, 7); (6, 7); (2, 8); (4, 8); (5, 8) und (6, 8).

Anschließend müssen diese Pfadkombinationen zu Pfaden »aneinandergekoppelt« werden, die vom Anfang bis zum Ende des Verfahrensflusses verlaufen. In diesem Beispiel beginnt jeder Pfad mit Aktion 1 und endet jeder Pfad mit Aktion 7. Jede Pfadkombination muß mindestens einmal in einem Pfad untergebracht sein. Im Beispiel verläuft dies wie folgt:

Die Pfadkombinationen sind: (1, 2); (1, 3); (1, 4); (2, 7); (2, 8); (3, 5); (3, 6); (4, 7); (4, 8); (5, 7); (5, 8); (6, 7); (6, 8); (8, 2); (8, 3); (8, 4).

Angefangen wird mit einer beliebigen (Anfangs-)Pfadkombination. In diesem Fall mit (1, 2). Anschließend wird hier die erste Pfadkombination angekoppelt, die mit einer 2 beginnt und die noch nicht in einem Pfad untergebracht ist, in diesem Fall (2, 7). Dadurch ist der Pfad (1, 2, 7) entstanden, und es können weitere Pfade zusammengesetzt werden.

Die restlichen Pfadkombinationen sind: ~~(1, 2)~~; (1, 3); (1, 4); ~~(2, 7)~~; (2, 8); (3, 5); (3, 6); (4, 7); (4, 8); (5, 7); (5, 8); (6, 7); (6, 8); (8, 2); (8, 3); (8, 4).

Es wird mit den restlichen Pfadkombinationen fortgefahren. Die erste Pfadkombination, die noch nicht in einem Pfad untergebracht ist, ist (1, 3). Die erste Pfadkombination, die mit einer 3 beginnt und noch nicht in einem Pfad untergebracht ist, ist (3, 5). Die erste Pfadkombination, die mit einer 5 beginnt und noch nicht in einem Pfad untergebracht ist, ist (5, 7), und es ist wiederum ein Pfad entstanden, nämlich (1, 3, 5, 7).

Die restlichen Pfadkombinationen sind: ~~(1, 2)~~; ~~(1, 3)~~; (1, 4); ~~(2, 7)~~; (2, 8); ~~(3, 5)~~; (3, 6); (4, 7); (4, 8); ~~(5, 7)~~; (5, 8); (6, 7); (6, 8); (8, 2); (8, 3); (8, 4).

Die erste Pfadkombination, die noch nicht in einem Pfad untergebracht ist, ist (1, 4). Die erste Pfadkombination, die mit einer 4 beginnt und noch nicht in einem Pfad untergebracht ist, ist (4, 7), und es ist wiederum ein neuer Pfad entstanden, nämlich (1, 4, 7).

Die restlichen Pfadkombinationen sind: ~~(1, 2)~~; ~~(1, 3)~~; ~~(1, 4)~~; ~~(2, 7)~~; (2, 8); ~~(3, 5)~~; (3, 6); ~~(4, 7)~~; (4, 8); ~~(5, 7)~~; (5, 8); (6, 7); (6, 8); (8, 2); (8, 3); (8, 4).

Die erste Pfadkombination, die noch nicht in einem Pfad untergebracht ist, ist (2, 8). Da diese Pfadkombination nicht vorne im Verfahrensfluß beginnt, muß eine Pfadkombination davorgestellt werden. Hierfür wird (1, 2) ausgewählt. Diese ist dann zwar zweimal eingesetzt worden, was jedoch kein Problem ist. Anschließend ist mit der ersten Pfadkombination fortzufahren, die mit einer 8 beginnt und die noch nicht in einem Pfad untergebracht ist. Das ist (8, 2). Da keine Pfadkombinationen mehr vorhanden sind, die mit einer 2 beginnen und noch nicht eingesetzt worden sind, wird eine Pfadkombination ausgewählt, die mit einer 2 beginnt und schon einmal verwendet worden ist. Ausgewählt wird (2, 7), was den Pfad (1, 2, 8, 2, 7) ergibt.

Übriggebliebene Pfadkombinationen sind: ~~(1, 2)~~; ~~(1, 3)~~; ~~(1, 4)~~; ~~(2, 7)~~; ~~(2, 8)~~; ~~(3, 5)~~; (3, 6); ~~(4, 7)~~; (4, 8); ~~(5, 7)~~; (5, 8); (6, 7); (6, 8); ~~(8, 2)~~; (8, 3); (8, 4).

Die erste Pfadkombination, die noch nicht in einem Pfad untergebracht ist, ist (3, 6). Da diese Pfadkombination nicht vorne im Verfahrensfluß beginnt, muß eine Pfadkombination davorgestellt werden. Hierfür wird (1, 3) ausgewählt. Anschließend ist mit der ersten Pfadkombination fortzufahren, die mit einer 6 beginnt und die noch nicht in einem Pfad untergebracht ist. Das ist (6, 7), und es entsteht ein neuer Pfad (1, 3, 6, 7).

Übriggebliebene Pfadkombinationen sind: ~~(1, 2)~~; ~~(1, 3)~~; ~~(1, 4)~~; ~~(2, 7)~~; ~~(2, 8)~~; ~~(3, 5)~~; ~~(3, 6)~~; ~~(4, 7)~~; (4, 8); ~~(5, 7)~~; (5, 8); ~~(6, 7)~~; (6, 8); ~~(8, 2)~~; (8, 3); (8, 4).

Die erste Pfadkombination, die noch nicht in einem Pfad untergebracht ist, ist (4, 8). Da diese Pfadkombination nicht vorne im Verfahrensfluß beginnt, muß eine Pfadkombination davorgestellt werden. Hierfür wird (1, 4) ausgewählt. Anschließend ist mit der ersten Pfadkombination fortzufahren, die mit einer 8 beginnt und die noch nicht in einem Pfad untergebracht ist. Das ist (8, 3). Da keine Pfadkombinationen mehr vorhanden sind, die mit einer 3 beginnen und noch nicht eingesetzt worden sind, wird eine Pfadkombination ausgewählt, die mit einer 3 beginnt und schon einmal verwendet worden ist. Ausgewählt wird (3, 5). Jetzt sind wieder noch nicht verwendete Pfadkombinationen vorhanden, nämlich (5, 8), anschließend (8, 4) und schließlich die bereits vorher verwendete Pfadkombination (4, 7). Das ergibt den folgenden Pfad (1, 4, 8, 3, 5, 8, 4, 7).

Übriggebliebene Pfadkombinationen sind: ~~(1, 2)~~; ~~(1, 3)~~; ~~(1, 4)~~; ~~(2, 7)~~; ~~(2, 8)~~; ~~(3, 5)~~; ~~(3, 6)~~; ~~(4, 7)~~; ~~(4, 8)~~; ~~(5, 7)~~; ~~(5, 8)~~; ~~(6, 7)~~; (6, 8); ~~(8, 2)~~; ~~(8, 3)~~; ~~(8, 4)~~.

Die letzte übriggebliebene Pfadkombination, (6, 8), wird in einem möglichst einfachen Pfad untergebracht, nämlich (1, 3, 6, 8, 2, 7).

Damit sind die Pfadkombinationen in folgenden Pfaden untergebracht:

Pfad 1: (1, 2, 7)
Pfad 2: (1, 3, 5, 7)
Pfad 3: (1, 4, 7)
Pfad 4: (1, 2, 8, 2, 7)
Pfad 5: (1, 3, 6, 7)
Pfad 6: (1, 4, 8, 3, 5, 8, 4, 7)
Pfad 7: (1, 3, 6, 8, 2, 7)

In folgender Querverweistabelle sind die jeweiligen Pfadkombinationen gegen die Pfade abgesteckt. Es ist sinnvoll, eine solche Tabelle zu erstellen, da auf diese Weise sichtbar wird, daß jede Pfadkombination tatsächlich mindestens einmal in einem Pfad untergebracht ist.

Pfad/Komb.	12	13	14	27	28	35	36	47	48	57	58	67	68	82	83	84
127	X			X												
1357		X				X				X						
147			X					X								
12827	X			X	X									X		
1367		X					X					X				
14835847			X			X		X	X		X				X	X
136827		X		X			X						X	X		

15.11.2.3 Spezifizierung der Testfälle

Die Pfade durch den Verfahrensfluß müssen in diesem Schritt mit einem konkreten Inhalt versehen werden. Wie bereits angemerkt worden ist, bedeutet das, daß für jeden Pfad eine Reihe von aufeinanderfolgenden Aktionen beschrieben werden müssen, und zwar dergestalt, daß durch die Durchführung der Aktionen genau der richtige Pfad eingeschlagen wird. Dies ist eine Aktivität, die eine gewisse Erfindungsgabe erfordert, und deshalb schwierig allgemein zu beschreiben ist. Daher soll hier ein Beispiel genügen.

Eine Konkretisierung von Pfad 4 = (1, 2, 8, 2, 7) sieht beispielsweise wie folgt aus:

P4-1 Es wird dafür gesorgt, daß der Leiter einem Mitarbeiter ein Änderungsformular mit einem Änderungsauftrag für Kundendaten aushändigt (Aktion 1).
P4-2 DerMitarbeiter bestimmt auf der Grundlage des Änderungsformulars die Art der Änderung im Entscheidungsprozeß A (Änderungsart ist »Ändern«).
P4-3 Der Mitarbeiter führt die Änderungen beim Kunden durch, wobei bewußt ein Fehler eingebaut wird, anschließend meldet er dem Leiter schriftlich die Fertigstellung (Aktion 2).
P4-4 Der Leiter der Abteilung überprüft, ob die Änderungen korrekt im Entscheidungsprozeß C eingegeben worden sind (der Leiter muß also die bewußt gemachten Fehler entdecken können).
P4-5 Der Leiter händigt das Änderungsformular dem Mitarbeiter erneut aus und fordert den Mitarbeiter auf, die Änderungen beim Kunden noch einmal auszuführen (Aktion 8).
P4-6 Der Mitarbeiter bestimmt die Art der Änderung auf der Grundlage des Auftragsformulars im Entscheidungsprozeß A (Änderungsart ist also erneut »Ändern«).
P4-7 Der Mitarbeiter führt die Änderungen der Kundendaten durch, diesmal korrekt (Aktion 2).
P4-8 Der Leiter der Abteilung überprüft, ob die Änderung im Entscheidungsprozeß C korrekt durchgeführt worden ist (Leiter entdeckt jetzt keinen Fehler).
P4-9 Der Leiter genehmigt die geänderten Kundendaten (Aktion 7).

15.11.2.4 Festlegung der initialen Datensammlung

Es ist festzulegen, ob für die Testdurchführung eine initiale Datensammlung vorliegen muß. Wie bereits angegeben, handelt es sich hierbei nicht nur um Daten in der Datenbank des automatisierten Teils des IT-Systems, sondern beispielsweise auch um ausgefüllte Formulare.

Im Beispiel von Pfad 4 muß sich mindestens ein einziger Kunde in der Datenbank des automatisierten Systems befinden, und es muß bereits ein ausgefülltes Formular vorliegen, in dem der ursprüngliche Änderungsauftrag steht.

15.11.2.5 Erstellung eines Testskriptes

Als Ergebnis dieses Schrittes ist ein Testskript vorzulegen, anhand dessen die Tests tatsächlich ausgeführt werden. Dazu müssen die Aktionen aus den Pfaden konkretisiert werden (also nicht: »Führe Änderung aus« sondern: »Ändere die Adresse des Kunden mit der Kundennummer 827 von Holzstraße 37 in Holzbündelstraße 47«).

Bei jeder auszuführenden Aktion erfolgt eine kurze Beschreibung über die Art und Weise, wie sie ausgeführt wird. Wenn eine Arbeitsanweisung oder eine Gebrauchsanleitung verfügbar ist, wird ein entsprechender Hinweis aufgenommen. Die Aktion kann nun beim Testen anhand der Beschreibungen in der Anleitung oder Arbeitsanweisung ausgeführt werden, wodurch mögliche vorhandene Fehler oder Unklarheiten ermittelt werden können. Wenn diese Dokumente Teil des Geschäftsprozeßtest werden, wird das Qualitätsmerkmal »Benutzungsfreundlichkeit« ein Aspekt dieses Tests.

Im Testskript werden häufig auch Aktionen an die User-ID eines leitenden Mitarbeiters gekoppelt, der zur Durchführung der jeweiligen Aktivität befugt ist. Indem die User-IDs je Funktionsgruppe definiert werden, kann durch Einsatz dieser User-ID ebenfalls die Sicherheit getestet werden.

Durch Erweiterung des Testskriptes mit User-IDs und eine Kopplung mit den Gebrauchsanleitungen oder den Arbeitsanweisungen kann der Bereich des Geschäftsprozeßtests daher auf sehr einfache Weise mit den Qualitätsmerkmalen »Benutzungsfreundlichkeit« und »Sicherheit« erweitert werden.

Im Testskript werden ebenfalls die möglichen Vorbedingungen angegeben. Bei den Vorbedingungen bezieht man sich häufig auf die Ausgangsdateien oder auf die Tatsache, daß das Systemdatum einen bestimmten Wert aufweisen muß. Eine Vorbedingung beim Testskript X kann auch sein, daß das Testskript Y vollständig ausgeführt wurde.

15.11.3 Arbeitsweise Geschäftsprozeßtest mit Testmaß 1

Folgende Schritte sind zu unternehmen, um zu einer Spezifikation für einen Geschäftsprozeßtest mit Testmaß 1 zu gelangen:

1. Ermittlung der Entscheidungspunkte
2. Bestimmung der Testpfade
3. Spezifizierung der Testfälle
4. Festlegung der initialen Datensammlung
5. Erstellung eines Testskriptes

Da bei den Schritten 1, 3, 4 und 5 im Prinzip die gleiche Vorgehensweise gilt wie bei Testmaß 2, sind diese Schritte an dieser Stelle nicht noch einmal beschrieben. Der Unterschied zwischen den beiden Formen des Geschäftsprozeßtests liegt vornehmlich in Schritt 2 »Bestimmung der Testpfade«. Dieser Schritt ist im folgenden eingehend erläutert.

15.11.3.1 Bestimmung der Testpfade

Bei den Testpfaden handelt es sich um die verschiedenen Möglichkeiten, nach denen der Verfahrensfluß durchlaufen werden kann. Dabei gelten folgende Regeln:

- Ein Testpfad beginnt immer bei einem Startpunkt und verläuft bis zu einem Endpunkt.
- Alle einzelnen Aktivitäten müssen mindestens einmal im Testpfad vorkommen.
- Angestrebt wird eine geringstmögliche Anzahl an Testpfaden, in denen alle möglichen Aktivitäten auftreten.

Bei der Festlegung der Testpfade beginnt man beim Startsymbol des ersten Prozesses. Anschließend wird der erste Entscheidungspunkt gesucht. Ein Entscheidungspunkt, im Verfahrensfluß mit einer Raute angedeutet, zeigt die Kreuzung an, bei der sich das Verfahren in mehrere Pfade aufteilt oder wo mehrere Pfade zusammenkommen. Von diesem Entscheidungspunkt an wird ein Pfad gewählt. Dabei ist es am praktischsten, wenn zunächst der kürzeste Pfad ausgewählt wird.

Der Pfad wird nun über die folgenden Entscheidungspunkte durchlaufen, solange, bis ein Endsymbol erreicht ist. Alle durchlaufenen Pfade, vom Startsymbol an bis zum erreichten Endsymbol, bilden den ersten Testpfad.

Der nächste Testpfad folgt dem gleichen Pfad wie der erste Testpfad, bis zum letzten Entscheidungspunkt. Diesmal entscheidet man sich für eine andere Richtung. Auf diese Weise verfolgt man die Bestimmung der Testpfade vom letzten Entscheidungspunkt an, bis alle Pfade nach dem letzten Entscheidungspunkt in einem Testpfad untergebracht sind. Anschließend wird das gleiche getan, jetzt jedoch vom vorletzten Entscheidungspunkt an. Diese Arbeitsweise wird beibehalten, bis alle möglichen Pfade von allen Entscheidungspunkten an berührt sind.

Indem man vom letzten Entscheidungspunkt rückwärts arbeitet, werden die Testpfade auf eine strukturierte Weise bestimmt und dadurch kann die Vollständigkeit des Tests problemloser überwacht werden. Wenn bereits beim ersten Entscheidungspunkt eine andere Richtung eingeschlagen wird, reichen vielleicht weniger Testpfade aus. Die Überwachung der Vollständigkeit ist jedoch eine sehr viel komplexere Aktivität, und es besteht das Risiko, daß ein Pfad »vergessen« wird.

Diese Arbeitsweise wird nun auf einen Verfahrensfluß angewendet, der bereits bei der Beschreibung des Geschäftsprozeßtests mit Testmaß 2 schematisch dargestellt wurde. Beginnt man mit dem Startsymbol und wählt konsequent ab einem Entscheidungspunkt den Pfad mit der niedrigsten Zahl, entsteht der erste Testpfad: 1, 2, 7.

Anschließend wird mit der weiteren Ausarbeitung des letzten Entscheidungspunkts (C) begonnen. Anstatt Pfad 7 wird Pfad 8 genommen. Beim Entscheidungspunkt A wird Pfad 3 und bei Entscheidungspunkt B wird Pfad 5 gewählt. Auf diese Weise entsteht der zweite Testpfad: 1, 2, 8, 3, 5, 7.

Da der letzte Entscheidungspunkt vollständig ausgearbeitet wurde, wird mit der Ausarbeitung des vorletzten Entscheidungspunkts (B) fortgefahren. Anstelle von Pfad 5, der bereits in Testpfad 2 auftritt, wird Pfad 6 genommen. Beim Entscheidungspunkt C ist die Entscheidung im Prinzip indifferent, in Anbetracht der Tatsache jedoch, daß Pfad 4 noch nicht untergebracht wurde und man eine Mindestanzahl an Testpfaden zu erreichen versucht, wird beim Entscheidungspunkt C Pfad 8 genommen. Der dritte Testpfad sieht daher wie folgt aus: 1, 3, 6, 8, 4, 7.

Damit sind alle Aktivitäten in folgenden Testpfaden untergebracht:

Pfad 1: (1, 2, 7)
Pfad 2: (1, 2, 8, 3, 5, 7)
Pfad 3: (1, 3, 6, 8, 4, 7)

Die Anzahl der Testpfade ist daher von sieben beim Geschäftsprozeßtest mit Testmaß 2 auf drei beim Geschäftsprozeßtest mit Testmaß 1 zurückgegangen. Selbstverständlich bedeutet dies einen niedrigeren Abdeckungsgrad beim Geschäftsprozeßtest mit Testmaß 1, aber hierzu hat man sich in der Teststrategie bewußt entschieden.

Bei der Bestimmung der Testpfade muß registriert werden, welche Aktivitäten bereits berührt wurden. Die einfachste Technik dazu ist das »Abhaken« der Pfade in den Verfahrensflüssen. Im Beispiel sind im ersten Testpfad bereits die Pfade 1, 2 und 7 beteiligt. Die Pfade 3, 4, 5, 6 und 8 bleiben somit noch übrig. Da ein Testpfad immer von einem Startsymbol an bis zu einem Endsymbol verläuft, ist es notwendig, daß die Pfade 1 und 7 in allen Testpfaden enthalten sind.

15.11.4 Testdurchführung und Beurteilung

Die Durchführung des Tests geschieht anhand des Testskriptes. Die Beurteilung der Testergebnisse erfolgt bei einem Geschäftsprozeßtest im allgemeinen sofort, da sie nur aus der Überprüfung der Durchführbarkeit der nächsten Aktion besteht.

Die Berichterstattung kann mit Hilfe des Testskriptes festgelegt werden. Dazu werden im Testskript zwei Spalten aufgenommen: »OK« und »Anm.«. In der Spalte »OK« wird beispielsweise mit »ja« (kein Fehler gefunden) oder »nein« (Fehler gefunden) das Testergebnis angegeben, während in der Spalte »Anm.« die Nummer des dazugehörigen Problemberichts vermerkt werden kann. Im Testskript kann ebenfalls eine allgemeine Beurteilung in bezug auf das ausgeführte Testskript aufgenommen werden.

15.12 Real-Life-Test

15.12.1 Allgemein

Das Ziel des Real-Life-Tests, der manchmal in Form einer »Schattenproduktion« ausgeführt wird, ist die Entdeckung von Fehlern, die mit dem endgültigen »Umfang« des IT-Systems zusammenhängen. Der Test muß also möglichst umfassend die wirkliche Umgebung u.a. in bezug auf die Anzahl der Verarbeitungen, der Anwender und der Belastung des IT-Systems im Laufe der Zeit nachahmen.

Häufig stellt sich bei der Inbetriebnahme des Systems plötzlich heraus, daß bestimmte Vorgänge nicht funktionieren. Real-Life-Testen verhindert diese Art von unangenehmen Überraschungen.

Fehler, die mit dem Real-Life-Testen gefunden werden, stehen im allgemeinen mit dem Ressourcenverbrauch des Systems im Zusammenhang:

- Die Antwortzeiten sind unzureichend.
- Die Geschwindigkeit der Batch-Verarbeitung ist unzureichend.
- Der verfügbare Speicher- oder Diskettenplatz ist zu klein.
- Die Druckerkapazität ist unzureichend.
- Das Datenkommunikationsnetz kann die Belastung nicht verarbeiten.

Ein anderer Aspekt, der mit Hilfe eines Real-Life-Tests getestet werden kann, ist die Beziehung mit der Umgebung; das tatsächliche Funktionieren der Schnittstellen mit anderen IT-Systemen in der Produktionsumgebung. Der Real-Life-Test kann auf Qualitätsmerkmale wie »Leistung«, »Eignung der Infrastruktur« und »Kontinuität« angewendet werden. Häufig wird der Real-Life-Test am Ende eines Abnahmetests eingesetzt, wenn das IT-System funktionell bereits zufriedenstellend arbeitet.

15.12.2 Arbeitsweise

Folgende Schritte sind durchzuführen, um einen Real-Life-Test durchführen zu können:

1. Profilskizze Systemanwendung
2. Spezifizierung und Realisierung von Testfällen

15.12.2.1 Profilskizze Systemanwendung

Während der Spezifikationsphase muß im Rahmen des Real-Life-Tests eine Profilskizze der Systemanwendung bestimmt werden. Diese Profilskizze sollte angeben, welche Aktionen wie häufig während einer bestimmten Periode ausgeführt werden. Hierbei muß an eine bestimmte Anzahl an Tageszyklen gedacht werden, beispielsweise einen minimalen, nominalen und einen maximalen Zyklus. Ein Tageszyklus besteht dann normalerweise aus Einloggen, intensiver Nutzung, Mittagessen, intensiver Nutzung, Ausloggen, Backup und Tages-Batches. Zudem können auch vergleichbare Wochen-, Monats- und Jahreszyklen bestehen.

Es muß dafür gesorgt werden, daß alle Systemressourcen realistisch eingesetzt werden. Es ist sinnlos, einen signifikant höheren Einsatz zu simulieren, als im alltäglichen Einsatz üblich ist, da das Ergebnis eines solchen Tests gar nichts aussagt. Wenn das System beispielsweise unter diesen Verhältnissen zu träge ist, heißt das nicht, daß das System nicht den Anforderungen genügt. Ist das System nicht zu träge, heißt das nur, daß das System überkonfiguriert ist, ohne daß klar wird in welchem Ausmaß.

15.12.2.2 Spezifizierung und Realisierung von Testfällen

Für den Real-Life-Test ist der konkrete Inhalt der Testfälle weniger relevant als für die meisten anderen Testtechniken. Das einzige Kriterium ist, daß die Realität, im Sinne Umfang und Häufigkeit der Benutzung, so gut wie möglich erreicht werden muß. Daher ist es sehr nützlich, wenn ein betriebsbereites System vorliegt, vom dem ein repräsentativer Testsatz übernommen werden kann.

Die Spezifikation kann realisiert werden, indem eine Tagesproduktion als Real-Life-Eingabe (nach Bearbeitung!) bereitgestellt wird. Alle Quelldokumente und Aktionen, die an dem Tag verarbeitet wurden, müssen dann so realistisch wie möglich über die Mitarbeiter (Tester) verteilt werden, die am Real-Life-Test beteiligt sind. Hierbei sind Datenschutzaspekte zu berücksichtigen!

15.12.3 Testdurchführung und Beurteilung

Die Durchführung des Real-Life-Tests ist im allgemeinen ein größeres Problem als bei anderen Tests. In einer Umgebung, in der die Anzahl der Endanwender nicht zu groß ist, kann an einem Wochenende ein vorher festgelegter Testablauf ausgeführt werden, wenn alle Mitarbeiter ein paar Überstunden machen. Wenn die Anzahl der Endanwender aber zu groß ist, kann eine Simulation mit Hilfe von »Tools« eine Lösung sein. Bei dieser Art von Tools ist jedoch sorgfältig zu ermitteln, welche Systemkomponenten nicht verwendet werden. Vielfach werden beispielsweise Kommunikationswege von Terminals nicht oder anders verwendet als in der endgültigen Produktionsumgebung. Eine weitere Einschränkung bei der Simulation liegt darin, daß es häufig nicht möglich ist, bestimmte Funktionen parallel auszuführen.

Im Vorfeld ist gut zu überlegen, was und wie bei einem Real-Life-Test getestet werden soll. Manchmal belastet das Messen an sich auch schon das System, was zu einer Verfälschung der Ergebnisse führen kann. Andererseits muß man über ausreichend viele Daten verfügen, um hinterher eine gute Analyse durchführen zu können.

Die Beurteilung eines Real-Life-Tests ist sehr schwierig. Insbesondere durch eine parallele Durchführung der Tests kann eine Wiederholbarkeit erschwert werden. Daher muß darauf geachtet werden, daß der Test nicht auf einer instabilen Software ausgeführt wird. Wenn das System über sogenannte »logging«- und »monitoring«-Einrichtungen verfügt, so können diese zur Ermittlung von Fehlerursachen eingesetzt werden.

15.13 Semantischer Test

15.13.1 Allgemein

Der semantische Test hat das Ziel, die *Beziehungen und Abhängigkeiten zwischen Daten* bei der Eingabe zu verifizieren. Diese Beziehungen können zwischen den Daten innerhalb eines Bildschirmfensters bestehen oder zwischen Daten in verschiedenen Fenstern untereinander und zwischen den (Eingabe-)Daten und den bereits in der Datenbank vorhandenen Daten.

Das semantische Testen beginnt mit einer Ermittlung der gegenseitigen Abhängigkeiten. Diese Beziehungen und Ahängigkeiten werden in Bedingungen und Pfade unterteilt: Unter welchen Umständen geschieht was? Diese Bedingungen werden nacheinander (je Fenster) getestet.

Diese Testtechnik wird insbesondere zum Testen von Online-Systemen im Rahmen eines Systemtests oder eines Abnahmetests ausgeführt.

Der semantische Test kann neben der »Funktionalität« auch auf das Qualitätsmerkmal »Sicherheit« angesetzt werden. Die Überprüfung des Zugriffsschutzes kann nämlich als eine Abhängigkeit zwischen der im System vorhandenen Sicherheitsdefinitionen (Autorisierungen) und der Eingabe von User-ID und dem Kennwort betrachtet werden.

Neben den semantisches Tests können auf der Mensch/Maschine-Schnittstelle auch syntaktische Tests ausgeführt werden. Das Ziel dabei ist die Entdeckung von Fehlern im Layout und den primären Überprüfungen (u.a. Wertebereiche der Daten) in bezug auf die Felder. Syntaktische Tests können parallel zu den semantischen Tests ausgeführt werden. Eventuell können sogar die Testskripte kombiniert werden.

15.13.2 Arbeitsweise

Folgende Schritte sind zu unternehmen, um zu einem semantischen Test zu gelangen:

1. Ermittlung der Abhängigkeiten
2. Ausarbeitung der Abhängigkeiten
3. Festlegung der Testaktionen und Kontrollen
4. Festlegung der initialen Datensammlung
5. Erstellung eines Testskriptes

15.13.2.1 Ermittlung der Abhängigkeiten

Die ausgewählte Testbasis für die jeweiligen Tests wird gelesen. Bei diesem Schritt werden die Stellen innerhalb des Systems bestimmt, in dem Abhängigkeiten (auf Fensterebene) vorhanden sind. Alle Abhängigkeiten müssen eine eindeutige Identifikation erhalten, sofern das nicht bereits in der Systemdokumentation erfolgt ist.

15.13.2.2 Ausarbeitung der Abhängigkeiten

Die ermittelten Abhängigkeiten werden in Form von einfachen Vergleichen aufgeschrieben (für jede Abhängigkeit ein Vergleich). In einfachen Vergleichen treten nur die Begriffe WENN, DANN und SONST auf, im Gegensatz zu einem zusammengesetzten Vergleich, in dem auch die Begriffe UND und ODER vorkommen können.

Eine Abhängigkeit in Form von »A UND B« wird folgendermaßen formuliert:

WENN A
DANN WENN B
        DANN korrekte Eingabe bzw. Aktion
        SONST Fehlermeldung
SONST Fehlermeldung

Eine Abhängigkeit in Form von »A ODER B« wird wie folgt umgeschrieben:

WENN A
DANN korrekte Eingabe bzw. Aktion
SONST WENN B
      DANN korrekte Eingabe bzw. Aktion
      SONST Fehlermeldung

Das Formulieren der Abhängigkeiten in Form von Vergleichen hängt mit der Komplexität der Abhängigkeiten und der Eindeutigkeit der Testbasis zusammen. Bei jeder Abhängigkeit werden ebenfalls die zu unterscheidenden Testfälle angegeben.

Bei eventuellen Unklarheiten in der Testbasis ist es wichtig, daß eine Übereinstimmung mit dem Entwicklungsteam erreicht wird.

Beispiel: Folgender Text ist bei einer Funktionsbeschreibung angegeben:

Das Eingangsdatum der eingegebenen Adreßänderung muß nach dem Enddatum liegen, das bei der vorigen Adresse des Rentenberechtigten angegeben ist. Ist dies nicht der Fall, so erfolgt eine Fehlermeldung.

Das ergibt im Rahmen des Testens folgenden Vergleich:

WENN »Enddatum alte Adresse« ≥ »Eingangsdatum neue Adresse«	(a)
DANN Fehlermeldung	(Testpfad 1)
SONST korrekte Eingabe	(Testpfad 2)

In diesem Beispiel werden zwei Testpfade unterschieden, nämlich Testpfad 1, in dem die Bedingung a wahr ist (Enddatum ≥ Anfangsdatum) und Testpfad 2, in dem die Bedingung a falsch ist (Enddatum < Anfangsdatum).

Ein Beispiel mit mehreren Pfaden ist folgende Kontrolle:

WENN Mindestvorrats-Code gleich S(ignal) ist	(a)
DANN WENN Anzahl Mindestvorrat gleich Null ist	(b)
DANN Fehlermeldung 103	(Testpfad 1)
SONST korrekte Eingabe	(Testpfad 2)
SONST korrekte Eingabe	(Testpfad 3)

Wenn der Mindestvorrats-Code ungleich S ist, findet keine weitere Kontrolle statt (Testpfad 3). Wenn der Mindestvorrats-Code gleich S ist, und die Anzahl Mindestvorrat Null ist, folgt eine Fehlermeldung (Testpfad 1). Wenn die Anzahl Mindestvorrat ungleich Null ist, die Bedingung a wahr und Bedingung b falsch ist, erfolgt keine Fehlermeldung (Testpfad 2).

15.13.2.3 Festlegung der Testaktionen und Kontrollen

Indem die Abhängigkeiten in (einfache) Vergleiche umgeschrieben werden, werden die Testfälle auf der Grundlage der Testpfade gleichsam automatisch unterschieden. Das Testen der Testpfade erfolgt anhand der Durchführung der Testaktionen. Im Prinzip generiert jeder Testpfad eine dazugehörige Testaktion und eventuell auch eine Überprüfung. Bei der Beschreibung der Testaktion sind die konkreten Werte einzusetzen, die bei der

Durchführung des Tests angewandt werden. In Datenfelder, die für den Test nicht wichtig sind, ist – falls erforderlich – ein korrekter Wert einzugeben. Eine Überprüfung wird beschrieben, wenn mehr zu kontrollieren ist als die Ermittlung, ob eine Aktion gut (legal) oder falsch (illegal) verläuft.

Eine umfassende und detaillierte Beschreibung der Testaktionen ist insbesondere beim Testen von Abhängigkeiten zwischen Daten in verschiedenen Bildschirmfenstern wichtig. Es wird dann angegeben, welche Daten vorher in welchen anderen Fenstern eingegeben werden müssen, damit der Test ausgeführt werden kann. Das Testen von Abhängigkeiten zwischen Daten innerhalb eines Bildschirmfensters ist um ein Vielfaches einfacher.

Nach diesem Schritt ist die Testspezifikation im Prinzip fertiggestellt. Die Testspezifikation umfaßt auf jeden Fall die Abhängigkeiten (einschließlich der dazugehörigen Testpfade), vorzugsweise in Form von Vergleichen und einer Beschreibung der Testaktionen und Überprüfungen. Bei einer Vielzahl von Abhängigkeiten empfiehlt es sich, eine Querverweistabelle von Abhängigkeiten, Testpfaden und Testaktionen zu erstellen, so daß festgestellt werden kann, ob für alle Abhängigkeiten und den damit zusammenhängenden Testpfaden entsprechende Testaktionen vorliegen.

Im Zusammenhang mit dem Beispiel des Vorratsystems können folgende Testaktionen unterschieden werden:

A01   Eingabe Mindestvorrats-Code S und Anzahl Mindestvorrat 0
A02   Eingabe Mindestvorrats-Code S und Anzahl Mindestvorrat 250
A03   Eingabe Mindestvorrats-Code B

Bei der Durchführung von Aktion A01 wird kontrolliert, ob die richtige Fehlermeldung erscheint:

C01   FM 103: »bei Mindestvorrats-Code S Anzahl Mindestvorrat eingeben«

15.13.2.4 Festlegung der initialen Datensammlung

Es ist festzulegen, ob für die Testdurchführung eine initiale Datensammlung vorhanden sein muß. Falls dies erforderlich ist, muß hierzu eine Beschreibung erfolgen, bei der anzugeben ist, für welchen Testfall ein Datum in die Ausgangsdatensammlung aufgenommen worden ist. Diese Beschreibung ist der Testspezifikation hinzuzufügen.

Das Vorhandensein einer initialen Datensammlung und eine gute Beschreibung dieser Sammlung ist besonders bei Testfällen im Zusammenhang mit Abhängigkeiten wichtig, die zwischen Daten in unterschiedlichen Bildschirmfenstern einerseits und bereits im System vorhandenen (initialen) Daten andererseits gelten.

Beim oben angeführten Beispiel in bezug auf die Eingabe von Adreßdaten, bei dem die eingegebenen Adreßinformationen überprüft werden, hat in der Ausgangsdatensammlung eine rentenberechtigte Person mit einer Adreßinformation und einem Enddatum vorzuliegen.

Wenn in der initialen Datensammlung Daten festgelegt werden, die nur eine befristete Zeit lang verwendungsfähig sind, beispielsweise infolge eines Enddatums, so ist dies separat anzugeben. Bei einem nächsten Test ist dann zu überprüfen, ob diese »zeitabhängigen« Daten noch gültig sind und ob die Ausgangsdatensammlung angepaßt werden muß.

15.13.2.5 Erstellung eines Testskriptes

Als Ergebnis dieses Schrittes wird ein Testskript aufgestellt. Dabei werden die Aktionen beschrieben, die bei der tatsächlichen Testdurchführung nacheinander stattzufinden haben. Die Testspezifikationen mit einer Beschreibung der Testfälle bilden die Grundlage für das zu erstellende Testskript.

Anhand der Testfälle wird ein Testskript aufgestellt, in dem die nacheinander auszuführenden Aktionen beschrieben sein müssen. Des weiteren werden im Testskript die möglichen Vorbedingungen angegeben. Eine Vorbedingung bei Testskript X kann beispielsweise sein, daß Testskript Y vollständig ausgeführt ist.

15.13.3 Testdurchführung und Beurteilung

Die Durchführung des Tests erfolgt anhand des Testskriptes. Man erhält einen guten Überblick über den Fortschritt des Tests, wenn man verfolgt, wie viele Kontrollen insgesamt definiert wurden, wie viele ausgeführt sind und wie viele Abweichungen (Fehler) dabei ermittelt wurden.

Die Beurteilung des semantischen Testens erfolgt im allgemeinen sofort, da eine Überprüfung direkt innerhalb der Funktion stattfinden kann.

Die Berichterstattung kann mit Hilfe des Testskriptes festgelegt werden. Dazu werden im Testskript zwei Spalten aufgenommen: »OK« und »Anm.«. In der Spalte »OK« wird beispielsweise mit »ja« (kein Fehler gefunden) oder »nein« (Fehler gefunden) das Testergebnis angegeben, während in der Spalte »Anm.« die Nummer des dazugehörigen Problemberichts vermerkt werden kann. Im Testskript kann ebenfalls eine allgemeine Beurteilung in bezug auf das ausgeführte Testskript aufgenommen werden.

15.14 Syntaktischer Test

15.14.1 Allgemein

Der syntaktische Test hat das Ziel, Fehler im *Layout der Bildschirmfenster und Ausdrucke* und in den primären Eingabekontrollen der Datenfelder zu entdecken. Als Prüfungskriterium können geltende Standards sowie spezifische Beschreibungen von Bildschirmfenstern, Masken und Ausdrucke in den Funktionsspezifikationen verwendet werden.

Der Test wird durchgeführt, indem man einerseits alle Datenfelder in den Bildschirmfenstern mit den Daten aus dem Datenmodell in Beziehung setzt und bei den Daten anschließend bestimmt, welche Längen diese aufweisen dürfen und welche Einschränkungen gelten. Andererseits werden die verfügbaren Möglichkeiten ermittelt und mit den Bildschirmfenstern und Datenfelder in Beziehung gebracht.

Diese Testtechnik kann insbesondere zum Testen von Online-Systemen eingesetzt werden. Ein syntaktischer Test kann jedoch auch bei Batch-Systemen zur Kontrolle der erstellten Ausdrucke angewandt werden.

Neben den syntaktischen Tests können bei der Mensch/Maschine-Schnittstelle auch semantische Tests ausgeführt werden. Das Ziel dabei ist, unter anderem Fehler in der Konsistenz zwischen den eingefügten Feldern oder Bildschirmfenstern einerseits und der bereits im System vorliegenden Informationen andererseits zu entdecken. Semantische Tests können parallel zu den syntaktischen Tests ausgeführt werden. Es empfiehlt sich, auch die Testskripte der beiden Testtechniken zu kombinieren.

15.14.2 Arbeitsweise

Folgende Schritte sind zu unternehmen, um zu einem syntaktischen Test zu gelangen:

1. Erstellung einer Checkliste für die Bildschirmfenster und die Ausdrucke
2. Festlegung der zu testenden Bildschirmfenster und Ausdrucke
3. Erstellung eines Testskriptes

15.14.2.1 Erstellung einer Checkliste für die Bildschirmfenster und die Ausdrucke

Dieser Schritt ist während der Test-Spezifikationsphase auszuführen. Das Ergebnis sind zwei Checklisten. Es ist festzulegen, welche syntaktischen Kontrollen man bei den verschiedenen Bildschirmfenstern (einschließlich der Datenfelder) und Ausdrucke durchführen will. Diese Kontrollen werden in allgemeinen Begriffen in den zwei Checklisten beschrieben (eine für die Bildschirmfenster und eine für die Ausdrucke).

Zunächst wird die Testbasis betrachtet, aus der folgendes herauszukristallisieren ist:

- Welche Sorten von Datenfeldern liegen vor: numerisch, alphanumerisch oder Datum?
- Welche Möglichkeiten bestehen je Bildschirmfenster bzw. je Datenfeld: Fragezeichenauswahl, Funktionstasten, Hilfsfunktionen usw.?

Anschließend ist für jede Sorte der Datenfelder zu bestimmen, welche Kontrollen ausgeführt werden müssen. Dabei muß man aufpassen, daß man nicht zu große Ansprüche stellt. Aufgrund der hohen Anzahl an Datenfeldern steigt die Anzahl der Kontrollen schnell an. Außerdem ist die Schwere der Fehler, die man mit Hilfe des syntaktischen Testens findet, im allgemeinen nicht sehr hoch, obgleich sie für die Anwender häufig problematisch sind. Die jeweiligen (Standard-)Kontrollen bei den Datenfelder bilden einen Teil der Checkliste für den Test der Bildschirmfenster.

Auf genau die gleiche Weise können die übrigen syntaktischen Kontrollen, die man durchführen will, unterschieden werden. Sie bilden zusammen die beiden Checklisten (eine für die Bildschirmfenster und eine für die Ausdrucke). Am Ende der Beschreibung dieser Technik sind Beispiele für mögliche auszuführende syntaktische Kontrollen aufgeführt.

Man kann die Art und Weise, in der die Anwendung realisiert wurde, bei der Aufstellung der Checkliste mit berücksichtigen. Wenn beispielsweise eine Standard-Datum-Routine verwendet wird, ist es sinnlos, jedes Datumsfeld wieder auf ein illegales Datum hin zu kontrollieren. Die Wahrscheinlichkeit, hiermit Fehler zu finden, ist so gering, daß sich der Aufwand nicht lohnt.

15.14.2.2 Festlegung der zu testenden Bildschirmfenster und Ausdrucke

Nach Aufstellen der jeweiligen Checklisten sind einige Bildschirmfenster und Ausdrucke auszuwählen, die entsprechend überprüft werden sollen. Es ist sinnvoll, die Checklisten nur stichprobenartig einzusetzen, da die Fehler, die bei einem syntaktischen Test gefunden werden, im allgemeinen nicht stark ins Gewicht fallen.

Stellt sich während der Durchführung des Tests heraus, daß eine große Anzahl an Fehlern gefunden wird, kann erwogen werden, die Anzahl der Bildschirmfenster bzw. der Ausdrucke, zu denen die Checklisten eingesetzt werden, zu erhöhen.

15.14.2.3 Erstellung eines Testskriptes

Das Ergebnis dieses Schrittes ist ein Testskript. Wie bereits vorher beschrieben, kann ein Testskript eines syntaktischen Tests häufig mit einem Testskript eines semantischen Tests kombiniert werden.

Wenn die beiden vorigen Schritte, Erstellung einer Checkliste zu Bildschirmfenstern und Ausdrucke und Festlegung der zu testenden Bildschirmfenster und Ausdrucke vollständig ausgeführt worden sind, kann das eventuell bereits vorhandene Testskript des semantischen Tests problemlos erweitert werden. Das entsprechende Testskript wird dann um eine Aktion ergänzt, in der beschrieben ist, daß die Kontrollen, wie in der Checkliste angegeben, im Zusammenhang mit dem jeweiligen Bildschirmfenster oder dem Ausdruck auszuführen sind. Beispielsweise:

A0X Durchführen Kontrollen Bildschirmfenster xxx gemäß syntaktischer Bildschirmfenster-Checkliste

15.14.3 Testdurchführung und Beurteilung

Die Durchführung des Tests erfolgt anhand der:

- Testskripte
- Checklisten der zu kontrollierenden Aspekte je Bildschirmfenster (Datenfeldart) und Ausdruck
- Systemdokumentation bzw. Testbasis

Man erhält einen guten Überblick über den Fortschritt des Tests, wenn man verfolgt, wie viele Datenfelder insgesamt getestet werden müssen, wie viele getestet wurden und wie viele Fehler dabei gemacht wurden.

Die Beurteilung des syntaktischen Tests erfolgt im allgemeinen sofort, da eine Überprüfung direkt innerhalb der Funktion stattfinden kann. Die Testergebnisse können im Testskript festgehalten werden.

Dazu werden im Testskript zwei Spalten aufgenommen: »OK« und »Anm.«. In der Spalte »OK« wird beispielsweise mit »ja« (kein Fehler gefunden) oder »nein« (Fehler gefunden) das Testergebnis angegeben, während in der Spalte »Anm.« die Nummer des dazugehörigen Problemberichts vermerkt werden kann. Im Testskript kann ebenfalls eine allgemeine Beurteilung in bezug auf das ausgeführte Testskript aufgenommen werden.

15.14.4 Ein alternative Arbeitsweise

Eine etwas pagmatischere Arbeitsweise ist folgende: Schritt 1 (Erstellen einer Checkliste), wie im vorigen Abschnitt beschrieben, wird übergangen. Dem Testskript der ausgewählten Bildschirmfenster und Ausdrucke wird ein Abschnitt hinzugefügt, in dem einige syntaktische Kontrollen beschrieben werden, die spezifisch für das jeweilige Bildschirmfenster oder die Ausdruck ausgeführt werden. Faktisch bedeutet dies, daß man sich nach der Erstellung des Testskriptes für den semantischen Test in einer kurzen »Brainstorm-Sitzung« eine beschränkte Anzahl an syntaktischen Kontrollen ausdenkt, die im Zusammenhang mit dem spezifischen Bildschirmfenster oder dem Ausdruck ausgeführt werden können. Diese Kontrollen werden beschrieben und dem Testskript hinzugefügt.

15.14.5 Syntaktische Kontrollen

In diesem Unterabschnitt werden die eventuell auszuführenden Kontrollen bei einem syntaktischen (Bildschirmfenster-)Test detailliert beschrieben. Wie bereits vorher angegeben wurde, sind drei Kategorien zu unterscheiden:

1. Layoutkontrolle
2. Kontrolle der Funktionstasten
3. Datenfeldkontrolle

Je Kontrollkategorie wird angegeben, was getestet werden kann und worauf sich die Kontrolle bezieht: auf ein Bildschirmfenster oder auf eine Ausdruck.

15.14.5.1 Layoutkontrolle

Die Layoutkontrolle kann für jedes Bildschirmfenster bzw. jede Ausdruck erfolgen. Das Fenster wird anhand des Bildschirmlayouts aus den Funktionsspezifikationen überprüft, die Ausdrucke anhand des Ausdrucklayouts.

Im Zusammenhang mit dem Layout können folgende Kontrollen ausgeführt werden:

15.14.5.1.1 Kopfzeilen

Es kann überprüft werden, ob den Standard-Kopfzeilen entsprochen wird. Für alle Bildschirmfenster und Ausdrucke kann beispielsweise gelten, daß folgende Angaben bzw. Felder vorhanden sein müssen:

- Fenster- oder Ausdrucksname
- Systemdatum
- Versionsnummer

Die Anforderungen im Zusammenhang mit der Kopfzeile werden vielfach bei den (Unter-) Systemstandards im Zusammenhang mit der Mensch/Maschine-Schnittstelle beschrieben. Bei den jeweiligen Angaben kann überprüft werden, ob sie auf dem Bildschirm oder auf dem Ausdruck an der richtigen Stelle stehen und ob sie den richtigen Wert aufweisen.

15.14.5.1.2 Angaben

Im Zusammenhang mit den auf dem Bildschirm oder auf dem Ausdruck vorhandenen Angaben bzw. Felder können Kontrollen zu folgenden Fragen ausgeführt werden:

- Vorhandensein (Fehlen keine Angaben bzw. stehen keine Angaben auf dem Bildschirm, die nicht dahingehören?)
- Ist die Bezeichnung der Angaben bzw. des Feldes korrekt?
- Ist die Position der Angaben auf dem Bildschirm oder dem Ausdruck korrekt?

15.14.5.2 Kontrolle der Funktionstasten

Die Kontrollen im Zusammenhang mit den Funktionstasten beziehen sich selbstverständlich nicht auf die Ausdrucke. Die Kontrolle kann anhand eines Testskriptes ausgeführt werden. Darin muß angegeben sein, was für die jeweilige Funktionstaste (einschließlich der Möglichkeiten, Auswahlmöglichkeiten und dergleichen) getestet werden muß. Das kann beispielsweise auf folgende Weise notiert werden:

Fxx: Bedingung1[Aktion1], Bedingung2[Aktion2], ...
Hierin ist:

- Fxx: die Funktionstastenbezeichnung
- Bedingung1: die Bedingung, unter der die Aktion ausgeführt wird, beispielsweise die Stelle des Cursors in einem bestimmten Datenfeld
- Aktion1: die auszuführende Aktion

15.14.5.3 Datenfeldkontrolle

Diese Kontrolle kann anhand der Bildschirmfenster- bzw. Ausdrucksbeschreibungen aus der Systemdokumentation sowohl für die Bildschirmfenster als auch für die Ausdrucke ausgeführt werden.

15.14.5.3.1 Bildschirmfensterkontrolle

Zu jedem Datenfeld im Bildschirmfenster können u.a. folgende Kontrollen ausgeführt werden:

1. Input/Output (I/O)-Kontrolle

   - Für alle möglichen Eingaben (I) muß getestet werden, ob eine Eingabe in dem entsprechenden Datenfeld möglich ist.
   - Für alle möglichen Ausgaben (O) muß festgestellt werden, ob tatsächlich eine Ausgabe an den Bildschirm stattfindet und ob es sich um die richtige Ausgabe handelt. Des weiteren ist zu kontrollieren, ob eine Eingabe nicht möglich ist.
   - Für alle Eingaben/Ausgaben (I/O) müssen sowohl die Eingabe- als auch die Ausgabekontrolle wie oben angegeben stattfinden. Des weiteren ist zu überprüfen, ob kor-

rekte Defaultwerte angezeigt werden, falls dies für das entsprechende Datenfeld zutrifft.

2. Kontrolle der Felddefinitionen

- Bei numerischen Feldern sind Zahlen einzugeben, und es ist zu kontrollieren, daß keine Buchstaben eingegeben werden können.
- Bei alphanumerischen Feldern sind Buchstaben bzw. Zahlen einzugeben.
- Bei alpha-non-numerischen Feldern sind Buchstaben einzugeben, und es ist zu überprüfen, daß keine Zahlen eingegeben werden können.
- Bei Datumsfeldern ist ein legales Datum sowie ein illegales Datum einzugeben und zu überprüfen, daß keine Buchstaben eingegeben werden können.
- Wenn ein Datenbereich spezifiziert wurde, kann eine entsprechende Kontrolle dazu stattfinden.

Bei der Festlegung der auszuführenden Kontrollen im Rahmen der Felddefinitionen können Äquivalenzklassen eingesetzt werden. Eine Äquivalenzklasse ist Teil eines Datenbereichs, in der sich die Datenwerte befinden, die für den Test gleichwertig (äquivalent) sind. Selbstverständlich kann ein Datenwert zu nur einer einzigen Äquivalenzklasse gehören.

Die Einteilung von Felddefinitionen und Datenbereiche in Äquivalenzklassen ist insbesondere von der Art (numerisch, alphanumerisch oder Datum) des Datums abhängig. Für jedes Format gelten andere Regeln. Für eine Beschreibung der verschiedenen Regeln im Zusammenhang mit Äquivalenzklassen siehe Paragraph 15.3.4, »Das Prinzip der Ableitung von Testfällen«.

3. Kontrolle der Pflichtdatenfelder

Bereitschaftsmeldung eines Bildschirms, ohne daß ein Datenfeld ausgefüllt ist. Wenn Datenfelder Werte enthalten müssen (Pflichtdatenfelder), muß dies auf dem Bildschirmfenster angegeben werden. Anschließend ist das erste Datenfeld auszufüllen und anzugeben, daß das Bildschirmfenster ausgefüllt ist. Die eventuell folgenden Pflichtdatenfelder sind danach auszufüllen, usw.

4. Hilfskontrolle

Wenn Hilfstexte für eine bestimmte Angabe oder ein Datenfeld vorhanden sein sollen, ist zu überprüfen, ob die Wiedergabe korrekt erfolgt, d.h., daß tatsächlich ein Hilfstext erscheint und daß es sich dabei für die jeweilige Anzeige um den richtigen Text handelt.

15.14.5.3.2 Ausdruckskontrolle

Im Zusammenhang mit den Ausdrucke kann sich die Kontrolle auf die Ermittlung beschränken, ob sich die Ausgaben korrekt auf dem Ausdruck wiederfinden. Anhand des Ausdrucksbeschreibungen muß kontrolliert werden, ob die darin beschriebene Herkunft der Ausgaben auch tatsächlich in dem Ausdruck vermerkt wird.

16 Detailüberprüfung der Testbasis

16.1 Einleitung

Die Kernbereiche »Statische Testtechniken«, Ebene A, und »Einsatz des Phasenmodells«, Ebene B, beziehen sich auf eine Detailüberprüfung der Testbasis (Systemdokumentation). Ziel einer solchen Überprüfung ist es, Einblick in die Testbarkeit der Testbasis zu erhalten und bereits in einem frühen Stadium des Entwicklungs- und Testprozesses möglicherweise teure Fehler zu finden. Dieses Kapitel beschreibt im einzelnen die Arbeitsweise bei der Durchführung einer Detailüberprüfung.

16.2 Arbeitsweise

Folgende Schritte sind im Rahmen der Detailüberprüfung der Testbasis vorzunehmen:

- Bestimmung der relevanten Dokumentation
- Erstellung einer Checkliste
- Beurteilung der Dokumentation auf Testbarkeit
- Berichterstattung

16.2.1 Bestimmung der relevanten Dokumentation

Die für die Durchführung des Tests relevante Dokumentation ist im Prinzip bereits im Testplan festgelegt. Möglich ist jedoch, daß sich im Hinblick auf die Dokumentation Änderungen ergeben haben. In einem solchen Fall ist der Testplan anzupassen, und die entsprechenden Dokumente sind zu aktualisieren bzw. zu erzeugen. Anschließend sind die verschiedenen Elemente der Testbasis zusammenzustellen.

16.2.2 Erstellung einer Checkliste

Die Dokumentation wird auf ihre Testbarkeit hin überprüft. Abhängig von den ausgewählten Test-Spezifikationstechniken, der Dokumentationsform und der zu testenden Qualitätsmerkmale ist eine Checkliste zu erstellen. Im Anschluß an diese Technikbeschreibung ist für die Testtechniken und einige dynamisch zu testende Qualitätsmerkmale angegeben, welche besonderen Kontrollaspekte eine Rolle bei der Überprüfung spielen können. Die Checklisten können in bezug auf die ausgewählten Techniken zu einer einzigen Checkliste zusammengefügt werden. Eventuell können auch die allgemeinen Checklisten für Black-Box- und White-Box-Testen verwendet werden, die ebenfalls in diesem Abschnitt enthalten sind. Durch die Erstellung einer einzigen Checkliste kann verhindert werden, daß identische Elemente der Testbasis mehrere Male durchgesehen werden müssen.

Aufgrund der Verschiedenheit der Dokumentationsformen ist es aber nicht möglich, eine für jede Teststufe allgemeingültige Checkliste zu erstellen, sondern es muß für jede Organisation und eventuell für jedes einzelne Projekt eine Checkliste pro Teststufe erstellt werden. Die im folgenden beschriebenen Checklisten können dabei behilflich sein.

16.2.3 Beurteilung der Dokumentation auf Testbarkeit

Auf der Grundlage der erstellten Checkliste wird die Dokumentation beurteilt, und die Befunde werden im Zusammenhang mit der Systemdokumentation in einem Problembericht festgehalten. Aufgrund der Detailüberprüfung wird – wegen der frühen Fehlererkennung – die Qualität der Systemdokumentation steigen. Außerdem entsteht ein guter Einblick in Art und Umfang des IT-Systems. Dies rechtfertigt den relativ hohen Aufwand.

16.2.4 Berichterstattung

Auf der Grundlage der individuellen Testbasisbefunde, die während der Beurteilung gemacht wurden, wird der Bericht »Detailüberprüfung« angefertigt. Dieser Bericht vermittelt eine allgemeine Zusammenfassung über die Qualität bzw. Testbarkeit der Dokumentation. Mögliche Konsequenzen einer unzureichenden Qualität sind ebenfalls anzugeben. Im Bericht »Detailüberprüfung« werden folgende Abschnitte unterschieden:

- Auftragsformulierung: Sie beinhaltet eine Identifikation der Testbasis sowie eine Beschreibung des Auftraggebers und des Auftragnehmers.

- Schlußfolgerung: Sie enthält Angaben zur Testbarkeit des untersuchten Dokuments und den möglicherweise damit verbundenen Konsequenzen bzw. Risiken.

- Empfehlungen: Es werden sowohl zum vorliegenden Dokument als auch eventuell strukturelle Empfehlungen gegeben, um künftig bessere Dokumente freigeben zu können.

- Abweichungen: Die ermittelten Abweichungen werden im einzelnen beschrieben, oder es wird auf die entsprechenden Problemberichte hingewiesen.

- Anlage: die verwendete Checkliste

16.3 Checkliste »Testtechniken«

16.3.1 Strukturtest

Bei diesem Test wird die Struktur eines Algorithmus getestet. Die gewünschte Testbasis ist ein Flußdiagramm, eine Entscheidungstabelle oder ein Nassi-Shneidermann-Diagramm, ergänzt um eine Beschreibung. Folgende Checkliste kann bei der Überprüfung der Dokumentation angewandt werden:

- Sind die (Programm-)Algorithmen in Form eines Flußdiagramms, einer Entscheidungstabelle oder eines Nassi-Shneidermann-Diagramms beschrieben?
- Ist der Trigger deutlich angegeben? (Mit anderen Worten: Wann muß der Algorithmus gestartet werden?)
- Ist angegeben, welche Daten verwendet werden und aus welcher Quelle diese stammen?
- Ist das Ergebnis des Algorithmus bekannt?
- Sind die verschiedenen Entscheidungspunkte eindeutig und vollständig und unter Berücksichtigung der dazugehörigen Bedingungen beschrieben?

16.3.2 Entscheidungstabellentest

Mit Hilfe des Entscheidungstabellentests wird die Verarbeitung eines Programmteils oder einer Funktion auf äußerst formale Weise getestet. Da diese Testtechnik besonders hohe Ansprüche an die Qualität der Testbasis stellt, ist bei ihrem Einsatz die Detailüberprüfung der Testbasis genauestens zu berücksichtigen. Bei der Detailüberprüfung der Testbasis kann für die Überprüfung der vorhandenen Entwurfspezifikationen folgende Checkliste angewandt werden:

- Sind die Trigger des Prozesses deutlich angegeben? (Es handelt sich hierbei sowohl um Trigger aus der Richtung des Anwenders als auch eines externen Systems oder einer internen Funktion bzw. Programmteils.)
- Ist die Verarbeitung so beschrieben, daß darin die einzelnen »Verarbeitungswege« zu unterscheiden sind?
- Sind die Determinanten (Faktoren), die den Prozeß beeinflussen, deutlich zu erkennen und eindeutig beschrieben?
- Ist die Durchführung des Prozesses klar erkennbar, und ist es möglich, Ergebnisse vorauszusagen?

16.3.3 Datenkombinationstest

Da der Datenkombinationstest eine weniger formale Methode ist, stellt sie auch weniger stringente Ansprüche an die freigegebene Testbasis. Im Zusammenhang mit dem Datenkombinationstest kann bei der Detailüberprüfung der Testbasis im Rahmen der Überprüfung der vorhandenen Systemspezifikationen folgende Checkliste eingesetzt werden:

- Sind die verschiedenen Bildschirm- und Drucklayouts beschrieben?
- Ist die Verarbeitung der Funktionen einschließlich der Entscheidungswege eindeutig beschrieben?
- Ist der Zusammenhang zwischen den verschiedenen Funktionen beschrieben?
- Liegt ein Dialogentwurf (Bildschirm-Verlaufschemata usw.) vor?

16.3.4 Elementarer Vergleichstest

Beim elementaren Vergleichstest geht es um die Beschreibung der (logischen) Verarbeitung von Daten. Dabei können beispielsweise ein Pseudocode bzw. Entscheidungstabellen eingesetzt worden sein. Im Zusammenhang mit dem elementaren Vergleichstest kann bei der Detailüberprüfung der Testbasis im Rahmen der Überprüfung der vorhandenen Systemspezifikationen folgende Checkliste eingesetzt werden:

- Ist die Verarbeitung so beschrieben, daß dabei die einzelnen »Verarbeitungswege« zu unterscheiden sind?
- Ist klar, unter welchen Bedingungen ein bestimmter »Verarbeitungsweg« eingeschlagen wird?
- Ist die Verarbeitung einschließlich der Ein- und Ausgabe eindeutig beschrieben?
- Ist für alle eingegebenen Datenfelder die entsprechende Verarbeitung beschrieben?

16.3.5 Error Guessing

Für die Durchführung des Error-Guessing-Tests ist eine spezifische Beurteilung bestimmter Aspekte der Dokumentation nicht unbedingt erforderlich. Viel wichtiger ist es, daß man auf der Grundlage der Dokumentation einen guten Einblick in das zu testende (Teil-)System erhält. Das kann man übrigens auch mit Hilfe strukturierter Tests im Zusammenhang mit Error Guessing erreichen.

16.3.6 Datenzyklustest

Der Datenzyklustest zielt auf den Lebenszyklus von Daten. Einen wesentlichen Bestandteil der Testbasis bildet somit auch die CRUD-Matrix. Falls diese fehlt, muß sie erstellt werden, damit die Testspezifikation im Rahmen des Datenzyklustests erfolgen kann. Bei der Überprüfung der Testbasis für den Datenzyklustest kann folgende Checkliste eingesetzt werden:

- Befindet sich in der Dokumentation eine CRUD-Matrix?
- Ist klar, in welcher oder welchen Funktion(en) eine Entität eingegeben, abgefragt, geändert und gelöscht werden kann?

- Kann jede Entität eingegeben, geändert und gelöscht werden?
- Liegt eine Beschreibung der Entitäten vor?
- Ist ein Entitätendiagramm (Entity Relationship Diagram – ERD) vorhanden?
- Sind die Beziehungen zwischen den verschiedenen Entitäten vollständig und eindeutig beschrieben?
- Sind bei diesen Beziehungen auch die gegenseitigen Abhängigkeiten beschrieben?

16.3.7 Modul-Interface-Test

Der Modul-Interface-Test befaßt sich mit der Interaktion zwischen zwei Programmteilen bzw. Modulen. Als Ausgangspunkt gilt hierbei, daß die zu integrierenden Programmteile bereits einzeln gut funktionieren müssen. Bei einem Modul-Interface-Test werden die simulierten Datenflüsse durch echte Datenflüsse ersetzt. Folgende Kontrollen der Systemdokumentation können im Rahmen dieser Testtechnik ausgeführt werden:

- Ist die Verarbeitung der einzelnen Programmteile einschließlich der Ein- und Ausgabe eindeutig beschrieben?
- Ist angegeben, wo sich Schnittstellen befinden?
- Ist der Zusammenhang zwischen den verschiedenen Programmteilen beschrieben?
- Ist die Verarbeitung für alle eingegebenen Daten beschrieben?
- Ist bei allen an den Schnittstellen beteiligten Entitäten angegeben, welche Daten mit welchen entsprechenden Datenbereichen dazugehören?
- Sind von den Datenbereichen die Datentypen (Integer, numerisch, alphanumerisch, Datum usw.), die Definition (Bereich, erlaubte Werte) und eventuell besondere Gültigkeitsregeln der Daten beschrieben?

16.3.8 Geschäftsprozeßtest (Integrierbarkeit)

Die Testbasis für den Geschäftsprozeßtest besteht häufig aus Verfahrensbeschreibungen und dazugehörigen Formularen. Die Verfahrensbeschreibungen sind vorzugsweise um Verfahrensflußdiagramme ergänzt. Im Zusammenhang mit dem Geschäftsprozeßtest kann bei der Detailüberprüfung der Testbasis im Rahmen der Überprüfung der vorhandenen Verfahrensbeschreibungen folgende Checkliste eingesetzt werden:

- Sind alle manuellen Verfahren, die vom Anwender durchzuführen sind, um zu einem optimalen Einsatz des Systems zu gelangen, im Verfahrensschema dargestellt?
- Wurde eine detaillierte Beschreibung der manuellen Verfahren erstellt?
- Sind die wichtigsten Aufgabenbereiche einschließlich der Zuständigkeiten und Befugnisse beschrieben?
- Liegt eine Beschreibung der individuellen Aufgaben vor?

- Sind die Sicherheitsaspekte für dieses Verfahren beschrieben?
- Ist der Trigger deutlich angegeben? (Mit anderen Worten: Wann muß mit dem Verfahren begonnen werden?)
- Ist angegeben, welche Daten (Formulare) zu verwenden sind und aus welcher Quelle diese stammen?
- Sind die auszuführenden Handlungen vollständig beschrieben, einschließlich der Ausnahmen und Überprüfungen?
- Ist das Ergebnis des Verfahrens klar?
- Sind die verschiedenen Entscheidungspunkte mit den dazugehörigen Bedingungen beschrieben?
- Ist ein Unterschied zwischen Anwendungs- und Verwaltungsverfahren gemacht worden?
- Sind die Beziehungen zwischen den automatisierten und den nicht automatisierten Teilen des IT-Systems beschrieben?
- Liegt die Bedienungsanleitung vor?

16.3.9 Real-Life-Test (u.a. Leistung und Sparsamkeit)

Alle Dokumente, die sich auf den betrieblichen Einsatz des Systems beziehen – u.a. die während der verschiedenen Systementwicklungsphasen ermittelten Systemanforderungen –, werden gesammelt. Im Zusammenhang mit dem Real-Life-Test ist bei der Detailüberprüfung der Testbasis zu beurteilen, ob die vorhandene Systemdokumentation ausreichende Informationen über die künftige Systemanwendung liefert. Hierzu sind u.a. die Anzahl der Anwender, die Intensität des Einsatzes und die Tages-, Wochen- und Monatszyklen wichtig. Folgende Fragen können explizit Teil der Überprüfung im Rahmen des Real-Life-Tests sein:

- Wurden spezifische Anforderungen im Rahmen der Leistung der Online-Funktionalität gestellt?
- Wird ein Unterschied zwischen der Antwortzeit beim Starten einer Funktion und bei einem Fensterwechsel innerhalb einer Funktion gemacht?
- Wurden spezifische Anforderungen an die Leistung der Datendarstellung gestellt?
- Wurden spezifische Anforderungen an die Leistung von Batch-Funktionen gestellt?
- Wurden spezifische Anforderungen an die Speicherkapazität gestellt?
- Welche Richtlinien gelten in bezug auf die Anzahl Datenbankabfragen je Transaktion?
- Welche Richtlinien gelten in bezug auf die maximale Seiten- und Puffergröße?
- Wurden spezifische Anforderungen an den Umfang der Anwendung bzw. der Datenbank gestellt?

16.3.10 Semantischer Test (u.a. Sicherheit)

Beim semantischen Test geht es insbesondere um Dokumente, in denen Eingabeüberprüfungen auf Funktionsebene, Richtlinien in bezug auf die Fehlerbearbeitung auf (Teil-)Systemebene und Anforderungen hinsichtlich der Zugangssicherheit beschrieben werden. Im Zusammenhang mit dem semantischen Test kann bei der Detailüberprüfung der Testbasis im Rahmen der Überprüfung der vorhandenen Systemspezifikationen folgende Checkliste eingesetzt werden:

- Liegen Richtlinien in bezug auf die Fehlerkorrektur auf (Teil-)Systemebene vor?
- Sind die Eingabekontrollen (insbesondere die Beziehungskontrollen) einschließlich der dazugehörigen Fehlermeldung als Element der Funktionsbeschreibung beschrieben und ausführbar?
- Wurden spezifische Anforderungen an den Zugriffsschutz von Funktionen bzw. Daten gestellt?
- Sind Anwenderprofile im Zusammenhang mit der Sicherheit beschrieben?
- Ist beschrieben, welche Anforderungen im Zusammenhang mit der Identifizierung (User-ID) und Authentifizierung (Paßwort) gestellt werden?

16.3.11 Syntaktischer Test

Bei der Detailüberprüfung der Testbasis wird jene Dokumentation ausgewählt und beurteilt, die erforderlich ist, um den syntaktischen Test des Systems durchführen zu können. Es handelt sich dabei um Bildschirm- und Fensterlayouts, Bildschirm- und Fensterbeschreibungen, Ausdrucklayouts, Ausdruckbeschreibungen, vorhandene Richtlinien auf (Teil-)Systemebene und das Datenmodell. Für den syntaktischen Test kann bei der Detailüberprüfung der Testbasis folgende Checkliste eingesetzt werden.

- Sind gültige Richtlinien auf Systemebene beschrieben?
- Sind gültige Richtlinien auf Teilsystemebene beschrieben?
- Sind die Layouts der Bildschirme und Fenster beschrieben?
- Wurden dabei folgende Aspekte berücksichtigt:
  - Feldlänge der Datenfelder
  - Position der Datenfelder auf dem Bildschirmfenster
  - Unterschied zwischen Ein- und Ausgabe von Daten
  - Primäre Eingabekontrollen (nicht infolge der Definition der Datenbereiche)
  - Fehlerbehandlung
  - Pflicht- und optionale Datenfelder
  - Mögliche Funktionstasten, Hilfeseiten und Anzeigen
- Sind die Datenfelder der Fenster im Datenmodell aufgenommen?
- Sind die Datenklassen (Integer, numerisch, alphanumerisch, Datum usw.) der verwendeten Daten und der Datenbereiche beschrieben?

- Stimmen die spezifizierten erforderlichen und optionalen Datenfelder mit den Angaben aus dem Datenmodell überein?
- Entsprechen die beschriebenen Bildschirm- und Fensterlayouts den Richtlinien?
- Sind die Layouts der Ausdrucke beschrieben?
- Wurden dabei folgende Aspekte berücksichtigt:
  - Feldlänge der Datenfelder
  - Position der Daten in der Ausdruck
- Sind die »Ausdrucksdatenfelder« bzw. Attribute im Datenmodell aufgenommen?
- Entsprechen die beschriebenen Ausdruckslayouts den Richtlinien?

16.4 Checkliste »Black-Box-Test«

16.4.1 Allgemein

- Stimmt das Inhaltsverzeichnis der freigegebenen Dokumente mit dem Inhalt überein?
- Liegt ein logisches Datenmodell vor?
- Ist die logische Datenstruktur beschrieben?
- Ist eine mögliche Implementierung der Datenstruktur angegeben?
- Hat eine Aufteilung des Systems in Teilsysteme stattgefunden?
- Liegen Systemspezifikationen der Schnittstellen vor?
- Sind alle Funktionen und Unterfunktionen detailliert und eindeutig beschrieben?
- Liegen Bildschirm-Verlaufschemata (Dialogentwürfe) vor?
- Ist die Ein- und Ausgabe für jede Funktion beschrieben?
- Liegen die Layouts der Bildschirme und Listings vor?
- Liegen Spezifikationen der erforderlichen Hard- und Software vor?
- Liegt eine Planung für die weitere Entwicklung vor?

16.4.2 Logisches Datenmodell

- Liegt ein Entitätendiagramm vor?
- Sind alle aufgelisteten Entitäten und Beziehungen im Diagramm aufgenommen?
- Sind die Bezichungen zwischen den Datenmodellen der unterschiedlichen Teilsysteme beschrieben?

16.4.3 Logische Datenstruktur

- Sind alle Entitäten und Beziehungen aufgelistet?
- Liegt für alle im Datenmodell vorhandenen Beziehungen (auch für jene mit anderen (Teil-)Systemen) eine Beschreibung vor?
- Ist für jede Beziehung die jeweilige Art beschrieben?
- Ist bei allen Entitäten angegeben, welche Daten dazugehören?
- Sind die Sicherheits- und Privacy-Aspekte der Daten beschrieben?
- Ist bei der Aufzählung der Daten, die Teil der Entität sind, angegeben, welches die jeweiligen Schlüsseldaten sind?
- Sind die Datenklassen (Integer, numerisch, alphanumerisch, Datum usw.), die Definition (Bereich, erlaubte Werte) und eventuelle Besonderheiten der Daten beschrieben?
- Liegen Homonyme bzw. Synonyme vor?
- Ist die Herkunft und der Eigentümer der Daten angegeben?
- Sind die Integritätsansprüche der Daten angegeben?
- Sind die gewünschten Zugriffspfade aufgeführt?
- Ist die mögliche Implementierungsweise einschließlich der möglichen Alternativen angegeben?
- Sind die möglichen Problembereiche angegeben und die noch ungelösten Aspekte der Migrationsproblematik beschrieben?

16.4.4 Einteilung in Teilsysteme und Schnittstellen

- Ist in den Beschreibungen der gewählten Teilsysteme eine kurze Beschreibung der auszuführenden Funktionen, der erforderlichen Prozesse und der Daten aufgenommen?
- Ist die Reihenfolge der Implementierung angegeben?
- Ist angegeben, wo sich Schnittstellen befinden?
- Ist deutlich, wer im Zusammenhang mit einer Schnittstelle Eigentümer ist und welches die Sicherheitsbedingungen sind?
- Liegt eine Beschreibung (der Zusammensetzung) der Schnittstelle vor?
- Liegt eine Beschreibung der konkreten Durchführung vor?
- Sind die Aktivitäten, die für die konkrete Durchführung noch erforderlich sind, beschrieben und in die Planung aufgenommen?

16.4.5 Funktionsstruktur

- Sind alle Funktionen beispielsweise in einem Datenflußdiagramm dargestellt?
- Liegt eine kurze Beschreibung der Funktion vor?
- Sind die Bedingungen und die Häufigkeiten angegeben, unter denen die Durchführung stattfindet?
- Ist angegeben, ob es sich um manuelle oder um automatisierbare Funktionen handelt?
- Ist bei den automatisierbaren Arbeiten angegeben, ob diese online (direkt) oder im Batch-Betrieb ausgeführt werden?
- Sind die Sicherheitsansprüche beschrieben?
- Sind die Maßnahmen beschrieben, die im Rahmen der Korrektheit und Vollständigkeit der Daten getroffen werden, beispielsweise:
  - Validierung der Eingabe (Überprüfung von Verknüpfungen und Beziehungen)
  - Redundante Eingabe (Kontrollsummen)
  - Doppelte Eingabe
  - Programmierte Kontrollen der Datenverarbeitungsergebnisse
  - Durchnumerierung von Transaktionen und Berichten
- Sind die Leistungsanforderungen beschrieben?
- Ist die relative Bedeutung der Funktion in bezug auf andere Funktionen beschrieben?
- Liegt ein Querverweis zwischen den Funktionen und den Bildschirm-Verlaufschemata vor?
- Liegt eine kurze Beschreibung der Datenströme vor?
- Liegt ein Querverweis zwischen den Funktionen und den Ein- und Ausgabeströmen vor?
- Ist die Quelle einer jeden Eingabe angegeben und beschrieben?
- Ist das Ziel einer jeden Ausgabe angegeben und beschrieben?
- Ist angegeben, welche organisatorische Einheit oder welches IT-System es betrifft?
- Sind alle elementaren Funktionen in ein Datenflußdiagramm aufgenommen?
- Ist die Verarbeitung deutlich bzw. eindeutig beschrieben?

16.4.6 Beschreibung Bildschirmverlauf einschließlich Layout

- Liegt eine Beschreibung über die Beziehungen zwischen Funktionen und Bildschirmfenstern vor?
- Ist die Struktur des Bildschirmverlaufs beschrieben?
- Entsprechen die Bildschirmfenster den gültigen Richtlinien?

- Ist die Bildschirmeingabe beschrieben?
- Ist die Bildschirmausgabe beschrieben?
- Sind die Bildschirmkontrollen beschrieben?
- Ist der Einsatz der Funktionstasten beschrieben?
- Liegt eine Beschreibung des Einsatzes der Hilfe-Funktionen vor?
- Ist die Anwendung der Daten beschrieben?
- Liegt eine Beschreibung der Bildschirm- und Drucklayouts vor?

16.4.7 Spezifikation der erforderlichen Hard- und Software

- Sind für die Produktionsumgebung die erforderliche Hardware, Systemsoftware, Netzwerke und Kommunikationsgeräte in Umfang, Anzahl und Quantität angegeben?

16.4.8 Qualitätsanforderungen

- Sind die an das zu realisierende IT-System gestellten Qualitätsanforderungen bzw. Leistungsansprüche spezifiziert? (Dies ist insbesondere für die Qualitätsmerkmale wichtig, die in der Teststrategie vorliegen.)
- Sind die Qualitätsanforderungen so spezifiziert, daß sie gemessen und als Akzeptanzkriterien verwendet werden können?

16.5 Checkliste »White-Box-Test«

16.5.1 Allgemein

- Stimmt das Inhaltsverzeichnis der freigegebenen Dokumente mit dem Inhalt überein?
- Liegt eine Beschreibung der physischen Datenbank vor?
- Sind die Systemsicherheiten beschrieben?
- Ist das Systemskelett dargestellt?
- Hat eine Programmaufteilung stattgefunden?

16.5.2 Entwurf der physischen Datenbank

- Ist die Begründung für die gewählte Lösung beschrieben?
- Ist die physische Datenbank in einem Entitäten-Relationship-Diagramm (ERD) dargestellt?
- Liegt eine Beschreibung der Satzlayouts und der Zugriffspfade vor?

- Liegt ein Vergleich des logischen Datenmodells mit dem physischen Datenmodell vor?
- Liegt bei der physischen Datenbank der Umfang je Satzformat in Höchst-, Mindest- und Durchschnittsangaben vor?
- Liegt eine Beschreibung des Datenbankschemas vor?
- Ist die Reihenfolge (Sortierung) beschrieben?
- Ist die Dateiorganisation beschrieben?
- Liegt eine Beschreibung des Datenschutzes unter Berücksichtigung eventueller Anforderungen aus privaten Gründen vor?

16.5.3 Systemschutz

- Sind die Maßnahmen im Zusammenhang mit folgendem Risikobereich beschrieben:
  - Abnormale Beendigung eines Jobs
  - Systemausfall
  - Fehler in der Datensammlung
  - Wiederherstellbarkeit (Neustart und Korrektur)
  - Zugriffsschutz
- Sind Maßnahmen in folgenden Bereichen beschrieben:
  - Kontinuität
  - Integrität
  - Privacy
  - Rückverfolgbarkeit (Audit Trail)
- Sind die Abweichungen von den normalen Verfahren beschrieben?

16.5.4 Systemskelett

- Ist der Grobentwurf des (Sub-)Systems so dargestellt, daß von dort aus eine Programmaufteilung in Module vorgenommen werden kann?

16.5.5 Modulverteilung

- Sind alle Module anhand eines Systemflusses dargestellt?
- Ist bei allen Modulen folgender Aspekt im Systemfluß beschrieben:
  - Name des Moduls
  - Eingabe und Ausgabe
  - Verarbeitung

16.5.6 Modulbeschreibung

Sind bei den verschiedenen Modulbeschreibungen folgende Aspekte vollständig und eindeutig beschrieben:

- Identifizierung und Ziel des Moduls
- Beschreibung der Funktion/Transaktion(en)
- Beschreibung der Eingabe- und Ausgabeströme
- Beschreibung der Verkettung mit anderen Modulen bzw. (Sub-)Systemen
- Beschreibung der Puffer und Dateien
- Beschreibung der Schlüsseldaten
- Beschreibung der möglichen Sortierungen
- Beschreibung der Parameter (einschließlich der Kontrolle)
- Beschreibung der Protokollierung
- Beschreibung der Genehmigungs- und Abschlußhandlung
- Schematische Darstellung des Moduls
- Zum Schema gehörige Beschreibung der Module mit den darin befindlichen Abschnitten und Paragraphen sowie den durchgeführten Standard-Routinehandlungen.

16.5.7 Leistungsanforderungen

- Sind die Leistungsanforderungen spezifiziert? (Dies ist insbesondere für die Qualitätsmerkmale wichtig, die in der Teststrategie vorliegen.)
- Sind die Leistungsanforderungen so spezifiziert, daß sie meßbar sind?

17 Checklisten für Qualitätsmerkmale

17.1 Einleitung

Dieses Kapitel befaßt sich mit Checklisten (und ist deshalb nicht zum Hintereinanderlesen geeignet) für die statisch zu testenden Qualitätsmerkmale des TPI-Kernbereichs »Statische Testtechniken«, Ebene B. Ferner wurde eine Checkliste Benutzungsfreundlichkeit aufgenommen, die beim dynamischen Testen des Aspekts der Benutzungsfreundlichkeit nützlich sein kann. Je Checkliste sind die relevanten Maßnahmen beschrieben, die Einfluß auf das jeweilige Qualitätsmerkmal haben. Mit einem »+« sind die Maßnahmen mit einem günstigen Einfluß und mit einem »-« die mit einem ungünstigen Einfluß dargestellt. Es ist durchaus möglich, daß eine bestimmte Maßnahme einen positiven Einfluß auf ein Qualitätsmerkmal hat und gleichzeitig ein anderes Qualitätsmerkmal negativ beeinflußt. Auf der Grundlage der ermittelten Ergebnisse, die durch Anwendung bzw. Einsatz der Checkliste gemacht werden, kann ein erfahrener Tester eine allgemeine Schlußfolgerung zu dem jeweiligen Qualitätsmerkmal formulieren. Die beschriebenen Maßnahmen sind in folgende Bereiche eingeteilt:

- Verarbeitungsorganisation
- Benutzerorganisation
- Funktionale Systemarchitektur
- Technische Systemarchitektur
- Datenmodell
- Technische Sicherheitsmaßnahmen
- Entwicklungsumgebung
- Produktionsumgebung

Die Entwicklungsorganisation befindet sich nicht in dieser Aufzählung der Bereiche, da es sich bei den Maßnahmen im Bereich der Entwicklungsorganisation um sogenannte Prozeßmaßnahmen handelt, die auf die Effektivität und Effizienz des Entwicklungsprozesses zielen. Testen richtet sich per Definition auf die Ermittlung der Qualität von Produkten und berücksichtigt dabei im Prinzip nicht die Art und Weise bzw. den Prozeß, mit dem die unterschiedlichen Produkte zustande kommen.

Es ist nicht immer möglich, ein bestimmtes Qualitätsmerkmal in einer spezifischen Organisation anhand einer standardisierten Checkliste zu untersuchen. Die im folgenden aufgeführten Checklisten dienen daher eher als Bezugsrahmen und Beispiel für die

Zusammenstellung der organisationsabhängigen und manchmal sogar projektabhängigen Checklisten. In diesem Kapitel befinden sich Checklisten zu folgenden Qualitätsmerkmalen:

- Verwaltungsfähigkeit
- Sicherheit
- Integrierbarkeit
- Kontinuität
- Kontrollierbarkeit
- Flexibilität
- Benutzungsfreundlichkeit
- Wiederverwendbarkeit
- Eignung der Infrastruktur
- Aktualisierbarkeit
- Portabilität
- Testbarkeit

17.2 Checkliste »Verwaltungsfähigkeit«

Definition: Die Mühelosigkeit, mit der das IT-System in Einsatzbereitschaft gebracht und gehalten werden kann.

Verarbeitungsorganisation

+ Wurde analysiert, ob für das neue oder geänderte IT-System ergänzende Ausbildungen erforderlich sind?
+ Ist ein adäquates Verfahren zur Aufhebung von Störungen vorhanden?
+ Besteht eine Versicherung für die Geräte und andere Materialien?
+ Liegt ein Notfallplan vor?

Funktionale Systemarchitektur

+ Liegt eine kurze Funktionsbeschreibung vor?
+ Ist die Aufteilung der Teilsysteme begründet?
+ Liegen Richtlinien zur Einschränkung des Zugangs zu Anwendungen vor?
+ Werden »Paßwörter« eingesetzt?
+ Wird die Anzahl der Zugangsversuche überprüft?

Technische Systemarchitektur

+ Werden automatische Backups erstellt?
+ Sind Kontrollprozesse (»watchdogs«) vorhanden?
+ Sind Eingabe, Verarbeitung und Ausgabe gesondert implementiert?
+ Kann sich der Bediener Statusinformationen verschaffen?
+ Wird mit Hilfe der adäquaten Transaktionsgröße und der Möglichkeit der »Rückwärtskorrektur« für die Konsistenz der Daten gesorgt?
+ Wurden die gültigen (inter-)nationalen Standards oder Betriebsrichtlinien verwendet, beispielsweise für den Datenaustausch über Netzwerke (OSI), Anwendungen in IBM-Umgebungen (SAA) und eine »Standard«- Programmiersprache?
+ Wird eine Standard-Maschinenschnittstelle eingesetzt?
+ Sind die Standardhandlungen konsistent in die Schnittstelle eingebaut?
+ Liegt eine Beschreibung der bei der Installation erforderlichen Fachanwendungen und Standardmodulen (einschließlich Versionsnummern) vor?
+ Wurden Standardbezeichnungen eingesetzt?
+ Können alle (auch nicht logische) Funktionen mindestens einmal angesteuert werden?
+ Liegt ein Backup- und Recovery-System aus Verfahren und Software vor für:
  • Periodische Sicherstellung einer zusammenhängenden Serie von Kopien der Datensammlungen?
  • Protokollierung aller Arbeitsvorgänge ab den letzten Sicherheitskopien?
  • Eventuelle erneute Durchführung aller gesicherten Arbeitsvorgänge?
+ Ist bei der Aufstellung der Backup-Verfahren festgelegt, wann Dateien/Datenbanken gesichert und wie lange die jeweiligen Backups aufbewahrt werden müssen?
+ Ist es möglich, eine Anwendung nach einem Systemausfall erneut zu starten?
+ Ist es möglich, eine Anwendung nach einer Anwendungsstörung erneut zu starten?
+ Liegt eine Beschreibung der erforderlichen Genehmigungen vor?
+ Liegt ein Verfahren für die Aktualisierung der Genehmigungen vor?
+ Ist Sicherheitssoftware (beispielsweise RACF) vorhanden?
+ Existieren spezifische Richtlinien im Rahmen der Eingabe, Batch-Verarbeitung, Online-Verarbeitung, Ausgabe und Sicherheit?
+ Wird diesen spezifischen Richtlinien entsprochen?
+ Findet eine Erfassung, beispielsweise eine Protokollierung aller Verarbeitungen, statt?
− Wird die Verarbeitung der Daten (z.B. aus Sicherheitsgründen) doppelt ausgeführt?
− Sind die Teilsysteme auf unterschiedlichen Rechnern verteilt?
− Ist die Software parametrisiert?

Dateninfrastruktur

+ Liegt eine Dokumentation zum Datenmodell vor und ist diese konsistent?
- Sind die Dateien verschlüsselt?
- Ist die Datenspeicherung auf unterschiedlichen Rechnern verteilt?

Technische Sicherheitsmaßnahmen

+ Verfügen das Betriebsgelände und die Gebäude über einen kontrollierten Zugang?
+ Wurden Maßnahmen im Rahmen der Vermeidung, Meldung und dem Abfangen technischer Störungen und Notfälle getroffen?
+ Werden die Backups wesentlicher Daten an einer gesonderten Stelle in einer zusätzlich gesicherten Umgebung und vorzugsweise außerhalb des Rechenzentrums aufbewahrt?
+ Ist das Rechenzentrum nur für Mitarbeiter des Rechenzentrums zugänglich?

Produktionsumgebung

+ Ist ein zweiter Satz an Geräten vorhanden, auf die das IT-System (oder Teile des Systems) ausweichen kann?
+ Gibt es eine Beschreibung der infrastrukturellen Hardware- und Softwarekomponenten?
+ Liegen im Rahmen von Wirtschaftlichkeit, externem Speicher und Leistung spezifische Richtlinien aus der Verarbeitungsorganisation vor?
+ Wird diesen spezifischen Richtlinien entsprochen?
+ Liegt eine Produktionsbetriebsanleitung vor?
+ Befinden sich in dieser Produktionsbetriebsanleitung folgende Elemente:
  • Einleitung mit der Wiederholung von Namen, Beschreibungen und Merkmalen der Funktionen des Systems und der Untersysteme?
  • Schematische Darstellung der Systemstruktur?
  • Relationales Schema der Durchlaufstruktur unter Berücksichtigung folgender Aspekte je Durchlauf: Zeitpunkt, Programme, Merkmale eines jeden Programms und zeitliche Einschätzung?
  • Daten der Kontaktpersonen (Namen, Abteilungen, Telefonnummern)?
  • Daten für jeden auszuführenden Durchlauf: Name, Beschreibung, Merkmale, Systemflußschema bzw. Untersystemflußschema, bei denen sich die Datenströme auf die Elemente der Konfiguration beziehen und aus denen die Schnittstellen mit den nicht zum Durchlauf gehörenden Systemen bzw. Untersystemen ersichtlich werden?
  • Entgegennahme und Vorbearbeitung mit einer Beschreibung von:
    Art, Quelle und Zeitpunkt der Entgegennahme
    Eingangshandlungen und -kontrollen
    Datenkonvertierungen, Anweisungen und Kontrollen
    Ziel und Abgabehandlungen der Eingabemedien
    Ziel und Abgabehandlungen der grundlegenden Dokumente

- Produktionsvorbereitung mit einer Beschreibung von:
  Zeitlichem Schema
  Arbeitsverfahren (»jobstream«)
  Schemata für die Bearbeitung von auswechselbaren Speichern und Speicheranweisungen
  Anlieferung der Eingabe
- Bedienungsanleitungen mit einer Beschreibung von:
  Allgemeinen Bedienungsanweisungen
  Bedienungs-, Kontroll- und Fehlermeldungen mit den dazugehörigen Anweisungen
  Unterbrechungsmöglichkeiten
  Neustartanweisungen bei unerwünschten Unterbrechungen
- Produktionsbearbeitung mit Beschreibungen von:
  Behandlung austauschbarer Speicher
  Überprüfungen und Berichterstattungen
  Nachbearbeitungen
  Ziel und Verteilung
  Maximaler Lieferfrist

+ Liegt eine auf der Grundlage neuer oder geänderter IT-Systeme angepaßte Produktionsplanung vor?

+ Ist festgestellt, wie gelegentlich auftretende Batch-Verarbeitungen zu beantragen und einzuplanen sind?

+ Liegt eine integrierte Testeinrichtung vor?

+ Ist eine aktuelle Infrastruktur verwendet?

+ Hat eine detaillierte Analyse der benötigten Verarbeitungs- und Speicherkapazität, der Datenkommunikationsgeräte und der Systemsoftware stattgefunden?

17.3 Checkliste »Sicherheit«

Definition: Sicherheit, daß die Abfrage oder Änderung von Daten ausschließlich durch zuständige Personen erfolgt.

Verarbeitungsorganisation

+ Ist die Verarbeitung von vertraulichen Daten (beispielsweise der Gehaltsberechnung) in gesonderten Verfahren untergebracht, die nur von zuständigen Personen durchgeführt werden dürfen?

Benutzerorganisation

+ Liegt eine deutliche Trennung von Funktionen, Befugnissen und Verantwortlichkeiten in der Organisation der Informationsbeschaffung vor?

+ Ist eine Einteilung der Dokumente in Vertrauensklassen durchgeführt?

+ Ist auf der Grundlage dieser Einteilung eine Einschränkung (und Erfassung) des Umlaufs der klassifizierten Dokumente auf bestimmte leitende Mitarbeiter vorgenommen?
+ Liegt ein Genehmigungsverfahren für wichtige Dokumente vor, die die Organisation verlassen?
+ Findet im Namen der internen Buchführungsabteilung anhand der geschaffenen Informationen eine nachträgliche Kontrolle der Verfahren statt?
+ Werden bei der Sicherheit sowohl die schriftlich als auch die automatisiert festgelegten Daten berücksichtigt?
+ Wird bei der Erteilung der Genehmigung gemäß der Überprüfung der technischen Funktionstrennung vorgegangen; wird eine Genehmigung auf der Grundlage der Prinzipien »need-to-do« und »need-to-know« erteilt? (Schließt der logische Zugang an die vorhandenen Geschäftsprozeß-Schemata an?)
+ Ist eine Funktionstrennung vorgenommen zwischen:
  • Jenen, die befugt sind, Funktionen innerhalb eines Systems anzuwenden, um an Daten heranzukommen bzw. zu ändern (Endanwender)?
  • Jenem, der bestimmt, welche Mitarbeiter zu welchen Funktionen (Daten) Zugang haben und der verantwortlich für die durchgeführten Zugangsmöglichkeiten ist?
  • Jenem, der für die tatsächliche Autorisierung von Mitarbeitern für Funktionen (Daten) verantwortlich ist?
+ Wird bei der Autorisierung zwischen den Zuständigkeiten für Eingabe, Verarbeitung, Korrektur und Kontrolle unterschieden?
+ Wird bei der Autorisierung zwischen der Eingabe, Änderung, Abfrage und Löschung von Daten unterschieden?
+ Werden bei der Bereitstellung von Daten (an Dritte) und bei (externer) Datenkommunikation die Anforderungen des logischen Zugriffsschutzes berücksichtigt?
+ Liegt ein spezifisches Autorisierungsverfahren für leitende Mitarbeiter vor, die mit der internen Kontrolle bzw. Sicherheit (beispielsweise Systemadministratoren) betraut sind?
+ Liegt eine adäquate Beschreibung des logischen Zugriffsschutzes vor?
+ Liegt ein Verfahren vor, in dem die verschiedenen Aktionen beschrieben sind, die aufgrund des Zugriffsschutzes bzw. der Berichterstattung durchzuführen sind?
+ Fällt das IT-System unter das Datenschutzgesetz? Falls ja, sind die gesetzlichen Bedingungen erfüllt?

Technische Systemarchitektur

+ Werden die Möglichkeiten, die vorhanden sind, um den Zugang zur (System-) Software, zu Texten und Dateien einzuschränken, so optimal wie möglich eingesetzt?
+ Sind die Funktionen für Identifikation, Autorisierung und Berichterstattung innerhalb des Zugriffsschutzes erkennbar?

- + Werden die Paßwörter von den Anwendern selbst aktualisiert, und ist der Anwender selbst für den Gebrauch seiner User-ID und seines Paßworts verantwortlich?
- + Liegt ein (technisches) Verfahren vor, das dafür sorgt, daß die Paßwörter in gewissen Abständen geändert werden?
- + Hat ein Paßwort eine Mindestlänge von sechs Zeichen, und ist es möglich, zur Zusammenstellung des Paßworts alle verfügbaren Zeichen auf der Tastatur anzuwenden?
- + Besteht eine Höchstanzahl an Anmeldungsversuchen?
- + Findet die Eingabe (Festlegung) von Paßwörtern in einer Form statt, daß Dritte diese nicht erkennen können?
- + Wird der Zugriffsschutz durch Datenbankabfragesprachen nicht durchbrochen?
- + Werden anhand von Protokollierungen falsche/unvorschriftsmäßige Anwendungsversuche erfaßt?
- + Wurden Maßnahmen getroffen, die dafür sorgen, daß der Zeitraum, in dem die Datenstation frei zugänglich ist, eingeschränkt wird (beispielsweise automatische »Abmeldung«)?
- + Liegt für die Sicherheit ein spezifischer Maßnahmekatalog vor und findet dieser entsprechend Anwendung?
- + Wird der Speicher nach der Nutzung geleert?
- − Sind die Teilsysteme auf unterschiedlichen Rechnern verteilt?
- − Wird die Verarbeitung der Daten (z.B. aus Sicherheitsgründen) doppelt ausgeführt?

Dateninfrastruktur

- + Sind die Dateien verschlüsselt?
- + Werden die Daten verschlüsselt, die über das Netzwerk geschickt werden?
- − Ist die Datenspeicherung auf unterschiedlichen Rechnern verteilt?

Technische Sicherheitsmaßnahmen

- + Verfügen das Betriebsgelände und die Gebäude über einen kontrollierten Zugang?
- + Ist das Rechenzentrum ausschließlich für Mitarbeiter des Rechenzentrums zugänglich?

Produktionsumgebung

- + Werden für die Test- und die Produktionsumgebung verschiedene Identifizierungen (User-ID) und »Authentifizierungen« (Paßwort) verwendet?

17.4 Checkliste »Integrierbarkeit«

Definition: Die Einfachheit, mit der eine Verbindung mit einem anderen oder innerhalb eines IT-System(s) zustande gebracht und geändert werden kann.

Funktionale Systemarchitektur

+ Wurde ein allgemeines Bezugsmodell angewandt?
+ Ist die Aufteilung der Teilsysteme begründet worden?

Technische Systemarchitektur

+ Wurden die gültigen (inter-)nationalen Standards oder Betriebsstandards verwendet, beispielsweise für den Datenaustausch über Netzwerke (OSI), Anwendungen in IBM-Umgebungen (SAA) und eine »Standard«-Programmiersprache, die auf den unterschiedlichsten Geräten kompiliert werden kann?
+ Wird eine Standard-Maschinenschnittstelle eingesetzt?
+ Die Integrierbarkeit wird auch durch die Aktualisierbarkeit der technischen Systemarchitektur bestimmt (siehe Checkliste Aktualisierbarkeit).

Dateninfrastruktur

+ Sind Daten auf ein Betriebsdatenmodell abgestimmt?
+ Ist das Datenmodell normalisiert?
− Ist das Datenmodell parametrisiert?
− Sind die Dateien verschlüsselt?

Produktionsumgebung

+ Werden für die interne Integrierbarkeit Infrastrukturkomponenten verwendet, die auf die bereits vorhandene Infrastruktur abgestimmt sind?
+ Wird eine aktuelle Infrastruktur eingesetzt/verwendet?

17.5 Checkliste »Kontinuität«

Definition: Die Sicherheit, daß die Datenverarbeitung ungestört stattfinden kann, d.h., daß sie auch nach ernsthaften Störungen innerhalb einer akzeptablen Frist wieder aufgenommen werden kann.

Das Qualitätsmerkmal Kontinuität kann in Merkmale unterteilt werden, die bei einer zunehmenden Störung des IT-Systems nacheinander Anwendung finden.

17.5.1 Betriebssicherheit

Definition: Der Umfang, in dem die Datenverarbeitung störungsfrei bleibt.

Verarbeitungsorganisation

+ Ist ein wirkungsvolles Produktionsschema mit einer ausgewogenen Bestimmung der Prioritäten zwischen den Anwendungen untereinander und mit den unterstützenden Funktionen, beispielsweise den Backup-Verfahren, aufgesetzt?
+ Sind innerhalb der Verarbeitungsorganisation Stellvertreter verfügbar und ausgebildet?

Benutzerorganisation

+ Sind innerhalb der Benutzerorganisation Stellvertreter verfügbar und ausgebildet?
+ Ist die Sicherheit innerhalb der Benutzerorganisation gut geregelt? (Siehe Checkliste »Sicherheit«)

Funktionale Systemarchitektur

+ Wird die Eingabe überprüft?
+ Werden »Paßwörter« verwendet?
+ Werden die Zugriffsversuche überprüft?
+ Ist die Aufteilung der Teilsysteme begründet?

Technische Systemarchitektur

+ Wurden die gültigen (inter-)nationalen Standards oder Betriebsstandards verwendet, beispielsweise für den Datenaustausch über Netzwerke (OSI), Anwendungen in IBM-Umgebungen (SAA) und eine »Standard«-Programmiersprache, die auf den unterschiedlichsten Geräten kompiliert werden kann?
+ Liegt für die Sicherheit ein Sonderkatalog vor und wird dieser verwendet?
+ Sind Eingabe, Verarbeitung und Ausgabe gesondert implementiert?
+ Wird mit Hilfe der adäquaten Transaktionsgröße und der Möglichkeit der »Rückwärtskorrektur« für die Konsistenz der Daten gesorgt?
+ Wird die Verarbeitung der Daten (z.B. aus Sicherheitsgründen) doppelt ausgeführt?
+ Ist die Datenverarbeitung in Teilverarbeitungen aufgeteilt?
+ Kann sich der Bediener Statusinformationen verschaffen?
+ Sind Kontrollprozesse (»watchdogs«) vorhanden?
+ Sind die Teilsysteme auf unterschiedlichen Rechnern verteilt?
+ Werden die Programmmodule wiederverwendet?

- Werden in der Schnittstelle technische Handlungen verrichtet?
- Ist die Software parametrisiert?
- Sind die Algorithmen beispielsweise aus Leistungsüberlegungen optimiert?
- Wird die Benutzereingabe automatisch ergänzt?

Dateninfrastruktur

+ Findet eine periodisch programmierte Konsistenzkontrolle der Datenbank und der Datensammlungen statt?
+ Ist die Datenspeicherung auf unterschiedlichen Rechnern verteilt?
- Sind die Dateien verschlüsselt?

Technische Sicherheitsmaßnahmen

+ Verfügen das Betriebsgelände und die Gebäude über einen kontrollierten Zugang?
+ Ist das Rechenzentrum ausschließlich für Mitarbeiter des Rechenzentrums zugänglich?
+ Ist das Verarbeitungszentrum bzw. das Rechenzentrum in einem Gebäude untergebracht, das optimal gegen Blitz, Feuer, Stromstörungen, Sturm- und Wasserschaden gesichert ist?

Entwicklungsumgebung

+ Werden 4GL-Entwicklungsumgebungen eingesetzt?

Produktionsumgebung

+ Sind Geräte, Netzwerke, PCs, Systemsoftware und DBMS so ausgewählt, daß sie aufeinander und auf die Anwendungen abgestimmt sind?
+ Wurden bei der Auswahl der Geräte und dergleichen Zulieferer ausgewählt, von denen erwartet werden kann, daß sie für die gesamte Lebensdauer des IT-Systems eine adäquate Unterstützung bieten?
+ Hat eine objektive Bestimmung des erforderlichen Umfangs der Verarbeitungs- und Speicherkapazität stattgefunden, die das IT-System (zentral und dezentral) braucht, um alle funktionalen Anforderungen und Qualitätsansprüche zu erfüllen?
+ Findet eine regelmäßige Diagnose der Geräte, des Netzwerkes usw. statt?
+ Ist ein zweiter Satz an Geräten vorhanden, auf die das IT-System (oder Teile des Systems) ausweichen kann?

17.5.2 Robustheit

Definition: Der Umfang, in dem die Informationsverarbeitung auch nach einer Störung fortgesetzt werden kann.

Verarbeitungsorganisation

+ Sind in der Verarbeitungsorganisation Stellvertreter verfügbar und ausgebildet?

Benutzerorganisation

+ Sind in der Benutzerorganisation Stellvertreter verfügbar und ausgebildet?

Funktionale Systemarchitektur

+ Sind die wesentlichen Funktionen des IT-Systems in einem gesonderten zusätzlich gesicherten Teilsystem abgeschirmt?

Technische Systemarchitektur

+ Sind automatische Ausweicheinrichtungen eingebaut?
+ Sind Kontrollprozesse (»watchdogs«) vorhanden?
+ Wird die Verarbeitung der Daten (z.B. aus Sicherheitsgründen) doppelt ausgeführt?
+ Kann sich der Bediener Statusinformationen verschaffen?
+ Wird mit Hilfe der richtigen Transaktionsgröße und Rückwärtskorrektur für die Konsistenz der Daten gesorgt?

Produktionsumgebung

+ Sind Geräte, Netzwerke, PCs, Systemsoftware und DBMS so ausgewählt, daß sie aufeinander und auf die Anwendungen abgestimmt sind?
+ Ist ein zweiter Satz an Geräten vorhanden, auf die das IT-System (oder Teile des Systems) ausweichen kann?

17.5.3 Wiederherstellbarkeit

Definition: Angabe, wie problemlos und schnell die Information nach einer Störung wiederhergestellt werden kann.

Verarbeitungsorganisation

+ Sind innerhalb der Verarbeitungsorganisation Stellvertreter verfügbar und ausgebildet?

Benutzerorganisation

+ Sind innerhalb der Benutzerorganisation Stellvertreter verfügbar und ausgebildet?
+ Ist eine Versicherung abgeschlossen, die das Risiko infolge von Fehlern oder Unterbrechungen in der Information deckt?

Funktionale Systemarchitektur

+ Ist die Aufteilung der Teilsysteme begründet?
+ Liegen Dienstprogramme für unvorhergesehene Anfragen bzw. Berichte vor?

Technische Systemarchitektur

+ Wurden die gültigen (inter-)nationalen Standards oder Betriebsstandards verwendet, beispielsweise für den Datenaustausch über Netzwerke (OSI), Anwendungen in IBM-Umgebungen (SAA) und eine »Standard«-Programmiersprache, die auf den unterschiedlichsten Geräten kompiliert werden kann?
+ Liegt ein Backup- und Recovery-System aus Verfahren und Software vor für:
  - Periodische Sicherstellung eines zusammenhängenden Satzes an Kopien für die Datensammlungen?
  - Protokollierung aller Arbeitsvorgänge ab den letzten Sicherheitskopien?
  - Eventuelle erneute Durchführung aller gesicherten Arbeitsvorgänge?
+ Wird das Korrekturverfahren von Zeit zu Zeit getestet?
+ Sind Kontrollprozesse (»watchdogs«) vorhanden?
+ Wird mit Hilfe der richtigen Transaktionsgröße und Rückwärtskorrektur für die Konsistenz der Daten gesorgt?
+ Sind die Teilsysteme auf unterschiedlichen Rechnern verteilt?
+ Ist die wesentliche Funktionalität in gesonderten Modulen untergebracht?
+ Wird die Verarbeitung der Daten (z.B. aus Sicherheitsgründen) doppelt ausgeführt?
+ Sind automatische Ausweicheinrichtungen eingebaut worden?
+ Liegt ein aktueller Ausdruck aller eingesetzten Software einschließlich der Versionsnummern vor?
+ Die Wiederherstellbarkeit wird in wesentlichem Maße durch die Aktualisierbarkeit in bezug auf die technische Systemarchitektur bestimmt (siehe Checkliste Aktualisierbarkeit).

Dateninfrastruktur

+ Ist die Datenspeicherung auf unterschiedlichen Rechnern verteilt?
+ Liegen Dienstprogramme für die Analyse und Reorganisation der Datenbank vor?
+ Existiert ein aktueller Ausdruck aller eingesetzten Dateien?
− Ist der Zugriff auf die Datenbank optimiert?

Technische Sicherheitsmaßnahmen

+ Werden die Backups von wesentlichen Daten an einer gesonderten Stelle in einer zusätzlich gesicherten Umgebung und vorzugsweise außerhalb des Rechenzentrums aufbewahrt?

Produktionsumgebung

+ Ist ein zweiter Satz an Geräten vorhanden, auf die das IT-System (oder Teile des Systems) ausweichen kann?

17.5.4 Weiterarbeitsmöglichkeit

Definition: Angabe darüber, wie mühelos die wesentlichen Teile der Informationsverarbeitung fortgesetzt werden können, nachdem ein Teil ausgefallen ist.

Verarbeitungsorganisation

+ Wurden Maßnahmen getroffen, damit die Informationsbeschaffung im Falle ernsthafter Störungen oder Notfälle soweit wie möglich in einer anderen Form fortgesetzt werden kann?
+ Ist eine vergleichbare Produktionsumgebung reserviert worden, beispielsweise in einem »Ausweich«-Rechenzentrum einschließlich der dazugehörigen Ausweichverfahren?
+ Sind manuelle Verfahren vorbereitet worden, die die automatisierte Informationsbeschaffung (oder Teile davon) ersetzen können?

Funktionale Systemarchitektur

+ Sind die Funktionen im Zusammenhang mit dem Betriebsprozeßmodell modelliert worden?
+ Ist die Aufteilung der Teilsysteme begründet?
+ Ist die Informationsverarbeitung funktional so strukturiert, daß sie fortgesetzt werden kann, wenn bestimmte nicht wesentliche Elemente des IT-Systems stillgelegt werden?

Technische Systemarchitektur

+ Ist die wesentliche Funktionalität in gesonderten Modulen untergebracht?
+ Sind die Teilsysteme auf unterschiedlichen Rechnern verteilt?

Dateninfrastruktur

+ Ist die Datenspeicherung auf unterschiedlichen Rechnern verteilt?
− Ist der Zugriff auf die Datenbank optimiert?

17.5.5 Ausweichmöglichkeit

Definition: Angabe darüber, wie problemlos die Informationsverarbeitung (oder ein Teil davon) an einem anderen Ort fortgesetzt werden kann.

Verarbeitungsorganisation/Benutzerorganisation

+ Wurden Maßnahmen getroffen, damit die Informationsbeschaffung im Falle ernsthafter Störungen oder Notfälle soweit wie möglich in einer anderen Form fortgesetzt werden kann?

- Liegt ein Notfallplan vor?
- Ist der Umfang der Abhängigkeit des IT-Systems für die Benutzerorganisation festgestellt (kritisch, empfindlich, unempfindlich)?
- Steht die maximal erlaubte Ausfallzeit fest?
- Steht fest, was als Notfall betrachtet wird?
- Ist für den Fall, daß sich ein Notfall ereignet, ein Koordinator ernannt worden, und sind die Befugnisse und Verantwortlichkeiten im Falle eines Notfalls festgelegt?
- Sind die Notmaßnahmen sowie die alternativen Arbeitsweisen für eine mögliche Übergangsphase beschrieben? Besondere Aufmerksamkeit ist Verfahren im Zusammenhang mit Verarbeitungen zu widmen, die zum Zeitpunkt der Störung noch nicht vollständig beendet sind (Zwischendateien bzw. die »Pipe«).
- Ist innerhalb des Notfallplans an eine mögliche Reserve-Hardware gedacht?
- Liegt – als Teil des Notfallplans – ein Ausweichplan vor?
- Sind die organisatorischen Aspekte sowie die entsprechenden Verfahren bei einem Ausweichen beschrieben?
- Ist beschrieben, welcher leitende Mitarbeiter für die Entscheidung zuständig ist, ob ausgewichen wird oder nicht?
- Ist eine vergleichbare Produktionsumgebung reserviert worden, beispielsweise in einem »Ausweich«-Rechenzentrum einschließlich der dazugehörigen Ausweichverfahren?
- Verfügt die (externe) ausführende Instanz, die mit dem Ausweichen betraut ist, über einen aktuellen Ausweichplan?
- Ist der Notfallplan innerhalb der beteiligten Organisation bekannt?
- Wird der Ausweichplan regelmäßig, jedoch mindestens einmal jährlich, getestet?
- Führen bestimmte Erkenntnisse, die im Ausweichtest gemacht werden, zu einer Anpassung des Ausweichplans?
- Findet das Testen des Ausweichplans nach einer eingreifenden Änderung in der Systemarchitektur statt?
- Sind manuelle Verfahren vorbereitet worden, die die automatisierte Informationsbeschaffung (oder Teile davon) ersetzen können?

17.6 Checkliste »Kontrollierbarkeit«

Definition: Die Mühelosigkeit, mit der Korrektheit und Vollständigkeit der Information (im Laufe der Zeit) überprüft werden können.

Funktionale Systemarchitektur

- Liegen programmierte Überprüfungen der Datenverarbeitungsergebnisse vor, beispielsweise Kontrollsummen und Quadratzählungen?

+ Werden Arbeitsvorgänge unter Angabe der jeweiligen Nummern auf Änderungsformularen durchnumeriert?
+ Werden Berichtsseiten unter Angabe der Gesamtseitenzahl durchnumeriert?
+ Werden historische Daten und Datenänderungssätze festgelegt und gespeichert?
+ Liegen Informationsfunktionen im Zusammenhang mit den historischen Daten vor, die genügend Auswahlmöglichkeiten bieten?
+ Welche Möglichkeiten bestehen im Zusammenhang mit einem Audit Trail?
+ Wird bei der Datenänderung eines jeden Audit Trail erfaßt, wer sie in welcher Eigenschaft durchgeführt hat?

Technische Systemarchitektur
+ Liegen Kontrollfunktionen für die Korrektheit der Informationen vor?
+ Liegen Kontrollfunktionen für die Vollständigkeit der Informationen vor?
+ Findet eine Erfassung, beispielsweise anhand einer Protokollierung, aller Verarbeitungen statt?

Dateninfrastruktur
+ Bestehen Möglichkeiten für eine (periodische) Kontrolle der Datenkonsistenz?

17.7 Checkliste »Flexibilität«

Definition: Der Umfang, in dem der Anwender selbst Erweiterungen oder Änderungen am IT-System durchführen kann, ohne daß die Software angepaßt werden muß.

Technische Systemarchitektur
+ Ist die Software parametrisiert?
+ Werden im Code neben fest codierten Zahlen auch logische Aspekte eingesetzt?
+ Findet die Datenverarbeitung getrennt von der Datenabfrage statt?

Dateninfrastruktur
+ Ist das Datenmodell parametrisiert?
+ Ist das Datenmodell normalisiert?
+ Sind je Entität mehrere Suchschlüssel definiert?
+ Liegt ein »Meta-Datenmodell« vor?

Entwicklungsumgebung
+ Werden 4GL-Entwicklungsumgebungen eingesetzt?
+ Kann die Benutzerorganisation auf einfache Weise selbst Berichte erstellen?

17.8 Checkliste »Benutzungsfreundlichkeit«

Definition: Die Mühelosigkeit, mit der der Endanwender mit dem IT-System umzugehen lernt, und die Benutzungsfreundlichkeit des IT-Systems für erfahrene Anwender.

Wenn man sich dazu entschließt, das Qualitätsmerkmal Benutzungsfreundlichkeit in die Teststrategie zu integrieren, so entstehen dabei häufig Schwierigkeiten. Wie soll das Testteam schließlich eine Aussage über das nur subjektiv meßbare Qualitätsmerkmal Benutzungsfreundlichkeit machen?

Eine Möglichkeit ist die Erstellung einer Frageliste, wobei es sich empfiehlt, in der Liste Platz für Erläuterungen und weitere Anmerkungen zu schaffen. Anhand dieser Frageliste, die von den Testern ausgefüllt wird, erhält der Testmanager Einblick in die Benutzungsfreundlichkeit des IT-Systems. Das Ganze bleibt natürlich in gewisser Hinsicht subjektiv. Es empfiehlt sich, das Ausfüllen der Frageliste mit der Durchführung der semantischen und syntaktischen Tests zu kombinieren.

Mögliche Fragen für eine Frageliste:

- Was ist Ihr allgemeines Urteil über den Aufbau (das Layout) der Bildschirmfenster?
  0 inakzeptabel
  0 akzeptabel (mit Anpassungswünschen)
  0 akzeptabel
  Erläuterung : .... (auch bei den folgenden Fragen)
- Bestehen Bildschirmfenster, die Ihnen negativ auffallen?
  0 nein
  0 ja, nämlich Bildschirmfenster ....
- Wie beurteilen Sie den Sprachgebrauch auf manchen Bildschirmfenstern?
- Wie beurteilen Sie die Verwendung der Symbole? (zutreffend, wenn eine Anwendung unter Windows läuft)
- Sind die Fehlermeldungen verständlich?
  0 ja
  0 nein, nämlich .... (Fensterbezeichnung und Umschreibung angeben)
- Sind die Hilfsfenster bzw. Hilfstexte verständlich, und wie beurteilen Sie deren Einsatz/Anwendung?
- Wie beurteilen Sie den Gebrauch der Maus?
- Wie beurteilen Sie die Anwendungsdokumentation? Mit anderen Worten: In welchem Umfang ist die Benutzungsanleitung tatsächlich eine Hilfe bei der Arbeit mit dem IT-System?
- Wie beurteilen Sie die Inbetriebnahme?
- Wie beurteilen Sie den Einsatz der Funktionstasten?
- Haben Sie im Zusammenhang mit dem System den Bedarf nach einer umfangreicheren Standardisierung der Menüfenster, Funktionsfenster, Funktionstasten?

- Wie beurteilen Sie die Menüstruktur; besteht der Bedarf nach individuellen Anwendermenüs?
- Ist die Bezeichnung der Funktionen deutlich?
- Inwiefern passen die Funktionen zu der Arbeitsweise und der Struktur der Benutzerorganisation?
- Welches ist Ihr allgemeines Urteil zum Layout der Ausdrucke?
  0 inakzeptabel
  0 akzeptabel (mit Anpassungswünschen)
  0 akzeptabel
- Bestehen Ausdrucke, die Ihnen negativ auffallen?
  0 nein
  0 ja, nämlich........................
- Beinhalten die Ausdrucke die gewünschten Informationen? (Sind zuviel oder zuwenig Einzelheiten aufgeführt?)
- Wie beurteilen Sie die Richtlinien im Zusammenhang mit den Kopf- und Fußzeilen?
- Wie beurteilen Sie die Druckeinrichtungen?

Die Frageliste kann ggf. mit einer Frage abgeschlossen werden, in der um eine allgemeine Beurteilung (auf einer Skala von 1 bis 10) zur Benutzungsfreundlichkeit gebeten wird. Auf diese Weise ist die Benutzungsfreundlichkeit (einigermaßen) quantifizierbar.

17.9 Checkliste »Wiederverwendbarkeit«

Definition: Der Umfang, in dem Teile des IT-Systems oder des Entwurfs für die Entwicklung anderer Anwendungen verwendet werden können.

Funktionale Systemarchitektur

+ Wurde ein allgemeines Bezugsmodell verwendet?

+ Sind die Funktionen mit Hilfe eines Geschäftsprozeßmodells erstellt?

+ Die Wiederverwendbarkeit wird u.a. durch die Aktualisierbarkeit des IT-Systems (oder eines Teils) bestimmt (siehe Checkliste Aktualisierbarkeit).

Technische Systemarchitektur

+ Wurden die gültigen (inter-)nationalen Standards oder Betriebsstandards verwendet, beispielsweise für den Datenaustausch über Netzwerke (OSI), Anwendungen in IBM-Umgebungen (SAA) und eine »Standard«-Programmiersprache, die auf den unterschiedlichsten Geräten kompiliert werden kann?

+ Ist die Software parametrisiert?

+ Ist die Datenverarbeitung in Teilverarbeitungen aufgeteilt?
+ Ist die Eingabe, Verarbeitung und Ausgabe gesondert implementiert?
+ Sind mögliche Geräteabhängigkeiten in gesonderten Modulen implementiert?
+ Sind I/O-Vorgänge in gesonderten Modulen untergebracht, um die Datenkonzepte von der Datenverarbeitung zu trennen?
+ Ist eine Standard-Geräteschnittstelle verwendet worden?
+ Sind Standardhandlungen konsistent in die Schnittstelle eingebaut?
+ Wurden Programmodule wiederverwendet?
− Sind die Algorithmen optimiert?

Dateninfrastruktur

+ Sind Daten auf ein Betriebsdatenmodell abgestimmt?
+ Ist das Datenmodell parametrisiert?
− Ist der Zugriff auf die Datenbank optimiert?

Produktionsumgebung

+ Wird eine aktuelle Infrastruktur eingesetzt/verwendet?

17.10 Checkliste »Eignung der Infrastruktur«

Definition: Die Eignung der Geräte, des Netzwerks, der Systemsoftware und des DBMS für den jeweiligen Einsatz und der Umfang, in dem diese Infrastrukturelemente aufeinander passen.

Entwicklungsumgebung

+ Wurden eine oder mehrere 3GL- oder 4GL-Entwicklungsumgebungen ausgewählt, die sich für die jeweiligen Einsätze eignen und zur restlichen Infrastruktur passen?

Produktionsumgebung

+ Sind Geräte, Netzwerke, PCs, Systemsoftware und DBMS so ausgewählt, daß sie aufeinander und auf die Anwendungen abgestimmt sind?
+ Hat eine objektive Bestimmung des erforderlichen Umfangs der Verarbeitungs- und Speicherkapazität stattgefunden, die das IT-System (zentral und dezentral) braucht, um alle funktionalen Anforderungen und Qualitätsansprüche zu erfüllen?

17.11 Checkliste »Aktualisierbarkeit«

Definition: Angabe darüber, wie einfach das IT-System an die neuen Wünsche der Anwender oder die geänderte externe Umgebung angepaßt werden kann, oder geeignet ist für Fehlerkorrekturen.

Funktionale Systemarchitektur

+ Ist die Aufteilung der Teilsysteme begründet?
+ Wurde ein allgemeines Bezugsmodell angewandt?
+ Sind Funktionen im Zusammenhang mit einem Betriebsprozeßmodell abgestimmt?
+ Liegt eine zugängliche, konsistente und aktuelle Funktionsdokumentation vor?

Technische Systemarchitektur

+ Werden bei der Entwicklung Standards eingesetzt? (Beispielsweise: Standard-Schematechniken, Standards für strukturiertes Programmieren, Standardverfahren beim Suchen in der Datenbank, einsetzbare Dokumentationsstandards, erkennbare Bezeichnungsstandards und Standards für den Einsatz von Anwendungsschnittstellen)
+ Wurden die gültigen (inter-)nationalen Standards oder Betriebsstandards verwendet, beispielsweise für den Datenaustausch über Netzwerke (OSI), Anwendungen in IBM-Umgebungen (SAA) und eine »Standard«-Programmiersprache, die auf den unterschiedlichsten Geräten kompiliert werden kann?
+ Sind die Standardhandlungen (z.B. Schnittstellen-Bedienung) konsistent in die Schnittstelle eingebaut?
+ Sind Kontrollprozesse (»watchdogs«) vorhanden?
+ Kann sich der Bediener Statusinformationen verschaffen?
+ Ist die Datenverarbeitung in Teilverarbeitungen aufgeteilt?
+ Sind Eingabe, Verarbeitung und Ausgabe gesondert implementiert?
+ Sind mögliche Geräteabhängigkeiten in gesonderten Modulen implementiert?
+ Sind die wesentlichen Funktionalitäten in gesonderten Modulen untergebracht?
+ Sind I/O-Vorgänge in gesonderten Modulen untergebracht, um die Datenkonzepte von der Datenverarbeitung zu trennen?
+ Sind die Programme transparent und strukturiert aufgestellt?
+ Liegt eine zugängliche, konsistente und aktuelle technische Dokumentation vor?
− Ist die Software parametrisiert?
− Werden in der Schnittstelle technische Handlungen verrichtet?
− Sind die Teilsysteme auf unterschiedlichen Rechnern verteilt?

- Wird die Verarbeitung der Daten (z.B. aus Sicherheitsgründen) doppelt ausgeführt?
- Sind die Algorithmen optimiert?

Dateninfrastruktur

+ Liegt ein Datenmodell vor und ist es normalisiert?
- Sind die Dateien verschlüsselt?
- Ist der Zugriff auf die Datenbank optimiert?

Entwicklungsumgebung

+ Liegt eine integrierte Testeinrichtung vor?
+ Werden 4GL-Entwicklungsumgebungen eingesetzt?
+ Liegt eine integrierte »funktionale« Entwicklungsumgebung vor (Workbench (CASE-Tool), Textverarbeitung usw.)?
+ Liegt eine integrierte »technische« Entwicklungsumgebung vor (DBMS, 4GL usw.)?
+ Wird ein Code- oder Systemgenerator (ICASE) eingesetzt?

17.12 Checkliste »Portabilität«

Definition: Die Unterschiedlichkeit der Hardware- und Systemsoftware-Umgebungen, in denen das IT-System laufen kann, und die Problemlosigkeit, mit der das System von der einen Umgebung auf eine andere übertragen werden kann.

Technische Systemarchitektur

+ Ist die Software parametrisiert?
+ Wurden die gültigen (inter-)nationalen Standards oder Betriebsstandards verwendet, beispielsweise für den Datenaustausch über Netzwerke (OSI), Anwendungen in IBM-Umgebungen (SAA) und eine »Standard«-Programmiersprache, die auf den unterschiedlichsten Geräten kompiliert werden kann?
+ Wird eine Standard-Maschinenschnittstelle eingesetzt?
+ Sind mögliche Geräteabhängigkeiten in gesonderten Modulen implementiert?
- Sind die Algorithmen optimiert?
- Sind die verschiedenen Teilsysteme auf unterschiedlichen Rechnern verteilt?

Dateninfrastruktur

- Ist der Zugriff auf die Datenbank optimiert?

Entwicklungsumgebung

+ Werden 4GL- Entwicklungsumgebungen eingesetzt?
+ Wurden aktuelle Entwicklungshilfsmittel verwendet?
+ Wird eine aktuelle Infrastruktur verwendet?

Produktionsumgebung

+ Ist eine Infrastruktur ausgewählt worden (Geräte, Netzwerk usw.), die innerhalb eines bestimmten Bereichs aufwärts kompatibel ist?
+ Wird eine aktuelle Infrastruktur verwendet?

17.13 Checkliste »Testbarkeit«

Definition: Die Mühelosigkeit und Geschwindigkeit, mit denen die Funktionalität und das Leistungsniveau des Systems (nach jeder Anpassung) getestet werden können.

Benutzerorganisation

+ Wird die benutzte Testware fertiggestellt und für nachfolgende Tests archiviert?
+ Liegen für die Unterstützung des Testprozesses Hilfsmittel zur Planung und Dokumentation der Abweichung vor?

Funktionale Systemarchitektur

+ Ist die Aufteilung der Teilsysteme begründet?
+ Liegt eine zugängliche, konsistente und aktuelle technische Dokumentation vor?
− Besteht eine starke Interaktion bzw. Abhängigkeit zwischen den unterschiedlichen Funktionen?

Technische Systemarchitektur

+ Werden bei der Entwicklung Standards eingesetzt? (Beispielsweise: Standard-Schematechniken, Standards für strukturiertes Programmieren, Standardverfahren beim Suchen in der Datenbank, einsetzbare Dokumentationsstandards, erkennbare Bezeichnungsstandards und Standards für den Einsatz von Anwenderschnittstellen)
+ Sind Kontrollprozesse (»watchdogs«) vorhanden?
+ Kann sich der Bediener Statusinformationen verschaffen?
+ Ist die Datenverarbeitung in Teilverarbeitungen aufgeteilt?
+ Sind Eingabe, Verarbeitung und Ausgabe gesondert implementiert?
+ Sind mögliche Geräteabhängigkeiten in gesonderten Modulen implementiert?

+ Sind die wesentlichen Funktionalitäten in gesonderten Modulen untergebracht?
+ Sind I/O-Vorgänge in gesonderten Modulen untergebracht, um die Datenkonzepte von der Datenverarbeitung zu trennen?
+ Werden Programmodule wiederverwendet?
+ Sind die Programme transparent und strukturiert aufgestellt?
+ Liegt eine zugängliche, konsistente und aktuelle technische Dokumentation vor?
− Sind die Teilsysteme auf unterschiedlichen Rechnern verteilt?
− Wird die Verarbeitung der Daten (z.B. aus Sicherheitsgründen) doppelt ausgeführt?
− Ist die Software parametrisiert?
− Sind die Algorithmen optimiert?

Dateninfrastruktur

− Sind die Dateien verschlüsselt?
− Ist die Datenspeicherung auf unterschiedlichen Rechnern verteilt?
− Ist das Datenmodell parametrisiert?
− Ist der Zugriff auf die Datenbank optimiert?

Entwicklungsumgebung

+ Liegt eine integrierte Testeinrichtung vor?
+ Wird ein Test-Tool für »Record & Playback« bzw. für Testentwurf eingesetzt?
+ Ist es möglich, über Queries auf die Datenbanken/Dateien zuzugreifen?
+ Werden 4GL-Entwicklungsumgebungen eingesetzt?
+ Liegt eine gesonderte Testumgebung vor?
+ Liegt eine integrierte »funktionale« Entwicklungsumgebung vor? (Workbench (CASE-Tool), Textverarbeitung usw.)
+ Liegt eine integrierte »technische« Entwicklungsumgebung vor? (DBMS, 4GL usw.)
+ Wird ein Code- oder Systemgenerator (ICASE) eingesetzt?

18 Übrige Checklisten

18.1 Einleitung

Zur Vorbereitung und Durchführung der verschiedenen Testaktivitäten ist eine Checkliste ein ausgezeichnetes Hilfsmittel. Es ist natürlich nicht möglich, eine spezifische Situation in einer bestimmten Organisation anhand einer Standardcheckliste zu untersuchen. Die im folgenden aufgeführten Checklisten sollen daher auch nur als Beispiele für die Zusammenstellung organisationsabhängiger und manchmal sogar projektabhängiger Checklisten dienen. Dieses Kapitel umfaßt folgende Checklisten:

- Allgemeine Untersuchung des IT-Systems
  Diese Checkliste kann zur Unterstützung der Aktivität »Allgemeine Überprüfung und Untersuchung« aus der Planungsphase (Einsatz des Phasenmodells, Ebene A) eingesetzt werden.
- Randbedingungen und Ausgangspunkte
  Randbedingungen und Ausgangspunkte werden während der Aufstellung des Testplans festgelegt. In dieser Checkliste werden eine Reihe von Beispielen für mögliche Randbedingungen und Ausgangspunkte aufgezählt (Einsatz des Phasenmodells, Ebene A).
- Risiken des Testprojekts
  Während der Erstellung eines Testplans sind auch die Risiken in bezug auf das durchzuführende Testprojekt explizit auszudrücken. In dieser Checkliste sind einige dieser Risiken aufgezählt (Einsatz des Phasenmodells, Ebene A).
- Testeinrichtungen
  Diese Checkliste enthält einige Kernpunkte, die für das Einrichten und Aufsetzen der Testinfrastruktur, der Testorganisation und der Testverwaltung während der Planungsphase wichtig sind (Einsatz des Phasenmodells, Ebene A, Testumgebung, Ebene A, und Testarbeitsplatz, Ebene A).
- Testmetriken des Testprozesses
  Die in dieser Checkliste beschriebenen Metriken können zur Messung der Effektivität und Effizienz des Testprozesses verwendet werden. Testmetriken werden häufig vom »zentralen« Testkoordinator eingesetzt, der projektübergreifend Statistiken und Metriken aufbaut (Metriken, alle Ebenen).
- Produktionsfreigabe
  Nach der Checkliste »Produktionsfreigabe« kann vorgegangen werden, bevor das Testteam eine Freigabeempfehlung formuliert. Anhand dieser Checkliste wird die Vollständigkeit des Produkts, der Testaktivitäten sowie der Produktionsvorbereitung und der -durchführung überprüft (Einsatz des Phasenmodells, Ebene B).

18.2 Checkliste »Allgemeine Untersuchung des IT-Systems«

In dieser Checkliste befinden sich die möglichen Aspekte der Untersuchung bezüglich der Aktivität »Allgemeine Überprüfung und Untersuchung« aus der Planungsphase.

Organisationsinformation

- Betriebszielsetzung
- Unternehmenskultur
- Organisationsschema (unter anderem Informationsbeschaffung und Informationseinsatz)
- Mögliche vorhandene Engpässe

Projektinformation

- Auftraggeber
- Auftragnehmer
- Zielsetzung (Auftrag, strategische Bedeutung)
- Vereinbarungen (Verträge)
- Standards und Richtlinien (u.a. Entwicklungsmethoden)
- Bericht zur Definitionsstudie (u.a. Beschreibung der gegenwärtigen Situation)
- Dokumentation aus der Phase Grobentwurf
- Entwicklungsinfrastruktur (Geräte, Hilfsmittel und Systemsoftware)
- Projektorganisation einschließlich Personalbestand
- Hierarchie der Berichterstattung
- Aktivitäten- und Zeitplanung
- Finanzielle Planung
- Randbedingungen an die auszuführenden Tests
- Risiken

Anwendungsinformation (insbesondere zur Aktualisierung eines Testprozesses)

- Ein- und Ausgabe (Anzahl und Spitzen)
- Anzahl Änderungen
- Unterscheidbare Prozesse
- Datensammlungen (Speichertechniken und Größe)
- Datenmodell
- Betriebsinterne Infrastruktur

- Beziehungen zu anderen IT-Systemen
- Vorhandene Testware:
  - Testspezifikationen
  - Testskripte
  - Testablauf
  - Testinfrastruktur
  - Test-Tools
  - Statistiken
  - Beurteilungsbericht voriger Tests

18.3 Checkliste »Randbedingungen und Ausgangspunkte«

In dieser Checkliste werden einige mögliche Randbedingungen und Ausgangspunkte aufgezählt, die während der Testplanerstellung festgelegt werden. Randbedingungen werden dem Projekt im Prinzip extern auferlegt und sind meist Begrenzungen und Voraussetzungen in bezug auf die erforderlichen Mittel, Personen, das Budget und die Zeit. Ausgangspunkte werden hingegen vom Testteam selbst bestimmt.

- Festes Enddatum
  Der Test hat spätestens zum festgestellten Enddatum beendet zu sein.

- Projektplan
  Bei der Durchführung der verschiedenen Testaktivitäten gilt der vorliegende und festgelegte Projektplan als Randbedingung.

- Freigabe der Testeinheiten
  Es ist erforderlich, daß das Programmierteam die Software in funktionstüchtigen und testbaren Einheiten gemäß Planung abliefert. Neben der Software sind die Benutzungshinweise mitzuliefern. Diese funktionalen Einheiten sind einem Modul- sowie einem Systemtest zu unterziehen.

- Einblick und Änderungen bezüglich Entwicklungsplanung
  Das Testteam muß einige Monate vor der Freigabe des Teilsystems über die Planung des Entwicklungsteams in Kenntnis gesetzt werden. Änderungen in der Entwicklungsplanung sind vor der Realisierung an das Abnahmetestteam weiterzuleiten.

- Mitsprache bei der Entwicklungsplanung
  Das Testteam erhält (mit Hilfe des Projektmanagements) Lenkungsmöglichkeiten bei der Entwicklungs- und Freigabereihenfolge und bei den freizugebenden Einheiten. Die Lenkung ist erforderlich, um die Reihenfolge der Testspezifikation festzustellen sowie um bereits in einem frühen Stadium über definitive und brauchbare Funktionen für den Aufbau der initialen Datenbanken zu verfügen.

- Qualität Produktions-Abnahmetest
  Das Rechenzentrum führt den Produktions-Abnahmetest hinsichtlich der zugewiesenen Qualitätsmerkmale und Objekte durch, zunächst getrennt nach Untersystemen und schließlich auf Systemebene.

- Qualität Systemtest
  Das Programmierteam führt den Systemtest entsprechend der zugewiesenen Qualitätsmerkmale und Objekte durch.

- Einblick in Systemtest
  Das Abnahmetestteam erhält auf Wunsch Einblick in die folgenden Produkte des Systemtests:
  – Planung
  – Teststrategie
  – Testfälle
  – Testergebnisse
  Damit kann dort, wo das Testmanagement dies für erforderlich und sinnvoll hält, Entsprechendes berücksichtigt werden.

- Reichweite der Testbasis
  Das Abnahmetestteam erhält Einblick in die gesamte Systemdokumentation, u.a. auch in die Dokumente, die nicht zur primären Testausgangsdokumentation (Testbasis) gehören. Hier ist insbesondere die technische Dokumentation gemeint, damit logische Testfälle auf konkrete übertragen werden können.

- Änderung der Testbasis
  Das Testteam ist umgehend über die durchgeführten Änderungen in Kenntnis zu setzen.

- Qualität Testbasis
  Wenn aufgrund der Qualität der vorgenannten Testbasis die Spezifizierung oder tatsächliche Durchführung des Tests unmöglich ist, sind die Mängel nach deren Meldung umgehend vom Auftraggeber zu beseitigen.

- Verfügbarkeit des Testteams
  Das Testteam muß gemäß Testplanung verfügbar sein. Die Mitglieder haben dem dargestellten Profil von Kenntnissen und Erfahrungen zu entsprechen. Es wird ausdrücklich angegeben, daß die Ausbildung des Testteams außerhalb des Testprojekts erfolgt (ist) und daß eine methodische Betreuung stattfindet.

- Unterstützung des Programmierteams
  Während der Durchführung des Tests muß eine strukturelle Unterstützung des *Programmierteams* erfolgen, um Fehler zu beseitigen, wobei der Fortschritt der Testdurchführung als primäre Bedingung gilt.

- Unterstützung der Benutzerorganisation
  Zur Unterstützung hinsichtlich der Fachkenntnisse im Anwendungsbereich kann jederzeit auf das vorhandene Fachwissen innerhalb der Benutzerorganisation zurückgegriffen werden.

- Unterstützung vom Rechenzentrum
  Während der Durchführung des Tests muß eine strukturelle Unterstützung vom Rechenzentrum aus erfolgen, um Fehler und Mängel in der Testumgebung zu beheben.

- Definition und Wartung der Testumgebung
  Die Definition der Abnahmetestumgebung sowie der Systemtestumgebung erfolgt in gemeinsamem Einvernehmen zwischen dem *Programmierteam* und dem Abnahmetestteam. Verwendet wird dabei das/ein gleiche(s) Verwaltungsinstrument. Die technische Einrichtung sowie die Wartung und Verwaltung erfolgt durch das Rechenzentrum.

- Verfügbarkeit der Testumgebung
  Die für den Test erforderliche technische Infrastruktur (Hard- und Software sowie erforderliche Dateien) muß für das Testmanagement kontrollierbar und der Planung entsprechend verfügbar sein. Dazu hat das Rechenzentrum eine strukturelle Unterstützung gemäß noch näher zu definierenden Bedingungen zu leisten. Es muß eine möglichst »produktionsnahe« Umgebung zur Verfügung stehen, in der u.a. auch die dezentrale Infrastruktur getestet werden kann.

- Installation in der Testumgebung
  Die Installation von neuer oder erweiterter (geänderter) Software und von Dateien in der Testumgebung findet ausschließlich nach der Genehmigung des Testmanagements statt.

- Einsatz von Tools
  Der Abnahmetest und der Systemtest verwenden die gleichen Test-Tools. In diesem Zusammenhang wird in dem vereinbarten Zeitraum in gegenseitigem Einvernehmen – auch mit dem Rechenzentrum – eine definitive Liste der einzusetzenden Test-Tools sowie ein fundierter Vorschlag im Zusammenhang mit der Akquisition dieser Tools aufgestellt.

18.4 Checkliste »Risiken Testprojekt«

Im Abschnitt »Risiken des Testplans« werden die festgestellten Risiken aufgezählt. Bei jedem festgestellten Risiko sind die entsprechenden Konsequenzen und – falls möglich – die jeweiligen Lösungen bzw. Maßnahmen anzugeben. In der Checkliste sind einige mögliche Risiken aufgezählt, die bei einem auszuführenden Testprojekt auftreten können; ferner können Risiken (zwischenzeitlich) ebenfalls anhand der Checkliste »Bewertung des Testprojekts« festgestellt werden. Folgende Risiken sind möglich:

- Es fehlt eine Detailplanung des Entwicklungsteams für die verschiedenen Teilsysteme.

- Das vorher festgestellte Enddatum kann sich auf die im Testplan angegebene vollständige Durchführung der Testaktivitäten auswirken.

- Die Testbasis (Geschäftsablaufverfahren, Benutzungsanleitung und Entwurfsspezifikationen) ist nicht rechtzeitig verfügbar.

- Die Testbasis weist eine unzureichende Qualität auf.

- Verfügbarkeit von Testpersonal (Kapazität, Eignung in bezug auf Testerfahrung und Fachkenntnisse im Anwendungsbereich) ist nicht gegeben.

- Das Wachstum an Umfang – in Funktionspunkten ausgedrückt – des zu testenden IT-Systems ist erheblich.
- Die Bereitstellung und das Funktionieren der gewünschten Testumgebung verzögert sich.
- Die Kontrolle der Testumgebung und aller dazugehörigen Elemente (Software und Daten) ist nicht gegeben.
- Die Einführung eines neuen Testkonzepts, mit dem noch keine Erfahrungen innerhalb der Organisation vorliegen, ist notwendig.

18.5 Checkliste »Testeinrichtungen«

In dieser Checkliste sind einige Kernpunkte aufgezählt, die wichtig sind für die Einrichtung und Aufstellung der Testinfrastruktur, der Testorganisation und des Testmanagements in der Planungsphase.

Arbeitsräume

- Zimmer
- Versammlungsräume
- Mobiliar (Stühle, Schreibtische, Tische, Schränke)
- Kopiermöglichkeit
- Bürobedarf
- Formulare
- Disketten

Hardware

- PCs bzw. Terminals
- Eingabe- und Ausgabemedien wie Drucker, Bildschirme, Code- bzw. Kartenleser usw.
- Kommunikationsverbindungen
- Speicherplatz (auf Festplatten oder Bändern)
- Großrechnerkapazität
- Kommunikationscomputer, Netzwerkverwaltungsgeräte
- Server
- Schnittstellen; Vermittlungsrechner, Modems; Konverter, Adapter
- Anschlüsse an öffentliche Netzwerke (beispielsweise Internet)
- Speichermedien wie Bänder, Kassetten, CDs und Disketten

Software

- Betriebssysteme
- DBMS
- Kommunikationssoftware
- Textverarbeitungssoftware
- Tabellenkalkulationsprogramm
- Planungs- und Fortschrittsüberwachungssoftware
- Großrechnerprogramme
- Test-Tools
- Backup & Recovery
- Protokollierung
- Autorisierung und Sicherheit
- Buchhaltung/Statistik
- Assembler, Compiler
- Workbenches
- Prototyping, Simulation
- (übrige) Dienstprogramme (z.B. für Speicherauszug, Ablaufverfolgung, Aufgabenauslöser usw.)

Ausbildung

- Einführungskursus Testen
- Kursus Testtechniken
- Elementarkenntnisse »Fachkonzept«
- Elementarkenntnisse »DV-Konzept«
- Job Control Language

Logistik

- Einfache Versorgung mit Essen und Trinken
- Unkostenregelungen
- Überstundenregelung

Personal

- Testteam
- Systemadministratoren

- Benutzer
- Produktionsbetreuung
- Management

Verfahren

- Produktionssteuerung
- Übertragung des Testobjekts von Programmierteam auf Testteam
- Versionsverwaltung des Testobjekts, der Testumgebung und der Testware
- Aktualisierung der initialen Datensammlung
- Problemlösung
- Backup/Recovery
- Sicherheit
- Testanweisungen
- Planungsüberwachung
- Testkommunikation
- Konfigurationsmanagement
- Datenverwaltung
- Abweichungenmeldung und -bearbeitung, Neustart
- Autorisierung und Sicherheit
- Anwendungsdokumentation
- Generische Eingabe- und Steuerdaten (z.B. Kunde, Police, Artikel, Tarif, Preis, Kurs, Ort)

Dokumentation

- Regelung oder sogar Testen eines Handbuchs

18.6 Checkliste »Testmetriken«

Eine Metrik oder ein Maß ist eine Zahl, die letztendlich mit einer festgestellten Norm oder einem Standard verglichen werden muß. Die nachfolgenden Metriken sind mögliche anzuwendende Gradmesser zur Messung der Effektivität und Effizienz des Testprozesses und zum Vergleich mit der von der Organisation festgestellten Norm. Metriken können ferner ebenfalls bei der Berichterstattung an den Auftraggeber eingesetzt werden. Es wird darauf hingewiesen, daß für eine sinnvolle Verwendung, meistens mehrere Metriken gleichzeitig eingesetzt werden sollten. Beispielsweise gibt die Metrik »Kosten für jeden festgestellten Fehler« für sich allein keinen Einblick in die Qualität des Testprozesses, die

Software könnte z.B. so schlecht programmiert sein, daß innerhalb weniger Teststunden schon eine ganze Liste von gefundenen Fehlern vorliegt (oder so gut programmiert, daß erst viel später die ersten Fehler auftauchen). Erst in Kombination mit z.B. »Anzahl gefundener Fehler« ist es möglich, qualitative Aussagen zu erhalten, in diesem Fall über die Qualität des Testprozesses. Mögliche Metriken sind:

- Beteiligung der Anwender
  Beziehung zwischen den von den Anwendern ausgeführten Tests und der Gesamttestzeit. Dies vermittelt einen Hinweis auf die Beteiligung der Anwender.
- Ausgeführte Anweisungen
  Beziehung zwischen der Anzahl der getesteten Programmanweisungen und der Anzahl an Programmanweisungen. Es stehen Tools zur Verfügung, die ein solches Maß liefern können.
- Anzahl der »Testfälle«
  Beziehung zwischen der Anzahl Tests und dem Systemumfang (beispielsweise in Funktionspunkten ausgedrückt). Dies vermittelt einen Überblick darüber, wie viele Tests erforderlich sind, um ein Teilelement zu testen.
- Anzahl getesteter Pfade
  Beziehung zwischen den getesteten und der Gesamtanzahl vorhandener logischer Pfade.
- Testkosten
  Beziehung zwischen den Testkosten und den Gesamtentwicklungskosten. Eine Definition der verschiedenen Kosten im Vorfeld ist dabei wesentlich.
- Kosten für jeden festgestellten Fehler
  Gesamttestkosten geteilt durch die Anzahl der gefundenen Fehler.
- Budgetausschöpfung
  Beziehung zwischen dem Budget und den tatsächlichen Testkosten.
- Fehler während der Produktion
  Vermittelt eine Schätzung der Anzahl der während des Testprozesses nicht gefundenen Fehler.
- Effizienz der Fehlersuche
  Die Anzahl der während des Testens gefundenen Fehler, geteilt durch die Gesamtanzahl der gefundenen Fehler. Diese letzte Zahl ist die Summe der gefundenen Fehler während der ersten x Monate des Einsatzes und der Anzahl der gefundenen Fehler während des Testens.
- Testeffektivität in bezug auf den Kernprozeß der Organisation
  Vermittelt einen Überblick darüber, wie viele Kosten durch das Testen aufgrund der Tatsache eingespart werden konnten, daß der Kernprozeß normal stattfinden konnte. Was hätte es gekostet, wenn der jeweilige Fehler erst in der Einsatzphase festgestellt worden wäre?
- Aktivawert des Tests
  Beziehung zwischen den Testkosten und dem Wert der Aktiva, die vom entwickelten System verwaltet werden.

- Hang-up-Analyse
Beziehung zwischen der Anzahl Änderungen in der Wartungsphase und der Häufigkeit, mit der das System nicht ordnungsgemäß abläuft.

- Quellcode-Analyse
Beziehung zwischen der Anzahl der geänderten Programmzeiten, um Fehler zu beseitigen, und der Anzahl der Tests.

- Testeffizienz
Die Anzahl der erforderlichen Tests im Vergleich zur Anzahl der gefundenen Fehler.

- Automatisierungsgrad des Testens
Beziehung zwischen der Anzahl manuell ausgeführter und der Anzahl automatisiert ausgeführter Tests.

- Testeffektivität in der Definitionsphase
Beziehung zwischen den Testkosten und der Anzahl der gefundenen Abweichungen und Fehler in der Definitionsphase.

- Testeffektivität in der Entwurfsphase
Beziehung zwischen den Testkosten und der Anzahl der gefundenen Abweichungen und Fehler in der Entwurfsphase.

- Testeffektivität in der Programmierphase
Beziehung zwischen den Testkosten und der Anzahl der gefundenen Abweichungen und Fehler in der Programmierphase.

- Testeffektivität in der Testphase
Beziehung zwischen den Testkosten und der Anzahl der gefundenen Abweichungen und Fehler in der Testphase.

- Testeffektivität in der Implementierungsphase
Beziehung zwischen den Testkosten und der Anzahl der gefundenen Abweichungen und Fehler in der Einführungsphase.

- Testeffektivität in der Wartungsphase
Beziehung zwischen den Testkosten und der Anzahl der gefundenen Abweichungen und Fehler in der Wartungsphase.

- Anzahl der gefundenen Fehler
Beziehung zwischen der Anzahl der gefundenen Fehler und der Größe des Systems je Testzeiteinheit.

- Probleme durch nicht getestete Anpassungen
Probleme durch nicht getestete Anpassungen, als Teil der Gesamtanzahl an Problemen, die durch Änderungen entstanden sind.

- Probleme nach getesteten Anpassungen
Probleme durch getestete Anpassungen, als Teil der Gesamtanzahl an Problemen, die durch Änderungen entstanden sind.

- Einsparungen des Tests
  Vermittelt einen Überblick, wieviel durch die Durchführung des Tests eingespart werden konnte. Mit anderen Worten: Wie groß wäre der Verlust gewesen, wenn der Test nicht ausgeführt worden wäre?

18.7 Checkliste »Produktionsfreigabe«

Bevor ein System tatsächlich mit einer Freigabeempfehlung für die Produktion versehen wird, kann folgende Freigabecheckliste ausgeführt werden. Wenn die verschiedenen Tests vollständig und korrekt ausgeführt wurden, wird ein Großteil der Fragen bereits in dem jeweiligen Test bearbeitet worden sein.

Vollständigkeit des Produkts

- Liegt zur Wartungsphase ein Regressionstest vor?
- Ist die erforderliche Eingabe- und Migrations-Software mitgeliefert, getestet und genehmigt?
- Ist die Software zur Datenverwaltung mitgeliefert, damit gelegentliche Dateikorrekturen durchgeführt werden können?
- Ist die erforderliche Hilfs-, Not- und Korrektursoftware vorhanden?
- Sind die Instrumente zur Messung der Systemleistung vorhanden und getestet?
- Ist die erforderliche System-, Anwender und Produktionsdokumentation vorhanden, vollständig, zugänglich und konsistent?
- Sind die erforderlichen Neustarteinrichtungen angebracht?
- Liegt ein beschriebenes Verfahren zur System- und Datenmigrierung vor?

Vollständigkeit der Testaktivitäten

- Sind die Schnittstellen zwischen den verschiedenen Modulen getestet und genehmigt?
- Sind die Schnittstellen zwischen den einzelnen Untersystemen getestet und genehmigt?
- Sind die Schnittstellen mit anderen Systemen getestet und genehmigt?
- Sind die Schnittstellen mit dezentralen Anwendungen getestet und genehmigt?
- Sind die Schnittstellen mit dezentralen Geräten getestet und genehmigt?
- Sind die Schnittstellen mit der Steuersoftware getestet und genehmigt?
- Sind die Schnittstellen mit den manuellen Verfahren getestet und genehmigt?
- Sind die Datenübertragungseinrichtungen getestet und genehmigt?
- Ist die Testware fertiggestellt und verfügbar?
- Wurde die Testware der erforderlichen Qualitätskontrolle unterzogen?

- Sind die Volumentests vorschriftsmäßig verlaufen?
- Sind die Netzwerkanschlüsse getestet und genehmigt?
- Werden die gestellten Anforderungen hinsichtlich der Leistung erfüllt?
- Funktioniert ein mögliches Kontrollpunkt-Recovery?
- Wurden die Neustartmöglichkeiten erfolgreich getestet?
- Findet der Dateizugriff innerhalb der festgestellten (Sicherheits-)Anforderungen statt?
- Funktioniert das Programm auch mit leeren Eingabedateien?
- Reagiert das System adäquat auf eine extrem falsche Eingabe?
- Wurden die verschiedenen Formulare mindestens einmal ausprobiert?

Produktionsvorbereitung

- Kennen die neuen Anwender das neue System und die möglicherweise neuen Geräte?
- Genügt die Bezeichnung der Software den Vorschriften?
- Bleibt der Systemumfang innerhalb der gesetzten Richtlinien?
- Sind die zum Zeitpunkt der Inbetriebnahme noch vorhandenen Restfehler (»known errors«) (auch bei den Anwendern) bekannt?
- Ist bekannt, wie mit den noch vorhandenen Restfehlern umzugehen ist (»work-around«)?
- Ist eine Rückkehr zur alten Situation bei eventuell unüberwindbaren Problemen nach der Inbetriebnahme möglich?
- Sind die Speicherfristen von Dateien bekannt?
- Ist die bei der Rekonstruktion vorgeschriebene Verarbeitungsreihenfolge bekannt?
- Sind die Möglichkeiten der einzusetzenden Ausgabemedien ausreichend berücksichtigt?

Produktionsdurchführung

- Ist bekannt, wie groß die Inanspruchnahme des Systems hinsichtlich der Kapazität des Systems (Verarbeitungszeit, Peripheriegeräte, Personal, usw.) ist?
- Sind die Anwender- und Verwaltungsfunktionen ausreichend getrennt?
- Ist das Verfahren bei Problemen klar und nachvollziehbar?
- Ist durch die Anwendung spezieller Kontrolltechniken bei der Ausgabe ein adäquates Qualitätsmanagement möglich?
- Wird bei jeder Verarbeitung ein Bericht mit der Angabe von Zeit, Medium, Nummer und Version erstellt?
- Wird die Ausgabe zur Vollständigkeitskontrolle mit Anfangs- und Endangaben versehen?

19 Inspektionen

19.1 Einleitung

Im Kernbereich »Prüfen« wird bei Ebene A davon ausgegangen, daß bestimmte Prüftechniken eingesetzt werden. Eine gute und häufig angewandte Technik zur Durchführung einer Prüfung ist die sogenannte Inspektion, obwohl im Prinzip jede Form der kollegialen Prüfung sinnvoll ist [Paulk, 1999]. Die Inspektionstechnik beinhaltet die Prüfung eines (Zwischen-)Produkts durch Suchen und Erfassen eines Fehlers im Teamverband, mit dem Ziel, sowohl fallweise als auch strukturell eine Qualitätsverbesserung von Produkten zu erreichen [Fagan, 1986]. Innerhalb der Inspektion werden einige Phasen unterschieden, bei denen die Phase »Vorbereitung« eine der wesentlichsten ist. Während der Vorbereitungsphase suchen die Teammitglieder in ihrer Eigenschaft als Beurteiler des Dokuments individuell nach möglichst vielen Fehlern. Diese Suche nach Fehlern wird meistens an Hand von Checklisten ausgeführt. Der Schwerpunkt liegt hierbei auf einmaligen bzw. einzigartigen Fehlern, das sind Fehler, die nicht von einem anderen Teilnehmer gefunden werden. Man erreicht dies, indem jedem Teilnehmer eine oder mehrere Rolle(n) zugewiesen werden; beispielsweise kann der Anwender die Funktionalität, der (interne) Rechnungsprüfer die Überprüfbarkeit und der Vertreter des Testteams die Testbarkeit beurteilen. Die jeweiligen Teilnehmer beurteilen die Entwurfsspezifikationen daher jeweils von ihrem »eigenen« Standpunkt aus. Der Mehrwert der Inspektion kann durch ein sogenanntes »causal analysis«-Meeting erhöht werden. Ziel dabei ist die Analyse der Ursachen der festgestellten Fehler, wie beispielsweise eine zu geringe oder eine fehlerhafte Anwenderbeteiligung bei der Erstellung des Spezifikationsdokuments. Das »causal analysis«-Meeting ist faktisch ein Ansatz zur strukturellen Verbesserung, die das Ziel hat, ähnliche Fehler in Zukunft zu vermeiden. Beim Einsatz der Inspektion in der Praxis ist es wichtig, daß derjenige, der die Inspektion organisiert und lenkt, eine unabhängige Rolle einnimmt. Diese Person, in der Literatur »Moderator« genannt, muß über solide Kenntnisse der Inspektionstechnik verfügen.

19.2 Vorteile

Der Einsatz von Inspektionen bei Produkten (Dokumenten) des [Software]Entwicklungsprozesses hat verschiedene Vorteile:

- Da Fehler in einem *frühen* Stadium entdeckt werden, findet relativ kostengünstig eine Qualitätsverbesserung dieser Produkte statt.

- Da ein Produkt bei einer Inspektion von verschiedenen Standpunkten aus beurteilt wird (in sogenannten »Rollen«), werden mehr Fehler als beim Einsatz traditioneller Prüftechniken entdeckt.

- Die Prüfung eines Produkts im Teamverband hat den zusätzlichen Vorteil, daß unter den Teilnehmern ein Informationsaustausch stattfindet (Lerneffekt). Dabei kann man an einen Wissensaustausch im Bereich der Systementwicklung, wie Spezifikations- und Entwurfstechniken, denken, aber auch an Qualität, Qualitätssystem und selbstverständlich an strukturiertes Testen.

- Der Einsatz der Inspektion beschränkt sich nicht auf die Entwicklungsdokumentation, sondern ist in allen Ebenen und für alle Dokumentationen verwendbar, beispielsweise in der Managementplanung, Entwicklungsplanung, Anwendungsdokumentation, Anleitungen usw. Ferner können Inspektionen beispielsweise bei Programmquellen ausgeführt werden.

- Außer zur Verbesserung der Produktqualität können Inspektionen auch zur Verbesserung der Qualität des Entwicklungsprozesses selbst eingesetzt werden, da diese Methode Möglichkeiten für eine strukturelle Rückkopplung mit dem Qualitätssystem bietet.

- Schließlich gilt noch, daß eine umfassende Bewußtwerdung und Motivation hinsichtlich der Realisierung von Qualitätsprodukten gefördert wird.

Zusammenfassend kann festgestellt werden, daß die Inspektion eine sehr geeignete Methode ist, um eine Qualitätsverbesserung von Produkten (u.a. der Testbasis) zu erreichen. Das gilt in erster Linie für die beurteilten Produkte selbst. Wichtiger ist jedoch, daß die Qualität von Produkten strukturell verbessert werden kann, da durch die Rückkopplung vom Inspektionsprozeß auf die Entwicklungsprozesse strukturelle Verbesserungen erzielt werden. Diese Verbesserungen sorgen dafür, daß einmal gemachte Fehler in Zukunft soweit wie möglich vermieden werden.

19.3 Arbeitsweise

Folgende Schritte sind im Rahmen einer Inspektion zu unternehmen:

- Prüfung an Eingangskriterien
- Organisation der Inspektion
- Kick-off (Start)
- Vorbereitung
- Fehlererfassungs-Meeting
- Diskussions-Meeting
- »causal analysis«-Meeting
- Ausführen der Überarbeitung
- Follow-up
- Prüfung an Ausgangskriterien

19.3.1 Prüfung Produkt an Eingangskriterien

Der Autor eines Produkts setzt den »Moderator« davon in Kenntnis, daß das Produkt für eine Inspektion bereit ist. Bevor nun mit einer Inspektion begonnen wird, kontrolliert der »Moderator«, ob das Produkt den Eingangskriterien entspricht. Eingangskriterien sind eine Sammlung von Kriterien, die ein Produkt erfüllen muß, bevor es inspiziert wird. Die Eingangskriterien sind einerseits dazu gedacht, Zeitverschwendung der Teilnehmer an der Inspektion zu vermeiden, und andererseits, den Autor zu motivieren, ein gutes Produkt abzuliefern.

Beispiele für Eingangskriterien sind:

- Eindeutige Identifikation des zu prüfenden Produkts
- Das zu inspizierende (Teil-)Produkt muß vollständig sein (keine halbfertigen Versionen).
- Die Eingangsdokumentation muß genehmigt worden sein.
- Die Referenzen müssen korrekt und aktuell sein.
- Eine Prüfung zu Beginn durch den Moderator liefert nicht mehr als x Abweichungen.
- Das Dokument muß auf Rechtschreibfehler kontrolliert sein.
- Das Dokument ist gemäß den abgesprochenen Richtlinien verfaßt worden.

19.3.2 Organisation der Inspektion

Sobald das zu inspizierende Produkt den Eingangskriterien entspricht, organisiert der Moderator eine Inspektion. Das beinhaltet u.a. die Teambildung und die Zuweisung von Rollen an die Teilnehmer. Der Autor kann eventuell spezifische Themen (Rollen) angeben, auf die während der Inspektion besonders geachtet werden muß. Zum Schluß wird das Dokument, inklusive relevanter Dokumentationen wie Grundlagen und Richtlinien, unter den Teilnehmern verteilt, und es werden Planungsabsprachen bezüglich Vorbereitung und Treffen gemacht.

19.3.3 Kick-off (Start)

Die Startveranstaltung findet vor der eigentlichen Inspektion statt. Diese Veranstaltung erfolgt wahlweise und wird vom Moderator aus folgenden Gründen organisiert:

- Wenn Teilnehmer eingeladen sind, die noch nicht an einer Inspektion teilgenommen haben, gibt der Moderator eine kurze Einführung in die Technik und Arbeitsweise, nach der dabei vorgegangen wird.
- Der Autor des zu inspizierenden Produkts führt sein Produkt kurz ein. Die Checklisten werden verteilt.
- Wenn Verbesserungen oder Änderungen bei der Arbeitsweise während der Inspektion mitzuteilen sind, werden diese kurz erläutert.

Falls ein Kick-off-Meeting abgehalten wird, so wird während des Treffens das zu inspizierende Material ausgehändigt und die Rollen können zugewiesen werden. Eine Startveranstaltung dauert höchstens eine halbe Stunde.

19.3.4 Vorbereitung

Die Vorbereitungsphase ist die wichtigste Phase der Inspektion. Damit eine möglichst effektive und effiziente Inspektion stattfinden kann, ist eine gute Vorbereitung unentbehrlich. Während der Vorbereitung suchen die Teilnehmer individuell nach möglichst vielen *einzigartigen* Fehlern. Der Schwerpunkt liegt auf »einzigartige« Fehler, d.h. Fehler, die von anderen Teilnehmern nicht gefunden werden. Das wird erreicht, indem man den Teilnehmern eine oder mehrere Rolle(n) zuweist. Ein Produkt unter einer bestimmten Rolle zu inspizieren bedeutet, daß man es von einem bestimmten Perspektive aus beurteilt.

Beispiele für Rollen sind:

- Fachbezogene Kontrolle
- Konsistenz mit der Eingangsdokumentation
- Konsistenz mit den Arbeitsinstruktionen oder Richtlinien
- Interne Konsistenz
- Kontrolle in bezug auf Deutlichkeit, Verständlichkeit usw.

Der Aspekt Testbarkeit ist in diesem Beispiel auf mehrere Rollen verteilt, so daß die verschiedenen Elemente (interne Konsistenz, Deutlichkeit usw.) detaillierter untersucht werden können.

Wichtig ist, daß eine Inspektion (und somit auch die Vorbereitung) sich nicht nur auf das Suchen von Fehlern in dem zu inspizierenden Produkt bezieht, sondern auch auf alle für dieses Produkt relevanten Dokumentationen, wie Eingangsdokumentation, Arbeitsanweisungen, Richtlinien und Checklisten.

19.3.5 Fehlererfassungs-Meeting

Das Ziel des Fehlererfassungs-Meetings ist eine effiziente *Inventarisierung* bzw. *Dokumentierung* der von den Teilnehmern (während der Vorbereitung) festgestellten Fehler. Auch die Ermittlung von neuen Fehlern während des Treffens und der implizite Wissensaustausch sind wichtige Zielsetzungen. Wie bereits vorher beschrieben, müssen sowohl Fehler des zu inspizierenden Produkts als auch solche »außerhalb« dieses Produkts in Betracht gezogen werden. An dem Fehlererfassungs-Meeting nehmen der Moderator, diejenigen, die die Inspektion durchführen, sowie der Autor teil. Der Moderator hat dafür zu sorgen, daß die gefundenen Fehler Seite für Seite erfaßt und dokumentiert werden. Diese Fehler werden vom »Protokollführer« (Autor) auf einem Problemerfassungsformular festgehalten. Jeder Fehler wird nur ein einziges Mal festgehalten. »Schönheitsfehler« werden nicht erfaßt, werden jedoch dem Autor nach Ablauf des Meetings überreicht. Während des Fehlererfassungs-Meetings ist nicht über die Fehler und deren (mögliche) Lösungen zu diskutieren. Sofern es überhaupt sinnvoll ist, über gefundenen Fehler bzw. Lösungsalternativen zu diskutieren, besteht die Möglichkeit hierzu während des Diskussions-Meetings. Das Fehlererfassungs-Meeting dauert höchstens zwei Stunden, meistens aber nur einer Stunde. Die Dauer des Treffens wird u.a. eingeschränkt durch die Anforderungen bezüglich des Umfangs des zu inspizierende Dokument(-teil)s: höchstens 10 bis 15 Seiten.

19.3.6 Diskussions-Meeting

Das optionale Diskussions-Meeting erfolgt sofort nach dem Fehlererfassungs-Meeting und ist dazu gedacht, über Lösungsalternativen einer begrenzten Anzahl von Problemen zu diskutieren, die während des Fehlererfassungs-Meetings ausgewählt wurden (wird auf dem Problemerfassungsformular angegeben). Diese Probleme werden zusammen mit dem vom Inspektionsteam ausgewählten Lösungen vom Moderator festgehalten. Teilnehmer, die nicht direkt an den Diskussionspunkten beteiligt sind, haben die Möglichkeit, das Treffen zu verlassen.

19.3.7 »Causal analysis«-Meeting

Das »causal analysis«-Meeting wird nach Bedarf abgehalten und findet erst nach einigen Fehlererfassungs-Meetings statt. Ziel dieses Meetings ist, die Ursachen der wichtigsten Fehler zu analysieren. Das ist faktisch der erste Schritt zur strukturellen Qualitätsverbesserung, indem ähnliche Fehler in Zukunft verhindert werden sollen. Das »causal analysis«-Meeting erfolgt in Form einer Brainstorm-Sitzung. Bei einigen wichtigen Fehlern, die vom Moderator ausgewählt sind, wird eine Dokumentation der möglichen Ursachen und der korrespondierenden Lösungen erstellt. Die Teilnehmer dieses Meetings sind die gleichen wie beim Fehlererfassungs-Meeting.

19.3.8 Ausführen der Überarbeitung

Während der Überarbeitungsphase erfolgt eine Anpassung des beurteilten Produkts durch den Autor oder einen Überarbeiter. Diese Anpassung findet auf der Grundlage der während des Fehlererfassungs-Meetings festgestellten Fehler statt. Bei jedem erfaßten Fehler müssen entsprechende Maßnahmen getroffen werden. Das bedeutet, daß Fehler, die sich auf das inspizierte Produkt selbst beziehen, auch in diesem Produkt behoben werden müssen. Fehler, deren Ursprung in einem anderen Produkt liegt, sind auf einem Problemerfassungsformular festzuhalten und an die zuständige Instanz weiterzuleiten.

19.3.9 Follow-up

Das Follow-up ist der letzte Schritt des Inspektionsprozesses und dient der Kontrolle im Zusammenhang mit der Ausführung der Überarbeitung. Die Rolle des Moderators hierbei ist zu kontrollieren, ob in Hinsicht auf jeden Fehler eine entsprechende Maßnahme getroffen wurde. Der Moderator überprüft dabei *nicht*, ob das auch korrekt durchgeführt wurde. Für eine entsprechende Rückkopplung wird eventuell die neue Version an die Teilnehmer verteilt, die ihrerseits wieder kontrollieren können, ob die von ihnen festgestellten Fehler auf korrekte Weise beseitigt wurden, und sie können, falls erforderlich, zusätzliche Anmerkungen zum Produkt machen.

19.3.10 Prüfung an Ausgangskriterien

Ein Produkt verläßt den Inspektionsprozeß, wenn den Ausgangskriterien entsprochen ist. Die Kontrolle erfolgt durch den Moderator.

Beispiele für Ausgangskriterien sind:

- Die Überarbeitung muß beendet sein.
- Alle Änderungen müssen in der neuen Version des überprüften Produkts dokumentiert sein.
- Das Dokument hat eine neue Versionsnummer bekommen.
- Die Änderungsvorschläge zu anderen Dokumenten sind laut geltender Änderungsprozedur eingereicht.
- Das Inspektionsformular muß vollständig ausgefüllt und dem zuständigen Qualitätsmanager ausgehändigt worden sein.

Zu verschiedenen Zeitpunkten während des Prozesses sammelt der Moderator Daten im Zusammenhang mit der Effektivität und Effizienz der Inspektion. Diese Daten (Statistiken) werden auf einem Inspektionsformular erfaßt. Die Daten mehrerer Sitzungen werden von der Abteilung für Qualitätsmanagement analysiert; auf dieser Grundlage können strukturelle Änderungen im Entwicklungsprozeß vorgenommen werden.

20 Metriken

20.1 Einleitung

Häufig muß ein Testmanager »lästige Fragen« beantworten, wie beispielsweise:

- Weshalb dauert das Testen so lange?
- Weshalb ist der Testprozeß noch nicht beendet?
- Wie viele Fehler habe ich in der Praxis noch zu erwarten?
- Wie viele erneute Tests sind noch erforderlich?
- Wann kann mit dem Testen gestoppt werden?
- Wann fängt das Testteam mit der Testdurchführung an?
- Können Sie mir erklären, was das Testteam da eigentlich macht?
- Wie steht es um die Qualität des zu testenden Systems?
- Wann kann die Produktion wieder aufgenommen werden?
- Wie kann es sein, daß das vorige Testprojekt viel schneller verlief?
- Was habt ihr eigentlich genau getestet?
- Wie viele Abweichungen sind vorhanden, und welchen Status haben sie?

Das mit Fakten fundierte Beantworten dieser Fragen ist nicht immer einfach. Die einzige Art, wie das dennoch erfolgen kann, ist das Festhalten von relevanten Daten. Diese Daten werden zu Informationen zurückgeführt. Anschließend werden diese Informationen dazu verwendet, eine Antwort auf die oben genannten Fragen zu geben, mit anderen Worten: »messen = wissen«.

Für die Ausarbeitung des TPI-Kernbereichs »Metriken« wurde der Basissatz von Metriken aus dem Bottom-up-Konzept [Hetzel, 1993] eingesetzt. Die auf diese Weise erhaltenen Informationen reichen aus, um die meisten Fragen zu beantworten. In diesem Kapitel wird die andere Methode, das Top-down-Konzept, erläutert. Nach diesem Konzept wird in der Praxis häufiger vorgegangen, und es ist als Ergänzung zum Abschnitt über Metriken in Kapitel 7 zu betrachten.

Für den Testprozeß sind Metriken bezüglich der Qualität des Testobjekts und des Fortschritts des Testprozesses von größter Bedeutung. Sie werden hauptsächlich benutzt für das Testprozeßmanagement, zur Begründung der Testempfehlungen und ebenfalls zum Vergleich von Systemen oder Testprozessen.

Für die Optimierung des Testprozesses werden Metriken beibehalten, um somit die Folgen bestimmter Optimierungsmaßnahmen beurteilen zu können, die Metrikdaten sowohl vor als auch nach der Durchführung der Maßnahme werden in dem Fall miteinander verglichen.

Zusammenfassend kann man sagen, daß ein Testmanager einige Daten sammeln muß, um ein fundiertes Urteil bezüglich der Qualität des zu testenden Objekts und des Testprozesses abgeben zu können. Die nachfolgenden Abschnitte beschreiben ein strukturiertes Verfahren zur Erstellung eines Satzes von Testmetriken.

20.2 GQM-Methode für Testmanager in sechs Schritten

Es bestehen verschiedene Möglichkeiten, um zu einem bestimmten Metrikensatz zu gelangen. Die Form, die am häufigsten eingesetzt wird, ist die der Goal-Question-Metrics(GQM)-Methode [Basili, 1985] [van Solingen und Berghout, 1999].

Dabei handelt es sich um ein Top-down-Konzept, bei dem ein oder mehrere Ziel(e) formuliert werden. Beispielsweise: Welche Informationen muß ich sammeln, um die »lästigen Fragen« aus der Einleitung beantworten zu können? Bei diesen Zielen werden Fragen gestellt, die die Basis für die Metriken bilden.

Die gesammelten Metriken müssen die gestellten Fragen beantworten. Die Antworten geben ihrerseits u.a. an, ob das gesetzte Ziel erreicht wurde oder nicht. Die im folgenden beschriebene Zusammenfassung der GQM-Methode richtet sich insbesondere auf den Testaspekt.

Der GQM-Prozeß wird in sechs Schritten erläutert. Dabei handelt es sich jeweils um eine kurze Beschreibung, in der nur die für den Testmanager relevanten Aspekte dargestellt sind. Für eine umfassendere Beschreibung wird auf die angegebene GQM-Literatur verwiesen.

20.2.1 Schritt 1: Definition von Zielen

Messen nur um des Messens willen hat keinen Sinn. Es müssen vorher klare und realistische Ziele gesetzt werden. Dabei werden zwei Arten von Zielen unterschieden:

- Kenntniszielsetzung (»Wissen, wo wir jetzt stehen«)
  Diese Ziele werden anhand von Ausdrücken wie »bewerten«, »voraussagen« oder »beobachten« formuliert. Beispielsweise »Ermittle die Anzahl der benötigten Stunden für die Regressionstests«, oder »Überwache den Testüberdeckungsgrad«. Hierbei geht es darum, Informationen zu erhalten.

- Verbesserungszielsetzungen (»Was wollen wir erreichen?«)
  Diese Zielsetzungen werden anhand von Ausdrücken wie »erhöhen«, »senken«, »verringern«, »verbessern« oder »erreichen« formuliert. Wenn man sich diese Ziele setzt, bedeutet das, daß man um die Mängel im aktuellen Testprozeß oder in der gegenwärtigen Umgebung weiß und daß man diese verbessern will.

Ein Beispiel für eine Verbesserungszielsetzung ist, daß man innerhalb von 18 Monaten eine 20%ige Einsparung der Anzahl Teststunden bei gleichbleibendem Testüberdeckungsgrad erreichen will.

Um das angestrebte Ziel zu erreichen, sind zunächst folgende zwei Kenntniszielsetzungen aufzunehmen:

1) »Einblick in die Gesamtteststunden je Projekt«
2) »Einblick in den erzielten Testüberdeckungsgrad je Projekt«

Wichtig ist zu ermitteln, ob die Ziele und der (Test-)Fortschritt der Organisation miteinander übereinstimmen. Es hat keinen Sinn, als Ziel zu setzen, daß ein bestimmter Testüberdeckungsgrad von Programmzeilen erreicht werden muß, wenn dafür nicht die erforderliche Kapazität (Kenntnisse, Zeit, Tools) vorliegt.

Beispiel: Wissen, wo wir jetzt sind

| Ziel: Vermittle Einblick in die Qualität des Testobjekts |

Die oben genannte Zielsetzung kann für den Testmanager Grund sein, Metriken zu führen.

20.2.2 Schritt 2: Fragen stellen je Ziel (goal-tree)

Für jedes Ziel werden mehrere Fragen gestellt. Die Fragen werden so formuliert, daß sie als Spezifikation einer Metrik fungieren. Zudem ist es so, daß für jede Frage deutlich angegeben werden kann, wer für die dafür angelieferten Testmetriken verantwortlich ist.

Beispiel

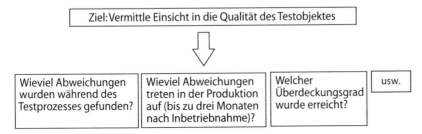

Von den oben genannten Zielsetzungen können verschiedene Fragen abgeleitet werden. Wir beschränken uns in diesem Beispiel auf drei Fragen.

20.2.3 Schritt 3: Von den Fragen zu den Metriken

Ausgehend von den gestellten Fragen werden die dazugehörigen Metriken abgeleitet, die während des Testprozesses gesammelt werden. Diese Metriken bilden zusammen den gesamten Metrikensatz.

Beispiel

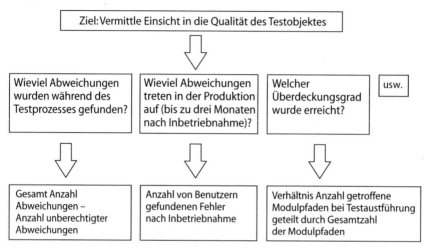

Wenn man die richtigen Fragen stellt, gelangt man »automatisch« zu einem richtigen Satz an Metriken für eine bestimmte Zielsetzung. Wichtig ist, daß jede Metrik gut definiert und spezifiziert wird. Zum Beispiel: Was ist genau eine Abweichung?

20.2.4 Schritt 4: Datensammlung und Analyse

Während der laufenden Teststrecke werden verschiedene Daten festgehalten und verwaltet. Eine Möglichkeit, um die Angelegenheit unkompliziert zu halten, ist der Einsatz von Templates (wenn möglich in automatisierter Ausführung). Die Daten müssen vollständig und leicht interpretierbar sein.

Beim Entwurf dieser Formulare sind folgende Punkte zu beachten:

- Welche Metriken werden auf dem gleichen Formular festgehalten?
- Validierung: Wie einfach ist es zu kontrollieren, ob die Daten vollständig und korrekt sind?
- Rückverfolgbarkeit: Formulare sind mit einem Datum, einer Projekt-ID, Konfigurationsmanagement-Daten, Datensammler usw. versehen. Achten Sie darauf, daß diese Daten eine lange Zeit gespeichert werden können.
- Die Formulare müssen elektronisch verarbeitet werden können.

Sobald die jeweiligen Daten gesammelt sind, muß mit der Analyse begonnen werden. Zu diesem Zeitpunkt können bestimmte Vorgänge noch korrigiert werden. Wenn man zu lange damit wartet, wird die Möglichkeit, falsche Daten zu korrigieren, geringer (beispielsweise die Stundenbuchung auf einen falschen Budgetposten).

20.2.5 Schritt 5: Präsentation und Verteilung der Meßdaten

Sowohl bei den Testberichten zum Testprozeß als auch bei denen zur Qualität des zu testenden Produkts werden die gesammelten Meßdaten eingesetzt.

Ein gutes Feedback ist für die Motivation der Beteiligten und für die Validierung der Metrikdaten ebenfalls wichtig.

20.2.6 Schritt 6: Meßdaten zu den Fragen und Zielen in Beziehung setzen

Dieser letzte Schritt bezieht sich darauf, inwieweit die gesammelten Daten (Antworten zu den gestellten Fragen) ausreichend Informationen enthalten zur Frage »Sind die gesetzten Ziele erreicht worden?«. Es ist durchaus möglich, daß diese Situation einen neuen Anfang bildet für den nächsten GQM-Zyklus. Auf dieser Weise ist man kontinuierlich damit beschäftigt, den Testprozeß zu verbessern.

20.3 Hinweise und Tips

Beim Sammeln von Metriken sollte der Testmanager folgende Aspekte berücksichtigen:

- Fangen Sie mit einem beschränkten Metrikensatz an, und erweitern Sie diesen langsam.
- Halten Sie die Metriken einfach. Die Definition muß an die Intuition der Beteiligten anschließen. Seien Sie beispielsweise zurückhaltend im Einsatz von Formeln. Je komplizierter die Formeln sind, desto schwieriger ist ihre Interpretation.
- Wählen Sie die Metriken, die am einfachsten zu sammeln sind und die leicht akzeptiert werden. Je lästiger es ist, die Daten zu sammeln, desto größer ist das Risiko eines Fehlschlags.
- Das Sammeln von Daten sollte soweit wie möglich automatisiert erfolgen. Auf diese Weise findet die Sammlung von Daten am schnellsten statt, und es werden keine manuellen Fehler in den jeweiligen Datensatz eingebracht.
- Achten Sie ständig auf die Motivation der Tester im Zusammenhang mit dem Notieren. Beispielsweise ist die Versuchung bei der Stundenerfassung manchmal groß, auf die falschen (d.h. noch nicht vollgebuchten) Codes zu schreiben.
- Vermeiden Sie bei den Präsentationen komplizierte statistische Techniken und Modelle. Machen Sie die Präsentationsform abhängig von den zu präsentierenden Daten (Tabellen, Grafiken, Kreisdiagrammen usw.).
- Geben Sie die Ergebnisse so schnell wie möglich an die Tester zurück. Zeigen Sie ihnen, was Sie mit den Informationen machen.

Im Abschnitt über Metriken in Kapitel 7 sind für die einzelnen Ebenen die zu führenden Metriken angegeben. Ferner beinhaltet Kapitel 18 »Übrige Checklisten« eine Übersicht über die verschiedenen möglichen Testmetriken.

21 Test-Tools

Die Beschreibung der Test-Tools in diesem Kapitel dient zur Ergänzung des gleichnamigen Kernbereichs, muß jedoch als Momentaufnahme betrachtet werden. Das Kapitel zeigt den heutigen Stand der Technik in einem sich ständig verändernden Markt. Der Leser sollte dieses Kapitel aus dieser Perspektive lesen und sich dessen bewußt sein.

21.1 Einleitung

In einer Zeit, in der die Information immer häufiger den ausschlaggebenden Wettbewerbsfaktor darstellt, ist die Pünktlichkeit und Qualität des IT-Systems für viele Organisationen von strategischer Bedeutung. Schneller und besser Testen ist daher ein wichtiges Ziel für viele Testorganisationen geworden. Der Einsatz von Test-Tools wird als ein nahezu unabdingbares Instrument für das Erreichen dieses Ziels betrachtet. Zur Behandlung von Test-Tools ist es zunächst wichtig festzustellen, was unter einem Test-Tool verstanden wird.

Ein Test-Tool ist ein automatisiertes Hilfsmittel, das bei einer oder mehreren Testaktivitäten, beispielsweise Planung und Verwaltung, Spezifikation, Aufbau von Ausgangsdateien, Testdurchführung und Beurteilung, Unterstützung leistet.

Der Nachdruck hierbei liegt auf der »Unterstützung«. Eine höhere Produktivität bzw. Effizienz muß durch den Einsatz von Test-Tools erreicht werden können. Das bedeutet, daß ein Test-Tool erst dann zum Hilfsmittel wird, wenn sein Einsatz sich lohnt; der Gebrauch eines Tools darf kein Ziel an sich sein. Der kritische Erfolgsfaktor für die Automatisierung des Testprozesses mit Hilfe von Tools ist das Vorhandensein einer strukturierten Testvorgehensweise und -organisation.

Ausgehend von dem strukturierten Testverfahren und den korrespondierenden Techniken macht die Verwendung eines oder mehrerer Test-Tools Sinn. In einem überwachten Prozeß können Tools sicher einen wichtigen Mehrwert darstellen, bei einem unzureichend überwachten Testprozeß sind sie jedoch kontraproduktiv. Automatisierung erfordert die Durchführbarkeit und eine gewisse Standardisierung der zu unterstützenden Aktivitäten. Ein unstrukturierter Prozeß kann diesen Bedingungen nicht entsprechen. Da Automatisierung eine bestimmte Standard-Arbeitsweise voraussetzt, kann sie dabei helfen, eine strukturierte Vorgehensweise einzuführen. Strukturierung und Automatisierung müssen jedoch zumindest Hand in Hand gehen, kurz:

»Structure and Tool«.

Wenn beim Entwicklungsprozeß die Methoden und Techniken als vorrangig vor den unterstützenden Tools angesehen werden, so scheint beim Testen nunmehr das Umgekehrte der Fall zu sein. Auffällig ist, daß das Interesse für Test-Tools häufig größer ist als das Interesse für Testmethoden und -techniken.

21.2 Test-Tools einmal näher betrachtet

Es gibt Bereiche innerhalb des Testens, in denen Aktivitäten stattfinden, die sehr exakt auszuführen sind, aber dennoch relativ routinemäßig ablaufen. Beispielsweise gilt dies oftmals beim Vergleich von umfangreichen Ausdrucken auf Gleichheit oder bei der häufigen Durchführung des gleichen Tests, während eigentlich keine Unterschiede erwartet werden. Diese Art von routinemäßigen Aktivitäten eignen sich vorzugsweise zur Automatisierung und erfordern daher die Unterstützung eines Test-Tools.

Innerhalb der Software-Entwicklung hat eine solche Veränderung bereits vor einiger Zeit stattgefunden. So sind beispielsweise keine Programmierer mehr erforderlich, um den Objektcode zu schreiben, da zu diesem Zweck Compiler, 4GL-Hilfsmittel oder Codegeneratoren zur Verfügung stehen. Desweiteren braucht ein Programmierer nicht sein gesamtes Modul erneut einzugeben, wenn er eine Veränderung durchführen will! Dennoch geht es beim Testen von IT-Systeme gerade darum: Die Testeingabe wird nicht gespeichert, wodurch der Tester jedesmal den gesamten Test erneut durchführen muß. Auch die logischen und konkreten Testfälle sowie die Ergebnisse werden manuell erstellt bzw. beurteilt.

Der Einsatz von Test-Tools zur Unterstützung des strukturierten Testverfahrens ist ausdrücklich ein nächster Schritt in Richtung einer hochwertigen Testqualität und Qualitätssoftware. In Anbetracht des heutigen Entwicklungsstands von Test-Tools ist eine Unterstützung beim Testen insbesondere bei der Testdurchführung und in geringerem Maße bei Testentwurf und Testplanung möglich. Einsatzfähige Test-Tools, die Test-Spezifikationstechniken unterstützen (wie in Kapitel 15 beschrieben), sind nur beschränkt vorhanden und auch nur für sehr spezifische Situationen. Die zur Verfügung stehenden Test-Tools richten sich insbesondere auf die Durchführungsphase. Es ist zwischen Tools für White-Box-Testen und solchen für Black-Box-Testen zu unterscheiden; für White-Box-Tests sind mehr und vor allem brauchbarere Test-Tools vorhanden als für Black-Box-Tests.

Der Einsatz von Test-Tools darf bei einem Tester derzeit als bekannt vorausgesetzt werden. Der breitere Begriff »Automatisierung des Testprozesses« erfordert jedoch eine spezialisierte und intensive Kenntnis der (Möglichkeiten der) Automatisierung und Tools. Mithin ist eine neue Art von Spezialisierung entstanden: der Spezialist für Testautomatisierung. In Kapitel 23, »Testfunktionen«, sind die in diese Spezialisierung fallenden Funktionen/Rollen des Architekten und Ingenieurs beschrieben.

21.3 Vorteile

Eine Automatisierung des Testprozesses kann dazu führen, daß weniger Aufwand für die Durchführung von routinemäßigen Testaktivitäten erforderlich ist. Die Folge ist, daß sich die (häufig wenigen) Mitarbeiter mit ihren Testkenntnissen und Fachwissen auf die komplexen Testaktivitäten und auf eine hohe Testqualität konzentrieren können.

Wenn Test-Tools in Kombination mit einer strukturierten Testvorgehensweise eingesetzt werden, ergeben sich daraus zum Teil recht umfangreiche Vorteile, da das Einsatzgebiet der meisten Test-Tools, nämlich die Testdurchführung, häufig etwa 40% des gesamten Testaufwands bei einer Neuentwicklung und noch mehr bei einem Wartungstest erfordert.

Die Automatisierung des Testprozesses bietet folgende Vorteile:

- Eine umfangreiche Menge an Tests kann ohne Kontrolle und automatisch ausgeführt werden, beispielsweise nachts.

- Die Automatisierung von routinemäßigen und oftmals lästigen Testaktivitäten führt zu einer größeren Zuverlässigkeit der ausgeführten Aktivitäten sowie zu einer höheren Zufriedenheit des Testteams, was wiederum eine höhere Produktivität des Testteams zur Folge hat.

- Das Regressionstesten kann zum größten Teil automatisiert ausgeführt werden. Diese Automatisierung ermöglicht die Durchführung eines vollständigen Regressionstests, so daß festgestellt werden kann, ob die »unveränderte« Software noch immer gemäß den Systemspezifikationen funktioniert.

- Test-Tools sorgen dafür, daß die Testdaten bei aufeinanderfolgenden Tests die gleichen sind, so daß Gewißheit über die Zuverlässigkeit der Ausgangssituation und der Daten besteht.

- Tools können Fehler finden, die manuell nur schwer festzustellen sind. Mit Hilfe des Tools können im Prinzip *alle* Fehlermöglichkeiten dieser Fehlerarten gefunden werden.

- Das Erzeugen einer großen Menge an Testdaten kann automatisch mit Hilfe eines Test-Tools erfolgen. Die Eingabe von initialen Datenbanken braucht lediglich ein einziges Mal ausgeführt zu werden und nicht bei jedem Test erneut.

Zusammenfassend kann schließlich gesagt werden, daß mit Hilfe von Test-Tools mehr Testaktivitäten in weniger Zeit ausgeführt werden können und daß sowohl die Qualität als auch die Produktivität des Testprozesses zunehmen.

21.4 Übersicht über Test-Tools

Test-Tools können den Testaktivitäten in allen Phasen von TMap Unterstützung bieten. In Abbildung 21.1 sind verschiedene verfügbare Arten von Test-Tools in ihrer Beziehung zur jeweiligen Phase von TMap angegeben. Die Übersicht erhebt keinen Anspruch auf Vollständigkeit; insbesondere sehr spezifische Arten von Test-Tools sind nicht darin aufgenommen. Übrigens sind auch Textverarbeitungsprogramme und Spreadsheets sehr brauchbare Testhilfsmittel.

In diesem Abschnitt werden nur die verschiedenen Arten von Test-Tools aufgeführt und kurz erläutert, aber keine Produktnamen genannt. Falls der Leser hierzu Informationen wünscht, sei er an dieser Stelle auf die verschiedenen Firmen, Testkonferenzen oder an das Internet verwiesen. Des weiteren sind Berichte über Zusammenstellungen der verschiedenen Test-Tools erhältlich [Ovum, 1998].

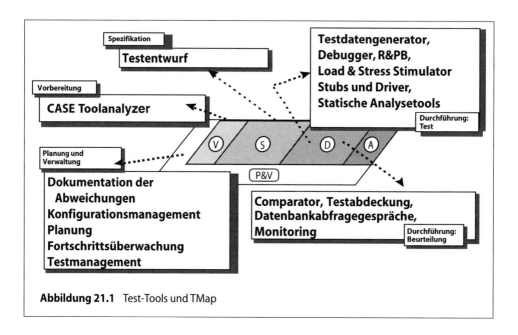

Abbildung 21.1 Test-Tools und TMap

21.4.1 Planungs- und Verwaltungsphase

Für die Phase Planung & Verwaltung liegen verschiedene Arten von Tools vor. Bei den meisten hier genannten Tool-Arten handelt es sich faktisch um Projektmanagement-Tools, die nicht spezifisch für das Testen entwickelt worden sind. Folgende Tool-Arten unterstützen die Phase Planung & Verwaltung:

- Dokumentation der Abweichungen
- Konfigurationsmanagement
- Planung
- Fortschrittsüberwachung
- Testmanagement

21.4.1.1 Dokumentation der Abweichungen

Während des Testprozesses werden eine Vielzahl von Abweichungen gefunden. Der größte Teil dieser Abweichungen bezieht sich während der Vorbereitungs- und Spezifikationsphase auf die Testbasis und während der Durchführungsphase natürlich auf das Testobjekt. Die Anzahl der Abweichungen beläuft sich, u.a. abhängig vom Umfang des Testprozesses, auf einige hundert und manchmal sogar einige tausend. Die Dokumentation der Abweichungen ist daher eine komplexe und häufig sehr umfangreiche Aktivität. Zur Unterstützung dieser Aktivität stehen Tools zur Verfügung, mit denen Abweichungen erfaßt werden können sowie der Lebenszyklus der Abweichungen verfolgt und überwacht werden kann (»problem-tracking«). Manche Tools ermöglichen ebenfalls das Aufstellen von Übersichten und Statistiken; diese Funktion ist wünschenswert und kann beim Verfassen des Berichts über die Qualität des Testobjekts eingesetzt werden.

21.4.1.2 Konfigurationsmanagement

Während des Testprozesses entstehen verschiedene Produkte, die gemeinsam die Testware bilden. Es ist sehr wichtig, daß während des Testprozesses dafür gesorgt wird, daß die Produkte adäquat verwaltet werden. Nach der Erstellung und der Qualitätskontrolle sind diese Produkte (beispielsweise Testfälle und -dokumentation) festzulegen. Sie bilden auf diese Weise ein sogenanntes Konfigurations-Item. Die (logische) Verwaltung dieses Konfigurations-Items und seine Änderungen können mit Hilfe eines Konfigurationsmanagement-Tools organisiert werden. Ein solches Tool unterstützt die Verwaltung der im Laufe der Zeit entstandenen Versionen von Objekten (also auch der Testware) und der möglichen Beziehungen zwischen den Objekten. Mit Hilfe des Konfigurationsmanagement-Tools wird das Produktmanagement unterstützt.

21.4.1.3 Planung

Zur Unterstützung des Planungsprozesses ist bei umfangreichen Testprozessen ein Hilfsmittel unentbehrlich.

Bevor die Planung einem Fortschrittsüberwachungsprogramm anvertraut werden kann, muß dieses insgesamt in bezug auf die Aktivitätendauer, auf Start- und mögliche Enddaten und zugewiesene Mittel durchkalkuliert werden. Häufig liefert die Planungssoftware sogenannte »what if«-Analysen, mit denen sowohl Gantt-Diagramme als auch Netzwerkpläne erstellt werden können. Ein wichtiger Aspekt bei der Auswahl von Planungssoftware ist die Möglichkeit zur Erstellung von Managementinformationen, wie beispielsweise Ausdrucke über Ressourcen und Kosten. Die Funktionen einer Planungssoftware sind häufig in die Funktionen eines Fortschrittsüberwachungsprogramms integriert.

21.4.1.4 Fortschrittsüberwachung

Für die Überwachung des Fortschritts bei umfangreichen Prozessen ist ein Hilfsmittel nahezu unentbehrlich.

Fortschrittsüberwachungsprogramme müssen Funktionen bieten, die für folgende Punkte erforderlich sind:

- Erwerb von Kenntnissen über den erlangten Fortschritt in bezug auf Budget, Zeit und Produkte sowie die Fähigkeit, darüber Bericht zu erstatten
- Genaue Vorhersage über die noch erforderliche Zeit und Ressourcen bis zum Abschluß des Testprozesses

Ein Fortschrittsüberwachungsprogramm ist ein Hilfsmittel zum Messen und Überwachen des Projektfortschritts. Zu diesem Zweck werden die zu verrichtenden Arbeiten in – im Prinzip – unabhängige Aufgaben aufgeteilt. Geplante Stunden, gearbeitete Stunden und »künftige« Stunden werden je Aufgabe erfaßt, wonach ein Bericht auf der Grundlage dieser Daten erstellt werden kann. Die Funktionen eines Fortschrittsüberwachungsprogramms sind häufig in die Funktionen einer Planungssoftware integriert.

21.4.1.5 Testmanagement

Dieses Tool bietet ein integriertes Set an Funktionen im Bereich der Planung, Fortschrittsüberwachung, Dokumentation der Abweichungen und Konfigurationsmanagement. Obgleich die Funktion für jeden Bereich meistens nicht so umfangreich ist wie bei einem spezifischen Tool, besteht die Stärke eines Testmanagement-Tools in der Integration zwischen den verschiedenen Bereichen. Diese Tools sind häufig auch mit anderen Tools integriert, beispielsweise mit Record & Playback- oder Load & Stress-Tools. Der Einsatz des Tools lenkt gleichsam den Testprozeß, von der Erstellung des Testplans bis zum Bericht über die Ergebnisse.

21.4.2 Vorbereitungsphase

21.4.2.1 CASE Tool Analyzer

Wenn die Testbasis mit Hilfe eines CASE-Tools erstellt wurde, kann ein solches Tool meistens selbst verschiedene Überprüfungen auf Vollständigkeit und Konsistenz der Testbasis ausführen. Man denke beispielsweise hier an Überprüfungen, ob nicht noch weitere Attributbezeichnungen irgendwo verwendet werden.

21.4.3 Spezifikationsphase

21.4.3.1 Testdesign

Das Interesse für Tools, welche die Spezifikation von Testfällen mit Hilfe von Test-Spezifikationstechniken unterstützen, nimmt stetig zu. Wenn eine formale Testbasis existiert, kann ein Tool daraus im Prinzip Testfälle erzeugen. Der Einsatz solcher Tools ist jedoch nicht einfach; häufig muß der Tester eine zusätzliche Beschreibung in der »Sprache« des Tools beifügen. Bei der erforderlichen Beschreibung kann es sich um eine grafische Form (bspw. in Form eines Datenflußdiagramms) oder eine formale Sprache handeln (bspw. ein Pseudocode). Das Test-Tool kann anschließend anhand dieser Beschreibung Testfälle mit einem bestimmten garantierten Überdeckungsgrad aufstellen. Meistens müssen diese Testfälle noch weiter bearbeitet werden, beispielsweise indem man ihnen einen konkreten Inhalt verleiht.

21.4.4 Durchführungsphase

Für die Durchführungsphase sind viele Arten von Test-Tools verfügbar, die insgesamt in zwei Gruppen unterteilt werden können: Tools für die Durchführung und Tools für die Analyse.

Tools, die die Testdurchführung unterstützen:

- Testdatengenerator
- Debugger
- Record & Playback
- Load & Stress
- Simulator
- Stub- und Driver-Generator
- Statische Analyse-Tools

Tools, die die Beurteilung von Testergebnissen unterstützen:

- Vergleicher (Comparator)
- Testüberdeckungs-Tool
- Datenbankabfragesprache (Query)
- Monitoring-Tool

21.4.4.1 Testdatengenerator

Dieses Tool hilft beim (Auf-)Bau von konkreten Testsets. Mit Hilfe von Testdatengeneratoren kann u.a. eine Zufallseingabe anhand von Datei- bzw. Datenbankspezifikationen erreicht werden. Auf diese Weise kann relativ schnell ein umfangreicher Testset beispielsweise für einen Real-Life-Test erstellt werden.

Diese Tools gehören teilweise auch zur Spezifikationsphase, da dort bereits viel Arbeit verrichtet werden kann: Die »Regeln« für das Erzeugen von Testdaten sind im Vorfeld im Tool zu spezifizieren. Man denke hierbei beispielsweise an die Definition von begrenzten Datensammlungen, aus denen ausgewählt werden kann, und von Beziehungen zwischen unterschiedlichen Daten (Konsistenzregeln).

21.4.4.2 Debugger

Ein Debugger ist strenggenommen kein Hilfsmittel zum Testen. Mit einem Debugger ist es beispielsweise möglich, spezifische Fehler, die schwer auffindbar sind, zu ermitteln und anschließend zu beheben. Debugger-Tools erlauben es – abhängig vom Hilfsmittel – Modullogik und Daten auf Quell- bzw. Objektebene zu betrachten bzw. zu manipulieren.

21.4.4.3 Record & Playback

Ein Record & Playback-Tool legt die Testeingabe (Daten und Aktionen) in einem Skript fest. Dieses Skript kann vom Tool zu einem späteren Zeitpunkt erneut abgespielt werden, so daß der Test zu einem späteren Zeitpunkt problemlos wiederholt werden kann (Der Begriff »Skript« ist in diesem Zusammenhang übrigens nicht mit den manuell erstellten Testskripten zu verwechseln, die Teil der Testspezifikationen sind). Meistens bieten diese Art von Tools die Möglichkeit, gespeicherte Dateninformationen zu mutieren, und leisten Unterstützung beim Erstellen von Testeingaben. Im allgemeinen werden Record & Playback-Tools mit Vergleichern (Comparators) kombiniert, um die Analyse der Testergebnisse zu ermöglichen.

Die Zusammenstellung aus Tool, Testfällen, Skripten und festgelegten Ergebnissen wird mit Testsuite bezeichnet. Der große Vorteil von Record & Playback-Tools besteht darin, daß ein Test zu einem späteren Zeitpunkt automatisiert wiederholt werden kann. Dieser Vorteil kann dadurch zunichte gemacht werden, daß das Testobjekt so geändert wurde, daß das automatisierte Skript während des Abspielens blockiert. Für einen wirksamen Einsatz des Tools ist es daher erforderlich, daß nicht nur die »Record«-Funktion eingesetzt wird, sondern auch Software-Entwicklungstechniken (siehe Abschnitt 21.5, »Automatisierung der Testdurchführung«). Zudem ist ein gewisses Maß an Stabilität des Testobjekts erwünscht. Bei Regressionstests liegt diese Stabilität meistens vor, so daß das Tool sich ausgezeichnet für diese Testart eignet.

Ein Record & Playback-Tool kann folgende Funktionen beinhalten:

- Automatische Erstellung von Testskripten und die Möglichkeit zur manuellen Wartung von Testskripten bei geänderten Situationen

- »Logging« eines oder mehrerer spezifischer Terminals zum Performancetesten

- Multiplikation der Testskripte für den Volumentest

- Möglichkeit zum automatischen und interaktiven Vergleich von aufgenommener und aktueller Ausgabe

- Möglichkeit zur Unterbrechung des Testes und späteren Wiederaufnahme an der Stelle der Unterbrechung

- Testkontrollsprache, mit der beispielsweise verschiedene Testskripte zu einem Testablauf zusammengeführt werden können

21.4.4.4 Load & Stress

Hierbei handelt es sich um Tools, die ein IT-System belasten können, indem sie (große Mengen) von Anwendern simulieren, um zu testen, ob das System bei der erwarteten intensiveren Produktionsbelastung weiterhin korrekt und schnell genug funktioniert. Zur Messung der Ergebnisse sind die Tools häufig mit einer Beobachtungsfunktion (Monitoring) ausgestattet (siehe auch Monitoring-Tools).

21.4.4.5 Simulator

Ein Simulator ahmt die Funktion der Umgebung des zu testenden (Teil-)Systems nach. Ein Simulator wird verwendet, um Software zu testen, bei der es zu kostspielig, zu gefährlich oder sogar unmöglich ist, diese in der wirklichen Umgebung zu testen, beispielsweise das Testen der Steuerungssoftware eines Flugzeugs, das Testen eines Atomreaktors oder einer chemischen Prozeßkontrolle. Der Simulator liefert dem Testobjekt eine bestimmte Eingabe, und das Testobjekt arbeitet mit der jeweiligen Eingabe, als handele es sich um eine wirkliche Eingabe. Die Ausgabe des Testobjekts wird anschließend vom Simulator abgefangen, bevor die wirklichen Aktionen ausgeführt werden.

21.4.4.6 Stubs und Driver

Ein System wird meistens in Teilen getestet. Ein Teil kann beispielsweise ein Modul oder eine Komponente sein. Der Einfachheit halber wird in diesem weiteren Abschnitt ausschließlich der Terminus »Modul« verwendet. Zu Anfang will man häufig ein Modul testen, das mit noch nicht realisierten Modulen in Verbindung steht. In einem solchen Fall werden Stubs oder Driver entworfen, die die fehlenden Module ersetzen und die Schnittstelle zwischen den Modulen auf einfache Weise simulieren. Ein Stub wird von den zu testenden Modulen aufgerufen, ein Driver ruft das zu testende Modul auf (siehe Abbildung 21.2).

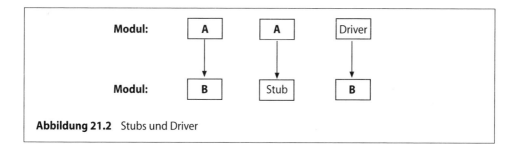

Abbildung 21.2 Stubs und Driver

Ein Stub oder Driver wird gelegentlich auch dann eingesetzt, wenn das Testen mit den richtigen Modulen zu viel Aufwand erfordert. Ein Beispiel ist das Testen einer Berichterstattungsfunktion, die das Gehalt eines jeden Mitarbeiters druckt. Innerhalb dieser Funktion wird das (bereits zu einem früheren Zeitpunkt getestete) Gehaltsberechnungsmodul aufgerufen. Bei diesem Test geht es nur darum, daß alle Mitarbeiter ausgewählt werden und daß das Gehalt eines jeden Mitarbeiters gedruckt wird. Die Erstellung einer Testdatenbank mit allen erforderlichen Daten für die verschiedenen Gehaltsberechnungen kann jedoch eine sehr umfangreiche Aufgabe sein. Ein Stub, der einen bestimmten Gehaltswert (beispielsweise auf der Grundlage der eingegebenen Mitarbeiternummer) wiedergibt, kann den Testaufwand erheblich verringern. Wenigstens einmal ist natürlich immer die Verbindung zwischen den echten Modulen zu testen.

21.4.4.7 Statische Analyse-Tools

Manche Pakete verwenden den Programmcode als Eingabe und führen daran die verschiedenen statischen Analysen und Kontrollen aus. Das Ziel dabei ist nicht so sehr, »harte Fehler« zu finden, sondern eher, »unsicheres« Programmieren und fehleranfälligen Programmtext aufzuspüren. Das vermittelt dem Tester beispielsweise Informationen über die Wartungsfähigkeit des Systems. Des weiteren werden diese Informationen verwendet, um die risikoreicheren Systemelemente zu erkennen. Diesen Elementen kann somit mehr Testaufwand gewidmet werden.

Die Schwierigkeit bei dieser Art von Hilfsmitteln ist häufig, daß sie von der Entwicklungsumgebung abhängig sind (Hardware, Software usw.). Es handelt sich hier – im Gegensatz zum dynamischen Testen, wobei die Software tatsächlich eingesetzt wird – um einen statischen Test. Das bedeutet, daß keine Eingabedaten und keine Ausgabevorhersage erforderlich ist und daß die Software keine Ausgabe generiert.

Die Funktionen, auf die sich die statischen Analyse-Tools richten, können grob in vier Gruppen unterteilt werden:

- Modulstrukturanalysen
  Ist die Struktur eines Moduls auf bestimmte Weise angelegt? Das Tool versucht beispielsweise, ein Nassi-Shneiderman-Diagramm zu erstellen. Wenn dies nicht gelingt, erfolgt eine entsprechende Angabe eines Strukturfehlers. Mit Hilfe der Strukturanalyse wird die Modularchitektur beurteilt.

- Codierregeln
  Wurde gemäß den Richtlinien programmiert? Erhalten alle Felder in einem Modul einen Wert, bevor sie eingesetzt werden? Entstehen keine Endlosschleifen? Werden die verschiedenen Typen von Variablen nicht fälschlicherweise durcheinander verwendet? Zur Beantwortung dieser Fragen bieten Compiler häufig Funktionen an und können auf diese Weise neben einer Syntaxkontrolle beispielsweise bestimmte Laufzeitkontrollen standardmäßig mit einbeziehen und nicht initialisierte Variablen, nicht eingesetzte Codes und Endlosschleifen aufspüren. Die meisten Compiler erstellen zudem eine Übersicht über Variablen und deren Einsatz, die sogenannten Querverweisübersichten.

- Stilführer
  Entspricht die Software dem angewandten Stil? Sind beispielsweise ausreichend viele Kommentarzeilen vorhanden, und ist das Layout korrekt?

- Software-Metriken
  Mit Hilfe dieser Funktionen können Metriken im Zusammenhang mit der Software und in bezug auf Umfang, Komplexität oder Häufigkeit des Kommentars erstellt werden. Ein Beispiel für eine Komplexitätsmetrik ist die Formel von McCabe [McCabe, 1976], bei der eine Aussage über den Umfang der Komplexität der Module gemacht wird. Unter Komplexität versteht man die Anzahl der Pfade, die in einem Modul durchlaufen werden können. Grundlage der Theorie von McCabe ist, daß bei einer Zunahme der Anzahl der Entscheidungspunkte in einem Modul die Komplexität des Moduls und somit auch die Wahrscheinlichkeit auf Fehler ebenfalls zunimmt.

Neben kommerziell erhältlichen Tools werden statische Analyse-Tools häufig selbst implementiert. Man denke hierbei beispielsweise an ein Tool, das den Programmcode auf (einen Teil der) Richtlinien überprüft.

21.4.4.8 Vergleichswerkzeuge (Comparator)

Der Comparator vergleicht Daten und teilt Unterschiede mit. Diese Unterschiede sind anschließend manuell zu analysieren, um zu bestimmen, ob der Unterschied mit der Erwartung übereinstimmt. Ein Comparator wird beispielsweise für folgende Vergleiche verwendet:

- Die aktuelle Testausgabe mit der Testausgabe der vorigen Tests
- Eine Datensammlung vor und nach einer oder mehreren Testaktionen
- Die Ergebnisse der Schattenproduktion mit den Ergebnissen in der Produktion

Diese Tools sind häufig ein integraler Bestandteil von Record & Playback-Tools, aber auch sehr einfache Dateivergleichs-Tools oder sogar die Revisionsfunktion eines Textverarbeitungsprogramms können hier verwendet werden.

21.4.4.9 Testüberdeckungs-Tool

Dieses Tool liefert Informationen über den Umfang, in dem die ausgeführten Tests die Struktur der Software überdeckt haben und bietet als solches eine nützliche Unterstützung zur Messung der Wirksamkeit von Testtechniken. Die Messungen können auf Modul- oder auf Untersystemebene ausgeführt werden. Auf diese Weise kann beispielsweise festgestellt werden, daß jedes Programmstatement beim Testen mindestens einmal ausgeführt wird. Eine 100%ige strukturelle Testabdeckung (statement coverage) garantiert jedoch keinesfalls, daß vollständig getestet wurde! Für weitere Informationen zu den Überdeckungsarten wird auf Kapitel 15, »Test-Spezifikationstechniken«, verwiesen.

21.4.4.10 Datenbankabfragesprachen

Mit einer Datenbankabfragesprache (Query-Sprache) kann der Tester Informationen über den Inhalt von Dateien mit kurzen stichwortartigen Befehlen aufrufen. Eine Datenbankabfragesprache eignet sich ausgezeichnet dafür, einen potentiellen Fehler eingehender zu untersuchen. Manche Datenbankabfragesprachen bieten außerdem die Möglichkeit, Daten zu manipulieren, wodurch das Hilfsmittel ebenfalls bei der Wartung der initialen Datensammlung behilflich sein kann.

21.4.4.11 Monitoring

Um Einblick in Aspekte wie Speicherbelegung, CPU-Einsatz, Netzwerkbelastung und Leistung zu erhalten, kann man während des Testprozesses von Monitoring-Tools Gebrauch machen. Dabei werden verschiedene Daten, die mit Ressourcenbelegung zusammenhängen, gemessen und gespeichert. Die Meßdaten werden dem Testteam anschließend anhand eines Berichts mitgeteilt. Die Verwendung dieser Art von Tools ist häufig eine komplexe

Angelegenheit. Oft liegen bei den Rechenzentren aber diese Art von Tools bereits zur Überwachung der vorhandenen Produktionsumgebung vor; möglicherweise können sie auch in der Testumgebung eingesetzt werden. Bei Load & Stress-Tools ist die Monitoring-Funktion vielfach ein integriertes Element.

21.5 Automatisierung der Testdurchführung

Häufig sind mit Testautomatisierung nur die Automatisierung der Testdurchführung und mit Test-Tools nur die Record & Playback-Tools gemeint. Obgleich diese Einteilung nicht ganz berechtigt ist, ist dieser terminologische Irrtum sehr begreiflich, denn diese Form von Testautomatisierung hält die größten Versprechungen. Testdurchführung umfaßt etwa 40% des gesamten Testaufwands bei Neuentwicklung und noch mehr bei Wartungstests. Eine entsprechende Automatisierung erbringt nicht nur eine Verkürzung der Durchlaufzeit, sondern auch eine höhere Qualität der Testdurchführung. Es besteht kein Zweifel mehr darüber, ob »der Tester auch nicht vergessen hat, Testfälle auszuführen« oder daß er »bei der Eingabe von Daten einen Fehler gemacht hat«. In diesem Abschnitt wird genauer auf diese Form der Automatisierung eingegangen.

21.5.1 Record & Playback

Zu Beginn der neunziger Jahre entstand ein starkes Wachstum beim Angebot von sogenannten Record & Playback-Tools, da die versprochenen Vorteile bei der Automatisierung der Testdurchführung sehr attraktiv waren:

- Es ist möglich, in sehr kurzer Zeit sehr viele Tests durchzuführen.
- Es sind wenige oder gar keine Kenntnisse des Tools erforderlich, was eine kurze Ausbildungszeit bedeutet.

In der Praxis zeigten sich jedoch auch große Nachteile:

- Jeder neue Testfall muß zunächst in ein (Tool-)Skript aufgenommen werden, bevor es automatisch abgespielt werden kann. Diese Aufnahme kostet mehr Zeit als die manuelle Durchführung des Tests. Zu Beginn entsteht also immer erst ein Zeitverlust im Vergleich zum manuellen Testen.
- Die Anpassung eines aufgenommenen Tests bei einer Änderung des Testobjekts ist sehr kostspielig. Wenn beispielsweise bei einer neuen Freigabe des zu testenden Systems auf einer bestimmten Bildschirmmaske ein Feld hinzugefügt wird, muß jeder Testfall, in dem diese Maske eingesetzt wird, angepaßt werden.
- Die automatisierte Testware ist ungenügend wartungsfähig, da die Beziehung zwischen den automatisierten Testfällen und dem Testobjekt sowie der Testbasis nicht bekannt ist. Meistens liegt die Ursache darin, daß keine Testtechniken eingesetzt wurden.

Die Zusammenstellung von Tool, Testfällen, Skripten und festgelegten Ergebnissen wird wie bereits erwähnt mit Testsuite bezeichnet. Aufgrund der oben genannten Gründe erforderte es häufig viel Zeit, einen früher aufgenommenen Test vollständig auszuführen, so daß die Vorteile der Testsuite im Vergleich zum manuellen Testen verschwanden. Dies führte in vielen Fällen dazu, daß die Tools nach kurzer Zeit nicht mehr verwendet wurden und nur noch Staubfänger (»dustware«) oder Ladenhüter (»shelfware«) waren.

21.5.2 TAKT – Testen, Automatisierung, Kenntnisse, Tools

Die oben genannten Probleme lassen sich auf eine unzureichende Qualität der Testsuite zurückführen. Eine Testsuite muß so einsetzbar sein, daß beim Test von neuen Freigaben immer schneller und besser getestet werden kann. Der erforderliche Aufwand zur Anpassung der Testsuite für eine neue Freigabe muß demnach minimal sein. Die wesentlichsten Qualitätsanforderungen an eine Testsuite sind: Wartungsfähigkeit, Flexibilität, Robustheit und erneute Einsetzbarkeit.

Zur Entwicklung von Testsuites, die diesen Anforderungen entsprechen, wird das Testautomatisierungskonzept TAKT (Testen, Automatisierung, Kenntnisse, Tools) eingesetzt (siehe Abbildung 21.3). Dieses praktische Konzept hat genauso wie TMap die vier Pfeiler »Techniken«, »Infrastruktur«, »Organisation« und »Phasenmodell«. Die Pfeiler werden im folgenden kurz beschrieben. TAKT unterscheidet deutlich zwischen der Phase »Realisierung«, in der die Entwicklung stattfindet, und der Phase »Produktion«, in der der Einsatz und die Wartung von automatisierten Tests erfolgt. Obwohl die gleichen Pfeiler wie bei TMap angewandt werden, kann TAKT unabhängig von Testmethoden und bestimmten Test-Tools eingesetzt werden. Eine erforderliche Rahmenbedingung für einen erfolgreichen Einsatz von TAKT besteht darin, daß strukturiert getestet wird. Eine Testautomatisierung innerhalb eines Testprozesses, die nicht nach Phasen eingeteilt verläuft, keine Testtechniken verwendet oder vom Management nicht richtig eingerichtet wurde, rentiert sich fast nie.

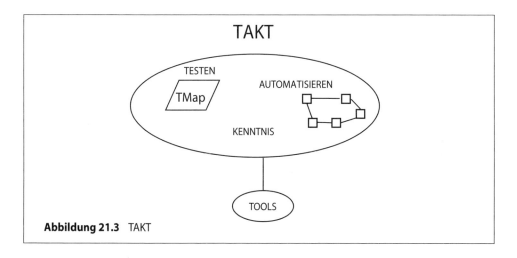

Abbildung 21.3 TAKT

21.5.2.1 Technik: datengesteuertes Konzept

Eine geeignete Technik zur einfachen Anpassung eines aufgenommenen Tests bei einer Änderung des Testobjekts ist das sogenannte »datadriven«- oder datengesteuerte Konzept (siehe Abbildung 21.4). Bei diesem Konzept werden die Testfälle nicht »hart codiert« in den Skripten festgelegt, sondern separat in einer Tabelle geführt. Jede Zeile in der Tabelle ist im Prinzip ein Testfall. Bei jedem Testfall ist angegeben, welche Funktion ausgeführt werden muß (beispielsweise »Person ergänzen«) und welche Daten dazu verwendet werden müssen. Es entstehen also Zeilen wie »Person ergänzen; Müller; A.; 07.06.1963; Dorfstraße 12; Neustadt«. In der Programmiersprache des Record & Playback-Tools werden Skripte programmiert, mit denen die Testfälle aus den Tabellen eingelesen und ausgeführt werden. Ein solches dirigierendes Skript liest die Tabelle Zeile für Zeile, interpretiert das Funktionsskript und führt dieses anschließend aus, wobei die Daten aus der Tabelle an den Stellen eingegeben werden, an denen eine Testeingabe erforderlich ist.

Die Auswahl der auszuführenden Tests, die Berichterstattung über die Testergebnisse und das »Logging« der Vorfälle während der Testdurchführung können von den Standardeinrichtungen des Test-Tools übernommen werden. Wenn die Einrichtungen des Test-Tools nicht ausreichen, können hierfür gesonderte Skripte programmiert werden.

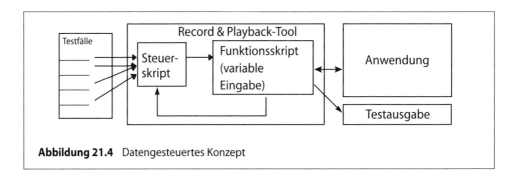

Abbildung 21.4 Datengesteuertes Konzept

Der große Vorteil eines datengesteuerten Konzepts liegt darin, daß bei Änderungen am Testobjekt meistens nur einige dirigierende bzw. Funktionsskripte angepaßt werden müssen. Die Wartung der Tabelle mit den Testfällen erfolgt ohne Zuhilfenahme des Tools. Die Tabelle ist beispielsweise in einem Spreadsheet oder einer Datenbank festgelegt, in denen zusätzliche Testfälle problemlos und (sehr) schnell hinzugefügt werden können, und wodurch die Anpassung von Tests, die zu einem früheren Zeitpunkt aufgenommen worden sind, bei einer Änderung des Testobjekts stark vereinfacht wird. Übrigens ist es für die Wartungsfähigkeit von großer Bedeutung, daß die Testfälle mit der Testbasis und dem Testobjekt in Beziehung gebracht werden können. Der Einsatz von Testtechniken ist daher eine wesentliche Rahmenbedingung.

Im folgenden wird ein Beispiel zum Unterschied zwischen »normalen« Record & Playback-Skripten und datengesteuerten Skripten für 30 Testfälle zum Testen der Funktion »Person ergänzen« dargestellt.

Beispiel
»Normaler« Record & Playback

- Skript Ergänzung Person 1
- Skript Ergänzung Person 2
- Skript Ergänzung Person ...
- Skript Ergänzung Person 30

Bei einer Änderung in der Funktion, beispielsweise, wenn der Befehl »Beenden« mit F10 anstatt mit F12 erfolgt, müssen alle 30 Skripte angepaßt werden.

Datengesteuert

- Funktionsskript »Person ergänzen« (variable Eingabe)
- Tabelle (ohne Record & Playback-Tool, beispielsweise ein Spreadsheet oder eine einfache Datenbank) mit:
»Person ergänzen«, Testdaten 1
»Person ergänzen«, Testdaten ...
»Person ergänzen«, Testdaten 30
- Dirigierendes Skript, das die Tabelle liest, das Funktionsskript »Person ergänzen« aufruft und die Testdaten mitliefert.

Wenn jetzt die oben im Beispiel angegebene Änderung auftritt, also der Befehl »Beenden« mit F10 anstatt mit F12 erfolgt, braucht ausschließlich das Funktionsskript »Person ergänzen« angepaßt zu werden. Wenn der Entität »Person« ein zusätzliches Attribut hinzugefügt wird, muß außer dem Funktionsskript auch die Tabelle mit Testdaten mit dem Attribut erweitert werden. In beiden Fällen erfordert dies erheblich weniger Aufwand als bei einem »normalen« Record & Playback. Ein weiterer Vorteil ist, daß die (fachkundigen) Tester die Tabelle mit Testfällen, und die Toolspezialisten die Skripte aktualisieren können. Die (häufig raren) fachkundigen Tester können sich auf die Spezifikation der Testfälle mit Hilfe der ausgewählten Test-Spezifikationstechniken konzentrieren und brauchen sich nicht mit der Funktion des Tools auseinanderzusetzen.

21.5.2.2 Infrastruktur: Framework-Architektur

Bei jedem Skript handelt es sich faktisch um ein (kleines) Modul. Der Einsatz der Grundprinzipien des modularen Programmierens erhöht die Wartungsfähigkeit der Skripte: Jede Gruppe aufeinanderfolgender Aktionen, die wiederholt auszuführen sind (beispielsweise Umstellung auf eine bestimmte Bildschirmmaske in der Anwendung), sollte vorzugsweise als gesondertes Modul gespeichert werden. Tests, die diese Gruppe von Aktivitäten ausführen müssen, rufen das jeweilige Modul auf. Wenn sich in der Gruppe von Aktivitäten etwas ändert (beispielsweise als Folge eines anderen Menükonzepts), braucht nur ein einziges Modul angepaßt zu werden. Die Module existieren auf unterschiedlichen Abstraktionsebenen; es kann sich dabei um die Aktivierung oder Überprüfung eines spezifischen Objekts des zu testenden Systems bis hin zur Durchführung eines Unternehmensprozesses handeln.

Mit Framework-Architektur bezeichnet man eine Bibliothek von wiedereinsetzbaren Modulen. Die Verfügbarkeit einer solchen Architektur bietet die Möglichkeit, in kurzer Zeit neue Testsuites (für neue Systeme) zu implementieren, da eine Vielzahl der erforderlichen Bausteine (Module) bereits in der Bibliothek vorhanden sind.

Zur modularen Entwicklung einer Testsuite sind Fachkenntnisse auf den Gebieten Testen und Software-Entwicklung erforderlich.

21.5.2.3 Organisation

Die erfolgreiche Automatisierung des Testens erfordert Kenntnisse im Bereich des Testens, der Automatisierung und der einzusetzenden Tools. Ein Testteam oder eine Testorganisation, die automatisiertes Testen einführen will, benötigt auch neue Funktionen, u.a.:

- Architekt: Er entwirft die Testsuite.
- Ingenieur: Dieser Toolspezialist führt die Testsuite gemäß Entwurf aus.

Diese Funktionen sind eingehend in Kapitel 23, »Testfunktionen«, beschrieben.

Der Manager der Testorganisation kann im Prinzip folgendes unternehmen, um an qualifiziertes Personal heranzukommen:

- Schulung im Bereich der Software-Entwicklung für interessierte Tester
- Schulung im Bereich von Testen und Tools für interessierte Entwickler
- Engagement der fachlich Beteiligten auf dem Gebiet der Testautomatisierung

Dabei genießen Personen mit Testerfahrung, die sich auf Software-Entwicklung spezialisiert haben, vorrang.

21.5.2.4 Einteilung in Phasen

Das Ziel, schneller und besser zu testen, ist nicht nur durch die Anschaffung eines Standard-Test-Tools oder einer fertigen Testsuite zu erreichen. Die Automatisierung des Testens ist, genauso wie die Automatisierung der Buchhaltung, ein Automatisierungsprozeß, der strukturiert und planmäßig durchgeführt werden muß (siehe Abbildung 21.5). Das Test-Tool kann dabei als die Entwicklungsumgebung betrachtet werden, mit der die automatisierte Testsuite implementiert wird.

Im großen und ganzen sieht die Einteilung des Testautomatisierungsprozesses wie folgt aus:

21.5 Automatisierung der Testdurchführung

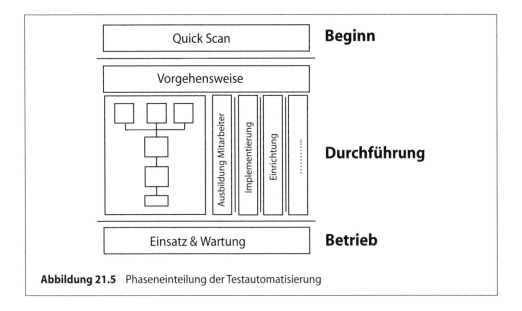

Abbildung 21.5 Phaseneinteilung der Testautomatisierung

Die folgenden Abschnitte beschreiben etwas eingehender diese Hauptphasen.

Beginn
Beim Einsatz von TAKT wird zunächst eine Bestandsaufnahme der augenblicklichen Testorganisation und des derzeitigen Konzepts, der Anwendungen, die getestet werden, sowie insbesondere der spezifischen Testautomatisierungsziele und deren Durchführbarkeit vorgenommen. Hierbei werden beispielsweise folgende Fragen beantwortet:

- Ist das automatisierte Testen vorläufig nur für eine einzige Anwendung oder unternehmensweit einzuführen?
- Sind nur die Funktionstests oder auch die Performancetests zu automatisieren?
- Wer wird die Testsuite implementieren? Wer wird sie warten und wer verwalten?

Es wird ein Pilotprojekt ausgewählt, bei dem die Wahrscheinlichkeit auf Erfolg und der Gewinn am größten ist. Die gewünschten Zeitschemata werden bestimmt: Zu welchem Zeitpunkt werden welche Teile der Testsuite in einem betriebsbereiten Testprojekt eingesetzt? Wann muß die eigene Testorganisation dazu in der Lage sein, die Testsuite insgesamt selbst zu warten? Diese Bestandsaufnahme bildet die Grundlage für eine sogenannte »go-nogo«- Entscheidung. Nach einer »go«- Entscheidung kommt die nächste Phase.

Durchführung
Der Architekt bestimmt im Einvernehmen mit dem Auftraggeber die durchzuführende Vorgehensweise. Diese wird in einem entsprechenden Plan festgelegt, der Antwort auf die Frage »Wer unternimmt was wann«? geben soll.

Themen im Plan sind:

- Ziele (Zeit, Geld, Qualität)
- Bereich (welche Tests sind zu automatisieren?)
- Personal und Organisation
- Technische Infrastruktur
- Aktivitäten

und möglicherweise:

- Auswahl und Einführung des Test-Tools
- Ausbildung von Mitarbeitern
- Einrichtung des Managements

Die Testsuite wird nach Plan eingesetzt, wobei folgende Aktivitäten ausgeführt werden (siehe Abbildung 21.6):

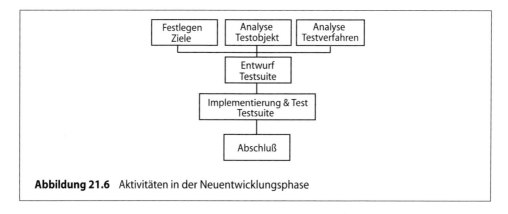

Abbildung 21.6 Aktivitäten in der Neuentwicklungsphase

Der Architekt setzt die noch allgemeinen Zielsetzungen auf Testautomatisierungsziele um, analysiert das zu testende System (Testobjekt) sowie das derzeitige Testkonzept (einschließlich der Testumgebung, Tools und verfügbarer Testware). Anschließend entwirft der Architekt auf der Grundlage der Analyseergebnisse die Testsuite in einer Form, daß die Testautomatisierungsziele optimal erfüllt werden.

Im Anschluß daran führt der Ingenieur den Entwurf der Testsuite mit Hilfe des ausgewählten Test-Tools in der Phase »Implementierung & Test Testsuite« durch. Da die Wartungsfähigkeit der Testsuite eine primäre Voraussetzung ist, werden Verfahren wie das datengesteuerte Konzept und die Framework-Architektur eingesetzt. Die implementierten Module werden einzeln auf ihr korrektes Funktionieren getestet und anschließend in andere Module sowie in die datengesteuerten Tabellen integriert und erneut getestet.

Zum Abschluß wird die Testsuite »sauber« dokumentiert und freigegeben.

Betrieb
In dieser Phase werden die automatisierten Tests eingesetzt und gewartet. Meistens handelt es sich um das Testen von neuen Freigaben in der Wartungsphase des Systems. Es wird jedoch auch bei Neuentwicklungsprojekten auf der iterativen Strecke »Testen – Korrektur – erneut testen – usw.« (siehe Abbildung 21.7) angewendet. In dieser Phase werden die ursprünglichen Zielsetzungen sowie der Umfang, in dem sie realisiert sind, bewertet. Neue Zielsetzungen können nun formuliert werden, und der Prozeß kann (teilweise) wiederholt werden. Die Phase »Betrieb des automatisierten Testens« ist ein Teil des gesamten Testprozesses. Aus diesem Grund werden die auszuführenden Aktivitäten dieser Phase in der hier angewandten Phaseneinteilung dieses gesamten Testprozesses untergebracht.

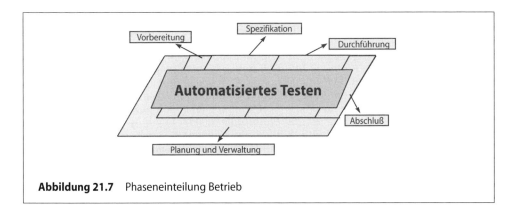

Abbildung 21.7 Phaseneinteilung Betrieb

Änderungen im Testobjekt bedeuten meistens, daß Testfälle angepaßt oder neue Testfälle erstellt werden müssen. Dabei handelt es sich um die reguläre Vorgehensweise beim strukturierten Testen, wobei auch die Teststrategie und Testtechniken eine wichtige Rolle spielen. Für den automatisierten Teil des Testprozesses bedeutet dies, daß die erforderlichen Anpassungen in der Testsuite in den vorbereitenden und spezifizierenden Phasen erfolgen: Die Skripte und das Framework werden angepaßt, und die neuen oder geänderten Testfälle werden in die Tabellen mit den Testfällen eingegeben. Der erforderliche Aufwand ist durch das hohe Maß an Wartungsfähigkeit der Testsuite minimiert. Sobald das zu testende System an das Testteam freigegeben wird, können die automatisierten Tests sofort ausgeführt werden.

22 Testumgebungen

Dieses Kapitel bietet Unterstützung bei Entscheidungen, die bei der Einrichtung des Kernbereichs »Testumgebungen« zu treffen sind.

22.1 Einleitung

22.1.1 Komponenten der Testumgebung

Die Durchführung von dynamischen Tests erfordert eine passende Testumgebung, die sich vornehmlich aus folgenden Komponenten zusammensetzt:

- Hardware
- Software
- Kommunikationsmittel
- Einrichtungen für den Aufbau und Einsatz von Dateien
- Verfahren

Die Umgebung ist so zusammenzustellen und einzurichten, daß anhand der Testergebnisse optimal bestimmt werden kann, inwiefern das Testobjekt den gestellten Anforderungen entspricht. Der Modultest erfordert im allgemeinen eine ganz andere Einrichtung als ein Produktions-Abnahmetest. Manchmal ist eine solche Umgebung sehr klein (z.B. nur ein einziger PC beim Testen eines Textverarbeitungsprogramms), in anderen Fällen beinhaltet sie eine Vielzahl an Geräten, Programmen und Verfahren, die sich an mehreren Orten befinden (beispielsweise zum Testen des Buchungssystems einer Fluggesellschaft). Neben der Teststufe und den zu testenden Qualitätsmerkmalen spielen auch Aspekte wie Betriebsrichtlinien, Anwendungstyp, Organisationsstruktur und – last but not least – die verfügbaren Budgets eine wesentliche Rolle. Ganz abgesehen von der großen Vielfalt der angebotenen Hard- und Software ist es daher unmöglich, eine rundum gültige Testumgebung zu beschreiben. Dieses Kapitel wird deshalb allgemein bleiben und soll vornehmlich eine Unterstützung bei den zu treffenden Entscheidungen bieten.

22.1.2 Allgemeine Anforderungen an Testumgebungen

Zur Gewährleistung einer guten und zuverlässigen Testdurchführung müssen einige allgemeine Anforderungen an eine Testumgebung gestellt werden:

- Die Testumgebung muß *soweit wie möglich* der endgültigen Produktionsumgebung ähneln.
- Damit das Testobjekt immer unter den gleichen Bedingungen arbeiten kann, muß die Testumgebung stabil sein. Die Testumgebung muß ihrerseits, in Kombination mit dem Testobjekt, verwaltbar sein. Änderungen an jeglichen Komponenten der Umgebung, Hard- und Software, Testobjekt, Verfahren usw. dürfen nur nach Genehmigung des Testmanagements ausgeführt werden.
- Die Einrichtung der Testumgebung muß (innerhalb der Richtlinien der Verwaltungsfähigkeit) schnell angepaßt werden können.
- In manchen Situationen ist es erforderlich, daß mehrere (physikalische) Testumgebungen vorliegen. Das ist insbesondere wichtig, um zu vermeiden, daß gleichzeitig stattfindende Tests einander beeinflussen.
- Manchmal ist es erforderlich, Tests an einem anderen Datum auszuführen als zum Systemdatum. Damit das möglich ist, muß das Systemdatum manipulierbar sein. In der Praxis ist dies häufig nicht realisierbar, da mehrere Anwendungen auf dem gleichen Rechner eingesetzt werden. Zu diesem Zweck sind dann separate Vorkehrungen zu treffen (beispielsweise eine eigene Datumseinrichtung).
- Für die Testumgebung muß eine eigene Backup/Restore-Möglichkeit bestehen.
- In Fällen, in denen die Kontinuität des Testens wichtig ist, müssen entsprechende Ausweichmöglichkeiten für die Testumgebung geschaffen werden.

22.2 Arten von Testumgebungen

22.2.1 Traditionelle Testumgebungen

Für die Durchführung von Tests stehen traditionell drei Testumgebungen zur Verfügung. Diese Umgebungen beziehen sich unmittelbar auf die Teststufe. Eine Abweichung von dieser Einteilung ist nicht üblich und häufig gar nicht möglich. Für die Low-Level-Tests ist eine Labor- oder Entwicklungsumgebung vorhanden, für die Systemtests die Systemtestumgebung, während die Abnahmetests in einer »produktionsnahen« Umgebung ausgeführt werden.

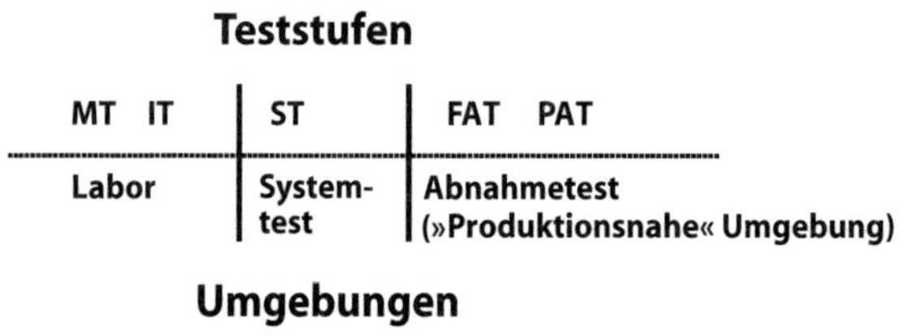

Teststufen

MT IT	ST	FAT PAT
Labor	System-test	Abnahmetest (»Produktionsnahe« Umgebung)

Umgebungen

Abbildung 22.1   Traditionelle Testumgebungen

22.2.1.1 Laborumgebung

Die Umgebung für die Low-Level-Tests eignet sich ausschließlich für das Testen der Software auf technisches Funktionieren. Der Modultest und der Integrationstest (Low-Level-Tests) werden in der gleichen Umgebung ausgeführt, in der auch die Programm(-teil)e und andere Systemkomponenten entwickelt werden. Die Einrichtung der Testumgebung und der Testaktivitäten wird als Teil des Entwicklungsprozesses ausgeführt. Der Einrichter der Testumgebung ist hierbei in den meisten Fällen der Programmierer selbst, manchmal aber auch sein Kollege oder sein Teamleiter. Häufig bietet die Entwicklungsumgebung entsprechende Standardeinrichtungen für das Testen an, z.B. Dateien, Test-Tools und Verfahren für Versionsverwaltung, Übergabe der Software, Fehlerermittlung und Fehlerbehebung. Diese Einrichtungen geben dem Tester genügend Möglichkeiten, um seinen Testprozeß gut verwalten zu können. Wenn keine besonderen Anforderungen an die Low-Level-Tests gestellt werden und die genannten Standardeinrichtungen vorhanden sind, können die Tests vorschriftsmäßig ausgeführt werden.

Versionsverwaltung bei Low-level-Tests

Ein wesentlicher Aspekt, mit dem Low-Level-Tests konfrontiert werden, ist die Verwaltungsfähigkeit der Testumgebung. In der Praxis geschieht es nur allzuhäufig, daß ein Programmierer fünf oder mehr Versionen seines Programm(-teil)s verwalten muß. Die Speicherung der Beziehung zwischen den Testfällen, den Testergebnissen und dem Testobjekt erfordert viel Aufmerksamkeit.

22.2.1.2 Systemtestumgebung

Die Systemtestumgebung ist insbesondere dazu da, Teile des Systems oder das ganze System sowohl auf technische als auch auf fachliche Aspekte hin zu testen. Der Systemtest muß in einer vom Labor getrennten, verwaltbaren Umgebung ausgeführt werden. Verwaltbarkeit beinhaltet, daß Möglichkeiten vorhanden sind, mit denen u.a. Software, Dokumentation, Testdateien und Testware übergeben und verwaltet werden können. Die Übergabe von neuer oder geänderter Software muß für den Systemtester kontrollierbar sein. Die Tests müssen (möglichst) reproduzierbar sein, und die individuellen Tests des einen (Teil-)Systems müssen getrennt von den Tests von anderen (Teil-)Systemen stattfinden können. Der konkurrierende Einsatz von Testdateien sorgt in diesem Zusammenhang für viele Probleme. Der Charakter der Umgebung (verwaltungsfähiges Labor) bietet dem Tester die Möglichkeit, ein breites Angebot an Hilfsmitteln einzusetzen, um die fachliche Qualität des Testobjekts zu ermitteln. Der Einsatz solcher Hilfsmittel ist in einer »produktionsnahen« Umgebung meistens nicht erlaubt.

Wildwuchs in einer Systemtestumgebung

Die Erfahrung zeigt uns, daß viele Organisationen mit der Unkontrollierbarkeit und dem Wildwuchs von Systemtestumgebungen zu kämpfen haben. Um mehr Sicherheit über die Qualität des Testobjekts zu erhalten, bemühen sich viele Entwickler um die Einrichtung von »produktionsnahen« Umgebungseinrichtungen in der Systemtestumgebung. Ohne hinreichende Einrichtungen und Verfahren entstehen auf diese Weise enorm viele Duplikate von Programmen und umfangreiche Dateien, die lange Zeit unnötig gespeichert werden. Eine solche Redundanz erfordert erhebliche Speicherkapazitäten und ebenso hohe Kosten.

22.2.1.3 Abnahmetestumgebung

Die Abnahmetestumgebung bietet künftigen Anwendern und Verwaltern die Möglichkeit, das Testobjekt in einer möglichst »produktionsnahen« Umgebung zu testen. Im allgemeinen unterteilt man den Abnahmetest in den sogenannten Fachlichen Abnahmetest (FAT) und den Produktions-Abnahmetest (PAT). Während des FAT wird überprüft, ob das Testobjekt die erforderliche Funktionalität im Zusammenhang mit den »produktionsnahen« Umgebungseinrichtungen und -verfahren leistet. Beim PAT wird überprüft, ob das System den Richtlinien von Verwaltung und Produktion entspricht, sowohl in bezug auf Verfahren als auch auf Aspekte wie Volumen und Performance (Leistung). Manchmal werden die FAT- und die PAT-Aktivitäten zeitlich nacheinander in der gleichen Umgebung ausgeführt. In anderen Fällen sind zwei getrennte Umgebungen verfügbar.

Engpaßwirkung

Ein Problem, mit dem sich viele Entwicklungsprozesse konfrontiert sehen, ist die Engpaßwirkung der PAT-Umgebung. In den letzten Phasen des Entwicklungsprozesses, sozusagen um fünf vor zwölf, wird das System häufig erst zum erstenmal auf echte Produktionsaspekte hin geprüft. Eine Korrektur der dann festgestellten Fehler ist oft sehr aufwendig und zeitraubend, und meistens steht auch nicht mehr genügend Zeit zur Verfügung. Die Konflikte sind vorhersehbar. Um eine solche Situation zu vermeiden, muß die »produktionsnahe« Umgebung bereits sehr viel früher im Prozeß verfügbar sein.

Starre Haltung des Rechenzentrums

In diesem Zusammenhang stoßen Tester auch auf das Phänomen »Sturheit des Rechenzentrums«. Tester sehen oft in Rechenzentren Bollwerke der Unflexibilität und Bürokratie und beklagen, daß der Fortschritt des Tests nur begrenzt beeinflußt werden kann. In Wirklichkeit lernt man hier eine äußerst »produktionsnahe« Umgebung kennen. Die starre Haltung von Rechenzentren bildet, meistens zu Recht, immer noch eine Gewährleistung für die Kontrollierbarkeit der Information. Die Konfrontation mit diesem Phänomen ist ein unentbehrlicher Teil des Tests, denn in der Produktion gelten schließlich mindestens die gleichen Regeln. Das erfordert eine rechtzeitige Kontaktaufnahme sowie Respekt für die gegenseitigen Interessen und Standpunkte. Dem Testteam wird empfohlen, die Funktion der technischen Unterstützung mit einem Mitarbeiter des Rechenzentrums zu besprechen. Das wird in diesem Rahmen sicherlich sehr positiv aufgenommen, denn jedes renommierte Rechenzentrum arbeitet an einer Ausdehnung seiner Dienstleistung, auch im Zusammenhang mit dem Testen.

22.2 Arten von Testumgebungen

Bestell- und Planungszeitpunkt

Damit man zum richtigen Zeitpunkt über die erforderlichen Testeinrichtungen verfügen kann, muß man die häufig sehr langen Bestell- und Installationsfristen berücksichtigen. Dadurch muß die Testumgebung häufig bereits zu einem Zeitpunkt reserviert werden, zu dem noch sehr wenig über die Zusammenstellung und auch über die Planung bekannt ist. Im allgemeinen kann die erforderliche Detailliertheit (noch) nicht zuverlässig festgelegt werden. Unvollständige Bestellungen und unkorrekte Planungen können jedoch eine starke Beeinträchtigung des Testprozesses verursachen. Es ist ganz wesentlich, rechtzeitig gute Vereinbarungen mit den Zulieferern der Testeinrichtungen über die spätest möglichen Bestell- und Planungstermine zu treffen und die Möglichkeiten einzuräumen, einmal getroffene Vereinbarungen ändern zu können. Auch in diesem Bereich gilt, daß die technische Unterstützung durch einen Mitarbeiter des Rechenzentrums sehr positiv wirken kann. Das ist auch der Grund dafür, daß die Definition der Infrastruktur als gesonderte Aktivität in der Planungsphase ausgewiesen wird.

22.2.2 Variationen

22.2.2.1 Kombination System- und FAT-Umgebung (die integrierte Umgebung)

Während des Systemtests kontrolliert der Entwickler die fachliche Qualität des Systems; während des Fachlichen Abnahmetests führt der Abnahmetester das gleiche aus. Der Unterschied liegt in der Umgebung und im Ursprung der Testfälle. Der Systemtester verfügt über Laboreinrichtungen und testet neben den fachlichen Aspekten auch gleich die technischen. Der Abnahmetester testet unter den einengenden Bedingungen einer »produktionsnahen« Umgebung und bezieht neben den fachlichen auch die fachtechnischen sowie die anwendungsbezogenen Aspekte in seine Tests mit ein. Der Einsatz dieser beiden »Filter« ist sehr wichtig und muß soweit wie möglich erhalten bleiben. Indem man die Abnahmetestfälle jedoch in erster Linie in der Systemtestumgebung durchführen läßt, kann eine wesentliche Optimierung erreicht werden. Manchmal entscheidet man sich dafür, zu diesem Zweck eine speziell integrierte Testumgebung einzurichten. Durch diese Vorgehensweise werden Fehler früher entdeckt, und für die Abnahmetests können fortschrittliche Test-Tools eingesetzt werden. Des weiteren können meistens mehrere Tests parallel ausgeführt werden.

Wenn das System funktional für »sauber« befunden worden ist, wird der eigentliche Abnahmetest in der »produktionsnahen« Umgebung ausgeführt. Dieser Test wird dann höchstens noch einige Abweichungen im Zusammenhang mit der Verwaltung und der Anwendung aufdecken.

Hinweis

- Wie bereits früher angegeben wurde, ist von einer vollständigen Integration der funktionalen Testfälle der System- und Abnahmetests sehr abzuraten, da die »Filterwirkung« der jeweiligen Tests damit stark eingeschränkt wird.

- Selbstverständlich ist das (rechtzeitige) Treffen von Vereinbarungen über Aufgaben und Zuständigkeitsbereiche eine wichtige Randbedingung für den Erfolg des Einsatzes einer integrierten Testumgebung.

Abbildung 22.2   Integrierte Testumgebung

22.2.2.2   Einrichtung nach Testart

Eine konsequente Kopplung einer Teststufe an eine einzige Umgebung hat große Nachteile, da durch die zeitliche Folge der Testprozesse in der jeweiligen Umgebung wichtige Fehler zu spät entdeckt werden.

Es ist wirksamer, die Einrichtung und die Bereitstellung der Testumgebung auf die Testart zu beziehen. Unter einer Testart versteht man eine Gruppe von Aktivitäten mit dem Ziel der Überprüfung des IT-Systems auf einige zusammenhängende Qualitätsmerkmale. Beispiele von Testarten sind ein Streßtest oder ein Regressionstest. Selbstverständlich gilt dann auch für die Freigabe der zu testenden Teile des Testobjekts, daß sich diese auf die jeweilige Testart (und die entsprechende Umgebung) beziehen müssen. In diesem Zusammenhang kann es passieren, daß der Anwender manche Tests in der Umgebung der Low-Level-Tests durchführt, während ein Programmierer manche Aspekte in der »produktionsnahen« Umgebung testet. Die Verwaltung dieses Phänomens ist eine Herausforderung für das Testmanagement und alle Beteiligten. Es erfordert viel Organisations- und Überzeugungskraft, besonders im Bereich der Verantwortlichkeiten und der Funktionstrennung. Steht normalerweise der »Eigentümer« der Umgebung im Mittelpunkt, so ist es jetzt der »Test«. Die Testumgebung ist für jede beliebige Testart rein unterstützend und leicht anpaßbar. Der durch die parallele Durchführung der Tests erzielte Zeitgewinn und die Minimierung der Korrekturkosten durch eine frühe Fehlerentdeckung sind den Aufwand mehr als wert.

Wichtig ist demnach vor allem, die Testumgebung für die Testart passend zu gestalten. Im allgemeinen ist das innerhalb der traditionellen Testumgebungen, Labor, Systemtest und »produktionsnahe« Umgebung, ausgezeichnet möglich.

22.3 Entscheidungen und Überlegungen

22.3.1 Qualitätsmerkmal, Testart, Testumgebung

In folgender Tabelle sind als Beispiel einige Testarten mit den dazugehörigen Qualitätsmerkmalen und den naheliegenden Umgebungen aufgeführt: Labor (lab), Systemtestumgebung (st) und »produktionsnahe« Umgebung (pnU). Nach dem Bestimmen der Teststrategie muß diese Tabelle bei der Erstellung des (Master-)Testplans aufgebaut und befolgt werden (Planungsphase, Aktivität »Definition der Infrastruktur«).

Testart	Qualitätsmerkmal	Umgebung
Streß	Betriebssicherheit, Kontinuität	pnU
Einsatz von Ressourcen	Sparsamkeit	pnU
Produktion	Funktionalität, Betriebssicherheit	pnU
Korrektur	Aktualisierbarkeit	st, pnU
Sicherheit	Sicherheit	pnU
Funktionalität	Funktionalität, Vollständigkeit	lab, st, pnU
Richtlinien	Sicherheit, Brauchbarkeit	st, pnU
Kontrollen	Funktionalität, Kontrollierbarkeit	pnU
Schnittstellen	Funktionalität, Vollständigkeit	lab, st, pnU

22.3.2 Einrichtungsfaktoren

Die Einrichtung der Testumgebung hängt von vielen Faktoren ab und ist bei jedem Testprozeß anders. Im folgenden sind einige bestimmende Faktoren mit entsprechenden Erläuterungen aufgeführt:

- Teststufe
  Modul-, Integrations-, System- oder Abnahmetest oder eventuell ein integrierter Test
- Testart
  Welche Qualitätsmerkmale/Testarten sind relevant (siehe Tabelle oben)?
- Anforderungen an die Umgebung
  Sind spezifische Anforderungen an die Umgebung zu stellen, beispielsweise: Reproduzierbarkeit, Sicherheit, produktionsnahe Umgebung, Parallelität, Datumsmanipulation?
- Verfügbare Testumgebungen
  Sind innerhalb der Organisation oder des Projekts Testumgebungen vorhanden? Sind diese brauchbar? Wie kann individuellen Anforderungen entsprochen werden?
- Richtlinien
  Liegen (Rechenzentrum-)Richtlinien für die Einrichtung von Testumgebungen vor?

- Plattform (Architektur von Hard- und Software)
  Welche Entwicklungs- oder Produktionsplattform wird verwendet? Welche Möglichkeiten werden geboten, und welche Einschränkungen werden dadurch möglicherweise auferlegt?
- Organisation der Systementwicklung
  Die bei der Systementwicklung angewandten Methoden, Techniken und Phasenmodelle haben eine entsprechende Auswirkung auf die Testumgebungen hinsichtlich der Verfahren.
- Anwendungstyp
  Die Testumgebung steht selbstverständlich in Beziehung zu den Eigenschaften des Testobjekts, beispielsweise: Batch, Online, Großrechner, PC-Anwendung, Individual- oder »Standard«-Softwaresysteme.
- Datenkommunikation, dezentrale Verarbeitung
  Inwiefern liegt eine Datenkommunikation vor? In welcher Form? Bildet das Netzwerk oder die Netzwerksoftware einen Teil des Testobjekts? Werden dezentrale Teststellen verwendet?
- Begrenzung des Tests
  Müssen manuelle Prozesse und beispielsweise Ein- und Ausgabeverarbeitungen mit getestet werden? Wenn ja, kann dies im Rahmen der Testumgebungen teilweise geregelt werden.
- Budget
  Liegt ein entsprechendes Budget für die Einrichtung der Testumgebungen vor? Welche Möglichkeiten bietet es?
- Geografische Lage
  Die Testumgebungen von Entwickler und Abnahmetester dürfen geografisch in nicht allzuweiter Entfernung voneinander liegen. Obgleich Kommunikationsmittel wie Telefon, Fax und E-Mail viel Reisezeit ersparen können, werden dennoch häufig Gespräche zwischen den verschiedenen Beteiligten stattfinden. Eine optimale Auswahl des Testortes kann viel Zeit und Kosten sparen.
- Einsatz von Test-Tools
  Der Einsatz von Test-Tools stellt gelegentlich Anforderungen an die Testumgebung, beispielsweise in bezug auf Sicherheit, Datenspeicherung und Kommunikationseinrichtungen.
- Verfügbarkeit von Testware
  Inwiefern ist Testware beim Testobjekt verfügbar? Der Einsatz von bestehender Testware stellt entsprechende Anforderungen an die Umgebung und insbesondere an die Datenspeicherung.

22.4 Einrichtungen für den Aufbau und Einsatz von Dateien

Testdateien sind für die Möglichkeit des (Regressions-)Testens von wesentlicher Bedeutung. Um zu verhindern, daß während der Testdurchführung mit unkorrekten Testdateien gearbeitet wird, muß bereits in einem frühen Stadium nachgedacht werden, wie die Dateien aufgebaut werden und nach welcher Einsatzstrategie vorgegangen wird. Im Phasenmodell werden diesen Aspekten in der Planungsphase (Aktivität »Einrichtung der Verwaltung«) und während der Spezifikationsphase (Aktivität »Definition der Ausgangsdateien«) entsprechende Aufmerksamkeit geschenkt. Das tatsächliche Füllen von Dateien erfolgt während der Durchführungsphase (Aktivität »Füllen der Ausgangsdateien«).

22.4.1 Aufbau von Dateien

Für den Aufbau von Dateien kann aus drei Alternativen gewählt werden:
- Aufbau mit regulären Systemfunktionen
- Aufbau mit separater »Ladesoftware«
- Migration von Produktionsdaten

Aufbau mit regulären Systemfunktionen hat den Nachteil, daß die Funktionen selbst häufig noch nicht ausreichend getestet und daß die eingegebenen Daten deshalb sehr gründlich zu überprüfen sind. Gleichzeitig liegt der Vorteil darin, daß die regulären Funktionen während des Aufbaus von Dateien (implizit) mit getestet werden.

Aufbau mit separater »Ladesoftware« hat den Nachteil, daß »unmögliche Situationen« plötzlich möglich sind, weil die Eingabe nicht mehr überprüft wird. Das bedeutet, daß beim Aufbau technische Unterstützung erforderlich ist und selbstverständlich eine (einem Test unterworfene) »Ladesoftware« zur Verfügung stehen muß. Der Vorteil ist, daß die Dateien relativ schnell aufgebaut werden können.

Migration von Produktionsdaten hat den Nachteil, daß zwar mit vielen Daten getestet wird, daß sich diese jedoch nicht sehr voneinander unterscheiden. Mit Produktionsdaten wird insbesondere der sogenannte »gute Pfad« getestet, jedoch nicht oder kaum der sogenannte »falsche Pfad«. Zudem ist nicht immer bekannt, welche Testsituationen die Daten abdecken. Außerdem ist der Speicherumfang auf der Festplatte häufig ein Vielfaches dessen, was unbedingt erforderlich ist. Ein weiterer Nachteil liegt darin, daß es nicht immer erlaubt ist (u.a. aufgrund von Datenschutzgesetz oder Fälschungsanfälligkeit), mit Produktionsdaten zu arbeiten. Dadurch ist es notwendig, personenbezogene Daten unkenntlich zu machen oder zu codieren. Der Vorteil ist, daß die Dateien schnell wieder aufgebaut werden können und daß implizit die möglicherweise vorhandene Migrations-Software getestet wird.

Abgesehen von den planungstechnischen und budget bedingten Hindernissen genießt die erste Alternative den Vorzug.

22.4.2 Einsatz von Dateien

Der Einsatz der verschiedenen Testdateien erfordert eine eigene Strategiebestimmung. Bei der Anwendungsstrategie geht es insbesondere um Entscheidungen zwischen:

- dem schrittweisen Aufbau von Dateien,
- dem freeze/unfreeze-Prinzip,
- dem parallelen Einsatz mehrerer Versionen.

Außerdem sind Vereinbarungen über den konkurrierenden Einsatz von Dateien und über die Änderungsverwaltung zu treffen.

Bei einem *schrittweisen Aufbau* wachsen die Dateien mit den Tests mit. Ganz nach Bedarf werden neue Testdaten erstellt und anschließend geändert. Dies verleiht den Testern einerseits viel Freiheit und Flexibilität, andererseits werden jedoch die Daten schnell veralten oder verfälscht, und es wachsen die Anforderungen an die Speicherkapazitäten. Zur Verringerung dieser Nachteile bedarf es adäquater Verwaltungsinstrumente.

Eine zweite Strategie ist die *periodische Zurücksetzung* (freeze/unfreeze-Prinzip) einer Basisdatensammlung, beispielsweise täglich oder wöchentlich. Jeder Test setzt auf solchen Daten auf. Um die Ausgabe einer Information zu testen, wird zunächst die Eingabe dieser Information vorgenommen. Ein besonderes Verwaltungsverfahren leistet eine strukturelle Ergänzung der Basissammlung um die Information. Ein großer Vorteil dabei ist die Verwaltungsfähigkeit von Daten, Nachteil ist die Abhängigkeit von einer neuen »frischen« Momentaufnahme und die zusätzliche Arbeit, die es erfordert, um zu der relevanten Testsituation zu gelangen. Letzteres kann jedoch mit Hilfe eines Record & Playback-Tools beschleunigt werden (siehe Kapitel 21).

Eine dritte Möglichkeit ist der gleichzeitige *Einsatz mehrerer Versionen* der Daten. Jeder Tester verfügt über sein eigenes System und seine eigene Datensammlung. Manchmal reicht eine teilweise »private« Verfügbarkeit aus, während andere Daten gemeinsam verwendet werden können. Der Vorteil dieser Vorgehensweise ist die Parallelität der Tests; das erbringt einen enormen Zeitgewinn. Ein weiterer Vorteil ist gleichzeitig ein großer Nachteil: Die Unabhängigkeit der Tests verhindert zwar, daß Tester einander in die Quere kommen, durch die Isolierung der Tests werden jedoch integrale Testaspekte erst sehr spät angesprochen.

23 Testfunktionen

Damit zum richtigen Zeitpunkt gutes Testpersonal zur Verfügung steht, ist es erforderlich, daß entsprechendes Wissen über die Testfunktionen, die korrespondierenden Aufgaben und die dazu notwendigen Kenntnisse und Fähigkeiten vorhanden sind. In diesem Kapitel werden die zu unterscheidenden Testfunktionen in diesem Zusammenhang beschrieben, und zwar zur Unterstützung der Ebenen A und B des Kernbereichs »Testfunktionen und Ausbildungen«.

Folgende Funktionen werden erläutert:

- Testen
- Testmanagement
- (methodische, technische und funktionale) Unterstützung
- Verwaltung
- Koordination und Beratung
- Anwendungsintegrator
- TAKT-Architekt
- TAKT-Ingenieur

23.1 Die Funktion »Testen«

Das Testen beinhaltet die primären Testaufgaben, den Kern des Testprozesses. Die Testaufgaben sind die kreativsten, zugleich aber auch die arbeitsintensivsten Bereiche der Testaktivitäten.
Die Funktion Testen ist bei den einzelnen Testphasen von der Überprüfung der Testbasis in der Vorbereitungsphase bis zur Archivierung der Testware in der Abschlußphase aktiv.

Mögliche Aufgaben

- *Überprüfung der Testbasis (die Systemspezifikationen)*
  Untersuchung der Systemspezifikationen auf ihre Testbarkeit mit Hilfe der Technik »Detailüberprüfung der Testbasis«.

- *Spezifikation von Testfällen und Ausgangsinformationen*
  Entwurf und Realisierung von Testfällen auf der Grundlage der fachlichen spezifikationen mit Hilfe von Testtechniken und Test-Tools.

- *Füllen von Ausgangsdateien*
  Füllen der verschiedenen für die Testdurchführung erforderlichen Dateien und Datenbanken auf der Grundlage der spezifizierten Ausgangsdateien und mit Hilfe von Test-Tools.

- *Durchführen von Testfällen (dynamisches Testen)*
  Konfrontation des Testobjekts mit den spezifizierten Testfällen und Vergleich der erhaltenen Ergebnisse mit den vorhergesagten.

- *Durchführen von Überprüfungen und Untersuchungen (statisches Testen)*
  Überprüfung und Untersuchung jener Komponenten des Testobjekts, die nicht dynamisch, sondern statisch getestet werden sollen.

- *Erfassung von Abweichungen*
  Dokumentation der beim Testen und erneuten Testen ermittelten Abweichungen und deren Korrektur gemäß vereinbarter Richtlinien.

- *Archivieren von Testware*
  Sammeln, Auswählen und Optimieren der Testware (Sammlung von Testware, Testfällen, Ergebnissen und beispielsweise Beschreibungen der verwendeten Testdateien, Infrastruktur und Tools).

Erforderliche Kenntnisse und Fähigkeiten

Testspezifische Anforderungen

- Allgemeine Kenntnisse des eingesetzten Testphasenmodells
- Fähigkeiten im Zusammenhang mit den Prüfungs- und Testtechniken
- Erfahrung bei der Anwendung von Checklisten im Rahmen von statischen Tests

Datenverarbeitung

- Allgemeine Datenverarbeitungskenntnisse und -erfahrungen
- Allgemeine Kenntnisse zu Systementwicklungsmethoden
- Fähigkeiten zur Interpretation der Systemspezifikationen

Allgemein

- Kenntnisse über den Anwendungsbereich und über die Linienorganisation
- Fähigkeit, sich schnell in (Test-)Tools einzuarbeiten
- Kenntnisse der Projektorganisation und einer projektorientierten Arbeitsweise
- Erfahrungen bei der Textverarbeitung und im Arbeiten mit Spreadsheets
- Kreativität und Genauigkeit

23.2 Die Funktion »Testmanagement«

Das Testmanagement ist innerhalb eines Planungs- und Budgetrahmens für die Planung, Lenkung und Durchführung des Testprozesses verantwortlich. Das Testmanagement berichtet gemäß Testplan über den Fortschritt des Testprozesses und die Qualität des Testobjekts. Diese Funktion ist bei allen Aktivitäten der Testphaseneinteilung beteiligt.

Mögliche Aufgaben

- Aufstellen, Erhalt einer Genehmigung und Aktualisierung des Testplans
  - Risikoeinschätzung und Strategiebestimmung
  - Aufstellen von Planung und Aufwandsschätzung
  - Festlegung von Organisation und Infrastruktur
  - Festlegung von Verfahren, Richtlinien
- *Ausführung des Testplans innerhalb der Planung und des Budgets*
  - Einrichtung der Organisation
    Die Testfunktionen und Verfahren werden gemäß der im Testplan spezifizierten Struktur ausgeführt.
  - Einstellung und Beurteilung von Mitarbeitern
  - Tägliche Steuerung von Testaktivitäten
    - Verteilung der Arbeit
    - Erstellung der Detailpläne
    - Fortschrittsüberwachung
  - Führen der internen Gespräche
    Das Testmanagement übt bei internen Testgesprächen den Vorsitz aus.
  - Teilnahme u.a. an Projektbesprechungen
    Testen erfordert viel (reguläre) Abstimmung mit dem Projekt, der Linienorganisation usw.
  - Unterhalt von externen Kontakten
    In Anbetracht der »alles umfassenden« Kontrollaufgabe muß ein Testmanager ein wirksames Netzwerk aufbauen und unterhalten.
  - Internes Qualitätsmanagement
    Der Fortschritt und die Qualität des Testprozesses kann durch periodische Risikoanalysen und Audits überwacht werden. Auf deren Grundlage können anschließend korrigierende bzw. präventive Maßnahmen getroffen werden.
  - Erkennen, Antizipieren und Berichten von möglichen Projektrisiken.
- *Berichte über den Fortschritt des Testprozesses und die Qualität des Testobjekts*
  Während des Testprozesses wird in regelmäßigen Abständen, beispielsweise wöchentlich und monatlich, über den Fortschritt der Testaktivitäten im Zusammenhang mit dem Testplan und der Qualität des Testobjekts berichtet, und zwar in bezug auf die Fehleranzahl je Schwerekategorie und auf Trends und Empfehlungen über eventuell zu treffende Maßnahmen.

- Erstellen einer Freigabeempfehlung
  Das Testmanagement formuliert auf der Grundlage der während des Testprozesses gesammelten Qualitätshinweise und dem aktuellen Status eine Empfehlung über die Qualität des Testobjekts.
- Bewertung des Testprozesses
  Das Testmanagement beurteilt den Testprozeß beispielsweise in bezug auf die Realisierung der Planung, Produktivität, die vorausgesagte Anzahl an Fehlern, die Erfahrungen der Testmitarbeiter, Auftraggeber und Beteiligten.

Erforderliche Kenntnisse und Fähigkeiten

Testspezifische Anforderungen

- Umfangreiche Erfahrungen in der Anwendung von Testphasenmodell und Techniken
- Erfahrung als Teamleiter, Vermittler und in unterstützenden Funktionen
- Allgemeine Kenntnisse über Test-Tools

Datenverarbeitung

- In verschiedenen Organisationen erlangte, umfangreiche Datenverarbeitungskenntnisse und -erfahrungen
- Gute Kenntnisse über Systementwicklungsmethoden
- Kenntnisse von Architekturen und Tools zur Systementwicklung
- Allgemeine Kenntnisse über Hardware, Software und Datenkommunikationsmittel

Allgemein

- Umfangreiche Erfahrungen in der Führung im Projektverband
- Erfahrung im Einsatz von Tools zur Planung und Fortschrittsüberwachung
- Allgemeine Kenntnisse über den Anwendungsbereich und die Linienorganisation
- Ausgezeichnete Kontakteigenschaften und eine motivierende Ausstrahlung
- Ausgezeichnete schriftliche und mündliche Ausdrucksfähigkeit

Besondere Fähigkeiten

- Kritische Einstellung, um auf diese Weise Argumente auf ihren richtigen Wert hin einschätzen zu können
- Takt, Streßfähigkeit und Kritikfähigkeit
- Fähigkeiten zur Konfliktlösung und zu Verhandlungstechniken
- Fähigkeiten, eine Brücke zwischen akademischen und technischen Lösungen zu schlagen und die Lösungen entsprechend einzusetzen

23.3 Die Funktion »Methodische Unterstützung«

Die methodische Unterstützung (MU-Funktion) fördert den Testprozeß im methodischen Bereich im weitesten Sinne des Wortes. Sie ist für alle Testtechniken und für alle Mitglieder des Testteams unterstützend tätig, also sowohl für das Testmanagement beispielsweise bei der Strategiebestimmung als auch für die Tester bei der Spezifizierung von Testfällen. Die MU-Funktion kann bei allen Aktivitäten der gesamten Testphase eingesetzt werden.

Mögliche Aufgaben

- *Einrichtung von Testtechniken*
  Aus der Menge der Standardtesttechniken werden die bei der Festlegung der Teststrategie für den Testentwurf ausgewählten Testtechniken (falls erforderlich) auf die eingesetzte Testbasis angepaßt.

- *Entwicklung neuer Testtechniken*

- *Aufstellen der Testvorschriften*
  Die Testvorschriften werden meistens in Form eines Handbuchs festgelegt und verteilt; dieses Testhandbuch wird anschließend aktualisiert, die Verteilung wird verwaltet.

- *Entwicklung der passenden Ausbildungen*
  Wenn Techniken oder Verfahren angepaßt oder erneuert wurden, muß auch das Ausbildungsmaterial entsprechend überarbeitet werden.

- *Lehren und Coachen*
  Der Funktionsausübende tritt als Dozent oder Coach bei der Einführung der Vorschriften auf.

- *Beratung und Unterstützung beim Einsatz aller Arten von Testtechniken*
  - Strategiebestimmung
  - Testpunktanalyse
  - Detailüberprüfung Testbasis
  - Inspektion
  - Testspezifizierung
  - Einsatz der Checklisten
  - ...

- *Managementberatung*
  Tritt in entsprechenden Fällen im weitesten Sinne als Berater des Testmanagements auf.

Erforderliche Kenntnisse und Fähigkeiten

Testspezifische Anforderungen

- Spezialisierte Erfahrungen in der Anwendung der Testphasen und Techniken
- Allgemeine Kenntnisse über Test-Tools

Datenverarbeitung

- Umfangreiche Datenverarbeitungskenntnisse und -erfahrungen
- Spezialisierte Kenntnisse und Erfahrungen in Systementwurf und -realisierung
- Kenntnisse von Architekturen und Tools zur Systementwicklung
- Allgemeine Kenntnisse über Hardware, Software und Datenkommunikation

Allgemein

- Kenntnisse über den Anwendungsbereich und über die Linienorganisation
- Fähigkeit, sich schnell in (Test-)Tools einzuarbeiten
- Kenntnisse der Projektorganisation und einer projektorientierten Arbeitsweise
- Erfahrungen bei der Textverarbeitung und im Arbeiten mit Spreadsheets
- Kreativität, Genauigkeit und die Fähigkeit, strikt methodisch zu arbeiten
- Ausgezeichnete Kontakteigenschaften und eine motivierende Ausstrahlung
- Ausgezeichnete schriftliche und mündliche Ausdrucksfähigkeit

Besondere Fähigkeiten

- Kritische Einstellung, um auf diese Weise die externen Anforderungen auf ihren richtigen Wert hin einzuschätzen
- Die Bedeutung des Qualitätsmanagements und des Testens auf überzeugende, enthusiastische Weise auf andere zu übertragen und für eine eventuelle Verbesserung der jeweiligen Test(-durchführung) zu sorgen
- Umfangreiche Fähigkeiten wie Verhandlungstechniken, Konfliktbewältigung, Präsentations-, Berichterstattungs- und Versammlungstechniken
- Fähigkeiten, eine Brücke zwischen akademischen und technischen Lösungen zu schlagen und die Lösungen entsprechend einzusetzen

23.4 Die Funktion »Technische Unterstützung«

Die technische Unterstützung (TU-Funktion) bietet dem Testprozeß Hilfestellung im weitesten Sinne. Sie muß bewerkstelligen, daß der Testprozeß ständig und auf einem hohen Niveau über die Testinfrastruktur verfügen kann. Die Verwaltung und Verwaltungsfähigkeit der Testumgebungen, der Test-Tools und der Büroeinrichtungen muß gewährleistet sein. Die TU-Funktion kann bei allen Aktivitäten der Testphaseneinteilung eingesetzt werden.

23.4 Die Funktion »Technische Unterstützung«

Mögliche Aufgaben

- *Einrichtung der Testinfrastruktur*
  Sorgt für die Bereitstellung und die Aktualisierung der Testinfrastruktur, die für eine adäquate Testdurchführung erforderlichen Testumgebungen, Test-Tools und Büroeinrichtungen.

- *Verwaltung der Testinfrastruktur*
  Ist verantwortlich für die Bereitstellung und Verwaltung (und demnach auch für die Änderungsverwaltung) von:
  - Testumgebungen (Hardware- und Software-Verwaltungsverfahren)
  - Netzwerken für Testumgebungen und Büroeinrichtung
  - Technischer Büroeinrichtung
  - Test-Tools

- *Technisches Konfigurationsmanagement*
  Führt die technische Verwaltung der Testware, Testdokumentation und (eventuell) der Testbasis und des Testobjekts aus.

- *Lösung von technischen Problemen*
  Sorgt für die Lösung von technischen Problemen, wobei dem Fortschritt des Testens höchste Priorität zugewiesen wird.

- *Überwachung der Reproduzierbarkeit des Testens*
  Die Tests müssen im Bereich der technischen Infrastruktur reproduzierbar sein.

- *Sorgt für die Entwicklung, Anpassung, Aktualisierung und Verwaltung der »job control«*
  Sorgt für die Steuersoftware und Komponenten rund um Programme, Datendateien und Hardware, Software und Netzwerkkomponenten (JCL, Scheduling, Autorisierung usw.).

- *Unterstützung und Beratung zu:*
  - Hardware und Software, Netzwerk und Datenkommunikation, Speicherung von Testdaten
  - Abschätzung der Folgen von Änderungen in der Infrastruktur
  - Zusammenstellung bzw. Erzeugung von Testplänen und Detailplänen
  - Technische Systemverwaltung und Anwendungsverwaltung
  - Sicherheit, Verwaltung der Abweichungen und Notfällen
  - Mit dem Testen verbundene Verfahren und Tools zum Konfigurationsmanagement, zur Änderungs- und Versionsverwaltung, Produktionssteuerung, Generationskontrolle usw.
  - Ermittlung der einrichtungsbezogenen Kosten und Nutzen
  - Entwicklung von Testtechniken für technische Testarten
  - Testspezifikation und Durchführung von technischen Tests
  - Mängel und Fehler in der technischen Infrastruktur

Erforderliche Kenntnisse und Fähigkeiten

Testspezifische Anforderungen

- Kenntnisse von Testphaseneinteilung und Techniken
- Umfangreiche Kenntnisse von Test-Tools

Datenverarbeitung

- Allgemeine technische Kenntnisse von Hardware, Software und Datenkommunikation
- Spezifische technische Kenntnisse der Hardware, Software und der Datenkommunikationsmittel in der für den Test relevanten Organisation
- Umfangreiche allgemeine Datenverarbeitungskenntnisse und -erfahrungen
- Kenntnisse von Methoden zum Systementwurf und der -realisierung
- Kenntnisse von Architekturen und Tools zur Systementwicklung
- Kenntnisse der Betriebsführung und der technischen Verwaltung von IT-Systemen
- Umfangreiche Kenntnisse der Verwaltung von Hardware, Software und Datenkommunikationsmitteln
- Umfangreiche Kenntnisse zu Verwaltungs-Tools

Allgemein

- Kenntnisse über den Anwendungsbereich und über die Linienorganisation
- Fähigkeit, sich schnell in (Test-)Tools einzuarbeiten
- Kenntnisse der Projektorganisation und einer projektorientierten Arbeitsweise
- Gute Kontakteigenschaften
- Gute schriftliche und mündliche Ausdrucksfähigkeit

Besondere Fähigkeiten

- Kreativität in der Analyse und der Lösung von Störungen in den technischen Ausstattungen
- Kritische Einstellung, um auf diese Weise die externen Anforderungen auf ihren richtigen Wert hin einzuschätzen
- Fähigkeit, eine Brücke zwischen technischen Lösungen und deren praktischen Einsatz zu schlagen

23.5 Die Funktion »Funktionale Unterstützung«

Die funktionale Unterstützung (FU-Funktion) leistet dem Testprozeß Hilfestellung auf funktionalem Gebiet im weitesten Sinne des Wortes. Die FU-Funktion sorgt für die Einführung sowohl der Fachkenntnisse aus dem Anwendungsbereich als auch der Kenntnisse darüber, wie die fachlichen Anforderungen funktional spezifiziert wurden. Sie hat eine unterstützende Aufgabe bei der Ausführung aller Aktivitäten, bei denen Fragen zur Funktionalität entstehen können, also sowohl für das Testmanagement beispielsweise bei der Strategiebestimmung oder beim Aufstellen der Testberichte als auch für die Tester bei der Überprüfung oder der Spezifikation von Testfällen.

Die FU-Funktion kann bei allen Aktivitäten der gesamten Testphaseneinteilung eingesetzt werden.

Mögliche Aufgaben

- *Leisten von Unterstützung und Beratung über die Funktionalität des Testobjekts bei:*
  - Strategiebestimmung und Aufwandsschätzung
  - Abstimmung und Entwurf von Testtechniken
  - Spezifizierung und Implementierung von Test-Tools
  - Testausbildungen
  - Überprüfung der Testbasis (die Systemspezifikationen)
  - Spezifizierung von Testfällen und Ausgangsdaten
  - Durchführen von Testfällen (dynamisches Testen)
  - Durchführen von Überprüfungen und Untersuchungen (statisches Testen)
  - Analyse von Testergebnissen und Abweichungen
  - Interpretation von Statistiken und Aufstellen von Testberichten

Erforderliche Kenntnisse und Fähigkeiten

Testspezifische Anforderungen

- Allgemeine Kenntnisse der Testphaseneinteilung

Datenverarbeitung

- Allgemeine Datenverarbeitungskenntnisse und -erfahrungen
- Fähigkeiten in der Interpretation der Systemspezifikationen

Allgemein

- Spezialisierte (funktionale) Kenntnisse über den Anwendungsbereich und über die Linienorganisation
- Gute Kontakteigenschaften und eine motivierende Ausstrahlung
- Ausgezeichnete schriftliche und mündliche Ausdrucksfähigkeit

Besondere Fähigkeiten

- Fähigkeit, eine Brücke zwischen funktionalen Lösungen und deren praktischen Ausführungen zu schlagen

23.6 Die Funktion »Verwaltung«

Testverwaltung ist eine verwaltungsmäßige, logistische Funktion. Die Funktion trägt die Verantwortung für die Erfassung, Speicherung und Bereitstellung aller Verwaltungsobjekte des Testprozesses. Gelegentlich ist sie von der Verwaltung selbst zu führen, in anderen Fällen von der Verwaltung einzurichten bzw. zu überprüfen.

Die Zuweisung der ausführenden Verwaltungsaufgaben hängt stark von der Umgebung und der Art des Testprozesses ab (Umfang, Projekt oder Linienorganisation, Neuentwicklung oder Aktualisierung eines vorhandenen Systems). Auch der Umfang, in dem die Verwaltungsaufgaben in der strukturellen Organisation verankert sind, ist hierbei sehr wichtig. In größeren Projekten sind die Verwaltungsobjekte wie folgt aufgeteilt:

Verwaltungsfunktion:	Stunden und Budget
	Testdokumentation
	Abweichungen und Statistiken
	Testbasis und Testobjekt (intern)
	Testware, einschließlich Dateien (erfassend)
	Unterbringung, Logistik usw.
MU-Funktion:	Erteilung von Testvorschriften
TU-Funktion:	Testware, einschließlich Dateien (physisch)
	Testbasis, in automatisierter Form (physisch)
	Versionsverwaltung Testobjekt
	Testumgebungen, Test-Tools
	Technische Arbeitsplätze

Die Verwaltungsfunktion kann bei allen Aktivitäten der Testphaseneinteilung eingesetzt werden.

Mögliche Aufgaben

- *Fortschrittsverwaltung*
  Erfassung, Kontrolle, Speicherung und Bereitstellung von Fortschrittsparametern. Stunden- und Budgeterfassung, Überprüfung von entsprechenden Freigaben von Produkten und Realisierung der Meilensteine

- *Verwaltung der Testdokumentation*
  Erfassung und Speicherung von Korrespondenz, Memos, Berichten, Richtlinien, Notizen usw.

- *Verwaltung von Abweichungen und Sammeln von Statistiken*
  Diese Aufgabe wird in enger Zusammenarbeit mit dem Vermittler ausgeführt, der die inhaltliche Verwaltung der Abweichungen und Statistiken führt.

- *Logische Verwaltung der innerhalb des Testprozesses zur Verfügung gestellten (Teile von) Testbasis und Testobjekt*
  Die Verwaltung von Testbasis und Testobjekt ist im Prinzip eine Aufgabe, die außerhalb des Testprozesses liegt. Nur das (befristet) verfügbare Material wird verwaltet.
- *Logische Verwaltung von Testware, einschließlich Dateien*
  Erfassung und Bereitstellung der Testware, einschließlich der Testdateien. Die TU-Funktion führt die physische Verwaltung aus.
- *Verwaltung der Unterkunft und Logistik*
  Operationale Testteams ändern sich äußerst häufig in ihrer Zusammenstellung und ihrem Umfang. Das erfordert eine entsprechende Verwaltung der Unterkunft und der damit verbundenen Angelegenheiten. Die Verwaltung technischer Hilfsmittel ist eine Aufgabe der TU-Funktion.
- *Überprüfung der delegierten Verwaltungsaufgaben*

Erforderliche Kenntnisse und Fähigkeiten

Testspezifische Anforderungen

- Allgemeine Kenntnisse der Testphasen

Datenverarbeitung

- Allgemeine Datenverarbeitungskenntnisse

Allgemein

- Kenntnisse der Betriebsführung und der Verwaltung von IT-Systemen
- Umfangreiche Kenntnisse von Verwaltungs-Tools
- Kenntnisse der Linienorganisation
- Gute Kontakteigenschaften
- Ausgezeichnete verwaltungsbezogene Fähigkeiten

23.7 Die Funktion »Koordination und Beratung«

Die Koordination und Beratung (K&B) ist eine Linienfunktion. Sie kommt in jenen Situationen zum Tragen, in denen das Testen ganz oder teilweise fester Bestandteil der Organisationsstruktur ist.

Die Funktion operiert als einrichtungsbezogene Einheit, die den Testprozessen im weitesten Sinne Unterstützung leistet. Sie beinhaltet eine Vielzahl von unterstützenden Aufgaben, die normalerweise in einem operationalen Testteam vorkommen. Ausdrücklich muß darauf hingewiesen werden, daß diese Funktion einrichtungsbezogen ist, also nie direkt an ein bestimmtes Testprojekt gekoppelt ist.

Da Tests mehrfach ausgeführt werden, ist es nicht empfehlenswert, für individuelle Projekte jedesmal alles neu zu erfinden. Durch ihre Aufgabe wird die K&B-Funktion automatisch unterschiedliche Fragen zum Testen gestellt bekommen. Wichtig ist, hierfür Zeit vorzusehen. Die K&B-Funktion hat in diesem Rahmen die Aufgabe, die Testexpertise und die entsprechenden Erfahrungen zu konsolidieren und den verschiedenen Testprozessen zur Verfügung zu stellen. Selbstverständlich muß die K&B-Funktion ausdrücklich bei der Aktualisierung der Testrichtlinien beteiligt sein.

Die K&B-Funktion hat ferner eine wichtige Aufgabe bei der Sammlung und Beurteilung von statistischen Daten zum Testen. Eines der wesentlichen Probleme beim Testen ist, daß die Frage, ob man genügend getestet hat, erst im nachhinein beantwortet werden kann. Damit man von vorangegangenen Projekten lernen kann, müssen Daten im Zusammenhang mit dem *Testverlauf* und dem *Verhalten in der Produktion* gesammelt, verwaltet und falls möglich entsprechend aufeinander bezogen werden. Das erlaubt bei späteren Projekten eine bessere Einschätzung der Risiken zum Zeitpunkt der Inbetriebnahme und eine bessere Planung der Testprozesse.

Falls gewünscht, überprüft die K&B-Funktion die unterschiedlichen Testpläne inhaltlich auf Planungsaspekte und auf konkurrierende Testaktivitäten in bezug auf den Einsatz der Testinfrastruktur. Erforderlichenfalls wird sie koordinierend auftreten.

Die K&B-Funktion:

- Wird von allen Seiten mit Informationen versehen, um auf dieser Grundlage Empfehlungen zu formulieren und zu informieren.
- Kann Ausbildungen organisieren, entweder selbst oder als Vermittler.
- Kann Aufgaben sowohl von der MU- als auch von der Verwaltungsfunktion auf sich nehmen.
- Arbeitet für alle Aktivitäten der Testphasen.

Mögliche Aufgaben

- *Masterplanung von Testprozessen*
  Abstimmung von konkurrierenden Testaktivitäten, sowohl innerhalb des Projektes als auch auf der Ebene der Organisation
- *Unterstützung beim Aufstellen der (Detail-)Testpläne*
  - Risikoeinschätzung und Strategiebestimmung
  - Aufstellen der Planung und des Aufwandsschätzung
  - Festlegung der Organisation und der Infrastruktur
  - Festlegung von Verfahren, Richtlinien
- *Unterstützung bei der Einrichtung der Testorganisation*
  Die Testfunktionen und Verfahren werden gemäß der im Testplan spezifizierten Struktur ausgeführt.
- *Einstellung und Beurteilung von Mitarbeitern*

- *Entwicklung und Aktualisierung von Testausbildungen*
  Für die verschiedenen Testfunktionen und Testvorschriften bedarf es entsprechender Testausbildungen. Sofern keine Standardausbildungen verfügbar sind, müssen diese entwickelt und aktualisiert werden.

- *Lehren und Coachen*
  Der Funktionsausübende tritt als Dozent oder Coach bei den Testausbildungen und der Einführung von Testvorschriften auf.

- *Vermittlung bei externen Ausbildungen*
  In Fällen, in denen die internen Testausbildungen den Bedarf nicht decken können, ist extern auszubilden. Aus Gründen der Effizienz entscheidet man sich übrigens häufig strukturell für externe Ausbildungen. K&B kann dabei eine kostensparende und koordinierende Rolle ausüben.

- *Beratung und Unterstützung beim Einsatz aller Arten von Testtechniken*
  – Strategiebestimmung
  – Testpunktanalyse
  – Detailüberprüfung Testbasis
  – Inspektion
  – Testspezifikation
  – Einsatz von Checklisten
  – ....

- *Managementberatung*
  Tritt in entsprechenden Fällen im weitesten Sinne des Wortes als Berater des Testmanagements auf.

- *Sammlung und Auswertung von statistischen Daten über das Testen*
  In den betrieblichen Testprozessen entstehen Informationen über den Verlauf der Testaktivitäten und die Qualität der Testobjekte. Diese Informationen werden gesammelt, aufbereitet und zur Verfügung gestellt.

- *Vermittlung beim Hinzuziehen von Sachkenntnissen*
  Durch das gemeinsame Vorgehen entsteht Einblick in die Verfügbarkeit, die Qualität und die Kosten der extern anzuwerbenden Testsachkenntnisse.

Erforderliche Kenntnisse und Fähigkeiten

Testspezifische Anforderungen

- Umfangreiche, spezialisierte Erfahrungen beim Einsatz von Testphasenmodell und Techniken

- Erfahrungen im Testmanagement und in unterstützenden Funktionen

- Allgemeine Kenntnisse über Test-Tools

Datenverarbeitung

- Umfangreiche Datenverarbeitungskenntnisse und -erfahrungen
- Spezialisierte Kenntnisse und Erfahrungen in Systementwurf und -realisierung
- Kenntnisse von Architekturen und Tools zur Systementwicklung
- Allgemeine Kenntnisse über Hardware, Software und Datenkommunikationsmittel

Allgemein

- Kenntnisse über den Anwendungsbereich und über die Linienorganisation
- Kenntnisse der Projektorganisation und einer projektorientierten Arbeitsweise
- Kreativität, Genauigkeit und die Fähigkeit, strikt methodisch zu arbeiten
- Ausgezeichnete Kontakteigenschaften und eine motivierende Ausstrahlung
- Ausgezeichnete schriftliche und mündliche Ausdrucksfähigkeit

Besondere Fähigkeiten

- Die Bedeutung des Qualitätsmanagements und des Testens auf überzeugende, enthusiastische Weise auf andere zu übertragen und für eine eventuelle Verbesserung der jeweiligen Test(-durchführung) zu sorgen
- Umfangreiche Fähigkeiten wie Verhandlungstechniken, Konfliktbewältigung, Präsentations-, Berichterstattungs- und Versammlungstechniken
- Fähigkeiten, eine Brücke zwischen akademischen und technischen Lösungen zu schlagen und die Lösungen entsprechend einzusetzen

23.8 Die Funktion »Anwendungsintegrator«

Der Anwendungsintegrator (AI) ist für die Integration der einzelnen Elemente (Programmteile, Objekte, Module, Komponenten usw.) zu einem korrekt funktionierenden System verantwortlich. Der AI berichtet dem Projektleiter für Entwicklung gemäß dem Integrationstestplan über die Qualität des Testobjekts und den Fortschritt des Integrationsprozesses.

Zur Vermeidung einer Interessenvermischung sollte der AI vorzugsweise nicht gleichzeitig die Rolle des Entwerfers oder des Projektleiters für die Entwicklung innehaben. Damit wird bewußt ein Spannungsfeld zwischen dem AI, der für die Qualität verantwortlich ist, und dem Projektleiter für Entwicklung geschaffen, der insbesondere auf Aspekte wie die realisierte Funktionalität, Durchlaufzeit und das hierfür benötigte Budget beurteilt wird.

Der AI hat vorzugsweise eigene Erfahrungen als Entwickler. Im Vergleich zu einem Black-Box-Tester benötigt der AI sehr viel mehr Kenntnisse vom internen Funktionieren des Systems, und er ist besser dazu in der Lage, die Ursache eines Fehlers zu finden. Im Vergleich zu den anderen Entwicklern verfügt der AI über mehr Testwissen und -bewußtsein und hat einen Überblick über das gesamte System.

Damit der AI seine Arbeit gut erledigen kann, sind gute Kontakte mit den Entwicklern sehr wichtig. Außerdem ist der AI der erste Ansprechpartner für spätere Teststufen.

Mögliche Aufgaben

- Erstellung, Erhalt von Genehmigung und Wartung des Integrationstestplans
- Erstellung von Eingangskriterien, denen die einzelnen Programmteile, Objekte, Module, Komponenten usw. entsprechen müssen, um in den Integrationsprozeß aufgenommen zu werden
- Erstellung von Ausgangskriterien, denen ein integrierter Teil des Systems entsprechen muß, um für eine nächste Phase freigegeben werden zu können
- Hilfeleistung für und Unterstützung der Programmierer bei der Durchführung von Modultests
- Integration der einzelnen Programmteile, Objekte, Module, Komponenten usw. zu Benutzerfunktionen oder (Teil-)Systemen
- Durchführung des Integrationstestplans innerhalb der Planung und des Budgets
- Ausführen (oder Ausführenlassen) von Konfigurations- und Versionsmanagement
- Ausführen (oder Ausführenlassen) einer internen Dokumentation der Abweichungen
- Funktion als Vermittler für die Organisation des Auftraggebers in bezug auf spätere Teststufen
- Berichterstattung über den Fortschritt des Integrationsprozesses sowie die Qualität des Testobjekts
- Erstellung einer Freigabeempfehlung
- Bewertung des Integrationsprozesses

Erforderliche Kenntnisse und Fähigkeiten

Testspezifisch

- Erfahrung im Einsatz von Testphasenmodell und -techniken
- Erfahrung als Teamleiter, Vermittler und in unterstützenden Funktionen

Automatisierung

- Kenntnis der Systementwicklungsmethode
- Kenntnis der Architektur und der Tools für Systementwicklung
- Kenntnis von Hard- und Software sowie Datenkommunikationsmitteln

Allgemein

- Allgemeine Kenntnis der Fachmaterie und der Linienorganisation
- Gute Kontakteigenschaften und eine motivierende Ausstrahlung
- Guter schriftlicher und mündlicher Ausdrucksfähigkeit

Besondere Fähigkeiten

- Kritische Einstellung und dadurch die Fähigkeit, Argumente auf ihren richtigen Wert hin einzuschätzen
- Diplomatisch, streßbeständig und kritikverträglich
- Ausreichende Erfahrungen in der Fehleranalyse

23.9 Die Funktion »TAKT-Architekt«

Ein automatisiertes Testverfahren (Testsuite) besteht aus der Kombination von Test-Tools, Testfällen, -skripten und festgelegten Ergebnissen. Der TAKT-Architekt ist für die Qualität der Automatisierung des Testverfahrens als Ganzes und für das Erreichen der mit diesem Testverfahren verbundenen Automatisierungsziele verantwortlich. Die Funktion schafft eine Verbindung von den durchzusetzenden Zielen, dem benutzten Testkonzept sowie den Merkmalen des Testobjekts zu einer Architektur für das automatisierte Testverfahren. Besondere Aufmerksamkeit gilt dem Entwurf und der Realisierung der Testsuite.

Mögliche Aufgaben

- Ausführen eines Quick-Scans für einen Testautomatisierungsvorgang
- Erstellung, Erhalt von Genehmigung und Wartung des Vorgehenskonzepts »Realisierung« des Testverfahrens
- Entwurf der Testsuite
- Leitung über Entwurf und Realisierung der Testsuite
- Berichterstattung über Fortschritt und Qualität des Realisierungsprozesses der Testsuite
- Betreuung oder Ausführung eines Auswahlverfahrens für ein Test-Tool
- Training der Endanwender im Einsatz eines automatisierten Testverfahrens

Erforderliche Kenntnisse und Fähigkeiten

Testspezifisch

- Erfahrung im Einsatz von Testphasenmodell und -techniken
- Erfahrung als Teamleiter

- Sehr umfangreiche Kenntnisse der (Möglichkeiten der) Test-Tools für die Durchführung des Tests
- Erfahrung bei der Automatisierung des Testprozesses

Automatisierung

- Gute Kenntnis der Systementwicklungsmethoden
- Kenntnis der Architektur und Tools für die Systementwicklung
- Kenntnis der Hard- und Software und der Datenkommunikationsmittel
- Kenntnis des strukturierten Programmierens

Allgemein

- Gute Kontakteigenschaften und eine motivierende Ausstrahlung
- Guter schriftlicher und mündlicher Ausdruck
- Gutes konzeptuelles und analytisches Denken
- Kreativität und Genauigkeit
- Fähigkeit, sich Test-Tools schnell zu eigen zu machen

Besondere Fähigkeiten

- Kritische Einstellung und dadurch die Fähigkeit, Argumente auf ihren richtigen Wert hin einzuschätzen

23.10 Die Funktion »TAKT-Ingenieur«

Der TAKT-Ingenieur ist für den technischen Aspekt der automatisierten Testsuite verantwortlich. Er setzt den Entwurf der Testsuite auf die zu realisierenden Module innerhalb des Test-Tools um. Der TAKT-Ingenieur realisiert im Rahmen der bestehenden und der neuen Test-Tools die Testsuite. Entsprechend der vom TAKT-Architekten angegebenen Anweisungen führt der TAKT-Ingenieur den Feinentwurf, die Realisierung und Einführung der Testsuite aus.

Mögliche Aufgaben

- Eine Testsuite realisieren, testen, verwalten und warten
- Unterstützung beim Entwurf einer Testsuite leisten

Erforderliche Kenntnisse und Fähigkeiten

Testspezifisch

- Erfahrung im Einsatz von Testphasenmodell und -techniken
- Kenntnisse der (Möglichkeiten der) Test-Tools für die Durchführung des Tests
- Erfahrung bei der Automatisierung des Testprozesses

Automatisierung

- Kenntnis der Systementwicklungsmethoden
- Kenntnis der Architektur und Tools für die Systementwicklung
- Kenntnis der Hard- und Software und der Datenkommunikationsmittel
- Erfahrung im strukturierten Programmieren (vorzugsweise in der Programmiersprache des Tools)

Allgemein

- Gutes konzeptuelles und analytisches Denken
- Kreativität und Genauigkeit
- Fähigkeit, sich Test-Tools schnell zu eigen zu machen

Besondere Fähigkeiten

- Kritische Einstellung und dadurch die Fähigkeit, Argumente auf ihren richtigen Wert hin einzuschätzen

24 Organisationsstruktur

24.1 Einleitung

Das Zusammenspiel verschiedener Funktionen in einer Organisation, beispielsweise Verkauf, Produktion oder Versand, bestimmt, in welchem Umfang den Zielsetzungen entsprochen werden kann. Die Informationsverarbeitung ist ebenfalls eine dieser Funktionen. Testen besteht aus einer Sammlung von Aktivitäten innerhalb dieser Informationsverarbeitung, genauso wie die Erstellung der funktionalen Systemspezifikationen, das Beheben einer Störung im Netzwerk oder die Eingabe von Name-Adresse-Wohnort-Daten (NAW- oder Adreßdaten) eines neuen Kunden. Für alle diese Aktivitäten gelten Richtlinien und Verfahren, und solange diese ausreichend zum Erfolg der Organisation beitragen, werden sie als Rädchen im großen Räderwerk ausgeführt. Dafür sind Personen, Mittel, Methoden und Techniken zur Verfügung zu stellen. Diese Mischung erfordert eine Struktur, einen Rahmen, in dem sich der Testprozeß abspielt. Die Struktur muß jedoch mehr sein als nur die Summe der Funktionen. Das Stichwort ist *Synergie*, Zusammenarbeit, wenn es geht, soll dabei »2 + 2 = 5« herauskommen. Die Organisationsstruktur muß eine Einheit bilden, innerhalb der die Beziehungen zwischen den verschiedenen Teilen von primärer Bedeutung sind. In diesem Zusammenhang ist es sehr wichtig zu wissen, daß sich die ganze Organisationsstruktur ändert, wenn sich auch nur ein Teil von ihr verändert. Das erfordert viel Aufmerksamkeit bei einer Aufgabe, die ein großes Engagement aus vielen Bereichen benötigt und extrem von sich häufig ändernden Verhältnissen abhängig ist.

Dieses Kapitel befaßt sich mit der Organisationsstruktur des Testens innerhalb *einer einzigen* Organisation. Die Betonung liegt auf *einer einzigen*, denn gäbe es die *allgemeingültige* Organisation, so wären wir schnell fertig. Wahrscheinlich wäre dieses Buch auch nicht geschrieben worden, denn das Testen wäre dann aufgrund eines strukturellen Mangels an Fehlern überflüssig. Es ist jedoch möglich, einige Modelle für die Organisationsstruktur der Testprozesse darzustellen. Abhängig von verschiedenen Parametern kann dann die optimale Organisation für das Testen realisiert werden, sowohl auf strategischer als auch auf taktischer und auf operationaler Ebene, sowohl in der Linienorganisation als auch im Projektzusammenhang.

In diesem Kapitel werden einige Überlegungen im Zusammenhang mit der Entscheidung für eine bestimmte Organisationsstruktur des Testens angestellt. Diese Überlegungen können Unterstützung bei einigen Kernbereichen des Pfeilers »Organisation« bieten: Engagement und Motivation, Testfunktionen und Ausbildungen, Reichweite der Methodik und Kommunikation.

24.2 Strategisch

Auf strategischer Ebene müssen in der Organisation die Qualitätsziele festgelegt sowie die Möglichkeiten angegeben werden, anhand derer sie verwirklicht werden sollen. Die entsprechende Umsetzung, das Qualitätsmanagement, bildet die Grundlage für die Einrichtung bzw. Optimierung des Testprozesses und die Möglichkeiten, die dazu zur Verfügung stehen.

Das Testen muß in einem größeren Rahmen organisiert werden. Es muß in das Qualitätssystem, die Organisationsstruktur und Einrichtungen passen, um ein gutes Qualitätsmanagement auszuführen. Qualitätskontrolle ist ein Mittel der Qualitätssicherung (quality assurance), der Gesamtheit an Aktionen, um den Qualitätsanforderungen zu entsprechen. Ein Teil des Kontrollmechanismus ist das Testen, das sich vor allem auf die Endprodukte der Systementwicklung konzentriert. Bei der Einrichtung der Testorganisation ist es wichtig, diese starke Beziehung immer deutlich vor Augen zu haben.

24.3 Taktisch

Wie jeder andere Prozeß innerhalb der Informationsverarbeitung erfordert das Testen Vorschriften sowie Überprüfungen der Anwendung und der Anwendbarkeit dieser Vorschriften. Sie geben an, innerhalb welcher Randbedingungen und Richtlinien die Personen, Mittel und Methoden eingesetzt werden müssen, um die strategisch bestimmten Zielsetzungen zu erreichen. Sie beschreiben, auf welche Weise innerhalb der Organisation das Phasenmodell, die Techniken, die Infrastruktur und die Organisation einzusetzen sind.

Die Funktionen Vorschriften und Überprüfung sind auf taktischer Ebene innerhalb der Organisation zu verankern. Einerseits müssen unwillkommene Vermischungen mit den betriebsbereiten Testprozessen vermieden werden, andererseits muß eine gute Abstimmung mit den Erfahrungen und Ergebnissen in der Praxis gewährleistet sein. Es handelt sich also hierbei um typische leitende Funktionen. Aus Gründen der Funktionstrennung wird die Kontrollfunktion vorzugsweise separat von der Funktion der Vorschrifterteilung gehalten.

24.4 Operational

Die Funktionen im operationalen Testprozeß sind in etliche bedingungsschaffende und reine Ausführungsfunktionen unterteilt. Bedingungsschaffend sind beispielsweise die unterstützenden Funktionen im methodischen, technischen und funktionalen Bereich. Testen und Testmanagement sind typische Ausführungsfunktionen. Die Testaktivitäten werden in einer Matrixorganisation ausgeführt, zum Teil im Projekt und teilweise in einer höheren Organisationsstruktur (Linie).

Aus der Sichtweise der Prozeßverwaltung ist die reine Projektorganisation das Ideal eines jeden Testmanagers. Testen erfordert eine Mischung aus Kenntnis der Anwendung, des IT-Systems, der Infrastruktur und der Test-Tools und selbstverständlich des Testens. Es ist eine Herausforderung für das Testmanagement, diese Bereiche in ausreichendem Maße, auf dem erforderlichen Niveau und zum richtigen Zeitpunkt zur Verfügung zu haben. Das ist schwierig, wenn nicht sogar unmöglich! Daher entscheidet man sich häufig für eine Sonder-(Projekt-)Organisationsform. Die Aktivitäten werden dann mehr oder weniger isoliert vom Projektzusammenhang ausgeführt, mit Nachdruck und abhängig von den Linienfunktionen unterstützt. Das erfordert viel Organisationstalent und Taktgefühl von allen Parteien. Die Interessen und Verantwortlichkeiten des Projekts und der Linienorganisation befinden sich nur all zu häufig miteinander im Konflikt. Das liegt in der Natur des Testprozesses, und das Testmanagement muß dem genügend Aufmerksamkeit widmen. Da nämlich für oder im Auftrag der Linienabteilung getestet wird, liegen auch hier die Belange des Testmanagements. Es besteht keine Art Grenze, an der der Testprozeß vom Projekt auf die Linie überwechselt, sondern dieser Prozeß erfolgt nach und nach; das Testen auf Akzeptanz (Abnahme) beispielsweise impliziert häufig die Einführung des Testprozesses in die Verwaltungsorganisation.

Die Wartungstests von operationalen Systemen werden meistens in der Linie durchgeführt. Es liegt dann eine strukturelle Organisation für das Testen vor, die sowohl Ad-hoc-Tests als auch die etwas besser planbaren Testaktivitäten durchführt. Alle Testfunktionen sind dann Linienfunktionen, die häufig in Kombination mit Funktionen wie dem Systemadministrator, Wartungsprogrammierer oder Helpdesk-Mitarbeiter ausgeführt werden. Für umfangreichere Aktualisierungsfreigaben wird in vielen Fällen jedoch ein Testprojekt eingerichtet, das sich dann die entsprechenden Informationen bei der Linie »borgt«. Das erfordert gute Vereinbarungen und eine straffe Organisation. Letztendlich besteht das Problem in der Verfügbarkeit (oder Nichtverfügbarkeit) der Mitarbeiter und der Testinfrastruktur für das Testobjekt. Das Projekt muß dann einen Konkurrenzkampf eingehen, bei dem der Gewinner von vornherein feststeht: die Produktion, denn die geht schließlich immer vor!

24.5 Anmerkung

In diesem Kapitel sind die Bausteine für die Organisationsstruktur rund um einen Testprozeß *allgemein* beschrieben. Dabei dient die Organisationsstruktur für einen High-Level-Test als Bezugsmodell. Nur in wenigen Situationen werden alle aufgenommenen Bausteine in der vorgestellten Form und in dem Umfang verwendet werden. Abhängig von beispielsweise der Teststufe, dem Umfang des Testobjekts und der Typologie der Organisation wird die optimale Mischung von Testfunktionen, Personal und Verwaltungsmitteln geschaffen. Für eine verantwortungsvolle Durchführung von High-Level-Tests (System- oder Abnahmetest) ist in vielen Fällen ein großer Teil der angegebenen Komponenten erforderlich. Für die Low-Level-Tests reicht meistens eine abgeleitete Form oder ein Teil davon. Die breite Skala an Bausteinen bietet dem Testpersonal die Möglichkeit, sorgfältig auszuwählen und auf diese Weise eine optimale Einrichtung der Organisation zu schaffen, sowohl für die High-Level- als auch für die Low-Level-Tests. Wie bei jeder Auswahl gilt auch hier das Risiko von zuviel oder zuwenig: Auf der einen Seite ist darauf zu achten, daß nicht ein Zuviel und ein Übermaß an Bürokratie entsteht, andererseits jedoch darf auch keine Unkontrollierbarkeit aufkommen. Primär muß die Devise gelten: die Organisation eines schnellen, guten Tests zu den geringstmöglichen Kosten!

24.6 Universelle Organisationsstruktur?

Es ist unmöglich, eine einzige Organisationsstruktur für das Testen festzulegen. Bei einem operationalen Testprozeß genießt die Projektorganisation den Vorzug, bei den bedingungsschaffenden Funktionen die Linienorganisation. Im allgemeinen gilt, daß die Struktur der Testorganisation gleich der des dazugehörigen Prozesses der Systementwicklung sein muß.

Des weiteren existiert eine Vielzahl an Faktoren, die alle ihren eigenen Einfluß auf die Wahl der Organisationsstruktur ausüben. Es ist unmöglich, hier absolute Entscheidungen pro Parameter zu treffen, da die gegenseitige Gewichtung der Einflußfaktoren die zu schaffende Organisationsstruktur bestimmt. Im folgenden sind die wesentlichsten Einflußfaktoren *(mit vorsichtigen Präferenzen)* aufgezählt:

Teststufe und Testart

Handelt es sich um einen Low-Level- oder um einen High-Level-Test, um einen System- oder Abnahmetest, einen Funktionalitäts- oder Leistungstest?
Vorzug außer bei den Low-Level-Tests: Projektorganisation

Neuentwicklung oder Wartung

Ist einsetzbare Testware vorhanden, oder muß ein komplett neues Set an Testware aufgebaut werden? Liegt eine starke Beziehung mit dem primären Prozeß der Organisation vor?
Vorzug für alle planbaren Aufgaben: Projektorganisation

Anwenderbeteiligung

Führt die Anwenderorganisation selbst den Abnahmetest aus, oder ist man kaum beteiligt; nimmt das Rechenzentrum oder die funktionale Verwaltung teil?
Vorzug für eine optimale Beteiligung: Projektorganisation

Organisation des Entwicklungsprozesses

Wird in einer Projekt- oder einer Linienorganisation, intern oder extern, zu festen Kosten oder auf der Grundlage von Aufwandsberechnungen entwickelt?
Einrichtung der Testorganisation entsprechend der des Entwicklungsprozesses

Typologie und Umfang der Organisation

Wie wichtig ist die Information für die Organisation? Geht man pragmatisch oder dogmatisch vor? Wie viele Bereiche und Mitarbeiter sind beim Testprozeß beteiligt? Wie

(schnell) verlaufen im allgemeinen Entscheidungsprozesse? Welche Befugnisse erhält ein Testteam?
Einrichtung der Testorganisation soweit wie möglich gemäß dem, was in der Organisation üblich ist; Vorzug dennoch: Projektorganisation

»State of the Art« der Software-Entwicklung in der Organisation

Verfügt man (bereits) über formale Methoden und Techniken, Arbeitsplatzrechner, Architekturen, firmeneigene Datenverwaltung?
Ein hoher Formalisierungsgrad macht die Organisationsstruktur weniger wichtig.

Umfang und Komplexität des Testobjekts

Anzahl Funktionspunkte bzw. Testpunkte, Anzahl der externen Schnittstellen; Unterschiedlichkeit von Komponenten (beispielsweise Software, Hardware, Netzwerke, Dokumentation, Geschäftsprozeß-Verfahren, Organisation), Durchlaufzeit in bezug zum Testaufwand; Anzahl der Entwickler; Anzahl der Tester?
Einrichtung der Testorganisation gemäß der des Entwicklungsprozesses

24.7 Modelle und Überlegungen

24.7.1 Operationales Testteam

Die operationalen Testfunktionen können zu einer Struktur zusammengefügt werden, mit der ein Testprozeß mehr oder weniger selbständig ausgeführt werden kann. Das kann sowohl in einer Linien-, in einer Projektorganisation als auch in einer Mischung der beiden Organisationsformen erfolgen.

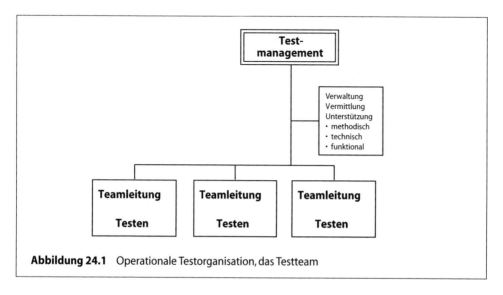

Abbildung 24.1 Operationale Testorganisation, das Testteam

Meistens ist ein Testteam in einer Projektorganisation aktiv und darin mehr oder weniger unabhängig. Das Testteam hat seine eigenen unterstützenden Funktionen und arbeitet wie ein Projekt in einem Projekt.

24.7.2 Beziehung zur Projektorganisation

Das Projektmanagement ist für die Erfüllung der Randbedingungen für den Testprozeß verantwortlich, beispielsweise die rechtzeitige Bereitstellung von Personal, von Mitteln sowie Planungen und Testbasis. Selbstverständlich können viele dieser Organisationsaufgaben dem Testmanagement überlassen werden. Die Beziehungen zum Auftraggeber und zur Lenkungsgruppe werden vom Projektmanagement unterhalten. Meistens wird das Projektmanagement wöchentlich über den Fortschritt und die Qualität in Kenntnis gesetzt.

Auf Wunsch wird manchmal periodisch oder bei Beendigung des Tests direkt eine Empfehlung für die Lenkungsgruppe bzw. den Auftraggeber im Zusammenhang mit der Qualität formuliert. *Abnahmetestmanagern wird in diesem Fall geraten, für eine periodische unmittelbare Berichterstattung an die Lenkungsgruppe bzw. den Auftraggeber zu sorgen.*

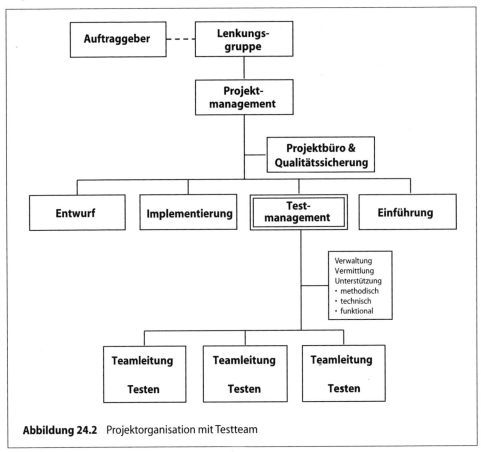

Abbildung 24.2 Projektorganisation mit Testteam

In Abbildung 24.2 ist die Organisation des Testteams für einen High-Level-Test dargestellt. Meistens ist das Abnahmetestteam in der hier dargestellten Weise in die Projektorganisation und das Systemtestteam in das Implementierungsteam aufgenommen. Bei größeren Projekten sind manchmal zwei oder mehr Testteams vorhanden, beispielsweise eines für den Systemtest, eines für den Funktions-Abnahmetest und eines für den Produktions-Abnahmetest. Wenn man sich für einen sogenannten »integrierten System- und Abnahmetest« entschieden hat, gibt es nur ein Team. Die Low-Level-Tests werden innerhalb des Implementierungsteams organisiert.

24.7.3 Bezug zur Linienorganisation

Die bedingungsschaffenden Funktionen sind meistens als separate Disziplin oder als Teil eines größeren Zusammenhangs in die Linienorganisation eingebettet. Manche operationale Testfunktionen, wie die methodische, technische und funktionale Unterstützung und Verwaltung, eignen sich auch für eine vollständige oder teilweise Trennung von den operationalen Testprozessen.

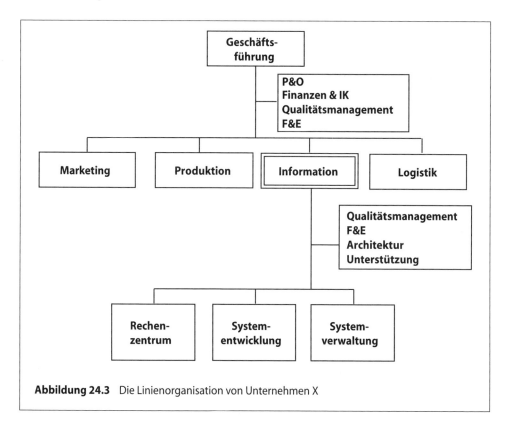

Abbildung 24.3 Die Linienorganisation von Unternehmen X

Anhand von Abbildung 24.3 wird dargestellt, wo in der Linienorganisation eines imaginären Unternehmens X die bedingungsschaffenden Funktionen eventuell eingesetzt werden können:

Erteilung der Testvorschrift

a. Im Qualitätsmanagement auf Betriebsebene, aufgrund des übergreifenden Belangs für alle Betriebszweige
b. Im Qualitätsmanagement bei der Leitung der Informationsverarbeitung übergreifend über die drei Abteilungen
c. Als Element des Managements für Informationsverarbeitung

Kontrolle

a. Als Teilfunktion der Erteilung der Testvorschrift
b. In IK (Interne Kontrolle) auf Betriebsebene
c. Als leitende Funktion bei Informationsverarbeitung

Koordinierung und Beratung

a. Als leitende Funktion auf Betriebsebene
b. Als leitende Funktion bei Informationsverarbeitung
c. Als Unterstützungsabteilung in einer (oder mehreren) Linienabteilungen in der Informationsverarbeitung (Trennung zwischen infrastrukturellen, entwicklungsbezogenen und funktionalen Aspekten)
d. Als selbständige Linienfunktion unter Informationsverarbeitung
Innerhalb der Informationsfunktion kann die Funktion für Koordination und Beratung eventuell mit der Funktion Testverwaltung kombiniert werden.

Testverwaltung

a. Als leitende Funktion von Informationsverarbeitung
b. Als Unterstützungsabteilung in einer (oder mehreren) Linienabteilungen in der Informationsverarbeitung (Trennung zwischen infrastrukturellen, entwicklungsbezogenen und funktionalen Aspekten)
c. Als selbständige Linienfunktion unter Informationsverarbeitung
Innerhalb der Informationsfunktion kann die Funktion Testverwaltung eventuell mit der Funktion für Koordination und Beratung kombiniert werden.

Wie bereits früher in diesem Kapitel erläutert wurde, ist die Wahl der Einrichtung der Organisation stark von einigen Faktoren abhängig. Es gibt keine Standardorganisation. Dennoch ist hier aufgrund von Erfahrungen und dem Umfang der Abteilung für Information (angegeben durch die Anzahl der Mitarbeiter) eine grobe Schätzung aufgenommen:

Umfang	Testvorschrifterteilung	Kontrolle	K&B	Testverwaltung
<25	c	a	b	a
<100	b	a/c	b	b/c
>=100	a	b	a/d	b/c

In Situationen, in denen das Testen nicht im Projektverband, sondern in der Linie stattfindet, werden die operationalen Testaufgaben im allgemeinen an mehreren Stellen ausgeführt:

Rechenzentrum:	Produktions-Abnahmetest
Systementwicklung:	Low-Level-Tests und Systemtest
Systemverwaltung/Anwenderorganisation:	(Funktions-)Abnahmetest

Es empfiehlt sich, in diesen Situationen eine adäquate Koordination und Verwaltung der Testprozesse zu schaffen und die Testaktivitäten zumindest in einem Mastertestplan abzustimmen.

Literaturverzeichnis

[Albrecht, 1984] Albrecht, A. J.: *AD/M productivity measurement and estimate validation.* IBM Guideline, 1984. [Basili u.a., 1984] Basili, V. R. und D. Weiss: *A Methodology for Collecting Valid Software Engineering Data.* In: IEEE Trans. on Software Engineering, Vol. SE-10, No. 3, Nov. 1984.

[Beizer, 1990] Beizer, B.: *Software Testing Techniques.* International Thomson Computer Press, 1990, ISBN 1-850-32880-3.

[Bender, 1996] Bender, R.: *SEI/CMM Proposed Software Evaluation and Test KPA.* STAR 1996.

Boehm, 1979] Boehm, B. W.: *Software Engineering Economics.* Prentice Hall, Englewood Cliffs, 1979.

[Boeters und Noorman, 1997] Boeters, A. und B. Noorman: *Kwaliteit op maat.* Kluwer Bedrijfsinformatie, 1997, ISBN 90-267-2579-5 (niederländisch).

[Burns und Stalker, 1995] Burns, T. und G. M. Stalker: *The Management of Innovation.* Oxford University Press, 1995, ISBN 0-19-828878-6.

[Burnstein u.a., 1996] Burnstein, I., T. Suwannasart und C. R. Carlson: *Developing a Testing Maturity Model: Part I and II.* Ilinois Institute of Technology, 1996.

[Deming, 1992] Deming, W. Edwards: *Out of the crisis.* University of Cambridge, 1992, ISBN 0-521-30553-5.

[Emam u.a., 1998] Emam, K. El und J. Drouin (Hrsg.): *Spice: The Theory and Practice of Software Process Improvement and Capability Determination.* IEEE Computer Society, 1998, ISBN 0-81867-798-8.

[Ericson u.a., 1996] Ericson, T., A. Subotic und S. Ursing: *Towards a Test Improvement Model.* EuroSTAR 1996.

[Fagan, 1986] Fagan, M. E.: *Advances in Software Inspections.* In: IEEE Transactions on Software Engineering, July 1986.

[Gelperin, 1996] Gelperin, D.: *A Testability Maturity Model.* STAR 1996.

[Grady u.a., 1987] Grady, R. B., L. Caswell, Deborah: *Software Metrics: Establising a Company-Wide Program.* Prentice Hall, Englewood Cliffs, 1987, ISBN 0-13-821844-7.

[Graham u.a., 1996] Graham, D., P. Herzlich und C. Morelli: *Computer Aided Software Testing, The CAST-report.* Cambridge Market Intelligence Limited, 1996, ISBN 1-897977-74-3.

[Hall, 1995] Hall, T. J.: *The Quality Systems Manual : The Definitive Guide to the ISO 9000 Family and Tickit.* John Wiley & Sons, 1995, ISBN 0-471-95588-4.

[Hetzel, 1993] Hetzel, W.: *Making Software Measurement Work.* Wiley-QED, 1993, ISBN 0-471-56568-7.

[Horch, 1996] Horch, J. W.: *Practical Guide to Software Quality Management*. Artech House Publishers, 1996, ISBN 0-89006-865-8.

[Humphrey, 1989] Humphrey, W. S.: *Managing the Software Process*. Addison-Wesley, 1989, ISBN 0-201-18095-2.

[IEEE, 1994a] IEEE (The Institute of Electrical and Electronic Engineers): *Standard for Software Test Documentation*. Secretary IEEE Standards Board, New York, 1994.

[IEEE, 1994b] IEEE (The Institute of Electrical and Electronic Engineers): *Standard for Software Unit Testing*. Secretary IEEE Standards Board, New York, 1994.

[IFPUG, 1994] IFPUG (International Function Point User Group): Function Point Counting Practices, release 4.0, IFPUG, 1994.

[SO/IEC FCD, 1998] ISO/IEC FCD 9126-1: *Software quality characteristics and metrics – Part 1: Quality characteristics and sub-characteristics*. International Organization of Standardization, 1998.

[ISO/IEC PDTR, 1998] ISO/IEC PDTR 9126-2: *Software quality characteristics and metrics – Part 2: External metrics*. International Organization of Standardization, 1998.

[Jarvis und Crandell, 1997] Jarvis, A. und V. Crandell: *Inroads to Software Quality*. Prentice Hall, Englewood Cliffs, 1997, ISBN 0-13-238403-5.

[Juran, 1998] Juran, J. M.: *Juran's Quality Control Handbook*. McGraw-Hill, 1998, ISBN 0-070-33176-6.

[Kaner u.a., 1993] Kaner, C., J. Falk und H.Q. Nguyen: *Testing Computer Software*. (2e ed.), International Thomson Computer Press, 1993, ISBN 1-85032-847-1.

[Kirakowski und Corbett, 1993] Kirakowski, J. und M. Corbett: *SUMI: the Software Inpasbaarheid Measurement Inventory*. In: British Journal of Educational Technology, Vol. 24, No. 3, 1993.

[Kit, 1995] Kit, E.: *Software testing in the real world*. Addison-Wesley, 1995, ISBN 0-201-87756-2.

[Kuvaja u.a., 1994] Kuvaja, P. u.a.: *Software process assessment and improvement: the Bootstrap approach*. Blackwell,1994.

[Liggesmeyer, 1990] Liggesmeyer, P.: *Modultest und Modulverifikation – State of the Art*. BI-Wissenschafts-Verlag, Mannheim, 1990, ISBN 3-411-14361-4.

[Macfarlane und Warden, 1996] Macfarlane, I. J. und R. Warden: *Testing an IT Service for Operational Use*. HMSO Publications Centre, 1996, ISBN 0-11-330560-5.

[McCabe, 1976] McCabe, T. J.: *A complexity metric*. IEEE Transactions on Software Engineering, Vol. 2, IEEE Press, 1976.

[McFeeley, 1996] McFeeley, Bob: *IDEALsm: a user's guide for Software Process Improvement*. Software Engineering Institute, 1996.

[Mosley, 1993] Mosley, D. J.: *The Handbook of MIS Application Software Testing*. Yourdon, 1993, ISBN 0-13-907007-9.

[Myers, 1979] Myers, G. J.: *The Art of Software Testing*. Wiley-Interscience, New York, 1979, ISBN 0-471-04328-1.

[NEFPUG, 1991] NEFPUG (Vereniging van Nederlands Functie Punt Gebruikers): *Definities en telrichtlijnen voor de toepassing van functiepuntanalyse.* NEFPUG, Amsterdam, 1991 (niederländisch).

[NESMA, 1996] NESMA (Nederlandse Software Metrics Associatie): *Definities en telrichtlijnen voor de toepassing van functiepuntanalyse.* Versie 2.0, NESMA, Amsterdam, 1996.

[Ottevanger, 1998] Ottevanger, I. B.: *Test factory (TSite®): A next step in structured testing.* In: Proceedings EuroSTAR Conference, Munich, 1998.

[Ovum, 1998] Ovum: *Ovum evaluates: Software Testing Tools.* Ovum Ltd, 1998.

[Paulk, 1999] Paulk, M. C.: *Using the Software CMM with good judgement.* In: Software Quality Professional, 1999.

[Perry und Rice, 1997] Perry, W. E. und R. W. Rice: *Surviving the Challenges of Software Testing.* Dorset House Publishing, 1997, ISBN 0-932633-38-2.

[Pol u.a., 1995] Pol, M., R. Teunissen und E. van Veenendaal: *Testen volgens TMap.* Tutein Nolthenius, 's Hertogenbosch, 1995, ISBN 90-72194-33-0 (niederländisch).

[Pol u.a., 1996] Pol, M., R. Teunissen und E. van Veenendaal: *Gestructureerd testen: een introductie tot TMap.* Tutein Nolthenius, 's Hertogenbosch, 1996, ISBN 90-72194-45-4 (niederländisch).

[Pulford u.a., 1995] Pulford, K., A. Kuntzmann-Combelles und S. Shirlaw: *A quantitative approach to Software Management, the ami Handbook.* Addison-Wesley, 1995, ISBN 0-201-87746-5.

[Riedemann, 1997] Riedemann, E .H.: *Testmethoden für sequentielle und nebenläufige Software-Systeme.* Teubner Verlag Stuttgart, 1997, ISBN 3-519-02274-5.

[Robbins, 1992] Robbins, S. P.: *Gedrag in Organisaties.* Prentice Hall/Academic Service, 1992, ISBN 90-4261-062-2 (niederländisch).

[Schaefer, 1996] Schaefer, H.: *Surviving under time and budget pressure.* In: Proceedings EuroSTAR Conference, Amsterdam, 1996.

[Schimmel, 1989] Schimmel, H. P. (Hrsg.): *Interprogram Funktie Punt Analyse (IFPA).* Samson Uitgeverij, 1989 (niederländisch).

[SIGIST, 1998] SIGIST (Specialist Interest Group in Software Testing): *Working draft: Glossary of terms used in software testing, version 6.2.* British Computer Society, 1998.

[SEI, 1995] Software Engineering Institute, Carnegie Mellon University: *The Capability Maturity Model.* Addison-Wesley, 1995, ISBN 0-201-54664-7.

[van Solingen und Berghout, 1999] Solingen, R. van, und E. Berghout: *The Goal-Question-Metric method: a practical handguide.* McGraw-Hill Book Company, New York, 1999, ISBN 0-07-709453-7

[Trienekens und van Veenendaal, 1997] Trienekens, J. und E. van Veenendaal: *Software Quality from a Business Perspective.* Kluwer Bedrijfsinformatie, 1997, ISBN 90-267-2631-7.

[V-Modell, 1997] *Entwicklungsstandard für IT-Systeme des Bundes, Vorgehensmodell.* (Teil 1: Regelungsteil, Teil 3: Handbuchsammlung) Allgemeiner Umdruck Nr. 250/1, BWB IT 15, Juni 1997.

Glossar

Abnahmetest
Der von dem oder den künftigen Anwender(n) und Verwaltern in einer möglichst »produktionsnahen« Umgebung ausgeführte Test, mit dem nachgewiesen werden soll, daß das entwickelte System den funktionalen und qualitativen Anforderungen entspricht.

Abweichung
Ein gefundener Unterschied zwischen den Erwartungen und den tatsächlichen Ergebnissen.

Aktualisierbarkeit
Die Mühelosigkeit, mit der das IT-System an die neuen Wünsche der Anwender oder die geänderte externe Umgebung angepaßt oder eingesetzt werden kann, um Fehler zu korrigieren.

Anwenderfreundlichkeit
Siehe Benutzungsfreundlichkeit.

Anwenderfunktion
Eine vom Anwender benannte Eigenschaft, dem das freizugebende Produkt entsprechen muß. Anwenderfunktionen können im allgemeinen Sprachgebrauch am besten mit Objekten oder Prozessen beschrieben werden.

Äquivalenzklasse
Sammlung von möglichen Eingabewerten, welche zu einer identischen Verarbeitung führen (ein bekanntes Prinzip, um Testfälle von der Testbasis abzuleiten).

Audit Trail
Festlegung eines Pfades, mit dessen Hilfe aus den Ergebnissen einer Datenverarbeitung die Grunddaten ermittelt und von dort aus die Ergebnisse kontrolliert werden können.

Ausweichmöglichkeit
Eine Maßangabe darüber, wie problemlos die Informationsverarbeitung (oder ein Teil davon) an einem anderen Ort fortgesetzt werden kann.

Benutzungsfreundlichkeit
Die Mühelosigkeit, mit der der Endanwender mit dem IT-System umzugehen lernt, und die einfache Handhabbarkeit des IT-Systems für den erfahrenen Anwender.

Betriebssicherheit
Der Umfang, in dem das IT-System störungsfrei bleibt.

Black-Box-Testtechnik
Eine Kategorie von Testtechniken, bei denen Testfälle, ohne Kenntnisse des internen Konzepts eines Objekts, von den extern sichtbaren Eigenschaften eines Objekts abgeleitet werden.

CASE
Computer Aided Software Engineering

CAST
Computer Aided Software Testing

Coverage
Siehe Deckungsgrad.

Deckungsgrad/Coverage
Das Verhältnis zwischen dem, was getestet werden kann (Anzahl möglicher Testziele), und dem, was getestet wird; der Deckungsgrad wird häufig in Beziehung zum Programmcode angegeben (»mit den verfügbaren Testfällen wird X% *statement* oder *condition coverage* erzielt«), ist aber auch für funktionale Spezifikationen (Pfade, Bedingungen oder Schnittstellen) möglich.

Degradierungsmöglichkeit
Die Problemlosigkeit, mit der der Kern der Informationsverarbeitung nach Ausfallen eines Teils davon wieder fortgesetzt werden kann.

Dummy
Ein Dummy ist eine FPA-Funktion, deren Funktionalität nicht spezifiziert bzw. realisiert zu werden braucht, jedoch verfügbar ist, da diese Aufgaben bereits außerhalb des Projekts erfolgt sind.

Dynamisches Testen
Testen auf der Grundlage gezielter Testfälle durch Durchführung des Testobjekts oder Ausführung von Programmteilen.

Einsetzbarkeit
Der Umfang, in dem das IT-System auf die Organisation und das Profil des Endanwenders, für das es gedacht ist, zugeschnitten ist und zum Erreichen der Betriebszielsetzungen beiträgt.

Flexibilität
Der Umfang, in dem der Anwender selbst Erweiterungen oder Variationen am IT-System vornehmen kann, ohne daß die Software angepaßt werden muß.

FPA
Siehe Funktionspunktanalyse.

FPA-Funktion
Unterteilung einer Anwenderfunktion in FPA-Funktionen: logische Datensammlungen, Eingabe-, Ausgabe- und Abfragefunktionen. Diese FPA-Funktionen sind die elementaren Bausteine, auf deren Grundlage die Funktionalität eines Systems bestimmt wird.

Funktionalität
Die Sicherheit, daß die Verarbeitung von Daten korrekt und vollständig und gemäß den Beschreibungen in den Funktionsspezifikationen erfolgt.

Funktionspunkt
Meßeinheit für die Funktionalität bzw. den Umfang der Anwendungssoftware.

Glossar

Funktionspunktanalyse
Die Funktionspunktanalyse (FPA) bietet die Möglichkeit zur Durchführung einer technologieunabhängigen Messung des Umfangs der von einem Softwaresystem gebotenen Funktionalität. Die Ergebnisse dienen als Grundlage für eine Produktivitätsmessung, eine Schätzung der erforderlichen Mittel und Projektüberwachung.

Grenzwertanalyse
Das Testprinzip basiert auf der Tatsache, daß ein Test rund um den Grenzwert eine grössere Fehlerfindungschance bietet.

High-Level-Tests
Diese Teststufen werden zum Testen abgeschlossener, kompletter Produkte eingesetzt [Kit, 1995]. Da diese Teststufen sich häufig auf die extern sichtbaren Eigenschaften eines Objekts richten, werden hierfür vielfach Black-Box-Testtechniken eingesetzt. Bekannte High-Level-Tests sind der System- und der Abnahmetest.

Initiale Datensammlung
Die Datensammlung (Dateien oder Datenbanken), die zu Beginn der Testdurchführung geladen werden muß. In der initialen Datensammlung sind die Testfälle und die übrigen erforderlichen Daten festgelegt. Im Prinzip wird die initiale Datensammlung einmal eingegeben und bei jedem neuen Test erneut geladen.

Integrationstest
Ein vom Entwickler in Laborumgebung ausgeführter Test, der nachweisen soll, daß das Zusammenspiel von Programmteilen den in den technischen Spezifikationen gestellten Anforderungen entspricht (Schnittstellentest).

Integrierbarkeit
Die Problemlosigkeit, mit der eine Kopplung mit einem anderen IT-System oder innerhalb des IT-Systems zustande gebracht werden kann.

Klon
Ein Klon ist eine FPA-Funktion, die bereits in einer anderen oder in der gleichen Anwenderfunktion innerhalb des Projekts spezifiziert bzw. realisiert wurde.

Known errors
Die Abweichungen, die als tatsächliche Fehler bereits erkannt wurden, aber (noch) nicht behoben wurden.

Konkreter Testfall
Konkrete Beschreibung der Testdaten auf der Ebene, auf der sie eingegeben werden können. Die Beschreibung enthält ebenfalls die auszuführenden Testaktionen und die Art und Weise, wie das erwartete und das wirkliche Ergebnis verglichen werden können.

Kontinuität
Die Sicherheit, daß die Datenverarbeitung ohne Störungen abläuft, das heißt, daß sie auch nach ernsthaften Störungen innerhalb einer angemessenen Frist wieder aufgenommen werden kann.

Leistung
Die Geschwindigkeit, mit der das IT-System interaktive und Batch-Transaktionen bearbeitet.

Low-Level-Tests
Diese Teststufen beziehen sich auf das Testen einzelner Komponenten eines Systems, beispielsweise der Module, einzeln oder in Kombination [Kit, 1995]. Da diese Teststufen häufig gute Kenntnisse der internen Struktur der Software erfordern, werden vielfach White-Box-Testtechniken verwendet. Die Low-Level-Tests werden fast ausschließlich von Testentwicklern ausgeführt. Bekannte Low-Level-Tests sind der Modul- und der Integrationstest.

Mastertestplan
Ein Testplan, in dem die unterschiedlichen Test- und Prüfungsstufen aufeinander abgestimmt werden.

Modultest
Ein von einem Entwickler unter Laborbedingungen ausgeführter Test, der nachweisen soll, daß ein Modul (oder eine Unit) den in den technischen Spezifikationen festgelegten Anforderungen entspricht.

Online
Funktionsart eines IT-Systems, bei dem das IT-System Aufträge direkt ausführt und die Antwort (die Ausgabe) sofort auf dem Bildschirm oder dergleichen erscheint.

Portabilität
Die Unterschiedlichkeit der Hardware- und Systemsoftware-Umgebungen, in denen das IT-System laufen kann, sowie die Mühelosigkeit, mit der das System von der einen Umgebung auf eine andere übertragen werden kann.

Prüfen
Überprüfung und Inspektion der verschiedenen Zwischenprodukte bzw. Prozesse im Systementwicklungszyklus. Im Rahmen dieses Buches wird lediglich das Prüfen der Zwischenprodukte berücksichtigt.

Pünktlichkeit
Der Umfang, in dem Informationen rechtzeitig verfügbar sind, um die entsprechenden Maßnahmen treffen zu können.

Qualität
Der Umfang, in dem ein Produkt den funktionalen und leistungsbezogenen Anforderungen entspricht.

Qualität (ISO-8402)
Qualität ist die Gesamtheit von Merkmalen eines Produkts oder einer Dienstleistung bezüglich ihrer Eignung, festgelegte und vorausgesetzte Erfordernisse zu erfüllen.

Qualitätsmerkmal (ISO-9126)
Eigenschaft eines IT-Systems. Einige Beispiele sind Richtigkeit, Sicherheit, Leistung und Benutzungsfreundlichkeit. Siehe auch Anlage »TMap in Vergleich zu ISO-9126«

Qualitätssicherung (ISO-8402)
Qualitätssicherung ist die Gesamtheit aller geplanten und systematischen Aktionen, die erforderlich sind, um in ausreichendem Maße das Vertrauen zu vermitteln, daß ein Produkt oder eine Dienstleistung den festgelegten Qualitätsanforderungen entspricht.

Regressionstest
Mit Regression wird das Phänomen bezeichnet, daß sich die Qualität eines Systems infolge individueller Anpassungen verringern kann. Ein Regressionstest zielt darauf ab zu kontrollieren, ob alle Elemente eines Systems nach einer Änderung noch korrekt funktionieren.

Richtigkeit
Der Umfang, in dem das System die angebotene Menge an Eingaben und Änderungen gemäß der Spezifikation zu konsistenten Datensammlungen verarbeitet.

Robustheit
Der Umfang, in dem die Informationsverarbeitung auch nach einer Störung fortgesetzt werden kann.

Sicherheit
Die Sicherheit, mit der das Abfragen oder Ändern von Daten ausschließlich durch befugte Personen erfolgen kann.

Sparsamkeit
Unter Sparsamkeit versteht man das Verhältnis zwischen dem Leistungsniveau des Systems (zum Ausdruck gebracht in Transaktionsvolumen und der gesamten Geschwindigkeit) und der Menge an Ressourcen, die dazu verwendet werden.

Statisches Testen
Testen durch Überprüfung und Untersuchung von Produkten, ohne daß Programm(teil)e ausgeführt werden.

Systemtest
Ein Systemtest ist ein von einem Entwickler unter (gut kontrollierbaren) Laborbedingungen ausgeführter Test, der nachweisen soll, daß das entwickelte System oder Teile davon den in den funktionalen und qualitativen Spezifikationen (Fachkonzept und DV-Konzept) festgelegten Anforderungen entspricht.

Testablauf
Eine Planung der auszuführenden Testskripte; die Testskripte stehen im Testablauf in einem logischen Zusammenhang und sind in der auszuführenden Reihenfolge angegeben.

Testaktion
Eine Handlung in einer vorher definierten Ausgangssituation, die zu einem Ergebnis führt. Eine Testaktion ist Teil eines Testfalls.

Testart
Eine Testart ist eine Gruppe von Testaktivitäten, die gemeinsam ausgeführt und verwaltet werden, mit dem Ziel der Überprüfung des IT-Systems auf einige zusammenhängende Qualitätsmerkmale. Bekannte Testarten sind der Streßtest und der Regressionstest.

Testbarkeit
Die Mühelosigkeit und Geschwindigkeit, mit der die Funktionalität und das Leistungsniveau des Systems (nach jeder Anpassung) getestet werden können.

Testbasis
Alle Dokumente, aus denen die Anforderungen ersichtlich werden, die an ein IT-System gestellt werden, bzw. die Dokumentation, auf welcher der Test beruht. Wenn ein Dokument nur über das formale Änderungsverfahren geändert werden kann, handelt es sich um eine festgelegte Testbasis.

Testbasisfehler
Angaben unkorrekter Systemspezifikationen, die insbesondere während der Vorbereitungs- und Spezifikationsphase festgestellt werden.

Testeinheit
Ein Teil eines Testobjekts (beispielsweise eine Sammlung von Modulen, Funktionen oder Prozessen), das als Gesamtes getestet wird.

Testen
Unter Testen versteht man den Prozeß des Planens, der Vorbereitung und der Messung, mit dem Ziel, die Merkmale eines IT-Systems festzustellen und den Unterschied zwischen dem aktuellen und dem erforderlichen Zustand nachzuweisen.

Testfall
Eine Beschreibung eines auszuführenden Tests, der auf ein spezifisches Testziel ausgerichtet ist.

Testinfrastruktur
Die Umgebung, in welcher der Test ausgeführt wird, bestehend aus Testumgebung, Test-Tools, Büroräume usw.

Testmaß
Gibt an, inwieweit die Abhängigkeiten zwischen aufeinanderfolgenden Entscheidungspunkten getestet werden. Bei Testmaß n werden alle Abhängigkeiten der Aktionen vor einem Entscheidungspunkt und nach $n-1$ Entscheidungspunkten überprüft, indem alle mögliche Kombinationen von n aufeinanderfolgenden Aktionen in Testpfade untergebracht werden.

Testobjekt
Das zu testende IT-System (oder ein Teil des Systems).

Testorganisation
Eine Testorganisation hat die Aufgabe, adäquate Verhältnisse zwischen Testfunktionen, Testeinrichtungen und Testaktivitäten zu schaffen, um rechtzeitig eine gute Qualitätsempfehlung formulieren zu können.

Testplan
In einem Testplan werden das allgemeine Konzept und die strategischen Entscheidungen im Zusammenhang mit dem auszuführenden Test festgelegt. Der Testplan bildet den Bezugsrahmen während der Durchführung des Tests und dient außerdem als Instrument zur Kommunikation mit dem Auftraggeber des Tests. Der Testplan ist eine Beschreibung des Testprojekts, einschließlich einer Beschreibung der Aktivitäten und der Planung; aber er beschreibt *nicht* den eigentlichen Test selbst.

Testprozeß
Die Sammlung von Aktivitäten, Prozeduren und Hilfsmittel, die zur Durchführung eines Tests erforderlich sind.

Testpunkt
Maßeinheit für den Umfang eines auszuführenden High-Level-Tests.

Testpunktanalyse
Die Testpunktanalyse (TPA) ist eine Methode, die die Möglichkeit bietet, auf der Grundlage der Funktionspunktanalyse (FPA) eine technologieunabhängige Messung des Testumfangs eines Softwaresystems durchzuführen und diese Messung als Grundlage für eine Produktivitätsmessung, eine Schätzung der erforderlichen Mittel und Projektüberwachung zu verwenden.

Testsatz
Eine Sammlung von Testfällen, die spezifisch auf eine oder mehrere Qualitätsmerkmale und eine oder mehrere Testeinheiten ausgerichtet ist.

Testskript
Aufzählung von zusammenhängenden Aktionen und Kontrollen, bezogen auf konkrete Testfälle, deren auszuführende Reihenfolge angegeben ist. Eine Beschreibung dessen, *wie* zu testen ist.

Testspezifikation
Eine Beschreibung der Art und Weise, wie die logischen Testfälle ausgewählt sind, sowie eine Beschreibung der logischen Testfälle. Es wird also beschrieben, *was* getestet wird.

Test-Spezifikationstechnik
Eine standardisierte Weise zur Ableitung von Testfällen aus Ausgangsinformationen.

Teststrategie
Die Teststrategie ist die Aufteilung von Testaufwand und Überdeckungsgrad über die zu testenden Teile oder Aspekte des Testobjekts, mit dem Hauptziel, die wichtigsten Fehler so früh und daher so kostengünstig wie möglich zu finden. Diese Verteilung ist abhängig von den Risiken in den Bereichen Business, Systementwicklung und Testen.

Teststufe
Eine Teststufe ist eine Gruppe von Testaktivitäten, die gemeinsam ausgeführt und verwaltet werden.

Testteam
Eine Gruppe von Mitarbeitern, die unter der Leitung eines Testmanagers die Testaktivitäten durchführt.

Testtechnik
Sammlung von Aktionen, um ein Testprodukt auf allgemeine Weise herzustellen. Die Testtechniken setzen sich zusammen aus Test-Spezifikationstechniken, Checklisten und Strategiebestimmung.

Test-Tool
Ein Test-Tool ist ein automatisiertes Hilfsmittel, das Unterstützung für ein oder mehrere Testaktivitäten, wie Planung und Verwaltung, Spezifikation, Aufbau der Ausgangsdateien, Testdurchführung und Bewertung, leistet.

Testumgebung
Eine Testumgebung ist ein Zusammenspiel von Komponenten, wie Hardware, Software, Kommunikationsmittel, Prozeduren und Einrichtungen für den Aufbau und die Nutzung von Dateien, in denen ein Test ausgeführt wird.

Testware
Alle Testdokumente wie Testspezifikationen, Testskripte und eine Beschreibung der Infrastruktur, die während des Testprozesses hergestellt werden. Als Anforderung wird gestellt, daß diese Testdokumentation während der Wartungsphase wieder benutzbar sein soll und daher übertragbar und aktualisierbar sein muß.

TPA
Siehe Testpunktanalyse.

Überprüfbarkeit
Die Problemlosigkeit, mit der die Richtigkeit und Vollständigkeit von Informationen (im Laufe der Zeit) überprüft werden können.

Überprüfung der Testbasis
Die Beurteilung der jeweiligen Systemspezifikationen auf ihre Testbarkeit.

Verwaltungsfähigkeit
Die Möglichkeit, mit der das IT-System in betriebsbereiten Zustand gebracht und dort gehalten werden kann.

Vollständigkeit
Die Sicherheit, daß alle Eingaben und Änderungen vom System verarbeitet werden.

Vorbereitungstest
Das Testen von freigegebenen Produkten, und zwar so, daß bestimmt werden kann, ob es sinnvoll ist, einen Test im Zusammenhang mit dem Testobjekt auszuführen.

White-Box-Testtechnik
Eine Kategorie von Testtechniken, bei denen Testfälle mit Kenntnissen der internen Struktur des Objekts von den internem Eigenschaften eines Objekts abgeleitet werden.

Wiederherstellbarkeit
Die Mühelosigkeit und die Geschwindigkeit, mit der die Information nach einer Störung wiederhergestellt werden kann.

Wiederverwendbarkeit
Der Umfang, in dem Teile des IT-System oder des Entwurfs für die Entwicklung anderer Anwendungen verwendet werden können

Anhang – TMap-Qualitätsmerkmale im Vergleich zu ISO-9126

Dieser Anhang befaßt sich mit der Beschreibung der TMap-Qualitätsmerkmale im Vergleich zu den ISO-9126-Qualitätsmerkmale.

Definitionen ISO-9126-Qualitätsmerkmale

Funktionalität
Eine Menge von Merkmalen, die sich auf das Vorhandensein einer Menge von Funktionen und auf deren festgelegte Merkmale beziehen. Die Funktionen sind jene, die die festgelegten oder vorausgesetzten Erfordernisse erfüllen.

Angemessenheit
Merkmale von Software, die sich auf das Vorhandensein und die Eignung einer Menge von Funktionen für spezifizierte Aufgaben beziehen.

Richtigkeit
Merkmale von Software, die sich auf das Liefern der richtigen oder vereinbarten Ergebnisse oder Wirkungen beziehen.

Interoperabilität
Merkmale von Software, die sich auf ihre Eignung beziehen, mit vorgegebenen Systemen zusammenzuwirken.

Ordnungsmäßigkeit
Merkmale von Software, die bewirken, daß die Software anwendungsspezifische Normen oder Vereinbarungen oder gesetzliche Bestimmungen und ähnliche Vorschriften erfüllt.

Sicherheit
Merkmale von Software, die sich auf ihre Eignung beziehen, unberechtigten Zugriff, sowohl versehentlich als auch vorsätzlich, auf Programme und Daten zu verhindern.

Zuverlässigkeit
Eine Menge von Merkmalen, die sich auf die Fähigkeit der Software beziehen, ihr Leistungsniveau unter festgelegten Bedingungen über einen festgelegten Zeitraum zu bewahren.

Reife
Merkmale von Software, die sich auf die Häufigkeit von Versagen durch Fehlzustände in der Software beziehen.

Fehlertoleranz
Merkmale von Software, die sich auf ihre Eignung beziehen, ein spezifiziertes Leistungsniveau bei Software-Fehlern oder Nicht-Einhaltung ihrer spezifizierten Schnittstelle zu bewahren.

Wiederherstellbarkeit
Merkmale von Software, die sich auf die Möglichkeit beziehen, bei einem Versagen ihr Leistungsniveau wiederherzustellen und die direkt betroffenen Daten wiederzugewinnen und auf die dafür benötigte Zeit und den benötigten Aufwand.

Benutzbarkeit
Eine Menge von Merkmalen, die sich auf den Aufwand, der zur Benutzung erforderlich ist beziehen und auf die individuelle Bewertung einer solchen Benutzung durch eine festgelegte oder vorausgesetzte Gruppe von Benutzern.

Verständlichkeit
Merkmale von Software, die sich auf den Aufwand für den Benutzer einbeziehen, das Konzept und die Anwendung zu verstehen.

Erlernbarkeit
Merkmale von Software, die sich auf den Aufwand für den Benutzer beziehen, ihre Anwendung zu erlernen.

Bedienbarkeit
Merkmale von Software, die sich auf den Aufwand für den Benutzer bei der Bedienung und Ablaufsteuerung beziehen.

Effizienz
Eine Menge von Merkmalen, die sich auf das Verhältnis zwischen dem Leistungsniveau der Software und dem Umfang der eingesetzten Betriebsmittel unter festgelegten Bedingungen beziehen.

Zeitverhalten
Merkmale von Software, die sich auf die Antwort- und Verarbeitungszeiten und auf den Durchsatz bei der Ausführung ihrer Funktionen beziehen.

Verbrauchsverhalten
Merkmale von Software, die sich darauf beziehen, wieviele Betriebsmittel bei der Erfüllung ihrer Funktionen benötigt werden und wie lange.

Änderbarkeit
Eine Menge von Merkmalen, die sich auf den Aufwand beziehen, der zur Durchführung vorgegebener Änderungen notwendig ist.

Analysierbarkeit
Merkmale von Software, die sich auf den Aufwand beziehen, der notwendig ist, um Mängel oder Ursachen von Versagen zu diagnostizieren oder um änderungsbedürftige Teile zu bestimmen.

Modifizierbarkeit
Merkmale von Software, die sich auf den Aufwand beziehen, der zur Ausführung von Verbesserungen, zur Fehlerbeseitigung oder zur Anpassung an Umgebungsänderungen notwendig ist.

Stabilität
Merkmale von Software, die sich auf das Risiko unerwarteter Wirkungen von Änderungen beziehen.

Testbarkeit
Merkmale von Software, die sich auf den Aufwand beziehen, der zum Testen der geänderten Software notwendig ist.

Übertragbarkeit
Eine Menge von Merkmalen, die sich auf die Eignung der Software beziehen, von einer Umgebung in eine andere übertragen zu werden.

Anpaßbarkeit
Merkmale von Software, die sich auf die Möglichkeit beziehen, sie an verschiedene festgelegte Umgebungen anzupassen, wenn nur Schritte unternommen oder Mittel eingesetzt werden, die für diesen Zweck für die betrachtete Software vorgesehen sind.

Installierbarkeit
Merkmale von Software, die sich auf den Aufwand beziehen, der zur Installierung der Software in einer festgelegten Umgebung notwendig ist.

Konformität
Merkmale von Software, die bewirken, daß die Software Normen oder Vereinbarungen zur Übertragbarkeit erfüllt.

Austauschbarkeit
Merkmale von Software, die sich
- auf die Möglichkeit, diese anstelle einer spezifizierten anderen Software in der Umgebung jener Software zu verwenden, und
- auf den dafür notwendigen Aufwand beziehen.

Umsetzungstabelle

Umsetzungstabelle Qualitätsmerkmale ISO-9126 – TMap	
ISO-9126	**TMap**
Funktionalität	
Angemessenheit	Einpaßbarkeit Brauchbarkeit Kontrollierbarkeit Flexibilität
Richtigkeit	Funktionalität (Korrektheit und Vollständigkeit)
Interoperabilität	Integrierbarkeit
Ordnungsmäßigkeit	–
Sicherheit	Sicherheit
Zuverlässigkeit	
Reife	Betriebssicherheit
Fehlertoleranz	Degradierungsmöglichkeit (Möglichkeit der Umgehung von ausgefallenen Systemteilen)
Wiederherstellbarkeit	Ausweichmöglichkeit (Ist mit geringem Aufwand die Fortsetzung der Arbeiten an einem anderen Ort durch Transferieren der Information (oder Teile davon) möglich (z.B. im Brandfall)?).
Benutzbarkeit	
Verständlichkeit	Benutzungsfreundlichkeit Brauchbarkeit
Erlernbarkeit	Benutzungsfreundlichkeit Brauchbarkeit
Bedienbarkeit	Brauchbarkeit (Endbenutzer) Verwaltungsfähigkeit (Systemadministrator) Benutzungsfreundlichkeit
Effizienz	
Zeitverhalten	Leistung
Verbrauchsverhalten	Sparsamkeit
Änderbarkeit	
Analysierbarkeit	Aktualisierbarkeit
Modifizierbarkeit	Aktualisierbarkeit
Stabilität	–
Testbarkeit	Testbarkeit
Übertragbarkeit	
Anpaßbarkeit	Portabilität
Installierbarkeit	Portabilität

Umsetzungstabelle Qualitätsmerkmale ISO-9126 – TMap	
ISO-9126	TMap
Konformität	–
Austauschbarkeit	–

Die ISO-912-Qualitätsmerkmale »Ordnungsmäßigkeit«, »Stabilität«, »Konformität« und »Austauschbarkeit« haben kein TMap-Äquivalent.

Umsetzungstabelle Qualitätsmerkmale TMap – ISO-9126	
TMap	ISO-9126
Verwaltungsfähigkeit	Bedienbarkeit
Sicherheit	Sicherheit
Brauchbarkeit	Erlernbarkeit Angemessenheit Verständlichkeit Bedienbarkeit
Integrierbarkeit	Interoperabilität
Kontinuität	Zuverlässigkeit
• Betriebssicherheit	Reife
• Robustheit	Fehlertoleranz
• Degradierungsmöglichkeit (Möglichkeit der Umgehung von ausgefallenen Systemteilen)	Fehlertoleranz
• Ausweichmöglichkeit (Ist mit geringem Aufwand die Fortsetzung der Arbeiten an einem anderen Ort durch Transferieren der Information (oder Teile davon) möglich (z.B. im Brandfall))	Wiederherstellbarkeit
Kontrollierbarkeit	Angemessenheit
Flexibilität	Angemessenheit
Funktionalität	Richtigkeit
Benutzungsfreundlichkeit	Verständlichkeit Erlernbarkeit Bedienbarkeit
(Eignung der) Infrastruktur	–
Wiederverwendbarkeit	–
Einsetzbarkeit	Angemessenheit
Aktualisierbarkeit	Analysierbarkeit Modifizierbarkeit
Leistung	Zeitverhalten
Portabilität	Anpaßbarkeit Installierbarkeit

Umsetzungstabelle Qualitätsmerkmale TMap – ISO-9126	
TMap	**ISO-9126**
Testbarkeit	Testbarkeit
Sparsamkeit	Verbrauchsverhalten

Die TMap-Qualitätsmerkmale »Eignung der Infrastruktur« und »Wiederverwendbarkeit« haben kein ISO-9126-Äquivalent.

Index

A

Abhängigkeit 392
– gegenseitige 405
Abnahmekontrolle 89
Abnahmetest 17
– funktionaler 18
Abnahmetestumgebung 484
Abschluß 36, 97
Abschlußbericht 241
Abschlußphase 97, 188
Abweichung 11, 149
– Dokumentation 38, 117, 154, 212, 465
– offene 242
Ad-hoc-Bericht 219
Aktionen 326
Aktualisierbarkeit 284, 433
Akzeptanz 216, 277
Akzeptanzkriterien 411
Analyseforum 41, 145
Analyse-Tool
– statisches 470
Analyzer
– statischer 118
Änderungen 324
Änderungsprozeß 55
– Organisation 72
Änderungsteam 80
Änderungsüberwachung 145
Änderungsvorschläge 300
Angaben 398
Anwenderbelang 309
Anwendungsintegrator (AI) 255, 260, 504
Anwendungsintensität 304, 309
Äquivalenzklasse 328, 378
Architekt 476
Assessments 61
Audit Trail 412
Audits 273
Aufgaben 205, 255, 271
Auftraggeber 200, 250, 267
Auftragnehmer 200, 250, 267
Auftragsformulierung 200, 267
Aufwandsschätzung 253, 271
Ausbildung 68, 207
Ausbildung am Arbeitsplatz 77
Ausbildungen 134
Ausdrucke 397
Ausgangsdateien beziehen 227, 234, 258
Ausgangsdokumentation 203
Ausgangskriterien 260, 454
Ausgangspunkte 201, 306
Ausweichmöglichkeit 427
Automatisierung des Testprozesses 43

B

Balkendiagramm 213, 275
Bedingungen 324, 326
beherrschbar 45
Benutzerorganisation 415
Benutzungsfreundlichkeit 281, 430
Beobachtungsmöglichkeiten 133
Beratungsgremien 69
Berichterstattung 38, 148
– Hierarchie 205
Berichterstattungshierarchien, -formen, -häufigkeit 208
Bestimmung von Ziel 57
Betrachtungsbereich 60
Betriebssicherheit 423
Betriebszielsetzungen 241
Bewertung 71
Bewußtsein
– Schaffung 56
Beziehungen und Abhängigkeiten 391
Beziehungskontrolle 374
Bildschirmfenster 397
Bildschirmverlauf 410
Black-Box 16, 325
Black-Box-Technik 16
Black-Box-Test 408
Bootstrap 24, 30
Bottom-up-Optimierungen 80
boundary value analysis 329

BS (Betriebssimulation) 298
Büroeinrichtung 193, 209

C

Capability Maturity Model 24, 30
CASE Tool Analyzer 466
Case Tool Analyzer 122
causal analysis-Meeting 449, 453
Cause/Effect 330
Checklisten 109, 191
CKL (Beurteilung mit Hilfe einer Checkliste) 298
Comparator 118, 471
Compiler 118, 470
condition coverage 327
condition/determination coverage 348
coverage 327
CRUD 330
CRUD-Matrix 307, 372

D

Dateien
  – Aufbau 489
Daten
  – initiale 227
  – Lebenslauf 372
Datenbank
  – physische 411
Datenbankabfragesprachen 118, 471
Datenbestand
  – logischer 308
Datenfeldkontrolle 399
Datenkombinationstest 354, 403
Datenmodell 415
  – logisches 408
Datensammlung
  – initiale 325
Datenstrom 378
Datenstruktur
  – logische 409
Datenverarbeitung 3
Datenzyklustest 372, 404
Debugger 118, 467
decision coverage 327, 347
decision/condition coverage 327, 348
Deckungsgrad 344
Definition von Qualität 12
Definitionen 9
Deming-Kreis 166
Detaillierungsmaß 339, 346

Detailplanung 214, 219
Detailüberprüfung 97, 108
Determinanten 340
Dezentralisierung 72
Diskussions-Meeting 453
Diskussionstreffen 69
DKT (Datenkombinationstest) 298, 313, 354
Drivers und Stubs 118
DT (Detailüberprüfung Testbasis) 298
Dummy 308, 311
Dummy-Klasse 308
Durchführung 94
DZT (Datenzyklustest) 298

E

Ebenen 31, 39
effizient 45
EG (Error Guessing) 298
Eignung der Infrastruktur 283, 390, 432
Einfluß auf das System 304, 309
Eingabekontrolle
  – primäre 395
Eingangskriterien 260, 451
Einrichten der Organisation 254
Einrichten der Testprodukte 254
Einsetzbarkeit 280
Engagement 79, 128
Engagement und Motivation 38
Entlastung 243
Entscheidungen 326
Entscheidungspfad 361
Entscheidungspunkt 335, 382
Entscheidungstabellentest 339, 403
Entwicklungsmatrix 43
Entwicklungstest 316
Entwicklungsumgebung 317, 415
equivalence partitioning 328
Erfahrungsdaten 240
Erfolgsfaktoren 79
Ergebnisvoraussage 226
erneute Tests 86
Error Guessing 370, 404
ETT (Entscheidungstabellentest) 298
EVT (elementarer Vergleichstest) 298, 360

F

Fachkenntnisse im Anwendungsbereich 440
FAT 292
Fehlererfassungs-Meeting 452
Fehlerfolgekosten 13, 241

Fehlerwahrscheinlichkeit 287, 300
Fehlschlagwahrscheinlichkeit 285, 287
Flexibilität 229, 283, 429
Follow-up 453
Fortschrittsberichte 257
Fortschrittsüberwachung 117, 465
FPA-Funktionen 308
Framework-Architektur 475
freeze/unfreeze-Prinzip 490
Freigabeempfehlung 447
funktionale Unterstützung 499
Funktionalität 281, 291, 312
funktionsabhängige Faktoren (Af) 308
Funktionsbeschreibung 361
Funktionspunktanalyse (FPA) 303
Funktionspunkte 303
Funktionsstruktur 410
Funktionstasten
 – Kontrolle 399

G

Genehmigung 216, 217, 277
Geschäftsprozeß 381
Geschäftsprozeßtest 381
Geschäftsprozeßtest (Integrierbarkeit) 405
Goal-Question-Metrics-Methode (GQM) 456
going-concern 75
GPT (Geschäftsprozeßtest) 298, 381
Grenzwerte 86, 329
growing-concern 75

H

Handbücher 68
High-Level- und Low-Level-Test 34
High-Level-Test 17, 51, 84
Hilfsprogramme 252

I

I = Infrastruktur und Tools 36
IFPUG 307
Implementierung 81
Infrastruktur 183, 191, 209, 224, 231, 255
Infrastrukturplanung 210, 273
Infrastrukturverwaltung 211
Ingenieur 476
Inspektion 170, 449
Inspektionstechnik 449
Integrationsfähigkeit 312, 321, 381

Integrationsschritt 252
Integrationstest 17, 245, 252, 376
Integrierbarkeit 422
 – externe 282
 – interne 283
integrierte Umgebung 485
integrierter Test 89
Intensität 333
Interface 376
Internet 1
IT 292
IT-System
 – Allgemeine Überprüfung und Untersuchung 438
 – Allgemeine Untersuchung 438
 – Größe 303

J

Juran 14

K

Kenntnisse und Fähigkeiten 74, 491
Kennzahlen 11
Kernbereich 31, 35
Kick-off 451
Klone 311
Klonklasse 308
Kommunikation 38, 144
Komplexität 304, 310
Konfigurationsmanagement 117, 465
Konsolidierung 70
Kontinuität 280, 390, 422
Kontrollierbarkeit 281, 428
Kontrollmöglichkeiten 133
Kontrollpunkt 31, 50
Konzept
 – datengesteuertes 474
Koordination und Beratung 501
Korrekturkosten 25
Korrekturmaßnahmen 12
Kosten und Nutzen 77
Kostenplanung 213
Kostenvoranschlag 102, 117, 205
Kostenvoranschlag und Planung 36
Kosten/Nutzen-Analyse 240
Kritische Faktoren 79
Kurzzeitziele 58
K&B (Koordination & Beratung) 501

L

Laborumgebung 483
Langzeitziele 58
Layoutkontrolle 398
LDS (logische Datenbestände) 309
Leistung 282, 312, 390
Linienorganisation 515
Load & Stress 118, 468
Low-Level-Tests 16, 39, 90, 172, 245

M

Maßnahmen 215, 276
Mastertestplan 89, 184, 263, 276
Methodik 28
Metriken 37, 110, 151, 470
Mißerfolgsfaktoren 80
MIT (Modul-Interface-Test) 298, 376
Modell 28, 30
Modellanforderungen 29
Moderator 449
Modified decision / condition coverage 327
Modulbeschreibung 413
Modul-Interface-Test 376, 405
Modultest 16, 245, 251
Monitore 118
Monitoring-Tools 471
Motivation 128
MT 292
multiple condition coverage 327, 347

N

NESMA 307
Netzwerkplanung 213, 275

O

O = Organisation 36
operationaler Einsatz 330
optimierend 45
Optimierungsmaßnahmen 64
Optimierungsvorschlag 32
Optimierungszyklen 66
Organisation 193, 271
Organisationsmetriken 116
Organisationsstruktur 509
organisatorische Einbettung 183

P

P = Phasenmodell 36
PAT 292
Path coverage 328
Personal & Ausbildung 196
Pfad 326
Pfadkombination 383
Phase Planung & Verwaltung 186
Phasenmodell 93, 183, 185
  – Einsatz 36
Pilotprojekte 68
Plan 67
Planung 94, 102, 117, 256, 465
Planung & Verwaltung 197, 249
Planungssoftware 465
Portabilität 284, 434
Präsentationen 69
problem-tracking 465
Produktions-Abnahmetest 18
Produktionsdaten
  – Migration 489
Produktionsfreigabe 447
Produktionsumgebung 415
Produktivität 305
Produktivitätsfaktor 315
Produktrisiko 288
Professionalisierung 43
Projektkommunikation 145
Projektmanagement-Tools 464
Projektmetriken 112
Projektorganisation 514
Prüf- und Beurteilungsmaßnahmen 12
Prüfen 34, 39, 169, 265, 449
Prüfer 75
Prüfung 291, 449
Prüfungsstufen 90, 264
Pseudocode 361

Q

Qualität 12
  Definition 12
Qualität des Testobjekts 239
Qualitätsanforderungen 411
Qualitätsbericht 219, 257
Qualitätsempfehlung 11
Qualitätskosten 13
Qualitätsmanagement 12, 270
Qualitätsmerkmale 86, 172, 204, 271, 279, 290, 293, 415
  – dynamische 279
  – statische 282

Qualitätssicherung 12, 139
Qualitätssicherungsplan 269
quality assurance 12
Quick-Scan 71

R

RAD 19
Rahmenbedingungen 268
Randbedingungen 200
Randbedingungen und Ausgangspunkte 439
Randbegriff 356
Real-Life-Test 389, 406
Rechenzentrum 484
Record & Playback 46, 118, 468, 472
Redundanz 227
Referenzdaten 307
Regression 300
Regressionstests 86, 463
Reichweite der Methodik 38, 140
Reproduzierbarkeit 487
Review 170
Risiken Testprojekt 441
Risiko 215, 285
Risikoeinschätzung 287
RLT (Real-Life-Test) 298
Robustheit 425
Rückverfolgbarkeit 165, 412

S

Schaden 285, 287
Schattenproduktion 389
Schnittstelle 376
selbst erfüllende Prophezeiung 75
self assessments (Selbsteinschätzungen) 70
SEM (Semantischer Test) 298
Sicherheit 279, 312, 314, 407, 419
Sicherheitsmaßnahmen
 – technische 415
Simulator 118, 469
Software Process Improvement 24, 53
soziale Fähigkeiten 74
Sparsamkeit 282, 406
Spezifikation 94
Spezifikationsphase 187, 225
Spezifizierungsfehler 236
ST (Strukturtest) 292, 298
Stabilität 468
Standardfunktionen 312
Startebene 40
Startveranstaltung 69

STAT (Beurteilung durch Aufbau von Statistiken) 298
statement coverage 252, 327
Strategiebestimmung 190, 285
 – für die Teststufe 293
 – im Mastertestplan 289
Strategiematrix 292
Strukturtest 334, 403
Stubs und Driver 469
SYN (Syntaktischer Test) 298
Systemanwendung
 – Profilskizze 390
Systemarchitektur
 – funktionale 415
 – technische 415
Systemdokumentation 203, 221
 – Abweichungen 227
Systementwicklungsprozeß 246
Systemmetriken 115
Systemschutz 412
Systemtest 17
Systemtestumgebung 483

T

T = Techniken 36
TAKT 473
TAKT-Architekt 506
TAKT-Ingenieur 507
Teamgröße 318
Techniken 183
 – formale 107
 – nicht formale 106
Teilsystem 86, 204, 294
Test-Spezifikationstechniken
 – formale 326
 – nicht formale 326
Testen
 – dynamisches 108, 415
 – Hauptzielsetzung 10
 – strukturiertes 1, 33
Tests
 – erneute 235
 – semantische 391, 407
 – statische 235
 – syntaktische 395, 407
Test der Bildschirmfenster 396
Test Improvement Model 30
Test- und Prüfungskoordinator 93
Testabdeckung 118, 471
Testability Maturity Model 30
Testablauf 229, 235, 237

Testaktivität 228
Testarbeitsplatz 37, 127
Testart 486
Testaufgaben 254, 491
Testaufwand 286, 304
Testautomatisierung 472
Testbarkeit 26, 221, 258, 284, 401, 435
Testbasis 100, 162, 221, 250, 258, 316, 401, 440
Testbericht 237, 259
Testdaten 463
Testdatengenerator 118, 467
Testdesign 466
Testdurchführungsphase 187
Testeinheit 223, 224, 225, 294
Testeinheitenmatrix 223, 224
Testeinrichtungen 442
Testen 9, 491
 – Hauptzielsetzung 10
 – strukturiertes 33
 – Ziel 9
Testen und Prüfen 14
Test-Engineering 132
Testentwurf 122
Testergebnisse 235, 236, 259
Testexperten 68
Testfall 95, 165, 190, 225, 226
 – konkreter 324
 – logischer 324
Testfehler 212, 237
Testfunktionen 134
 – operationale 513
Testfunktionen und Ausbildungen 38
Testing Maturity Model 30
Testintensität 327
Testkontrollsprache 468
Testkoordinator 89
Testmanagement 195, 466, 493
Testmanager 264, 493
Testmaß 328, 335, 339, 343, 382
Testobjekt 162, 259
Testorganisation 195, 512
Testpfad 335, 388
Testplan 95, 197, 214, 260, 441
 – Änderungsverfahren 215
Testplanung 218
Testproduktverwaltung 212
Testprozeß 194
Testprozeßmanagement 39, 166
Testprozeßoptimierung 23
Testprozeßverwaltung 211
Testpunktanalyse (TPA) 104, 303

Testpunkte 303
Testsituationen 324
Testskript 228, 237, 258, 325
Testskript Vorbereitungstest 231
Testspalte 341
Testspezifikationen 228, 258
Test-Spezifikationstechniken 36, 105, 190, 226, 323
Teststrategie 36, 83, 204, 224, 229, 260, 285, 304
Teststufe 15, 92, 263, 270, 274, 292
Teststufen und -techniken 15
Teststunden
 – primäre 306, 315
Testsuite 468
Testteam
 – operationales 513
Testtechniken 204, 296
 – statische 37, 108, 415
Test-Tools 37, 116, 192, 209, 225, 259, 315, 461
Testüberdeckungs-Tool 471
Testumgebung 37, 123, 192, 209, 225, 317, 441
 – Anforderungen 481
Testvorschriften 495
Testware 11, 202, 208, 260, 269, 317
 – übertragbare 163
Testware-Management 38, 159
TickIt 30
Time-to-Market 248
TMapI® 4, 33, 183
Tools 68, 183, 191, 461
Top-down 80
top-down 10
TPA® 303
TPI® 4
TPI-Modell
 – Eigenschaften 52
 – Einsatz 55
Training 68
TU-Funktion 496

U

Überarbeitung 453
Überdeckungsarten 471
Überprüfung
 – Infrastruktur 231
 – Testobjekt 230
Überprüfungsstrategie 171
Überprüfungstechniken 169

Umgebung
 – produktionsnahe 482, 483
Umgebungsfaktor 305, 315
Uniformität 304, 311
Unterstützung
 – methodische 495
 – technische 496

V

Verantwortlichkeiten 205, 255, 271
Verarbeitung 360
Verarbeitungsorganisation 415
Verbundtest 372
Verfahren 68
Vergleichstest
 – elementarer 360, 404
Vergleichswerkzeuge 471
Vermittler 156
Veröffentlichungen 69
Versionsverwaltung 483
Verwaltung 211, 218, 256, 257, 500
Verwaltungsfähigkeit 283, 416
Vier-Augentest 170
V-Modell 19

Vorbereitung 97, 452
Vorbereitungsphase 186
Vorbereitungstest 95, 230
Vorbeugemaßnahmen 12
Vorgehensweise 61

W

Walkthrough 14, 170
Wasserfallmethode 18
Weiterarbeitsmöglichkeit 427
White-Box 16, 325
White-Box-Techniken 176
White-Box-Test 411
Widerstände 76
Wiederherstellbarkeit 425
Wiederverwendbarkeit 284, 431

Z

Zeitpunkt der Beteiligung 36, 99
zentraler Begriff 356
Ziel des Testens 9
Zwischenprodukte 172

IQUIP Deutschland GmbH

Die IQUIP Deutschland GmbH ist ein Tochterunternehmen der niederländischen IQUIP Informatica B.V. Ein Geschäftsbereich der IQUIP ist dabei exklusiv auf das Testen von Software ausgerichtet. Die mehr als 350 Testspezialisten erbringen Dienstleistungen bei der Implementierung einer strukturierten Testvorgehensweise, bei der Automatisierung und Optimierung von Testprozessen, beim Testmanagement und bei der Durchführung von Tests. Darüber hinaus sind Training und Beratung wichtige Elemente des Dienstleistungspakets.

Eine eigene Forschungs- und Entwicklungs-Abteilung sorgt dafür, dass die Testdienstleistungen ständig weiterentwickelt werden. Themen wie Objekt-Orientierung, Client/Server, Graphical User Interfaces, ERP-Software, Komponenten, Internet, E-Commerce, Multimedia sowie Embedded Software werden hierzu intensiv untersucht. Wo der TMap-Standard generisch verwendbar ist, werden die hierbei entwickelten Lösungen als spezifische TMap-Variationen in die TMap-Standard-Vorgehensweise integriert.

Neben TMap sind folgende Produkte verfügbar:
- TMap-Variationen zu Themen wie Component Based Development, RAD usw. Hierbei werden insbesondere die Ergänzungen zum TMap Standard beschrieben.
- TPI (*test process improvement*) – ein Modell zur schrittweisen Optimierung von Testprozessen. Dieses Modell basiert auf TMap, kann aber auch unabhängig davon eingesetzt werden.
- TAKT – eine Methode zur zielgerichteten Test-Automatisierung.
- TSite – eine Methode zum Aufbau und Betrieb einer Test-Organisationseinheit. Der Begriff »Testfabrik« ist hierfür gebräuchlich, wenn auch nicht ganz korrekt.

Beim Einsatz in Testprojekten verwenden die IQUIP-Mitarbeiter sowohl TMap und die anderen genannten Produkte, als auch Ihre eigene Vorgehensweisen. Falls gewünscht, übernimmt IQUIP auch die komplette Durchführung von Testprojekten einschließlich der Verantwortung für Budget, Zeitplan und das vereinbarte Resultat. Ebenfalls zum Portfolio von IQUIP gehören die Einrichtung einer strukturellen Qualitätssicherung, deren Umsetzung in Projekten sowie andere Dienstleistungen in diesem Umfeld.

Zum Kundenkreis zählen insbesondere Banken, Versicherungen, Telekom-Unternehmen, Handel, Industrie und Behörden. In unserem Marktsegment sind wir Trendsetter und Marktführer und sind häufig auf internationalen Kongressen und Workshops als Referenten und Dozenten vertreten.

IQUIP Deutschland GmbH
Schießstraße 72
D-40549 Düsseldorf

Interkulturelles Konsumentenverhalten

von

Prof. Dr. Stefan Müller

Prof. Dr. Katja Gelbrich

Verlag Franz Vahlen München

Prof. em. Dr. Stefan Müller war bis 2011 Inhaber des Lehrstuhls für Marketing an der Technischen Universität Dresden.

Prof. Dr. Katja Gelbrich ist Inhaberin des Lehrstuhls für Internationales Management an der Katholischen Universität Eichstätt-Ingolstadt.

ISBN Print: 978 3 8006 6181 7
ISBN E-PDF: 978 3 8006 6182 4
ISBN ePub: 978 3 8006 6183 1

© 2021 Verlag Franz Vahlen GmbH, Wilhelmstr. 9, 80801 München
Satz: Fotosatz Buck
Zweikirchener Str. 7, 84036 Kumhausen
Druck und Bindung: Beltz Grafische Betriebe GmbH
Am Fliegerhorst 8, 99947 Bad Langensalza
Umschlaggestaltung: Ralph Zimmermann – Bureau Parapluie

vahlen.de/nachhaltig

Gedruckt auf säurefreiem, alterungsbeständigem Papier
(hergestellt aus chlorfrei gebleichtem Zellstoff)

Dem Fuchur

Vorwort

Anliegen & Gegenstand des Buches

Ein Kennzeichen der Globalisierung ist der verstärkte Austausch zwischen Anbietern und Nachfragern unterschiedlicher kultureller Herkunft. Dennoch haben die Gesetzmäßigkeiten interkulturellen Konsumentenverhaltens bislang wenig Aufmerksamkeit erfahren. Denn angesichts zunehmend globaler Waren-, Informations- und Migrationsströme gehen viele davon aus, dass die bestehenden nationalen bzw. regionalen Unterschiede des Konsumentenverhaltens verschwinden werden und ein neuer Typus entsteht: der globale Konsument, dessen Werte und Verhaltensweisen keine regional oder kulturell zuordenbare Unterschiede mehr aufweisen. Wahrscheinlicher ist jedoch, dass die Angleichung des Konsumverhaltens auf kulturfreie Produkte (z.B. Unterhaltungselektronik) beschränkt bleiben und bei kulturgebundenen Produkten (z.B. Nahrungsmittel) nicht über eine oberflächliche Annährung hinausgehen wird. So trinken zwar immer mehr Deutsche Cappuccino statt Filterkaffee – die italienische Kaffeekultur wird ihnen jedoch noch lange fremd bleiben.

In deutscher Sprache liegt noch keine umfassende Monographie zu diesem Thema vor, auf Englisch lediglich „Consumer Behavior & Culture" von *de Mooij*. Dieses Buch behandelt vorrangig produkt- und kommunikationspolitische Fragestellungen. Andere wichtige Themen werden darin nicht (z.B. Preiswahrnehmung und Zahlungsbereitschaft) oder nur am Rande diskutiert (z.B. Akzeptanz unterschiedlicher Vertriebskanäle). Die führenden englischsprachigen *(Solomon)* und deutschsprachigen Lehrbücher des Konsumentenverhaltens *(Kroeber-Riel/Gröppel-Klein)* wiederum betrachten die Landeskultur lediglich als eines von vielen Phänomenen der sozialen Umwelt von Konsumenten. Unser Buch „Interkulturelles Konsumentenverhalten" schließt diese Lücke.

- Teil A charakterisiert „den Konsumenten" im internationalen Kontext. Welches theoretisches Leitbild entspricht am ehesten der Realität: der Global Consumer oder der Cultural Man?
- Teil B führt in das Thema Kulturvergleich ein und erklärt, was die Geistes-, Sozial- und Wirtschaftswissenschaften unter Kultur verstehen, wie man dieses Konstrukt messen und für die Erklärung menschlichen Verhaltens nutzen kann.
- Teil C behandelt die psychologischen Grundlagen des Konsumentenverhaltens (z.B. Denken und Informationsverarbeitung, Einstellungen, Motivation und Emotionen, Persönlichkeit und Verhalten) und diskutiert, ob diese universell oder kulturspezifisch sind.

- Teil D zeigt, wie die Landeskultur das Konsumentenverhalten beeinflusst: Informationsgewinnung: Einstellungen, Preiswahrnehmung und Zahlungsbereitschaft, Einkaufsstättenwahl, Kaufentscheidung und Nachkaufverhalten.

Es war uns wichtig, eine im doppelten Sinn umfassende deutschsprachige Darstellung des interkulturellen Konsumentenverhaltens vorzulegen. Zum einen wollten wir den derzeitigen Erkenntnisstand nicht nur mit Blick auf die Produkt- und Kommunikationspolitik, sondern auch auf die Preis- und Distributionspolitik beleuchten. Zum anderen haben wir die neuere Literatur zu diesem Themenbereich (hauptsächlich ab 2000) umfassend aufgearbeitet. Dabei stützten wir uns vorrangig auf die einschlägige empirische Forschung, wie sie in den führenden internationalen Zeitschriften dokumentiert wird. Da das Thema in der deutschsprachigen Literatur kaum präsent ist, finden sich unter den ca. 1.400 Quellen unseres Literaturverzeichnisses hauptsächlich Publikationen in den weltweit besten englischsprachigen Zeitschriften, den „A+ Journals" (z.B. Journal of Consumer Research), „A Journals" (z.B. International Journal of Research in Marketing) und „B Journals" (z.B. Journal of Cross Cultural Psychology).

Ein weiteres Anliegen war uns Verständlichkeit. Wie unsere bereits vorliegenden Bücher („Interkulturelles Marketing" und „Interkulturelle Kommunikation") sollte auch „Interkulturelles Konsumentenverhalten" die Lektüre nicht durch eine unnötig verkomplizierte Wissenschaftssprache erschweren. Fachbegriffe, vor allem jene der experimentellen Forschung, haben wir auf dem Randstreifen (den sog. Marginalien) in knapper Form erläutert und manche in einem Glossar vertieft. Wir sind deshalb zuversichtlich, dass „Interkulturelles Konsumentenverhalten" auch ohne spezielle Vorkenntnisse gut lesbar ist.

Zielgruppe des Buches & Zusatzmaterial im Netz

„Interkulturelles Konsumentenverhalten" wendet sich an Studierende von Bachelor- und Masterstudiengängen sowie an Doktoranden in den Bereichen Internationales Marketing, Wirtschaftspsychologie, Internationales Management und Kulturvergleichende Wissenschaften. Von unserem umfassenden Literaturüberblick werden in besonderem Maße die Verfasser von Abschlussarbeiten und Dissertationen profitieren. Schlüsselbegriffe, die im Buch mit einem Pfeil kenntlich gemacht wurden (z.B. ⇒ Xenophobie), und weiterführende Darstellungen finden Sie unter www.vahlen.de. Auf Wunsch senden wir Ihnen dieses Glossar gerne als PDF-Datei zu und die Abbildungen als Powerpoint-Datei (Abdruck nur mit Quellenangabe).

Kontakt

Für Anfragen, Anregungen, Kritik & Lob erreichen Sie uns unter stefan.mueller@tu-dresden.de

Neustadt/Weinstraße und Ingolstadt, im Februar 2021   Stefan Müller
Katja Gelbrich

Inhaltsverzeichnis

Vorwort V
Abkürzungen XV

Teil A Konzepte & Modellvorstellungen der kulturvergleichenden Konsumentenforschung

1 Vom Economic Man zum Cultural Man: Eine Einführung 3
2 Grundlagen des Konsumentenverhaltens 5
  2.1 Abgrenzung & Einordnung 5
  2.2 Überblick über das Konsumentenverhalten 7
    2.2.1 Allgemeines Umfeld 7
    2.2.2 Engeres Umfeld 9
    2.2.3 Soziodemografische Einflussfaktoren 11
    2.2.4 Psychografische Einflussfaktoren 14
    2.2.5 Biologische Einflussfaktoren 15
    2.2.6 Situative Einflussfaktoren 16
  2.3 Analytische vs. verstehende Konsumentenforschung 16
    2.3.1 Grundlagen 16
    2.3.2 Consumer Culture Theory 18
3 Modelle des Konsumentenverhaltens 19
  3.1 Allgemeine Modelle des Konsumentenverhaltens 19
    3.1.1 Totalmodelle 19
    3.1.2 Prozessmodelle 21
    3.1.3 Partialmodelle 22
  3.2 Kulturspezifische Modelle des Konsumentenverhaltens 23
    3.2.1 Totalmodelle 23
    3.2.2 Partialmodelle 24
  3.3 Entscheidungsverhalten 26
    3.3.1 Normative Entscheidungstheorie 27
    3.3.2 Deskriptive Entscheidungstheorie 28
  3.4 Beeinflussbarkeit von Entscheidungen & Verhalten 31
    3.4.1 Beeinflussung durch soziale Normen 31
    3.4.2 Beeinflussung durch Informationen 36
      3.4.2.1 Framing 36
      3.4.2.2 Priming 39
    3.4.3 Beeinflussung durch Gestaltung der Entscheidungsarchitektur 40
4 Universalismus/Relativismus-Debatte 41
  4.1 Grundlagen 41
  4.2 Universalistische Verhaltensweisen 42
    4.2.1 Behavioral Universals 42

4.2.2	Marketing Universals	43
4.3	Kulturspezifische Verhaltensweisen	43
4.4	Zweistufiger Erklärungsansatz	45

5 Globale Trends des Konsumentenverhaltens 46
   5.1 Konvergenzthese 47
      5.1.1 Grundlagen 47
      5.1.2 Kulturfreie vs. kulturgebundene Produkte 48
   5.2 Postmaterialismus-These 51
      5.2.1 Grundlagen 51
      5.2.2 Wertewandel & Konsumentenverhalten 53
   5.3 Globalität vs. Lokalität 55
      5.3.1 Globaler Konsument 55
      5.3.2 Lokaler Konsument 57

Teil B Grundzüge der kulturvergleichenden Forschung

1 Begriffsverständnis 63
   1.1 Konzepte & Definitionen 63
   1.2 Entwicklung & Konsequenzen der Landeskultur 65

2 Schichtenmodelle 66
   2.1 Eisbergmodell 67
   2.2 Zwiebelmodell 67
   2.3 Implizite vs. explizite Kultur 68
   2.4 Concepta/Percepta-Modell 69
   2.5 Stellenwert der Schichtenmodelle 71

3 Theorien & Operationalisierungen 71
   3.1 Überblick 71
   3.2 Logik des psychometrischen Ansatzes 75
   3.3 Kulturmodell von G. Hofstede 77
      3.3.1 Theoretischer Hintergrund 77
      3.3.2 Operationalisierung & Untersuchungsdesign 79
      3.3.3 Kulturdimensionen 80
         3.3.3.1 Individualismus vs. Kollektivismus 80
         3.3.3.2 Akzeptanz von Machtdistanz 81
         3.3.3.3 Ungewissheitsvermeidung 82
         3.3.3.4 Feminine vs. maskuline Orientierung 83
         3.3.3.5 Hofstedes fünfte Kulturdimension 84
         3.3.3.6 Genussorientierung vs. Selbstbeherrschung . 86
      3.3.4 Kritische Würdigung 90
   3.4 Nationale Kulturprofile 95
   3.5 Theorie der universellen kulturellen Werte 97
      3.5.1 Ursprüngliche Wertetheorie 97
      3.5.2 Revidierte Wertetheorie 99
   3.6 GLOBE-Kulturmodell 102
      3.6.1 Theoretische Grundlagen & Datenerhebung 102
      3.6.2 GLOBE-Kulturdimensionen 103
   3.7 Supra-nationale Kulturräume 108

3.8   Multiple Kultur 110
3.9   Individuelle Kultur 111
  3.9.1   Fiktion der Landeskulturforschung 111
  3.9.2   Enkulturation 112
  3.9.3   Allozentrismus vs. Idiozentrismus 113
  3.9.4   Skalen zur Messung individueller Kultur 114
3.10 Weiterentwicklung des kulturvergleichenden Ansatzes 116
  3.10.1 Verfeinerung des Individualismus/Kollektivismus-
          Konstrukts 116
  3.10.2 Tight/Loose-Ansatz 117
  3.10.3 Multi Level-Analysen 118
  3.10.4 Kultur als implizite Theorie 119
3.11 Wertewandel als Problem der kulturvergleichenden Forschung . 122

4 Probleme & Schwächen der kulturvergleichenden Forschung 122
  4.1   Überblick 122
  4.2   Auswahl der Untersuchungseinheiten 123
    4.2.1   Nation bzw. Nationalstaat vs. Kultur 123
    4.2.2   Operationalisierungsfehler 126
    4.2.3   Opportunistische Verfügbarkeit 127
    4.2.4   Anzahl der Untersuchungseinheiten 128
    4.2.5   Stichprobenfehler 128
  4.3   Äquivalenz 129
  4.4   Scheinkorrelationen: Zur Problematik von Ex post-Erklärungen 133
  4.5   Ungeeignete Signifikanztests 134
  4.6   Vernachlässigung kulturspezifischer Antworttendenzen 135
  4.7   Werte-Paradoxon 137

Teil C Grundlagen des Konsumentenverhaltens

1 Wahrnehmung 141
  1.1   Wahrnehmung als Realitätskonstruktion 141
    1.1.1   Subjektive Wahrnehmung 141
    1.1.2   Aktive Wahrnehmung 142
    1.1.3   Selektive Wahrnehmung 143
    1.1.4   Einfluss der Landeskultur 144
  1.2   Kategorisierende Wahrnehmung 145
    1.2.1   Kognitive Kategorisierung 146
    1.2.2   Emotionalisierende Kategorisierung 146
  1.3   Risikowahrnehmung 147
    1.3.1   Grundlagen 148
    1.3.2   Einfluss der Landeskultur 149
  1.4   Zeitwahrnehmung 151
    1.4.1   Dimensionen der Zeitwahrnehmung 151
    1.4.2   Einfluss der Landeskultur 153
  1.5   Farbwahrnehmung 155
    1.5.1   Grundlagen 155
    1.5.2   Einfluss der Landeskultur 155
  1.6   Personenwahrnehmung 156

1.6.1	Grundlagen	156
1.6.2	Einfluss der Landeskultur	157

2 Denken & Informationsverarbeitung ... 158

2.1	Sprache & Denken	158
2.1.1	Linguistisches Relativitätsprinzip	159
2.1.2	Einfluss der Landeskultur	159
2.2	Vereinfachende Informationsverarbeitung	161
2.2.1	Schemata	161
2.2.2	Stereotype	163
2.2.3	Vorurteile	166
2.2.4	Heuristiken	167
2.3	Verzerrende Informationsverarbeitung	169
2.3.1	Grundlagen	169
2.3.2	Biases & Urteilseffekte	170
2.3.3	Einfluss der Landeskultur	173
2.4	Verarbeitung widersprüchlicher Informationen	174
2.5	Denkstil	174
2.5.1	Analytisches vs. holistisches Denken	174
2.5.2	Abstraktes vs. konkretes Denken	177
2.5.3	Kausales Denken	178
2.5.3.1	Attribution: Wie Laien Ursachenanalyse betreiben	178
2.5.3.2	Attributionsmuster	178
2.5.3.3	Attribution von Erfolg & Misserfolg	179
2.5.3.4	Systematische Attributionsfehler	180
2.5.3.5	Einfluss der Landeskultur	181

3 Einstellungen ... 184

3.1	Grundlagen	184
3.2	Explizite vs. implizite Einstellungen	185
3.3	Einfluss der Landeskultur	187

4 Motivation ... 187

4.1	Motiv vs. Bedürfnis	187
4.2	Begriffsbestimmung	187
4.3	Zentrale Motive	188
4.4	Maslows Bedürfnispyramide	190
4.4.1	Allgemeines Modell	190
4.4.2	Einfluss der Landeskultur	192
4.5	Universelle vs. kulturspezifische Bedürfnisse	195
4.5.1	Bedürfnis nach Einzigartigkeit	195
4.5.2	Bedürfnis nach Abwechslung	196
4.5.3	Bedürfnis nach Sicherheit	198
4.5.4	Bedürfnis nach Kontrolle	199
4.5.4.1	Theoretische Grundlagen	199
4.5.4.2	Einfluss der Landeskultur	200

5 Emotionen ... 203

5.1	Emotionstheorien	203
5.1.1	Physiologische Emotionstheorien	203

	5.1.2	Kognitive Emotionstheorien	204
5.2		Basisemotionen vs. Sekundäremotionen	204
5.3		Kategorien von Emotionen	206
	5.3.1	Positive Emotionen	206
	5.3.1.1	Liebe	207
	5.3.1.2	Glück	208
	5.3.1.3	Vertrauen	210
	5.3.2	Negative Emotionen	213
	5.3.2.1	Angst & Phobie	213
	5.3.2.2	Neid	216
	5.3.2.3	Ärger	216
	5.3.2.4	Scham	218
	5.3.3	Ambivalente Emotionen	218
	5.3.3.1	Stolz	219
	5.3.3.2	Überraschung	221
5.4		Kultur & Emotion	222
	5.4.1	Positive vs. negative Emotionen	222
	5.4.2	Kulturelle Identität stiftende Emotionen	223
	5.4.3	Relativismusthese der Emotionsforschung	223
	5.4.4	Erkennbarkeit von Emotionen	224

6 Persönlichkeit 225
  6.1 Big Five bzw. Fünf-Faktoren-Modell der Persönlichkeit 225
  6.2 Ausgewählte Persönlichkeitsmerkmale im Kulturvergleich.... 226
    6.2.1 Offenheit für neue Erfahrungen 226
    6.2.2 Dogmatismus 226
    6.2.3 Ethnozentrismus.. 227
    6.2.4 Fatalismus 228
    6.2.5 Risikobereitschaft..................................... 229
  6.3 Selbstkonzept 230
    6.3.1 Wer bin ich? 231
    6.3.2 Realitätsgrad des Selbstbildes 231
    6.3.3 Bedeutung für das Konsumentenverhalten 232
    6.3.4 Einfluss der Landeskultur 232

7 Verhalten & Verhaltensprognose 236
  7.1 Allgemeines Strukturmodell 236
  7.2 Einstellungs/Verhaltens-Diskrepanz 237
  7.3 Verhaltensintention-Modelle 239
    7.3.1 Grundlagen 239
    7.3.2 Theorie des überlegten Handelns 239
    7.3.3 Theorie des geplanten Verhaltens 241
    7.3.4 Einfluss der Landeskultur 243
  7.4 Technologie-Akzeptanz-Modell............................... 245

Teil D Konsumentenverhalten im interkulturellen Vergleich

1 Informationsgewinnung 249
  1.1 Informationsbedarf 250
    1.1.1 Informationsbedarf in der Phase der Kaufvorbereitung 250

       1.1.2   Informationsbedarf in der Phase der Kaufnachbereitung.... 251
   1.2   Informationsverarbeitung................................. 251
       1.2.1   Intensität der Informationsverabeitung 251
       1.2.2   Leichtigkeit der Informationsverarbeitung 253
       1.2.3   Kulturgebundenheit der Informationsverarbeitung 253
   1.3   Informationskanäle 254
       1.3.1   Werbung & andere kommerzielle Informationen 254
           1.3.1.1   Akzeptanz von Werbung 255
           1.3.1.2   Akzeptanz & Wirkung von Werbebotschaften........... 257
       1.3.2   Persönliche Empfehlungen 267
       1.3.3   Vertrauen in die verschiedenen Informationskanäle 272
2 Kriterien der Kaufentscheidung............................... 273
   2.1   Landeskultur.. 273
       2.1.1   Kulturgebundene vs. kulturfreie Produkte 273
       2.1.2   Kultureller Fit 274
       2.1.3   Kulturkonträres Konsumentenverhalten 275
   2.2   Innovativität bzw. Neuartigkeit des Angebots 277
   2.3   Qualität des Angebots 279
       2.3.1   Qualitätskriterien 279
       2.3.2   Erwartungen von Dienstleistungskunden 281
       2.3.3   Preis/Qualitäts-Relation 286
   2.4   Marke 287
       2.4.1   Markenpersönlichkeit 288
       2.4.2   Markennamen.. 290
       2.4.3   Markenvertrauen 290
       2.4.4   Markencommitment 292
       2.4.5   Markenstärke 292
       2.4.6   Ausgewählte Ergebnisse der Wirkungsforschung 293
   2.5   Country of Origin: Funktion & Effekte der Herkunftsangabe .. 296
       2.5.1   Grundlagen 296
       2.5.2   Wirkungen der Herkunftsangabe 299
       2.5.3   Geborgte Herkunft 303
       2.5.4   Irreführende Herkunftsangaben 304
   2.6   Kaufrisiko 305
   2.7   Politische & moralische Überzeugungen 306
       2.7.1   Demonstrativer Konsum 306
       2.7.2   Ethischer Konsum 307
       2.7.3   Egoistischer Konsum 308
3 Einstellungen 310
   3.1   Konsumentenethnozentrismus 311
       3.1.1   Grundlagen 311
       3.1.2   Messinstrumente 312
       3.1.3   Konsequenzen für das Konsumentenverhalten 313
       3.1.4   Nomologische Validität 313
   3.2   Konsumentennationalismus............................... 314
   3.3   Konsumentenanimosität 315
       3.3.1   Grundlagen 315

3.3.2	Eigenschaftsprofil	316
3.3.3	Konsequenzen für das Konsumentenverhalten	317
3.4	Konsumpatriotismus	319
3.5	Konsumentenkosmopolitismus	320

4 Preiswahrnehmung & Zahlungsbereitschaft ... 321
- 4.1 Konzeptionalisierung ... 321
- 4.2 Preiswissen ... 323
- 4.3 Preisbewusstsein ... 324
- 4.4 Preissensibilität ... 326
- 4.5 Zahlungsbereitschaft ... 327
  - 4.5.1 Grundlagen ... 327
  - 4.5.2 Prestige & Zahlungsbereitschaft ... 328
  - 4.5.3 Emotionale Nähe & Zahlungsbereitschaft ... 329
  - 4.5.4 Zeitwahrnehmung & Zahlungsbereitschaft ... 330
  - 4.5.5 Selbstkonstruktion & Zahlungsbereitschaft ... 330
- 4.6 Preisfairness ... 331

5 Wahl von Einkaufsstätten & Vertriebskanälen ... 332
- 5.1 Stationärer Handel ... 333
  - 5.1.1 Traditionelle vs. moderne Betriebsformen ... 333
  - 5.1.2 Angebotsvielfalt ... 333
  - 5.1.3 Einkaufsatmosphäre ... 334
  - 5.1.4 Einkaufsstättenimage ... 336
  - 5.1.5 Warenpräsentation ... 337
  - 5.1.6 Technologische Neuerungen ... 338
- 5.2 Online-Handel ... 339
  - 5.2.1 Grundlagen ... 339
  - 5.2.2 Vertrauen & Vertrauensbildung ... 340
  - 5.2.3 Einstellung zum Online-Handel ... 342
  - 5.2.4 Rücksendungen (Retouren) als Problem des Online-Handels ... 345

6 Kaufintention & Kaufentscheidung ... 347
- 6.1 Kaufintention ... 347
- 6.2 Impulsive vs. geplante Kaufentscheidungen ... 348
  - 6.2.1 Grundlagen ... 348
  - 6.2.2 Rolle der Selbststeuerung ... 350
  - 6.2.3 Einfluss kulturspezifischer Werte ... 351
- 6.3 Kontext von Kaufentscheidungen ... 351
  - 6.3.1 Konsummythen ... 351
  - 6.3.2 Helden ... 353
  - 6.3.3 Rituale ... 354
- 6.4 Externe Kaufanreize ... 355
- 6.5 Rolle der Kaufkraft ... 357

7 Nachkaufverhalten ... 358
- 7.1 Zufriedenheit & Unzufriedenheit ... 358
  - 7.1.1 Annäherung an ein vielschichtiges Konstrukt ... 358
  - 7.1.2 C/D-Paradigma der Kundenzufriedenheit ... 359
  - 7.1.3 Einflussfaktoren von Zufriedenheit & Unzufriedenheit ... 362

7.1.4	Konsequenzen von Zufriedenheit & Unzufriedenheit	364
7.2	Exit oder Loyality: Verhaltensreaktionen zufriedener & unzufriedener Kunden	366
7.2.1	Loyality: Kundentreue	366
7.2.2	Exit: Wechsel des Anbieters	369
7.3	Voice: Verbale Reaktionen zufriedener & unzufriedener Kunden	370
7.3.1	Beschwerden	370
7.3.1.1	Beschwerdewahrscheinlichkeit	371
7.3.1.2	Kollektivismus-These	372
7.3.1.3	Beschwerdeformen & Beschwerdekanäle	374
7.3.1.4	Reaktionen der Kunden auf das Beschwerdemanagement	375
7.3.1.5	Beschwerdezufriedenheit	378
7.3.1.6	Rückgewinnungswahrscheinlichkeit	380
7.3.2	WoM: Mundpropaganda	381
7.4	Nachkaufdissonanz	381
7.4.1	Auslöser von Dissonanz	382
7.4.2	Intensität der Dissonanz	383
7.4.3	Konsequenzen von Dissonanz	383
7.4.4	Dissonanzreduktion	384
8	Regret: Das Bedauern nach dem Kauf	386
8.1	Grundlagen	386
8.2	Bedauern vs. Unzufriedenheit	387
8.3	Bedauern vs. Ärger	388
8.4	Antizipiertes vs. Nachentscheidungs-Bedauern	388
Anhang		389
Literaturverzeichnis		393
Stichwortverzeichnis		457

Abkürzungen

AV	=	abhängige Variable
bspw.	=	beispielsweise
B-to-B	=	Business to Business
B-to-C	=	Business to Consumer
ß	=	Beta-Koeffizient
CCT	=	Consumer Culture Theory
CoO	=	Country of Origin
EU	=	Europäische Union
E/V	=	Einstellung/Verhalten
IDV	=	Individualism Index (Individualismus-Kollektivismus)
IKKV	=	Interkulturelles Konsumentenverhalten
IND	=	Indulgence Index (Genussorientierung vs. Selbstbeherrschung)
insb.	=	insbesondere
I-K	=	Individualismus-Kollektivismus
LTO	=	Long Term Orientation (Langfrist- vs. Kurzfristorientierung)
MAS	=	Masculinity Index (Maskulinität vs. Feminität)
N	=	Anzahl Fälle
n.s.	=	nicht signifikant
p	=	Wahrscheinlichkeit (Signifikanzniveau)
PDI	=	Power Distance Index (Akzeptanz von Machtdistanz)
PRA	=	Pragmatic Index (pragmatische vs. normative Orientierung)
r	=	Korrelationskoeffizient
R^2	=	Anteil erklärter Varianz
sog.	=	sogenannt
s.o.	=	siehe oben
TRA	=	Theory of Reasoned Action
TPB	=	Theory of Planned Behavior
TAM	=	Technologie-Akzeptanz-Modell
UAI	=	Uncertainty Avoidance Index (Ungewissheitsvermeidung)
UV	=	unabhängige Variable
vgl.	=	vergleiche
WoM	=	Word of Mouth (Mundpropaganda)
WVS	=	World Value Survey
$\bar{x}$	=	Mittelwert
*	=	signifikant
**	=	hochsignifikant

Teil A

Konzepte & Modellvorstellungen der kulturvergleichenden Konsumentenforschung

> „In consumer behaviour literature, culture has long been recognized as a powerful force shaping consumers' motivations, lifestyle and product choices" (Tse et al. 1988, S. 387).

1 Vom Economic Man zum Cultural Man: Eine Einführung

Verschiedene Wissenschaften haben unterschiedliche Vorstellungen vom „Wesen" des Menschen entwickelt (vgl. Tab. 1). Welche Reaktionen lösen bestimmte Reize aus der sozialen bzw. der physikalischen Umwelt aus? Wie werden Entscheidungen getroffen? Und welche Verhaltensweisen sind in welcher Situation üblich?

Tab. 1: Konkurrierende Menschenbilder

	Economic Man	Psychological Man	Cultural Man
Prominente Vertreter	Th. Hobbes, J.S. Mill, A. Smith etc. (vgl. Suchanek 2007)	F. Heider, K. Lewin, L. Festinger etc. (vgl. Fehr/Fischbacher 2003)	F. Trompenaars, S.H. Schwartz, G. Hofstede etc. (vgl. Müller/Gelbrich 2014)
Menschenbild	Rationalität, Opportunismus, ökonomischer Nutzen	Subjektivität, Altruismus, psychischer Nutzen	Verbundenheit, Soziabilität, Einfluss kulturspezifischer Normen und Werte

Anders als es Wirtschaftswissenschafter lange Zeit postuliert haben, ist der Mensch nur in Ausnahmefällen der 'economic man': ein rationaler Nutzenmaximierer. Im Gegenteil: Zu den Schlüsselbefunden der sozialwissenschaftlichen Forschung zählt die Erkenntnis, dass nicht die objektive, sondern die subjektive – d.h. die gefühlte – Realität häufig den Ausschlag gibt. Ein Lehrstück des Denkens und Fühlens des 'psychological man' ist die offenbar unausrottbare Legende vom TEURO.

Spieltheorie: Interaktive Entscheidungstheorie

> **Beispiel:** In den Jahren nach Einführung des Euro (2002) lag die Inflationsrate bei durchschnittlich 1,6 % und damit noch deutlich unter der aus volkswirtschaftlicher Sicht anzustrebenden Marke von 2,0 %. Dennoch war damals landauf, landab vom TEURO die Rede. Denn die von den Deutschen „gefühlte Inflation" lag bis zu 5 % über der objektiven, d.h. von den Statistikämtern ermittelten Teuerungsrate (vgl. Brachinger 2005).

Wie sich u.a. mit Hilfe des von Spieltheoretikern entwickelten „Ultimatumspiels" zeigen lässt, erscheinen so manche Motive und Verhaltensweisen von Menschen auf den ersten Blick sogar geradezu irrational (vgl. Güth et al. 1982). Stellen Sie sich einmal folgendes „Spiel" (bzw. Experiment) mit zwei Spielern vor: Der Spielleiter übergibt Spieler A einen bestimmten Geldbetrag (bspw. 200 €) mit der Aufforderung, diesen zwischen sich und Spieler B aufzuteilen.

Ultimatumspiel: Laborexperiment zur Analyse opportunistischen und altruistischen Verhaltens

B kann sodann entscheiden: diesen Vorschlag annehmen oder, weil er die vorgesehene Aufteilung als ungerecht empfindet, ablehnen?

- „Annehmen" hat zur Folge, dass beide Spieler den ihnen von A zugedachten Betrag erhalten (bspw. A = 120 € und B = 80 €).
- „Ablehnen" hat zur Folge, dass beide nichts erhalten.

Rational wäre es, wenn B jegliche Aufteilung akzeptieren würde – selbst 99 % zu 1 %. Denn auch ein noch so kleiner Gewinn ist aus ökonomischer Sicht immer noch besser, als völlig leer auszugehen. Wie in zahllosen Studien nachgewiesen wurde, verhalten sich die allermeisten Versuchsteilnehmer jedoch nicht streng rational. Sie entscheiden nicht wie der 'economic man', sondern wie der 'psychological man': nämlich psycho-logisch. Gönnt A seinem Mitspieler nicht mindestens 30 % des zur Verteilung vorgesehenen Geldbetrags, verzichten die allermeisten Bs lieber ganz und lehnen den Aufteilungsvorschlag rundweg ab. Dazu kommt es aber zumeist nicht. Denn die meisten As bieten ihrem Gegenüber freiwillig 40-50 % an und beweisen damit, dass ihnen der psychische Nutzen (Fairness, positives Selbstbild etc.) wichtiger ist als der ökonomische Nutzen, ihren Gewinn zu maximieren (vgl. Nowak et al. 2000).

> **WEIRD**: Western, Educated, Industrialized, Rich and Democratic
>
> **Normen**: Definieren, wie man sich verhalten muss
>
> **Werte**: Beschreiben, wie man sich verhalten sollte

Allerdings beschreiben diese Befunde nur das Verhalten von sog. WEIRD-Personen: westlich, wohlhabend, gebildet etc. Wie Studien mit Angehörigen der Landbevölkerung armer Gegenden Afrikas, Amazoniens, Ozeaniens und Sibiriens ergaben, bieten Non-WEIRD-Personen ihren Mitspielern wesentlich geringere Gewinnanteile an bzw. akzeptieren eine deutlich ungleiche Aufteilung (20-30 %) (vgl. Henrich et al. 2010, S. 65 ff.). Und anders als die in westlichen Ländern zumeist befragten Studenten lehnen Non-WEIRD-Versuchsteilnehmer häufig sog. hyper-faire Aufteilungsangebote ab. Davon spricht man, wenn A seinem Gegenüber B einen Gewinnanteil von 60 % und mehr anbietet. Diese und weitere Befunde der spieltheoretischen Forschung können weder allein anhand des Menschenbildes der Wirtschaftswissenschaften ('economic man') noch des der Psychologie ('psychological man') zufriedenstellend erklärt werden. Erforderlich ist eine interdisziplinäre Herangehensweise, welche auch Erkenntnisse der Kulturwissenschaften berücksichtigt. Ihnen zufolge hängt das Verhalten des 'cultural man' nicht zuletzt von kulturspezifischen Normen und Werten ab (vgl. A-3.3 sowie Müller/Gelbrich 2015, 2014; de Mooij/Hofstede 2011; Kim et al. 2002).

> **signifikant**: statistisch bedeutsam (im Sinne von systematisch, nicht durch Zufall erklärbar)

Wie wenig das Modell des 'economic man' über reales Verhalten aussagt, belegt auch Abb. 1. Eigentlich müssten, um sich einen Vorteil zu verschaffen, alle Menschen gleichermaßen bereit sein, zu lügen. Tatsächlich aber variiert diese Bereitschaft in Abhängigkeit von der Landeskultur der Befragten. In Gesellschaften, in denen es der sozio-kulturellen Norm entspricht, große soziale Unterschiede hinzunehmen (⇒ Akzeptanz von Machtdistanz, vgl. B-3.3.3.2), würden mehr Menschen die Unwahrheit sagen, um sich einen Vorteil zu verschaffen, als in Gesellschaften, in denen die sozialen Unterschiede gering sind. Offensichtlich sind nicht alle Menschen Nutzenmaximierer, nicht alle suchen beständig und um jeden Preis (bspw. den der eigenen Glaubwürdigkeit) ihren materiellen Vorteil.

Abb. 1: Zusammenhang zwischen Akzeptanz von Machtdistanz & Opportunismus

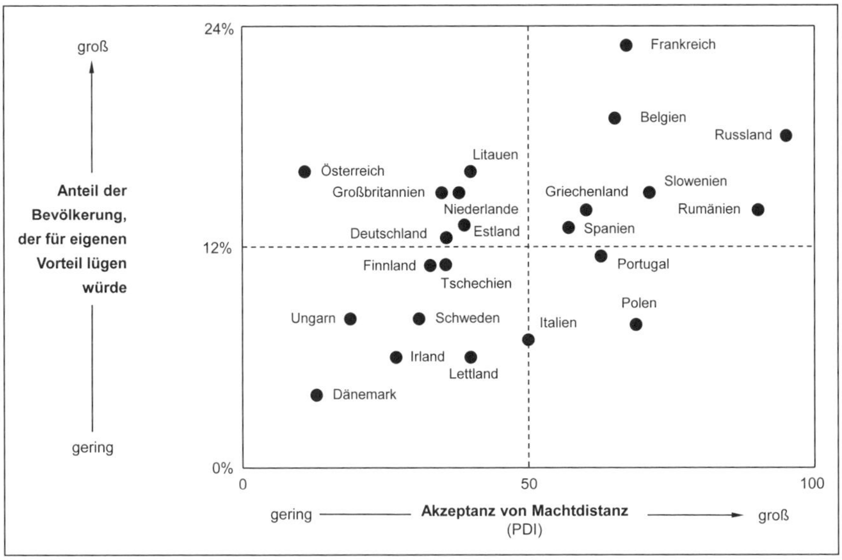

Quelle: European Social Survey; eigene Auswertung

2 Grundlagen des Konsumentenverhaltens

Definition Consumer Behavior
- "the dynamic interaction of affect and cognition, behavior, and the environment by which human beings conduct the exchange aspects of their lives.
- the overt actions of consumers.
- the behavior of the consumer or decision maker in the market place of products and services.
- the interdisciplinary field of scientific study that attempts to understand and describe such behavior."

www.ama.org/resources/Pages/Dictionary.aspx?dLetter=C (09.05.2018)

2.1 Abgrenzung & Einordnung

Die Konsumentenverhaltensforschung untersucht umfassend, wie sich Konsumenten über Sach- und Dienstleistungen informieren, wie sie diese erwerben, gebrauchen, verbrauchen und letztlich entsorgen (vgl. MacInnis/Folkes 2010, S. 905). Anders als die Käuferverhaltensforschung interessiert sich diese Disziplin somit auch für die Prozesse, welche dem eigentlichen Kauf vor- oder nachgelagert sind (vgl. Foscht et al. 2015):

- Wie informieren sich Konsumenten: bei Freunden und Bekannten, online oder im Shop? Wie bereiten sie Kaufentscheidungen vor?

- Berichten sie positiv oder negativ über den Anbieter bzw. das Produkt im Internet?
- Wo und wie beschweren sie sich, wenn sie mit einem Produkt bzw. einer Dienstleistung unzufrieden sind (vgl. Lennertz et al. 2018; Blackwell et al. 2005)?

Kauf- und Konsumverhalten unterliegen zahlreichen Einflussfaktoren. Diese lassen sich dem allgemeinen oder dem engeren Umfeld bzw. den Soziodemografika, den Psychografika oder der Kategorie der situativen Variablen zuordnen (vgl. Abb. 2). Dass kulturelle Werte – in Gestalt der Landeskultur bzw. der individuellen kulturellen Orientierung – zu den wichtigen Einflussfaktoren zählen, ist unbestritten (vgl. de Mooij 2019; Shavitt/Barnes 2019; Solomon et al. 2017, S. 410 ff.; Yaprak 2008; Craig/Douglas 2006). Ebenso unbestritten ist allerdings auch, dass große Teile der kulturvergleichenden Forschung noch erhebliche Schwächen aufweisen, vor allem in der Versuchsplanung (vgl. B-4).

Abb. 2: Strukturmodell des Konsumentenverhaltens

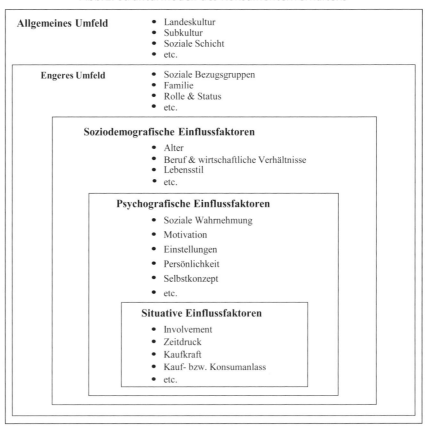

Die interkulturelle Konsumentenverhaltensforschung geht denselben Fragen nach, allerdings aus einem speziellen Blickwinkel (vgl. Hoffmann et al. 2013):

- Wie reagieren Konsumenten, die einer bestimmten Landeskultur angehören (bspw. maskuline Gesellschaften), auf Produkte bzw. Dienstleistungen, die von Angehörigen einer anderen Landeskultur entwickelt bzw. angeboten werden (bspw. feminine Gesellschaften)?
- Welche Bedürfnisse, Motive, Werte und Verhaltensweisen sind universell und welche kulturspezifisch?

2.2 Überblick über das Konsumentenverhalten

2.2.1 Allgemeines Umfeld

Landeskultur

> **Definition National Culture**
> "Degree to which the cultural norms in one country are different from those in another country" (Sousa/Bradley 2008, S. 471)

> **Definition Landeskultur**
> „Orientierungssystem, bestehend aus Tabus, Normen und insb. Werten, welches jedes einzelne Mitglied einer Gesellschaft in die Lage versetzt, sich regelkonform zu verhalten" (Müller/Gelbrich 2015, S. 25)

Wie Konsumenten durch ihr kulturelles Umfeld beeinflusst werden, lässt sich einführend am Beispiel der ⇒ Kulturtypologie von *M. Douglas* aufzeigen (vgl. Tab. 2, nächste Seite): Demzufolge stiften Produkte und Dienstleistungen in den prinzipiell konsumfreudigen individualistischen Kulturen vor allem dann einen Nutzen, wenn sie das Ansehen der Käufer bzw. Besitzer/Nutzer steigern. Angehörige von hierarchischen Kulturen wiederum legen in ihrem Konsumverhalten vor allem Wert auf Funktionalität und Solidität. Auch prüfen sie sehr bewusst, ob ein Produkt, eine Marke oder eine Dienstleistung der jeweiligen Konsumsituation bzw. der eigenen hierarchischen Stellung angemessen sind.

Nutzen: Grad der Bedürfnisbefriedigung, den ein Gut dem Käufer/Nutzer verschafft

Für egalitäre Kulturen ist die Image-Funktion zwar gleichfall bedeutsam, aber in anderer Weise: In diesen tendenziell konsumfeindlichen (Sub-)Kulturen sollen Kauf- bzw. Konsumverhalten primär 'political correctness' demonstrieren. Neben anderem sind Carsharing, Fahrrad fahren und andere Formen des Verzichts auf bedenkenlosen Konsum (z.B. Produkte, die Mikroplastik enthalten) geeignete Symbole der Sparsamkeit oder des Umweltbewusstseins des Käufers. Angehörige des fatalistischen Kulturtyps schließlich zeichnen sich dadurch aus, dass sie die Welt des Konsums, mit all ihren Annehmlichkeiten und Auswüchsen, hinnehmen, ohne für oder gegen etwas Stellung zu beziehen (vgl. Douglas 1997).

Tab. 2: Kultur & Konsumentenverhalten

	Zentrale Werthaltungen	Konsequenzen für das Konsumentenverhalten
Hierarchische Kultur	• Pflichtbewusstsein • Vernunft • Ordnung • Stabilität • Bewahrung	• Konsumfreude • Wichtig sind situative Angemessenheit (z.B. Werktags-/Sonntagskleider, Alltags-/Feiertagsgeschirr), hierarchische Angemessenheit (z.B. bei Kleidung „Blaumann" vs. Anzug), solide, d.h. haltbare Produkte mit hohem Nutzwert
Individualistische Kultur	• Individuelle Freiheit • Chancengleichheit • Effizienz • Fleiß • Wettbewerb	• Konsumfreude • Wichtig sind demonstrativer Konsum (Symbolfunktion von Produkten), innovative Produkte (neuartig, individuell, prestigeträchtig)
Egalitäre Kultur	• Gerechtigkeit • Gleichheit	• Konsumfeindlichkeit • Wichtig sind demonstrative Sparsamkeit, fairer Konsum (einfach, zweckmäßig, ohne Ausbeutung von Natur und Menschen)
Fatalistische Kultur	• Duldsamkeit • Passivität	• Ambivalente Einstellung zum Konsum • Geringes Involvement

Involvement: Ich-Beteiligung bzw. kognitiv-emotionales Engagement

Derartige Typologien tendieren – häufig aus didaktischen Gründen – dazu, den zugrundeliegenden Sachverhalt zu simplifizieren. So auch in diesem Fall. Natürlich kann man nicht von einer „Wenn-dann-Beziehung" ausgehen: „Wenn Kulturprofil X, dann Verhalten Y". Die Landeskultur determiniert das Verhalten nicht; sie erhöht nur die Wahrscheinlichkeit, dass unter Mitwirkung zahlreicher Randbedingungen bestimmte kulturkonforme Verhaltensweisen auftreten.

Framing: Einbetten („Rahmung") von Informationen in ein Bedeutung stiftendes Umfeld

Um diese These zu überprüfen, haben Briley/Aaker (2006) Studenten einer kalifornischen Universität unterschiedlicher ethnischer Herkunft (Nordamerika, Asien) mehrere Werbeanzeigen für einen Grapefruitsaft präsentiert. Anschließend sollten die Probanden angeben, wie wirksam ihrer Meinung nach die jeweilige Werbebotschaft ist. Einige Botschaften waren positiv „geframt", andere negativ.
- Positiver Frame („Gewinnframe") = Nutzenversprechen (z.B. frisches, fruchtiges Geschmackserlebnis)
- Negativer Frame („Verlustframe") = Reduktion des Risikos einer Herz- oder Krebserkrankung (z.B. durch regelmäßigen Genuss des beworbenen Grapefruitsafts).

Weiterhin wurde die Intensität der Informationsverarbeitung variiert. Ein Teil der Probanden hatte Gelegenheit, die Werbeanzeigen eingehend zu betrachten, ein anderer nur flüchtig. Die von den Wissenschaftlern vorhergesagten Unterschiede – Probanden nordamerikanischer Herkunft erscheinen die positiv geframten Anzeigen überzeugender und den Probanden asiatischer Herkunft die negativ geframten Anzeigen – traten nur unter der Bedingung einer flüchtigen Informationsverarbeitung auf, nicht jedoch bei eingehenderer Informationsverarbeitung. Wichtiger als der Nachweis des Framing-Effekts (vgl. A-3.4.2.1) erschien *Briley & Aaker* die Möglichkeit, anhand ihrer Studie zu klären, wie die Landeskultur das Fühlen und Denken der Menschen beeinflusst. Demzufolge greifen Menschen in Low Involvement-Situationen oder wenn sie nur Gelegenheit zu peripherer, d.h. flüchtiger Informationsverarbeitung haben, auf kulturell geprägte implizite kollektive Theorien über die zu erklärenden Sachverhalte zurück ('general cultural knowledge'). Dagegen verlassen sich viele in High Involvement-Situationen oder bei zentraler, d.h. eingehender Informationsverarbeitung eher auf ihre eigenen Erfahrungen ('personal knowledge') als auf ihr kulturelles Erbe.

Subkulturen

> **Definition Subkultur**
> Teilgruppen einer Gesellschaft, in denen wesentlich andere Normen und Werte gelten als in der Mehrheitsgesellschaft

Die Landeskultur reflektiert den Wertekonsens der Mehrheitsgesellschaft. In Abgrenzung zum sog. Mainstream bilden sich häufig Untergruppen, die ihre Identität daraus beziehen, dass sie die Werte der Mehrheitsgesellschaft ablehnen und ihre eigenen Werte entwickeln. „Konsumkritische" bspw. sind eine typische Subkultur von Konsumgesellschaften. Aus religiösen bzw. entwicklungspolitischen Gründen oder weil sie die Umwelt schützen wollen, lehnen sie den konsumorientierten Lebensstil der Mehrheit ab und versuchen, ihren persönlichen Bedarf auf das Lebensnotwendige zu beschränken (vgl. Hoffmann/Lee 2016).

Soziale Schichtung

Die gemeinhin als „westliche Welt" bezeichneten Industriegesellschaften profitieren davon, dass ihre Sozialstruktur weitaus durchlässiger ist als die der traditionellen Gesellschaften. So erschwert das offiziell abgeschaffte, tatsächlich aber immer noch wirksame, Jahrtausende alte und im Hinduismus verankerte Kastensystem das sozio-ökonomische Leben Indiens (vgl. Haller/Schaffmeister 2018, S. 156 f.). Beispielsweise sind nach wie vor Speisen, die Angehörige der untersten Kaste („Unberührbare") zubereitet haben, für Angehörige der oberen Kasten unrein und von diesen zu meiden. Vor noch nicht allzu langer Zeit durften selbst Familienmitglieder, wenn sie unterschiedlichen Kasten angehörten, Mahlzeiten nicht gemeinsam einnehmen (vgl. Heidhof 2014, S. 4).

Kastensystem: Überzeugung, dass jeder Mensch unveränderlich in eine bestimmte soziale Schicht hineingeboren wird

2.2.2 Engeres Umfeld

Soziale Bezugsgruppen

Gemäß der Theorie der sozialen Vergleichsprozesse streben Menschen nach Selbsterkenntnis. Sie wollen wissen, „wer sie sind" (vgl. Festinger 1954). Ein wichtiges Instrument der Selbsterkenntnis sind soziale Vergleiche. Geeignete Vergleichspersonen sind Menschen, mit denen man sich identifizieren kann, deren Urteil einem wichtig ist etc. Wenn ich weiter springe, schneller laufe etc. als relevante Vergleichspersonen, dann bedeutet dies, dass ich sportlich bin. Und wenn ich einen komplizierten Sachverhalt schneller als andere verstehe, dann bin ich vermutlich intelligent. Gewinnen Menschen allerdings den Eindruck, dass es anderen besser ergeht als ihnen selbst, dann empfinden viele Neid (vgl. C-5.3.2.2).

Familienstruktur

In vielen europäischen Großstädten leben mittlerweile mehr Ein- als Zwei- oder Mehr-Personen-Haushalte. In den vergangenen 50 Jahren stieg in Deutschland der Anteil der Single-Haushalte von 23,9 % (= 1966) auf 41,1 % (= 2016). Europaweit besteht diesbezüglich ein ausgeprägtes Nord/Südgefälle (vgl. Tab. 3).

Tab. 3: Anteil der Ein-Personen-Haushalte in Europa (2016, in %)

Schweden	52	Österreich	37	Großbritannien	31	Zypern	24
Litauen	43	Luxemburg	36	Griechenland	31	Irland	24
Dänemark	41	Slowenien	35	Tschechien	30	Kroatien	24
Finnland	41	Frankreich	35	Belgien	29	Polen	23
Deutschland	41	Lettland	34	Bulgarien	29	Slowakei	22
Estland	38	Ungarn	33	Rumänien	27	Portugal	22
Niederlande	37	Italien	33	Spanien	25	Malta	20

Quelle: Eurostat, Destatis 2017

Dieser Strukturwandel verändert zahlreiche Lebensbereiche, u.a. die Nachfrage nach Sach- und Dienstleistungen. Da in zahlreichen Single-Haushalten grundsätzlich nicht mehr oder nur noch am Wochenende gekocht wird, boomen Außer-Haus-Verzehr, Tankstellenverkauf und andere unkonventionelle Vertriebskanäle (z.B. Lieferservice). Zudem haben Alleinstehende einen überproportionalen Bedarf an haushaltsnahen Dienstleistungen (z.B. Reinigungs- und Bügelservice).

Soziale Rolle & Status

Angehörige von kollektivistischen Gesellschaften, die Machtdistanz akzeptieren, sind gewöhnlich statusbewusst (vgl. B-3.3.3.2). Deshalb neigen beispielsweise russische Verbraucher zu demonstrativem Konsum (vgl. de Mooij 2019, S. 194f.). Sie präferieren „Güter, deren Konsum von anderen bemerkt wird und die den sozialen Status des Konsumenten anzeigen oder aufwerten" (Kroeber-Riel/Gröppel-Klein 2019, S. 177). Folglich können Anbieter von Premiummarken und Luxusangeboten aller Art in Ägypten, China, Guatemala und anderen kollektivistisch-machtdistanten Märkten mit einer überdurchschnittlichen Kauf- und Zahlungsbereitschaft der Konsumenten rechnen (vgl. D-4.5).

2.2.3 Soziodemografische Einflussfaktoren

Alter

Kulturen unterscheiden sich nicht zuletzt darin, welchen Stellenwert sie der Jugend und welchen dem Alter beimessen. Das Spektrum reicht vom Jugendkult individualistischer Gesellschaften bis hin zur ⇒ Ahnenverehrung in ⇒ animistischen und ⇒ konfuzianischen Gesellschaften (vgl. Müller/Gelbrich 2014, S. 234). Für die soziale Dynamik einer Gesellschaft ist es wesentlich, ob die Mehrzahl der Bevölkerung den „besten, angesehensten etc. Lebensabschnitt" noch vor (= das Alter) oder bereits hinter sich hat (= die Jugend). Abgesehen von derart grundsätzlichen, kulturtheoretisch erklärbaren Phänomenen ist die Altersstruktur der Verbraucher für die Unternehmen aus vielerlei Gründen bedeutsam:

- Demografischer Wandel: Steigende Lebenserwartung und abnehmende Geburtenrate sorgen dafür, dass der Anteil der Alten an der Bevölkerung überproportional wächst (vgl. Abb. 3). Für die Unternehmen folgt daraus, dass sie sich auf eine veränderte Nachfrage einstellen müssen (z.B. vermehrter Bedarf an Gesundheits- und Vorsorgeprodukten, Gruppenreisen etc.).

Animismus: Urform menschlicher Religiosität, in der beseelte Objekte, Geister und Ahnen eine wichtige Rolle spielen

Abb. 3: Anteil der Ü-60jährigen (in %)

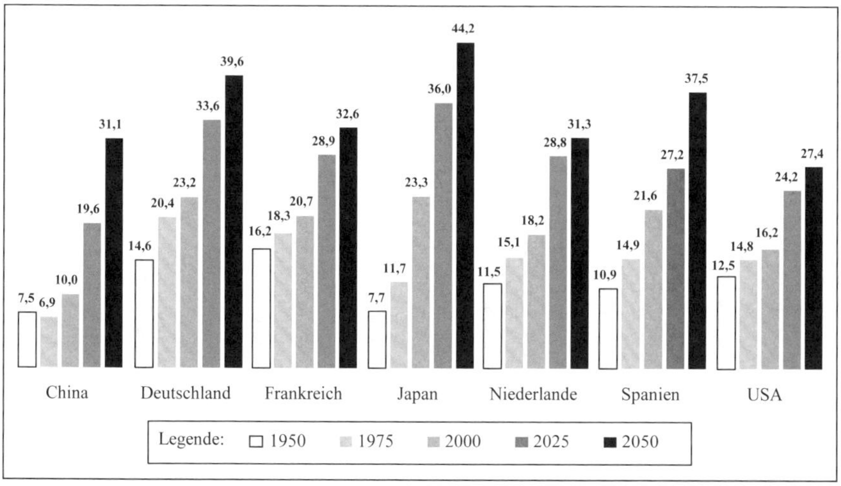

Land	1950	1975	2000	2025	2050
China	7,5	6,9	10,0	19,6	31,1
Deutschland	14,6	20,4	23,2	33,6	39,6
Frankreich	16,2	18,3	20,7	28,9	32,6
Japan	7,7	11,7	23,3	36,0	44,2
Niederlande	11,5	15,1	18,2	28,8	31,3
Spanien	10,9	14,9	21,6	27,2	37,5
USA	12,5	14,8	16,2	24,2	27,4

Quelle: OECD Factbook

Kohorte: Gruppe von Individuen, die innerhalb eines bedeutsamen Lebensabschnittes denselben kritischen Lebensereignissen ausgesetzt waren

- Alterseffekt: Anders als das biologisch-physiologische Defizitmodell es unterstellt, darf man sich Altern nicht als den gesetz- und gleichmäßigen Abbau körperlicher Funktionen vorstellen, sondern als einen höchst individuellen Vorgang. Deshalb sollte für Unternehmen das subjektive bzw. „gefühlte" Alter ihrer Kunden maßgeblich sein und nicht deren biologisches Alter (vgl. Kroeber-Riel/Gröppel-Klein 2019, S. 5).
- Kohorteneffekt: Jüngere kaufen häufiger in Online-Shops ein, 40–60jährige beim Discounter und ältere Konsumenten in Fachgeschäften. Kann man daraus schließen, dass die heute 20–30jährigen in 30, 40 Jahren auch bevorzugt in Fachgeschäften einkaufen werden? Sicher nicht. Denn in diesem

Konfundierung: Unauflösbare Vermengung von unabhängiger Variable (z.B. Alter) und anderen Einflussgrößen (z.B. Lebenserfahrung)

Fall ist der Alterseffekt mit dem Kohorteneffekt konfundiert (vgl. Hoffmann/Akbar 2016, S. 126 f.). In 30, 40 Jahren werden die dann 60jährigen Konsumenten nicht „altersgemäß" in Fachgeschäften, sondern „erfahrungsgemäß" in digitalen Vertriebskanälen einkaufen, da sie – anders als die heute 60jährigen – während ihrer Sozialisation als Konsumenten den Umbruch von der analogen zur digitalen Welt (Medien, Infrastruktur etc.) miterlebt haben.

Eine wichtige Kohorte sind die Generationen, weshalb bisweilen auch vom Generationeneffekt gesprochen wird. Die idealistische Grundhaltung etwa, welche der Generation der Babyboomer zugesprochen wird, lässt sich mit der allgemeinen Euphorie der Wirtschaftswunderjahre erklären, während derer diese Altersgruppe ihre frühe Jugend erlebt hat. Den Angehörigen der Generation X wiederum wird als Kindern der ersten Nachkriegswirtschaftskrise ein gewisser Skeptizismus nachgesagt (vgl. Tab. 4). Für Angehörige der Generation Y, die sog. Millennials, ist ein ausgeprägtes Bedürfnis nach Einzigartigkeit charakteristisch (vgl. C-6.5.1). Es sorgt bspw. dafür, dass amerikanische und taiwanesische Millennials einander in ihrer Einkaufsstättenwahl ähnlicher sind, als man angesichts ihrer unterschiedlichen kulturellen Orientierung erwarten könnte (vgl. Rajamma et al. 2010). Und von der Generation Z heißt es, sie strebe nach größtmöglicher Flexibilität und Ungebundenheit (vgl. Scholz 2014).

Babyboomer: Geburtenstarke Jahrgänge der zwischen 1955 und 1969 Geborenen

Tab. 4: Generationen der Nachkriegszeit

	Babyboomer	Generation X	Generation Y	Generation Z
Geburtsjahr	ab 1950	ab 1965	ab 1980	ab 1995
Grundhaltung	Idealismus	Skeptizismus	Optimismus	Realismus
Hauptmerkmal	Selbsterfüllung	Perspektivlosigkeit	Leistungsbereitschaft	Streben nach größtmöglicher Flexibilität
Einkaufsverhalten	Höchste jährliche Ausgaben aller Gruppen, bevorzugen lokale Geschäfte	Starker subjektiver Zeitdruck, eher geplante Einkäufe	Impulskäufe, Online-Shopping, geben Online-Referenzen ab	Smart-Phone, Social Media, individualisierte, smarte Angebote

Quelle: Hoffmann/Akbar (2016, S. 128); Mattauch (2017)

Ethno-Food: Gerichte und Zutaten aus anderen Weltregionen

Die Generation Y, die heute 30- bis 40-Jährigen, ist weit gereist und liebt Ethno-Food. Viele von ihnen sind umwelt- und gesundheitsbewusst, weshalb sie sich für vegetarische und vegane Mahlzeiten interessieren.

> **Beispiel:** „Millennials wollen nicht 20 Minuten im Supermarkt herumlaufen und dann Schlange stehen. Sie möchten auch die Essensbeschaffung möglichst so erledigen, wie sie andere Dinge erledigen – per App. (…) Markennamen sind ihnen zwar nicht egal, wenn sie sich aber zwischen einer Marke und bspw. einer bequemen Lieferung entscheiden müssen, wählen sie im Zweifel die Bequemlichkeit" (Hulverscheidt 2019, S. 25).

2.2 Überblick über das Konsumentenverhalten

Beruf & Einkommen

Gesellschaften unterscheiden sich u.a. durch den Anteil der Jugendlichen, die keine adäquate Schul- bzw. Berufsausbildung erhalten und längerfristig arbeitslos sind. Dass diese 'lost generation' auch als Konsumenten weitgehend ausfällt, lässt sich seit der Finanz- und Bankenkrise vermehrt in den westlichen Mittelmeerländern beobachten. In Griechenland und Spanien bspw. waren in den Jahren 2004–2014 über 50 % der 15- bis 24-Jährigen arbeitslos, während die Niederlande (= 12,7 %), Dänemark (= 12,6 %), Malta (= 11,7 %), Österreich (= 10,3 %) und Deutschland (= 7,7 %) deutlich unterhalb des EU28-Durchschnitts von 22,2 % lagen.

EU-28: Europäische Union mit 28 Mitgliedsstaaten

Lebensstil

> **Definition Life Style**
> "Refers to the overall manner in which people live and spend time and money. They are a function of consumers' motivation and prior learning, social class, demographics and other variables. Life style is also a summary construct reflecting consumers' values" (Wind/Green 1974, S. 106; Wind 1971, S. 302).

Die Art und Weise, wie Menschen durch ihr Konsum-, Freizeit- und Mediennutzungsverhalten ihrem Selbstbild sichtbaren Ausdruck verleihen, wird als Lebensstil bezeichnet. Wer sich bspw. selbst als risikofreudig wahrnimmt, wird dies durch einen risikofreudigen Lebensstil demonstrieren und sich etwa eher für Drachenfliegen als für Joga begeistern, lieber in Aktien als in Festgeld investieren und Vorsorgeuntersuchungen ablehnen. Die Lebensstilforschung untersucht, wie die ökonomischen (z.B. Konjunktur) und sozialen Verhältnisse (z.B. Wertewandel) die Lebensführung sowie die damit verbundenen individuellen „Lebensäußerungen" (z.B. Freizeitverhalten) beeinflussen (vgl. Otte 2005).

Wertewandel: Verdrängung etablierter, konservativer Werte (z.B. Pflichtbewusstsein) durch „moderne", liberale Werte (z.B. Selbstentfaltung)

Dabei hat man bspw. erkannt, dass Franzosen sich nicht nur zuhause und in traditionellen Restaurants, sondern paradoxerweise auch in Fast Food-Restaurants mehr Zeit für das Mittagessen nehmen (täglich 100 Min.) als Amerikaner (täglich 60 Min.). Pariser Gäste von *McDonalds* verweilen dort durchschnittlich 22 Min. und verspeisen dabei einen kleineren Burger als Besucher dieses Restauranttyps in Philadelphia (USA), die in durchschnittlich 14 Min. einen fast doppelt so schweren Burger essen (vgl. www.berkeley-wellness-report.de; 5.1.2012). Erklären lässt sich dieser Unterschied mit dem generellen ⇒ Lebenstempo, vor allem aber mit dem in Ernährungsfragen genussorientierten Lebensstil vieler Franzosen und dem convenience-orientierten Lebensstil von Amerikanern.

Convenience: engl. = Bequemlichkeit

> **Beispiel:** Die französische Küche gilt vielen als die Krönung der Kochkunst. 2010 hat die *UNESCO* „die kulturelle Bedeutung der französischen Küche bestätigt. Diese Unterorganisation der *Vereinten Nationen* schützt die 'Cuisine Française' als immaterielles Weltkulturerbe" (www.essen-und-trinken.de/news/77880-rtkl-unesco-ehrt-franzoesische-kochkuenste).

2.2.4 Psychografische Einflussfaktoren

Soziale Wahrnehmung

Heuristik: Einfache Entscheidungsregel, welche zwar nicht optimale, zumeist aber gute Entscheidungen ermöglicht

Halo-Effekt: Abfärben des Gesamteindrucks auf die Beurteilung einzelner Eigenschaften

Wie nehmen wir andere Menschen wahr? Wie deren Ansichten, Motive, Verhaltensweisen etc.? Mangels verlässlicher Informationen werden derartige Urteile häufig simplifizierend anhand von Heuristiken, ⇒ Schemata und impliziten Persönlichkeitstheorien gefällt (vgl. C-2.2). „Wir sehen eine Person an – und sofort formt sich wie von selbst ein bestimmter Eindruck ihres Charakters. Ein Blick, wenige Worte genügen, um uns einen ganzen Roman über eine hoch komplexe Angelegenheit zu erzählen" (Werth/Mayer 2008, S. 149). Mit diesen Worten beschrieb Asch (1946), einer der Wegbereiter der Sozialpsychologie, das Phänomen des ersten Eindrucks. Aus wenigen Informationen formen wir in Sekundenbruchteilen ein umfassendes Persönlichkeitsbild von Menschen, die uns vollkommen fremd sind. Allerdings ist dieses Grundprinzip der sog. Eindrucksbildung anfällig für verschiedene Wahrnehmungsverzerrungen, u.a. den Halo-Effekt. In der klassischen Studie von Bruner et al. (1958, S. 280) beschrieb mehr als die Hälfte der Probanden eine Person, von der es hieß, sie sei „intelligent", als aktiv, ehrlich und zuverlässig. Eine als „rücksichtslos" vorgestellte Person erschien ihnen hingegen reizbar, kalt, unzuverlässig etc.

Zu den wichtigsten Befunden der Social Perception-Forschung zählt die Erkenntnis, dass körperlich attraktive Menschen als überdurchschnittlich erfolgreich, vertrauenswürdig etc. angesehen werden. Das Schön ist gut-Stereotyp ist universell nachweisbar (vgl. C-1.6.1). Allerdings aktiviert es entsprechend dem jeweiligen kulturellen Umfeld andere, d.h. kulturspezifische Werte, Überzeugungen etc. So beschrieben in einer Studie von Wheeler/Kim (1997) südkoreanische Studenten attraktive Menschen als integer und besorgt um andere (d.h. sozial engagiert), während amerikanische Studenten körperliche Attraktivität mit Stärke, Erfolg etc. assoziierten. Erklären lässt sich dieser Unterschied mit der jeweiligen kollektiven Orientierung. Koreaner legen allergrößten Wert auf soziale Harmonie, individualistische Gesellschaften wie die USA auf Leistung.

Selbstkonzept

Die Vorstellung, die Menschen in einer Gesellschaft von sich selbst haben (vgl. C-6.3), steht in Wechselwirkung mit dem jeweiligen Geschlechterstereotyp wie auch mit der Landeskultur. In individualistischen, ökonomisch prosperierenden Gesellschaften hat die Dualität der Geschlechter wesentlich an Bedeutung verloren, weshalb dort die traditionelle Vorrangstellung des Mannes mehr und mehr in Frage gestellt wird. Dies gilt vor allem für eine Unterkategorie des individualistischen Kulturkreises: die individualistisch-femininen Gesellschaften, die sich in Nordeuropa entwickelt haben (vgl. B-2.3.3.4). Kollektivistische Gesellschaften hingegen stellen die Privilegien der Männer bislang kaum in Frage (⇒ Individualismus vs. Kollektivismus).

Wie Politologen nachweisen konnten, unterscheidet sich der islamische vom westlichen Kulturraum nicht nur durch die Akzeptanz bzw. Ablehnung demokratischer Prinzipien und Institutionen, sondern vor allem durch Art und Intensität des Geschlechterstereotyps (vgl. Abb. 4). Unterstützt wird dieser Befund durch die *GLOBE*-Studie (vgl. B-3.6). Auf der Kulturdimension „Gender Egalitarianism" rangieren Ägypten (= 3,34), Katar (= 3,49) sowie Kuwait (= 3,50) am unteren Ende der Werteskala ('values') und Dänemark (= 5,20), Großbritannien (= 5,20) sowie Schweden (= 5,19) am oberen Ende.

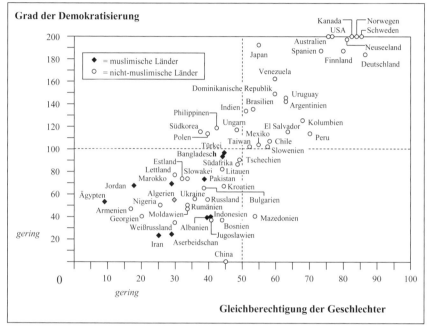

Abb. 4: Einstellungen zu Demokratie & Geschlechtergleichheit

Quelle: Inglehart/Norris (2003, S. 67)

2.2.5 Biologische Einflussfaktoren

Nicht nur äußerlich, sondern bspw. auch in ihrem Kaffeekonsum (Einstellungen und Intensität) ähneln eineiige Zwillinge einander mehr als zweieiige Zwillinge (vgl. Vink et al. 2009). Derartige Befunde sprechen dafür, dass ein Teil des Konsumentenverhaltens genetischen Einflüssen unterliegt. So benötigen hellhäutige Menschen mehr Sonnenschutz als dunkelhäutige Menschen. Und wer auf „auf großem Fuß lebt", muss aus einem überaus begrenzten Schuhsortiment auswählen. Selbst die Bereitschaft, ökonomische Risiken einzugehen, ist in erheblichem Maße biologisch vorgegeben (vgl. Zhong et al. 2009). Gleiches gilt für die Verträglichkeit von Milcherzeugnissen.

> **Beispiel:** 80 bis 100 % der Bevölkerung Westeuropas und der angelsächsischen Länder bilden genetisch bedingt ausreichend Lactase – ein Enzym, das der menschliche Stoffwechsel benötigt, um Milchzucker in Glukose und Galaktose aufzuspalten. Dies wiederum ist Voraussetzung dafür, Milch und Milchprodukte ohne schädliche Gärungsprozesse zu verdauen. In Asien, Afrika und weiten Teilen Südamerikas herrscht hingegen weitgehender Lactase-Mangel, weshalb dort Milch und Milchprodukte in wesentlich geringerem

Umfang konsumiert werden als in Westeuropa. In Osteuropa sowie Kanada liegt die Lactoseverträglichkeit bei 60–80 % und in Südeuropa sowie Mexiko bei 40–60 %.

2.2.6 Situative Einflussfaktoren

Kaufkraft

Zentral für das Konsumverhalten ist das verfügbare Einkommen. Selbst innerhalb Europas ist das Kaufkraftgefälle gewaltig. Während 2017 jedem Luxemburger hierfür durchschnittlich 32.681 € pro Jahr zur Verfügung standen, mussten Rumänen mit 12.798 € auskommen und Bulgaren gar mit nur 10.875 € auskommen. Als generelle Tendenz zeigt sich: In den deutschsprachigen und den skandinavischen Ländern ist das verfügbare Einkommen überdurchschnittlich groß (vgl. D-6.5). Allerdings kann man dieser Maßzahl nicht unmittelbar entnehmen, welcher Anteil jeweils auf den Konsum entfällt. Zu beachten ist auch die Sparquote. Sie ist in Ländern, in denen ein leistungsfähiger Sozialstaat für den Einzelnen die wichtigsten Lebensrisiken trägt, wesentlich geringer (z.B. Deutschland = 10 %) als in Ländern wie China (= 40 %), in denen jeder weitgehend selbst für seine Alters- und Gesundheitsvorsorge sowie die Ausbildung der Kinder verantwortlich ist.

Verfügbares Einkommen: Anteil des Einkommens (Arbeitsentgelte, Kapitaleinkünfte, Sozialtransfer), der für Konsum und Ersparnisse zur Verfügung steht

Gewohnheiten

Ob *IKEA* den indischen Markt mit seinen 1,3 Mrd. potentiellen Kunden wird erobern können, hängt auch davon ab, ob es den Schweden gelingt, den Kaufgewohnheiten der Inder Rechnung zu tragen, ohne allzu große Abstriche an ihrer standardisierten Markterschließungsstrategie vorzunehmen – bspw. im Service. Da Gewohnheiten hochgradig änderungsresistent sind, wird es an *IKEA* sein, sich anzupassen.

> **Beispiel:** Markterkundungsuntersuchungen haben gezeigt, dass Inder in 95 % der Fälle ihre Möbel in kleinen Nachbarschaftsläden erwerben und es gewohnt sind, die Ware von hauseigenen Handwerkern geliefert und aufgebaut zu bekommen. In diesem Umfeld, in dem Dienstleistungen unverzüglich und kostengünstig erhältlich sind, bietet *Ikeas* Do-It-Yourself-Konzept für sich genommen keinen nennenswerten Anreiz. Deshalb hat *IKEA* für seine erste Filiale in Hyderabad 150 Aufbauhelfer eingestellt. Weiterhin vermittelt das Unternehmen Tischler, die äußerst preiswert im Haus der Kunden alle notwendigen Anpassungsarbeiten vornehmen, und lässt erschöpfte Kunden mitsamt ihren Einkäufen mit einer blau-gelb lackierten und mit Solarstrom betriebenen Riksha nach Hause fahren (vgl. Putz 2018).

2.3 Analytische vs. verstehende Konsumentenforschung

2.3.1 Grundlagen

Reliabilität: Formale Genauigkeit eines Messverfahrens (= Zuverlässigkeit der Messung)

Dieses Lehrbuch gibt den Erkenntnisstand der experimentellen Konsumentenforschung wieder. Deren ⇒ Paradigma besagt, dass wissenschaftliche Aussagen auf den Ergebnissen von Versuchsanordnungen basieren sollten, die eine Reihe von Gütekriterien erfüllen: Objektivität, Reliabilität, Validität, Replizierbarkeit. Als Gegenbewegung zu diesem tendenziell naturwissenschaftlichen Selbstverständnis formierte sich in den 1980er-Jahren die verste-

2.3 Analytische vs. verstehende Konsumentenforschung

hende Konsumentenforschung. Deren Anhänger kritisierten die Laborbedingungen der experimentellen Forschung als wirklichkeitsfremd. Realitätsnäher seien Feldforschung und das Bestreben, Konsumentenverhalten umfassend zu verstehen und zu interpretieren (vgl. z.B. Belk 1995; Hirschman 1989).

> „One general way in which we classify consumer research is in terms of the fundamental assumptions the researchers make about what they study and how to study it. We call a set of beliefs that guide our understanding of the world a paradigm. (…) The basic set of assumptions underlying the dominant paradigm at this point in time is positivism or modernism (…). It emphasizes that human reason is supreme and that there is a single, objective truth that science can discover. Positivism encourages us to stress the function of objects, to celebrate technology, and to regard the world as a rational, ordered place with a clearly defined past, present, and future. The newer paradigm of interpretivism (or postmodernism) questions these assumptions. Proponents of this perspective argue that our society emphasizes science and technology too much, and they feel that this ordered, rational view of behavior denies or ignores the complex social and cultural world in which we really live. (…) Interpretivists instead stress the importance of symbolic, subjective experience, and the idea that meaning is in the mind of the person" (Solomon 2018, S. 46 f.).

Postmoderne: Epoche bzw. Entwicklungsabschnitt „nach" der Moderne

Weiterhin kritisierten die verstehenden Konsumentenforscher (vgl. hierzu ausführlicher Kroeber-Riel/Gröppel-Klein 2019, S. 16 ff.):
- Die experimentelle Mainstream-Forschung werde aus der Perspektive von Unternehmen und zu deren Nutzen betrieben. Erforderlich sei ein dezidiert konsumentenorientierter Ansatz.
- Die quantitativen Forschungs- und Analysemethoden des experimentellen Ansatzes „kratzten nur an der Oberfläche" des Forschungsobjektes. Konsumentenverhalten könne in seiner Komplexität und Tiefe nur mit Hilfe von qualitativen Methoden hinreichend erfasst werden (z.B. Fokusgruppen, Tiefeninterview, projektive Verfahren, Metaphor Elicitation Technique, Konsumentenverhaltensodyssee).

Ist Verstehen nun eine Wissenschaft oder eine Kunst? Wer Objektivität und damit eines der wichtigsten Kriterien des traditionellen Wissenschaftsverständnisses als Maßstab nimmt, wird der verstehenden Konsumentenforschung vermutlich den Status einer Wissenschaft absprechen. Denn Verstehen ist ein höchst subjektiver, nicht reproduzierbarer Vorgang, und die Ergebnisse dieser Introspektion hängen von der nicht lehrbaren Intuition des Verstehenden ab. Zwar sei es durchaus möglich, dass die verstehende Konsumentenforschung zu Einsichten gelange, welche dem ⇒ positivistischen Ansatz nicht zugänglich sind. Aber sie sei eben dennoch keine Wissenschaft, sondern eine Kunst.

Objektivität: Zeit- und personenunabhängige Reproduzierbarkeit von Untersuchungsbefunden

Introspektion: Innenschau, Selbstbeobachtung

Am Beispiel der Studie von Belk et al. (2005) könnten Befürworter der verstehenden Richtung allerdings erläutern, warum ihr Forschungsansatz durchaus einen Mehrwert an Erkenntnis bieten kann. Die positivistische Forschung zum prosozialen Konsumentenverhalten leidet bekanntlich in besonderem Maße unter der Einstellungs/Verhaltens-Diskrepanz (vgl. C-7.2). Verhielten sich Menschen so umweltbewusst, wie sie in Umfragen vorgeben, es zu tun bzw. anzustreben, dann wäre der ökologische Fußabdruck unserer Gesellschaft weitaus kleiner, als er es tatsächlich ist. Ganz anders die Verbraucher aus acht Ländern, die *Belk et al.* in ausführlichen Tiefeninterviews zu ethischen Implikationen ihres Konsumverhaltens haben befragen las-

Prosoziales Konsumentenverhalten: Bereitschaft, durch den eigenen Konsum diverse soziale Anliegen (z.B. Umweltschutz) zu unterstützen

sen. Die meisten gaben mehr oder minder unumwunden zu, dass sie sich in ihrer Rolle als Konsumenten wenig für Umweltschäden, ausbeuterische Arbeitsbedingungen oder Diebstahl geistigen Eigentums interessieren. Ihr Augenmerk gelte dem Ziel, ein für sie günstiges Preis/Leistungsverhältnis zu erlangen. Dass ihr verstehender Untersuchungsansatz ein realistischeres Bild moralischen Verhaltens von Konsumenten ermögliche, begründeten *Belk et al.* folgendermaßen: Es ist leichter, in einem standardisierten Fragebogen sozial erwünschte Antworten zu geben, als sich in einem halbstündigen vielschichtigen Interview konsistent den Anschein eines verantwortungsbewussten Konsumenten zu geben, dem ethischer Konsum so sehr am Herzen liegt, dass er für nachhaltig produzierte Erzeugnisse auch nötigenfalls mehr zu zahlen bereit ist.

2.3.2 Consumer Culture Theory

Mit dieser theoretischen Grundüberzeugung entwickelten Belk et al. (2013), Joy/Li (2012), Askegaard/Linnet (2011) und zahlreiche weitere Wissenschaftler die Consumer Culture Theory (CCT). Sie betrachten Konsum als ein vorwiegend soziokulturelles Phänomen und nicht, wie die Vertreter der positivistischen Richtung, als ein primär ökonomisches Phänomen (z.B. als Ergebnis eines rationalen Kosten/Nutzenkalküls). Von der Landeskulturforschung, die im Mittelpunkt dieses Lehrbuches steht, unterscheidet sich CCT durch ein andersartiges Verständnis von Kultur. Diese begreift sie nicht als „Gesamtheit der von der weit überwiegenden Mehrzahl der Angehörigen einer Gesellschaft geteilten Normen und Werte" (= konstruktivistische Definition; vgl. B-1.1), sondern als „einen teilweise vorgegebenen, teilweise immer neu verhandelten Rahmen für mögliche Handlungen, Gefühle und Gedanken von Konsumenten" (Kroeber-Riel/Gröppel-Klein 2019, S. 17). Weiterhin bestehen folgende gravierende Unterschiede zwischen CCT und IKKV:

- IKKV begreift Kultur als ein prinzipiell mess- und quantifizierbares Phänomen. Im Forschungsdesign dient sie als unabhängige Variable oder Moderatorvariable. Es wird bspw. untersucht, ob Angehörige von maskulinen Kulturen aggressiver feilschen als Angehörige von femininen Kulturen (vgl. B-3.3.3.4).
- CCT: Ohne dass sie es so benennen würden, betrachten Vertreter der verstehenden Richtung Kultur als abhängige Variable, als Ergebnis der Auseinandersetzung der Konsumenten insb. mit den symbolischen Erscheinungsformen der Welt des Konsums.

Eine Gemeinsamkeit ist allerdings bemerkenswert: Indem sie den Fokus auf die unmittelbar sichtbaren kulturellen Praktiken legt (insb. Rituale, Helden und Symbole), ähnelt das Erkenntnisobjekt der CCT dem des deskriptiven Ansatzes der Landeskulturforschung (vgl. B-2).

> „Rather than viewing culture as a fairly homogenous system of collectively shared meanings, ways of life, and unifying values shared by a member of society (e.g., Americans share this kind of culture; Japanese share that kind of culture), CCT explores the heterogeneous distribution of meanings and the multiplicity of overlapping cultural groupings that exist within the broader sociohistoric frame of globalization and market capitalism. Consumer Culture denotes a social arrangement in which the relations between lived culture and social resources, and between meaningful ways of life and the symbolic and

material resources on which they depend, are mediated through markets" (Arnould/Thompson 2005, S. 869).

Die CCT befasst sich im weitesten Sinn mit den Kontextbedingungen und der symbolischen Bedeutung von Konsum sowie den Erfahrungen, die Verbraucher beim Erwerb, dem Besitz bzw. Verbrauch von Gütern aller Art sammeln. Schwerpunkt der Forschung waren bislang die hedonistischen, ästhetischen und rituellen Aspekte von Konsum. Wie dekodieren Verbraucher die symbolische Bedeutung der Konsumwelt (z.B. Werbefiguren, Marken, Einkaufsstätten) und nutzen diese, um ihrer Identität und ihrem ⇒ Lebensstil sichtbaren Ausdruck zu verleihen?

dekodieren: entschlüsseln

Konsumenten werden als Identitätssucher und -gestalter begriffen. Das Marktgeschehen dient ihnen als wichtige Quelle mystisch-symbolischer Ressourcen und Konsum als eine der, wenn nicht die wichtigste Ausdrucksform menschlicher Existenz. Ein weiteres Forschungsfeld von CCT befasst sich mit der Frage, wie die soziale Rolle (bspw. Schichtzugehörigkeit) von Konsumenten deren Konsumverhalten und Rezeption der Konsumwelt beeinflusst (vgl. Arnould/Thompson 2005).

Auch wenn es so klingen mag: Das Konzept der „Global Consumer Culture", das wir an anderer Stellen ausführlicher erörtern (vgl. A-5.3), ist nicht Teil der CCT.

3 Modelle des Konsumentenverhaltens

3.1 Allgemeine Modelle des Konsumentenverhaltens

Wissenschaftliches Modell: Vereinfachtes, strukturelles Abbild der Wirklichkeit

Total- und Partialmodelle unterscheiden sich durch ihren Abstraktionsgrad und den Ausschnitt des Erkenntnisobjektes, der analysiert wird. Totalmodelle wie das *Blackwell*-Modell oder das *Howard/Sheth*-Modell erheben den Anspruch, das gesamte Konsumentenverhalten unter Berücksichtigung aller wichtigen Einflussfaktoren zu modellieren. Partialmodelle hingegen beschränken bzw. konzentrieren sich auf einen Ausschnitt des Erkenntnisobjektes (z.B. Kundentreue). Man kann die Erklärungsansätze aber auch danach unterscheiden, ob sie, wie die SR-Modelle, ausschließlich sichtbares Verhalten modellieren, oder, wie die SOR-Modelle, auch die inneren, unsichtbaren psychischen Prozesse der Entscheider (z.B. Erwartungen, Konflikte) in die Betrachtung einbeziehen (zu den SR- und SOR-Modellen vgl. Gelbrich et al. 2018, S. 34 f.).

SR-Modell: Stimulus/Response-Modell

SOR-Modell: Stimulus/Organismus/Response-Modell

3.1.1 Totalmodelle

Das Modell, welches Blackwell et al. (2005) entwickelt haben, unterteilt den idealen Kaufentscheidungsprozess in fünf Phasen:
- Problemerkennung: Weicht ihr Ist-Zustand signifikant vom Soll-Zustand ab, nehmen Verbraucher ein Bedürfnis wahr (z.B. Ist = Ich besitze keine vorzeigbare Garderobe; Soll = Ich möchte beim Vorstellungsgespräch

einen guten Eindruck hinterlassen; Bedürfnis = Ich benötige einen neuen Anzug).
- Informationssuche: Die für eine Kaufentscheidung relevanten Informationen werden intern (eigenes Wissen, Erfahrungen etc.) bzw. extern (Medien, Internet, Familie, Freunde sowie Beratung im Shop) beschafft und für eine Vorauswahl geeigneter Angebote genutzt.
- Bewertung von Alternativen: In der dritten Phase der Entscheidungsfindung beurteilen Konsumenten ihre Vorauswahl anhand von Kriterien, die ihnen wichtig sind (Preis, Qualität, Erscheinungsbild etc.).
- Kauf: Die eigentliche Kaufentscheidung besteht aus der Auswahl der Einkaufsstätte bzw. des Vertriebskanals (wo?), der Auswahl des Produkts (was?) sowie der Bewertung des Preises (wieviel?).
- Nachkaufphase: Nachdem der Konsument das Produkt verbraucht oder genutzt bzw. die Dienstleistung in Anspruch genommen hat, bewertet er die dabei gewonnenen Eindrücke (Nachkauf-Evaluation). Dem Confirmation/Disconfirmation-Paradigma zufolge sind Kunden zufrieden, wenn das Produkt oder die Dienstleistung ihre Erwartungen erfüllt (Confirmation) oder übertrifft (positive Disconfirmation; vgl. Oliver 1993). Unzufriedenheit kommt auf, wenn Erwartungen nicht erfüllt werden (negative Disconfirmation; vgl. D-7.1.2).

Evaluation: Systematische Bewertung eines Sachverhalts

State of the Art: Analog zu „Stand der Technik" aktueller Erkenntnisstand einer Wissenschaft (Methoden, Befunde etc.)

Der Erklärungsanspruch des nicht minder bekannten *Howard/Sheth*-Modells (vgl. Abb. 5) geht weit über den des *Blackwell*-Modells hinaus. Denn zusätzlich zu den Output-Variablen, auf die sich *Blackwell* und Kollegen beschränkt haben, modellierten Howard/Sheth (1969) die Interaktion von Input-Variablen (z.B. Qualitätsniveau) und hypothetischen Konstrukten (z.B. Aufmerksamkeit). Da es sich am allgemeinen S-O-R-Paradigma orientiert, erfüllt das *Howard/Sheth*-Modell für die Forschung eine wichtige integrative Funktion.

Abb. 5: Grundstruktur des Howard/Sheth-Modells des Konsumentenverhaltens

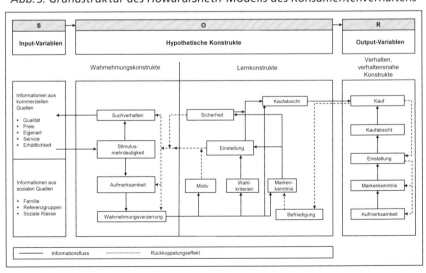

Quelle: Nieschlag et al. (2002, S. 630)

3.1 Allgemeine Modelle des Konsumentenverhaltens

Wie jedoch nicht zuletzt dieses Beispiel zeigt, ist der Versuch, alle denkbaren Einflussfaktoren des Konsumentenverhaltens in einem Modell abzubilden, zwar verdienstvoll, letztlich aber vergeblich. Verdienstvoll deshalb, weil ein „Überblick" umso wertvoller ist, je spezialisierter und kleinteiliger geforscht wird. Vergeblich, weil „total" ein unerfüllbarer Anspruch ist – allein schon deshalb, weil auch Totalmodelle nur den Erkenntnisstand widerspiegeln können, den eine Disziplin zum Zeitpunkt der Formulierung des Modells erreicht hat. So ist das Erklärungspotenzial des *Blackwell*-Modells wie auch des *Howard/Sheth*-Modells aufgrund des 'cognitive bias', dem die Forschung zwischen 1960 und 1980 unterlag, begrenzt. Wie Holbrook/Hirschman (1982) erstmals explizit und an prominenter Stelle *(Journal of Consumer Research)* kritisiert haben, sucht man den nicht minder bedeutsamen Einflussfaktor „Emotionen von Konsumenten" (vgl. C-5) in diesen Modellen vergebens. Gleiches gilt für die automatischen Prozesse: die nicht-willentlich und weitgehend unbewusst ablaufenden Anteile von Kaufentscheidungen (z.B. Impulskäufe; vgl. D-6.2).

Cognitive Bias: Übermäßige bzw. ausschließliche Würdigung kognitiver Prozesse (Wahrnehmen, Bewerten etc.)

> **Definition Automatic Processes**
> „Possess four distinguishing features: a lack of intention, of conscious awareness, and of control, as well as a great deal of efficiency in that these judgments occur without deliberative effort on the part of an individual and are immune to conditions that tax an individual's cognitive resources" (Peracchio/Luna 2006, S. 25).

3.1.2 Prozessmodelle

Anliegen der sog. Prozessmodelle ist es, Konsumentenverhalten in seinem Verlauf abzubilden und die Zeitkomponente zu berücksichtigen. Einige sind sehr allgemein und für die Forschung von geringem Wert, andere sehr speziell. Zu den allgemeinen Prozessmodellen zählt die Unterteilung des Informations- und Kaufprozesses in drei Phasen:
- Pre Sales-Phase (Bedürfnis, Informationsgewinnung),
- Sales-Phase (Kaufentscheidung, Transaktion),
- After Sales-Phase (Zufriedenheit, Kundentreue, Weiterempfehlung etc.).

Genutzt werden derartige Ablaufmodelle bspw., um die 'customer journey' zu ermitteln. Dazu ermittelt man in den verschiedenen Phasen die Kontaktpunkte, an denen der Kunde real oder medial mit dem Unternehmen Kontakt aufnimmt, und verbindet diese miteinander (vgl. Hoffmann/Akbar 2016, S. 8 f.). Ziel ist es zu erkennen, welchen Anteil die verschiedenen Kontaktpunkte an der Kaufentscheidung haben.

Customer Journey: „Weg", den Kunden bei ihrer Kaufentscheidung durchlaufen

Eher speziell ist bspw. das Zwei-Phasen-Modell von Raghubir/Krishna (1996). Sie gehen von einer Art Arbeitsteilung zwischen kognitiven und automatischen Prozessen aus: Entscheidungen werden demzufolge zunächst „automatisch vorgefertigt", um sodann in einer bewussten, kognitiv kontrollierten zweiten Phase präzisiert und endgültig festgelegt zu werden. Beispielsweise ziehen viele „automatisch" den kalorienreichen Burger dem gesunden Salat vor, obwohl sie letztlich wissen, dass sie sich damit längerfristig schaden. Denn zu dem impliziten Wissen, auf das Konsumenten bei automatischen Entscheidungen unbewusst zugreifen, zählt die evolutionstheoretisch be-

Evolutionstheorie: Lehre von der Entwicklung der Arten durch Anpassung an variierende Umweltbedingungen

gründbare 'unhealthy = tasty intuition' (vgl. Raghunathan et al. 2006). In Vorzeiten, als die Menschen regelmäßig Hunger litten, boten kalorienreiche Lebensmittel einen Überlebensvorteil, weshalb sie als „gut" und letztlich als „gut schmeckend" codiert und im kollektiven Unterbewussten verankert wurden. Nicht allen gelingt es bekanntlich, in der zweiten, der kognitiven Phase unter dem Eindruck von Gesundheitsbewusstsein, guten Vorsätzen etc. diese Vorentscheidung zu korrigieren (vgl. Mai/Hoffmann 2015).

3.1.3 Partialmodelle

Der zunehmende Konsum von Dienstleistungen hat ein Forschungsfeld entstehen lassen, welches als 'service recovery' bezeichnet wird. Es befasst sich damit, wie Dienstleister mit den Beschwerden von Kunden umgehen und wie diese darauf reagieren. Welche Instrumente des Beschwerdemanagements werden mit welchem Erfolg eingesetzt? Abb. 6 zeigt ein typisches Beispiel eines Strukturmodells, das nur einen mehr oder minder großen Ausschnitt des Konsumentenverhaltens abbildet, weshalb man von einem Partialmodell spricht.

Partialmodelle sollten empirisch überprüfbar sein. Im einfachsten Fall wird dabei der Einfluss einer unabhängigen Variablen (UV) auf eine abhängige Variable (AV) untersucht. Komplexere Modelle berücksichtigen mehrere unabhängige und mehrere abhängige Variablen. Beispielsweise kann man sich fragen, ob die Beschwerdezufriedenheit von Kunden (= AV) davon abhängt,
...
- ob das Unternehmen aktives Beschwerdemanagement betreibt, d.h. eine „Beschwerdekultur" etabliert hat (= UV 1)?
- ob die Mitarbeiter die Kunst des „aktiven Zuhörens" beherrschen und dem Beschwerdeführer empathisch begegnen (= UV 2)?
- sich für die entstandenen Unannehmlichkeiten entschuldigen (= UV 3)?
- eine finanzielle Entschädigung bzw. eine andere Form der materiellen Kompensation anbieten (= UV 4)?
- dem Beschwerdeführer erklären, wie es zu dem Mangel kommen konnte (= UV 5)?
- wie schnell das Unternehmen auf die Beschwerde reagiert (= UV 6)?

Kompensation: (Finanzielle) Wiedergutmachung eines Mangels bzw. Schadens

Abb. 6: Modell des Nachbeschwerdeverhaltens

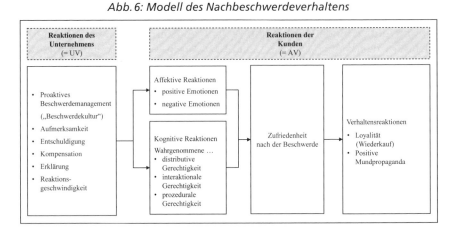

3.2 Kulturspezifische Modelle des Konsumentenverhaltens

3.2.1 Totalmodelle

Im Mittelpunkt der "Theory of Cross-Cultural Buyer Behavior" (vgl. Sheth/Sethi 1977) steht die Änderungsbereitschaft von Konsumenten im Sinne der Offenheit für innovative Produkte. Insofern handelt es sich nicht um ein Totalmodell. Denn die Variable 'propensity to change' erfasst nur einen begrenzten Ausschnitt des Konsumentenverhaltens.

Tendenziell umfassend ist der Erklärungsanspruch dieses Modells allerdings mit Blick auf die Vielzahl von unabhängigen Variablen (vgl. Abb. 7). Kritiker geben indessen zu bedenken, dass es sich dabei weniger um ein Verhaltensmodell als um die plausible Anordnung bekannter Merkmale des Kommunikations-, Entscheidungs- und Konsumverhaltens in Bezug auf das zentrale Konstrukt „Offenheit für Innovationen" handelt. Wie die allgemeinen Totalmodelle des Konsumentenverhaltens, so erfüllt auch das kulturspezifische Modell lediglich eine deskriptive Funktion. Empirisch ist es nicht überprüfbar, jedenfalls nicht in seiner Ganzheit.

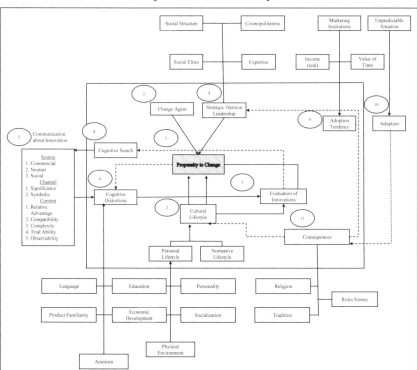

Abb. 7: Theory of Cross-Cultural Buyer Behavior

Quelle: Sheth/Sethi (1977)

3.2.2 Partialmodelle

Untersuchungsdesign: Legt fest, auf welche Weise ein Sachverhalt untersucht und wie die dabei erhobenen Daten ausgewertet werden sollen

Die allermeisten Studien zum IKKV, über die wir berichten, sind empirisch überprüfbare Partialmodelle. Als „partial" werden sie bezeichnet, weil sie nur einen, zumeist sehr eng begrenzten Ausschnitt des Erkenntnisobjekts abbilden. Charakteristisch ist weiterhin das Untersuchungsdesign. Im Regelfall wird untersucht, wie eine oder mehrere unabhängige Variablen (UV) eine oder mehrere abhängige Variablen (AV) beeinflussen. Beispielsweise kann man erforschen, wie sich die Risikobereitschaft von Touristen (= UV) auf die Zahlungsbereitschaft für eine Reiserücktrittsversicherung (= AV) auswirkt. Um diesen Haupteffekt besser interpretieren zu können, berücksichtigen komplexere Partialmodelle weitere Variablen, bei denen es sich um Mediatoren oder um Moderatoren handeln kann.
- Mediatoren erklären den Zusammenhang, der zwischen zwei Variablen besteht.
- Moderatoren verändern Intensität bzw. Richtung dieses Zusammenhangs.

Moderationsmodelle

In der IKKV wird Kultur oft als Moderatorvariable modelliert, welche den Einfluss einer unabhängigen Variablen auf eine abhängige Variable verändert: entweder verstärkt oder abschwächt. Ein Beispiel ist in Abb. 8 dargestellt. Es ist bekannt, dass Filme, an denen überdurchschnittlich viele bekannte Schauspieler, Produzenten etc. mitwirken (Starbeteiligung = UV), mehr Besucher anziehen und ein besseres Einspielergebnis erzielen als Filme ohne „Starbeteiligung" (Einspielergebnis = AV). Akdeniz/Talay (2013) haben am Beispiel von 1.116 Filmen, die zwischen 2007 und 2011 in 27 Ländern ausgestrahlt wurden, überprüft, ob dieser positive Zusammenhang allgemein gilt (= Basismodell) oder durch das jeweilige kulturelle Umfeld wesentlich modifiziert wird (= Moderationsmodell). Tatsächlich erwies sich in diesem Fall die Landeskultur als ein bedeutsamer Moderator. In genussorientierten Gesellschaften wie auch in Gesellschaften, die Machtdistanz akzeptieren und solchen, die Ungewissheit vermeiden, sorgte Starbeteiligung für ein signifikant besseres Einspielergebnis als in kulturell anders positionierten Ländern (d.h. Gesellschaften, die Selbstbeherrschung fordern, Machtdistanz ablehnen, Ungewissheit tolerieren). Der Haupteffekt wird somit durch diese Kulturdimensionen verstärkt. In individualistischen Gesellschaften wiederum spielten Filme mit vielen Stars weniger ein als in kollektivistischen Gesellschaften (= der Haupteffekt wird abgeschwächt).

Abb. 8: Moderationsmodell „Einspielergebnis von Filmen"

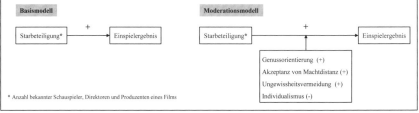

3.2 Kulturspezifische Modelle des Konsumentenverhaltens

Wie kann man diesen Befund erklären? Filme sind ein Erfahrungsgut. Ob sie uns gefallen, wissen wir erst, wenn wir sie gesehen haben. Deshalb ist es leicht nachvollziehbar, dass ungewissheitsmeidende Kinobesucher mehr noch als andere Filme bevorzugen, in denen viele Stars mitspielen. Offenbar dient ihnen deren Bekanntheitsgrad als Qualitätssignal, welches ihre Entscheidungsunsicherheit mindert: „Wenn XY mitspielt, wird mir der Film gefallen." Dass sich auch Akzeptanz von Machtdistanz als ein positiver Moderator erwiesen hat, hängt vermutlich mit dem hohen Stellenwert zusammen, den Prestige und Macht in diesem kulturellen Umfeld haben. Und Stars besitzen bekanntlich Prestige im Überfluss. Genussorientierte wiederum sprechen besonders stark auf den Glamour an, der Stars umgibt.

Mediationsmodelle

Eine Mediatorvariable ist integraler Bestandteil einer Ursachen-Wirkungs-Beziehung. Sie erklärt den Zusammenhang, der zwischen einer unabhängigen und einer abhängigen Variablen besteht (UV → Mediator → AV). Es wird unterstellt, dass die unabhängige Variable den Mediator beeinflusst, der wiederum auf die abhängige Variable einwirkt. Betrachten wir den empirischen Befund: „sportliche Aktivität (= UV) erhöht Lebenserwartung (= AV)". So erfreulich dies für alle sportlich Aktiven auch sein mag – das Warum ist damit nicht geklärt. Um die richtigen Schlüsse aus diesem Befund ziehen zu können, muss man wissen, ob die gestiegene Lebenserwartung darauf zurückzuführen ist, dass sportliche Aktivität …
- die Fitness verbessert (Sport → Fitness → Lebenserwartung) oder
- für gute Laune sorgt (Sport → gute Laune → Lebenserwartung) oder
- das Körpergewicht reduziert (Sport → Gewichtabnahme → Lebenserwartung).

Klären ließe sich dies durch Validierungsstudien. Beispielsweise könnte man prüfen, ob nur die Probanden, die durch ihren Sport an Gewicht verloren haben, ihre Lebenserwartung steigern konnten, oder auch jene Probanden, die trotz Sport ihr Gewicht nicht reduzieren konnten. Im letzteren Fall wäre Gewichtabnahme nicht der gesuchte Mediator, möglicherweise aber gute Laune oder Fitness.

Jedoch zurück zu der Frage, warum die IKKV keine Mediationsmodelle entwickelt hat. Die Antwort lautet: Ein Mediator muss eine Variable sein (d.h. veränderbar). Da die Landeskultur aber ein über lange Zeit tendenziell stabiles Konstrukt ist, taugt sie nicht zum Mediator. Eher noch käme hierfür die individuelle kulturelle Orientierung in Frage (vgl. B-3.9). Denn sie ist leichter veränderbar als die Landeskultur. Aber auch hiermit wurden im Bereich des IKKV unseres Wissens bislang keine Mediationsanalysen durchgeführt – wohl aber im Kontext der internationalen Konsumentenforschung. Eines ihrer wichtigen Forschungsthemen ist der in Abb. 9 dargestellte Country-of-Origin-Effekt (vgl. D-2.5). Wie im Basismodell illustriert, neigen Menschen dazu, Produkte aus einem bestimmten Land (CoO = UV) gerne zu kaufen (Kaufintention = AV).

Dieser Zusammenhang ist Gegenstand des Mediationsmodells. Dass weltweit wohlhabende Kunden gerne *Audi, BMW, Mercedes, Porsche etc.* kaufen, liegt folglich nicht am Herkunftsland Deutschland an sich, sondern an dem Vertrauen, welches das „Made in Germany" weltweit Autokäufern einflößt (vgl. Jiménez/San Martín 2014).

CoO-Effekt: Wahrscheinlichkeit, dass Produkte, die in einem bestimmten Land hergestellt wurden, anderen vorgezogen werden

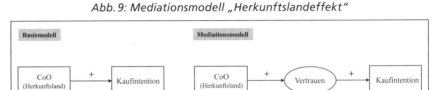

Abb. 9: Mediationsmodell „Herkunftslandeffekt"

Moderierte Mediationsmodelle

Moderierte Mediationsmodelle verbinden den Moderator- mit dem Mediatoreffekt: Der Mediator erklärt den Einfluss einer unabhängigen auf eine abhängige Variable, und der Moderator verstärkt diesen Effekt oder schwächt ihn ab. In der internationalen Forschung nehmen kulturbezogene Variablen oft die Rolle der unabhängigen Variablen oder des Moderators ein (vgl. Abb. 10). Mit dem Basismodell zeigten Oberecker et al. (2011), dass die Zuneigung zu einem bestimmten Land (Konsumentenaffinität = UV) die Bereitschaft fördert, Produkte aus diesem Land zu kaufen (= AV). Der Grund dafür ist das durch die Konsumentenaffinität geförderte Vertrauen (= Mediator). Dieser Haupteffekt wird durch Ethnozentrismus abgeschwächt (= Moderator): Bei Menschen, die ihre eigene Kultur für überlegen halten, steigert Konsumentenaffinität das Vertrauen weniger, weshalb deren Kaufbereitschaft weniger stark ansteigt (moderiertes Mediationsmodell).

Abb. 10: Moderiertes Mediationsmodell „Konsumentenaffinität"

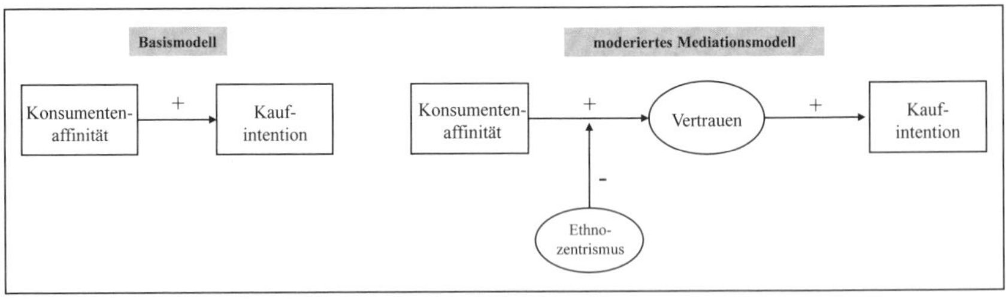

3.3 Entscheidungsverhalten

Beginnend mit dem Aufwachen muss jeder Mensch täglich zahllose Entscheidungen fällen: Sofort oder in zehn Minuten aufstehen? Eine frische Bluse? Oder tut es noch die von gestern? Regenschirm mitnehmen? Zumeist sind es einfache, häufig habitualisierte Entscheidungen. Aber auch schwierigere (z.B. Hauskauf) und existentielle Entscheidungen (z.B. Berufswahl) sind zu lösen.

3.3 Entscheidungsverhalten

Im Regelfall betreffen deren Konsequenzen nicht nur den Entscheider selbst, sondern auch andere Personen (z.B. Familie, Freunde).

3.3.1 Normative Entscheidungstheorie

> **Definition Rational Choice-Theorie**
> „Sammelbezeichnung für Handlungstheorien, die von einem rationalen Entscheider ausgehen" (Hoffmann/Akbar 2016, S. 109)

Axiom: Grundsatz, der keines Beweises bedarf

Extensive Entscheidung: Seltene, kognitiv stark kontrollierte risikoreiche Entscheidung

Entscheidungssituation: Stellt Entscheider vor die Wahl zwischen mindestens zwei Optionen mit unterschiedlichen Konsequenzen

Die Vertreter der Rational Choice-Theorie argumentieren axiomatisch. Gemäß ihrem Menschenbild, dem 'economic man' (vgl. A-1), verfügt der 'homo oeconomicus' in Entscheidungssituationen über alle relevanten Informationen und verarbeitet diese so, dass er mit jeder Entscheidung seinen ökonomischen Nutzen maximiert (vgl. Eisenführ et al. 2010). Davon ausgehend postuliert die multiattributive Nutzentheorie, dass Entscheider den Nutzen, den ihnen ein Entscheidungsobjekt bietet, nicht ganzheitlich bewerten, sondern getrennt nach dessen wichtigsten Bestandteilen (vgl. Keeney/Raiffa 1993; Rischmüller 1980). Auf das Konsumentenverhalten bezogen bedeutet dies: Konsumenten fällen ihre Kaufentscheidungen, indem sie …

- das Kaufobjekt in Nutzenkomponenten zerlegen,
- diese gewichten („Wie wichtig sind mir die Komponenten a, b, c … ?") und
- die verfügbaren Kaufoptionen in Bezug darauf bewerten („In welchem Maße verfügen Modell A, Modell B … über a, b, c …?").

Der letztlich entscheidungsrelevante Gesamtnutzen entspricht der gewichteten Summe der Einzelnutzen (vgl. Tab. 5).

Tab. 5: Multiattributive Entscheidungsfindung eines Automobilkäufers

Nutzen-komponente	Gewichtung ($\Sigma = 1$)	Bewertung (0 bis 100)		gewichtete Bewertung	
		Modell A	Modell B	Modell A	Modell B
Preis	0,5	40	60	20	24
Benzinverbrauch	0,2	30	70	6	14
Beschleunigung	0,2	90	20	18	4
Image	0,1	90	30	9	3
				$\Sigma = 53$	$\Sigma = 45$

Dieser Denkansatz, in der Volkswirtschaftslehre weithin akzeptiert, wird von Verhaltenswissenschaftlern gewöhnlich heftig kritisiert. Er entspreche nicht der Lebenswirklichkeit bspw. von Konsumenten. Selbst komplexe Kaufentscheidungen wie der Erwerb eines Pkws (vgl. Gelbrich et al. 2018, S. 44) würden zumeist nicht auf diese Weise – d.h. extensiv – gefällt, sondern vereinfacht, d.h. unter dem Einfluss von Heuristiken, Schemata etc. auf „kurzschlüssige" Weise (vgl. C-2.2).

Diese Kritik basiert allerdings auf einem grundlegenden Missverständnis. Denn Anliegen der Rational-Choice-Theorie ist es eben nicht, „die Realität" möglichst exakt nachzubilden. Vielmehr wollten und wollen ihre Vertreter aufzeigen, wie Menschen (z.B. Konsumenten) entscheiden sollten, um sich rational zu verhalten.

3.3.2 Deskriptive Entscheidungstheorie

Da reale Entscheidungen zumeist subjektiv geprägt sind, haben sich Verhaltensökonomie ('behavioral economics') und Kognitionspsychologie auf die Erforschung von Entscheidungsanomalien konzentriert: systematische, verhaltenswissenschaftlich erklärbare und prinzipiell vorhersagbare Abweichungen von der Rationalität (vgl. Pfister et al. 2017, S. 339 ff.). Ein zweiter Schwerpunkt sind habitualisierte Entscheidungen, die – häufig unbewusst – anhand von Faustregeln gefällt werden.

Prospect-Theorie

Angenommen, Sie hätten die Wahl: A oder B. Option A wäre ein sicherer Gewinn von 200 € und Option B eine 25%-Wahrscheinlichkeit, 1.000 € zu gewinnen (und entsprechend eine 75%-Wahrscheinlichkeit, nichts zu gewinnen). Wie die allermeisten Menschen würden Sie sich vermutlich für den sicheren Gewinn (= 200 €) entscheiden, obwohl der Erwartungswert von Option B (25% von 1.000 € = 250 €) den sicheren Gewinn um 50 € übertrifft. Was aber, wenn Option A in einem sicheren Verlust von 550 € bestünde und Option B in einer 75%-Wahrscheinlichkeit, 800 € zu verlieren (sowie einer 25%-Wahrscheinlichkeit, nichts zu gewinnen)? Dann entscheidet sich die weit überwiegende Mehrzahl der Befragten für Option B, obwohl deren Erwartungswert mit 600 € Verlust über dem sicheren Verlust von 550 € (= Option A) liegt. Anders als reale Menschen würde der streng rational handelnde 'homo oeconomicus' den wahrscheinlichen 250 €-Gewinn und den sicheren 550 €-Verlust wählen.

Zwar bemühen sich reale Menschen im Regelfall, rational zu entscheiden. Aus einer Reihe von Gründen sind sie dazu aber zumeist nur in begrenztem Maße in der Lage ('bounded rationality'): Sie ...
- sind schlechte Informationsverarbeiter und denken nicht in Wahrscheinlichkeiten,
- werden häufig von unbewussten Emotionen beeinflusst (z.B. von Verlustangst),
- passen sich ihrem sozialen Umfeld an (z.B. erliegen sie dem Herdentrieb).

Beispiel: Werden Aktienportfolios unprofessionell geführt, dann ist die Wahrscheinlichkeit groß, dass sie früher oder später zu einem Sammelsurium „verpasster Chancen" werden. Denn Hobbyanleger neigen dazu, gut laufende Aktien zu verkaufen („Gewinne zu realisieren"), weil der sichere Gewinn auf sie einen größeren Anreiz ausübt als die Aussicht auf noch höhere, aber unsichere Gewinne. Umgekehrt wollen sie unter allen Umständen vermeiden, Verluste realisieren zu müssen. Sie ziehen es vor zu hoffen, dass sich der Kurs einer sich negativ entwickelnden Aktie wieder erholen wird, und ignorieren die goldene Börsenregel „Verluste begrenzen". Früher oder später besteht ihr Portfolio deshalb hauptsächlich aus Verlustbringern, bei denen der richtige Zeitpunkt zum Verkauf verpasst wurde.

Für ihre Erkenntnisse wurden *Kahneman & Tversky* 2002 mit dem Nobelpreis ausgezeichnet. Knapp zusammengefasst: Menschen, die Aussicht auf Gewinne haben, handeln in aller Regel risikoavers – und risikofreudig, wenn Verluste drohen. Sie wählen den geringeren, aber sicheren Gewinn und nicht den höheren, aber unsicheren Gewinn. Und sie geben unsicheren, aber höheren Verlusten den Vorzug gegenüber sicheren, aber geringeren Verlusten (vgl. Tversky/Kahneman 1981).

Beides zusammengefasst ergibt einen wichtigen Beitrag der Prospect-Theorie zur Entscheidungsforschung: die Erkenntnis, dass die Wertefunktion nicht linear verläuft, wie die Mikroökonomie unterstellt, sondern S-förmig gekrümmt: in der Gewinnzone konkav und in der Verlustzone konvex. Dass der positive Nutzen, der Gewinnen in einer bestimmten Höhe zugeschrieben wird, geringer ist als der negative Nutzen, den Verluste in gleicher Höhe bedeuten (vgl. Abb. 11), erklärt u.a. folgende Paradoxie. Wer 100 € gewinnt (etwa bei einer Lotterie) und kurz darauf einen Strafzettel in Höhe von 100 € bezahlen muss, hat den Eindruck, einen Verlust erlitten zu haben.

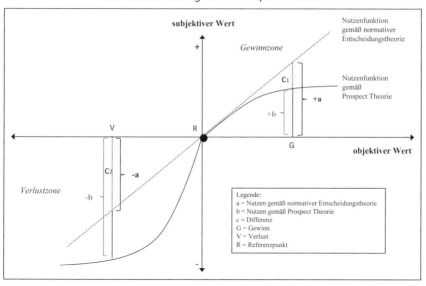

Abb. 11: Kernaussagen der Prospect-Theorie

Dass Verluste stärker empfunden werden als vergleichbare Gewinne, lässt sich evolutionstheoretisch erklären. Die erhöhte Sensibilität für Risiken sicherte unseren Vorfahren in ihrem höchst unsicheren Lebensumfeld einen Überlebensvorteil. Als Folge davon reagieren Menschen noch heute generell auf negative Ereignisse sensibler als auf positive Ereignisse, vor allem dann, wenn es sich um Veränderungen handelt – zum Guten oder zum Schlechten (vgl. O'Brien 2019). Positive Nebeneffekte von Ereignissen werden aus demselben Grund als Zufall angesehen, negative Nebeneffekte hingegen als von den handelnden Personen beabsichtigt (vgl. Walmsley/O'Madagain 2020). Und um Verluste zu vermeiden, agieren Aktienkäufer weitaus risikobereiter, wenn es darum geht, den Besitzstand zu wahren (vgl. Biswas/Grau 2008, S. 402).

Beispiel: „Es braucht nur ein paar verlorene Spiele, um den Trainer einer Fußballmannschaft als Flasche abzustempeln; um aber den Ruf als Trainergott zu verdienen, muss er wesentlich mehr Siege vorweisen" (Herrmann 2019a, S. 14).

Heuristiken

Kognition: Mentale Aktivität in Gestalt von Denken, Erinnern, Sprache, Wahrnehmen etc.

Heuristiken sind wichtige Instrumente der vereinfachenden Informationsverarbeitung: einfache, aber bewährte Faustregeln, die bei begrenztem Aufwand alltagstaugliche Entscheidungen ermöglichen (vgl. Gigerenzer/Gaissmaier 2011). Konsumenten nutzen sie in unterschiedlichem Maße, je nachdem, um welche Art von Kaufentscheidung es sich handelt. Abhängig vom Ausmaß des kognitiven und des emotionalen Involvements werden vier Typen beschrieben: die impulsive, die extensive, die habitualisierte und die limitierte Kaufentscheidung (vgl. Abb. 12).

Abb. 12: Typologie der Kaufentscheidungen

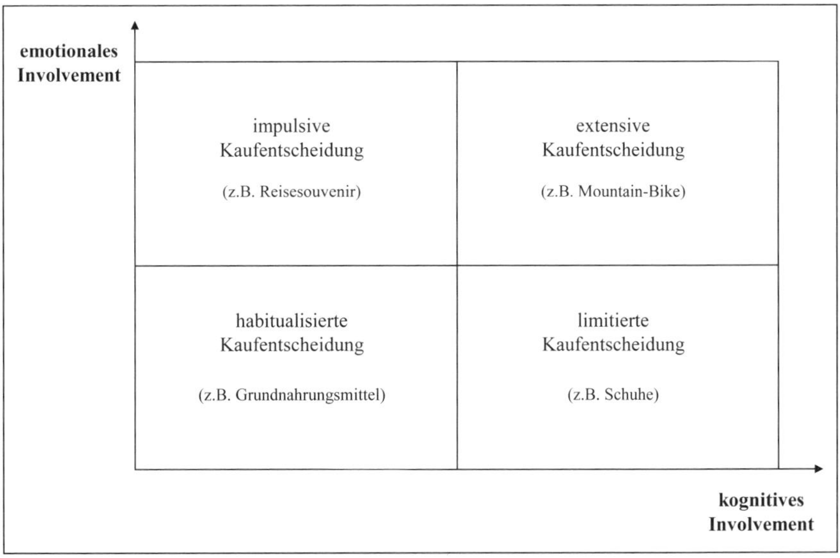

emotionales Involvement		
	impulsive Kaufentscheidung (z.B. Reisesouvenir)	extensive Kaufentscheidung (z.B. Mountain-Bike)
	habitualisierte Kaufentscheidung (z.B. Grundnahrungsmittel)	limitierte Kaufentscheidung (z.B. Schuhe)
		kognitives Involvement

- Die meisten Kaufentscheidungen sind habitualisiert, d.h. häufig wiederkehrende Entscheidungen. Sie können gewohnheitsmäßig, mit einem Minimum an Involvement gefällt werden, da sie eine äußerst einfache Heuristik nutzen: „Kaufe das, was du immer kaufst. Damit fährst du am besten."
- Der aus wissenschaftlicher Sicht interessanteste Typus ist die limitierte Entscheidung (vgl. Gelbrich et al. 2018, S. 44 ff.). Dabei kommen differenzierte Heuristiken wie die Verfügbarkeits-, die Simulations-, die Rekognitions- und die Ankerheuristik zum Einsatz (vgl. C-2.2.4).

Bias

Von einem 'bias' ist immer dann die Rede, wenn es sich um eine systematische, theoretisch erklärbare und empirisch nachweisbare Urteilsverzerrung handelt – und nicht um zufällige Schwankungen bzw. Abweichungen von der

Realität (vgl. Zeugner-Roth et al. 2015). Für das IKKV sind von besonderem Interesse …
- der 'home bias': die systematische Bevorzugung des Heimischen, Vertrauten,
- der auf kulturelle Voreingenommenheit zurückführbare 'cultural bias' sowie
- der 'social desirability bias', für den vor allem Angehörige beziehungsorientierter Kulturen anfällig sind (vgl. C-2.3.2).

3.4 Beeinflussbarkeit von Entscheidungen & Verhalten

Sind Fahrradfahrer, die keinen Helm tragen, einem erhöhten Verletzungsrisiko ausgesetzt? Genügt es, wenn Wissenschaftler Erklärungen für derartige erklärungsbedürftige Sachverhalte finden? Oder sollten sie auch die Frage beantworten können, wie man Menschen dazu bewegt, unerwünschte, schädliche, destruktive etc. Verhaltensweisen zu unterlassen bzw. sich in einer erwünschten, konstruktiven etc. Weise zu verhalten (z.B. einen Fahrradhelm zu tragen)? Je nachdem, ob Sie dazu Grundlagenforscher oder angewandte Forscher fragen, werden Sie unterschiedlich Antworten erhalten. Die Konsumentenverhaltensforschung versteht sich vorrangig als angewandte Wissenschaft, die sich sowohl mit der Erklärbarkeit als auch der Beeinflussbarkeit von Verhalten befasst.

3.4.1 Beeinflussung durch soziale Normen

Grundlagen

Warum sind die meisten Menschen Konformisten und keine Nonkonformisten? Warum verhalten die meisten sich so wie die Mehrzahl der anderen Menschen? Warum entscheiden sie im Regelfall so, wie andere auch? Als wichtigste Gründe dieser Form von Konformität nennen Aronson et al. (2014, S. 261) Informationsmangel und sozialen Einfluss.
- Informationeller sozialer Einfluss: Wenn man nicht weiß, wie man sich in einer bestimmten Situation verhalten soll, dann ist die Art und Weise, wie andere sich in dieser Situation verhalten, eine wichtige Orientierungshilfe.
- Normativer sozialer Einfluss: Da es ein urmenschliches Bedürfnis ist, von anderen akzeptiert und möglichst gemocht zu werden, versuchen wir, den Erwartungen, Normen etc. relevanter sozialer Bezugsgruppen zu entsprechen.

Konformität: Übereinstimmung mit bzw. Anpassung an die Einstellungen, Überzeugungen und das Verhalten anderer

Soziale Normen sind Regeln, die Gesellschaften sich gegeben haben, um zu gewährleisten, dass sich ihre Mitglieder gesellschaftsdienlich verhalten. Von dieser Überlegung ausgehend haben Cialdini et al. (1991) sechs Beeinflussungsstrategien beschrieben, die es ermöglichen, Menschen zu konformem, d.h. zu „richtigem" und sozial akzeptiertem Verhalten zu bewegen (vgl. Tab. 6). Beispielsweise sorgt die Reziprozitätsstrategie für ausgewogene soziale Beziehungen und im Idealfall für Gerechtigkeit.

Tab. 6: Strategien der sozialen Einflussnahme

Strategie	Soziale Norm	Beispiel	Einfluss Landeskultur
Reziprozität ('reciprocity')	Menschen wollen Gleiches mit Gleichem vergelten („Wie Du mir, so ich Dir")	Kaum ein Unternehmen verzichtet auf Werbegeschenke, natürlich mit der nicht unbegründeten Hoffnung, dass sich die Beschenkten durch vermehrte Käufe, erhöhte Zahlungsbereitschaft etc. revanchieren werden. Berüchtigt sind die Geschenke der Pharmaindustrie (vgl. Berndt/Grill 2019).	Hongkong-Chinesen lehnen mit größerer Wahrscheinlichkeit ein kleines Geschenk eines zufälligen Bekannten ab als kanadische Probanden. Shen et al. (2011) erklären dies mit der unterschiedlichen Empfänglichkeit für die Reziprozitätsnorm. Aufgrund ihres abhängigen Selbstkonzepts (vgl. C-6.3.4) fürchten Chinesen mehr als Kanadier (= unabhängiges Selbstkonzept), sich dem Schenkenden aufgrund eines unerwünschten Geschenks verpflichtet zu fühlen.
Konsistenz ('consistency')	Menschen wollen in ihren Äußerungen und Einstellungen konsistent erscheinen. Wer bspw. einer Aussage A zustimmt, ist folglich geneigt, auch der Aussage B zuzustimmen, wenn diese konsistent zu A ist. („Wer A sagt, muss auch B sagen")	Die Drückerkolonnen, die in den Fußgängerzonen Mitgliedschaften für Hilfsorganisationen verkaufen wollen, eröffnen das Gespräch häufig mit Suggestivfragen wie: Du bist doch sicher ein hilfsbereiter Mensch? Wer dem zustimmt, tut sich anschließend schwer, die Bitte eine Mitgliedschaft abzulehnen – man ist ja hilfsbereit.	Nationenübergreifend erliegen Individualisten dem Konsistenzdruck mehr als Kollektivisten. Petrova et al. (2007) erklären dies damit, dass Individualisten ein gefestigteres Selbstbild haben, weshalb inkonsistentes Verhalten offensichtlicher ist.
Soziale Bewährtheit ('social proof')	Menschen orientieren sich am Verhalten anderer Menschen, um sicherzugehen, dass ihr Verhalten „in Ordnung" ist.	Hotels, die ihre Gäste darauf hinweisen, dass die meisten anderen Gäste aus Umweltschutzgründen ihre Handtücher mehrmals verwenden, haben mehr Erfolg als Hotels, die bitten, die Handtücher mehrmals zu benutzen, um Energie zu sparen" (vgl. Goldstein et al. 2008, S. 473).	In kollektivistischen Gesellschaften entfalten soziale Normen („Wie man sich verhalten sollte") eine stärkere Bindungswirkung als in individualistischen Gesellschaften, weshalb die Beeinflussungsstrategie 'social proof' vor allem im kollektivistischen Kulturraum Erfolg verspricht (vgl. Chen et al. 2006).

3.4 Beeinflussbarkeit von Entscheidungen & Verhalten

Strategie	Soziale Norm	Beispiel	Einfluss Landeskultur
Beliebtheit ('liking')	Menschen, die man sympathisch findet und mag, schlägt man ungern etwas ab.	Weil die Idole der Sport- und Medienwelt zwar bewundert werden, aber nicht zwangsläufig beliebt sind, nutzt die Werbebranche vermehrt authentische Personen „wie Du und ich" als Sympathieträger. Denn wir empfinden vor allem solche Personen als sympathisch, die uns ähnlich sind.	Kollektivisten scheinen für die Liking-Strategie etwas empfänglicher zu sein als Individualisten. Jedenfalls stimmen sie Statements, die Kaptein et al. (2012) zur Operationalisierung dieses Konstrukts entwickelt haben, etwas stärker zu als individualistische Vergleichspersonen: "I will do a favor for people that I like." "The opinions of friends are more important than the opinions of others." "If I am unsure, I will usually side with someone I like" (vgl. Orji 2016).
Autorität ('authority')	Menschen neigen dazu, Personen, die Autorität ausstrahlen, zu gehorchen.	„Diese Zahnbürste empfiehlt der Zahnarzt seiner Frau." Zwar ist diese Werbebotschaft nicht gender-gerecht. Aber davon abgesehen: Wer möchte da schon widersprechen? Wenn der Zahnarzt sie sogar seiner Frau empfiehlt, …!	Werbebotschaften, deren Glaubwürdigkeit aus der Autorität des Testimonials erwächst (z.B. Zahnarzt bei Zahnpastawerbung), wirken in einem kulturellen Umfeld, das Machtdistanz akzeptiert, überdurchschnittlich gut (vgl. Jung/Kellaris 2006).
Knappheit ('scarcity')	Menschen empfinden Dinge, Informationen und andere Personen, die selten oder schwer zugänglich sind, als besonders wertvoll.	Reisebuchungsportale blenden regelmäßig den Hinweis ein, dass von der nachgefragten Flugverbindung, Unterkunft etc. – angeblich – nur noch ein Sitzplatz, ein Hotelzimmer etc. verfügbar ist.	Der Knappheitseffekt wird durch die individuell gemessene Tendenz zur Ungewissheitsvermeidung moderiert. Bei Ungewissheitsmeidern, die ein Gastgeschenk kaufen wollen, sorgt Knappheit (nur noch zwei Flaschen Wein im Verkaufsregal) für eine höhere Kaufbereitschaft als bei Vergleichspersonen, die Ungewissheit tolerieren (vgl. Jung/Kellaris 2004).

Umweltbelastung durch den Flugverkehr: Am Beispiel dieser aktuellen kontroversen Debatte hat Westlake (2017) die Wirkung der Beeinflussungsstrategie „Autorität" untersucht. Ausgangspunkt war die Frage, ob die Entscheidung Einzelner, künftig nicht mehr zu fliegen, mehr bewirken kann als nur, deren individuellen CO_2-Fußabdruck zu reduzieren? Offenbar ja; das gute Vorbild scheint auszustrahlen. Glaubt man den Selbstauskünften der Befragten, dann reduzierte nahezu die Hälfte derer, die zumindest einen Nicht-Flieger persönlich kennen, Anzahl bzw. Länge ihrer Flüge. Auch befürwortete dieser Personenkreis mit größerer Wahrscheinlichkeit Maßnahmen des Gesetzgebers zur Reduktion des Flugverkehrs als Personen, deren sozialem Umfeld keine Nicht-Flieger angehören. Die zweite Erkenntnis: Autorität intensiviert die Vorbildfunktion. Diese war besonders ausgeprägt, wenn sich sozial angesehene Personen demonstrativ zum „nicht-mehr-Fliegen" bekannt hatten.

Gezielt in einer bestimmten zeitlichen und thematischen Abfolge eingesetzt, bilden die sechs Beeinflussungsstrategien ein umfassendes Beeinflussungskonzept:
1. Mit Hilfe der Reziprozitäts- und der Beliebtheits/Sympathiestrategie kann man positive Assoziationen wecken.
2. Die Social Proof- und die Autoritätsstrategie helfen, Unsicherheit zu reduzieren.
3. Letztlich aber geht es immer darum, Handlungsimpulse zu setzen. Dies ist die Domäne der Knappheits- und der Konsistenzstrategie.

Vor wenigen Jahren beschrieb Cialdini (2016) mit Zusammengehörigkeit ('unity') eine siebte Beeinflussungsstrategie. Alternative Bezeichnungen sind „gemeinsame Identität" bzw. „Wir-Gefühl". Menschen, die gemeinsam handeln, verspüren im Regelfall ein Zusammengehörigkeitsgefühl. Dies ist vor allem dann der Fall, wenn ihnen die gemeinsame Sache am Herzen liegt. Empirisch überprüft hat *R. Cialdini* die Wirkung von 'unity' am Beispiel der Bereitschaft, an einer Marktforschungsstudie mitzuwirken. Als kooperationswillig erwiesen sich dabei vor allem Personen, denen gesagt worden war, ihr Ratschlag sei gefragt. Weniger positiv wirkte die Instruktion, man wolle ihre Meinung über einen bestimmten Sachverhalt oder ihre Erwartung an ein neues Fast-Food-Restaurant erfragen. Vermutlich löst die Bitte um einen Ratschlag Gefühle der Verbundenheit aus.

Einfluss der Landeskultur

AM Turk (= Amazon Mechanical Turk): Online-Crowdsourcing-Marktplatz für Gelegenheitsarbeiten (z.B. Befragungen)

Was weiß man eigentlich über die Intensität der Wirkung dieser Beeinflussungsstrategien? Um diese noch weitgehend offene Frage beantworten zu können, hat Orji (2016) im Rahmen einer *AM Turk*-Befragung 335 Probanden nordamerikanischer (= 56 %) bzw. asiatischer Herkunft (= 46 %) gebeten, mittels einer siebenstufigen Skala (1 = strongly disagree, 7 = strongly agree) zu den Statements der "Susceptibility to Persuasive Strategies Scale" (vgl. Kaptein et al. 2012) Stellung zu nehmen. Darin wird bspw. die Knappheitsstrategie durch Statements wie "Products that are hard to get represent a special value" erfasst und die Beliebtheitsstrategie z.B. durch "The opinions of friends are more important than the opinions of others." Im Ergebnis zeigte sich zweierlei (vgl. Tab. 7):
1. Das größte Potential, andere zu beeinflussen, wurde der Konsistenzstrategie zugebilligt, gefolgt von der Reziprozitätsstrategie und der Beliebtheitsstrategie. Am wenigsten trauten die Befragten der Knappheitsstrategie zu.
2. Kollektivistische Probanden (= Asiaten) scheinen durch vier der sechs Strategien etwas stärker beeinflussbar zu sein als Individualisten (= Nordamerikaner). Keine Unterschiede bestehen hinsichtlich der vermuteten Beeinflussbarkeit durch die Konsistenz- und die Knappheitsstrategie.

3.4 Beeinflussbarkeit von Entscheidungen & Verhalten

Tab. 7: Einfluss der Landeskultur auf die vermutete Beeinflussungswirkung (1 = schwach, 7 = stark)

	Konsistenz X (SD)	Reziprozität X (SD)	Beliebtheit X (SD)	Konsensus X (SD)	Autorität X (SD)	Knappheit X (SD)
Individualisten	5.66 (1.14)	5.38 (1.26)	4.81 (1.09)	4.54 (1.13)	4.42 (1.38)	4.69 (1.39)
Kollektivisten	5.70 (1.13)	5.70 (1.11)	5.20 (0.97)	5.15 (1.08)	5.06 (1.14)	4.67 (1.40)

Quelle: Orji (2016, S. 36).

Aber lassen sich die beobachteten Unterschiede wirklich auf die Landeskultur der Befragten zurückführen? Möglicherweise nein. Denn es gibt empirische Hinweise darauf, dass dies eher eine Frage der individuellen kulturellen Orientierung (vgl. B-3.9) ist als der kollektiven Landeskultur (vgl. B-3). Cialdini et al. (1999) haben die Wirkung der Konsistenz- und der Social Proof-Strategie in Abhängigkeit von der Landeskultur wie auch von der individuellen kulturellen Orientierung der Probanden untersucht. Hierzu erfragten sie von polnischen und amerikanischen Studenten deren Bereitschaft, an einer kurzen Befragung teilzunehmen. Das experimentelle Treatment bestand in einer unterschiedlichen Begründung dieses Ansinnens:

- „Alle (die Hälfte, keiner) ihrer Kommilitonen haben an der Befragung teilgenommen." (= Operationalisierung von 'social proof')
- „Sie selbst haben in der Vergangenheit immer (in etwa der Hälfte der Fälle, nie) an derartigen Befragungen teilgenommen." (= Operationalisierung von Konsistenz)

Erwartungsgemäß erklärten sich die individualistischen amerikanischen Studenten (IDV = 91) hauptsächlich unter der Konsistenzinformation zur Teilnahme bereit, während die etwas weniger individualistischen polnischen Studenten (IDV = 60) positiver auf die Social Proof-Information reagierten. Wie lässt sich das erklären? In individualistischen Gesellschaften entspricht es der Norm, sich „konsistent mit sich selbst zu verhalten", in kollektivistischen (bzw. weniger individualistischen) Gesellschaften ist „Konsistenz mit den anderen" wichtiger. Wie die Mediationsanalyse (vgl. A-3.2.2) ergab, ist der beschriebene Effekt hauptsächlich der individuellen kulturellen Orientierung und nur wenig der Landeskultur zuzuschreiben.

Für diese These sprechen auch die Befunde einer Befragung von französisch- und englischsprachigen Kanadiern. Anhand der bekannten dreidimensionalen Skala der Beeinflussbarkeit (utilaristischer, informationeller und normativer Einfluss) von Bearden et al. (1989) konnten Mourali et al. (2005) zeigen, dass die gemäß ihrer individuellen kulturellen Orientierung eher kollektivistischen französischsprachigen Kanadier offener bzw. anfälliger für normative Beeinflussung sind als die eher individualistischen englischsprachigen Kanadier.

Experimentelles Treatment: Vom Wissenschaftler vorgenommene systematische Variation der unabhängigen Variablen

Operationalisierung: Umwandlung eines theoretischen Konstrukts in ein messbares, d.h. empirisch erfassbares Merkmal

3.4.2 Beeinflussung durch Informationen

Die Ergebnisse der Framing- und der Priming-Forschung sind ein weiterer Beleg dafür, dass nicht die objektiven Bedingungen einer Entscheidungssituation, sondern deren subjektive mentale Repräsentation für die Entscheidungsfindung maßgeblich ist. Informationsbasierte Beeinflussungsstrategien machen sich dies zunutze, indem sie die Zugänglichkeit bzw. Verfügbarkeit von Informationen manipulieren. Beim Framing wie beim Priming wird bereits vorhandenes Wissen aktiviert – etwa durch die gezielte Verwendung emotional aufgeladener Begriffe wie Gewinn und Verlust in Werbebotschaften. Da alle Menschen lieber gewinnen als verlieren, kaufen sie mit größerer Wahrscheinlichkeit Produkt A, das laut Werbung ihre Leistungsfähigkeit um 50 % erhöht (= Gewinn), als Produkt B, das 50 % weniger Leistungseinbuße verspricht (= Verlust).

3.4.2.1 Framing

Framing: Einbetten von Informationen in ein Bedeutung stiftendes Umfeld („Rahmung")

"One commonly used framework to predict consumer behaviors involves comparing messages that depict positively (or gain) framed messages (i.e., that highlight the positive consequences of engaging in a particular behavior) versus negatively (or loss) framed messages (i.e., that highlight the negative consequences if the behavior is not undertaken" (White et al. 2011, S. 473).

Viele Informationen, die auf uns einströmen, sind mehrdeutig. Ihre konkrete, für eine bestimmte Situation gültige Bedeutung erlangen sie erst durch zusätzliche Informationen, etwa durch den Kontext (bzw. „Rahmen"), in dem sie präsentiert werden. Die Framing-Forschung hat u.a. wiederholt nachgewiesen, dass Entscheidungen allein durch die Art und Weise, wie man die zugrunde liegenden Informationen präsentiert, entscheidend beeinflusst werden können.

Gewinn- vs. Verlust-Frame

Das klassische Framing-Experiment wurde als „Asean Disease-Paradigma" bekannt. Tversky/Kahneman (1981) gaben ihren Probanden folgendes Szenario vor: „Falls man keine Gegenmaßnahme ergreife, werde eine asiatische Infektionskrankheit voraussichtlich 600 Menschenleben kosten." Die Entscheidungsalternative wurde einmal als Gewinn-Frame formuliert (d.h. positiv) und einmal als Verlust-Frame (d.h. negativ). Die maßgebliche Erfolgsgröße – Zahl der durch die Gegenmaßnahme rettbaren Menschenleben – aber war identisch.
- Gewinn-Frame:
  Option A = Durch Gegenmaßnahme I können von den 600 Menschenleben 200 gerettet werden.
  Option B = Mit einer Wahrscheinlichkeit von 1/3 werden durch Gegenmaßnahme I alle 600 gerettet und mit einer Wahrscheinlichkeit von 2/3 wird niemand gerettet.
- Verlust-Frame:
  Option A = Bei Gegenmaßnahme II werden von den 600 Personen 400 sterben.

Option B = Mit einer Wahrscheinlichkeit von 1/3 wird bei Gegenmaßnahme II keiner sterben und mit einer Wahrscheinlichkeit von 2/3 werden alle 600 sterben.

Ergebnis: Unter der Bedingung „Gewinn-Frame" wählten 72 % die sichere Option A, unter der Bedingung „Verlust-Frame" jedoch 78 % die risikoreiche Option B. Dies bestätigt eine der Grundaussagen der Prospect-Theorie: In der Gewinnzone dominiert paradoxerweise Risikoaversion, weil die Befragten ihre Gewinne sichern wollen, in der Verlustzone jedoch Risikobereitschaft, weil sie sich die Möglichkeit erhalten wollen, Verluste zu vermeiden.

Sodann widmete sich die Framing-Forschung der Frage, ob durch die gezielte Gestaltung des Kontexts von Informationen bestimmte wünschenswerte Effekte erzielt werden können. Dabei hat sich gezeigt, dass alle Sinne genutzt werden können, um Informationen (z.B. Werbebotschaften) zu 'framen'.

- Verbales Framing: „mager vs. fett"
  Rinderhack, als 75 % mager beworben, schmeckt den Probanden besser als Rinderhack mit 25 % Fettgehalt (vgl. Levin/Gaeth 1988).
- Optisches Framing: „grün vs. rot"
  Grün markierte Lebensmittel erscheinen gesünder als rot markierte Lebensmittel (vgl. Synovate 2005).
- Zeitliches Framing: „täglich vs. jährlich"
  Die Information, dass täglich 1.206 Amerikaner den tödlichen Folgen des Rauchens erliegen, sorgt für eine höhere Risikowahrnehmung als die numerisch äquivalente Information „jährlich 440.000 Amerikaner" (vgl. Chandran/Menon 2004).

Andere untersuchten, unter welchen Bedingungen Verlust-Frames besser wirken als Gewinn-Frames.

- Nach Maheswaran/Meyers-Levy (1990) unter High Involvement-Bedingungen. Demzufolge wird ein Artikel über die Risiken der Nicht-Einnahme von Cholesterin-Senkern die ungeteilte Aufmerksamkeit der allermeisten Herzkranken finden, während die Durchschnittsbevölkerung eher auf Artikel wie „herzgesunde Ernährung" anspricht.
- Verlust-Frames wirken auch in Public Health-Programmen, die auf bereits bestehende Krankheitsbilder zielen (z.B. bei Diabetes: „Zucker ist süß, aber offene Beine äußerst schmerzhaft und lebensbedrohlich"). Gewinn-Frames wiederum sind Gallagher/Updegraff (2011) zufolge von Vorteil, wenn Maßnahmen der Gesundheitsvorsorge beworben werden (z.B. „Wer mit dem Rauchen aufhört, bekommt wieder frischen Atem").
- Wurde die Zielgruppe (ostasiatische Probanden) kollektivistisch sozialisiert, dann sind Verlust-Frames gleichfalls vor Vorteil – etwa bei der Formulierung von Botschaften zur Gesundheitsvorsorge. Demgegenüber sprachen individualistische Probanden (= Briten) besser auf Gewinn-Frames an (vgl. Uskul et al. 2009).
- Weiterhin hat sich gezeigt, dass Verlust-Frames mit möglichst konkreten Informationen über das erwünschte Verhalten kombiniert werden sollten. White et al. (2011) haben in einem großen Feldexperiment untersucht, mit welchem Framing man am effizientesten das Recycling-Verhalten der Bewohner von Calgary verbessern kann. Ihren Befunden zufolge sind

Public Health: Öffentliche Gesundheit (Maßnahmen der Vorbeugung, Verbesserung der Lebensqualität und der Verlängerung des Lebens)

Verlust-Frames dann wirksamer, wenn sie mit möglichst konkreten Informationen über effiziente Methoden der Mülltrennung kombiniert werden (vgl. Tab. 8). Gewinn-Frames wiederum profitieren von abstrakten Begleitinformationen (z.B. Mülltrennung hilft Ressourcen schonen).

Operationalisierung: Umwandlung eines theoretischen Konstrukts in ein messbares, d.h. empirisch erfassbares Merkmal

Tab. 8: Operationalisierung der Studie von White et al. (2011)

Versuchsgruppe I	Versuchsgruppe II
Verlust-Frame "Think about what will be lost in our community if we don't keep recycling."	Gewinn-Frame "Think about what will be gained in our community if we keep recycling."
konkrete Informationen (Wie?) "Think about ways to make a difference. (e.g., Please don't place mixed materials in the bind.)"	abstrakte Informationen (Warum?) "Think about reasons to make a difference. (e.g., Recycling will save our precious air, land and water resources.)"

Quelle: White et al. (2011, S. 482 f.)

Promotion vs. Prevention Focus

Präventionsfokus: Gemäß der Regulationsfokustheorie vorrangiges Bestreben, negative Ereignisse zu vermeiden

Higgins (1998) hat die Regulatory Focus-Theorie formuliert, um die Beziehung zu präzisieren, die zwischen der Motivation einer Person und der Art und Weise besteht, wie sie die daraus abgeleiteten Ziele erreichen möchte. Für die Selbstregulation (bzw. Regulation des Selbst) spielt das Konzept des regulatorischen Fokus eine entscheidende Rolle. Der 'promotion focus' begünstigt Hinwendungsverhalten (i.S. einer Erfolgs- und Problemlösungsorientierung), der 'prevention focus' Vermeidungsreaktionen (vgl. Higgins 2005). Versicherungen bspw. sprechen mit ihren Produkten und ihren Werbebotschaften zumeist den Präventionsfokus an (z.B. *AXA*: „Wohngebäudeversicherung. Schützen, was Sie besitzen"), immer häufiger aber auch den Promotionsfokus (z.B. *Sparkasse*: „Mein Haus, mein Auto, mein Boot").

> „Wenn Konsumenten ihren eigenen Fähigkeiten vertrauen, wenn sie versuchen, möglichst positive Ergebnisse zu erzielen, wenn sie ihre Aufmerksamkeit auf das Erreichen von Idealzuständen oder ehrgeizigen Zielen ausrichten, dann gehören sie eher zu den Personen mit einem Promotionsfokus. Sind sie dagegen eher daran interessiert, Verluste zu vermeiden, Verpflichtungen zu erfüllen, und haben sie ein Bedürfnis nach Sicherheit und Schutz, dann zählen sie eher zu den Menschen mit Präventionsfokus" (Kroeber-Riel/Gröppel-Klein 2019, S. 196).

Unternehmen sind dann erfolgreich, wenn der regulatorische Fokus ihrer Zielgruppe dem regulatorischen Appell ihres Angebots entspricht (vgl. Levav et al. 2010). Dies ist nicht nur eine Frage des motivationalen Fits, sondern auch der Informationsökonomie. Denn Menschen mit einem Promotionsfokus können Botschaften mit einem Gewinn-Frame leichter verarbeiten, Menschen mit einem Präventionsfokus hingegen Botschaften mit einem Verlust-Frame (vgl. Lee/Aaker 2004). Weiterhin hat sich gezeigt, dass Präventionsfokus und Kundentreue korrelieren; beide Konstrukte verbindet die Wertschätzung von sicheren, stabilen Verhältnissen (vgl. Das 2015).

Entsprechend ihrer stärkeren Leistungsorientierung haben Angehörige von individualistischen Gesellschaften eine deutliche Tendenz zum Promotions-

fokus, während für Angehörige von kollektivistischen Gesellschaften Fehlervermeidung Vorrang hat, weshalb ihnen der Präventionsfokus entspricht. Bestätigt hat sich dies u.a. für …
- Kanadier europäischer vs. Kanadier asiatischer Herkunft (vgl. Lockwood et al. 2005),
- Australier vs. Japaner (vgl. Ouschan et al. 2007),
- Briten vs. Ostasiaten (vgl. Uskul et al. 2009).

Die Zugehörigkeit zu einer kollektivistischen Landeskultur erhöht bekanntlich die Wahrscheinlichkeit, dass Kontextinformationen wahrgenommen und verarbeitet werden (vgl. C-2.1.2). Deshalb ist davon auszugehen, dass Kollektivisten für Framing empfänglicher sind als Individualisten. Es ist uns derzeit jedoch keine Studie bekannt, in der diese Fragestellung in überzeugender Weise bearbeitet worden wäre.

3.4.2.2 Priming

Theoretische Grundlagen

Soziale Wahrnehmung lässt sich nicht auf die im physikalischen Sinn exakte Aufnahme, Verarbeitung und Abbildung von Reizen aller Art reduzieren (z.B. Geräusche, Mimik). Entscheidend ist deren subjektive Verarbeitung und Interpretation. Ob der Kundenberater freundlich war, die Wartezeit an der Kasse lang, das Obst frisch, der Preis überhöht: all dies ist zumeist nicht objektiv erfassbar (vgl. C-1).

Priming: engl- = (An)Bahnung, Vorbereitung

Eine der ersten Theorien in diesem Bereich, die Hypothesentheorie der Wahrnehmung, besagt, dass jeder Wahrnehmungsvorgang mit einer Hypothese – bzw. Erwartung – beginnt (vgl. Bruner/Postman 1951). Erwartungen beeinflussen die Wahrscheinlichkeit, ob und wie Stimuli wahrgenommen werden. Stimuli, die wir erwarten, werden bevorzugt wahrgenommen. Eine Möglichkeit, Erwartungen und damit die Reaktionswahrscheinlichkeit zu beeinflussen, ist Priming.

> „Die grundsätzliche Idee des Priming ist, dass Gedächtnisinhalte netzwerkartig organisiert sind. Werden bestimmte Knoten des Netzwerks durch Informationen aktiviert, dann breitet sich die Aktivierung im Netzwerk aus und »verlinkte« Knoten werden ebenfalls aktiviert. Das semantische Priming zeigt, dass Testpersonen z.B. auf das Wort »Arzt« schneller reagieren, wenn zuvor das Wort »Krankenhaus« gezeigt wurde statt des Wortreizes »Blume«" (Kroeber-Riel/Gröppel-Klein 2019, S. 236).

Schema: Netzwerkartig und thematisch strukturiertes Wissen über einen bestimmten Sachverhalt

Eine weitere Theorie, die hilft, Priming zu verstehen, ist die Schematheorie (vgl. C-2.2.1). Schemata sind entscheidend dafür, wie wir uns in einer bestimmten Situation verhalten. Wer bspw. viele Informationen über die Schädlichkeit von Fast Food gespeichert hat, wird anders nach einem geeigneten Restaurant suchen als eine Vergleichsperson, deren entsprechendes Schema vor allem Informationen wie „bequem" oder „preisgünstig" enthält.

Ein 'prime' ist ein sog. Bahnungsreiz. Dieser aktiviert gezielt bestimmte Teile des Netzwerkes von Gedächtnisinhalten und damit entsprechende Erwartungen und Reaktionswahrscheinlichkeiten. Hierzu können prinzipiell alle Sinnesmodalitäten genutzt werden, weshalb es optische, akustische, taktile

olfakto-
risch: den
Geruchssinn
betreffend

und olfaktorische Primes gibt. Priming-Effekte wurden in den verschiedensten Verhaltensbereichen nachgewiesen, so auch beim Konsumentenverhalten.

- Durstige Probanden, denen man subliminal Gesichter glücklicher Menschen gezeigt hatte, beurteilten anschließend ein Fruchtsaftgetränk positiver und tranken mehr davon als die Vergleichsgruppe, denen Gesichter unglücklicher Menschen gezeigt worden waren (vgl. Berridge/Winkielman 2003).
- Probanden, denen der Versuchsleiter zuvor das Reizwort „Prestige" präsentiert hatte, entschieden sich häufiger für teure *Nike*-Socken (ein Paar für 5,25 $), während Vergleichspersonen auf den Prime „Sparsamkeit" hin zumeist preisgünstige *Hanes*-Socken wählten (zwei Paar für 6,00 $) (vgl. Chartrand et al. 2008).
- Auf Fairness geprimte Käufer beachteten in Preisverhandlungen die Reziprozitätsnorm stärker als die Vergleichsgruppe und verhielten sich fairer (vgl. Maxwell et al. 1999).

subliminal:
unterschwellig, nicht
bewusst
wahrnehmbar (d.h.
unterhalb
der Wahrnehmungsschwelle)

Voraussetzung für derartige Effekte ist, dass das Priming unbewusst abläuft, die Betroffenen somit den Beeinflussungsversuch nicht bemerken (vgl. Strahan et al. 2005). Dies erklärt auch, warum besonders häufig subliminales Priming untersucht wurde (z.B. Kouider et al. 2010; Stapel & Koomen, 2005; Murphy/Zajonc 1993). Strittig ist allerdings, ob Priming nur kurzfristig wirkt, wie Smarandescu/Shimp (2015) berichten. In ihrer Studie genügten 15 Minuten Pause, damit durstige Probanden nicht mehr auf ein geprimtes Erfrischungsgetränk reagierten. Oder haben Thomson et al. (2010) Recht, die auch noch nach acht Wochen entsprechende Effekte nachweisen konnten? Die beiden Studien sind jedoch weder thematisch noch konzeptionell vergleichbar, weshalb diesbezüglich noch Forschungsbedarf besteht.

In der kulturvergleichenden Forschung wird Priming zunehmend genutzt, um eine bestimmte kulturelle Orientierung der Versuchsteilnehmer zu gewährleisten (vgl. B-3.10.3).

3.4.3 Beeinflussung durch Gestaltung der Entscheidungsarchitektur

No Name-Artikel: Nicht
markierte,
eher einfach
gestaltete
Artikel

to nudge: engl.
= schubsen,
einen leichten Anstoß
geben

Wie bringe ich Konsumenten, die vor dem Kühlregal stehen, dazu, den vergleichsweise kostspieligen Heumilch-Alpen-Marken-Käse zu kaufen und nicht den wesentlich billigeren No-Name-Standard-Käse? Unter anderem dadurch, dass ich auf die Bequemlichkeit der Kunden spekuliere und den Hochpreiskäse in der leicht zugänglichen Griff- bzw. Sichtzone des Verkaufsregals anbiete und den Niedrigpreiskäse in der beschwerlichen Bückzone. Dies entspricht der üblichen Vorgehensweise bei der Regalplatzoptimierung.

Thaler/Sunstein (2008) haben diese Strategie des gesunden Menschenverstands theoretisch aufgewertet, als Strategie des libertären Paternalismus. Die Zielperson, der alle Handlungsoptionen zur Verfügung stehen (= libertär), wird in Richtung der Option „geschubst", die ihrem eigenen wohlverstandenen Interesse am besten entspricht. Diese Technik wird als 'nudging' bezeichnet. Der Trick besteht darin, dass 'nudges' die präferierte Handlungsoption einfacher erscheinen lassen als die übrigen Optionen. Paternalistisch ist dies insofern, als der „Schubser" entscheidet, was dem Interesse der Zielperson dient – und nicht diese selbst.

Auf den Universitätsalltag übertragen könnte dies bspw. bedeuten: Der Betreiber der Mensa möchte erreichen, dass Studenten sich gesünder ernähren, damit sie dem Prüfungsstress jederzeit gewachsen sind (= paternalistisch). Dieses wohlmeinende Ziel soll jedoch ohne Einschränkung der Entscheidungsfreiheit erreicht werden (= libertär). Deshalb werden die Klassiker (Schweineschnitzel, Currywurst, Pommes Frites etc.) nach wie vor angeboten, aber im Untergeschoss der Mensa, was längere Wege und Kunstlicht bedeutet. Im Erdgeschoss (kurze Wege, Tageslicht) können sich die Studenten an der Salatbar bedienen, Vegetarisches und Fischgerichte genießen.

Das sog. PACE Food Labeling entspricht der Nudging-Philosophie: Verhaltensangebote, keine Einschränkung der Entscheidungsfreiheit. Auf der Verpackung von Lebensmitteln wird, neben der üblichen Kalorienangabe, ein stilisiertes Männchen gedruckt, das entweder geht oder rennt. Daneben eine Zahl, die zu erkennen gibt, wie viele Minuten ein durchschnittlicher Mensch gehen oder rennen muss, um die mit diesem Lebensmittel aufgenommenen Kalorien wieder zu „verbrennen" (bspw. 46 min gehen oder 24 min rennen, um die 253 kcal eines Schoko-Riegels abzuarbeiten). Gemäß einer Meta-Analyse von Daley et al. (2019) nehmen Probanden pro Mahlzeit 65 kcal weniger zu sich und ca. 200 kcal weniger pro Tag, wenn ihnen auf diese Weise das Äquivalent in Geh- oder Lauf-Minuten vor Augen geführt wird.

libertär: freiheitlich

Paternalismus: Form der autoritär-wohlwollenden Herrschaft ('pater': lat. = Vater)

4 Universalismus/Relativismus-Debatte

4.1 Grundlagen

Wie lässt sich menschliches Verhalten erklären? Ist es angeboren? Falls ja: Ist das gesamte Verhaltensspektrum genetisch determiniert oder nur einzelne Verhaltensweisen (⇒ Determinismus)? Welchen Anteil hat die natürliche Umwelt an der Uniformität bzw. Variabilität des Verhaltensrepertoires und welchen die sozio-kulturelle sowie die technische Umwelt? Begünstigen bestimmte Umweltbedingungen bestimmte, d.h. der jeweiligen Umwelt angepasste Verhaltensweisen?

Anfänglich prallten in der sog. Universalismus/Relativismus-Debatte diametral gegensätzliche Argumente aufeinander. Während die Nativisten – als extreme Vertreter der universalistischen Position – davon ausgingen, dass die psychische Grundstruktur aller Menschen gleich ist und kulturelle Einflüsse allenfalls für marginale Variabilität sorgen, waren die Kulturrelativisten vom Primat des Kulturellen überzeugt. Unter dem Eindruck der Erkenntnisse der Epigenetik, wonach die genetische Grundausstattung des Menschen kein Verhaltensprogramm ist, das automatisch abläuft, sondern durch geeignete Umwelteinflüsse an- oder abgeschaltet wird, setzten sich auf beiden Seiten jedoch moderatere Positionen durch.

nativus: lat. = angeboren, natürlich

Epigenetik: Untersucht den Zusammenhang zwischen Umwelteinflüssen und der Wirkung von Genen

4.2 Universalistische Verhaltensweisen

Theoretisch untermauert wird die universalistische Position durch Argumente der Cultural Psychology (z.B. Heine 2015; Kitayama/Cohen 2010). Demnach sind Verhaltensweisen, welche das Überleben sichern (z.B. Vermeiden neuartiger, möglicherweise existenzbedrohender Situationen), biologisch-genetisch determiniert und folglich vom kulturellen Umfeld unabhängig. Diese sog. 'behavioral universals' können unmittelbar, d.h. ohne auf den jeweiligen kulturellen Kontext Bezug nehmen zu müssen, analysiert und kulturübergreifend ('cross cultural') verglichen werden.

4.2.1 Behavioral Universals

Attrappen: Abstrahierte, d.h. stark vereinfachte, auf das Wesentliche reduzierte Darstellungen von Schlüsselreizen

Eine Reihe von Reiz/Reaktions-Verbindungen gilt als angeboren und nicht den soziokulturellen Phänomenen zugehörig. Zu ihnen zählen u.a. ...

- grundlegende Raum- und Zeitvorstellungen (vgl. Pinker 2007),
- Zuwendungsreaktionen, welche durch attrappenhaft reduzierte Schlüsselreize wie das ⇒ Kindchenschema ausgelöst werden (vgl. Oberzaucher 2017; Müller/Gelbrich 2015, S. 592 f.),
- der 'home bias', d.h. die Vorliebe für Vertrautes, Eigenes (vgl. Strong/Xu 2003),
- die Lautsymbolik von Tönen (vgl. Ohala et al. 2006).

Studien zur Lautsymbolik sollen klären, welche Eigenschaften der Mensch einzelnen Lauten zuordnet. Dabei hat sich gezeigt, dass hohe und dünne Töne weltweit als Ausdruck von Angst und Hilflosigkeit empfunden werden, während laute und scharfe Töne Ärger, Aggression und Dominanz symbolisieren. Ein Untergebiet der Lautsymbolik ist die sog. Größensymbolik: Die Hochfrequenzlaute [e] und [i] sind in vielen Sprachen ein Indikator für „klein." Die Niedrigfrequenzlaute [a] und [o] stehen dagegen für „groß" (vgl. Tab. 9).

Tab. 9: Größensymbolik

	Adjektiv für ...	
	„klein"	„groß"
Englisch	little	tall
Französisch	petit	grand
Griechisch	/mikros/	/makros/
Japanisch	/tschisaii/	/ookij/
Spanisch	chico	gordo
Deutsch	klein	groß

Quelle: Müller/Gelbrich (2015, S. 369), auf Basis von Ohala (2006, S. 330)

Reziprozität: Wechselseitigkeit, Wechselbezüglichkeit („Wie Du mir, so ich Dir")

Universell sind weiterhin bestimmte ...
- Tabus (nach *S. Freud* Inzest, Kannibalismus und Vatermord),
- Emotionen (bspw. Angst, Freude, Überraschung; vgl. Ekman/Cordaro 2011),

- Normen. Die Reziprozitätsnorm zählt zu den Normen, die weltweit befolgt werden (vgl. Cialdini 2007; Edeler et al. 1997). Überall fühlen Menschen sich verpflichtet, Gleiches mit Gleichem zu vergelten – Geschenke mit Geschenken und Gefälligkeiten mit Gefälligkeiten.

4.2.2 Marketing Universals

Wie Dawar/Parker (1994) anhand einer 38-Länder-Studie feststellten, nutzen Konsumenten mehr oder minder weltweit Qualitätssignale. Käufer elektronischer Geräte etwa schließen von deren äußerem Erscheinungsbild, dem Preis, der Marke und der Reputation des Händlers auf die Produktqualität (zur Preis/Qualitätsheuristik vgl. C-2.2.4). Weiterhin hat sich gezeigt, dass junge, mobile und gut ausgebildete Käufer bevorzugt andere um Rat fragen, um sich über elektronische Gebrauchsgüter zu informieren; Radio- und TV-Werbespots schenken sie in diesem Zusammenhang wenig Aufmerksamkeit. Universell scheint auch das Phänomen des 'consideration sets' zu sein: Unabhängig von ihrer Nationalität bzw. Kulturzugehörigkeit ziehen Käufer aus der Gesamtheit des verfügbaren Angebots eine Stichprobe und beschränken ihre Kaufentscheidung auf diese Untermenge (vgl. LeBlanc/Herndon 2001).

Hsieh (2002) wies in einer 20 Länder/70 Regionen-Studie korrespondenzanalytisch nach, dass überall Pkws anhand von drei Dimensionen beurteilt werden:
- ökonomisch-symbolischer Wert des Produkts (guter Kundenservice, Sparsamkeit, Luxus etc.),
- sensorische Produktleistung (Aufregung, Fahrspaß etc.),
- objektiver Nutzen (Haltbarkeit, Verlässlichkeit, Sicherheit).

Werbebotschaften, die weltweit verbreitete Bedürfnisse ansprechen, werden als 'universal advertising appeals' bezeichnet. Sie wirken auf alle Menschen prinzipiell gleichartig. Neben Gesundheit und Spaß eignen sich vor allem das Bedürfnis nach Attraktivität (vgl. C-1.6) und das Bedürfnis nach Sozialprestige für standardisierte Werbekampagnen.

Shopping Goods: Erklärungsbedürftige, vergleichsweise hochwertige und selten gekaufte Güter (z.B. Möbel)

Consideration Set: Menge der Marken bzw. Produkte, die bei einer Kaufentscheidung prinzipiell in Frage kommen

Korrespondenzanalyse: Multivariates Analyseverfahren, welches es ermöglicht, die Zeilen und Spalten einer Kontingenztabelle als Punkte in einem zweidimensionalen Raum darzustellen

4.3 Kulturspezifische Verhaltensweisen

Selbst eingeschworene Relativisten bestreiten die Existenz universeller Prozesse nicht. So empfinden alle Menschen unter bestimmten Bedingungen Angst, etwa wenn sie lebensbedrohlichen Ereignissen ausgesetzt sind. Wie aber Angst ausgedrückt wird, hängt vom kulturellen Umfeld ab (vgl. Berry et al. 2002). Anders als Universalisten sind Relativisten jedoch vom Primat des Kulturellen überzeugt. Deshalb konzentrieren sie sich bspw. bei der Analyse von Zeitvorstellungen auf kulturabhängige Konstrukte wie Zeitwahrnehmung und Zeitbewusstsein (vgl. C-1.4). Den Absolutheitsanspruch der Universalisten kritisieren die hauptsächlich kulturwissenschaftlich argumentierenden Relativisten als „theoretisch-methodologischen Imperialismus".

In jeder Gesellschaft betrachtet die Mehrheit bestimmte Verhaltensweisen und Überzeugungen als normal, wünschenswert, legitim oder verbindlich.

Werte beschreiben, welches Verhalten in einer Gesellschaft als wünschenswert gilt. Sie basieren meist auf religiösen Überzeugungen, historischen Erfahrungen und Tradition. Werte verdeutlichen, wie man sich möglichst verhalten sollte, um den Idealen der Gesellschaft zu entsprechen. Normen dagegen formulieren den sozialen Imperativ. Sie geben vor, wie man sich verhalten muss. Werden Normen nicht eingehalten, drohen gesellschaftliche Sanktionen.

Spezifische Verhaltensweisen, die innerhalb eines Kulturkreises als normal und verbindlich angesehen werden, bezeichnet man als Kulturstandard (vgl. Thomas 2003, S. 112). Die Mitglieder einer Gesellschaft beurteilen die Angemessenheit sowohl des eigenen als auch fremden Verhaltens anhand von Kulturstandards, weshalb diese eine verhaltenssteuernde Wirkung haben. Wer zentrale Kulturstandards (vgl. Tab. 10) nicht einhält, muss damit rechnen, von seiner sozialen Umwelt abgelehnt und im Extremfall sanktioniert zu werden.

> **Definition Kulturstandard**
> „Alle Arten des Wahrnehmens, Denkens, Wertens und Handelns, welche die Mehrzahl der Angehörigen einer Nation für sich und andere als normal, typisch und verbindlich ansieht" (Thomas 2003, S. 108)

Der in Ostasien weit verbreitete Kulturstandard ⇒ „Gesicht wahren" etwa fordert von den Angehörigen dieses Kulturraumes Verhaltensweisen, die es ermöglichen, peinliche Situationen, Probleme, Kritik und offenkundige Fehler nicht offen anzusprechen bzw. zuzugeben (vgl. Hwang 2006; Matthes 1991). Wer so die Würde seiner Mitmenschen achtet, wahrt nicht nur deren Gesicht, d.h. deren Ansehen in der Öffentlichkeit, sondern auch das eigene Gesicht. Dies ist dort die wichtigste Maßnahme zur Schaffung sozialer Identität und zum Erhalt von Harmonie (als Mittel der sozialen Bindung und Konfliktvermeidung bzw. Konfliktbewältigung).

Tab. 10: Zentrale Kulturstandards

China	Deutschland	USA
• Gesicht wahren	• Formalismus	• Individualismus
• Trennung von Arbeits- und Privatleben	• Hierarchie- und Autoritätsorientierung	• Chancengleichheit
• Sanktionsangst	• Pflichterfüllung	• Handlungsorientierung
• Hierarchieorientierung	• Familienzentrierung	• Leistungsorientierung
• Freude am Feilschen	• Interpersonale Distanz	• Soziale Anerkennung
• Vertragstreue	• Körperliche Nähe	• Gelassenheit
• Freundschaft und Höflichkeit	• Direktheit interpersonaler Kommunikation	• Patriotismus
• Gastfreundlichkeit	• Persönliches Eigentum	• Zukunftsorientierung
• Nationalstolz	• Traditionelle Geschlechterrollen	• Funktionales Besitzverständnis
• Bescheidenheit		• Dating
• Selbstbeherrschung		• Naturbeherrschung
		• Mobilität

Quelle: Thomas (1997, S. 132 f.), in: Kutschker/Schmid (2011, S. 777), geringfügig modifiziert

> „Das verstand ich schon in jungen Jahren, als ich die Sprache lernte: Japaner verständigen sich oft weniger mit der Grammatik der Worte als mit Gesten der Höflichkeit. Sie dienen dazu, das Ich zurückzunehmen und Konflikten aus dem Weg zu gehen. Mittlerweile ertappe ich mich selbst oft dabei, dass ich lieber nebulöse Formulierungen wähle, als unverblümt meine Meinung zu sagen. Das fängt im Kleinen an. Wenn ich mit Japanern ins Restaurant gehe, bestelle ich nicht unbedingt, worauf ich gerade Appetit habe. Vielmehr versuche ich herauszufinden, was der oder die andere trinken und essen möchte. Das kann eine Weile dauern. Die Japaner haben eine Redewendung dafür: »kuki wo yomu«, auf Deutsch etwa: »die Luft lesen«. So nennen sie ihre Fähigkeit, intuitiv zu erfassen, was ihre Umgebung gerade denkt und will" (Wagner 2020).

4.4 Zweistufiger Erklärungsansatz

Alle Menschen fragen sich zahllose Male am Tag implizit oder explizit „warum"? Warum blühen die Rosen in Nachbars Garten schöner als meine Rosen? Warum verdiene ich weniger als die Arbeitskollegin XY? Warum war der Kellner so abweisend? Weltweit betreiben Menschen das, was Psychologen als kausale Attribution bezeichnen (vgl. C-2.6.3): Sie suchen nach einer Erklärung für triviale Alltagsprobleme („Darf man Wollpullover schleudern?") wie auch für existentielle Probleme („Schützen Impfungen?"). Wie die kulturvergleichende Forschung zeigen konnte, fallen die Antworten auf derartige Fragen jedoch systematisch unterschiedlich aus – je nachdem, welchem Kulturraum die Beteiligten angehören: Wer in einer individualistischen Kultur aufwuchs, wird interpretationsbedürftiges Verhalten mit großer Wahrscheinlichkeit dispositional attribuieren, d.h. Eigenheiten der handelnden Personen als maßgebliche Ursache von Ereignissen ansehen (z.B. „Der Verkäufer war derart inkompetent, dass es unmöglich war, geeignete Laufschuhe zu finden."). Angehörige des kollektivistischen Kulturkreises werden hingegen zumeist situativ attribuieren und Besonderheiten der Situation für ungewöhnliche Verhaltensweisen verantwortlich machen (z.B. „In dem Verkaufsraum war es unerträglich heiß.").

Die Universalismus/Relativismus-Debatte mit ihrer Extremposition des „entweder/oder" ist fraglos nicht geeignet, derartige Unterschiede zu erklären. Hilfreicher ist die Vorstellung, dass das Verhaltensprinzip (z.B. Bedürfnis nach Erklärung) universell ist, das daraus erwachsende konkrete Verhalten jedoch kulturspezifisch (z.B. kulturabhängiger Attributionsstil). Ekman (1994) formulierte einen entsprechenden zweistufigen Erklärungsansatz: die „Neurokulturelle Theorie der Emotionen". Demzufolge hängt die Art und Weise, wie Emotionen mimisch ausgedrückt werden, von der Interaktion des angeborenen „genetischen Erbes" mit dem „sozialen Erbe" ab: gelernten kulturellen Normen bzw. Emotionsregeln ('display rules'). Beispielsweise reagieren weltweit die Menschen auf plötzliche und unerwartete Ereignisse mit Überraschung. Wie sie jedoch diese Emotion mimische ausdrücken, hängt von den Emotionsregeln ab: im westlichen Kulturraum grundsätzlich expressiver als im ostasiatischen Kulturraum. Hinzu kommt, dass unterschiedliche Gesichtsregionen für den emotionalen Ausdruck genutzt werden: Augenbrauen und Mundregion im Westen, Augen, Blickrichtung und das Umfeld der Nase im Osten (vgl. Jack et al. 2012). Eine besondere Aufgabe kommt dabei dem „sozialen" bzw. „asiatischen Lächeln" zu (vgl. Müller/Gelbrich 2014,

S. 101 ff.). Es wird gezielt eingesetzt, um „negative Emotionen" (Wut, Zorn, Trotz etc.), die im östlichen Kulturkreis unerwünscht sind, zu kaschieren.

Erstmals nachgewiesen hat Ekman (1971) die Funktionsweise des sozialen Lächelns. Er beobachtete bei japanischen und amerikanischen Kinobesuchern, die sich beim Betrachten eines Films unbeobachtet wähnten, einen weitgehend vergleichbaren Gesichtsausdruck (z.B. Furcht, Erregung). Als dann scheinbar zufällig ein Angehöriger des eigenen Kulturkreises – tatsächlich aber ein Vertrauter des Versuchsleiters – den Raum betrat, veränderten die japanischen Versuchsteilnehmer ihre Mimik. Sie maskierten nunmehr die in ihrer Gesellschaft sozial unerwünschten negativen Gefühle mit einem Lächeln, während die amerikanischen Probanden ihren mimischen Ausdruck beibehielten.

5 Globale Trends des Konsumentenverhaltens

Werden die zunehmend globalen Waren-, Informations- und Migrationsströme mittel- oder langfristig die bestehenden Unterschiede zwischen den verschiedenen Kulturräumen einebnen und einen neuen Typus entstehen lassen? Den globalen Konsumenten, der großen Wert auf eine kosmopolitische Identität legt (vgl. Alden et al. 1999)? Der die Symbole und Zeichen global agierender Anbieter versteht und in erwünschter Weise darauf anspricht (vgl. Carpenter et al. 2013)? Oder wird die von vielen als bedrohlich empfundene Globalisierung Gegenkräfte aktivieren und letztlich zu einer Renaissance regionaler Anbieter und lokaler Angebote führen (vgl. Wegmann 2015)?

Vermutlich wäre es falsch, sich die Identifikation mit dem Globalen und die Identifikation mit dem Lokalen als Gegensätze vorzustellen, als Pole einer Dimension. Wie u.a. Steenkamp/de Jong (2010) mit einer aufwändigen Studie (13.000 Auskunftspersonen aus 28 Ländern) gezeigt haben, sind beide Konsumstile weitgehend unabhängig voneinander. Tatsächlich sind die meisten Konsumenten in manchen Verhaltensbereichen (bspw. Unterhaltungselektronik) global orientiert und in anderen lokal (bspw. Nahrungsmittel).

Schlagwortartig verdichtet wird diese Erkenntnis durch das Konzept der 'glocal consumer culture' (vgl. Thompson/Arsel 2004), vorstellbar als Mittelweg zwischen der 'global consumer culture' und der 'local consumer culture' (vgl. Jackson 2004). Die 'glocal consumer culture' entwickelt sich im Spannungsverhältnis zwischen der Lokalisierung globaler Trends (bspw. unterschiedliche lokale Spielarten der im Kern globalen Rockmusik) und der Globalisierung des ursprünglich Lokalen (bspw. Pizza, Sushi).

Vorläufer der Diskussion über den modernen Konsumenten sind die von Betriebswirtschaftlern formulierte Konvergenzthese (vgl. A-5.1), die von Politologen diskutierte Postmaterialismus-These (vgl. A-5.2) und die Modernisierungs-These, die Gegenstand entwicklungstheoretischer Überlegungen ist. Demzufolge kommt es in dem Maße, wie Volkswirtschaften sich ökonomisch entwickeln, zu einem Wertewandel, in dessen Verlauf die traditionellen Werte an Bedeutung verlieren. So konnten Beugelsdijk et al. (2015) durch eine Sekundäranalyse von Daten der *World Values Survey* zeigen, dass moderne Gesellschaften zunehmend individualistisch und genussorientiert werden und Machtdistanz in Gestalt sozialer Unterschiede vermehrt ablehnen. Hamamura (2012), der in Japan und den USA Längsschnittanalysen durchgeführt hat, argumentiert etwas differenzierter.

> "Diverging patterns of cultural changes were found across indices: In both countries, some of the obtained indices showed rising individualism over the past several decades, supporting the modernization theory. However, other indices showed patterns that are best understood within the frameworks of a shifting focus of social relationships and a persisting cultural heritage. A comprehensive theory of cultural change requires considerations of these factors in addition to the well known modernization effect" (Hamamura 2012, S. 3).

5.1 Konvergenzthese

5.1.1 Grundlagen

Angesichts des weltweit wachsenden Wettbewerbs- und Kostendrucks versuchen seit den 1980er-Jahren zahlreiche Unternehmen, möglichst viele Auslandsmärkte weitgehend standardisiert zu bearbeiten – und damit, so die Hoffnung, auch kosteneffizient. Die Befürworter der Standardisierungsstrategie berufen sich auf die sog. Konvergenzthese. Sie besagt im wesentlichen, dass im Zuge der Globalisierung nicht nur die Informations- und Kommunikationsgewohnheiten der Konsumenten weltweit „konvergieren", d.h. immer ähnlicher werden, sondern auch deren Kauf-, Gebrauchs- und Verbrauchsgewohnheiten (vgl. Abb. 13). Deshalb sei es für die Unternehmen möglich und vorteilhaft, ihre Leistungsprozesse zu standardisieren (vgl. Webber 1969).

Konvergenzthese: Prognostizierte eine weltweite Angleichung des (Konsumenten-)Verhaltens aufgrund der Globalisierung

Tatsächlich sprechen zahlreiche Indizien dafür, dass weltweit immer mehr Menschen ihre Bedürfnisse auf ähnliche Weise befriedigen – und zwar nicht nur ihre primären Bedürfnisse (z.B. satt werden), sondern zunehmend auch ihre sekundären Bedürfnisse (vgl. C-4). Kritiker der Konvergenzthese wenden ein, dass es sich dabei häufig lediglich um eine oberflächliche Angleichung der Konsumgewohnheiten handele. Die hauptsächlich von den Ikonen der amerikanischen Trivialkultur *(Coca Cola, McDonald* etc.) betriebene „McDonaldisierung" des Konsums (vgl. Barber 1995) vereinheitliche lediglich die Oberflächenkultur (vgl. B-2). Der Kulturkern jedoch, d.h. die grundlegenden und für das Marketing häufig maßgeblichen Normen und Werte einer Gesellschaft, bleibe von dem Angleichungsprozess letztlich unberührt (vgl. de Mooij 2003).

Ikone: Im Marketing kulturell verwurzelte Leit- bzw. Kultfigur

> „For most Chinese consumers from south China, rice is one of the basic core food ingredients in their daily dining practices. Potato, on the other hand, is one of peripheral ingredients for variety and change" (Quan/Wang 2004, S. 301).

Abb. 13: Konvergenz des Alkoholkonsums

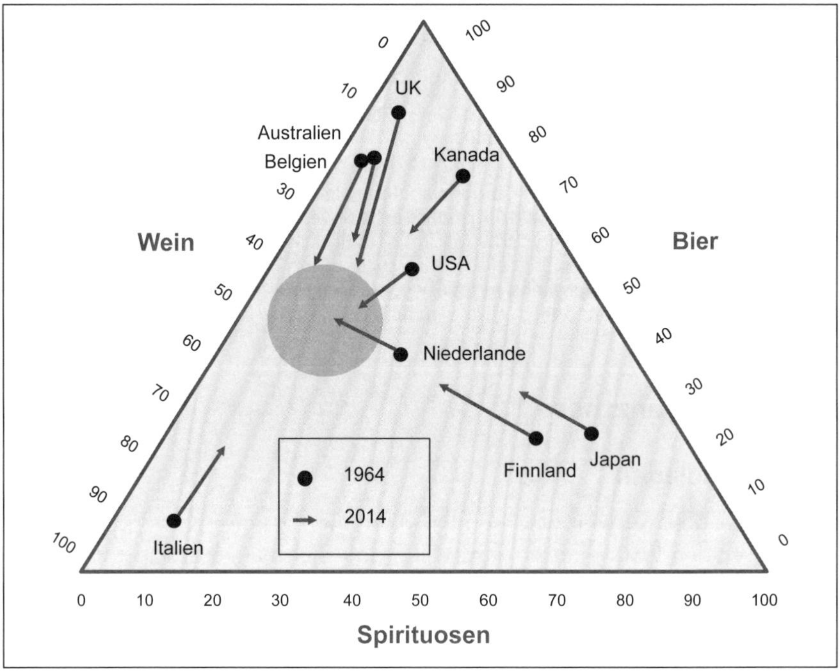

Quelle: https://ourworldindata.org/alcohol-consumption (23.08.2019)

5.1.2 Kulturfreie vs. kulturgebundene Produkte

Oberflächlich oder tiefergehend: Im Einzelfall hängt der Grad der Konvergenz von der Produktkategorie ab. Ob es sich um ein kulturfreies oder kulturgebundenes Produkt handelt, lässt sich anhand von fünf Kriterien entscheiden: kulturelle Zentralität, Homogenität der Bedürfnisse, Tradition, Konsumkontext und situative Faktoren.

(1) Kulturell zentrale Produkte sind für die Identität einer Gesellschaft bedeutsam und insofern kulturgebunden. Im Regelfall handelt es sich um Produkte, die Grundbedürfnisse bedienen: Nahrungs-, Gesundheits-, Hygiene- und Bekleidungsartikel. *Nescafé* bspw. wird weltweit in etwa 190 Geschmacksvarianten angeboten, angepasst an die jeweiligen Präferenzen: Café frappé (Griechenland), Cappuccino (Italien), Espresso (Frankreich), Filterkaffee (Deutschland), Koffie verkeerd (Niederlande), Melange (Österreich) usw. (vgl. www.coffee-perfect.de/kaffeewissen/weltweiter-kaffeekonsum.html).

> **Beispiel:** „Der perfekte Joghurt schmeckt in jedem Land ein bisschen anders. Die Deutschen essen ihn am liebsten cremig gerührt, die Franzosen mögen es stichfest. In Italien muss er intensiv schmecken: Da soll die Erdbeere in der Nase brummen! Meine Aufgabe ist es, Milchprodukte zu entwickeln, die zum jeweiligen Land und Leben der Menschen passen. Ich bin bei *Danone* für den Bereich »Research and Innovation« in fünf Ländern verantwortlich. Zusammen mit meinem Team entscheide ich, welche neuen Produkte schließlich im Kühlregal stehen" (Wilke 2019, S. 8).

(2) Kulturfreie Produkte erfüllen weltweit dieselben Bedürfnisse und werden anhand derselben, häufig objektiven Kriterien beurteilt. Dies trifft auf die meisten High Tech-Produkte zu (vgl. Abb. 14). Von Computern bspw. erwarten Nachfrager vorrangig eine objektiv definierbare Prozessorleistung und Speicherkapazität – unabhängig davon, wo sie leben. Und mit einer Kamera möchten Käufer jedweder Herkunft problemlos und preiswert qualitativ hochwertige Fotografien anfertigen können.

Abb. 14: Kulturgebundenheit & Standardisierungspotential

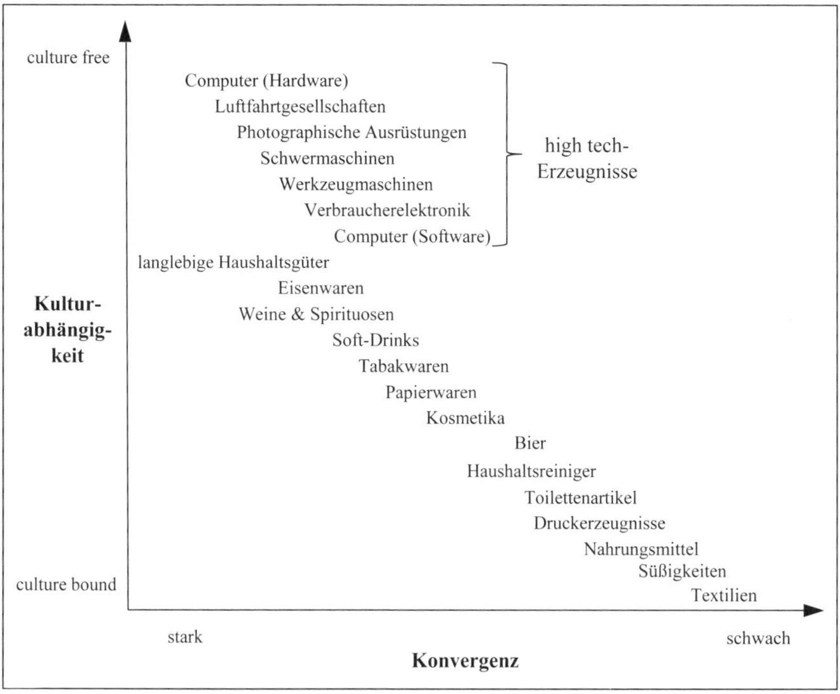

```
culture free ↑
              Computer (Hardware)
              Luftfahrtgesellschaften
              Photographische Ausrüstungen  ⎤
              Schwermaschinen                │ high tech-
              Werkzeugmaschinen              │ Erzeugnisse
              Verbraucherelektronik          │
              Computer (Software)            ⎦
              langlebige Haushaltsgüter
              Eisenwaren
Kultur-       Weine & Spirituosen
abhängig-     Soft-Drinks
keit          Tabakwaren
              Papierwaren
              Kosmetika
              Bier
              Haushaltsreiniger
              Toilettenartikel
              Druckerzeugnisse
              Nahrungsmittel
              Süßigkeiten
culture bound Textilien
              ─────────────────────────→
              stark              schwach
                    Konvergenz
```

Quelle: Meffert/Bolz (1998, S. 183); geringfügig verändert

(3) Der Einfluss der Tradition lässt sich am Beispiel von Getränken erläutern. „Alte", d.h. traditionelle Getränke wie Schnaps, Wein oder Bier, sind kulturgebunden. Sie werden in zahllosen nationalen, regionalen und nicht selten auch lokalen Variationen produziert und genossen. Man denke nur an Genever, Korn, Reisschnaps, Ouzo, Wodka, und, und, und. Cola- und andere Life Style-Getränke sind dagegen vergleichsweise „jung". Als Phänomene der Moderne sind sie weitgehend kulturfrei (sieht man einmal vom unterschiedlichen, den jeweiligen Präferenzen angepassten Zuckergehalt der Softgetränke ab).

> **Beispiel:** Das nach wie vor beliebteste alkoholische Getränk in China ist Baijiu: ein feuriger Getreidebrand, der als die weltweit meistgetrunkene Spirituose gilt – noch vor Wodka, Rum oder Whisky; geschätzt 9 bis 17 Mrd. Liter pro Jahr. Außerhalb Chinas ist Baijiu jedoch so gut wie unbekannt. Den chinesischen Nationalschnaps gibt es in unterschiedlicher Qualität, vom einfachen Rachenputzer bis zur begehrten Rarität (vgl. blog.liebherr.com/hausgeraete/at/schnaps/ 02.02.2020).

(4) Bestimmte Produkte sind nicht an sich kulturgebunden oder kulturfrei, sondern abhängig vom Gebrauchs- bzw. Verbrauchskontext, in dem sie genutzt bzw. konsumiert werden – Möbel bspw. je nachdem, in welchem Zimmer sie stehen. Wohn- und Schlafzimmer werden im Regelfall traditionell eingerichtet, entsprechend den jeweiligen Kulturstandards, während bei der Ausstattung von Kinder-, Gäste- oder Arbeitszimmer funktionelle, tendenziell universalistische Kriterien Vorrang haben (z.B. Bequemlichkeit, Nutzwert). Ausgehend von derartigen Überlegungen schlugen Djursaa/Kragh (1998) das Konstrukt des Konsumkontextes vor. Dieses variiert auf einem gedachten Kontinuum mit den Polen „zentral" und „peripher" (vgl. Abb. 15). Wird ein ausländisches Produkt im peripheren Kontext konsumiert, so mindert dies dessen Kulturgebundenheit und damit den Einfluss des Herkunftslandes auf die Kaufbereitschaft. Umgekehrt verhält es sich mit dem zentralen Kontext. Bei Kindern, Jugendlichen und jungen Erwachsenen ist der periphere Konsumkontext weiter gefasst, während für ältere Konsumenten mehr Produkte, Dienstleistungen und Konsumsituationen dem zentralen Konsumkontext angehören.

Abb. 15: Einfluss des Konsumkontextes auf das Konsumentenverhalten

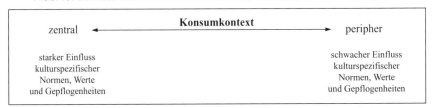

Quelle: eigene Darstellung auf Basis von Djursaa/Kragh (1998)

Die Nahrungsaufnahme etwa kann mehr (z.B. Festessen) oder weniger (z.B. Frühstück) kulturspezifischen Normen und Gepflogenheiten unterliegen. Im arabischen Kulturraum ist das Mittagessen die wichtigste Mahlzeit des Tages und gehört dort dem zentralen Konsumkontext an. Die ganze Familie nimmt daran teil, das Familienoberhaupt spielt eine tragende Rolle, und die gemeinsame Mahlzeit wird mit einem Gebet beendet. Vorwiegend traditionelle Nahrungsmittel, herkömmlich zubereitet, stehen auf dem Speiseplan. Ausländisches ist verpönt. Dagegen aktivieren Abendessen und Frühstück den peripheren Konsumkontext – Softdrinks, American Coffee, Streichkäse, Pizza etc., gerne in ausländischen Fast Food-Restaurants wie *McDonald's* oder *Pizza Hut* (vgl. Kroeber-Riel/Gröppel-Klein 2019, S. 487).

> **Beispiel:** Je nachdem, ob der Geschenkanlass für ihre kulturelle Identität peripher oder zentral ist, verpacken Chinesen Geschenke farblich unterschiedlich. Angesichts der großen Bedeutung des Neujahrsfestes kommt für Neujahrsgeschenke letztlich nur die rituelle Farbe Rot in Frage, die Farbe des Lebens und des Kaisers (vgl. www.asien.org/chinesische-farbenlehre/). Daran gemessen sind Geburtstage weniger wichtig (= peripherer Kontext), weshalb Chinesen für die Verpackung von Geburtstagsgeschenken mit Grün eine symbolisch weniger aufgeladene Farbe bevorzugen (vgl. Chattopadhyay et al. 1999).

(5) Nicht selten hängt es allerdings von situativen Einflüssen ab, ob ein Produkt kulturfrei oder -gebunden ist. Beispiel Klima: In kühlen Regionen der Welt präferieren viele Kunden Glühbirnen, die dank eines hohen Anteils an Rot am Farbspektrum ein warmes Licht spenden, während in heißen Regionen Glühbirnen mit einem hohen Blauanteil im Vorteil sind; denn sie erzeugen „kühles Licht". *IKEA* musste anlässlich der Eröffnung seines ersten Marktes in Indien (Hyderabad) bei der Gestaltung des Sortiments aber nicht nur auf das Klima Rücksicht nehmen, sondern auch auf zahlreiche weitere situative Einflussfaktoren.

> **Beispiel:** Die *IKEA*-typischen Kiefernmöbel wurden nicht angeboten, weil unbehandeltes Kiefernholz das feuchtheiße Klima Indiens nicht verträgt. Hingegen wurde, mit Rücksicht auf das im Durchschnitt niedrige indische Lohnniveau, das Sortiment um 1.000 Produkte für umgerechnet weniger als 2,50 € erweitert. Da die meisten Inder sehr beengt wohnen, wurden die Ausstellungszimmer in dem Markt in Hyderabad mit wesentlich mehr Möbeln bestückt als üblich. Und damit Familien ihre weit verzweigte Verwandtschaft auch in kleinen Wohnungen gebührend empfangen können, wurden mehr Klappstühle und Hocker als üblich angeboten. Küchenschränke wurden um eine Etage gekürzt, weil indische Frauen zumeist kleiner sind als Europäerinnen. Und da Inder Farben lieben, ist *IKEA*-Hyderabad die mit Abstand bunteste *IKEA*-Niederlassung weltweit. Nicht zuletzt: In der 1.000 Sitzplätze-Cafeteria können die täglich 28.000 Besucher auch die heimischen Linsengerichte genießen (vgl. Putz 2018).

5.2 Postmaterialismus-These

5.2.1 Grundlagen

Vor mehr als 40 Jahren erkannte der Politologe *R. Inglehart*, dass zahlreiche Gesellschaften einen Wertewandel durchlaufen, zumeist kaum merklich, aber stetig und deshalb überaus wirkmächtig. Unter dem Schlagwort „stille Revolution" fand diese Beobachtung Eingang in die wissenschaftliche Diskussion (vgl. Inglehart 1997). Stark vereinfacht ausgedrückt besagt die ⇒ Postmaterialismus-These: Je wohlhabender eine Gesellschaft wird und je verlässlicher die staatlichen Institutionen der sog. Wohlfahrtsstaaten die großen Lebensrisiken des Einzelnen tragen (Krankheit, Armut etc.), desto mehr verlieren die traditionellen materiellen Werte des „Habens und Besitzenwollens" (Nahrung, Bekleidung, Gesundheit, Wohnung) an Bedeutung und desto mehr prägen die postmateriellen Werte des „Seins" das soziale Lebens. Die von der Sorge um die Sicherheit ihrer materiellen Existenz befreiten Menschen streben nach Selbstverwirklichung, Partizipation und einer intakten Umwelt (vgl. Inglehart 1998).

Verschieben sich mit wachsendem Wohlstand die Wertmaßstäbe von Generation zu Generation und wird daraufhin die sozio-politische Architektur von Gesellschaften systematisch neu gedacht? Diesen und weiteren Fragen ging das von *R. Inglehart* geleitete Forschungskonsortium mittels der *World Value Survey* (WVS) nach, die in mittlerweile sieben Erhebungswellen ('waves') in anfänglich 22 und zuletzt 87 Ländern erhoben wurde (vgl. Inglehart/Welzel 2005; Inglehart et al. 2004). Der Fragebogen besteht aus Hunderten von Fragen (vgl. www.worldvaluessurvey.org/wvs.jsp), die mit Hilfe von ex-

Wertewandel: „Moderne", liberale Werte (z.B. Selbstentfaltung) verdrängen die etablierten konservativen Werte (z.B. Materialismus)

Postmaterialismus: Was nach dem Materialismus kommt

Partizipation: Angemessene Teilhabe am politischen und gesellschaftlichen Leben

Explorative Faktorenanalyse: Entdeckendes multivariates Verfahren, das eingesetzt wird, wenn die dimensionale Struktur des Erkenntnisobjektes unbekannt ist

ploratorischen Faktorenanalysen zu zwei Dimensionen verdichtet wurden (vgl. Tab. 11).

Tab. 11: Kulturdimensionen nach Inglehart

Dimension	Kurzbeschreibung
Überleben vs. Selbstartikulation ('survival vs. self expression')	Erfasst den Zusammenhang, der zwischen den Ressourcen, über die eine Gesellschaft verfügt, und deren Werten besteht. Im Falle knapper Ressourcen dominieren Werte, welche helfen, das Überleben dieser Gesellschaft zu sichern (z.B. harte Arbeit, Sparsamkeit). Wichtig sind physische und ökonomische Sicherheit. Herrscht kein Mangel, gewinnen postmaterielle Werte wie Lebensqualität und Emanzipation an Bedeutung. Wichtig sind Selbstverwirklichung und Partizipation.
Traditionelle vs. säkular-rationale Autorität ('traditional vs. secular-rational')	Erfasst, wie in einer Gesellschaft Autorität ausgeübt wird: durch traditionelle oder durch säkulare Werte. Dominieren traditionelle Werte, dann sind religiöse und familiäre Bindungen sowie Autoritäten wichtig. Solche Gesellschaften neigen zu Nationalstolz, bis hin zu nationalistischen Bestrebungen. Herrschen säkular-rationale Werte vor, dann ist nicht die Familie, sondern das sich selbst und der wissenschaftlichen Erkenntnis verantwortliche Individuum die entscheidende Bezugsgröße.

Quelle: in Anlehnung an Inglehart et al. (2004)

Projiziert man die einzelnen Länder anhand ihrer gemittelten *WVS*-Werte in einen zweidimensionalen Raum, dann lassen sich deren Positionen in der sog. *Inglehart/Welzel*-Landkarte (vgl. Abb. 16) als Funktion von „Region" und „vorherrschender Landesreligion" erklären. Am stärksten verbreitete sich demnach der Postmaterialismus im protestantischen Europa. Diese Region ist wesentlich mehr von den säkular-rationalen Werten geprägt als die englischsprachigen protestantischen Gesellschaften. Das gemischt-religiöse Deutschland ist im Grenzbereich zwischen dem protestantischen und dem katholischen Europa angesiedelt. Für die afrikanisch-islamische Welt wiederum ist charakteristisch, dass dort das Streben nach Überleben mit der Akzeptanz traditioneller Autorität einhergeht. Letzteres trifft auch auf Lateinamerika zu, mit dem wesentlichen Unterschied, dass dort die Menschen stärker nach Selbstartikulation streben.

5.2 Postmaterialismus-These

Abb. 16: Sozio-kulturelle Landkarte nach Inglehart & Welzel

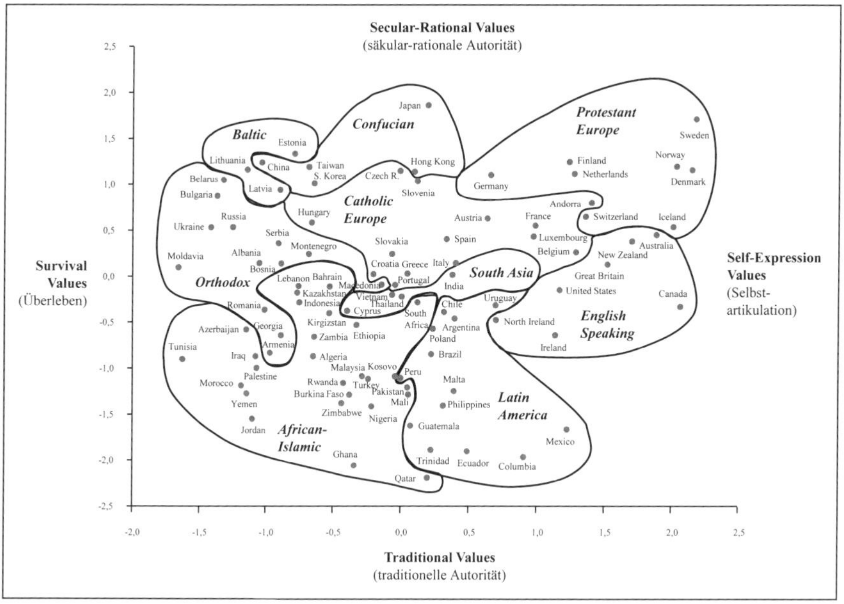

Quelle: www.worldvaluessurvey.org/WVSContents.jsp?CMSID=Findings

5.2.2 Wertewandel & Konsumentenverhalten

Wunschvorstellung

Einer der Lebensbereiche, in denen sich der allgemeine Wertewandel besonders deutlich manifestiert, ist der Konsum. Viele Menschen messen materiellen Gütern mittlerweile weniger Bedeutung bei als früher und sorgen sich vor allem um ihr individuelles Wohlbefinden. Wichtig sind ihnen Lebenszufriedenheit, Selbstverwirklichung und Gesundheit, aber auch Umweltschutz und soziale Teilhabe. Die sog. Glücksforschung boomt (vgl. Ye et al. 2015; Frey/Steiner 2012; Ruckriegel 2007), und der jährliche „World Happiness Report" (vgl. Sachs et al. 2019) erlangt seit Jahren mehr Aufmerksamkeit als der „World Competitiveness Report", der in Zeiten von Wirtschaftskrise und Wachstumsschwäche mit Themen wie internationale Wettbewerbsfähigkeit, Standortkonkurrenz etc. die öffentliche Diskussion beherrschte.

Angesichts der sich ändernden Konsumgewohnheiten von Teilen der Bevölkerung hat die *Association of Consumer Research (ACR)* in den letzten Jahren eine Untergruppe zum Thema „Transformative Consumer Research (TCR)" gebildet. Sie sucht Antworten auf die Frage, ob das Konsumverhalten zum individuellen und kollektiven Wohlbefinden beitragen kann (vgl. Mick et al. 2012). Prominente Beispiele sind:

- negatives oder dysfunktionales Konsumverhalten (z.B. Tabak-, Alkohol- und Drogenkonsum),
- positives oder funktionales Konsumverhalten (z.B. umwelt- und gesundheitsbewusstes Konsumentenverhalten).

Association of Consumer Research: Führender internationaler Verband der Konsumentenforschung

Unter der Überschrift „Consumer Social Responsibility" befasst sich diese Forschung mit den Zukunftsaussichten des ethischen Konsums und der Bereitschaft der Verbraucher, Verantwortung für die Konsequenzen ihres Konsums zu übernehmen (vgl. Caruana/Chatzidakis 2014). Die verschiedenen Erscheinungsformen ethischen Konsums (z.B. nachhaltiges, grünes, umweltbewusstes, prosoziales Verbraucherverhalten) verbindet die Hoffnung, dass immer mehr Konsumenten nicht nur ihren individuellen Vorteil suchen, sondern auch das Gemeinwohl bedenken und bei Kaufentscheidungen neben ökonomischen, funktionellen und ästhetischen Kriterien auch moralische Erwägungen berücksichtigen (vgl. Balderjahn 2013, S. 199). Ist es gerecht, wenn ich ein T-Shirt für 5,90 € kaufe – gerecht gegenüber Baumwollpflanzern in Ägypten, den Näherinnen in Bangladesch, der philippinischen Schiffsbesatzung etc., die alle nur Hungerlöhne erhalten? Kann ich meine jährlichen Urlaubsreisen und den daraus erwachsenden CO_2-Fußabdruck nachfolgenden Generationen gegenüber noch verantworten?

Überträgt man die Erkenntnisse, die Duclos/Barasch (2014) bei ihrer kulturvergleichenden Untersuchung der Spendenbereitschaft gewonnen haben, auf prosoziales Verhalten allgemein, dann muss davon ausgegangen werden, dass Kollektivisten (interdependente Selbstkonstruktion) sich nur dann in größerem Maße sozial engagieren, wenn Angehörige ihrer 'in group' davon profitieren. Förderlich ist auch, wenn dies publik wird (bspw. wenn Medien darüber berichten). Individualisten (independente Selbstkonstruktion) hingegen ziehen ein anonymes Engagement vor (zu Selbstkonstruktion vgl. D-6.3.4). Öffentliche Anerkennung würde aus ihrer Sicht nur dazu führen, dass ihnen selbstsüchtige Motive unterstellt werden, bspw. Gier nach Aufmerksamkeit und sozialer Anerkennung (vgl. Simpson et al. 2017).

Sharing Economy: Wirtschaften durch Teilen

Beispiel: Zu den Vorreitern der 'sharing economy' zählen „die Maschinenringe der Landwirtschaft, in denen Bauern quer durch Europa seit Jahrzehnten teure Gerätschaften gemeinsam nutzen. Das Internet hat die Idee des Teilens neu belebt: Die Menschen vernetzen sich zu Mitfahrgemeinschaften, zu Kleiderkreiseln, zum Wohnungstausch. Jede Menge totes Kapital könne so zum Leben erweckt werden, so die Idee. Etwa der Staubsauger an sechs von sieben Tagen oder das Auto auf dem Parkplatz vor dem Büro. Seit einem Jahr betreibt selbst *Tchibo* ein Portal zum Teilen von Kinderkleidung, der Waschmaschinenhersteller *Miele* bietet seine Geräte inzwischen auch zur Miete an. Ökonomen wie der Amerikaner *J. Rifkin* sehen in der 'sharing economy' die Vorboten eines Wirtschaftssystems jenseits des Kapitalismus. Er prophezeit, dass allein durch das Carsharing weltweit ein Drittel weniger Autos gebraucht würden. Die Idee »nutzen statt besitzen« ist so zur Vision einer ganzen Generation geworden" (Heidmann 2019, S. 4).

Realität

Gemessen an der tatsächlichen Zahlungsbereitschaft für prosozial produzierte Güter ist das Konzept „ethischer Konsum" jedoch vielfach eher Mythos denn Realität (vgl. Devinney et al. 2010). Mit verantwortlich dafür ist der Einfallsreichtum, den viele entwickeln, um trotz besseren Wissens z.B. ihr umweltschädliches (Konsum-)Verhalten nicht ändern zu müssen. Zwar ist es prinzipiell möglich, mit einer rein egoistischen Begründung („Ich will Spaß") jegliche Verhaltensänderung zu verweigern. Sozial verträglicher aber ist die Rationalisierungsstrategie: die Suche nach rational klingenden Gegenargumenten. Beliebt ist bspw.: „Konsumverzicht ist keine Lösung, denn nur wenige Idealisten wären dazu bereit. Wer wirklich etwas ändern will, muss den Ausbau erneuerbarer Energie massiv fördern, so dass Konsum ohne Umweltbelastung möglich ist."

Lasarov et al. (2019) haben drei Typen von Gegenargumenten beschrieben, die es ermöglichen, trotz Klimawandels ohne Schuldgefühle das eigene umweltschädliche Konsumverhalten beizubehalten (vgl. auch Gruber/Schlegelmilch 2014):
1. Leugnung des Effekts: „Die sensationsgierigen Medien übertreiben die voraussichtlichen Auswirkungen des CO_2-Anstiegs maßlos."
2. Leugnung der Ursache: „Es gibt keinen menschengemachten Klimawandel, nur diverse Wetterphänomene."
3. Leugnung der eigenen Verantwortung: „Ob ich auf meine Urlaubsreise verzichte oder nicht. Mein Anteil am CO_2-Aufkommen ist so gering, dass dies keinen Einfluss auf den Klimawandel hätte" (= „Small Agent-Argument").

Indirekt bestätigten Belk et al. (2005) diese kritische Sicht auf die These von der wachsenden Bedeutung des ethischen Konsums. Mit Tiefeninterviews in der Tradition der verstehenden Konsumentenforschung untersuchten sie, wie sich Konsumenten mit möglichen schädlichen Konsequenzen ihres Konsums auseinandersetzen. Ob die Herkunftsländer der Befragten in Europa, Nordamerika, Australien oder Asien lagen oder ob es sich um arme bzw. reiche Länder handelte: Es machten sich nur wenige Gedanken über mögliche Umweltschäden, unmenschliche Arbeitsbedingungen oder die Folgen von Produktpiraterie. Vorrangig war ein vorteilhaftes Preis/Leistungsverhältnis. Ihr Gewissen beruhigten sie, indem sie die eigene Verantwortung gering und die Verantwortung der Hersteller/Anbieter hoch einschätzten.

5.3 Globalität vs. Lokalität

5.3.1 Globaler Konsument

Die These der Global Consumer Culture besagt, dass die Treiber der Globalisierung (globale Verbreitung von Produkten und Dienstleistungen, globaler Tourismus und globale Migration, globale Reichweite von Medien, Internet etc.) für eine globale Konvergenz von Normen, Werten und Verhaltensweisen sorgen, weshalb kulturelle Eigenheiten ihre bisherige Bedeutung verlieren (vgl. Okazaki et al. 2010; Merz et al. 2008; Alden et al. 1999). Wird daraus ein neuer Typus erwachsen: der globale Konsument? Möglich, aber unwahrscheinlich. Zumindest derzeit ist noch nicht erkennbar, dass es mehr als eine oberflächliche Annäherung geben wird: Stichwort *Coca-Cola*. Selbst diese Ikone der globalisierten Konsumwelt wird nicht vollständig standardisiert. Spanier bspw. trinken eine gefühlt süßere Cola (= Val 35) als Japaner (= Val 31).

Val: Valiber Sweetness Calculator

> "Watching young people worldwide drinking *Coca-Cola* or wearing jeans may lead some to conclude that they are becoming the same, but there is ample evidence that to consumers, the local is more meaningful than the global" (de Mooij 2010, S. 2).

Es gibt mehrere Gründe, warum der Spielraum für eine weltweite Konvergenz des Konsumentenverhaltens weit geringer ist, als es bei oberflächlicher Betrachtung den Anschein haben mag. Einer davon ist Gewohnheit, ein anderer kulturelle Gebundenheit (vgl. A-5.1.2). Ein Großteil der Kaufentscheidungen sind habitualisierte Entscheidungen (vgl. A-3.3.2) und wie alle Gewohnheiten tendenziell änderungsresistent. Deutsche bspw. sind es gewöhnt, Wäsche im Freien zu trocknen, weil sie damit vorwiegend Positives assoziieren (Frische, Energiesparen etc.). In den USA ist „Wäsche auf der Leine" hingegen verpönt. Dies gilt als unfein und ist mancherorts verboten. Ein weiteres Beispiel: Angesichts des im Westen üblichen Koch- und Essverhaltens (z.B. Suppe, Hauptgang mit Fleisch bzw. Fisch und mehreren Beilagen, Nachtisch) sind bei uns Küchenherde zumeist mit vier Heizplatten ausgestattet, in China und anderen ostasiatischen Ländern jedoch nur mit zwei: eine für den Wok und eine für den Topf. Auch müssen in diesen Ländern die Küchen privater Haushalte mit wesentlich leistungsfähigeren Abzugshauben ausgestattet sein als bei uns (z.B. stärkerer Motor, besondere Filter), da Chinesen, Koreaner etc. die Gerichte oft mit viel Öl scharf anbraten, was in den weit verzweigten Abluftsystemen der Hochhäuser zu erheblichen Problemen führen kann (Hage et al. 2019, S. 58). Und wer hätte erwartet, dass Nordeuropäer elf bis zwölf Liter Speiseeis pro Kopf und Jahr verzehren und damit wesentlich mehr als Südeuropäer? Erklärung: der monatelange Lichtmangel, der offenbar das Bedürfnis nach Süßem steigert.

> **Beispiel:** SPIEGEL: Signor Lavazza, in Deutschland wird nachmittags gern mal Cappuccino getrunken. Was sagen Sie als Italiener dazu?
>
> Lavazza: Das geht in Italien gar nicht. Ich würde sogar sagen, das ist eine Frage nationaler Identität. Cappuccino gehört auch bei uns dazu. Aber nur morgens, vielleicht bis maximal elf Uhr. Aber niemals nach dem Essen.
>
> SPIEGEL: Welche Eigenheiten stellen Sie bei deutschen Kaffeetrinkern sonst noch fest?
>
> Lavazza: Zu Kaffee gehört dort oft Milch, viel Milch. In Italien bevorzugen wir nach dem Essen eher Espresso. Höchstens mit einem Schuss Milch. Wir würden auch nie so große Portionen trinken. Nördlich von Italien gibt es diese großen Milchkaffees in Gläsern. Die Leute mögen wohl den Anblick, wenn sich Kaffee und Milch langsam verbinden.
>
> www.spiegel.de/plus/cappucino-am-nachmittag-geht-gar-nicht-a-a16053b8-1a2b-4069-8fe1-47285304313c (26.11.2019)

Diese wenigen Beispiele mögen zunächst genügen, um die Vision vom globalen Verbraucher mit einem Fragezeichen zu versehen (⇒ Global Village). Dafür sprechen auch die Ergebnisse einer Verbraucherbefragung zu den Einstellungen zu globalen Marken sowie deren Einfluss auf das Kaufverhalten. Demnach sind in den betrachteten 41 Ländern nur 23 % der Verbraucher uneingeschränkt positiv eingestellt. Holt et al. (2004) bezeichneten dieses globalisierungsfreundliche Segment als 'global dreamer'. Weitaus die meisten (= 55 %) kaufen und nutzen zwar globale Marken, sind jedoch eher kritisch eingestellt und fragen sich, ob die Markeneigner (= transnationale Unternehmen) ihrer sozialen Verantwortung gerecht werden und Gesundheit, Umwelt sowie Arbeitnehmer schützen (= 'global citizen'). 13 % lehnen globale Marken grundsätzlich ab – vor allem dann, wenn sie mit dem amerikanischen Lebensstil assoziiert sind – und bezweifeln deren Qualitätsversprechen sowie die Bereitschaft der Markeneigner, soziale Verantwortung zu übernehmen

(= 'antiglobals'). Weitere 9 % halten das Etikett „globale Marke" für irrelevant (= 'global agnostics').

> **Beispiel:** „Mit seiner Ignoranz steht *Kraft Heinz* exemplarisch für die Riege altehrwürdiger US-Konzerne, die lange glaubten, den Bürgern alles verkaufen zu können, egal wie fettig oder zuckrig die Produkte waren, wie viele Hormone und Antibiotika sie auch enthielten. Doch die Zeiten haben sich geändert, selbst in den USA. Die Menschen verlangen nach gesünderem Essen, nach Produkten aus der Region, nach artgerechter Tierhaltung und sozialer Verantwortung von Firmen" (Hulverscheidt 2019, S. 25).

Kjeldgaard/Askegaard (2006, S. 246) merkten in diesem Zusammenhang aus kulturkritischer Sicht an, dass die Idee des globalen Konsumenten im Allgemeinen und eines globalen Jugendsegments mit homogenen Bedürfnissen und gleichartigem Konsumstil im Besonderen ein Mythos sei, das Ergebnis einer kollektiven Selbsthypnose, eine Wunschvorstellung des Marketing (⇒ Kulturkritik). Realistischer sei das „Cultural Man-Modell" (vgl. A-1). Demzufolge gehört jeder Konsument einer bestimmten Landeskultur an, deren Normen und Werte er mehr oder weniger weitgehend verinnerlicht hat.

Kulturkritik: Häufig kulturpessimistische Auseinandersetzung mit gesellschaftlichen Veränderungen („Verfall der Werte")

Diese beiden Wissenschaftler haben im Übrigen auch das Zentrum/Peripherie-Paradoxon beschrieben. Ausgangspunkt ist die Hypothese, dass der Typus des globalen Konsumenten eher in den städtischen Zentren als in den ländlichen Regionen zu finden sei. Denn in Großstädten sind die Konsequenzen der Globalisierung am deutlichsten spürbar. Indessen berichteten Kjeldgaard/Askegaard (2006) als Ergebnis qualitativer Interviews, dass Jugendliche in ländlichen Regionen weitaus stärker globalen Trends folgen als Jugendliche, die in Großstädten leben. Denn angesichts des als wenig abwechslungsreich empfundenen Landlebens orientierten sich die dort lebenden Jugendlichen zwangsläufig am scheinbar attraktiveren urbanen Leben, während die weltoffenen Großstädter sich selbst genug seien und keine Vorbilder benötigten.

5.3.2 Lokaler Konsument

Viele Unternehmen folgten in den 1990er-Jahren der damaligen Standardempfehlung von Managementberatern: durch Standardisierung aller Leistungsprozesse signifikante Kostenvorteile zu generieren. Längst ist die anfängliche Begeisterung jedoch einer gewissen Ernüchterung gewichen. Neben anderen musste bspw. *C&A* erkennen, dass die (Kosten-)Vorteile der Standardisierung die damit einhergehenden Nachteile nicht ausgleichen: den Verlust an Markt- und Kundennähe und anderen Differenzierungsvorteilen.

> **Beispiel:** „The continental European clothing retailer C&A standardized buying and advertising in Europe in 1997. In June 2000 the company decided to close all 109 shops in the United Kingdom and Ireland because of substantial losses. The taste of the British and Irish consumers is different from that of continental Europeans. Also, tastes vary across continental Europe. Casual clothing, for example, sells better in the Netherlands than in Germany. At the end of the year 2000, C&A had relocalized both buying and advertising" (de Mooij 2019, S. 21 f.).

Ob die Rückbesinnung auf das Heimische, Vertraute ein Gegentrend zum Globalen ist oder diesen lediglich ergänzt, mag dahingestellt bleiben. Unstrittig aber ist, dass Produkte aus regionaler Produktion immer beliebter werden.

GfK: Gesellschaft für Konsumforschung, Nürnberg

- Gaben laut *GfK Consumer Index* 2010 noch 43% an, Lebensmittel aus der Region kaufen zu wollen, auch wenn sie dafür etwas mehr bezahlen müssen, waren es 2016 schon 50%.
- Gemäß *Ökobarometer 2019* stimmten 76% der Befragten dem Statement „Im Supermarkt kaufe ich bewusst Lebensmittel, die aus der Region stammen" zu (36% = voll und ganz, 40% = eher). Und 66% meinten: „Wenn ich regionale Lebensmittel kaufe, dann beim Erzeuger, z.B. im Hofladen oder auf dem Markt" (26% = voll und ganz, 40% = eher).

Worauf ist diese Entwicklung zurückzuführen? Es ist ein ganzes Bündel von Motiven. Manche wollen mit dem bevorzugten Kauf regionaler Erzeugnisse zum Umweltschutz beitragen (bspw. aufgrund kürzerer Transportwege), andere zum Erhalt einer kleinteiligen Erzeugerstruktur (als Gegenmodell zu einer industrialisierten Landwirtschaft). Wieder andere sind davon überzeugt, dass heimische Produkte gesünder sind. Lokalpatrioten schließlich liegt primär der Schutz von Arbeitsplätzen in der Region am Herzen (vgl. D-3.4).

Folgt man der Analyse von Steenkamp/de Jong (2010), dann sind sowohl deutschsprachige (Deutsche, Österreicher, Schweizer) als auch skandinavische Verbraucher (Norweger, Schweden) globalen Produkten gegenüber sehr aufgeschlossen bei gleichzeitiger Distanz zu lokalen Produkten. Bei Argentiniern, Brasilianern, Polen und Thais verhält es sich umgekehrt. Sie räumen lokalen Produkten Vorrang vor globalen Produkten ein (vgl. Abb. 17).

Abb. 17: Landkarte der Lokalität/Globalität von Produkten

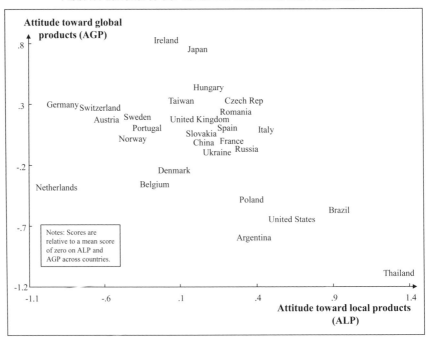

Quelle: Steenkamp/de Jong (2010, S. 31)

5.3 Globalität vs. Lokalität?

Dass auch US-Amerikaner Globalisierungsverweigerer zu sein scheinen, erklärten *Steenkamp & de Jong* folgendermaßen: Viele heute globale Produkte stammen ursprünglich aus den USA und erscheinen Amerikanern deshalb als lokal.

Zhang/Khare (2009) haben einen Zusammenhang zwischen dem Selbstbild der Befragten und deren Einstellung zu globalen vs. lokalen Erzeugnissen nachgewiesen. Globale Konsumenten präferieren – wenig überraschend – globale Produkte und lokale Konsumenten lokale Produkte.

Teil B

Grundzüge der kulturvergleichenden Forschung

1 Begriffsverständnis

1.1 Konzepte & Definitionen

Ende des 19. Jahrhunderts, als in Europa die Nationalstaaten gegründet wurden, kam die Vorstellung auf, dass jede Nation eine besondere Kultur hat – bzw. einen National- oder Volksgeist (vgl. Beugelsdijk/Maseland 2011). Das klingt einfacher, als es tatsächlich ist. Denn „Kultur" ist ein vielschichtiger und vieldeutiger Begriff, der teils umgangssprachlich und teils als wissenschaftlicher Terminus genutzt wird (vgl. Ng et al. 2007, S. 164; Sobrevilla 1971). Im Laufe der Jahrhunderte unterlag er einem grundlegenden Bedeutungswandel. Wenn *Cicero* und seine Zeitgenossen von 'cultura animi' sprachen, meinten sie damit die Philosophie, welche sie von der 'agricultura' abgrenzten. Der Antagonismus „Kultur vs. Natur" hat sich bis in die Neuzeit erhalten. Unser heutiges Verständnis von kultivierter Lebensweise bspw. ist vermutlich auf das Frühhochdeutsche zurückführbar, als man unter Kultur vor allem „Pflege" bzw. „Ausbildung" verstand (vgl. Hermann 2002). Hiervon abzugrenzen ist die Hochkultur als die Gesamtheit aller geistigen und künstlerischen Lebensäußerungen (vgl. Abb. 18).

National-/Volksgeist: Gemeinsame Seele einer Nation (eines Volkes)

Antagonismus: Widerstreit

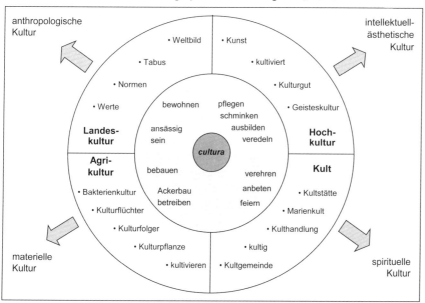

Abb. 18: Bedeutungsspektrum des Begriffs „Kultur"

Das umgangssprachliche Begriffsverständnis ist jedoch nicht Gegenstand des vorliegenden Buches. Wir befassen uns ...

- zum einen und vorwiegend mit der **Landeskultur** (= Gesamtheit der identitätsstiftenden Normen, Werte und Tabus einer Gesellschaft sowie deren Weltbild) und
- zum anderen mit der **individuellen kulturellen Orientierung** (= der mehr oder weniger weitgehenden Übernahme der Landeskultur durch den Einzelnen).

Anthropologie: Ganzheitliche geisteswissenschaftliche Lehre vom Menschen und dessen Entwicklung

Ethnologie: Vergleichende Wissenschaft der menschlichen Gesellschaften und deren Kulturen (früher: Völkerkunde)

Nicht minder groß ist die Vielfalt wissenschaftlicher Definitionen. Anfangs haben sich Anthropologen, Historiker und Philosophen mit diesem ⇒ Konstrukt befasst, später Sozial- und Wirtschaftswissenschaftler. Ausgehend von ihrem jeweiligen Wissenschaftsverständnis und Erkenntnisziel schlugen sie teils ähnliche, teils unterschiedliche Definitionen vor, insgesamt fast 300 (vgl. Taras et al. 2009). Diese lassen sich unterteilen in:

- **Aufzählende Definitionen** begnügen sich damit, die (häufig nur vermuteten) Bestandteile, Elemente, Faktoren etc. von Kulturen aufzulisten. Beispielhaft für diesen von Anthropologen und Ethnologen favorisierten Ansatz ist die klassische Definition von *E.B. Tylor.*

> **Definition Culture (1)**
>
> "That complex whole which includes knowledge, belief, art, morals, law, custom, and any other capabilities and habits acquired by man as a member of society" (Tylor 1871)

- **Historische Definitionen** begreifen Kultur als das von Generation zu Generation überlieferte „soziale Erbe" einer Gesellschaft, als deren Gedächtnis. Kulturen entwickeln sich demzufolge im Laufe der Zeit in Abhängigkeit von ihren jeweiligen geografischen, ökonomischen, historischen und demografischen Rahmenbedingungen (vgl. Myers/Tan 2002).

> **Definition Culture (2)**
>
> "The total social heredity of mankind" (Linton 1938)

Strukturalismus: Methoden und Forschungsprogramme zur Analyse des Beziehungsgefüges kultureller Symbolsysteme

- **Strukturalistische Definitionen** setzen sich mit der inneren Ordnung von Kulturen auseinander. Diese Sichtweise fand ihren Niederschlag in der sog. Kulturzwiebel und dem Concepta/Percepta-Modell (vgl. B-2).
- **Normative Definitionen** befassen sich mit dem Einfluss der Kultur auf Kognitionen, Emotionen und Verhaltensweisen.

> **Definition Culture (3)**
>
> "Patterned ways of thinking, feeling and reacting, acquired and transmitted mainly by symbols, constituting the distinctive achievements of human groups, including their embodiments in artifacts" (Kluckhohn 1951, S. 389)

- Genetische Definitionen beschreiben, wie Kulturen sich entwickeln und welche Funktionen Symbole dabei erfüllen (Olsen 1991).
- Konstruktivistische Definitionen rücken den Aspekt der Realitätskonstruktion in den Focus. Dabei gehen Psychologen vom Konzept der Kognitionen und Orientierungen aus, welche Mitglieder eines Kulturraumes teilen, und Kulturanthropologen von den geteilten Standards des Wahrnehmens, Glaubens, Bewertens und Handelns (vgl. Goodenough 1981; 1957). Diese Gemeinsamkeiten begründen ein System von geteiltem Wissen und gelernten Standards, anhand dessen sich die verschiedenen Landeskulturen voneinander unterscheiden (Schuh 1997, S. 77).

Konstruktivismus: Geht davon aus, dass Erkenntnisobjekte nicht an sich existieren, sondern vom Beobachter konstruiert werden

---

Definition Culture (4)

"Systems of shared meanings" (Bond/Smith 1996, S. 206)

Realitätskonstruktion: Durch selektive Wahrnehmung, subjektive Deutung von Ereignissen etc. geschaffene subjektive Realität

1.2 Entwicklung & Konsequenzen der Landeskultur

Unsere Überlegungen zum Einfluss der Landeskultur auf das Konsumentenverhalten fußen auf dem anthropologischen Ansatz, wobei zwischen der deskriptiven (vgl. Müller/Gelbrich 2014, S. 128 ff.) und der für dieses Buch maßgeblichen analytisch-psychometrischen Richtung zu unterscheiden ist (vgl. Müller/Gelbrich 2015, S. 88 ff.).

Definition National Culture

"Values, beliefs and assumptions learned in early childhood that distinguish one group of people from another. National culture is embedded deeply in everyday life and is relatively impervious to change" (Newman/Nollen 1996, S. 754).

Weiterhin übernehmen wir die konstruktivistische Sichtweise und betrachten „Landeskultur" als ein soziales Phänomen, dessen wichtigste Funktion die kultur- bzw. landestypische Realitätskonstruktion ist (vgl. C-2.1). Das soziale Erbe einer Gesellschaft entwickelt sich unter dem Einfluss von Religion, Sprache, Epoche und materiellen Lebensbedingungen (insb. Klima), um nur die wichtigsten Antezedensen von Landeskultur zu nennen (vgl. Abb. 19).

Antezedens: lat. = Grund, Ursache, Vorausgegangenes

- Religion: Der für den protestantisch-calvinistischen Kulturraum charakteristische Individualismus bspw. lässt sich u.a. auf *M. Luthers* Menschenbild zurückführen („Von der Freiheit eines Christenmenschen") Das im ostasiatischen Kulturraum allgegenwärtige Streben nach Harmonie bzw. Konfliktvermeidung (⇒ „Gesicht wahren") wiederum ist mit dem Einfluss des ⇒ Konfuzianismus zu erklären. Als Staatslehre räumte dieser der Stabilität und Geordnetheit der Gesellschaft unbedingten Vorrang vor individuellen Freiheiten ein.
- Sprache: Der im deutschsprachigen Kulturraum übliche direkte Kommunikationsstil korrespondiert mit einer überdurchschnittlichen Maskulinität (⇒ Direktheit der Kommunikation).
- Lebensbedingungen: Bewohner von klimatisch weniger begünstigten Regionen waren seit jeher gezwungen, Vorsorge zu betreiben. Dies förderte

eine zukunftsorientierte Leistungsmotivation, was ein höheres ⇒ Lebenstempo wie auch einen überdurchschnittlichen materiellen Wohlstand begünstigte.
- Epoche: Historiker führen die der deutschen Gesellschaft nachgesagte Aversion gegenüber ungewissen Lebenssituationen (⇒ „German Angst") auf die Nachwirkungen des Dreißigjährigen Krieges zurück und den angelsächsischen Individualismus auf die „Magna Charta Libertatum": den Großen Freibrief (vgl. Müller/Gelbrich 2014, S. 139 f.).

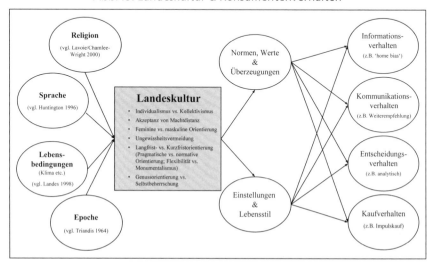

Abb. 19: Landeskultur & Konsumentenverhalten

2 Schichtenmodelle

Kodex: Schriftliche Sammlung von Verhaltensvorschriften bzw. -regeln

Enkulturation: Übernahme der Werte und Normen der Herkunftsgesellschaft

Akkulturation: Übernahme der Werte und Normen einer fremden Gesellschaft

Viele Wissenschaftler haben aus den von ihnen postulierten „Kulturelementen" sog. Schichtenmodelle gebildet. Die u.a. von Hofstede (2011), Trompenaars/Hampden-Turner (2011) oder Schein (2010) vorgestellten Modelle begreifen Kultur als ein System von Regeln und Symbolen, welche es den Angehörigen einer Gesellschaft ermöglichen, ihr Verhalten aufeinander abzustimmen (zu koordinieren). Das durch ⇒ Enkulturation und Akkulturation geschaffene kollektive, von den meisten Kulturmitgliedern „geteilte" System von Bedeutungen unterscheidet die verschiedenen Kulturen voneinander. Unmittelbar beobachten lassen sich jedoch nur die äußeren Schichten einer Kultur, welche G. Hofstede als Praktiken bezeichnet. Kulturfremde können sie zwar wahrnehmen, deren kulturelle Bedeutung aber erschließt sich ihnen nicht. Der Kulturkern ist in einem doppelten Sinn nicht offensichtlich: weder wahrnehmbar noch für Außenstehende verständlich. Der Erkenntnisbeitrag dieser Modelle besteht in der Vorstellung, dass es sichtbare Manifestationen von Kultur gibt (Symbole, Helden, Rituale, Artefakte etc.) und nicht-sichtbare Anteile, die aber an ihren Wirkungen erkennbar sind (Normen, Werte, Weltbild etc.).

2.1 Eisbergmodell

In Abgrenzung zur Natur als dem Vorgefundenen lässt sich Kultur als das von Menschen Geschaffene begreifen. Kulturangehörige bedienen sich dazu eines gemeinsamen Wissensvorrats – des Wissens, das ihre Lebensgemeinschaft (Gruppe, Horde, Gesellschaft etc.) teilt und das sie von anderen Gesellschaften unterscheidet. Kulturspezifisch können auch Verhaltensweisen, Artefakte und Wahrnehmungsmuster sein sowie der Umgang mit und die Interpretation von Emotionen. Die Landeskultur beeinflusst das Verhalten einzelner und verschafft der Gesellschaft durch die Konstruktion einer gemeinsamen sozialen Realität Identität und damit Zusammenhalt. Die Eisberg-Metapher ist in vielen Wissenschaftsdisziplinen gebräuchlich: als Warnung, sich lediglich mit dem sichtbaren Teil des Erkenntnisobjektes zu befassen. Denn so, wie sechs Siebtel der Masse eines Eisberges unterhalb der Wasseroberfläche liegen, sei auch der überwiegende Teil der Besonderheiten des jeweiligen Erkenntnisobjektes (hier: Landeskultur) nicht offensichtlich (vgl. Abb. 20).

Metapher: Sprachbild

Abb. 20: Kultureisberg

manifeste Kultur
kulturspezifische Artefakte und Verhaltensweisen

unterschwellige Kultur
Überzeugungen, Normen und Werte
- nicht bewusst
- auf Erfahrungen beruhend
- emotional verankert
- zur Gewohnheit geworden

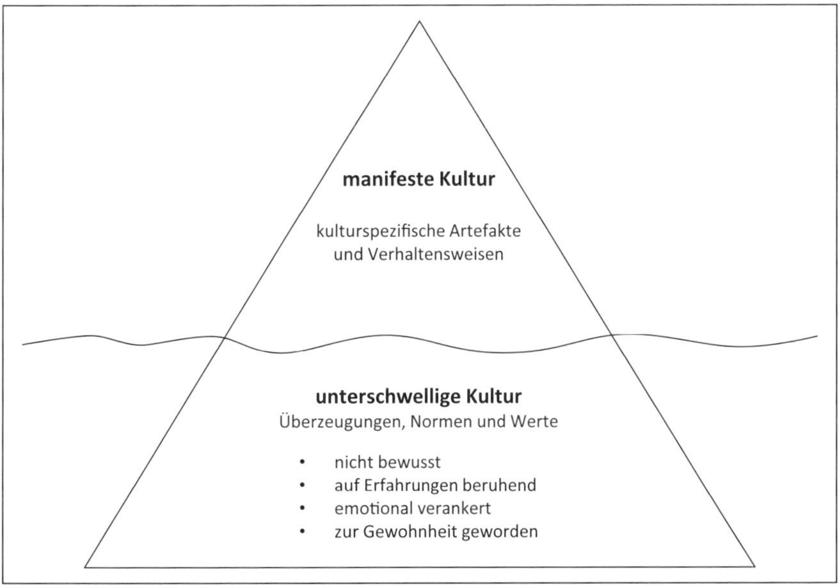

Quelle: Sackman (2002)

2.2 Zwiebelmodell

G. Hofstede wählte die Metapher „Kulturzwiebel", um zu verdeutlichen, dass das Wesentliche einer Gesellschaft, ihr Kulturkern, erst zugänglich wird, wenn man die die äußeren Häute bzw. Schichten durchdringt bzw. wie bei einer Zwiebel entfernt (vgl. Abb. 21). Die einzelnen „Schichten" der Zwiebel verkörpern die sichtbaren Teile der Landeskultur:

- Symbole (z.B. Statussymbole, Glücksbringer),
- Helden (z.B. Menschen, welche die zentralen Werte einer Gesellschaft verkörpern und deshalb als Vorbild dienen),
- Rituale (z.B. Umgangsformen, Ablauf von Preisverhandlungen).

Je näher eine Kulturschicht dem Kulturkern liegt, umso weniger offensichtlich sind ihre Beschaffenheit und die Verhaltenskonsequenzen. Wer die äußeren Schalen löst und den Kulturkern frei legt, erkennt das Wesen, die innere Verfasstheit einer Gesellschaft: ihr Weltbild.

Abb. 21: Zwiebelmodell der Kulturforschung

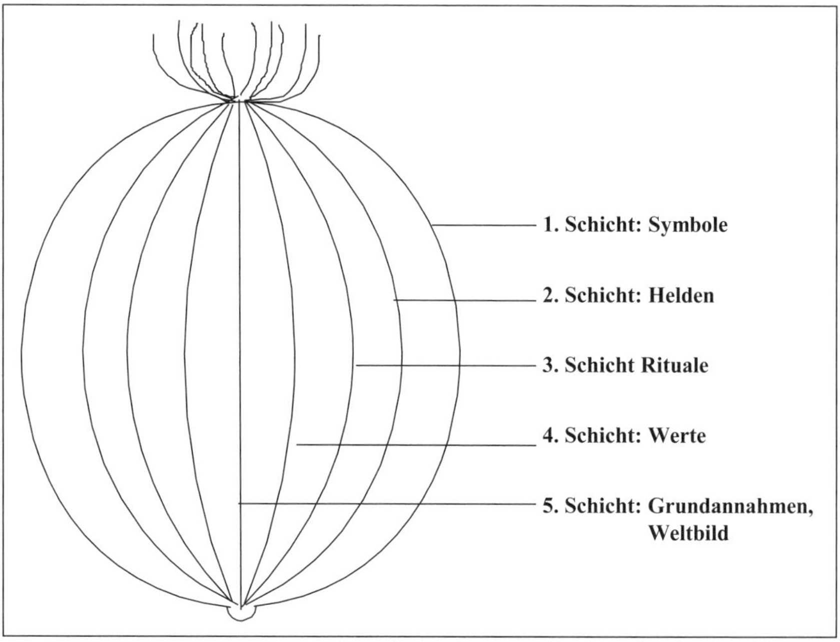

- 1. Schicht: Symbole
- 2. Schicht: Helden
- 3. Schicht Rituale
- 4. Schicht: Werte
- 5. Schicht: Grundannahmen, Weltbild

Quelle: in Anlehnung an Blom/Meier (2002, S. 40); Hofstede (2001, S. 11)

2.3 Implizite vs. explizite Kultur

Artefakt: Von Menschen Geschaffenes

Manche bezeichnen die beobachtbaren Artefakte einer Gesellschaft (z.B. Produkte, Gebäude, Denkmäler, Kunst, Sprache), aus deren Beschaffenheit man auf die zugrunde liegenden Schichten schließen kann, als explizite Kultur (vgl. Trompenaars 1996). Die implizite Kultur wurzelt in den nicht direkt beobachtbaren Welt- und Menschenbildern, d.h. den Grundannahmen einer Gesellschaft über die menschliche Existenz (vgl. Abb. 22). Sie sorgen dafür, dass die Angehörigen einer Gesellschaft bei der Lösung grundlegender Probleme von gleichartigen Annahmen ausgehen. So tendieren risikoaverse, unsicherheitsmeidende Gesellschaften dazu, die Umweltkrise durch Verzicht und Verbote bewältigen zu wollen („weniger"), während risikofreudige, unsicherheitstolerante Gesellschaften die Lösung eher von noch zu entwickelnden innovativen Techniken erwarten („mehr").

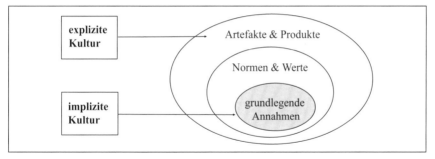

Abb. 22: Explizite & implizite Kultur

Quelle: Gelbrich/Müller (2011, S. 839); in Anlehnung an Trompenaars (1996, S. 51)

Die implizite Kultur umfasst folglich auch Regeln und Methoden, die in einer Gesellschaft entwickelt wurden, um Probleme erfassen und lösen zu können. Dabei interagieren drei Ebenen (vgl. Walliser 1993, S. 37 f.):
- kognitive Komponente: „So funktioniert es",
- affektive Komponente: „So mögen wir es, das ist unsere Art",
- verhaltenssteuernde Komponente: „So werden wir es machen".

Nicht wenige dieser Regeln sind religiösen Ursprungs. ⇒ Christen etwa berufen sich darauf, Gott habe den Menschen den Auftrag erteilt: „Seid fruchtbar und vermehrt euch, bevölkert die Erde, unterwerft sie euch und herrscht über die Fische des Meeres, über die Vögel des Himmels und über alle Tiere, die sich auf dem Land regen" (Genesis 1,28). Der ⇒ Hinduismus hingegen billigt den Menschen keine entsprechende Vorrangstellung zu. Vielmehr gebietet 'ahimsa', eine der Verhaltensregeln dieser Religion, Lebewesen nicht zu töten oder zu verletzen bzw. dies auf ein unumgängliches Minimum zu beschränken. Diese Dualität entspricht einer der Kulturdimensionen, die *S.H. Schwartz* identifiziert hat (vgl. B-2.5.2):
- Harmonie (= ein Leben im Einklang mit der natürlichen Umwelt als Ideal) vs.
- Herrschaft (= Durchsetzungsvermögen, Ehrgeiz, Leistung, Kompetenz, Erfolg etc. als Ideal).

2.4 Concepta/Percepta-Modell

Anfang der 1950er-Jahre schlug Osgood (1951) vor, zwischen mentaler Kultur sowie sozialer und materieller Kultur zu unterscheiden – zwischen Concepta und Percepta.
- Nicht-beobachtbare immaterielle Artefakte wie Tabus, Normen, Werte und Einstellungen formen die mentale Kultur. Sie stehen am Anfang der Kausalkette „Verhaltensgrundlagen → Verhaltensbereitschaft → Verhaltensergebnisse (vgl. Abb. 23).
- Die beobachtbaren immateriellen Artefakte werden als soziale Kultur bezeichnet. Dazu zählen Symbole (z.B. der Rütlischwur als Symbol bürgerlicher Freiheiten der Schweizer), Rituale (z.B. Begrüßungsrituale), Sitten und Gebräuche (z.B. unterschiedliche Bekleidungskonventionen) sowie

Rütlischwur: Angeblich wurde 1291 auf der Rütliwiese der Bund der Eidgenossen geschlossen

Altes Land: Obstanbaugebiet vor den Toren Hamburgs

70 Teil B Grundzüge der kulturvergleichenden Forschung

Eigenheiten der Sozialstruktur (z.B. Art der Rollenverteilung von Mann und Frau).

- Der materiellen Kultur werden die beobachtbaren Artefakte einer Gesellschaft zugeordnet. Neben anderem zählen hierzu die von der Landwirtschaft geformte Kulturlandschaft (z.b. Apfelplantagen im Alten Land), die von Architekten geschaffenen Stadtlandschaften (z.b. das von *G.-E. Haussmann* geplante Stadtbild von Paris) oder die kulturspezifische Art der Kleidung (z.B. 'mig wal', ein hemdartiges Kleid, das junge Beduinenfrauen tragen).

Abb. 23: Concepta/Percepta-Modell im Überblick

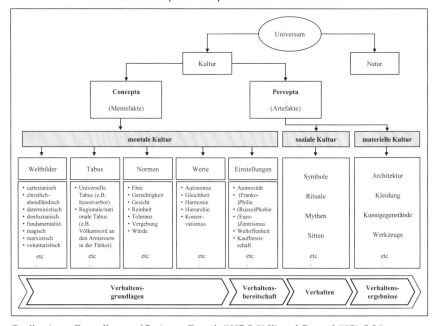

Quelle: eigene Darstellung auf Basis von Dmoch (1997, S. 81 ff.) und Osgood (1951, S. 36)

Indem er erstmals deskriptive, d.h. beschreibende (= Percepta), von explikativen, d.h. erklärenden Kulturelementen (= Concepta) unterschied, war Osgood (1951) seiner Zeit weit voraus. Denn damals und noch viele Jahre später beschränkten sich seine Kollegen auf das unmittelbar Beobachtbare, d.h. auf die Analyse der manifesten Unterschiede zwischen den Kulturen (vgl. Holzmüller 1995, S. 35).

Ein Beispiel aus der kulturvergleichenden Werbeforschung verdeutlicht den fundamentalen Unterschied, der zwischen Beschreiben und Erklären besteht. Festzustellen, dass Werbespots, die von amerikanischen Medien verbreitet werden, weitaus seltener „Alter" und „Erfahrung" thematisieren als ihre britischen Äquivalente (= Percepta), ist sicher nicht uninteressant und durchaus verdienstvoll. Wirklichen Erkenntnisgewinn aber verschafft erst die von Caillat/Mueller (1996) hierfür gegebene Erklärung (= Concepta): Was „Tradition" für die britische Gesellschaft, ist „Modernität" für die amerikanische Gesellschaft: ein zentraler Wert, der kulturelle Identität stiftet. Deshalb thematisieren in „jungen Gesellschaften" (z.B. USA, Kanada) Werbespots auffällig häufig Modernität, in „alten Gesellschaften" wie Großbritannien oder Spanien hingegen Tradition.

2.5 Stellenwert der Schichtenmodelle

Aufgrund ihrer einfachen Struktur und Visualisierbarkeit sind die eingangs vorgestellten Schichtenmodelle sehr anschaulich und sehr beliebt. Dies kann von Vorteil sein, aber auch ein Nachteil. Denn die – letztlich vorwissenschaftlichen – Schichtenmodelle suggerieren eine von einer inneren Ordnung geprägte Einfachheit sowie eine Eigendynamik der Entwicklung (z.B. von der äußeren Schicht zur inneren Schicht). Einen objektiven Nachweis für diese Annahmen gibt es jedoch nicht. Mehr noch: Letztlich behindert das Suggestive den Erkenntnisprozess.

Operationalisierung: Umwandlung eines theoretischen Konstrukts in ein messbares, d.h. empirisch erfassbares Merkmal

3 Theorien & Operationalisierungen

3.1 Überblick

Die verschiedenen theoretischen Modelle und Messkonzepte der kulturvergleichenden Forschung (vgl. Tab. 12) lassen sich zwei Hauptströmungen zuordnen: der qualitativen und der quantitativen Richtung. Neben den Schichtenmodellen, die wir bereits erörtert haben (vgl. B-2), sind folgende Konzepte bzw. Modelle den qualitativen Erklärungsansätzen zuzurechnen (vgl. Müller/Gelbrich 2015, S. 85 ff.; 2014, S. 18 ff.):
- fundamentale Wertorientierungen (⇒ Orientierungen, kulturelle) (vgl. Kluckhohn/Strodtbeck 1961),
- kulturelle Orientierungen (insb. High – vs. Low Context-Orientierung) (vgl. Hall 1976),
- Kulturstandards (vgl. Thomas 2003).

Qualitative Forschung: Methodisch vielfältige, nicht-standardisierte Datenerhebung, interpretativ-verstehende Datenauswertung

Im Mittelpunkt der quantitativen Erklärungsansätze stehen im Regelfall faktorenanalytisch ermittelte Kulturdimensionen. Die ...
- *Hofstede*-Kulturdimensionen (vgl. B-3.3),
- *Schwartz*-Kulturdimensionen (vgl. B-3.5),
- *GLOBE*-Kulturdimensionen (vgl. B-2.6),
- *Trompenaars*-Kulturdimensionen (⇒ Kulturdimensionen nach *Trompenaars*),
- *Douglas*-Kulturdimensionen (⇒ Kulturtypologie nach *Douglas*),
- *Pinto*-Kulturdimensionen (⇒ Kulturdimensionen nach *Pinto*),
- *Inglehart*-Kulturdimensionen (⇒ Kulturdimensionen nach *Inglehart*).

Faktorenanalyse: Verfahren der multivariaten Statistik, mit dem umfangreiche Datensätze auf wenige zugrundeliegende Beschreibungsdimensionen („Faktoren") reduziert werden können

So unterschiedlich sie auch sein mögen. Gemeinsam ist diesen Theorien die Überzeugung, dass kulturspezifische Werte für eine „selektive Gerichtetheit der Wahrnehmungen, Urteile, Denkstile und Verhaltensweisen der Angehörigen einer Kultur sorgen" (Edeler et al. 1997, S. 162). Dieser „Wahrnehmungsfilter" bedingt eine kulturspezifische Weltsicht und begründet kulturelle Identität. Tabelle 12 stellt die wichtigsten dimensionsanalytischen Konzepte im Überblick vor.

Tab. 12: Wichtige Kulturtheorien im Überblick

		(1) = theoretische Grundlage (2) = Definition Kultur	Operationalisierung	Validierung
Validierung: Überprüfung der Gültigkeit von Untersuchungsbefunden	**Anthropologischer Ansatz** Kluckhohn/ Strodtbeck (1961)	(1) Anthropologie (2) „Culture consists of patterns, explicit and implicit, of and for behavior acquired and transmitted by symbols, constituting the distinctive achievements of human groups, including their embodiments in artifacts."	Fünf „fundamentale Orientierungen" (= Grundannahmen über das Wesen der wichtigsten Herausforderungen menschlicher Existenz): • Wesen der menschlichen Natur • Beziehungen zu anderen Menschen • Beziehungen des Menschen zur Natur • Zeitorientierung • Aktivitätsorientierung	Nur innerhalb der USA überprüft (d.h. intrakulturell)
	Kommunikationstheoretischer Ansatz Hall/Hall (1990)	(1) Sozialanthropologie (Benedict 1934; Mead 1928), Tiefenpsychologie (Theorie des kollektiven Unbewussten) und interpersonale Feldtheorie (Lewin 1937; Lewin et al. 1936) (2) „Culture is communication and communication is culture" (Hall 1959, S. 186).	Vier „kulturelle Orientierungen": • kontextabhängig vs. kontextunabhängig • implizite vs. explizite Kommunikation • polychron vs. monochron • 'low touch' vs. 'high touch'	Methodologisch intransparent: Keine hinreichende Dokumentation der Vorgehensweise
	Integrativer Ansatz Clark (1990)	(1) Inhaltsanalyse der Kulturmodelle von Kluckhohn/Strodtbeck (1961), Eysenck/Eysenck (1969), Hofstede (1980) und Peabody (1985) (2) „A distinctive enduring pattern of behavior and/or personality characteristics" (Clark 1990, S. 66).	Drei Meta-Kulturdimensionen: • Relation to Self • Relation to Authority • Relation to Risk	

3.1 Überblick

	(1) = theoretische Grundlage (2) = Definition Kultur	Operationalisierung	Validierung	
Managementansatz Trompenaars (1993)	(1) Fundamentale Orientierungen nach Kluckhohn/Strodtbeck (1961), General Theory of Action (Parsons/Shils 1951) (2) „Kultur ist der Weg, auf dem menschliche Gesellschaften zur Lösung von Problemen finden."	Sieben Kulturdimensionen: • Universalismus vs. Partikularismus • Individualismus vs. Kollektivismus • Affektivität vs. Neutralität • Spezifität vs. Diffusität • Sein vs. Tun • Zeitverständnis • Bezug zur Natur	Vergleichsweise schmale empirische Basis, unzureichende theoretische Begründung, Auswertung nicht hinreichend dokumentiert	
Organisationstheoretischer Ansatz Hofstede (1991)	(1) Sozialanthropologie (Benedict 1934; Mead 1928), Persönlichkeitspsychologie (Inkeles/Levinson 1969), Post-hoc-Erklärungen (2) „Kultur ist die kollektive Programmierung des Geistes, die die Mitglieder einer Gruppe oder Kategorie von Menschen von einer anderen unterscheidet."	Zunächst vier, später fünf, dann sechs Kulturdimensionen: • Individualismus vs. Kollektivismus • Akzeptanz von Machtdistanz • Maskulinität vs. Feminität • Ungewissheitsvermeidung • Lang- vs. Kurzfristorientierung (ehemals konfuzianische Dynamik) • Genussorientierung vs. Selbstbeherrschung	Breite empirische Basis, schwache theoretische Begründung, Auswertung und Gütekriterien hinreichend dokumentiert	
These des Wertewandels & der postmaterialistischen Werte Inglehart (1997)	(1) Politologie und • Theorie der Leistungsmotivation (McClelland et al. 1953), • Erziehungsstiltheorien (Alwin 1986; Lenski 1963), • Modernisierungstheorie (Inglehart 1977; Bell 1973) (2) Keine Definition	Zwei Kulturdimensionen: • Überleben vs. Wohlbefinden • Traditionelle vs. rational-gesetzliche Autorität	Breite empirische Basis, Auswertung hinreichend dokumentiert	
Theorie der universellen Struktur kultureller Werte (Schwartz 1999, 1994)	(1) Anthropologische (Kluckhohn 1951) und persönlichkeitspsychologische Wertetheorie (Rokeach 1973) (2) „Cultural values represent the implicitly or explicitly shared abstract ideas about what is good, right, and desirable in a society" (Schwartz 1999, S. 25 f.).	Sieben kulturelle Werte, die drei bipolaren Kulturdimensionen zugeordnet sind: • Harmonie • Gleichheit • Herrschaft • Hierarchie • Konservatismus • Affektive Autonomie • Intellektuelle Autonomie	Vergleichsweise schmale empirische Basis, externe Validität fragwürdig	**Externe Validität**: Gütekriterium empirischer Forschung, welches die Repräsentativität und Generalisierbarkeit von Untersuchungsergebnissen erfasst

	(1) = theoretische Grundlage (2) = Definition Kultur	Operationalisierung	Validierung
GLOBE-Ansatz (House et al. 2004)	(1) Neben G. Hofstede … • Value-Belief Theory of Culture • Implizite Führungstheorie • Implizite Motivationstheorie • Strukturelle Kontingenztheorie (2) „Shared motives, values, beliefs, identities, and interpretations or meanings of significant events that result from common experiences of members of collectives that are transmitted across generations" (House/Javidan 2004, S. 15).	Neun Kulturdimensionen, die jeweils auf vier Ebenen erfasst werden (Ist- vs. Soll-Zustand und Gesellschaft vs. Organisation): • Gesellschaftlicher Kollektivismus • Gruppen-Kollektivismus • Akzeptanz von Machtdistanz • Ungewissheitsvermeidung • Gleichberechtigung der Geschlechter • Durchsetzungsvermögen • Zukunftsorientierung • Leistungsorientierung • Humanorientierung	Breite empirische Basis, Vorgehensweise, Auswertung und Gütekriterien gut dokumentiert

In den ersten beiden Bänden unserer „Trilogie des Interkulturellen" (Interkulturelle Kommunikation und Interkulturelles Marketing) haben wir die verschiedenen Theorien und Messmodelle ausführlich erörtert (vgl. Müller/Gelbrich 2015; 2014). Deshalb beschränken wir uns an dieser Stelle auf eine kurze Einführung in die Ansätze, die in der empirischen Forschung zum IKKV regelmäßig zur Operationalisierung der Variable „Landeskultur" herangezogen wurden, zumeist als ⇒ Moderator (vgl. A-3.2.2). Wie diverse ⇒ Review- bzw. State of the Art-Arbeiten ergeben haben, fußen mehr als 80 % der einschlägigen Studien auf dem *Hofstede*-Messmodell (vgl. B-3.3), trotz vielstimmiger, zumeist methodologisch begründeter Kritik an diesem Ansatz (vgl. Müller/Gelbrich 2015, S. 138 ff.). Wesentlich seltener werden das *Schwartz*-Messmodell (vgl. B-2.4) und das *GLOBE*-Messmodell herangezogen (vgl. Kap. B-2.5). Die übrigen Kultur- bzw. Messmodelle spielen in der impirischen Forschung keine nennenswerte Rolle.

3.2 Logik des psychometrischen Ansatzes

Grundgedanke des psychometrischen bzw. dimensionsanalytischen Ansatzes der Kulturforschung ist es, die für bestimmte Gesellschaften charakteristischen Werte auf wenige fundamentale Beschreibungs- bzw. Analysedimensionen zu reduzieren.

Psychometrie: Methodik zur quantitativen Erfassung psychischer bzw. subjektiver Vorgänge

> **Definition Values**
> "Enduring beliefs that one mode of conduct or end-state of existence is preferable to an opposing mode of conduct or end-state of existence. Values are culturally derived, and define, maintain and regulate the visible social structure; they give it meaning, stability and cohesion" (Rokeach 1968, S. 167).

Während Osgood (1951), Kluckhohn/Strodtbeck (1961), Hall (1976) und Schein (1985) die von ihnen beschriebenen „Bereiche", „Elemente" oder „Komponenten" von Kultur (lediglich) normativ postuliert haben, sind die Vorschläge der führenden Vertreter des psychometrischen Kulturvergleichs *(G. Hofstede, S.H. Schwartz* und *House et al.)* empirisch überprüfbar. Aus ihrem Datenmaterial haben sie mithilfe eines formalisierten Algorithmus (zumeist Faktorenanalyse) jene Kulturdimensionen extrahiert, auf die wir uns im weiteren Verlauf dieses Buches beziehen (zur Faktorenanalyse vgl. Hoffmann et al. 2018). Dabei handelt es sich um Aggregate grundlegender Werte, anhand derer sich …

- kulturelle Gemeinsamkeiten und Unterschiede verschiedener Gesellschaften quantifizieren sowie
- der Einfluss der Landeskultur auf die Einstellungen und Verhaltensweisen bspw. von Konsumenten ermitteln lassen.

Problematisch – im Sinne einer begrenzten Vergleichbarkeit dieser Messmodelle – ist, dass die Protagonisten der vergleichenden Landeskulturforschung das Schlüsselkonstrukt „Werte" unterschiedlich operationalisiert haben, bspw. als das, was für das eigene Leben wichtig ist, als wünschenswertes Verhalten oder als tatsächliches Verhalten, aus dem auf die zugrunde liegenden Werte geschlossen werden kann.

> "Schwartz (1994a/b) defined values as trans-situational goals and operationalized them in terms of items that ask respondents what is important in their own lives.
>
> Hofstede (2001) used a more situational approach: he focused on personal work-related goals in a specific multinational company, believing that these goals would reflect societal values.
>
> House et al. (2004) operationalized values in an unusual way: not as personal goals but as ideologies about desirable behaviors or personality traits that all people in society should ideally share.
>
> Minkov et al. (2018a, 2017) analyzed national cultures through self-construals. Many of these obviously reflect personal values. For instance, respondents who select a statement such as »I like to help people« evidently value helping.
>
> Minkov et al. (2018b) asked respondents to describe the values and desirable traits that they wish to inculcate in their children.
>
> Minkov et al. (2019) asked large panels of probabilistically selected consumers in 50 countries (…) what they would do with their money if they had so much of it that they felt rich" (Minkov et al. 2019, S. 94).

Zentrale Aufgabe der Verhaltenswissenschaften, zu denen auch das IKKV zählt, ist die Verhaltensprognose. Um zu verstehen, welchen Beitrag dabei „Werte" liefern können, hilft es, dieses Konstrukt von anderen, teils konkurrierenden, teils ergänzenden Erklärungskonzepten abzugrenzen. Ihnen gemeinsam ist, dass sie eine Lenkungs- und Integrationsfunktion erfüllen. Individuen werden zu Angehörigen einer Gesellschaft, indem sie deren Tabus, Normen und Werte übernehmen bzw. befolgen. Unterscheidbar sind diese Konstrukte nach Anzahl und Grad der Verbindlichkeit. Die vergleichsweise wenigen Tabus, welche das soziale Leben einer Gesellschaft regulieren, sind hochgradig verbindlich, die zahllosen Einstellungen eher unverbindlich (vgl. Abb. 24).

Abb. 24: Zentrale Konstrukte der verhaltenswissenschaftlichen Forschung

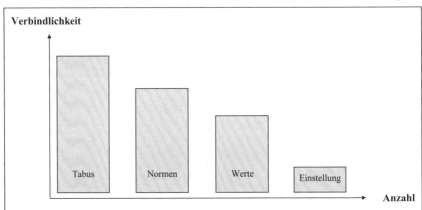

- Jede Gesellschaft belegt Verhaltensweisen, die ihre Existenz bedrohen, mit einem Tabu (Mord und Inzest bspw.). Tabus sind extrem verbindlich und auch deshalb selten. Wer ein Tabu bricht (z.B. Pädophilie), muss mit dem Ausschluss aus der Gesellschaft rechnen.
- Normen definieren das zwingend Notwendige – wie man sich unbedingt verhalten sollte, um soziale Sanktionen zu vermeiden. Wer eine wichtige Prüfung als Beste/r bestanden hat, darf in einer maskulinen Kultur mit diesem Erfolg offensiv und triumphierend umgehen, was in einer femininen Kultur ein Verstoß gegen die Norm der Bescheidenheit und Zurückhaltung wäre.
- Werte sind „Konzeptionen des Wünschenswerten" (vgl. Silberer 1983). Anders als Einstellungen (vgl. C-3) beziehen sich Werte nicht auf spezifische Objekte bzw. Situationen, sondern auf allgemeine Lebensziele. Aus diesen 'end-states of existence' leiten sich bestimmte Verhaltensregeln und daraus wiederum bestimmte Einstellungen und Verhaltensweisen ab (bspw. allgemeines Lebensziel „beruflicher Erfolg" → Verhaltensregel „harte Arbeit" → Einstellung „Fortbildung ist gut" → Verhalten „Teilnahme an Fortbildungsveranstaltungen"). Der Sozialpsychologe *M. Rokeach* unterschied zwischen zielgerichteten bzw. terminalen Werten – die einen wünschenswerten Endzustand des eigenen Lebens erfassen – und

instrumentellen Werten. Letztere geben Hinweise darauf, wie es möglich ist, diesen Endzustand zu erreichen (vgl. Rokeach 1986; 1973; 1968). Kein Individuum verfolgt alle denkbaren Lebensziele gleichermaßen, sondern konzentriert sich auf einige Ziele (z.B. Freiheit, Vergnügen, soziale Anerkennung, Sicherheit) sowie die zugehörigen instrumentellen Werte (z.B. Unabhängigkeit, Ehrlichkeit, Verantwortungsbewusstsein). Die von der Forschung häufig genutzte *Rokeach Value Scale* besteht aus 18 terminalen und 18 instrumentellen Werten (vgl. Abb. 25).

Abb. 25: Werte/Einstellungs/Verhaltensmodell

abstrakt				
zielgerichtete Werte	• Komfortables Leben • Aufregendes Leben • Leistungsorientierung • Soziale Anerkennung • Wahre Freundschaft	• Sicherheit (Familie) • Sicherheit (national) • Friedliche Welt • Schöne Welt • Innere Harmonie	• Vergnügen • Seelenheil • Selbstachtung • Gleichheit • Zufriedenheit	• Freiheit • Weisheit • Liebe
instrumentelle Werte	• Engagement • Pflichtbewusstsein • Leistungsfähigkeit • Verantwortungsbewusstsein • Liebenswürdigkeit	• Nachsichtigkeit • Hilfsbereitschaft • Ehrlichkeit • Selbstkontrolle • Unabhängigkeit	• Sauberkeit • Fröhlichkeit • Offenheit • Höflichkeit • Kreativität	• Intellekt • Logik • Mut
Einstellungen	z.B. Einstellung gegenüber einer bestimmten Marke oder Verhaltensweise			
konkret **Verhalten**	z.B. Kauf dieser Marke, Kundentreue			

Quelle: Müller et al. (2007), in Anlehnung an Rokeach (1969, S. 554)

3.3 Kulturmodell von G. Hofstede

Die bislang einflussreichste Abhandlung über die Grundzüge kulturvergleichender empirischer Forschung verdanken wir fraglos *G. Hofstede* (vgl. Kirkman et al. 2017; 2006).

> „Hofstede's first book shaped the basic themes, structures, and controversies of the cross-cultural field for over 20 years. Hofstede popularized the nomothetic approach to the study of culture, subsequently employed by other leading researchers" (Minkov 2018, S. 231 f.).

Nomothetische Forschung: Versucht, allgemeingültige Gesetzmäßigkeiten zu entdecken

3.3.1 Theoretischer Hintergrund

Konzeptionell bezieht sich *G. Hofstede* auf die Arbeiten mehrerer Sozialanthropologen: z.B. Mead (1928), Benedict (1934) und Inkeles/Levinson (1954). Ihren Überlegungen zufolge müssen alle Gesellschaften dieselben Grundprobleme bewältigen. Dies sind ...
- die Beziehung zwischen Individuum und Gesellschaft (inkl. Gestaltung der Geschlechterrollen),
- das Verhältnis des Einzelnen zur Autorität,
- die Art und Weise, mit Konflikten umzugehen.

Die verschiedenen Gesellschaften haben teilweise höchst unterschiedliche Strategien entwickelt, um auf eine sozial akzeptierte Weise mit diesen Problemen umzugehen. Hinter diesen Strategien stehen Werte bzw. Wertvorstellungen, welche die Mitglieder einer Gesellschaft teilen und die sie zugleich von anderen Gesellschaften unterscheiden (Akzeptanz hierarchischer Unterschiede, Strategien der Konfliktlösung, Sparsamkeit etc.). Die jeweils einzigartige Gesamtheit von Werten macht den Kern der Landeskultur aus (vgl. Hofstede/Hofstede 2012).

Gemäß dem sog. Pyramidenmodell (vgl. Abb. 26) ist jeder Mensch das Ergebnis der Interaktion seiner genetischen Ausstattung (= menschliche Natur) mit seinem kulturellen Umfeld. Die daraus resultierende Einzigartigkeit des Individuums manifestiert sich in dem Oberflächenmerkmal „individuelle Persönlichkeit".

Abb. 26: Pyramide der mentalen Programmierung

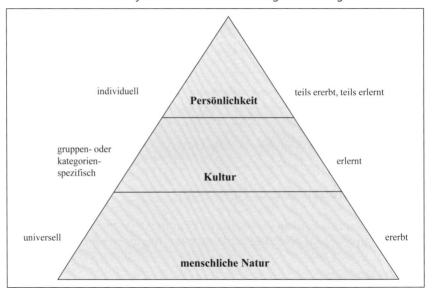

Quelle: Hofstede (1993, S. 19), geringfügig modifiziert

Möglicherweise als Reverenz an *IBM*, seinen damaligen Arbeitgeber, wählte Hofstede (1991) den Computer als Analogie und beschrieb die genetische Ausstattung des Menschen als „Betriebssystem". Dieses steuert die ...

- physischen Funktionen (z.B. Atemreflexe) und einzelne
- psychische Funktionen (z.B. Furcht vor intensiven, plötzlich auftretenden Reizen).

Das „Betriebssystem", die Hardware, ist allen Menschen gemeinsam und determiniert die 'cultural universals': Normen, Werte, Verhaltensweisen etc., die weltweit gültig bzw. angemessen sind. Die Landeskultur setzt *G. Hofstede* hingegen mit der im jeweiligen sozialen Umfeld erlernten „Software" gleich und definiert sie als „kollektive Programmierung", welche die Mitglieder einer Gruppe oder Kategorie von Menschen von anderen unterscheidet" (Hofstede 1993, S. 19). Die „Software" legt bspw. fest, in welcher Weise die Emotion „Furcht" kulturkonform ausgedrückt wird oder welche Konsequenz Frustration hat: Aggression im individualistischen Kulturkreis und Gefühl der Verbundenheit des Frustrierten mit dem Frustrierenden im kollektivistischen Kulturkreis (vgl. Trommsdorff 2008).

3.3.2 Operationalisierung & Untersuchungsdesign

Als Personalvorstand von *IBM Europe* konnte *G. Hofstede* anfangs auf die Ergebnisse einer weltweiten *IBM*-Mitarbeiterbefragung zurückgreifen und die Antworten von insgesamt 117.000 *IBM*-Mitarbeitern aus 71 Ländern sekundärstatistisch auswerten. Die Originaldaten waren mit dem „1966-1973 *Hermes' IBM Attitude Survey Questionnaire* erhoben worden, der sich aus klassischen Fragen der betriebswirtschaftlichen Organisationsforschung und Arbeitspsychologie zusammensetzte (vgl. Hofstede 2002, S. 47):

- Arbeitszufriedenheit (z.B. "How do you like your job – the kind of work you do?").
- subjektive Wahrnehmung des Arbeitslebens (z.B. "How often does your manager expect a large amount of work from you?").
- persönliche Ziele und Überzeugungen (z.B. "How important is it to you to have an opportunity for high earnings?").
- Demografika: Alter, Geschlecht, Ausbildung und Dauer des Beschäftigungsverhältnisses.

Operationalisierung: Umwandlung eines theoretischen Konstrukts in ein messbares, d.h. empirisch erfassbares Merkmal

Obwohl *G. Hofstedes* Überlegungen ursprünglich darauf ausgerichtet waren, arbeitsbezogene Werte zu erfassen, ergaben die zahlreichen Folgeuntersuchungen, dass das anhand dieses Datensatzes entwickelte Messmodell auch geeignet ist, kulturbedingte Gesetzmäßigkeiten und Besonderheiten des Konsumentenverhaltens zu erklären (vgl. de Mooij 2019). Die umfangreiche kulturvergleichende Begleitforschung basiert auf dem „Values Survey Module", zunächst in der Fassung von 1980 (= VSM 80) und später in der Fassung von 1994 (= VSM 94) (vgl. Anhang). Der VSM 94-Fragebogen enthält zum einen ausgewählte Fragen bzw. Statements des ursprünglichen *IBM*-Fragebogens und zum anderen weitere Fragen bzw. Statements aus anderen Quellen, die *G. Hofstede* „als für die Fragestellung bedeutsam" einschätzte (vgl. Hofstede 2001, S. 41 ff.) (zum VSM 2013 vgl. https://geerthofstede.com/wp-content/uploads/2016/07/Manual-VSM-2013.pdf).

Anfänglich wertete Hofstede (1980) lediglich die Daten der 40 Länder mit den größten Stichproben aus. Faktorenanalytisch reduzierte er den Datensatz auf vier Dimensionen (PDI = 'power distance index', IDV = 'individualism', MAS = 'masculinity', UAI = 'uncertainty avoidance'), woraus sich das 4D-Modell ergab. Um die Datenbasis zu erweitern, bezog er später auch kleinere Länderstichproben und, zusammen mit *M. Minkov*, zusätzliche externe Datensätze in die Analyse ein (z.B. World Values Survey), was schließlich zum 5D-Modell und zum 6D-Modell führte (vgl. Tab. 13).

Tab. 13: Kulturmodelle nach G. Hofstede

4D-Modell (1980)	5D-Modell (1991)	6D-Modell (2010)
IDV – PDI – UAI – MAS	IDV – PDI – UAI – MAS – LTO	IDV – PDI – UAI – MAS – PRA/MON – IND
IDV = Individualism Index (Individualismus vs. Kollektivismus) **PDI** = Power Distance Index (Akzeptanz von Machtdistanz) **UAI** = Uncertainty Avoidance Index (Tendenz zu Unsicherheitsvermeidung) **MAS** = Masculinity Index (Maskulinität vs. Feminität)	**LTO** = Long Term Orientation (Langfristorientierung; zunächst war diese Dimension „konfuzianische Dynamik" benannt worden)	**PRA** = Pragmatic vs. Normative (Pragmatismus vs. Normorientierung; ersetzt im 6D-Modell die LTO-Dimension) **MON** = Monumentalism vs. Flexibility (Monumentalismus vs. Flexibilität) **IND** = Indulgence vs. Restraint (Genussorientierung/ Nachgiebigkeit vs. Selbstbeherrschung)

3.3.3 Kulturdimensionen
3.3.3.1 Individualismus vs. Kollektivismus

> **Definition Individualism – Collectivism**
>
> "Individualism pertains to societies in which the ties between individuals are loose: everyone is expected to look after himself or herself and his or her immediate family. Collectivism as its opposite pertains to societies in which people from birth onwards are integrated into strong, cohesive in-groups, which throughout people's lifetime continue to protect them in exchange for unquestioning loyalty" (Hofstede 1991, S. 51).

Von allen Kulturdimensionen ist ⇒ Individualismus vs. Kollektivismus (I-K) für die kulturvergleichende Forschung im Allgemeinen (vgl. Schimmack et al. 2005) und die kulturvergleichende Konsumentenforschung im Besonderen (vgl. Chan et al. 2009, S. 292) eindeutig am wichtigsten – allerdings nicht ohne Kritik: bspw. sei sie schlecht definiert und ein Allerweltswort, das für jegliche Form von kulturellen Unterschieden stehe (vgl. Brewer/Chen 2007). Individualismus vs. Kollektivismus erfasst, in welchem Maße der Einzelne seine Identität aus sich selbst heraus entwickelt oder diese aus der Zugehörigkeit zu einer sozialen Gemeinschaft ableitet. In individualistischen Gesellschaften herrschen eher lose Beziehungen vor, und der Einzelne ist, wie *U. Lindenberg* es in einem seiner Songs formuliert hat, weitgehend für sich selbst verantwortlich.

> „Und ich mach mein Ding,
> Egal was die anderen sagen,
> Ich geh meinen Weg,
> Ob gerade ob schräg, das ist egal.
> Ich mach mein Ding.
> Egal was die anderen labern,
> Was die Schwachmaten einem so raten,
> Das ist egal.
> Ich mach mein Ding" *(Udo Lindenberg).*

Während für Individualisten Leistungsorientierung, Kontrollbedürfnis und Streben nach Selbstwirksamkeit verhaltensrelevant sind, legen kollektivistische Gesellschaften Wert auf Harmonie, Konfliktvermeidung sowie Unterordnung. Jeder Einzelne ist von Geburt an in feste, geschlossene Gruppen eingebunden, die lebenslang für ihre Mitglieder sorgen und im Gegenzug von diesen unbedingte Loyalität erwarten. Von Chinesen bspw. wird gesagt, dass sie die Welt vornehmlich als ein Netzwerk sozialer Beziehungen begreifen (vgl. Nisbett et al. 2001).

Der Individualismus westlicher, insb. angelsächsischer Prägung lässt sich ideengeschichtlich zurückführen auf ...
- den jüdisch-christlichen Glauben an die individuelle Seele und
- die angelsächsische Rechtsauffassung (bspw. die Idee des Privateigentums, Bill of Rights).

Die unterschiedliche Art der Identitätsbildung hat vielfältigste Konsequenzen. So betrachten individualistisch sozialisierte Konsumenten den Kauf eines Wirtschaftsguts primär als Tauschakt und Verhandlungen als einen möglichst rational zu gestaltenden Problemlösungsprozess. Dagegen herrscht in kollektivistischen Gesellschaften die Überzeugung vor, dass es dazu zunächst einer stabilen sozialen Beziehung zwischen den beteiligten Parteien bedarf.

Selbstwirksamkeit: Überzeugung, durch das eigene Verhalten etwas „bewirken" und Ereignisse in gewünschter Weise beeinflussen zu können

Bill of Rights: Zehn Zusatzartikel zur Verfassung, welche den Bürgern unveräußerliche Grundrechte zusichern (als Schutz vor Übergriffen staatlicher Institutionen)

> "Individualism and collectivism are constructs that summarize fundamental differences in how the relationship between individuals and societies is construed and whether individuals or groups are seen as the basic unit of analyses. Within individualism, the core unit is the individual; societies exist to promote the well-being of individuals. Individuals are seen as separate from one another and as the basic unit of analysis. Within collectivism, the core unit is the group; societies exist, and individuals must fit into them. Individuals are seen as fundamentally connected and related through relationships and group memberships" (Oyserman/Lee 2008, S. 311).

3.3.3.2 Akzeptanz von Machtdistanz

Definition Power Distance
"Extent to which the less powerful members of institutions and organizations within a country expect and accept that power is distributed unequally" (Hofstede 1991, S. 28).

In welchem Maße sind Menschen davon überzeugt, dass Macht und Status in ihrer Gesellschaft ungleich verteilt sind? Und akzeptieren die schwächeren Mitglieder dieser Gesellschaft dies? In Gesellschaften, in denen Machtdistanz akzeptiert wird, können hierarchisch Höhergestellte ihre gesellschaftliche Stellung und deren Privilegien offen zeigen, ohne sich dafür rechtfertigen zu müssen. Dies erklärt u.a., warum Akzeptanz von Machtdistanz und demonstrativer Konsum (z.B. von Luxusartikeln) korrelieren: Weil alles, was den Käufern bzw. Nutzern Prestige und Aufmerksamkeit verschafft, in diesen Gesellschaften einen wesentlichen Beitrag zur Konstruktion sozialer Identität leistet (vgl. de Mooij/Hofstede 2011; Vickers/Renand 2003). Möglicherweise ist dies einer der Gründe, warum Frankreich (PDI = 68) Stammland von zwei der führenden Luxusmarkenkonzerne ist:

- Kering (u.a. mit den Marken *Balenciaga, Gucci, Saint Laurent*),
- LVMH (u.a. mit den Marken *Bulgari, Louis Vuitton, Moët & Chandon*).

In Gesellschaften, die Machtdistanz akzeptieren, ist weiterhin das Gefühl, für Benachteiligte Verantwortung zu tragen, eher schwach ausgeprägt (z.b. Malaysia PDI = 104, Slowakei PDI = 104, Russland PDI = 93). Die Überzeugung, dass diese Menschen nicht benachteiligt sind, sondern die ihnen gemäße Position in der Gesellschaft innehaben, bedingt u.a. eine geringere Spendenbereitschaft, bspw. gemäß World Giving Index (vgl. Winterich/Zhang 2014). Auch überwiegt dort der 'external locus of control', d.h. die Überzeugung, Ereignisse, die für einen selbst bedeutsam sind, nicht entscheidend beeinflussen zu können. Für Gesellschaften, die Machtdistanz ablehnen, ist dagegen der 'internal locus of control' charakteristisch. Österreicher (PDI = 11), Israelis (PDI = 13) und Dänen (PDI = 18) zum Beispiel haben gelernt, mehr auf ihre individuellen Bedürfnisse als auf soziale Zwänge zu achten.

> "A culture of low power distance provides an environment that supports individuals to act more freely in accordance with their personal preferences (i.e. attitudes) with less concern for dissenting views from others (i.e. normative influences). (...) Individuals in high power distance countries would feel less inclined to act on their personal attitudes and preferences and would also feel more concerned about complying with the opinions of others. This is because individuals perceive the rules governing their actions and related judgments of these actions are more in the control of others than within their own determination" (Hassan et al. 2016, S.73).

3.3.3.3 Ungewissheitsvermeidung

> **Definition Uncertainty Avoidance**
> "Refers to the extent to which the members of a culture feel threatened by uncertain or unknown situations" (Hofstede 1991, S.113).

Bis zu welchem Grad bereitet eine Landeskultur ihre Mitglieder darauf vor, mit neuartigen, unbekannten oder auf andere Weise unstrukturierten Situationen zurecht zu kommen? Wie zuletzt die „Flüchtlingskrise" und die „Corona-Krise" vor Augen geführt haben, können derartige Situationen Menschen das Gefühl geben, existentiell bedroht zu sein. Ein geringer UAI-Wert lässt auf Risiko- und Innovationsbereitschaft schließen, ein hoher Wert auf ein gesteigertes Stressniveau sowie ein ausgeprägtes Regelungs-, Struktur- und Sicherheitsbedürfnis. Ungewissheitsmeider neigen zu Rigidität, Dogmatismus, Rassismus und Ethnozentrismus (vgl. Hofstede 2001, S.146). Dass sie sich angeblich mehr als andere auf Expertenwissen verlassen (vgl. Möller/Eisend 2010, S.83), widerspricht angesichts der hohen UAI-Werten von Polen (= 93), Ungarn (= 82) und Kroatien (= 80 der Art und Weise, wie diese Länder mit derartigen Krisen umgehen. Neben Intoleranz gegenüber Fremden und Andersartigem sind auch Präzision und Pünktlichkeit für Ungewissheitsmeider charakteristisch (vgl. Helfrich 2003, S.406).

Obwohl identisch benannt, kann die Uncertainty Avoidance-Skala des *GLOBE*-Konsortiums (vgl. B-3.6) nicht mit der gleichnamigen *Hofstede*-Skala gleichgesetzt werden. Während Letztere sozialen Stress, ausgelöst durch Ungewissheit, erfasst, operationalisiert die *GLOBE*-Skala 'uncertainty avoidance' als Regelorientierung (durch Statements wie "orderliness and consistency should be stressed, even at the expense of experimentation and innovation") (vgl. Venaik/Brewer 2010).

> "Countries exhibiting strong uncertainty avoidance maintain rigid codes of belief and behavior to reduce ambiguity; they are intolerant of unorthodox behaviors and ideas. In contrast, societies with low uncertainty avoidance maintain amore relaxed attitude towards such behaviors and ideas. Further, societies with high uncertainty avoidance are less willing to take risks and are less tolerant of ideas and products that go against cultural norms" (Song et al. 2018, S. 390).

3.3.3.4 Feminine vs. maskuline Orientierung

> **Definition Masculinity**
>
> "Pertains to societies in which gender roles are clearly distinct (i.e., men are supposed to be assertive, tough, and focused on material success whereas woman are supposed to be more modest, tender, and concerned with the quality of life). Femininity pertains to societies in which social gender roles overlap (i.e., both men and woman are supposed to be modest, tender, and concerned with the quality of life)" (Hofstede 1991, S. 82 f.).

Diese Kulturdimension bildet die geschlechtsspezifischen Rollenerwartungen innerhalb einer Gesellschaft ab. Je unterschiedlicher die Geschlechterrollen definiert werden, desto größer ist die Wahrscheinlichkeit, dass es sich um eine maskuline Gesellschaft handelt. Gemäß deren Rollenideal sind „richtige Männer" tatkräftig, konfliktbereit, treten selbstbewusst auf und sind materiell erfolgreich. In femininen Gesellschaften wird hingegen kaum zwischen der männlichen und der weiblichen Geschlechterrolle differenziert. Sowohl Männer als auch Frauen streben nach Harmonie, agieren zurückhaltend und orientieren sich an „weiblichen Werten" wie Empathie und Fürsorglichkeit (vgl. Sood/Nasu 1995, S. 3).

> "Masculinity represents a preference toward achievement, heroism, assertiveness and material reward for success in society. Femininity, in contrast, implies a preference for cooperation, modesty, and caring for the weak. Societies with high masculinity tend to be more competitive with higher levels of self-confidence, while those with high femininity are more consensus-oriented" (Song et al. 2018).

In Chile, Portugal, Slowenien, Thailand sowie Russland verbinden sich feminine Werte mit einer kollektivistischen Orientierung, in Skandinavien, den Niederlanden sowie dem Baltikum hingegen mit einer individualistischen Orientierung.

> **Beispiel:** Im Dezember 2019 hat *S. Marin*, eine 34jährige finnische Sozialdemokratin, eine Koalitionsregierung aus fünf Parteien gebildet, die zu diesem Zeitpunkt allesamt von Frauen geführt wurden. Auch die Dänen *(M. Frederiksen)*, Isländer *(K. Jakobsdóttir)* und Norweger *(E. Solberg)* hatten damals Frauen an die Spitze gewählt. „Ein Zufall ist das nicht. *Marin* stammt aus einer Arbeiterfamilie. Sie selbst sagt, sie verdanke dem Wohlfahrtsstaat ihre Karriere: Finnland sorge dafür, dass sie, obwohl Tochter einer lange alleinerziehenden und mittellosen Mutter, gute Schulen besuchen konnte. Das Rezept ist in allen nordischen Staaten ähnlich: Die Kinderbetreuung wird stark subventioniert, es gibt lange Elternzeiten, Frauen gehen genauso selbstverständlich arbeiten wie Männer" (Strittmatter 2019, S. 4).

3.3.3.5 Hofstedes fünfte Kulturdimension

Die Entstehungsgeschichte der fünften Kulturdimension ist wechselvoll. Sie vollzog sich in vier Phasen:
- Phase I: Konfuzianische Dynamik
- Phase II: Langfristorientierung vs. Kurzfristorientierung
- Phase III: Pragmatische vs. normative Orientierung
- Phase IV: Monumentalismus vs. Flexibilität

Konfuzianische Dynamik

Externe Validität: Repräsentativität bzw. Generalisierbarkeit von Untersuchungsergebnissen

Kindliche Pietät: Pflichtgefühl, Ehrfurcht und Rücksichtnahme

Anlass zur Entwicklung einer fünften Kulturdimension war der Vorwurf, das 4D-Modell leide unter einem 'cultural bias' (vgl. C-2.3.2). Da es amerikanische, britische, französische, holländische und norwegische Wissenschaftler waren, die den ursprünglichen Fragebogen der *IBM*-Studie entwickelt haben, berücksichtige dieser nur westliche Werte, was die externe Validität des 4D-Modells auf den westlichen Kulturraum beschränke. Hofstede/Bond (1988) haben auf Basis der von Bond (1983) entwickelten *Chinese Value Survey (CVS)* daraufhin eine als „konfuzianische Dynamik" bezeichnete fünfte Kulturdimension konzipiert, welche sog. asiatische Werte erfasst (z.B. kindliche Pietät, tugendhaftes Verhalten, Bewahrung der bestehenden sozialen Ordnung).

Langfrist- vs. Kurzfristorientierung

Für ein kulturfreies Messmodell war die Bezeichnung „konfuzianische Dynamik" indessen denkbar ungeeignet. Denn sie dokumentiert die Verankerung dieses Konzepts in der nur in Ostasien verbreiteten konfuzianischen Staatslehre (vgl. Müller/Gelbrich 2014, S. 254 f.). Deshalb führte Hofstede (1997, S. 231 ff.) eine kulturneutrale Bezeichnung ein: „langfristige vs. kurzfristige Orientierung", benannt als LTO ('long-term orientation'). Er begründete diese Wortwahl damit, dass Werte wie Beharrlichkeit oder Sparsamkeit, welche den einen Pol von „konfuzianische Dynamik" charakterisieren, eher auf die Zukunft und künftige Erfolge gerichtet sind, Werte wie Respekt vor Tradition sowie Erfüllung sozialer Pflichten hingegen mehr auf Vergangenheit und Gegenwart.

> **Definition Long Term Orientation**
> "Stands for the fostering of virtues oriented towards future rewards, in particular, perseverance and thrift. Its opposite pole, short term orientation, stands for the fostering of virtues related to the past and present, in particular, respect for tradition, preservation of 'face' and fulfilling social obligations" (Hofstede 2001, S. 358).

Obwohl die kulturvergleichende Forschung die LTO-Dimension weitaus seltener nutzt als insb. die I-K-Dimension, halten *Hofstede & Minkov* diese für überaus wichtig.

> "As LTO highlights salient cultural differences between East Asia at one extreme and Africa and Latin America at the other, and because of that dimension's reportedly strong association with average national educational achievement, the importance of LTO cannot be overstated" (Minkov et al. 2018, S. 310).

Pragmatische vs. normative Orientierung

Weitaus gravierender als das Problem der Benennung dieser Kulturdimension waren indessen verschiedene theoretische (vgl. Fang 2003) und methodische Schwächen (z.B. Stichprobenprobleme, Konfundierung mit der I-K-Dimension) (vgl. Müller/Gelbrich 2015, S. 115 ff.). Deshalb wählten Minkov/Hofstede (2012) aus der *World Values Survey* zehn Items aus, welche augenscheinlich der theoretischen Konzeption von Kurzfrist- vs. Langfristorientierung entsprechen (vgl. de Mooij 2019, S. 437 f.). Sodann unterzogen sie die im WVS-2006 für 38 Länder verfügbaren Daten einer Faktorenanalyse. Extrahiert wurden zwei Faktoren, von denen der erste eng mit der Kulturdimension „Individualismus vs. Kollektivismus" korreliert und der zweite mit der Kulturdimension „Langfrist- vs. Kurzfristorientierung". Letzteren nannten sie pragmatische vs. normative Orientierung.

WVS: World Values Survey

> "Its nomological network was identical to that of the CVS-based LTO: It predicted national economic growth and national school success in mathematics. These findings show that a dimension very similar to the original LTO can be derived from the WVS and that Chinese and Western research instruments can produce similar dimensions of culture" (Minkov/Hofstede 2012, S. 3).

Pragmatische Gesellschaften haben einen langfristigen Zeithorizont. Sie orientieren sich an der Zukunft. Ausdauer und Beharrlichkeit sind wichtige Tugenden. Auch Sparsamkeit wird geschätzt – sparsamer Umgang mit Ressourcen im Allgemeinen und Finanzmitteln im Besonderen. Chinesen und andere pragmatische Gesellschaften fordern von ihren Mitgliedern Loyalität und Traditionsbewusstsein. Im Gegensatz dazu sind normative Gesellschaften kurzfristorientiert. Kreativität, Individualismus und Selbstverwirklichung gelten als wünschenswert.

Monumentalismus vs. Flexibilität

Die konzeptionellen Probleme des Langfrist- vs. Kurzfristkonstrukts nahmen Minkov et al. (2018a) zum Anlass, eine nach eigener Einschätzung verbesserte Variante der LTO-Dimension zu entwickeln. Die reformulierte Kulturdimension sollte theoretisch eindeutiger auf Konstrukte wie Selbstaufwertung und Stabilität der Persönlichkeitsstruktur ausgerichtet sein, gleichwohl, wie die LTO-Dimension, die verschiedenen Landeskulturen in folgendermaßen auf der Ost/West-Achse positionieren: Ostasien – Europa/Nordamerika – Afrika/Lateinamerika.

Selbstaufwertung: Suche nach positiven Informationen über die eigene Person

> "We took a more focused approach, concentrating on selected LTO facets, which in our view highlight some of the most salient cultural characteristics on the world's East-West geographic axis, from East Asia to Africa and Latin America. Those facets capture differences in self-enhancement and self-stability: a cultural propensity to encourage high self-esteem and self-confidence, as well as an invariant self that maintains its genuineness and consistency across situations. These two characteristics form a single dimension at the national level, even if they are not necessarily related at the individual level" (Minkov et al. 2018, S. 324 f.).

self enhancement: engl. = Selbstwerterhöhung

Zwischen 2015 und 2016 wurden in 55 Ländern insgesamt 44.374 Probanden befragt. Der Online-Fragebogen besteht aus 104 Items, von denen 52

dazu bestimmt sind, die Persönlichkeitsstruktur der Befragten zu erfassen (vgl. Tab. 14). Weitere Items operationalisieren …
- Selbstaufwertung und Selbstvertrauen (z.B. "I have some good qualities or skills that most other people do not have"),
- Stabilität und Konsistenz des Selbst (z.B. "I would feel bad if I had to pretend and act like a different person"),
- Hilfsbereitschaft (z.B. "I like to help people, even if I have to do something difficult").

Tab. 14: Kurzversion der Skala Monumentalismus vs. Flexibität

Faktorladung: Stärke, mit der ein Faktor eine empirisch erhobene Variable abbildet (linear)

Monumentalismus	Flexibilität	Faktorladung
I would feel bad if I had to pretend	I can pretend without feeling bad	.87
I have strong values guiding my behavior	My behavior depends on the situation	.83
I like to help	I rarely agree to help	.81
I have unique good qualities	I am an ordinary person	.80
I like to compete	I hate to compete	.74
Good things come from my actions	Good things are luck	.71
I am always the same person	I am different at home and outside	.64

Quelle: Minkov et al. (2018, S. 320)

In monumentalistischen Gesellschaften spielen Wohlgefühl ('feel good about yourself, and make others feel good about you') und Stolz eine entscheidende Rolle: Stolz auf sich selbst (vgl. Heine 2003), Stolz von Eltern auf ihre Kinder oder Nationalstolz (vgl. C-5.3.3.1). Wichtig sind weiterhin Religion sowie die subjektive Gewissheit, dass es unverrückbare Werte und Überzeugungen gibt wie auch eine absolute Wahrheit. Den Gegenpol bilden flexible Gesellschaften. Sie legen großen Wert auf Bescheidenheit sowie die Bereitschaft und Fähigkeit, sich veränderlichen Gegebenheiten anzupassen. Paradoxerweise ist flexiblen Gesellschaften wechselseitige Unterstützung ebenso wichtig wie Unabhängigkeit und Selbstvertrauen.

3.3.3.6 Genussorientierung vs. Selbstbeherrschung

> **Definition Indulgence**
> "Refers to a tendency to allow relatively free gratification of basic and natural human desires related to enjoying life and having fun, whereas restraint is a conviction that such gratification needs to be curbed and regulated by strict social norms" (Hofstede et al. 2010, S. 281).

Reanalyse: Erneute Auswertung vorhandener Datensätze

Theoretische Basis der sechsten Kulturdimension ('indulgence vs. restraint') sind Forschungsarbeiten zu den Ursachen und Konsequenzen subjektiv empfundenen Wohlbefindens ("Glücksforschung") sowie eine Reanalyse der *World Values Survey* (vgl. Inglehart 1997). Es hat sich gezeigt, dass Unterschiede zwischen Angehörigen verschiedener Gesellschaften bezüglich des empfundenen Lebensglücks im Zeitverlauf stabil sind und auch weitgehend unempfindlich gegenüber Veränderungen des Lebensumfeldes (vgl. Rice/Steele 2004, S. 633). Das bedeutet bspw.: Wenn gemäß dem zweiten *World Happiness Report* von 2018 die Finnen das glücklichste Volk sind – mit einem

3.3 Kulturmodell von G. Hofstede

mehrjährigen Mittelwert von 7,63 auf einer zehnstufigen Glücksskala – und die Ungarn deutlich weniger Lebensglück empfinden (5,62 = Rang 69), dann sind auch Amerikaner, deren Vorfahren aus Finnland stammen, signifikant glücklicher als Amerikaner, deren Vorfahren aus Ungarn stammen, unabhängig davon, seit wie vielen Generationen ihre Familien schon in den USA leben. Dies spricht dafür, dass das empfundene Glück stärker vom unterschiedlichen kulturellen Erbe dieser beiden Gruppen abhängt als von deren gemeinsamen Lebensumfeld: den USA (vgl. C-5.3.1.2).

Empirisch hat Minkov (2007) diese Kulturdimension, die an die Hedonismus-Skala von Schwartz (1992) erinnert (vgl. B-3.5.2), aus den Daten der WVS-2006 extrahiert (⇒ Postmaterialismus-These).

- Genussorientierte Gesellschaften billigen den Menschen bei der Befriedigung ihrer individuellen Bedürfnisse großen Freiraum zu. Wesentlicher Teil der kulturellen Identität ist es, das Leben zu genießen und Spaß zu haben (vgl. Hofstede et al. 2010, S. 281). Es gilt als legitim, den eigenen Wünschen und Impulsen nachzugeben. Typisch sind Optimismus, Extraversion, Kontakt- und Konsumfreude. Genussorientierten ist es wichtig, Kontrolle über das eigene Leben zu haben.
- Gesellschaften, für deren kulturelle Identität Selbstbeherrschung wichtig ist, legen mehr Wert auf „Recht und Ordnung". Diesem Ziel dienen Selbst- und Fremdkontrolle sowie Verhaltensregeln aller Art. Lebensbereiche wie Freizeit, Freundschaften, Konsum und Sexualität unterliegen restriktiven sozialen Normen. In selbstbeherrschten Gesellschaften haben die Menschen weniger Freiräume und vergleichsweise begrenzte Aussichten auf ein glückliches Leben.

Angeführt wird die Rangskala der Genussorientierung ('indulgence') von sechs südamerikanischen Gesellschaften und Nigeria (vgl. Tab. 15). Am Ende stehen Ägypten und Pakistan. Dort und in sieben osteuropäischen Ländern (z.B. Estland und Bulgarien) fordert der Wertekanon Selbstbeherrschung. Während von den deutschsprachigen Ländern die Schweiz (IND = 66) und Österreich (IND = 63) als genussorientiert gelten können, tendiert Deutschland (IND = 40) zu Selbstbeherrschung und Zurückhaltung.

> "Indulgence tends to prevail in South and North America, in Western Europe and in parts of Sub-Sahara Africa. Restraint prevails in Eastern Europe, in Asia and in the Muslim world. Mediterranean Europe takes a middle position on this dimension" (Hofstede 2011, S. 16).

Tab. 15: Profil der Landeskultur von 100 Ländern

	PDI	IDV-COL	MAS-FEM	UAI	Fünfte Dimension			IND-RES
					LTO	PRA	MON	
Ägypten	70	25	45	80	___	7	-111	4
Albanien	90	20	80	70	___	61	___	15
Angola	83	18	20	60	___	15	___	83
Argentinien	49	46	56	86	___	20	-80	61
Äthiopien	70	20	65	55	___	___	___	___

	PDI	IDV-COL	MAS-FEM	UAI	Fünfte Dimension			IND-RES
					LTO	PRA	MON	
Australien	36	90	61	51	31	21	____	71
Bangladesch	80	20	55	55	____	47	____	19
Belgien	65	75	54	94	____	81	63	56
Bhutan	94	52	32	28	____	____	____	____
Brasilien	69	38	49	76	65	44	-83	59
Bulgarien	70	30	40	85	____	69	____	16
Burkina Faso	70	15	50	55	____	27	____	18
Chile	63	23	28	86	____	31	-153	68
China	80	20	66	30	____	87	134	23
Costa Rica	35	15	21	86	____	____	____	____
Dänemark	18	74	16	23	____	35	51	70
Deutschland	35	67	66	65	31	83	46	40
Domin. Republik	65	30	65	45	____	13	____	54
Ecuador	78	8	63	67	____	____	____	____
El Salvador	66	19	40	94	____	19	____	88
Estland	40	60	30	60	____	82	____	16
Fidschi	78	14	46	48	____	____	____	____
Finnland	33	63	26	59	____	38	71	57
Frankreich	68	71	43	86	____	63	57	48
Ghana	80	15	40	65	____	4	____	72
Griechenland	60	35	57	100	____	45	17	50
Großbritannien	35	89	66	35	25	51	56	69
Guatemala	95	6	37	101	____	____	____	____
Honduras	80	20	40	50	____	____	____	____
Hong Kong	68	25	57	29	96	61	199	17
Indien	77	48	56	40	61	51	-36	26
Indonesien	78	14	46	48	____	62	-78	38
Irak	95	30	70	85	____	25	17	17
Iran	58	41	43	59	____	14	____	40
Irland	28	70	68	35	____	24	____	65
Island	30	60	10	50	____	28	____	67
Israel	13	54	47	81	____	38	2	____
Italien	50	76	70	75	____	61	17	30
Jamaika	45	39	68	13	____	____	____	____
Japan	54	46	95	92	80	88	234	42
Jordanien	70	30	45	65	____	16	____	43
Kanada	39	80	52	48	23	36	31	68
Kap Verde	75	20	15	40	____	12	____	83

3.3 Kulturmodell von G. Hofstede

	PDI	IDV-COL	MAS-FEM	UAI	Fünfte Dimension			IND-RES
					LTO	PRA	MON	
Kenia	70	25	60	50	----	----	-158	----
Kolumbien	67	13	64	80	----	13	-182	83
Kroatien	73	33	40	80	----	58	----	33
Kuweit	90	25	40	80	----	----	----	----
Lettland	44	70	9	63	----	68	----	12
Libanon	75	40	65	50	----	14	----	25
Libyen	80	38	52	68	----	23	----	34
Litauen	42	60	19	65	----	81	----	15
Luxemburg	40	60	50	70	----	64	----	56
Malawi	70	30	40	50	----	----	----	----
Malaysia	104	26	50	36	----	40	-1	57
Malta	56	59	47	96	----	47	----	66
Marokko	70	46	53	68	----	14	----	25
Mexiko	81	30	69	82	----	24	-104	97
Mosambik	85	15	38	44	----	11	----	80
Namibia	65	30	40	45	----	35	----	----
Nepal	65	30	40	40	----	----	----	----
Neuseeland	22	79	58	49	30	2	37	74
Niederlande	38	80	14	53	44	67	87	68
Nigeria	77	20	46	54	----	13	-173	84
Norwegen	31	69	8	50	----	34	36	55
Österreich	11	55	79	70	----	60	41	63
Pakistan	55	14	50	70	0	49	----	0
Panama	95	11	44	86	----	----	----	----
Peru	64	16	42	87	25	----	-187	46
Philippinen	94	32	64	44	19	27	-4	41
Polen	68	60	64	93	----	37	9	29
Portugal	63	27	31	104	----	28	-24	33
Rumänien	90	30	42	90	----	51	-64	19
Russland	93	39	36	95	----	81	48	19
Sambia	60	35	40	50	----	30	----	42
Saudi-Arabien	95	25	60	80	----	36	----	52
Schweden	31	71	5	29	33	52	21	77
Schweiz	34	68	70	58	----	73	-21	66
Senegal	70	25	45	55	----	25	----	----
Serbien	86	25	43	92	----	52	----	28
Sierra Leone	70	20	40	50	----	----	----	----
Singapur	74	20	48	8	48	71	89	45

	PDI	IDV-COL	MAS-FEM	UAI	Fünfte Dimension			IND-RES
					LTO	PRA	MON	
Slowakei	104	52	110	51	____	76	____	28
Slowenien	71	27	19	88	____	48	____	47
Spanien	57	51	42	86	____	47	2	43
Sri Lanka	80	35	10	45	____	45	____	____
Südafrika	49	65	63	49	____	34	-126	63
Südkorea	60	18	39	85	75	100	174	29
Suriname	85	47	37	92	____	____	____	____
Syrien	80	35	52	60	____	30	____	____
Taiwan	58	17	45	69	87	92	175	49
Tansania	70	25	40	50	____	34	____	38
Thailand	64	20	34	64	56	32	87	45
Trinidad & Tobago	47	16	58	55	____	13	____	80
Tschechien	57	58	57	74	____	70	17	29
Türkei	66	37	45	85	____	45	-52	49
Ungarn	46	80	88	82	____	58	-9	31
Uruguay	61	36	38	100	____	26	____	53
USA	40	91	62	46	29	25	11	68
Venezuela	81	12	73	76	____	15	-207	99
VAE	90	25	50	80	____	____	____	____
Vietnam	70	20	40	30	____	57	-1	35

Quelle: de Mooij (2019, S. 427 ff.); Minkov et al. (2018a), Hofstede et al. (2010); Huettinger (2008)

3.3.4 Kritische Würdigung

Eigenwert: Anteil der durch einen Faktor erklärten Varianz des Datensatzes

Mit mehr als 40.000 Zitationen zählt *Culture's Consequences* (Hofstede 2001; 1980) zu den 25 am häufigsten zitierten sozialwissenschaftlichen Werken (vgl. Beugelsdijk et al. 2017). G. Hofstedes Ausnahmestellung zeigt sich auch dadurch, dass die kulturvergleichende empirische Forschung auf dieses Mess- und Erklärungsmodell nach wie vor weitaus häufiger rekurriert als auf alternative Mess- und Erklärungsmodelle (vgl. Steenkamp 2019). So kam in 27 der 40 Studien, die zwischen 1996 und 2006 zum Thema „Erwartungen von Konsumenten an Dienstleistungen" veröffentlicht wurden, das *Hofstede*-Modell zum Einsatz (vgl. Zhang et al. 2009).

Weiterhin weisen Synopsen verschiedener Erklärungsansätze (vgl. Tab. 16) das 5D-Modell als „gemeinsamen Nenner" der kulturvergleichenden Forschung aus. Soaress et al. (2007, S. 280) etwa argumentierten, dass die einzelnen Modelle sich ähnlicher sind, als es bei oberflächlicher Betrachtung den Anschein haben mag. G. Hofstede selbst wird nicht müde zu betonen, dass die anderen dimensionsanalytischen Modelle zwar die ein oder andere nützliche Ergänzung seines Modells bieten, sich letztlich aber auf dieses zurückführen lassen.

3.3 Kulturmodell von G. Hofstede

> "In an evaluation of the GLOBE project, I re-factor analyzed the country scores on GLOBE's 18 dimensions. Five meta-factors emerged, of which the strongest, grouping seven of the 18 measures, was highly significantly correlated with GNP per capita and next with the Hofstede Power Distance dimension. Three more meta-factors were significantly correlated with respectively the Hofstede Uncertainty Avoidance, Individualism and Long Term Orientation dimensions. The GLOBE questionnaire contained very few items covering Masculinity in the Hofstede sense, but whatever there was belonged to the fifth meta-factor. The results show that in spite of a very different approach, the massive body of GLOBE data still reflected the structure of the original Hofstede model" (Hofstede 2011, S. 16).

Tab. 16: Synopse der wichtigsten Erklärungsmodelle der Landeskulturforschung

Hofstede (2001, 1991)*	Masculinity/Femininity	Individualism/Collectivism	Power Distance	Uncertainty Avoidance	Long-Term Orientation	
Inkeles/ Levinson (1969)*	Conceptions of Self		Relation to Authority	Primary Dilemmas or Conflicts		
The Chinese Cultural Connection (1987)*	Human Heartedness	Integration			Confucian Work Dynamism	Moral Discipline
Clark (1990)*	Relation to Self		Relation to Authority	Relation to Risk		
Trompenaars (1993)*	Neutral/Emotional	1) Universalism/Particularism 2) Individualism/Collectivism			Attitudes to Time	1) Specific/Diffuse 2) Achievement/Ascription 3) Attitudes to the Environment
Schwartz (1994a/b)*	Mastery/Harmony	Autonomy/Conservatism	Hierarchy/Egalitarianism			
Steenkamp (2001)*		Autonomy/Collectivism	Egalitarianism/Hierarchy	Uncertainty Avoidance	Mastery/Nurturance	
House et al. (2004)*	1) Gender Egalitarianism 2) Assertiveness	1) Institutional Collectivism 2) In-Group Collectivism	Power Distance	Uncertainty Avoidance	Future Orientation	1) Human Orientation 2) Performance Orientation

Quelle: Soares et al. (2007, S. 280), erweitert um GLOBE
Anmerkung: * = empirische Arbeiten; ** = theoretische Arbeiten

So unbestritten G. *Hofstedes* Schlüsselrolle für die kulturvergleichende Forschung auch sein mag (vgl. Kirkman et al. 2017, 2006; Yoo et al. 2011), so vehement und vielstimmig ist allerdings die Kritik an seinen Arbeiten und Befunden. Vorgeworfen werden dem *Hofstede*-Modell u.a. ungenügende theoretische Fundierung, fehlende Repräsentativität (= *IBM*-Bias), Instabilität der Faktorenstruktur, ungenügende Reliabilität sowie, fragliche interne Konsistenz der Kulturdimensionen. Nicht zuletzt werden Zweifel an der externen Validität geäußert: Welchen Aussagewert besitzen Werte, die mit Blick auf das Arbeitsleben konzeptionalisiert und gemessen wurden, für andere Lebensbereiche? Wir haben diese Defizite bereits ausführlich diskutiert (vgl. Müller/Gelbrich 2015, S. 138 ff.) und sprechen deshalb hier nur noch ausgewählte Schwachstellen an.

Interne Konsistenz: Gütemaß (= Grad der Eindimensionalität einer Skala)

Stabilität des Messmodells

Wie aussagekräftig sind in einer Zeit des beschleunigten Wertewandels Werte, die vor einem halben Jahrhundert gemessen wurden? Um diese Frage zu prüfen, haben Beugelsdijk et al. (2015) auf Basis der *World Values Survey* eine Kohorten-Analyse durchgeführt und dabei festgestellt, dass die Kohorte der Jüngeren weltweit vermehrt individualistisch und genussorientiert lebt und überdies Machtdistanz stärker als die Älteren ablehnt. Allerdings scheint es sich dabei nicht um einen absoluten, sondern um einen relativen Kulturwandel zu handeln. Denn anders als die absoluten Ausprägungen haben sich die Differenzen der Länderindices nur unwesentlich verändert, was dafür spricht, dass die kulturelle Distanz zwischen den Ländern im Zeitverlauf stabil geblieben ist (⇒ Distanzforschung). Möglicherweise ist das *Hofstede*-Messmodell somit weniger vom Kulturwandel betroffen, als Kritiker vermuten. Für grundlegende Veränderungen im „Werte-Kosmos" spricht indessen, dass die Vorhersagevalidität der *Hofstede*-Dimensionen im Laufe der Jahre entscheidend nachgelassen hat (vgl. Taras et al. 2012).

Kohorte: Gruppe von Individuen, die innerhalb eines bedeutsamen Lebensabschnittes denselben kritischen Lebensereignissen ausgesetzt waren

Dimensionalität des Messmodells

Die *Hofstede*-Kulturdimensionen sind – anders als der Begriff Dimension suggeriert – keine orthogonalen, d.h. unabhängigen, sondern oblique Faktoren, d.h. teils mehr, teils weniger korreliert. Besonders problematisch ist das Ausmaß der gemeinsamen Varianz von IDV & PDI, LTO & MON und IND & MON (vgl. Tab. 17).

rho: Rangkorrelationskoeffizient nach Spearman

Dies wirft die Frage auf, ob alle sechs Kulturdimensionen einen eigenständigen, hinreichend großen Erklärungsbeitrag leisten. Zahlreiche Studien sprechen dagegen. Beugelsdijk/Welzel (2018) bspw. schlugen vor, dass aus empirischer Sicht das 6D-Modell auf ein 3D-Modell reduziert werden sollte (vgl. Tab. 18):

3.3 Kulturmodell von G. Hofstede

Tab. 17: Interkorrelationsmatrix der Hofstede/Minkov-Kulturdimensionen

		UAI	PDI	IDV	MAS	LTO	IND	MON
Uncertainty Avoidance (UAI)	rho sig n	1 - 68						
Power Distance (PDI)	rho sig n	.19 .13 68	1 - 68					
Individualism vs. Collectivism (IDV)	rho sig n	-.275* .023 68	-.513** .000 68	1 - 68				
Masculinity vs. Feminity (MAS)	rho sig n	-.07 .60 68	-.08 .51 68	-.14 .25 68	1 - 68			
Long Term Orientation (LTO)	rho sig n	.15 .42 30	.11 .55 30	-.02 .92 30	-.14 .48 30	1 - 30		
Indulgence vs. Restraint (IND)	rho sig n	-.20 .22 40	-.25 .11 40	.21 .19 40	.05 .76 40	-.36 .19 15	1 - 72	
Monumentalism vs. Flexibility & Humility (MON)	Rho sig n	.07 .66 40	.31 .053 40	-.460** .003 40	.357* .024 40	-.576 .004 23	.525** .000 46	1 - 47

Quelle: Littrell (2008, S. 658)
Anmerkung: Rho = Spearman's Rangkorrelationskoeffizient; * = Signifikanzniveau (zweiseitig)

Tab. 18: Faktorstruktur der Kulturdimensionen (Länderwerte)

	Factor 1	Factor 2	Factor 3
Power Distance	.85		
Individualism	-.87		
Masculinity			.98
Uncertainty Avoidance	.47		
Long-Term Orientation		.88	
Indulgence vs. Restraint		-.84	

Quelle: Beugelsdijk/Welzel (2018, S. 1475)
Anmerkung: N = 62 Länder; rotierte Faktorladungen > .30

M. Minkov, ein langjähriger Wegbegleiter *G. Hofstedes*, fordert gleichfalls eine grundlegende Revision des Messmodells und die Reduktion auf zwei Dimensionen. Ausgehend von ihrer Kritik an den Kulturdimensionen Maskulinität vs. Feminität und Ungewissheitsvermeidung haben Minkov et al. (2019) einen alternativen Messansatz entwickelt und den daraus resultierenden Fragebogen online insgesamt 51.529 repräsentativ ausgewählten Konsumenten in 52 Ländern vorgelegt. Die Probanden sollten angeben, wofür – wenn sie reich wären – sie Geld ausgeben würden. Die Antworten wurden einer Faktorenanalyse unterzogen. Zwei der dabei extrahierten vier Faktoren erfüllten nur knapp das Eigenwertkriterium (> 1.00). Auch trugen beide jeweils nur wenig mehr als 10 % zur Varianzaufklärung bei, so dass sich die beteiligten Wissenschaftler mit Blick auf das Sparsamkeitskriterium der Theorienbildung (⇒ Parsimony & Simplicity) für eine zweifaktorielle Lösung entschieden (Tab. 19):

- Selbstbestätigung vs. Altruismus (entspricht konzeptionell der Maskulinitäts-Dimension, empirisch jedoch der Dimension Monumentalismus vs. Flexibilität),
- Konservatismus vs. Hedonismus (entspricht Individualismus vs. Kollektivismus).

Tab. 19: Faktorstruktur des von Minkov et al. entwickelten Messmodells

Item	Loading on Factor 1 ego-boosting (pos. pole) vs. altruism (neg. pole)	Loading on Factor 2 conservatism (pos. pole) vs. hedonism (neg. pole)
Would spend on expensive things	0.90	
Would spend on expensive parties	0.84	
Would donate to hospitals	-0.83	
Would use money to gain political power	0.79	
Would invest in business	-0.78	
Would donate for religion		0.86
Would spend on travel		-0.85
Would donate for sports	-0.45	0.73
Would donate to preserve nature		-0.60
Would save	0.61	-0.69

Quelle: Minkov et al. (2019, S. 101)

Diskriminanzvalidität: Grad der Unterscheidbarkeit bzw. Übereinstimmung zweier Konstrukte

Aus zwei Gründen wollen wir an dieser Stelle lediglich auf diesen Ansatz hinweisen und ihn nicht eingehender diskutieren:
(1) Aufgrund der Kürze der Zeit haben diese Kulturdimensionen verständlicherweise noch keinen Eingang in die kulturvergleichende Konsumentenforschung gefunden.
(2) Die beiden neuen Dimensionen korrelieren sehr hoch mit bereits etablierten Kulturdimensionen (z.B. 'ego-boosting' 0.88 mit Monumentalismus/Flexibilität bzw. 0.85 mit Langfrist-/Kurzfristorientierung und 'conservatism' 0.67 mit I-K bzw. 0.66 mit Akzeptanz von Machtdistanz. Erstaunlicherweise diskutieren Minkov et al. (2019, S. 104ff.) dies nicht als ein Problem der Diskriminanzvalidität, sondern als Ausweis eines eng geknüpften nomologischen Netzwerkes.

Sonderstellung von Individualismus vs. Kollektivismus

Nomologisches Netzwerk: Beziehungsgeflecht der Indikatoren, Antezedenzien und Konsequenzen eines Konstrukts

In zahlreichen Replikationsstudien hat sich lediglich die I-K-Dimension als empirisch hinreichend stabil erwiesen. Auch leistet sie regelmäßig den größten Erklärungsbeitrag (vgl. Taras et al. 2010; Merritt 2000). Sollte oder kann man deshalb auf die anderen Kulturdimensionen verzichten? Eher nicht. Zwar unterscheidet sich die westliche von der östlichen Welt bekanntermaßen grundlegend auf der I-K-Dimension. Aber anders als der Osten, der mehr oder minder überall Kollektivismus mit Akzeptanz von Machtdistanz und Ungewissheitsvermeidung vereint, herrscht in den westlichen Industriegesellschaften kulturelle Vielfalt. Clusteranalytisch lassen sich die verschiedenen Länder vier kulturell homogenen, aber eindeutig voneinander abgrenzbaren Kulturräumen zuordnen (vgl. Abb. 27):

- Cluster 1, die angelsächsischen Länder, zeichnet neben dem typisch westlichen Individualismus eine vergleichsweise große Bereitschaft aus, Ungewissheit zu akzeptieren (UAI = 35-51).
- Cluster 2, die überwiegend mitteleuropäisch-deutschsprachigen Länder, sind individualistisch, maskulin (MAS = 66-79) und bestrebt, Ungewissheit zu meiden (UAI = 58-75).
- Cluster 3, die nordeuropäischen Länder, sind individualistisch und feminin (MAS = 5-26).
- Cluster 4, die mittel- und südeuropäischen Länder, sind individualistisch und mehr als andere im Westen bereit, Machtdistanz zu akzeptieren (PDI = 57-68).

Abb. 27: Kulturelle Landkarte der westlichen Industriegesellschaften (Dendrogramm)

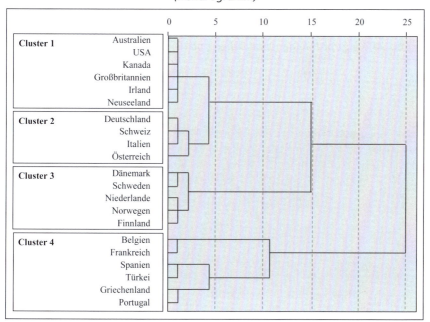

Quelle: eigene Auswertung

Die empirische kulturvergleichende Forschung hat wiederholt demonstriert, dass bspw. Akzeptanz von Machtdistanz und Ungewissheitsvermeidung als Moderatoren wesentliche Varianzanteile jenseits des Erklärungsbereiches von Individualismus-Kollektivismus binden können (vgl. Samaha et al. 2014).

3.4 Nationale Kulturprofile

Die Positionen eines Landes in dem von den Kulturdimensionen aufgespannten Wahrnehmungsraum ergeben das jeweilige nationale Kulturprofil. Ihm kann man auf einfache Weise entnehmen, welche Normen, Werte, Überzeugungen und Einstellungen deren Angehörige teilen, welchen ⇒ Lebensstil sie pflegen und wie sie sich verhalten, bspw. als Konsumenten. Die extreme Positionierung der japanischen Gesellschaft auf den Kulturdimensionen „Kollektivismus", „Maskulinität" und „Ungewissheitsvermeidung" (vgl. Abb. 28) lässt bspw. erwarten, dass Japaner mehr als andere dazu neigen, Fremdes abzulehnen – nicht zuletzt auch ausländische Produkte (vgl. D-2.5). Das Gegenmodell verkörpert die US-amerikanische Gesellschaft: individualistisch und – wie an der Akzeptanz von Ungewissheit erkennbar – risikobereit. Und während Japaner als langfristorientiert und pragmatisch gelten, beschreibt G. *Hofstede* US-Amerikaner als kurzfristorientiert und normativ. Aufgrund ihres „Can Do-Weltbildes" seien sie zwar praktisch, aber nicht pragmatisch. Ihr Hang zum Normativen bewirke bspw., dass ausgeprägte und zugleich festgefügte Vorstellungen über „gut und böse", „richtig und falsch", „Freund und Feind" gesellschaftlicher Konsens sind. Wie zuletzt die *Trump*-Jahre bestätigt haben, korreliert dieses Schwarz/Weiß-Denken mit Nationalstolz, Dogmatismus und Religiosität.

Can Do-Weltbild: Überzeugung, dass die Zukunft gestaltbar ist und die Natur beherrschbar

Abb. 28: *Kulturprofile der japanischen und der amerikanischen Gesellschaft*

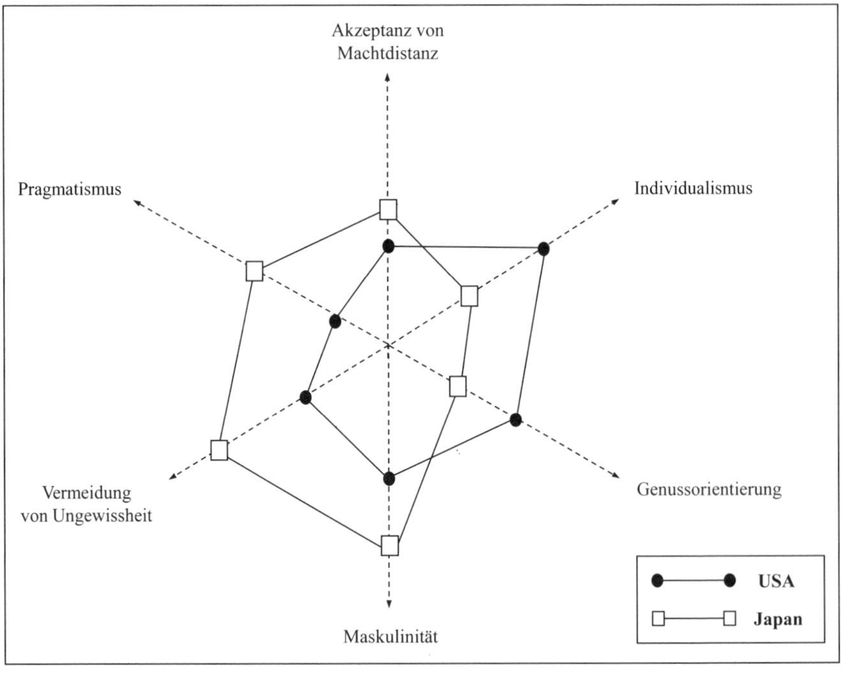

Deutschlands Landeskultur lässt sich anhand der überwiegend moderaten Positionen auf den *Hofstede*-Kulturdimensionen wie folgt beschreiben:
- Individualismus vs. Kollektivismus (IDV = 67): Deutsche streben eher nach individueller Selbstverwirklichung und persönlicher Freiheit als nach kollektiven Erfahrungen. Dank eines eng geflochtenen sozialen Netzes (Kranken-, Arbeitslosen-, Rentenversicherung etc.) ist der Einzelne nicht mehr auf die Solidarität der traditionellen Großfamilie angewiesen, weshalb die Eltern/Kind-Kleinfamilie die übliche Lebensform ist.

3.5 Theorie der universellen kulturellen Werte

- Maskulinität vs. Feminität (PDI = 66): Angesichts des Vorrangs, den sie materiellen Werten (Arbeit, Besitz, Erfolg etc.) einräumt, kann die deutsche Gesellschaft als relativ maskulin beschrieben werden. Charakteristisch sind für Deutschland weiterhin Leistungsorientierung, ein selektives, die mutmaßlich Leistungsstarken von den mutmaßlich Leistungsschwachen trennendes Schulsystem und der hohe Stellenwert, den (beruflicher) Erfolg für das Selbstbild hat.
- Ungewissheitsvermeidung (UAI = 65): Deutsche gelten als risikoscheu. Neues wird mit Skepsis betrachtet und Unsicherheit nach Möglichkeit gemieden. Analysen, Pläne, Regeln, detaillierte Gesetze, Experten etc. sind wichtig, um Unbekanntes bzw. Unsicheres vorhersehen und kontrollieren zu können. „Recht und Ordnung" sind wichtige Stichworte des gesellschaftlichen Diskurses. Viele sorgen sich um ihre Gesundheit und ihre Finanzen. Selbst dann, wenn die Aktienmärkte boomen und mit Festgeld, Staatsanleihen etc. keine Rendite mehr erzielt werden kann, meiden die meisten Deutschen die vermeintlich risikoreichen Aktien.
- Akzeptanz von Machtdistanz (PDI = 35): Große Unterschiede an Macht, gesellschaftlichem Einfluss und Wohlstand werden abgelehnt. *G. Hofstede* erklärt den geringen PDI-Wert mit der dezentralen politischen Struktur Deutschlands, einer einflussreichen Mittelschicht sowie der ausgeprägten Mitbestimmung und Sozialpartnerschaft. Der Hang zum Egalitären kann positiv (soziale Sensibilität), aber auch negativ gedeutet werden („Neidgesellschaft", geringe wirtschaftliche Dynamik).
- Genussorientierung vs. Selbstbeherrschung (IND = 40): Die Positionierung auf dieser Kulturdimension lässt auf eine überdurchschnittliche Bereitschaft der Deutschen schließen, ihre individuellen Wünsche und Bedürfnisse zu kontrollieren, statt ihnen ungehemmt nachzugeben ('indulgence vs. restraint').

"Societies with a low score in this dimension have a tendency to cynicism and pessimism. Also, in contrast to indulgent societies, restrained societies do not put much emphasis on leisure time and control the gratification of their desires. People with this orientation have the perception that their actions are restrained by social norms and feel that indulging themselves is somewhat wrong" (www.geert-hofstede.com/germany.html).

- Pragmatische vs. normative Orientierung (PRA = 83): Deutschland zählt zu den pragmatischen, an zukünftigen Entwicklungen orientierten Gesellschaften. Ausdauer, Beharrlichkeit und Sparsamkeit werden wertgeschätzt.

Hinweis: Unter www.hofstede-insights.com/country-comparison/ finden Sie eine Zusammenstellung der Kulturprofile der einzelnen Länder und eine knappe Beschreibung bzw. Interpretation der wichtigsten Besonderheiten.

Anthropologie: Ganzheitliche und interdisziplinäre Wissenschaft von der Entwicklung des Menschen („Lebenswissenschaft")

3.5 Theorie der universellen kulturellen Werte

3.5.1 Ursprüngliche Wertetheorie

Im Einklang mit dem anthropologischen Welt- und Menschenbild ging Schwartz (1992) davon aus, dass Menschen weltweit mit den gleichen grundlegenden Problemen konfrontiert werden, wenn sie ihr soziales Leben organisieren (u.a. Streben nach einem ausgewogenen Verhältnis von Individuum und Gruppe). Werte, welche sich zu Wertetypen und diese wiederum zu einem Wertesystem zusammenfassen lassen, beschreiben Wege zur Lösung dieser Probleme.

Anhand des *Rokeach*-Wertesystems hat *S.H. Schwartz* in einer Vorstudie Lehrer und Studenten in 38 Ländern nach den „Leitlinien ihres Lebens" gefragt. Aus den Antworten extrahierte er zunächst das *Schwartz Value Inventory*, bestehend aus 45 universellen Werten, und sodann ein Wertesystem, bestehend aus zehn Wertetypen (vgl. Tab. 20).

Tab. 20: Wertesystem nach S.H. Schwartz

Wertetyp	Definition	Einzelwerte
Selbstbestimmtheit ('self-direction')	Unabhängiges Denken und Handeln	Freiheit, Kreativität, Unabhängigkeit, eigene Ziele wählen, Neugierde, Selbstrespekt
Anregung ('stimulation')	Verlangen nach Abwechslung und Stimulation (Ziel: ein optimales Aktivierungsniveau)	Ein aufregendes und abwechslungsreiches Leben, „sich trauen"
Hedonismus ('hedonism')	Freude und sinnliche Befriedigung	Genuss, das Leben genießen
Erfolg ('achievement')	Persönlicher Erfolg gemäß den sozialen Standards	Ambition, Einfluss, Können, Erfolg, Intelligenz, Selbstrespekt
Macht ('power')	Sozialer Status, Dominanz über Menschen und Ressourcen	Soziale Macht, Besitz, Autorität, Gesicht wahren, soziale Anerkennung
Sicherheit ('security')	Sicherheit und Stabilität der Gesellschaft, der Beziehung und des eigenen Selbst	Nationale Sicherheit, Reziprozität, familiäre Sicherheit, Zugehörigkeitsgefühl
Konformität ('conformity')	Vermeiden von Handlungen und Aktionen, die andere verletzen bzw. zu normgerechten Verhalten zwingen	Gehorsam, Selbstdisziplin, Höflichkeit, ältere Menschen und Eltern ehren
Tradition ('tradition')	Respekt vor und Verpflichtung gegenüber den kulturellen, religiösen etc. Bräuchen und Ideen	Traditionsbewusstsein, Hingabe, Bescheidenheit, Mäßigung
Fürsorglichkeit ('benevolence')	Erhalt und Förderung des Wohlergehens von nahestehenden Menschen	Hilfsbereitschaft, Verantwortungsbewusstsein, Verträglichkeit, Ehrlichkeit, Loyalität, Liebe, Freundschaft
Universalismus ('universalism')	Verständnis, Toleranz und Schutz des Wohlergehens aller Menschen und der Natur	Gleichheit, eins sein des Menschen mit der Natur, Weisheit, soziale Gerechtigkeit, Weltoffenheit, Umweltschutz, Weltfrieden

Quelle: Mohler/Wohn (2005, S. 3)

3.5 Theorie der universellen kulturellen Werte

Wie die anschließende Multidimensionale Skalierung der Antworten der Auskunftspersonen ergab, kann die Datenstruktur kulturübergreifend hinreichend gut durch einen sog. Wertekreis abgebildet werden, dem als Metastruktur zwei bipolare Dimensionen zugrunde liegen (vgl. Schwartz/Huismans 1995):
- Offenheit vs. Konservatismus: Diese Dimension repräsentiert einerseits die universalen Werte Hedonismus, Anregung sowie Selbstbestimmtheit und andererseits Sicherheit, Konformität und Tradition.
- Selbsttranszendenz vs. Selbstwerterhöhung: Diese Dimension repräsentiert einerseits die universalen Werte Universalität sowie Fürsorglichkeit und andererseits Erfolg sowie Macht.

Bipolar sind diese Dimensionen deshalb, weil *S.H. Schwartz* annahm, dass die Wertetypen motivationalen Zielen entsprechen, die sich ergänzen, aber auch miteinander konkurrieren können. „Diese Ergänzungs/Konkurrenzstruktur lässt sich als Kreisbild darstellen. Dabei liegen ähnlichen Zielen entsprechende Wertetypen nahe beieinander und konträre einander gegenüber" (Mohler/Wohn 2005, S. 1).

> **Multidimensionale Skalierung**: Verfahren der indirekten Einstellungsmessung, das aus der Positionierung der Einstellungsobjekte in einem mehrdimensionalen Raum auf deren Ähnlichkeit/Unähnlichkeit schließt

3.5.2 Revidierte Wertetheorie

Ergebnis der anschließenden kontroversen Diskussion der universellen Gültigkeit dieses Wertesystems ist die revidierte Wertetheorie (vgl. Knoppen/Saris 2009; Hopf et al. 2008). Ausgangspunkt war auch hier die Annahme, dass alle Gesellschaften Wege finden müssen, wie sie die Grundprobleme menschlicher Existenz bewältigen können (z.B. Wahrung der sozialen Ordnung). Die im Laufe der Menschheitsgeschichte entwickelten kulturspezifischen Lösungsstrategien sind als Wertetypen beschreibbar, angeordnet auf drei bipolaren Wertedimensionen und darstellbar in einem siebenteiligen Wertekreis (vgl. Schwartz 1999):
- Hierarchie vs. Gleichheit: Wird die ungleiche Verteilung von Macht, Ressourcen und Autorität legitimiert (= Hierarchie) oder gilt es als wünschenswert, die eigenen Bedürfnisse zugunsten der Bedürfnisse der Mitmenschen zurückzustellen (= Gleichheit)?
- Harmonie vs. Herrschaft: Ist ein Leben im Einklang mit der natürlichen Umwelt das Ideal (= Harmonie) oder sind Durchsetzungsvermögen, Ehrgeiz, Leistung, Kompetenz, Erfolg etc. wichtig (= Herrschaft)?
- Konservatismus vs. intellektuelle bzw. affektive Autonomie: Entspricht es dem gesellschaftlichen Konsens, am Status quo festzuhalten und alles zu unterlassen, was die soziale Ordnung gefährden könnte (= Konservatismus)? Oder ist es legitim, individuelle Ziele zu verfolgen und neugierig, offen, kreativ etc. zu sein (= intellektuelle Autonomie) bzw. positive emotionale Erlebnisse (z.B. Vergnügen, Erlebnisse, Abwechslung) zu suchen (= affektive Autonomie)?

Der siebenteilige Wertekreis (linke Seite von Abb. 29) visualisiert diese Beziehungen. Konträre Wertetypen (z.B. Harmonie vs. Herrschaft) stehen sich, vom Zentrum des Kreises aus betrachtet, gegenüber, d.h. sie schließen einander aus. Wertetypen, die miteinander korrelieren – d.h. die gemeinsam auftreten können –, liegen nebeneinander (z.B. Harmonie und Gleichheit).

Abb. 29: Ursprünglicher & revidierter Wertekreis im Vergleich

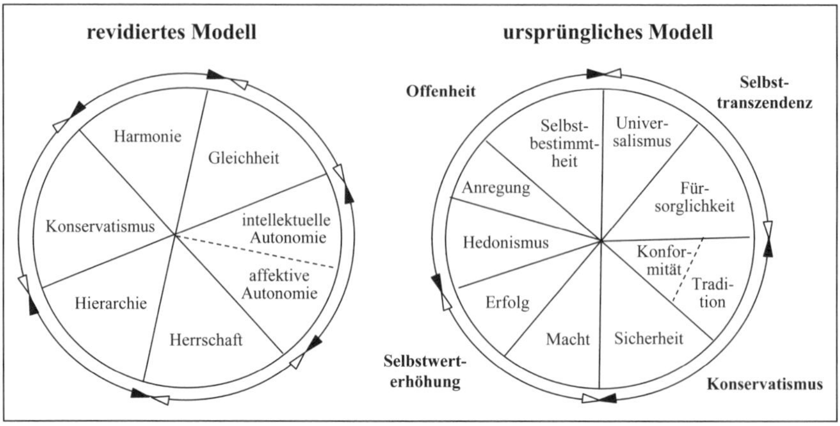

Quelle: Schwartz (1999, 1992)

Externe Validität: Gütekriterium empirischer Forschung (Generalisierbarkeit und Repräsentativität von Untersuchungsergebnissen)

Validiert wurde das revidierte Model an insgesamt 122 Stichproben aus 49 Ländern. Zur Sicherung der externen Validität wurde jede Wertvorstellung durch eine kurze Erläuterung konkretisiert (z.b. Reichtum = materieller Besitz, Geld). Mehr als 35.000 Probanden gaben auf einer siebenstufigen Skala an, wie wichtig ihnen die in der Vorläuferstudie identifizierten 56 Werte sind (0 = nicht wichtig bis 7 = sehr wichtig). Überdies konnten sie mit -1 vermerken, wenn ein Wert den eigenen Überzeugungen vollkommen widerspricht.

Die interkulturelle Validität der vermuteten Wertestruktur prüfte *S.H. Schwartz* mittels einer Similiarity Structure Analysis (SSA): einer nicht-metrischen Multidimensionalen Skalierung (vgl. Borg/Lingoes 2012). Abbildung 30 stellt das Ergebnis der Skalierung der nach einer Itemanalyse verbliebenen 45 Items und die zwischen den einzelnen Werten bestehenden Korrelationen vor. Sie wurden anhand der für jede der 122 Stichproben berechneten mittleren Wichtigkeiten ermittelt (vgl. Schwartz 1999, S. 29 f.). Jeder Wert (z.B. „Einklang mit der Natur") wird in der Grafik durch einen Punkt symbolisiert. Nahe beieinander liegende Punkte bzw. Werte (z.B. „Einklang mit der Natur" und „Umweltschutz") korrelieren positiv, während weit voneinander entfernt liegende Punkte/Werte negativ korrelieren (z.B. „Einklang mit der Natur" und „das Leben genießen").

Auf Basis der universalen Werte identifizierte Schwartz (1999, S. 36) vier eindeutig voneinander abgrenzbare Kulturräume:
- Die englischsprachigen Länder laden auf den Dimensionen „Herrschaft" (z.B. Beherrschung der Natur) und „affektive Autonomie" (z.B. Vergnügen, Abwechslung) hoch.
- In Westeuropa prägen „intellektuelle Autonomie" (z.B. Neugierde, Offenheit) und „Gleichheit" den Wertekonsens.
- Für Osteuropa waren zum Zeitpunkt der Untersuchung „Konservatismus" und „Harmonie" charakteristisch.
- Im Fernen Osten ist die Dimension „Hierarchie" entscheidend.

3.5 Theorie der universellen kulturellen Werte

Abb. 30: Multidimensionale Skalierung kulturübergreifend nachweisbarer Werte & Wertetypen

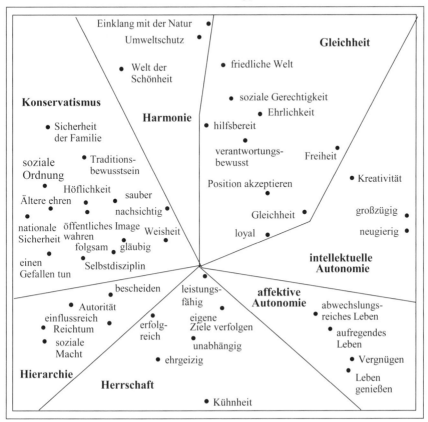

Quelle: Schwartz (1999, S. 31)

Die lateinamerikanischen und die islamischen Länder konnten nicht eindeutig zugeordnet werden.

Hinweis: Unter folgender Adresse finden Sie die Positionierung von 80 Ländern auf den sieben Dimensionen: www.researchgate.net/publication/304715744_The_7_Schwartz_cultural_value_orientation_scores (10.02.2020).

3.6 GLOBE-Kulturmodell

3.6.1 Theoretische Grundlagen & Datenerhebung

GLOBE: Global Leadership and Organizational Behavior Effectiveness

Primäres Ziel des Forschungsprogramms *Global Leadership and Organizational Behavior Effectiveness* war es, den Einfluss der Landeskultur auf Organisationskultur und Führungseffektivität zu untersuchen. Gibt es Verhaltensweisen von Führungskräften, die weltweit erfolgreich sind (vgl. Javidan et al. 2006a/b, 2004; House et al. 2004, S. 10)? Obwohl es sich somit ursprünglich um eine personal- und organisationstheoretische Fragestellung handelte, wurden und werden die in diesem Zusammenhang identifizierten Kulturdimensionen verschiedentlich auch genutzt, um Gesetzmäßigkeiten des IKV zu ermitteln.

Den theoretisch-konzeptionellen Bezugsrahmen bilden drei Theorien. Kern der „Value-Belief Theory of Culture" ist die Annahme, dass man anhand der für eine bestimmte Landeskultur charakteristischen Werte und Überzeugungen vorhersagen kann, welche Verhaltensweisen in einem Kulturraum üblich sind und als legitim, effektiv etc. angesehen werden (vgl. Hofstede 2001; 1980; Triandis 1995). Die „Implicit Leadership Theory" geht davon aus, dass Menschen implizite, häufig kulturell geprägte Vorstellungen davon haben, was einen guten Vorgesetzten ausmacht (vgl. Lord/Maher 1991). Gemäß der „Implicit Motivation Theory" von McClelland et al. (1989) steuern drei unbewusste Motive langfristiges Verhalten: Leistung, Zugehörigkeit und Macht (= sozialer Einfluss).

Testtheorie: Mathematische Fundierung psychometrischer Testverfahren

In einer Vorstudie beantworteten insgesamt 1.943 Probanden die 371 Statements, welche das *GLOBE*-Team aus den theoretischen Vorüberlegungen abgeleitet hatte. Aus diesem Itempool wurden anhand der üblichen testtheoretischen Gütekriterien (Objektivität, Reliabilität, Validität) insgesamt 292 Items extrahiert:
- 75 Statements zur Organisationskultur,
- 78 Statements zur Landeskultur,
- 112 Statements zum Führungsverhalten sowie
- 27 Items zur Demografie der Auskunftspersonen.

An der Hauptstudie nahmen alles in allem 17.370 Manager teil: Angehörige der mittleren Führungsebene von 951 lokalen Unternehmen aus 59 Ländern. In drei Ländern (Ost- und Westdeutschland; deutsch- und französischsprachige Schweiz; weiße und schwarze Bevölkerung Südafrikas) wurden jeweils zwei Teilstichproben gezogen, was insgesamt 62 Länder bzw. Untersuchungsregionen ergibt.

Eine Besonderheit der *GLOBE*-Studie besteht darin, dass das Konstrukt „Kultur" auf vier Ebenen erfasst wurde (vgl. Tab. 21):
- Landeskultur ('society') vs. Organisations- bzw. Unternehmenskultur,
- Praktiken: Wie man sich in einer Gesellschaft/Organisation üblicherweise verhält (= Ist-Zustand) vs. Werte: Wie man sich in einer Gesellschaft/Organisation verhalten sollte (= Soll-Zustand).

Tab. 21: Befragungskonzept des GLOBE-Projekts

	Gesellschaft (Landeskultur)	Organisation (Unternehmenskultur)
Ist-Zustand	gesellschaftliche Praktiken	organisationale Praktiken
Soll-Zustand	gesellschaftliche Werte	organisationale Werte

Quelle: Müller et al. (2007, S. 50); in Anlehnung an House et al. (2004)

3.6.2 GLOBE-Kulturdimensionen

Das *GLOBE*-Projektteam identifizierte neun Kulturdimensionen (vgl. Tab. 22), die auf vier Ebenen gemessen werden können. Unsicherheitsvermeidung, Akzeptanz von Machtdistanz, institutioneller Kollektivismus, Gruppenkollektivismus, Geschlechtergleichheit, Durchsetzungsvermögen, Zukunftsorientierung, Leistungsorientierung und Humanorientierung. Zu den wesentlichen Stärken des *GLOBE*-Projekts zählen die ausführliche Dokumentation der psychometrischen Gütekriterien der Messmodelle (bspw. interne Konsistenz, Kriteriumsvalidität, Konvergenz- und Diskriminanzvalidität) sowie das empirisch überprüfte und eng geknüpfte nomologische Netzwerk der Kulturdimensionen (vgl. Gupta et al. 2004, S. 160 ff.; Hanges/Dickson 2004, S. 138 ff.).

Nomologisches Netzwerk: Beziehungsgeflecht der Indikatoren, Antezedenzien und Konsequenzen eines Konstrukts

Nach Ansicht der an diesem Forschungsprojekt beteiligten Wissenschaftler verschafft das „Quartett der Analyseebenen" (gesellschaftliche und organisationale Praktiken, gesellschaftliche und organisationale Werte) dem *GLOBE*-Modell einen wichtigen Mehrwert gegenüber konkurrierenden Kulturmodellen (vgl. Hanges/Dickson 2004, S. 125). Allerdings könnte die daraus erwachsende Komplexität des Untersuchungsansatzes (9x4 = 36 Analyseebenen) ein Grund sein, warum nach wie vor in den allermeisten kulturvergleichenden Studien die *Hofstede*-Kulturdimensionen genutzt werden und nicht die theoretisch und psychometrisch eigentlich überlegenen *GLOBE*-Kulturdimensionen.

Hinzu kommt, dass das *Hofstede*-Modell auch mit Blick auf das wissenschaftstheoretische Kriterium der „Sparsamkeit" im Vorteil ist. Angewandt auf den vorliegenden Fall besagt es, dass die Zahl der Kulturdimensionen in einem angemessenen Verhältnis zur Zahl der zu analysierenden Landeskulturen stehen sollte ($\Rightarrow$ Parsimony & Simplicity). Ein weiterer Grund könnte sein, dass zwischen den beiden Analyseebenen „Werte" und „Praktiken" empirisch zumeist kein oder nur ein geringer und teilweise auch ein gegenläufiger Zusammenhang besteht. Carl et al. (2004, S. 541) haben dieses Problem am Beispiel von Akzeptanz von Machtdistanz diskutiert.

Tab. 22: GLOBE-Kulturdimensionen im Überblick

Bezeichnung	Kurzbeschreibung	Beispiel-Item	Theoretischer Bezug
Unsicherheitsvermeidung ('uncertainty avoidance')	In welchem Maße wird in einer Gesellschaft versucht, Unsicherheit zu meiden bzw. zu reduzieren (indem die Gesellschaft mehr Wert auf Tradition, soziale Normen, Rituale und bürokratische Prozeduren legt als auf Neuerungen)?	„Most people (should) lead highly structured lives with few unexpected events."	Hofstede-Studie
Akzeptanz von Machtdistanz ('power distance')	In welchem Maße wird in einer Gesellschaft erwartet und akzeptiert, dass Macht ungleich verteilt und auf die höheren Ebenen der Gesellschaft/Organisation konzentriert ist?	„Followers are (should be) expected to obey their leaders without questions."	Hofstede-Studie
Institutioneller Kollektivismus ('institutional collectivism')	In welchem Maße fördern und belohnen in einer Gesellschaft institutionelle Praktiken gemeinsames Handeln und die kollektive Verteilung von Ressourcen?	„Leaders (should) encourage) group loyalty even if individual goals suffer."	Konsequenz der Aufspaltung der bipolaren Hofstede-Kulturdimension „Individualismus vs. Kollektivismus" in zwei unipolare Skalen („institutioneller Kollektivismus" und „Gruppen- bzw. Familienkollektivismus")
Gruppenkollektivismus ('in-group collectivism')	In welchem Maße sind in einer Gesellschaft die Mitglieder einer Gruppe (Familie, Organisation etc.) stolz auf ihre Gruppenzugehörigkeit und loyal gegenüber dieser Gruppe?	„Employees (should) feel great loyalty towards this organization."	
Geschlechtergleichheit ('gender egalitarianism')	In welchem Maße wird in einer Gesellschaft die Gleichbehandlung der Geschlechter gefördert?	„Boys are (should be) encouraged more than girls to attain a higher education." (scored inversely)	Ergebnis der Aufspaltung der bipolaren Hofstede-Kulturdimension „Maskulinität vs. Feminität" in zwei unipolare Skalen („Geschlechtergleichheit" und „Durchsetzungsfähigkeit")
Durchsetzungsfähigkeit ('assertiveness')	In welchem Maße gehen in einer Gesellschaft die Mitglieder bestimmt, selbstsicher und u.U. aggressiv miteinander um, wenn sie ihre Interessen durchsetzen wollen?	„People are (should be) generally dominant in their relationships with each other."	

3.6 GLOBE-Kulturmodell

Bezeichnung	Kurzbeschreibung	Beispiel-Item	Theoretischer Bezug
Zukunftsorientierung ('future orientation')	Sind die Mitglieder einer Gesellschaft eher bestrebt, den 'status quo' zu erhalten und aktuelle Probleme zu lösen, oder handeln sie eher zukunftsbezogen?	„More people (should) live for the present rather than for the future." *(scored inversely)*	Wertorientierung 'time sense' (nach Kluckhohn/Strodtbeck 1961)
Leistungsorientierung ('performance orientation')	In welchem Maße werden die Mitglieder einer Gesellschaft ermutigt, besondere Leistungen zu erbringen (und gegebenenfalls dafür belohnt)?	„Students are (should be) encouraged to strive for continuously improved performance."	Konstrukt des individuellen Leistungsbedürfnisses (vgl. McClelland 1961) und der kollektiven Leistungsorientierung (vgl. Schein 1985)
Humanorientierung ('human orientation')	In welchem Maße werden die Mitglieder einer Gesellschaft zu Altruismus, Fairness, Freundlichkeit und Fürsorglichkeit ermutigt (und gegebenenfalls dafür belohnt)?	„People are (should be) generally very tolerant to mistakes."	Wertorientierung 'human nature' (nach Kluckhohn/Strodtbeck 1961)

Quelle: eigene Darstellung auf Basis von House/Javidan (2004, S. 12 ff.) und House et al. (2004, S. 30)

Tabelle 23 informiert über die Positionen der 62 betrachteten Länder bzw. Regionen auf den neuen *GLOBE*-Kulturdimensionen. Dabei ist zu beachten, dass es sich um sog. 'response-bias corrected values' handelt. Die dazu vorgenommene Korrektur trägt dem Umstand Rechnung, dass in kulturvergleichenden Untersuchungen Rohwerte wegen der Kulturspezifität von ⇒ Antworttendenzen nicht ohne weiteres miteinander vergleichbar sind. Während etwa im konfuzianischen Kulturraum aufgrund der dort dominanten Antworttendenz „Tendenz zur Mitte" die mittlere bzw. unentschiedene Antwortkategorie auffällig häufig gewählt wird, nutzen Angehörige des individualistischen Kulturraumes mehr oder weniger das gesamte Antwortspektrum (einschließlich der Extremkategorie) (vgl. Müller/Gelbrich 2015, S. 168 ff.; Hoffmann et al. 2013).

Tab. 23: Kulturprofil der im Rahmen des GLOBE-Projektes untersuchten Länder bzw. Regionen

Nr.	Land	Assertiveness Values	Assertiveness Practices	Institutional Collectivism Values	Institutional Collectivism Practices	In-Group Collectivism Values	In-Group Collectivism Practices	Future Orientation Values	Future Orientation Practices	Gender Egalitarianism Values	Gender Egalitarianism Practices	Humane Orientation Values	Humane Orientation Practices	Performance Orientation Values	Performance Orientation Practices	Power Distance Values	Power Distance Practices	Uncertainty Avoidance Values	Uncertainty Avoidance Practices
1	Ägypten	3,22	3,91	4,72	4,36	5,39	5,49	5,60	3,80	3,34	2,90	5,13	4,60	5,71	4,15	3,20	4,76	5,24	3,97
2	Albanien	4,39	4,57	4,30	4,28	4,98	5,51	5,17	3,69	4,04	3,48	5,16	4,40	5,47	4,57	3,47	4,44	5,17	4,45
3	Argentinien	3,18	4,18	5,29	3,66	6,07	5,51	5,73	3,10	4,89	3,44	5,50	3,94	6,28	3,63	2,30	5,56	4,62	3,63
4	Australien	3,83	4,29	4,47	4,31	5,82	4,14	5,21	4,09	5,02	3,41	5,60	4,32	5,99	4,37	2,77	4,81	3,99	4,40
5	Bolivien	3,68	3,78	5,03	3,96	5,91	5,44	5,56	3,55	4,65	3,45	5,11	3,99	5,98	3,57	3,31	4,46	4,64	3,32
6	Brasilien	3,06	4,25	5,57	3,94	5,17	5,16	5,60	3,90	4,91	3,44	5,52	3,76	5,98	4,11	2,59	5,24	5,00	3,74
7	China	5,52	3,77	4,52	4,67	5,12	5,86	4,70	3,68	3,73	3,03	5,34	4,29	5,72	4,37	3,01	5,02	5,34	4,81
8	Costa Rica	4,04	3,83	5,14	3,95	5,94	5,26	5,10	3,64	4,59	3,56	5,08	4,38	5,78	4,10	2,66	4,70	4,58	3,84
9	Dänemark	3,59	4,04	4,41	4,93	5,71	3,63	4,49	4,59	5,20	4,02	5,59	4,67	5,82	4,40	2,96	4,14	4,01	5,32
10	Deutschland (O)	3,24	4,77	4,86	3,67	5,38	4,59	5,36	4,04	4,97	3,17	5,56	3,45	6,24	4,16	2,74	5,70	4,02	5,19
11	Deutschland (W)	3,21	4,66	5,07	3,97	5,46	4,16	5,06	4,41	5,06	3,25	5,63	3,30	6,27	4,42	2,66	5,48	3,38	5,35
12	Ecuador	3,57	3,98	5,19	3,82	5,81	5,55	5,62	3,66	4,42	3,09	5,13	4,45	5,95	4,06	2,36	5,29	4,95	3,63
13	El Salvador	3,67	4,49	5,60	3,74	6,28	5,22	5,89	3,73	4,66	3,23	5,38	3,69	6,37	3,72	2,76	5,56	5,27	3,69
14	Finnland	3,91	4,05	4,34	4,77	5,60	4,23	5,24	4,39	4,47	3,55	5,80	4,19	6,23	4,02	2,46	5,08	4,04	5,11
15	Frankreich	3,57	4,44	5,27	4,20	5,88	4,66	5,35	3,74	4,71	3,81	5,91	3,60	6,10	4,43	2,96	5,68	4,65	4,66
16	Georgien	4,29	4,15	3,79	4,03	5,58	6,18	5,45	3,45	3,83	3,52	5,48	4,17	5,63	3,85	2,86	5,15	5,23	3,54
17	Griechenland	3,05	4,55	5,41	3,41	5,47	5,28	5,17	3,53	4,84	3,53	5,28	3,44	5,79	3,34	2,57	5,35	5,16	3,52
18	Großbritannien	3,76	4,23	4,39	4,31	5,66	4,08	5,15	4,31	5,20	3,67	5,52	3,74	6,03	4,16	2,82	5,26	4,17	4,70
19	Guatemala	3,65	3,96	5,16	3,78	5,95	5,54	5,78	3,35	4,49	3,14	5,24	3,91	5,96	3,85	2,49	5,47	4,85	3,44
20	Hong Kong	4,80	4,53	4,35	4,03	5,11	5,33	5,52	3,88	4,27	3,26	5,38	3,72	5,71	4,69	3,00	4,94	4,52	4,17
21	Indien	4,65	3,70	4,59	4,25	5,22	5,81	5,43	4,04	4,40	2,89	5,20	4,45	5,87	4,11	2,58	5,29	4,58	4,02
22	Indonesien	4,50	3,70	4,96	4,27	5,46	5,50	5,48	3,61	3,71	3,04	5,06	4,47	5,54	4,14	2,38	4,93	5,04	3,92
23	Irland	4,00	3,93	4,55	4,57	5,72	5,12	5,18	3,93	5,07	3,19	5,45	4,96	5,99	4,30	2,66	5,13	3,94	4,25
24	Israel	3,74	4,19	4,25	4,40	5,69	4,63	5,17	3,82	4,66	3,21	5,51	4,07	5,71	4,03	2,72	4,71	4,34	3,97
25	Italien	3,87	4,12	5,20	3,75	5,76	4,99	6,01	3,34	4,88	3,30	5,57	3,66	6,11	3,66	2,51	5,45	4,52	3,85
26	Japan	5,84	3,69	4,01	5,23	5,44	4,72	5,42	4,29	4,41	3,17	5,53	4,34	5,37	4,22	2,76	5,23	4,40	4,07
27	Kanada	4,15	4,09	4,20	4,36	5,94	4,22	5,34	4,40	5,04	3,66	5,58	4,51	6,13	4,46	2,73	4,85	3,73	4,54
28	Kasachstan	3,88	4,51	4,16	4,38	5,62	5,50	5,22	3,72	4,85	3,87	5,66	4,15	5,57	3,72	3,19	5,40	4,52	3,76
29	Katar	3,72	4,39	5,10	4,78	5,55	5,07	5,92	4,08	3,49	3,86	5,31	4,79	5,94	3,76	3,18	5,05	4,82	4,26

3.6 GLOBE-Kulturmodell

Nr.	Land	Assertiveness Values	Assertiveness Practices	Institutional Collectivism Values	Institutional Collectivism Practices	In-Group Collectivism Values	In-Group Collectivism Practices	Future Orientation Values	Future Orientation Practices	Gender Egalitarianism Values	Gender Egalitarianism Practices	Humane Orientation Values	Humane Orientation Practices	Performance Orientation Values	Performance Orientation Practices	Power Distance Values	Power Distance Practices	Uncertainty Avoidance Values	Uncertainty Avoidance Practices
30	Kolumbien	3,45	4,16	5,27	3,84	5,99	5,59	5,52	3,35	4,85	3,64	5,43	3,72	6,15	3,93	2,21	5,37	4,92	3,62
31	Kuwait	3,61	3,56	5,04	4,32	5,32	5,70	5,62	3,18	3,50	2,59	5,06	4,44	5,89	3,79	3,02	4,97	4,65	4,02
32	Malaysia	4,73	3,77	4,78	4,45	5,77	5,47	5,84	4,39	3,72	3,31	5,43	4,76	5,96	4,16	2,75	5,09	4,81	4,59
33	Marokko	3,68	4,72	5,34	4,18	6,03	6,37	6,33	3,50	4,07	3,08	5,73	4,52	6,12	4,31	3,30	6,14	5,77	3,95
34	Mexiko	3,67	4,31	4,77	3,95	5,78	5,62	5,74	3,75	4,57	3,50	5,10	3,84	6,00	3,97	2,75	5,07	5,18	4,06
35	Namibia	3,76	3,81	4,26	4,02	6,13	4,39	6,30	3,32	4,20	3,69	5,47	3,83	6,52	3,52	2,59	5,29	5,19	4,09
36	Neuseeland	3,52	3,53	4,31	4,96	6,54	3,58	5,90	3,46	4,32	3,18	4,85	4,43	6,24	4,86	3,56	5,12	4,17	4,86
37	Niederlande	3,13	4,46	4,76	4,62	5,39	3,79	5,24	4,72	5,10	3,62	5,41	4,02	5,71	4,46	2,61	4,32	3,34	4,81
38	Nigeria	3,14	4,53	4,86	4,00	5,31	5,34	5,80	3,95	4,16	3,04	5,71	3,96	5,99	3,79	2,66	5,53	5,45	4,14
39	Österreich	2,85	4,59	4,78	4,34	5,32	4,89	5,15	4,47	4,83	3,18	5,68	3,77	6,12	4,47	2,52	5,00	3,65	5,10
40	Philippinen	4,93	3,85	4,55	4,37	5,86	6,14	5,66	3,92	4,36	3,42	5,19	4,88	6,00	4,21	2,54	5,15	4,92	3,69
41	Polen	3,95	4,11	4,24	4,51	5,69	5,55	5,17	3,23	4,53	3,94	5,32	3,67	6,06	3,96	3,19	5,09	4,75	3,71
42	Portugal	3,61	3,75	5,40	4,02	5,97	5,64	5,50	3,77	5,12	3,69	5,40	3,96	6,41	3,65	2,45	5,50	4,50	3,96
43	Russland	2,90	3,86	4,01	4,57	5,90	5,83	5,60	3,06	4,34	4,07	5,62	4,04	5,68	3,53	2,73	5,61	5,26	3,09
44	Sambia	4,24	4,00	4,55	4,41	5,64	5,72	5,76	3,55	4,27	2,88	5,37	5,12	6,08	4,01	2,37	5,23	4,45	3,92
45	Schweden	3,49	3,41	3,91	5,26	6,25	3,46	4,96	4,37	5,19	3,72	5,72	4,09	6,01	3,67	2,49	4,94	3,45	5,36
46	Schweiz (deutsch)	3,31	4,58	4,87	4,20	5,16	4,04	4,93	4,80	5,01	3,12	5,63	3,73	6,00	5,04	2,54	5,05	3,20	5,42
47	Schweiz (frz.)	3,83	3,61	4,42	4,31	5,54	3,82	4,89	4,36	4,77	3,46	5,68	3,98	6,17	4,36	2,80	5,00	3,84	5,05
48	Simbabwe	4,60	4,60	4,84	4,84	5,74	5,74	6,01	6,01	4,40	4,40	5,20	5,20	6,33	6,33	2,65	2,65	4,68	4,68
49	Singapur	4,28	4,06	4,42	4,77	5,46	5,66	5,46	4,88	4,43	3,52	5,66	3,29	5,70	4,81	2,84	4,92	4,08	5,16
50	Slowenien	4,61	4,01	4,36	4,09	5,71	5,49	5,43	3,56	4,78	3,84	5,31	3,75	6,41	3,62	2,50	5,32	5,03	3,76
51	Spanien	4,01	4,39	5,25	3,87	5,82	5,53	5,66	3,52	4,82	3,06	5,63	3,29	5,85	4,00	2,23	5,53	4,80	3,95
52	Südafrika (Schwarz)	3,97	4,43	4,46	4,47	5,14	5,18	5,25	4,66	4,43	3,78	5,23	4,46	5,09	4,72	3,80	4,31	4,92	4,64
53	Südafrika (Weiß)	3,65	4,49	4,36	4,54	5,82	4,42	5,59	4,08	4,54	3,25	5,53	3,45	6,13	4,07	2,67	5,10	4,65	4,06
54	Südkorea	3,69	4,36	3,84	5,20	5,50	5,71	5,83	3,90	4,23	2,45	5,61	3,73	5,41	4,53	2,39	5,69	4,74	3,52
55	Taiwan	2,91	3,70	4,95	4,30	5,30	5,45	4,94	3,65	3,88	2,92	5,15	3,82	5,58	4,27	2,77	5,00	5,14	4,04
56	Thailand	3,43	3,58	5,08	3,88	5,73	5,72	6,26	3,27	4,12	3,26	5,05	4,87	5,76	3,84	2,74	5,62	5,71	3,79
57	Türkei	2,68	4,42	5,18	4,02	5,63	5,79	5,71	3,74	4,46	3,02	5,40	3,92	5,34	3,82	2,52	5,43	4,61	3,67
58	Ungarn	3,42	4,71	4,57	3,63	5,58	5,31	5,74	3,31	4,65	4,02	5,48	3,39	5,97	3,50	2,59	5,57	4,74	3,26
59	USA	4,36	4,50	4,20	4,21	5,79	4,22	5,34	4,13	5,03	3,36	5,51	4,18	6,14	4,45	2,88	4,92	3,99	4,15
60	Venezuela	3,34	4,26	5,28	3,96	5,92	5,41	5,61	3,43	4,70	3,60	5,24	4,19	6,11	3,41	2,43	5,22	5,19	3,55

Quelle: House et al. (2004, S. 742 ff.)

3.7 Supra-nationale Kulturräume

Für jene 40 Länder, die Gegenstand aller drei Kulturmodelle waren *(Hofstede, Schwartz* und *GLOBE)*, haben Beugelsdijk et al. (2017) anhand der dort ermittelten Kulturprofile Distanzmaße berechnet und diese einer Clusteranalyse unterzogen (⇒ Distanzforschung).

Nach Maßgabe des Zuwachses der Fehlerquadratsumme und kulturhistorischer Überlegungen empfiehlt es sich, die gefundene Lösung in acht Cluster (= Kulturräume bzw. Kulturzonen) aufzuteilen (vgl. Abb. 31).

Abb. 31: Dendrogramm der kulturellen Ähnlichkeit/Unähnlichkeit von 40 Ländern

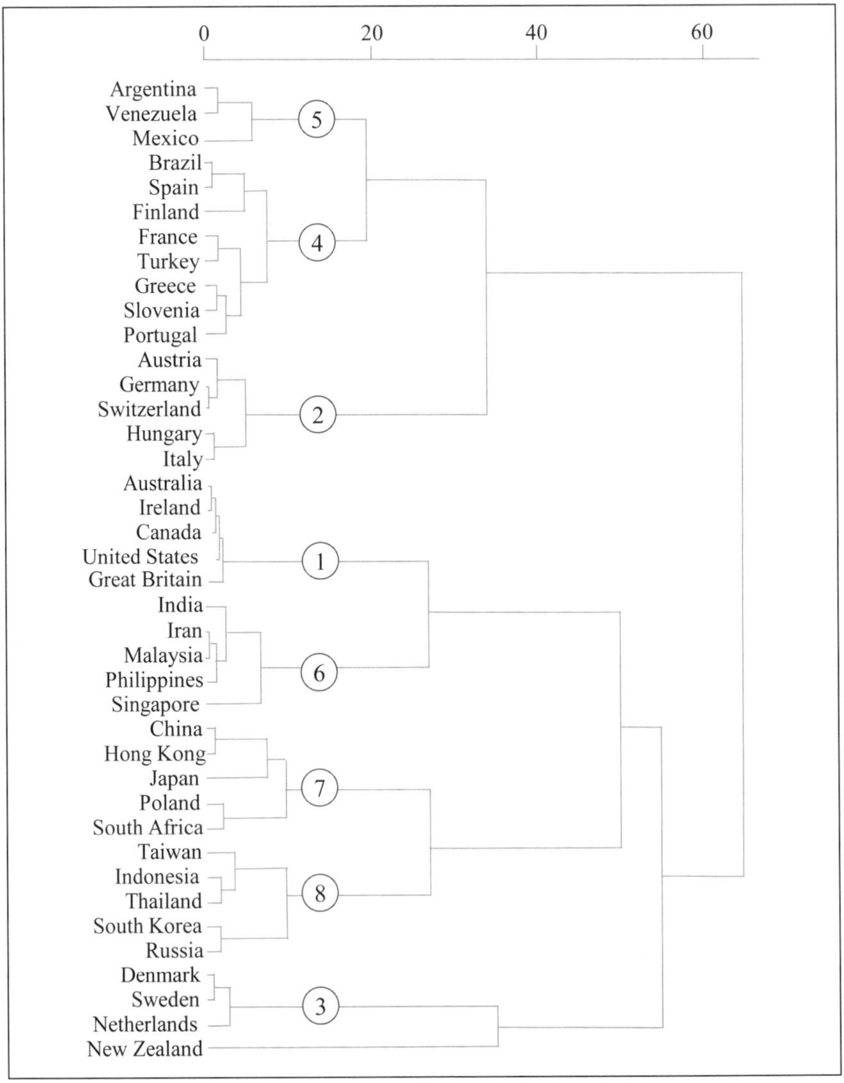

Quelle: Beugelsdijk et al. (2017, S. 39)

3.7 Supra-nationale Kulturräume

> "We first calculate the Mahalanobis-based cultural distance integrating the dimensions of the three culture frameworks Hofstede, Schwartz and GLOBE. The resulting cultural dimensions do not correspond to any of the original dimensions in the three frameworks. They are statistical combinations derived from maximization of the variance explained and minimization of correlations between the resulting dimensions. Our interest here is not to interpret these new dimensions, but to calculate cultural distances between country pairs, and explore the presence of supra-national cultural zones based on a minimization of these distances" (Beugelsdijk et al. 2017, S. 39).

Bemerkenswert an der so gefundenen Lösung ist die Stabilität der identifizierten Kulturräume. Vergleicht man nämlich das Dendrogramm der von uns durchgeführten Clusteranalyse (vgl. Abb. 27, S. 95) mit der in Abbildung 31 präsentierten Lösung, dann zeigt sich: Obwohl Beugelsdijk et al. (2017) methodisch grundlegend anders vorgegangen sind als wir (Clusteranalyse auf Basis der zuvor ermittelten kulturellen Distanz statt auf Basis der einzelnen Kulturdimensionen sowie Hinzufügen der *Schwartz*- und *GLOBE*-Indices zu den *Hofstede*-Indices) und außer den westlichen Industrienationen auch wichtige asiatische und südamerikanische Länder in die Analyse einbezogen haben, begegnet uns nun die bereits in Abbildung 27 vorgestellte Aufteilung der westlichen Industrienationen in vier Kulturräume nahezu unverändert wieder (vgl. Cluster 1 bis Cluster 4). Abgesehen von Neuseeland, Norwegen und Belgien, die lediglich Gegenstand von Clusteranalyse 1, nicht jedoch von Clusteranalyse 2 waren, und Ungarn, mit dem es sich umgekehrt verhält, kommt es nur zu einer Abweichung: Finnland wird in Clusteranalyse 2 nicht mit dem Skandinavien-Cluster (= Cluster 3), sondern mit Cluster 4 fusioniert, d.h. den mittel- und südeuropäischen Ländern (vgl. Tab. 24). Ansonsten sind die Befunde methoden- und stichprobenunabhängig.

Das kleine Cluster 5 bspw., das drei mittel- bzw. südamerikanische Länder vereint, wird erst relativ spät mit Cluster 2 fusioniert, das vorwiegend, aber nicht nur, südeuropäische Länder zusammenfasst, weshalb es nicht empfehlenswert wäre, beide zu fusionieren.

Tab. 24: Vergleich zweier Clusteranalysen

	Clusteranalyse 1 *Hofstede*-Daten (vgl. Abb. 27)	**Clusteranalyse 2** Hofstede-, Schwartz- & GLOBE- Daten (vgl. Abb. 31)
Cluster 1 Angelsächsische, individualistische Länder, die Ungewissheit akzeptieren	Australien Großbritannien Irland Kanada Neuseeland USA	Australien Großbritannien Irland Kanada n.e. USA
Cluster 2 Mitteleuropäische maskuline Länder, die Ungewissheit meiden	Deutschland Italien Österreich Schweiz n.e.	Deutschland Italien Österreich Schweiz Ungarn
Cluster 3 Nord- und mitteleuropäische feminine Länder	Dänemark Finnland Niederlande Norwegen Schweden	Dänemark → Cluster 4 Niederlande n.e. Schweden
Cluster 4 Mittel- und südeuropäische Länder, die Machtdistanz akzeptieren	Belgien Frankreich Griechenland Portugal Spanien Türkei → Cluster 3 n.e.	n.e. Frankreich Griechenland Portugal Spanien Türkei Finnland Slowenien

Anmerkung: n.e. = nicht erfasst

3.8 Multiple Kultur

Kultur manifestiert sich auf vielfältige Weise: nicht nur als Landeskultur (z.B. Italien), sondern auch als Kulturraum (z.B. Mittelmeerländer), als explizite oder als implizite Kultur, als Mainstream-Kultur oder als Subkultur (vgl. Abb. 32). Jeder Mensch gehört mehreren „Kulturen" an: Lebens- und Wertegemeinschaften wie Familie, Geschlecht, Nation, Region, Religion, Volk etc. und ist insofern multikulturell (vgl. Vora et al. 2019).

> "Cultures exist among many different social groups, including regions, generations, and socio-economic groups" (Kirkman et al. 2017, S. 20).
>
> "Culture is a multilevel construct, and the different levels are not necessarily mutually exclusive. Steenkamp (2001) distinguishes among meta (pan-regional, global) culture, national culture, and microculture.
> Leung et al. (2005) describe similar levels but add individual-level culture" (Crawford/Gregory 2015, S. 570).

Die Landeskultur entspricht dem Wertekonsens der Mehrgesellschaft. Zugleich entwickeln sich häufig gesellschaftliche Untergruppen, die ihre Identität daraus ableiten, dass sie in Opposition zu den Werten der Mehrheitsgesellschaft stehen. Diese Subkulturen entwickeln ihren eigenen Wertekonsens. „Konsumkritische" bspw. sind eine typische Subkultur von Konsumgesellschaften. Aus religiösen bzw. entwicklungspolitischen Gründen oder weil sie die Umwelt schützen wollen, lehnen sie den konsumorientierten Lebensstil der Mehrheitsgesellschaft ab und versuchen, ihren persönlichen Bedarf auf das unbedingt Notwendige zu beschränken.

Je nach Lebenssituation bzw. Verhaltenskontext prägt die eine oder die andere Kulturzugehörigkeit das konkrete Verhalten. Diese multiple kulturelle Verankerung erschwert die Verhaltensprognose (vgl. C-7.2).

Abb. 32: Wichtige Kulturkonzepte im Überblick

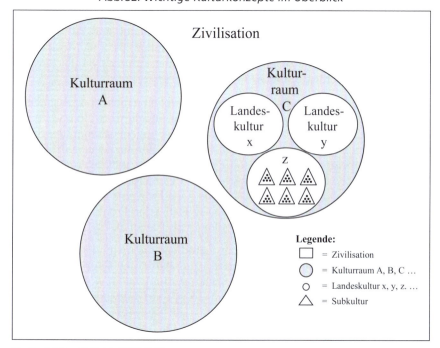

Quelle: Müller/Gelbrich (2015, S. 18)

3.9 Individuelle Kultur

3.9.1 Fiktion der Landeskulturforschung

Auf den ersten Blick ist Kultur ein kollektives Phänomen: die Gesamtheit der von den Mitgliedern einer Gesellschaft geteilten Werte, Überzeugungen, Praktiken etc. Entsprechend wurde „Kultur" zunächst auf der kollektiven Ebene konzeptualisiert, gemessen und interpretiert. Chinesen gelten als kollektivistisch, Japaner als maskulin, Russen als hierarchiegläubig. Derartige Stereotypisierungen (vgl. C-2.2.2) unterschlagen jedoch die Unterschiede, die auch innerhalb vergleichsweise homogener Gruppen bestehen und durch den

Werte- bzw. Kulturwandel verstärkt werden. Immer mehr Chinesen nehmen sich selbst als autonom wahr, und immer mehr Japaner setzen sich für Geschlechtergleichheit ein.

Dennoch behalf sich die empirische kulturvergleichende Forschung lange Zeit mit der Fiktion, dass man von der gemittelten Landeskultur auf das individuelle Werteprofil schließen kann (vgl. Brewer/Venaik 2014; 2012). Aber stimmt das? Haben z.B. wirklich alle Angehörige einer femininen Kultur feminine Werte verinnerlicht? Sicher nicht. Natürlich gibt es auch egoistische Schweden, konfliktfreudige Dänen und Niederländer, denen der äußere Schein wichtig ist. Beugelsdijk et al. (2017, S. 35) haben dies anhand der individuellen Daten der *Schwartz*-Studie empirisch bestätigt. Ihren Berechnungen zufolge ist die über die sieben kulturellen Wertorientierung nach *S.H. Schwartz* gemittelte Standardabweichung in Malaysia, Indien, Südkorea, Norwegen und Japan am geringsten (d.h. diese Länder sind kulturell vergleichsweise homogen) und in der Ukraine, in Italien, Estland, Mexiko und den Niederlanden am größten. Diese Länder sind kulturell vergleichsweise heterogen. Deutschland rangiert im Mittelfeld.

Aber selbst in den homogeneren Ländern besteht eine nicht zu vernachlässigende Vielfalt kultureller Werte. Denn auch die Angehörigen ein und derselben Gesellschaft machen unterschiedliche Erfahrungen, haben unterschiedliche Bildungsabschlüsse und gehören verschiedenen sozialen Schichten an. Nicht zuletzt neigen manche persönlichkeitsbedingt zu Nonkonformismus: Sie möchten sich von der Mehrheitsgesellschaft abgrenzen und etwas Besonderes sein bzw. darstellen. Das Bedürfnis nach Einzigartigkeit (vgl. C-4.5.1) beeinflusst zahlreiche Verhaltensbereiche (vgl. Snyder/Fromkin 1977), neben anderem das Kauf- und Konsumverhalten (vgl. Tian et al. 2001).

Robinson (1950) hat frühzeitig auf das grundlegende methodische Problem, das hinter all dem steckt, hingewiesen und dafür den Begriff 'ecological fallacy' geprägt: ⇒ ökologischer Fehlschluss. Ihn begeht, wer fälschlicherweise von den Merkmalen einer ganzen Gruppe auf die Merkmale einzelner Mitglieder dieser Gruppe schließt, zumeist auf Basis kollektiver Länderstereotype (z.B. „die humorlosen Deutschen"). Beim 'reverse ecological fallacy', überträgt man Befunde, die auf Individualebene gewonnen wurden, unzulässigerweise auf die aggregierte Ebene der (Landes-)Kultur (vgl. Smith 2004; Nasif et al. 1991).

3.9.2 Enkulturation

Das allmähliche, zumeist unmerkliche und unbewusste Hineinwachsen von Individuen in die Landeskultur wird als Enkulturation bezeichnet. In deren Verlauf übernimmt jeder Einzelne das Wertesystem der Gesellschaft, in die er hineingeboren wurde, und eignet sich damit die im eigenen Lebensumfeld vorherrschende „Auffassung vom Wünschenswerten" (Kluckhohn 1951, S. 395) an. Wer beispielsweise in einer Leistungsgesellschaft aufwächst, wird mit großer Wahrscheinlichkeit die ich-zentrierte Spielart der Leistungsmotivation erwerben und individuelle Erfolge für erstrebenswerter halten als kollektive Erfolge.

Die überwiegend unterschwellige, d.h. von den Betroffenen nicht bewusst wahrgenommene Übernahme der gesellschaftlich akzeptierten bzw. erwünschten Wertvorstellungen geschieht zunächst und hauptsächlich im primären sozialen Umfeld (d.h. in der Familie), später dann im sekundären sozialen Umfeld: den Bildungseinrichtungen, der Religionsgemeinschaft, dem Arbeitsleben etc. Selbstverständlich interagieren beide Lebenssphären. In kollektivistischen Gesellschaften etwa erlernt der Einzelne in seiner Familie als Kulturstandard, Harmonie in der Gruppe zu wahren. Diese Fähigkeit wird im weiteren Verlauf der Enkulturation generalisiert, d.h. auf andere Verhaltensbereiche übertragen (z.B. das Arbeitsleben).

3.9.3 Allozentrismus vs. Idiozentrismus

Während das Konzept der Landeskultur vom gesamtgesellschaftlichen Zusammenhang ausgeht und untersucht, wie sich die einzelne Person in ihr soziales Umfeld einordnet, thematisiert das Konzept der subjektiven Kultur, dass Individuen ihre Landeskultur in unterschiedlicher Weise (z.B. Intensität) übernehmen (vgl. hierzu auch Kap. A 8.2.1). Vereinfacht ausgedrückt sind Idiozentriker Menschen, welche das individualistische Werteprofil verinnerlicht („internalisiert") haben und sich von ihrer Herkunftsgesellschaft abgrenzen, gleichgültig, ob diese individualistisch oder kollektivistisch geprägt ist. Entsprechend haben Allozentriker das kollektivistische Werteprofil internalisiert und streben nach Integration in ihre – je nachdem individualistische oder kollektivistische – Herkunftsgesellschaft (vgl. Tab. 25).

Tab. 25: Erweiterung des Individualismus/Kollektivismus-Konzepts

	Integration in die Herkunftsgesellschaft	Abgrenzung von der Herkunftsgesellschaft
Individuum	Allozentrismus	Idiozentrismus
Gesellschaft	Kollektivismus	Individualismus

Es gibt empirische Hinweise darauf, dass nicht die Landeskultur, sondern die subjektive bzw. individuelle Kultur maßgeblich dafür ist, welche Erfahrungen Menschen in einem bestimmten Lebensumfeld sammeln (vgl. Triandis 1995). Befragt nach den wichtigsten Ereignissen während ihres Studienjahrs in den USA (d.h. in einer individualistischen Kultur), nannten allozentrische Studenten vorzugsweise Erfahrungen, die üblicherweise dem kollektivistischen Kulturtypus zugeschrieben werden (z.B. soziale Integration und Unterstützung, Zusammenarbeit, Gleichheit, Offenheit). Idiozentrische Studenten hingegen erlebten nach eigenem Bekunden in der gleichen Lebenssituation vorzugsweise Wettbewerb, Vergnügen, angenehmes Leben und Anerkennung. Demnach sorgen die bekannten Mechanismen sozialer Wahrnehmung (selektive Wahrnehmung, subjektive Realitätskonstruktion etc.; vgl. C-1.1) dafür, dass Allozentriker und Idiozentriker ihre Umwelt auf höchst unterschiedliche Weise erleben.

Für die vor allem im westlichen, individualistischen Kulturkreis anzutreffenden Idiozentriker (vgl. Abb. 33) ist das Konzept der „getrennten Person" charakteristisch: Der Einzelne als eine – im positiven Sinn – isolierte Entität, die weitgehend unabhängig von ihrer sozialen und physikalischen Umwelt existiert. Akteur ist nicht die Gemeinschaft, sondern das einzigartige Individuum. Die daraus erwachsende Tendenz, beobachtete Verhaltensweisen mit den Eigenschaften und stabilen Dispositionen der handelnden Personen zu erklären und darüber den variablen Einfluss der jeweiligen Situation zu vernachlässigen, begünstigt den fundamentalen Attributionsfehler (vgl. C-2.5.3.4).

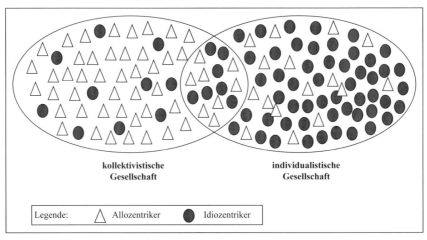

Abb. 33: Allozentriker & Idiozentriker

3.9.4 Skalen zur Messung individueller Kultur

Der naheliegende Ausweg, die bekannten Skalen zur Operationalisierung des Konstrukts „Landeskultur" auch zu nutzen, um die individuelle Kultur zu erfassen, erwies sich als Irrweg. Die *Hofstede*-Dimensionen etwa konnten – wenn überhaupt – nur auf aggregiertem Niveau (= Länder) mehr oder minder repliziert werden (vgl. Bearden et al. 2006b). Bei individueller Messung hingegen wurden die messtheoretischen Gütekriterien (z.B. interne Konsistenz) eindeutig verfehlt (vgl. Yoo et al. 2011, S. 195).

Um die kulturelle Orientierung von Individuen zu messen, entwickelten deshalb zahlreiche Wissenschaftler eindimensionale Skalen (d.h. Operationalisierungen nur einer Kulturdimension) und zwei mehrdimensionale Messinstrumente (vgl. Tab. 26). Am häufigsten wurde die Kulturdimension „Ungewissheitsvermeidung" operationalisiert. Den größten Einfluss erlangten jedoch die INDCOL-Skala von Triandis (1995) zur Operationalisierung von „Individualismus-Kollektivismus" und die LTO-Skala von Bearden et al. (2006a) zur Operationalisierung von Langfristorientierung.

3.9 Individuelle Kultur

Tab. 26: Skalen zur Erfassung verschiedener Dimensionen individueller Kultur

Kulturdimension	Skala
Individualismus vs. Kollektivismus	• INDCOL (vgl. Triandis 1995) • Cultural Orientation Scale (Bierbrauer et al. 1994)
Ungewissheitsvermeidung	• Uncertainty Orientation Scale (vgl. Shuper et al. 2004) • Need for Cognitive Structure Scale (vgl. Bar-Tal et al. 1999) • Tolerance for Ambiguity Scale (vgl. Kirton 1981; Budner 1962) • Need for Structure Scale (vgl. Neuberg/Newson 1993) • Uncertainty Coping Scale (vgl. Greco/Roger 2001) • Emotion Regulation Questionnaire (vgl. Abler/Kessler 2009; Gross/John 2003) • Emotion Regulation Scale from the Intercultural Adjuyment Potential Scale (vgl. Matsumoto et al. 2003)
Akzeptanz von Machtdistanz	• Power Scale of the Schwartz Value Survey and Portrait Value Survey (vgl. Schwartz 1992) • Dominance Scale of the California Psychological Inventory (vgl. Gough 1956) • Conscientiousness Scale (vgl. McCrae/Costa 1997; Costa/McCrae 1992) • Status Differentiation Scale (vgl. Matsumoto 2007)
Maskulinität vs. Feminität	• Bem Sex Role Inventory (vgl. Bem 1981) • Feminity Scale of the California Psychological Inventory (vgl. Gough 1956) • Mf Scale of the Minnesota Multiphasic Personality Inventory (vgl. Butcher 2006)
Langzeit- vs. Kurzzeitorientierung	• Time Orientation Scale (vgl. Zimbardo/Boyd 1999) • Long-Term Orientation (LTO) (Bearden et al. 2006a)

Quelle: Yoo et al. (2011, S. 210)

Die wichtigsten Argumente der Kritiker betreffen die Problematik der simultanen Anwendung mehrerer eindimensionaler Skalen, theoretisch-konzeptionelle Inkonsistenzen, fragliche Diskriminanzvalidität und übermäßige Komplexität. Wir haben diese Diskussion bereits an anderer Stelle gewürdigt (vgl. Müller/Gelbrich 2015, S. 188 ff.). Gleiches gilt für die mehrdimensionalen Messmodelle, von denen hauptsächlich die fünfdimensionale CVSCALE von Yoo et al. (2011) und die zehndimensionale PCO-Scale von Sharma (2010a) Beachtung verdienen (vgl. Tab. 27).

CVSCALE: Cultural Values-Scale

PCO-Scale: Personal Culture Orientation-Scale

Tab. 27: Mehrdimensionale Skalen zur Erfassung individueller Kultur

Kulturdimension	Skala
5D-Modell	• CV-Scale (vgl. Yoo et al. 2011) – Power Distance (e.g., "People in higher positions should make most decisions without consulting people in lower positions") – Uncertainty Avoidance (e.g., "It is important to have instructions spelled out in detail so that I always know what I'm expected to do") – Collectivism (e.g., "Individuals should sacrifice self-interest for the group") – Masculinity (e.g., "It is more important for men to have a professional career than it is for women") – Long-Term Orientation (e.g., "Careful management of money")

Kulturdimension	Skala
10D-Modell	• Personal Cultural Orientation-Scale (vgl. Sharma 2010) – Independence (e.g., "I rely on myself most of the time, rarely on others") – Interdependence (e.g., "The well-being of my group members is important for me") – Power (e.g., "I find it hard to disagree with authority figures") – Social Inequality (e.g., "A person's social status reflects his or her place in the society") – Risk Aversion (e.g. "I tend to avoid talking to strangers") – Ambiguity Intolerance (e.g. "I find it difficult to function without clear directions and instructions") – Masculinity (e.g., Women are generally more modest than men) – Gender Equality (e.g., "It is ok for men to be emotional sometimes") – Tradition (e.g., "Traditional values are important for me") – Prudence (e.g., "I work hard for success in the future")

Quelle: Yoo et al. (2011, S. 210); Sharma (2010, S. 794 f.); Matsumoto/Yoo (2006, S. 242)

3.10 Weiterentwicklung des kulturvergleichenden Ansatzes

3.10.1 Verfeinerung des Individualismus/Kollektivismus-Konstrukts

Ausgehend von der Unterscheidung Allozentrismus vs. Idiozentrismus (vgl. B-3.9.3) erweiterten Triandis et al. (1985) den kulturvergleichenden Erklärungsansatz um die Konzepte ...
• Selbstorientierung (= abhängiges vs. unabhängiges Selbst) sowie
• relationale Kultur (= horizontale vs. vertikale Gesellschaftsstruktur).

Abhängiges vs. unabhängiges Selbst

Janus: Römische Gottheit, symbolisiert Dualität (bspw. von Anfang und Ende), Zwiespältigkeit, Doppeldeutigkeit

Das individuelle Selbst wird im Zuge der ⇒ Sozialisation durch die Übernahme kulturspezifischer Überzeugungen und Verhaltensstandards konstruiert – idealtypisch mit dem Ergebnis eines abhängigen („dependenten") Selbstbildes bzw. Selbstkonzeptes oder unabhängigen („interdependenten") Selbstbildes bzw. Selbstkonzepts (vgl. hierzu ausführlicher C-6.3.4). Charakteristisch für das abhängige Selbst ist u.a. eine überdurchschnittliche Sensibilität für die Bedürfnisse anderer Gesellschaftsmitglieder, aber auch der Anspruch, von diesen sensibel behandelt zu werden (⇒ Gesicht wahren). Die häufig zu beobachtende Gleichsetzung von kollektivistisch mit fürsorglich, duldsam etc. verkennt den Janus-Kopf der sozialen Sensibilität des abhängigen Selbst: das Fordernde (vgl. Chan et al. 2009).

3.10 Weiterentwicklung des kulturvergleichenden Ansatzes

Horizontale vs. vertikale Gesellschaftsstruktur

Viel Beachtung fand auch der Einwand, dass etwa der Individualismus der Amerikaner nicht mit dem Individualismus der Schweden gleichzusetzen sei. Und Koreaner seien auf andere Weise kollektivistisch als etwa die Bewohner eines Kibbutz in Israel (vgl. Triandis 1990; 1995). Um diese Unterformen systematisch erfassen zu können, müsse man analysieren, wie die sozialen Beziehungen in diesen Gesellschaften strukturiert sind: vertikal (d.h. hierarchisch organisiert) oder horizontal (d.h. Gleichheit der Individuen). Daraus ergibt sich folgender Ansatz (vgl. Singelis et al. 1995):

Kibbutz: Dorfähnliche, basisdemokratisch-genossenschaftlich geführte Siedlung in der Tradition der Lebensreformbewegung

- Horizontaler Individualismus: Jeder Einzelne ist autonom und hat Anspruch auf 'equality' – auf Gleichbehandlung (⇒ Verteilungsgerechtigkeit). In diesen Gesellschaften ist Selbstvertrauen wichtig (z.B. "I rely on myself most of the time; I rarely rely on others").
- Vertikaler Individualismus: Jeder Einzelne ist autonom und akzeptiert Ungleichbehandlung ('inequality'). Identitätsstiftend sind Wettbewerb und ein hedonistischer Lebensstil (z.B. "Winning is everything").
- Horizontaler Kollektivismus: Das Selbst ist Teil eines Kollektivs, in dem alle Mitglieder gleich sind. Identitätsstiftend sind soziale Verträglichkeit und 'equality': Gleichbehandlung aller Mitglieder (z.B. "The well-being of my coworkers is important to me").
- Vertikaler Kollektivismus: Das Selbst ist Teil eines Kollektivs, in dem Ungleichheit besteht und akzeptiert wird ('inequality'). Identitätsstiftend sind Autorität und traditionelle Wertvorstellungen (z.B. "Family members should stick together, no matter what sacrifices are required").

"Some of the inconclusive or conflicting findings we currently see in the literature may be partly due to the fact that Hofstede's dimensions may not capture some of the rich differences across cultures and ignore some of the other important differences, such as the degree to which a culture is horizontal or vertical" (Zhang et al. 2008, S. 219).

3.10.2 Tight/Loose-Ansatz

Gelfand et al. (2011) befruchteten die kulturvergleichende Forschung mit dem Konzept der 'tightness'. Anders als *G. Hofstede* und andere Protagonisten der Landeskulturforschung achten sie nicht nur darauf, welche Normen und Werte für eine Gesellschaft charakteristisch sind, sondern auch, ob es sich dabei um eher strenge oder eher schwache Normen handelt und in welchem Maße Normabweichung toleriert oder sanktioniert wird. Operationalisiert wurde das Konstrukt mit Items wie ...

tight: engl. = dicht, eng, fest, gespannt, streng

- "There are many social norms that people are supposed to abide by in this country",
- "In this country, if someone acts in an inappropriate way, others will strongly disapprove".

Von den 33 Nationen, die in diesem Zusammenhang in einem aufwändigen Verfahren analysiert wurden, erwiesen sich die Ukraine (= 1,6), Estland (= 2,6), Ungarn (= 2,9), Israel (= 3,1) als 'loose'. Den Gegenpol auf dieser Skala ('tight') bilden Pakistan (= 12,3), Malaysia (= 11,8), Indien (= 11,0), Singapur = (10,4) und Südkorea (10,0). In diesen Ländern gehen strenge soziale Normen mit einer geringen Toleranz gegenüber abweichendem Verhalten einher (z.B. sexuelle Orientierung).

Das Konzept der kulturellen Strenge ist für die kulturvergleichende Forschung von grundsätzlicher Bedeutung. Denn aufgrund der dort größeren Verbindlichkeit sozialer Normen ist zu erwarten, dass die Landeskultur in Tight-Gesellschaften eine bessere Verhaltensvorhersage ermöglicht als in Loose-Gesellschaften (vgl. C-7). Gemäß Beugelsdijk et al. (2017, S. 35) besteht zwischen kultureller Strenge (bzw. Verbindlichkeit) und Variabilität der kulturellen Werte innerhalb einer Gesellschaft ein ziemlich enger Zusammenhang ($r^2 = .54$). In Thight-Gesellschaften wie Pakistan ist die Standardabweichung der von den Auskunftspersonen geäußerten Werte wesentlich kleiner als in Loose-Gesellschaften (Ukraine, Estland etc.).

> "Importantly, this dimension is distinct from individualism-collectivism and other cultural dimensions. Thus, cultures can be individualistic and tight (e.g., Germany), individualistic and loose (e.g., the United States), collectivistic and tight (e.g., Japan), or collectivistic and loose (e.g. Brazil). (...) As noted, nations differ in TL, as do the 50 United States, in ways that reflect their unique histories. Thus, the southern United States is the tightest region, and die western and northeastern United States are the loosest" (Shavitt/Barnes 2019, S. 80).

3.10.3 Multi Level-Analysen

Demonstrativer Konsum: Präferenz von Gütern, welche den sozialen Status des Konsumenten symbolisieren

Kulturvergleiche können sowohl auf aggregierter Ebene (mit Landeskulturen als Untersuchungseinheit) wie auch auf individueller Ebene (mit Einzelpersonen als Untersuchungseinheit) durchgeführt werden (vgl. B-3.9.4). Möchte man beispielsweise wissen, ob und wie sich Akzeptanz von Machtdistanz (= UV) auf die Neigung zu demonstrativem Konsum (= AV) auswirkt und befragt bzw. beobachtet dazu Personen aus mehreren Kulturen, dann ermöglicht die Mehrebenenanalyse es, beiden Ebenen analytisch miteinander zu verknüpfen und die Effekte der unabhängigen Variablen sowohl auf der Individualebene als auch auf der Landesebene zu ermitteln. Dabei geht neben der individuell gemessenen Akzeptanz von Machtdistanz auch der entsprechende Mittelwert jeder Landeskultur als Prädiktor in eine Regressionsanalyse ein. Der über alle Kulturen gemittelte individuelle Effekt von Akzeptanz von Machtdistanz auf die Neigung zu demonstrativem Konsum ergibt dann den „Within-Effekt". Kann auch ein „Between-Effekt" ermittelt werden, so bedeutet dies, dass neben dem individuellen Effekt überdies die über alle in die Analyse einbezogenen Landeskulturen gemittelte Akzeptanz von Machtdistanz die abhängige Variable beeinflusst (vgl. Abb. 34). Denkbar wäre bspw., dass auf der individuellen Ebene hohe Akzeptanz von Machtdistanz mit einer ausgeprägten Neigung zu demonstrativem Konsum korreliert, gleichzeitig jedoch in Kulturen mit im Durchschnitt höherer Akzeptanz von Machtdistanz eine geringere durchschnittliche Neigung zu demonstrativem Konsum besteht. In diesem Fall läge ein positiver Effekt auf der Individualebene und ein negativer Effekt auf der Ebene der Landeskulturen vor (vgl. Snijders/ Bosker 2011).

3.10 Weiterentwicklung des kulturvergleichenden Ansatzes

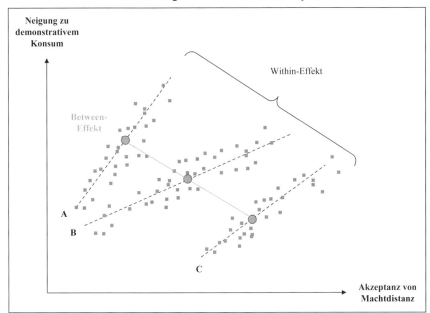

Abb. 34: Logik der Mehrebenenanalyse

3.10.4 Kultur als implizite Theorie

Überblick

Bis heute hat sich die quantitative Richtung der kulturvergleichenden Forschung in vier Schritten bzw. Phasen entwickelt.
- Phase 1: Die traditionelle, vor allem von *G. Hofstede* inspirierte Landeskulturforschung unterstellt, dass jedes Land, jede Gesellschaft eine weitgehend stabile, mehrdimensionale Kultur hat (vgl. B-3.3 bis B-3.6).
- Phase 2: Sodann wurde erkannt, dass die Mitglieder einer Gesellschaft sich darin unterscheiden, in welchem Maße sie die Werte ihrer Landeskultur übernommen haben und ob sie, wie die Allozentriker, in diesem Zusammenhang danach streben, sich in ihre Herkunftsgesellschaft zu integrieren, oder, wie die Idiozentriker, sich von dieser abzugrenzen (vgl. B-3.9.3).
- Phase 3: Nun ging man dazu über, die individuellen kulturellen Orientierungen unabhängig von der Landeskultur zu messen. Dazu wurden die aus der Landeskulturforschung bekannten Kulturdimensionen übernommen, aber eigenständig operationalisiert. Für die Versuchsplanung bot dies den Vorteil, dass man Kultur nicht nur als Gruppierungsvariable nutzen konnte, sondern in quasi-experimentellen Designs auch als unabhängige Variable.
- Phase 4: Ausgehend vom Konzept der multiplen Kultur (vgl. B-3.8) argumentierten nun die Vertreter des dynamisch-konstruktivistischen Ansatzes der kulturvergleichenden Forschung, dass innerhalb ein und derselben Person verschiedene Wertesysteme angelegt sind, die situationsspezifisch aktiviert werden und nur dann verhaltensrelevant sind (vgl. Hong et al.

2000). So mag es sein, dass der Betreiber einer Modeboutique, der zugleich begeisterter Hobbyfußballer und Biker ist, sich in seinem Berufsleben vor allem von femininen Werten leiten lässt, in seiner Freizeit jedoch hauptsächlich von maskulinen Werten. Weiterhin ging man dazu über, die individuelle multiple Kultur nicht wie bisher zu messen, sondern zu manipulieren, d.h. durch Priming situativ zu generieren: als „temporarily salient cultural belief" (zumeist durch semantisches Priming, aber auch durch visuelles Priming) (vgl. A-3.4.2.2). Damit konnte man erstmals in „echten" Experimenten – in denen die Versuchspersonen den Versuchsbedingungen zufällig zugewiesen werden (= Randomisierung) – untersuchen, ob „Kultur" diese oder jene abhängige Variable beeinflusst (bspw. die Akzeptanz internetbasierter Bezahlsysteme).

> "The notion of multiculturalism is especially pertinent in places that have been influenced by multiple cultures during their histories (e.g., the Indian subcontinent, Hong Kong, Singapore) and among people who are exposed to different cultures (e.g., immigrants). Researchers in this area view cultures as implicit theories that underlie people's knowledge structures. For people who acquire multiple cultures, the culture that directs behavior can be situation specific, depending on the relative accessibility of each of the competing cultures" (Chen et al. 2005, S. 295).

Visuelles Priming

Zu den Problemen von Online-Shopping zählt neben der fehlenden Möglichkeit, die Ware real in Augenschein nehmen und erproben zu können, die Wartezeit. Außer beim Kauf von digitalen Gütern geht das erworbene Gut im Moment des Kaufabschlusses nicht in den realen Besitz des Käufers über. Chen et al. (2005) wollten in diesem Zusammenhang wissen, ob die Akzeptanz der Wartezeit von der kulturellen Orientierung der Käufer beeinflusst wird. Sie baten ihre Versuchspersonen – Studenten aus Singapur – sich vorzustellen, sie wollten online ein Buch kaufen, Versandgebühr 2,99 Singapurdollar, Lieferzeit fünf Arbeitstage. Die unabhängige Variable („östliche vs. westliche Werte") wurde mit Hilfe zweier ikonografischer Collagen geprimt, jeweils zwölf Bilder von Singapur bzw. den USA. Die abhängige Variable „Ungeduld" wurde durch Frage operationalisiert, welche Versandgebühr die Versuchspersonen bereit wären zu bezahlen, um das Buch bereits nach einem Arbeitstag geliefert zu bekommen. Tatsächlich zeigten sich die vorübergehend „westlichen Studenten" weniger geduldig als die vorübergehend „östlichen Studenten". Durch unterschiedliches Framing (vgl. A-3.4.2.1) konnte weiterhin gezeigt werden, dass Westler freiwillig mehr bezahlen würden, wenn sie dadurch ein bestimmtes wünschenswertes Ergebnis erzielen können (= das Buch früher lesen). Ostler wären hingegen zahlungsbereit, um ein unerwünschtes Ereignis zu vermeiden (= weniger lang warten zu müssen, bis dass sie das Buch in Händen halten).

> **Beispiel:** "The visual prime comprised a collage that consisted of 12 icons representing either Singaporean culture (e.g., the *Singapore Airlines* model, the *Tiger beer* icon) or American culture (e.g., a classic representation of *Marilyn Monroe*, the *Coca-Cola* icon). We chose the 12 pictures in each collage to represent a variety of cultural aspects (e.g., architecture, landscape, celebrity, statesman, brand names, cartoon figures, national flag) and, to the extent possible, matched them to one another in terms of their physical

location in the collage and their content. (…) Each participant received the questionnaire and was told to follow the instructions closely. On the first page, partici-pants were shown either the Singaporean or the U.S. collage, depending on the experimental condition to which they were assigned, and were instructed to examine the pictures carefully. After viewing the collage, participants turned to the next page and were then asked to list all the things they remembered about the collage" (Chen et al. 2005, S. 295 ff.).

Semantisches Priming

Prinzipiell sind die verschiedensten Arten verbalen Materials geeignet, gezielt bestimmte Knoten im netzwerkartig organisierten Gedächtnis zu aktivieren und damit auch die gewünschten Wege bzw. Kanäle der Informationsverarbeitung. Als hilfreich hat sich u.a. die Technik der 'scrambled sentences' erwiesen (vgl. Zhang et al. 2010; Zhang/Khare 2009). Möchte man etwa eine bestimmte kulturelle Orientierung 'primen' (bspw. Akzeptanz von Machtdistanz), dann werden zunächst mehrere entsprechende Überzeugungen formuliert ('belief') – bspw. "Hierarchy is necessary for our social order". Dieser Satz wird sodann „geschüttelt", d.h. in eine zufällige Reihenfolge gebracht – bspw. "Social order for is hierarchy our necessary" (vgl. Tab. 28). Indem die Versuchspersonen ihre Aufgabe – diesen nun sinnlosen Satz sinnvoll zu ordnen – lösen, beschäftigen sie sich intensiv und ohne sich der Manipulation bewusst zu werden mit dessen inhaltlicher Aussage: einer in Gesellschaften, die Machtdistanz akzeptieren, weit verbreiteten Überzeugung (z.B. wie Gesellschaften strukturiert sein sollten).

Tab. 28: Semantisches Priming mit Hilfe von Scrambled Sentences

	High Power-Distance Belief	Low Power-Distance Belief	Solution
1	social order for is hierarchy our necessary.	social order for is hierarchy our unnecessary.	Hierarchy is necessary/ unnsnary for our social order.
2	a defined place have should everyone high or low.	equal everyone created is.	……………………?
3	world in this a social hierarchy should be this.	world in this a social hierarchy not should be this.	……………………?
4	is important to maintain order in society a hierarchy.	is unimportant to maintain order in society a hierarchy.	……………………?
5	to maintain social order it is important even if power is unequal.	equality to it is maintain important.	……………………?
6	are necessary differences in power to maintain order.	in necessary society equality is.	……………………?
7	lost found his wallet he	lost found his wallet he	……………………?
8	the sky blue is	the sky blue is	……………………?
9	he to school drives	he to school drives	……………………?
10	the boy his mother hugs	the boy his mother hugs	

Konvergenzvalidität

Operationalisierung: Umwandlung eines theoretischen Konstrukts in ein messbares, d.h. empirisch erfassbares Merkmal

Die Verfügbarkeit von immer mehr Operationalisierungen von Kultur ist nicht unproblematisch, bietet aber auch entscheidende Vorteile. Nachteilig kann die daraus erwachsende Unübersichtlichkeit sein (wie beim Untersuchungsdesign des *GLOBE*-Projekts), vor allem aber die Gefahr der opportunistischen Wahl (ex post) der jeweils am besten „geeigneten" Operationalisierung. Man erhebt mehrere Operationalisierungen, berichtet letztlich aber nur die, welche das erwünschte Ergebnis ermöglicht. Zum Vorteil wird die Multioptionalität, wenn sie genutzt wird, um die Konvergenzvalidität zu prüfen. Falls der unterstellte Zusammenhang zwischen unabhängigen und abhängigen Variablen nicht nur bei einer bestimmten, sondern mehreren alternativen Operationalisierungen empirisch bestätigt werden kann, dann ist dies ein starkes Indiz der Konstruktvalidität des Messansatzes (vgl. Lalwani/Forcum 2016, S. 318).

3.11 Wertewandel als Problem der kulturvergleichenden Forschung

Zu den Vorbehalten, mit denen *G. Hofstede* regelmäßig konfrontiert wird, zählt auch die Frage, wie aussagekräftig bzw. stabil Werte sein können, die in den späten 1960er-, frühen 1970er-Jahren identifiziert worden sind. Seine Antwort: Mehr als 200 Replikationsstudien hätten die weitgehende Stabilität seines Messansatzes bestätigt (vgl. Hofstede 2001; Søndergaard 1994). Wie so häufig: Auch in diesem Fall geht *G. Hofstede* mehr als „großzügig" über Kritik und Kritiker hinweg. Tatsächlich mehren sich die Hinweise, dass mit der zunehmenden Verbreitung des westlichen Lebensstils in vielen traditionell kollektivistischen Gesellschaften individualistische Werte mehr und mehr Anklang finden. Erste Hinweise auf dieses Phänomen gaben Matsumoto et al. (1996) mit der Untersuchung "Changing Patterns of Individualism vs. Collectivism in the United States and Japan". Aktuellere Beispiele sind bspw. Seock/Lin (2011) und Jung et al. (2009).

4 Probleme & Schwächen der kulturvergleichenden Forschung

4.1 Überblick

Äquivalenz: Gleichwertigkeit

Gestützt auf eine methodenkritische Analyse der 92 wichtigsten Studien, die von 2005 bis 2010 veröffentlicht wurden, haben Hoffmann et al. (2013) vier zentrale Problemfelder der IKKV-Forschung beschrieben. Neben Fehlern bei der Operationalisierung zentraler Konstrukte zählt hierzu insb. das Äquivalenz-Problem: die Schwierigkeit, Erklärungsmodelle und Messmethoden zu entwickeln, die in den wichtigsten Kulturräumen gleichermaßen valide sind. Im einzelnen kritisierten Hoffmann et al. (2013, S. 51) …

- stark divergierende Forschungsansätze
  - Pseudo-etische Forschung: Im westlichen Kulturkreis entwickelte Theorien und Messinstrumente werden ex-post ohne Anpassung für andere Kulturräume übernommen
  - Fehlende forschungsleitende Theorien, ziellose Problemauswahl, Hang zu Eklektizismus, unzureichende Reflexion der theoretischen Grundannahmen
- Fehler bei der Auswahl der Kultureinheiten
  - Wahl des Kulturkreises meist willkürlich, oft nur zwei oder drei Kultureinheiten untersucht
  - Oftmals Wahl eines 'convenience samples', meist ausländische Studierende, zu geringer Stichprobenumfang
  - Antinomie, d.h. logischer Widerspruch zwischen Repräsentativität und Vergleichbarkeit, da ein national repräsentatives Sample nicht international vergleichbar sein muss
- mangelhafte Operationalisierung von Kultur
  - Unzureichende Definition des Untersuchungsgegenstandes Kultur, meist Nutzung nationaler Einheiten
  - Wenn Kultur werteorientiert gemessen wird, dominiert der Indirect Values Inference-Ansatz, insb. in Gestalt des Kulturmodells nach G. Hofstede
- nicht vergleichbare Erhebungsmethoden und -abläufe
  - Verschiedene infrastrukturelle Gegebenheiten, Sprachbarrieren und andere kulturgebundene Einflüsse erschweren den Einsatz einheitlicher Datenerhebungsmethoden
  - Oft erschwerte interkulturelle Vergleichbarkeit forschungsrelevanter Konzepte und Verhaltensmuster aufgrund verschiedener Bedeutungen im kulturspezifischen Kontext
  - Kaum experimentelle Studien und damit keine Aussagen zur Kausalität möglich
  - Nichtbeachtung kulturspezifischer Reaktions- und Antworttendenzen führt zu systematischen Verzerrungen (z.B. „Höflichkeits-Bias", Akquieszenz)

Eklektizismus (gr. = ausgewählt): Mischung ausgewählter Theorie- und Methodenfragmente

Convenience Sample: Willkürliche, d.h. nicht zufallsgesteuerte oder geplante Auswahl von Versuchspersonen

Akquieszenz: Verzerrung von Befragungsergebnissen aufgrund Ja Sage-Tendenz

Ja Sage-Tendenz: Tendenz von Auskunftspersonen, Aussagen unabhängig von ihrem Inhalt lieber zustimmen, als sie abzulehnen

4.2 Auswahl der Untersuchungseinheiten

4.2.1 Nation bzw. Nationalstaat vs. Kultur

Was schon Kroeber/Kluckhohn (1952, S. 181) kritisiert haben, ist im kulturvergleichenden Schrifttum nach wie vor weit verbreitet: „Gesellschaft", „Land", „Nation", „Staat" und „Kultur" mehr oder minder gleichzusetzen. Diese Simplifizierung ist aus zwei Gründen trügerisch:
- Die meisten Länder sind nicht kulturell homogen, sondern kulturell heterogen (vgl. Farley/Lehmann 1994, S. 113). Ausgesprochen kultur-pluralistisch ist z.B. Indien: Dort leben höchst verschiedene ethnische Gruppen zusammen (Indoarier, Draviden, Tibeter, Birmanen, Munda, Mon-Kmer),

Melting Pot: Schmelztiegel

werden mehr als zwanzig Sprachen gesprochen und prägen neben ⇒ Hinduismus und ⇒ Islam zahlreiche andere Religionsgemeinschaften das spirituelle, aber auch das reale Leben. In den Vereinigten Staaten von Amerika, dem angeblichen 'melting pot' (vgl. Wersich 2013), ist gleichfalls keine kulturell homogene amerikanische Nation herangewachsen, sondern ein zunehmend unfriedliches Nebeneinander der verschiedensten Ethnien (vgl. Ogden et al. 2004). Zusätzlich zu den seit den ersten Einwanderungswellen nur bedingt verschmelzenden traditionellen Bevölkerungsgruppen (z.B. Amerikaner britischer, deutscher, italienischer und irischer Herkunft) lebten 2015 laut der *International Organization for Migration* 12,1 Mio. Mexikaner, 2,1 Mio. Chinesen, 2,0 Mio. Inder, 1,9 Mio. Puerto Ricaner, 1,3 Mio. Vietnamesen, 1,1 Mio. Kubaner und 1,1 Mio. Südkoreaner in den USA. Dies ist insofern bemerkenswert, als kein Land so häufig Gegenstand kulturvergleichender Forschung ist wie die USA und zumeist nicht darüber informiert wird, „welche" Amerikaner Gegenstand der jeweiligen Untersuchung waren.

- Die meisten Ethnien sind nicht auf ein Staatsgebiet beschränkt. Im Norden Deutschlands etwa lebt eine dänische Minderheit und im Süden Dänemarks eine deutsche Minderheit: die deutschen Nordschleswiger. Zwischen frankophonen Belgiern (d.h. den französischsprachigen Wallonen) und Nordfranzosen bestehen mehr kulturelle Gemeinsamkeiten als zwischen den französisch- und den niederländisch-sprachigen Belgiern, den Flamen.

Kohäsion: innerer Zusammenhalt (lat. = cohaesum)

A. Maas hat auf Basis von Daten der *European Social Survey* für 19 europäische Länder ein Maß der kulturellen Kohäsion berechnet: „The (21) questions measure value preferences, like the importance of having friends, family, equality, the importance of work, or of being rich" (de Mooij 2019, S. 47). Am größten ist demzufolge der Wertekonsens in Skandinavien, am geringsten in Südeuropa und (West)Deutschland (vgl. Abb. 35).

Proxy-Variable: Erfasst verhältnismäßig einfach eine Eigenschaft, die nicht bzw. nicht valide/ reliabel bzw. nur mit einem unverhältnismäßig großen Aufwand gemessen werden kann

Deshalb ist die Variable „Land" im Regelfall keine gute Proxy-Variable für das Konstrukt „Kultur". Gleichwohl werden aus forschungsökonomischen Gründen in den meisten kulturvergleichenden Studien „Land" und „Kultur" gleichgesetzt. Denn es würde den Forschungsaufwand vervielfachen, wollte man bspw. nicht Amerikaner mit Belgiern vergleichen, sondern die verschiedenen ethnischen Subkulturen in diesen Ländern. Statt einer Vergleichsebene (USA vs. Belgien) gäbe es dann im Extremfall zwölf internationale (bzw. -kulturelle) und neun intranationale (bzw. -kulturelle) Vergleichsmöglichkeiten (vgl. Abb. 36)

"These studies suffer from several limitations. First, because these studies used ethnic or national groups as a proxy for culture, they are unable to shed light on the drivers of the effect. Indeed, ethnic and national groups differ on cultural, economic, and psychological factors. Second, they do not provide a theoretical framework linking cultural constructs to price sensitivity" (Lee et al. 2020, S. 1).

4.2 Auswahl der Untersuchungseinheiten

Abb. 35: Kulturelle Kohäsion in Europa

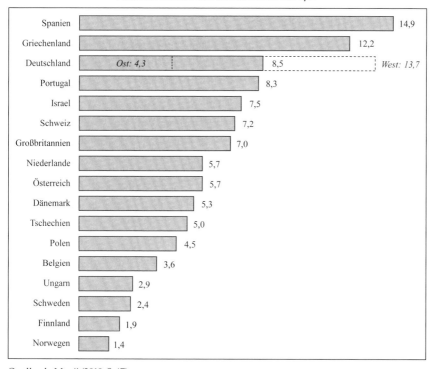

Quelle: de Mooij (2019, S. 47)

Abb. 36: Intrakulturelle Heterogenität als Problem der Versuchsplanung

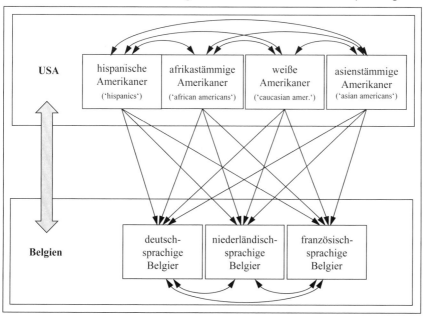

4.2.2 Operationalisierungsfehler

Willkürliche Kategorisierung

Ein Beispiel von vielen: Laut Farah (2017) sind individualistische Bankkunden überproportional bereit, den Anbieter zu wechseln bspw. aufgrund mangelnder Kulanz, während kollektivistische Kunden aufgrund ihrer Risikoaversion eher bestrebt sind, etablierte Beziehungen zu den Bankangestellten zu bewahren. Abgesehen davon, dass die Wissenschaftlerin diese weitreichende Aussage auf einer viel zu schmalen empirischen Basis trifft (= 30 Interviews), wirft auch die Operationalisierung von 'collectivistic consumers' Fragen auf. Denn sie meint damit 15 spanische Bankkunden. Auf G. *Hofstedes* Kulturdimension Individualismus – Kollektivismus rangiert Spanien mit einem Wert von 51 allerdings im mittleren Bereich und ist demzufolge weder individualistisch noch kollektivistisch.

Etikettenschwindel

Cause-Related Marketing: Zeitlich befristete und scheinbar philantropisch motivierte Zusammenarbeit zwischen einem Unternehmen (z.B. Facebook) und einer Non Profit-Organisation (z.B. *TU München*)

Bisweilen wird, ohne auch nur dem Anschein nach auf die Landeskultur der untersuchten Stichproben oder die individuelle kulturelle Orientierung der Probanden Bezug zu nehmen, eine Untersuchung allein deshalb als kulturvergleichend bzw. 'cross-cultural' ausgegeben, weil darin Daten aus zwei oder mehr Ländern verarbeitet werden. So haben Lavack/Kropp (2003) für ihre Studie "A Cross-Cultural Comparison of Consumer Attitudes toward Cause-Related Marketing" Australier, Kanadier, Norweger und Südkoreaner zu deren Einstellungen zu Cause-Related Marketing befragt. Unabhängige Variablen waren „Länder" und „individuelle Werte" (wie 'self-respect') – und nicht kollektive Werte oder die individuelle kulturelle Orientierung wie in der Landeskulturforschung. Lediglich zwischen Kanada und Südkorea konnte ein zwar signifikanter, aber letztlich geringfügiger Mittelwertunterschied in der Einstellung zu Cause-Related Marketing ermittelt werden (0,6 Skaleneinheiten auf einer neunstufigen *Likert*-Skala). Ex post führten die beiden Wissenschaftler diesen Mini-Effekt auf den Umstand zurück, dass in Ländern wie Kanada, in denen Cause-Related Marketing bereits etabliert ist, die Menschen vermutlich positiver gegenüber dem Untersuchungsgegenstand eingestellt sind als in Ländern wie Südkorea, wo dieses Marketinginstrument noch weitgehend unbekannt ist – d.h. sie argumentierten nicht kulturvergleichend.

Auch für dieses Problem ließen sich unschwer noch zahlreiche weitere Beispiele finden. Wie schon Gould et al. (2000), so gaben auch Khalbous et al. (2013) vor, Einstellungen zu Product Placement kulturvergleichend analysiert zu haben. Tatsächlich aber haben beide Teams lediglich zu dieser Thematik empirische Daten in verschiedenen Ländern erhoben. Bisweilen allerdings ist auch der umgekehrte Fall zu beobachten: etwa wenn Overby et al. (2004) eine Means End-Analyse der Assoziationen von Weintrinkern (vgl. C-4.2.2) zwar kulturvergleichend interpretieren, aber als 'a cross-national comparison' titulieren.

4.2.3 Opportunistische Verfügbarkeit

Ein weiteres Grundsatzproblem betrifft die Frage, ob die ausgewählten Länder überhaupt geeignete Repräsentanten des Typus von Landeskultur sind, deren Einfluss auf die abhängige Variable untersucht werden soll. Wenn also bspw. Al Kailani/Kumar (2011) den Zusammenhang von Ungewissheitsvermeidung, Risikowahrnehmung und Online-Bestellungen untersuchen wollen, dann sollte man meinen, dass sie dazu Befragungen in Ländern durchführen, die auf der Ungewissheitsdimension wenn schon nicht maximal, so doch deutlich unterscheidbare Positionen einnehmen. Indien (UAI = 40), USA (UAI = 46) und Jordanien (UAI = 65) erfüllen diese Bedingung aber offensichtlich nicht. Lediglich Jordanien unterscheidet sich von den beiden anderen Ländern etwas auf dieser Kulturdimension, ist aber in vielerlei anderer Hinsicht (sozio-ökonomischer Entwicklungsstand, Online-Infrastruktur, Konsumentenverhalten etc.) mit diesen beiden Großmächten nicht vergleichbar. Es muss somit offen bleiben, ob möglicherweise beobachtete Unterschiede in der Nutzung des Online-Handels auf die jeweilige Tendenz zur Ungewissheitsvermeidung oder aber auf Kaufkraft, Wettbewerbsstruktur, familiäres Kaufverhalten und … zurückführbar sind.

Dies vor Augen fragt man sich, warum die beiden Wissenschaftler nicht bspw. einerseits dänische (UAI = 23), schwedische (= 29) und britische Verbraucher (= 35) sowie andererseits französische und spanische (= 86) sowie belgische Verbraucher (= 94) befragt haben. Diese Länder wären eine wesentlich bessere Wahl gewesen: maximal unterschiedlich, was die Tendenz zu Ungewissheitsvermeidung anbelangt, und sehr gut vergleichbar hinsichtlich der sozio-ökonomischen Lebensbedingungen. Ohne der an einer amerikanischen Universität lehrenden indien-stämmigen Professorin *A. Kumar* und ihrem Kollegen *M. Al Kailani*, der aus Jordanien stammt, zu nahe zu treten, darf man mutmaßen, dass es für sie weitaus einfacher war, ihre Studie mit indischen, jordanischen und amerikanischen Studenten durchzuführen als – was sachlich geboten gewesen wäre – bspw. mit dänischen, deutschen, französischen und belgischen Probanden (vgl. Abb. 37).

Abb. 37: Opportunistische vs. sachgerechte Versuchsplanung

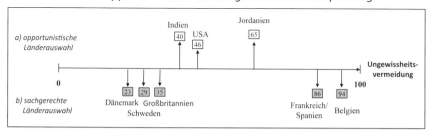

Seit Adler (1983) wird dieses Problem als 'opportunistic availability' bezeichnet. Es betrifft jedoch nicht nur die Auswahl von Ländern bzw. Kulturen. Auch die Probanden werden zumeist opportunistisch ausgewählt. Und am bequemsten ist es, die eigenen Studenten zu befragen. Da an amerikanischen Universitäten regelmäßig Studenten aller Herren Länder eingeschrieben sind, kommt es nicht selten vor, dass der gesamte Kulturvergleich auf der Befragung von Teilnehmern eines Undergraduate-Kurses an einer einzigen amerikanischen Universität basiert. Damit stellt sich natürlich die Frage, wie repräsentativ bspw. die Aussagen von zwanzig-, zweiundzwanzigjährigen indischen Studenten, die ein oder mehrere Auslandssemester an einer amerikanischen Universität verbringen, für Indien bzw. die Kultur Indiens sind (vgl. Abb. 38).

Abb. 38: Opportunistische Stichprobenziehung

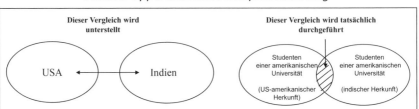

4.2.4 Anzahl der Untersuchungseinheiten

Franke/Richey (2010) haben begründet, warum kulturvergleichende Studien auf zumindest sieben bis zehn Untersuchungseinheiten (Länder, Kulturen, Regionen) basieren sollten. Andere fordern mit Blick auf die Erfordernisse von Multi-Level-Analysen 30 und mehr Länder (z.B. Hassan et al. 2016). In der Realität werden diese Forderungen jedoch so gut wie nie erfüllt. Der Regelfall sind Zwei- und paradoxerweise Drei-Länder-Vergleiche. Von den 99 kulturvergleichenden Studien, die zwischen 1990 und 2008 in den führenden Journalen veröffentlicht wurden (z.B. *International Marketing Review, Journal of International Marketing*), sind 65% Zwei-Länderstudien, 15% Drei-Länderstudien und 10% Vier-Länderstudien (vgl. Engelen/Brettel 2011). Ruiz de Maya et al. (2011), die acht Länder berücksichtigt haben, und Saba et al. (2008) mit 28 Ländern sind die absolute Ausnahme.

> "However, to be able to confidently assert that a particular cultural factor has an impact on the TRA/TPB components or interrelationships, the authors recommend that multiple (around 30 or more) countries with a wide cultural variation should be examined with multilevel analysis employed to assess the country-level (cultural) causal effect. The large number (n > 30) of country samples is needed in order to allow a valid examination of the country-level regression model within the multilevel analysis" (Hassan et al. 2016, S. 84).

4.2.5 Stichprobenfehler

Die meisten Studien basieren nicht auf Zufallsstichproben oder parallelisierten Stichproben, sondern auf Convenience-Stichproben. Um den Erhebungsaufwand gering zu halten, wählen viele Forscher ihre Probanden nicht zufällig oder geplant aus, sondern befragen bzw. untersuchen Personen, die in einer bestimmten Situation leicht verfügbar und auskunftswillig sind. So auch Evanschitzky et al. (2014), die wissen wollten, ob zwischen der Landeskultur (Individualismus – Kollektivismus) und der Einkaufsmotivation ihrer Probanden ein systematischer Zusammenhang besteht. Unglücklicherweise unterschieden sich die vier Länderstichproben aber nicht nur – wie beabsich-

tigt – hinsichtlich der unabhängigen Variable (IDV: USA = 91, Deutschland = 67, Indien = 48, Oman = 38), sondern auch hinsichtlich zweier demografischer Variablen, von denen man annehmen kann bzw. muss, dass sie gleichfalls die abhängige Variable (= Einkaufsmotivation) beeinflussen:
- Geschlecht (Anteil Frauen: 48 % = indische Stichprobe bis 67 % = amerikanische Stichprobe),
- Alter (Anteil U-36: 52 % = deutsche Stichprobe bis 94 % = omanische Stichprobe).

Unter diesen Umständen kann nicht abschließend geklärt werden, ob es wirklich an ihren individualistischen Werten liegt, dass in der amerikanischen und der deutschen Stichprobe mehr hedonistische Kaufmotive genannt wurden als in der indischen und der omanischen Stichprobe (z.B. Shopping als Abenteuer) oder an der nicht vergleichbaren Zusammensetzung der vier Stichproben.

4.3 Äquivalenz

Überblick

Vergleichen kann – bzw. sollte – man nur Vergleichbares. Deshalb ist Äquivalenzsicherung eine der großen Herausforderungen kulturvergleichender Forschung. Zur Verbesserung bzw. Sicherung der Güte von Vergleichsanalysen haben Douglas/Craig (1983) vorgeschlagen, Gleichwertigkeit (d.h. Äquivalenz) auf drei Ebenen zu gewährleisten: Konstrukt- und Stichprobenäquivalenz sowie Äquivalenz der verwendeten Maße (z.B. Skalenäquivalenz). Weiterhin empfahlen sie, die erhobenen Daten zu normieren, um kulturspezifische Urteilstendenzen, Skaleneffekte etc. zu kontrollieren.

> "In cross-cultural studies, it is essential to test whether the instruments used to measure the relevant constructs in one culture can also be applied to other cultures before any cultural comparisons are conducted. Otherwise, one cannot be certain whether differences in consumers behaviors are true differences between countries on the underlying construct or are simply due to measurement biases" (Meng/Nasco 2009, S. 507).

15 Jahre später identifizierte Johnson (1998) in der Literatur zur kulturvergleichenden Forschung mehr als 40 unterschiedliche Äquivalenzkonzepte, was Harkness et al. (2003, S. 14) als Indiz der Unfähigkeit der 'scientific community' deuteten, einen terminologischen, konzeptionellen und theoretischen Konsens herzustellen. Daran hat sich bis heute wenig geändert. In den mehr als 500 kulturvergleichenden Studien, die zwischen 2008 und 2015 veröffentlicht worden sind, spielt gemäß einer meta-analytischen Auswertung von Boer et al. (2018) Äquivalenzsicherung noch immer eine wesentlich geringere Rolle, als man aufgrund der zahlreichen Appelle „pro Äquivalenzsicherung" eigentlich erwarten würde.

Angesichts der insgesamt eher unbefriedigenden Situation scheint es den Zwecken eines Lehrbuches angemessen, die mittlerweile klassische Dreiteilung von *Douglas & Craig* beizubehalten: Datenerhebungs-, Konstrukt- und Messäquivalenz (vgl. Tab. 29).

Tab. 29: Synopse der wichtigsten Äquivalenzkonzepte

Datenerhebungsäquivalenz	Konstruktäquivalenz	Messäquivalenz

• Datenquellenäquivalenz
• Datensammlungsäquivalenz
• Stichprobenäquivalenz
	• funktionelle Äquivalenz
	• konzeptionelle Äquivalenz
	• kategoriale Äquivalenz
		• Kalibrierungsäquivalenz
		• Übersetzungsäquivalenz
		• Metrikäquivalenz
		  – konfigurale Äquivalenz
		  – metrische Äquivalenz
		  – skalare Äquivalenz

Quelle: auf Basis von Craig/Douglas (2005); van de Vijver (2003); Salzberger (2005); Steenkamp/Baumgartner (1998); modifiziert

Datenerhebungsäquivalenz

Snowballing-Technik: Jede/r Auskunftsperson rekrutiert weitere Auskunftspersonen

Diese Form von Äquivalenz ist 'ex ante', d.h. vor der Datenerhebung sicherzustellen. So sollten in allen untersuchten Kulturen bzw. Stichproben vergleichbare Datenquellen genutzt werden, also etwa dasselbe Panel (z.B. *Prolific, Qualtrics*). Daraus erwächst eine erste Restriktion. Denn bestimmte Länder finden sich in den einzelnen Panels nicht bzw. nicht mit einer hinreichend großen Fallzahl an Probanden. Amerikanische, britische, kanadische oder portugiesische Konsumenten z.B. sind bei *Prolific* zahlreich vertreten, deutsche und brasilianische Vergleichspersonen hingegen vergleichsweise wenige (Stand 2020; www.prolific.co). Vergleichbar sollte auch der Prozess der Datensammlung sein. Wer etwa eine Online-Befragung von Studenten in Land A während der Vorlesung durchführt ('in class'), in Land B aber den Fragebogen zu Hause bearbeiten lässt, begeht einen systematischen Fehler. Denn aufgrund der bloßen Präsenz von Lehrenden in der „In Class-Situation" sind Interviewer-Effekte wahrscheinlicher als unter anderen Bedingungen (z.B. vermehrte Abgabe sozial erwünschter Antworten). Eine besondere Rolle spielt die Vergleichbarkeit der Stichproben. Diese müssen in allen Ländern bzw. Regionen unbedingt auf dieselbe Art gezogen werden. Es ist also z.B. nicht zulässig, in Land A eine Zufallsauswahl vorzunehmen und in Land B die Snowballing-Technik anzuwenden. Wer Datenerhebungsäquivalenz nicht gewährleistet, muss damit rechnen, dass die gemessenen Differenzen zwischen den Ländern nicht tatsächliche unterschiedliche Ausprägungen der Konstrukte widerspiegeln, sondern der unterschiedlichen Erhebungsprozedur zuzuschreiben sind.

Konstruktäquivalenz

Konstrukte sollten im Forschungsprozess eine ähnliche Funktion erfüllen (= funktionale Äquivalenz), vergleichbar interpretiert werden (= konzeptuelle Äquivalenz) und eine insgesammt stimmige Einordnung von Objekten, Stimuli oder Verhaltensweisen ermöglichen (= kategoriale Äquivalenz) (vgl. Hult et al. 2008, S. 1030).
• Funktionale Äquivalenz: Vor allem die Gestaltung des experimentellen Treatments ist fehleranfällig. Wenn bspw. in einem Szenario-Experiment ein Verkaufsgespräch als Stimulus dient, dann kann die Frage des Verkäufers „Wie geht es Ihnen?" bei deutschen Probanden eine andere Funktion erfüllen (= Interesse am persönlichen Wohlbefinden signalisieren) als das

nur scheinbar entsprechende „How are you?" bei amerikanischen Probanden (= Standardbegrüßungsfloskel).
- Konzeptuelle Äquivalenz: Angenommen, in einem kulturvergleichenden Experiment (z.B. Deutschland vs. Italien) soll untersucht werden, ob eine empathische Entschuldigung nach einem Servicefehler besser wirkt als eine weniger empathische. Äquivalenzmindernd wäre in diesem Fall der unterschiedliche Umgang mit Emotionen in diesen Ländern, was dazu führen kann, dass eine aus deutscher Sicht empathische Entschuldigung auf italienische Probanden unterkühlt wirkt.
- Kategoriale Äquivalenz: Wie sollen Fluglinien mit Kunden aus allen Herren Ländern umgehen, die aufgrund einer Überbuchung ihren Flug nicht antreten können? Eine von allen als gerecht empfundene Kompensationshöhe festzulegen ist allein schon deshalb nahezu unmöglich, weil in den verschiedenen Ländern unterschiedliche Rechtsansprüche bestehen. In den USA bspw. stehen Fluggästen selbst dann 200 % des einfachen Flugticketpreises zu, wenn die auf die Überbuchung zurückzuführende Verspätung geringfügig ist (Nazifi et al. 2020). Ein und dasselbe Kompensationsangebot mag daher in einem Land angemessen erscheinen, in einem anderen aber als zu niedrig.

Messäquivalenz

Auch in diesem Zusammenhang sind drei Äquivalenzarten zu unterscheiden. (1) Kalibrierungsäquivalenz liegt vor, wenn die verwendeten Maßeinheiten überall die gleiche Bedeutung haben. Wer also bspw. in einem Experiment den Einfluss von Ungewissheitsvermeidung auf die Zahlungsbereitschaft untersuchen möchte, muss sicherstellen, dass die vorgegebenen Preise umgerechnet jeweils denselben Wert ergeben. Da jedoch weiterhin Preisniveau und Kaufkraft von Land zu Land unterschiedlich sind, kann es mitunter sinnvoll sein, anstelle absoluter Werte Prozentwerte zu erfragen, etwa: „Sie erhalten 20 % des Kaufpreises zurück", wenn man wissen möchte, welche Wiedergutmachung Kunden als hinreichende Kompensation eines Servicefehlers akzeptieren würden.

(2) Übersetzungs- bzw. semantische Äquivalenz: Bedeuten die zur Operationalisierung von Konstrukten verwendeten Begriffe in allen Ländern dasselbe, bspw. der scheinbar unproblematische Begriff „Ärger"? Angenommen, Sie haben für eine Befragung von englischen und russischen Verbrauchern einen Fragenkatalog entwickelt, zu dem u.a. die Frage gehört: „Worüber haben Sie sich bei Ihrem letzten Einkauf geärgert?". In diesem Fall besteht das Übersetzungsproblem darin, dass der Begriff 'anger' im germanischen Sprachraum (z.B. Deutsch, Englisch, Niederländisch) in etwa die Mitte einer Emotionsskala markiert, die von 'annoyance' (= Störung, Verdruss) bis 'fury' (= Wut) und 'rage' (= Raserei) reicht. Das Russische legt demgegenüber größeres Gewicht auf qualitativ unterschiedliche Formen von Ärger: 'zlost', 'gnev' und 'serditsya' (vgl. Kassinove et al. 1997, S. 320).

> "Roughly speaking, 'ziost' refers to the subjective experience of anger which is not justified from the standpoint of social rules, and is always negative. A person in a state of 'zlost' is said to be bad tempered, childish, and immature ... On the other hand, while

> 'gnev' is also negative it can have the connotation of a socially approved emotional state. When wronged or mistreated, or when fighting for your country, a person has the right to feel 'gnev'. 'Gnev' refers to a more intense state than 'zlost', but still refers to anger rather than rage, which is called 'yarost'. Also, the milder word 'zlost' does not refer to the milder English word annoyance. Annoyance is 'rasdrazhenie'" (Kassinove et al. 1997, S. 320).

Das Standardverfahren, um sicherzustellen, dass bei einem Kulturvergleich die verwendeten Fragebögen semantisch äquivalent sind, ist die Translation-Backtranslation-Methode. Dabei werden die aus der Originalsprache in die jeweilige Landessprache übersetzten Originalitems durch eine unabhängige, sprachkompetente Person (zumeist Fachübersetzer) „rückübersetzt". Offenbart der Vergleich der zweifach übersetzten Items mit den Original-Items grundlegende Diskrepanzen, ist die Übersetzung nicht gelungen und anzupassen (vgl. Mullen 1995, S. 575).

Ex Post: im Nachhinein

(3) Metrikäquivalenz wird im Gegensatz zur Kalibrierungs- und Übersetzungsäquivalenz 'ex post' geprüft, üblicherweise mittels einer konfirmatorischen Mehrgruppen-Faktorenanalyse (vgl. Steenkamp/Baumgartner 1998, S. 83). Zu prüfen ist in diesem Zusammenhang, ob die zur Operationalisierung von Konstrukten verwendeten Items vergleichbar sind. Dies geschieht in drei aufeinander aufbauenden Schritten (auf den dritten und zwei weitere Schritte wird jedoch häufig verzichtet (vgl. Steenkamp/Baumgartner 1998, S. 83 ff. und Abb. 39):

- konfigurale Invarianz: Sind die Muster der Faktorladungen der Items in allen Kulturen gleich, d.h. können jeweils dieselben Items denselben Konstrukten zugeordnet werden?
- metrische Invarianz: Sind die Faktorladungen in allen Kulturen gleich?
- skalare Invarianz: Sind bei einem vorgegebenen Mittelwert des Konstrukts die Item-Mittelwerte in allen Ländern gleich?

Abb. 39: Prüfung der konfiguralen & der metrischen Invarianz

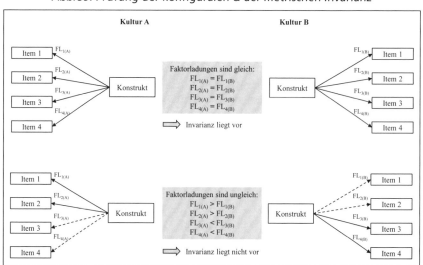

4.4 Scheinkorrelationen: Zur Problematik von Ex post-Erklärungen

Mexikaner konsumieren wesentlich mehr Cola-Getränke als alle anderen: Pro Kopf und Jahr (2012) durchschnittlich 170 Liter. Inder zum Vergleich begnügen sich mit kaum mehr als drei Litern. Die sieben Länder mit dem größten Pro-Kopf-Konsum brachten es 2012 auf durchschnittlich 115 Liter, die Kontrastgruppe auf neun Liter.

Woran könnte dies liegen? Abbildung 40 bietet eine durchaus plausible Erklärung an. Ausweislich ihres hohen durchschnittlichen Indulgence-Wertes (IND = 67) handelt es sich bei der Gruppe der Intensivnutzer um genussorientierte Gesellschaften, die sich im Gegensatz zur Kontrastgruppe (IND = 28) bspw. nicht durch Gesundheitsargumente vom Cola-Genuss abbringen lassen. Aber möglicherweise bedingt nicht die kulturtypische Genussorientierung den Unterschied, sondern das verfügbare Einkommen? Tatsächlich war das Pro-Kopf-Bruttonationaleinkommen der Cola-Länder 2016 mehr als drei Mal so groß wie das der Anti-Cola-Länder. Ist es somit eine Sache des Geldes? Nicht unbedingt. Denn die beiden Ländergruppen unterscheiden sich auch in religiöser Hinsicht grundlegend voneinander. In der Gruppe der Cola-Intensiv-Nutzer dominieren die christlichen Konfessionen (insb. die römisch-katholische Ausprägung), während Muslime, Hindus und Nicht-Religiöse nur selten Cola trinken. Vielleicht also liegt es an der Sittenstrenge der Muslime und der Lebensfreude der Katholiken? Möglich. Aber möglich sind noch viele andere Erklärungen.

Abb. 40: Länder mit dem größten & dem geringsten Pro-Kopf-Konsum an Cola-Getränken: Eine Frage von Idulgence?

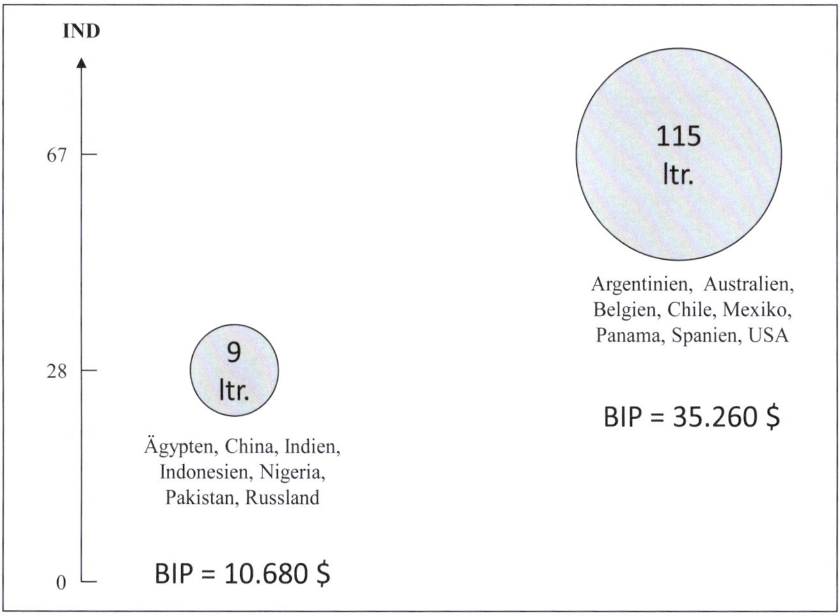

Quelle: statista.com.statistik/daten

4.5 Ungeeignete Signifikanztests

Noch zu häufig entspricht das methodische Niveau der IKKV-Forschung nicht dem Stand, den verwandte Disziplinen wie Marketing oder Sozialpsychologie mittlerweile erreicht haben. Eine der häufiger zu beobachtenden Schwächen besteht darin, dass Mittelwertunterschiede berichtet und interpretiert werden, die aufgrund hoher Fallzahlen zwar statistisch signifikant sind, aber nicht auf eine angemessene Effektstärke schließen lassen. Die klassische Signifikanzprüfung ist auf kleine Stichproben normiert (n = > 30). Damit soll lediglich geprüft werden, ob (!) sich die Mittelwerte der Experimental- und Kontrollgruppen unterscheiden und nicht, wie groß (!) dieser Unterschied ist – ob also die Aussage, dass die unabhängige(n) Variable(n) die abhängige(n) Variable(n) beeinflussen, einen Erkenntnisgewinn bietet.

Im vorliegenden Beispiel etwa ist dies fraglos nicht der Fall. Seock/Lin (2011) wollten wissen, ob junge amerikanische und taiwanesische Kunden Bekleidungsgeschäfte nach ähnlichen oder unterschiedlichen Kriterien beurteilen. Ein Blick auf die Mittelwerte genügt, um zu erkennen, dass die Nationalität der Befragten – von geringfügigen, vermutlich eher zufälligen Schwankungen abgesehen – keinen bedeutsamen Effekt auf die Beurteilung von Bekleidungsgeschäften ausübt (vgl. Abb. 41). Aufgrund der für eine solche Untersuchung sehr großen Stichproben kann dennoch, wie im Falle der Wichtigkeit des Sortiments, ein geringfügiger Mittelwertunterschied von 0,16 Einheiten auf einer fünfstufigen Skala als hochsignifikant ausgewiesen werden. Tatsächlich aber müsste man feststellen: Beide, amerikanische wie taiwanesische Kunden, legen bei der Einkaufsstättenwahl großen Wert auf das dort angebotene Sortiment. Wer hätte das gedacht?

Abb. 41: Wichtigkeit des Leistungsprofils von Bekleidungsgeschäften

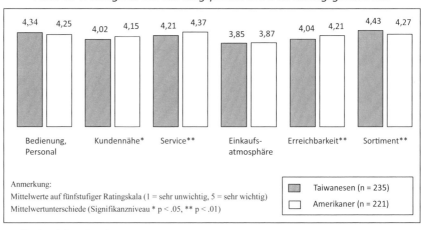

Quelle: Seock/Lin (2011)

Um diesen Effekt zu illustrieren, haben wir anhand realer Daten simuliert, wie sich die Stichprobengröße auf das Signifikanzniveau eines Mittelwertvergleichs mittels t-Test auswirkt, einmal bei vergleichsweise großem und einmal bei kleinem Mittelwertunterschied. In der Originalstudie (mit jeweils 150 Probanden je Zelle des Zwei-Gruppen-Vergleichs) ergab sich in beiden Fällen ein hochsignifikanter Effekt (p < 0,001 bei großem Mittelwertunterschied und p = 0,011 bei kleinem Mittelwertunterschied). Sodann haben wir in drei Stufen die Stichprobengrößen per Zufallsauswahl jeweils um n = 50 reduziert (bei weitgehend konstanten Mittelwerten). Wie Abbildung 42 zeigt, hängt bei großem Mittelwertunterschied das Signifikanzniveau nur geringfügig von der Stichprobengröße ab. Mittelwertvergleiche mit kleinen Unterschieden reagieren jedoch, wie vorhergesagt, sehr sensibel auf die Stichprobengröße. Ab einer Stichprobengröße von < 90 je Zelle würde das Signifikanzniveau verfehlt werden. Im Umkehrschluss bedeutet dies: Man kann nahezu jeden noch so unbedeutenden Effekt als signifikant ausweisen, wenn nur die Stichproben groß genug sind.

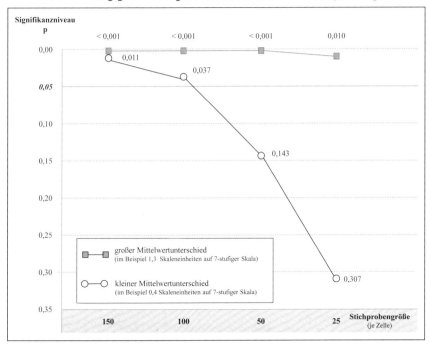

Abb. 42: Abhängigkeit des Signifikanzniveaus von der Stichprobengröße

4.6 Vernachlässigung kulturspezifischer Antworttendenzen

Kaum ein Phänomen der kulturvergleichenden Forschung ist so gut belegt wie die Anfälligkeit empirischer Befunde für kulturabhängige Antworttendenzen (vgl. z.B. Batchelor/Miao 2016; Harzing et al. 2012; de Jong et al. 2008). Hierzu zählen die Tendenz, sozial erwünschte Antworten zu geben, der vor allem Angehörige von beziehungsorientierten – zumeist kollektivistischen – Gesellschaften erliegen, oder die Tendenz zu Extremantworten, die in maskulinen Gesellschaften verbreitet ist sowie in solchen, die Machtdistanz akzeptieren.

Die Tendenz, die mittlere bzw. Unentschieden-Kategorie einer Skala zu bevorzugen, haben wir am Beispiel der Bewertung von zwei Aussagen untersucht, welche den Teilnehmern der GfK-Studie *Consumer Life* mit Blick auf deren gefühlte Informationsüberlastung und deren Preisorientierung vorgelegt wurden. Um einen stabilen Messwert zu erhalten, der zufällige Schwankungen ausgleicht, haben wir für jedes von 31 Ländern den Mittelwert des Prozentsatzes derer gebildet, welche den Statements …

- „I often feel overwhelmed with information when I am making a large purchase (e.g. car, washing machine, TV, furniture etc.)" und
- „Price is the most important factor in my purchasing decisions"

weder zugestimmt noch diese abgelehnt haben („neither agree nor disagree"; auf einer siebenstufigen Skala), und zwar in den Jahren 2019 und 2020. Am häufigsten entschied sich im Durchschnitt der vier Messwerte Kolumbianer (= 35,7 %), Spanier (= 34,6 %) und Japaner (= 34,5 %) für „unentschieden", am seltensten Inder (= 20,6 %), Chinesen (= 20,9 %) und Amerikaner (22,5 %) (vgl. Abb. 43). Die Landeskultur in Gestalt der Kulturdimension Ungewissheitsvermeidung erklärt knapp ein Drittel der Varianz (R^2 = .329). Demnach fällt es Ungewissheitsmeidern wie Japanern (UAI = 92), Spaniern (= 86) und Kolumbianern (= 80) wesentlich schwerer als Chinesen (UAI = 30), Indern (= 40) und Amerikanern (= 46), sich bei Befragungen festzulegen. Indem sie sich weder für 'agree (rather, strongly)' noch für 'disagree (rather, strongly)' entscheiden, halten sie sich alle Möglichkeiten offen.

Abb. 43: Antworttendenz „Tendenz zur Mitte" in Abhängigkeit von der Tendenz zur Ungewissheitsvermeidung

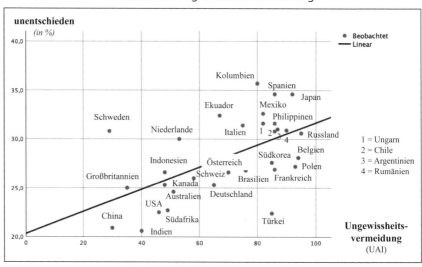

Quelle: GfK-Studie Consumer Life 2019/2020, Hofstede et al. (entnommen: de Mooij 2019), eigene Auswertung

Daraus folgt nun wiederum, dass die Ergebnisse länder- bzw. kulturvergleichender Studien, in denen die Variablen mit ungeradzahligen Rating-Skalen gemessen wurden, die also eine mittlere Kategorie aufweisen (z.B. unentschieden, weder/noch), nur dann vergleichbar sind, wenn der Einfluss der kulturspezifischen, d.h. unterschiedlich ausgeprägten Antworttendenz „Tendenz zur Mitte" kontrolliert wurde (bspw. mit Hilfe eines Korrekturfaktors). Abgesehen von den 'response-bias corrected values', welche das GLOBE-Konsortium berechnet hat, ist uns jedoch kein Versuch der kulturvergleichenden Forschung bekannt, eine Lösung für dieses Problem zu finden.

Geradzahlige Rating-Skalen: Vier-, sechs-, acht- oder achtstufige Rating-Skalen

4.7 Werte-Paradoxon

Nicht selten verhalten sich Menschen anders, als es den sozialen Normen ihrer Gesellschaft entspricht. Verschärft wird dieses grundlegende Problem kulturvergleichender Forschung im Falle des IKKV dadurch, dass es für Unternehmen gute Gründe gibt, das Marketing-Instrumentarium kulturkonträr einzusetzen. Da Werbemaßnahmen immer auch darauf zielen, die Aufmerksamkeit der Zielgruppe zu erlangen, ist diese Strategie vor allem in der Kommunikationspolitik weit verbreitet. Denn das Normale, das Kulturkonforme ist langweilig, das Abweichende, d.h. das Kulturkonträre hingegen interessant.

> "Advertising often appeals to what is lacking in society. The happy family is more often depicted in advertising in nations, where family coherence is lacking. In countries where family is part of one's identity, advertising focuses less on family values. Family is like air: You don't have to pay attention to it" (de Mooij 2010, S. 1).

Werteforschung im Allgemeinen und Landeskulturforschung im Besonderen haben zahlreichen Paradoxien identifiziert und beschrieben: Sachverhalte, welche dem für wahr bzw. richtig Gehaltenen zuwiderlaufen. Diese „Widersprüche in sich selbst" treten in Gestalt gegensätzlicher Werte innerhalb wie auch zwischen den Kulturen auf. Gleichheit etwa ist zwar einer der Fixpunkte der kulturellen Identität der Vereinigten Staaten von Amerika und wichtiger Bestandteil der Unabhängigkeitserklärung. Wichtiger noch aber scheint dieser Gesellschaft das Streben nach Individualität im Allgemeinen und persönlichem Erfolg im Besonderen zu sein – d.h. Ungleichheit. Tatsächlich sind in keinem westlichen Industrieland die Einkommen weniger gleichverteilt als in den USA. Operationalisiert wird soziale Ungleichheit mit dem *Gini*-Koeffizient (vgl. Tab. 30), der zwischen 0 (= „alle besitzen gleich viel") und 1.00 (= „der Reichste besitzt alles, alle anderen nichts") variiert.

Tab. 30: Gini-Koeffizient: Gleichheit/Ungleichheit der Einkommensverteilung in ausgewählten Industrieländern

USA (2014)	= 0,39	Kanada (2010)	= 0,33	Frankreich (2013)	= 0,29
Großbritannien (2013)	= 0,35	Italien (2013)	= 0,32	Deutschland (2013)	= 0,29

Quelle: OECD, World Income Inequality Database

Teil C

Grundlagen des Konsumentenverhaltens

1 Wahrnehmung

> **Definition Wahrnehmung**
> „Ein Informationsverarbeitungsprozess, durch den das Individuum Kenntnis von sich selbst und von seiner Umwelt erhält" (Kroeber-Riel/Gröppel-Klein 2019, S. 304).

Wahrnehmung ist ein vieldeutiger Begriff. Es ist leichter zu sagen, was Wahrnehmung nicht ist – keine wirklichkeitsgetreue Abbildung der Realität, wie eine Fotografie, sondern subjektiv, aktiv und selektiv, wie ein impressionistisches Gemälde: Eine Form von individueller bzw. sozialer Realitätskonstruktion. Daran sind sowohl kognitive (vgl. C-2) wie auch emotionale Vorgänge beteiligt (vgl. C-5). Dies gilt für alle Sinnesmodalitäten und Objektbereiche (vgl. Tab. 31).

Tab. 31: Wahrnehmung als Informationsverarbeitungsprozess

Objektbereich	Sinnesmodalität	kognitive Prozesse	emotionale Prozesse
• Gegenstände • Vorgänge • Beziehungen	• Sehen • Hören • Tasten • Schmecken • Riechen • Empfinden	Interpretation der Sinneseindrücke	Zuordnung von Gefühlen zu Sinneseindrücken

Quelle: Kroeber-Riel/Gröppel-Klein (2019, S. 304), erweitert

Mit Blick auf das IKKV stellen sich Fragen wie: Gibt es kulturspezifische Wahrnehmungsstile? Werden diese unter dem Einfluss der Globalisierung an Bedeutung verlieren? Entwickelt sich eine universelle Zeitwahrnehmung? Tatsächlich kann man bspw. den Eindruck gewinnen, dass die vermehrte Begegnung mit fremdkulturellen Lebensgewohnheiten (bspw. bei Auslandsreisen) schon jetzt bewirkt hat, dass sich die Vorstellungen davon, was als „pünktlich" gilt, einander angleichen. Ähnlich dürfte es sich mit anderen zeitgebundenen Konzepten verhalten – bspw. Effizienz der Arbeitsleistung. Wie die Diskussion über die Konvergenzthese (vgl. A-5.1) gezeigt hat, ist es aber gut möglich, dass diese Angleichung oberflächlicher Natur sein wird und die grundlegenden kulturspezifischen Wahrnehmungsmuster bestehen bleiben.

1.1 Wahrnehmung als Realitätskonstruktion

1.1.1 Subjektive Wahrnehmung

Jeder Mensch nimmt sich und seine Umwelt nicht so wahr, wie sie objektiv ist, sondern auf mehr oder minder subjektive Weise. Deshalb kann man häufig nicht erkennen, was „richtig" und was „falsch", was „wahr" und was

„unwahr" ist. Zahllose Konflikte sind darauf zurückzuführen, dass die Beteiligten objektiv gleiche Sachverhalte subjektiv, d.h. aufgrund divergierender Interessen, Erfahrungen und Gewohnheiten unterschiedlich wahrnehmen. Zum Beispiel: Gelang es dem Kunden nicht, sein Smartphone in Betrieb zu nehmen, …

- weil der Verkäufer in Gedanken schon beim nächsten Kunden war und sich deshalb nicht die für eine solcher Unterweisung erforderliche Zeit genommen hat (= Wahrnehmung des Kunden)?
- weil der schon etwas ältere Kunde keinerlei technische Kenntnisse besaß und selbst banalste Sachverhalte nicht verstand (= Wahrnehmung des Verkäufers)?

Die breite Öffentlichkeit kennt das Phänomen der subjektiven Realität als „gefühlte Realität" (z.B. gefühlte Inflation).

1.1.2 Aktive Wahrnehmung

Wahrnehmen ist weit mehr als passives, möglichst verzerrungsfreies Registrieren von sensorischen Informationen, die von der Umwelt auf das Individuum einströmen (z.B. Töne, Gerüche, Farben), sondern „ein aktiver Vorgang der Informationsaufnahme und Informationsverarbeitung, durch den sich der Einzelne seine subjektive Umwelt selbst konstruiert" (Kroeber-Riel/Gröppel-Klein 2019, S. 305). Ein Buch bspw. ist zunächst nur eine chaotische Fülle von …

- visuellen (z.B. Text/Bild-Relation),
- haptischen (z.B. Beschaffenheit des Einbandes),
- olfaktorischen (z.B. Neues-Buch-Geruch) und
- auditiven Sinneseindrücken (z.B. Rascheln der Seiten beim Blättern).

Im Laufe unseres Lebens – beginnend mit dem ersten Bilderbuch – haben wir jedoch gelernt, dieses Reizchaos ganzheitlich als „Buch" wahrzunehmen (bzw. zu interpretieren). Mit „Buch" verbinden wir in einem weiteren Interpretationsschritt positive oder negative Emotionen, je nachdem, ob wir es als spannende Urlaubsliteratur oder als schwer verständliches Lehrbuch kategorisieren.

Bruner/Postman (1951) haben dieses Phänomen frühzeitig theoretisch begründet. Gemäß der von ihnen formulierten Hypothesentheorie der sozialen Wahrnehmung nehmen wir nicht wahr, was „ist", sondern was wir wahrzunehmen erwarten. Diese sog. Erwartungshypothesen werden auf Basis individueller Erfahrungen gebildet. Ein Beispiel: Wie Amerikaner die wirtschaftliche Lage ihres Landes einschätzen („wahrnehmen"), hängt weniger von den objektiv messbaren Konjunkturindikatoren (z.B. Wirtschaftswachstum, Inflation, Arbeitslosenquote) ab als von dem politischen Lager, dem die Befragten angehören – und damit von deren subjektiven Erwartungen und Wünschen. Während die Wähler der Demokraten die US-Wirtschaft mit dem Amtsantritt von *B. Obama* im Aufwind wähnten und seit dem Amtsantritt von *D. Trump* im Niedergang, beendete aus Sicht der Republikaner dessen überraschender Wahlsieg die depressiven *Obama*-Jahre (vgl. Abb. 44). Die diametral unterschiedliche „gefühlte Realität" ist einer der Gründe, warum die beiden Lager sich unversöhnlich gegenüberstehen.

*Abb. 44: Wahrgenommene wirtschaftliche Lage der USA
in Abhängigkeit von der Parteizugehörigkeit*

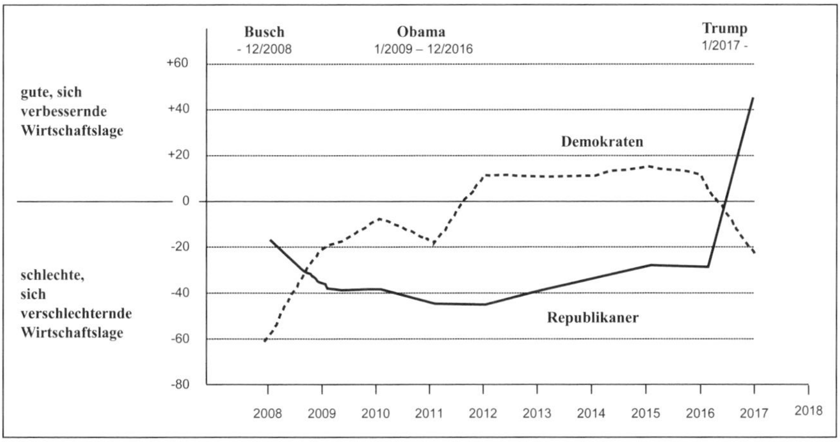

Quelle: Bureau of Labor Statistics, Gallup; Süddeutsche Zeitung 2018 (Nr. 195), S. 8

1.1.3 Selektive Wahrnehmung

Menschen sind – quantitativ wie qualitativ – nur sehr begrenzt in der Lage, Umweltreize bewusst wahrzunehmen (vgl. Anderson 2013, S. 54 ff.). So vermag das für die Informationsaufnahme zuständige Kurzzeitgedächtnis auch bei intelligenten Menschen lediglich wenige Informationseinheiten simultan zu verarbeiten: exakt „sieben plus-minus zwei" (vgl. Miller 1956). Wie aber ist es trotz begrenzter Informationsverarbeitungskapazität möglich, realitätsgerechte Entscheidungen zu treffen?

Das entscheidende Stichwort lautet Aufmerksamkeit – d.h. Fähigkeit, aus einem vielfältigen Reizangebot einzelne Stimuli auszuwählen und bevorzugt zu verarbeiten, andere dagegen zu vernachlässigen. Lediglich solche Reize, denen wir unsere Aufmerksamkeit schenken, verarbeiten wir bewusst. Aufmerksamkeit ist nicht nur eine Fähigkeit, sondern auch eine Notwendigkeit. Denn würden Menschen alle Stimuli mit gleicher Priorität wahrnehmen, litten sie unter chronischer Reizüberflutung und wären nicht in der Lage, zielgerichtet und zweckmäßig zu handeln.

> **Definition Aufmerksamkeit**
> Gezielte Auswahl relevanter Informationen zur bewussten Verarbeitung und Steuerung von Denken und Handeln (vgl. Krummenacher/Müller 2017)

Stellen Sie sich einem überfüllten Hörsaal vor – Sie mittendrin, umgeben von lebhaft schwatzenden Kommilitonen. Trotz des erheblichen Lärmpegels ist es Ihnen aber möglich, dem Vortrag des Dozenten zu folgen, wenn Sie ihre Aufmerksamkeit bewusst auf dessen Person oder Stimme richten. Offensichtlich lässt sich Informationsüberflutung dadurch bewältigen, dass man sich auf einen kleinen Teil der insgesamt verfügbaren Sinneseindrücke konzentriert. Auf das Stimmengewirr sowie die Musik- und sonstigen Hintergrundgeräusche einer Party anspielend, ist dies als Cocktail-Party-Phänomen in die Literatur eingegangen. Nach einer Phase der Gewöhnung gelingt es dem Neuankömmling, in das ein oder andere Gespräch „hineinzuhören", den ein oder anderen Satzfetzen zu verstehen. Selektive Aufmerksamkeit funktioniert wie ein Richtmikrophon: Einen Moment lang versteht man die Worte des im Hintergrund selbstbewusst tönenden Herrn, sodann einige Sätze zweier ins Gespräch vertiefter Damen in der anderen Ecke des Raumes, je nachdem, auf wen oder was man sich konzentriert (vgl. Conway et al. 2001; Wood/Cowan 1995a/b).

Bestimmte Typen von Stimuli bzw. Reizen sind prinzipiell geeignet, Aufmerksamkeit auf sich zu ziehen.
- Neuartige Reize: Im Journalismus gilt das „Briefträger beißt Hund-Prinzip". Das weitaus wahrscheinlichere „Hund beißt Briefträger-Ereignis" ist hingegen keine Nachricht; denn das Gewöhnliche bzw. Erwartbare zieht erfahrungsgemäß nicht die Aufmerksamkeit der Leser auf sich.
- Bedürfnisrelevante Reize: Kaum etwas ist so aufmerksamkeitsstark wie der eigene Name. Ihn hören wir in der eingangs geschilderten Party-Situation selbst dann heraus, wenn er vergleichsweise leise ausgesprochen wird. Und sollte sich unter den Gästen eine Person befinden, die aus irgendeinem Grund für uns von besonderem Interesse ist, werden sich „unsere Ohren so weit öffnen", dass wir auch auf eine größere Entfernung hin in deren Gespräche hineinhören können.
- Intensive Reize: Es ist kaum möglich, die Schlagbohrmaschine des Nachbarn, übende Düsenjäger oder einen Pulk von *Harley Davidsons* nicht zu hören. Noch weniger als das Hören aber lässt sich der Geruchssinn beeinflussen. Und da kaum ein Geruch so sehr unseren Appetit und letztlich unsere Kaufbereitschaft anregt wie der Geruch von frisch gebackenem Brot, wurde in den meisten Bäckereien der Backofen in den Verkaufsraum verlegt.

1.1.4 Einfluss der Landeskultur

Salienz: Fähigkeit eines Stimulus, die Aufmerksamkeit einer Person zu gewinnen (engl.: salience)

holistisch: ganzheitlich

Gemäß der Accessibility-These ist Aufmerksamkeit kulturabhängig (vgl. Ariel 2001). Wie Choi et al. (1997) beobachtet haben, sind für Angehörige des asiatisch-kollektivistischen Kulturkreises soziale Informationen (z.B. den Status einer Person betreffend) 'salient', weshalb Chinesen, Japaner, Koreaner etc. diese bevorzugt bzw. leichter als andere Informationen wahrnehmen. Masuda/Nisbett (2001) wiesen mit dem berühmten Aquarium-Experiment nach, dass japanische Versuchspersonen für die in einer szenischen Darstellung (= Fische in einem Aquarium) enthaltenen sozialen Kontextinformationen besonders aufmerksam und empfänglich sind. Sie konzentrierten sich auf die Beziehungen, die zwischen den Objekten der gezeigten Unterwasserwelt bestehen. Die amerikanischen Probanden richteten ihre Aufmerksamkeit hingegen auf die fokalen Objektinformationen (= Fische), weshalb sie sich in dem Experiment an diese gut, an deren Lebensraum und Interaktion hingegen weniger gut erinnern konnten. Den japanischen Probanden wiederum fiel es leichter, den Kontext, d.h. Lebensraum der Fische sowie deren Interaktion korrekt zu beschreiben.

Wissenschaftler, deren Forschung sich als kulturvergleichende Neurowissenschaften bezeichnen lässt (vgl. Kastanakis/Voyer 2014; Ames/Fiske 2010), gewinnen vermehrt objektive Daten, welche diese Beobachtungen erhärten und Auskunft über die Ursachen dieser Phänomene geben. So zeigen Analysen des Blickverlaufs, dass Nordamerikaner hauptsächlich die fokalen Bildbestandteile fixierten, während die chinesischen Probanden häufiger durch Saccaden ihre Aufmerksamkeit zum Bildhintergrund lenkten (vgl. Boland et al. 2008; Chua et al. 2005). Mittels funktioneller Magnetresonanztomographie (fMRT) konnten Gutches et al. (2006) bestätigen, dass Angehörige des kollektivistischen Kulturraumes Bilder unbewusst anders betrachten als Angehörige des individualistischen Kulturraumes. Während bei Amerikanern dann Teile des temporalen Kortex vermehrt aktiv sind, d.h. jene Hirnregionen, die für die Objekterkennung zuständig sind, liegt das neuronale Aktivitätsmaximum bei Chinesen im Bereich des partialen Kortex, dem Ort der ganzheitlichen Wahrnehmung.

Fixtion: Haltepunkt des Blickverlaufs

Saccade: Ruckartige Veränderung des Blickverlaufs, wobei keine Informationsaufnahme stattfindet

Kritiker werfen den Neurowissenschaftlern Reduktionismus vor. Statt die beschriebenen Wahrnehmungsunterschiede zu erklären, wählten sie lediglich eine andere Beobachtungsebene und untersuchten anstelle des sichtbaren Verhaltens die nur mit Hilfsmitteln sichtbar zu machende neuronale Aktivität. Eine brauchbare Erklärung ermögliche hingegen der Rekurs auf den jeweiligen Denkstil. So erhöhe das für den westlichen Kulturkreis charakteristische kausale Denken die Wahrscheinlichkeit, dass nicht der Bildhintergrund fixiert wird, sondern das Bildobjekt – als mutmaßlicher Akteur (vgl. Knight/Nisbett 2007). Das Ursache-Wirkungsdenken der Europäer (vgl. C-2.5.3) führe nämlich dazu, dass sie im Bild immer ein Hauptobjekt suchen und den Hintergrund meist vernachlässigen. Der im östlichen Kulturkreis verbreitete holistische Denkstil ermögliche es hingegen, das ganze Bild zu sehen (incl. Hintergrund).

1.2 Kategorisierende Wahrnehmung

> **Definition Categorization**
>
> "A universal psychological process involving the creation of groups of objects, people, or entities, based on common characteristics. Even when stimuli differ from one another in gradual ways (e.g., along a continuum), people naturally tend to divide them into categories. Although some categories (e.g., colors, emotional expressions, geometric shapes), like the process of categorization, may be universal, the way people group many other things differs across cultures" (Klein 2014, S. 160).

Informationsreduktion durch Kategorisierung von Informationen. So lautet eine weitere Antwort auf die Frage, wie es möglich ist, trotz eines übergroßen Informationsangebots und begrenzter Informationsverarbeitungskapazität brauchbare Entscheidungen zu treffen. Dieses Prinzip hat dafür gesorgt, dass ein Großteil unseres Wissens über die Welt und letztlich unser Weltbild insgesamt in simplifizierender Weise in Form von Kategorien organisiert ist, d.h. in Klassen von eigentlich unterschiedlichen Stimuli, auf welche die wahrnehmende Person in gleicher Weise reagiert.

1.2.1 Kognitive Kategorisierung

Übersteigt die Menge der Stimuli, welche ein Mensch in einer bestimmten Situation zu verarbeiten hat, die Verarbeitungskapazität, so werden diese nicht trennscharf – d.h. einzeln und eindeutig unterscheidbar – wahrgenommen und beurteilt, sondern zur Vereinfachung gemäß der Kategorie, der sie angehören. Für Konsumenten sind Marken eine wichtige Wahrnehmungskategorie (vgl. D-2.4). Diese bieten einen entscheidenden Vorteil. Autokäufer bspw., die „wissen" (d.h. subjektiv davon überzeugt sind), dass *BMW* zuverlässige Fahrzeuge auf höchstem technischen Niveau herstellt, können eine brauchbare Kaufentscheidung fällen, ohne zuvor alle in Frage kommenden Modelle einer eingehenden Prüfung zu unterziehen. Eine andere wichtige Wahrnehmungskategorie ist die Herkunft einer Leistung: der Country of Origin (vgl. D-1.3). Auch ohne das Kleidungsstück gesehen zu haben, „wissen" wir, dass ein Rock Made in Italy chic ist.

Prototyp: Stimulus, welcher dem Mittel- bzw. Idealwert einer Wahrnehmungskategorie entspricht

Eine besondere Rolle spielt in diesem Zusammenhang der Prototyp. Er verkörpert die Kategorie, der er angehört. Der *VW Golf* bspw. ist der Prototyp der Kategorie „Kompaktwagen". Und Spanien, Italien sowie Griechenland sind prototypische, d.h. charakteristische Mittelmeerländer, während Frankreich, die Türkei und Israel weniger eindeutig mit dieser Kategorie verbunden werden.

1.2.2 Emotionalisierende Kategorisierung

Im interkulturellen Kontext ist eine rein kognitiv-kategorisierende Wahrnehmung die Ausnahme und die Aufladung von Wahrnehmungskategorien mit Emotionen die Regel. Denn es kommt dabei regelmäßig zu Begegnungen, Transaktionen etc. mit Fremden bzw. „dem Fremden", was große Teile der Bevölkerung als bedrohlich, andere als beglückend empfinden.

Eine Schlüsselrolle spielen bei der Wahrnehmung und Verarbeitung von Informationen, die mit fremden Ländern in Zusammenhang stehen, Vorurteile und Stereotype, insb. in Gestalt von Länderstereotypen („der geizige Schotte", „der feurige Argentinier" etc.). Ein frühes Zeugnis stereotyper Informationsverarbeitung liefert die sog. Völkertafel (vgl. Tab. 32): eine „Kurze Beschreibung der In Europa Befindlichen Völckern Und Ihren Eigenschafften" (vgl. Stanzel 1999). Sie ist um 1700 entstanden und stellt die damals im süddeutschen Sprachraum vorherrschenden Ansichten über den ⇒ Nationalcharakter der Völker Europas dar – teils bildhaft, teils in tabellarischer Form. Der Völkertafel lässt sich entnehmen, dass die meisten der heute noch wirkungsmächtigen wechselseitigen Vorurteile (vgl. C-2.2.3) weit zurückreichen (bspw. der stolze Spanier, der leichtlebige Franzose).

Tab. 32: Auszug aus Völkertafel

	Spanier	Frantzoß	Wälisch	Teutscher	Engerländer
Sitten	Hochmüttig	Leichtsinnig	Hinderhaltig	Offenherzig	Wohl Gestalt
Natur Und Eigenschaft	Wunderbarlich	Holdseelig Und Gesprächig	Eifersichtig	Ganz Gut	Liebreich
Verstand	Klug un Weiß	Firsichtig	scharffsinig	Wizig	Ammuthig
Anzeugung deren Eigenschaften	Manlich	Kindisch	Wie jederwill	Über Allmit	Weiblich
Wissenschaft	Schrifftgelehrt	In Kriegssachen	In Geistlichen Rechte	In Weltlichen Rechte	Welt Weis
Tracht der Klaidung	Ehrbaar	Unbeständig	Ehrsam	Macht alles Nach	auf Französischeart
Untugent	Hoffärtig	Betrügerisch	Geilsichtig	Ver-schwenderisch	Unruhig
Lieben	Ehrlob und Rüm	Den Krieg	Das Gold	Den Trunck	Die Wohllust
Krankheiten	Verstopfung	An Eigner	An bösser seüch	An bodogrä	An Der schwindsucht
Ihr Land	Ist fruchtbaar	Wohlgearbeith	Ergözlich Und Wohllistig	Gut	Fruchtbar
Krigs Tugente	Groß Müthig	Arg listig	Firsichtig	Uniberwindlich	Ein See Held
Haben Überfluß	An Früchten	An Waren	An Wein	An Getraid	An Fich Weid
die Zeit Vertreiben	Mit Spillen	Mit betrügen	Mit schwatzen	Mit Trincken	Mit Arbeiten
Vergleichung mit Denen Thiren	Ein Elofanthen	Ein Fuchsen	Einen Luchsen	Einen Löben	Einen Pferd
Ihr Leben Ende	In Boäth	In Krieg	In Kloster	In Wein	In Wasser

Quelle: Stanzel (1998, S. 14)

1.3 Risikowahrnehmung

Definition Perceived Risk

"Felt uncertainty regarding possible negative consequences of using a product or service. It has formally been defined as 'a combination of uncertainty plus seriousness of outcome involved' (Bauer 1967), and 'the expectation of losses associated with purchase and acts as an inhibitor to purchase behavior' (Peter/Ryan 1976)" (Featherman/Pavlou 2003, S. 453).

1.3.1 Grundlagen

Appraisal-Theorien: Begreifen Emotionen als Konsequenz der kognitiven Bewertung von Ereignissen

Das Konstrukt des wahrgenommenen bzw. subjektiven Risikos spielt in der Risikotheorie von Bauer (1967) eine wichtige Rolle. Darunter versteht er die von Konsumenten als nachteilig aufgefassten und nicht mit Sicherheit vorhersagbaren Konsequenzen ihres Verhaltens. Die Intensität der Risikowahrnehmung hängt von verschiedenen Einflussfaktoren ab, u.a. von Merkmalen der wahrnehmenden Person und deren Emotionen (vgl. C-5.3). Gemäß der Appraisal-Tendency-Theory sind Gefühle wie Angst einerseits Konsequenz des Eindrucks, dass eine bestimmte Situation unsicher und nur begrenzt kontrollierbar ist. Andererseits erzeugen sie eben diesen Eindruck (vgl. Peters/Burraston 2004). Für das Ausmaß an Risikowahrnehmung bedeutet dies: Wer Angst hat oder zornig ist, nimmt in der gleichen Situation ein höheres Risiko wahr als angstfreie Probanden. Vertrauen – bspw. in Institutionen (z.B. Polizei) oder in Experten – reduziert hingegen die Intensität des wahrgenommenen Risikos (vgl. Slovic 1993). Die von der psychometrischen Risikoforschung festgestellten Geschlechtsunterschiede lassen sich größtenteils mit einer unterschiedlichen Intensität der Gefühle erklären: Da Frauen mehr Situationen angstbesetzt erleben als Männer, empfinden sie in diesen Situationen auch ein höheres Risiko (vgl. Lerner et al. 2003).

Menschen, die folgende Eigenschaften besitzen, nehmen in vergleichbaren Situationen weniger Risiken als andere wahr:
- Soziodemografie: Geschlecht (Männer), höherer Bildungsstand und gehobene soziale Stellung, ältere Menschen,
- Persönlichkeit: emotionale Stärke und Selbstvertrauen,
- Emotionen: Mut, Zorn, Vertrauen (insb. in die für die öffentliche Ordnung zuständigen Institutionen sowie in Experten).

Warum fürchten sich viele vor Haien, Impfschäden oder BSE, nicht jedoch vor den weitaus häufigeren Verkehrsunfällen oder vor Lungenkrebs? Ein Grund ist, dass Risiken, welche die Massenmedien besonders häufig thematisieren, intensiver wahrgenommen als andere. Weiterhin nehmen Menschen Risiken, die ...
- sie freiwillig eingehen (z.B. Rauchen),
- sie schon seit längerem kennen und die ihnen deshalb vertraut sind (z.B. Motorradfahren),
- chronisch sind (z.B. Luftverschmutzung),

weniger intensiv wahr als neuartige und variable Risiken wie Attentate, Umweltkatastrophen oder bislang unbekannte Infektionen (z.B. Corona). Bei Ereignissen, denen sie sich freiwillig aussetzen (z.B. Fallschirmsprung), tolerieren die meisten Menschen hundert bis tausend Mal höhere Risiken als bei Ereignissen, die überwiegend fremdbestimmt sind (z.B. Linienflug) (vgl. Wiedemann/Mertens 2005).

Kognitive Landkarte: Mentales Modell komplex strukturierten Alltagswissens

Slovic (1992; 1987) hat zentrale Erkenntnisse der psychometrischen Risikoforschung mit Hilfe psychophysikalischer Skalierungs- und multivariater Repräsentationstechniken (z.B. Multidimensionale Skalierung) in einer „kognitiven Landkarte" zusammengefasst (vgl. Abb. 45).

Abb. 45: Kognitive Landkarte wahrgenommener Risiken

[Figure: Kognitive Landkarte wahrgenommener Risiken mit Achsen und Risikoeinträgen. Obere Achse: nicht beobachtbar, Betroffene unbekannt, verzögerte Wirkung, neues Risiko. Rechts: unkontrollierbar, furchterregend, globale Katastrophe, tödliche Folgen, ungerecht, betrifft sehr viele, großes Risiko für künftige Generationen, schwer reduzierbar, unfreiwillig. Links unten: kontrollierbar, alltäglich, keine globale Katastrophe, keine tödlichen Folgen, gerecht, individuell, niedriges Risiko für künftige Generationen, leicht reduzierbar, freiwillig. Unten: beobachtbar, Betroffene bekannt, sofortige Wirkung, altes Risiko. Eingetragene Risiken: Mikrowellenherde, Elektrische Felder, Gentechnik, Nitrite, Überschallflugzeuge, Röntgenaufnahmen, Stickstoffdünger/Nitrate, Atommüll, Verhütungsmittel, Valium, Antibiotika, Asbest, Uranbergwerke, Koffein, Quecksilber, Blei in Farben, Bleibenzin, Abgase von Kohleverbrennung, Reaktorunglück, Aspirin, Impfstoffe, DDT, Kernwaffen, Rauchen, Autoabgase, Nervengas (Unglück), Alkohol, Große Dämme, Kernwaffen (Krieg), Lifte, Fallschirmspringen, Kohlebergbau (Unglück), Elektrizität, Feuer, Allgemeine Luftfahrt, Fahrräder, Motorräder, Autounfall, Private Luftfahrt, Handfeuerwaffen, Dynamit.]

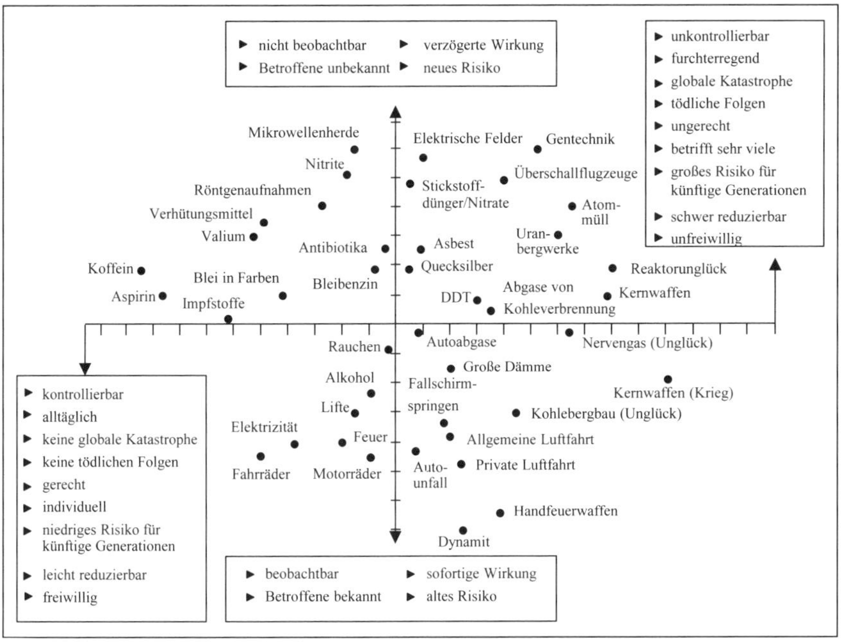

Quelle: Slovic (1987, S. 282); Schuh (1988, S. 82); eigene Darstellung

Da das Eigene immer auch das Vertraute und damit Risikoärmere ist, präferieren viele Verbraucher heimische Erzeugnisse. So zeigten sich Deutsche, Schweizer, Litauer etc. in einer Studie von Gineikiene et al. (2016) überzeugt davon, dass in ihrem jeweiligen Heimatland gezogene Tomaten und andere Früchte gesünder sind als Importtomaten aus Spanien, weshalb sie heimische Erzeugnisse auch mit größerer Wahrscheinlichkeit kaufen würden.

1.3.2 Einfluss der Landeskultur

Cushion-Hypothese

Angesichts der Relevanz dieses Phänomens hat es erstaunlich lange gedauert, bis der Einfluss der Landeskultur auf die Risikowahrnehmung erstmals systematisch untersucht wurde. Da kollektivistische Gesellschaften großen Wert auf soziale Verbundenheit und gegenseitige Abhängigkeit legen, dürfen ihre Mitglieder mehr als andere damit rechnen, von der Gemeinschaft Unterstützung zu erhalten, wenn sie in eine problematische Situation geraten. Von dieser Überlegung ausgehend formulierten und überprüften Weber/Hsee (1998) die „Cushion-Hypothese". Ihr zufolge fallen Angehörige kollektivistischer Kulturen im Notfall in ein weiches Kissen – d.h. sie werden von ihrer sozialen Gruppe aufgefangen. Wenn also das soziale Netzwerk wie eine Versicherung wirkt, welche den Einzelnen vor einem existenzgefährdenden Verlust bewahrt, kann man vermuten, dass Kollektivisten Risiken weniger intensiv empfinden als individualistisch sozialisierte Vergleichspersonen. Um dies zu prüfen, legten *Weber & Hsee* Studenten aus China, Deutschland, Polen

cushion: engl. = Kissen, Polster, Dämpfer

und den USA verschiedene Finanzinvestitionsmöglichkeiten vor, welche hinsichtlich Eintrittswahrscheinlichkeit und Rendite systematisch variierten. Die Versuchsteilnehmer sollten sich vorstellen, sie investierten eigenes Vermögen in Höhe von 20.000 $. Sodann sollten sie angeben, ...
- für wie risikoreich sie die verschiedenen Investitionsoptionen hielten (auf einer Skala, die von „0 = überhaupt nicht riskant" bis „100 = extrem riskant" reicht) (= wahrgenommenes Risiko), und
- wie viel sie maximal für die einzelnen Optionen zu zahlen bereit wären (= Risikobereitschaft).

Wie vorgesagt, empfanden die befragten Chinesen bei allen Investitionsoptionen ein geringeres Risiko (durchschnittlich 41,9) als die drei individualistischen Vergleichsgruppen (46,8 – 52,2). Entsprechend war auch ihre durchschnittliche Zahlungsbereitschaft am größten (487 $ vs. 320 – 352 $).

Vermutlich erklärt die Cushion-Hypothese gleichfalls, warum in den Untersuchungen von Lesch et al. (2009) und Rohrmann/Chen (1999) chinesische Studenten weniger Risiko wahrgenommen (bzw. berichtet) haben als ihre jeweiligen Vergleichspersonen: amerikanische bzw. australische Studenten. Bezieht man auch die Risikoart in die Überlegungen ein, dann spricht eine Studie von Yang (2015) dafür, dass südkoreanische (d.h. kollektivistische) Probanden auf soziale Risiken (z.B. Kriminalität, Umweltschäden) sensibler reagieren als auf Naturkatastrophen, Unfälle etc., da von diesen immer auch zwischenmenschliche Beziehungen bedroht sind.

Kulturelle Distanz

Carvalho et al. (2008) haben am Beispiel gesundheitlicher Risiken den Einfluss von kultureller Distanz/Nähe auf die Risikowahrnehmung untersucht. Dabei zeigte sich, dass Verbraucher Verunreinigungen von Lebensmitteln mit Krankheitserregern vor allem dann als bedrohlich wahrnahmen, wenn die Gefahr von einem Land ausging, welches dem eigenen Herkunftsland kulturell ähnelt (⇒ Distanzforschung). Wurde das bedrohliche Ereignis als hochgradig relevant für die eigene Person eingeschätzt, sorgten psychische Abwehrmechanismen (Verdrängung, Leugnung) allerdings für eine Umkehrung dieses Effekts. Dann wurden Verunreinigungen, die kulturell ähnlichen Ländern zugeschrieben wurden, als weniger risikoreich wahrgenommen.

Vorsorgeprinzip vs. Beweispflicht

Risikowahrnehmung ist kultursensibel (vgl. Viklund 2003; Xie et al. 2003; Renn/Rohrmann 2000). Dies beweist nicht zuletzt die unterschiedliche Bewertung des von BSE („Rinderwahnsinn") ausgehenden Risikos durch die damit befassten Wissenschaftler bzw. Politiker. Während Briten, Amerikaner und andere Angehörige ungewissheitstoleranter Gesellschaften davon ausgingen, dass kein Handlungsbedarf besteht, so lange kein Beweis für eine reale Gefahr besteht, verfolgten Deutsche, Österreicher, Franzosen, Italiener und andere Ungewissheitsmeider das Vorsorgeprinzip: Ihnen genügte bereits die Möglichkeit einer Gefahr, um z.B. ein Produktionsverbot zu erlassen oder die Verbraucher offiziell zu warnen (vgl. Krahpol 2003). Dies wiederholte sich in der Corona-Krise.

1.4 Zeitwahrnehmung

1.4.1 Dimensionen der Zeitwahrnehmung

Der Mensch besitzt kein spezifisches Sinnesorgan, um das abstrakte Phänomen „Zeit" zu erfassen. Real erlebbar ist Zeit lediglich als Entstehen und Vergehen der Dinge, z.B. als systematischer Wechsel der Jahreszeiten. Das in Monate gegliederte Kalenderjahr etwa, welches vor mehr als 5000 Jahren Vorfahren der Babylonier entwickelt haben, orientiert sich am Wechsel von Sonne und Mond (vgl. Saum-Aldehoff 2012, S. 28).

Der Begriff Zeitwahrnehmung ist somit metaphorisch zu verstehen: bildhaft. Die einschlägige Forschung unterscheidet Zeitverlauf, Zeitauffassung und Zeitstruktur (vgl. Abb. 46). Allerdings sind dies keine unabhängigen, bspw. faktoranalytisch gewonnenen Dimensionen der Zeitwahrnehmung, sondern gedanklich-intuitive Abstraktionen, die empirisch hochgradig korreliert sind. Dies erklärt, warum in den westlichen Industriegesellschaften lineares Zeitbewusstsein mit abstrakter Zeitauffassung und monochroner Zeitstruktur einhergeht und in anderen Gesellschaften zyklisches Zeitbewusstsein mit konkreter Zeitauffassung und polychroner Zeitstruktur.

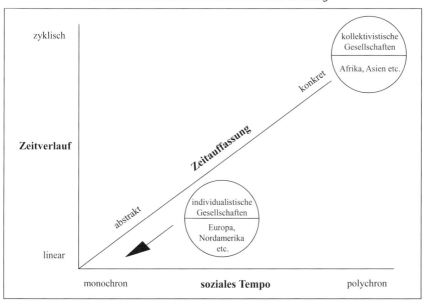

Abb. 46: Dimensionen der Zeitwahrnehmung

mono: gr. = allein, einzig, ein

Chronos: Gott der Zeit (griechische Mythologie)

Zeitverlauf: linear vs. zyklisch

Für die Naturvölker entsprach die Vorstellung, dass Zeit zyklisch verläuft, dem, was sie unmittelbar erlebten, den regelmäßigen Wechsel natürlicher Phänomene: Tag & Nacht, Sommer & Winter, Aussaat & Ernte, Geburt & Tod. Die monotheistischen Religionen (Judentum, Christentum und Islam) beförderten hingegen die Vorstellung eines linearen Zeitverlaufs – unterteilt in Vergangenheit, Gegenwart und Zukunft. Eine entscheidende Rolle spielten dabei die Schöpfungsgeschichte und das Jüngste Gericht, als Anfang und Ende der Zeit. Somit konnte man sich die Zeit als linear-endlich vorstellen und in gleichmäßige Intervalle (z.B. Monate, Jahre) aufteilen. In den modernen Zeiten, befördert durch die Arbeitsteilung, wurde Zeit als ein knappes Gut begriffen, mit dem man haushälterisch umgehen muss (vgl. Schmied 1989, S. 11).

Die Idee des linearen Zeitverlaufs begünstigte zwei ideengeschichtlich überaus bedeutsame Entwicklungen, die wesentlich für die Erfolge der Industrie- und Leistungsgesellschaften waren. Indem man Gegenwart als Ergebnis der Vergangenheit begriff und Zukunft als Projektion der Gegenwart, war ein erster Schritt hin zu kausalem Denken getan (vgl. C-2.5.3). Und die Überzeugung, dass jeder im Wesentlichen seine Zukunft selbst gestaltet, begründete den westlichen Zukunfts- und Fortschrittsglauben: Zukunft als Chance, die Unzulänglichkeiten der Gegenwart zu überwinden (vgl. Rammstedt 1975, S. 54 ff.).

Voluntarismus: Überzeugung, dass jeder Mensch dank seines freien Willens seine Zukunft im Wesentlichen selbst gestalten kann

Das Konzept des zyklischen Zeitverlaufs geht einher mit einer ganz andersartigen Vorstellung von Zukunft: als Wiederholung bereits erlebter Ereignisse. „Was vergangen ist, kommt wieder, und was kommt, war schon einmal" (Bleicher 1986, S. 265). Hauptsächlich im Geltungsbereich animistischer und polytheistischer Religionen – d.h. insb. in Asien und in Afrika – wird Zeit zyklisch wahrgenommen (vgl. Wendorff 1985, S. 108). Das ⇒ deterministische Selbstverständnis dieser Gesellschaftsformen ist der pessimistische Gegenentwurf zur voluntaristischen Weltsicht des Westens: Vorausbestimmung statt Selbstbestimmung.

Zeitauffassung: abstrakt vs. konkret

Wer Zeitangaben vorzugsweise mit realen Vorkommnissen (z.B. Naturereignisse, Jahreszeiten, Festtage) in Beziehung setzt, entwickelt vermutlich eine konkrete Zeitauffassung. Auf den in der Südsee gelegenen Trobriand-Inseln etwa gaben seit jeher die Zyklen der Gartenbauwirtschaft den Zeittakt vor: „Das Kind kam auf die Welt, als das Gestrüpp geschnitten wurde, es konnte laufen zur Zeit des Pflanzens, es konnte reden, als man die überschüssigen Knollen verzog" (Zoll 1992, S. 74). Während derartige Zeitangaben unverbunden nebeneinander stehen können, hat die abstrakte Auffassung die Zeit von den konkreten Umweltereignissen gelöst und in Stunden, Minuten etc. aufgeteilt, d.h. in gewisser Weise metrisiert und damit vergleichbar gemacht.

Zeitstruktur: monochron vs. polychron

Angehörige von M-Time-Kulturen haben die monochrone Zeitstruktur verinnerlicht. Sie haben gelernt, sich zu einer bestimmten Zeit auf bestimmte Sachverhalte zu konzentrieren. Termine und Zeitabsprachen werden als verbindlich angesehen und eingehalten. Gleiches gilt für Pläne aller Art. Angehörige von P-Time-Kulturen (polychrone Zeitstruktur) neigen zu Multitasking. Termin- und Zeitabsprachen sind häufig mehrdeutig und weniger verpflichtend; Pläne werden häufig geändert (vgl. Abb. 47).

1.4 Zeitwahrnehmung

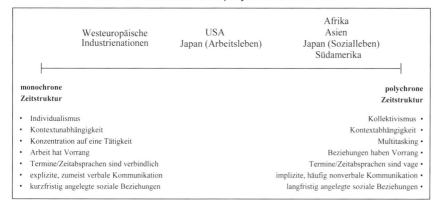

Abb. 47: Monochrone vs. polychrone Zeitstruktur

Quelle: eigene Darstellung, auf Basis von Hall/Hall (1990, S. 15)

1.4.2 Einfluss der Landeskultur

Vergangenheits-, Gegenwarts- und Zukunftsorientierung

Um ihr Sozial- und Arbeitsleben zu koordinieren, haben alle Gesellschaften Vorstellungen von der wünschenswerten Art des Umgangs mit dem Phänomen Zeit entwickelt – angefangen bei der Strukturierung des Arbeits- und des Familienlebens bis hin zum Zyklus der soziokulturell bedeutsamen, da identitätsstiftenden Feste (vgl. Fulmer et al. 2014). Das kulturspezifische Zeitverständnis prägt das reale und das geistige Leben, wofür Sozialwissenschaftler Konstrukte wie „Vergangenheits-, Gegenwarts- und Zukunftsorientierung" (vgl. Abb. 48) oder „Determinismus vs. Fatalismus" entwickelt haben.

Aufschlussreich ist in diesem Zusammenhang, welche Sprache wofür zeitbezogene Begriffe besitzt und wofür nicht. So zählten bis in die neuere Zeit hinein Vokabeln für „Fortschritt" oder „Zukunft" nicht zum Wortschatz einiger der gegenwarts- bzw. vergangenheitsorientierten Kulturen Asiens (vgl. Hasenstab 1999, S. 165). Der bewusst ökonomische Umgang mit Zeit wiederum ist eine der Besonderheiten leistungsorientierter individualistischer Gesellschaften (vgl. Levine/Norenzayan 1999). Im Extremfall handelt es sich um Zeitgeiz.

Individualistische Gesellschaften sind tendenziell zukunftsorientiert und überzeugt bzw. bestrebt, zukünftige Ereignisse kontrollieren zu können (vgl. Shirai/Beresneviciene 2005). Im Gegensatz dazu gelten die kollektivistischen Gesellschaften Asiens und Lateinamerikas als teils gegenwarts-, teils vergangenheitsorientiert. Sie ziehen es gewöhnlich vor, zukünftige Ereignisse durch Anpassung zu bewältigen. Dort schätzen Konsumenten es, wenn Güter „eine Geschichte" haben und Assoziationen an historische Ereignisse wecken (vgl. Brodowsky et al. 2008). Aus dieser Rückwärtsorientierung erwächst auch eine bestimmte Art von Kundentreue und Skepsis gegenüber Innovationen (vgl. Guo et al. 2012).

Abb. 48: Vergangenheits-, Gegenwarts- & Zukunftsorientierung

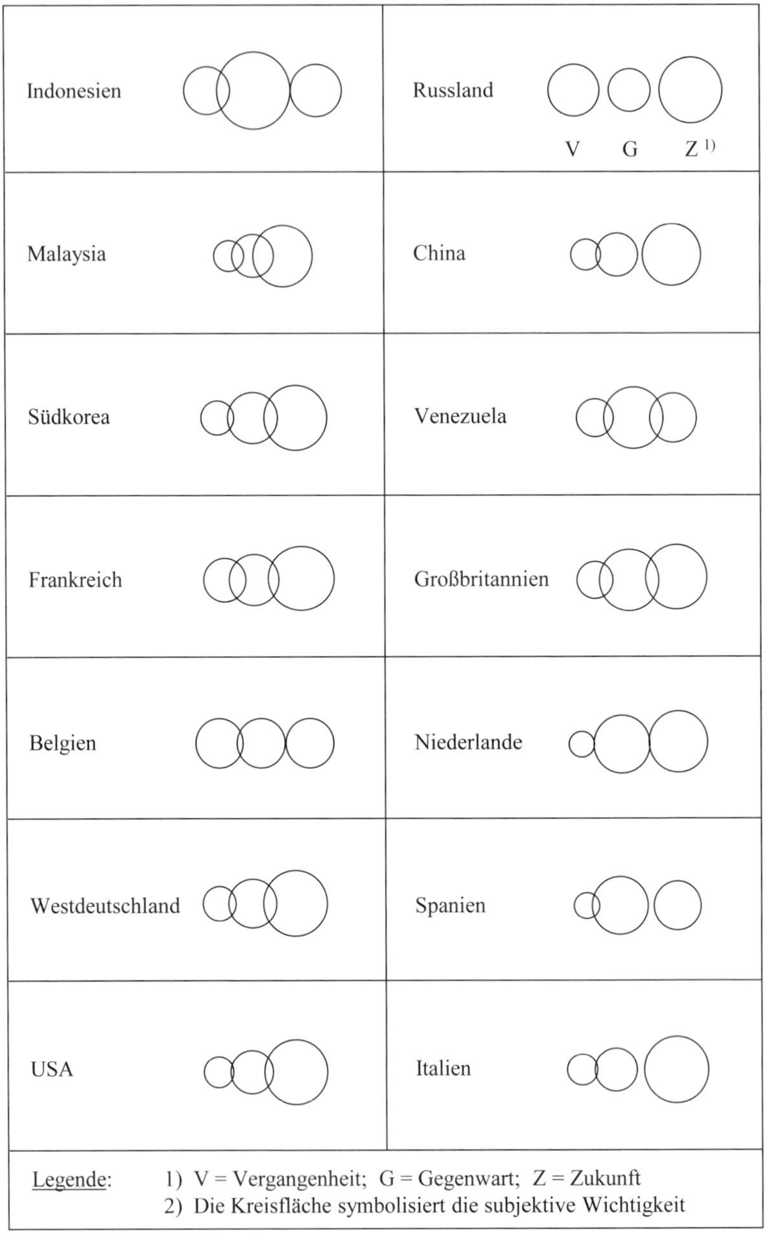

Indonesien	⭕⭕ ⭕	Russland	⭕ ⭕ ⭕ V G Z [1)
Malaysia	⭕⭕	China	⭕⭕⭕
Südkorea	⭕⭕⭕	Venezuela	⭕⭕⭕
Frankreich	⭕⭕	Großbritannien	⭕⭕
Belgien	⭕⭕⭕	Niederlande	⭕⭕⭕
Westdeutschland	⭕⭕	Spanien	⭕⭕
USA	⭕⭕	Italien	⭕⭕

Legende: 1) V = Vergangenheit; G = Gegenwart; Z = Zukunft
2) Die Kreisfläche symbolisiert die subjektive Wichtigkeit

Zu früh oder zu spät?

Obwohl unterschiedliche Vorstellungen von Pünktlichkeit gerade in interkulturellen Kontaktsituationen immer wieder für Konflikte sorgen, hat die kulturvergleichende Forschung dieses Thema bislang vernachlässigt. Es liegen hierzu nur wenige empirische Studien vor.

> **Beispiel:** „Die Russen mögen die Deutschen, eigentlich, sie halten sie für gründlich und tüchtig, aber auch für etwas langweilig. Für Streber, die Autos und Autobahnen bauen können und sich sonst zu sehr an die Regeln halten. Wenn man zu einer Verabredung abgehetzt und zu spät kommt, beschwichtigen die Wartenden gern spöttelnd, das sei halb so schlimm. Man sei ja nicht in Deutschland" (Bigalke 2020).

Pünktlichkeit ist, wie White et al. (2011) durch eine explorative Befragung von estnischen, marokkanischen und amerikanischen Studenten ermittelt haben, kein stabiles Persönlichkeitsmerkmal, sondern ein soziokulturell bzw. situativ erklärbares Phänomen.

- Soziokulturell: Jugendlichkeit, kollektive Werte und Fatalismus erhöhen die Wahrscheinlichkeit, dass Pünktlichkeit „flexibel" definiert wird – d.h. keinem starren Zeitschema unterworfen wird.
- Situativ: Wer zu spät zu einer Verabredung kommt, verletzt die Pünktlichkeitsnorm stärker als zu früh Kommende. Und sich bei einem sozialen Ereignis zu verspäten, gilt als weniger schlimm (vs. Verspätung im Arbeits- bzw. Geschäftsleben). Schließlich wird es einem eher nachgesehen, Niederrangige warten zu lassen (vs. Höherrangige).

Ergänzend seien die Ergebnisse einer Studie berichtet, die Levine et al. (1980) drei Jahrzehnte zuvor veröffentlicht haben. Ihnen zufolge besitzt Pünktlichkeit für Amerikaner einen höheren Stellenwert als für Brasilianer, die im Übrigen „früh" und „spät" flexibler definieren als ihre nordamerikanischen Vergleichspersonen. Aber nicht nur in Lateinamerika, sondern auch in Afrika, Asien und Südeuropa ist die Bedeutung von „pünktlich" weitaus unschärfer als in Westeuropa und Nordamerika (vgl. Jones/Brown 2005).

1.5 Farbwahrnehmung

1.5.1 Grundlagen

Objektiv betrachtet, d.h. aus psycho-physikalischer Sicht, sind Farben Sinnesempfindungen, ausgelöst durch einen Farbreiz bzw. wissenschaftlich formuliert: eine bestimmte spektrale Verteilung der Lichtstrahlung. Die Konsumentenverhaltensforschung interessiert sich jedoch für das Subjektive: Welche Empfindungen lösen Farben aus (z.B. schwarz = Trauer) und wie wirken sich diese Empfindungen aus – z.B. auf die Bewertung von Produkten? Vor allem für die Verpackungsgestaltung sind Farben wichtig, zumeist als emotionalisierender, leicht erkennbarer Stimulus. Bei einigen Marken sind Farben Teil der Markenidentität mit hohem Wiedererkennungswert (z.B. blau = *Nivea*, gelb = *Deutsche Post*, lila = *Milka*, magenta = *Telekom*, rot = *Coca Cola*).

1.5.2 Einfluss der Landeskultur

Auf die Frage, ob Farben universelle oder kulturspezifische Reaktionen auslösen, hat die Forschung noch keine abschließende Antwort gefunden (vgl. Müller/Gelbrich 2015, S. 312 ff.; 2014, S. 199 ff.). Zwar stützt die überwiegende Mehrzahl der einschlägigen 98 Studien, die Adams/Osgood (1973) analysiert haben, die These, dass die Zuschreibung von Emotionen, Stimmungen

etc. zu Farben ein 'behavioral universal' ist (vgl. A-5.2.1). Denn weitgehend kulturübergreifend gilt:
- blau, grün und weiß = gut; grau und schwarz = schlecht,
- rot und schwarz = stark; gelb, grau und weiß = schwach.

Aber auch die Gegenposition fand empirische Unterstützung. Ihr zufolge basieren Farbassoziationen auf der symbolhaften und damit kulturspezifischen Bedeutung von Farben, wobei die unterschiedliche Kategorisierung und Benennung des Farbspektrums eine wesentliche Rolle spielt (vgl. Jameson 2005). Gelb etwa wird in Großbritannien, Italien und den Niederlanden mit Neid, Missgunst etc. assoziiert, in Deutschland mit Eifersucht, in Frankreich mit Untreue, in Mexiko mit Tod. In den USA hingegen symbolisiert Gelb Wärme und Reinheit, in Ägypten und Brasilien Glück. Chinesen assoziieren damit Reichtum und Macht, Pakistani Jungfräulichkeit und Japaner Anmut bzw. Adel (vgl. Aslam 2006).

> **Beispiel:** In weiten Teilen der Welt undenkbar, in Japan jedoch ein Erfolg: 'aku pantsu' – rote Höschen. Da gemäß der traditionellen japanischen Medizin rot belebend wirkt und „rote Wäsche aus natürlichen Stoffen den Körper besonders gut wärmt und mit positiver Energie ausstattet" (Lill 2019, S. 8), finden japanische Senioren nichts dabei, knallrote Unterwäsche zu tragen.

Nach Jonauskaite et al. (2020), die mehr als 4.000 Probanden in 30 Ländern befragt haben, besteht zwischen beiden Sichtweisen kein fundamentaler Widerspruch. Zwar gebe es ein globales Muster der Assoziation von Farbe und Emotion, das auf Erfahrungen basiere, die alle Menschen gemacht haben (z.B. Sonne = gelb = heiter, Nebel = grau = trist). Aber abhängig von ihrem Lebensumfeld und ihrer Sprache hätten regionenspezifische Erfahrungen auch für eine gewisse Variabilität der Farbassoziationen gesorgt. Universell ist dieser Studie zufolge das wahrgenommene emotionale Potential der Farben, das bei Rot und Schwarz am größten und bei Braun am geringsten ist (= Intensität der Emotion). Qualitativ ähnliche Assoziationen provozieren vor allem Grün, Pink, Schwarz und Türkis. Hingegen lösen dieser Studie zufolge Lila und Gelb die unterschiedlichsten Assoziationen aus. So verbinden Menschen, die in sonnenarmen Regionen leben, Gelb stärker mit Freude und anderen positiven Assoziationen als Menschen, die es gewöhnt sind, dass die Sonne scheint. Und wenn in Griechenland Lila die Farbe der Trauer ist, so deshalb, weil dies in der Liturgie der griechisch-orthodoxen Landeskirche so vorgesehen ist

Liturgie: Kirchliche Rituale der Verehrung Gottes durch bestimmte Farben, Gewänder, Gerätschaften und Körperhaltungen

1.6 Personenwahrnehmung

1.6.1 Grundlagen

Welche Körpermerkmale lassen Menschen schön erscheinen? Und wie wirken attraktive Menschen auf ihre Mitmenschen? Neben anderem untersucht die Attraktivitätsforschung, ob attraktive Verkäufer mehr Verkaufsabschlüsse erzielen als weniger attraktive. Und beeindrucken in Verhandlungen, Gesprächen etc. die Argumente von attraktiven Teilnehmern die Gegenseite mehr als die Argumente von Durchschnittsmenschen?

1.6 Personenwahrnehmung

In zahlreichen Untersuchungen konnte das „Attraktivitäts- bzw. Gut ist schön-Stereotyp" empirisch bestätigt werden (vgl. Langlois et al. 2000). Spätestens seit der bahnbrechenden Arbeit von Dion et al. (1972) gilt der Halo-Effekt physischer Attraktivität als gesichert. Schönheit wird mit positiven Persönlichkeitsmerkmalen (z.B. großzügig), mit sozialer Kompetenz und beruflichem Erfolg assoziiert. Attraktive Menschen werden aber nicht nur positiver, sondern auch genauer wahrgenommen – wobei Genauigkeit als Grad der Abweichung zwischen Fremd- und Selbstbild definiert wird (vgl. Lorenzo et al. 2010). Körperliche Attraktivität wirkt im Übrigen nicht nur bei persönlicher, sondern auch bei indirekter Interaktion. Folglich steigern Werbespots mit attraktiven Darstellern die Kaufbereitschaft der Zielgruppe mehr als Spots mit durchschnittlich attraktiven Darstellern (vgl. DeShields 1996).

Halo-Effekt: Ausstrahlungseffekt

Aus evolutionstheoretischer Sicht ist körperliche Attraktivität ein Fitnessindikator. Symmetrische Gesichter bspw. wirken auf die meisten Menschen anziehender als asymmetrische Gesichter. Und da Symmetrie auf eine günstig verlaufene Entwicklung schließen lasse, seien in diesem Sinn „schöne" Menschen vermutlich gesünder, passten sich leichter an Umweltveränderungen an etc. und besäßen somit besserer Gene als andere.

Fitness: Angepasstheit an herausfordernde Umweltbedingungen, welche die Überlebenswahrscheinlichkeit erhöht

1.6.2 Einfluss der Landeskultur

Viel spricht dafür, dass das universelle Bedürfnis nach Schönheit durch kulturelle Einflüsse moderiert wird. Dass bspw. Angehörige des östlichen Kulturkreises mehr Kosmetika kaufen als Konsumenten, die im Westen leben (vgl. Madan et al. 2018), lässt sich mit Besonderheiten des jeweiligen Selbstkonzepts ('self construal') erklären (vgl. C-6.3): Das für den Osten charakteristische interdependente Selbstkonzept begünstigt die Bereitschaft, sich sozialen Normen zu unterwerfen – in diesem Fall ein gefälliges Äußeres zu besitzen –, während Angehörige des westlichen Kulturkreises aufgrund ihres unabhängigen Selbstkonzeptes weniger normbewusst und insofern weniger beeinflussbar sind.

Fraglos kulturspezifisch ist das Schönheitsideal. Während bspw. im konfuzianischen Kulturraum ein ebenmäßiges Gesicht als schön gilt, dreht sich im westlichen Kulturraum alles um Schlanksein (vgl. www.sueddeutsche.de/leben/schoenheitsideale-der-kulturen-204145). Mit dem jeweiligen Schönheitsideal verbunden sind ganz bestimmte Sorgen: So befürchten 36 % der befragten Südkoreaner, aber nur 3 % der befragten Schweden, im Alter Falten bzw. Narben zu bekommen. Im Übrigen scheinen viele landestypische Sorgen gängige Länderstereotype zu bestätigen (vgl. C-2.2.2).

- Oberflächliche Gesellschaften: Amerikaner fürchten sich mehr als andere vor Übergewicht, Inder sind in auffälligem Maße um ihre Haarpracht besorgt und Brasilianer um ihre Potenz.
- Ängstliche Gesellschaften: 70 % der Deutschen bekümmert die Aussicht, ihr Gedächtnis und ihr Denkvermögen zu verlieren (vs. 43 % aller Befragten). Weiterhin fürchten überproportional viele Deutsche altersbedingte körperliche Schmerzen (54 % vs. 33 %). Da auch Japaner und Südkoreaner überdurchschnittlich besorgt sind, liegt die Vermutung nahe, dass übermäßige Sorgen typisch sind für Länder, die unter Totalitarismus, Besatzung

etc. gelitten haben. Die dort lebenden Menschen waren wiederholt epochalen Veränderungen ausgesetzt, was möglicherweise deren Angst vor Veränderungen, auch vor altersbedingten Veränderungen erklärt (vgl. Müller 2007, S. 9).

Fatalismus: Ergebenheit in das als unabänderlich angesehene Schicksal

- Fatalistische Gesellschaften: Ägypter äußerten in dieser Befragung auffallend wenige Befürchtungen. 37% von ihnen gaben sogar an, sich vor nichts zu fürchten (vs. 0% Japaner, 3% Südkoreaner, 7% Deutsche). Dies kann Ausdruck einer kulturbedingten Neigung zu Fatalismus sein, aber auch einer positiven Einstellung zum Altern: In traditionellen Gesellschaften, in denen der westliche Jugendwahn noch nicht die Hochachtung vor dem Alter verdrängt hat und staatliche Einrichtungen noch nicht die familiär organisierte Fürsorge, ist das Alter ein angesehener Lebensabschnitt, vor dem man sich nicht fürchten muss.

Gegen die These der Universalität des Attraktivitätsstereotyps spricht auch folgende Studie. Für eine nordamerikanischen Stichprobe konnten Plaut et al. (2009) nachweisen, dass körperliche Attraktivität nur in einem städtischen Umfeld für individuelles Wohlbefinden und soziale Verbundenheit sorgt, nicht jedoch in einem dörflichen Umfeld. Interessant ist, wie die beteiligten Wissenschaftler diesen Unterschied erklären: Im Falle der städtischen Bevölkerung insb. individualistischer Gesellschaften seien soziale Beziehungen (z.B. Freundschaften) das Ergebnis bewusster Entscheidungen von Individuen, weshalb dort Wert auf physische Attraktivität gelegt werde. Für die dörfliche Bevölkerung insb. in kollektivistischen Gesellschaften seien soziale Beziehungen eher zwangsläufiges Ergebnis räumlicher Nähe – und physische Attraktivität folglich vergleichsweise unwichtig (vgl. auch Anderson 2019).

2 Denken & Informationsverarbeitung

> **Definition Thinking**
>
> "A complex, multifaceted process. It is essential internal (and possibly nonbehavioral), involving symbolic representations of events and objects not immediately present, but is initiated by some external event (stimulus). Its function is to generate and control overt behavior" (Bourne et al. 1971, S. 5).
>
> "Each culture has shared meanings, norms, and values that provide the framework for cognitive processes that determine, for example, how information is processed" (Triandis/Albert 1987).

2.1 Sprache & Denken

Dialektik: Lehre vom Zusammengehören des Verschiedenen (Hegel)

Sprachen bewahren das kulturelle Erbe einer Gesellschaft (vgl. Müller/Gelbrich 2014, S. 285 ff.). So finden Sprichworte, die Widersprüche enthalten (z.B. „Hüte Dich vor Deinen Freunden, nicht vor Deinen Feinden"), bei Chinesen mehr Zustimmung als bei Amerikanern (vgl. Peng/Nisbett 1999). Erklären lässt auch dies sich mit den unterschiedlichen Denkstilen. Während Chinesen den dialektischen Denkstil präferieren, der Widersprüche toleriert, dominiert

2.1 Sprache & Denken

in den USA der analytische Denkstil, der Widersprüche letztlich als Denkfehler begreift (vgl. C-2.5).

> "To each culture, language offers an interpretative code or schema for organizing and presenting the world. Hence, language serves various functions in a cultural context" (Sojka/Tansuhaj 1995).

2.1.1 Linguistisches Relativitätsprinzip

Gemäß Sapir (1921) und Whorf (1956) bestimmt die Sprache das Denken. Diese These wurde als linguistischer Determinismus bekannt (⇒ Determinismus), hat sich aber letztlich als unhaltbar erwiesen (vgl. Gipper 1972). Realitätsgerechter scheint das linguistische Relativitätsprinzip zu sein. Demzufolge sind für jede Sprache bestimmte Denkprozesse charakteristisch, die ihrerseits dazu beitragen, dass Menschen insb. ihre soziale Umwelt kulturspezifisch wahrnehmen. Wenn sich etwa das englische 'informel' mit 'non formale' nur unzureichend ins Italienische übersetzen lässt, so verbirgt sich dahinter kein vorrangig semantisches, sondern ein soziokulturelles Problem. Denn Angelsachsen denken primär an Positives, wenn sie den Begriff 'informel' verwenden (ungezwungen, entspannt, behaglich etc.), während für Italiener 'non formale' eher abwertend klingt – was sich mit deren ausgeprägten Sinn für Stil und Form erklären lässt.

Linguistik: Sprachwissenschaft

lingua: lat. = Zunge, Sprache

2.1.2 Einfluss der Landeskultur

Implizite vs. explizite Kommunikation

Seit vielen Jahren untersuchen Linguisten den Zusammenhang, der zwischen der Landeskultur, der Sprache und dem Denken besteht. Zu ihren Erkenntnissen zählt, dass Angehörige verschiedener Kulturen sich nicht zuletzt durch die Direktheit, mit der sie untereinander und mit Fremden kommunizieren, unterscheiden (vgl. Triandis 1994, S. 184; Hall/Hall 1990).

Hauptsächlich in den kollektivistischen Kulturen Lateinamerikas, Asiens und Arabiens ist implizite Kommunikation überaus bedeutsam (vgl. Abb. 49). Bei dieser 'silent language' genannten Kommunikationsform erschließt sich die Bedeutung einer Botschaft größtenteils aus deren Kontext und weniger aus dem gesprochenen Wort (vgl. Knapp 2003, S. 109 ff.). Ein „Nein" bspw. (= semantische Information) bedeutet erst dann wirklich „nein", wenn es von einem ernsten Gesichtsausdruck (= Kontextinformation) begleitet und nicht durch einen freudigen Gesichtsausdruck entkräftet oder gar ins Gegenteil verkehrt wird. Hauptsächlich in kollektivistischen Gesellschaften wird kontextabhängig kommuniziert, weshalb sie auch als High Context-Kulturen bezeichnet werden.

> **Definition Kontext**
> Informationen, die eine Botschaft „umgeben" und die in der Kommunikation zumeist unbewusst mitgeliefert werden (vgl. Hall 1976, S. 102)

Abb. 49: Kommunikationsstile

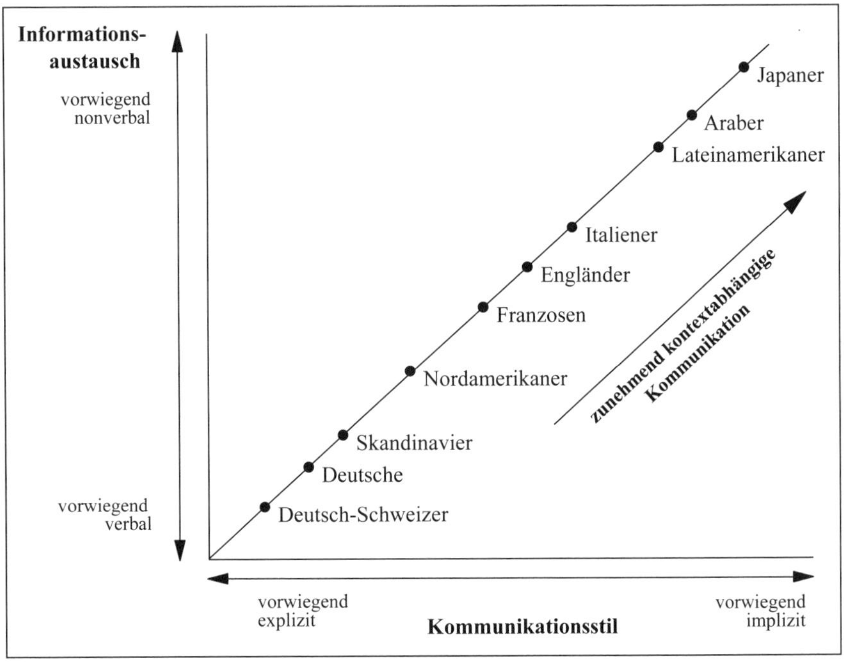

Informationsaustausch (vorwiegend nonverbal ↔ vorwiegend verbal)

- Japaner
- Araber
- Lateinamerikaner
- Italiener
- Engländer
- Franzosen
- Nordamerikaner
- Skandinavier
- Deutsche
- Deutsch-Schweizer

Kommunikationsstil (vorwiegend explizit ↔ vorwiegend implizit)

zunehmend kontextabhängige Kommunikation

Quelle: in Anlehnung an Hall (1976, S. 102)

Low Context-Kulturen präferieren hingegen den expliziten Ausdruck, d.h. die verbale Form der Kommunikation. Sie sind in der Regel individualistisch. Vor allem im deutschsprachigen Kulturraum, aber auch in Skandinavien und in Nordamerika, tauschen die Menschen Informationen hauptsächlich direkt aus. Der Kontext einer Botschaft spielt dort eine vergleichsweise geringe Rolle. Erklären lässt sich dieser Unterschied mit dem Stellenwert von zwischenmenschlichen Beziehungen, der in Low Context-Kulturen geringer ist als in High Context-Kulturen wie Japan. Soziale Bindungen sind dort in der Regel dauerhaft und verlässlich, weshalb Verträge vielfach nur mündlich abgeschlossen werden. Anstelle formeller, juristisch einklagbarer Verpflichtungen sorgen hier soziale Kontrollmechanismen implizit für Vertragstreue. Die westlichen Low Context-Kulturen präferieren demgegenüber formale Sanktionsmechanismen, was die Ausbildung komplexer Rechtssysteme begünstigt hat (vgl. Kim et al. 1998, S. 511).

Problemlösen

Sprachen, die über wenige Oberbegriffe verfügen, erschweren neuartige Problemlösungen. Eine westafrikanische Sprache etwa besitzt für verschiedene Körperteile (z.B. Beine, Hals, Kopf) keine neutralen Oberbegriffe. Das Bein einer Giraffe wird mit einem anderen Wort bezeichnet als das Bein eines Affen oder eines Menschen. Als die Jugendlichen dieses Stammes Gelegenheit erhielten, Französisch und damit eine hierarchisch strukturierte Sprache mit vielen Oberbegriffen zu erlernen, verbesserte sich ihre Problemlösungskompetenz signifikant (vgl. Dörner 2011).

Manche Probleme lassen sich besser durch abstraktes, andere besser durch konkretes Denken lösen. Wozu man neigt, hängt u.a. davon ab, in welchem Teil der Welt man lebt. Knapp drei Viertel der Weltbevölkerung verwenden eine der vielen alphabetischen Sprachen (z.B. Deutsch, Kyrillisch), gut ein Viertel eine Schriftzeichensprache (z.B. Japanisch, Chinesisch) (vgl. De Swaan 2010). Dies ist insofern bemerkenswert, als alphabetische Sprachen abstraktes Denken fördern und Schriftzeichensprachen konkretes Denken.

- Buchstaben werden vornehmlich phonologisch enkodiert – d.h. aufgrund der Lautstruktur des gesprochenen bzw. des geschriebenen Wortes. Bei der Verarbeitung unvertrauter Worte neigen Angehörige des alphabetischen Sprachraumes zur Subvokalisation: Sie sprechen das Gelesene gedanklich aus und speichern die Information in sprachbasierter Form in der sog. phonologischen Schleife, einem Untersystem des Kurzzeitgedächtnisses. Das visuelle Kurzzeitgedächtnis spielt dabei keine nennenswerte Rolle.
- Schriftzeichen werden primär visuell und unbeeinflusst durch Subvokalisation verarbeitet. Schriftzeichensprachen können u.a. deshalb nicht sprachbasiert enkodiert werden, weil sich die konkrete Bedeutung der zahlreichen komplexen grafischen Basiszeichen erst durch die Kombination mit weiteren (Basis-)Zeichen ergibt. Dies begünstigt eine ausgeprägte Umfeld- bzw. Kontextorientierung (z.B. als Kommunikationsstil, aber auch als Attributionsstil). Schriftzeichen werden vornehmlich im visuellen Gedächtnis gespeichert.

2.2 Vereinfachende Informationsverarbeitung

Wie gelingt es dem Menschen, sich trotz ständiger Reizüberflutung ein – vermeintlich – umfassendes und wirklichkeitsgetreues Abbild der Umwelt zu verschaffen? Diese Leistung ist umso erstaunlicher, als Fähigkeit bzw. Bereitschaft, Informationen zu verarbeiten, in vielen Fällen begrenzt sind. Auswege aus diesem Dilemma eröffnen die verschiedenen Strategien und Instrumente der sozialen Informationsverarbeitung: selektive Wahrnehmung, Heuristiken, Stereotype, Vorurteile und nicht zuletzt kognitive Schemata (vgl. Pfister et al. 2017, S. 339 ff.; Eysenck/Keane 2015).

Schema: gr. = Gestalt, Form

2.2.1 Schemata

> **Definition Schemata**
> „Mentale Strukturen, welche unser Wissen über die soziale Welt ordnen" (Aronson et al. 2014, S. 64)

Kognitive Psychologe: Analysiert Aufmerksamkeit, Wahrnehmung, Sprache, Gedächtnis, Intelligenz und Denken

Grundlagen

Als Teilgebiet der kognitiven Psychologie befasst sich die Schematheorie mit der „konzeptgesteuerten Informationsverarbeitung". Wie kann es gelingen, sich trotz Reizüberflutung sowie begrenzter Informationsverarbeitungska-

pazität/bereitschaft ein mehr oder minder vollständiges und umfassendes Abbild seiner Umwelt zu verschaffen? Eine Antwort lautet: durch den Einsatz kognitiver Schemata. Dabei handelt es sich um besonders stabile Wahrnehmungskategorien, die Teil einer wichtigen Wissensstruktur sind (z.B. Ansichten über andere Länder). Kognitive Schemata ...
- sind mentale, auf wenige grundlegende Merkmale reduzierte Konstrukte („Denkschablonen"),
- sind hierarchisch strukturiert (vgl. Abb. 50).
- ordnen und repräsentieren die (soziale) Realität in abstrakter Form (etwa als Markenschema),
- organisieren und repräsentieren im Gedächtnis Informationen über Personen, Objekte bzw. Ereignisse,
- erleichtern im Verbund mit den assoziierten Stereotypen die Wahrnehmung und Verarbeitung von (sozialen) Informationen.

Abb. 50: Hierarchische Organisation des Wissenspakets „Automobil" (Ausschnitt)

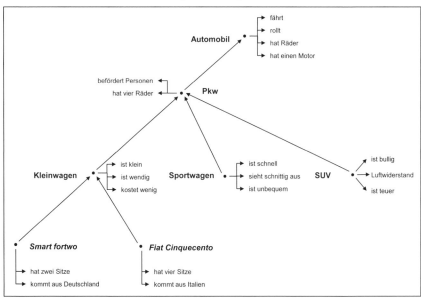

Quelle: in Anlehnung an Gerrig (2016, S. 267)

Informationen, die für die wahrnehmende Person neu sind, werden dahingehend überprüft, wie sehr sie gespeicherten Schemata ähneln. Sind verschiedene Schemata verfügbar, so wird aus Gründen der kognitiven Ökonomie das am leichtesten bzw. schnellsten verfügbare Schema aktiviert und zur Informationsverarbeitung herangezogen. Ausländer etwa werden anhand des jeweiligen Länderschemas beurteilt (z.B. Brasilianer = lebenslustig/Karneval, abergläubisch/Woodoo, sportlich/Fußball). Steht kein adäquates spezifisches Schema zu Verfügung, wird ein allgemeineres Schema herangezogen (z.B. Südamerikaner). Gelingt auch dies nicht, wird die unbekannte Person schlicht als „Fremder" kategorisiert. Abgesehen von Familienmitgliedern, Freunden

2.2 Vereinfachende Informationsverarbeitung

und Bekannten werden Menschen im Regelfall nicht als Individuen, sondern als Vertreter einer bestimmten sozialen Gruppe wahrgenommen und beurteilt.

Struktur und Funktion von Schemata sind universell, die Inhalte jedoch kulturspezifisch (vgl. Aronson et al. 2014, S. 82 ff.). Das kausale Schema bspw. – ein Wissenspaket, in dem Annahmen darüber organisiert sind, welche Ursachen bestimmte Arten von Ereignissen haben – ist universell. Da manche Kulturen (westliche Industriegesellschaften) jedoch ein stärkeres Kausalitätsbedürfnis haben als andere (z.B. afrikanische Gesellschaften), bestehen erhebliche kulturspezifische Unterschiede im kausalen Denken (vgl. C-2.5.3). Weitere Schemata:

- Selbstschema: Hierbei handelt es sich um eine Gedächtnisstruktur, in der Informationen (Meinungen, Erinnerungen und Generalisierungen) über die eigene Person schematisch vereinfachend organisiert und gespeichert sind.
- Körperschema: Jeder Mensch hat mehr oder minder bewusste Vorstellungen vom eigenen Körper und dessen Beschaffenheit, Ausdehnung und Lage im Raum. Auch Produkte haben einen „Körper" – jedenfalls gemäß den Erkenntnissen der Marketingforschung. Vor allem von hochwertigen Gebrauchsgütern erwarten Konsumenten, dass sie wie der idealisierte Prototyp der Produktkategorie aussehen. *Porsche* bspw. hat mit dem *911er* für Generationen von Kunden das Körperschema des Sportwagens geprägt, erkennbar an bestimmten Proportionen: „Stets sind die Kotflügel höher als die Motorhaube, das Dach fällt nach hinten ab, und die Kabine verjüngt sich von der Front hin zum Heck" (Ilg 2018).
- Asymmetrisches Schema: Es bedarf nur weniger negativer Verhaltensweisen (z.B. Unpünktlichkeit, unaufgeräumter Arbeitsplatz), um auf eine zugrundeliegende negative Eigenschaft (Unzuverlässigkeit) zu schließen, aber zahlreiche positive Verhaltensweisen, um eine entsprechende positive Eigenschaft (Zuverlässigkeit) zu unterstellen.
- Handlungsschema: Hierunter versteht man eine charakteristische Abfolge von Ereignissen und handelnden Personen in einem bestimmten Kontext, die auch als Skript bezeichnet wird. Das Skript einer Beschwerde etwa besteht aus:
  – einem kritischen Ereignis (= Produkt- oder Servicemangel),
  – den handelnden Personen (= Beschwerde führende Kunden und Beschwerdeeigner – d.h. zuständiger Mitarbeiter des betroffenen Unternehmens, der für das Beschwerdemanagement verantwortlich ist),
  – den Beschwerdekanälen,
  – dem Kontext (= Ort der Transaktion).

2.2.2 Stereotype

Definition Stereotyp
Vereinfachtes, zumeist negatives geistiges Abbild einer Klasse von Menschen, Institutionen oder Ereignissen, das in seinen wesentlichen Merkmalen von einer großen Zahl von Personen geteilt wird und weitgehend starr ist (vgl. Tajfel 1978)

stereos: gr. = starr, fest

typos: gr. = Muster, Gattung

Grundlagen

Stereotype erfüllen eine informationsökonomische und eine soziale Funktion. Zum einen helfen sie, die Komplexität des Wahrnehmungsprozesses zu reduzieren, indem Unterschiede (bspw. zwischen Menschen, Ländern und Produkten) teils akzentuiert – d.h. übertrieben – und teils unterdrückt werden. Zum anderen stärken sie die soziale Identität.

Die Theorie der sozialen Identität (vgl. Tajfel/Turner 1986; Tajfel 1978) geht davon aus, dass Menschen allein aufgrund deren Zugehörigkeit zu einer bestimmten sozialen Gruppe Angehörige der Eigengruppe und Angehörige der Fremdgruppe systematisch unterschiedlich wahrnehmen. Indem sie verschiedene Stereotype aktivieren (⇒ Auto- und Heterostereotype), grenzen sie das „Wir" wertend vom „Ihr" ab. Die Eigengruppe wird nicht nur differenzierter – d.h. weniger stereotyp –, sondern auch positiver beurteilt. „Wir" sind besser, toleranter, steuerehrlicher etc. als „die". „Wir" verfolgen hehre Ziele, „die" haben dunkle Absichten (vgl. Walmsley/O'Madagain 2020). Ursächlich für diese Wahrnehmungs- bzw. Urteilsverzerrung ist das Bedürfnis nach einem positiven Selbstbild, vor allem im individualistischen Kulturkreis (vgl. Heine et al. 1999).

Stereotype wie „Die Spanier", „Die Grünen" oder „Die *BMW*-Fahrer" sind ...
- Verallgemeinerungen vorwiegend negativer Überzeugungen über Gruppen von Menschen,
- allgegenwärtig: sie begegnen uns z.B. als Geschlechter-, Länder- bzw. Markenstereotyp,
- weniger emotional gefärbt als Vorurteile,
- änderungsresistent – d.h. durch abweichende Erfahrungen kaum veränderbar.

Stereotype funktionieren nach dem Prinzip der „selbsterfüllenden Mutmaßung". Menschen nehmen bevorzugt solche Informationen wahr, die ihre Stereotype bestätigen. Wie hartnäckig (bzw. änderungsresistent) diese sein können, lässt sich am Russlandbild der Deutschen aufzeigen. Das führende deutsche Konversationslexikon von 1866 gab als „vorherrschende Charakterzüge des Russen" Frohsinn, Sorglosigkeit und Gemütlichkeit, aber auch Gefräßigkeit und Unmäßigkeit an. Im Rahmen der psychologischen Kriegsführung wurde dieses Stereotyp unverändert vom zaristischen Russland auf die Sowjetunion übertragen (vgl. Wette 2002). Noch heute ist das Länderstereotyp „Russe" unter deutschen Studenten überwiegend negativ geprägt (vgl. Abb. 51).

Länderstereotype sind häufig Gegenstand von Sprichworten und Witzen. Einem Bonmot zufolge „lieben" Deutsche die Brasilianer, Franzosen, Italiener etc. als Privatperson, „schätzen" sie aber nicht als Geschäftspartner. Umgekehrt „schätzen" Italiener, Brasilianer, Franzosen etc. die Deutschen als Geschäftspartner, „lieben" sie aber nicht.

2.2 Vereinfachende Informationsverarbeitung

Abb. 51: Ausgewählte Ländersterotype (n = 293)

	positive Eigenschaften (in %)
	negative Eigenschaften (in %)

Japaner	z.B. fleißig, fortschrittlich, gebildet
Inder	z.B. fleißig, bescheiden, pflichtbewusst
Franzosen	z.B. charmant, lebhaft, fröhlich
Schweizer	z.B. friedfertig, fleißig, naturverbunden
Spanier	z.B. höflich, feurig, stolz
Amerikaner	z.B. oberflächlich, großspurig, ungebildet
Syrer	z.B. konservativ, streitsüchtig, jähzornig
Russen	z.B. rückständig, grob, protzig, frauenfeindlich, homophob

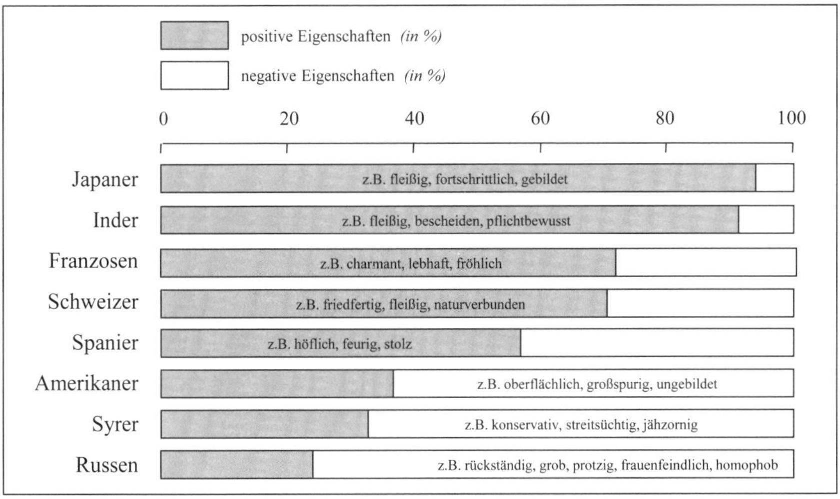

Quelle: eigene Erhebung

Wer aus der Zugehörigkeit eines Urteilsobjekts (z.B. Person) zu einer bestimmten Kategorie (z.B. Land) auf das Vorhandensein bestimmter Eigenschaften schließt (z.B. temperamentvoll), begeht den ökologischen Fehlschluss (vgl. B-3.9.1). Tatsächlich genügt den meisten der Umstand, dass ein ihnen unbekannter Mensch einer bestimmten Nation angehört, um auf das Vorhandensein (vermeintlich) charakteristischer Persönlichkeitsmerkmale zu schließen: Der exzentrische Brite, der optimistische Amerikaner etc. Aufgrund dieser Neigung zu „mentalen Kurzschlüssen" erhöht die Markierung von Produkten durch Herkunftszeichen die Wahrscheinlichkeit, dass Käufer aus dem „Made in ..." jene Produkteigenschaften ableiten, welche dem ⇒ Nationalcharakter bzw. Länderstereotyp entsprechen. Zuverlässige Deutschen produzieren zuverlässige Maschinen, elegante Italiener elegante Kleidung (zum Country of Origin-Effekt vgl. D-2.5).

Einfluss der Landeskultur

Zahlreiche Stereotype sind 'cultural universals' – bspw. das Geschlechterstereotyp. Wie Williams/Best (1990) als Ergebnis einer Befragung von ca. 2.800 Studenten aus 28 Ländern berichteten, wird weltweit „männlich" mit „aggressiv" und „weiblich" mit „zärtlich" gleichgesetzt. Zwar nutzt die Werbung das Geschlechterstereotyp mittlerweile etwas weniger als noch vor Jahren. Aber dieser Rückgang beschränkt sich weitestgehend auf die sehr maskulinen Werbemärkte wie Israel, Japan oder Österreich (vgl. Eisend 2010).

Auch die Vorstellung, dass Menschen, die im Süden eines Landes leben, emotionaler, expressiver etc. sind als die im Norden, ist universell. Das Selbstbild der von Pennebaker et al. (1996) Befragten etwa war gemäß diesem Nord/Süd-Stereotyp verzerrt, mit der Folge, dass Süddeutsche paradoxerweise sich selbst als emotionaler wahrnehmen als Nordschweizer (paradox deshalb, weil Nordschweizer südlicher leben als Süddeutsche). Weiterhin scheint das

Kompetenz- vs. Wärme-Stereotyp universell zu sein. Während Griechen, Iren, Italiener, Portugiesen und Spanier allgemein als warmherzig, aber wenig kompetent gelten, kehrt sich bei der Wahrnehmung von Briten und Deutschen dieses ambivalente Stereotyp um: kompetent, aber kühl. Belgier, Dänen, Finnen, Franzosen, Luxemburger, Niederländer und Schweden nehmen auf beiden Dimensionen eine mittlere Position ein (vgl. Cuddy et al. 2009).

2.2.3 Vorurteile

Definition Vorurteil

„Einstellungs- und Beurteilungsmuster, bestehend aus einem vorgefassten, emotional gefärbten, durch neue Erfahrungen oder Informationen schwer veränderbaren und für allgemeingültig und wahrhaftig erachteten, generalisierten Urteil über soziale Sachverhalte, das ohne differenzierende Begründung als gegeben betrachtet wird" (Thomas 2006, S. 3)

Vorurteile sind vorgefertigte „soziale Urteile": emotional zumeist negativ gefärbte, änderungsresistente Einstellungen gegenüber Angehörigen bestimmter sozialer Gruppen oder Fremden insgesamt. Wie den Stereotypen kommt Vorurteilen im Rahmen der sozialen Wahrnehmung die Aufgabe zu, den Menschen vor Informationsüberlastung zu schützen. Anders als ⇒ Vorausurteile sind Vorurteile emotional wertend und selbst durch widersprechende Erfahrungen kaum veränderbar (vgl. Davis 1964, S. 53).

Vorurteile sind sogar in der Lage, das Denkvermögen zu beeinträchtigen. Richeson/Shelton (2003) stellten 30 Weißen nach einer Begegnung mit Farbigen eine Denkaufgabe. In diesem Test schnitten die am stärksten vorurteilsbehafteten Probanden am schlechtesten ab, obwohl ihre präfrontale Hirnrinde, wie an den Hirnstromableitungen erkennbar, dabei besonders aktiv war. Vermutlich wollten sie, um politisch korrekt zu sein, ihre Vorurteile unterdrücken, d.h. nicht in ihr Bewusstsein dringen lassen, was ihre Problemlösungsfähigkeit (d.h. ihr logisches Denkvermögen) eingeschränkt haben könnte.

Es gibt auch positive Vorurteile, bspw. über den Nutzen von Latein als Unterrichtsfach. Gerhards et al. (2019) haben deutsche Eltern von Gymnasialschülern gefragt, welche Sprachen ihrer Ansicht nach indirekt auch logisches Denken fördern. 80% nannten Latein und 8% moderne Fremdsprachen. Objektiven Schulleistungstests zufolge ist dies jedoch Wunschdenken. Prüft man nämlich logisches Denken, Grammatikverständnis und Leichtigkeit des Sprachenlernens vor Beginn des Fremdsprachenunterrichts und einige Jahre danach, dann zeigt sich, dass Lateinschüler bei diesen Tests nicht besser abschneiden als Vergleichspersonen, die währenddessen eine moderne Fremdsprache gelernt haben (vgl. auch Haag/Stern 2000).

Einfluss der Landeskultur

Im westlich-individualistischen Kulturkreis sind vor allem Vorurteile bedeutsam, die sich auf Individuen beziehen, und im östlich-kollektivistischen Kulturkreis hauptsächlich gruppenbezogene Vorurteile (vgl. Fujimoto/Härtel 2004).

2.2.4 Heuristiken

> **Definition Heuristik**
> Kognitive Vereinfachungsstrategie bzw. geistige „Faustformel", welche es ermöglicht, trotz Informationsüberlastung und begrenzten Ressourcen an Zeit, kognitiver Differenziertheit sowie Motivation „robuste", d.h. hinreichend verlässliche Entscheidungen zu fällen (vgl. Camerer/Loewenstein 2004; Gigerenzer/Selten 2001; Gigerenzer/Todd 1999)

In einem Artikel, für den er später den Nobelpreis erhielt, hat *A. Einstein* 1905 erstmals den Begriff der Heuristik verwendet: „eine Idee, die aufgrund unseres begrenzten Wissens unvollständig, aber nützlich ist" (Gigerenzer/ Gaissmaier 2006, S. 330). Vor allem in Low Involvement-Entscheidungssituationen behelfen sich Menschen häufig mit vorgefertigten „sozialen Urteilen" (vgl. Nisbett/Ross 1980; Tversky/Kahnemann 1974). Ohne selbst entsprechende Erfahrungen gesammelt zu haben, meinen wir bspw. zu wissen, dass Franzosen charmant, Amerikaner oberflächlich und Chinesen fleißig sind. Derartige simplifizierte Wissensmodule sind Teil des kollektiven Gedächtnisses. Die verschiedenen Heuristiken können einzeln, aber auch gleichzeitig aktiviert werden und sich gegenseitig verstärken (z.B. die Verfügbarkeitsheuristik die Simulationsheuristik).

Involvement: Ich-Beteiligung bzw. Ausmaß des kognitiv-emotionalen Engagements

Verfügbarkeitsheuristik

Manche Informationen sind leichter zugänglich, andere schwerer. Wer wird dieses Mal Fußballweltmeister? Fußballfans werden darauf unverzüglich eine mehr oder minder sachkundige Antwort parat haben. Wie aber reagieren Menschen, die sich nicht für Fußball interessieren und dennoch diese Frage beantworten sollen? In solchen Fällen, in denen keine vorgefertigte Meinung abrufbar ist, neigen Menschen dazu, von der Leichtigkeit, mit der ihnen Informationen über ein Ereignis einfallen, auf die Wahrscheinlichkeit des Auftretens dieses Ereignisses zu schließen.

Ist Deutschland ein sicheres Land? Wer regelmäßig Medien nutzt, die häufig und marktschreierisch über Verbrechen berichten, wird diese Frage verneinen. Denn der dadurch erzeugte und bspw. für die Leser von Boulevardzeitungen leicht verfügbare Ausschnitt der Realität spricht dafür, dass die offizielle Kriminalitätsstatistik lügt und man sich hierzulande spätestens nach Einbruch der Dunkelheit nicht mehr auf die Straße trauen kann.

Dass Menschen bevorzugt solche Informationen zur Urteilsbildung heranziehen, auf die sie leicht zugreifen können, ist informationsökonomisch. Zu bedenken ist jedoch, dass es sich dabei um valide, aber auch um verzerrte oder auf andere Weise irreführende Informationen handeln kann – irreführend z.B. aufgrund der Irrelevanz einer Information (z.B. Haarshampoo mit Seidenextrakt) (vgl. Gierl/Großmann 2008). Die Irrationalität derartigen Pseudowissens wurde experimentell nachgewiesen. Brown/Siegler (1992) haben Probanden gebeten, auf einer von 0 (= „nichts") bis 9 (= „viel") reichenden Skala anzugeben, wie viel sie über jedes einzelne von 98 Ländern wissen. Außerdem sollten sie die jeweilige Bevölkerungszahl schätzen. Als Ergebnis zeigte sich, dass paradoxerweise beide Datenreihen kovariieren: Je mehr die Probanden über ein Land zu wissen meinten, desto mehr Einwohner schrieben sie diesem zu. Dieses „Wissen" wiederum korrelierte positiv mit der Häufigkeit, mit der ein Land im vorangegangenen Jahr in der *New York Times* Erwähnung gefunden hatte.

Simulationsheuristik

Die Wahrscheinlichkeit eines Ereignisses beurteilen wir u.a. in Abhängigkeit von der Schwierigkeit, uns dieses Ereignis vorzustellen – d.h. gedanklich zu simulieren. So fällt es vielen Menschen schwer sich vorzustellen, dass Gegenstände des täglichen Lebens, die ihnen vertraut sind (bspw. eine Leiter), gefährlich sein können, weshalb sie die damit verbundene Gefahr systematisch unterschätzen. Wir fürchten uns nicht vor Haushaltsleitern, aber vor Haien, obwohl Unfälle mit Leitern häufig (ca. 90.000 in Deutschland), Haiattacken aber selten sind (64 weltweit). Ein anderes Beispiel: Wann ärgern wir uns mehr? Wenn wir einen Zug ganz knapp verpassen oder aber aufgrund einer längeren, bspw. 20minütigen Verspätung? Obwohl in beiden Fällen die Konsequenz die Gleiche ist (man sitzt nicht in dem Zug), empfinden wir aufgrund der Simulationsheuristik den Zug, der uns „vor der Nase davonfährt", als das größere Ärgernis. Denn in diesem Fall fällt es leichter sich vorzustellen, wie die Verspätung hätte vermieden werden können.

Rekognitionsheuristik

Diese Heuristik beruht auf dem Wiedererkennen von Bekanntem. Goldstein/Gigerenzer (2002) wollten von amerikanischen und deutschen Studenten wissen, welche von zwei amerikanischen Städten die größere sei, San Antonio oder San Diego? Erstaunlicherweise gaben in dieser Studie alle deutschen Studenten die richtige Antwort, aber nur 62% ihrer amerikanischen Kommilitonen, die es eigentlich besser wissen müssten. Erklären lässt sich dieses Paradoxon mit Hilfe der Rekognitionsheuristik: Da ihnen San Antonio weitgehend unbekannt war, entschieden sich die Deutschen für das bekanntere San Diego, was die richtige Antwort war. Den amerikanischen, in Chicago beheimateten Studenten hingegen waren beide Städtenamen gleichermaßen geläufig, weshalb sie auf ihr explizites Wissen zurückgreifen mussten, über das jedoch nicht alle gleichermaßen verfügten.

Ankerheuristik

Mangels besseren Wissens bzw. aufgrund von Informationsüberlastung werden quantitative Urteile im Regelfall in Richtung eines verfügbaren Ausgangswertes verzerrt geschätzt. Dieser „Anker" wird häufig auf Basis von Hören-Sagen bzw. eigenen Erfahrungen gebildet. Anker können allerdings auch gezielt gesetzt werden, um den Adressaten einer Information zu manipulieren – bspw. um, wie in folgendem Fall, dessen Zahlungsbereitschaft zu steigern. Konsumenten, die scheinbar zufällig das Preisschild eines Sweatshirts (= 80 $) gesehen hatten, waren bereit, für eine davon vollkommen unabhängige CD 9,00 $ zu bezahlen. Der Vergleichsgruppe, die dasselbe Sweatshirt mit einem Preis von 10 $ gesehen hatte, war dieselbe CD nur 7,29 $

wert und somit aufgrund des niedrigeren Ankers 1,71 $ weniger (vgl. Nunes/ Boatwright 2004).

Vermutlich basiert der Ankereffekt nicht nur auf einer unbewusst-mechanischen Angleichung des zu schätzenden Wertes an den Ankerwert. Adaval/ Wyer (2011) halten es für plausibel anzunehmen, dass ein hoher Anker die Zielpersonen dazu anregt, über die Vorzüge qualitativ hochwertiger Angebote nachzudenken und dies in ihr Urteil (bspw. Zahlungsbereitschaft) einfließen zu lassen.

> **Beispiel:** Wie man sich täuschen kann: „Probieren Sie doch einmal folgendes mit zwei beliebigen Personen Ihres Freundeskreises aus: Lassen Sie die eine Person das Produkt 1x2x3x4x5x6x7x8x9x10 schätzen (nicht rechnen!). Der anderen Person bieten Sie diese Zahlenabfolge in umgekehrter Reihenfolge an: 10x9x8x7x6x5x4x3x2x1. Die beiden Schätzungen werden erheblich divergieren. Das geschätzte Produkt der aufsteigenden Zahlenreihe wird [aufgrund des Ankers „1"] mit einem niedrigeren, das der absteigenden Reihe (10x9x …) [aufgrund des Ankers „10"] mit einem höheren Zahlenwert angegeben" (Güttler 2003, S.87).

Vor allem bei emotionsgeladenen Entscheidungsproblemen (z.B. Nebenwirkungen von Medikamenten) sind die meisten Menschen nicht in der Lage, die Eintrittswahrscheinlichkeiten von erwünschten und unerwünschten Wirkungen rational gegeneinander abzuwägen. Als ein wichtiger Einflussfaktor haben sich in diesem Zusammenhang die mathematischen Kenntnisse der Probanden erwiesen. Überdurchschnittliche Rechenfähigkeit begünstigt die Anwendung der Minimax-Heuristik, während mathematisch weniger Begabte in solchen Fällen zumeist die Affektheuristik heranziehen (vgl. Pachur/ Galesic 2013). Entscheidungsoptionen, „mit denen man sich schlecht fühlt", werden verworfen.

Minimax-Heuristik: Risikoaverse Entscheidungsregel, die sich am ungünstigsten aller denkbaren Fälle orientiert

Einfluss der Landeskultur

Heuristiken helfen, die mit Entscheidungen verbundene Ungewissheit zu reduzieren. Deshalb liegt es nahe anzunehmen, dass Ungewissheitsmeider mehr als Ungewissheitstolerante dazu neigen, Heuristiken als Entscheidungshilfe zu nutzen. Empirisch untersucht wurde dies bislang noch nicht.

2.3 Verzerrende Informationsverarbeitung

2.3.1 Grundlagen

Wie Menschen insgesamt, so sind auch Konsumenten bei Kaufentscheidungen häufig nicht in der Lage, komplexe Sachverhalte (z.B. Produktqualität, Preiswürdigkeit, Servicequalität) realitätsgerecht zu beurteilen und daraus angemessene Schlussfolgerungen zu ziehen. Aus den bereits diskutierten Gründen ist soziale Wahrnehmung immer ein Kompromiss zwischen den objektiven Eigenschaften und Erfordernissen des zu beurteilenden Sachverhalts, den subjektiven Bedürfnissen der wahrnehmenden Person und situativen Einflüssen (z.B. Zeitdruck). Ein Beispiel: Sehr anspruchsvolle Reisende werden ein Hotel, das ihnen weniger anspruchsvolle Bekannte ausdrücklich empfohlen haben, möglicherweise als „durchschnittlich", „etwas schmuddelig" oder auf andere Weise wenig ansprechend wahrnehmen und bewerten. Und wer während einer Schönwetterperiode Gast dieses Hotels ist, wird es positiver beurteilen als Vergleichspersonen, die dort während einer Schlechtwetterperiode nächtigten. Für die Forschung interessant sind systematische, d.h. regelmäßige und immer in eine bestimmte Richtung abweichende Urteilsverzerrungen. Man spricht dann von einem 'bias'.

2.3.2 Biases & Urteilseffekte

Sozialpsychologen haben zahlreiche systematische Urteilsverzerrungen beschrieben, bspw. den falschen Einzigartigkeits-Bias, den Bescheidenheitsfehler und den Home Bias (vgl. D-2.5.2). An dieser Stelle wollen wir den Status Quo-Bias, den Hindsight Bias und den Negativity Bias erörtern – aber auch den Social Desirability Bias und den Courtesy Bias, die vorrangig für die Marktforschung interessant sind. Denn bei letzteren handelt es sich um Urteilsverzerrungen, welche die Vergleichbarkeit von (empirischen) Studien beeinträchtigen können.

Status Quo-Bias

Status Quo: Das Bestehende, der gegenwärtige Zustand

Dass Menschen im Allgemeinen und Konsumenten im Besonderen eine sachlich nicht immer begründbare Präferenz für das Bestehende haben, lässt sich auf vielerlei Weise begründen (vgl. Chernev 2004).

- Risiko- bzw. Verlustaversion. Im Sinne der Prospect Theory (vgl. A-3.3.2) definieren Kahneman et al. (1991) Vorteile, welche das Neue (z.B. E-Auto) gegenüber dem Alten (z.B. Diesel-Auto) bietet, als Gewinn und Nachteile als Verlust. Da die Nutzenfunktion in der Verlustzone bekanntlich steiler verläuft als in der Gewinnzone, wird Neues häufig negativ erlebt – als Verlust bzw. Bedrohung.
- Zielorientierung: Gemäß der Selbstregulationstheorie richtet Fortschrittsorientierung den Fokus auf Wachstum und Entwicklung, während Vermeidungsorientierung das Bedürfnis nach Sicherheit stärkt (vgl. Higgins 2002). Wie Chernev 2004) experimentell nachweisen konnten, erhöht Vermeidungsorientierung die Anfälligkeit für den Status Quo-Bias.
- Regret: Menschen, die nach einer (Kauf)Entscheidung ein besonders starkes Bedauern empfinden – vielleicht hätte ich statt Sneakers doch lieber leichte Laufschuhe kaufen sollen –, neigen stärker als andere zum Status Quo-Bias (vgl. Nicolle et al. 2011; Inman/Zeelenberg 2002).

Need for Cognitive Closure: Bedürfnis nach Eindeutigkeit und Klarheit

- Need for Cognitive Closure: Manche ertragen ambivalente bzw. ungeklärte (Entscheidungs-)Situationen nur schwer. Ihr Bedürfnis nach abschließenden oder auf andere Weise eindeutigen Antworten geht einher mit der Anfälligkeit für den Status Quo-Bias (vgl. Mannetti et al. 2007).

Need for Uniqueness: Bedürfnis nach Einzigartigkeit

Natürlich gibt es auch Gegenkräfte – bspw. das Bedürfnis nach Einzigartigkeit (vgl. C-4.5.1). Dazu verhilft einem im Regelfall nicht Altbekanntes. Nicht der 'status quo' ist interessant, sondern Neues, Innovatives. Wenig anfällig für den Status-Quo-Bias sind Konsumenten mit einem ausgeprägten Bedürfnis nach Abwechslung ('variety seeking') bzw. Anregung ('sensation seeking') (vgl. C-4.5.2).

2.3 Verzerrende Informationsverarbeitung

Hindsight Bias

Der erstmals von Fischhoff (1975) beschriebene „Rückschaufehler" besteht in der Neigung, aufgrund nachträglich erlangten Wissens die Vorhersagbarkeit von Ereignissen zu überschätzen (vgl. Guilbault et al. 2004). Die Proteste gegen die Einschränkungen im Rahmen der Corona-Krise lassen sich teilweise auf den Rückschaufehler zurückführen. Ein anderen Beispiel, aus dem Universitätsalltag: Sobald feststeht, dass eine Klausur besonders schlecht ausgefallen ist, fällt es leicht, Umstände zu „erkennen", aufgrund derer man das Desaster hätte vorhersehen können – ja müssen. Etwa: „Kein Wunder. So viele, wie sich für die Prüfung eingeschrieben hatten. Da sollte die Hälfte rausgeprüft werden, damit anschließend nicht so viele zu den betreuungsintensiven Bachelor-Arbeiten zugelassen werden müssen."

Endowment- bzw. Besitztumseffekt

Nicht selten klaffen die Preisvorstellungen von Gebrauchtwagenkäufern und –verkäufern, von Immobilienkäufern und –verkäufern etc. so weit auseinander, dass es nicht gelingt, sich zu einigen. Gründe können Verkaufstaktik, Opportunismus und anderes mehr sein, aber auch tatsächliche Bewertungsunterschiede. Denn wer ein Gut besitzt, dem erscheint dieses wertvoller als jenen, welche dieses Gut nicht besitzen (vgl. Knetsch/Sinden 1984). Wie der 'status-quo bias' lässt sich der 'endowment effect' als eine Konsequenz generalisierter Verlustaversion erklären (vgl. Kahneman et al. 1991). Diesem ökonomischen Erklärungsansatz setzten Morewedge et al. (2009) die psychologische Sicht auf dieses Phänomen entgegen. Demzufolge empfinden Menschen Besitztümer als integralen Bestandteil ihres erweiterten Ichs, weshalb 'ownership' die entscheidende Variable sei und nicht 'loss aversion'.

Negativity Bias

Diese evolutionstheoretisch begründbare Urteilsverzerrung (vgl. Rozin/Royzman 2001) sorgt dafür, dass negative Ereignisse (z.B. Risiken) grundsätzlich mehr Aufmerksamkeit erfahren als positive Ereignisse (z.B. Chancen). Auch aktiviert Negatives das Kausalitätsbedürfnis in höherem Maße als Positives: Wie und warum kam es zum *Wirecard*-Skandal und wer ist dafür verantwortlich? Weiterhin hat sich gezeigt, dass bei negativen Handlungen eher Absicht unterstellt wird als bei positiven Handlungen (vgl. Morewedge 2009).

> **Beispiel:** „Folgende Situation: Der Vizepräsident eines Konzerns schlägt dem Chef ein neues Programm vor. Damit werde man irre Geld verdienen, aber der Umwelt schaden. »Mir egal«, sagt der Chef, »Hauptsache, wir machen Profit.« Sollten Probanden dann beurteilen, ob der Chef absichtlich die Natur schädigt, sagten die meisten Ja. Veränderten (die) Forscher das Szenario aber so, dass die Natur als Nebeneffekt des lukrativen Programms profitiert, vermutete kaum jemand Absicht" (Herrmann 2019b, S. 16).

Social Desirability Bias

Die meisten Menschen versuchen, den Erwartungen ihres sozialen Umfeldes gerecht zu werden. In Befragungen manifestiert sich dies als ⇒ Antworttendenz: Viele Auskunftspersonen antworten so, wie sie glauben, dass sie

Antworttendenz: Systematische Verzerrung der Antworten von Auskunftspersonen

antworten sollen. Erfahrungsgemäß neigen Angehörige des kollektivistischen Kulturkreises mehr als individualistische Vergleichspersonen dazu, sozial erwünschte Antworten zu geben (vgl. Triandis et al. 2001). Erhebungen von Lalwani et al. (2006) legen allerdings nahe, diese These zu differenzieren. Die von ihnen befragten amerikanischen Studenten erzielten höhere Werte auf der Self-Deceptive Enhancement-Skala (40 Statements wie "Many people think that I am exceptional"), aber niedrigere Werte beim Impression Management (20 Statements wie "I always obey laws, even if I'm unlikely to get caught") als die Vergleichsgruppe (Studenten aus Singapur). In gleicher Weise unterschieden sich die Auskünfte amerikanischer Studenten europäischer Herkunft von denen amerikanischer Studenten asiatischer Herkunft. Während also die individualistischen Probanden vor allem versuchten, sich in einem positiven Licht darzustellen und ihre Fähigkeiten systematisch überschätzten, war es den kollektivistischen Probanden wichtiger, sich als sozial angepasst darzustellen (vgl. auch Riemer/Shavitt 2011).

Courtesy Bias

Eng mit dem 'social desirability bias' verwandt ist der im asiatischen Raum weit verbreitete Höflichkeitsbias: Höflichkeit als ein Mittel, die für diesen Kulturraum identitätsstiftenden harmonischen Beziehungen zu pflegen (vgl. Jones 1963). In Lateinamerika spielt 'simpatìa' eine vergleichbare Rolle (vgl. Triandis et al. 1984). Wie der 'social desirability bias' kann der 'courtesy bias' als Antwortstil bzw. Antworttendenz verstanden werden, dazu bestimmt, die zwischenmenschlichen Beziehungen zu pflegen. Deshalb fällt es vielen schwer, auf die Frage des Kellners, „hats geschmeckt?" wahrheitsgemäß mit „nein" zu antworten.

Self-Serving Bias vs. Self-Effacing Bias

Selbstwertdienliche Fehler sind ein probates Mittel, das eigene Selbstbild zu schützen. Von einem 'self-serving bias' spricht man bspw. dann, wenn eine handelnde Person positive Ereignisse (insb. Erfolge) vorzugsweise sich selbst zuschreibt, negative Ereignisse (insb. Misserfolge) hingegen anderen Akteuren oder der (ungünstigen) Situation (z.B. „In dem Prüfungssaal war es unerträglich heiß"). Mit dem Bescheidenheitsfehler ('self-effacing bias') verhält es sich umgekehrt: Erfolge werden extern attribuiert, Misserfolge intern (vgl. Muramoto 2003). Dieser 'bias' ist in kollektivistischen Gesellschaften wesentlich mehr verbreitet als in individualistischen Gesellschaften. Beim 'group serving bias' wiederum kommt es zu einer „gruppendienlichen" Verzerrung der Informationsverarbeitung. Etwa wenn in Malaysia Angehörige der malaiischen Mehrheitsbevölkerung positive Verhaltensweisen der Eigengruppe häufiger intern attribuieren als vergleichbare positive Verhaltensweisen der Fremdgruppe (= Angehörige der chinesischen Minderheit) (vgl. Hewstone/Ward 1985).

Der 'self-serving bias' steht in engem Zusammenhang mit dem 'actor-observer bias'. Demzufolge beurteilen Außenstehende ein Ereignis zumeist anders als die handelnde Person selbst. Während der Akteur Erfolge gewöhnlich sich selbst zuschreibt (z.B. seiner Begabung, seinem Engagement), Misserfolge hin-

2.3 Verzerrende Informationsverarbeitung

gegen der Situation (z.B. unglückliche Umstände, andere Personen), bevorzugt der Beobachter häufig das umgekehrte Attributionsmuster: Erfolge anderer Personen führt er auf günstige äußere Umständen zurück, Misserfolge hingegen auf Defizite des Akteurs (vgl. C-2.5.3.4).

Dass die verschiedenen Formen von Wunschdenken nicht nur ein soziales Phänomen sind, sondern eine neurologische Basis haben, konnten Kuzmanovic et al. (2018) im Rahmen einer fMRT-Studie demonstrieren. Sie beobachteten, wie Probanden reagieren, wenn sie erfahren, dass sie zuvor ihr Risiko, einen Herzinfarkt zu erleiden, über- oder unterschätzt hatten. Wem gesagt wurde, sein Risiko sei größer als vermutet, ignorierte diese unerfreuliche Information. Bei der Kontrastgruppe (= geringeres Risiko als vermutet) gab die Analyse der Gehirnaktivität hingegen zu erkennen, dass diese erfreuliche Information das Belohnungszentrum aktiviert.

2.3.3 Einfluss der Landeskultur

Systematische Urteilsverzerrungen, welche auf die kulturelle Herkunft der wahrnehmenden Person und deren kulturspezifischen Überzeugungen und Werte zurückführbar sind, werden als 'cultural bias' bezeichnet. Bekannt wurde das Problem der „kulturellen Voreingenommenheit" durch den Vorwurf, das 4D-Modell von G. *Hofstede* leide unter einer kulturbedingten Verzerrung: der Vernachlässigung östlicher Werte wie Harmoniestreben (vgl. B-3.3.3.5). Den meisten Intelligenz- und Persönlichkeitstests wiederum wird vorgeworfen, sie benachteiligten Angehörige nicht-westlicher Kulturen. Abhilfe versprechen Culture Free- bzw. Culture Fair Intelligence-Tests (vgl. Stevenson et al. 2016; Fagan/Holland 2007).

Darüber hinaus wurden bei den allgemeinen systematischen Urteilsverzerrungen diverse kulturspezifische Einflüsse beschrieben bzw. vermutet:
- Status Quo Bias: Es erscheint plausibel, dass Ungewissheitsmeider mehr als andere für diese Urteilsverzerrung anfällig sind. Empirisch untersucht wurde unseres Wissens dieser Zusammenhang bislang jedoch noch nicht. Gleiches gilt für den 'negativity bias'.
- Hindsight Bias: Ob Individualisten aufgrund ihres analytischen Denkstils (vgl. Choi/Nisbett 2000) bzw. ihrer Regelorientierung (vgl. Yama et al. 2007) weniger als Kollektivisten für den Rückschaufehler empfänglich sind, ist umstritten. Gegenteilige Befunde haben u.a. Heine/Lehman (1996) und Pohl et al. (2002) publiziert. Unstrittig ist jedoch, dass der 'hindsight bias' hauptsächlich als kognitive Reaktion auf (moderat) überraschende, d.h. vom eigenen Kenntnisstand abweichende Ereignisse bzw. Informationen auftritt.
- Endowment Effect: Er lässt sich vor allem bei individualistischen Probanden nachweisen – und zwar hauptsächlich dann, wenn die Art der Beziehung zwischen Person und Besitztum „geprimt" wurde (vgl. A-3.4.2.2). Maddux et al. (2010) interpretierten diesen Befund als Konsequenz von Independenz und Selbstwerterhöhung, wie sie für individualistische Gesellschaften charakteristisch sind (vs. Interdependenz und Selbstkritik bei kollektivistischen Gesellschaften).

Independenz vs. Interdependenz: Unabhängigkeit vs. Abhängigkeit

- Home Bias: Wie Anderson et al. (2011) ermittelt haben, ist bei Investmentfonds, die in ungewissheitsmeidenden Gesellschaften aufgelegt werden, der 'home bias' des Portfolios überdurchschnittlich groß (vgl. auch Pradkhan 2016). Hingegen scheinen maskuline Landeskulturen die Risikobereitschaft der Fondsmanager und Anleger zu stärken (bzw. deren Risikowahrnehmung zu mindern), weshalb dort der 'home bias' geringer ausfällt.
- Für den 'self serving bias' sind Angehörige individualistischer Kulturen wesentlich anfälliger als Angehörige kollektivistischer Kulturen (vgl. Mezuli et al. 2004). Japaner bspw. neigen nicht einmal bei Eigenschaften, die in ihrer Gesellschaft als höchst wünschenswert gelten, zum falschen Einzigartigkeits-Irrtum (vgl. Heine/Lehman 1997b; Markus/Kitayama 1991b). In kollektivistischen Ländern spielt der 'group serving bias' eine wichtigere Rolle als in individualistischen Ländern (vgl. Kashima/Triandis 1986).

> Für Amerikaner ist jeder Tag eine Chance zur Selbstwerterhöhung, für Japaner hingegen zur Selbstkritik (vgl. Kitayama et al. 1997).

2.4 Verarbeitung widersprüchlicher Informationen

Dialektik: Denken in Widersprüchen

Wie gehen Menschen mit widersprüchlichen Informationen um? Der im Westen verbreiteten aristotelisch-griechischen Denktradition entspricht es, in einem solchen Fall so lange zusätzliche Informationen heranzuziehen und diese intensiv zu verarbeiten, bis sich eine der Informationen als „richtig bzw. wahr" und die andere(n) als „falsch bzw. unwahr" erweist. An diesem kulturtypischen „entweder/oder" orientierten sich die amerikanischen Teilnehmer einer Serie von Experimenten, mit denen Peng/Nisbett (1999) herauszufinden suchten, ob die Landeskultur Einfluss darauf hat, welche Konflikte die Versuchsteilnehmer in ihrem täglichen sozialen Leben wahrnehmen und welche Lösungsmöglichkeiten. Ganz anders die chinesischen Probanden, die Widersprüche dialektisch angingen. Denn der ihnen vertraute „Sowohl als auch-Denkstil" (vgl. C-2.5.1) unterstellt bei Widersprüchen, dass beide Positionen Anteil an der „Wahrheit" haben und insofern gleichwertig sind.

> "Empirical studies showed that dialectical thinking is a form of folk wisdom in Chinese culture: Chinese preferred dialectical proverbs containing seeming contradictions more than did Americans. Chinese were also found to prefer dialectical resolutions to social conflicts, and to prefer dialectical arguments over classical Western logical arguments. Furthermore, when two apparently contradictory propositions were presented, Americans polarized their views and Chinese were moderately accepting of both propositions" (Peng/Nisbett 1999, S. 741).

2.5 Denkstil

2.5.1 Analytisches vs. holistisches Denken

Ob Menschen vorzugsweise logisch oder intuitiv, holistisch oder analytisch, linear oder vernetzt denken, hängt wesentlich davon ab, wo sie leben und wie sie erzogen wurden (vgl. Yap et al. 2018). Dies bestätigte u.a. eine vergleichende Untersuchung jüngerer australischer (n = 364) und brasilianischer Konsumenten (n = 392) im durchschnittlichen Alter von 31 bzw. 25 Jahren. Laut Torres/Allen (2009) fällen die individualistischen Australier Kaufentscheidungen (Pkw, Ferienreise) stärker analytisch, das Entscheidungsobjekt in seine utilaristischen Nutzenkomponenten zergliedernd, während die eher kollektivistischen Brasilianer primär emotional-ganzheitlich entscheiden, vor allem mit Blick auf den symbolischen Nutzen. Diese Basisthese der kulturvergleichenden Kognitionsforschung zur Kultursensibilität der unterschiedlichen Denkstile wird zumeist am Beispiel des östlichen und des westlichen Kulturraumes erörtert (vgl. Tab. 33).

Tab. 33: Weltbild & Denkprozesse

	Westlicher Kulturkreis	Östlicher Kulturkreis
Weltbild	Das Weltgeschehen ist prinzipiell analysierbar. Wer es verstehen will, muss „die Welt" in ihre Einzelteile zerlegen und die zwischen diesen Teilen bestehenden Gesetzmäßigkeiten erkennen, um schließlich das Weltgeschehen zu rekonstruieren.	Das Weltgeschehen ist komplex und dynamisch, voller Interdependenzen und Wechselwirkungen. Alle Phänomene sind einem steten Wandel unterworfen und deshalb zumeist weder prognostizierbar noch kontrollierbar.
Erkenntnisinteresse	Interessant ist das Grundsätzliche („was die Welt im Innersten zusammenhält").	Nur unmittelbar nützliche Erkenntnisse sind bedeutsam.
Menschenbild	Der Mensch ist durch eine weitgehend stabile Persönlichkeit mehr oder minder festgelegt.	Der Mensch ist formbar und gefordert, sich weiterzuentwickeln und den Umweltbedingungen anzupassen.
Präferierter Attributionsstil	Verantwortlich sind die an einem Ereignis (z.B. Unfall) beteiligten Personen (z.B. Der Autofahrer überschritt die zulässige Höchstgeschwindigkeit, weil er „ein rücksichtsloser Egoist" ist).	Verantwortlich sind die auf ein Ereignis (z.B. Unfall) einwirkenden Umweltbedingungen (z.B.: Möglicherweise fuhr der Autofahrer zu schnell, „weil er sich in einer Notlage befand").
Umgang mit konflikthaften bzw. widersprüchlichen Situationen	Entweder-oder-Denken: Ziel ist es, in einer offenen Diskussion die Gegenpartei von den eigenen Argumenten zu überzeugen. Ein Kompromiss ist eine Notlösung.	Sowohl-als-auch-Denken: Ziel ist es, einen Ausgleich zu finden und Harmonie zu wahren. Gegensätze, Widersprüche etc. werden als unausweichlich angesehen
Spracherziehung	Amerikanische Mütter benennen im Spiel Objekte wesentlich häufiger als japanische Mütter, weshalb ihre Kinder anfänglich vor allem Substantive („Auto", „Puppe" etc.) beherrschen, welche die Objektumwelt kategorisieren.	Japanische Mütter benennen im Spiel mit ihrem Kleinkind vorrangig soziale Verhaltensweisen. Japanische Kinder beherrschen deshalb anfänglich vor allem Verben. Verben verbinden die in einer Situation handelnden Personen.
Gedächtnis	Kontextunabhängige Gedächtnisinhalte sind leicht zugänglich und gut erinnerbar.	Kontextabhängige Gedächtnisinhalte sind leicht zugänglich und werden gut erinnert.

Quelle: eigene Darstellung auf Basis von Ehlers (2004)

Aristoteles: Griechischer Philosoph und Naturforscher (384-322 v.Chr.)

René Descartes: Französischer Philosoph und Mathematiker (1596-1650)

Isaac Newton: Englischer Mathematiker und Naturwissenschaftler (1643-1727)

Der naturwissenschaftliche, von Mathematik und Logik geformte analytische Denkstil ist das Ideal des westlich-individualistischen Kulturraumes. Er hat sich zunächst in der griechischen Antike unter dem Einfluss von *Aristoteles* entwickelt und wesentlich zum Erfolg der Naturwissenschaften beigetragen. In der Neuzeit leisteten u.a. *R. Descartes* („Ich denke, also bin ich.") und *I. Newton* („Mechanikgesetze") entscheidende Beiträge. Dieser auch als „cartesianisch" bezeichnete Denkstil basiert auf folgenden Annahmen:

- Determinismus: Alles, was geschieht, ist durch Naturgesetze eindeutig erklärbar. Die Zukunft ist ein vollständig aus Vergangenheit und Gegenwart ableitbares Ereignis.
- Reduktionismus: Komplexe Systeme (wie Unternehmen, Natur, soziale Umwelt) lassen sich vollständig erklären, wenn deren Struktur und Einzelteile bekannt sind.
- Kausalprinzip: Jedes Ereignis ist die eindeutig identifizierbare Folge eines früheren Ereignisses und zugleich Ursache eines unausweichlich eintretenden zukünftigen Ereignisses.

Für den analytischen Denkstil sind charakteristisch (vgl. Nisbett et al. 2001, S. 293):

- logisches Denken (z.B.: „Wenn alle Menschen sterben müssen und *Aristoteles* ein Mensch ist, dann muss *Aristoteles* sterben"),
- widerspruchsfreies Denken (z.B. „Wenn A> B und B>C, dann A>C"),
- dekonstruktives Denken (Ablösen der handelnden Subjekte und Objekte von ihrem Kontext),
- reduktionistisches Denken (Auflösen komplexer Sachverhalte in ihre Einzelteile, Elemente, Attribute etc. – häufig unter Vernachlässigung der zwischen diesen bestehenden Wechselwirkungen).

Der analytische Denkstil lenkt die Aufmerksamkeit auf die Eigenschaften (Merkmale, Attribute etc.) der in einer Entscheidungssituation handelnden Personen und Objekte – bspw. nach einer als unverhältnismäßig lang empfundenen Wartezeit in einem Restaurant auf Verhalten und Erscheinungsbild des Servicepersonals. Eher vernachlässigt wird der Kontext der Entscheidungssituation (bspw. nicht absehbarer Ansturm von Gästen wegen eines Regenschauers) und dessen Wechselwirkung mit den Objekten und Personen (bspw. unverschuldete temporäre Überlastung der Mitarbeiter). Zukünftige Ereignisse werden – häufig linear – aus der Vergangenheit extrapoliert. Erkenntnisziel sind gesetzmäßige Beziehungen, denen alle Objekte und Subjekte unterliegen, unabhängig von variierenden Umweltbedingungen.

Im Gegensatz dazu reflektiert das vor allem im ostasiatischen Raum verbreitete holistische Denken die konfuzianisch geprägte Überzeugung, dass die Lebenswirklichkeit einem ständigen Wechsel unterliegt und voller Widersprüche ist. Auch sei alles mit allem verbunden (vgl. Miyamoto et al. 2010, S. 404). Argumentative Widersprüche werden deshalb nicht als Indiz einer fehlerhaften, da unlogischen Argumentation angesehen, sondern als unausweichliche Konsequenz der Komplexität und Widersprüchlichkeit realer Phänomene. Weitere Kennzeichen des holistischen Denkstils sind die Konzentration auf das Gesamtbild einer Entscheidungssituation: Es sollen nicht nur Personen und Objekte in den Blick genommen werden, sondern gleichermaßen der Kontext, welcher Personen und Objekte umgibt, sowie die zwischen diesen bestehenden Beziehungen (vgl. Nisbett 2003; Norenzayan/Nisbett 2000).

> „Die Vermessung der chinesischen Wirklichkeit war immer schwer: Da ist die territoriale Ausdehnung; da ist die Gleichzeitigkeit von Gestern und Übermorgen. Und da ist die Vieldeutigkeit der ohnehin schwer beherrschbaren Sprache, die Kluft zwischen dem, was in China gesagt wird, und dem, was im Vagen gelassen wird. Es gibt für vieles in China keine festen Definitionen. Das mag im aufgeklärten Westen erzogene Menschen in Ratlosigkeit stürzen, ist aber in der chinesischen Denktradition kein Problem. Alles ist im Wandel, immer situativ zu verstehen, nie konkret und fest umrissen. Widersprüche müssen nicht aufgelöst werden. Diese fluide Art des Denkens mit der auf Klarheit und Begrifflichkeit bedachten deutschen Sprache auch nur zu beschreiben, ist schwer" (Yang 2019, S. 3).

In Abgrenzung vom abstrakt-logischen und regelbasierten analytischen Denkstil lässt sich holistisches Denken zusammenfassend als gegenständlich-intuitiv und erfahrungsbasiert beschreiben. Aufgrund ihrer unterschiedlichen Denkstile konzentrieren sich Angehörige des westlichen Kulturkreises bei der Kausalattribution auf die Objekte und Angehörige des östlichen Kulturkreises auf die Situation (vgl. Yama 2018).

> **Beispiel:** In seinem Lieblingsversuch, dem Aquarium-Experiment, präsentierte *R.E. Nisbett* japanischen und amerikanischen Studenten eine Aquarium-Szene. Im Vordergrund schwammen große, bunte Fische – daneben und im Hintergrund zahlreiche kleinere Fische, Wasserpflanzen, Kieselsteine, Muscheln etc. Sodann sollten die Versuchsteilnehmer aufschreiben, was sie gesehen hatten. Die US-amerikanischen Probanden schilderten fast ausschließlich die großen Fische, die Japaner höchst detailliert Beschaffenheit und Aussehen der Wasserpflanzen, der Muscheln, des Aquarium-Bodens etc.

2.5.2 Abstraktes vs. konkretes Denken

Sprache & Gehirnentwicklung

Die im westlichen Kulturkreis verbreiteten alphabetischen Sprachen fördern abstraktes Denken, die Schriftzeichensprachen des östlichen Kulturkreises hingegen konkretes Denken. Erklären lässt sich dies folgendermaßen:

Alphabetschrift: Schrift, die auf einem Alphabet basiert (d.h. auf einer geordneten Menge von Buchstaben)

(1) Die Buchstaben der Alphabetschriften sind abstrakt und besitzen eine definierte, vom jeweiligen Kontext weitgehend unabhängige Bedeutung. Ganz anders die bildhaft-gegenständlichen Schriftzeichen der (asiatischen) Schriftsprachen. Sie sind in ihrer Bedeutung variabel. So ändern die 221 Grundzeichen im Chinesischen je nach Ergänzung oder Modifikation ihre Bedeutung.

(2) Sprache und abstraktes Denken sind bei den meisten Menschen in der linken Gehirnhälfte lokalisiert, bildhaftes Vorstellungsvermögen und konkretes Denken in der rechten Gehirnhälfte (Hemisphäre). „Die linke Hemisphäre scheint analytischer zu sein: Sie verarbeitet Informationen Stück für Stück. Die rechte Hemisphäre scheint holistischer zu arbeiten. (… Sie) tritt mehr in Erscheinung, wenn Probleme kreative Lösungen oder plötzliche Geistesblitze erfordern" (Zimbardo/Gerrig 2004, S. 93).

(3) Die abstrakte Schriftstruktur der Alphabetsprachen stimuliert die auf analytische Problemlösung spezialisierte linke Gehirnhälfte und die Schrift-

zeichensprachen die für die ganzheitlich-bildhafte Informationsverarbeitung zuständige rechte Gehirnhälfte.

2.5.3 Kausales Denken

Warum wirft die Zimmerpflanze ihre Blätter ab? Weil sie zu wenig gegossen wurde? Oder zu viel? Vielleicht bekommt sie im Halbschatten zu wenig Licht? Ein anderer Fall: Warum hat die Nachbarin neulich nicht gegrüßt? Ist sie unfreundlich? Hatte sie einen anstrengenden Tag? Oder habe ich wieder mal die Kehrwoche „vergessen"?

2.5.3.1 Attribution: Wie Laien Ursachenanalyse betreiben

Erklären zu können, wie bestimmte wünschenswerte oder unerfreuliche Ereignisse zustande gekommen sind, versetzt uns in die Lage, diese künftig zu wiederholen oder zu vermeiden. Insofern steht das Kausalitätsbedürfnis – d.h. die Suche nach Erklärungen – in engem Zusammenhang mit dem Bedürfnis, Kontrolle über die Umwelt zu erlangen (vgl. Osnabrügge et al. 1985). Gemäß den von Heider (1958, 1944) begründeten ⇒ Attributionstheorien reagieren Menschen, ob sie nun Wissenschaftler oder Laien (z.B. Konsumenten) sind, auf ungewöhnliche oder in anderer Weise erklärungsbedürftige Ereignisse mit Ursachenzuschreibung: mit Kausalattribution.

Dazu sind Antworten zwei Fragen erforderlich: Wer oder was ist für ein erklärungsbedürftiges Ereignis verantwortlich: man selbst, eine andere Person oder äußere Umstände? Und: Tritt dieses Ereignis regelmäßig oder unregelmäßig auf? In der attributionstheoretischen Terminologie heißt dies:
- Ist ein kritisches Ereignis (z.B. Produktmangel) stabil oder variabel? Stabile Ereignisse sind solche, die regelmäßig auftreten (variabel = unregelmäßig).
- Hat das kritische Ereignis eine interne oder eine externe Ursache? Bei einem Produktmangel bspw. würde man von einer internen Ursache sprechen, wenn es an der fehlerhaften Handhabung durch den Kunden lag, und von einer externen Ursache, wenn dem Hersteller bei der Produktion Fehler unterlaufen sind.

2.5.3.2 Attributionsmuster

Ob ein kritisches Ereignis intern oder extern attribuiert wird, lässt sich mit Hilfe des von Kelley (1967) entwickelten Kovariationsmodells erklären (vgl. Aronson et al. 2014, S. 116f.). Angenommen, Sie speisen gemeinsam mit einem Freund in einem Restaurant. Als es ans Bezahlen geht, bemerken Sie, dass ihr Freund nur wenig Trinkgeld gibt. Was bedeutet dies? Wer annimmt, dass der Freund geizig ist, attribuiert intern (bzw. dispositional). Glaubt man hingegen, dass der Freund mit dem Service unzufrieden und deshalb überzeugt war, dass dieser Kellner kein Trinkgeld verdient hat, dann handelt es sich um eine externe bzw. situative Attribution. Wie aber verhält es sich, wenn Sie häufiger mit Ihrem Freund Essen gehen und dieser sich jedes Mal als knausrig erweist? Dann ist der Schluss auf die stabile Eigenschaft Geiz zwar besser begründet – aber auch nicht zweifelsfrei. Denn möglicherweise ist ihr Freund davon überzeugt, dass das Fixgehalt von Kellnern hoch genug ist. Er kann auch der Meinung sein, dass ein Trinkgeld als beschämend, herablassend etc. empfunden werden kann. In dem Maße jedoch, wie Sie feststellen, dass Ihr Freund auch in anderen Verhaltensbereichen jeden Euro „mehrmals umdreht" und z.B. in Fußgängerzonen Bettler, Spendensammler etc. regelmäßig weiträumig umkurvt, Geburtstage häufiger „vergisst", zu den Schnäppchenjägern zählt etc., sind Sie sich immer sicherer: Er ist geizig.

Vom Ergebnis der Kausalattribution hängt ab, wie Menschen auf ein kritisches Ereignis reagieren. Mit Blick auf Produkt- und Servicemängel hat die Zufriedenheitsforschung erkannt, dass nach einer intern-variablen Ursachenattribution (unsachgemäße Handhabung bzw. Verwendung) mit einer größeren Wiederkaufwahrscheinlichkeit unzufriedener Kunden zu rechnen als nach einer extern-stabilen Attribution (vgl. Tab. 34).

Tab. 34: Mögliche Attributionsmuster bei einem mangelhaften Produkt

	intern	extern
stabil	regelmäßige missbräuchliche Nutzung	konstruktionsbedingter Fertigungsfehler
variabel	einmaliger Bedienungsfehler	Qualitätsschwankung (z.B. „Montagsauto")

2.5.3.3 Attribution von Erfolg & Misserfolg

Eine der wichtigsten Anwendungen der Attributionsforschung lässt sich so zusammenfassen: „Warum erzielte Marie eine bessere Note als ich, obwohl sie kaum gelernt hat? Glück? Begabung? Bevorzugung?" Je nachdem, ob die gesuchte Erklärung die eigene Person oder eine fremde Person betrifft, sind unterschiedliche Attributionsmuster zu beobachten (vgl. Tab. 35). Verantwortlich dafür ist der selbstwertdienliche Irrtum: die Neigung, Erfolge sich selbst zuzuschreiben, für Misserfolge hingegen andere oder ungünstige äußere Umstände verantwortlich zu machen. Erleiden jedoch fremde Personen mit einem Vorhaben Schiffbruch, so werden sie mit großer Wahrscheinlichkeit selbst für ihr Scheitern verantwortlich gemacht. Allenfalls Familienangehörige, gute Freunde etc. gelangen in den Genuss des 'self-serving bias' (vgl. C-2.3.2), der dann als 'other-serving bias' bezeichnet wird.

Tab. 35: Attribution von Erfolg & Misserfolg in der Mathe-Klausur

	Selbst	Fremde
Erfolg	intern & stabil „Ich bin intelligent"	extern & variabel „Er/sie hatte Glück"
Misserfolg	extern & variabel „Die Klausur war viel zu schwer" extern & stabil „Dieser Dozent kann selbst Einfachstes nicht erklären"	intern & stabil „Er/sie ist nicht in der Lage, logisch zu denken"

2.5.3.4 Systematische Attributionsfehler

Häufig kommt es allerdings zu systematischen Fehlzuschreibungen. Weit verbreitet sind der fundamentale, der selbstwertdienliche und der gruppendienliche Attributionsfehler.

Fundamentaler Attributionsfehler

Fundamentaler Attributionsfehler: Tendenz, Menschen und deren Eigenschaften als Ursache von Ereignissen anzusehen

Vor allem im Westen sozialisierte Menschen neigen dazu, das Ausmaß, in dem menschliches Verhalten von stabilen internen Faktoren abhängt (insb. von Persönlichkeitseigenschaften), zu überschätzen. Genauso systematisch unterschätzen sie die Bedeutung situativer Faktoren (vgl. Aronson et al. 2014, S. 125). Bezeichnet wird diese Urteilsverzerrung als ...
- fundamentaler Attributionsfehler (vgl. Ross 1977, S. 184; Ross/Nisbett 1991) bzw. als
- Korrespondenzverzerrung oder 'correspondence bias' (vgl. Gilbert/Malone 1995).

Erklären lässt sich diese Fehleinschätzung mit der Neigung, Akteure und Handlung als eine kausale Einheit wahrzunehmen und die handelnde(n) Person(en) als Ursache der Handlung (vgl. Heider 1958). Dieses Attributionsmuster bietet einen entscheidenden, informationsökonomisch begründbaren Vorteil: Es verursacht sehr viel weniger Aufwand, Verhaltensweisen (z.B. Prüfungserfolg) anhand eines einzigen stabilen internalen Faktors (z.B. Intelligenz) zu erklären und zu prognostizieren als anhand mehrerer instabiler situativer Variablen (z.B. Zeitdruck, Fairness der Prüfung, Hitze, Lärm). Hinzu kommt, dass die handelnde Person zumeist offensichtlich ist (z.B. schlecht gelaunter Busfahrer), während Informationen über mögliche situative Verhaltensursachen (z.B. Ehestreit, Schlafmangel, Arbeitsüberlastung) nicht oder nur schwer verfügbar sind.

Salienz: Auffälligkeit, ins Auge springen ('salir': lat. = springen)

> Im Regelfall können wir die Situation, in die eingebettet eine Person handelt, „nicht sehen. Also ignorieren wir ihre Bedeutung. Menschen, nicht Situationen, haben Wahrnehmungssalienz für uns. Wir achten auf Menschen und neigen zu der Auffassung, dass nur sie Ursache ihres Verhaltens sind" (Aronson et al. 2014, S. 120).

Selbstwertdienlicher Attributionsfehler

Eigene Erfolge schreiben die meisten Menschen sich selbst zu (= interne Attribution), Misserfolge hingegen ungünstigen äußeren Umständen oder Handlungen anderer Akteure (= externe Attribution). Erfolge anderer Personen wiederum werden bevorzugt extern sowie variabel attribuiert („Glück gehabt") und deren Misserfolge intern (sowie stabil). Insgesamt dient diese systematische Verzerrung dazu, das im Regelfall positive Selbstbild zu schützen, weshalb man vom 'self-serving bias' spricht (vgl. Miller/Ross 1975; Kelley 1973). Diese Wahrnehmungs- und Urteilsverzerrung ist nicht auf die Attribution erfolgreicher und erfolgloser Verhaltensweisen beschränkt, sondern ist auch in anderen Verhaltensbereichen zu beachten, beispielsweise bei der Beurteilung moralischen Verhaltens. Wamsley/O'Madagain (2020), die ihre Probanden gebeten haben anzugeben, welche Motive sie bei sich und anderen für bestimmte Handlungen verantwortlich machen, berichten: Während man selbst eine Vielzahl guter Gründe hat, lassen sich andere (vermeintlich) nicht nur von schlechten, sondern von den denkbar schlechtesten Motiven leiten (bspw. Hass, Niedertracht).

> „Zu den vielen Denkmustern der Menschen zählt die Tendenz, anderen leichtfertig moralisch verwerfliche Motive zu unterstellen, für sich selbst aber stets die besten Absichten zu reklamieren. (…) Der Heiligenschein bleibt in der Regel für sich selbst reserviert, sie würden gewiss ethisch handeln. Die anderen sahen die Probanden hingegen auf dem Pfad der Finsternis, aus schierem Eigennutz würden diese Schlechtes tun" (Herrmann 2020, S. 13).

Gruppendienlicher Attributionsfehler

Überträgt man den 'self-serving bias' auf die Gruppenebene, so spricht man von „gruppendienlicher Verzerrung der Kausalattribution: vom 'group-serving bias'. Wie Heine/Lehman (1997b) berichteten, werden positive Verhaltensweisen der Eigengruppe (hier: Angehörige der malaiischen Mehrheit in Malaysia) häufiger intern attribuiert als vergleichbare Verhaltensweisen der Fremdgruppe (hier: Angehörige der chinesischen Minderheit). Ähnliches beobachteten Taylor/Jaggi (1974). In Indien ließen sie Hindus das Verhalten anderer Hindus (= Eigengruppe) und das von Muslimen (= Fremdgruppe) beurteilen. Dabei zeigte sich, dass sozial erwünschte Verhaltensweisen der Eigengruppe vorzugsweise internal erklärt werden und sozial unerwünschte Verhalten vorzugsweise external. Bei der Beurteilung der Fremdgruppe kehrt sich diese Tendenz um.

2.5.3.5 Einfluss der Landeskultur

Kausalitätsbedürfnis

Ob Menschen die Welt als ein Gefüge von Ursache/Wirkungs-Beziehungen wahrnehmen (z.B. wenn Anstrengung, dann Erfolg) oder eher als eine zirkuläre Abfolge einzelner Ereignisse, hängt wesentlich von ihrem kulturellen Umfeld ab. Im christlich-abendländischen Raum hat sich ein starkes Kausalitätsbedürfnis entwickelt, das man letztlich auf den Monismus zurückführen kann. Dieser philosophisch-religiösen Lehre zufolge unterliegen Sein und Wirklichkeit einem einheitlichen Grundprinzip: Alle Ereignisse haben eine und nur eine Ursache, welche es aufzudecken gilt. Eine wichtige Rolle spielen weiterhin die lineare Zeitstruktur (vgl. C-1.4.2.1) und das von der Aufklärung geprägte christlich-abendländische Weltbild (vgl. Müller/Gelbrich 2014, S. 138 ff.). Außerhalb des Einflussbereiches des Christentums hat sich ein schwächeres Kausalitätsbedürfnis entwickelt (z.B. in Ostasien).

Besonders stark ausgeprägt ist das Kausalitätsbedürfnis in Gesellschaften, deren Mitglieder kulturbedingt mehr als anderswo danach streben, Ungewissheit zu vermeiden. Dabei ist es hilfreich, Einsicht in Ursache/Wirkungs-Zusammenhänge zu erlangen. Deshalb ist ungewissheitsmeidenden Individualisten wie Belgiern oder Franzosen in besonderem Maße daran gelegen, die Welt im Allgemeinen und einzelne Ereignisse im Besonderen (kausal) erklären zu können.

Erfolg & Misserfolg

Equality-Prinzip: Gleichheitsprinzip

Equity-Prinzip: Leistungsprinzip

Gemäß dem im kollektivistischen Wertesystem verankerten Equality-Prinzip (⇒ Verteilungsgerechtigkeit) sind alle, die zu einer Leistung beigetragen haben, gleichwertig und verdienen deshalb auch den gleichen Anteil am Erfolg. Ganz anders in individualistischen Gesellschaften, wo man sich am Equity-Prinzip orientiert. Dort sollte der Anteil am Erfolg dem jeweiligen individuellen Leistungsbeitrag entsprechen.

Darüber hinaus weiß man, dass Angehörige von kollektivistischen Gesellschaften Erfolg vorzugsweise extern attribuieren (z.B. „Meine Familie hat mich unterstützt"), während Individualisten die interne Attribution bevorzugen (z.B. „Ich hatte einen guten Einfall") (vgl. z.B. Yan/Gaier 1994). Auch werden im ostasiatischen Kulturraum Erfolge, welche durch Kooperation erzielt wurden, mehr geachtet als solche, die auf individuellen Anstrengungen basieren (vgl. Ho/Chiu 1994). Damit in Zusammenhang steht, dass in kollektivistischen Gesellschaften Kooperation als „Königsweg zum Erfolg" gilt, während individualistische Gesellschaften Wettbewerb und individuelle Erfolgsmotivation präferieren.

> **Beispiel:** Der westlich-individualistische Kulturkreis hat den Typus des erfolgreichen Einzelkämpfers als Ideal erkoren, zumal dann, wenn er sich gegen den Widerstand einer ignoranten sozialen Umwelt durchsetzen musste. Kaum einer verkörpert diesen Typus so sehr wie *I.P. Semmelweiss*, dem 1847/48 der Nachweis gelang, dass das damals häufige und vielfach tödlich verlaufende Kindbettfieber kein unabwendbarer Schicksalsschlag ist, sondern durch mangelnde Hygiene von Ärzten und Pflegepersonal verursacht wird.

Fundamentaler Attributionsfehler

Anders als ursprünglich vermutet, ist die Tendenz, hauptsächlich Menschen und deren Eigenschaften als Ursache von Ereignissen anzusehen, kein universelles Phänomen (vgl. Smith et al. 2006, S. 115). Zwar schienen die Ergebnisse einer Studie, die Choi/Nisbett (1998) durchgeführt haben, die Universalität des fundamentalen Attributionsfehlers zu bestätigen, aber eben nur auf den ersten Blick. Aufgabe der Probanden war es gewesen, eine Rede zu halten, deren zentrale Argumente der Versuchsleiter vorgegeben hatte. Überraschenderweise attribuierten alle Zuhörer – Individualisten wie Kollektivisten – dispositional und schlossen vom Inhalt der Rede (z.B. „Warum ich mich nicht beschwert habe, obwohl ich Anlass dazu gehabt hätte") auf die Persönlichkeit des Redners (= konfliktscheu). Um den Versuchspersonen deutlicher vor Augen zu führen, dass der Versuchsleiter den Probanden die Argumente vorgegeben hatte und man folglich nicht vom Inhalt des Vortrags auf zugrundeliegende Einstellungen, Persönlichkeitsmerkmale etc. des Vortragenden schließen könne, verstärkten die Forscher in einem zweiten Experiment die Hinweise darauf, dass die Redner nicht ihre eigene Meinung kundtaten, sondern vorgegebene Argumente vortrugen. Obwohl sie nun eigentlich hätten erkennen müssen, dass der Redner nicht seinen eigenen Standpunkt vertrat, begingen amerikanische Probanden nach wie vor den fundamentalen Attributionsfehler. Die ostasiatischen Probanden hingegen nutzten nun vermehrt situative Informationen und schlossen seltener vom Inhalt der Rede auf die Persönlichkeit des Redners.

Vermutlich bewahrt ihr holistischer Denkstil und die damit verbundene Umfeld- und Interaktionsorientierung Ostasiaten weitgehend vor dieser Urteilsverzerrung (vgl. Choi/Nibett 2000). Umgekehrt dürfte die große Bedeutung, welche Individualisten dem Selbst beimessen, deren Anfälligkeit für den fundamentalen Attributionsfehler begründen. Für sie besitzen personenbezogene Informationen einen erhöhten Aufmerksamkeitswert und werden somit von ihnen bevorzugt kodiert und für Erklärungen herangezogen. Menon et al. (1999, S. 703) begründeten diese Form von Selbstbezogenheit religionssoziologisch. Entsprechend ihrer jüdisch-christlichen Tradition glaubten Angehörige individualistischer Gesellschaften an die individuelle Seele und damit an die Autonomie des Einzelnen. Der ostasiatische Kulturraum hingegen sei von der konfuzianischen Staats- und Ordnungslehre geprägt, welche den Menschen als Gemeinschaftswesen begreift, dessen Selbst sich primär aus der Zugehörigkeit zu einer sozialen Gruppe, der wechselseitigen Abhängigkeit der Gruppenmitglieder und der Verbindlichkeit sozialer Normen bestimmt.

Weiterhin hängt es vom Alter der Versuchsteilnehmer ab, ob diese den fundamentalen Attributionsfehler begehen. Miller (1984) präsentierte amerikanischen und indischen Kindern, Halbwüchsigen und Erwachsenen kritische Ereignisse und bat sie, das darin geschilderte Verhalten zu begründen. Warum bspw. hat ein Motorradfahrer seinen schwer verletzten Beifahrer am Unfallort sich selbst überlassen? Während die amerikanischen und die indischen Kinder vergleichbare Erklärungen gaben, differierten die Antworten der Älteren deutlich. Amerikanische Erwachsene meinten, die Ursache des aus ihrer Sicht asozialen Verhaltens sei das (stabile) Persönlichkeitsmerkmal Verantwortungslosigkeit (= dispositionale Erklärung). Anders die befragten Inder. Sie vermuteten, dass sich der Fahrer vielleicht der Schwere der Verletzung nicht bewusst war oder versucht hat, Hilfe zu holen (= situative Erklärung).

Selbstwertdienlicher Attributionsfehler & Bescheidenheitsfehler

Den 'self-serving bias' begehen vor allem Individualisten und Idiozentriker (vgl. Smith et al. 2006, S. 115). Denn für sie sind Selbstwertgefühl und Selbstschutz existenziell. Auch haben sie gelernt, Ereignisse primär mit Personen und weniger mit situativen Variablen in Verbindung zu bringen. Während Individualisten Erfolge möglichst sich selbst zuschreiben, führen kollektivistisch Sozialisierte positive Ereignisse eher darauf zurück, dass ihnen Freunde, Bekannte oder Mentoren geholfen haben (vgl. Crocker/Luhtanen 1990). Erklären lässt sich dies mit dem für diese Kultur typischen 'modesty bias' (vgl. Min et al. 2016). Darüber hinaus „verbietet" der Kulturstandard „Gesicht wahren" es ihnen, für Misserfolge andere verantwortlich zu machen. Aus demselben Grund möchten sie den „Schutz der Durchschnittlichkeit" nicht verlieren, was geschehen würde, falls sie Erfolge sich selbst zuschrieben (vgl. Triandis 1995, S. 302).

Bei der Beurteilung von Leistungen fremder Personen neigen Japaner zum 'other-serving bias' (vgl. Yamauchi 1988). Für Misserfolge machen sie aufgrund ihres Harmoniebedürfnisses möglichst nicht andere Personen verantwortlich, sondern „die Umstände" oder „das Schicksal".

Mezulis et al. (2004) haben 266 Studien zum 'self serving bias' meta-analytisch ausgewertet. Die durchschnittliche Effektstärke (n = 503) von 0,96 ist ein deutlicher Hinweis auf die Relevanz dieser Urteilsverzerrung, die jüngere und ältere Probanden in verstärktem Maße nutzen, um ihr Selbstbild zu schützen. Ordnet man die beobachteten Effekte regional, d.h. gemäß der Herkunft der Versuchsteilnehmer, dann zeigt sich, dass afroamerikanische und weiße Amerikaner, Osteuropäer und Afrikaner mehr als andere selbstwertdienlich urteilen (vgl. Abb. 52).

Abb. 52: Intensität der selbstwertdienlichen Urteilsverzerrung in Abhängigkeit von der Herkunft der Probanden

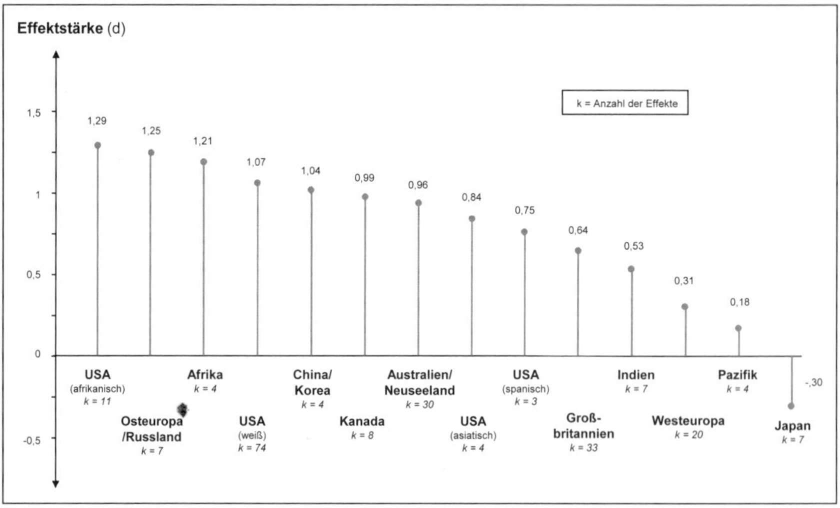

Quelle: Mezulis et al. (2004, S. 731)

3 Einstellungen

3.1 Grundlagen

> **Definition Einstellung**
>
> Gelernte und relativ dauerhafte Tendenz, einen Sachverhalt, ein Objekt, eine Person etc. mehr oder weniger positiv oder negativ zu bewerten. Einstellungsobjekt kann nahezu alles sein: eine Idee, eine Person, eine Marke, ein Unternehmen oder eine Verhaltensweise. Einstellungen sind konkret, d.h. anders als Werte immer auf ein bestimmtes Objekt bezogen (vgl. Trommsdorff/Teichert 2011, S. 126).

Gemäß dem Dreikomponentenmodell der Einstellungsforschung (vgl. Abb. 53) können Einstellungsobjekte auf dreierlei Weise bewertet werden:
- Kognitiv: Was weiß bzw. denkt die wahrnehmende Person P über das Objekt? (z.B. „*Frosch*-Produkte sind umweltverträglich"; „Finnen sind wortkarg und verschlossen.")

- Affektiv: Was fühlt P in diesem Zusammenhang? (z.B. „Ich mag *Frosch*-Produkte; „Mit Finnen werde ich nicht warm.")
- Konativ: Wie verhält sich P gegenüber dem Objekt? (z.B. „Ich kaufe regelmäßig, bisweilen, häufig *Frosch*-Produkte"; „Finnen gehe ich am liebsten aus dem Weg.")

Abb. 53: Dreikomponentenmodell der Einstellungsforschung

Quelle: Müller et al. (2007, S. 10); in Anlehnung an Rosenberg/Hovland (1960)

3.2 Explizite vs. implizite Einstellungen

Was halten Sie von Rohmilchkäse? Was von einem Verbot von Plastiktüten? Wenn von Einstellungen die Rede ist, dann zumeist von expliziten Einstellungen. Diese sind uns bewusst, und wir können – wenn wir danach gefragt werden – vergleichsweise leicht darüber Auskunft geben (z.B. „Ja, Plastiktüten sollten verboten werden. Denn sie sind schädlich und könnten leicht durch andere Materialien ersetzt werden").

Die meisten Einstellungen sind jedoch nicht Teil des menschlichen Bewusstseins, d.h. sie werden nicht kognitiv kontrolliert. Implizite Einstellungen sind unwillkürliche und unkontrollierbare Bewertungen von Gegenständen, Sachverhalten etc. (vgl. Aronson et al. 2014, S. 222). Obwohl es naheliegend erscheint: Implizit sollte nicht mit unbewusst gleichgesetzt werden.

> „We conclude that (a) people sometimes lack conscious awareness of the origin of their attitudes, but that lack of source awareness is not a distinguishing feature of indirectly assessed versus self-reported attitudes, (b) there is no evidence that people lack conscious awareness of indirectly assessed attitudes per se, and (c) there is evidence showing that, under some conditions, indirectly assessed (but not self-reported) attitudes influence other psychological processes outside of conscious awareness" (Gawronski et al. 2006, S. 485).

Unstrittig jedoch ist, dass Menschen zu unzähligen Einstellungsgegenständen sowohl explizite als auch implizite Einstellungen haben (vgl. Greenwald/Banaji 1995). Die einen, die impliziten Einstellungen, wurden in der lustbetonten Kindheit geprägt (z.B. Schokolade = gut, schmeckt) und die anderen, die expliziten Einstellungen, im eher vernunftbetonten Erwachsenenalter (Schokolade = schlecht, macht dick). Häufig stimmen explizite und implizite Einstellungen nicht überein. Diesem Widerspruch ist bspw. zuzuschreiben, warum Diäten regelmäßig scheitern: Weil die unvernünftigen impliziten Einstellungen auch die besten – bewussten – Vorsätze torpedieren.

Messen kann man implizite Einstellungen mit dem *IAT*: dem *Impliziten Assoziationstest* (vgl. Greenwald et al. 2003). Anstelle der bei expliziten Einstellungen üblichen Selbsteinstufungsskalen (z.B. *Likert*-Skala, *Semantisches Differential*) dient dabei die Reaktionszeit als Maß der Assoziationsstärke. Angenommen, man möchte wissen, ob eine bestimmte Zielgruppe Vorurteile gegenüber Erzeugnissen hegt, die im Ausland hergestellt werden. Dazu würde man den Teilnehmern des *IAT*-Versuches Produkte zeigen, real oder als Bild, die einmal als heimisches und ein anderes Mal als ausländisches Erzeugnis kenntlich gemacht wurden. Diesen Stimuli müssen sodann möglichst schnell vorgegebene Begriffe zugeordnet werden, die positiver (z.B. hochwertig, innovativ, zuverlässig) oder negativer Natur sein können (z.B. fehleranfällig, gesundheitsgefährdend, Imitation). Wer nun wesentlich mehr Zeit benötigt, ausländischen Erzeugnissen positive Begriffe zuzuordnen als heimischen Erzeugnissen, dem wird unterstellt, dem 'home bias' erlegen zu sein (vgl. D-2.5.2) und unbewusste Vorurteile gegenüber „Made in Brasilia, China, Marokko, Spain etc." zu haben.

Niemand et al. (2014) haben dargelegt, wie dieser Ansatz in der Konsumentenforschung genutzt werden kann – bspw. bei der Minderung der Einstellungs/Verhaltensdiskrepanz (vgl. C-7.2), einem Schlüsselproblem nicht nur der sozialwissenschaftlichen Forschung, sondern auch der Marketingforschung. Wenn in zahllosen Umfragen immer mehr Menschen angeben, der Schutz der Umwelt sei ihnen wichtig, aber nur wenige sich entsprechend verhalten, dann hängt das nicht zuletzt auch damit zusammen, dass in Umfragen explizite Einstellungen erfragt werden, die meisten Verhaltensweisen aber durch implizite Einstellungen gesteuert werden:

- explizite Einstellung: Umwelt retten = toll, Bauern sollten fair entlohnt werden,
- implizite Einstellung: Fahrrad statt Auto fahren = anstrengend (nicht toll); einmalig günstiges Sonderangebot an Grillwürsten

deliberare: (lat.) = beratschlagen, überlegen

Mit Hilfe des MODE-Modells, einem ⇒ Dualen Prozess-Modell der Sozialwissenschaften, kann man das Wechselspiel von expliziten und impliziten Einstellungen erklären. Gemäß Fazio/Olson (2014) steuern im „spontanen Modus", d.h. dann, wenn eine Person wenig motiviert ist oder aus anderen Gründen Informationen nur oberflächlich verarbeitet, hauptsächlich die impliziten Einstellungen das Verhalten. Im „deliberativen Modus" wirken hingegen die expliziten Einstellungen. Das Associative-Propositional-Evaluation-Modell geht einen Schritt weiter und unterstellt, dass beide Einstellungsarten interagieren und gemeinsam auf das Verhalten einwirken (vgl. Gawronski/Bodenhausen 2006).

Salienz: A priori-Auffälligkeit

Kritiker wenden gegen derartige Befunde allerdings ein, dass sie zu wesentlichen Teile methodische Artefakte widerspiegeln. So seien die Kategorien, denen die Untersuchungsobjekte zugeordnet werden, unterschiedlich 'salient' (vgl. Rothermund/Wentura 2004).

3.3 Einfluss der Landeskultur

Die kulturvergleichende Einstellungsforschung befasst sich vorrangig mit der Frage, wie die Äquivalenz von Befragungsergebnissen gesichert werden kann (vgl. B-4.3). Denn viele Auskunftspersonen antworten nicht entsprechend ihren sachbezogenen Einstellungen, sondern so, wie sie meinen, antworten zu müssen, um wichtigen sozio-kulturellen Normen gerecht zu werden (z.B. höflich sein, den Interviewer nicht enttäuschen). Und viele wollen Fragen zu tabuisierten Sachverhalten (z.B. Häufigkeit Alkoholkonsum) nicht wahrheitsgemäß beantworten.

Die Bereitschaft, sozialen Erwartungen zu entsprechen, ist in verschiedenen Kulturen unterschiedlich stark ausgeprägt. In einem klassischen Feldexperiment ließen Collett/O'Shea (1976) in Großbritannien und im Iran einen vermeintlich ortsfremden Ausländer Einheimische nach dem Weg fragen. Obwohl der angeblich gesuchte Ort erfunden war, wiesen 20 % der iranischen Versuchspersonen dem Fremden eine bestimmte Richtung. Hingegen erlag kein Brite der Versuchung, lieber eine falsche als keine Auskunft zu geben. Ähnlich angelegte Studien, z.B. in Tokio, sprechen dafür, dass Menschen, die aus kollektivistisch geprägten Ländern stammen, stärker auf Harmonie und Konsens bedacht sind und deshalb mehr dazu neigen, sozial erwünscht zu antworten als Angehörige individualistischer Kulturen.

4 Motivation

4.1 Motiv vs. Bedürfnis

4.2 Begriffsbestimmung

Sozial- und Persönlichkeitspsychologen bezeichnen Handlungsimpulse, die sich nicht unmittelbar auf äußere Reize zurückführen lassen, als Motiv. Üblicherweise unterscheiden sie zwischen …

movere: lat. = bewegen

- primären, d.h. angeborenen Motiven (z.B. Hunger stillen, Durst löschen, Sexualität) und
- sekundären, d.h. erlernten Motiven (z.B. Streben nach Anerkennung, nach Harmonie etc.).

Wirtschaftswissenschaftler sprechen in vergleichbaren Situationen nicht von Motiv, sondern von ⇒ Bedürfnis (vgl. Tab. 36). Dies können sein:
- primäre bzw. physiologische Bedürfnisse (Hunger, Durst, Wärme, Schlaf, Sexualität), welche unmittelbar der Existenzsicherung und Arterhaltung dienen, sowie
- sekundäre bzw. soziale Bedürfnisse (z.B. nach Selbstverwirklichung).

Aus Bedürfnissen (bzw. einem subjektiv empfundenen Mangelzustand) kann sich ein betriebswirtschaftlich relevanter Bedarf entwickeln. Voraussetzung dafür ist zunächst ein verfügbares Angebot von Gütern, die prinzipiell geeignet sind, das Bedürfnis zu stillen (z.B. Sicherheitsbedürfnis ⇒ Diebstahlsicherung), aber auch die erforderliche Kaufkraft (z.B. 1.000 € ⇒ frei verfügbares Einkommen) und die Aktualisierung des Bedürfnisses durch Umwelteinflüsse (z.B. vermehrte Berichterstattung über Einbrüche am eigenen Wohnort).

Analog zur Dyade Bedürfnis ⇒ Bedarf unterscheidet die sozialwissenschaftliche Literatur Motiv ⇒ Motivation. Die „Aktualisierung eines Motivs" wird als Motivation bezeichnet. Das Motiv „Streben nach Anerkennung" etwa konkretisiert sich unter bestimmten Voraussetzungen (z.B. geringes verfügbares Einkommen) in der Motivation, preisgünstige gefälschte Markenprodukte wie Luxushandtaschen oder –armbanduhren zu besitzen (vgl. Wilcox et al. 2009).

Tab. 36: Zentrale Konstrukte der Motiv- und Bedürfnisforschung

	Betriebswirtschaftliche Terminologie	Sozialwissenschaftliche Terminologie
Konstruktebene 1	Bedürfnis	Motiv
Konstruktebene 2	Bedarf	Motivation
Handlungsebene	Nachfrage	Handlung

4.3 Zentrale Motive

Angesichts der z.B. von Rothermund/Eder (2011) beschriebenen Vergeblichkeit des Versuchs, Gesamtübersichten der menschlichen Motive zu erstellen, konzentriert sich die Motivationsforschung zunehmend darauf, wenige grundlegende Antriebskräfte des Handelns zu benennen und zu erklären. Nach Brandstätter et al. (2018) sind dies das …

- Leistungsmotiv: Menschen wollen erfolgreich sein und Misserfolg vermeiden,
- Anschlussmotiv: Menschen wollen wechselseitig positive Beziehungen herstellen und Zurückweisung vermeiden,
- Machtmotiv: Menschen wollen andere kontrollieren und beeinflussen sowie Kontrollverlust vermeiden.

Alle Motive kommen in impliziter bzw. unbewusster wie auch in expliziter bzw. bewusster Form vor.

Leistungsmotiv

> **Definition Leistungsmotiv**
> „Bestreben, die eigene Tüchtigkeit in all jenen Bereichen zu steigern oder möglichst hoch zu halten, in denen man einen Gütemaßstab für verbindlich hält, und deren Ausführung gelingen oder misslingen kann" (Heckhausen/Heckhausen 2010, S.46)

Menschen wollen sich als wertvolles Mitglied der Gesellschaft erleben – z.B. als anständig, geduldig, hilfsbereit, kompetent. Was im Einzelfall als wertvoll angesehen wird, hängt davon ab, welche Verhaltensweisen in einer Gesellschaft als wünschenswert gelten (vgl. Diener/Diener 2009; Wang/Ollendick 2001). Im westlichen Kulturkreis sind dies bspw. Leistungs- und Durchsetzungsvermögen, im östlichen Kulturkreis Bescheidenheit und harmonische Beziehungen mit den Mitgliedern der In-Group.

Das Konstrukt der Leistungsmotivation ist somit nicht interpretierbar, ohne den kulturellen Kontext der handelnden Personen zu kennen. Denn im Gegensatz zur individualpsychologischen Deutung, die im individualistischen Kulturraum üblich ist (= Leistung zum Wohl des Leistungserbringers), wird Leistung in kollektivistischen Gesellschaften primär dann gewürdigt, wenn sie dem Wohl der In-Group bzw. der Allgemeinheit dient (vgl. Kornadt 2003, S. 365 f.).

Anschlussmotiv

> **Definition Anschlussmotiv**
> „Bedürfnis, positive soziale Bindungen mit anderen Personen aufzubauen, zu erhalten und wiederherzustellen (Sokolowski & Heckhausen, 2010)

Die These, dass der Mensch ein ausgesprochen starkes Bedürfnis nach sozialer Verbundenheit hat, weil er als „physiologische Frühgeburt" auf die Welt kommt und lange Zeit auf sich gestellt nicht überlebensfähig wäre, ist plausibel, aber nicht unumstritten (vgl. Hofer/Hagemeyer 2018). Das Anschlussmotiv konkretisiert sich im …
- Streben nach Affiliation (= angenehme, dauerhafte und reziproke zwischenmenschliche Beziehungen),
- Streben nach Intimität (= enge, empathische und kommunikative zwischenmenschliche Beziehungen).

In allen Fällen menschlicher Interaktion konkurriert „Hoffnung auf Anschluss" mit „Furcht vor Zurückweisung". Abhängig von individueller Persönlichkeit, Sozialisation etc. überwiegt mal das eine, mal das andere Motiv. Für das Konsumentenverhalten ist das Anschlussmotiv vor allem mit Blick auf die sozialen Risiken von Kauf und Konsum bedeutsam: „Wie reagiert mein soziales Umfeld auf den Kauf bzw. Besitz eines bestimmten Produkts bzw. einer bestimmten Dienstleistung?" SUV-Fahrer etwa erfahren unter vergleichbaren Bedingungen (z.B. Topografie, Freizeitverhalten, Kaufkraft) in femininen Gesellschaften vermutlich weniger Anerkennung als in maskulinen Gesellschaften. Ein weiteres Anwendungsgebiet ist das Crowding-Phänomen. Die meisten Menschen bevorzugen „belebte" Restaurants, Einkaufszentren etc., meiden jedoch Überfüllung nicht weniger als menschenleere Räume (vgl. D-5.1.3).

Machtmotiv

> **Definition Machtmotiv**
> „Wunsch, auf andere Personen Einfluss zu nehmen" (Busch 2018, S. 248)

Die Art und Weise, wie Macht verteilt ist und ausgeübt wird, ist eine der wichtigsten Variablen zwischenmenschlicher Interaktion. Nicht von ungefähr ist die Kulturdimension Akzeptanz von Machtdistanz Bestandteil der führenden Kulturmodelle (vgl. B-3.3.3.2). Das Machtmotiv ist unterschiedlich stark ausgeprägt. Auch wird differenziert zwischen ...
- personalisierter Macht (wenn Menschen danach streben, sich stark und überlegen zu fühlen, indem sie andere dominieren und zum eigenen Vorteil beeinflussen) und
- sozialisierter Macht (wenn Menschen zum Wohle anderer nach Gestaltungsmöglichkeiten streben).

Machtbewusste Menschen erleben Situationen, in denen sie andere in wichtigen Verhaltensbereichen beeinflussen, als angenehm. Dann wähnen sie sich überlegen und sehen sich in der Lage, die Situation zu kontrollieren. Dies wiederum empfinden sie als belohnend, weil die Fähigkeit, subjektiv bedeutsame Ereignisse kontrollieren zu können, eine zentrale Facette des ⇒ Selbstbildes stärkt: die ⇒ Selbstwirksamkeit. Damit ist die Überzeugung gemeint, durch das eigene Verhalten etwas „bewirken" und Ereignisse in einer gewünschten Weise beeinflussen zu können (vgl. Bandura 1997). Erkennt eine Person allerdings, dass sie wichtige Ereignisse dauerhaft nicht kontrollieren kann, so empfindet sie Kontrollverlust (vgl. Kap. C-6.2.5).

Kunden üben auf vielerlei Weise Macht aus: durch ihr Kaufverhalten (Angebote, für die sich nicht hinreichend viele Käufer finden, müssen früher oder später vom Markt genommen werden), wenn sie sich beschweren, wenn sie Preisverhandlungen führen etc. In dem meisten Fällen handelt es sich dabei um Formen personalisierter Machtausübung. Boykott und Buykott hingegen sind wichtige Formen sozialisierter Machtausübung (vgl. D-2.7.2).

4.4 Maslows Bedürfnispyramide

4.4.1 Allgemeines Modell

Die äußerst populäre, nach wissenschaftlichen Kriterien aber höchst umstrittene Bedürfnispyramide unterstellt, dass die höherrangigen sozialen Bedürfnisse erst dann aktiviert werden, wenn die auf der unteren Ebene der Pyramide angesiedelten primären Bedürfnisse (z.B. Hunger, Durst) erfüllt sind (vgl. Maslow 1954). Kritiker bemängelten den statischen Charakter und die Realitätsferne dieses Konzepts.
- Tatsächlich kann es religiösen Menschen wichtiger sein, ihr Bedürfnis nach spiritueller Selbstverwirklichung zu stillen als ihre sozialen Bedürfnisse.
- Um schlank zu sein und dadurch soziale Anerkennung zu erlangen, ignorieren viele ihre physiologischen Grundbedürfnisse und hungern freiwillig.
- Und der große Stellenwert, den Selbstverwirklichung (bspw. in Gestalt von Erlebnisorientierung) für Angehörige von postmaterialistischen Wohlstandsgesellschaften besitzt, bedeutet nicht, dass deren Bedürfnisse nach Sicherheit (z.B. Altersvorsorge), sozialen Beziehungen (z.B. Teilhabe an Online-Communities) und Wertschätzung (z.B. Besitz von Luxusartikeln)

umfassend und dauerhaft gestillt sind. Realistischer ist die Vorstellung, dass in den allermeisten Lebenssituationen alle fünf Bedürfniskategorien angesprochen sind, die eine mehr, die andere weniger.

Die dynamisierte Bedürfnispyramide (vgl. Abb. 54) trägt einem Teil der Einwände Rechnung. Dass häufig mehrere Bedürfnisarten gleichzeitig unser Verhalten in unterschiedlicher Intensität beeinflussen, entspricht sicher eher der Realität als die Annahme einer sukzessiven, unabänderlichen Abfolge.

Abb. 54: Bedürfnispyramide & Bedürfniswelle

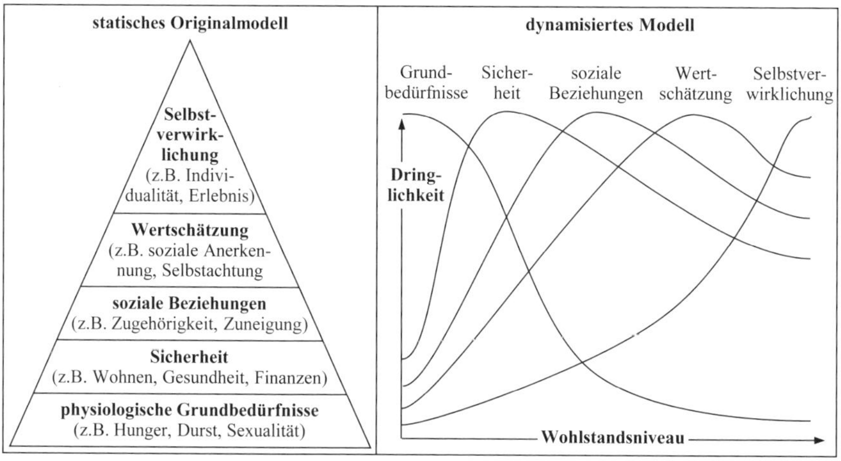

Quelle: Gelbrich et al. (2018, S. 38)

Ungeklärt ist auch, was gemäß dem *Maslow*-Modell zu erwarten ist, sollten unvereinbare Bedürfnisse gleichzeitig aktiviert werden. Ein Großteil der Konsumenten möchte preisgünstig einkaufen (= Sicherheitsbedürfnis) und eine Teilmenge von diesen sozial verantwortlich (= Bedürfnis nach Wertschätzung). Wie werden sich die Käufer eines T-Shirts verhalten, wenn sie erfahren, dass dessen Näher nur einen Bruchteil (0,20 €) des Verkaufspreises von 29,00 € für ihre Arbeit erhalten? Werden sie sich dennoch für das preisgünstige Angebot entscheiden oder einem fair gehandelten T-Shirt den Vorzug geben, das zwar etwas teurer angeboten wird, aber auch mit dem Versprechen, dass die Näher mit einem spürbar größeren Anteil am Verkaufspreis entlohnt werden (www.grundstoff.net/fair-trade-definition).

Beispiel: Kostenstruktur eines T-Shirts, dessen Verkaufspreis in Deutschland 29,00 € beträgt

17,00 € behält der Einzelhandel (der davon u.a. Sozialabgaben und Steuern bezahlt)
 3,60 € verdient der Inhaber der Markenrechte
 1,20 € erhält der Agent, der zwischen dem Inhaber der Markenrechte und dem Hersteller vermittelt
 2,20 € entfallen auf den Transport
 1,20 € Gewinn macht der Fabrikant
 0,30 € sonstige Kosten (Miete, Verwaltung, Werbung)
 3,40 € Materialkosten
 0,20 € Lohn (Näherinnen und Näher des T-Shirts)

Quelle: DIE ZEIT (20.04.2018, S. 40)

4.4.2 Einfluss der Landeskultur

Theoretische Überlegungen

Die kulturvergleichende Forschung stellt die von *A.H. Maslow* postulierte Automatik der Aktivierung von Bedürfnissen gleichfalls in Frage. Denn einige Bedürfnisse sind so sehr mit einer bestimmten Landeskultur verbunden, dass sie für Angehörige dieser Kultur jederzeit relevant sind. So ist in Gesellschaften, die Machtdistanz akzeptieren, das Bedürfnis nach Anerkennung und Geltung grundsätzlich – d.h. in allen Lebenssituationen – bedeutsam und nicht nur als Durchgangsstation auf dem Weg zur Spitze der Bedürfnispyramide, dem Streben nach Selbstverwirklichung. Und Angehörige von femininen Kulturen wie Chile, Island oder Schweden werden sich nicht nur in einer bestimmten Lebenssituation sozial engagieren, sondern die Pflege zwischenmenschlicher Beziehungen zum Fixpunkt ihres Lebensmodells machen (vgl. Tab. 37).

Tab. 37: Zusammenhang zwischen Maslows Bedürfnishierarchie & Hofstedes Kulturdimensionen

Bedürfnis	Kulturdimension	Konsumrelevante Strebungen	Verhalten bzw. Leistung mit Marketingbezug	Präferenzbildende Faktoren
Selbstverwirklichung	Individualismus (z.B. Australien, Großbritannien, Kanada, Neuseeland, Niederlande, USA)	Lebensfreude Erleben Genuss Freude am Können Spaß an der Technik	Alternativer Lebensstil Do it Yourself-Hobbys (Lesen, Musizieren, Malen, Basteln) Reparaturen in Haus und Hof sowie am Auto Jogging und Leistungssport Sammeln von Kunst (Weiter-)Bildung Religiöse Erbauung	Selbstwert Selbstverantwortung Hedonismus Leistungsstreben
Geltungsdrang	Akzeptanz von Machtdistanz (z.B. Guatemala, Malaysia, Mexiko, Panama, Philippinen, Venezuela)	Anerkennung Prestige Ruhm	Luxuslokale Nobelautos Edle Getränke Exklusive Kleidung Zweitwohnung Exotische Reiseziele	Demonstration von Wohlstand Orientierung an Leitbildern Elitärer Anspruch Closed Circles Statussymbole
Soziale Bedürfnisse	Feminität (z.B. Costa Rica, Dänemark, Estland, Niederlande, Norwegen, Schweden)	Liebe, Zuneigung Geselligkeit Nächstenliebe Soziales Engagement	Nachbarschaftsladen Gastronomie Hotellerie Spendenmarkt	Persönliche Beziehungen Clubgedanke Gratifikationsprinzip

4.4 Maslows Bedürfnispyramide

Bedürfnis	Kulturdimension	Konsum-relevante Strebungen	Verhalten bzw. Leistung mit Marketingbezug	Präferenz-bildende Faktoren
Sicherheit	Ungewissheitsvermeidung (z.B. Belgien, Griechenland, Guatemala, Japan, Portugal, Salvador, Uruguay)	Schutz von - Gesundheit - Hab & Gut - Umwelt Absicherung gegen Versorgungsengpässe - Kaufrisiken - Unwissenheit - Krankheit - Arbeitslosigkeit - Pflegebedürftigkeit	Biokost Naturbelassene Lebensmittel Kranken-/Lebensversicherungen Sanatorien / Altenheime Sicherheitsdienste Finanzberatung Markenartikel Katalysatoren Bleifreies Benzin	Qualität Produkterfahrung Persönliche Bindungen Autoritätsbeweise Referenzkunden Risikoteilung (z.B. Lieferanten-Splitting)
Fundamentale physiologische Bedürfnisse	Alle Gesellschaften	Sicherung der Daseinsgrundlagen	Essen, Trinken Kleidung Wohnung, Möbel Mobilität, Energie (Wärme)	Preiswürdigkeit Bequemlichkeit Kundennähe

Quelle: Dichtl (1991, S. 68 f.); Müller/Gelbrich (2015, S. 309 f.)

Empirische Befunde

Nicht immer erwerben Kunden ein Produkt oder eine Dienstleistung primär oder ausschließlich wegen bestimmter konkreter Leistungsmerkmale (= Grundnutzen), sondern vielfach, um von den mit dem Produkt bzw. der Dienstleistung verbundenen abstrakten Konsequenzen zu profitieren (= Zusatznutzen). Ein Brot bspw. ist sehr viel mehr als eine Mischung von Mehl, Wasser, Salz, Hefe und Gewürzen: Grundlage einer urigen Mahlzeit für die einen, Bestandteil einer gesunden Ernährung für die anderen.

Um die „wahren", d.h. tieferliegenden Bedürfnisse von Konsumenten erkennen zu können, geht die Means End-Analyse (vgl. Gutman 1997; Newell/ Simon 1972) davon aus, dass diese ein Leistungsbündel (Produkt oder Dienstleistung) als Mittel ansehen, bestimmte Ziele zu erreichen. Außendienstmitarbeiter bspw., die Jahr für Jahr mehr als 50.000 km auf den Straßen unterwegs sind und ihr Auto mit dreidimensional flexibel einstellbaren Komfortsitzen ausstatten, haben dabei möglicherweise weniger ihre Bequemlichkeit im Sinn als vielmehr ihre Ausgeruhtheit und körperliche Sicherheit und letztlich die materielle Sicherheit ihrer Familie (vgl. Abb. 55).

Means End-Analyse: means = Mittel, end = Zweck bzw. Ziel

Abb. 55: Hypothetische Means End-Ketten von Autofahrern und Bahnreisenden

Bahnreisende	Means End-Kette	Autokäufer
Selbstachtung	← terminaler Wert →	Sicherheit
⇑		⇑
Verantwortungsbewusstsein	← instrumentaler Wert →	Verantwortungsbewusstsein
⇑		⇑
sich wohlfühlen	← psycho-sozialer Nutzen → (Zusatznutzen)	erholt ankommen
⇑		⇑
fit nach der Ankunft	← funktionaler Nutzen → (Grundnutzen)	entspannt sitzen
⇑		⇑
angenehm	← abstrakte Eigenschaft →	an Körpergröße anpassbar
⇑		⇑
gefahren werden	← konkrete Eigenschaft →	mit Komfortsitzen

Mit Hilfe der Laddering-Technik lassen sich sämtliche Assoziationen, welche Kunden mit dem Kauf eines bestimmten Gutes verbinden, in der gezeigten Weise als Ketten darstellen. Diese 'chains' geben zu erkennen, was letztlich „hinter" den entsprechenden Erwartungen bzw. Bedürfnissen der Befragten steht. Um derartige Einblicke zu erhalten, werden in einem ersten Schritt die für die Befragten relevanten konkreten Eigenschaften identifiziert – beispielsweise einer Bahnfahrt

- Frage: „Warum fahren Sie mit der Bahn?"
- Antwort: „Weil ich dann gefahren werde, nicht selbst lenken muss."
- Frage: „Warum ist Ihnen das wichtig?"
- Antwort: „Ich empfinde das als angenehm, kann während der Fahrt lesen etc."
- Frage: „Warum ist Ihnen das wichtig?"
- Antwort: „Ich habe einen anstrengenden Beruf, muss deshalb auf meine Fitness achten."

Je weiter man die Kette nach oben verfolgt (d.h. erfragt), desto abstrakter werden die geäußerten Wünsche. Während ganz unten die von den Probanden erwarteten konkreten Eigenschaften bzw. Merkmale eines Produkts oder einer Dienstleistung stehen, ist der damit verbundene psycho-soziale Nutzen (z.B. „sich wohlfühlen") bereits abstrakter. Am wenigsten materiell sind die Werte. Mit ihnen endet die Kette, weil sich Konstrukte wie Selbstachtung im Regelfall nicht weiter abstrahieren lassen.

Overby et al. (2004) haben in einer explorativen Studie nachgewiesen, dass die Landeskultur über die gesamte Means End-Kette hinweg Einfluss nimmt auf die Bedeutung, welche die Befragten auf den einzelnen Stufen dieser Assoziationskette dem Urteilsobjekt beimessen. Es zeigte sich, dass Franzosen mit der Vorstellung, in einem Restaurant – d.h. in einer öffentlichen Konsumsituation – anlässlich einer privaten Feier Wein zu trinken, vor allem Genuss verbinden und die Aussicht, dass Alkohol die soziale Interaktion zwischen den Teilnehmern der Feier erleichtert. Ihre hedonistische Lebensauffassung lässt sie einen kleinen Schwipps als magisch erleben, der alle Sinne schärft, die Zunge lockert und insgesamt für Entspannung sorgt. Und entsprechend ihrer ausgeprägten Tendenz zur Ungewissheitsvermeidung (UAI = 86) halten sich Franzosen in einer solchen Situation an bewährte – d.h. risikoarme – Regeln: Welcher Wein passt zu welchen Speisen? Welcher Wein passt zu welcher Jahreszeit? Nicht zuletzt achten sie darauf, dass das Preisniveau des Weines dem der Speisen entspricht.

Demgegenüber äußerten die amerikanischen Probanden (IDV = 91) häufiger ich-zentrierte und leistungsorientierte Assoziationen. Die Wahl des „richtigen" Weines wird als entscheidend für den Erfolg des gesamten Abends angesehen und als Möglichkeit, seine Gäste zu beeindrucken. Ihre vergleichsweise geringe Bereitschaft, den Empfehlungen der Kellner zu folgen, deuten *Overby et al.* als Folge des moderaten UAI-Wertes der USA (= 46).

4.5 Universelle vs. kulturspezifische Bedürfnisse

Genetisch bedingt verfügt jeder Mensch über ein Verhaltensrepertoire, welches sein physisches Überleben sichert und durch das autonome Nervensystem reguliert wird (z.B. Atemreflex, Hinwendungsreaktion). Das Überleben sichern auch die primären bzw. funktionellen Bedürfnisse (Hunger, Durst, Wärme, Schlaf, Sexualität), weshalb sie gleichfalls genetisch angelegt sind. Art und Weise, wie die Bedürfnisse gestillt werden – d.h. die sichtbaren Ausdrucksformen der Bedürfnisbefriedigung –, hängen jedoch vielfach vom kulturellen Umfeld ab. Kulturspezifisch werden auch und zumeist in noch höherem Maße die sekundären, d.h. sozialen bzw. gelernten Bedürfnisse befriedigt (z.B. nach Anerkennung und Selbstverwirklichung).

> "Clothes satisfy a functional need; fashion satisfies a social need. A house serves a functional need; a home serves a social need. A car may satisfy a functional need, but the type of car can satisfy a social need" (de Mooij 2019, S. 191).

4.5.1 Bedürfnis nach Einzigartigkeit

> **Definition Consumers Need for Uniqueness**
> "An individual's tendency to pursue dissimilarity through the acquisition, utilization and disposition of goods for the enhancement of their self and social image" (Tian et al. 2001; entnommen Simmers et al. 2014, S. 96).

So mächtig das Bedürfnis, mit anderen intensive positive Beziehungen zu unterhalten und sozialen Gemeinschaften anzugehören, auch sein mag. Kaum weniger treibt viele Menschen das Bedürfnis nach Einzigartigkeit an. Gemäß

Tian et al. (2001) hat dieses theoretische Konstrukt eine dreidimensionale latente Struktur (Faktoren zweiter Ordnung):
- creative choice counterconformity (e.g., "I collect unusual products as a way of telling people I'm different"),
- unpopular choice counterconformity (e.g., "I often dress unconventionally even when it's likely to offend others"),
- avoidance of similarity (e.g., "I often try to avoid products or brands that I know are bought by the general population").

Dieses Bedürfnis ist nicht in allen Gesellschaften gleichermaßen akzeptiert bzw. präsent. Da 'need for uniqueness' darauf zielt, der eigenen Individualität sichtbaren Ausdruck zu verleihen (vgl. Bian/Forsythe 2012), kann man davon ausgehen, dass dies hauptsächlich in individualistischen Gesellschaften eine wichtige Rolle spielt – vor allem in horizontal-individualistischen Gesellschaften (vgl. Shavitt et al. 2011; Ruvio et al. 2008; Shavitt et al. 2006). Weiterhin korrelieren wahrgenommene Machtdistanz (e.g., "I often see inequality in this society") und das Bedürfnis nach Einzigartigkeit (vgl. Wang/Lalwani 2019, S. 582), weshalb es nachvollziehbar erscheint, dass der Wunsch, Einzigartiges zu besitzen, die Produktadoption von Chinesen (PDI = 80) besser vorherzusagen erlaubt als vergleichbare Entscheidungen von Australiern (PDI = 36) (vgl. Chao/Reid 2016).

Einzigartigkeit kann zwar auch durch Konsumverzicht und mehr oder minder inszenierte Nonkonformität demonstriert werden – was McGinnis/Gentry (2009) als 'underdog consumption' bezeichnen. Weitaus häufiger aber werden Luxusgüter genutzt, um das eigene Selbstbewusstsein zu steigern und dem sozialen Umfeld einen hohen sozialen Status zu kommunizieren. Auf Basis der Vergleichsstudien von Stepien et al. (2016), Shukla et al. (2015) und Shukla/Purani (2011) lässt sich die landestypische Einstellung zu Luxusgütern als ein Wechselspiel von ökonomischen, kulturellen und religiösen Faktoren erklären.

> **Beispiel:** „In der katholischen Lehre meint das lateinische 'luxuria' die Wollust, eine Todsünde. Auch im Duden stehen eher negative Assoziationen: kostspielig, verschwenderisch, nicht notwendig. So steht es aber nicht in englischen Wörterbüchern. Dort geht es eher um Genuss, Vergnügen, Komfort und Leichtigkeit" (www.spiegel.de/stil/hochschule-pforzheim-gruendet-luxuslehrstuhl-interview-mit-fernando-fastoso-a-6d488a95-cbc6-459d-9fcb-32339f6ad250; 10.10.2020).

Konzentrieren wir uns dennoch auf die Bedeutung der Landeskultur, dann sind drei Kulturdimensionen von besonderem Interesse:
- Akzeptanz von Machtdistanz, weil Luxusartikel helfen, den sozialen Status des Käufers/Besitzers zu demonstrieren,
- Maskulinität, weil Luxusartikel helfen, den Erfolg des Käufers/Besitzers zu demonstrieren,
- Genussorientierung, weil Luxusartikel das Leben angenehmer machen.

4.5.2 Bedürfnis nach Abwechslung

Jeden Tag Frikadellen? Jeden Tag Kaiserschmarrn? Jeden Tag Pizza Calzone? Man muss sich das nur vorstellen, um zu begreifen, wie stark das Bedürf-

4.5 Universelle vs. kulturspezifische Bedürfnisse

nis nach Abwechslung ist. Aus wissenschaftlicher Sicht ist es vom 'variety seeking', dem tatsächlichen Streben nach Abwechslung, zu unterscheiden (= Verhalten)

Erklärt wird das Bedürfnis nach Abwechslung mit dem Konstrukt des optimalen Stimulationsniveaus. Es besagt, dass Organismen aller Art ein mittleres An- bzw. Erregungsniveau anstreben. Zu wenig Stimulation (= Langeweile) beeinträchtigt deren Funktionsfähigkeit ebenso wie eine übermäßige Stimulation, die bestenfalls als Unruhe empfunden wird (vgl. Fiske/Maddi 1961; Berlyne 1960).

> "Both very low levels of stimulation (boredom) and very high levels of stimulation are found unpleasant. A certain intermediate level (OSL) is found to be most pleasant. Individuals vary with respect to the amount of stimulation that is optimal for them and OSL is recognized as a personality characteristic" (van Trijp/Steenkamp 1992, S. 184).

OSL: Optimal Stimulation Level

In mehreren Studien wurde untersucht, wie sich das Bedürfnis nach Abwechslung auf den Kauf ausländischer Erzeugnisse auswirkt. Trägt zum Erfolg von Ethno-Food bspw. bei, dass Kurkuma, Mate-Tee, Nasi-Goreng, Sushi und andere das Bedürfnis der Verbraucher nach Abwechslung befriedigen (vgl. Supphellen/Grønhaug (2003, S. 222)? Die Antwort von Tseng (2014) lautet: Es kommt darauf an. Die Wirkung von Abwechslung hängt davon ab, ob es sich um eine für ein bestimmtes Exportland (z.B. Frankreich) typische (z.B. Champagner) oder atypische Produktkategorie handelt (z.B. Bier). Dass Konsumenten mit einem starken Bedürfnis nach Abwechslung bei atypischen Produkten eine vergleichsweise geringe Kaufabsicht zu Protokoll gaben, erklärte *T.H. Tseng* damit, dass atypische Produkte weniger populär seien, weshalb weniger Produktvariationen angeboten würden, was wiederum dazu führe, dass sie für 'variety seeker' weniger attraktiv seien.

Zwar haben Kim/Drolet (2003) Hinweise darauf gefunden, dass Individualisten mehr zu 'variety seeking' neigen als Kollektivisten, da Neuartiges ihnen die Möglichkeit zur Selbstinszenierung und Demonstration der eigenen Einzigartigkeit bietet (bspw. früher als andere das neueste, anfänglich nur in New Yorker 'flagshipp stores' erhältliche Smartphone zu besitzen). Davon abgesehen aber hat die kulturvergleichende Forschung unseres Wissens das Bedürfnis nach Abwechslung bislang nicht angemessen gewürdigt. Zwar ist „Stimulation" einer von zehn Wertetypen im ursprünglichen Wertekreis von Schwartz (1992) (vgl. B-3.5.1). Im revidierten Wertekreis aber, d.h. im interkulturell stabilen Modell von Schwartz (1999), bilden Werte wie „abwechslungsreiches Leben" oder „aufregendes Leben" keinen eigenständigen Wertetyp mehr, sondern sind Teil des Wertetyps „affektive Autonomie" (vgl. B-3.5.2). Mit Blick auf die *Hofstede*-Kulturdimensionen erscheint plausibel, dass Ungewissheitsmeider Abwechslung eher scheuen, weil sie schneller als andere unter Reizüberflutung leiden.

Flagshipp-Store: Besonderes, als Aushängeschild des Unternehmens exklusiv ausgestattetes Ladengeschäft

> "Stimulation values derive from the presumed organismic need for variety and stimulation in order to maintain an optimal level of activation (Berlyne 1960; Houston/Mednick 1963; Maddi 1961). This need is probably related to the needs underlying self-direction values (cf. Deci 1975). Biologically based variations in the need for stimulation and arousal, conditioned by social experience, may produce individual differences in the importance of

stimulation values. Such a biological base has been claimed for thrill-seeking (Farley 1986), a personality variable related to stimulation values. The motivational goal of stimulation values is excitement, novelty, and challenge in life (a varied life, an exciting life, daring)" (Schwartz 1992, S. 7 f.).

4.5.3 Bedürfnis nach Sicherheit

Jeder Kauf birgt Risiken. Diese können, in unterschiedlicher Intensität, finanzieller („zu teuer"), funktioneller („funktioniert nicht"), psychischer („gefällt mir nicht") oder sozialer Natur sein („was werden meine Freunde dazu sagen?"). Nicht selten wird der Kauf ausländischer Erzeugnisse als besonders risikoreich empfunden. Gründe können sein:

- Sie sind den Nachfragern weniger vertraut.
- Es fällt schwerer, Informationen über den Anbieter einzuholen und dessen Seriosität einzuschätzen.
- Das Etikett „ausländisch" aktiviert xenophobe Vorurteile, welche die Risikowahrnehmung verstärken.

Xenophobie: Fremdenfeindichkeit

Die 1990er-Jahre waren die Hochphase der Risikoforschung, wobei vor allem die Vertreter des psychometrischen Paradigmas (z.B. Slovic 1992) Risikowahrnehmung als einen weitestgehend kognitiven Vorgang betrachteten (vgl. C-1.3). Obwohl der Zusammenhang „Risiko/Ungewissheitmeidung" offensichtlich ist, wurde dieser Sachverhalt aber höchst selten kulturvergleichend analysiert. Zu den Ausnahmen zählen Rohrmann/Chen (1999), die anhand der Risikoeinschätzungen australischer und chinesischer Studenten gezeigt haben, dass für die Analyse von Risikowahrnehmung vor allem die Kulturdimensionen „Ungewissheitsvermeidung" und „Akzeptanz von Machtdistanz" von Interesse sind.

"Perception of risk is a social and cultural construct that reflects the values, symbols, history and ideology of people living in different cultures" (Lund/Rundmo 2009, S. 548).

Wie stark Käufer das funktionelle Kaufrisiko empfinden, korrespondiert mit der kulturspezifischen Neigung der Herkunftsgesellschaft, ungewisse Situationen zu meiden. Besonders ausgeprägt ist diese Tendenz in einigen Ländern Ostasiens (Japan, Südkorea, Taiwan), aber auch in Griechenland, Polen oder Portugal. Entsprechend groß ist dort die Beeinflussbarkeit durch Zeichen bzw. Signale, die Sicherheit suggerieren (vgl. Erdem et al. 2006; Dawar/Parker 1994).

Gesellschaften, welche Machtdistanz akzeptieren (PDI: China = 80, Malaysia = 104, Russland = 90), sind in hohem Maße statusorientiert. Folglich wiegt dort das soziale Kaufrisiko besonders schwer. Man möchte sich unter keinen Umständen durch einen Fehlkauf blamieren. In solchen Märkten erfüllen Marken mehr als anderswo auch eine soziale Funktion. Sie weisen ihren Besitzer/Nutzer als Mitglied der 'in group' aus und grenzen ihn von der 'out group' ab.

Beispiel: Um die Bedeutung der In Group/Out Group-Differenzierung als einer grundlegenden sozialen Kategorisierung („wir" vs. „die") verstehen zu können, muss man sich die Verhältnisse vergegenwärtigen, die während der *Ming*-Dynastie (1368-1644) und der *Qing*-Dynastie (1644-1912) in dieser Region herrschten und die bis heute im kollektiven

Bewusstsein Chinas nachwirken. In dieser politisch äußerst unsicheren Zeit änderte sich der soziale Status der Menschen häufig. Reiche verarmten, und Arme erlangten Reichtum. Symbole spielten daher eine wichtige Rolle. Denn sie ermöglichen es, den hierarchischen Stellenwert einer Person zu markieren und diesen der sozialen Umwelt zu signalisieren (vgl. Eckhardt/Houston 2002, S. 69).

4.5.4 Bedürfnis nach Kontrolle

4.5.4.1 Theoretische Grundlagen

Gemäß der „Theorie der kognizierten Kontrolle" ist es den allermeisten Menschen wichtig, sich selbst als Verursacher von subjektiv bedeutsamen Zuständen und Ereignissen aller Art zu erleben (z.B. von eigenen Handlungen, Vorkommnissen in ihrer Umwelt) (vgl. Osnabrügge et al. 2015; White 1959, S. 318). Dieses Konstrukt wird zusammenfassend als Kontrollorientierung bzw. Kontrollbedürfnis bezeichnet. Wer überzeugt davon ist, eine Situation zu kontrollieren, empfindet sich als kompetent, was das eigene Selbstwertgefühl steigert. Umgekehrt mindert wahrgenommener Kontrollverlust das Wohlbefinden (vgl. Raab et al. 2016, S. 342 f.).

Formen von Kontrolle

Prinzipiell kann Kontrolle auf dreierlei Weise ausgeübt werden:
- Faktische bzw. Verhaltenskontrolle, wenn durch gezielte Handlungen der Ausgang eines Ereignisses beeinflusst wird.
- Gefühlte Kontrolle, wenn faktische Kontrolle nicht möglich ist – etwa weil der Aufwand zu groß wäre. Diese kognitive Kontrollstrategie macht sich den Umstand zunutze, dass auch Ereignisse, die man vorhersagen bzw. erklären kann, als kontrollierbar empfunden werden (vgl. Thompson 1981). Risiken wie Klimawandel oder Rauchen etwa können durch Uminterpretieren, Verharmlosen oder Vermeiden gefühlt „kontrolliert" werden und erscheinen anschließend weniger bedrohlich (vgl. Raab et al. 2016, S. 340 f.).
- Retrospektive Kontrolle, wenn die Ursache(n) bereits eingetretener Ereignisse nachträglich benannt werden können und man prinzipiell in der Lage ist, ähnliche Ereignisse künftig vorherzusagen und deshalb zu vermeiden. Retrospektive Kontrolle ist eine Unterkategorie der kognitiven Kontrolle.

Kontrollüberzeugung, Kontrollverlust & Kontrollillusion

> **Definition Locus of Control**
> "Refers to an individual's belief that events are internal to or outside of (external to) his or her control" (Burroughs/Mick 2004)

Internal Locus of Control: Überzeugung, individuell bedeutsame Ereignisse beeinflussen zu können

External Locus of Control: Überzeugung, dass individuell bedeutsame Ereignisse von anderen beeinflusst werden

Wer Ereignisse, die individuell bedeutsam sind, faktisch oder kognitiv kontrolliert, stärkt eine zentrale Facette seines Selbstkonzeptes: die Selbstwirksamkeit (vgl. Bandura 1997). Er/sie entwickelt internale Kontrollüberzeugung. Menschen mit externaler Kontrollüberzeugung glauben hingegen, dass wichtige Ereignisse ihres Lebens von Mächten „außerhalb" ihrer Kontrollmöglichkeiten abhängen (Zufall, Schicksal etc.). Mehr als andere neigen Fatalisten zu dieser Auffassung (vgl. C-6.2.5).

Erlernte Hilflosigkeit: Entsteht, wenn sich generalisierter Kontrollverlust mit der Überzeugung verbindet, selbst dafür verantwortlich zu sein

Erkennt eine Person, dass sie Ereignisse, die für sie bedeutsam sind, dauerhaft nicht kontrollieren kann, empfindet sie Kontrollverlust. Generalisierter – d.h. in mehreren Verhaltensbereichen wiederholt erlebter – Kontrollverlust hat gravierende Folgen – u.a. nachlassende Leistungsbereitschaft. Erlernte Hilflosigkeit ist eine von Fatalismus auf den ersten Blick nur schwer zu unterscheidende Form des generalisierten Kontrollverlusts (vgl. Abramson et al. 1978; Seligman 1975).

Wenn Kontrollverlust als bedrohlich erlebt wird und faktische Kontrolle nicht möglich oder zu aufwändig ist, dann eröffnet imaginierte Kontrolle einen Ausweg: Kontrollillusion. Die Betroffenen bilden sich ein, Ereignisse, die für sie wichtig sind, in ihrem Sinne beeinflussen zu können (vgl. Langer 1975).

> **Definition Illusory Control**
> "Refers to overestimating one's personal control by judging that one has control in a purely chance situation or overestimating the effectiveness of one's strategies to get a desired outcome or avoid a misfortune" (Thompson/Schlehofer 2008, S. 45).

4.5.4.2 Einfluss der Landeskultur

Ausmaß der Kontrollüberzeugung

Can Do-Weltbild: Überzeugung, dass die Zukunft gestaltbar und die Natur prinzipiell beherrschbar ist

Gemäß ihres Can Do-Weltbildes sind Angelsachsen und Skandinavier mehrheitlich davon überzeugt, dass es allein von ihnen abhängt, ob ihr Leben erfolgreich verläuft oder nicht (vgl. Müller/Gelbrich 2014, S. 143 f.). Die meisten Deutschen hingegen sind, wie auch Italiener, Türken oder Südkoreaner, anfällig für das Gefühl des Kontrollverlusts. Dieses macht sich vor allem in Gesellschaften mit einer starken Tendenz zur Ungewissheitsvermeidung bemerkbar (vgl. Abb. 56).

Abb. 56: Kontrollüberzeugung im internationalen Vergleich

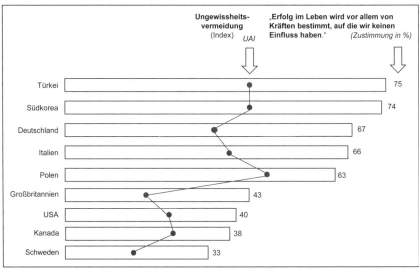

Quelle: Pew Global Attitudes Project 2003, Hofstede, eigene Darstellung

4.5 Universelle vs. kulturspezifische Bedürfnisse

Methoden der Kontrollausübung

Angehörige des westlichen Kulturkreises präferieren „primäre", d.h. personenbezogene Kontrollmethoden, während im östlichen Kulturkreis „sekundäre" Kontrolle üblich ist: Anpassung. Haben sie bspw. mit einem Anbieter einen Konflikt, dann widmen Konsumenten, die in einem ostasiatischen Land sozialisiert wurden, ihre ganze Aufmerksamkeit dem Verhalten des Anbieters und der Frage, was sie tun müssen, um möglichst konfliktfrei mit der gegebenen Situation umgehen zu können. Amerikaner bedenken in einer solchen Situation eher, was sie tun können oder müssen, um die Kontrolle zu wahren bzw. zu gewinnen (vgl. Wang et al. 2012).

Kontrollillusion

Horoskope, so fragwürdig sie auch sein mögen, werden von vielen als ein Mittel angesehen, um einen Blick in die Zukunft zu werfen. Amerikaner halten Horoskope vor allem dann für glaubwürdig, wenn deren typischerweise vagen, aber zumeist positiven Prognosen sie selbst betreffen (z.B. „Wenn Sie in Ihren Anstrengungen nicht nachlassen, winkt Ihnen bald der verdiente berufliche Erfolg"). In Singapur befragte Probanden schenken hingegen eher solchen Vorhersagen Glauben, die sich mit den Zukunftsaussichten anderer Personen befassen (vgl. Wang et al. 2012). Japaner wiederum neigen zu Kontrollillusion, wenn sie als Mitglied einer Gruppe agieren, während Amerikaner und andere Repräsentanten des individualistischen Kulturtyps häufig ihre individuelle Fähigkeit, Ereignisse zu kontrollieren, überschätzen (vgl. Yamaguchi et al. 2005).

Small Agent-Problem & Verantwortungsdiffusion

Entsprechend dem ⇒ Norm-Aktivierungsmodell sind Menschen umso wahrscheinlicher bereit, sich in sozial erwünschter Weise zu verhalten (z.B. umweltschonend), je mehr sie sich ihrer Verantwortung und der Konsequenzen ihres Handelns bewusst sind. Im Umkehrschluss bedeutet dies: Wer sich opportunistisch und nicht ethisch korrekt verhalten möchte, sollte am besten die eigene Verantwortung bzw. eigene Handlungsmöglichkeiten leugnen und sich bspw. auf das Small Agent-Argument berufen.
- Dahinter verbirgt sich die Überzeugung bzw. Schutzbehauptung, dass der eigene mögliche Beitrag zur Problemlösung (bspw. Verzicht auf Verpackungen) so unbedeutend wäre, dass es keine Rolle spielt, ob man handelt oder nicht (vgl. John/Klein 2003, S. 1197).
- Beliebt ist auch Verantwortungsdiffusion: Man schiebt die Verantwortung auf andere ab (den Staat, die Wirtschaft etc.; vgl. Symmank/Hoffmann 2017).

Nach wie vor interessant ist in diesem Zusammenhang eine Studie aus den frühen 1990er-Jahren. Herker (1993) hat damals knapp 2.500 Briten, Franzosen, Spanier und Deutsche gebeten, auf einer fünfstufigen Ratingskala anzugeben, inwiefern sie sich beim Kauf eines Automobils, einer Waschmaschine und eines Vollwaschmittels …
- für den Umweltschutz verantwortlich fühlen und

- ob sie glauben, durch ihr Verhalten wirksam zum Umweltschutz beitragen zu können.

Die pro Herkunftsland und Produktbereich gemittelten Antworten (vgl. Abb. 57) legen den Schluss nahe, dass das Kaufverhalten stärker durch die Landeskultur beeinflusst wird als durch Produktkategorie oder Art der Kaufentscheidung (Automobile und Waschmaschinen = High Involvement-Produkte vs. Waschmittel = Low Involvement-Produkt).

Abb. 57: Verantwortungsattribution & wahrgenommene Effektivität des eigenen Handelns

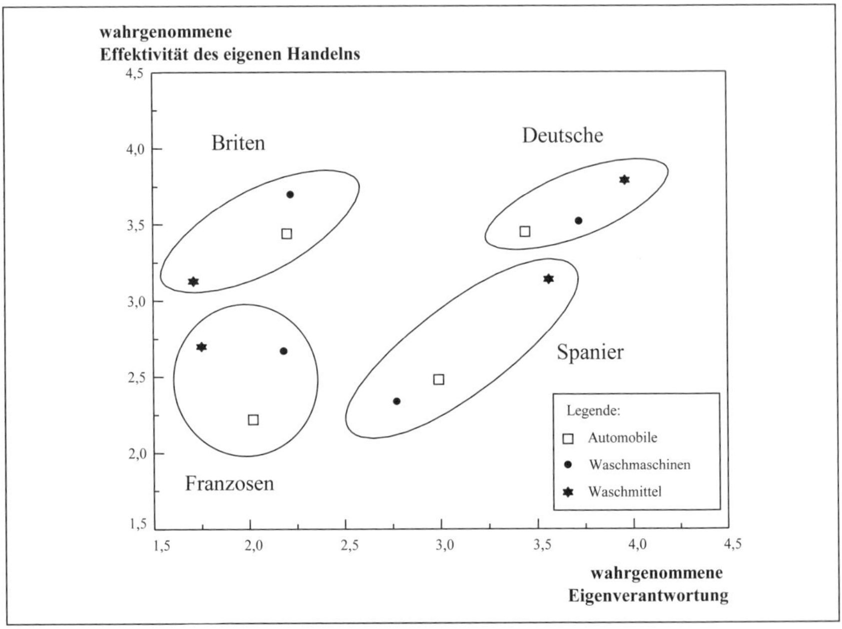

Quelle: eigene Darstellung auf Basis von Herker (1993, S. 145 ff.)

Dieser Studie zufolge erachten Briten und Franzosen Umweltschutz eher als eine „öffentliche", z.B. von staatlichen Institutionen oder von Industrieunternehmen zu lösende Aufgabe, während Spanier und Deutsche stärker jeden einzelnen in der Pflicht sehen (= wahrgenommene Eigenverantwortung). Deutsche und Briten wiederum eint die Überzeugung, in gewissen Grenzen durch ihr Handeln zum Umweltschutz beitragen zu können, während Spanier und Franzosen verstärkt das Small Agent-Argument nutzen: Was kann ich schon ausrichten?

Aus kulturvergleichender Sicht fällt auf, dass Franzosen (UAI = 86) und Spanier (UAI = 86) stärker als Deutsche (UAI = 65) und deutlich stärker als Briten (UAI = 35) zu Ungewissheitsvermeidung neigen. Möglicherweise deshalb befürchten viele Franzosen und Spanier, dass umweltbewusste Kaufentscheidungen ihnen zwar Mehrkosten aufbürden, aber keinen spürbaren Beitrag zum Umweltschutz leisten würden.

5 Emotionen

> **Definition Emotion**
> „Innere Erregungsvorgänge, die als angenehm oder unangenehm empfunden, in der Regel eher bewusst erlebt werden und zeitlich befristet sind" (Kroeber-Riel/Gröppel-Klein 2019, S. 54 f.)

5.1 Emotionstheorien

Konsum löst verschiedene Gefühle aus. Wenn der neue Bluetooth-Lautsprecher weniger hält, als die positiven Online-Rezensionen versprochen haben, ärgern wir uns. Wer hingegen mit einem bestimmten Anbieter immer wieder gute Erfahrungen sammelt, wird diesem vertrauen. Und so mancher *Haarley Davidson*-Fahrer, der meint, diese Marke verleihe seinem Leben einen tieferen Sinn, empfindet Liebe: Markenliebe.

> „In two widely cited articles, Hirschman/Holbrook (1982) and Holbrook/Hirschman (1982) challenged consumer researchers to break with convention in search of a richer understanding of the experiential aspects of consumption. Central to this challenge was an explicit appeal to incorporate more emotional considerations into research" (Allen et al. 1992, S. 493).

Strittig ist allerdings, ob Emotionen das zwangsläufige Ergebnis körperlich-physiologischer Vorgänge sind (z.B. plötzliche laute Geräusche → Furcht) oder das variable Ergebnis geistig-kognitiver Vorgänge (z.B. plötzliche laute Geräusche → Bewertung durch einen Motorradfahrer: meine Kumpels kommen → Freude)? Biologisch-physiologische und kognitive Emotionstheorien beantworten diese Grundsatzfrage unterschiedlich.

5.1.1 Physiologische Emotionstheorien

Ende des 19. Jahrhunderts formulierte James (1884/1890) die „Theory of Emotions". In seiner Nachfolge gehen biologisch-physiologisch argumentierende Emotionsforscher davon aus, dass bestimmte Umweltreize (z.B. Begegnung mit einem gefährlichen Tier) mehr oder minder zwangsläufig bestimmte körperliche Reaktionen (z.B. Zittern) hervorrufen und diese wiederum bestimmte Gefühle (z.B. Furcht). Diese weitgehend „programmierte" Sequenz bereite den Organismus darauf vor, angemessen mit dem Verursacher der Emotion umzugehen (z.B. Flucht).

Wie genau dies abläuft, dazu gibt es jedoch unterschiedliche Vorstellungen. Die *James-Lange*-Theorie besagt im Wesentlichen, dass Umweltreize (z.B. ein zähnefletschender Hund) zunächst das autonome Nervensystem aktivieren und unwillkürliche körperliche Reaktionen auslösen (z.B. Zittern). Sodann wird dieses Zittern bewusst wahrgenommen und daraus abgeleitet, was man fühlt: Ich habe Angst, denn ich zittere (vgl. Gerrig 2016, S. 465). Demnach wären Emotionen eine Funktion der durch das periphere autonome Nervensystem ausgelösten körperlichen Reaktion auf einen Umweltreiz. Davon abweichend betont die *Cannon-Bard*-Theorie die maßgebliche Rolle des zentralen Nervensystems. Gemäß diesem Paradigma aktiviert der beispielhafte zähnefletschende Hund gleichzeitig beide körperlichen Reaktionen: „Ich zittere, und ich habe Angst."

Evolutionstheoretiker wie Buss (2004, 1995) gehen noch einen Schritt weiter: Sie betrachten Emotionen nicht nur als körperliche Reaktionen auf Reize, sondern sie unterstellen, dass diese das Überleben sichern, etwa wenn Angst vor einem wilden Tier mit einer lebenserhaltenden Fluchtreaktion einhergeht.

5.1.2 Kognitive Emotionstheorien

Die kognitive Richtung argumentiert attributionstheoretisch (vgl. C-2.5.3.1). Demzufolge suchen Menschen Erklärungen für Ereignisse, die ihnen wichtig sind (z.B. für ihre innere Erregung). Je nachdem, wie die Erklärung ausfällt, kann ein und derselbe Stimulus die unterschiedlichsten Gefühle hervorrufen. So empfindet ein Sportler womöglich Furcht, wenn er seine Erregung auf den bevorstehenden Wettkampf zurückführt, aber Freude, wenn er sich diese mit der möglichen Siegerehrung erklärt, bei der er eine Medaille erhält. Entwickelt haben Schachter/Singer (1962) diese Zwei-Faktoren-Theorie: 1. Faktor = körperlicher Reflex, 2. Faktor = Interpretation des Reflexes. Kritiker wandten ein, es sei kein körperlicher Reflex nötig. Vielmehr suchten Menschen nach Ursachen für ein Ereignis, und als Ergebnis dieses kognitiven Prozesses entstehe eine Emotion (Weiner 1986) – etwa Stolz, wenn man den überraschenden Erfolg bei einer Prüfung intern attribuiert (= sich selbst zuschreibt).

Appraisal-Dimensionen: Einschätzungs- bzw. Bewertungsdimensionen

Mit den Appraisal-Theorien wurde die attributionstheoretisch fundierte Emotionstheorie insofern erweitert, als u.a. Lazarus (1991; 1982) erkannt hat, dass Menschen Ereignisse nicht nur aufgrund der ihnen zugeschriebenen Ursachen bewerten, sondern mit Blick auf mehrere sog. Einschätzungsdimensionen (= Appraisal-Dimensionen). Schadenfreude etwa entsteht, wenn ein Ereignis als den eigenen Zielen dienlich eingeschätzt wird und den Zielen anderer, die man nicht mag, abträglich – etwa wenn ein ungeliebter Konkurrent bei der Beförderung übergangen wird (vgl. Ortony et al. 1988).

5.2 Basisemotionen vs. Sekundäremotionen

Synopse: Vergleichende Gegenüberstellung

Lange Zeit ging die Emotionsforschung davon aus, dass Emotionen universell sind: evolutionsbedingt weltweit die gleiche Reaktion auf die gleichen Ereignisse (u.a. lebensbedrohliche Gefahren). Ekel bspw. schützt Menschen davor, Verdorbenes, Giftiges etc. zu sich zu nehmen, was in Zeiten, als es keine Kühlschränke gab, ein Überlebensvorteil sein konnte. Heute weiß man, dass nur Basisemotionen rund um den Globus auf vergleichbare Weise empfunden, mimisch ausgedrückt und gedeutet werden. Gemäß einer Synopse der führenden Emotionstheorien zählen Ärger, Furcht, Ekel, Traurigkeit und Glück zu diesen pankulturellen Emotionen (vgl. Kroeber-Riel/Gröppel-Klein 2019, S. 107). Nach Ekman (1992), der überdies Erwartung, Überraschung und Vertrauen den Basisemotionen zurechnet, ist eine Emotion dann eine Basisemotion, wenn sie acht Kriterien erfüllt: „comparable expression in other

5.2 Basisemotionen vs. Sekundäremotionen

animals, emotion-specific physiology, universal antecedent events, quick onset, brief duration" etc.

Was aber ist mit Liebe und Hass, Stolz und Verachtung und den vielen anderen Emotionen? Sie setzen sich aus den Basisemotionen zusammen, weshalb man sie als zusammengesetzte bzw. Sekundäremotionen bezeichnet. Verachtung bspw. empfinden Menschen dann, wenn sich die Basisemotionen Ekel und Ärger verbinden, und Liebe, wenn Freude mit Vertrauen einhergeht (vgl. Tab. 38).

Tab. 38: Basisemotionen & zusammengesetzte Emotionen

Zusammengesetzte Emotionen ↓	Basisemotionen							
	Freude	Vertrauen	Angst	Überraschung	Traurigkeit	Ekel	Ärger	Erwartung
Abneigung						X	X	
Aggression							X	X
Angst			X					X
Bestürzung			X	X				
Dominanz		X					X	
Ehrfurcht			X	X				
Empörung				X			X	
Entrüstung				X			X	
Enttäuschung				X	X			
Fatalismus		X						X
Feigheit			X		X			
Feindlichkeit						X	X	
Freundlichkeit	X	X						
Hass						X	X	
Liebe	X	X						
Morbidität	X					X		
Mürrischkeit						X	X	
Mut	X		X					
Neid					X		X	
Neugier		X		X				
Optimismus	X							X
Pessimismus					X			X
Resignation		X			X			
Reue					X	X		
Scham			X			X		
Schuld	X		X					
Sentimentalität		X			X			
Stolz	X						X	

Zusammen-gesetzte Emotionen ↓	Basisemotionen							
	Freude	Ver-trauen	Angst	Überra-schung	Trau-rigkeit	Ekel	Ärger	Erwar-tung
Sturheit							▨	▨
Unglück					▨			▨
Verachtung						▨	▨	
Vergnügen	▨				▨			
Verlegenheit			▨			▨		
Verzweiflung		▨			▨			
Vorsicht		▨	▨					
Zynismus						▨		▨

Quelle: in Anlehnung an Plutchik (1991)

5.3 Kategorien von Emotionen

Die Emotionsforschung unterscheidet nicht nur Basisemotionen von zusammengesetzten Emotionen (vgl. Plutchik 1991), sondern auch universale von kulturspezifischen Emotionen (vgl. Wierzbicka 1986) oder kurzfristig von langfristig wirkenden Emotionen (vgl. Ndubisi/Nataraajan 2018). Für eine weitere Differenzierung, die zwischen positiven und negativen Emotionen (vgl. Parrott 2014), spricht u.a., dass ...

- das autonome Nervensystem zwischen beiden Emotionskategorien unterscheidet (vgl. Ekman et al. 1983). So bleibt der Herzschlag unter dem Eindruck negativer Emotionen länger beschleunigt als unter dem Eindruck positiver Emotionen (vgl. Brosschot/Thayer 2003),
- positive Emotionen das Spektrum möglicher Reaktionen (Aufmerksamkeit, Kognitionen, Verhalten) erweitern, während negative Emotionen das Verhaltensrepertoire auf Abwehr- und Fluchtreaktionen verengen (vgl. Fredrickson/Branigan 2005).

Speziell mit Blick auf das Empfinden von Konsumenten haben Laros/Steenkamp (2005) nach einer umfassenden Literaturanalyse folgende Systematik vorgeschlagen und empirisch überprüft:
- positive Emotionen: Glück, Liebe, Stolz, Zufriedenheit,
- negative Emotionen: Ärger, Furcht, Scham, Traurigkeit.

Allerdings gibt es gute Gründe, den Stolz einer anderen Kategorie zuzuordnen – den ambivalenten Emotionen (vgl. C-5.3.3). Unverständlich ist überdies, warum in dieser Systematik mit Vertrauen eine für das Konsumentenverhalten überaus bedeutsame Emotion fehlt.

5.3.1 Positive Emotionen

Der Systematik „Basisemotionen vs. zusammengesetzte Emotionen" wird u.a. vorgeworfen, sie gebe negativen Emotionen wie Ärger zu viel Raum. Positive Emotionen wie Liebe würden demgegenüber vernachlässigt.

5.3.1.1 Liebe

Formen von Liebe

„Ich liebe meine Frau", soll der ehemalige Bundespräsident G. *Heinemann* geantwortet haben, als ein Journalist von ihm wissen wollte, ob er Deutschland liebe. Dieses demnach private Gefühl begegnet uns als Eltern/Kindesliebe, Eigen/Nächstenliebe oder als kameradschaftliche/leidenschaftliche Liebe – aber auch als Markenliebe: 'brand love' (vgl. Fröhling 2017).

Im individualistischen, christlich-jüdischen Kulturraum hat sich die romantische Liebe zunächst als höfisches Ritual der Minnesänger entwickelt. Ab dem 18. Jahrhundert konnte sich das von fundamentalen materiellen Existenzsorgen befreite Bürgertum den Luxus leisten, diese idealisierte Liebe in etwas abgeschwächter Form in Gestalt der ehelichen Liebe zu übernehmen. Zahlreiche Sachverhalte, die man bislang primär aus dem Blickwinkel der Opportunität betrachtet hatte (z.B. Ehe als Überlebensgemeinschaft), wurden nun romantisiert – d.h. glorifiziert bzw. idealisiert (vgl. Luhmann 2003). Nun wollte man sich mit einer Ehe seine Sehnsüchte, z.B. nach einem glücklichen, erfüllten Leben, erfüllen. In neuerer Zeit steht die leidenschaftliche Liebe für dieses Ideal. Davon abzugrenzen ist die kameradschaftliche Liebe. Die arrangierte Ehe schließlich basiert auf der Vorstellung, dass Liebe nicht Voraussetzung, sondern Konsequenz einer (lang andauernden) Verbindung ist.

In individualistischen Gesellschaften hat sich das Ideal der Romantik weitgehend erhalten: Liebe als hinreichender Grund, eine Ehe bzw. Beziehung einzugehen. Während überproportional viele Individualisten die leidenschaftliche Liebe als Vorbedingung und tieferen Sinn einer Beziehung ansehen, erfüllt aus Sicht von Kollektivisten die kameradschaftliche Liebe diese Funktion (vgl. Aronson et al. 2014, S. 367 f.). Aufgrund ihrer ausgeprägten Beziehungsorientierung räumen sie den Wünschen der beteiligten Familien und gesellschaftlichen Normen Vorrang ein (⇒ Fundamentale Orientierungen): Passen die Partner sozial zueinander? Profitieren die Familien voraussichtlich von dieser Ehe? Was denkt das soziale Umfeld darüber (vgl. Buunk et al. 2010)?

Beziehungsorientierung: Eine von fünf grundlegenden kulturellen Orientierungen von Gesellschaften

Nimmt man das Wohlbefinden der Eheleute als Maßstab, dann scheint die bspw. in Japan weit verbreitete kameradschaftliche Liebe das erfolgreichere Lebensmodell zu sein, erfolgreicher als die leidenschaftliche Liebe. Kim/Hatfield (2004) haben empirisch am Beispiel der USA und Südkorea aufgezeigt, dass kameradschaftliche Liebe eher für Lebenszufriedenheit sorgt und leidenschaftliche Liebe für wechselnde heftige Gefühle. Bemerkenswerterweise haben arrangierte „östliche" Ehen keine höhere Scheidungsquote als „westliche" Liebesehen (vgl. Levine et al. 1995).

Markenliebe

Batra et al. (2012) haben in einer qualitativen Studie sieben „Kernelemente" von Markenliebe identifiziert: Leidenschaft (starkes Bedürfnis, Produkte mit der geliebten Marke zu besitzen bzw. zu nutzen), Fit von Marken- und Selbstbild (einschließlich Gefühl, dass die geliebte Marke dem eigenen Leben einen tieferen Sinn verleiht), starke emotionale Verbundenheit, Trennungs- bzw.

Verlustangst (falls die Marke vom Markt genommen werden sollte), langfristiges Commitment zur Marke), positive Einstellung gegenüber der Marke, Gewissheit, dass diese emotionale Beziehung von Dauer sein wird.

Hedonismus: *Vorrangig Genuss, Glück, Lust und Spaß erstrebender Lebensstil*

Konsumenten empfinden Markenliebe vorzugsweise zu hedonistischen Produkten, sofern diese ihnen symbolischen Nutzen stiften (häufig Luxusartikel wie Schmuck, Parfüm, Kleidung, Oberklasse-Pkw). Erklären lässt sich dies damit, dass der Umgang mit der geliebten Marke es den Besitzern ermöglicht, ihrer sozialen Umwelt ihren (gewünschten, idealisierten etc.) sozialen Status zu signalisieren (vgl. Müller/Schade 2012). „Markenliebhaber" sind ...

- überzeugt davon, dass das geliebte Markenprodukt von ganz besonderer Qualität ist,
- ihrer Marke absolut treu und jederzeit bereit, positiv über sie zu berichten,
- immun gegenüber negativen Informationen über ihre Marke (vgl. Batra et al. 2012; Carroll/Ahuvia 2006).

Einfluss der Landeskultur

Einerseits ist Liebe eine universale Emotion. Denn alle Menschen lieben. Dies geschieht zumeist aber auf unterschiedliche Weise, weshalb Liebe andererseits auch eine kulturspezifische Emotion ist (vgl. Nelson/Yon 2018).

Transnationale Zielgruppe: *Gruppe von Verbrauchern, die in verschiedenen Ländern leben, aber ähnliche Bedürfnisse, Werte Lebensstile etc. haben*

Zum Zusammenhang von Landeskultur und Markenliebe liegen bislang noch keine empirischen Studien vor, wohl aber zu den kulturspezifischen Motiven der Käufer bzw. Besitzer von Luxusartikeln. Plausiblerweise beeinflusst Markenliebe eher den Umgang mit Luxusartikeln als mit geringwertigen Waren des täglichen Bedarfs. Zwar konnten Hennigs et al. (2012) in einer Vergleichsstudie in jedem der von ihn ihnen untersuchten zehn Ländern 'luxury lovers' und 'status-seeking hedonists' nachweisen (⇒ Zielgruppen, transnationale). Wird jedoch die Landeskultur als unabhängige Variable in das Untersuchungsdesign einbezogen, dann erkennt man: Mehr als anderswo werden Luxusartikel in maskulinen Gesellschaften begehrt. Erklären lässt sich dies mit deren besonderer Wertschätzung von Konkurrenz, Erfolg und sozialem Status.

> **Beispiel:** „Many luxury articles serve status needs. (...) Ownership of real jewelry is correlated with cultural masculinity, worldwide (r = .44*), in a group of developed countries worldwide (r = .61***), and in Europe (r = .51*). (...) In 2007, masculinity explained 38 % of variance of ownership of a watch that was more expensive than 750 €" (de Mooij 2019, S. 390 f.).

Aber auch Angehörige von kollektivistischen Kulturen, die Machtdistanz akzeptieren, sind gewöhnlich statusbewusst (⇒ Status, sozialer). Deshalb neigen Ägypter, Chinesen, Guatemalteken und andere zu demonstrativem Konsum. Anbieter von Premiummarken und Luxusangeboten aller Art können dort mit einer überdurchschnittlichen Zahlungsbereitschaft der Kunden rechnen.

5.3.1.2 Glück

Grundlagen

Glück ist eine amerikanische Obsession und wurde sogar in der amerikanischen Unabhängigkeitserklärung als Staatsziel ausgegeben: „Life, liberty and the pursuit of happiness" (vgl. de Mooij 2019, S. 204). Umgekehrt wird den Deutschen ein Hang zu negativen Gefühlen nachgesagt: Angst, Ärger, Furcht, Mürrischkeit, Pessimismus und Traurigkeit. Was aber macht glücklich? Fasst man die umfangreiche Glücksforschung zusammen, dann sind vor allem solche Menschen glücklich, die gute Beziehungen zu anderen unterhalten. Glücklich ist weiterhin, wer Gelegenheit hat, anderen zu helfen. Auch wer sich mit Dingen, Personen etc. beschäftigt, die ihn/sie zutiefst interessieren, empfindet häufig Glück.

Und welchen Einfluss hat Geld? Sind wohlhabende Menschen glücklicher als arme Vergleichspersonen? Hierzu gibt es drei Positionen:
- Lange Zeit galt das sog. *Easterlin*-Paradox. Es besagt: Haben Menschen erst einmal ein mittleres Einkommensniveau erreicht, dann steigern darüber hinausgehende Beträge nicht ihr Glücksempfinden (vgl. Easterlin 1974).
- Dieser Sättigungsthese widersprechen u.a. Stevenson/Wolfers (2013). Ihren methodisch anspruchsvollen Analysen zufolge besteht eine log-lineare Beziehung: Je wohlhabender Menschen sind, desto mehr Glück empfinden sie.
- Möglicherweise lässt sich dieser Widerspruch auflösen, wenn man Glück nicht eindimensional betrachtet, sondern dessen kognitive von den emotionalen Anteilen trennt. Kahneman/Deaton (2010) haben subjektives Wohlbefinden (= Häufigkeit und Intensität von Empfindungen wie Freude, Stress, Trauer etc.) und Evaluation (= Gedanken über das eigene Leben) unterschieden und festgestellt, dass zwischen der Höhe des Einkommens und der Bewertung des eigenen Lebens eine stetige positive Beziehung besteht, während das emotionale Wohlbefinden ab einer bestimmten Einkommenshöhe vorrangig vom eigenen Gesundheitszustand abhängt sowie von Art und Qualität der sozialen Beziehungen.

Glück vs. Zufriedenheit

Neurobiologen wie *G. Roth*, langjähriger Leiter des Instituts für Hirnforschung an der Universität Bremen, haben allerdings eine etwas andere Sicht auf die Dinge. Sie kritisieren, dass allzu häufig nicht eindeutig zwischen Glück und Zufriedenheit unterschieden werde. Dies sei aber allein schon deshalb geboten, weil beide Empfindungen in unterschiedlichen neurobiologischen Systemen verarbeitet würden.

„Zufriedenheit ist eine Lebenshaltung, die sich schon in der Kindheit andeutet. Sie ist ein grundlegendes Persönlichkeitsmerkmal, das über das Leben hinweg relativ stabil bleibt. Wir erben sie zu einem Teil von unseren Eltern, zum anderen bilden wir sie in der frühen Kindheit aus. Zufrieden ist, wer über ein gutes Stressmanagement verfügt und die Fähigkeit besitzt, sich selbst zu beruhigen. Dazu gehört auch die gute Bindung, die wir als Kind erfahren. (… Glück) ist das kurzfristige Ergebnis eines Belohnungsprozesses im Gehirn und setzt sich auf unseren Level an Zufriedenheit gewissermaßen oben drauf. Deshalb suchen Menschen, die unzufrieden sind, auch stärker nach Glücksmomenten. Sie irren umher und hoffen, dass hinter der nächsten Ecke das Glück lauert. Diese diffuse, ungerichtete Suche nach Glück ist oft das Charakteristikum der unglücklichen Menschen. Wer zufrieden ist, braucht keinen Lottogewinn und will nicht unbedingt über Nacht zum Superstar werden. Es reicht ihm alles so, wie es ist. (…) Man kann nicht dauerhaft glücklich sein. Man kann nur dauerhaft zufrieden sein. Sogar das intrinsische Glück findet immer wieder ein Ende" (Kullmann/Roth 2020).

Einfluss der Landeskultur

Sind Individualisten glücklicher als Kollektivisten? Nein, sagen Wirtz et al. (2009). Deren Beobachtungen zufolge erleben asienstämmige Studenten nicht weniger Glücksmomente als Studenten, die aus einem europäischen Land stammen. Allerdings schenken Europäer diesem Gefühl mehr Beachtung als andere. Das Forscherteam hatte Studenten unterschiedlicher Herkunft an einer amerikanischen Universität gebeten, während der Semesterferien auf ein bestimmtes elektronisches Signal hin ihren aktuellen Gefühlszustand einzuschätzen. Vier Wochen nach Ende der Semesterferien wurden die Versuchsteilnehmer gebeten, ihre Ferienzeit insgesamt zu beurteilen. Obwohl beide Gruppen während der Ferienzeit annähernd gleich viele Glücksmomente protokolliert hatten, fiel nun die Gesamtbilanz der Europäer wesentlich positiver aus als die der Asiaten. Der Grund: Während sich Erstere auf das Positive ihrer Semesterferien konzentrierten und das weniger Erfreuliche unter den Tisch fielen ließen, bemühten sich Letztere entsprechend ihrem kulturspezifischen Denkstil (vgl. C-2.5) um ein ausgewogenes und damit weniger positives Gesamtbild.

> „Menschen aus West und Fernost haben unterschiedliche »kulturelle Theorien«, was ein erfülltes Leben ausmacht, konstatiert *D. Wirtz*. Für Westler ist Glück vor allem eine individuelle Angelegenheit: »Erfolg haben und Erfolge zelebrieren, ist bei ihnen eine Hauptquelle des Selbstwertgefühls.« Dagegen betonen östliche Kulturen die Notwendigkeit, sich anzupassen und seinen gesellschaftlichen Verpflichtungen nachzukommen. Dort gilt es als Pflicht, nicht nur die eigenen Stärken, sondern auch die Schwächen zu betrachten, um mit Fleiß und Beharrlichkeit aus Fehlern zu lernen. »Tugend ist die Wurzel, Wohlstand das Resultat«, lehrte schon *Konfuzius*" (Dick 2010).

5.3.1.3 Vertrauen

Grundlagen

Definition Vertrauen

„Subjektive Gewissheit, dass Personen, Institutionen etc. sich pflicht- bzw. erwartungsgemäß und in Einklang mit gemeinsamen Werten verhalten werden" (Müller/Gelbrich 2014, S. 278)

Wer anderen Menschen vertraut, muss sie nicht kontrollieren. Deshalb wirkt Vertrauen wie ein „sozialer Kitt", der eine Gesellschaft zusammenhält. Als vertrauenswürdig gilt, wer glaubwürdig ist. Und wer ist glaubwürdig? Menschen, die halten, was sie versprechen, die sachkundig sind, Ratschläge erteilen, ohne ihren Vorteil zu suchen etc. Dies alles sorgt für Glaubwürdigkeit, aber nicht nur. So hat sich bspw. gezeigt, dass – obwohl zwischen physischer Attraktivität und Glaubwürdigkeit plausiblerweise kein Zusammenhang besteht – attraktive Verkäufer, Pharmareferenten etc. glaubwürdiger erscheinen als weniger attraktive Vergleichspersonen (vgl. C-1.6).

Ökonomen interessieren sich für Vertrauen, weil Kontrollmaßnahmen ein Kostenfaktor sind und der Verzicht auf Kontrolle die Transaktionskosten senkt (vgl. Volery/Bergmann 2008). So fallen in Märkten, in denen man sich auf den Wahrheitsgehalt von Inhaltsangaben, Qualitätssiegeln, Warentestergebnissen etc. verlassen kann, wesentlich geringere Informations- und Suchkosten an als in Märkten, in denen derartige Angaben entweder fehlen oder nicht zuverlässig sind (vgl. Doney et al. 1998).

Männer sind grundsätzlich „vertrauensseliger" als Frauen (vgl. Croson/Buchan 1999). Und Fremden wird weniger leicht vertraut als Angehörigen der eigenen sozialen Bezugsgruppe (vgl. Glaeser et al. 2000). Unter bestimmten, geschlechtsspezifisch zu differenzierenden Bedingungen gelten jedoch auch Fremde als vertrauenswürdig (vgl. Maddux/Brewer 2005):

- Männer empfinden Vertrauen, wenn die Fremden der gleichen sozialen Gruppe angehören wie sie selbst (z.B. wenn diese an der gleichen Universität studiert haben).
- Frauen empfinden Vertrauen, wenn eine soziale Beziehung besteht (z.B. durch gemeinsame Freunde).

Vertrauen in andere Menschen

Würden Sie ganz allgemein sagen, dass man den meisten Menschen vertrauen kann? Oder kann man gar nicht vorsichtig genug sein? Gemäß der *World Value Survey 2005* sind Trinidad-Tobago, Ruanda und die Türkei ganz eindeutig Misstrauensgesellschaften und die skandinavischen Länder Vertrauensgesellschaften. Deutschland und die Schweiz rangieren im Mittelfeld. In der *Gesellschaftsstudie 2009* wurden europaweit rund 12.000 Haushalte und 26.000 Einzelpersonen zu diesem Thema befragt – mit dem Ergebnis, dass niemand so misstrauisch ist wie Polen. Während damals knapp 70 % der befragten Dänen und immerhin 30 % der Deutschen meinten, man könne im Regelfall den Mitmenschen vertrauen, waren nur 13 % der Polen dieser Meinung.

> Wir „sind pathologische Individualisten, erklärt der Soziologe J. Czapinski, Autor der Gesellschafsstudie 2009. [...] Wir Polen vertrauen unserer eigenen Familie, aber nicht den Nachbarn" (Krohn 2009).

Einfluss von Religion, Religiosität & Landeskultur

Guiso et al. (2006) haben die *World Values Survey 2005* genutzt, um den Zusammenhang zwischen „Religion bzw. Religiosität" und „Vertrauen in andere Menschen" zu untersuchen. Wie eine Regressionsanalyse ergab, vertrauen Religiöse anderen Menschen mehr als Nicht-Religiöse. Demgegenüber ist der Einfluss der Konfession weniger eindeutig. Während Protestanten und, mit Abstrichen, Katholiken vertrauensvoller zu sein scheinen, neigen Hindus zu (leichtem) Misstrauen. Bei Buddhisten, Juden und Muslimen konnte keine Tendenz festgestellt werden.

Religiosität: Akzeptanz und innere Verbundenheit mit religionsspezifischen Normen und Werten

In kollektivistischen Gesellschaften gelten vor allem Angehörige der eigenen sozialen Gruppe ('in group') als vertrauenswürdig und persönliche Beziehungen als vertrauensbildend, während Individualisten auch Angehörigen der 'out group' vertrauen, sofern diese ihre Werte und Überzeugungen teilen (z.B. weil sie derselben Partei angehören, sich zur selben Religion bekennen). Dies gilt auch für Angehörige einer anderen Nation, d.h. für Menschen, mit denen man wenig teilt. 'Trust in people of another nation', ein Statement aus

Radius of Trust: Circle of people among whom cooperative norms are operative.

der *Word Value Survey*, lässt sich eigenen Berechnungen zufolge zu einem beträchtlichen Teil ($R^2 = .502$) mittels zweier Kulturdimensionen „erklären". Individualisten (ß = .350), die Machtdistanz ablehnen (ß = .438), vertrauen auch solchen Menschen.

Delhey et al. (2011) haben gleichfalls anhand der *World Values Survey 2005* für die verschiedenen Gesellschaften einen „Radius des Vertrauens" berechnet. Dazu haben sie gemäß den in Tabelle 39 dokumentierten Vorgaben zunächst das allgemeine Vertrauen in Mitglieder der 'in group' sowie das in Mitglieder der 'out group' berechnet und sodann den Differenzwert ermittelt: "I'd like to ask you how much you trust people from various groups. Could you tell me for each whether you trust people from this group."

Tab. 39: Raster zur Erfassung des Radius des Vertrauens

	trust completely	trust somewhat	do not trust very much	do not trust at all
1. Your family				
2. Your neighborhood				
3. People you know personally				
4. People you meet for the first time				
5. People of another religion				
6. People of another nationality				

Note: 1-3 = in-group trust, 4-6 = out-group trust
Quelle: Delhey et al. (2011, S. 792)

In kontinentaleuropäischen und angelsächsischen Ländern, allen voran der Schweiz, Italien und Australien, hat der Vertrauensradius den größten Durchmesser (vgl. Abb. 58). Dies bedeutet, dass für Individualisten der Kreis der Personen, denen sie vertrauen, am größten ist. In asiatischen und afrikanischen Ländern wie Thailand, Marokko, Burkina Faso und China, d.h. im kollektivistischen Kulturkreis, ist der Kreis der Vertrauenswürdigen enger gefasst. Man vertraut nur Mitgliedern der 'in group'. Zwischen dem Ausmaß an Vertrauen ('level of trust') und dem Vertrauensradius besteht ein leichter, aber signifikanter Zusammenhang (r = ,25).

Schumann et al. (2010a) haben am Beispiel von Bankdienstleistungen und mit Hilfe einer Multilevel-Analyse in elf Ländern untersucht, welche Verhaltensweisen von Dienstleistern Vertrauen schaffen. Dabei zeigte sich, dass kulturelle Werte diesen Prozess moderieren. Als vertrauensbildend erwiesen sich in einem ...

- femininen Umfeld mitfühlende, gütige Verhaltensweisen ('benevolent'),
- Unsicherheit meidenden Umfeld vorhersagbares Verhalten ('predictability'),
- Machtdistanz akzeptierenden Umfeld integres Verhalten.

5.3 Kategorien von Emotionen

Abb. 58: Landkarte des Vertrauens (n = 51)

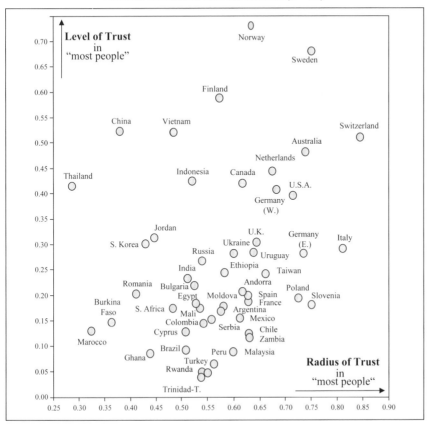

Quelle: Delhey et al. (2005, S. 794)

5.3.2 Negative Emotionen

5.3.2.1 Angst & Phobie

Während Furcht eine rationale Reaktion auf eine reale Gefahr ist, bezieht sich die sekundäre Emotion Angst auf eine imaginierte Gefahr. Menschen mit einer Phobie leiden „an einer beständigen und irrationalen Angst vor einem spezifischen Objekt, einer bestimmten Aktivität oder einer bestimmten Situation, die angesichts der tatsächlichen Bedrohung stark übertrieben ist" (Gerrig 2016, S. 563). Im normalen Sprachgebrauch werden allerdings diese Begriffe (Furcht, Angst und Phobie) nicht eindeutig unterschieden.

Xenophobie

Dieses Konstrukt äußert sich in verschiedenen vorurteilsbehafteten, fast krankhaft übertrieben negativen Einstellungen gegenüber Fremden (z.B. „Ausländer missbrauchen das System der Sozialleistungen", „In Deutschland leben zu viele Ausländer"). Obwohl nur wenige es zugeben, empfinden viele

Phobie: gr. = Furcht

Xenos: gr. = Fremder

Menschen Xenophobie. Sie fürchten sich vor Fremden bzw. dem Fremden an sich (vgl. Oeser 2015). Gemäß einer *Infratest Dimap*-Umfrage stimmt mehr als die Hälfte der Deutschen über 16 Jahre derartigen Statements zu. Zwei Drittel hegen bspw. ein generelles Misstrauen gegen Muslime; „islamophob" im engeren Sinn sind etwa 30%.

In den archaischen Gesellschaften der Jäger, Sammler und der extensiven Landwirtschaft mit ihren begrenzten Ressourcen, wo jeder zusätzlicher Esser das Überleben aller in Gefahr bringen konnte, war die Abwehr von Fremden eine Überlebensstrategie (vgl. Inglehart 1998, S. 132 f.). Für industrielle Überflussgesellschaften ist Bevölkerungsreichtum jedoch ein Vorteil – man denke nur an die 'economies of scale' (⇒ Skaleneffekte) – und Xenophobie ein irrationaler Reflex. Wie irrational Xenophobie häufig ist, zeigt indirekt eine Studie des Meinungsforschungsinstituts *Tárki*. Danach gefragt, was sie vom Zuzug von Piresen nach Ungarn halten, lehnten nicht weniger als 77% der befragten Ungarn den Zuzug dieses vom Versuchsleiter erfundenen Volkes ab (vgl. Lauer 2007).

Als ursächlich sehen Soziologen Verlustängste an: Verlust an Anerkennung im Beruf, als politischer Bürger oder im privaten Umfeld an (vgl. Stolz 2000). Je negativer die individuelle Anerkennungsbilanz ausfällt, desto weniger sind Menschen bereit, ihrerseits die Gleichwertigkeit anderer anzuerkennen (vor allem nicht von sozioökonomisch schwächeren Gruppen). Abwertung und Ausgrenzung dienen dazu, die eigene soziale Stellung zu bewahren. Hinzu kommt das Gefühl der Ohnmacht gegenüber verschiedenen Konsequenzen der Globalisierung, die man nicht beeinflussen kann.

Persönlichkeitspsychologen identifizierten verschiedene Personenmerkmale, welche Xenophobie begünstigen:
- Autoritarismus-Neigung (korrespondiert mit autoritärer Unterwürfigkeit und Aggression, Konventionalismus sowie Konformität),
- Dominanz-Orientierung (= Überzeugung, dass die verschiedenen ethnischen Gruppen naturgegeben in einem hierarchischen Verhältnis zueinander stehen) und
- geringes Bildungsniveau.

Sozialpsychologen richteten ihr Augenmerk auf Besonderheiten der sozialen Informationsverarbeitung und der Bildung sozialer Identität. Ihren Beobachtungen zufolge nehmen Xenophobe bevorzugt negative Informationen über ethnische Fremdgruppen und positive Informationen über die eigene Gruppe auf und erinnern diese besonders gut. Und Probanden, die sich stark mit ihrer nationalen, kulturellen oder religiösen Herkunft identifizieren und Nationalstolz empfinden, neigen dazu, Fremde abzuwerten.

Zwar ist Xenophobie ein universelles Phänomen. Aber die Beweggründe sind kulturspezifisch. Während Ungewissheitsmeider xenophob sind, weil sie das Unbekannte fürchten (vgl. Hofstede 2001, S. 175 f.), ist die Fremdenfeindlichkeit maskuliner Gesellschaften hauptsächlich durch deren Vorliebe für aggressive Konfliktbewältigungsstrategien erklärbar. In kollektivistischen Gesellschaften wiederum ist es kulturkonform, Ingroup/Outgroup-Unterschiede zu akzentuieren, sich mit der Eigengruppe zu identifizieren und

5.3 Kategorien von Emotionen

die Fremdgruppe negativ-verzerrt wahrzunehmen (vgl. Leong/Ward 2006, S. 807 f.).

Krankheit & Tod

Das Beratungsunternehmen *Roper Consulting* wollte von mehr als 39.000 Menschen in 31 Ländern wissen, welche Befürchtungen sie mit dem Älterwerden verbinden (vgl. Müller 2007). Unabhängig von ihrer nationalen bzw. kulturellen Herkunft sorgen sich ...
- U-50 hauptsächlich, dass ihr Aussehen unter dem Alterungsprozess leiden wird,
- Ü-50 hauptsächlich, aufgrund körperlich-geistiger Gebrechen ihre Unabhängigkeit zu verlieren, pflegebedürftig zu werden und anderen zur Last zu fallen.

Um gesund zu bleiben, sind viele bereit, einen nennenswerten Anteil ihres verfügbaren Einkommens für gesundheitsbewussten Konsum aufzuwenden. Beispielsweise kaufen sie selbst dann regelmäßig Mineral-, Heil- und Stilles Wasser, wenn das verfügbare Leitungswasser von vorzüglicher Qualität ist und in kleinen Mengen so gut wie nichts kostet. Betrachtet man die sieben europäischen Länder mit dem höchsten Verbrauch an Mineral-, Heil- und Stilles Wasser (2016 durchschnittlich 140 ltr.), dann fällt deren ausgeprägte Tendenz zur Ungewissheitsvermeidung auf (UAI-Mittelwert = 85), während die Gruppe der eher Ungewissheitstoleranten (UAI = 42) hauptsächlich Leitungswasser trinkt (vgl. Abb. 59).

Abb. 59: Mineralwasserkonsum in Abhängigkeit von Ungewissheitsvermeidung

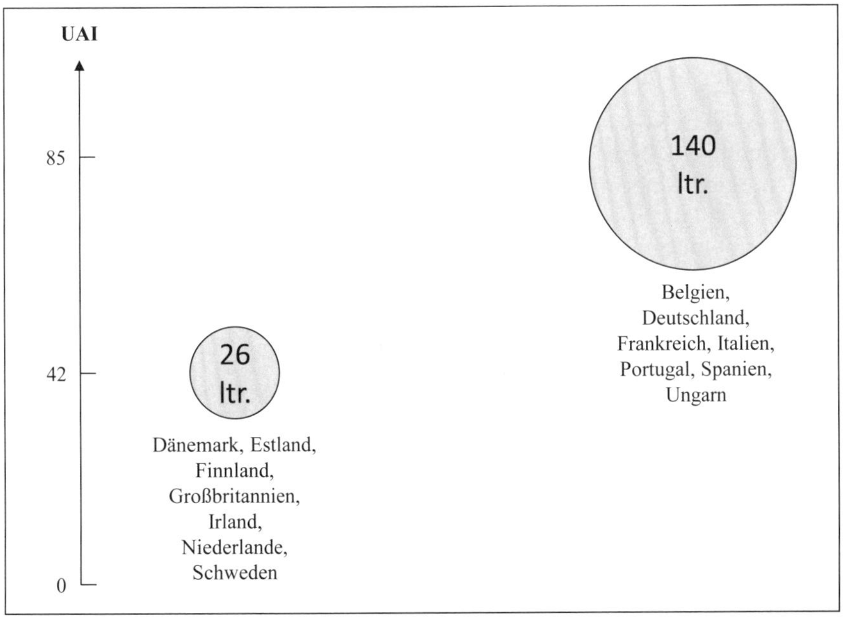

Quelle: European Federation of Bottled Waters; eigene Auswertung

5.3.2.2 Neid

Grundlagen

Wer den Eindruck gewinnt, dass andere mehr oder Besseres erhalten als man selbst, ohne dafür entsprechend mehr geleistet, bezahlt etc. zu haben, empfindet höchstwahrscheinlich Neid oder Eifersucht.

- Der Hotelgast, der als einziger mit Blick auf den Hinterhof nächtigen muss, während seine Mitreisenden von dem herrlichen Meerblick schwärmen, den sie jeden Morgen genießen dürfen.
- Der Schnäppchenjäger, der erleben muss, dass andere ohne besondere Anstrengung ein vorteilhafteres Angebot ergattert haben als er.

Weltweit gilt Neid als eine „hässliche", sozial unerwünschte Emotion. Die christliche Glaubenslehre zählt dieses Gefühl, zusammen mit Stolz, Geiz, Wollust, Zorn, Völlerei und Trägheit, zu den sieben Todsünden. Im Buddhismus wird Neid den fünf Geistesgiften zugerechnet (wie auch Hass, Gier, Stolz und Unwissenheit). Neidische Menschen nehmen bspw. in einem als Lotterie getarnten Experiment in Kauf, selbst einen Nachteil zu erleiden, sofern sie dadurch eine vom Versuchsleiter begünstigte Vergleichsperson schädigen können (vgl. Zizzo/Oswald 2001).

Mit Blick auf das Konsumentenverhalten empfiehlt es sich, zwischen gutartigem und bösartigem Neid zu unterscheiden. Bösartige Neider versuchen häufig, ihr unangenehmes Gefühl dadurch zu bewältigen, dass sie anderen schaden. Gutartiger Neid fördert hingegen den Wunsch, mit den vom Glück Begünstigen gleichzuziehen. Belk (2011) beschreibt diese in der englischsprachigen Welt als „Keeping up with the Joneses" bekannte Form von Konsumneid als Triebfeder des kapitalistisch-konsumorientierten Lebensstils.

Einfluss der Landeskultur

In den kollektivistischen Gesellschaften Ostasiens versteht man unter emotionaler Intelligenz (bzw. Kompetenz) vor allem die Fähigkeit, mit – den eigenen und fremden – negativen Emotionen konstruktiv umzugehen: Neid, Wut, Zorn etc. (vgl. Lopes et al. 2004). Um sozialen Beziehungen nicht zu schaden und Harmonie zu wahren, werden diese nach Möglichkeit verborgen (⇒ Gesicht wahren; vgl. Gudykunst et al. 1987).

5.3.2.3 Ärger

Grundlagen

Trigger: Auslösender Impuls

Kritisches Ereignis: Vorkommnis, das die Anbieter-Nachfrager-Beziehung beschädigt

Verärgerte Kunden sind ein Problem. Sie reden schlecht über das Unternehmen, einzelne Mitarbeiter oder die Marke, beschweren sich, und werden untreu – d.h. sie wechseln zu einem anderen Anbieter, einer anderen Marke etc. (vgl. D-7).

Der wichtigste Trigger dieses Gefühls ist der Eindruck, unfair bzw. ungerecht behandelt worden zu sein. Ärger wird hauptsächlich im interpersonalen Kontext empfunden, wenn also andere Personen an dem kritischen Ereignis beteiligt sind. Differenzierungskriterium gegenüber Unzufriedenheit ist weniger die Intensität der Gefühle (s.u.), sondern der 'locus of control' (vgl. C-4.5.4.1). Während unzufriedene Kunden noch am Anfang ihrer Suche nach Schuldigen stehen, sind sich verärgerte Kunden sicher: Schuld – z.B. an dem mangelhaften Produkt – hat das Unternehmen oder dessen Mitarbeiter; denn sie hatten Kontrolle über die Bedingungen, die letztlich zu dem kritischen Ereignis geführt haben.

> Angry "customers had a feeling that they would explode and that they were overtaken by their emotions. Angry customers were thinking of violence and how unfair the situation was. Whereas they felt like letting themselves go and behaving aggressively, they actually complained and said something nasty. They wanted to get back at the organization and wanted to hurt someone. In contrast, dissatisfied customers had a feeling of unfulfillment, thought about what they had missed out on, made a deliberate judgment of how to act, and wanted to find out who or what was responsible for the event" (Bougie et al. 2003, S. 389).

Einfluss der Landeskultur

Ärger ist ein universelles Gefühl. Die Art und Weise jedoch, wie Ärger ausgedrückt wird – bzw. werden darf –, ist kulturabhängig. In individualistischen, laut ⇒ Human Development Index sozio-ökonomisch hoch entwickelten Gesellschaften ist es sozial akzeptiert, seinen Ärger zu zeigen, nicht jedoch in kollektivistischen Gesellschaften (vgl. Smith et al. 2016; Fernandez et al. 2014). Vor allem im Einflussbereich der konfuzianischen Staats- und Gesellschaftslehre wird Konfliktvermeidung wertgeschätzt: als unerlässlich für den Erhalt guter sozialer Beziehungen (vgl. Tanaka-Matsumi 1995). Unklar ist allerdings die Kausalität: Empfinden Japaner wenig Ärger, weil sie Konflikte vermeiden, oder leben sie relativ konfliktfrei, weil sie selten Ärger empfinden? Einen Hinweis geben Scheerer et al. (1988), die beobachtet haben, dass Japaner sich gewöhnlich weniger intensiv und für kürzere Zeit ärgern als Angehörige christlich-individualistischer Gesellschaften. In maskulinen Gesellschaften wiederum wird von Frauen erwartet, dass sie, ihrer Geschlechterrolle entsprechend, negative Emotionen unterdrücken.

Für eine besonders problematische, da sich selbst nährende Form von Ärger – den grüblerischen Ärger – haben Sukhodolsky et al. (2001) ein standardisiertes Messinstrument entwickelt und validiert. Die *ARS (Anger Rumination Scale)* besteht aus vier Subskalen:
- 'angry afterthoughts' (e.g., "When something makes me angry, I turn this matter over and over again in my mind"),
- 'thoughts of revenge' (e.g., "I have long living fantasies of revenge after the conflict is over"),
- 'angry memories' (e.g., "I keep thinking about events that angered me for a long time"),
- 'understanding of causes' (e.g., "I think about the reasons people treat me badly").

Verschiedene kulturvergleichende Studien haben diese vierfaktorielle Struktur bestätigt (z.B. Ramos-Cejudo et al. 2017; Reynes et al. 2013; Besharat 2011; Maxwell et al. 2005).

5.3.2.4 Scham

Grundlagen

Es gibt viele Gründe, sich zu schämen, d.h. sich als unzulänglich zu empfinden: Man hat ein Versprechen gebrochen, wurde beim Ladendiebstahl erwischt, trägt die falsche Kleidung. Man hat, mit anderen Worten, gegen Gebote der Moral, Gebräuche oder die guten Sitten verstoßen. Scham ist ein soziales Gefühl – es bedarf zumeist der Gegenwart anderer – und ein sehr unangenehmes Gefühl, weil sich damit die Furcht verbindet, angesichts eigener, nunmehr für alle offenbar gewordener Unzulänglichkeit sozial sanktioniert, im Extremfall isoliert zu werden.

Einfluss der Landeskultur

Zwar ist Scham ein pankulturelles Gefühl (vgl. Sznycer et al. 2018). Aber aufgrund des großen Stellenwertes, den kollektivistische Gesellschaften guten sozialen Beziehungen beimessen, ist dieses Gefühl dort wichtiger als in individualistischen Gesellschaften. Li et al. (2004) konnten zeigen, dass Scham für Chinesen mit der Furcht vor Gesichtsverlust bzw. dem Gefühlszustand nach einem Gesichtsverlust einhergeht (⇒ Gesicht wahren). Wenn sie bspw. für dieselbe Leistung mehr bezahlen mussten als eine andere Person, dann schämen sie sich deshalb mehr, wenn diese andere Person ein Freund ist (= 'in group') als wenn es sich um einen Unbekannten handelt (= 'out group'). Für die gleichzeitig befragten Amerikaner war es unerheblich, wer bei diesem fiktiven Vergleich besser abschnitt als sie (vgl. Bolton et al. 2010). In derartigen Situationen neigen Chinesen zu ich-bezogenen Emotionen ('ego focused') wie Scham, Nordamerikaner hingegen zu 'other focused emotions' wie Ärger (vgl. auch Kitayama et al. 2006).

5.3.3 Ambivalente Emotionen

ambivalent: in sich widersprüchlich; zwiespältig (ambo: lat. = beide; valere: lat. = gelten)

Zu den Gewissheiten kulturvergleichender Forschung zählt die Affinität des ostasiatischen Kulturraumes zu dialektischem, kontextabhängigem Denken. Erstreckt sich die damit zusammenhängende Toleranz von Widersprüchlichem (vgl. Spencer-Rodgers et al. 2010) auch auf Emotionen? Sind bspw. Chinesen, Koreaner und Japaner eher als Amerikaner, Franzosen und Schweizer bereit bzw. in der Lage, in einer bestimmten Situation gleichzeitig Freude und Trauer zu empfinden?

Die einschlägige Forschung unterscheidet in diesem Zusammenhang dialektische und gemischte Gefühle. Dialektische, d.h. in sich widersprüchliche Gefühle treten bspw. auf, wenn ein vermeintlich sicherer Gewinn aufgrund eines geringfügigen Versäumnisses nicht eingelöst werden kann. Von gemischten Gefühlen spricht man, wenn positive und negative Gefühle gleichzeitig auftreten. Ostasiaten empfinden bzw. berichten in vergleichbaren Situationen häufiger über eigene dialektische und eigene gemischte Gefühle als Amerikaner (vgl. Miyamoto et al. 2010). Dies lässt sich vor allem als emotionale Reaktion auf eine erfreuliche Situation beobachten (z.B. persönlicher Erfolg). Ostasiaten neigen dann dazu, sich für die Gefühle der unterlegenen

Gegenseite mitverantwortlich zu fühlen, während Amerikaner diese eher selbst dafür verantwortlich machen.

5.3.3.1 Stolz

Grundlagen

Zusammen mit Verachtung und Scham bildet Stolz die Gruppe der sozialen Emotionen. Sie setzen komplexe Prozesse der Selbstbewertung voraus und entstehen entwicklungsgeschichtlich später als die sechs Basisemotionen. Gemäß *R.E. Plutchik* ist Stolz eine sekundäre bzw. zusammengesetzte Emotion, in der sich positive (= Freude) und negative Gefühle (= Ärger) mischen (vgl. C-4.2.1). Als ambivalent gilt sie auch deshalb, weil bspw. der Stolz, anderen überlegen zu sein, positiver Natur sein kann – falls Freude über die eigene Leistung das Leitmotiv ist (vgl. Laros/Steenkamp 2005). Wer sich hingegen überlegen fühlt, indem er andere abwertet, empfindet vor allem Ärger.

Die Konsumentenverhaltensforschung interessiert sich für verschiedene Erscheinungsformen von Stolz: bspw. für Besitzerstolz, für Nationalstolz (vgl. Römhild 2017; Bosch et al. 2006) und den Stolz, den Konsumpatrioten auf ihre Herkunftsregion empfinden (vgl. D-3.4).

(1) Premiumanbieter wie die Hersteller hochwertiger Automobile, Uhren oder Schuhe instrumentalisieren den Besitzerstolz ihrer Kunden, um deren Zahlungsbereitschaft, Weiterempfehlungs- und Wiederkaufabsicht zu steigern (vgl. Decrop/Derbaix 2010).

Market Mavens: Gut informierte Verbraucher, denen es Freude bereitet, ihr Produkt- und Marktwissen mit anderen zu teilen

(2) Manche Konsumenten empfinden Stolz, weil sie …
- eine bessere Produkt- und Marktkenntnis besitzen als andere ('market mavens'),
- sozial bzw. ökologisch verantwortlich handeln und Fair Trade-Produkte bzw. im Bioladen einkaufen,
- es verstehen, namhafte Markenprodukte preisgünstig zu erwerben ('smart shopper').

(3) Wie Stolz im Allgemeinen, so ist auch Nationalstolz eine ambivalente Emotion: positiv, wenn eine Person auf ihre Zugehörigkeit zu einer bestimmten Nation stolz ist, und negativ, wenn der Stolz aus der Abwertung anderer Nationen erwächst. Rassisten, die strikt zwischen „wir" und „die" unterscheiden, empfinden aggressiven Nationalstolz. Dieser unterscheidet sich grundlegend vom positiven Nationalstolz der „zivilen Nationalisten", die sich mit der Rechtsstaatlichkeit, der Liberalität und den leistungsfähigen Institutionen ihrer Nation identifizieren.

Chauvinismus: Aus der Zugehörigkeit zu einer bestimmten Nation abgeleitetes Gefühl der Überlegenheit über Angehörige anderer Nationen

Wie der *World Value Survey* zu entnehmen ist, sind vor allem Iren, Inder, Amerikaner, Polen, Nigerianer und Türken auf ihre Nationalität stolz, während nur wenige Deutsche, Niederländer, Japaner oder Russen so empfinden. Erklären lässt sich das mit dem jeweiligen Grad an Religiosität. Menschen, die stolz darauf sind, in einem bestimmten Land geboren zu sein, sagen tendenziell auch, dass „Gott für ihr Leben von großer Bedeutung ist" (vgl. Abb. 60). Vermutlich stiften beide – Nation und Religion – Identität und Zusammengehörigkeit, bspw. durch gemeinsame Wertvorstellungen.

Abb. 60: Religiosität & Nationalstolz

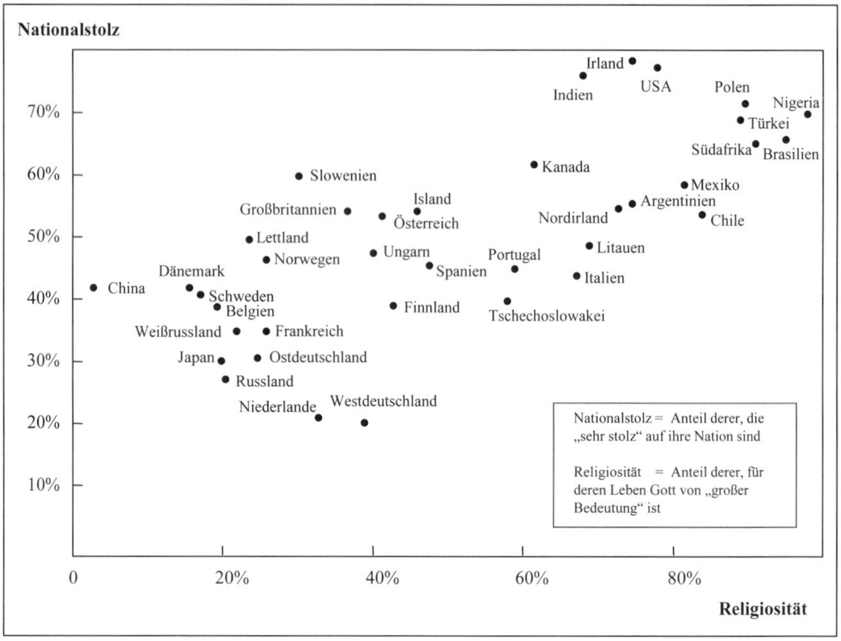

Quelle: Inglehart (1998, S. 127)

Kunden mit überdurchschnittlichem Nationalstolz ziehen heimische Produkte selbst dann, wenn diese qualitativ unterlegen sind, konkurrierenden Angeboten ausländischer Hersteller vor. Im Übrigen ist dieses Gefühl leicht verletzlich – bspw. wenn nationale Symbole für profane Ziele wie Werbung genutzt werden. So fühlte sich ganz China brüskiert, als *LeBron James*, damals Starspieler der amerikanischen Basketballliga, in einem *Nike*-Werbespot einen in China legendären Kung Fu-Meister besiegte sowie einen Drachen, ein Nationalsymbol, das Macht, Stärke und das Kaisertum verkörpert (vgl. Li/ Shooshtari 2007).

Einfluss der Landeskultur

Die Forschung hat sich darauf konzentriert herauszufinden, ob der nonverbale Ausdruck von Stolz universell ist und ob diese Signale auch weltweit verstanden werden. Im Falle von Stolz sind dies ein schmales Lächeln, der leicht nach hinten geworfene Kopf sowie weit ausladende, in die Hüfte gestemmte Arme. Sie werden nicht nur im westlichen Kulturkreis (Italien und USA), sondern auch in afrikanischen (Burkina Faso) und in asiatischen Gesellschaften erkannt (vgl. Tracy et al. 2013; Tracy/Robins 2008).

Zwar konnten die zwei wichtigsten Erscheinungsformen von Stolz, pro-sozialer authentischer Stolz und sich selbst erhöhender überheblicher Stolz, sowohl bei chinesischen und südkoreanischen Probanden als auch bei amerikanischen Probanden nachgewiesen werden (vgl. Shi et al. 2015). Aber es bestehen auch Unterschiede: Amerikaner sind primär aufgrund eigener Leistungen stolz, Chinesen hingegen angesichts von Leistungen anderer Personen (vgl. Stipek 1998). Auch ist für Amerikaner Stolz eine wichtigere Emotion als Schuld und Scham. Im „*TOSCA*-Test für Kinder" erzielten Amerikaner bei Stolz die höchsten Werte, Japaner bei Scham und Südkoreaner bei Schuld Furukawa et al. (2012).

TOSCA: Test of Self-Conscious Affect

Zwischen Nationalstolz und Langfrist/Kurzfristorientierung besteht ein enger empirischer Zusammenhang. Gesellschaften, für deren kulturelle Identität Nationalstolz äußerst wichtig ist, sind kurzfristorientiert (z.B. Irland und USA: LTO = 24 bzw. 25), während bspw. China und Japan, wo Nationalstolz eine wesentlich geringere Rolle spielt, langfristorientiert sind (LTO jeweils = 87).

> "There is a strong relationship between national pride and short-term orientation, which explains 82 % of variance. In short-term oriented cultures, self-enhancement is strong, and so are feelings of pride that are associated with the country one belongs to" (de Mooij 2019, S. 166).

5.3.3.2 Überraschung

Grundlagen

Wir empfinden Überraschung, wenn unerwartete, neuartige Stimuli auf uns einwirken. Mimisch erkennt man diese Basisemotion daran, dass die Augenbrauen angehoben werden und der Mund leicht geöffnet. Überraschung wiederum löst eine Orientierungsreaktion aus, deren Funktion aus evolutionstheoretischer Sicht darin besteht, die Aufmerksamkeit auf das unerwartete Ereignis zu richten und effizient das zur Verfügung stehende Verhaltensrepertoire zu aktivieren, um dieses Ereignis bestmöglich bewältigen zu können.

Je nachdem, ob es sich dabei um ein erfreuliches oder ein unangenehmes Ereignis handelt (z.B. Gewinn vs. Verlust), kann es eine freudige oder eine „böse" Überraschung sein. Ein Ereignis überrascht umso mehr, je wichtiger es subjektiv ist und je weniger es erwartet wurde. Paradox ist in diesem Zusammenhang, dass sich die meisten Menschen eine vorhersagbare und damit kontrollierbare Welt wünschen, aber sich überproportional stark über unerwartete positive Ereignisse freuen. Mellers et al. (1997) gelang es, diesen Effekt zu quantifizieren: Ihre Versuchsteilnehmer freuten sich über den unerwarteten Gewinn von 9 $ mehr als über einen erwarteten Gewinn von 17 $.

Das Marketing macht sich diese Emotion zunutze und versucht, Konsumenten mit (zumeist geringwertigen) Zugaben, Preisnachlässen, Upgrades etc. zu überraschen. Zahlreiche Studien dokumentieren die positiven Effekte derartiger Maßnahmen: Überraschungen ...
- erhöhen Häufigkeit und Wert ungeplanter Einkäufe (vgl. Heilman et al. 2002),
- steigern die Zufriedenheit von Restaurantbesuchern (vgl. Kim/Mattila 2010),
- besänftigen unzufriedene Beschwerdeführer mehr als andere Maßnahmen der Beschwerdebehandlung (vgl. Wu et al. 2015),

Ambient-Werbung: Innovative Außenwerbung im Lebensumfeld der Zielgruppe

verbessern die Aufmerksamkeits-, Einstellungs- und Verkaufswirkung von (Ambient-)Werbung (vgl. Hutter/Hoffmann 2014; Lee 2000).

Einfluss der Landeskultur

Überraschungen lösen nicht überall dieselben Reaktionen aus: Taiwanesische Studenten reagierten in einem Experiment auf unerwartete Incentives (einen Sticker im Wert von 2 $) weniger überrascht und weniger erfreut als ihre amerikanischen Kommilitonen (vgl. Valenzuela et al. 2010). Erklären lässt sich dies mit der Zugehörigkeit Taiwans zum konfuzianisch geprägten Kulturraum. Dessen Kulturstandard, jederzeit kontrolliert zu erscheinen, wird durch die Nicht-Kontrollierbarkeit überraschender Ereignisse bedroht. Ließ der Versuchsleiter die taiwanesischen Studenten jedoch glauben, sie verdankten das Geschenk ihrem Glück – und nicht dem Zufall –, freuten sie sich darüber mehr als Vergleichspersonen, die einer anderen Kultur angehören. Entscheidend dafür ist die Rolle, welche Glück in der konfuzianischen Lehre spielt. Während im westlichen Kulturraum kaum zwischen Glück und Zufall unterschieden wird, symbolisiert Glück in Ostasien ein günstiges Karma, das die betreffende Person durch ihr Vorleben erworben hat.

5.4 Kultur & Emotion

5.4.1 Positive vs. negative Emotionen

Einer der offensichtlichsten Unterschiede zwischen dem westlichen-individualistischen und dem östlich-kollektivistischen Kulturraum betrifft den jeweiligen Umgang mit Emotionen. Regelmäßig haben Kulturwissenschaftler die vor allem in den ostasiatischen Gesellschaften zu beobachtende Tendenz, Wut, Ärger, Zorn etc. nach Möglichkeit zu meiden oder zu verbergen, eindrucksvoll beschrieben. In der jüngeren Vergangenheit hat auch die empirische kulturvergleichende Forschung dieses Phänomen untersucht und die Aussagen der qualitativen Forschung weitgehend bestätigt.

- Ruby et al. (2012) wollten wissen, ob schwach und stark aktivierende positive Emotionen überall gleichermaßen wertgeschätzt werden. Ihren Erkenntnissen zufolge fühlen sich europastämmige Amerikaner vor allem durch stark aktivierende positive Emotionen (Begeisterung, Erregung, Freude) angesprochen, asienstämmige Amerikaner sowie Hongkong-Chinesen hingegen primär durch schwach aktivierende positive Emotionen (Gelassenheit, Heiterkeit, innere Ruhe). Offenbar entsprechen diese „gedämpften" Emotionen der im asiatischen Kulturraum vorrangigen sozialen Norm „harmonische Beziehungen wahren". Das gleiche Ziel wird in Südamerika verfolgt, aber mit einem anderen Mittel. Dort sorgt die soziale Norm 'simpatia' dafür, dass Emotionen höchst expressiv ausgelebt werden – in der Überzeugung, durch den offenen und lebhaften Ausdruck positiver Emotionen harmonische Beziehungen zu fördern.
- Um positive Emotionen erleben zu können, wären britische Probanden bereit, mehr zu bezahlen als dafür, negative Emotionen zu vermeiden (vgl. Lau et al. 2013). Bei Hongkong-Chinesen verhält es sich umgekehrt. Sie

äußerten eine größere Bereitschaft, für das Vermeiden negativer Emotionen zu bezahlen (vs. positive Emotionen zu erleben).
- Spencer-Rodgers et al. (2010) bestätigten die Vermutung, dass größere emotionale Komplexität mit dem im ostasiatischen Kulturraum verbreiteten dialektischen Denkstil zusammenhängt. Die Wissenschaftler manipulierten in einem Experiment den Denkstil ihrer chinesischen und – europäischstämmigen – amerikanischen Probanden. Ergebnis: Bestätigt wurde zum einen, dass Chinesen mehr als Amerikaner dialektisch denken und komplexere Emotionen haben, und zum anderen, dass emotionale Komplexität durch dialektisches Denken mediiert wird.

Emotionale Komplexität: Gleichzeitigkeit von positiven und negativen Emotionen

Dialektischer Denkstil: Toleriert Widersprüche

5.4.2 Kulturelle Identität stiftende Emotionen

Manche Emotionen sind einzigartig und derart mit der jeweiligen Landeskultur verwoben, dass Kulturfremde sie nur ansatzweise verstehen bzw. nachempfinden können – etwa das japanische 'amae' und das portugiesische 'saudade' (vgl. Kurilla 2013, S. 409 ff.).

(1) Wer die japanische Gesellschaft bzw. die japanische Psyche begreifen will, muss 'amae' verstehen (vgl. Doi 1962/1982). Ursprünglich wurden damit die wechselseitigen Gefühle und Verhaltensweisen von Mutter und Kind beschrieben; 'amaeru' bedeutet so viel wie: sich anlehnen, schwach sein, sich abhängig und geborgen fühlen. Seit jeher verwöhnen japanische Mütter in der Vorschulzeit ihre Kinder. Der Erziehungsstil ist in dieser Entwicklungsphase nachgiebig und darauf ausgerichtet, Geborgenheit zu vermitteln ('amayakasu'). Diese frühkindliche Erfahrung sorgt dafür, dass Japaner verstärkt nach Einheit und Harmonie streben. Das in der Familie erworbene Grundbedürfnis nach Geborgenheit wird im weiteren Verlauf der Sozialisation auf andere Lebensbereiche übertragen.

(2) Saudade ist weit mehr als Melancholie (z.B. Lourenço 2001): ein ur-portugiesisches Lebensgefühl, eine unvergleichliche Mischung aus Sehnsucht, Melancholie, Schmerz, Nostalgie und Einsamkeit (www.portugalmania. de/2007/10/saudade – 29.06.2018). Intuitiv begreifbar wird Saudade durch den Fado, bspw. in den Liedern der berühmten Fado-Sängerin *A. Rodrigues* (vgl. www.youtube.com/watch?v=N9K9PQMCPSw – 25.07.2018).

5.4.3 Relativismusthese der Emotionsforschung

Gemäß der kognitiven Strömung der Emotionsforschung sind Emotionen nicht das zwangsläufige Ergebnis physiologischer bzw. neurologischer Vorgänge, sondern hängen teils mehr, teils weniger von Einflüssen des sozio-kulturellen Umfeldes ab (vgl. Gendron et al. 2014).

> „Emotions are linked to events because they are evolutionarily based, information-processing programs that reliably connect an event with a behavioral response that aids in adaptation" (Matsumoto et al. 2012).

Zwar werden weltweit positive Emotionen mehr geschätzt als negative Emotionen. Während aber dies im westlichen Kulturraum generell gilt (vgl. Eid/ Diener 2001), ist es im östlichen Kulturraum vor allem wichtig, negative

Verknüpfungsregeln: Welche Gefühle werden evolutionsbedingt durch welche Ereignisse, Objekte, Lebewesen etc. ausgelöst?

Darbietungsregeln: Welche Gefühle werden in welcher Situation wie sozio-kulturell angemessen ausgedrückt?

Emotionen nicht zu zeigen. Neuere kulturvergleichende Untersuchungen präzisieren diese Aussage, indem sie zwischen Verknüpfungs- und Darbietungsregeln unterscheiden. Verknüpfungsregeln gelten mehr oder minder überall, Darbietungsregeln sind kulturspezifisch.

Von diesen Regeln hängt es im Einzelnen u.a. ab, ob bzw. in welchem Maße Gefühle „gezeigt" werden dürfen oder „kaschiert" bzw. unterdrückt werden müssen: Mimik, Gestik etc. als gelernte Reaktion auf kulturelle Konventionen (vgl. Butler et al. 2007). So bewirkt die Norm, Harmonie zu wahren, dass in konfuzianischen Gesellschaften Wut, Zorn, Enttäuschung etc. möglichst nicht mimisch offenbart und häufig durch ein sog. soziales Lächeln kaschiert werden. Hinter dem westlichen Stereotyp von den unergründlichen Asiaten steht zumeist dieses auch „asiatisch" genannte Lächeln (vgl. Rothlauf 2012, S. 537).

"Collectivist cultures also emphasize the control and moderation of one's emotions more than individualistic cultures. For instance, the maintenance of harmony within the group is dependent on members' ability to manage their emotions" (Kacen/Lee 2002, S. 165).

Ego-Focused Emotions: Ich-zentrierte Emotionen

Other-Focused Emotions: Wir-zentrierte Emotionen

Vermutlich ist das Selbstkonzept (vgl. C-6.3) der entscheidende Moderator. Für Angehörige des westlich-individualistischen Kulturraumes ist das unabhängige Selbst identitätsstiftend: Dreh- und Angelpunkt aller Motive, Gedanken und Handlungen. Glück bspw. wird als persönliche Leistung verstanden und individueller Erfolg sowie Selbstachtung als Garanten von Glück. Ganz anders die Bedingungen im asiatisch-kollektivistischen Kulturraum (abhängiges Selbst). Dort sorgen primär gute zwischenmenschliche Beziehungen für Glücksempfindungen (vgl. Uchida et al. 2004). Weiterhin hat sich gezeigt, dass das unabhängige Selbst 'ego-focused emotions' wie Ärger, Frustration oder Stolz begünstigt, während das abhängige Selbst 'other-focused emotions' wie Sympathie oder Scham fördert (vgl. Mesquita/Frijda 1992). Die moralische Beurteilung gefälschter Markenware etwa hängt davon ab, ob damit Stolz (= abhängiges Selbst) oder Scham (= unabhängiges Selbst) assoziiert werden (vgl. Kim/Johnson 2014).

5.4.4 Erkennbarkeit von Emotionen

Wie werden Emotionen kommuniziert und dekodiert? Die Antwort lautet: Mit mimischen Mitteln, hauptsächlich durch Variation des Gesichtsausdruckes. Und wie steht es um die Verlässlichkeit, mit der Emotionen aufgrund nonverbaler Signale erkannt werden? Wie unschwer nachvollziehbar, ist es leichter, den emotionalen Ausdruck von Angehörigen der eigenen sozialen Gruppe ('in group') richtig zu deuten als die emotionalen Signale von Angehörigen einer 'out group'. Für den sog. 'in-group advantage' (Kang/Lau 2013) sorgt die größere Vertrautheit mit den kulturspezifischen Darbietungsregeln der eigenen Gruppe.

Nach allem, was wir bislang wissen, wird der 'in-group advantage' nicht durch die Landeskultur moderiert. Beispielsweise sind Angehörige einer femininen Gesellschaft nicht besser als andere in der Lage, den emotionalen Ausdruck von Kulturfremden zu „lesen", obwohl man dies aufgrund des Stereotyps „feminin = einfühlsam" vermuten könnte. Hingegen erlaubt die kulturelle Distanz eine überzufällig gute Prognose (⇒ Distanzforschung). Je kulturell ähnlicher die jeweiligen Herkunftsländer, desto mehr sind Menschen in der Lage, die Emotionen anderer bspw. an deren Gesichtsausdruck zu erkennen.

Der in der japanischen Gesellschaft tief verwurzelten Zurückhaltung beim mimischen Ausdruck vor allem von negativen Gefühlen ist es zuzuschreiben, dass Japaner Emotionen hauptsächlich mit der Augenpartie ausdrücken und erschließen, während Amerikaner sich vorwiegend auf die auffälligere Mundpartie konzentrieren und deren Signale deuten (vgl. Yuki et al. 2007). Weiterhin drücken einer 32-Länder-Studie zufolge Angehörige individualistischer Gesellschaften Emotionen insgesamt, speziell aber Glück und Überraschung, expressiver aus als Angehörige kollektivistischer Gesellschaften (vgl. Matsumoto et al. 2008).

6 Persönlichkeit

6.1 Big Five bzw. Fünf-Faktoren-Modell der Persönlichkeit

Mit gewissen Abstrichen ist es möglich, die Persönlichkeitsstruktur von Menschen weltweit anhand von fünf Persönlichkeitsfaktoren hinreichend zu beschreiben: Extraversion, Neurotizismus, Verträglichkeit bzw. Liebenswürdigkeit, Offenheit für neue Erfahrungen und Gewissenhaftigkeit (vgl. McCrae/Costa 2008; McCrae et al. 1999; Roccas et al. 2002). In den einschlägigen länder- bzw. kulturvergleichenden Studien erwies sich diese Struktur als weitgehend stabil (vgl. Poortinga et al. 2002). Anhand einer Befragung von 23.000 Menschen in 26 Ländern mit Hilfe des *NEO-PT-R-Tests* konnten relativ schwache Ländereffekte, aber ausgeprägte Alters- und Geschlechtseffekte festgestellt werden.

NEO-PT-R: NEO Personality Inventory Revised

- Einfluss des Alters: In allen untersuchten Ländern nehmen im Verlauf des Lebens Extraversion und Offenheit für neue Erfahrungen ab: Je älter Menschen werden, desto weniger ausdrucksstark und offen gestalten sie ihr Leben. Im Gegenzug werden die Menschen mit zunehmendem Alter immer verträglicher und gewissenhafter. Die Neurotizismus-Kurve verläuft uneinheitlich.
- Einfluss der Nationalität: Von den Ländereffekten ist die unterdurchschnittliche Offenheit und Extraversion der deutschen Probanden bemerkenswert, die ebenso im Einklang mit dem klassischen Länderstereotyp steht wie die tendenziell überdurchschnittlichen Werte der Deutschen bei Verträglichkeit und Gewissenhaftigkeit.
- Einfluss des Geschlechts: In allen Ländern beschreiben sich Frauen als neurotischer (d.h. sie empfinden mehr unangenehme Emotionen wie Angst), verträglicher (hilfsbereiter, angenehmer im Umgang, vertrauensseliger), warmherziger und pflichtbewusster als Männer.

6.2 Ausgewählte Persönlichkeitsmerkmale im Kulturvergleich

6.2.1 Offenheit für neue Erfahrungen

Von den „Big Five" ist vor allem „Offenheit für neue Erfahrungen" für das IKKV von Interesse. Dieses Persönlichkeitsmerkmal ist Teil der affektiven Komponente von interkultureller Kompetenz (vgl. Müller/Gelbrich 2014, S. 28 ff.). Neben anderem ist damit eine grundlegend positive Einstellung gegenüber Fremdem (andere Kulturen, Denk- und Verhaltensweisen etc.) gemeint, die sich in Aufgeschlossenheit, Neugier etc. konkretisiert. „Offene" Menschen sind vielseitig interessiert, wissbegierig, Neuem gegenüber aufgeschlossen und phantasievoll. Jüngere sind im Regelfall offener als ältere Menschen (vgl. Srivastava et al. 2003). In den USA werden Kandidaten der Demokraten zumeist von Menschen gewählt, die neugierig und ohne Scheu sind, gerne reisen und mit exotischen Speisen experimentieren. Wessen Leben hingegen von Ängsten – vor Bedrohung, Unordnung und Abstieg – geprägt ist, wählt mit großer Wahrscheinlichkeit die republikanischen Kandidaten (vgl. Haidt 2012).

Kulturelle Offenheit äußert sich in der Bereitschaft, ausländische Produkte zu erwerben oder im Urlaub fremde Länder zu bereisen. Kulturelle Offenheit kann mit Xenophilie, kulturelle Verschlossenheit mit Xenophobie einhergehen bzw. dadurch bedingt sein. Eine für das Marketing besonders bedeutsame Erscheinungsform kultureller Verschlossenheit ist Konsumpatriotismus (vgl. Balabanis et al. 2001; Han 1988). Kulturelle Offenheit lässt sich auf verschiedene Art und Weise messen, bspw. mit der Skala der sozialen Distanz. Dabei wird untersucht, wie intensiv eine Person Kontakt mit einer Fremdkultur sucht. Das Spektrum der individuellen kulturellen Offenheit reicht von der Bereitschaft zur (passiven) Aufnahme von Informationen über ein fremdes Land, über regelmäßige Kontakte zu Personen, die aus diesem Land stammen, bis hin zur Auswanderung und, im positiven Fall, zur Integration in die Fremdkultur sowie Annahme einer neuen kulturellen Identität.

6.2.2 Dogmatismus

Definition Dogmatism
"A personality characteristic to see the world in black and white" (Shankarmahesh 2006, S. 163)

Grundlagen

Psychologen verstehen unter Dogmatismus die Intensität, mit der eine Person ihre Meinungen in unnachgiebiger Art und Weise vertritt und sich gegen Kritik sowie konträre Auffassungen immunisiert. Dogmatiker sind davon überzeugt, dass es bestimmte, unbezweifelbar wahre Aussagen gibt. Auffällig häufig sind solche Menschen konservativ, selbstgerecht, wenig empathisch und neuen Informationen gegenüber ablehnend eingestellt. Hinzu kommen Änderungsresistenz (bzw. Rigidität) und mangelnde Bereitschaft, ihre grund-

6.2 Ausgewählte Persönlichkeitsmerkmale im Kulturvergleich

legenden Überzeugungen in Frage zu stellen. Auch korreliert dieses Persönlichkeitsmerkmal mit Ethnozentrismus und Xenophobie.

Dogmatismus beeinflusst das Konsumentenverhalten in vielerlei Hinsicht. Dogmatische Konsumenten (jeweils im Vergleich zu undogmatischen Konsumenten) …

- sind 'late adopter': Neuerungen aller Art (z.B. innovative Produkte und Dienstleistungen wie Online-Handel) erwerben bzw. nutzen sie vergleichsweise spät (vgl. Sharma 2008; Coney 1972),
- nehmen ungewohnte Kaufentscheidungen als überproportional risikoreich wahr (vgl. Durand et al. 1977),
- sind sozial sensible Konsumenten (vgl. Anderson/Cunningham 1972).

Einfluss der Landeskultur

Dogmatismus zählt zu jenen Persönlichkeitsmerkmalen, die verstärkt bei Angehörigen von Gesellschaften nachweisbar sind, für deren Landeskultur eine ausgeprägte Tendenz zur Ungewissheitsvermeidung charakteristisch ist (vgl. Hofstede 2001, S. 146).

6.2.3 Ethnozentrismus

> **Definition Ethnocentrism**
> "The view of things in which one's own group is the center of everything, and all others are scaled and rated with reference to it … Each group nourishes its own pride and vanity, boasts itself superior, exalts its own divinities and looks with contempt on outsiders" (Sumner 1906, S. 13).

Grundlagen

Sumner (1906) führte dieses Konstrukt in die Soziologie ein: als Überbewertung der Eigengruppenperspektive und Abwertung der Fremdgruppenperspektive. Adorno et al. (1950) befassten sich dann aus persönlichkeitspsychologischer Sicht mit der Neigung, das Eigene als „gut" und das Fremde als „schlecht" anzusehen, und beschrieben Ethnozentrismus im Kontext der Autoritarismusforschung als feindliche Gesinnung der Mehrheit gegenüber der Minderheit, ausgelöst u.a. durch mangelndes Selbstbewusstsein. Entwicklungspsychologisch lässt sich Ethnozentrismus als kollektiver Egozentrismus und Narzismus beschreiben: als Konsequenz des tiefreichenden Bedürfnisses, sich selbst als „einmalig" und als „Maß aller Dinge" zu erleben. Das Ich-zentrierte Selbstkonzept entsteht in einer frühen Phase der kognitiven Entwicklung, in der Kinder lernen, ihr ursprünglich diffuses Weltbild zu differenzieren und zwischen Ich und Umwelt zu unterscheiden.

Operationalisiert wird Ethnozentrismus üblicherweise mit der CETSCALE von Shimp/Sharma (1987): 17 Statements, die alle auf die Erwünschtheit von Importen (volkswirtschaftlich) bzw. den Kauf importierter Güter Bezug nehmen (einzelwirtschaftlich); z.B. "American people should always buy American-made products instead of imports."

Autoritarismusforschung: Untersucht die autoritäre Persönlichkeit

Egozentrismus: Frühkindliche Entwicklungsstufe (Unfähigkeit, Sachverhalte aus einem anderen Blickwinkel als dem eigenen zu betrachten)

Narzismus: Persönlichkeitsstörung, erkennbar an Selbstverliebtheit, Geltungssucht und Kritikunfähigkeit

Gegenpol von Ethnozentrismus ist Ethnorelativismus (vgl. Bennett 1993). Darunter versteht man die Bereitschaft, die eigenen soziokulturellen Normen und Überzeugungen prinzipiell in Frage zu stellen und jene der anderen grundsätzlich als gleichwertig anzusehen (vgl. Barmeyer et al. 2016).

Einfluss der Landeskultur

LeVine/Campbell (1972) arbeiten die kulturelle Dimension des Konstrukts heraus. Sie beschreiben Ethnozentrismus als Wertschätzung eigener kulturspezifischer Werte, Symbole und Artefakte, die einerseits als identitätsstiftende Objekte des Stolzes, der Zugehörigkeit und der Bindung dienen und andererseits als Mittel der Ab- bzw. Ausgrenzung anderer ethnischer bzw. nationaler Gruppen.

Die vorliegenden Studien bezogen sich nicht auf die Landeskultur, sondern auf die individuelle kulturelle Orientierung (vgl. B-3.9). Welcher Zusammenhang besteht zwischen dieser und Ethnozentrismus? Die Beziehungen, welche Yoo/Donthu (2005), Yoo et al. (2011) und Han/Guo (2018) beschrieben haben, sind zwar statistisch signifikant, aber eher schwach und teilweise widersprüchlich. Der gemeinsame Nenner dieser Studien lautet: Kollektivistisch wie auch maskulin eingestellte Probanden tendieren zu Ethnozentrismus, nicht jedoch langfristorientierte Probanden.

- Kollektivisten, weil es Teil ihrer kulturellen Identität ist, der Eigengruppenperspektive absoluten Vorrang zu geben,
- Maskuline, weil sie dazu neigen, Austauschbeziehungen nicht konstruktiv (= beidseitiger Vorteil), sondern konflikthaft zu gestalten (= wir gegen die anderen).

6.2.4 Fatalismus

Definition Fatalism
"Belief that all events are predetermined by fate and therefore unalterable by man" (Sojka/Tansuhaj 1995, S. 466)

Grundlagen

fatum: lat. = Schicksal

Selbstwirksamkeit: Überzeugung, Kompetenzen zu besitzen, die erforderlich sind, um wichtige Handlungen erfolgreich ausführen zu können

Fatalisten sind davon überzeugt, dass viele Ereignisse von einer externen Macht vorbestimmt sind – von Gott, der Vorsehung, dem Schicksal etc. Religiöse Menschen glauben mehr als nicht-religiöse Vergleichspersonen, „dass passieren wird, was passieren soll" (vgl. Ruiu 2013). Für das IKKV ist Fatalismus in vielerlei Hinsicht bedeutsam – u.a. werden Risikowahrnehmung und Risikobereitschaft, Markentreue und Beschwerdeverhalten davon beeinflusst. Sind Fatalisten mit einer Leistung unzufrieden, beschweren sie sich vergleichsweise selten (vgl. Ngai et al 2007). Und Tansuhaj et al. (1991) stellten fest, dass in Indien, Senegal, Südkorea, Thailand und USA Fatalisten weniger als andere Konsumenten bereit sind, innovative technische Güter zu erwerben. Gleiches gilt für religiöse Menschen. Auch sie sind skeptisch gegenüber Neuerungen aller Art (vgl. Kalliny/Hausman 2007).

6.2 Ausgewählte Persönlichkeitsmerkmale im Kulturvergleich

Abb. 61: Antezedenzien der Bereitschaft, innovative technische Produkte zu kaufen

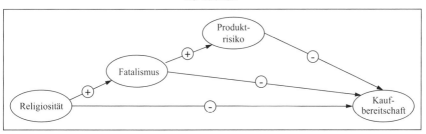

Quelle: Ruiu (2013); Kalliny/Hausman (2007); Tansuhaj et al. (1991)

Einfluss der Landeskultur

Zu den Besonderheiten kollektivistischer Gesellschaften zählt auch ihre Schicksalsergebenheit (vgl. Chan et al. 2009). Kollektivisten tendieren zu Fatalismus und externer Kontrollüberzeugung (vgl. C-4.5.4). Sie sind überzeugt, dass Mächte, welche der Einzelne nicht kontrollieren kann, über dessen Zukunft entscheiden. Folglich sei es auch zwecklos, die Zukunft planen und beeinflussen zu wollen. Fatalisten präferieren Bewältigungsstrategien wie Vermeiden, die Ereignisse nehmen, wie sie kommen etc. Im Gegensatz dazu sind interne Kontrollüberzeugung und Selbstwirksamkeit Teil des idealisierten Selbstbildes von Individualisten (vgl. C-7.3).

6.2.5 Risikobereitschaft

Grundlagen

Wer in Entscheidungssituationen überzufällig häufig die risikoreiche der risikoarmen Option vorzieht, gilt als risikobereit bzw. risikofreudig. Anders als Risikoaverse, die vor allem bestrebt sind, Verluste zu vermeiden, orientieren sich Risikobereite primär an den Chancen einer Entscheidungssituation. Allerdings fällt es schwer, Risikobereitschaft von Risikowahrnehmung (vgl. C-1.3) eindeutig zu trennen. Denn es hat sich gezeigt, dass Risikofreudige in ein und derselben Situation weniger Risiken empfinden als Risikoaverse. Dies wiederum bedeutet: Risikobereite sind nicht ‚a priori' bereit, größere Risiken einzugehen, sondern nehmen Risiken weniger intensiv wahr. Entrepreneure bspw. präferieren – entgegen dem gängigen Klischee – keineswegs hohe Risiken. Vielmehr schätzen sie bestehende Risiken optimistischer ein als „normale" Manager (vgl. Cooper et al. 1988).

Entrepreneur: Unternehmensgründer, der mit Unsicherheit umzugehen weiß

Während Risikoscheue gemäß der klassischen Risk/Return-Hypothese hohe Chancen vermuten, wo geringe Risiken sind, und von hohen Risiken auf geringe Chancen schließen, urteilen Risikofreudige differenzierter. Sie sind sich sehr wohl bewusst, dass zwischen Risiko und Chancen keine gegenläufige Beziehung besteht, dergestalt, dass geringe Risiken auch geringe Chancen versprechen. Optimal erscheint ihnen ein leicht überdurchschnittlicher Risikograd von 50-70 % (vgl. Abb. 62).

Abb. 62: *Wahrgenommene Austauschbeziehung zwischen Risiken & Chancen*

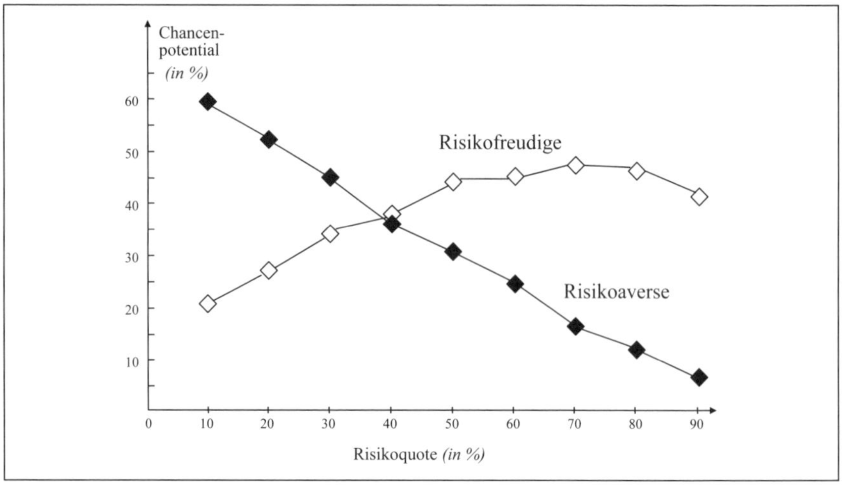

[Diagramm: Chancenpotential (in %) auf der y-Achse (0–60), Risikoquote (in %) auf der x-Achse (0–90). Zwei Kurven: „Risikofreudige" (ansteigend) und „Risikoaverse" (abfallend).]

Quelle: eigene Erhebung (n = 273)

Auf den ersten Blick paradox, aber empirisch belegt ist: Negative Gefühle können die Risikobereitschaft erhöhen. Beisswingert et al. (2015) haben ihre Versuchspersonen durch eine experimentelle Manipulation in einen Zustand von Kontrollverlust versetzt. Wer sich darüber ärgerte, wählte in dem anschließenden Entscheidungsexperiment überdurchschnittlich risikoreiche Optionen. Offenbar versetzt ein günstiger Ausgang eines risikobehafteten Ereignisses den Gewinner in die Lage, bestehende negative Gefühle durch positive Gefühle zu ersetzen. Wer sich jedoch bereits in einem positiven Gefühlszustand befindet, möchte diesen angenehmen Zustand möglichst lange bewahren und wählt deshalb die sichere Alternative (vgl. Chung/Kung 2005).

Einfluss der Landeskultur

Es gibt zahlreiche empirische Hinweise auf einen engen Zusammenhang von Risikobereitschaft und Ungewissheitsvermeidung. So finden sich unter jenen, die sich über potentielle Gesundheitsrisiken von Nahrungsmitteln sorgen, vor allem Ungewissheitsmeider (vgl. de Mooij 2019, S. 249). Beim Kauf von Produktinnovationen neigt dieser Typus zum Abwarten, während überproportional viele Ungewissheitstolerante 'early adopter' sind: Konsumpioniere (vgl. Hofstede 2001, S. 161; Nakata/Sivakumar 1996). Chinesen und andere, für die kulturbedingt ⇒ Gesicht wahren wichtig ist, sind weniger risikobereit als etwa amerikanische Probanden (vgl. Bao et al 2003).

Identität: Individuelles, gedanklich konstruiertes Konzept der eigenen Person

6.3 Selbstkonzept

Definition Selbstkonzept

Eine Wissensstruktur, in der Selbstschemata über die eigene Person gespeichert werden: die kognitive Repräsentation der Persönlichkeit. Dieses auch als „Selbst" oder „Selbstbild" bezeichnete innere Bild, welches jeder Mensch von sich selbst hat, ist wesentlicher Teil der individuellen Identität.

6.3.1 Wer bin ich?

Etwa ab dem zweiten Lebensjahr entwickeln Kinder eine Vorstellung davon, wer sie sind. Anfänglich ist das Selbstbild konkret: „Ich habe blonde Haare." Im weiteren Verlauf der körperlich-intellektuellen Entwicklung wird das Selbstbild zunehmend abstrakt – zum Selbstkonzept: „Ich bin verlässlich."

Das Selbstkonzept ist eines der wichtigsten kognitiven Schemata (vgl. C-2.2.1), mit deren Hilfe Menschen ihr Wissen über die soziale Welt thematisch und auf andere Weise organisieren (vgl. Aronson et al. 2014, S. 141 ff.). Dessen erste Funktion besteht darin, alle Informationen, die ein Mensch über sich erhält, einzuordnen. Die zweite Funktion ist emotionaler Natur. Wenn das „tatsächliche Selbst" in Bereichen, die für die eigene Identität bedeutsam sind, wesentlich vom „idealen Selbst" abweicht, sind Enttäuschung und andere negative Gefühle die Folge. Die dritte Funktion kann als Selbstkontrolle umschrieben werden: Anpassung des eigenen Verhaltens an das Selbstkonzept. Wer etwa meint, umweltbewusst zu sein, wird mit größerer Wahrscheinlichkeit beim Einkaufen auf Plastiktüten verzichten als andere.

Das multidimensionale Selbstkonzept umfasst das …
- reale Selbst (= wie eine Person tatsächlich ist),
- Selbstimage (= wie eine Person sich selbst sieht),
- ideale Selbst (= wie eine Person gerne sein möchte),
- soziale Selbst (= was eine Person glaubt, wie andere Personen sie wahrnehmen).

Häufig wird versucht, das ideale Selbst (z.B. risikofreudig, erfolgreich) und das reale Selbst durch einen entsprechenden ⇒ Lebensstil (z.B. Fallschirmspringen, Motorradfahren) in Übereinstimmung zu bringen.

6.3.2 Realitätsgrad des Selbstbildes

Das Selbstkonzept kann mehr oder weniger realistisch sein. Im Regelfall ist es positiv gefärbt. Denn Menschen streben nach positiver Selbsteinschätzung: sie neigen zu 'self-enhancement' (Sedikides/Gregg 2008; Swann et al. 1987). Selbstwerterhöhung kann auf zweierlei Weise geschehen:
- explizit, indem man andere an seine Leistungen erinnert (z.B. durch Aushang von Diplomen und Urkunden am Arbeitsplatz),
- implizit, indem man die eigene soziale Gruppe (z.B. Nationalität, Jahrgang, Sportverein) übermäßig positiv bewertet und (konkurrierende) fremde Gruppen abwertet.

self-enhancement: Selbsterhöhung bzw. Aufwertung des Selbst

Erklären lässt sich implizite Selbsterhöhung anhand der Theorie der sozialen Identität (vgl. Tajfel/Turner 1986). Ihr zufolge sind die Zugehörigkeit zu einer sozialen Gruppe (= 'in group') und die Abgrenzung von anderen Gruppen (= 'out group') entscheidend für die Entwicklung der sozialen Identität (z.B. „Ich bin Deutscher"). Dabei werden Unterschiede zwischen der eigenen Gruppe (z.B. „fleißige, sparsame Deutsche") und anderen Gruppen (z.B. „faule, verschwenderische Griechen, Italiener, Franzosen etc.") konstruiert bzw. überbetont – wie auch das Ausmaß, in dem man selbst über die identitätsstiftenden Eigenschaften der 'in group' (z.B. Fleiß, Sparsamkeit) verfügt (vgl. Tajfel/Wilkes 1963). Eine wichtige Rolle spielt dabei die soziale Informationsverarbeitung. Die meisten Menschen suchen, verarbeiten und erinnern bevorzugt kongruente bzw. selbstwertdienliche Kognitionen, welche die im Selbst gespeicherten Werte, Einstellungen und Meinungen bestätigen. Inkongruente Informationen („Ich bin weniger durchsetzungsfähig, als es meinem Selbstbild entspricht) werden als bedrohlich wahrgenommen und möglichst gemieden, verdrängt bzw. abgewertet (zum Self Serving-Bias vgl. C-2.3.2).

6.3.3 Bedeutung für das Konsumentenverhalten

> Self-congruity „links the psychological construct of an individual's self-concept with the symbolic value of goods purchased in the marketplace" (Grubb/Grathwohl 1967, S. 22).

Konsumentenverhaltensforscher interessieren sich u.a. dafür, wie das Selbstkonzept im Wechselspiel mit der Markenpersönlichkeit und dem Einkaufsstättenimage die Präferenz für bestimmte Marken, Einkaufsstätten etc. beeinflusst. Entsprechen wesentliche Teile der Markenpersönlichkeit, des Einkaufsstättenimages etc. dem tatsächlichen bzw. idealen Selbstkonzept (z.B. ŠKODA → sparsam → Ich bin sparsam), dann liegt Selbstkongruenz vor. Je größer die Übereinstimmung, desto mehr werden die Marke (bzw. das Produkt) oder die Einkaufsstätte (bzw. der Vertriebskanal) wertgeschätzt. Das Selbstkonzept wiederum profitiert von Selbstkongruenz auf dreierlei Weise:
- Wahrung der Selbstkonsistenz (= möglichst widerspruchsfreies Selbstbild),
- Stärkung des Selbstwertgefühls (= Annäherung des tatsächlichen an das ideale Selbst),
- Erweiterung der Selbstkenntnis (vgl. Mäder 2005, S. 26).

Involvement: Ich-Beteiligung bzw. Ausmaß des kognitiv-emotionalen Engagements

Weiterhin besteht ein enger Zusammenhang zwischen Selbstkonzept und Involvement. Konsumenten begeistern sich nicht für Güter des täglichen Bedarfs (z.B. Speisesalz), sondern für Güter, welche sich für den demonstrativen Konsum und somit für die Selbstinszenierung eignen. Bei Pkws und anderen prestigeträchtigen Gütern reagieren viele sensibel auf Abweichungen bzw. Übereinstimmungen zwischen Produktimage und Selbstimage bzw. Selbstbild. Gemäß der Image/Kongruenz-Hypothese vergleichen Käufer bewusst oder unbewusst ihr Selbstimage mit dem Markenimage und entscheiden sich dann für die Marke, welche ihrem Selbst entspricht und ihren Selbstwert erhöht (vgl. Jamal/Goode 2001).

6.3.4 Einfluss der Landeskultur

Abhängiges vs. unabhängiges Selbstkonzept

Die kulturvergleichende Forschung unterscheidet das abhängige vom unabhängigen Selbst (vgl. Markus/Kitayama 1991a/b). Der in individualistischen Gesellschaften übliche ermutigende, kind-zentrierte Erziehungsstil fördert das private, unabhängige Selbst, während für kollektivistische Gesellschaften das kollektive, abhängige Selbst charakteristisch ist. Dessen Ideal ist nicht das Individuum, das Identität erlangt, indem es sich von anderen Individuen abgrenzt, sondern indem es sich anpasst und stabile, vernetzte Beziehungen

6.3 Selbstkonzept

zu anderen Gruppenmitgliedern anstrebt. Dieses soziale Netzwerk basiert auf Reziprozität und wechselseitiger Berücksichtigung der Bedürfnisse und Vorstellungen anderer.

Es liegen zahlreiche empirisch fundierte Hinweise darauf vor, dass in individualistischen Gesellschaften das Selbstkonzept als Mittel der Abgrenzung von den anderen definiert wird, während es in kollektivistischen Gesellschaften der Demonstration von Zugehörigkeit dient (vgl. Tab. 40). Streben nach Selbstverwirklichung auf der einen Seite und Selbstdisziplin auf der anderen Seite.

Tab. 40: Kulturabhängigkeit des Selbstkonzepts

	unabhängiges Selbstkonzept	abhängiges Selbstkonzept
Kulturtyp	individualistische Kultur	kollektivistische Kultur
Struktur	abgegrenzt, einheitlich, stabil	dehnbar, variabel
Merkmale	Privatheit (Fähigkeit, Gedanken, Gefühle)	Öffentlichkeit (Status, Rolle, Beziehung)
Ziele	Sei einzigartig! Sei echt! Verwirkliche das, was in dir steckt! Verfolge eigene Interessen! Sage, was du denkst!	Füge dich ein! Nehme deinen Platz ein! Verhalte dich normkonform! Fördere die Interessen deiner Gruppe! Versetze dich in die Lage anderer!
Rolle anderer	Selbstbewertung durch sozialen Vergleich	Selbstdefinition durch soziale Beziehungen

Quelle: Markus/Kitayama (1991b); entnommen: Neyer/Asendorpf (2018, S. 408)

Wie wichtig Interdependenz für die Sozialstruktur kollektivistischer Gesellschaften ist, offenbart u.a. die Sprache. Im Japanischen wie im Koreanischen wird der Begriff „Mensch" bekanntlich aus zwei Schriftzeichen gebildet: *nin* und *gen*. Da *nin* bereits für sich genommen „der Mensch" heißt, scheint das zweite Zeichen überflüssig, jedenfalls redundant zu sein. Tatsächlich aber lenkt *gen* (= zwischen) die Aufmerksamkeit darauf, dass der Mensch nicht nur er selbst ist, sondern auch alles das, was sich zwischen ihm und anderen Menschen vollzieht. Das nur sich selbst verantwortliche Individuum des Westens gibt es diesem Sprach- und Kulturverständnis zufolge nicht. Kollektivisten definieren sich primär durch die Qualität, Vielfalt und Intensität ihrer Beziehungen zu anderen.

Empirisch überprüfen lässt sich die Dichotomie abhängiges/unabhängiges Selbstkonzept anhand des *Offer Self-Image Questionnaire* (vgl. Offer/Howard 1972). Wie Chen/Yang (1986) mit dessen Hilfe festgestellt haben, legen Amerikaner vor allem auf „eigene Interessen" und „Verfolgung beruflicher Ziele" Wert, was für ein unabhängiges Selbstkonzept spricht (vgl. Abb. 63). Das abhängige Selbstkonzept der gleichzeitig befragten Chinesen äußerte sich darin, dass ihnen mehr als alles andere familiäre Beziehungen und die Bereitschaft zur Anpassung wichtig waren.

Abb. 63: Selbstkonzepte im Vergleich

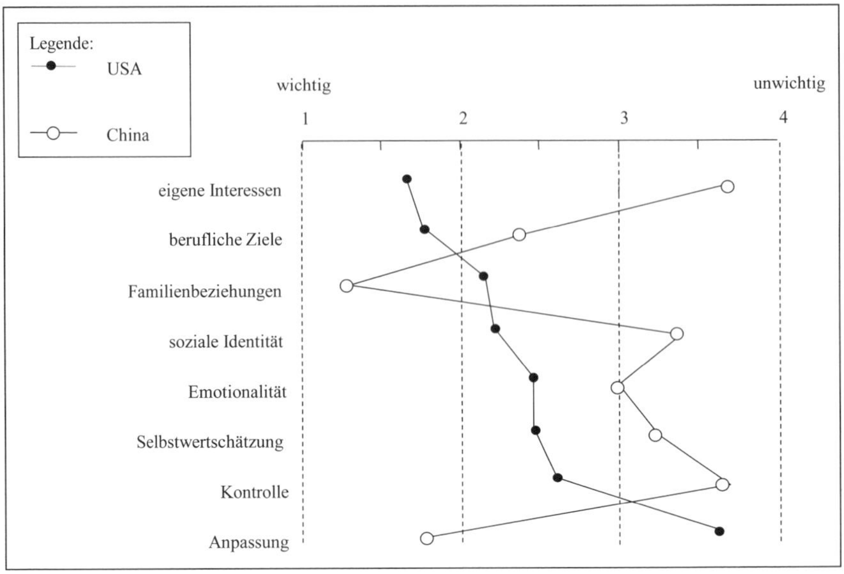

```
Legende:
 ●   USA           wichtig                              unwichtig
 ○   China          1        2        3        4

                eigene Interessen
                berufliche Ziele
                Familienbeziehungen
                soziale Identität
                Emotionalität
                Selbstwertschätzung
                Kontrolle
                Anpassung
```

Quelle: auf Basis von Chen/Yang (1986)

Vermutlich ist das Bedürfnis nach 'self-enhancement', d.h. nach Selbstaufwertung universell (vgl. Alicke/Sedikides 2009). Da in der einschlägigen empirischen Forschung die Variable „Aufwertung des Selbstbildes" jedoch teils als explizite und teils als implizite Aufwertung operationalisiert wird, bestätigte nur ein Teil der Studien die Universalismus-These (z.B. Yamaguchi et al. 2007; Sedikides et al. 2005; 2003). Andere wie Heine/Hamamura (2007) wiesen regionale Unterschiede nach.

Priming: Erhöhung der Wahrscheinlichkeit, dass auf einen bestimmten Gedächtnisinhalt zugegriffen wird (durch vorherige Präsentation eines damit assoziierten Stimulus)

Cai et al. (2011) lösten diesen Widerspruch auf, indem sie aufzeigten, dass Chinesen – im Gegensatz zu Amerikanern – taktisch zwischen beiden Strategien der Selbstaufwertung wechseln. Ausgangspunkt ihrer Studie war die Erkenntnis, dass explizite Selbstaufwertung der konfuzianischen Norm der Bescheidenheit widerspricht. Sorgt man nun durch entsprechendes Priming dafür, dass diese soziale Norm in der Untersuchungssituation präsent ist, dann sinkt bei chinesischen Probanden die Wahrscheinlichkeit einer expliziten Selbstaufwertung. Stattdessen stärken sie ihr Selbstbild nun vermehrt durch implizite Selbstaufwertung. Bei den amerikanischen Probanden senkt geprimte Bescheidenheit zwar gleichfalls die Wahrscheinlichkeit expliziter Selbstaufwertung, ohne dass jedoch kompensatorisch zur impliziten Strategie gewechselt wird.

Horizontale vs. vertikale Gesellschaftsstruktur

Außer im Falle von kulturkonträrer Werbung (vgl. D-1.3.1) spiegeln Werbebotschaften und Werbestil die kulturellen Werte einer Gesellschaft wider. Torelli et al. (2012) haben diese pauschale Aussage präzisiert. Gemäß ihren Verbraucheranalysen schätzen Konsumenten mit einer …

6.3 Selbstkonzept

- horizontal-kollektivistischen Orientierung Marken (und Unternehmen), deren Werbebotschaften Selbsttranszendenz thematisieren: Selbstdistanzierung bzw. Überwindung egoistischer Motive zugunsten gemeinsamer Bedürfnisse mit Gleichgesinnten (e.g., "Supporting humanitarian programs in developing countries because we care about building a better world"),
- vertikal-individualistischen Orientierung Marken, die ihren Selbstwert steigern (e.g., "An exceptional piece of adornment that conveys your status and signifies your exquisite taste"),
- horizontal-individualistischen Orientierung Marken, die Offenheit symbolisieren (e.g., "A travel companion to help you live an exciting life full of adventures waiting around every corner"),
- vertikal-kollektivistischen Orientierung Marken, die konservative Werte verkörpern (e.g. "The status quo in luxury watches. A tradition of classic designs and impeccable workmanship for 115 years").

"In VI societies (e.g., the United States, the United Kingdom), people tend to be concerned with improving their individual status and standing out – distinguishing themselves from others through competition, achievement, and power. In contrast, in HI cultures (e.g., Australia, Norway), people prefer to view themselves as equal to others in status. Rather than standing out, the person's focus is on expressing his or her uniqueness and establishing his or her capability to be successfully self-reliant. In VC societies (e.g., Korea, Japan), people emphasize the subordination of their goals to those of their in-groups, submit to the will of authority, and support competition between their in-groups and out-groups. Finally, in HC cultural contexts (e.g., exemplified historically by the Israeli kibbutz), people view themselves as similar to others and emphasize common goals with others, interdependence, and sociability, but they do not submit to authority" (Torelli et al. 2012, S. 96).

VI = vertikal individualistisch

HI = horizontal individualistisch

VC = vertikal kollektivistisch

HC = horizontal kollektivistisch

Positivity Bias – False Uniqueness Bias

"The most widely endorsed assumption regarding the self is that people are motivated to view themselves positively" (Henrich et al. 2002, S. 71).

Dieser Bias wurde schon vor vielen Jahren empirisch in seltener Deutlichkeit nachgewiesen. 94 % der von Cross (1977) befragten amerikanischen Professoren meinten, überdurchschnittlich gute Vorlesungen zu halten. Selbstüberschätzung ist indessen kein Privileg dieses Berufsstandes, wie Dhawan et al. (1995) feststellten: Mehr als 90 % ihrer Versuchspersonen (= amerikanische Studenten) gaben an, selbstkritischer, sensibler und humorvoller zu sein als die meisten anderen Menschen. Der „positiv gefärbte Blick auf sich selbst" (vgl. Monin/Norton 2003) ist allerdings nicht universell. Der falsche Einzigartigkeit-Bias scheint eine Besonderheit des angelsächsischen Kulturraumes – und vornehmlich der USA – zu sein. Für Mexikaner (vgl. Tropp/Wright 2003), Chilenen (vgl. Heine/Raineri 2009), Bewohner der Fidschi-Inseln (vgl. Rennie/Dunne 1994) und viele andere Gesellschaften ist ein weitaus kritischeres Selbstbild charakteristisch (vgl. Heine et al. 1999). Im ostasiatischen Kulturraum kommt es gar zum Bescheidenheitsfehler: den 'self-effacing bias' (vgl. Heine/Hamamura 2007).

7 Verhalten & Verhaltensprognose

7.1 Allgemeines Strukturmodell

Individuelles Verhalten lässt sich prinzipiell anhand einer Vielzahl von Variablen, Indikatoren etc. vorhersagen. Die empirische Forschung nutzt hauptsächlich folgende Konstrukte:
- Normen: Wie man sich unbedingt verhalten sollte, um gesellschaftliche Sanktionen zu vermeiden.
- Werte: Wie man sich nach Möglichkeit verhalten sollte, um dem gesellschaftlichen Ideal zu entsprechen.
- Einstellungen: Wie man Personen, Objekten, Situationen etc. bewertet (zustimmend oder ablehnend).
- Verhaltensintention: Wie die handelnden Personen beabsichtigen, sich in einer bestimmten Situation zu verhalten.

Theory of Reasoned Action: Theorie des überlegten Handelns

Theory of Planned Behavior: Theorie des geplanten Verhaltens

Die verschiedenen Verhaltensmodelle unterscheiden sich zum einen dadurch, welche dieser Konstrukte sie in welcher Weise miteinander verknüpfen. Zum anderen ist zu beachten, ob es sich um empirisch validierte Erklärungsmodelle handelt oder, wie das Modell von Vinson et al. (1977), um spekulative Strukturmodelle. Für die kulturvergleichende Forschung ist dieses dennoch von gewissem Interesse, weil es – anders als die Verhaltensintention-Modelle, welche die empirische Forschung dominieren – zwischen globalen und bereichsspezifischen Werten unterscheidet (vgl. Abb. 64).

Abb. 64: Werte/Einstellungs-Verhaltensmodell

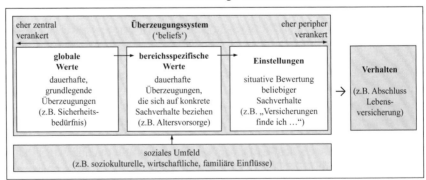

Quellen: Dahlhoff (1980, S. 27); Vinson et al. (1977, S. 46); leicht modifiziert

In Abhängigkeit von den konkreten Erfahrungen, die eine Person in ihrem Lebensumfeld sammelt, manifestieren sich die globalen Werte auf unterschiedliche Weise: als bereichsspezifische Werte. In femininen Kulturen bspw. sorgt der globale Wert Fürsorglichkeit dafür, dass Umweltschutz ein wichtiger bereichsspezifischer Wert ist. Gesellschaften, in denen feminine Werte Vorrang haben, „entsorgen" durchschnittlich weniger Hausmüll pro Kopf auf Deponien, emittieren weniger Schadstoffe, kompostieren mehr Müll und kaufen umweltbewusster ein als maskuline Gesellschaften. So gaben

60 % der anlässlich des 2014-*Eurobarometers* befragten Schweden (MAS = 5) und 48 % der Dänen (MAS = 17) an, umweltfreundliche Produkte gekauft zu haben, aber nur 17 % der befragten Griechen (MAS = 57) und 14 % der befragten Polen (MAS = 64) (vgl. EBS 416: Attitudes of European Citizens towards the Environment 2014).

7.2 Einstellungs/Verhaltens-Diskrepanz

Welchen Informationswert besitzen Einstellungen? Kann man bspw. vorhersagen, ob und wie lange eine Person (P) in einem Fitness-Center trainieren wird, wenn man deren Einstellungen zum Thema Fitness kennt? Mit der erforderlichen Sicherheit gelingen derartige Prognosen nur unter ganz bestimmten Bedingungen (s.u.). Zumeist lässt sich zwischen Einstellungen (E) und Verhalten (V) nur ein schwacher, für die Verhaltensprognose nicht hinreichend enger Zusammenhang ermitteln. So waren gemäß einer Studie des Meinungsforschungsinstituts *Ipsos Mori* 69 % der Befragten der Ansicht, dass die Hersteller jedes Jahr zu viele neue Handymodelle auf den Markt bringen. Und nur 14 % gaben an, ein neues Smartphone kaufen zu wollen, sobald es in die Läden kommt. In einer Umfrage der ⇒ *Gesellschaft für Konsumforschung (GfK)* räumten jedoch 55 % der Handynutzer ein, schon einmal ein neues Modell gekauft zu haben, obwohl ihr altes Gerät noch funktionierte.

Ein weiteres Beispiel von E/V-Diskrepanz: Im Sommer 2015 ließ die *GfK* knapp 2.000 repräsentativ ausgewählte deutsche Konsumenten zu ihren Einstellungen und Verhaltensweisen beim Kleidungskauf befragen. 59 % gaben damals an, es sei ihnen wichtig, dass Kleidung umweltverträglich bzw. fair hergestellt und gehandelt werde (= Einstellung). Gemäß dem Textilpanel *GfK Fashion & Lifestyle 2015* hat aber nur etwa jeder vierte Konsument in Deutschland mindestens ein Bekleidungsstück mit einem Ökolabel wie *Fairtrade*, *GOTS* oder *Textiles Vertrauen* gekauft (= Verhalten). Bestätigt wird diese Aussage in ihrer Tendenz durch eine bundesweite Umfrage der FOM-Hochschulen unter ca. 18.000 Bundesbürgern, die u.a. gezeigt hat, dass etwa 22 % nachhaltige Fair Trade-Kleidung kaufen (www.fom.de/2020/september/bundesweite-fom-umfrage-14.09.2020). Wie groß die E/V-Diskrepanz in diesem Fall tatsächlich ist, erkennt man daran, dass jeder Konsument jährlich durchschnittlich acht Kleidungsstücke kauft (vgl. Frank et al. 2016).

Warum verhalten sich viele Konsumenten in realen Kaufsituationen anders, als man aufgrund ihrer Einstellungen erwarten könnte? Die E/V-Diskrepanz hat verschiedene Gründe, nicht zuletzt die geringe Bereitschaft vieler, in Befragungen ihre tatsächlichen Einstellungen und Ansichten zu offenbaren. Vor allem bei kontroversen, sozial sensiblen Themen (z.B. Häufigkeit von Alkoholkonsum) ist die Gefahr groß, dass sozial erwünschte Antworten (z.B. nur kontrollierter Alkoholgenuss) Einstellungen vorspiegeln, die mit der Realität nichts oder wenig zu tun haben. Darüber hinaus mindern folgende Einflussfaktoren die Verlässlichkeit erfragter Einstellungen:

Sozial erwünschte Antworten: Geben nicht die tatsächlichen Ansichten wider, sondern das für wünschenswert Gehaltene

- Gemäß der Low Cost-Hypothese erlauben umweltbezogene Einstellungen nur dann eine zuverlässige Verhaltensprognose, wenn den Betroffenen der Aufwand, den sie betreiben müssten, um sich einstellungskonform zu verhalten, zumutbar erscheint. Die Mehrzahl der Verbraucher empfindet die Kosten von Ökoprodukten jedoch als zu hoch und den Beschaffungsaufwand als zu groß. Denkbar ist allerdings auch die dissonanztheoretisch begründbare Umkehrung dieses Arguments: Um sich nicht schlecht fühlen zu müssen, sich keine Vorwürfe anhören zu müssen usw., rechtfertigen sich die Befragten– scheinbar – rational damit, dass es zu teuer, zu aufwändig etc. wäre, umweltschonend zu konsumieren.

- Schwer verfügbare Einstellungen sind weniger als leicht verfügbare Einstellungen geeignet, Verhalten vorherzusagen. ⇒ Operationalisiert wird „Verfügbarkeit" in diesem Fall als Zeitspanne, die eine Auskunftsperson benötigt, um eine Frage zu beantworten. Einstellungen, die auf eigenen unmittelbaren Erfahrungen basieren, sind in diesem Sinne leichter verfügbar als mittelbar gewonnene Erfahrungen (bspw. den Werbeversprechen eines Anbieters oder Berichten anderer Käufer entnommen).
- Weiterhin sorgt das Spezifitätsproblem für Abweichungen. Einstellungen werden zumeist allgemein erfragt, Verhaltensindikatoren jedoch speziell. Aus der Zustimmung zu unspezifischen Statements wie „Verbraucher sollten zum Umweltschutz beitragen" (= Einstellungsebene) lässt sich bspw. nicht die Bereitschaft ableiten, „einen Großteil der Waren des täglichen Bedarfs in einem Bioladen einzukaufen" (= Verhaltensebene). Wer auf dem Land lebt, könnte bspw. der Meinung sein, dass regelmäßige Fahrten zum 20-30 km entfernten Bioladen gerade mit Blick auf den Umweltschutz unvernünftig wären und überdies unverhältnismäßig teuer.
- Je größer der zeitliche Abstand zwischen Einstellungsmessung und Verhaltensbeobachtung, desto weniger verlässlich ist die Prognose (vgl. Conner/ Armitrage 1998, S. 1430).

Operationalisierung: Anweisung, wie man ein theoretisches Konstrukt in eine messbare Variable wandelt

Einerseits ist die E/V-Diskrepanz offenbar eine Folge von messtechnischen Problemen der Einstellungsforschung. Andererseits spielen aber auch Rechtfertigungsstrategien eine Rolle. Denn sie ermöglichen es, sich unethisch zu verhalten, ohne sich deshalb unwohl zu fühlen. Eckhardt et al. (2010) haben in acht Ländern mit jeweils 20 Konsumenten einstündige Tiefeninterviews durchgeführt und drei dominante Strategien der Vermeidung kognitiver Dissonanz identifiziert:

- Viele halten es für ein Gebot ökonomischer Vernunft, möglichst viel Leistung für ihr Geld erhalten zu wollen, ungeachtet moralischer Vorbehalte (= 'economical rationalization').
- Andere argumentieren, nicht der einzelne Konsument sei verantwortlich, sondern staatliche Institutionen, die Wirtschaft etc. (= 'institutional dependency').
- Schließlich: Es sei nicht mehr als recht und billig, wenn in Entwicklungs- und Schwellenländern ökologische und soziale Bedenken vorübergehend hintangestellt werden, damit diese eine Chance haben, ihren – bspw. durch Kolonialismus oder eine ungerechte Weltwirtschaftsordnung bedingten – Rückstand gegenüber den Industrieländern zu überwinden (= 'developmental realism').

7.3 Verhaltensintention-Modelle

7.3.1 Grundlagen

Die kulturvergleichende Konsumentenforschung nutzt hauptsächlich Einstellungen zu Verhaltensvorhersage. Eine ihrer Fragestellungen lautet: Sind Menschen, die angeben, ihnen liege Umweltschutz am Herzen (= Einstellung), auch mehr als andere bereit, auf Flugreisen zu verzichten (= Verhalten)?

In der Frühphase der E/V-Forschung begnügte man sich im Regelfall damit, die affektive und die kognitive Einstellungskomponente zu einem Globalurteil zu verknüpfen (häufig multiplikativ), und unterstellte, dass die Handlungsbereitschaft (= konative Komponente) eine Funktion der ermittelten Produkts ist: Wer positiv gegenüber einem Sachverhalt (z.B. körperliche Fitness) eingestellt ist, wird sich entsprechend verhalten (z.B. Kauf eines Fahrrads).

So einfach ist es jedoch zumeist nicht. Konsequenz der Diskussion über Gründe und Konsequenzen der E/V-Diskrepanz war eine Erweiterung des Untersuchungsansatzes. Das zur Diskussion stehende Verhalten (z.B. Kundentreue) sollte nun gemessen (z.B. Anzahl Wiederholungskäufe, 'cross buying', Weiterempfehlung) und als abhängige Variable explizit in das Untersuchungsdesign integriert werden. Da Verhaltensmessungen äußerst schwierig bzw. aufwändig sein können, begnügt man sich jedoch vielfach damit, die Verhaltensintention zu erfragen: Beabsichtigen die Befragten, sich entsprechend zu verhalten?

Cross Buying: Zusatzkäufe aus dem erweiterten Sortiment (z.B. Kunde eines Gartencenters kauft dort neben Pflanzen auch ein Buch über Gartengestaltung)

> **Definition Behavior Intention Models**
> "Originate from learning theory and assume that behavior toward a particular object is approximated by an intention to perform that behavior. Intention represents a person's conscious plan to exert effort to carry out a behavior" (Malhotra/McCort 2001, S. 235).

Für die dominanten Erklärungsmodelle bzw. Theorien haben sich folgende Kürzel international etabliert:
- TRA ('theory of reasoned action') = Theorie des überlegten Handelns (vgl. C-7.3.2)
- TPB ('theory of planned behavior') = Theorie des geplanten Verhaltens (vgl. C-7.3.3)
- TAM ('technology-acceptance model') = Technologie-Akzeptanz-Modell (vgl. C-7.4)

7.3.2 Theorie des überlegten Handelns

Fishbein/Ajzen (1975) modellierten in der TRA Verhaltensintention als Funktion zweier Konstrukte: „Einstellung gegenüber dem Verhalten" (= sieht P es als positiv oder negativ an, sich in entsprechender Weise zu verhalten) und „subjektive Norm" (= Erwartung der Gesellschaft, dass bestimmte Verhaltensweisen erwünscht oder unerwünscht sind). Formal wird das sog. *Fishbein*-Modell dargestellt als:

> $$BI = W_1 \, A_{act} + W_2 \, SN$$
>
> Dabei bedeuten:
> BI = Behavioral Intention, d.h. Verhaltensabsicht (hier: Absicht, ein Produkt zu erwerben bzw. zu konsumieren)
> A_{act} = Einstellung einer Person zu einem bestimmten Verhalten (hier: Erwerb bzw. Konsum eines Produktes)
> SN = Soziale Norm (wahrgenommene Einstellung der sozialen Umwelt zu dem Verhalten)
> W_i = empirisch zu bestimmende standardisierte Regressionskoeffizienten (i = 1,2)

Einstellung gegenüber dem Verhalten

Das erste Konstrukt des *Fishbein*-Modells wird operationalisiert als Produkt von ...
- „Erwartungen" (= subjektive Wahrscheinlichkeit, dass das zu bewertende Verhalten eine bestimmte Konsequenz nach sich zieht) und
- „Wert", den die Auskunftsperson dieser Konsequenz beimisst.

Ist P bspw. davon überzeugt, dass ein gleichmäßiger Fahrstil den Benzinverbrauch ihres Fahrzeugs und damit die Fahrtkosten senkt (= Erwartungen), dann wird sie voraussichtlich zur Verhaltensweise „gleichmäßiger Fahrstil" positiv eingestellt sein, und zwar umso mehr, je wichtiger ihr die Konsequenz „Kostensenkung aufgrund geringen Benzinverbrauchs" ist (= Wert). Einem Außendienstmitarbeiter, der einen Firmenwagen zur Verfügung hat und auf Firmenkosten tankt, wird diese Konsequenz im Regelfall weniger wichtig sein.

Da sie zwei Kognitionen multiplikativ miteinander verknüpfen, werden TRA und andere kognitive E/V-Modelle auch als „Erwartung x Wert-Theorien" bezeichnet: Produkt der subjektiven Wahrscheinlichkeit, dass eine konkrete Verhaltensweise ein bestimmtes Ergebnis zur Folge hat, und des subjektiven Werts dieser Verhaltenskonsequenz. Gemäß dem *Fishbein*-Modell wird jene Handlungsalternative präferiert, die mit der größten Wahrscheinlichkeit zu einem positiven Ergebnis führt.

Subjektive Norm

Weiterhin beeinflusst das soziale Umfeld die Verhaltensabsicht. Befürworten wichtige Bezugspersonen das fragliche Verhalten oder lehnen sie es mutmaßlich ab? Fishbein/Ajzen (1975) prägten hierfür den Begriff „subjektive Norm", da nicht der tatsächliche, sondern der individuell erlebte soziale Druck ausschlaggebend sei. Auch dieses Konstrukt setzt sich multiplikativ aus zwei Faktoren zusammen:
- „normative Meinungen", d.h. Erwartungen relevanter Bezugspersonen oder Gruppen, wie P sich verhalten sollte,
- Motivation von P, diesen Erwartungen zu entsprechen.

Ein gleichmäßiger Fahrstil erscheint folglich umso erstrebenswerter, je mehr Freunde, Familienangehörige und Bekannte P nahe legen, sich umweltverträglich zu verhalten, und diese gleichzeitig gewillt ist, dem Wunsch/Druck ihres sozialen Umfeldes nachzukommen/nachzugeben.

Verhaltensintention

Durch additive Verknüpfung der beiden Konstrukte „Einstellung zum Verhalten" und „subjektive Norm" lässt sich nun die Verhaltensintention ermitteln (vgl. Abb. 65). Sie ist ein Indikator des Aufwands, den P betreiben würde, um das zur Diskussion stehende Verhalten auszuüben: Je stärker die Intention, desto wahrscheinlicher wird P sich entsprechend verhalten (vgl. Ajzen 1991, S. 181).

Ob die Verhaltensintention mehr von persönlichen Einstellungen abhängt oder eher normativen Erwartungen entspricht, kann kulturbedingt sein oder individuelle Erfahrungen reflektieren. Empirisch zu ermittelnde Gewichte ermöglichen es zu berücksichtigen, dass beide Konstrukte in unterschiedlichem und im Einzelfall zu bestimmenden Maße zur Prognose der Verhaltensabsicht beitragen.

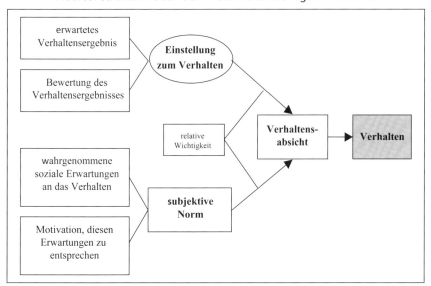

Abb. 65: Strukturmodell der Theorie des überlegten Handelns

Quelle: nach Ajzen/Fishbein (1980)

7.3.3 Theorie des geplanten Verhaltens

Im Zuge der empirischen Validierung des TRA-Modells erkannten Ajzen/Madden (1986), dass neben den beiden genannten Konstrukten auch externe, teilweise von P nicht kontrollierbare Variablen einen indirekten Einfluss auf das Verhalten ausüben können. Entweder beeinflussen diese einzelne Modellkomponenten und/oder die Stärke des Effekts, den Einstellung und subjektive Norm auf die Verhaltensabsicht ausüben (= Effektstärke). Dabei handelt es sich um …

- soziodemographische Merkmale (z.B. Alter, Geschlecht, Beruf, Status, Religion, Bildung),

Effektstärke: Maß zur Beurteilung der Aussagekraft von Untersuchungsergebnissen

- Einstellung gegenüber konkreten Objekten (z.B. Personen, Institutionen, Marken),
- Persönlichkeitsmerkmale (z.B. Extraversion, Selbstwertschätzung, 'need for cognition').

Perceived Behavioral Control: Wahrgenommene Verhaltenskontrolle

Weiterhin empfahl Ajzen (1991, S. 179 ff.), auch solche Variablen in die Modellierung einzubeziehen, welche P daran hindern können, Intention in reales Verhalten umzusetzen. Diese können zufälliger (z.B. Wetter, Unfall) oder nicht-zufälliger Natur sein (z.B. Verfügbarkeit erforderlicher Ressourcen wie Zeit und Geld). Letztere gingen in Gestalt des Konstrukts „wahrgenommene Verhaltenskontrolle" in das TRA-Modell ein. Dieses beeinflusst das Verhalten direkt und, über die Verhaltensabsicht, indirekt (vgl. Abb. 66).

Abb. 66: Strukturmodell der Theorie des geplanten Verhaltens (TPB)

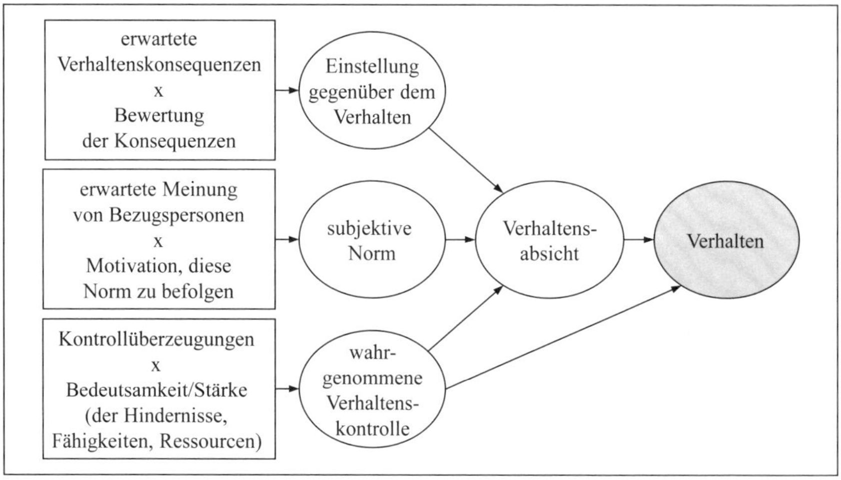

Quelle: nach Ajzen/Madden (1986)

Dass „wahrgenommene Verhaltenskontrolle" in das Prognosemodell aufgenommen wurde, lässt sich kontrolltheoretisch begründen (vgl. C-4.5.4). Menschen streben danach, Zustände und Ereignisse in ihrer Umwelt zu kontrollieren (vgl. White 1959). Gelingt dies nicht im erwünschten Maße, erleben sie Kontrollverlust, was die Prognostizierbarkeit des Verhaltens beeinträchtigt. Wie die anderen latenten Variablen, so besteht auch die „wahrgenommene Verhaltenskontrolle" aus zwei multiplikativ verknüpften Komponenten.
- Kontrollüberzeugung: Welche Hemmnisse verhindern oder erschweren eine Handlung und welche Ressourcen und Fähigkeiten fördern sie?
- Wahrgenommene Stärke der Barrieren, Fähigkeiten und Ressourcen: Beeinflussen diese die Wahrscheinlichkeit, dass eine Verhaltensweise auftritt?

Das Konstrukt „subjektiv wahrgenommener Grad an Verhaltenskontrolle" erfasst somit, ob und in welchem Maße sich P frei fühlt, das in Frage stehende Verhalten auszuführen oder zu unterlassen. Angewandt auf das Beispiel Fahrstil bedeutet dies: Zwar wird ein umweltbewusster Autofahrer im Regelfall mit einem gleichmäßigen mittleren Tempo am Straßenverkehr teilnehmen. Besteht jedoch die Gefahr, zu einem äußerst wichtigen Termin (z.B. erster Arbeitstag) zu spät zu kommen, wird er in dieser besonderen Situation die Geschwindigkeit erhöhen, wann immer es möglich ist. Nunmehr wird sein Verhalten nicht mehr durch seine umweltbewussten Einstellungen und die entsprechenden Erwartungen seiner sozialen Umwelt kontrolliert, sondern durch externe Einflüsse, die nur bedingt seiner Kontrolle unterliegen.

Armitage & Conner haben 185 Studien zur Theorie des geplanten Verhaltens meta-analytisch ausgewertet. Ihren Befunden zufolge erklären Verhaltensabsicht und wahrgenommene Verhaltenskontrolle durchschnittlich 27 % der Varianz des Verhaltens, wobei die wahrgenommene Verhaltenskontrolle aber lediglich zusätzlich 2 % zur Erklärung beiträgt. Die Verhaltensabsicht wiederum lässt sich im Mittel zu 39 % durch das Modell vorhersagen. In diesem Fall steigert die „wahrgenommene Verhaltenskontrolle" das R^2 um 6 %. In 19 Studien wurde auch der Interaktionseffekt „wahrgenommene Verhaltenskontrolle x Verhaltensabsicht" geprüft. Lediglich in neun Fällen ließ sich ein signifikanter Einfluss auf das Verhalten nachweisen (vgl. Armitrage/Conner 2001, S. 484 ff.).

> Die Kernaussage des TPB-Modells lässt sich folgendermaßen zusammenfassen. Menschliches Verhalten wird durch drei Kategorien von Überzeugungen „gesteuert":
> - the likely consequences of the behavior (behavioral beliefs),
> - the normative expectations of others (normative beliefs),
> - the presence of factors that may facilitate or impede performance of the behavior (control beliefs) (www.midss.org/content/theory-planned-behaviour-questionnaire/19.12.2019).

7.3.4 Einfluss der Landeskultur

Die meisten (sozial-)psychologischen Theorien und Modelle, welche den Zusammenhang zwischen Einstellungen und Verhalten abbilden, wurden von nordamerikanischen Forschern entwickelt. Dies wirft die Frage auf, ob TRA und TPB prinzipiell geeignet sind, die Einstellungen und Verhaltensweisen von Angehörigen anderer Kulturen zu erklären ('etic'). Denn die zentralen Konstrukte dieser Theorien – Normen, Werte und Erwartungen – sind bekanntlich kulturspezifisch ('emic').

emic = kulturgebunden

etic = kulturfrei

Universalität der Erklärungsmodelle

Zahlreiche Studien sprechen dafür, dass die beschriebenen Modelle in den verschiedensten Lebensbereichen kulturübergreifend gültig sind und es ermöglichen, Verhalten zu prognostizieren, z.B. …
- Akzeptanz von E-Commerce (vgl. Pavlou/Chai 2002),
- nachhaltiger Konsum (vgl. Minton et al. 2018),
- Bereitschaft zur Teilnahme an Präventionsmaßnahmen (vgl. Montaño/Kasprzyk 2008).

Als erste begründeten Farley et al. (1982) meta-analytisch die universalistische Position: Weder die Art der Datenerhebung, noch das zu analysierende Produkt, noch die Herkunft der Befragten (z.B. USA vs. Südkorea) beeinflussen ihrer Analyse zufolge die Parameter des Strukturmodells signifikant.

Auch in Entwicklungsländern sind die Verhaltensintention-Modelle einsetzbar. Montaño/Kasprzyk (2008) überprüften in Zimbabwe die Eignung eines um zusätzliche Konstrukte bzw. Variablen (z.B. Gewohnheiten, Öffentlichkeit des Verhaltens) erweiterten integrierten TRA/TPB-Modells für die Prognose der Bereitschaft, sich an Maßnahmen der HIV-Prävention zu beteiligen. Eine Studie zur Arbeitsplatzsuche kann als Beleg für die intrakulturelle Stabilität der Verhaltensmodelle gewertet werden (vgl. van Hooft et al. 2006). Denn die Modellierung des Suchverhaltens türkischstämmiger Niederländer unterschied sich strukturell nicht von dem Modell, welches die Arbeitsplatzsuche gebürtiger Niederländer abbildet.

Partielle Kulturspezifität

Bagozzi et al. (2000) bestätigten zwar gleichfalls die prinzipielle Eignung dieses Ansatzes, die Verhaltensabsicht von Angehörigen unterschiedlicher Kulturen zu erfassen. Jedoch klärte das von ihnen angewandte *Fishbein*-Modell bei Angehörigen zweier westlicher Länder mehr Varianz auf als bei Angehörigen zweier ostasiatischer Länder. Mit anderen Worten: Es sagte das Verhalten von amerikanischen und italienischen Versuchsteilnehmern treffender vorher als das Verhalten chinesischer und japanischer Versuchsteilnehmer. Ferner belegen mehrere Studien, dass in individualistischen Gesellschaften individuelle Einstellungen einen überproportional großen Beitrag zur Verhaltensprognose leisten (A_{act}), während in kollektivistischen Gesellschaften Normen und Werte (SN) bessere Prädiktoren sind (vgl. Malhotra/McCort 2001; Triandis 1994, S. 175; Lee/Green 1991).

> "However, predictions under the theory of reasoned action were found to vary, depending on the social setting (eating alone or eating with friends) and cultural orientation (independent vs. interdependent). Subjective norms were found to influence decisions when eating with friends, but not when alone. The effects of attitudes, subjective norms, and past behavior on intention were greater for Americans than Italians, Chinese, or Japanese. And in general, more explained variance occurred for Western (American, Italian) than Eastern (Chinese, Japanese) cultures" (Bagozzi et al. 2000, S. 97).

Selbstwirksamkeit: Überzeugung, in einer bestimmten Situation sich angemessen verhalten und gewünschte Verhaltensergebnisse erzielen zu können

Für die These einer partiellen Kulturspezifität der Verhaltensmodelle sprechen weiterhin einige allgemeine Überlegungen. So sind soziale Erwartungen im kollektivistischen Kulturkreis besonders verhaltensrelevant, und von der Norm abzuweichen wird dort bekanntlich weniger toleriert als im individualistischen Kulturkreis. Hingegen sind Individualisten es gewohnt, die eigenen Bedürfnisse und Ziele über jene der Gruppe zu stellen. Sie empfinden sich als unabhängig und sind von ihrer Selbstwirksamkeit überzeugt (vgl. Bandura 1997). Ihre „primäre Kontrollorientierung" fördert die Wahrscheinlichkeit von egozentrischen Entscheidungen. Mitglieder kollektivistischer Kulturen hingegen beziehen ihre Identität aus ihrer Gruppenzugehörigkeit (z.B. Großfamilie, Arbeitskollektiv). Für sie ist „sekundäre Kontrollorientierung" wichtiger. Kollektivisten passen ihr Verhalten möglichst den Erwartungen der sozialen Umwelt an.

Davon ausgehend hat Lee (1990) eine plausible Erweiterung des *Fishbein*-Modells vorgeschlagen. Um das Verhalten von konfuzianisch-kollektivistisch sozialisierten Menschen besser erklären zu können, sollte das SN-Konstrukt durch die Konstrukte „Gesicht wahren" und „Gruppenkonformität" ergänzt werden. Denn das traditionelle SN-Konstrukt bilde nicht wirklich Konformitätsdruck ab. Letztlich erfasse es nur die subjektive Überzeugung der Probanden, dass relevante soziale Bezugsgruppen ein bestimmtes Verhalten billigen oder missbilligen.

Gruppenkonformität: Sozialer Druck, sich entsprechend den Gruppennormen zu verhalten, gleich wie die eigenen Ansichten dazu sind

---

Operationalisierung Gruppenkonformität

"I feel that most people around me expect me to comply with their decision to buy a *Levi's* jeans."

Operationalisierung Gesicht wahren

"Owning a *Levi's* jeans would hurt my reputation with the people who are important to me."

Jin/Kang (2011, S. 180)

Hassan et al. (2016), die 29 der aussagekräftigsten und aktuellsten, d.h. nach 2000 veröffentlichten einschlägigen Studien einer Meta-Analyse unterzogen haben, bestätigten zwar einerseits die Kollektivismus-Hypothese, relativierten sie andererseits aber entscheidend. Werden nämlich die I-K-Dimension und die PDI-Dimension simultan in die Analyse einbezogen, dann erweist sich PDI als der wichtigere Moderator der Beziehung „subjektive Norm – Verhaltensintention". In Ländern, zu deren kultureller Identität Akzeptanz von Machtdistanz wesentlich beiträgt, ist dieser Zusammenhang enger als in Ländern, in denen Machtdistanz mehr oder weniger abgelehnt wird und wo die Menschen es gewohnt sind, ihren eigenen Überzeugungen zu folgen und ihren individuellen Bedürfnissen Vorrang einzuräumen gegenüber denen ihres sozialen Umfeldes.

7.4 Technologie-Akzeptanz-Modell

Wie die Theorie des geplanten Verhaltens, so wurde auch das Technologie-Akzeptanz-Modell (TAM) aus der Theorie des überlegten Verhaltens abgeleitet. Anlass zu dieser Erweiterung bzw. Modifikation gab die damals aktuelle Herausforderung, die Wahrscheinlichkeit, dass Menschen Computer nutzen werden, prognostizieren zu können (vgl. Davis 1989). Etwas später interessierte man sich ganz generell für die Prognose der Adoption und Nutzung innovativer Technologien (vgl. Davis et al. 1989). Dabei kommt zwei Überzeugungen die Schlüsselrolle zu:
- wahrgenommene Nützlichkeit der Innovation und
- wahrgenommene Leichtigkeit, die Innovation zu nutzen.

Adoption: Übernahme (Kauf, Nutzung) einer Innovation

Von diesen beiden Konstrukten hängt die Einstellung gegenüber dem Untersuchungsobjekt ab und davon wiederum die Verhaltensintention (vgl. Abb. 67).

Abb. 67: Technologie-Akzeptanz-Modell

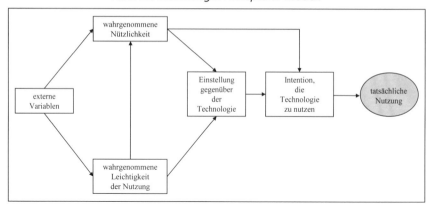

Tatsächlich scheint TAM besser als TRA und TPB geeignet zu sein, technikaffines innovatives Verhalten vorherzusagen. Jedenfalls berichteten Gentry/Calantone (2002), dass sie die Verhaltensabsicht amerikanischer Undergraduates mit TAM zu 81,1 % erklären konnten, zu 58,1 % mit TPB und zu 43,2 % mit TRA. Gemäß einer meta-analytischen Auswertung von 63 einschlägigen Studien bewährt sich das in Abb. 67 vorgestellte Grundmodell in der überwiegenden Zahl der Fälle (vgl. Schepers/Wetzels 2007). In einigen Untersuchungen allerdings erwiesen sich die Konstrukte …

- „subjektive Norm" (= neuartige Technologien sollten genutzt werden) und
- „wahrgenommene Nützlichkeit" (= der Gebrauch neuartiger Technologien bietet Vorteile)

besser geeignet, die Verhaltensintention westlich-individualistischer Zielgruppen vorherzusagen als die Verhaltensintention östlich-kollektivistischer Zielgruppen, während es sich mit „wahrgenommener Leichtigkeit der Nutzung" umgekehrt verhielt. McCoy et al. (2007) und Straub et al. (1997) folgerten daraus, dass TAM möglicherweise ein grundsätzlich wenig geeignetes Messmodell für den Einsatz im östlich-kollektivistischen Kulturkreis ist. Anders Schepers/Wetzels (2007), die empfahlen, im Untersuchungsdesign die Landeskultur als Moderator zu berücksichtigen.

Teil D

Konsumentenverhalten im interkulturellen Vergleich

> „We simply can't understand consumption unless we consider its cultural context: Culture is the 'lens' through which people view products. Ironically, the effects of culture on consumer behavior are so powerful and far-reaching that it's sometimes difficult to grasp their importance. We don't always appreciate this power until we encounter a different culture" (Solomon 2018, S. 515).

Damit sie möglichst umfassend von den Kostenvorteilen der Standardisierung profitieren können, verfolgen viele Unternehmen die Strategie des Global Marketing (z.B. Hollensen 2020). Die damit gemeinte Standardisierung der Leistungsprozesse erweist sich in vielen Branchen und Produktfeldern jedoch nicht immer als Erfolgsgarant. Während es vergleichsweise leicht fällt, Produktion und Logistik zu globalisieren, war der Global Consumer lange Zeit eher ein Mythos als ein mit wissenschaftlichen Mitteln bestätigtes Phänomen (vgl. Maheswaran/Shavitt 2000). Die damit gemeinte weltweite Angleichung des Konsumentenverhaltens beschränkt bzw. konzentriert sich zum einen auf ausgewählte Produktbereiche (bspw. Fast Food) und zum anderen auf ausgewählte Bevölkerungsschichten (jüngere, städtische Bevölkerung).

1 Informationsgewinnung

Käufer benötigen Informationen, um sachgerechte Kaufentscheidungen treffen zu können. Was plausibel und einfach klingt, erweist sich bei näherer Betrachtung indessen als schwierig und teilweise auch als fragwürdig. Zum einen berücksichtigt diese Schlüsselthese der Information Processing-Forschung die verschiedenen Typen von Kaufentscheidungen nicht oder nur teilweise. Impulsive und habituelle Kaufentscheidungen etwa zeichnen sich u.a. gerade dadurch aus, dass sie gefällt werden, ohne zuvor oder begleitend systematisch Informationen über den Gegenstand des Kaufs einzuholen (vgl. A-3.3.2). Zum anderen schwingt in dieser These unterschwellig mit, dass Kaufentscheidungen umso sachgerechter gefällt werden können, je mehr Informationen zur Verfügung stehen.

Information Processing-Forschung: Untersucht, wie Menschen Informationen verarbeiten

Information-Overload-Forschung: Untersucht, wie Menschen mit einem Zuviel an Informationen umgehen

Dieses zentrale Postulat des Economic Man-Menschenbildes (vgl. A-1) muss angesichts der Erkenntnisse der „Information Overload-Forschung" aber zumindest teilweise als widerlegt gelten (vgl. Chen et al. 2009; Malhotra 1982). „Zu viele", d.h. über den individuellen Bedarf hinausgehende Informationen richten mehr Schaden an, als dass sie die Entscheidungsfindung verbessern. Auch haben Studien, die auf dem Psychological Man- und dem Cultural Man-Menschenbild fußen, gezeigt:
- Viele Konsumenten fühlen sich nicht hinreichend informiert, gleichgültig, wie viele Informationen ihnen zur Verfügung stehen,
- Informationen reduzieren nicht generell Unsicherheit und verbessern nicht zwangsläufig die Entscheidungsfindung, sondern können abhängig von ihrer Menge und Güte auch Verwirrung erzeugen, z.B. in Gestalt von 'consumer confusion',
- Der Stellenwert von Informationen und der Umgang mit ihnen hängt vom kulturellen Umfeld ab.

1.1 Informationsbedarf

1.1.1 Informationsbedarf in der Phase der Kaufvorbereitung

Zahlreiche empirische Befunde sprechen dafür, dass individualistische Konsumenten, die Ungewissheit tolerieren und Machtdistanz ablehnen, einen größeren Informationsbedarf haben als kollektivistische Konsumenten, die Ungewissheit meiden und Machtdistanz akzeptieren. Im *Eurobarometer 2002* wurden Angehörige von zwölf europäischen Ländern danach gefragt, ob sie zur Vorbereitung von Käufen normalerweise Informationsquellen heranziehen. Am häufigsten bekannten sich portugiesische Konsumenten zu Ad hoc-Käufen (= 43 %), am seltensten österreichische Konsumenten (= 8 %). Wie Tabelle 41 verdeutlicht, besteht ein systematischer Zusammenhang zwischen der Variable „normally no information source consulted to prepare for purchases" und zwei Kulturdimensionen: Je mehr die Menschen Machtdistanz akzeptieren und Ungewissheit meiden, desto häufiger kaufen sie ein, ohne zuvor Informationen einzuholen.

Tab. 41: Anteil derer, die vor Einkäufen normalerweise keine Informationsquellen nutzen (in Abhängigkeit von Akzeptanz von Machtdistanz & Ungewissheitsvermeidung)

	$UAI_{\bar{x}} = 99$	$UAI_{\bar{x}} = 65$	$UAI_{\bar{x}} = 47$
$PDI_{\bar{x}} = 61$	Portugal = 43 %, Belgien = 42 %, Griechenland = 33 %, Spanien = 32 %		
$PDI_{\bar{x}} = 40$		Großbritannien = 31 %, Italien = 19 %, Niederlande = 18 %, Deutschland = 11 %	
$PDI_{\bar{x}} = 22$			Dänemark = 21 %, Irland = 20 %, Finnland = 16 %, Österreich = 8 %

Quelle: Eurobarometer 2002 (Flash EB 117)

Problematisch daran ist, dass diese empirischen Befunde nur schwerlich theoretisch erklärbar sind. Hätte man bspw. nicht erwarten müssen, dass gerade Ungewissheitsmeider alles daransetzen, vor Einkäufen möglichst viele Informationen einzuholen? De Mooij (2019, S. 283 ff.), die zahlreiche Korrelationen zwischen den *Hofstede*-Kulturdimensionen und Variablen wie „feel well informed as consumer, about environmental issues, about the risks of cybercrime etc." berichtet, geht darauf nicht ein, erinnert aber zum einen daran, dass Selbstauskünfte zum Informationsverhalten mit den objektiven Verhältnissen häufig nur schwer in Übereinstimmung zu bringen sind. So fühlten sich drei Mal mehr Briten gut über Sportereignisse informiert als Spanier, obwohl spanische Fernsehsender fünf Mal mehr Sportinformationen verbreiten als britische Fernsehsender. Zum anderen erklärt sie den Befund, dass kollektivistische Konsumenten regelmäßig von einem weniger intensiven Informationsverhalten berichten, mit deren Sozialverhalten im Allgemeinen und deren Focus auf interpersonelle Kommunikation im Besonderen.

> "In most collectivistic cultures with much casual communication, where people talk a lot with each other, there is such an amount of exchange of oral interpersonal communication that people may not be aware of receiving information and they don't see the need to search for information, as it is readily available. It is like air, it is there without noticing it, like the water is for the fish that do not notice that the water is wet. (...) If there are such strong flows of information between people, information is everywhere, and people cannot easily recall where they got the information from and whether they use it for making a buying decision. Theorists from individualistic cultures tend to call this intuitive decision making, suggesting it is not information based without understanding that the information is there, but the process is different" (de Mooij 2019, S. 285).

Unstrittig ist indessen, dass Kollektivisten entsprechend ihrer generellen Beziehungsorientierung Informationen vor allem dazu nutzen, um – bspw. mit Hilfe von sozialen Medien – ihre Ideen und Überzeugungen zu teilen, während Individualisten entsprechend ihrer stärkeren Aufgabenorientierung Informationen primär dazu nutzen, ihren persönlichen Vorteil zu mehren ('individual utility').

> **Beispiel:** Question: "I am interested in purchasing a camera to use primarily for black and white photography. I was curious if there was a specific brand recommended for black and white photography. I eventually want to use the camera for professional shots/family &children. Can anyone recommend a specific camera and tell me more about it. Any advice is appreciated. Thanks!" [28 April 2005]
> Answer: "I would go for the Fuji A340 because it has a Macro setting. It is very important to use the Macro for close up detail. I am on my 4th Digital camera and I love the Sony ones. They have very accurate color. I started with a 0.5 mega pixel Kodak... it was a horror...went to a 2.1 Sony which I bought on eBay and loved. [7 May 2005]

1.1.2 Informationsbedarf in der Phase der Kaufnachbereitung

Zu den scheinbaren Paradoxien des Konsumentenverhaltens zählt, dass viele Käufer hochwertiger Gebrauchsgüter sich darüber nach dem Kauf intensiver informieren als vor dem Kauf. Aus dissonanztheoretischer Sicht (vgl. D-7.4) ist dieses Nachkaufverhalten aber durchaus rational – geht es doch darum, eine getroffene Entscheidung zu rechtfertigen und Dissonanz zu vermeiden. Der Nutzen, den dieser Aufwand verspricht, ist Konsonanz – poetisch ausgedrückt: Seelenfrieden.

Involvement: Ich-Beteiligung bzw. Ausmaß des kognitiv-emotionalen Engagements

1.2 Informationsverarbeitung

1.2.1 Intensität der Informationsverabeitung

Welche Informationen Konsumenten wie intensiv verarbeiten, hängt von einer Reihe von Rahmenbedingungen bzw. Einflussfaktoren ab, bspw. von Zeitdruck, Involvement und intellektueller Elaboriertheit. Darüber hinaus spielen eine Rolle ...
- Güterart: Utilaristische Güter werden überwiegend kognitiv-analytisch beurteilt. Dieser Denkstil trennt strikt zwischen relevanten und irrele-

Elaboriertheit: Intensität und Differenziertheit der geistigen Auseinandersetzung

Hedonismus: Genussorientierter Lebensstil

vanten Informationen. Relevante Informationen werden elaboriert verarbeitet (vgl. C-2.5.1). Bei ⇒ hedonistischen Gütern überwiegt hingegen die holistische Informationsverarbeitung. Hierbei ist entscheidend, ob die verfügbaren Informationen dem Selbstkonzept entsprechen (vgl. C-6.3). Eine elaborierte Beurteilung einzelner Merkmale, Leistungen etc. findet nicht statt.

- Analytische vs. ganzheitliche Informationsverarbeitung: Die Kulturspezifität der Informationsverarbeitung macht sich hauptsächlich dann bemerkbar, wenn bei geringem Involvement und geringer Aufmerksamkeit automatische Wahrnehmungsprozesse ablaufen, wie es bei der Rezeption von Werbung üblicherweise der Fall ist (vgl. Briley/Aaker 2006).
- Qualität der Information: In der konfuzianischen Gesellschaftslehre spielt Harmonie eine zentrale Rolle. Wer diese durch Kritik, Thematisieren von Konflikten oder den Ausdruck intensiver – insb. negativer – Emotionen stört, verliert sein Gesicht. Deshalb sind kollektivistisch sozialisierte Menschen sehr geübt darin, negative Informationen zu ignorieren, vor allem dann, wenn diese soziale Risiken thematisieren (bspw. Werbung für ein Mittel gegen Mundgeruch). Im Gegensatz zu dieser Vermeidungs-Motivation haben individualistisch sozialisierte Menschen gelernt, ihr soziales Leben durch Annäherung zu gestalten. Sie meiden nicht Negatives, sondern sind achtsam für positive Phänomene, vor allem solche, die ihre Selbstachtung stärken. In Gedächtnisexperimenten erinnern Individualisten positive Informationen besser als negative (vgl. Hamamura et al. 2009).
- Menge der Informationen: Strömen zu viele Informationen auf Konsumenten ein, ist, zumal wenn es sich dabei um mehrdeutige Informationen handelt, vielfach 'consumer confusion' die Folge: Konsumentenverwirrtheit. Die Vermutung, dass Kollektivisten weniger leicht verwirrt sind, weil ihre Entscheidungen stärker auf persönlichen Empfehlungen basieren als auf Informationen aus den diversen Medien, haben Leng/Botelho (2010) empirisch überprüft und verworfen. Zumindest konnten sie zwischen einer brasilianischen (IDV = 38) und einer amerikanischen Stichprobe (IDV = 91) keinen nennenswerten Unterschied feststellen.

Wie die *GfK*-Studie „Consumer Life" 2019/2020 ergab, fühlen sich vor allem Inder, Türken und Chinesen von der Vielzahl an Informationen überfordert, während vergleichsweise wenige Ungarn, Japaner, Südkoreaner und Franzosen darüber klagen (vgl. Tab. 42). Gemäß eigenen Berechnungen erklärt ein lineares Regressionsmodell mit zwei unabhängigen Variablen (Prädiktoren) mehr als die Hälfte der Varianz der abhängigen Variable „Überforderung" (korrigiertes R^2 = .52). Dabei handelt es sich um „Bruttoinlandsprodukt in Kaufkraftparität" (ß = -.713) und „Ungewissheitsvermeidung" (ß = -.458). Dass Verbraucher mit großer Kaufkraft sich demzufolge weniger überfordert fühlen, lässt sich vermutlich mit der in den wohlhabenden Ländern verlässlicheren neutralen Verbraucherinformation erklären. In Deutschland bspw. kann man anhand der Testergebnisse von *Stiftung Warentest* fundierte Kaufentscheidungen treffen, ohne selbst mühsam entsprechende Informationen beschaffen und bewerten zu müssen. Ungewissheitsaverse wiederum fühlen sich möglicherweise deshalb weniger überfordert, weil sie geübt darin sind,

Entscheidungen gründlich vorzubereiten (d.h. im Vorfeld zahlreiche Informationen einzuholen).

Tab. 42: Anteil der Konsumenten, die sich vor großen Einkäufen häufig von der Menge an Informationen überfordert fühlen (in %)

Indien	48,8	Argentinien	28,6	Peru	23,9	Niederlande	20,0
Türkei	44,8*	Ecuador	27,4	Kanada	23,4	Österreich	19,3*
China	41,2	Russland	26,1	Belgien	22,0	Schweiz	19,0*
Südafrika	37,1	Australien	25,6	Kolumbien	21,4	Frankreich	17,6
Polen	31,4*	Mexiko	25,1	Deutschland	21,3	Südkorea	17,6
Rumänien	29,9*	USA	24,7	Schweden	21,2	Japan	16,6
Indonesien	29,1	Chile	24,4	Spanien	20,9	Ungarn	16,1*
Brasilien	29,0	Großbritannien	24,0	Italien	20,5		

Quelle: GfK Consumer Life 2019/2020
Anmerkungen:
1. Dargestellt wird der Anteil derer, welche dem Statement „I often feel overwhelmed with information when I am making a large purchase (e.g. car, washing machine, TV, furniture etc.)" mit „strongly agree" oder „agree" zugestimmt haben (auf einer siebenstufigen Skala)
2. Um zufällige Schwankungen auszugleichen und einen stabileren Messwert zu erhalten, wurden die Daten der Jahre 2019 und 2020 addiert und gemittelt (* = Österreich, Polen, Rumänien, Schweiz, Türkei und Ungarn nur 2019).

1.2.2 Leichtigkeit der Informationsverarbeitung

Global standardisiert oder regional, national bzw. kulturell angepasst? Diese Frage müssen Anbieter regelmäßig beantworten, u.a. bei der Gestaltung ihrer Webseite. Angesichts des bisherigen Forschungsstandes fällt eine eindeutige Antwort jedoch schwer. Zwar sprechen wichtige Befunde der Grundlagenforschung dafür, dass kulturell angepasste Informationen leichter verarbeitet werden und diese 'fluency' auf nachgelagerte Urteile ausstrahlt, bspw. über den Wahrheitsgehalt von Informationen oder die Risikohaftigkeit von Kaufentscheidungen (vgl. Song/Schwarz 2009). Aber die Erkenntnisse der angewandten Forschung sind widersprüchlich und lückenhaft. Widersprüchlich, weil einige Studien dem Fit zwischen der Landeskultur der Zielgruppe und der Gestaltung der Webseite (= 'culturally customized website') positive Auswirkungen auf Kaufintention und andere Facetten des Konsumentenverhaltens zusprechen, andere jedoch nicht (vgl. Ko et al. 2015, S. 378). Und lückenhaft, weil man lange Zeit nicht wusste, ob diese Inkonsistenz damit zusammenhängt, dass die beschriebenen Effekte selektiv auftreten, d.h. nur in bestimmten Kulturräumen.

1.2.3 Kulturgebundenheit der Informationsverarbeitung

Charakteristisch für den im individualistischen Kulturkreis verbreiteten analytischen Denkstil ist, das Entscheidungsobjekt (z.B. ein Produkt) von seinem Kontext und anderen Objekten zu separieren (vgl. C-2.5.1). Wichtige Kaufentscheidungen etwa werden möglichst unter Nutzung formaler Entscheidungsregeln und im Sinne der multi-attributiven Nutzentheorie (MAUT) gefällt. Dabei ergibt sich der Gesamtnutzen als Funktion der gewichteten Teilnutzenwerte des desaggregierten, d.h. in seine Leistungsdimensionen

MAUT: Multi Attribute Utility Theory

zerlegten Entscheidungsobjekts (z.B. Pkw = Kosten, Fahrkomfort, Sicherheit, Image, Umweltbelastung etc.). Angestrebt wird ein richtig/falsch- bzw. entweder/oder-Ergebnis. Ganz anders der im kollektivistischen Kulturkreis präferierte holistische Denkstil, der vorrangig den Beziehungen, die zwischen dem Entscheidungsobjekt und seinem Kontext bestehen, Aufmerksamkeit schenkt. Sachliche Richtigkeit ist weniger wichtig als soziale Stimmigkeit, d.h. die Akzeptanz einer Entscheidung durch die Bezugsgruppe. Die harte entweder/oder-Dichotomie der analytischen Weltsicht wird abgelehnt, und widersprüchliche Informationen sind kein Anlass, auf eine Entscheidung zu verzichten oder eine bereits gefällte Entscheidung zu revidieren, sondern Bestätigung des sowohl als auch-Denkens.

Der analytische und der holistische Denkstil gehen mit unterschiedlichen Mechanismen der Dissonanzentstehung einher und mit unterschiedlichen Strategien der Dissonanzreduktion (vgl. D-7.4). Während Individualisten aufgrund ihrer entweder/oder-Logik vergleichsweise zwangsläufig Dissonanz empfinden, wenn zwei oder mehr logisch unvereinbare und für sie relevante Kognitionen aufeinandertreffen (z.B. „Ich bin sparsam" und „Gestern habe ich eine völlig überteuerte Jeans gekauft"), ist dies bei Kollektivisten nur der Fall, wenn dabei wichtige Bezugspersonen anwesend sind (vgl. Sakai 1981). Weiterhin hat sich gezeigt, dass Individualisten Dissonanz reduzieren, indem sie ihre Kompetenz und die Richtigkeit ihrer Entscheidung betonen, während Kollektivisten sich bemühen, die soziale Harmonie zu wahren, indem sie deutlich machen, dass die Mitglieder ihrer 'in group' ihre Entscheidung wertschätzen (vgl. Kitayama et al. 2004).

1.3 Informationskanäle

Wo informieren sich Konsumenten vorzugsweise? In den traditionellen Massenmedien (z.B. Zeitschriften)? Oder auf Onlineportalen? Bei Freunden und Bekannten? Oder bei professionellen Experten bzw. gut informierten Verbrauchern, denen es Freude bereitet, ihr umfangreiches Produkt- und Marktwissen mit anderen zu teilen: den 'market mavens'?

1.3.1 Werbung & andere kommerzielle Informationen

Wie die Akzeptanzforschung gezeigt hat, ist die „bejahende bzw. tolerierende Einstellung" zu einem Sachverhalt (z.B. Online-Shopping) ein wichtiger Verhaltensindikator. Für den Erfolg kommerzieller Kommunikation sind verschiedene Formen von Akzeptanz maßgeblich: Akzeptanz ...
- der Kommunikationsstrategie (z.B. Werbung),
- des Mediums, das hierfür genutzt wird (z.B. Zeitschriften),
- des Unternehmens, das kommuniziert,
- der Werbebotschaft, die gesendet wird, u.v.a.m.

Unseres Wissens wurde bislang lediglich ländervergleichend, aber nicht hinreichend kulturvergleichend untersucht, ob und in welchem Maße Konsumenten die verschiedenen Erscheinungsformen von Werbung prinzipiell akzeptieren und somit offen sind für deren Botschaften.

1.3.1.1 Akzeptanz von Werbung

Werbung allgemein

Am bekanntesten ist die Untersuchung von Durvasula et al. (1993). Dabei wurde das Konstrukt 'attitude toward advertising' länderübergreifend dreidimensional konzeptionalisiert: generelle Einstellung zur Werbung, wahrgenommener Nutzen von Werbung und Verlässlichkeit von Werbung. Auf allen drei Dimensionen wurden in den untersuchten Ländern leicht positive Werte registriert. Davon abgesehen zeigte sich, dass viele Werbung im Allgemeinen akzeptieren, obwohl sie im Speziellen kritischer eingestellt sind und bspw. Werbung als eher weniger verlässlich einschätzen (vgl. Abb. 68). Einige Jahre später konkretisierten Durvasula/Lysonski (2001) dies:

- „Werbung verführt zu unbeabsichtigten Käufen", meinten 86,5% der befragten Griechen (= Höchstwert in der Untersuchung) und 49,4% der befragten Inder (= niedrigster Wert).
- „Werbung beleidigt die Intelligenz der Betrachter" (Griechen = 66,3%, Dänen = 41,9%).
- „Werbung zeichnet ein wirklichkeitsgetreues Bild der beworbenen Produkte" (Inder = 58,4%, Neuseeländer = 21,8%).

Abb. 68: Einstellung zur Werbung im internationalen Vergleich

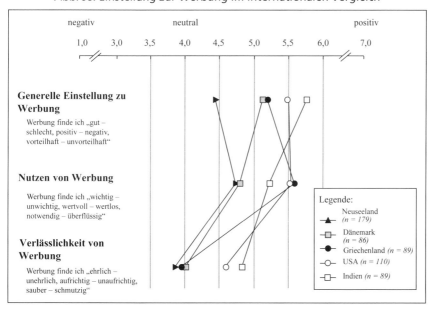

Quelle: eigene Darstellung auf Basis von Durvasula et al. (1993, S. 634)

Diehl et al. (2010) haben gezeigt, dass chinesische (Hongkong), deutsche und amerikanische Männer skeptischer gegenüber Werbung und deren Informationsfunktion eingestellt sind als chinesische, deutsche und US-amerikanische Frauen. Erklären lässt sich dies mit der ausgeprägteren Konfliktbereitschaft von Männern.

Kontroverse Werbung

Werbung für kontroverse Produkte (bspw. Alkoholika, Verhütungsmittel, Hygieneartikel mit sexuellem Bezug) wird in China weniger akzeptiert als in Deutschland (vgl. Okazaki/Mueller 2007). Ursächlich dafür ist die ausgeprägte Normorientierung kollektivistischer Gesellschaften, die Kontroversen nicht als hinzunehmende Konsequenz von Meinungsfreiheit erscheinen lässt wie in liberalen individualistischen Gesellschaften, sondern als sozialen Konflikt, der gegen das Harmoniegebot verstößt.

Vergleichende Werbung

Die positivere Einstellung amerikanischer Probanden zu vergleichender Werbung wird durch deren überwiegend unabhängiges Selbstbild mediiert und die signifikant negativere Einstellung südkoreanischer Probanden durch deren überwiegend abhängiges Selbstbild. Choi/Miracle (2004) führen diesen Unterschied darauf zurück, dass Menschen mit einem 'independent self-construal' Direktheit und Klarheit in ihren sozialen Beziehungen bevorzugen und ihnen vor diesem Hintergrund vergleichende Werbung informativer und hilfreicher erscheint als traditionelle Werbung.

Internetwerbung

Wie schon bei Print- und TV-Werbung, so lieferte auch die Analyse der Einstellungen zu Internetwerbung Hinweise auf systematische Unterschiede zwischen der Einstellung ganz allgemein und der Einstellung zu speziellen Leistungsmerkmalen. So äußerten sich in der Untersuchung von An/Kim (2008) Südkoreaner (n = 200) eher verhalten über dieses Instrument ($\bar{x}$ = 3,5 auf einer siebenstufigen Ratingskala; 1= strongly agree), aber etwas positiver über den Unterhaltungswert ($\bar{x}$ = 2,8) und die Glaubwürdigkeit von Internetwerbung ($\bar{x}$ = 2,9). Die gleichzeitig befragten Amerikaner urteilten zwar insgesamt etwas positiver ($\bar{x}$ = 3,0), aber neigten eher dazu, am Informationsgehalt von Internetwerbung zu zweifeln ($\bar{x}$ = 3,9).

Mit Blick auf Mobile Advertising berichteten Liu et al. (2019), dass bei den von ihnen befragten chinesischen Probanden der wahrgenommene funktionelle Nutzen mehr zur Akzeptanz dieses Mediums beitrug als bei den australischen Probanden. Begründet wurde dies mit der jeweiligen Mediennutzung: Australier wollen sich von ihrem Smartphone vorrangig unterhalten lassen, Chinesen nutzen es hauptsächlich für Shopping und Information, weshalb letztere mehr Wert auf Funktionalität legen. Eine Dekade zuvor hatten Choi et al. (2008) das Konzept der Kontextabhängigkeit (vgl. C-2.1.2) herangezogen, um zu erklären, weshalb der Informationswert von Mobile Advertising nur die Akzeptanz ihrer amerikanischen Probanden förderte, ihre südkoreanischen Vergleichspersonen jedoch kaum beeindruckte: Als Angehörige einer High Context-Kultur seien für Koreaner die emotionalen und beziehungsorientierten Signale einer Botschaft bedeutsamer als deren Informationsgehalt (⇒ Direktheit der Kommunikation). Davon abgesehen aber muss Mobile Advertising, wie alle innovativen Medien und Werbeträger, vor allem glaubwürdig sein, um akzeptiert zu werden, und zwar unabhängig von der Kulturzugehörigkeit der Adressaten.

Aus zumindest zwei Gründen ist es jedoch problematisch, diese Studien unmittelbar miteinander zu vergleichen: Smartphones wurden im Verlauf dieser zehn Jahre wesentlich leistungsfähiger, und in China haben Konsum im Allgemeinen und Online-Shopping im Besonderen eine früher nicht für möglich gehaltene Bedeutung erlangt.

Produktplatzierung

Wie Gould et al. (2000) berichten, akzeptieren insb. Amerikaner es, wenn bspw. in einen Film zu Werbezwecken Produkte, Marken- oder Firmennamen eingeblendet oder als Requisite genutzt werden. Auf einer dreistufigen Skala (von 1 = nicht akzeptiert bis 3 = akzeptiert) schneidet Produktplatzierung von Soft Drinks unter den untersuchten 13 Produktkategorien mit einem Mittelwert von 2,93 am besten ab. Im Falle von Waffen ($\bar{x}$ = 1,94) bestehen gewisse, aber nicht allzu große Vorbehalte. Franzosen und Österreicher sind etwas skeptischer. Aber auch bei ihnen überwiegt Akzeptanz; bei Franzosen vor allem mit Blick auf Autos ($\bar{x}$ = 2,87) und bei Österreichern mit Blick auf gesundheitsbezogene Produkte ($\bar{x}$ = 2,91). Produktplatzierung von Waffen lehnen beide eher ab (Franzosen $\bar{x}$ = 1,66, Österreicher $\bar{x}$ = 1,58).

1.3.1.2 Akzeptanz & Wirkung von Werbebotschaften

Kommunikator & Gegenstand der Werbebotschaft

Generell gilt: Während Werbebotschaften inländischer Anbieter eher mit Wohlwollen rechnen können, haben es ausländische Anbieter bei einem Teil der Konsumenten bisweilen schwer. Vor allem ethnozentrische Verbraucher (vgl. C-3.1) reagieren auf deren Werbemaßnahmen nicht selten emotional ablehnend (vgl. Moon/Jain 2001). In islamischen Ländern empfand ein Großteil der Bevölkerung zum Zeitpunkt der Studie westlich inspirierte Werbespots sogar als eine „ernsthafte kulturelle Bedrohung" (vgl. Al-Makaty et al. 1996).

> "Best-in-class ads share several characteristics: they're relatable, follow an upbeat and simple storyline, use novel and striking imagery and make an emotional connection. These characteristics provide a strong foundation for creative development, but there's no one-size-fits all formula. What's effective in one country or region won't necessarily work well in others. A deep understanding of local preferences is vital" (R. Beard, President Nielsen Expanded Verticals).

Informative vs. emotionale Werbebotschaften

Ob Werbung primär informieren sollte oder eher unterhalten, hängt von vielen Einflussfaktoren ab. Bietet das beworbene Gut einen eindeutigen und relevanten Nutzenvorteil, dann liegt es nahe, diesen der Zielgruppe vor Augen zu führen. Plausibel erscheint es auch, dass Ungewissheitsmeider für informative Werbung empfänglicher sind als Ungewissheitstolerante. Denn Informationen sind prinzipiell geeignet, Ungewissheit zu reduzieren. Preiswerbung, als eine besondere Erscheinungsform informativer Werbung, verspricht allerdings vor allem bei Zielgruppen Erfolg, die Machtdistanz akzeptieren. Tai/Chan (2001) erklären dies mit dem engen Zusammenhang, der zwischen dem Preis einer Ware und dem Status des Käufers bzw. Nutzers besteht. Maskuline wiederum sprechen aufgrund ihrer überdurchschnittlichen Leistungs- und Erfolgsorientierung verstärkt auf Werbeinformationen an, welche das Leistungsvermögen des beworbenen Angebots in den Mittelpunkt der Werbebotschaft stellen.

Ob in individualistischen oder in kollektivistischen Märkten informativer geworben wird, ist umstritten. Für beide Positionen liegen empirische Belege vor (vgl. Tai/Chan 2001). Unstrittig ist indessen, dass Individualisten vorzugsweise kontextunabhängig kommunizieren und einen direkten Kommunikationsstil bevorzugen, wobei die Adressaten häufig persönlich angesprochen werden (vgl. Cutler et al. 1997). Dem direkten Kommunikationsstil entspricht es, Werbebotschaften auf das zentrale Nutzenversprechen zu konzentrieren (vgl. Taylor et al. 1997). Was allerdings individualistisch sozialisierte Konsumenten als informativ empfinden, kann auf Kollektivisten aufdringlich wirken – und bisweilen aggressiv (vgl. Shimp/Andrews 2013). Denn sie sind es gewohnt, indirekt zu kommunizieren, bspw. durch Symbole, Sprachbilder, Analogien und ästhetische Stilmittel (etwa Farben).

Kulturkonforme vs. kulturkonträre Werbebotschaften

Lange Zeit ging man davon aus, dass Werbebotschaften, welchen den kulturellen Werten der Zielgruppe entsprechen, überdurchschnittlich erfolgreich sind. So sollten Werbeappelle, die Unabhängigkeit, Einzigartigkeit und individuellen Erfolg thematisieren, in individualistischen Gesellschaften beliebter sein, überzeugender etc. als in kollektivistischen Gesellschaften. Dort wiederum sollte Werbung Werte wie Harmonie, wechselseitige Abhängigkeit oder Gruppenleistung ansprechen. Kim/Markus (1999) haben diese plausible These empirisch untersucht und indirekt bestätigt. Die von ihnen befragten Unternehmen haben bis zu diesem Zeitpunkt zumeist kulturkonform geworben: in den USA vorzugsweise mit Einzigartigkeit, in Südkorea primär mit Konformität.

> "A meta-analytic review of that research finds that adapted ads are only slightly more persuasive (mean r = .073, 67 cases) and slightly better liked (mean r = .082, 66 cases) than unadapted ads. Moreover, these effects were mainly limited to North Americans and Asians and to values related to individualism-collectivism" (Hornikx/O'Keefe 2009).

Später aber gingen immer mehr Unternehmen dazu über, kulturkonträr zu werben. Denn wer andere Werte thematisiert als die für die jeweilige Landeskultur charakteristischen Werte, kann hoffen, durch den Bruch mit dem Üblichen die Aufmerksamkeit der Zielgruppe der Werbebotschaft zu erringen. Dies erklärt vermutlich, warum …

- Anzeigen, die im kollektivistischen China geschaltet werden, seit der Jahrtausendwende häufiger individuelle Werte und Modernität thematisieren als kollektivistische Werte und Tradition (vgl. Zhang/Shavitt 2003).
- Werbeslogans, die ein individualistisches (d.h. unabhängiges) Selbstbild kommunizieren, verstärkt das Interesse südkoreanischer Studenten finden, obwohl – bzw. weil – diese einer beziehungsorientiert-kollektivistischen Gesellschaft entstammen. Amerikanische Studenten wiederum reagieren auf das abhängige Selbstbild besonders sensibel (vgl. Wilcox et al. 1996).

> **Beispiel:** Vorreiter dieser Kommunikationsstrategie war *Shiseido*. Das ursprünglich japanische, mittlerweile globale Kosmetikunternehmen provozierte Mitte der 1960er-Jahre mit einem Werbeplakat einen regelrechten Kulturschock. Es zeigte eine braungebrannte, nur mit einem Badeanzug bekleidete junge Frau, die selbstbewusst in die Kamera schaut. Dieses Werbemodell widersprach nicht nur dem Schönheitsideal der japanischen Gesellschaft (= weiße Haut), sondern auch der dort noch heute gültigen traditionellen Frauenrolle und dem Gebot, sich nicht als individuelle Persönlichkeit zu inszenieren (http://www.shiseido.co.jp/g/story/html/sto30601.htm).

In einer weiteren Studie fanden Aaker/Williams (1998) heraus, dass Appelle, die ich-bezogene Emotionen wie Stolz und Glück ansprechen, besonders bei kollektivistischen Zielgruppen geeignet sind, einen Einstellungswandel auszulösen, während bei individualistischen Zielgruppen zu diesem Zweck besser Emotionen thematisiert werden sollten, die sich „auf andere" beziehen (= 'other-focused emotions' wie Empathie oder Friedfertigkeit).

In Gesellschaften, die einen beschleunigten Kulturwandel vollziehen, kommt hinzu, dass kulturkonträre Werbung auch deshalb vermehrt Anklang findet, weil sie die „neuen Werte" verbreitet und Teil der von der Bevölkerungsmehrheit befürworteten Modernisierung ist: Werbung als Promotor des gesellschaftlichen Wandels, ein „Fahnenträger der Moderne" (Zhang/Shavitt 2003, S. 29).

Kulturkonform ist es hingegen bspw., in Gesellschaften, die Machtdistanz akzeptieren (z.B. Thailand, Südkorea und Japan), mit Status- bzw. Autoritätsapellen zu werben. Denn dort sind Status und Prestige wichtige Regulative des sozialen Lebens (vgl. A-4.3.4). Kulturkonform ist es auch, im „asiatischen" Werbefernsehen mehrere Darsteller mit unterschiedlichem sozialen Status einzusetzen, während in Deutschland, den USA und anderen Märkten, die Machtdistanz ablehnen, vornehmlich Einzelpersonen präsentiert werden. Falls doch mehrere Personen gleichzeitig agieren, sind die Statusunterschiede üblicherweise gering.

Auf die letztlich entscheidende Frage, ob kulturkonträre oder kulturkonforme Werbung besser wirkt, gibt es keine einfache Antwort. Wie einschlägige Meta-Analysen ergeben haben, wurde die These, dass kulturell angepasste Werbung beliebter ist und überzeugender, weltweit bestätigt – nur nicht im westlichen Europa. So haben Hornikx/de Groot (2017) bei belgischen, britischen und niederländischen Probanden keine unterschiedlichen Reaktionen auf kulturell angepasste im Vergleich mit unangepasster Werbung beobachtet. Hinzu kommt, dass Chang (2006) einen alternativen Erklärungsansatz ins Spiel brachte. Am Beispiel eines Low Involvement-Produkts (Instant-Kaffee) hat er für südkoreanische und amerikanische Studenten nachgewiesen, dass Werbebotschaften, welche dem individuellen Selbstbild entsprechen, besser wirken als kulturkonforme Werbebotschaften. Die Werbewirkung wurde operationalisiert als „Gefallen der Anzeige", „Glaubwürdigkeit der Werbebotschaft" und „Einstellung zur Marke". Angesichts des allgemeinen Wertewandels (⇒ Postmaterialismus-These) führt dies zu der Überlegung, dass „kulturkonträr" letztlich nichts anderes als „selbstbildkonform" ist. Denn das individuelle Selbstbild ist im Regelfall weniger änderungsresistent als die (kollektive) Landeskultur.

Humorvolle Werbebotschaften

Trigger: Stimulus, der regelmäßig bestimmte Empfindungen, Gedanken, Verhaltensweisen etc. auslöst

Humor ist universell. Er „triggert" positive Emotionen (z.B. Freude, Zufriedenheit) und erleichtert soziale Interaktionen (vgl. Eisend 2011). Das konkrete Kaufverhalten beeinflussen humorvolle Werbebotschaften aber offenbar nur wenig (vgl. Eisend 2009), eher indirekt, indem sie die vorgelagerten Stufen des Entscheidungsprozesses vorteilhaft gestalten und bspw. Aufmerksamkeit, Sympathie etc. steigern. Eindeutig kulturspezifisch sind Sinn für und Umgang mit Humor: So haben viele Menschen in Ostasien aufgrund des kulturhistorischen Erbes des Konfuzianismus ein ambivalentes Verhältnis zu Humor (vgl. Yue 2011). Ganz anders die Briten. Für sie ist demonstrativer Humor, der bisweilen ins Exzentrische abgleitet, Teil ihrer kulturellen Identität. Der sprichwörtliche britische Humor „wird bewusst in allen Bereichen eingesetzt, um Kommunikation in angenehmer und entspannter Atmosphäre gestalten zu können, auch wenn es sich um problembehaftete Themen dreht" (Marhenke 2009, S. 8). Und mehr als Ägypter und Libanesen setzen Amerikaner laut Kalliny et al. (2006) Humor selbstwertdienlich ein: zur Aufwertung wie auch zur Verteidigung ihres Selbst (vgl. D-6.3).

> "The Chinese appreciation of humor comes from the Taoist tradition by which humor is considered as an attempt of having witty, peaceful and harmonious interaction with the nature. The Chinese despising of humor comes from the Confucian Puritanism by which humor is considered a sign of intellectual shallowness and social informality that might undermine the five cardinal relations in human interactions" (Yue 2011, S. 464).

Alle Menschen haben auf die ein oder andere Weise Humor. Jedoch in Abhängigkeit von ihren kulturellen Werten lachen sie über Unterschiedliches. Ein Beispiel aus der kulturvergleichenden Forschung: Zwar verbesserten sowohl bei deutschen als auch bei russischen Studenten humorvoll gestaltete Printanzeigen im Vergleich mit einer neutralen Gestaltung die Einstellung zur Werbung (A_{ad}) und letztlich auch die Einstellung zur beworbenen Marke (A_{br}). Aber den gemäß *GLOBE* individualistisch-leistungsorientierten deutschen Probanden erschienen die Anzeigenvarianten „widersprüchlicher Humor" und „aggressiver Humor" signifikant humorvoller als den kollektivistischen und weniger leistungsorientierten russischen Versuchsteilnehmern (vgl. Müller/Gelbrich 2015, S. 647).

Erklären lassen sich die in Abbildung 69 dargestellten Unterschiede damit, dass Kollektivisten aufgrund ihres Denkstils seltener nach einer Erklärung für Widersprüche – in diesem Fall in einer Werbebotschaft – suchen. Auch empfinden weniger Leistungsorientierte eher Mitgefühl mit Schwächeren, weshalb „aggressiv-humorvolle Werbung" die russischen Probanden kaum belustigte (vgl. Müller et al. 2012). Anhand desselben Stimulusmaterials konnten Hoffmann et al. (2014) mit einer Folgestudie zeigen, dass spanischen Studenten eine warmherzige Werbeanzeige signifikant humorvoller erschien als den deutschen Vergleichspersonen. Zur Begründung zogen die beiden Wissenschaftler *G. Hofstedes* Kulturdimension Maskulinität vs. Feminität heran: Den eher femininen Spaniern (MAS = 42) gefalle die konfliktfreie Anzeigenvariante besser als den eher maskulinen und damit stärker konfliktfreudigen Deutschen (MAS = 66).

1.3 Informationskanäle

Abb. 69: Widersprüchlicher & aggressiver Humor

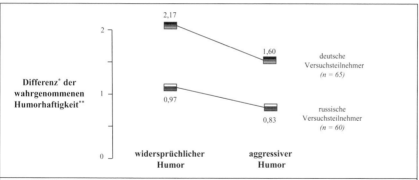

Anmerkungen:

* Differenz zwischen einer neutralen („humorlosen") Anzeigenvariante und den Varianten „widersprüchlicher Humor" bzw. „aggressiver Humor"

** Indexwert aus vier Items, gemessen auf einer Skala von „1 = lehne voll und ganz ab" bis „7 = stimme voll und ganz zu"

Widersprüchlicher Humor. Die Anzeige zeigt ein junges Paar, das sich liebevoll küsst. Der Slogan „Zum Tauschen und Sammeln" scheint zunächst in keinem Zusammenhang zur beworbenen Kaugummi-Marke *Mint Gum* zu stehen. Aufgelöst wird dieser Widerspruch durch die Erkenntnis, dass beim Küssen nicht nur Zärtlichkeiten, sondern auch Kaugummi ausgetauscht werden können.

Aggressiver Humor. Ein ungepflegter, übergewichtiger Mann sitzt in einem von Müllresten umgebenen Sessel. Er scheint sein Äußeres und seine direkte Umgebung komplett zu vernachlässigen. Eine Ausnahme bilden seine strahlend weißen Zähne. Zur Erklärung präsentiert er dem Betrachter der Anzeige sein Zahnreinigungsmittel: Eine Packung *Denta Gum*.

Quelle: eigene Darstellung auf Basis von Müller et al. (2012)

Aggressiver Humor, der sich gegen Mitglieder der 'in group' richtet, löst bei individualistisch sozialisierten Menschen häufig Schadenfreude aus. Im kollektivistischen Kulturraum wird dieses Stilmittel, wenn überhaupt, gegen Mitglieder der 'out group' eingesetzt und von diesen als Gesicht verletzender Angriff wahrgenommen (vgl. Zhang 2005).

Griechen (UAI = 112) wiederum schätzen humorvolle Werbung dann, wenn sie auch informativ ist. Denn wie alle Ungewissheitsmeider legen sie großen Wert auf glaubwürdige Informationen, die geeignet sind, Ungewissheit zu reduzieren. Für Briten (UAI = 35) hingegen ist es wichtig, dass humorvolle Werbung unterhaltsam ist (vgl. Hatzithomas et al. 2011). Und Lee/Lim (2008) stellten im Rahmen einer intrakulturellen Studie fest, dass das individuelle Maß an Ungewissheitsmeidung zu erklären hilft, ob chinesische Studenten humorvolle TV-Spots, bei denen die Pointe die in der Werbung enthaltene Inkongruenz auflöst, mögen oder nicht.

Provozierende Werbebotschaften

> **Definition Controversial Advertising**
> "Advertising, that, by the type of product or execution, can elicit reactions of embarrassment, distaste, disgust, offence, or outrage" (Waller 2005, S. 11)

> **Definition Provocative Advertising**
> "A deliberate attempt to gain attention through shock" (Pope et al. 2004)

Werbung, die gegen wichtige soziale Normen verstößt, wird als provozierende, offensive oder kontroverse Werbung bezeichnet. Typische Beispiele sind sexistische Werbung, Werbung für Verhütungsmittel, Werbung, die mit rassistischen Motiven spielt etc.

> **Beispiele:** Eine Anzeige, die vor Jahren für den Internet-Provider *Freenet* warb, spielte mit einem Tabubruch: Glücksempfinden im Angesicht des Todes. Gezeigt wird eine Gruppe älterer Menschen, die an einem offenen Grab sitzen. Inmitten der Trauergäste ein offensichtlich glücklicher Junge. Er hat einen iPod gewonnen.
> Eindeutig sexistisch war eine Anzeige von *Dolce & Gabbana*. Im Mittelpunkt eine Szene mit vier Männern und einer nur dürftig bekleideten Frau, die so inszeniert war, dass man unwillkürlich an eine Vergewaltigung denken musste.

Falls eine gleichwertige Alternative zur Verfügung steht, dann sinkt die Wahrscheinlichkeit, dass Produkte bzw. Dienstleistungen, für die schockierend oder in anderer Weise offensiv-aggressiv geworben wird, Abnehmer finden (vgl. Okazaki et al. 2007). Die Reaktionen des Publikums variieren stellenweise in Abhängigkeit von der Landeskultur:

- Werbung für sex-bezogene und suchterzeugende Produkte schockiert stark normorientierte Menschen (z.B. Koreaner) mit größerer Wahrscheinlichkeit als im Vergleich dazu liberalere Amerikaner. An/Kim (2006) erklärten dies damit, dass Koreaner derartige Angebote als eine Form von „sozialer Krankheit" und Gefahr für die Gesellschaft betrachten.
- Auf Individualisten (z.B. Neuseeländer) wirken kontroverse Produkte (z.B. Alkohol, Verhütungsmittel) weniger schockierend als auf Kollektivisten (z.B. Chinesen, Malaien und Taiwanesen) (vgl. Fam/Waller 2003).
- Am Beispiel des Vergleichs von Deutschen und Chinesen konnten Chan et al. (2007) dies einerseits bestätigen, andererseits aber auch differenzieren. Chinesen erscheint provozierende Werbung offensiver, widerwärtiger und unhöflicher, aber auch informativer und überzeugender als deutschen Versuchspersonen. Deren Urteil lautete häufiger „irritierend und lächerlich, aber auch kreativ, interessant und clever". Vermutlich vollzieht sich in China diesbezüglich ein Wertewandel. Denn Liu et al. (2009), die nur jüngere Probanden befragt haben, konnten keine nennenswerten Unterschiede in den Einstellungen amerikanischer und chinesischer Versuchsteilnehmer zu 'sex appeals' feststellen. Letztere äußerten sich sogar toleranter als die gleichfalls befragten Australier.

Das Beispiel *Benetton* steht wie kein zweites für die Zweischneidigkeit dieser Strategie. Einerseits erlangte das italienische Textil- und Modeunternehmen mit den öffentlichen Kontroversen, welche seine Werbemotive regelmäßig bis hin zum Bundesgerichtshof ausgelöst haben (z.B. das blutige Hemd mit dem Einschussloch eines im Bosnienkrieg gefallenen Soldaten oder ein Priester, der eine Nonne küsst), einen sehr hohen Bekanntheitsgrad. Andererseits löste die fast gewohnheitsmäßige Normverletzung auch vehemente Kritik aus, was wesentlich zum Niedergang des Unternehmens beitrug (vgl. Imbusch 2007).

Verletzt eine Werbekampagne gar Tabus, sind nicht selten Boykottaufrufe die Folge (vgl. Prendergast et al. 2002). Viele afroamerikanische Amerikaner bspw. fühlten sich durch ein *Benetton*-Plakat diskriminiert, das eine afroamerikanische Frau zeigt, wie sie ein weißes Baby stillt (da es sie an die Ausbeutung ihrer Vorfahren als Ammen erinnerte). Und die mehrheitlich pazifistischen Deutschen empfanden das Motiv „Soldatenfriedhof" abstoßend und makaber.

Erotische Werbebotschaften

Sex sells? Obwohl zahllose Studien belegen, dass die Erfolgsbilanz erotischer Werbung bestenfalls ambivalent ausfällt, ist dieser Marketing-Mythos wohl unausrottbar. Zuletzt haben Wirtz et al. (2018) insgesamt 72 einschlägige Untersuchungen aus den Jahren 1969-2017 einer Meta-Analyse unterzogen. Ihr Fazit: 'sex appeals' verbessern zwar die Erinnerung an sowie das Wiedererkennen der Werbebotschaft, aber weder die Erinnerung an noch das Wiedererkennen der beworbenen Marke. Auch die Einstellung zur Werbemaßname profitiert nicht von dieser Werbestrategie, und die Kaufintention der Umworbenen wird nicht gesteigert.

Fazit. Wie bei anderen Formen kontroverser Werbung, so wird auch bei erotischer Werbung die intensivierte Aufmerksamkeitswirkung mit einer Schwächung der Erinnerungsleistung und der Beschädigung des Ansehens des Werbungtreibenden teuer erkauft (vgl. Waller et al. 2005). Vor allem Religiöse (vgl. Sugiarto/de Barnier 2019) und Frauen (vgl. Keller et al. 2020) tendieren dazu, Unternehmen und Angebote, die mit Nacktheit und anderen „harten" erotischen Stimuli beworben werden, abzuwerten. Dafür sorgt u.a., dass – außer in einigen Gesellschaften Skandinaviens und Kontinentaleuropas – nicht zwischen „Nacktheit" und „Sex" unterschieden wird. Kollektivistische Gesellschaften, aber auch puritanisch sozialisierte individualistische Gesellschaften wie die USA, vermengen gewöhnlich beides und führen deshalb regelmäßig einen Kulturkampf gegen die Nacktheit.

Unabhängig von der Nationalität sorgen erotische Werbebotschaften vor allem bei Ungewissheitsmeidern für eine weniger positive Einstellung zur Werbung (A_{ad}). Denn kulturbedingt reagieren sie negativ auf das, was für erotische Werbebotschaften, Nacktheit etc. charakteristisch ist: Ambivalenz, Irritation und Unangepasstheit (vgl. Garcia et al. 2006).

Furchterregende Werbebotschaften

Auch Furchtappelle sind in der Werbung umstritten und sollten, falls überhaupt, nur unter ganz bestimmten Bedingungen eingesetzt werden. Dennoch nutzen vor allem Versicherungen und Social Marketing-Kampagnen nach wie vor dieses Instrument, erstere bei Themen wie Arbeitsunfähigkeit, letztere, um für den Kampf gegen Klimawandel, Hungerkrisen etc. zu motivieren. Zwar gelingt es mit diesen Kampagnen im Regelfall sehr gut, die Aufmerksamkeit der Umworbenen zu gewinnen. Aber um welchen Preis?

- Kognitive Reaktion: Starke Furchtappelle werden als Freiheitseinschränkung empfunden, worauf – wie zuletzt das Beispiel Corona-Pandemie gezeigt hat – viele Menschen mit Reaktanz reagieren, d.h. sie wehren sich gegen den empfundenen Freiheitsverlust (vgl. Shen/Coles 2015).
- Emotionale Reaktion: Weiterhin können starke Furchtappelle für eine übermäßige Emotionalisierung (z.B. Ekel) und damit Ablenkung der Betrachter

Furcht: Emotionale Reaktion auf eine reale Bedrohung

Angst: Emotional-kognitive Reaktion auf eine diffuse Bedrohung

von der eigentlichen Werbebotschaft sorgen. Dieser sog. Vampireffekt hat zur Folge, dass die Werbemaßnahme auf den der Aufmerksamkeitsgewinnung nachgelagerten, für den Werbeerfolg aber entscheidenden Stufen der Beeinflussungskette gewöhnlich versagt: Sie erzielt weder die intendierte Einstellungs- und Sympathiewirkung noch vor allem die angestrebte Verhaltenswirkung (Kauf des beworbenen Produkts, Unterstützung der Social Marketing-Kampagne durch Spenden, Mitgliedschaft etc.). Mit einer Ausnahme: Falls die Werbebotschaft nicht nur Furcht erregt, sondern auch der Zielgruppe glaubhaft vermittelt, dass die Problemlösung darin besteht, das beworbene Produkt bzw. die Dienstleistung zu kaufen (vgl. Snipes et al. 1999). Auch sollten damit nur solche Angebote beworben werden, deren Leistungskern wie bei Versicherungen darin besteht, Unannehmlichkeiten zu vermeiden oder Probleme zu lösen (vgl. Tanner 2006, S. 415).

Zu den wenigen gesicherten Erkenntnissen der kulturvergleichenden Forschung zählt, dass Furchtappelle, welche mögliche negative Konsequenzen des Konsumverhaltens für den Konsumenten selbst thematisieren (z.B. „Raucher sterben früher"), vor allem Individualisten überzeugen. Belegt haben dies u.a. Laroche et al. (2001) mit einer Analyse der Wirkung von Anti-Rauchen-Kampagnen auf chinesische und kanadische Raucher. Erwartungsgemäß ließen sich die individualistischen Kanadier (IDV = 80) in ihren Einstellungen gegenüber der Anzeige, dem Rauchen und der Absicht, das Rauchen aufzugeben, stärker von der Möglichkeit der Gefährdung ihrer Gesundheit beeinflussen als vom sozialen Risiko der Zurückweisung und gesellschaftlichen Isolation. Die kollektivistischen chinesischen Raucher (IDV = 15) wiederum reagierten, anders als vorhergesagt, weder auf die soziale noch auf die individuelle Bedrohung, Begründen lässt sich dies mit der festen Verankerung des Rauchens in der chinesischen Kultur. Noch heute raucht die Mehrzahl der Chinesen in der Überzeugung, dass Rauchen der Gesundheit eher nützt (insb. das Denkvermögen fördert) als schadet. Auch symbolisieren Zigaretten in China Freundschaft und sind dort seit jeher ein gern gesehenes Geschenk. Deshalb stört sich dort kaum jemand daran, wenn während des Essens geraucht wird. Unwahrscheinlich, dass daran das kürzlich erlassene Rauchverbot etwas zu ändern vermag. Dennoch können auch in diesem Kulturraum Anti-Rauchen-Kampagnen erfolgreich sein – falls es gelingt, die möglichen schädlichen Konsequenzen für Familienangehörige, Freunde und Bekannte des Rauchers bewusst macht (z.B. „Passivrauchen tötet"). Dies konnte sowohl auf landeskultureller Ebene (vgl. Miller et al. 2007) als auch mit Blick auf die individuelle kulturelle Orientierung nachgewiesen werden (vgl. Lee/Park 2012).

Weiterhin erscheint es plausibel, dass Ungewissheitsmeider besonders sensibel auf Furchtappelle reagieren. Denn sie sind weniger als Ungewissheitstolerante von ihrer Selbstwirksamkeit überzeugt, d.h. von ihrer Fähigkeit, Bedrohungen, die Ursache ihrer Furcht sind, bewältigen zu können (vgl. Sánchez-Franco et al. 2009). Allerdings ist diese These empirisch bislang noch nicht hinreichend untermauert. In einer der wenigen einschlägigen Studien erwies sich die Landeskultur der Versuchspersonen sogar als weitgehend bedeutungslos. Vincent/Dubinsky (2005) haben 100 amerikanischen Studenten (UAI = 46) und 93 französischen Studenten (UAI = 86) Werbung für Sonnencreme in zwei Varianten vorgeführt. In dem einen Fall enthielt die Werbebotschaft einen starken und in dem anderen Fall einen schwachen Furchtappell (Grad der Bedrohung durch die Sonne). Dabei zeigte sich: Starke Furchtappelle veranlassen die Befragten mit größerer Wahrscheinlichkeit als schwache Furchtappelle, etwas gegen ihre Furcht zu unternehmen, indem sie angeben, das beworbene Produkt kaufen zu wollen (= Kaufintention). Hingegen scheint die Landeskultur für die kognitiv-emotionale Verarbeitung der Werbebotschaft ohne Belang zu sein: die ungewissheitsmeidenden französischen Probanden empfanden nach eigener Einschätzung nicht mehr Furcht als die eher ungewissheitstoleranten amerikanischen Probanden.

De Meulenaer et al. (2015) wollten wissen, wie Menschen mit gesundheitsbezogenen Warnhinweisen unterschiedlicher Intensität umgehen. Als theoretische Basis ihrer Untersuchung wählten sie das EPPM-Modell der Verarbeitung von Furchtappellen (vgl. Witte 1992). In dessen Mittelpunkt stehen drei theoretische Konstrukte: wahrgenommene Bedrohung, wahrgenommene Wirksamkeit empfohlener Abwehrmaßnahmen und durch den Warnhinweis ausgelöste Furcht.

EPPM: Extented Parallel Processing Modell

> "Health risk messages, like other fear appeals, will generally consist of two parts: a threat message, plus a recommendation: what to do to avoid (the consequences of) the threat. The idea is that threat will evoke fear, which will motivate recipients of the message to follow the recommendation" (De Meulenaer et al. 2015, S. 114).

Die Intensität der von den belgischen (UAI = 94) und den irischen Versuchspersonen (UAI = 35) mittleren Alters wahrgenommenen Bedrohung wurde durch zwei unterschiedliche Informationen manipuliert:
- Risiko: Der Stich einer PSZ-Mücke kann „körperliche Missempfindungen und Entzündungen" auslösen (= schwächeres Risiko) oder „dauerhafte Infektionen, verbunden mit der Gefahr einer Amputation" (= schwerwiegendes Risiko).
- Anfälligkeit: „Es wurden nur wenige Opfer diagnostiziert" vs. „gewaltige, in die 10.000 gehende Opferzahlen".

Folgendes Messmodell wurde überprüft:
- Wahrgenommene Bedrohung: e.g., "I believe that the consequences of an infection by the PSZ mosquito are severe."
- Wahrgenommene Wirksamkeit der empfohlenen Abwehrreaktion: e.g., "If I [recommendation], I am less likely to get infected by the PSZ mosquito."
- Akzeptanz der Empfehlung: e.g., "The chance that I will [follow recommendation] is likely …"
- Ausgelöste Reaktanz: e.g., "The message was exaggerated."
- Furcht: e.g. "Frightened"
- Ungewissheitsvermeidung *(GLOBE)*: e.g., "I believe that orderliness and consistency should be stressed, even at the expense of experimentation and innovation."
- Chancenorientierung, Locus of Control: e.g., "Luck plays a big part in determining how soon I will recover from an illness."
- Allgemeine Lebensangst: e.g., "Fearful"

Dass die kulturelle Orientierung Umgang mit bzw. Verarbeitung von gesundheitsbezogenen Warnhinweisen beeinflusst: Diese These konnte lediglich als Moderations- und als partieller Mediationseffekt bestätigt werden, nicht jedoch als Haupteffekt – und auch das nur in einem kleinen Abschnitt des Messmodells. Konkret bedeutet dies: Bei ungewissheitstoleranten Zielpersonen besteht, unabhängig von ihrer jeweiligen Nationalität, ein stärkerer Zusammenhang zwischen der wahrgenommenen Wirksamkeit der empfohlenen Abwehrmaßnahmen und der Akzeptanz des Warnhinweises als bei Ungewissheitsmeidern. Und nur bei Ungewissheitstoleranten mindert die wahrgenommene Wirksamkeit das Ausmaß der Reaktanz gegenüber dem Warnhinweis.

De Meulenaer et al. (2018) haben diesen Messansatz erweitert und den Zusammenhang zwischen der „wahrgenommenen Glaubwürdigkeit der Quelle des Warnhinweises" und der „Bereitschaft, den Warnhinweis zu befolgen" (= 'compliance'), eingehender untersucht. Das Ergebnis dieser Analyse lässt sie wie folgt zusammenfassen:

- Mediationseffekte (z.B. „glaubwürdige Hinweisgeber steigern die Compliance der Adressaten des Warnhinweises, indem sie die wahrgenommene Bedrohung sowie die wahrgenommene Wirksamkeit intensivieren") und
- Moderatoreffekte (z.B. der indirekte Zusammenhang „wahrgenommene Glaubwürdigkeit der Quelle des Warnhinweises" → „Bereitschaft, den Warnhinweis zu befolgen", ist bei Personen, die kulturbedingt Machtdistanz ablehnen und Ungewissheit meiden, stärker als bei der Kontrastgruppe, die Machtdistanz ablehnt).

Werbewirkung

Slice-of-Life: Realistische Darstellung von Alltagsszenen mit typischen Verbrauchern

Die *Nielsen Consumer Neuroscience Research* hat einen dreidimensionalen Messansatz entwickelt, der Aufmerksamkeitswirkung, Gedächtniswirkung (Langzeitgedächtnis) und Emotionalisierung von bzw. durch Werbeanzeigen erfasst. Ihr weltweiter Vergleich der so definierten Werbewirkung im Rahmen der online durchgeführten *Nielsen Global Trust in Advertising Survey* (Q1, 2015) ergab: Am besten wirken gemäß den Auskünften von ca. 30.000 Befragten aus 60 Ländern lebensnahe Werbung ('slice-of-life') und humorvolle Werbung. Deutlich weniger Erfolg versprechen hingegen Sportwerbung, erotische Werbung und Werbung mit Berühmtheiten (bspw. Markenbotschafter wie *G. Clooney*, der für *Nespresso* wirbt). Humorvolle Werbung spricht vor allem Europäer und Nordamerikaner an, während gesundheitsbezogene und lebensnahe Botschaften in Lateinamerika die größte Resonanz erzeugen. Und mit Motiven aus dem Familienleben zu werben, ist vor allem im beziehungsorientierten Kulturraum eine gute Idee, d.h. hauptsächlich in Afrika, Asien, Lateinamerika, dem mittleren Osten und den pazifischen Ländern (vgl. Tab. 43).

Tab. 43: Werbewirkung unterschiedlich gestalteter Werbebotschaften weltweit (in %)

	Asien-Pazifik	Europa	Afrika, mittlerer Osten	Lateinamerika	Nordamerika
lebensnah	45	41	44	50	35
humorvoll	32	51	38	33	50
gesundheitsbezogen	44	26	34	52	24
familienorientiert	37	29	42	47	33
erotisch	9	9	12	16	9
sportlich	8	6	10	9	5

Quelle: Nielsen-Global Trust in Advertising Report (2015, S. 14)

1.3.2 Persönliche Empfehlungen

Mundpropaganda: fWoM

Menschen betreiben aus den verschiedensten Gründen Mundpropaganda: Sie empfehlen dieses oder jenes Produkt, kritisieren diese oder jene Dienstleistung. Manche versprechen sich davon einen sozialen Nutzen (z.B. Anerkennung, Zusammengehörigkeit), andere einen finanziellen Vorteil (bspw. weil das empfohlene Unternehmen dafür eine Prämie bezahlt). Weitere mögliche Motive sind das Streben nach Selbstwerterhöhung und eine prosoziale Einstellung, z.B. das Bedürfnis, andere zu unterstützen.

fWoM: Face to Face-Word of Mouth

Seit vielen Jahren nutzen Unternehmen Kundenempfehlungen als Marketinginstrument. Dass Menschen sich durch kaum etwas so leicht überzeugen lassen wie durch persönliche Ratschläge, kann man auf unterschiedliche Weise erklären:

- sozialwissenschaftlich, weil persönlich bekannte Ratgeber einen Vertrauensbonus besitzen,
- informationstheoretisch, weil Menschen und alles, was mit ihnen verbunden ist, einen höheren Aufmerksamkeitswert besitzen als die Objektwelt.

Wie Schumann et al. (2010b) am Beispiel der wahrgenommenen Servicequalität nachgewiesen haben, lassen sich vor allem Ungewissheitsmeider durch persönliche Informationen überzeugen. Andere Studien haben ergeben, dass auch kollektivistisch sozialisierte Konsumenten aufgrund ihrer Beziehungsorientierung Ratschlägen von Freunden und Bekannten mehr vertrauen als vergleichbaren Informationen, welche sie den Massenmedien entnehmen können. Chinesen etwa holen vor einer Kaufentscheidung vor allem Ratschläge von Freunden und Bekannten ein, während amerikanische Konsumenten sich einerseits stärker auf ihre eigenen Produkt- bzw. Nutzungserfahrungen verlassen und andererseits eine breite Palette anonymer Informationsquellen nutzen (Internet, Zeitungen, Zeitschriften etc.). Doran (2002) erklärte diesen Befund einer Focus-Gruppen-Analyse mit grundlegenden Unterschieden im Entscheidungsverhalten von Individualisten und Kollektivisten. Amerikaner seien es gewohnt, unabhängige, nur sich selbst verantwortliche Entscheidun-

Focus-Gruppe: Moderierte und anhand eines Leitfadens strukturierte Gruppendiskussion

gen zu treffen. Entsprechend ihres unabhängigen Selbst (vgl. C-6.3.4) verließen sie sich am liebsten auf eigene Produkterfahrungen und ihr implizites Wissen. Für Chinesen (abhängiges Selbst) hingegen seien persönliche Informationen (bspw. Erfahrungen und Ratschläge anderer Nutzer) wichtiger und für beide – den Informationsgeber wie den Informationsnutzer – eine Form der Beziehungspflege (vgl. Wong/Chan 1999).

Aber keine Regel ohne Ausnahme: Individualistische Konsumenten sind überproportional für Empfehlungen empfänglich, die ihr Selbstbild berühren (vgl. Chung/Darke 2006). Auch konnten Lam et al. (2009, S. 64 ff.) nachweisen, dass individualistische Probanden (= australische Studenten) häufiger als andere 'Out Group-WOM' betreiben. Sie stimmen Statements wie „I share information about new brands and products with people other than my close friends or family" in höherem Maße zu als die in Singapur befragten kollektivistischen Studenten (IDV = 20). Diese präferierten 'In Group-WoM': „I like introducing new brands and products only to my close friends or family". Auch dass japanische Flugreisende sich hauptsächlich bei ihrem Reisebüro über ihr Reiseziel informieren, während die deutsche Vergleichsgruppe stärker Empfehlungen von Freunden und Bekannten sowie Berichte in Massenmedien nutzt (vgl. Money/Crotts 2003), erschließt sich nicht unmittelbar. Dabei ist der Grund höchst banal: Wesentlich mehr Japaner als Deutsche wählen eine Pauschalreise – und die Informationen hierzu gibt es nun einmal im Reisebüro.

1993, in einer frühen ländervergleichenden Studie, untersuchte das amerikanische Marktforschungsunternehmen *Yankelovich Partners Inc.*, wie Ratschläge von Freunden in sieben Industrienationen wirken. Zwar lassen Datenstruktur und geringe Fallzahl keine Signifikanzprüfung zu. Aber die veröffentlichten Daten legen die Vermutung nahe, dass feminine Gesellschaften für WoM ein günstiges Umfeld bieten, während in maskulinen Gesellschaften Empfehlungen von Freunden häufiger auf taube Ohren treffen. Als Ex post-Erklärung bietet sich die ausgeprägte Beziehungsorientierung femininer Gesellschaften an. Indirekt bestätigt wird dies durch Dawar/Parker (1994), die anhand einer 38-Länder-Stichprobe festgestellt haben, dass in femininen Gesellschaften (Skandinavien) Produktinformationen, welche das Verkaufspersonal gibt, wesentlich mehr Beachtung finden als in eher maskulinen Gesellschaften (lateinischsprachige Länder).

Die Kulturdimension Ungewissheitsvermeidung ist vor allem mit Blick auf die Empfehlung von Dienstleistungen relevant. Denn hierbei handelt es sich im Regelfall um ein Erfahrungsgut, dessen Eigenschaften (insb. Qualität) sich den Kunden zumeist erst nach dem Kauf erschließen. Empfehlungen sind in einer solchen intransparenten Situation geeignet, Unsicherheit, die Unsicherheitsmeider mehr als andere empfinden, zu reduzieren. Persönliche Empfehlungen stärken die Zufriedenheit mit einer erhaltenen Dienstleistung, indem sie die wahrgenommene Qualität erhöhen. Dieser Effekt fällt bei Angehörigen von ungewissheitsmeidenden Gesellschaften signifikant stärker aus als bei Angehörigen ungewissheitstoleranter Gesellschaften (vgl. Schumann et al. 2010b).

1.3 Informationskanäle

Menschen, die Machtdistanz akzeptieren, verlassen sich gerne auf Empfehlungen von Prominenten. Winterich et al. (2018) haben nachgewiesen, dass diese individuelle kulturelle Orientierung – sei es geprimt oder gemessen –, den positiven Effekt dieser Kommunikationsstrategie moderiert. Wer eine ungleiche Machtverteilung in der Gesellschaft erwartet und akzeptiert, empfindet Prominente als glaubwürdig und überträgt diese Einschätzung auf die Werbemaßnahme und die beworbene Marke. Konsumenten, die Machtdistanz ablehnen, legen im Vergleich dazu wenig Wert auf diese Form von Entscheidungshilfe. Sie präferieren einen faktenbasierten, analytischen Entscheidungsstil.

Celebrity Marketing: Nutzt Prominente für verschiedene Marketing-Maßnahmen

Mundpropaganda: eWOM

Online-Shopping, national wie grenzüberschreitend, entwickelt sich zunehmend zum Megatrend des Konsumentenverhaltens. Als Informationsquelle ziehen viele Empfehlungen, Ratschläge und persönliche Erfahrungen, die auf Online-Plattformen wie *Amazon* oder *TripAdviser*, Produkt- und Preisvergleichsdiensten wie *shopping.com* oder in den sozialen Netzwerken wie *Facebook* geteilt werden, der klassischen kommerziellen Kommunikation von Unternehmen vor (vgl. Christodulides et al. 2012). Zahllose Studien belegen, dass und wie eWOM wirkt (z.B. Cezar/Ögüt 2016; Vermeulen/Seegers 2009). Restaurants bspw. beschert ein zusätzlicher Stern im *Yelp*-Rating ein Umsatzplus von 5-9% (vgl. Anderson/Magruder 2012). Und 82% der erwachsenen amerikanischen Konsumenten nutzen vor einem Online-Kauf Online-Empfehlungen und Bewertungen (vgl. Smith/Anderson 2016),

eWOM: Elektronisches Word-of-Mouth

Yelp: US-amerikanisches Empfehlungsportal für Restaurants und Geschäfte

Wichtige Gründe für Akzeptanz und Wirkung von eWoM sind Effizienz, Vertrauen und der Glaube an Schwarmintelligenz (vgl. Brabham 2008). Dank der mehr oder minder unbegrenzten Reichweite elektronischer Plattformen erreicht diese Form der Mundpropaganda nicht nur das unmittelbare Umfeld (Freunde und Bekannte), sondern kann weltweit verbreitet werden und Menschen, welche die Empfehlungsgeber nicht kennen und nie kennenlernen werden, beeinflussen. Trotz weitgehender Anonymität profitiert auch eWoM von dem Glaubwürdigkeitsbonus, den persönliche Empfehlungen gemessen an professionellen Empfehlungen – bspw. von Marketingabteilungen – haben (vgl. Lis 2003). Dazu trägt u.a. bei, dass soziale Netzwerke es den Nutzern ermöglichen, gezielt Informationen und Empfehlungen von Gleichgesinnten aufzurufen, sozusagen von eFreunden und eBekannten.

Die kulturvergleichende eWoM-Forschung bestätigt weitgehend die Erkenntnisse, die bei der Analyse von fWoM gewonnen wurden. Unter anderem weiß man, dass kollektivistisch sozialisierte Konsumenten einerseits häufiger Empfehlungen aussprechen und andererseits selbst durch Referenzen stärker beeinflussbar sind als individualistische Vergleichspersonen (vgl. Lam et al. 2009). Weiterhin konnte beobachtet werden, dass die Landeskultur die Empfänglichkeit für sowie Glaubwürdigkeit und Konsequenzen von Online-Empfehlungen moderiert. Während Kollektivisten (z.B. Chinesen) hauptsächlich Empfehlungen vertrauen, die von Familienangehörigen und engen Freunden stammen, sind Individualisten (z.B. Amerikaner) auch offen für Ratschläge anderer, ihnen weniger vertrauter Personen (vgl. Fan et al. 2018).

Darüber hinaus sucht die einschlägige Forschung Antworten auf folgende Fragen (vgl. King et al. 2014):

(1) Was motiviert Menschen, sich im Internet zu artikulieren und zahllosen anderen, die sie nicht kennen, Ratschläge zu erteilen, an ihren Erfahrungen teilhaben zu lassen etc.?

Hennig-Thurau et al. (2004) haben in einer Online-Umfrage bei mehr als 2.000 deutschen aktiven Nutzern vier Motive identifiziert, die zu erklären helfen, warum sich Konsumenten im Internet artikulieren. Dies sind ...

- Wunsch nach sozialer Interaktion,
- materielle Anreize wie Bonuspunkte, kleinere Geldbeträge oder Zugaben,
- prosoziale Einstellungen („sich um andere kümmern") und
- Gelegenheit zur Selbstaufwertung ('self-enhancement').

Wie Chung/Darke (2006) beobachtet haben, ist Selbstaufwertung für Individualisten (Kanada) in diesem Zusammenhang ein wichtigeres Motiv als für Kollektivisten (Singapur).

(2) Was motiviert Menschen, Ratschläge anderer, die sie nicht kennen, nachzufragen und gegebenenfalls zu befolgen?

Empfehlungen zu befolgen, ist ein probates Mittel gegen die Informationsüberlastung, die bei wichtigen Kaufentscheidungen regelmäßig auftritt, vorausgesetzt, die Empfehlungen sind glaubwürdig (vgl. Mudambi/Schuff 2010). Daraus wiederum folgt, dass Vertrauen entscheidend ist für die Akzeptanz von Online-Empfehlungen: Vertrauen in die Kompetenz, Verlässlichkeit und Gutwilligkeit der unbekannten Ratgeber (vgl. Zainal et al. 2017). Anhand der Angaben von 830 spanischen *Tripadvisor*-Nutzern haben Ruiz-Mafe et al. (2020) empirisch gezeigt: Vor allem solche Kommentare werden als glaubwürdig und nützlich angesehen, die mit der negativen Beurteilung eines Teilaspekts der Gesamtleistung beginnen. Allerdings ist die Absicht, der Empfehlung Folge zu leisten, größer, wenn der Kommentar mit einem Lob beginnt, bevor Kritik geäußert wird.

Da hier die Möglichkeit des eigenen Augenscheins entfällt, ist für Interaktionen im Internet wechselseitiges Vertrauen noch wichtiger als in der realen Welt. So hat sich gezeigt, dass in Gesellschaften wie Frankreich, wo der Grad an zwischenmenschlichem Vertrauen gering ist, die Bereitschaft zur Teilnahme an einer Online-Auktion *(eBay)* stärker von der Bewertung des Verkäufers abhängt als in eher vertrauensvollen Gesellschaften wie Kanada (vgl. Vishwanath 2004). Online entsteht Vertrauen mit größerer Wahrscheinlichkeit dann, wenn die kulturelle Distanz zwischen den Beteiligten gering ist, wie bspw. zwischen Australiern und Dänen. Beide Gesellschaften sind individualistisch, lehnen Machtdistanz ab und tolerieren Ungewissheit (vgl. Griffith et al. 2000).

(3) Welche technischen und sozialen Einflussfaktoren erleichtern bzw. erschweren diese Form der Kommunikation?

Aus der Vielzahl empirisch bestätigter Einflussfaktoren haben wir drei herausgegriffen: Usability, Loyalität und soziale Beziehungen. So weiß man, dass es Nutzern leichter fällt, sich auf Webseiten zu orientieren, die Angehörige der eigenen Kultur erstellt haben (vs. Kulturfremde). Offenbar begünstigen ähnliche Denk- und Wahrnehmungsstile ähnliche Verhaltensweisen (vgl. Nantel/Glaser 2008). Weiterhin spielen psychische Konstrukte wie Treue eine wesentliche Rolle. Markentreue bspw. erhöht die Wahrscheinlichkeit, dass (positive) Online-Kommentare zu den betreffenden Marken eingestellt werden (vgl. Sotiriadis/Zyl 2013). Und da Freunde wie auch Bekannte einen Glaubwürdigkeitsbonus besitzen, wächst mit der Stärke der sozialen Beziehung die Wahrscheinlichkeit, dass online Empfehlungen ausgesprochen und beachtet werden (vgl. Sijoria et al. 2019).

(4) Welche Rollen übernehmen Angehörige unterschiedlicher Nationalitäten bzw. Kulturen in Internetforen?

Die Beiträge von amerikanischen Foristen sind im Regelfall informativer, während Chinesen vielfach auffallend emotional diskutieren. Oft wird dabei der ⇒ Country of Origin thematisiert, mit wenig Produktkenntnis, aber voller Ressentiment (⇒ Animosität) (vgl. Cheung et al. 2007). Weiterhin berichten Fong/Burton (2008), dass Angehörige individualistischer Kulturen in 'discussion boards' überdurchschnittlich häufig die Rolle des Informationsgebers übernehmen und Angehörige kollektivistischer Kulturen die Rolle des Informationssuchers. Offenbar ermutigen individualistische Kulturen den Einzelnen dazu, sich zu artikulieren, während Kollektivisten Konformität wichtiger ist als Selbstdarstellung (vgl. Kim/Sherman 2007), weshalb sie sich stärker bemühen, die Ansichten und Überzeugungen der anderen Gruppenmitglieder in Erfahrung zu bringen. Ein weiterer Unterschied besteht in der größeren Neigung von Individualisten (Amerikaner vs. Chinesen), ihre persönlichen Überzeugungen offen auszudrücken und Empfehlungen auszusprechen (vgl. Lai et al. 2013).

Forist: Teilnehmer eines Internetforums

Ressentiment: Unterdrückter Groll, gefühlsmäßige Abneigung

(5) Beeinflussen Bewertungsportale die Präferenzen und Kaufentscheidungen von Konsumenten, und welche Rolle spielen dabei Landeskultur, individuelle kulturelle Werte und Nationalität?

Ob Kaufentscheidungen von Online-Empfehlungen beeinflusst werden (z.B. Hotelgäste bei ihren Buchungen), hängt sowohl von deren Landeskultur als auch von deren Nationalität ab. Kim (2019) zufolge, der rund ca. zehn Millionen Transaktionen auf einer Hotelreservierungs-Webseite ausgewertet hat, übt zwar keine Kulturdimension für sich genommen (d.h. univariat) einen signifikanten Effekt aus. Aber zusammengenommen (d.h. multivariat) schaffen Kollektivismus, Feminität, Ungewissheitsvermeidung und Genussorientierung ein günstiges kulturelles Umfeld. Hingegen scheinen „Hotelsterne" (zur Hotelklassifikation) und andere Online-Empfehlungen bzw. Bewertungen in Gesellschaften, die Machtdistanz akzeptieren, weniger zu wirken. Weiterhin hat sich gezeigt, dass Australier und Spanier den Bewertungsportalen am meisten vertrauen, Chinesen und Deutsche weniger. Während Chinesen Online-Kommentare jeglicher Art beachten, billigen Briten hauptsächlich negativen Kommentaren, Kritik etc. Informationswert zu. Angesichts der Vielzahl von Fake-Bewertungen ist dies keine schlechte Strategie (vgl. Christodoulides et al. 2012).

Market Mavens

Für die Konsumentenverhaltensforschung von besonderem Interesse ist in diesem Zusammenhang ein spezieller Typus Meinungsmacher: die 'market mavens'. Damit sind nicht-professionelle Multiplikatoren von Markt- und Produktinformationen gemeint (vgl. Feick/Price 1987). Dieser Influencer-Typus entstammt ursprünglich der analogen Welt, findet jedoch in der digitalen Welt wesentlich bessere Möglichkeiten, mit Hilfe von elektronischen Plattformen seine Markt- und Produktkenntnis zu demonstrieren – sozusagen als e-maven (vgl. Darley/Lim 2018).

Mehr als gewöhnliche Konsumenten ...
- interessieren sich 'market mavens' für das Marktgeschehen im Allgemeinen und spezielle Angebote im Besonderen,
- nutzen 'market mavens' einschlägige Informationsangebote (Medien, Messen und Präsentationen aller Art),
- befriedigt 'market mavens' es, ihre Kenntnisse mit anderen zu teilen, was dafür spricht, dass ihr Wissensvorsprung für ihr Selbstkonzept identitätsstiftend ist,
- sind 'market mavens' extravertiert, selbstbewusst und jederzeit bereit, mit anderen zu interagieren.

Entsprechend diesem Persönlichkeitsprofil konnte wiederholt nachgewiesen werden, dass Individualisten häufiger als Kollektivsten die Rolle des Ratgebers übernehmen (vgl. Cleveland/Bartikowski 2018; Chelminski/Coulter 2007a). Zwar werden beide Typen durch eine soziale Norm motiviert, wonach in sozialen Medien Ratschläge zu erteilen, Bewertungen abzugeben und Empfehlungen auszusprechen übliches Sozialverhalten ist. Während aber amerikanische 'mavens' überdies erwarten, dadurch Zuneigung und Anerkennung ihrer Bezugsgruppe zu erwerben ('affection'), ist es bei Chinesen die Aussicht, dass ihnen Erwerb, Besitz und Teilen von Marktinformationen Freude bereiten wird ('perceived pleasure') (vgl. Yang 2013).

1.3.3 Vertrauen in die verschiedenen Informationskanäle

Die *Nielsen Consumer Neuroscience Research* hat im Rahmen der online durchgeführten *Nielsen Global Trust in Advertising Survey* (Q1, 2015) von den ca. 30.000 Befragten aus 60 Ländern auch wissen wollen, welchen Informations- bzw. Kommunikationskanälen sie in welchem Maße vertrauen. Demnach sind weltweit Empfehlungen in dieser Hinsicht unschlagbar, sofern diese von Bekannten ausgesprochen werden. Empfehlungen unbekannter Herkunft schneiden dagegen nicht oder kaum besser ab als die verschiedenen Erscheinungsformen klassischer Werbung und Online-Werbung. Die latente Skepsis europäischer Verbraucher macht sich am deutlichsten bei der Beurteilung der Vertrauenswürdigkeit von Online-Werbung bemerkbar. Bemerkenswert ist auch deren Misstrauen gegenüber Produktplatzierung (vgl. Tab. 44).

Tab. 44: Vertrauen im weltweiten Vergleich

		Asien-Pazifik	Europa	Afrika, mittl. Osten	Latein-amerika	Nord-amerika
Empfehlungen	von Bekannten	85	78	85	88	82
	von Unbekannten	70	60	71	63	66
Klassische Werbung	Fernsehwerbung	68	45	70	72	63
	Zeitungswerbung	63	44	69	72	65
	Außenwerbung	60	40	64	63	57
	Produktplatzierung	60	35	64	64	53
	Kinowerbung	59	38	57	62	56
	Radiowerbung	54	41	62	68	60
Online-Werbung	mobile Endgeräte	50	26	49	48	39
	soziale Netzwerke	50	32	57	54	42
	Suchmaschinen	50	36	52	58	49
	Bannerwerbung	48	27	49	46	41

Quelle: Nielsen-Global Trust in Advertising Report (2015, S. 11)

2 Kriterien der Kaufentscheidung

2.1 Landeskultur

2.1.1 Kulturgebundene vs. kulturfreie Produkte

Globale Produkte wie Kommunikations- und Unterhaltungselektronik, Pkws etc. gelten als weitgehend kulturfrei (vgl. A-5.1.2). Rund um den Globus werden sie hinsichtlich der gleichen Kriterien beurteilt (vgl. Hsieh 2002). Bei Pkws etwa sind dies die …
- sensorischen Eigenschaften (Aufregung, Fahrspaß, Styling, Beschleunigung, Sportlichkeit),
- ökonomisch-symbolischen Eigenschaften (Kundenservice, Sparsamkeit, Luxus, Wertigkeit),
- utilitaristischen Eigenschaften (Haltbarkeit, Verlässlichkeit, Sicherheit).

Sales Promotion: Verkaufsförderung

PoS: Point of Sales = Ort des Verkaufs

Die meisten Angebote jedoch sind kultursensibel und werden entsprechend differenziert beurteilt. Hierunter fallen Lebensmittel, Kleidung, Medien, Kosmetika etc. Natürlich ist dies eine sehr vereinfachende Unterscheidung, welche die innerhalb der Produktkategorien bestehenden Unterschiede ignoriert. Möbel bspw. sind eher kulturfrei oder eher kulturgebunden, je nachdem, in welchem Zimmer sie stehen. Wohn- und Schlafzimmer werden im Regelfall traditionell eingerichtet, entsprechend den jeweiligen Kulturstandards, während bei der Ausstattung von Kinder-, Gäste- oder Arbeitszimmer funktionelle, tendenziell universalistische Kriterien wie Bequemlichkeit oder Robustheit wichtiger sind (vgl. Djursaa/Kragh 1998).

Determinismus: Lehre von der kausalen Vorbestimmtheit von Ereignissen

Natürlich determiniert die Landeskultur das Kauf- und Konsumentscheidungen im Regelfall nicht. Sie beeinflusst lediglich die Wahrscheinlichkeit, dass bestimmte Ereignisse eintreten oder nicht eintreten. Im Falle des Zusammenhangs zwischen dem Anteil von Rauchern in einer Gesellschaft und der Kulturdimension Maskulinität/Feminität etwa bedeutet dies: In maskulinen Gesellschaften wie Ungarn, Österreich und der Slowakei ist die Wahrscheinlichkeit, dass sich Konsumenten von Argumenten, die gegen das Rauchen sprechen (gesundheitliche Risiken, Kosten etc.), nicht beeindrucken lassen, zwei bis drei Mal größer als in femininen Gesellschaften (vgl. Abb. 70). Trotz Wertewandels gilt es in Teilen der Gesellschaft noch immer als männlich, Risiken zu ignorieren, was u.a. die geringere Bereitschaft von Männern, Vorsorgeuntersuchungen wahrzunehmen, erklärt.

Abb. 70: Zusammenhang zwischen Rauchen & Maskulinität/Feminität

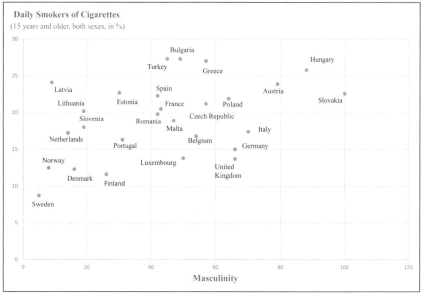

Quelle: http://apps://who.int/gho/data/view.sdg.3-a-data-ctry?lang=eu

2.1.2 Kultureller Fit

Bislang wurde dieses Konstrukt hauptsächlich genutzt, um organisationstheoretische Fragestellungen zu bearbeiten. Bei grenzüberschreitenden Unternehmensfusionen und Akquisitionen etwa möchte man wissen, ob das Ausmaß an landes- und organisationskultureller Übereinstimmung der beteiligten Unternehmen hinsichtlich Führungs- und Konfliktstil, Innovationsfähigkeit und Umfeldorientierung die Erfolgsaussichten des Vorhabens verbessert oder verschlechtert (vgl. Stahl/Voigt 2008).

Cultural Due Diligence: Überprüfung der kulturellen Verträglichkeit der Transaktionspartner

> Besondere Aufmerksamkeit gilt bei einer 'cultural due diligence' dem Konfliktstil. „Denn zu den beiden üblichen Konfliktursachen (sachlich-rationale und sozial-emotionale Interessengegensätze) kommen bei grenzüberschreitenden Unternehmenszusammenschlüssen interkulturelle Missverständnisse und Unverträglichkeiten hinzu. So neigen Angehö-

rige von maskulin-wettbewerbsorientierten Kulturen dazu, Konflikte als Machtkampf offen auszutragen ('lose/win'), während Angehörige feminin-kompromissorientierter Kulturen Win/Win-Konstellationen anstreben, etwa durch Kooperation oder Verhandlung" (Müller/Gelbrich 2015, S. 521).

Zwar stellt sich die Frage nach dem kulturellen Fit der Transaktionspartner bei jeglichem grenzüberschreitenden Austausch, angesichts ihres hohen Grades an Internationalität bei der Unterhaltungsindustrie aber besonders nachdrücklich. In diesem Fall lautet sie: Hängt der Erfolg von Filmproduktionen auch vom Ausmaß an kultureller Übereinstimmung bspw. zwischen Filmproduzenten und Zuschauern ab? Song et al. (2018) haben mit Blick darauf analysiert, wie 260 Filme in 25 Ländern von den Zuschauern bewertet wurden. Insgesamt zeigte sich, dass die 'online reviews' günstiger ausfielen, wenn die inhaltliche, ikonografische, symbolische etc. Gestaltung des Films der Landeskultur der Reviewer entsprach. In besonderem Maße war dieser Zusammenhang in kollektivistischen, femininen und/oder ungewissheitsmeidenden Märkten nachweisbar. Kollektivistische Reviewer etwa reagieren positiv auf kulturellen Fit, weil sie kulturell kongruente Produkte als Teil ihrer 'in group' wahrnehmen, zu der sie intensive soziale Beziehungen unterhalten (vgl. Deleersnyder et al. 2009). Und bei Ungewissheitsmeidern kommt es zu einem 'positivity bias', weil in ihrem Fall kultureller Fit die generalisierte Unsicherheit reduziert, welche dieser Typus in neuartigen Entscheidungs- und Konsumsituationen empfindet.

2.1.3 Kulturkonträres Konsumentenverhalten

Grundlagen

Zumeist handeln Menschen kulturkonform und orientieren sich an den Werten ihrer Landeskultur (vgl. de Mooij/Hofstede 2010; de Mooij 2003). Mitunter allerdings tun sie das Gegenteil dessen, was in ihrer Gesellschaft als normal gilt. Sie handeln kulturkonträr bzw. nonkonformistisch: Thai-Boxen in Thailand, Flamenco-Tanzen in Japan oder demonstrativer Konsum in China – allesamt kaum vereinbar mit den traditionellen Werten dieser Länder: Empathie, Harmonie, Zurückhaltung und Sparsamkeit (vgl. Faure/Fang 2008; Aoyama 2007; Fang 2005). Empirisch näherten sich erstmals Eckhardt/Houston (2002) diesem Phänomen: In ihren qualitativen Interviews schilderten junge Bewohner Shanghais *McDonald's* als einen Ort, der es ihnen ermögliche, abseits der Familie ihre Privatsphäre zu genießen – ein Wunsch, der mit dem traditionellen chinesischen Wertesystem eigentlich nicht vereinbar ist. Denn dieses fordert kindliche Pietät und Familiensinn.

Pietät, kindliche: Pflichtgefühl, Ehrfurcht und Rücksichtnahme

Worin besteht der Anreiz, sich kulturkonträr zu verhalten, wenn Nonkonformismus üblicherweise nicht akzeptiert wird? Wenn bspw. Missbilligung oder gar Ausschluss aus der Gemeinschaft bzw. andere Strafen drohen? Erklärt wird dieses Paradoxon auf zweierlei Weise.
- Verantwortlich kann erstens ein Persönlichkeitsmerkmal sein, das in individualistischen Gesellschaften große Wertschätzung genießt: Streben nach Einzigartigkeit (vgl. Tian et al. 2001). Eine Möglichkeit, sich als einzigartig zu inszenieren, besteht darin, sich bewusst vom Mainstream abzugren-

zen und sich mit einer Subkultur zu identifizieren (vgl. C-4.5.1). Aktuelles Beispiel für diese Strategie sind Deutsch-Rapper, die eine im westlichen Kulturraum unerwünschte Macho-Kultur pflegen.
- Ein zweiter Grund kann Eskapismus sein: Bewusstes, vorübergehendes Ausbrechen aus dem kulturellen Wertekorsett (vgl. Labrecque et al. 2011). Erlebnisorientierte Konsumangebote ('experiential consumption contexts') wie Online-Spiele oder Abenteuerurlaub ermöglichen es, der täglichen Routine zu entkommen – und damit auch den Zwängen kultureller Normen (vgl. Correia et al. 2019). Kulturkonträres Verhalten in dieser Form muss keine ernsthaften sozialen Sanktionen befürchten, handelt es sich doch um ein zeitlich begrenztes und damit weithin akzeptiertes Ausbrechen.

Starbucks-Studie

Systematisch wiesen erstmals Gelbrich et al. (2016) kulturkonträres Verhalten am Beispiel von *Starbucks*-Kunden nach. Der Kaffeeröster bot sich für diese Untersuchung an, weil dessen strategische Positionierung als globaler, erlebnisorientierter, hochpreisiger Lifestyle-orientierter Anbieter (vgl. Thompson/Arsel 2004) zwei der *Hofstede*-Kulturdimensionen aktualisiert, die es prinzipiell ermöglichen, kulturkonträres Verhalten zu erklären:
- Die Dimension Individualismus (vs. Kollektivismus) erfasst neben anderem Art und Intensität der sozialen Integration des Einzelnen in seine Gesellschaft. Individualisten neigen dazu, autonom und unabhängig zu handeln (vgl. Hofstede 1984, S. 148). Kulturkonform wäre es daher, wenn sie *Starbucks* ohne Begleitung aufsuchen und sich dort mit sich selber beschäftigen würden (bspw. ein Buch lesen), und kulturkonträr, gemeinsam mit anderen zu *Starbucks* zu gehen und sich mit seinen Begleitern zu beschäftigen (vgl. Tab. 45).
- Die Dimension Genussorientierung (vs. Selbstbeherrschung) gibt Auskunft darüber, für wie wünschenswert Angehörige einer Gesellschaft unmittelbare Bedürfnisbefriedigung halten (vgl. Hofstede et al. 2010, S. 281). Kaffeehausbesucher verhalten sich in genussorientierten Gesellschaften folglich kulturkonform, wenn sie dort möglichst viel und lange konsumieren. Kulturkonträr wäre es, wenn *Starbucks*-Kunden wenig konsumierten und nur kurze Zeit dort verweilten (vgl. Tab. 45).

Beobachtet wurden insgesamt 3.710 *Starbucks*-Kunden in zehn Ländern, die auf den Dimensionen I-K und Genussorientierung deutlich unterschiedlich positioniert sind: Brasilien = 38/59; Chile = 23/68; China = 20/24; Deutschland = 67/40; Großbritannien = 89/69; Indien = 48/26; Niederlande = 80/68; Polen = 60/29; Russland = 39/20; Tschechische Republik = 58/29). Die Feldstudien fanden in jedem Land in zwei großen Städten statt (z.B. Deutschland = Berlin und München; Niederlande = Amsterdam und Utrecht).

Merchandierung: Sonderform der Verkaufsförderung (eigene Wertschöpfung)

Wie die Studie ergab, handeln *Starbucks*-Kunden in wichtigen Verhaltensbereichen tatsächlich kulturkonträr – nämlich mit Blick darauf, ob sie das Lokal in Begleitung besuchen und wie intensiv sie sich mit ihren Begleitern unterhalten (= H_1), wie viele Merchandise-Artikel sie kaufen (= H_{3b}) und ob sie kurz oder lange bleiben (H_4). Nicht bestätigt werden konnten H_2 (Individualismus übt keinen signifikanten Effekt auf die Häufigkeit autonomer Tätigkeiten wie Lesen aus) sowie H3a, H3c und H3d.

Tab. 45: Hypothesen, Operationalisierungen & Ergebnisse

Hypothese	Operationalisierung der abhängigen Variablen	Hypothese ...
H_1: Je individualistischer eine Gesellschaft, desto häufiger besuchen die Kunden *Starbucks* in Begleitung und desto häufiger unterhalten sie sich mit ihrer Begleitung.	• Begleitung (ja, nein) • Konversation (ja, nein)	• bestätigt • bestätigt
H_2: Je individualistischer eine Gesellschaft, desto häufiger verfolgen *Starbucks*-Kunden Ich-fokussierte Aktivitäten	Anzahl der Ich-fokussierten Aktivitäten (z.B. Computer/Handynutzung, Lesen, Schreiben, Musik hören)	• nicht bestätigt
H_3: Je genussorientierter einer Gesellschaft, desto weniger Merchandise-Artikel kaufen *Starbucks*-Kunden. Keinen Einfluss übt Genussorientierung auf die anderen abhängigen Variablen aus (Essen bestellt, Größe des Getränks, Rechnungsbetrag).	• Essen bestellt (ja, nein) • Merchandise-Artikel bestellt (ja, nein) • Größe des Getränks (groß, klein) • Rechnungsbetrag (US $, kaufkraft-bereinigt)	• nicht bestätigt • bestätigt • nicht bestätigt • nicht bestätigt
H_4: Je genussorientierter eine Gesellschaft, desto weniger Zeit verbringen *Starbucks*-Kunden im Kaffeehaus.	Länge des Aufenthalts	• bestätigt

Zusammenfassend zeigte sich: In individualistischen Ländermärkten wie den Niederlanden oder Großbritannien suchen *Starbucks*-Kunden vermehrt die Gesellschaft anderer, in kollektivistischen Ländermärkten wie China oder Brasilien bleiben sie lieber für sich. Und je mehr eine Gesellschaft von ihren Mitgliedern Zurückhaltung fordert (z.B. Russland, China, Indien), desto länger halten sich *Starbucks*-Kunden in den Ladenlokalen auf.

2.2 Innovativität bzw. Neuartigkeit des Angebots

Definition Consumer Innovativeness
"Predisposition to buy new and different products and brands rather than remain with previous choices and consumption patterns" (Steenkamp et al. 1999, S. 56)

Die Bereitschaft bzw. Neigung von Konsumenten, innovative Güter zu erwerben bzw. zu nutzen, variiert in Abhängigkeit von sozialen wie auch von kulturellen Faktoren. So begründet die qualitative kulturvergleichende Forschung die Zurückhaltung afrikanischer und lateinamerikanischer Kunden gegenüber Neuartigem im Allgemeinen und innovativen Gütern im Besonderen mit der Vergangenheitsorientierung dieser Gesellschaften (vgl. Guo et al. 2012). Andere wiederum haben gezeigt, dass Konsumenten mit einer abhängigen Selbstkonstruktion (vgl. C-6.3.4) inkrementelle Innovationen be-

Inkrementelle Innovation: Bereits existierendes Produkt wird vergleichsweis geringfügig verbessert

Disruptive Innovation: Produkte, die dank ihres neuartigen Nutzens einen bestehenden Markt revolutionieren (bspw. Brennstoffzelle → Antriebstechnologie)

vorzugen, Vergleichspersonen mit einer unabhängigen Selbstkonstruktion aber radikale bzw. disruptive Innovationen, da sie damit ihre Unabhängigkeit und Eigenständigkeit demonstrieren können (vgl. Ma et al. 2014).

> "In one study, that primed self-construal with different ad appeals, those in the independent condition tended to report that owning a really new pen (i.e., revolutionary ergonomic design) would make them desirably different and tended to choose the pen over $2 cash. In contrast, those in the interdependent condition preferred owning an incrementally new pen (i.e., improved Precise Needle Point technology)" (Shavitt/Barnes 2019, S. 74).

Stellvertretend für die Einsichten der quantitativen kulturvergleichenden Forschung seien Alkailani/Kumar (2016) genannt. Sie haben gezeigt, dass der positive Effekt, den „Empfänglichkeit für sozialen Einfluss" auf Konsumenteninnovativität ausübt, durch Maskulinität moderiert wird. Maskuline Gesellschaften legen allergrößten Wert auf Erfolg, Wohlstand und Materielles schlechthin, was laut Dwyer et al. (2005) die überdurchschnittlich dynamische Diffusion von Innovationen in diesen Märkten erklärt. Dort eröffnen Kauf und Gebrauch neuartiger Güter die Möglichkeit, den eigenen – beruflichen, sozialen etc. – Erfolg öffentlichkeitswirksam zur Schau zu stellen. Hinzu kommt, dass Maskuline nicht nur Neues prinzipiell wertschätzen, sondern auch vergleichsweise wenig besorgt sind, welchen Eindruck sie bei anderen erzeugen (etwa wenn sie ungewöhnliche, noch nicht als modisch klassifizierte Kleidung tragen). Auch sind Maskuline extravertierter, aggressiver etc. als Feminine und deshalb schneller bereit, ihre Freude an oder ihren Ärger über eine Produktinnovation in ihrem sozialen Umfeld und außerhalb kundzutun.

> **Beispiel:** Skalen zur Operationalisierung von Konsumenteninnovativität
> - *Innovativeness Scale* – e.g., "I am generally cautious about accepting new ideas" (Hurt et al. 1977)
> - *Goldsmith/Hofacker-Scale* – e.g., "In general, I am among the first (last) in my circle of friends to buy an new rock album when it appears" (Goldsmith/Hofacker 1991, S. 212)
> - *EAP-Skala* – e.g., "I would rather stick to a brand I usually buy than try something I am notvery sure of" (Baumgartner/Steenkamp 1996)

Neben Maskulinität erlauben es vier weitere der *Hofstede*-Kulturdimensionen vorherzusagen, ob Konsumenten aufgeschlossen für Neues sind oder ob sie möglichst nur Bewährtes kaufen (vgl. de Mooij/Hofstede 2011, S. 189; Tellis et al. 2003; Steenkamp 2002).
- Ungewissheitsvermeidung: Welche Reichweite wird mein neues E-Auto unter ungünstigen Bedingungen haben, etwa im Winter, wenn sich Batterien im Freien sehr schnell entladen können? Wer Ungewisses nach Möglichkeit meidet, scheut im Regelfall auch die Risiken, die mit dem Kauf innovativer Produkte gewöhnlich verbunden sind (vgl. Yaveroglu/Donthu 2002; Steenkamp et al. 1999).
- Individualismus: Dass Innovationen in individualistischen Gesellschaften ein günstigeres Umfeld vorfinden als in kollektivistischen Gesellschaften (vgl. Yaveroglu/Donthu 2002), begründen Eisingerich/Rubera (2010, S. 66) mit Unterschieden in der Sozialstruktur. Individualisten seien es gewöhnt, die Probleme des täglichen Lebens selbst bewältigen zu müssen, weshalb sie Innovationen, sofern diese neuartige Problemlösungen anbieten, grund-

sätzlich positiv beurteilen. Deren Wert sei für Kollektivisten geringer, da diese sich stärker auf Unterstützung durch ihr soziales Netzwerk verlassen könnten.
- Akzeptanz von Machtdistanz: In machtdistanten Gesellschaften hängt die Bereitschaft zur Übernahme von Innovationen (bspw. Nutzung netzbasierter Dienstleistungen) weniger von Kosten/Nutzenüberlegungen, der grundsätzlichen Freude an Neuartigem oder dem Streben nach Prestige ab als von den Signalen, welche Höherrangige senden. Diese sind zumeist wenig änderungsbereit und eher innovationsfeindlich (vgl. Matusitz/Musambira 2013; Yaveroglu/Donthu 2002). Deshalb und weil dieser Typus dazu neigt, einmal getroffene Entscheidungen beizubehalten (vgl. Zhang et al. 2010), erhöht Akzeptanz von Machtdistanz die Wahrscheinlichkeit, dass Kauf- und Konsumroutinen beibehalten werden (vgl. Singh 2006).
- Langfristorientierung: Ungewissheitstolerante Langfristorientierte sind änderungsbereit, offen für Wandel und Neuartiges (vgl. Kim/Droplet 2003).

Ursächlich für die Aufgeschlossenheit für Neues und Veränderung kann das Bedürfnis nach Abwechslung sein (vgl. C-4.5.2). Anhand von Experimenten mit amerikanischen Studenten haben Ratner/Kahn (2002) nachgewiesen, dass dieses von dem Bedürfnis nach Kontrolle der eigenen Außenwirkung moderiert wird. Ihr Schlüsselbefund lautet: Probanden, die Aussagen wie "I am concerned about what others think of me" zustimmen, suchen in öffentlichen Konsumsituationen signifikant stärker Abwechslung als in privaten Konsumsituationen. Dies spricht dafür, dass Innovation, Abwechslung etc. kein Wert an sich ist, sondern Mittel zum Zweck: eine Möglichkeit, sich den anderen als interessante, kreative Persönlichkeit zu präsentieren.

self monitoring = Selbstüberwachung, Selbstmonitoring

2.3 Qualität des Angebots

2.3.1 Qualitätskriterien

Wie beurteilen Konsumenten mit unterschiedlicher kultureller Orientierung die Qualität eines Angebots? Ist damit Produktqualität gemeint, dann muss die Antwort lauten: Wir wissen es nicht. Denn die IKKV-Forschung hat diese Thematik bislang höchst stiefmütterlich behandelt. Anders als der Dienstleistungs- bzw. Servicequalitätsforschung mit SERVQUAL ist es ihr nicht gelungen, ein allgemein akzeptiertes Paradigma der Produktqualitätsforschung zu etablieren.

Kriterien der Produktqualität

Es liegen keine kulturvergleichenden, wohl aber einige ländervergleichende Studien vor, welche zu ergründen suchten, ob und welche internen bzw. externen Qualitätskriterien Konsumenten nutzen, um auf die Produktqualität zu schließen. Obwohl er „kulturvergleichend" im Titel seines Forschungsberichts führt, untersuchte auch Grunert (1997) letztlich nur, wie britische, deutsche, französische und spanische Konsumenten die Qualität von Rindfleisch beurteilen: weitgehend gleichartig, so das Ergebnis, anhand der Farbe des Fleisches und dessen Fettgehalt. Auch in der 38-Länder-Studie von Dawar/

Parker (1994) spielt die Nationalität der Befragten keine wesentliche Rolle. Vielmehr werden weltweit Qualitätssignale wie Marke, Preis, Erscheinungsbild des Produkts und Reputation des Händlers genutzt. In welchem Maße dies geschieht und in welcher Reihenfolge, hängt primär vom individuellen Kaufverhalten sowie von Alter, Geschlecht und anderen Demografika ab.

Da es informationsökonomisch ist, schließen viele Konsumenten aus den im Regelfall leicht ersichtlichen externen Qualitätskriterien (allen voran Preis und Marke) auf die zumeist nur schwer beurteilbare Produktqualität. Auch die Herkunftsinformation wird regelmäßig zur vereinfachten Qualitätsbeurteilung herangezogen. Dabei muss es sich nicht immer um die explizite „Made in ...-„ oder „Country of Origin-Angabe" handeln. *Swatch* bspw. nutzt in seinem Marktauftritt die Nationalflagge der Schweiz (weißes Kreuz auf rotem Grund) sowie Wortspiele („*Swiss Watch*"), um an die langjährige Tradition der Schweizer bei der Fertigung präziser Uhren anzuknüpfen (vgl. Burmann et al. 2015, S. 327).

Agrawal et al. (2011) haben in ihrer Studie ausdrücklich interne von externen Qualitätssignalen unterschieden und untersucht, ob die Nationalität der Befragten deren Qualitätswahrnehmung beeinflusst. Das Ergebnis: Belgier, Hongkong-Chinesen, Österreicher und Amerikaner orientieren sich vorrangig an den internen Signalen (Markenname, Preis und CoO), Russen und Thais achten stärker auf die externen Qualitätssignale: Popularität der Marke, Reputation des Händlers und Werbeintensität.

Kriterien der Servicequalität

Als Ergebnis qualitativer Vorstudien (Fokusgruppen und Tiefeninterviews) haben Parasuraman et al. (1985) zehn Kriterien bzw. Dimensionen von Dienstleistungsqualität beschrieben. Auf Basis umfangreicher empirischer Evaluationen (vgl. Parasuraman et al. 1994; 1988) reduzierten sie diese auf fünf Kriterien:

- Zuverlässigkeit ('reliablility' = korrekte und verlässliche Ausführung der Dienstleistung),
- Reaktionsfähigkeit ('responsiveness' = schnelle und aktive Reaktion auf Kundenwünsche),
- Kompetenz ('assurance' = Höflichkeit, sicheres Auftreten, Problemlösungsfähigkeit),
- Einfühlungsvermögen ('empathy' = Mitgefühl der Servicemitarbeiter),
- physisches Umfeld ('tangibles' = äußeres Erscheinungsbild des Unternehmens, der Mitarbeiter).

Diese fünf Qualitätskriterien sind allgemein anerkannt und Kernstück des SERVQUAL-Ansatzes der vergleichenden Servicequalitätsforschung (vgl. Abb. 71). Dabei wird unterstellt, dass Kunden die Qualität von Dienstleistungen nicht direkt beurteilen, sondern indirekt, indem sie die von ihnen wahrgenommene Serviceleistung in Bezug zu der von ihnen erwarteten Serviceleistung setzen. Stellen wir uns zwei Kunden eines Internetcloud-Anbieters wie *Dropbox* vor. Obwohl beide denselben Support erhalten, attestiert Kunde A dem Anbieter eine wesentlich schlechtere Servicequalität als Kunde

B. Der Grund: A hatte einen 24-Stunden-Service erwartet und B einen 8-Stunden-Service. Die Realität – Unterstützung von 8:00 bis 22:00 – empfand A folglich als ungenügend, B hingegen als höchst zufriedenstellend.

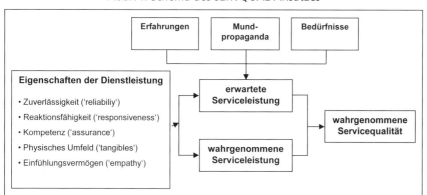

Abb. 71: Schema des SERVQUAL-Ansatzes

Cronin/Taylor (1992) haben demonstriert, dass es vorteilhaft ist (geringerer Erhebungsaufwand, bessere Vorhersagevalidität), sich auf eine Komponente des SERVQUAL-Ansatzes zu beschränken und nur die wahrgenommene Serviceleistung zu erfragen – wofür sie das Kürzel SERVPERF geprägt haben. Ihr Vorschlag hat zwar eine eingehende methodologische Diskussion über die Vor- und Nachteile der verschiedenen Verfahren zur Messung von Dienstleistungsqualität angestoßen (z.B. Carrillat et al. 2007), aber keinen wesentlichen, etwa den Studien von Donthu/Yoo (1998), Furrer et al. (2000) oder Laroche et al. (2005) vergleichbaren Beitrag zum IKKV geleistet.

Methodologie: Wissenschaft der Methoden der Erkenntnisgewinnung

SERVPERF: Service Performance

2.3.2 Erwartungen von Dienstleistungskunden

Seit Ende der 1990er-Jahre analysieren Wissenschaftler verstärkt den Zusammenhang zwischen der kulturellen Zugehörigkeit der Kunden und der von diesen wahrgenommenen Dienstleistungsqualität (vgl. Younghahl et al. 2003). Vor allem wollte man wissen, ob Angehörige verschiedener Kulturen qualitativ und quantitativ Unterschiedliches von Dienstleistungen erwarten (z.B. Zuverlässigkeit vs. Schnelligkeit des Service).

Allgemeines Anspruchsniveau

Donthu/Yoo (1998) haben erstmals systematisch den Zusammenhang zwischen individueller kultureller Orientierung und erwarteten Serviceleistungen untersucht. Auskunftspersonen waren junge berufstätige Frauen und Männer aus Großbritannien, Indien, Kanada sowie den USA.
- Aufgrund ihrer Aufgaben- und Erfolgsorientierung, ihrer unterdurchschnittlichen Beziehungsorientierung sowie ihres unabhängigen Selbst (vgl. C-6.3.4) ist individualistischen Versuchsteilnehmern die Güte der erhaltenen Dienstleistung wichtiger als die Qualität der Beziehung zu dem Dienstleister. Selbst die Aussicht auf Konflikte hält sie nicht davon ab, ihre

Erwartungen eindeutig und fordernd zu formulieren und sich nötigenfalls zu beschweren. Denn Durchsetzungsvermögen genießt im individualistischen Kulturkreis großes Ansehen. Umgekehrt neigen Kollektivisten dazu, eher ihre Erwartungen an die Servicequalität zu senken, als ihre sozialen Beziehungen zu belasten (vgl. Mattila/Patterson 2004b).

- Versuchsteilnehmer, die Machtdistanz akzeptieren, nehmen auch das Machtgefälle hin, das aus dem Erfahrungs- und Know how-Vorsprung erwächst, den Anbieter von Dienstleistungen gegenüber Nachfragern besitzen. Als Kunden stellen Machtdistante die „naturgegebene" Vorrangstellung der Anbieter nicht in Frage, weshalb sie keine hohen Erwartungen artikulieren.

- Ungewissheitsaverse hoffen, durch eine sorgfältige Planung (bspw. von Kaufentscheidungen) unerwünschte Ereignisse wie einen Fehlkauf vermeiden zu können. Dies gilt, da es sich dabei um Erfahrungsgüter handelt, in besonderem Maße beim Erwerb von Dienstleistungen. Angesichts des großen Aufwands, den sie bei der Kaufvorbereitung betreiben, neigen Ungewissheitsmeider dazu, hohe Ansprüche zu entwickeln.

- Aufgrund ihres dialektischen Denkstils sind Langfristorientierte mehr als andere bereit, Widersprüche zu akzeptieren und Toleranz zu üben – auch gegenüber Dienstleistern, die nicht alle Erwartungen erfüllen. Deshalb sind sie weniger anspruchsvolle Dienstleistungskunden als Kurzfristorientierte.

Erfahrungsgut: Gut, dessen Qualität Käufer erst während oder kurz nach dem Kauf beurteilen können

Auch andere haben beobachtet, dass Individualisten anspruchsvoller sind als Kollektivisten (z.B. Laroche et al. 2005; Furrer et al. 2000). Da jedoch sehr häufig Amerikaner als Repräsentanten des individualistischen Kulturraumes befragt werden und diese, als Angehörige einer ausgeprägten Dienstleistungsgesellschaft, bekanntlich besonders anspruchsvolle Dienstleistungskunden sind (vgl. Witkowski/Wolfinbarger 2002), ist die Individualismus-These der kulturvergleichenden Dienstleistungsforschung zwar plausibel. Empirisch aber ist es letztlich ungeklärt, ob die Landeskultur oder die Nationalität der Konsumenten der entscheidende Moderator ist.

Zuverlässigkeit

Kunden, die Machtdistanz akzeptieren, legen mehr Wert auf die Zuverlässigkeit eines Dienstleisters als andere (vgl. Donthu/Yoo 1998). Bezieht man allerdings auch die soziale Stellung der Befragten und die des Dienstleisters in die Analyse ein, dann zeigt sich: Angehörige von machtdistanten Gesellschaften (China, Korea, Singapur), die selbst einen eher geringen sozialen Status haben, tolerieren mit größerer Wahrscheinlichkeit Fehler eines höherrangigen Dienstleisters als Angehörige von Gesellschaften, die Machtdistanz ablehnen, wie die Schweiz oder die USA (vgl. Furrer et al. 2000).

Ein weiterer Moderator der Beziehung „Zuverlässigkeit der Dienstleistung – wahrgenommene Dienstleistungsqualität" ist der kulturspezifische Umgang mit empfundenem Kontrollverlust. Ist der Server eines sozialen Netzwerkes plötzlich nicht erreichbar, verzögert sich ein Anschlussflug auf unbestimmte Zeit oder scheint die Warteschleife beim Telefonieren kein Ende zu nehmen: In solchen Situationen beschleicht viele Kunden das Gefühl, die Kontrolle zu verlieren. Wahrgenommener Kontrollverlust – wie auch die Reaktionen darauf (z.B. heftige Kritik am Dienstleister) – variieren interkulturell, und zwar unabhängig von der objektiven Natur und Dauer des Fehlers. So erleben Kanadier, denen mangelhafte Dienstleistungen angeboten werden, weitaus mehr Kontrollverlust als Chinesen, was sich in einer überdurchschnittlichen Wechselabsicht äußert (vgl. Poon et al. 2004). Denn als Angehörige des angelsächsischen Kulturraumes zeichnet sie eine überdurchschnittliche Kontrollüberzeugung aus. Solche Menschen möchten ihre Umwelt kontrollieren und sind auch überzeugt, dass dies prinzipiell möglich ist. Um so schwerer wiegt für sie, wenn ihnen doch einmal die Kontrolle entgleitet und sie nichts tun können.

Trompenaars (1993) hat für eine Reihe von Ländern den Anteil an Personen, die davon überzeugt sind, ihr Schicksal selbst kontrollieren zu können, ermittelt. Zwischen der so gemessenen Kontrollüberzeugung und „Vermeidung von Ungewissheit" besteht ein signifikanter, allerdings nicht-linearer Zusammenhang. Dies bedeutet:
- Sowohl Angehörige von Gesellschaften, die Ungewissheit akzeptieren (z.B. Singapur, Hongkong, Schweden), als auch Ungewissheitsmeider wie Portugiesen, Griechen oder Japaner haben häufiger den Eindruck, ihre Lebensumstände nicht kontrollieren zu können. Erklären lässt sich dies mit der ⇒ Theorie der gelernten Hilflosigkeit.
- In Ländern wie USA, Kanada oder Schweiz geht eine starke Kontrollüberzeugung mit einer moderaten Tendenz, Ungewissheit zu meiden, einher. Da dort die evangelisch-reformierten Kirchen großen Einfluss haben und hatten, liegt es nahe, einen Zusammenhang mit der in einer Gesellschaft dominanten Religion und den von ihr vermittelten Tugenden (bspw. dem Arbeitsethos) zu vermuten. Der Calvinismus etwa lehrt, dass der Mensch durch „harte Arbeit" sein Leben meistern kann. Nicht umsonst gehört in den USA, wo diese Form des Protestantismus stark verwurzelt ist, der Tellerwäscher/Millionär-Mythos zur nationalen Identität. Andere Religionen fördern eher ein fatalistisches Überzeugungssystem. Buddhisten bspw. finden in Bescheidenheit und Askese höchste Erfüllung. Auch im klassischen Hinduismus spielt Enthaltsamkeit eine zentrale Rolle.

Reaktionsfähigkeit

Kunden, die Machtdistanz ablehnen, ist es sehr wichtig, dass ein Anbieter möglichst unverzüglich auf ihre Anfragen, Wünsche etc. reagiert. Denn wer wen wie lange Zeit warten lässt, ist nicht zuletzt eine Frage der Macht (vgl. Donthu/Yoo 1998). Angehörige maskuliner Kulturen sind gleichfalls schnell ungehalten, wenn sie beim Arzt, an der Bedienungstheke oder an der Kasse ihrer Meinung nach zu lange warten müssen. Dies erklärt, warum im deutschsprachigen Raum, der individualistische mit maskulinen Werten verbindet, Kunden bisweilen nahezu allergisch auf Wartezeiten reagieren, deren Dauer sie im Übrigen systematisch überschätzen.

Viele Dienstleistungen sind zeitkritisch. Daher zieht die kulturvergleichende Forschung das von Hall/Hall (1990) entwickelte Konstrukt der Zeitauffassung (monochron vs. polychron) zur Erklärung der Erwartungen an Dienstleistungen heran (vgl. C-1.4.1). Die meisten Gesellschaften lassen sich als kollektivistisch-polychron beschreiben. Dort ist es üblich, mehrere Tätigkeiten gleichzeitig auszuführen, anstatt eine nach der anderen. Zeitpläne gelten als flexibel, unvorhergesehene Ereignisse nicht zwangsläufig als störend und Unterbrechungen als normal. Soziale Bedürfnisse haben Vorrang vor unmittelbarer Aufgabenerfüllung. Dies erklärt, warum Wartezeit nicht unbedingt als „verlorene Zeit" betrachtet wird, zumal dann nicht, wenn man sich währenddessen ablenken kann (z.B. durch interessante Gespräche oder soziale Medien). In individualistisch-monochronen Gesellschaften ist hingegen Zeiteffizienz wichtig. Dort beurteilen Kunden die Dienstleistungsqualität überwiegend anhand von Zeitkriterien (vgl. Anderson/Brodowsky 2001). Für sie ist Zeit ein knappes, kostbares Gut; selbst kleinere Wartezeiten mindern die Zufriedenheit und Loyalität von Kunden unverhältnismäßig stark (vgl. Bielen/Demoulin 2007).

Nicht nur die Wartezeit, sondern auch die Reaktionszeit ist kultursensibel. Dass bspw. kanadische Supermarktkunden sehr darauf achten, wie schnell die Mitarbeiter auf ihre Wünsche eingehen, erklärte Espinoza (1999) mit der individualistisch-monochronen Landeskultur, während die Vergleichsgruppe in dieser Studie (Peruaner) dem kollektivistisch-polychronen Typus angehören. Insgesamt gesehen ist Deutschen, Briten und anderen Angehörigen des individualistischen Kulturraumes die Zeiteffizienz von Transaktionen aller Art zumeist wichtiger als das Transaktionsklima. Im kollektivistischen Kulturraum (hauptsächlich in Afrika, Asien, dem Mittleren Osten und in Südamerika) ist hingegen auch bei ökonomischen Transaktionen der soziale Kontext relevant. Dies hat u.a. zur Folge, dass dort Dienstleistungsprozesse mehr Zeit erfordern als in den zeitgeizigen westlichen Industrienationen (vgl. Brislin/Kim 2003).

Termintreue und Pünktlichkeit sind weitere Indikatoren der Reaktionsfähigkeit von Dienstleistern. Pünktlichkeit gilt vielerorts, aber nicht überall, als wünschenswert. Angelsachsen sowie Mittel- und Nordeuropäer erblicken darin im Regelfall eine Tugend. Wo hingegen kulturbedingt Machtdistanz akzeptiert wird, gehen die Uhren buchstäblich anders. Lateinamerikaner etwa deuten Termintreue eher als Zeichen von Unterwürfigkeit und Abhängigkeit. Und in arabischen Kulturen nehmen sich Ranghöhere das Recht heraus, die Uhrzeit zu ignorieren und Rangniedere warten zu lassen. (vgl. Levine/Norenzayan 1999; Levine 1980).

Kompetenz

Ungewissheitsaverse Kunden empfinden unstrukturierte Situationen, wie sie im Verlauf des Dienstleistungsprozesses immer wieder auftreten können, als bedrohlich. Deshalb haben sie besonders hohe Erwartungen an die Kompetenz der Servicemitarbeiter (vgl. Furrer et al. 2000).

Einfühlungsvermögen

Individualistische Bankkunden legen weniger als andere Wert darauf, von empathischen Bankmitarbeitern betreut zu werden (vgl. Dash et al. 2009).

2.3 Qualität des Angebots

Folgt man den Befunden einer Studie, in deren Verlauf Winsted (1999) von 593 amerikanischen und 645 japanischen Studenten erfragte, worauf sie bei einem Restaurantbesuch Wert legen, dann scheinen Bankkunden und Restaurantbesucher nur bedingt vergleichbar zu sein.

- Höflichkeit. Weltweit möchten Kunden höflich bedient werden. Wie besonders wichtig dies jedoch für die sehr traditionsbewusste japanische Gesellschaft ist, wird erst im Vergleich mit der Einschätzung von Freundlichkeit deutlich.
- Freundlichkeit. Dieses Qualitätsmerkmal unterscheidet sich von der eher förmlichen Höflichkeit durch stärkere Emotionalität und Individualität. Während Amerikaner zwischen beiden kaum zu differenzieren scheinen, ist es Japanern zwar auch wichtig, freundlich bedient zu werden, aber eindeutig weniger, als höflich bedient zu werden.
- Personalisierung: In Anlehnung an Parasuraman et al. (1988) spricht man dann von einer personalisierten Dienstleistung, wenn die Kunden individuell Aufmerksamkeit erfahren. Erwartungsgemäß legen Amerikaner wesentlich mehr Wert auf personalisierte Restaurantdienstleistungen als Japaner (bspw. von den Mitarbeitern namentlich begrüßt zu werden und im Small Talk zu erfahren, dass man sich an sie als Person erinnert).
- Formalität. Dieses Konstrukt drückt aus, ob Dienstleistungsanbieter die angemessene soziale Distanz zum Kunden einhalten und die im ⇒ Skript vorgegebenen Rollen und Rituale beachten (vgl. Goodwin/Frame 1989; Schank/Abelson 1977). Japanischen Restaurantbesuchern ist es am zweitwichtigsten, dass die allgemein akzeptierten formalen Regeln im Umgang miteinander beachtet werden (z.B. korrekte Verwendung von Titeln, Reihenfolge der Begrüßung nach Anciennität und sozialem Rang) (vgl. Abb. 72).

Anciennität: Reihen- bzw. Rangfolge gemäß dem Alter

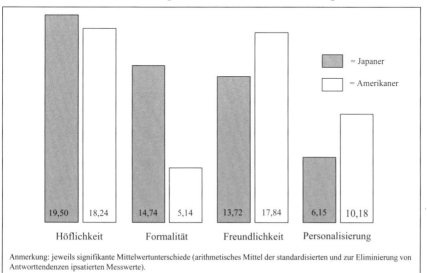

Abb. 72: Erwartungen an Restaurantdienstleistungen

Anmerkung: jeweils signifikante Mittelwertunterschiede (arithmetisches Mittel der standardisierten und zur Eliminierung von Antworttendenzen ipsatierten Messwerte).

Quelle: eigne Darstellung auf Basis von Winsted (1999, S. 116)

Physisches Umfeld

Ungewissheitsaverse legen keinen besonderen Wert auf die Ausstattung eines Dienstleisters, wohl weil sie keinen Zusammenhang zwischen den 'tangibles' und der Wahrscheinlichkeit von Servicefehlern wahrnehmen (vgl. Furrer et al. 2000). Dass im Gegensatz dazu Peruaner (vgl. Espinoza 1999) und Inder (vgl. Dash et al. (2009) auf das Erscheinungsbild eines Anbieters achten, lässt sich auf deren überdurchschnittliche Akzeptanz von Machtdistanz zurückführen. Ihnen signalisieren die sprichwörtlich glitzernden Fassaden der Bankentürme den gehobenen Status und damit die Verlässlichkeit ihres Dienstleisters.

2.3.3 Preis/Qualitäts-Relation

> "Consumers frequently need to estimate product quality under conditions of imperfect knowledge about attributes. In such situations, a common tendency is to use a product's price to infer its quality" (Lalwani/Forcum 2016).

Effektstärke: Maß zur Beurteilung der Aussagekraft von Untersuchungsergebnissen

Für viele ist ein günstiges oder angemessenes Verhältnis von gebotener Qualität und gefordertem Preis das wichtigste Entscheidungskriterium. Weltweit verlassen sich Konsumenten dabei auf die Preis/Qualitäts-Vermutung (vgl. McGowan/Sternquist 1998). Denn im Gegensatz zu dem häufig nicht oder nur schwer zu beurteilenden Qualitätsniveau einer Leistung sind Preisinformationen im Regelfall leicht bzw. leichter zugänglich. Es ist somit informationsökonomisch, diese Heuristik anzuwenden. Aber ist es auch sachgerecht? Die Befunde der einschlägigen empirischen Forschung sprechen eher gegen als für die Verlässlichkeit der Preis/Qualitäts-Heuristik. So ist die durchschnittliche Effektstärke, die Völckner/Hofmann (2007) ermittelt haben (= 0.273), zwar signifikant, jedoch wenig überzeugend.

Meta-Analyse: Studie, welche den Erkenntnisstand der zu einem bestimmten Forschungsgebiet veröffentlichten Einzelstudien zusammenfasst

Davon abgesehen aber erhärtete diese ⇒ Meta-Analyse die Vermutung, dass Angehörige von ungewissheitsmeidenden Gesellschaften (z.B. Kontinentaleuropa) häufiger als Angehörige von ungewissheitstoleranten Gesellschaften (z.B. Kanada, USA) diese Heuristik nutzen, um das wahrgenommene Qualitätsrisiko zu mindern (vgl. Hofstede 2001, S. 170). Gleiches beobachteten Jo/Sarigollu (2007), die australische (UAI = 51) mit japanischen Konsumenten (UAI = 92) verglichen haben, sowie Zielke/Komor (2015), deren Versuchspersonen deutsche (UAI = 66) und polnische Konsumenten (UAI = 93) waren.

Andere haben sich auf den Zusammenhang zwischen Akzeptanz von Machtdistanz und Preis/Qualitäts-Vermutung konzentriert. Lalwani/Forcum (2016) bspw. gingen davon aus, dass Konsumenten, die Machtdistanz akzeptieren, ein vergleichsweise starkes Bedürfnis nach Struktur haben. Aufgrund ihres kulturbedingten Fokus auf Hierarchie und Ungleichheit seien sie es gewohnt, Personen, Objekte und Situationen fortlaufend mit Blick auf deren Status zu bewerten. Bei Kaufentscheidungen führe das erhöhte Bedürfnis nach sozialer Struktur dazu, dass dem Preis – als einem scheinbar eindeutigen und besonders offensichtlichen Produktmerkmal – eine Schlüsselrolle im Bewertungsprozess zukommt, weshalb Machtdistante häufiger vom Preis einer Ware auf deren Qualität schlössen als Konsumenten, die Machtdistanz ablehnen.

Dies hat zwar auch die Studie von Lalwani/Shavitt (2013) ergeben, die zeigen konnten, dass indische Konsumenten (PDI = 77) vom sprichwörtlichen 'you get what you pay for' überzeugter sind als amerikanische Vergleichspersonen (PDI = 40). Da die beiden Forscher jedoch nicht, wie Lalwani/Forcum (2016), die kulturspezifischen Überzeugungen geprimt haben ('power distance belief'), sondern den Denkstil (analytisch vs. holistisch), führten sie die beobachteten Unterschiede darauf zurück: Unabhängig von ihrer Nationalität schlossen holistisch geprimte Probanden vom Preis eines Produkts auf dessen Qualität, während bei analytisch geprimten Probanden dieser Zusammenhang nicht nachweisbar war.

In Entwicklungs- und Schwellenländern sind Verkaufspreise selten verbindlich. Müssen diese erst verhandelt werden, sind Preisinformationen nicht verlässlich und damit auch nicht die Preis/Qualitäts-Heuristik. Paradoxerweise aber müssen sich Käufer in ineffizienten Märkten mehr als andere auf diese Heuristik verlassen, weil alternative Qualitätssignale (z.B. Warentestergebnisse) kaum verfügbar sind. Zhou et al. (2002) haben diese Vermutung durch den Vergleich von Angaben amerikanischer und chinesischer Konsumenten überprüft und empirisch bestätigt. Dass Chinesen zwar an der Validität der Preis/Qualitäts-Heuristik zweifeln, diese aber dennoch stärker nutzen als ihre amerikanischen Vergleichspersonen, lässt sich darüber hinaus mit dem kulturspezifischen Denkstil erklären. Anders als das analytische toleriert das dialektische Denken logische Widersprüche (vgl. C-2.5).

Yang et al. (2019) haben untersucht, ob zwischen der kulturellen Identität der Befragten und der Stärke der Preis/Qualitätsvermutung ein Zusammenhang besteht. Identität war zuvor geprimt worden, als globale oder lokale Identität (vgl. B-3.10.4). Ihre Vermutung, dass in diesem Sinn „globale Konsumenten" aufgrund der zunehmend globalen Wertschöpfungsketten von einer weitgehenden Nivellierung der Produktqualität ausgehen und sich deshalb weniger auf die Preis/Qualitäts-Heuristik verlassen, ließ sich experimentell bestätigen. Denn während Versuchspersonen mit einer lokalen Identität hochpreisigen Produkten eine signifikant höhere Qualität zuschrieben als niederpreisigen Produkten (x_h = 4,99 vs. x_n = 3,97), differenzierten Versuchspersonen mit einer globalen Identität nur unwesentlich zwischen beiden Kategorien (x_h = 4,54 vs. x_n = 4,24).

2.4 Marke

Angesichts des zumeist übergroßen Angebots an Produkten und Dienstleistungen nutzen viele Konsumenten renommierte Marken als Orientierungs- und Entscheidungshilfe. Dabei kommt dem Markenvertrauen eine Schlüsselrolle zu (vgl. D-1.3.2). Anbieter markieren ihre ursprünglich anonymen Produkte und Dienstleistungen, um diese zu individualisieren und sich durch die von ihnen geschaffene Marke aus der Masse konkurrierender Angebote hervorzuheben. Bewährt hat sich dabei die Strategie des Anthropomorphismus. Deren Ziel ist es, sympathische Markenpersönlichkeiten mit hohem Wiedererkennungswert zu schaffen (vgl. D-1.3.1).

Anthropomorphismus: Übertragung menschlicher Motive, Eigenschaften etc. auf Produkte und Dienstleistungen

2.4.1 Markenpersönlichkeit

> **Definition Brand Personality**
> „A set of human characteristics associated with a brand" (Aaker 1997, S. 347)

Grundlagen

Animismus: Gemäß der ⇒ Theorie des Animismus (vgl. Gilmore 1919) neigen Menschen
Glaube an die Beseeltheit der Natur dazu, ihre leblose Umwelt zu „beseelen", indem sie den Objekten dieser Umwelt menschliche Eigenschaften zuschreiben (z.B. die grausame Großstadt). Denn Vermenschlichung vereinfacht die Interaktion mit der Umwelt (vgl. Burmann et al. 2015, S. 52).

Zahllose Marktforschungsstudien bestätigen die Zweckmäßigkeit der Strategie des Anthropomorphismus (vgl. Patterson et al. 2013): Wir stellen uns Produkte zumeist nicht als Summe abstrakter Produkteigenschaften vor, sondern als (vermeintlich) reale Personen, bspw. ...
- *Porsche* als jungen, sportlichen, attraktiven Mann und
- *After Eight* als anspruchsvollen, konservativen Briten.

Der „Cola-Krieg" ist das vermutlich bekannteste Beispiel dafür, dass und wie die Markenpersönlichkeit als Wettbewerbsinstrument eingesetzt werden kann (vgl. Schmeh 2008). Während *Coca Cola* im Marktauftritt als 'cool' und 'real' positioniert wurde, sollten die Kunden mit *Pepsi Cola* vor allem Eigenschaften wie 'young', 'exciting' und 'hip' verbinden (vgl. Mäder 2005).

Anfangs wurde die Markenpersönlichkeit mit Hilfe von Listen von Persönlichkeitsmerkmalen erfasst, zumeist 'ad hoc' und nach subjektivem Ermessen zusammengestellt. Mit der *Brand Personality Scale* begründete dann Aaker (1997) die systematisch-empirische Markenforschung. Faktorenanalytisch wies diese Wissenschaftlerin am Beispiel amerikanischer Verbraucher fünf Dimensionen der Markenpersönlichkeit nach: Aufrichtigkeit, Erregung/Spannung, Kultiviertheit, Kompetenz und Robustheit (vgl. Abb. 73).

Abb. 73: Struktur der Markenpersönlichkeit nach Aaker et al.

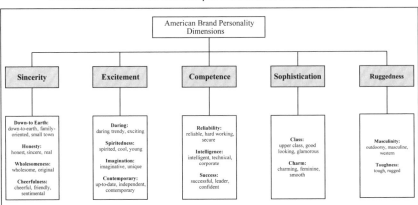

Quelle: Aaker et al. (2001, S. 494)

2.4 Marke

Aaker et al. (2001) wollten wissen, ob diese Faktorenstruktur auch das markenbezogene Konsumverhalten von Nicht-Amerikanern abbildet. In zusätzlichen Befragungen von amerikanischen (= nordamerikanischer Kulturkreis), japanischen (= ostasiatischer Kulturkreis) und spanischen Probanden (= lateinamerikanischer Kulturkreis) erwiesen sich indessen nur die Faktoren Aufrichtigkeit, Erregung/Spannung sowie Kultiviertheit als länder- bzw. kulturübergreifend robust, d.h. als universell, Kompetenz (= USA, Japan) und Robustheit (= USA) aber als länderspezifisch. Überdies identifizierten sie mit Friedfertigkeit (= Japan, Spanien) und Leidenschaft (= Spanien) zwei weitere länderspezifische Faktoren der Markenpersönlichkeit.

Religion ist ein wichtiger Bestandteil von Kultur (vgl. B-1.2). Von dieser Überlegung ausgehend modellierten Ahmed/Jan (2015) die Struktur der Persönlichkeit von religiös-islamischen Marken. Ihre sechsfaktorielle Lösung signalisiert eine deutliche Akzentverschiebung, hin zum idealisierten Menschenbild der islamischen Moralllehre, für das Bescheidenheit eine wichtige Rolle spielt (vgl. Tab. 46).

Tab. 46: Universalität & kulturelle Spezifität verschiedener Dimensionen der Markenpersönlichkeit

	westlich-nordamerikanischer Kulturkreis (USA)	westlich-lateinamerikanischer Kulturkreis (Spanien)	ostasiatischer Kulturkreis (Japan)	islamischer Kulturkreis (Malaysia)
Aufrichtigkeit	sincerity	sincerity	sincerity	sincerity
Erregung/Spannung	excitement	excitement	excitement	excitement
Kultiviertheit	sophistication	sophistication	sophistication	–
Kompetenz	competence	–	competence	competence
Robustheit	ruggedness	–	–	–
Friedfertigkeit	–	peacefulness	peacefulness	–
Leidenschaft	–	passion	–	–
Bescheidenheit	–	–	–	humbleness
Kooperation	–	–	–	cooperation
Vertrauenswürdigkeit	–	–	–	trustworthiness

Zwar legen diese Befunde wie auch die Studie von Sung/Tinkham (2005) es nahe, von der Existenz teils universeller (z.B. 'sincerity'), teils kulturspezifischer Dimensionen der Markenpersönlichkeit auszugehen (z.B. 'passion'). In zahlreichen Folgeuntersuchungen (z.B. Ferrandi et al. 2015) wurden jedoch weitaus mehr Argumente gegen als für die These der Universalität gewonnen (vgl. Dikcius et al. 2018, S. 328), was plausibel erscheint, wenn man Marken als „Kulturträger" begreift: „Consumption symbols, such as commercial brands, can serve to represent and institutionalize the values and beliefs of a culture" (Aaker et al. 2001).

Neben diesem eher speziellen Operationalisierungsproblem besteht noch eine weitere, eher grundsätzliche Problematik. Während das Konzept der individuellen Persönlichkeit seit der Aufklärung für die Entwicklungsgeschichte westlicher Gesellschaften zentral war, spielt Persönlichkeit als „eine von ihrer sozialen Umwelt getrennte Person" in den Gesellschaften Ostasiens keine nennenswerte Rolle. Dies und zahlreiche weitere Einflüsse der jeweiligen Landeskultur sorgen dafür, dass identisch positionierte Marken in verschiedenen Umwelten unterschiedlich wahrgenommen werden (vgl. Foscht et al. 2008). So haben in westlichen Märkten Einzel- bzw. Produktmarken zumeist Vorrang („the brand is the hero"), im Osten hingegen Dach- bzw. Firmenmarken („the firm is the hero"). Entsprechend sind in individualistischen Märkten Marken erfolgreich, die einzigartig erscheinen, während es in kollektivistischen Märkten von Vorteil ist, wenn Marken Teil eines großen Ganzen sind (vgl. de Mooij 2004, S. 97).

2.4.2 Markennamen

Trägt ein Produkt einen fremdsprachigen Markennamen, so können Verbraucher es im Regelfall durch soziale Kategorisierung (vgl. C-1.2) aufgrund seines Markenwissens, des Klangs des Markennamens oder anderer expliziter bzw. impliziter Informationen einem bestimmten Land zuordnen (z.B. *Raffaelo* → Italien). Die Komplexität der sodann erforderlichen Informationsverarbeitung wird durch den Rückgriff auf Länderstereotype entscheidend verringert (Italien → Genuss, Lebensfreude). Stereotype beruhen auf eingeschränkten Informationen und sind im Regelfall positiv bzw. negativ verzerrt (vgl. C-2.2.2). Eine einzige gute oder schlechte Erfahrung kann dabei den Ausschlag geben.

Abgesehen von der Neigung zu kategorisierender Informationsverarbeitung und dem Grad an In Group/Out Group-Differenzierung hängt die Akzeptanz fremdsprachiger Markennamen ab von ...

- den Sprachkenntnissen der Zielgruppe und dem Klang sowie der Beliebtheit der Fremdsprache,
- soziodemografischen Merkmalen wie Alter, Geschlecht und Bildungsniveau,
- Persönlichkeitsmerkmalen wie Patriotismus, politische Orientierung und Konservatismus,
- kulturspezifischen Werten, vor allem Kollektivismus und Ungewissheitsvermeidung (vgl. Stolz 2000, S. 114).

Da ethnozentrische Konsumenten auf fremde nationale Symbole wie die Sprache besonders sensibel reagieren, lehnen sie Produkte mit fremdsprachigen Markennamen mehr als andere ab.

2.4.3 Markenvertrauen

Im Regelfall fällt es leichter, einem namentlich bekannten Menschen zu vertrauen als einem anonymen Objekt. Vertrauensbildung ist eine, wenn nicht die zentrale Leistung von Marken, worauf *Henkel* mit dem Markenslogan „A brand like a friend!" anspielte.

2.4 Marke

> **Definition Markenvertrauen**
> „Zuversicht, dass eine Marke die an sie gerichteten Erwartungen erfüllt" (Huber et al. 2006)

Vertrauen ist eine der Basisemotionen (vgl. C-5.2), unerlässlich für den Markenerfolg (vgl. Bruhn/Eichen 2007). Marken, die regelmäßig und zuverlässig ihr Nutzenversprechen erfüllen, genießen Vertrauen. Dieses beeinflusst die Anbieter/Nachfragerbeziehung in vielerlei Hinsicht:
- Markenpräferenz: Kunden ziehen Marken, denen sie vertrauen, anderen Marken vor (vgl. Burman et al. 2015, S. 70 f.).
- Preissensibilität: Je vertrauenswürdiger eine Marke ist, desto weniger unterliegt sie dem Preiswettbewerb (vgl. Erdem et al. 2002).
- Kundentreue: Wie Pentina et al. (2013) am Beispiel von amerikanischen und ukrainischen *Twitter*-Nutzern demonstriert haben, steigert Markenvertrauen die Absicht, diese Plattform auch weiterhin zu nutzen.
- Markenwert: Gemäß der „BrandZ-Markenwertstudie" besteht zwischen Markenvertrauen und ⇒ Markenwert eine starke positive Beziehung: Nur vertrauenswürdige Marken sind auch wertvolle Marken (vgl. Millard-Brown 2017).

Universell ist, dass Markenvertrauen das Konsumentenverhalten wesentlich beeinflusst – kulturspezifisch die Art und Weise, wie Vertrauen entsteht. In …
- Deutschland vorrangig durch Kompetenz & Integrität,
- Indien vorrangig durch Berechenbarkeit & Wohlwollen,
- Südafrika vorrangig durch Berechenbarkeit (vgl. Abb. 74).

Abb. 74: Strukturmodell des Markenvertrauens

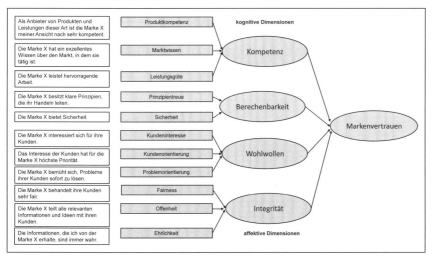

Quelle: Burmann et al. (2015, S. 73); in enger Anlehnung an Hegner (2012, S. 111)

Aufgrund der besonderen Vertrauenswürdigkeit von Marken verlassen sich Kollektivisten bei Kaufentscheidungen stärker als Individualisten auf diese Information (vgl. Fischer et al. 2010; Erdem et al. 2006).

> "Collectivism (vs. individualism) enhances the psychological benefits derived from selecting products and services with high brand credibility, confidence benefits, and a good reputation. These aspects can be summarized as signals of trustworthiness" (Frank et al. 2015).

2.4.4 Markencommitment

Stakeholder: Personen und Institutionen, die ein berechtigtes Interesse an der Geschäftstätigkeit eines Unternehmens haben

Wenn Kunden, Mitarbeiter bzw. andere Stakeholder sich an eine Marke gebunden fühlen und sich mit dieser identifizieren, spricht man von Markencommitment. Zu unterscheiden sind:

- Affektives Commitment: Positive, durch die Marke ausgelöste Gefühle sorgen für Bindung (z.B. Vertrauen in die Qualität von Premiummarken). Käufer prestigeträchtiger Marken bspw. empfinden im Regelfall Besitzerstolz (vgl. C-5.3.3.1), weshalb sie sich mit der Marke identifizieren (vgl. Kuppelwieser et al. 2011; Kim et al. 2005). So mancher Porschefahrer verleiht diesem Gefühl auf seinem Autokennzeichen durch die Zahlenfolge 911 Ausdruck. Die intensivste Form affektiver Bindung wird als Markenliebe bezeichnet (vgl. C-5.3.1.1).
- Normatives Markencommitment: In manchen Fällen binden nicht Liebe, Stolz oder Zufriedenheit Kunden, Mitarbeiter etc. an eine Marke, sondern soziale Normen. Marken etwa, die als „ökologisch" positioniert wurden, sprechen auch solche Kunden an, denen Umweltschutz ein Anliegen ist. Und Kunden, die großen Wert auf ihre Nationalität legen, reagieren auf den Country of Origin sensibler als kosmopolitisch eingestellte Kunden (vgl. D-2.5).

Holismus: Geht davon aus, dass „das Ganze" nicht allein durch die Summe seiner Elemente erklärt werden kann, sondern auch durch die Beziehungen zwischen diesen

2.4.5 Markenstärke

Starke Marken leiden weniger unter Skandalen und anderen negativen Ereignissen als schwache Marken. Moderiert wird diese Beziehung durch den Denkstil der Zielgruppe (C-2.5). Holistisch Denkende schreiben die bspw. mit dem Dieselskandal verbundenen Probleme primär den Umständen zu (z.B. übertriebene, nicht einzuhaltende Obergrenzen), analytisch Denkende vorrangig den handelnden Personen oder dem Unternehmen (vgl. Monga/ John 2008).

Ökonomisch gesehen ergibt sich Markenstärke aus dem Marktanteil, den eine Marke besitzt, psychologisch ist Markenstärke eine Funktion der Anziehungskraft bzw. Attraktivität einer Marke. Individualisten und Kollektivisten nehmen Marken höchst unterschiedlich wahr. Erstere betrachten Marken analytisch, als Summe der separat wahrgenommenen Eigenschaften der Marke, aber auch in Relation zum eigenen Selbstbild. Wertvoll sind für sie Marken, die ihrem Selbstbild (z.B. elitär) entsprechen und dieses stärken sowie ihre Individualität widerspiegeln, aber auch Gegenstand der öffentlichen Diskussion sind. Manche Marken, wie *Coca-Cola* oder *Mercedes*, wurden gar zu Symbolen bzw. Ikons ihres Landes. Amerikaner, als Prototyp des individualistischen Konsumenten, leiten Markenstärke primär aus der Markenpersönlichkeit ab – d.h. aus der einzigartigen Persönlichkeit einer Marke, während für Chinesen Menge und Güte der sozialen Verbindungen entscheidend sind (vgl. Li et al. 2018).

Ikon: Visuelles, ausdrucksstarkes und allgemein bekanntes Symbol

> "In the personal brand characteristics condition, the brand was described in the comments as having six personal characteristics: smart, reliable, simple, honest, elegant, and sincere. In the relational brand characteristics condi-tion, the brand was described as having six relational characteristics: being socially responsible, being environmentally friendly, being helpful to the economy, being benevolent, signaling social status, and signaling the consumer's market segment" (Li et al. 2018, S. 7).

Kollektivisten dagegen nehmen Marken eher holistisch wahr (vgl. Masuda/ Nisbett 2001), als Resultat der Intensität und Güte sozialer Beziehungen. Zwar ist auch ihnen der Fit von Selbst- und Markenbild wichtig. Aber ihr Selbstbild ist untrennbar mit ihrer sozialen Identität verwoben und der eigene Selbstwert abhängig vom Wert der sozialen Systeme, denen sie angehören (z.B. Familie, Unternehmen). Der soziale Nutzen, den eine Marke stiftet, ist auf kollektivistischen Märkten wichtiger als der funktionelle Nutzen (vgl. Chatzipanagiotou et al. 2019).

Ein Sonderfall sind die Eigenmarken des Handels. Sie sind in den westeuropäischen Märkten, wo sie einen Marktanteil von 34 – 35 % erobert haben, wesentlich erfolgreicher als in den asiatischen Märkten (5 – 8 %). Dass Eigenmarken bei kollektivistischen Kunden weniger Anklang finden als bei individualistischen Kunden (vgl. Budhathoki et al. 2018; Lupton et al. 2010), hat einen einfachen Grund: Im kollektivistischen Kulturraum sind prestigeträchtige Güter und Marken, welche den sozialen Status des Käufers bzw. Besitzers unterstreichen, attraktiv (vgl. Erdem et al. 2006) – und diese besondere Qualität geht den klassischen Eigenmarken weitgehend ab. Im Kontrast dazu legen Individualisten weit mehr Wert darauf, sich als ⇒ 'smart shopper' zu beweisen, d.h. nicht nur preisgünstig einzukaufen, sondern möglichst die gleiche Qualität wie die renommierten Herstellermarken bei einem deutlich geringeren Preisniveau.

2.4.6 Ausgewählte Ergebnisse der Wirkungsforschung

Positionierung der Marke

Marken, die im Einklang mit dem Ländersterotyp ihre Stammlandes positioniert wurden (z.B. *Havaianas of Brazil* → Brasilien → Lebensfreude), schneiden in den Urteilen der meisten Konsumenten besser ab als inkongruent positionierte Marken. Mit einer Ausnahme: Konsumenten, die gegenüber dem Stammland einer Marke Animosität empfinden (vgl. D-3.3), honorieren es, wenn deren Positionierung nicht das Ländersterotyp aktiviert – und damit auch nicht die damit verbundenen feindseligen Überzeugungen und Gefühle (vgl. Magnusson et al. 2019). Ethnozentrisch eingestellte Konsumenten reagieren auf eine internationale Positionierung negativ (vgl. Supphellen/ Grønhaug (2003).

Markenbewusstsein

In welchem Maße individualistische und kollektivistische Konsumenten markenbewusst sind, ist umstritten. Da für beide Positionen empirische Belege vorliegen (z.B. Liao/Wang 2009; Lam 2007), muss man davon ausgehen, dass in den Untersuchungen wichtige Moderatoren (z.B. Sichtbarkeit der Marke)

bislang unberücksichtigt geblieben sind (vgl. Zhang et al. 2014). Bekannt ist, dass Marken ...
- das Kaufrisiko mindern und Vertrautheit schaffen, weshalb Ungewissheitsmeider ein erhöhtes Markenbewusstsein haben sollten.
- sozialen Status und Prestige suggerieren, was Menschen, die Machtdistanz akzeptieren, gewöhnlich wichtig ist (vgl. Akadeniz/Talay 2013, S. 603).

In beiden Fällen ist die Datenlage jedoch schwach (vgl. Leo et al. 2005).

Markenerweiterung

> **Definition Brand Extension**
> "Using an established brand name to launch new products or to enter new product categories" (Henseler et al. 2010, S. 6)

Erfolgreiche Marken werden häufig genutzt, um unter deren „Schutzschirm" (Bekanntheitsgrad, Vertrauen etc.) ähnliche oder völlig andersartige Produkte in den Markt einzuführen. Im Falle von *Ferrari* etwa sollten *Ferrari*-Parfüm, *Ferrari*-Kaffeebecher etc. vom Renommee bzw. Markenguthaben der legendären *Ferrari*-Sportwagen profitieren. Die Aussichten einer Markenerweiterung sind im Regelfall gut, wenn die Muttermarke eine starke Markenpersönlichkeit besitzt und von der Zielgruppe als qualitativ hochwertig angesehen wird (vgl. Aaker/Keller 1990), worauf südkoreanische Verbraucher allerdings mehr achten als amerikanische Vergleichspersonen (vgl. Yoo et al. 2000).

Wie die einschlägige Forschung gezeigt hat, ist eine Markenerweiterung weiterhin voraussichtlich dann erfolgreich, wenn ...
- das ursprünglich markierte und das neue Produkt einander ähnlich sind (= Fit),
- die Marketingabteilung die Erweiterung unterstützt,
- der Handel die Erweiterung akzeptiert,
- die Verbraucher sich mit der Marke identifizieren (vgl. Völckner/Sattler 2006).

Letzteres gelingt Marken, deren primärer Nutzen in Prestige besteht (z.B. Luxusuhren wie *Rolex)*, erfahrungsgemäß besser als weniger exklusiv positionierten Marken (z.B. Funktionsuhren wie *Timex)*. Neben wahrgenommener Qualität und Auffälligkeit des Luxusartikels (vgl. Aliyev/Wagner 2018) scheint auch hier der kulturspezifische Denkstil eine wichtige Rolle zu spielen. Während Markenerweiterungen im Falle von Prestigemarken sowohl bei analytisch als auch bei holistisch Denkenden mit Akzeptanz rechnen dürfen, sind lediglich Konsumenten mit einem holistischen Denkstil Funktionsmarken gegenüber positiv eingestellt (vgl. Monga/John 2010; 2007).

Die kulturvergleichende Forschung hat gezeigt, dass vor allem langfristorientierte Kunden eine Markenerweiterung bzw. -dehnung akzeptieren, Ungewissheitsmeider aber darauf eher zurückhaltend reagieren. Henseler et al. (2010) erklären dies zum einen mit der generellen Wertschätzung, die Langfristorientierte für dauerhafte Beziehungen haben, also auch für die Beziehung (Mutter-)Marke – Konsument. Deshalb akzeptieren sie auch weit

2.4 Marke

mehr Markendehnung als Kurzfristorientierte, für die hauptsächlich die Güte des Markenfits wichtig ist (bspw. Zahnpasta → Mundwasser → Zahnzwischenraumbürste). Zum anderen aber bezeichnen diese Forscher den negativen Moderationseffekt von Ungewissheitsvermeidung als überraschend und kontraintuitiv.

> When examining brand extensions, one could presume that cultures which score high on uncertainty avoidance focus more on both fit and quality, as consumers in these cultures usually try to evade variety seeking, which is associated with a certain level of risk taking and uncertainty" (Henseler et al. 2007, S. 16).

Weiterhin scheinen individualistisch sozialisierte Konsumenten weniger als andere bereit bzw. geneigt zu sein, eine Markenerweiterung zu tolerieren. Dies liegt, wie gezeigt, u.a. an ihrer geringeren Markentreue (vgl. Mourali et a. 2005). Auch legen sie mehr als Kollektivisten Wert auf einen möglichst weitgehenden Fit zwischen Muttermarke und neuer Marke (vgl. Henseler et al. S. 16 f.). So hängt die Akzeptanz amerikanischer Konsumenten vor allem vom Fit zwischen Muttermarke und Markenerweiterung ab, während Hongkong-Chinesen (holistischer Denkstil) hauptsächlich auf die Corporate Identity achten (vgl. Han/Schmitt 1997).

Corporate Identity: Erscheinungsbild und Selbstverständnis eines Unternehmens

Unterstützt wird dies durch Befunde, die mit der I-K-These vereinbar sind. Das Ausmaß der Markendehnung, das Konsumenten im Verlauf einer Markenerweiterung akzeptieren, wird demzufolge u.a. bestimmt ...

- von der Abhängigkeit/Unabhängigkeit des Selbstbildes, speziell von der Fähigkeit, Beziehungen zwischen der Muttermarke und der Markenerweiterung wahrzunehmen (vgl. Ahluwalia 2008). Dies gelingt vor allem Konsumenten mit einem hochgradig abhängigen Selbstbild, weshalb sie eine stärkere Markendehnung akzeptieren als Konsumenten mit einem unabhängigen Selbstbild (vgl. C-6.3).
- vom jeweiligen Denkstil. Ji et al. (2004) beantworteten die von ihnen selbst aufgeworfene Frage, ob *Coca-Cola* mit der Einführung eines *Cola*-Popcorns voraussichtlich Erfolg hätte, mit nein, falls die Zielgruppe analytisch denkende Konsumenten wären, und mit ja, falls es sich um holistisch denkende Konsumenten handelte. Denn analytisch Denkende sind es gewohnt, Entscheidungen wie: „Gehören zwei oder mehr Objekte derselben Kategorie an (bspw. einer Marke)?", auf Basis abstrakter Kriterien und formaler Entscheidungsregeln zu fällen. Salziger Geschmack (Popcorn) und Süße (Sofdrink) würden demzufolge nicht unter ein Markendach passen. Holistisch Denkende kategorisieren Objekte hingegen auf Basis von Beziehungen zwischen diesen, den handelnden Personen etc. Sie würden vermutlich beide (Softdrink und Popcorn) als Symbole Amerikas und damit als ähnlich einstufen.

Markentreue

Die Antezedenzien und Konsequenzen von Markentreue erörtern wir in Kap. D-7.4.

2.5 Country of Origin: Funktion & Effekte der Herkunftsangabe

> **Definition Country of Origin-Effect**
> "Extent to which the place of manufacture influences product evaluations" (Gürhan-Canli/Maheswaran 2000, S. 309)

Allen Globalisierungstendenzen zum Trotz (einschließlich globalen Marken und globalen Konsumenten): Wo ein Produkt – tatsächlich oder vermeintlich – hergestellt wurde, beeinflusst nach wie vor die Einstellungen und Präferenzen von Konsumenten (vgl. Kock et al. 2019; Herz/Diamantopoulos 2017). Ob sie Produkte und Dienstleistungen als „heimisch" oder „fremd", als „inländisch" oder „ausländisch" wahrnehmen, hat erhebliche Auswirkungen kognitiver, affektiver oder normativer Art (vgl. Tab. 47).

Tab. 47: Wirkungen der Produktherkunft

Wirkungsebene	Konstrukt(e)	Operationalisierung	Kapitel
kognitive Ebene	CoO-Effekt	„Ich kaufe italienische Möbel, weil sie das gewisse Etwas haben."	D-2.5.2
affektive Ebene	Konsumenten-animosität Konsumenten-affinität	„Chinesen profitieren von unfairen Handelspraktiken." „Ich mag französischen Käse."	D-3.3
normative Ebene	Konsumenten-patriotismus	„Ich kaufe deutsche Autos, um deutsche Arbeitsplätze zu schützen."	D-3.4
	Konsumenten-ethnozentrismus	„Ich bin stolz auf Made in Germany."	D-3.1

Quelle: in Anlehnung an Verlegh/Steenkamp (1999, S. 524)

2.5.1 Grundlagen

Consideration Set: Menge der Marken bzw. Produkte, die bei einer Kaufentscheidung prinzipiell in Erwägung gezogen werden

Welcher Mittelklassekompaktwagen erfüllt meine Bedürfnisse am besten: *Alfa Romeo Giulia, Audi A4, 3er BMW, Kia Stinger, Toyota Prius* – um nur einige Modelle zu nennen? Selbst ausgesprochen versierten Autofans wird es schwer fallen, auf diese Frage eine verlässliche Antwort zu finden, zumal deren 'consideration set' häufig noch wesentlich umfangreicher ist. In solchen komplexen Entscheidungssituationen helfen ⇒ Heuristiken: Vereinfachungen des Entscheidungsprozesses, in diesem Fall anhand des ⇒ Country of Origin oder des ⇒ „Made in …".

Country-of-Origin-Bias

Wie die regelmäßigen Befragungen von *Eurostat* gezeigt haben, berücksichtigt in den Mitgliedsländern der *Europäischen Union* ein Viertel aller Verbraucher bei Kaufentscheidungen Herkunftslandinformationen und schließt, z.B. vom „Made in Germany", auf die Qualität bzw. das Preis-/Leistungsverhältnis des Angebots. Den Unternehmen stehen viele Möglichkeiten zur Verfügung, direkt oder indirekt auf das Land, die Region oder die Stadt zu verweisen, mit denen sie zur Imagepflege assoziiert werden wollen (z.B. *Bugatti Fashion* „Proudly created in Europe") (vgl. Tab. 48).

Tab. 48: Direkte & indirekte Hinweise auf die Herkunft von Produkten oder Dienstleistungen

	direkter Bezug	indirekter Bezug
Art des Hinweises		
Kennzeichnung	Made in Germany	–
Markenname	Deutsche Bank Paulaner München	Fremdsprachige Elemente und Schriftzeichen *(Caffè Nero, Häagen Dasz)*
Bilder	Schweizer Flagge als Logo der Swiss International Air Lines	Alpenpanorama *(Milka Schokolade)* Matterhorn *(Toblerone)*
Sprache	Slogan der *CMA*: „Bestes aus deutschen Landen"	Akzent in Werbespots, z.B. • Französisch *(Schöfferhofer Weizen)* • Italienisch *(Nescafé)*
Musik	Jingle von *Berliner Kindl* „Berlin, du bist so wunderbar"	Landestypische Hintergrundmusik im Supermarkt oder Restaurant
Geografische Einheit		
Stadt	L'Oreal Paris Meissner Porzellan	Brandenburger Tor *(Berliner Kindl)* Semperoper Dresden *(Radeberger Bier)*
Region	Champagner, Württemberger Wein Bohemian Chrystal	Blau-weiße Bayernraute *(BMW)* Nordseeküste *(Jever)*
Nation	Made in Germany Lebensmittel aus deutschen Landen	Italienisch anmutender Koch *(Bertolli)* Englischer Adel *(After Eight)*
Supranationale Einheit	Made in Europe *(Nokia)*	*Europcar, Europapark, UPS* Karibik-Ambiente *(Bacardi)*

Quelle: Mai (2011, S. 96), in Anlehnung an Stich (1997, S. 19)

Die IKKV-Forschung interessiert sich in diesem Zusammenhang vorrangig dafür, wie diese Kennzeichnungen Informationsverarbeitung und Entscheidungsfindung beeinflussen. Japanische Konsumenten etwa verarbeiten Informationen in hohem Maße kontextabhängig (vgl. C-2.1.2), weshalb sie den CoO überproportional stark mit dem Land assoziieren, in dem das Produktdesign entworfen wurde. Für das Urteil der eher kontextunabhängigen deutschen Verbraucher ist hingegen das Land, in welchem das Produkt physisch hergestellt wurde, maßgeblich – d.h. der Produktionsstandort (vgl. Aiello et al. 2009, S. 337). Abgesehen von der zunehmenden Differenzierung der globalen Wertschöpfungsketten und juristischen Überlegungen erklärt dies die Vielfalt der mittlerweile eingeführten spezielleren Herkunftszeichen: z.B. „Country of Assembly", „Country of Design", „Country of Parts", „Designed in ...", „Manufactured in ...".

Schwachstellen des CoO-Konzepts

CoO: Country of Origin
BO: Brand Origin

Allerdings werden immer häufiger auch Stimmen laut, welche die Relevanz des CoO-Konzepts grundsätzlich hinterfragen, bis hin zu dem Vorschlag, den CoO durch den BO ('brand origin') zu ersetzen bzw. zu ergänzen. Begründet wird dies u.a. damit, dass ...
- Konsumenten sich vorrangig an Marken orientieren und erst in zweiter Linie an Produkten. Dies gilt vor allem für den Erwerb von Luxuserzeugnissen (vgl. Godey et al. 2012).
- nicht die tatsächliche, sondern die wahrgenommene Produktherkunft das Kaufverhalten beeinflusst.

Das wichtigste Argument allerdings besagt: In der jüngeren Vergangenheit wurden verschiedene Studien veröffentlicht, die belegen, dass nur vergleichsweise wenige Konsumenten die Produktherkunft kennen bzw. vielen der CoO gleichgültig ist (z.B. Usunier 2011). Ursächlich dafür seien die mit der Globalisierung einhergehenden Veränderungen der Wertschöpfungsprozesse. So werden mittlerweile zwei Drittel aller weltweit gehandelten Waren in mehr als zwei Ländern produziert. Am vermeintlichen „Made in ...-Standort" lassen die Unternehmen häufig nur noch Teile bzw. Komponenten, die an kostengünstigeren Standorten hergestellt wurden, montieren. Hinzu kommt, dass immer mehr Global Player, welche den Global Consumer (vgl. A-5.3.1) als ihre Zielgruppe betrachten, das Marktgeschehen beherrschen, weshalb die traditionelle Herkunftsangabe an (Informations-)Wert verliere und sogar schädlich sein könne.

Relativ unstrittig ist hingegen, dass das „Made in ..." durch alternative Herkunftsangaben ersetzt werden sollte, wenn die bisherige Herkunftsangabe aufgrund eines negativen Länderimage keinen Wettbewerbsvorteil bietet (vgl. Chao 2001; Tse/Lee 1993). Tatsächlich ersetzen oder ergänzen immer mehr Unternehmen den klassischen CoO bzw. das klassische „Made in ..." durch unternehmensspezifische Informationen: bspw. „Made by *Mercedes*" oder „Engineered by *BMW*" (vgl. Usunier 2011). *Nike*, *Adidas* und andere Anbieter wiederum verdanken ihren Erfolg u.a. dem Umstand, dass sie zwar hauptsächlich an asiatischen Standorten kostengünstig fertigen lassen, aber nicht als „asiatisch" wahrgenommen werden (vgl. Burmann et al. 2015, S. 327).

Die entscheidende Schwäche der CoO-Forschung erwächst aus dem Widerspruch zwischen fiktiver und realer Entscheidungssituation. Den neueren, verstärkt methodenkritischen Arbeiten ist zu entnehmen, dass aufgrund verschiedener methodologischer und versuchsplanerischer Schwächen die Rolle, welche der CoO in realen Kaufsituationen spielt, bislang zumeist systematisch überschätzt wurde. Denn im Regelfall handelt es sich um sog. Single Cue-Studie, was bedeutet, dass den Versuchsteilnehmern der CoO als einziger Hinweisreiz auf die Produktqualität vorgegeben wird (vgl. Zeugner-Roth 2017). Zwar vermeiden Multi Cue-Studien, in denen der CoO nur noch ein

Hinweisreiz unter mehreren ist, diese realitätsfremde Akzentuierung der Herkunftsangabe. Davon unbenommen bleibt aber, dass die meisten Konsumenten in realen Kaufsituationen den tatsächlichen CoO eines Produkts gar nicht kennen (vgl. Samiee/Leonidou 2011; Balabanis/Diamantopoulos 2008). Oder sie vermuten eine andere Produktherkunft als die tatsächliche. Von 1.248 kanadischen und amerikanischen Konsumenten, die Liefeld (2004) befragt hat, kannten nur 91 (= 6,5 %) den CoO eines von ihnen soeben gekauften Produkts, und nur 27 (= 2,2 %) konnten sich vorstellen, dass der CoO ihre Kaufentscheidung beeinflusst hat. Die genannten Einschränkungen gelten selbst dann, wenn es sich um sog. starke Marken handelt (vgl. Balabanis/Diamantopoulos 2011).

Ist somit das CoO-Konzept insgesamt noch hilfreich? Vermutlich ja. Denn es gibt gewichtige Argumente gegen die Aussagekraft der genannten kritischen Studien. So konnten Herz/Diamantopoulos (2017) experimentell nachweisen, dass Konsumenten, wenn sie behaupten, sie würden den CoO bei ihren Kaufentscheidungen nicht berücksichtigen, damit primär ihr rationales Selbstbild verteidigen wollen (vgl. C-6.3): Niemand möchte als leicht beeinflussbar gelten. Allerdings könnte die CoO-Forschung vermutlich bessere Prognosemodelle entwickeln, wenn sie ihre bisherige Fixierung auf die kognitiven Anteile des Urteilsprozesses überwände und stärker dessen emotionale bzw. nonverbale Anteile in den Blick nähme (vgl. Herz/Diamantopoulos 2013; Maheswaran/Chen 2006).

CoM: Country of Manufacture

CoB: Country of Brand

2.5.2 Wirkungen der Herkunftsangabe

Wie wirkt sich die – tatsächliche oder vermeintliche – Herkunft eines Produkts auf Einstellungen und Verhalten potentieller Käufer aus? Kaum ein Phänomen wurde von der Marketingforschung bislang so intensiv untersucht wie der Herkunftsland- bzw. CoO-Effekt (vgl. Gürhan-Canli et al. 2018, S. 101 ff.).

Informationsökonomie & Imagetransfer

Die Herkunftsangabe bewirkt zweierlei: sie vereinfacht die Produktbeurteilung und sorgt für Imagetransfer.
- Indem Konsumenten das Herkunftsland als ⇒ Schlüsselinformation nutzen, erleichtern sie sich die mitunter aufwändige Produktbeurteilung bzw. die Kaufentscheidung.
- Unternehmen hoffen darauf, dass ihre Zielgruppe die positiven Attribute des Länderstereotyps, das durch den Herkunftshinweis aktiviert wird (z.B. französisch = modisch), auf ihr Produkt überträgt und dieses davon profitiert (vgl. Maheswaran 1994).

> **Beispiel:** „Noch immer gibt es Branchen in Deutschland, die von der Abkühlung in der Volksrepublik China nichts spüren, mehr noch: denen sich dort glänzende Perspektiven eröffnen. Die deutschen Küchenhersteller gehören dazu, Unternehmen wie *Nobilia*, *Häcker* oder *Leicht*. (... Sie) treffen offensichtlich die Wünsche der neuen Mittelschicht in China, die konsumfreudiger und kaufkräftiger geworden ist. Die Einbauküche 'Made in Germany' avanciert in China zum Statussymbol" (Hage et al. 2019, S. 58).

Schema: Wissensstruktur

Halo-Effekt: Gesamteindruck färbt auf die Beurteilung einzelner Eigenschaften ab

Was im Einzelfall bei der Verarbeitung der Herkunftsangabe genau passiert, hängt von der Produktkenntnis der Konsumenten ab. Wem die aus einem bestimmten Land stammenden Produkte (z.B. Smartphones) sehr vertraut sind, wird den CoO gewöhnlich als 'summary construct' nutzen (vgl. Abb. 75). Dann fasst die Herkunftslandinformation mehrere Einzelinformationen (A_1 ... A_n) zusammen und beeinflusst das Gesamturteil über das Produkt direkt, indem sie ein abstraktes Schema (vgl. C-2.2.1) aktiviert, dem ein verallgemeinerndes und wertendes Urteil über ein Land zugrunde liegt – und damit auch über die Produkte, die von dort stammen (= Modell der Attributdominanz). Mangelt es jedoch an tiefergehender Produktkenntnis und sind die Konsumenten auch nicht bereit oder fähig, diese zu erwerben, dann wird von dem Produktattribut Herkunftsland (z.B. Deutschland) auf andere Produktattribute (z.B. Fertigungsgüte) geschlossen und von diesen auf die Produktqualität. Nunmehr löst der CoO einen Halo-Effekt aus (= Modell der Irradiation) (vgl. Han 1989).

Abb. 75: Wirkungsweise des CoO

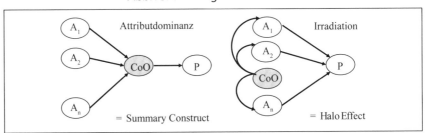

Einstellungs- & Verhaltenswirkung: Der Country of Origin-Bias

Meta-Analyse: Studie, welche den Erkenntnisstand der in einem bestimmten Forschungsgebiet veröffentlichten Einzelstudien kritisch bewertend zusammenfasst

Warum bevorzugen die meisten Konsumenten heimische Produkte und Dienstleistungsangebote (vgl. Balabanis/Diamantopoulos 2004)? Verschiedene sozialpsychologische Theorien helfen, den Country of Origin-Bias zu verstehen.

- Kontrolltheorie: Aufgrund der – im Übrigen häufig nur scheinbar – größeren Vertrautheit mit heimischen Produkten, Unternehmen etc. empfinden Käufer ein verstärktes Sicherheitsgefühl, wenn sie Heimisches erwerben (vgl. Raab et al. 2016, S. 335 ff.; Osnabrügge et al. 1985).
- Theorie der sozialen Identität: Indem sie Erzeugnisse der 'in group' aufwerten und solche der 'out group' abwerten, erhöhen Konsumenten ihren Selbstwert (vgl. Tajfel/Turner 1986).
- Eigengruppeneffekt: Menschen ziehen generell Mitglieder der eigenen Gruppe bzw. deren „Hervorbringungen" solchen einer Fremdgruppe vor (vgl. Hornsey 2008).

> „Building on social identity theory, this paper shows that home country bias is in part driven by a need for self-enhancement. This influence is stronger for consumers who identify more strongly with their own country, and is complementary to the effect of consumer ethnocentrism, which provides an economic motivation for home country bias" (Verlegh 2007, S. 361).

2.5 Country of Origin

Vom CoO-Bias ist das 'buy national' der Konsumpatrioten abzugrenzen (vgl. D-3.4). In ihrem Bestreben, Arbeitsplätze in ihrem engeren Umfeld zu schützen, kaufen sie inländische Erzeugnisse selbst dann, wenn ihnen eigentlich ein ausländisches Erzeugnis lieber wäre. Ganz anders der CoO-Bias. Er beeinflusst nicht nur die Kaufentscheidung, sondern auch die Präferenz der Konsumenten. Wer ihm erliegt, ist davon überzeugt, dass heimische Produkte besser sind als konkurrierende ausländische Angebote. In diesem Fall dient das „Made in …" als Schlüsselreiz, aus dem auf eine überlegene Qualität des heimischen Erzeugnisses oder sonstige Vorteile geschlossen wird. Der CoO-Bias äußert sich jedoch nicht nur in der Überbewertung der Attraktivität von heimischen Angeboten. Wie Bowen et al. (2018) angesichts des Dieselskandals argumentiert haben, mindert er auch Häufigkeit und Intensität der Kundenrache: Vergeltungsmaßnahmen enttäuschter Kunden (negative Mundpropaganda, Boykott etc.).

Rolle des CoO im Kaufentscheidungsprozess

Gemäß den einschlägigen ⇒ Meta-Analysen und Überblicksartikeln ist davon auszugehen, dass die Produktherkunft vor allem die vorgelagerten Stufen des Kaufentscheidungsprozesses beeinflusst: d.h. Produktwahrnehmung und Produktbeurteilung (vgl. Papadopoulos/Heslop 2014; Phau/Chao 2008; Pharr 2005), deutlich weniger die Kaufintention und am wenigsten den eigentlichen Kauf (vgl. Josiassen et al. 2008; Verlegh/Steenkamp 1999). Wenn der CoO auf der Verhaltensebene wirkt, dann vermutlich als Mediator (vgl. A-3.2.2). So hat der CoO die Kaufintention mexikanischer und spanischer Pkw-Besitzer nicht direkt beeinflusst, sondern indirekt, indem die Herkunftsangabe das Vertrauen der Kunden stärkte und dieses die Kaufintention (vgl. Jiménez/San Martín 2014).

Beispiel: Laut dem Made-in-Country-Index, den *Statista* 2017 in Zusammenarbeit mit *Dalia Research* auf Basis der Auskünfte von etwa 43.000 Verbrauchern in 52 Ländern erstellt hat, vertrauen die Konsumenten dem „Made in Germany" am meisten, gefolgt von „Made im Switzerland" und „Made in EU". Die angelsächsischen Länder folgen auf den Plätzen 4 (= Großbritannien), 6 (= Kanada) und 8 (= USA). Den letzten Platz belegt China (= Rang 49). Spezifische Stärken der deutschen Wirtschaft sind gemäß dieser Studie Qualität und Sicherheitsstandards, während schweizerische Unternehmen bei den Kategorien „Statussymbol" und „Authentizität" punkten, Italien bei „Design", Japan bei „Spitzentechnologie" und China bei „Preis/Leistungsverhältnis".

Home Bias & Foreign Bias

Empirisch untersucht wurde die systematische, sachlich nicht begründbare Präferenz für heimische Angebote besonders intensiv am Beispiel der Zusammensetzung von Investmentfonds und Aktiendepots (vgl. Lin/Viswanathan 2015; Strong/Xu 2003). Für diesen Fall hat sich der Terminus 'home bias' eingebürgert. Bei Aktiendepots sorgt die Orientierung am Vertrauten (d.h. die prinzipielle Bevorzugung von Aktien heimischer Unternehmen) für eine suboptimale Allokation finanzieller Ressourcen. Wie von Nitzsch/Stolz (2006) errechnet haben, bezahlen risikoscheue Anleger, die zu 80% in heimischen Aktien investiert sind, ihre Heimatliebe mit einem Renditeverlust von knapp einem Prozent. Hinzu kommt, dass sie damit ein Klumpenrisiko eingehen.

Home Bias: Überproportional hoher Anteil heimischer Wertpapiere in einem Portfolio

Klumpenrisiko: Häufung gleichartiger Risiken (z.B. Aktien aus einem Land) statt Risikostreuung

Crowdfunding: Schwarmfinanzierung ('crowd' = Menge, Menschenmasse; 'funding' = Finanzierung)

Selbst das eigentlich grenzen- und standortlose Crowdfunding unterliegt dem 'home bias' (vgl. Lin/Viswanathan 2015).

Keine Regel ohne Ausnahme. Bei Angehörigen von weniger entwickelten Ländern lässt sich häufig ein 'foreign bias' beobachten. Sie reagieren positiv auf ausländisch klingende Markennamen, sofern diese Assoziationen an ein renommiertes Industrieland wecken. Ergin et al. (2014) erklärten dies mit dem Funktionalitäts-, Qualitäts- und Reputationsbonus, von dem Erzeugnisse aus Industrieländern in Entwicklungs- und Schwellenländern profitieren. Angesehene ausländische Erzeugnisse bieten dort die Möglichkeit, den eigenen sozialen Status zu demonstrieren oder zu erhöhen. Vor allem solche Käufer, welchen der wirtschaftliche Entwicklungsstand ihres Heimatlandes minderwertig erscheint und die sich wünschen, der Gemeinschaft der globalen Konsumenten anzugehören, werten einheimische Erzeugnisse ab (vgl. Ger/Belk 1996, S. 283). Deshalb verkaufen sich in Entwicklungs- und Schwellenländern bestimmte Produkte umso besser, je „ausländischer" sie erscheinen. Der 'foreign bias', der sich vor allem bei öffentlich konsumierten Gütern bemerkbar macht, konnte z.B. in China, Indien, Vietnam, Nigeria, Kongo, Rumänien und Peru nachgewiesen werden (vgl. Batra et al. 2000, S. 84).

Kulturelle Orientierung

Kollektivistischen Käufern ist es wichtig, mit ihren Käufen ihre Bezugsgruppe zu stärken. Häufiger als andere geben sie deshalb heimischen Erzeugnissen den Vorzug (vgl. Leach/Liu 1998). Während bspw. Japaner Mountainbikes „Made in Nippon" grundsätzlich präferieren, entscheiden sich Amerikaner für „Made in USA" primär dann, wenn diese konkurrierenden ausländischen Produkten spürbar überlegen sind bzw. scheinen (vgl. Gürhan-Canli/Maheswaran 2000). Gründe sind die in individualistischen Gesellschaften übliche Aufgabenorientierung einerseits und die Beziehungsorientierung kollektivistischer Gesellschaften andererseits. Kollektivisten empfinden heimische Hersteller als Mitglieder ihrer 'in group', die deshalb einen Bonus verdienen, während es für Individualisten wichtiger ist, ob ihnen das Produkt helfen wird, ihre persönlichen Ziele zu erreichen (bspw. mit dem Mountainbike bei anspruchsvollen Querfeldein-Touren gut abzuschneiden).

Utilaristische Produkte (utilitas: lat. = Nutzen): Erfüllen Grundbedürfnisse

Gemäß Sharma (2011b) sollte dabei allerdings die Produktkategorie beachtet werden. Denn bei (geprimt) kollektivistischen und langfristorientierten Konsumenten verbessert der CoO vor allem die Beurteilung utilaristischer Produkte (incl. Kaufintention), während individualistische und kurzfristorientierte Konsumenten hauptsächlich bei hedonistischen Produkten diesem 'bias' erliegen. Darüber hinaus sind die Konsumsituation sowie der Grad an Involvement bedeutsam. Konsumenten, die Machtdistanz akzeptieren und maskuline Werte bevorzugen, empfinden den CoO hauptsächlich bei öffentlich konsumierten Gütern als Entscheidungshilfe, während die Kontrastgruppe, die Machtdistanz ablehnt und feminin orientiert ist, den CoO eher bei privat konsumierten Gütern berücksichtigt. Und bei Ungewissheitstoleranten strahlt der CoO primär auf High Involvement-Produkte ab, bei Ungewissheitsmeidern auf Low Involvement-Produkte.

Weitere Moderatoren des CoO-Effekts

Neben diesen grundsätzlichen Einwänden spricht die Vielzahl an Moderatoren, die bislang identifiziert wurden, dafür, dass der CoO-Effekt für sich genommen weniger stark ist, als gemeinhin angenommen wird (vgl. Mai 2011). Beispielsweise beeinflusst der Standort eines Call Centers (z.B. Indien) die Erwartungen, welche Kunden hinsichtlich dessen Servicequalität entwickeln, nur dann, wenn das Call Center im Auftrag eines weniger bekannten bzw. weniger renommierten Unternehmens tätig ist. Unternehmen mit untadeliger Reputation müssen hingegen keinen negativen CoO-Effekt fürchten (vgl. Roggeveen et al. 2007). Bei High Involvement-Produkten wiederum bleibt der CoO wirkungslos, wenn die Zielgruppe mit dem Produkt bzw. der Marke sehr vertraut ist (vgl. Koschate-Fischer et al. 2012).

2.5.3 Geborgte Herkunft

Foreign Branding: Strategie der geborgten Produktherkunft

Manche Produktionsstandorte sind für das Unternehmensimage problematisch. So kommt es immer wieder vor, dass ein aufgrund von Umwelt- oder Menschenrechtsskandalen negatives Landesimage auf die Marke abfärbt. In einem solchen Fall liegt es nahe, bspw. durch eine geschickte Wortwahl eine Produktherkunft zu suggerieren, die attraktiver ist als der tatsächliche Standort. Einer breiteren Öffentlichkeit bekannt wurde das Prinzip der „geborgten Produktherkunft" (Papadopoulos 1993) durch *Häagen Dazs*. Anders als es der nordisch klingende Kunstname suggeriert, wird dieses Speiseeis nicht in einem skandinavischen Land, sondern in Minnesota/USA produziert. Mit diesem Täuschungsmanöver wollte sich der Hersteller allerdings nicht von diesem oder jenen Skandal distanzieren, sondern die Assoziation Norden → Eis aktivieren (vgl. Tab. 49).

Auch andere Unternehmen haben schon versucht, durch ⇒ 'foreign branding' von dem positiven Stereotyp, welches die Zielgruppe vom vermeintlichen Produktionsstandort hat, zu profitieren. Typischerweise kommen dabei „weiche", d.h. urheber- bzw. markenrechtlich unproblematische Marktsignale zum Einsatz. Ob *Rheingold* für ein tatsächlich in den USA gebrautes Bier oder *Finkid* für Kinderkleidung, die in Deutschland gefertigt wird: Zumeist soll ein fremdländisch klingender Produkt- bzw. Markenname bestimmte, dem Markterfolg dienliche Assoziationen auslösen (z.B. Bierland Deutschland, natürliches Finnland). Eine ähnliche Wirkung versprechen ausländisch anmutende Kunstworte (wie *Häagen Dazs*) und die Herausstellung landestypischer Besonderheiten (bspw. die Schreibweise). Als *IKEA* in den USA, wo Umlaute nicht gebräuchlich sind, mit dem Slogan „The unböring manifesto" warb, wollte das Unternehmen natürlich vom positiven Image Schwedens profitieren. Auch die mit dem Filmtitel „My Big Fat GrΣΣk Wedding" verfolgte Absicht ist offensichtlich. Immer geht es darum, die wahrgenommene Produktqualität, den wahrgenommenen sozialen Status des Käufers bzw. Verwenders und andere Erfolgskriterien im Interesse des Markeneigners zu beeinflussen (vgl. Zhou et al. 2010).

Tab. 49: Ausgewählte Beispiele von Foreign Branding

Markenname (Produktkategorie)	Sprache	Herkunftsland der Marke	Quelle
Häagen Dasz (Eiskrem)	Pseudo-Dänisch	USA	Chao et al. (2005)
Alpenweiss (Wein)	Deutsch	Kanada	Thakor/Pacheco (1997)
Klarbrunn (Mineralwasser)	Deutsch	USA	Leclerc et al. (1994)
Del Sol (Automobil / Honda)	Spanisch	Japan	Thakor/Pacheco (1997)
Mont Blanc (Füllfederhalter)	Französisch	Deutschland	Lerman (2003)
Big (Waschmaschine / Bauknecht)	Englisch	Deutschland	Langner (2004)
Platz (Automobil / Toyota)	Deutsch	Japan	Köhler (2005)

Forschungsergebnisse

Hedonistische Produkte: Erfüllen Bedürfnisse wie Selbstverwirklichung oder Lebensfreude (z.B. Parfüm, Nagellack)

Gemäß den bislang vorliegenden empirischen Studien können mittels 'foreign branding' sowohl Einstellungs- als auch Verhaltenseffekte erzielt werden. Nach Leclerc et al. (1994) lässt ein französisch klingender Markenname im nordamerikanischen Kulturraum ein Produkt hedonistisch erscheinen (sofern es sich nicht um ein ausgesprochen utilitaristisches Produkt wie einen Taschenrechner handelt). Davon profitieren die Einstellung zur Werbung (A_{Ad}) wie auch die Einstellung zur beworbenen Marke (A_{Brand}). Auf utilitaristische Erzeugnisse (z.B. Alufolie, Benzin) wirkt sich hingegen die deutsche Aussprache günstiger aus (vgl. Melnyk et al. 2012). Auch das Konsumentenverhalten lässt sich durch 'foreign branding' beeinflussen. Tomatensauce schmeckt dann intensiver (vgl. Verlegh et al. 2005), Skier erscheinen hochwertiger (vgl. Häubl/Elrod 1999) und vieles andere mehr.

Was aber geschieht, wenn Konsumenten den tatsächlichen CoO oder CoM (d.h. Produktionsstandort) erfahren und erkennen, dass sie getäuscht wurden? Wie schon Melnyk et al. (2012), so berichteten auch Aichner et al. (2017), dass ein solcher „Betrug" im Falle hedonistischer Produkte Kaufabsicht wie auch Zahlungsbereitschaft mindert, während utilitaristischen Produkten das kleine Betrugsmanöver wenig anhaben kann. Wichtig ist weiterhin, worin die Täuschung bestand. Denn nur dann, wenn ein weniger entwickeltes Land als das vorgebliche Herkunftsland der tatsächliche Produktionsstandort ist, erodiert die Kaufabsicht, nicht jedoch, wenn ein Industrieland an die Stelle eines Schwellenlandes tritt.

2.5.4 Irreführende Herkunftsangaben

Wie reagieren Konsumenten darauf, wenn der Markenname ein anderes Herkunftsland suggeriert als das tatsächliche, am „Made in ...Zeichen" erkennbare Herkunftsland? Melnyk et al. (2012) haben untersucht, ob und wie sich eine solche Inkongruenz auf die Kaufabsicht der Konsumenten auswirkt. Den beobachteten asymmetrischen Effekt (geminderte Kaufabsicht bei hedonistischen Produkten und unveränderte Kaufabsicht bei utilitaristischen Produkten) führten die Wissenschaftler auf unterschiedliche Informationsverarbeitungsstrategien zurück: Utilitaristische Produkte werden stärker kognitiv und einzelne konkrete Produktattribute differenzierend wahrgenommen und beurteilt. Oberflächliche Schlüsselreize wie die tatsächliche oder die suggerierte Produktherkunft finden in solchen Fällen weniger Beachtung als bei hedonistischen Produkten, die vornehmlich emotional und holistisch wahrgenommen und beurteilt werden. Deshalb seien irreführende Herkunftsangaben lediglich bei hedonistischen Produkten ein Problem.

> „We define 'hedonic products' as products that are associated with sensory, experiential, and enjoyment-related attributes and are consumed and evaluated primarily on the basis of benefits related to enjoyment, taste, aesthetics, and symbolic meaning. We define 'utilitarian products' as products associated with functional, practical, and tangible attributes that are consumed and evaluated primarily on the basis of functional, instrumental, and practical benefits" (Melnyk et al. 2012, S. 23).

2.6 Kaufrisiko

Vor allem beim Kauf hochwertiger Güter gehen Konsumenten verschiedene Risiken ein. Autokäufer fragen sich bspw., …
- ob ein Cabrio im Falle eines Unfalls weniger sicher ist als ein Hardtop (= funktionelles Risiko),
- was auf die gesamte Nutzungszeit gesehen günstiger ist: ein Neuwagen oder ein Gebrauchtwagen (= finanzielles Risiko),
- wie sie es ihren Freunden erklären sollen, dass auch sie nun einen SUV fahren (= soziales Risiko).

Wie die kulturvergleichende Forschung nachgewiesen hat, sind Art und Intensität von Risikowahrnehmung und Risikobereitschaft kulturabhängig (vgl. Renn/Rohrmann 2000). Vor allem „Ungewissheitsvermeidung" und „Akzeptanz von Machtdistanz" sind in diesem Zusammenhang von Interesse. So korrespondiert der Einfluss des funktionellen Risikos auf die Kaufentscheidung mit der Neigung der Herkunftsgesellschaft des Konsumenten, ungewisse Situationen zu meiden (vgl. Dawar/Parker 1994). Besonders ausgeprägt ist die Tendenz, Kaufentscheidungen risikobewusst zu fällen, im ostasiatischen Raum und entsprechend groß die Beeinflussbarkeit der dort lebenden Menschen durch Zeichen bzw. Signale, welche Sicherheit symbolisieren (vgl. Sherry/Camargo 1987, S. 185). Neben Qualitätsgarantien, Echtheitszertifikaten und Country of Origin-Angaben vermitteln vor allem renommierte Marken den Konsumenten ein Gefühl der Sicherheit (vgl. Erdem et al. 2006).

Konfuzianisch geprägte Gesellschaften wie die chinesische, welche Machtdistanz akzeptieren (PDI = 80), sind außerordentlich statusorientiert. Deshalb wiegt dort das soziale Kaufrisiko schwer: Was werden meine Nachbarn sagen? „Gesicht wahren" dient der Sicherung der eigenen Stellung in der Gesellschaft. Die Konsumentenverhaltensforschung trägt dem mit 'face consciousness' Rechnung. Operationalisiert wird dieses Konstrukt durch Statements wie „Es ist mir wichtig, dass andere die Produkte/Marken, die ich kaufe, mögen" (vgl. Bao et al. 2003, S. 746). Ihr Vergleich der Aussagen amerikanischer und chinesischer Studenten ergab, dass Gesichtsbewusste auch marken- sowie preis/qualitätsbewusst sind (operationalisiert durch Statements wie „The more expensive brands are usually my choices").

In statusorientierten Märkten erfüllen Marken mehr als anderswo auch eine soziale Orientierungsfunktion. Sie weisen den Käufer bzw. Besitzer als Mitglied der 'in group' aus und grenzen ihn von der 'out group' ab. Um die Bedeutung dieser grundlegenden sozialen Kategorisierung („innen" vs. „außen") verstehen zu können, muss man sich die Verhältnisse vergegenwärtigen, die während der *Ming*-Dynastie (1368-1644) und der *Qing*-Dynastie (1644-1912) in dieser Region herrschten und die bis heute im kollektiven Bewusstsein der Chinesen nachwirken. In dieser politisch unsicheren Zeit änderte sich der soziale Status der Menschen häufig. Reiche verarmten, Arme erlangten Reichtum. Symbole spielten daher eine wichtige Rolle. Denn sie ermöglichen es, den hierarchischen Stellenwert einer Person zu markieren und diesen der sozialen Umwelt zu signalisieren (vgl. Eckhardt/Houston 2002, S. 69).

2.7 Politische & moralische Überzeugungen

Einer der Schlachtrufe der 68er-Bewegung – alles politisch ist und nichts unpolitisch, auch nicht der Konsum – schien lange Zeit in Vergessenheit geraten zu sein. Nun, mit der Polarisierung der politischen Überzeugungen in den meisten Ländern, ist dieser Slogan wieder aktuell.

2.7.1 Demonstrativer Konsum

Corporate Social Responsibility: Sozial verantwortliche Unternehmenstätigkeit

Immer mehr Menschen verleihen mit ihrem Konsumverhalten auch ihren politischen Überzeugungen sichtbaren Ausdruck. Beispiel USA: 2004 bekannten sich 44 % der *Wrangler*-Kunden zu den Demokraten und 36 % zu den Republikanern. 2018 galt *Wrangler* (wieder) als Republikaner-Jeans (= 39 %) und *Levi's* als Demokraten-Jeans (= 34 %). Dies entspricht zwar der langfristigen Positionierung beider Marken (*Wrangler* = bodenständig, ländlich, weiß; *Levi's* = hipp, städtisch, ethnisch gemischt). Aktualisiert und verhaltensrelevant aber wurde dieser Unterschied durch die jeweilige Corporate Social Responsibility-Politik beider Unternehmen. Während *Levi* öffentlich schärfere Waffengesetze forderte und *D. Trumps* Anti-Migrations-Politik kritisierte, förderte *Wrangler* das ländliche Amerika, bspw. als Sponsor von Rodeos (vgl. Wetzel 2019).

> Beispiel: „Demokraten tragen *Levi's*, Republikaner *Wrangler*. (…) Wer in welchen Läden einkauft, wer welche Marken bevorzugt oder ablehnt, das hat (in den USA) inzwischen immer öfter auch mit der politischen Einstellung zu tun. Zu konsumieren bedeutet für viele Amerikaner zu wählen – und zwar im Wortsinn: Es geht beim Kauf eines Produkts nicht mehr nur um Ästhetik oder Praktikabilität, sondern um eine politische Aussage" (Wetzel 2019, S. 62).

Eine politisch motivierte Polarisierung der Konsumgewohnheiten lässt sich auch an den veränderten Präferenzen amerikanischer Automobilkäufer ablesen. Republikaner, die noch vor zehn Jahren *Volkswagen* buchstäblich wertschätzten (aus Hochachtung vor deutscher Ingenieurskunst), demonstrieren mittlerweile ihre politische Zugehörigkeit durch den Kauf eines benzinfressenden Pick-ups von *General Motors*. Umgekehrt haben Demokraten nun ihr Herz für die zwar vergleichsweise teuren, aber auch vergleichsweise energieeffizienten Gefährte aus Wolfsburg entdeckt.

Wissenschaftlich betrachtet sind derartige Kaufentscheidungen eine Unterkategorie des Identitäts-Signaling. Käufer möchten durch demonstrativen Konsum ihrem sozialen Umfeld die eigenen, bspw. sozio-politischen Überzeugungen signalisieren und zeigen, dass ihr Verhalten mit diesen bzw. mit ihrem häufig idealisierten ⇒ Selbstkonzept übereinstimmt. Weiter gefasst sind dies Fragestellungen des Konsumerismus im Allgemeinen und des politischen Konsumerismus im Besonderen (vgl. Zorell 2016).

Konsumerismus: Bewusster, kritischer Umgang mit den sozialen, ökologischen, medizinischen etc. Konsequenzen des Konsums

> **Definition Political Consumerism**
> "Practices through which individuals attempt to change the social conditions that organize and constrain their everyday actions. (…) Political consumerism refers to situations where consumers seek consciously resist these structural constraints through alternative consumption practices and do so with a critical-reflexive knowledge of the specific conditions being challenged" (Solomon 2018, S. 49).

2.7.2 Ethischer Konsum

Im Konsumentenverhalten manifestiert sich der Postmaterialismus (vgl. A-5.2) u.a. in der Neigung, bei Kaufentscheidungen moralischen Erwägungen Vorrang vor anderen Entscheidungskriterien zu geben. Vor allem Menschen mit femininen Werten sind dafür empfänglich (vgl. Winterich et al. 2009). Die prominentesten Erscheinungsformen ethischen Konsums sind Boykott und Buykott. In beiden Fällen beeinflusst die Herkunft eines Produkts die Kaufentscheidung mehr als z.B. die Produktqualität.
- Boykotter wollen Unternehmen für unerwünschte – bspw. ethisch problematische – Verhaltensweisen bestrafen (bspw. Banken für die Finanzierung umweltzerstörender Industrien).
- Buykotter wollen Unternehmen für erwünschte Verhaltensweisen belohnen (bspw. Handelsunternehmen, die ihre Lieferanten fair entlohnen).

> **Definition ethisches Konsumentenverhalten**
> Prominenter Einfluss ökologischer und sozialer Motive auf Kaufentscheidungen (vgl. Balderjahn/Peyer 2012)

Buykotter sind gemäß einer Sekundäranalyse von Daten der *European Social Survey (ESS)* von 2002/2003 eher weiblich, altruistisch und vertrauensvoll, Boykotter entsprechend eher männlich, opportunistisch und misstrauisch (vgl. Neilson 2010). Anliegen von Hoffmann et al. (2018) war es gewesen, Unterschiede in der Motivation beider Typen herauszuarbeiten. Ihren Be-

Universalismus: Eine der Kulturdimensionen nach Schwartz (vgl. B-3.5.2)

funden zufolge sorgen sich beide, Buykotter wie Boykotter, um den Zustand der Umwelt bzw. um soziale Belange oder andere Phänomene, welche das Gemeinwohl betreffen. Trifft diese universalistische Werteorientierung auf einen hedonistischen Lebensstil, dann besteht eine relativ große Wahrscheinlichkeit, dass sich die betreffende Person an Buykott-Aktionen beteiligt. Was für diesen Typus Konsum, ist für andere Konsumverzicht: eine Möglichkeit der politischen Teilhabe. Wer eine möglichst einfache Lebensführung für erstrebenswert hält ('voluntary simplicity'), für den sind Boykott-Aktionen eine bessere Möglichkeit, Verantwortungsbewusstsein zu demonstrieren (vgl. Iwata 2006).

In welchen Gesellschaften müssen Unternehmen mit einer erhöhten Boykottbereitschaft von Konsumenten rechnen? Williams/Zinkin (2008) haben hierzu Daten des *GlobeScan CSR Monitor 2000-2003* sekundärstatistisch ausgewertet. Anhand der Auskünfte von ca. 90.000 Probanden aus 30 Ländern wollten sie empirisch prüfen, ob Unternehmen, die sich unethisch verhalten, in einem bestimmten kulturellen Umfeld mehr als anderswo damit rechnen müssen, dass ein spürbarer Anteil der Konsumenten Verstöße gegen Sitte und Moral mit Kaufzurückhaltung sanktioniert. Vier von fünf Hypothesen wurden bestätigt. Ethisch sensibles Konsumentenverhalten lässt sich demzufolge gehäuft in Märkten nachweisen, in denen die Mehrheit...

- Machtdistanz ablehnt, denn dort akzeptiert kaum jemand, dass unterschiedliche Maßstäbe angelegt werden und Mächtige (z.B. Großunternehmen) sich ungestraft über Gesetze und Vorschriften hinwegsetzen können,
- sich an femininen Werten orientiert, denn anders als in maskulinen Gesellschaften heiligt dort der Erfolg nicht die Mittel.

Weniger Sorgen machen müssen sich Unternehmen laut Hoffmann (2014) in Gesellschaften, deren Sozialstruktur gemäß *GLOBE* von In Group-Kollektivismus geprägt ist (vgl. B-3.6.2). Dort hat die Güte sozialer Beziehungen Vorrang vor dem Bestreben, individuelle Bedürfnisse zu stillen. Und ein Boykott käme einem Abbruch sozialer Beziehungen zu dem bestreikten Unternehmen gleich – ganz abgesehen davon, dass in kollektivistischen Gesellschaften generell öffentliche Missfallensäußerungen tabuisiert sind.

2.7.3 Egoistischer Konsum

Arbeiter, die in den Bananenplantagen Mittelamerikas regelmäßig gesundheitsgefährdenden Dosen von Pestiziden ausgesetzt, Illegale, die auf den Feldern Süditaliens zu einem Hungerlohn Tomaten ernten, unerträgliche Zustände in deutschen Schweinställen und Schlachthöfen. Zahlreiche Produkte werden unter menschen- und tierverachtenden Bedingungen hergestellt.

> **Beispiel:** „Der moderne Sklave arbeitet in einer Textilfabrik: Das wird uns Verbrauchern auch in der aktuellen Debatte um die Billigmode-Kette *Primark* wieder einmal bewusst. Wegen unethischen Arbeitsbedingungen bei der Herstellung seiner Produkte steht *Primark* zum wiederholten Male am Pranger: Diesmal geht es nicht um eingestürzte Textilfabriken, sondern um mehrere Kleidungsstücke, in die offenbar Hilferufe von Textilarbeitern eingenäht wurden. Ob die Etiketten echt sind oder eine clevere Kampagne von Globalisierungsgegnern, ist noch nicht erwiesen. Nichtsdestotrotz rütteln solche Vorfälle auf – auch Verbraucher, die sich im Alltag selten Gedanken darüber machen, wie sie mit ihrem Konsum zur Ausbeutung von Menschen beitragen. Ein Selbsttest will

ein noch größeres Bewusstsein dafür schaffen, wie sozial(un)verträglich unser Kaufverhalten ist: Auf der Webseite *slaveryfootprint.org* können Nutzer ermitteln, in welchem Ausmaß sie Zwangs- und Kinderarbeit mit ihren Konsumentscheidungen unterstützen" (Schölgens 2019).

Legalität vs. Opportunität

Wer wissentlich so hergestellte Produkte kauft, handelt fraglos unethisch. Solche Konsumenten scheren sich nicht um die sozialen, ökologischen und ökonomischen Konsequenzen ihres Konsums (vgl. Harrison et al. 2007). Gleiches gilt für Käufer von Piratenware: gefälschten Markenartikeln. Sie alle handeln opportunistisch und suchen, zu Lasten Dritter und unter Verletzung moralischer Normen, ihren persönlichen Vorteil. Swinyard et al. (1990) haben mit Blick auf den Kauf von Piraten-Software einen entscheidenden Unterschied zwischen Individualisten und Kollektivisten beschrieben: Während in Singapur beheimatete Studenten die Moralität ihrer Entscheidung, Piratenware zu kaufen, vorrangig opportunistisch begründeten („der Zweck heiligt die Mittel"), stand für individualistische Studenten (Amerikaner) die Legalität der Entscheidung im Vordergrund ihrer Überlegungen. Eine Rolle mag auch spielen, dass Imitation im kollektivistischen Kulturraum weit weniger schlecht beleumundet ist als im individualistischen Kulturraum („geistiger Diebstahl vs. gemeinsames geistiges Eigentum):

Konsumenten, deren reales Selbst stark vom idealen Selbst abweicht (vgl. C-6.3), neigen dazu, diese Kluft mit dem Verbrauch bzw. Besitz von Markenartikeln zu überbrücken, die als luxuriös oder auf andere Weise prestigeträchtig gelten. Mangelt es an der dazu erforderlichen Kaufkraft, dann eröffnet der Konsum gefälschter und deshalb vergleichsweise billiger Markenprodukte einen Ausweg. Moderiert wird dieser Zusammenhang durch die Variablen I-K und soziales Risiko: Muss ich befürchten, als Blender entlarvt zu werden? Wie zu erwarten, mindert das soziale Risiko die Wahrscheinlichkeit des Kaufs von Piratenware. Der Vergleich von amerikanischen und chinesischen Verbrauchern (Hongkong) ergab, dass Individualisten häufiger als Kollektivisten versuchen, mit dem Konsum gefälschter Markenprodukte die unangenehmen Gefühle, die mit der wahrgenommenen Selbstbilddiskrepanz einhergehen, zu kaschieren (vgl. Xiao et al. 2018).

Ladendiebstahl

Beispiel: Gemäß dem 6. Europäischen Diebstahlbarometer des *Centre for Retail Research* verbuchte der europäische Einzelhandel 2006 verschwundene Ware im Wert von 29 Mrd. € (= durchschnittlich 220 € pro Haushalt). Ladendiebstahl durch Kunden trägt mit 14,2 Mrd. € am meisten zur Inventurdifferenz bei, gefolgt vom „internen Diebstahl" durch Mitarbeiter mit 8,9 Mrd. € (vgl. www.retailresearch.org).

Ein besonders eklatanter Fall von egoistischem Konsumentenverhalten ist Ladendiebstahl. Was steckt dahinter? Warum lassen Kunden in den Ladengeschäften das ein oder andere mitgehen, ohne dafür zu bezahlen? Folgt man dem in Abbildung 76 dokumentierten Untersuchungsergebnis, dann spielt auch in diesem Graubereich des Konsumentenverhaltens die Landeskultur eine wichtige Rolle. In individualistischen Gesellschaften wie Großbritannien ist Ladendiebstahl offensichtlich ein drängenderes Problem als in kollektivistischen Gesellschaften wie Portugal. Der Zusammenhang zwischen beiden Variablen ist signifikant ($R^2 = 0{,}21$, $p = 0{,}037$).

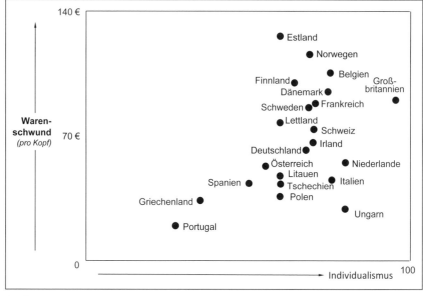

Abb. 76: Ladendiebstahl: eine Frage kultureller Werte?

Quelle: eigene Auswertung von Daten des Centre for Retail Research 2006, Nottingham, und Hofstede (2001)

Ist dieser Befund ein weiterer Beleg für das in individualistischen Gesellschaften allgemein akzeptierte Streben nach Eigennutz? Möglicherweise. Möglicherweise aber ist eine alternative Erklärung stichhaltiger. Denn die meisten individualistischen Gesellschaften sind wohlhabender als kollektivistische Gesellschaften, was entsprechende Unterschiede bspw. bei den Aufwendungen für Waren des täglichen Bedarfs, aber auch im Preisniveau des nationalen Einzelhandels zur Folge hat. Mit anderen Worten: Britische oder belgische Konsumenten lassen in ihren Einkaufsstätten nicht mehr, sondern teurer angebotene Ware mitgehen als portugiesische oder griechische Konsumenten. Regressionsanalytisch lässt sich diese These tendenziell bestätigen ($R^2 = 0{,}33$), wobei die Variable BIP/Kopf ($p = .091$) einen etwas größeren Erklärungsbeitrag leistet als die Kulturdimension I-K ($p = .151$).

3 Einstellungen

Rein ökonomisch betrachtet ist die Globalisierung eine Erfolgsgeschichte. Wesentliche Teile der Gesellschaft aber erleben die sozialpolitischen Konsequenzen einer grenzenlosen Weltwirtschaft als existentielle Gefahr. Während Nationalisten darin vornehmlich eine Bedrohung ihrer nationalen Identität erblicken, fürchten Konsumpatrioten vor allem den Verlust von Arbeitsplätzen (⇒ Patriotismus). Die Produktherkunft beeinflusst die Einstellungen von Konsumenten auf vielfältige Weise. Allerdings befasst sich die empirische Konsumentenforschung seit jeher vorrangig mit den negativen Auswirkungen dieses Phänomens in Gestalt von Konsumentenethnozentrismus, -nationalismus, -animosität und -rassismus. Darüber wurden lange Zeit mögliche positive Konsequenzen vernachlässigt: Konsumentenaffinität, -kosmopolitismus und -patriotismus (vgl. Oberecker et al. 2008).

> "Preferences for domestic versus foreign products are not solely motivated by economic concerns, such as price or reliability, but also by (positive/negative) feelings toward a particular country (Riefler/Diamantopoulos 2007; Verlegh 2007). However, extant research has mostly focused on negative feelings that hamper foreign product consumption (e.g., feelings resulting from animosity [Klein et al. 1998], ethnocentrism [Shimp/Sharma 1987], and nationalism [Kosterman/Feshbach 1989]). In contrast, positive (i.e., favorable) feelings, which might also lead to deliberate purchases of foreign products, have received only limited treatment in the literature (e.g., Brijs et al. 2006; Jaffe/Nebenzahl 2006; Verlegh 2001). This is surprising because, from a managerial perspective, it is equally or even more important to be informed about underlying feelings that explain why local consumers will buy foreign products rather than why they will not" (Oberecker/Diamantopoulos 2011, S. 45).

Problematisch und ungelöst ist indessen die fehlende Diskriminanzvalidität der genannten Konstrukte.

Diskriminanzvalidität: Grad der Unterscheidbarkeit bzw. Übereinstimmung zweier Konstrukte

- "The findings indicate that animosity and consumer ethnocentrism are distinct constructs" (Fernández-Ferrín et al. 2015).
- "The level of consumer animosity was positively related to the level of consumer ethnocentrism" (Huang et al. 2010).
- "Patriotism is positively correlated with consumer ethnocentrism, but is negatively correlated with animosity" (Ishii 2009).
- "Consumer ethnocentrism was antecedent to consumer animosity" (Lee et al. 2017).
- "The findings show a significant and negative relationship between ethnocentrism, religiosity and animosity on Malaysian consumer's intention to buy European products" (Tabassi et al. 2012).
- "It has been shown that ethnocentrism is closely related to consumer nationalism and patriotism" (Luque-Martínez 2000).

3.1 Konsumentenethnozentrismus

3.1.1 Grundlagen

Buy National

1923, angesichts einer gravierenden Wirtschaftskrise, rief die *Australian Natives Association* eine „Buy Australian-Woche" aus. Um die heimische Wirtschaft zu schützen, sollten Australier möglichst nur noch australische Güter kaufen (vgl. Conley 1986). Und in den USA warb man damals mit dem Slogan „See America First" für den Besuch inländischer Nationalparks. Die britische Regierung wiederum versuchte 1931, die Auswirkungen der Weltwirtschaftskrise auf das eigene Land durch „Buy British-Aufrufe" zu mildern (vgl. Constantine 1987). Und in der Nachwendezeit wurden in Ostdeutschland Buy Regional-Kampagnen ausgerufen: „Kauft sächsische Produkte" (vgl. Müller/Kesselmann 1996).

Ethnozentrismus: Überzeugung, dass die eigene Ethnie (das eigene Volk, die eigene Nation) anderen grundsätzlich überlegen ist

Gerechtfertigt werden derartige Eingriffe in den freien Wettbewerb regelmäßig mit der Absicht, heimische Arbeitsplätze zu erhalten. Dabei wird an den Ethnozentrismus der Konsumenten appelliert: an die Überzeugung, das Eigene, das Vertraute, die eigene Ethnie etc. seien dem Fremden, dem Unvertrauten grundsätzlich überlegen (vgl. Shimp/Sharma 1987).

Definition Consumer Ethnocentrism

"Consumer perceptions about the superiority of domestic products/brands and the reluctance to purchase foreign products/brands to protect the domestic economy and living standards" (Gürhan-Canli et al. 2018, S. 102)

Eigenschaftsprofil

Konsumentenethnozentriker sind zumeist älter, weniger gebildet und weniger wohlhabend als weltoffene Verbraucher (vgl. Park 2017; Yoo/Donthu 2005). Auch verrichten sie im Arbeitsleben häufig Tätigkeiten, die vergleichsweise schlecht bezahlt sind und deren Gegenstand unmittelbar mit Importprodukten konkurriert. Deshalb sind diese Menschen immer wieder bereit, Buy Domestic-Aufrufen Folge zu leisten (vgl. Han/Won 2018; Balabanis/Diamantopoulos 2004). Wie Granzin/Painter (2001) für portugiesische und amerikanische Konsumenten nachgewiesen haben, fördert neben der Überzeugung, sozio-ökonomisch benachteiligt und von Importen bedroht zu sein, eine ökonomische Variante von Selbstwirksamkeit die Wahrscheinlichkeit, ethnozentrisch zu konsumieren: die Überzeugung, durch das eigene Kaufverhalten Einfluss nehmen zu können (vgl. Kock et al. 2018).

3.1.2 Messinstrumente

Eichstichprobe: Repräsentative Stichprobe, anhand derer die Normwerte zur Interpretation der Testergebnisse gewonnen werden

Mit amerikanischen Konsumenten als Eichstichprobe haben Shimp/Sharma (1987) *CETSCALE* entwickelt: eine vielbeachtete Skala zu Erfassung der individuellen Ausprägung von Konsumentenethnozentrismus (vgl. Anhang). Operationalisiert wurde das Konstrukt durch Statements wie: „Es ist nicht richtig, ausländische Produkte zu kaufen, da dadurch (Amerikaner, Deutsche etc.) arbeitslos werden." Mehrgruppenvergleiche haben ergeben, dass diese Skala nicht nur für die amerikanische Eichstichprobe reliabel und valide ist, sondern auch für eine deutsche, eine französische und eine japanische Stichprobe (vgl. Netemeyer et al. 1991). In der Folgezeit entspann sich allerdings eine kontroverse Diskussion über die Dimensionalität der Skala. Eindimensionalität konnte lediglich in Folgestudien mit amerikanischen Probanden bestätigt werden. Befragungen von Australiern, Chinesen, Griechen, Polen und Russen lieferten hingegen Hinweise auf eine mehrdimensionale Struktur.

Die dreidimensionale CE-Skala, die Sharma (2015) daraufhin entwickelt hat (vgl. Anhang), erwies sich in Validierungsstudien als interkulturell stabil und besser als die CET-Skala geeignet, Präferenzen und Verhaltensintention

von britischen, chinesischen, indischen und amerikanischen Verbrauchern zu prognostizieren:
- affektive Dimension (e.g., "I am proud of the products and services from [Home Country]").
- kognitive Dimension (e.g., "East or West, the products and services from [Home Country] are the best").
- Verhaltensdimension (e.g., "As far as possible, I avoid buying products and services from foreign countries").

3.1.3 Konsequenzen für das Konsumentenverhalten

Konsumentenethnozentrismus macht sich vor allem beim Kauf hochpreisiger Produkte bemerkbar (vgl. Balabanis/Siamagka 2017). Allerdings zeigt sich auch auf diesem Feld, dass Einstellungen das eine und Verhalten das andere sind. Yildiz et al. (2018) haben untersucht, ob ethnozentrische Kunden positiver gegenüber lokalen Erzeugnissen eingestellt sind und diese auch häufiger kaufen als Vergleichspersonen, die sich mit ihrem Wohnort stark lokalisieren. Ergebnis: Konsumentenethnozentriker äußern zwar positivere Einstellungen, kaufen aber seltener lokale Erzeugnisse.

Unbestritten wichtig ist allerdings die (vermutete) Leistungsstärke der zur Diskussion stehenden Volkswirtschaften, wie Yelkur et al. (2006) mit einer regressionsanalytischen Untersuchung der Kaufbereitschaft australischer Verbraucher in Abhängigkeit vom Entwicklungsstand des Produktionsstandortes gezeigt haben. Dabei äußerten sich ethnozentrische Australier vor allem kritisch über Produkte, die aus einem Schwellenland stammen. Grundsätzliche Kaufzurückhaltung gaben in vergleichbaren Fällen auch ethnozentrische deutsche (Evanschitzky et al. 2008) und kroatische Konsumenten zu erkennen (Renko et al. 2012).

Grundsätzlich bevorzugen Angehörige von höher entwickelten Volkswirtschaften heimische Erzeugnisse mehr, als dies Angehörige von weniger entwickelten Volkswirtschaften tun (vgl. Sharma 2011a). Nicht wenige Bewohner von Entwicklungs- und Schwellenländern neigen sogar zu Xenozentrismus (vgl. Diamantopoulos 2019). Sie haben keine positive Meinung von der Leistungsstärke der heimischen Wirtschaft und präferieren deshalb grundsätzlich Anbieter aus Industrieländern (vgl. Strizhakova/Coulter 2015). Vor knapp zehn Jahren noch verhielten sich bspw. chinesische Verbraucher überwiegend xenozentrisch, während südkoreanische und amerikanische Vergleichspersonen im Regelfall heimischen Erzeugnissen den Vorzug gaben (vgl. Tsai et al. 2013).

Xenozentrismus: Systematische Bevorzugung ausländischer Erzeugnisse

3.1.4 Nomologische Validität

Die empirische Begleitforschung hat bislang vorwiegend verwandte Konstrukte wie Nationalstolz oder Patriotismus als Teil des nomologischen Netzwerkes von Konsumentenethnozentrismus identifiziert (vgl. z.B. Balabanis et al. 2001). So kaufen in den Ländern Lateinamerikas, wo Nationalstolz weit verbreitet ist, 67 % der Befragten vorzugsweise heimische Erzeugnisse (vgl. de Mooij 2019, S. 167).

Nomologisches Netzwerk: Beziehungsgeflecht der Indikatoren, Antezedenzien und Konsequenzen eines Konstrukts

Dem möglichen Zusammenhang mit kulturspezifischen Werten aber wurde in diesem Zusammenhang wenig Aufmerksamkeit geschenkt. Zu den Ausnahmen zählt de Mooij (2019, S. 166 f.), die darüber spekuliert, dass bei Angehörigen kollektivistischer Gesellschaften angesichts deren starker In Group-Präferenz eigentlich ethnozentrisches Kaufverhalten nachweisbar sein müsste. Da aber die allermeisten Entwicklungs- und Schwellenländer kollektivistisch sind, müsse diese Hypothese angesichts des in diesen Regionen vorherrschenden Xenozentrismus zugunsten der Selbstaufwertungshypothese verworfen werden (vgl. C-6.3.2). Demnach ist in kollektivistischen Gesellschaften der soziale Status einer Person überaus wichtig und 'status seeking' durch den Kauf/Besitz angesehener ausländischer Marken speziell aus dem Westen üblich – unabhängig vom individuellen Ausmaß an Ethnozentrismus (vgl. Aliyev/Wagner 2018; Shavitt/Cho 2016).

Yoo et al. (2011) ermittelten bei amerikanischen Konsumenten einen schwachen, aber signifikanten Zusammenhang zwischen – individuell gemessenem – Kollektivismus und Konsumentenethnozentrismus (r = .21). Ihre Begründung: Auch kollektivistische Amerikaner seien in Maßen bereit, persönliche Ziele und Wünsche (bspw. prestigeträchtige ausländische Marken besitzen) zum Wohle der Allgemeinheit zurückzustellen, um heimische Arbeitsplätze zu sichern. Weiterhin zeigte sich:

- Feminität und Konsumentenethnozentrismus korrelieren negativ, was mit dem verstärkten Harmoniebedürfnis von Menschen mit einer femininen kulturellen Orientierung erklärt werden kann (r = -.35).
- Wer Machtdistanz akzeptiert, stört sich weniger als andere an Ungleichbehandlung – worauf ethnozentrisches Kaufverhalten ja letztlich hinausläuft (r = .29).
- Langfristorientierte sind Veränderungen gegenüber tendenziell positiv eingestellt, was auch Veränderungen durch Importprodukte einschließt, welche heimische Erzeugnisse verdrängen (r = -.20).

3.2 Konsumentennationalismus

> **Definition Consumer Nationalism**
> "A subtype of political consumerism that involves consumer choices driven by nationalist beliefs: it can serve as a means of expressing one's national belonging, of rejecting foreign nations etc." (Castelló/Mihelj 2018)

Die Konsequenzen von Konsumentennationalismus lassen sich sowohl im Entscheidungs- als auch im Kaufverhalten nachweisen. So hat die empirische Forschung gezeigt, dass nationalistisch eingestellte Konsumenten den CoO als Qualitätssignal nutzen, wenn sie heimische Produkte bewerten, nicht jedoch bei ausländischen Erzeugnissen. Manche betrachten Konsumentennationalismus als Antezedenz von Konsumentenethnozentrismus. Dies ist jedoch nicht immer der Fall. Während der Ethnozentrismus tschechischer Konsumenten Balabanis et al. (2001) zufolge von nationalistischen Motiven genährt wird (z.B. Furcht vor Überfremdung), seien ethnozentrische türkische

Konsumenten primär konsumpatriotisch motiviert (z.B. Furcht vor Verlust an Arbeitsplätzen aufgrund von Importen).

Andere Wissenschaftler verweisen auf einen zentralen Unterschied, der zwischen beiden Konstrukten besteht. Konsumnationalisten wollen nicht nur, wie Konsumpatrioten, mit ihren Kaufentscheidungen die inländische Wirtschaft fördern und heimische Arbeitsplätze erhalten, sondern auch ihrer Feindseligkeit gegenüber anderen Nationen Raum geben (vgl. Kosterman/ Feshbach 1989). Anders als Konsumentenanimosität, die sich gegen ein einzelnes, namentlich bekanntes Land und dessen Angehörige richtet, ist Konsumentennationalismus eher diffus und ungerichtet – einem emotionalen Rundumschlag vergleichbar.

Kulturvergleichende Untersuchungen des Phänomens Konsumentennationalismus liegen bislang noch nicht vor.

3.3 Konsumentenanimosität

> **Definition Animosity**
> "Remnants of antipathy related to previous or ongoing military, political, or economic events" (Klein et al. 1998, S. 90)

3.3.1 Grundlagen

Bisweilen entwickeln Menschen eine ausgesprochen feindselige Einstellung gegenüber einem bestimmten Land bzw. einer Region. Ursache können weit zurückliegende wie auch aktuelle traumatische Ereignisse politischer, militärischer oder ökonomischer Natur sein (vgl. Riefler/Diamantopoulos 2007). Ein kollektives Trauma hat zweifelsohne das „Massaker von Nanking", welches Klein et al. (1998) als realen Hintergrund ihrer klassischen Studie zur Konsumentenanimosität nutzten, ausgelöst. Ende 1937, im Zweiten Japanisch-Chinesischen Krieg, ermordeten Japaner in Nanking bis zu 300.000 Chinesen. Diese Tragödie brannte sich in das kollektive Gedächtnis der chinesischen Gesellschaft ein, weshalb dort noch heute japan-feindselige Einstellungen weit verbreitet sind.

Trauma: Schwerwiegende seelische Verletzung als Folge einer Überforderung der psychischen Schutzmechanismen durch ein gravierendes Erlebnis

Klein et al. (1998) gaben chinesischen Probanden folgendes Szenario vor: „Ein Bewohner Nankings beabsichtigt, einen CD-Player zu kaufen. Zur Wahl stehen eine chinesische (= *Bulong*), eine südkoreanische (= *Goldstar*) und eine japanische Marke (= *Sony*)." Die Forschungsfrage, ob Animosität (gegenüber Japan) ein signifikantes Kaufhemmnis ist, muss angesichts der Ergebnisse dieser Studie mit „ja, aber" beantwortet werden: Animosität mindert die Kaufbereitschaft signifikant und unabhängig von Konsumentenethnozentrismus (= -.25). Der Ethnozentrismus der Befragten, der sowohl direkt (= -.35) als auch indirekt wirkt, durch Geringschätzung der Produktqualität (= -.41), ist jedoch eine mächtigere Barriere (vgl. Abb. 77).

Abb. 77: Strukturmodell des Konstrukts Animosität

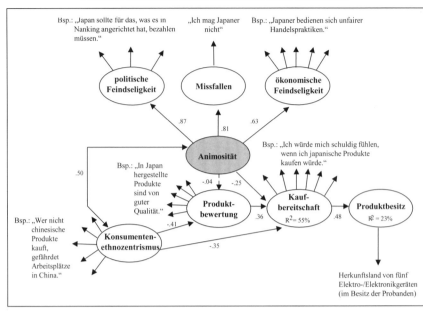

Quelle: eigene Darstellung auf Basis von Klein et al. (1998)

Kalliny et al. (2017) haben das ursprüngliche politisch-ökonomische Animositätsmodell um die Konstrukte „kulturelle Animosität" sowie „religiöse Animosität" erweitert und Riefler/Diamantopulus (2007) um „individuelle Animosität" sowie „religiöse Animosität". Offenbar mindert religiös motivierte Animosität die Bereitschaft, Produkte, die in dem betroffenen Land hergestellt werden, zu kaufen, weiterzuempfehlen etc., mehr als die anderen Formen von Animosität (vgl. Abosag/Farah 2014).

> **Beispiele:**
> - Massaker von Nanking → ablehnende Haltung japanischer Konsumenten gegenüber Produkten „Made in China" (vgl. Klein et al. 1998)
> - Besetzung der Niederlande durch die deutsche Wehrmacht im Zweiten Weltkrieg → ablehnende Haltung niederländischer Konsumenten gegenüber Produkten „Made in Germany" (vgl. Nijssen/Douglas 2004)
> - Mohammed-Karikaturen → ablehnende Haltung arabischer Konsumenten gegenüber Produkten „Made in Denmark" (vgl. Abosag/Farah 2014)
> - Intifada → ablehnende Haltung jüdischer Israelis gegenüber Produkten und Dienstleistungen, die von arabischen Israelis vermarktet werden (vgl. Shoham et al. 2006)

3.3.2 Eigenschaftsprofil

Neben einem auslösenden, häufig traumatischen Ereignis (s.o.) und sozialem Druck begünstigen verschiedene Personenmerkmale Konsumentenanimosität: Alter, Dogmatismus, Nationalismus und Gewerkschaftszugehörigkeit (vgl. Shoham et al. 2006). Dass weiterhin extravertierte Probanden weniger als Introvertierte zu Animosität neigen, erklären Leonidou et al. (2019) mit persönlichkeitsspezifischen Unterschieden: Extravertierte seien überdurchschnittlich warmherzig und positiv eingestellt. Ihre Verträglichkeit bilde ein Gegengewicht zu äußeren negativen Einflüssen.

Aufgrund ihrer ausgeprägten In Group/Out Group-Differenzierung (vgl. Tajfel/Turner 1986) neigen Konsumenten in kollektivistischen Gesellschaften mehr zu Animosität als individualistische Konsumenten (vgl. Jung et al. 2002). Hinzu kommt der im asiatischen Raum stärkere soziale Druck. Er sorgt dafür, dass auch Personen, die selbst eigentlich keine Animosität gegenüber einem bestimmten Land empfinden, sich der allgemeinen Feindseligkeit gegenüber diesem anschließen. Während somit bei Kollektivisten nur schwer zu unterscheiden ist, ob geäußerte Animosität ihrer persönlichen Überzeugung entspringt oder der kulturtypischen Empfänglichkeit für normative Beeinflussung durch das soziale Umfeld, lässt geäußerte Animosität von Individualisten verlässlicher auf entsprechende eigene Überzeugungen schließen (vgl. Han 2017).

Riefler/Diamantopoulos (2007) haben für die drei Länder, denen gegenüber Österreicher zum damaligen Zeitpunkt am meisten Animosität empfanden (USA, Deutschland, Türkei), und für die drei beliebtesten Länder (Italien, Spanien, Griechenland) die kulturelle Distanz zu Österreich gemäß Kogut/Singh (1988) berechnet. Ihre Hypothese „je größer die kulturelle Distanz, desto stärker der Animosität" mussten sie verwerfen. Denn die erhobenen Daten zeigten keinen Zusammenhang zwischen diesen beiden Konstrukten. Offensichtlich sind punktuelle, stark emotionalisierende Ereignisse wie der von den USA provozierte Irakkrieg für die Entwicklung von Animosität bedeutsamer als kulturelle Ähnlichkeit/Unähnlichkeit. Hinzu kommt das Bedürfnis kleinerer Staaten wie Österreich, sich vom wesentlich größeren und kulturell ähnlichen Nachbarstaat Deutschland abzugrenzen (z.B. auch Kanada/USA).

3.3.3 Konsequenzen für das Konsumentenverhalten

Wer feindselig gegenüber einem bestimmten Land eingestellt ist, wird dessen Erzeugnisse in den verschiedenen Phasen des (Kauf-)Entscheidungsprozesses abwerten. So hat als Folge des Streits über die Mohammed-Karikaturen das Image Dänemarks im südarabischen Raum erheblichen Schaden genommen (vgl. Abosag/Farah 2014; Maher/Mady 2010). Mehr noch als auf der Einstellungsebene aber wirkt sich Konsumentenanimosität auf die Kaufabsicht aus (vgl. Westjohn et al. 2019; Meng et al. 2012). Wer feindselige Gefühle gegenüber einem bestimmten Land empfindet, wird dort nicht seinen Urlaub verbringen und dort hergestellte Produkte selbst dann nicht kaufen wollen, wenn deren Preis/Leistungsverhältnis, Produktqualität etc. durchaus vorteilhaft sind (vgl. Kalliny et al. 2017; Shoham et al. 2006). Dies gilt auch für den Fall, dass diese Produkte nur teilweise in dem betreffenden Land hergestellt werden (vgl. Chea et al. 2016; Funk et al. 2010).

> "Angry consumers do not distort or denigrate images of a target country's products, they simply refuse to buy them. For example, a Chinese consumer may acknowledge the high quality of Japanese brands, yet due to animosity arising from their historically turbulent relationship refuse to buy them" (Westjohn et al. 2019).

Moderiert wird der Zusammenhang Animosität → Kaufabsicht durch die Kulturdimensionen I-K und Kurzfrist/Langfristorientierung. Wie Westjohn et al. (2019) experimentell nachgewiesen haben, schwächt Animosität unter dem Einfluss von (geprimtem) Kollektivismus und (geprimter) Langfristorientierung die Kaufabsicht weniger als unter dem Einfluss alternativer kultureller Orientierungen. Begründung: Zu den Kulturstandards kollektivistischer Gesellschaften gehört es, konfrontative Situationen zu meiden – und manifeste Animosität, bspw. in Gestalt eines Konsumentenboykotts, ist konfrontativ. Langfristorientierte mit ihrer pragmatischen Zukunftsorientierung wiederum befürchten, heftige Gefühle könnten einer langfristigen positiven Beziehung entgegenstehen. Auch ist bei ihnen das Konsistenzbedürfnis schwächer ausgeprägt, weshalb es ihnen weniger wichtig sei, Emotionen wie Feindseligkeit in entsprechende Handlungen umzusetzen und Kaufzurückhaltung zu üben.

Konfundiert, d.h. vermengt die Animositätsforschung unentwirrbar kognitive Überzeugungen und emotionale Reaktionen in einem Konstrukt? Harmeling et al. (2015) haben diesen Vorwurf erhoben. In ihrem Modell trennten sie deshalb die kognitive Bewertung des Ereignisses, welches Animosität auslöst, von den emotionalen Reaktionen auf dieses Ereignis. Dabei unterschieden sie streitbare Emotionen wie Ärger ('agonistic emotions') von defensiven Emotionen wie Furcht ('retreat emotions'). Beide wirken, so die Annahme, darauf ein, welche Bewältigungsstrategien ('coping strategies') Animosität auslöst:
- Kauf- bzw. Nutzungsverweigerung,
- negative Mundpropaganda,
- Abwertung der Produktqualität.

Geprüft wurde dieses Modell an chinesischen und amerikanischen Verbrauchern. Viele Chinesen hegen bekanntlich feindselige Gefühle gegenüber Japan und viele Amerikaner gegenüber Russland. Erwartungsgemäß ergab die Strukturgleichungsanalyse, dass feindselige Überzeugungen ('animosity beliefs') das Konsumentenverhalten nicht direkt beeinflussen, sondern von zwei unterschiedlichen Emotionen mediiert werden: der Pfad „Animosität → negative Mundpropaganda" von streitbaren Emotionen und der Pfad „Animosität → Abwertung der Produktqualität" von defensiven Emotionen. „Animosität → Kauf- bzw. Nutzungsverweigerung" wird von beiden Emotionsarten beeinflusst (vgl. Abb. 78).

Abb. 78: Mediationsmodell der Animosität

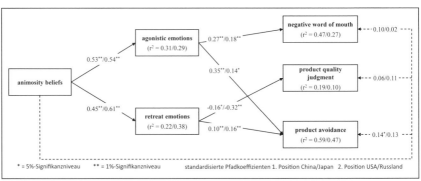

Quelle: Harmeling et al. (2015)

Konsumenten, deren Animosität von Furcht geprägt ist, setzen sich vorrangig gedanklich damit auseinander, zumeist indem sie die Qualität der Produkte, die aus dem betreffenden Land stammen, abwerten. Wer jedoch Ärger empfindet, neigt dazu, durch Handlungen seiner Animosität Ausdruck zu verleihen, bspw. durch die Weigerung, Produkte entsprechender Herkunft zu kaufen. Sofern durch ein aufmerksamkeitsstarkes Ereignis Konsumentenanimosität zu einem kollektiven Phänomen wird, kann sich daraus ein Konsumentenboykott entwickeln (vgl. Hoffmann/Müller 2009). Auslöser sind häufig politisch-moralische Motive: bspw. Boykott Spaniens als Reiseziel in Zeiten der *Franco*-Diktatur oder Boykott französischer Produkte wegen der Atomtests, welche Frankreich im Pazifik durchgeführt hat.

3.4 Konsumpatriotismus

> **Definition Patriotism**
> "Refers to love for and a sense of pride in one's own country, a sacrificial devotion to it, respect and loyalty to its people, and protection of it against out-groups" (Yoo/Donthu 2005, S. 14)

Weite Teile der Gesellschaft erleben verschiedene Konsequenzen der Globalisierung als eine existentielle Gefahr. Während Nationalisten die zunehmende Migration für eine Bedrohung ihrer nationalen Identität halten, fürchten Konsumpatrioten vor allem den Verlust von Arbeitsplätzen (⇒ Patriotismus).

Bemächtigen sich Populisten dieses Themas, dann ist die Wahrscheinlichkeit groß, dass sie es mit der Wahrheit nicht so genau nehmen, um von den Sorgen potentieller Wähler profitieren zu können. Etwa wenn der Chef der rechtspopulistischen Lega in Italien, *M. Salvini*, medienwirksam verkündet, kein *Nutella* mehr zu essen, weil der berühmte Brotaufstrich zumeist keine italienischen, sondern türkische Haselnüsse enthalte. Zur ganzen Wahrheit gehört allerdings die Information, dass Italiens Haselnussernte begrenzt ist und *Ferrero* als Hersteller von *Nutella* gar nicht anders kann, als diesen Rohstoff in der Türkei einzukaufen, dem laut Welternährungsorganisation *FAO* führenden Haselnussproduzenten.

Patriotismus: Liebe zum bzw. starke Identifikation mit dem Vaterland

FAO: Food and Agriculture Organization (= eine Unterorganisation der Vereinten Nationen)

> **Beispiel:** „Bei einem Wahlkampfauftritt am Donnerstagabend in Ravenna sagte *M. Salvini*, dass ihm die Nuss-Nougat-Creme nicht italienisch genug sei. ›Ich habe nämlich entdeckt, dass *Nutella* türkische Nüsse verwendet, und ich will lieber Betrieben helfen, die italienische Produkte verwenden. Ich ziehe es vor, italienisch zu essen und den italienischen Bauern zu helfen,‹ sagte der 46-Jährige. An diesem Freitag legte *Salvini* nach und sagte, er sei eigentlich ›einer der größten Konsumenten von *Nutella* und seinen Derivaten in ganz Italien – pfeif auf Diät‹. In einem Video verband er dieses Bekenntnis mit einem Appell an ›die Herren *Ferrero*‹ und andere Lebensmittelhersteller: ›Kauft italienischen Zucker, kauft‹." (kko/dpa 2019)

Die IKKV-Forschung hat sich unseres Wissens bislang lediglich indirekt mit dem Phänomen des Patriotismus befasst. So beschrieben Yoo/Donthu (2005) diese Einstellung als eine Form von Kollektivismus. Patrioten sind älter als vergleichbare andere Personen, stolz auf ihr Land und loyal gegenüber dessen Bewohnern. Auch fühlen sie sich verpflichtet, diese gegen externe

Einflüsse zu verteidigen. Im Verbund mit Ethnozentrismus sorgen diese Eigenschaften und Einstellungen dafür, dass Patrioten, wo immer möglich, heimische Produkten bzw. Anbieter bevorzugen und bspw. bei ihren Anlageentscheidungen verstärkt dem ‚home bias' erliegen: d.h. in ihrem Portfolio die Wertpapiere heimischer Unternehmen übergewichten (vgl. Pradkhan 2016). Da sie in ihrem engeren Lebensumfeld zum Erhalt von Arbeitsplätzen beitragen wollen, nutzen Konsumpatrioten die „Made in ...-Angabe" bei ihren Kaufentscheidungen als eine wichtige Entscheidungshilfe (vgl. Balabanis et al. 2001; Müller/Kesselmann 1996).

Weitgehend ungeklärt ist die Frage der Diskriminanzvalidität: Was verbindet Konsumpatriotismus mit verwandten Konstrukten und was unterscheidet diese voneinander? Ist Konsumpatriotismus eine Antezedenz von Konsumentenethnozentrismus (vgl. Rybina et al. 2010) oder erfassen beide mehr oder minder denselben Sachverhalt (vgl. Klein/Ettensoe 1999)?

3.5 Konsumentenkosmopolitismus

Kosmopolitismus:
'kósmos'' gr. = Weltordnung;
'polítes', gr. = Bürger'

Definition Consumer Cosmopolitanism

"Extent to which a consumer (1) exhibits open-mindedness towards foreign countries and cultures, (2) appreciates the diversity brought about by the availability of products from different national and cultural origins, and (3) is positively disposed towards consuming products from different countries" (Riefler et al. 2012, S. 287)

Kosmopoliten leiten ihre soziale Identität nicht aus ihrer Nationalität oder ihrer Zugehörigkeit zu einer bestimmten sozialen Schicht ab, sondern begreifen sich als Teil einer allumfassenden Menschheit (vgl. Appiah 2007). Alternative theoretische Konzepte sind der Weltbürger (vgl. Bolz et al. 2000) und der ⇒ Global Citizen (vgl. Mayo 2005). Kosmopoliten bewegen sich wie selbstverständlich zwischen den Staaten und wollen Verantwortung für das supranationale Gemeinwesen übernehmen (vgl. Reysen/Katzarska-Miller 2013). Sie sind offen für Fremde und Fremdes. Die damit einhergehende Vielfalt empfinden sie als Bereicherung und nicht als Bedrohung ihrer sozio-ökonomischen Identität (vgl. Riefler et al. 2012). Als Konsumenten haben sie eine Vorliebe für ausländische Erzeugnisse (vgl. Parts/Vida 2011).

> "Cosmopolitan consumers not only are open to learning from other cultures but also appreciate the differences and variety the world offers. They display a positive stance toward the availability of products from different countries and constantly indulge in products, places, and experiences originating from cultures other than their own" (Zeugner-Roth et al. 2015, S. 28).

Vor Jahren schon haben Rawwas et al. (1996) dieses Phänomen eingehend analysiert und empirisch präzisiert. Wie ihre Befragung von 593 österreichischen Konsumenten ergab, nutzen Kosmopoliten Herkunftszeichen (CoO) primär als Qualitätssignal, um ausländische Produkte einzuschätzen (vgl. C-2.5.2). Nationalistisch eingestellte Konsumenten verfahren umgekehrt. Für sie ist der CoO ein Qualitätssignal für heimische Produkte. Überdies ergab die gleiche Untersuchung, dass weltoffene Konsumenten überdurchschnittlich empathisch sind und am Wohlergehen anderer Gesellschaften bzw. Menschen interessiert. Dies sowie ihr überdurchschnittliches Umweltbewusstsein und politisches Engagement (vgl. Schueth/O'Loughlin 2008) erklären, warum es Kosmopoliten wichtig ist, mit ihren Kaufentscheidungen die Faire Trade-Bewegung zu unterstützen.

Mit den Mitteln der Multi-Level-Analyse (vgl. B-3.10.3) konnten Han/Won (2018) zeigen, dass solche Länder ein günstiges Umfeld für ein weltoffenes soziales Klima bieten, die ...
- regelmäßig einen Handelsbilanzüberschuss erzielen und,
- wie Dänemark sowie Schweden, individualistisch, feminin und ungewissheitstolerant sind (= Landeskultur).

Vergleichbares berichteten Cleveland et al. (2011) auf Basis der individuellen kulturellen Orientierung über kosmopolitische kanadische und türkische Studenten.

4 Preiswahrnehmung & Zahlungsbereitschaft

Der Preisinformation kommt im Kaufentscheidungsprozess aus verschiedenen Gründen eine Schlüsselrolle zu. Aus wahrnehmungspsychologischer Sicht ist anzumerken, dass kaum ein anderes Leistungsmerkmal so offensichtlich sowie (scheinbar) eindeutig und leicht vergleichbar ist wie der Preis. Aus persönlichkeitspsychologischer Sicht ist zu beachten, dass der Preis einer Leistung wichtige menschliche Eigenschaften wie Geiz, Sparsamkeit oder Großzügigkeit anspricht. Dennoch haben sowohl die länder- als auch die kulturvergleichende Forschung dieses Thema lange Zeit weitestgehend vernachlässigt (vgl. Estelami et al. 2001). Und in „Consumer Behavior & Culture" (vgl. de Mooij 2019), dem bislang umfassendsten Werk zum IKKV, werden Themen wie Preiswissen, Preisbewusstsein oder Zahlungsbereitschaft nicht einmal erwähnt.

> "Price is arguably one of the most important marketplace cues and is of pivotal consumption value because of its presence in virtually every purchasing situation. Moreover, it is well accepted in behavioral pricing research that price is one of the most important informational cues consumers use in the decision making process. Far from being a uni-dimensional monolithic concept, research has shown price to be a multidimensional stimulus, in that it affects consumers' purchase intentions, both positively and negatively. On one hand, high price is inexorably linked with a consumer's perception of higher perceived quality or prestige of the product and consequently increases the consumer's intention to buy; on the other hand, a high price may also increase a consumer's perceived economic sacrifice, thereby decreasing his/her willingness to buy" (Meng/Nasco 2009, S. 507).

4.1 Konzeptionalisierung

Lichtenstein et al. (1993) haben auf Basis ihrer vielbeachteten Operationalisierung des Konstrukts „Preiswahrnehmung" sieben Konstruktdimensionen beschrieben, welche die Kaufintention entweder stärken oder schwächen.

Die Kaufintention stärkende Faktoren sind ...
- Preis/Qualitätsschema: Überzeugung, dass man im Allgemeinen von einem bestimmten Preisniveau auf ein entsprechendes Qualitätsniveau schließen kann (vgl. C-2.2.1),
- Prestige-Sensitivität: Überzeugung, dass ein hoher Preis dem Käufer einen entsprechenden Status verleiht.

Die Kaufintention schwächende Faktoren sind ...
- Wertbewusstsein: Besorgnis, ob man einen dem Preis eines Gutes angemessenen Gegenwert erhält,
- Preisbewusstsein: Bestreben, zu einem möglichst geringen Preis einzukaufen,
- Empfänglichkeit für Couponing ('coupon proneness'): Überdurchschnittliche Wahrscheinlichkeit, einen durch einen Coupon angebotenen Preisvorteil für einen Kauf zu nutzen,
- Empfänglichkeit für Preisnachlässe ('sales proneness'): Überdurchschnittliche Wahrscheinlichkeit, einen reduzierten Preis für einen Kauf zu nutzen,
- Preis-Mavenismus: Gesteigertes Interesse an Preisinformationen und Bereitschaft, diese mit anderen zu teilen.

Coupon: Verkaufsförderungsstrategie, bei der Kunden gegen Vorlage eines Coupons einen Preisnachlass erhalten

Empirisch konnten Sternquist et al. (2004) die zweidimensionale Struktur des Konstrukts – d.h. die Ambivalenz von Preiswahrnehmung – lediglich bei südkoreanischen Studenten nachweisen. Chinesische Probanden nahmen das Phänomen „Preis" zwar auch zweidimensional wahr, aber ausschließlich negativ. Deren extreme Fixierung auf Preisvorteile (außer bei Geschenken und anderen sozial sensiblen Kaufanlässen) wird zumeist mit der bis vor 20, 30 Jahren weit verbreiteten Armut in der chinesischen Gesellschaft erklärt und mit der Notwendigkeit, privat für die soziale Sicherheit sorgen zu müssen (insb. bei Krankheit und im Alter).

Frugality: Sparsamkeit

Haggling: Feilschen

> "Chinese obtain a sense of security primarily through the accumulation of wealth within the family, leading to frugality when purchasing goods for personal use; this frugality contributes to pragmatic consumer practices and price consciousness. Widespread haggling is another aspect of Chinese shopping behavior that may be related to price consciousness" (Sternquist et al. 2004, S.87).

Dass Chinesen preisbewusster sind als andere, beobachteten auch Meng/ Nasco (2009). Deren chinesischen Probanden verhielten sich aber nicht nur preissensibler als japanische und amerikanische Vergleichspersonen, sondern auch prestigebewusster. Abgesehen von einigen wenigen Abweichungen bei den Faktorladungen einzelner Items bestätigt diese Studie die kulturübergreifende Stabilität des von diesen beiden Wissenschaftlern entwickelten Messmodells. Allerdings berücksichtigten *Meng & Nasco* nur fünf der ursprünglich sieben Konstrukte. Empfänglichkeit für Couponing etwa haben sie nicht in die Analyse einbezogen, weil diese Verkaufsförderungsstrategie in asiatischen Märkten – anders als etwa in den Vereinigten Staaten – nur eine untergeordnete Rolle spielt. Preis-Mavenismus wiederum wurde nicht erfasst, weil die Gültigkeit dieses Konstrukt theoretisch umstritten ist (vgl. Zhou/ Nakamoto 2001).

4.2 Preiswissen

> **Definition Preiswissen**
> Fähigkeit, Preise von angebotenen Leistungen erinnern und benennen zu können

H. Diller differenzierte das Konstrukt Preiswissen in Preiskenntnis (= akkurates, auf Zahlen basierendes Wissen über den Preis) und Preisgefühl (= vage Einschätzung des Preises, zumeist als „teuer" oder „billig"). Zwar gaben in einer Untersuchung von Aalto-Setälä et al. (2006) deutsche Versuchsteilnehmer genauere Preisschätzungen ab als eine finnische Vergleichsgruppe – und bei Vanhuele/Drèze (2002) amerikanische Konsumenten genauere als französische Konsumenten. Insgesamt gesehen aber ist die Preiskenntnis der meisten Verbraucher „enttäuschend gering" (Diller 2008, S. 134). Begründet wird dieser letztlich überraschende Befund auf unterschiedliche Weise:

- Informationsüberlastung: Man muss sich nur die scheinbar unzähligen Produkte, die ein gut sortierter Verbrauchermarkt anbietet, vorstellen, um zu begreifen, dass es bestenfalls möglich ist, die Preise einiger weniger Ankerprodukte mehr oder weniger genau zu kennen.
- Motivation: Verbraucher, denen Preise wichtig sind (vornehmlich Menschen mit einem unterdurchschnittlichen Einkommen), wissen besser über Preise Bescheid als wohlhabendere Verbraucher (vgl. Rosa-Díaz 2004).
- Selbstschutz: Vor allem bei höherpreisigen Angeboten möchten Konsumenten manchmal gar nicht so genau wissen, was diese kosten. Autofahrer etwa unterschätzen systematisch die monatlichen Aufwendungen für ihr Auto (einschließlich Wertverlust): 204 € statt 425 € (vgl. Andor et al. 2020). Psychologisch gesehen bietet dieser „Irrtum" den Vorteil, nicht über die Rationalität des eigenen Mobilitätsverhaltens nachdenken und die von vielen ungeliebte Konsequenz ziehen zu müssen, dass es nicht nur wegen des Umweltschutzes, sondern auch aus Kostengründen weitaus vernünftiger wäre, den ÖPNV zu nutzen.
- Methodenartefakt: Gewöhnlich wird in diesen Studien nicht das Preiswissen erhoben, sondern die Erinnerung an den Preis kurz zuvor erworbener Artikel, d.h. 'price recall' (vgl. Estelami/Lehmann 2001). Und das per 'price recognition' gemessene implizite Preiswissen ist zwar theoretisch fundierter, jedoch auch nicht wesentlich aussagefähiger als das per 'price recall' gemessene explizite Preiswissen (vgl. Schneider et al. 2009).

Aufgrund des scharfen Preiswettbewerbs bei Waren des täglichen Bedarfs und der Vorrangstellung von Preiswerbung hierzulande scheinen deutsche Verbraucher über ein überdurchschnittliches Preiswissen zu verfügen. Jedenfalls gaben in einer *A.C. Nielsen-Studie* 96 % der deutschen Probanden an, sicher zu wissen, in welchem Geschäft sie am preisgünstigsten einkaufen können, während bspw. nur 59 % der italienischen Probanden diese Frage beantworten konnten. Dieser Selbsteinschätzung scheint zu widersprechen, dass beim Einkaufen selbst, d.h. innerhalb der Einkaufsstätte, 76 % der Briten, 62 % der Spanier, 59 % der Italiener und 55 % der Niederländer auf die Preisauszeichnung achten, aber nur 50 % der Deutschen. Begründen lässt sich dies mit dem ausgeprägten Preisimage von Hard Discountern hierzulande *(Aldi,*

Lidl etc.), dem viele deutsche Konsumenten blind vertrauen (vgl. Leinsle 2017). Deshalb genügt es ihnen, die ihrer Meinung preisgünstigste Einkaufsstätte auszuwählen, anstelle auf den Preis einzelner Artikel zu achten.

Eine indirekte Variante von Preiswissen sind Preisschätzungen, bei denen Konsumenten von internen und/oder externen Hinweisreizen bzw. Vergleichsstandards auf den Preis schließen. Gemäß Chen (2009) berücksichtigen Probanden mit einer unabhängigen Selbstkonstruktion aufgrund ihres analytischen, auf interne Dispositionen fokussierten Denkstils primär dem Produkt inhärente Referenzen (z.B. hochwertige Verarbeitung), Probanden mit einer abhängigen Selbstkonstruktion hingegen externe Referenzen, insb. das Preisniveau konkurrierender Angebote. Ihr holistischer Denkstil lasse sie die Ursache von Ereignissen hauptsächlich bei den Kontextfaktoren suchen.

An den Börsen spielen die Erwartungen der Marktteilnehmer die entscheidende Rolle. Wie werden sich die Aktienkurse entwickeln? Kunden mit einem analytischen Denkstil (z.B. Kanadier) neigen dazu, von einem linearen Kursverlauf auszugehen, d.h. bei steigenden Kursen zu kaufen und bei fallenden Kursen zu verkaufen. Sie verhalten sich prozyklisch. Chinesischen Aktienbesitzern hingegen erscheint aufgrund ihres holistischen Denkstils eine zyklische Entwicklung wahrscheinlicher, weshalb sie sich bevorzugt antizyklisch verhalten und bei fallenden Kursen kaufen (vgl. Ji et al. 2008).

4.3 Preisbewusstsein

> **Definition Preisbewusstsein**
> Intensität, mit der Käufer auf Preisinformationen achten und diese bei ihren Kaufentscheidungen, Qualitätsurteilen etc. berücksichtigen

Preisbewusstsein äußert sich in der Wichtigkeit, welche dem Preis beigemessen wird, der Präferenz für eine bestimmte Preis/Qualitätslage oder dem Aufwand, der bei der Suche nach preisgünstigen Angeboten betrieben wird. Sowohl Schnäppchenjäger als auch ⇒ Smart Shopper sind überdurchschnittlich preisbewusst. Für Verbraucher, die zu demonstrativem Konsum neigen und mit dem Kauf eines teuren Produkts soziales Prestige erwerben wollen, erfüllt ein hoher Preis hingegen eine positive Funktion.

Chinesen legen aufgrund ihrer kollektivistischen Überzeugungen großen Wert auf das Ansehen, das sie in den Augen anderer genießen. Soziales Kapital können sie u.a. dadurch erwerben, dass sie in sozial sensiblen Situationen teure oder auf andere Weise prestigeträchtige Waren kaufen (insb. Geschenke) und zur Schau tragen (z.B. Festtagskleidung). Im Vergleich dazu achten Amerikaner, die als Angehörige einer konkurrenzorientierten Gesellschaft an einen intensiven Wettbewerb zwischen Anbietern gewöhnt sind, zwar mehr auf Preise als Chinesen. Auch nehmen sie einen hohen Preis als Qualitätsindikator wahr, aber selten als Möglichkeit, an Prestige zu gewinnen. Denn als Menschen, die individualistisch sozialisiert wurden, messen sie der Meinung anderer weniger Bedeutung bei als Chinesen (vgl. Abb. 79).

4.3 Preisbewusstsein

Abb. 79: Preis- vs. Prestigebewusstsein

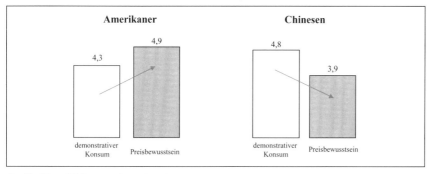

Quelle: Zhou/Nakamoto (2001, S. 166)
Anmerkung: Siebenstufige Ratingskala (1 = schwach ausgeprägt, 7 = stark ausgeprägt)

Eine indirekte Bestätigung dieses Befundes liefert die Studie von Meng/Nasco (2009), die signifikante Unterschiede im Preisbewusstsein chinesischer, japanischer und amerikanischer Studenten ermittelten. Als besonders preis/qualitätsbewusst erwiesen sich dabei die chinesischen Probanden.

Ein Ländervergleich zeigt, dass mehr als die Hälfte der im Rahmen der *GfK Consumer Life*-Studie befragten Südafrikaner, Indonesier, Inder und Türken den Preis als das wichtigste Kriterium bei ihren Kaufentscheidungen ansehen. Weitaus weniger preisbewusst scheinen Japaner, Spanier, Schweden und Schweizer zu sein. Kaum ein Viertel von ihnen stimmte dieser Aussage zu (vgl. Tab. 50).

Tab. 50: Anteil derer, für die der Preis das wichtigste Kriterium bei Kaufentscheidungen ist (in %)

1. Südafrika	55,9	12. Australien	41,0	23. Italien	38,1
2. Indonesien	54,0	13. Frankreich	39,4	24. Russland	37,4
3. Indien	53,4	14. Deutschland	38,1	25. Ekuador	37,4
4. Türkei	51,8	15. Kanada	38,0	26. Großbritannien	36,2
5. Brasilien	48,1	16. Österreich	36,4	27. Rumänien	35,8
6. Mexiko	47,8	17. Belgien	35,6	28. Schweiz	35,1
7. Argentinien	44,2	18. Niederlande	34,8	29. Schweden	31,0
8. Chile	43,2	19. Ungarn	34,7	30. Spanien	25,2
9. China	43,1	20. Polen	34,0	31. Japan	24,3
10. Peru	42,1	21. Kolumbien	32,6		
11. USA	41,2	22. Südkorea	38,8		

Quelle: GfK Consumer Life 2019/2020
Anmerkungen: (1) Dargestellt wird der Anteil jener Auskunftspersonen, welche dem Statement „Price is the most important factor in my purchasing decisions" mit „strongly agree" oder „agree" zugestimmt haben (auf einer siebenstufigen Skala)
(2) Um zufällige Schwankungen auszugleichen und einen stabileren Messwert zu erhalten, wurden die Daten der Jahre 2019 und 2020 addiert und gemittelt

> **Definition Kaufkraftparität**
> Vergleichbares Maß der Kaufkraft verschiedener Währungen, bei dem der Preis eines repräsentativen Warenkorbes in dem einen Land zu dem Preis desselben Warenkorbes in einem anderen Land in Beziehung gesetzt wird

Erklären lassen sich diese Länderunterschiede gemäß eigener Analysen mit zwei Variablen: Ungewissheitsvermeidung und dem in Kaufkraftparitäten gemessen Bruttoinlandsprodukt ($R^2 = .384$). Wie leicht nachvollziehbar, achten in den betrachteten Ländern Konsumenten mit begrenzter Kaufkraft stärker auf den Preis als finanziell besser gestellte Konsumenten. Der Zusammenhang, der zwischen „Ungewissheitsvermeidung" und „Wichtigkeit des Preises" besteht, lässt sich mit einer quadratischen Funktion besser abbilden ($R^2 = .109$) als mit einer linearen Funktion ($R^2 = .069$). Die resultierende umgekehrte U-Funktion besagt, dass sowohl Ungewissheitsaversen wie Japanern, Rumänen oder Spaniern als auch Ungewissheitstoleranten wie Briten oder Schweden der Preis einer Ware weniger wichtig ist (Zustimmung = 24,3 – 36,2 %) als bspw. Indern und Indonesiern (53,4 – 54,0 %), deren UAI-Wert im mittleren Bereich liegt (40 – 48). Dieser Zusammenhang hat auch Bestand, wenn man nur die Gruppe der ärmeren Länder betrachtet, d.h. den Einfluss der Kaufkraft kontrolliert.

4.4 Preissensibilität

Die Konstrukte Preisbewusstsein und Preissensibilität (bzw. Preissensitivität) weisen zahlreiche konzeptionelle Überschneidungen auf. Der wichtigste Unterschied besteht darin, dass Preisbewusstsein vorrangig die Einstellungsebene erfasst und Preissensibilität die Verhaltensebene: nämlich die Neigung, auf Preisänderungen zu reagieren, mit Produkt- bzw. Anbieterwechsel oder Kaufzurückhaltung bei Preiserhöhung und vermehrten Käufen bei Preissenkung.

> **Beispiel:** „Im internationalen Vergleich gelten deutsche Verbraucher als besonders preissensibel. Die Preisstudie 2011/2012 von *OC&C Strategy Consultants* bestätigt diese Einschätzung. Während die Konsumenten in anderen Ländern bei einer Preiserhöhung vielfach einfach weniger kaufen, reagieren deutsche Verbraucher sehr häufig mit einem Wechsel von Einkaufsstätte oder Produkt. 27 % der Deutschen geben an, bei einer Preiserhöhung zu einem günstigeren Händler zu wechseln – ein Wert, der nur von chinesischen Konsumenten leicht übertroffen wird" (www.abzonline.de/fokus/verbraucher-sind-sehr-preissensibel,7069292033.html; 27.08.2020).

Preiselastizität: Relative Veränderung der Nachfrage als Reaktion auf Veränderungen des Preisniveaus

Need for Closure: Bedürfnis nach Geschlossenheit

Regelmäßig attestieren ländervergleichende Studien deutschsprachigen Konsumenten eine besondere Preissensibilität. So haben Schut et al. (2003) eine höhere Preiselastizität deutscher Probanden im Vergleich zu holländischen Probanden mit Blick auf deren Krankenversorgung beobachtet. Dies deckt sich allerdings nicht mit den einschlägigen Erkenntnissen der kulturvergleichenden Forschung, wonach Akzeptanz von Machtdistanz die Preissensibilität beeinflusst. Dass Konsumenten, die Machtdistanz akzeptieren, aufgrund ihres starken 'need for closure' weniger preissensitiv sind als andere (vgl. Lee et al. 2020), kann den Schlüsselbefund der *Schut*-Studie nicht erklären. Denn

Deutsche (PDI = 35) und Holländer (PDI = 38) lehnen Machtdistanz gleichermaßen ab.

> **Definition Need for Closure**
> Desire for a quick solution to an ambiguous situation or problem and an aversion to uncertainty (Kruglanski 2013)

Welche Rolle spielt 'need for closure' in diesem Zusammenhang? Ambiguität, d.h. mehrdeutige Konstellationen, überfordern Menschen, die Machtdistanz akzeptieren, schneller als andere (vgl. Hofstede 2001). Denn sie neigen zu Ordnungsliebe, bis hin zu einer gewissen Engstirnigkeit (vgl. Carl et al. 2004) und bevorzugen eindeutige, klar strukturierte Entscheidungssituationen (vgl. Lalwani/Forcum 2016). Alles in allem spricht dies dafür, dass die Variablen Akzeptanz von Machtdistanz und 'need for closure' kovariieren. Als Konsumenten möchten sie schnell entscheiden und bspw. nicht, wenn ihnen ein Angebot vorliegt, nach günstigeren Angeboten suchen. Diese Eigenheit mindert ihre Preissensibilität.

> „Need for Closure (NFC) kann interpretiert werden als der Wunsch nach Abschluss im Wissenserwerb. Menschen mit hohen NFC-Werten möchten zu einer Entscheidung gelangen, und zwar so schnell wie möglich, da sie den Zustand der Ungewissheit nicht ertragen können. Damit sie schnell ihre Meinung bilden können, kann es vorkommen, dass sie viele Informationen ignorieren" (Kroeber-Riel/Gröppel-Klein 2019, S.334).

Im Vergleich dazu sind Individualisten preissensibler. Unter anderem ihr Denkstil prädestiniert sie, kritische Vergleiche anzustellen, bspw. Preisvergleiche (vgl. Lalwani et al. 2020).

4.5 Zahlungsbereitschaft

4.5.1 Grundlagen

Die Ladenpreise, die in den verschiedenen Ländern für Konsumgüter gefordert werden, variieren erheblich. Deutsche können bspw. CDs günstig kaufen, Amerikaner Unterhaltungselektronik und Kleidung. Die angebotsseitigen Gründe für dieses Preisgefälle sind vielfältig:
- Wechselkurse der Landeswährung
- unterschiedliche Belastung mit Steuern und Abgaben (z.B. Zölle),
- nicht-tarifäre Handelshemmnisse,
- Wettbewerbsintensität,
- Kaufkraftgefälle (vgl. Tab. 51).

Tab. 51: TOP-10 der Kaufkraft in Europa (2019, je Einwohner in €)

1. Lichtenstein	67.550	5. Norwegen	29.842	9. Finnland	22.626
2. Schweiz	42.067	6. Dänemark	26.273	10. Schweden	21.836
3. Luxemburg	35.096	7. Österreich	24.067	Ø	**14.739**
4. Island	32.988	8. Deutschland	23.779	42. Ukraine	1.830

Quelle: GfK Kaufkraft Europa 2019

Keine geringere Rolle spielen nachfragerseitige Gründe, vor allem die individuelle Zahlungsbereitschaft der Konsumenten, die in Abhängigkeit von bzw. in Wechselwirkung mit einer Vielzahl von Einflussfaktoren variiert: z.B. ...

- Country of Origin: Koschate-Fischer et al. (2012) konnten in einer Reihe realitätsnaher Experimente nachweisen, dass ein positiver CoO selbst beim Kauf von Low Involvement-Produkten (Mineralwasser) die Zahlungsbereitschaft erhöht.
- Standort des Anbieters: Auch in der eigentlich grenzenlosen Welt des Internet, beim Verkauf von digitalen Produkten bzw. Services, spielt der Standort eine Rolle. Amerikanische Verkäufer von „World of Warcraft Gold Strategy" erzielten auf *eBay* signifikant höhere Preise als Verkäufer australischer, britischer oder kanadischer Herkunft (vgl. Hu/Wang 2010).
- Güterkategorie: Die im kollektivistischen Kulturraum bei Geschenken und anderen sozial sichtbaren Gütern zu beobachtende erhöhte Zahlungsbereitschaft ist nicht auf den Kauf von Waren des täglichen Bedarfs und anderen privat konsumierten Gütern übertragbar. Diese werden höchst pragmatisch und kostenbewusst ausgewählt. Vor allem Chinesen legen dann eine an Geiz grenzende Sparsamkeit an den Tag (vgl. Li/Gallup 1995).
- Produktnutzen: Umstritten ist, ob Ungewissheitsmeider nur überproportionalen Wert auf die utilaristischen Nutzenkomponenten eines Angebots legen (z.B. Preis, Qualität, Innovativität) oder auch dessen ästhetischen bzw. symbolischen Nutzen wertschätzen (vgl. Gilal et al. 2018; Zeng/Hao 2016).
- Qualitätssiegel: Abhängig von der Nationalität bzw. Landeskultur der Befragten kann deren Zahlungsbereitschaft durch Qualitätssiegel wie „fair gehandelt" oder „umweltgerecht" bis zu einem variierenden Grenzwert signifikant gesteigert werden (vgl. Mueller-Loose/Remaud 2013; Basu/Hicks 2008).
- Risikowahrnehmung: Amerikanische Konsumenten würden für Frühstücksmüsli, das frei von gentechnisch modifizierten und anderen, mutmaßlich schädlichen Anteilen ist, ein Preispremium von 10-12 % bezahlen und britische Vergleichspersonen von 19-35 %, abhängig von der Höhe des wahrgenommenen Risikos (vgl. Moon/Balasubramanian 2003).

Im Regelfall lässt sich die Zahlungsbereitschaft nicht durch eine einzelne Preisfigur erfassen (z.B. 8,95 €), sondern durch einen Bereich, der nach oben durch den Maximalpreis (z.B. 9,80 €) und nach unten durch den Minimalpreis begrenzt wird (z.B. 8,00 €). Der Preis, den ein potentieller Käufer höchstens für ein bestimmtes Gut zu zahlen bereit ist, markiert die absolute obere Preisschwelle. Entsprechend verkörpert der Mindestpreis die absolute untere Preisschwelle. Wird diese unterschritten, beginnt der durchschnittliche Käufer an der Qualität des Angebots zu zweifeln.

4.5.2 Prestige & Zahlungsbereitschaft

In Ländermärkten, in denen Akzeptanz von Machtdistanz der Kulturstandard ist, können Unternehmen für prestigeträchtige Premiummarken häufig überdurchschnittlich hohe Preise durchsetzen. Franzosen (PDI = 68) etwa sind bereit, für einen hochwertigen Anzug 40 % mehr zu bezahlen als Deutsche (PDI = 35). Weit mehr als in wohlhabenden, häufig aber tendenziell egalitären Industrieländern wie Österreich (PDI = 11), Schweden (PDI = 31) oder Schweiz (PDI = 34) bieten Premiummarken in beziehungsorientierten Schwellenländern wie Brasilien (PDI = 69), China (PDI = 80) oder Russland (PDI = 95) dem Käufer einen Zusatznutzen, für den er einen entsprechenden Preisaufschlag akzeptiert. Vor allem bei hedonistischen Produkten ist Akzeptanz von Machtdistanz ein besserer Prädiktor der Zahlungsbereitschaft als das verfügbare Einkommen. Denn vielfach werden teure Produkte gekauft, weil – und nicht obwohl – sie teuer sind. Mit einer aufwändigen Studie haben Frank et al. (2015) diese Beobachtung empirisch bestätigt. Die Wichtigkeit, die Statussymbolen beigemessen wird, steigert in beziehungsorientierten Gesellschaften wie Indonesien die Bereitschaft, für innovative Produkte einen Mehrpreis zu bezahlen, mehr als in aufgabenorientierten Gesellschaften (bspw. Deutschland).

Indirekt bestätigt wird dies durch die Ergebnisse einer Studie von Zhang et al. (2018), wonach chinesische Konsumenten hochpreisige Angebote mit größerer Wahrscheinlichkeit akzeptieren als niederländische Konsumenten. Abgesehen von der stark unterschiedlichen Akzeptanz von Machtdistanz (PDI = 80 vs. 38) liegt dies an dem engen Zusammenhang, der in Ostasien zwischen Gesicht wahren und sozialem Status besteht (vgl. Li et al. 2015). Bekanntermaßen messen Angehörige beziehungsorientierter Gesellschaften (= 'higher face concern') dem eigenen sozialen Status mehr Bedeutung bei als Angehörige aufgabenorientierter Gesellschaften (= 'lower face concern'). Deshalb wird in China – und kulturell vergleichbaren Gesellschaften – ein hoher Preis nicht nur als Qualitätssignal geschätzt, sondern auch als eine Möglichkeit, das Gesicht zu wahren. Besonders wichtig ist dies bei Geschenken, Luxusartikeln und öffentlich konsumierten Gütern. In China, Korea, Japan und anderen kollektivistischen Gesellschaften signalisieren das Preisniveau, aber auch eine exklusive Marke bzw. Verpackung des Geschenks den Beschenkten, welche Wertschätzung sie genießen (vgl. Ahuvia/Wong 1998). Werden prestigeträchtige Leistungen jedoch privat konsumiert, d.h. ohne Zeugen, die davon berichten oder beeindruckt sein könnten, verlieren sie ihren sozialen Nutzen (vgl. Gao et al. 2016).

Gesicht: Sozialer Status, den eine Person in einem für sie relevanten sozialen Netzwerk erworben hat

> **Beispiel:** Kaum zu glauben: Aber *Amazon* kann die marktbeherrschenden *Pampers*-Windeln in Südeuropa mehr als doppelt so teuer verkaufen als in Nordwesteuropa. Eine 172-Stückpackung kostet in Großbritannien 21,83 € und in Spanien 51,35 €. Da Briten wesentlich häufiger als Spanier online einkaufen, kann man zum einen von einer höheren Wettbewerbsintensität im Online-Handel auf der Insel ausgehen. Zum anderen liegt das jährliche Pro-Kopf-Einkommen der Briten mit umgerechnet 37.800 € deutlich über dem der Spanier mit 26.400 €. Paradoxerweise aber sorgt das Einkommensplus der Briten nicht für eine höhere Zahlungsbereitschaft, sondern umgekehrt das geringere Einkommen der Spanier dafür, dass diese *Pampers*-Windeln als ein Luxusprodukt ansehen, für dessen Prestigenutzen viele einen erheblichen Mehrpreis zu bezahlen bereit sind (vgl. Jensen 2020).

4.5.3 Emotionale Nähe & Zahlungsbereitschaft

Möller (1997, S. 106) hat eine sechsstufige Skala der „emotionalen Nähe/Distanz eines Individuums zu einem bestimmten Herkunftsland" entwickelt: 0 = kein Kontakt, 1 = touristischer Kontakt, 2 = beruflicher Kontakt,

3 = nachbarschaftlicher Kontakt, 4 = freundschaftlicher Kontakt, 5 = familiärer Kontakt. Entsprechend ihren Antworten auf die Frage: „Welches Ausmaß an Kontakt bzw. Nähe zu der jeweiligen Bevölkerung der unten aufgeführten Länder halten Sie für sich persönlich für wünschenswert bzw. vorstellbar?" wies er seine Auskunftspersonen sodann der Gruppe der „emotional Nahen" oder der Gruppe der „emotional Distanzierten" zu und untersuchte u.a. deren Zahlungsbereitschaft. Wie Tabelle 52 zu erkennen gibt, würden emotional distanzierte Käufer nach eigenem Bekunden signifikant weniger für ein Produkt bezahlen, welches das Herkunftszeichen eines ihnen gefühlsmäßig fernen Landes trägt, als emotional Nahe.

Tab. 52: Emotionale Nähe & Zahlungsbereitschaft (in DM)

		Produktherkunft			
		China	Frankreich	Japan	Südafrika
Produkte generell	emotional Nahe	78,96**	100,00**	92,58*	79,84**
	emotional Distanzierte	61,41	94,25	87,19	63,97
Automobile	emotional Nahe	17,75**	n.s.	n.s.	19,19**
	emotional Distanzierte	13,80			13,47
Mode	emotional Nahe	37,16**	53,41*	45,65**	n.s.
	emotional Distanzierte	30,02	50,58	39,82	

Quelle: Möller (1997, S. 215)

4.5.4 Zeitwahrnehmung & Zahlungsbereitschaft

Weiterhin ist bedeutsam, ob der Käufer den Nutzen eines Gutes bzw. einer Leistung unmittelbar nach dem Kauf oder erst später erlebt. *Miele*-Waschmaschinen bspw. sind zum einen hochpreisig und zum anderen für ihre lange Lebensdauer bekannt. Dies bedeutet: Während der Preis sofort zu entrichten ist, erhält der Käufer einen wichtigen Teil der Gegenleistung erst nach Jahren: lange Haltbarkeit.

Zwar neigt der Mensch insgesamt dazu, Belohnungen oder Bestrafungen, die mit großem zeitlichen Abstand auf eine Handlung folgen, zu unterschätzen bzw. zu ignorieren. Aber mehr als anderswo ist in gegenwartsorientierten und kurzfristorientierten Kulturen mit diesem Effekt zu rechnen. Da der künftige Nutzen dort relativ geringgeschätzt wird, sollte der versprochene Nutzen eines Guts möglichst zeitgleich mit dem Kauf verfügbar sein. Etwas anderes verhält es sich mit Industriegesellschaften, in denen Zeitgeiz weit verbreitet ist. Dort sind viele bereit, für Güter, die helfen, „Zeit zu sparen", ein Preispremium zu bezahlen (z.B. Lieferdienst, Tiefkühlkost).

Preispremium: Preisaufschlag, den ein Anbieter aufgrund der Präferenzen der Nachfrager im Vergleich zu wichtigen Konkurrenten fordern kann

4.5.5 Selbstkonstruktion & Zahlungsbereitschaft

Von einer asymmetrischen Preispolitik spricht man, wenn ein Unternehmen (z.B. eine Tankstelle) den Preis erhöht, weil seine Kosten gestiegen sind (z.B. Ölpreis), aber diesen nicht entsprechend senkt, wenn der Ölpreis am

Weltmarkt fällt. Konsumenten mit einer unabhängigen Selbstkonstruktion (vgl. C-6.3.4) stören sich daran eher weniger, weil es in ökonomischen Beziehungen aus ihrer Sicht normal ist, wenn die Beteiligten nur ihren persönlichen Vorteil zu suchen. Im Gegensatz dazu orientieren sich Menschen mit einer abhängigen Selbstkonstruktion auch bei ökonomischen Transaktionen an Normen, die in sozialen Beziehungen gelten. Demzufolge sollten sich alle Interaktionspartner wechselseitig wohlwollend verhalten. Die asymmetrische Preispolitik verschafft jedoch nur dem Anbieter Vorteile und wird deshalb von Nachfragern mit einer abhängigen Selbstkonstruktion als unfair wahrgenommen (vgl. Aggarwal 2004). Mit einer Ausnahme: Als fair nehmen sie diese Preispolitik wahr, wenn sich das Unternehmen auf andere, aber gleichfalls wichtige Weise als wohlwollend erwiesen hat, bspw. als namhafter Unterstützer benachteiligter Familien am Standort des Unternehmens. Denn es sei ja möglich, dass es den Extragewinn nutzt, um seine sozialen Wohltaten zu finanzieren (vgl. Chen et al. 2018).

4.6 Preisfairness

Kunden, denen ein geforderter Preis fair erscheint, empfinden nicht nur eine höhere Preiszufriedenheit, sondern sind auch mit dem Kauf insgesamt zufriedener als andere. Dies erhöht indirekt ihre Kundenbindung. Ein direkter Pfad „wahrgenommene Preisfairness → Kundenbindung" konnte jedoch nicht festgestellt werden (vgl. Andrés-Martínez et al. 2014). Der Eindruck von Preisunfairness entsteht vor allem dann, wenn man für dieselbe Leistung mehr bezahlen muss als andere Kunden (vgl. Haws/Bearden 2006; Xia et al. 2004). Nicht selten beeinflusst der relative Preis (z.B. „Ich musste für den Flug nach Rom 30 € mehr bezahlen als mein Sitznachbar") die Preiszufriedenheit mehr als der absolute Preis einer Leistung (z.B. 189 €).

In Group vs. Out Group

Es liegt auf der Hand, dass derartige Vergleiche in kollektivistischen Gesellschaften, in denen soziale Beziehungen eine wichtigere Rolle spielen als in individualistischen Gesellschaften, besonders kritisch sind – vor allem dann, wenn sie das soziale Ansehen einer Person tangieren, d.h. deren ⇒ Gesicht. Da In Group-Vergleiche für Chinesen bedeutsamer sind als Out Group-Vergleiche, gingen Bolton et al. (2010) davon aus, dass chinesische Konsumenten einen stärkeren Gesichtsverlust/gewinn empfinden, wenn sie mehr/weniger bezahlen mussten als andere In Group-Mitglieder (mehr/weniger jeweils im Vergleich zu Out Group-Mitgliedern). Diese Hypothese konnte experimentell ebenso bestätigt werden wie die Hypothese, dass es für die von Individualisten (amerikanische Studenten) wahrgenommene Preisfairness unerheblich ist, ob ein Freund (= 'in group') oder ein Fremder (= 'out group') mehr oder weniger für ein Hemd bezahlen musste (29,95 oder 39,95 $). Wie zu vermuten war, ist es für Kollektivisten eine Frage der Ehre ('face'), nicht mehr als andere Mitglieder ihrer Bezugsgruppe bezahlen zu müssen, für Individualisten primär eine Frage des eigenen Vorteils. Eine zweite Studie, in der kollektivistische vs. individualistische Werte nicht aufgrund der Landeskultur unterstellt, sondern individuell geprimt wurden, bestätigte zum einen diesen Befund. Zum anderen gaben Versuchsteilnehmer, deren Priming das interdependente Selbstkonzept aktualisiert hatte, eine höhere Wiederkaufwahrscheinlichkeit zu Protokoll, wenn ihr Szenario darin bestand, weniger als Freunde bezahlen zu müssen (vs. Fremde).

Equity vs. Equality

Revenue Management: Ertragsoptimierung von Dienstleistungsunternehmen u.a. durch eine integrierte dynamische Preis-/Kapazitätssteuerung

Eine variable Preispolitik wirkt auf südkoreanische Hotelgäste in höherem Maße unfair als auf Amerikaner (vgl. Choi/Mattila 2006). Dies kann zum einen damit zusammenhängen, dass in den USA – wie in vielen anderen individualistischen Märkten – dieses Instrument des Revenue Managements wesentlich häufiger zum Einsatz kommt als in Südkorea (vgl. Chen et al. 2018). Zum anderen spielen unterschiedliche Vorstellungen von Gerechtigkeit eine wichtige Rolle. Wie in allen kollektivistischen Gesellschaften versteht man in Südkorea darunter primär Gleichheit ('equality'). Da ein Preisvorteil als Ausdruck von Ungleichheit und damit von Ungerechtigkeit wahrgenommen wird, ist dort die Vorstellung, einen besseren Preis erzielen zu können als andere, nicht positiv besetzt. Ganz anders in den USA, wo man Gerechtigkeit kulturbedingt weniger als Ergebnisgerechtigkeit denn als Chancengleichheit versteht ('equity'). Deshalb sorgen dort detaillierte Informationen über die Parameter variabler Preispolitik (z.B. an welchem Wochentag, ab welcher Aufenthaltsdauer bzw. welchem Auslastungsgrad bezahlt man wie viel) für mehr wahrgenommene Preisfairness als in Südkorea. Denn dieses Wissen versetzt jeden einzelnen Hotelgast in die Lage, sich einen möglichst vorteilhaften Preis zu sichern – eine Vorstellung, die dem amerikanischen Ideal der individuellen Freiheit und Selbstverantwortung entspricht. Vor allem in vertikal individualistischen Gesellschaften (vgl. B-3.10.1) ist die Wahrscheinlichkeit groß, dass eine variable Preispolitik als fair angesehen wird – zumindest nicht als unfair (Beldona/Kwansa 2008).

Implizite Botschaft gebrochener Preise

Die in kontextunabhängigen westlichen Gesellschaften beliebte Strategie, mit „gebrochenen Preisen" (z.B. 2,99 €) Preisgünstigkeit zu suggerieren, verfängt in kontextabhängigen östlichen Gesellschaften zumeist nicht. Dort deuten die Konsumenten die implizite Botschaft dieser Preisstrategie eher als eine Form von Unfairness bzw. Bauernfängerei. Eine Ausnahme ist die im ostasiatischen Kulturkreis weit verbreitete Praxis, Preisfiguren mit 8 zu beenden. Da es sich dabei um eine Glückszahl handelt, werden Preise, die auf 8 enden, dort als Glückssymbol empfunden und nicht als Versuch, potentielle Käufer zu manipulieren (vgl. Nguyen et al. 2007).

5 Wahl von Einkaufsstätten & Vertriebskanälen

Wo kaufen Konsumenten am liebsten, am häufigsten etc. ein? Und warum? Im Nachbarschaftsladen oder „auf der grünen Wiese"? Beim Discounter oder im Fachgeschäft? Online oder im stationären Handel? Was ist ihnen dabei wichtig? Gute Erreichbarkeit, preisgünstige Angebote, ein umfassendes Angebot, fachkundige Beratung? Für eine Analyse des Konsumentenverhaltens sind dies überaus wichtige Fragestellungen, welche die kulturvergleichende Forschung aber aus unerfindlichen Gründen bislang weitgehend vernachlässigt hat (wie die Themen Preiswahrnehmung und Zahlungsbereitschaft). Lediglich den Gründen, warum Kunden Internetangebote nutzen oder meiden, wurde die erforderliche Aufmerksamkeit geschenkt.

5.1 Stationärer Handel

5.1.1 Traditionelle vs. moderne Betriebsformen

In kollektivistischen, beziehungsorientierten Gesellschaften präferierten viele Konsumenten lange Zeit die vertrauten Nachbarschaftsläden in ihrer unmittelbaren Umgebung, da sie diese als Teil ihres sozialen Lebens empfanden. Ein weiterer Grund: Je traditioneller diese Gesellschaften, bspw. hinsichtlich der Geschlechterrollen, desto mehr sollten Frauen auch bei ihren Einkäufen das engere Lebensumfeld möglichst nicht verlassen (vgl. Goldman/Hino 2005). Zwar vollzieht sich in diesen Ländern gleichfalls ein Wertewandel; aber noch immer haben die traditionellen Betriebsformen dort eine starke Marktstellung.

Marmelade vs. Konfitüre: Marmeladen sind Konfitüren, die ausschließlich aus Zitrusfrüchten hergestellt werden

Die modernen Betriebsformen (z.B. Verbrauchermärkte) finden vor allem in individualistischen Gesellschaften, die es gelernt haben, Ungewissheit zu tolerieren, ein günstiges kulturelles Umfeld. Zum einen, weil Einkaufen dort weit weniger ein soziales, Beziehung stiftendes Ereignis ist, und zum anderen, weil ein zuversichtlicher Umgang mit innovativen Entwicklungen Teil der kulturellen Identität dieser Gesellschaften ist. Wesentlich weniger vorteilhafte Umfeldbedingungen bestehen in maskulinen Gesellschaften und in solchen, die Machtdistanz akzeptieren. In beiden Fällen spielt die Skepsis gegenüber Neuerungen aller Art die entscheidende Rolle (vgl. Budhathoki et al. 2018, S. 106).

5.1.2 Angebotsvielfalt

Gut sortierte Verbrauchermärkte bieten 20-25.000 Artikel an, darunter etwa 250 verschiedene Marmeladen/Konfitüren. Man muss nicht besonders konsumkritisch eingestellt sein, um darin ein Problem zu erkennen: ein Entscheidungsproblem. Benötigen wir wirklich 250 verschiedene Marmeladen bzw. Konfitüren? Möchten, handelspolitisch gesprochen, Verbraucher aus einem tiefen Sortiment mit vielen gleichartigen Angeboten auswählen können (z.B. 250 Sorten Marmelade/Konfitüre) oder präferieren sie, weil die Entscheidung dann leichter fällt, weniger Zeit beansprucht etc., ein flaches Sortiment?

Antwort auf diese Frage gibt ein Experiment, das als „Marmeladen-Paradoxon" eine gewisse Berühmtheit erlangt hat. Stellen Sie sich einen Supermarkt vor, der u.a. ausgefallene Marmeladesorten anbietet. Als experimentelles Treatment wurde die Tiefe des Marmeladensortiments variiert: flaches Sortiment = 6 verschiedene Sorten, tiefes Sortiment = 24 verschiedene Sorten. Ergebnis: Unter der Versuchsbedingung „große Auswahl" (= 24) interessierten sich zwar wesentlich mehr Kunden für das Angebot als unter der Bedingung „geringe Auswahl" (= 6). Aber die begrenzte Auswahl motivierte 32% der Interessenten zu einem Kauf, die große Vielfalt nur 3%.

So wenig Kunden offenbar eine übergroße Angebotspalette mögen, so wenig schätzen sie es jedoch auch, keine Auswahlmöglichkeit zu haben. Dies bestätigen die Ergebnisse eines Experiments, in dem den Versuchsteilnehmern ein allseits beliebter DVD-Player zum Kauf angeboten wurde. Unter der Bedingung, dass nur dieses eine Modell verfügbar war, erklärten 91% der Teilnehmer, den DVD-Player nicht kaufen zu wollen, obwohl sie ihn als gut einschätzten. Wurde das Angebot jedoch um eine zweite Option (= B) erweitert, sank der Anteil der an einem Kauf grundsätzlich Desinteressierten auf 34%. Bereits der Umstand, dass ihnen eine Wahlmöglichkeit angeboten wurde (= B), sorgte dafür, dass statt 9% sich nunmehr 35% der Versuchsteilnehmer den Kauf von Option A vorstellen konnten (und 31% den Kauf von Option B).

Aufgrund ihrer großen Wertschätzung von persönlicher Freiheit ist individualistischen Konsumenten die Möglichkeit, aus einem großen Sortiment auswählen zu können, wichtiger als kollektivistischen Konsumenten (vgl. Herrmann/Heitmann 2006). Entsprechend verhält es sich mit dem Bedürfnis nach Abwechslung (vgl. C-4.5.2). Individualisten schätzen es, ihrer Unabhängigkeit sichtbaren Ausdruck zu verleihen, indem sie anderes konsumieren als andere bzw. als sie selbst in der Vergangenheit (vgl. Yoon et al. 2011; Kim/Drolet 2003).

5.1.3 Einkaufsatmosphäre

Einkaufen ist ein soziales Ereignis, das nicht weniger kulturspezifisch überformt ist als der anschließende Konsum (vgl. Wallendorf/Reilly 1983). Dies äußert sich auf vielfältige Weise, nicht zuletzt in der präferierten Einkaufsatmosphäre. So scheint für Angehörige kollektivistischer Gesellschaften Einkaufen tendenziell ein multisensorisches Erlebnis zu sein, für Angehörige zeitgeiziger individualistischer Gesellschaften (vgl. C-1.4) jedoch eher eine möglichst effizient zu bewältigende Notwendigkeit. Dafür sprechen die Befunde von Ackerman/Tellis (2001), die in einer Langzeitstudie das Einkaufsverhalten china-stämmiger mit dem amerikanischer Verbraucher verglichen haben. Dabei zeigte sich u.a., dass „Chinesen" im Supermarkt wesentlich mehr Sinne nutzen als Amerikaner, wenn sie unverpackte Lebensmittel wie Früchte prüfen (Geruchs-, Geschmacks-, Tastsinn). Außerdem nehmen sie eine größere Vielfalt an Waren in Augenschein und lassen sich dabei mehr Zeit.

Crowding

Definition Crowding

„Stresszustand, der auftreten kann, wenn sich das Individuum räumlich eingeengt fühlt. ... ein als unangenehm erlebter psychischer Zustand, der zu einem Fluchtverhalten führen kann" (Kroeber-Riel/Gröppel-Klein 2019, S. 436).

Zu der Umweltfaktoren, welche das Einkaufserlebnis wesentlich beeinträchtigen können, zählt Crowding. Auslöser dieser emotionalen Reaktion sind enge Gänge, ein Übermaß an Zweitplatzierungen, Displays und Reizen aller Art (z.B. Ladenfunk) – in Kombination mit der Präsenz vieler anderer Kunden. Was als „viel" bzw. „zu viel" erlebt wird, ist interindividuell sehr unterschiedlich und hängt überdies vom Zweck des Einkaufens ab. Wer ein anregendes Einkaufserlebnis sucht, wird eine größere Reizdichte als angenehm bzw. tolerierbar erleben als Kunden, die lediglich mit geringstmöglichem Aufwand einen Routinekauf erledigen möchten. Allerdings gibt es auch ein „zu wenig". Reizarmut wird als langweilig empfunden und schreckt Kunden nicht minder ab als Reizüberflutung (vgl. Coskun et al. 2019; Kroeber-Riel/ Gröppel-Klein 2019, S. 436).

Die Herkunft der Kunden scheint gleichfalls eine wichtige Rolle zu spielen. Am Beispiel einer hedonistischen Konsumsituation (Besuch von Konzerten, Vergnügungsparks etc.) untersuchten Pons et al. (2006), wie Crowding empfunden wird. Besucher aus dem Nahen Osten schätzten dieser Studie zufolge die vorgegebene Reizintensität geringer ein als ihre nordamerikanischen Vergleichspersonen und empfanden belebte Situationen eher positiv: als an- bzw. aufregend. Pons/Laroche (2007) beobachteten zum einen, dass Mexikanern eine bestimmte Kundendichte in einer Buchhandlung weniger gedrängt ('crowded') erscheint als Kanadiern. Zum anderen minderte empfundenes Gedränge die Zufriedenheit der mexikanischen Probanden mit dem Einkaufserlebnis weniger als die Zufriedenheit der kanadischen Probanden.

Beleuchtung

Amerikanische Probanden präferierten in der ihnen in einem Experiment zugewiesenen Rolle eines Hotelgastes eine warme, gedämpfte Beleuchtung des Gastraumes, während den südkoreanischen Vergleichspersonen ein helleres und dennoch warmes Licht angenehmer war (vgl. Park et al. 2010).

Beziehungsqualität

Konsumenten, die in einer beziehungsorientierten Gesellschaft sozialisiert wurden, neigen dazu, auch Einkäufe als soziale Beziehungen zu gestalten. Dies geschieht in kollektivistischen Gesellschaften nicht immer nur aus sozialen, sondern auch aus opportunistischen Gründen (vgl. Low et al. 2012). Taiwanesische Kundinnen versuchten gezielt, gute Beziehungen zum Verkaufspersonal herzustellen, um in deren 'in group' aufgenommen zu werden und Preisnachlässe sowie andere Vorteile zu erhalten.

Für Menschen, die einer machtdistanten Gesellschaft entstammen und in deren sozialer Hierarchie weit oben stehen, kommt es einer Kränkung gleich, wenn sie nicht besser behandelt werden als Kunden, die einen geringeren sozialen Rang einnehmen. Und wer in einer maskulinen Gesellschaft sozialisiert wurde, empfindet Frauen, die ihm nicht in einer dienenden, sondern in einer gleichberechtigten Funktion begegnen, aufgrund seines traditionellen Rollenverständnisses voraussichtlich als höchst irritierend.

Sprache

Verkäufer, Vertriebsmitarbeiter, Verhandler etc., welche akzentfrei in der Landessprache kommunizieren, hinterlassen einen positiveren Eindruck als Vergleichspersonen, welche mit Akzent sprechen (bspw. Amerikanisch mit griechischem Akzent). Akzentfreie Mitarbeiter werden nicht nur als überdurchschnittlich freundlich, glaubwürdig und kompetent wahrgenommen, sondern sind auch – gemessen am Kriterium Kaufbereitschaft ihrer Kunden – erfolgreicher (vgl. Tsalikis 1991). So die allgemein akzeptierte These dieses Forschungsfeldes, die üblicherweise mit Hilfe der Theorie der sozialen Identität von Tajfel/Turner (1986) begründet wird. Die systematische Bevorzugung des Eigenen sollte sich vor allem in kollektivistischen Gesellschaften nachweisen lassen, da diese der Gruppenzugehörigkeit mehr Gewicht beimessen als individualistische Gesellschaften (vgl. Armstrong/Yee 2001).

Für die Kaufintention mexikanischer Kunden war es allerdings unerheblich, ob die Verkäufer das klassische mexikanische Spanisch oder ein Spanisch mit amerikanisch-englischem Akzent sprachen (vgl. DeShields/De los Santos 2000). Durch eine Folgestudie, in der sie den Wohnort der Befragten in das Untersuchungsdesign aufnahmen, erkannten DeShields/Kara (2011) jedoch, dass dies nur für Versuchspersonen galt, die nahe der amerikanisch-mexikanischen Grenze oder in einer der Küstenstädte lebten und somit dem ständigen Einfluss des amerikanischen „Way of Life" ausgesetzt waren. Mexikaner aber, die im Landesinneren lebten und wenig Kontakt zur amerikanischen Kultur hatten, präferierten Verkäufer, die Spanisch mit einem mexikanischen Akzent sprachen.

5.1.4 Einkaufsstättenimage

Das Image einer Einkaufsstätte – d.h. deren emotional-kognitive Repräsentation im Bewusstsein der Konsumenten beeinflusst in Gestalt seiner zahlreichen Subdimensionen (Atmosphäre, Preisniveau, Service, Standort, Übersichtlichkeit des Warenangebots etc.) verschiedene Facetten des Konsumentenverhaltens, allen voran die Einkaufsstättenwahl und die Kundenzufriedenheit (vgl. z.B. Martínez-Ruiz et al. 2011; Helgesen/Nesset 2010). Verschiedentlich wurde in diesem Zusammenhang untersucht, ob und wie die wahrgenommene Qualität eines Produkts vom Image der Einkaufsstätte abhängt, in der es angeboten wird.

> **Definition Brand Equity**
> "Difference in consumer choice between the focal branded product and an unbranded product given the same level of product features" (Lee et al. 2000, S. 196)

Gemäß dem Strukturgleichungsmodell des Markenwerts, das Yoo et al. (2000) entwickelt und Yoo/Donthu (2002) kulturvergleichend überprüft haben, beeinflusst das Einkaufsstättenimage sowohl bei jungen individualistischen (amerikanische Studenten) als auch bei jungen kollektivistischen Konsumenten (südkoreanische Studenten) die von diesen wahrgenommene Produktqualität und diese wiederum – allerdings primär bei der südkoreanischen

Stichprobe – den Markenwert (vgl. Abb. 80). Lee/Shavitt (2006) haben in diesem Zusammenhang nachgewiesen, dass der kulturbedingte Denkstil der entscheidende Moderator ist, wozu ihre Probanden mit einer abhängigen bzw. unabhängigen Selbstkonstruktion geprimt wurden. Aufgrund ihres stärker holistischen, Umweltfaktoren berücksichtigenden Denkstils wird demzufolge das Qualitätsurteil von Kunden mit einer abhängigen Selbstkonstruktion stärker vom Qualitätsimage der Einkaufsstätte beeinflusst als jenes von Kunden mit einer unabhängigen Selbstkonstruktion. Urteilsgegenstand war eine Mikrowelle.

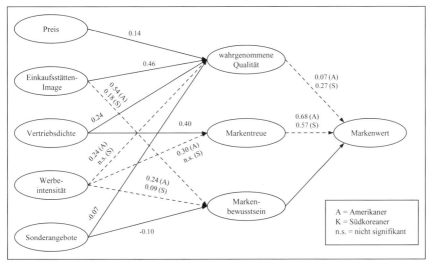

Abb. 80: Einkaufsstättenimage & Markenwert

Quelle: Yoo/Donthu (2013, S. 392)

5.1.5 Warenpräsentation

Kunden mit einer abhängigen Selbstkonstruktion beurteilen die Qualität von Angeboten stärker in Abhängigkeit vom Warenumfeld, in dem das Produkt präsentiert wird, als Vergleichspersonen mit einer unabhängigen Selbstkonstruktion (vgl. Jain et al. 2007). Im konkreten Fall wurde der Fettgehalt von Plätzchen geringer eingeschätzt, wenn diese in einem Verkaufsregal inmitten von gesundheitsförderlichen Lebensmitteln angeboten wurden (vs. im Süßwarenregal, umgeben von konventionellen Plätzchen). Auch dieses Phänomen lässt sich mit dem jeweiligen Denkstil erklären, der bei einer abhängigen Selbstkonstruktion stärker umfeld- bzw. kontextabhängig ist (= holistischer Stil) als beim analytischen Denkstil. Letzterer ist für Menschen mit einer unabhängigen Selbstkonstruktion charakteristisch (vgl. C-6.3.3). Shavitt/Barnes (2019, S. 76) sprechen in diesem Zusammenhang von der "ability of holistisc thinkers to integrate and see connections among elements in the environment."

Assimilationseffekt: Ähnlichkeiten werden betont

Kontrasteffekt: Unterschiede werden betont

Aber nicht nur das Warenumfeld beeinflusst die Produktwahrnehmung, sondern auch die Oberfläche bzw. das Material der Verkaufstische. Ein Krug, der auf einem Verkaufstisch aus Marmor präsentiert wird, erscheint Probanden mit einer abhängigen Selbstkonstruktion moderner als derselbe Krug, der auf einem Holztisch steht. Während deren holistischer Denkstil dafür sorgt, dass Kontextinformation wie das Material des Verkaufstisches in das Urteil über das Verkaufsobjekt integriert werden (= Assimilationseffekt), beobachteten Zhu/Meyers-Levy (2009) bei der Vergleichsgruppe (unabhängige Selbstkonstruktion, analytischer Denkstil) einen Kontrasteffekt. Diese Probanden unterschieden das Urteilsobjekt überdeutlich vom Kontext und nahmen den Krug als „trendy" wahr, wenn er auf dem Holztisch stand, und als „natürlich", wenn die Verkaufshilfe ein Glastisch war. Mit anderen Worten: Holistisch Denkende nehmen Verkaufsobjekt (= fokale Information) und Verkaufskontext (= periphere Information) tendenziell als eine Einheit wahr, während analytisch Denkende darin eher zwei voneinander unabhängige Sachverhalte erblicken.

5.1.6 Technologische Neuerungen

RFID: Radio Frequency Identification

> „Onlineshopping setzt den stationären Handel massiv unter Druck. Um die Kunden in den Ladengeschäften zu halten, setzen viele Händler auf innovative Technologien, die das Einkaufen zum Erlebnis machen sollen. Eine solche Technologie ist RFID. Im Geschäft verbessert sie den Warenfluss und die Kommunikation mit den Kunden, ermöglicht zudem mobiles Bezahlen" (www.hitachi-solutions.de/blog/2019/04/rfid-handel/25.08.2020).

RFID, ein automatisches Identifizierungsverfahren per Funk, ermöglicht es, auf kurze Distanz Objekte aller Art eindeutig und kontaktlos zu identifizieren. Der Handel nutzt diese informationstechnologische Innovation auf vielfältige Weise, allen voran zur Steuerung des Warenflusses, zur Rationalisierung des Bezahlvorgangs und zur Gewinnung von Kundeninformationen. So unstrittig die technologischen Vorteile dieser Technik sind, so problematisch können die Reaktionen und Befürchtungen der Kunden sein, bspw. bezüglich einer etwaigen Strahlenbelastung. Auch weckt die Möglichkeit, damit unbemerkt Bewegungsprofile von Kunden zu erstellen, bei manchen die Sorge, man werde systematisch überwacht. Denn während Strichcodes, die bis heute vorherrschende Identifikationstechnologie, nur ausgelesen werden können, wenn zwischen Markierung und Lesegerät Sichtkontakt besteht, ist dies bei der RFID-Technologie nicht erforderlich.

Vecchi et al. (2010) haben am Beispiel verderblicher Lebensmittel untersucht, ob die Landeskultur mit der Aufgeschlossenheit für technologische Neuerungen im Handel wie RFID in Zusammenhang steht. In dieser Studie äußerten sich griechische Konsumenten hierzu ablehnender als die Angehörigen einer irischen Vergleichsgruppe, was vermutlich damit zusammenhängt, dass Griechen ausgesprochene Ungewissheitsmeider sind (UAI = 112), Iren jedoch Ungewissheit tolerieren (UAI = 35). Auch dürfte der Individualismus der Iren (IDV = 70) und der Kollektivismus der Griechen (UAI = 35) eine Rolle spielen. Denn ein individualistisches Umfeld begünstigt die Akzeptanz von Innovationen (vgl. D-2.2).

5.2 Online-Handel

5.2.1 Grundlagen

Die Corona-Pandemie hat den Siegeszug des Online-Handels, der bereits in der vergangenen Dekade zu erkennen war, voraussichtlich entscheidend beschleunigt. Davon unbenommen sind die Besonderheiten dieses Vertriebskanals sowie die damit verbundenen Vor- und Nachteile gegenüber dem stationären Handel.

Zu den Besonderheiten des Online-Shopping zählt, dass die traditionelle Informationsasymmetrie zwischen Anbieter und Nachfrager in diesem Vertriebssystem besonders ausgeprägt ist. Die Kunden, die weder den Anbieter noch dessen Angebote selbst in Augenschein nehmen und erproben können, müssen sich auf dessen möglicherweise geschönte Selbstdarstellung im Netz verlassen. Erschwerend kommt hinzu, dass sich die Bewertungen, Empfehlungen, Likes etc. tatsächlicher oder vermeintlicher Kunden immer häufiger als Fake erweisen. Diesen Nachteil mindert die vergleichsweise größere Leichtigkeit von Informationsbeschaffung und Informationsaustausch im Internet zwar, kompensiert ihn aber nicht vollständig. Deshalb hängt die Antwort auf die Frage, ob der Online-Handel sein Anteil am Einzelhandelsumsatz wird weiter steigern können, nicht nur von „harten" Kriterien wie Kaufkraft, Ausbildungsniveau, Internetzugang und Rechtssicherheit ab, sondern mehr noch von „weichen" Kriterien, insb. vom Vertrauen der Konsumenten. Das erweiterte Technologie-Akzeptanz-Modell (eTAM) erlaubt es, diese Zusammenhänge systematisch darzustellen (vgl. C-7.4). Demzufolge lässt sich die Absicht, online einzukaufen, durch die …

- Einstellung zum Online-Einkauf (wahrgenommene Nützlichkeit, einfache Bedienbarkeit und kulturell bedingte Akzeptanz von Websites) sowie
- verschiedene situative Faktoren (z.B. Produkteigenschaft, Erfahrung, Vertrauen) vorhersagen (vgl. Monsuwé et al. 2004).

In einem von Noh et al. (2013) entwickelten TAM-Modell beeinflusst individuell gemessener Kollektivismus in der für diese Studie gewählten Operationalisierung die wahrgenommene Nützlichkeit von S-Commerce signifikant. Bei dieser auch Social Shopping genannten Unterkategorie von E-Commerce sind Anbieter und Nachfrager durch soziale Netzwerke miteinander verbunden (z.B. durch *Facebook*).

Beim Social Commerce spielen Kundenbeteiligung und Kommunikation der Kunden untereinander (Empfehlungen, Kommentare etc.) eine zentrale Rolle. Dieser Studie zufolge neigen Probanden, welche verbindliche soziale Normen auf dem Gebiet von S-Commerce akzeptieren ('norm acceptance'), dazu, diesen Vertriebskanal als nützlich anzusehen. Gleiches gilt für Probanden, die mit anderen Gruppenmitgliedern darin übereinstimmen, welchen Zielen dabei Priorität gebührt ('goal priority'). Der positive Einfluss von wahrgenommener Leichtigkeit der Nutzung und wahrgenommener Nützlichkeit des Mediums wird durch die Variable Preisbewusstsein verstärkt: "Highly price-conscious consumers are likely to use s-commerce sites when they perceive them to be useful or easy to use" (Noh et al. 2013, S. 256).

Akzeptanzhemmnisse sind diverse Kaufrisiken wie nicht erkennbare Produktmängel oder Möglichkeit des Missbrauchs von Kreditkarte und Kundendaten (vgl. Chang et al. 2005). In einer explorativen Studie haben Ko et al. (2004) die Risikowahrnehmung amerikanischer und südkoreanischer Online-Kunden ermittelt. Für beide Gruppen wog das finanzielle Risiko am schwersten (USA = 5,6, Südkorea = 5,2 auf einer siebenstufigen Ratingskala). Am unterschiedlichsten wurde das soziale Risiko eines Online-Einkaufs bewertet, das Südkoreaner wesentlich intensiver wahrnahmen als Amerikaner (= 4,4 vs. 2,4). Diese wiederum stuften das Zeitrisiko und das psychologische Risiko etwas höher ein (= 5,0 bzw. 3,6) als die südkoreanische Vergleichsgruppe (= 4,4 bzw. 2,6). Das Qualitätsrisiko und das physikalische Risiko beurteilten beide Gruppen annähernd gleich (USA = 4,2 bzw. 2,4; Südkorea = 4,2 bzw. 2,7). Allerdings krankt diese Studie daran, dass weder die Operationalisierung der Risikokonstrukte offengelegt noch verbal umschrieben wird, was genau bspw. unter sozialem, psychologischem oder physikalischem Risiko zu verstehen ist.

5.2.2 Vertrauen & Vertrauensbildung

Vertrauen ist ein wichtiger, wenn nicht der wichtigste Erfolgsfaktor dieses Vertriebskanals. Wer dem Online-Handel vertraut, äußert in einschlägigen Befragungen nicht nur eine stärkere Kaufintention, sondern kauft auch tatsächlich häufiger online ein als Probanden, die derartigen Angeboten mit Misstrauen begegnen (vgl. Lim et al. 2006; Van Slyke et al. 2004). Verschiedene Faktoren haben sich als vertrauensbildend erwiesen, bspw. die Zugehörigkeit zu einer Gemeinschaft. So vertrauen Online-Kunden Webseiten, deren Betreiber der eigenen Glaubensrichtung angehören, signifikant mehr als Webseiten von Betreibern mit einer anderen bzw. keiner religiösen Orientierung (vgl. Siala et al. 2004).

Auch von ihrer Nationalität oder Landeskultur hängt es ab, ob Kunden einem Online-Anbieter vertrauen, bspw. Amerikaner mehr als Südkoreaner (vgl. Park et al. 2012) und Festland-Chinesen mehr als Hongkong-Chinesen sowie Taiwanesen (vgl. Chen et al. 2008). Um erklären zu können, warum Südkoreaner Internet-Shopping zwar als risikoreicher wahrnehmen, aber nicht seltener online einkaufen als Amerikaner, bezogen sich Park/Jun (2003) auf die Cushion-Hypothese von Weber/Hsee (1998). Demnach wirkt die Solidarität des Familienverbundes wie ein Kissen, in das Angehörige kollektivistischer Gesellschaften weichen fallen, wenn sie mit einer risikoreichen Entscheidung Pech hatten (vgl. C-1.3.2).

Mehr als anderswo schaffen im ostasiatisch-kollektivistischen Kulturraum die Reputation des Anbieters, die Unternehmensgröße und die Gruppenzugehörigkeit Vertrauen (vgl. Jin et al. 2008). Noch wichtiger scheint jedoch ein Persönlichkeitsmerkmal zu sein: die Bereitschaft, anderen Menschen, Institutionen etc. zu vertrauen. Bei einem Vergleich der Einstellungen von chinesischen und finnischen Kunden eines Online-Buchladens mediierte diese Variable den Zusammenhang zwischen Kollektivismus und Langzeitorientierung auf der einen Seite und dem Vertrauen in diesen Online-Shop, insb. in die wahrgenommene Integrität, auf der anderen Seite (vgl. Hallikainen/Laukkanen 2018).

Einen ganz anderen Ansatz haben Ganguly et al. (2010) gewählt. Ausgangspunkt ihrer Studie war die Erkenntnis, dass für Online-Anbieter die Gestaltung ihrer Webseite ('information design, visual design, navigation design') ein wichtiger Erfolgsfaktor ist und Nutzungsabsicht, Kundenzufriedenheit etc. beeinflusst (vgl. Ranganathan/Ganapathy 2002). Dabei kommt dem Vertrauen der Kunden insofern eine Schlüsselrolle zu, als es die Beziehung zwischen der Art und Weise, wie die Webseite gestaltet ist, und der Nutzungsabsicht mediiert. Die individuelle kulturelle Orientierung moderiert diesen Zusammenhang. Bei Ungewissheitsmeidern schafft eine übersichtlich gestaltete Navigation verständlicherweise mehr Vertrauen als bei Ungewissheitstoleranten.

Zu den im Internet am häufigsten angewandten Strategien der Vertrauensbildung zählen …
- 'peer customer endorsement' = Empfehlungen, die von gleichaltrigen Kunden ausgesprochen werden,
- 'website affiliation' = Verknüpfung einer „jungen" Webseite ohne eigene Reputation mit einer etablierten und weithin angesehenen Webseite (z.B. *Amazon*). Dazu wird das Logo der etablierten Webseite auf der Webseite des noch unbekannten Internet-Shops als Hyperlink deutlich sichtbar präsentiert.

Wie Sia et al. (2009) am Beispiel des Kaufs eines eBooks in einer Online-Buchhandlung aufzeigen, vertrauen chinesische Studenten (Hong Kong) vor allem den Empfehlungen der 'peer group'. Anders als die anonymen Portale werden Freunde und Bekannte der 'in group' zugerechnet, was in diesem Zusammenhang wichtig ist, weil In Group-Mitglieder in kollektivistischen Gesellschaften als besonders glaubwürdig gelten. In individualistischen Gesellschaften wie Australien wird weniger scharf zwischen innen und außen differenziert, weshalb bei der australischen Vergleichsstichprobe keine vergleichbare Polarisierung der Pfadkoeffizienten zu beobachten war (HK = .49 vs. .05; A = .28 vs. .31). Mit anderen Worten: Bei den australischen Probanden wirken beide Strategien der Vertrauensbildung annähernd gleichermaßen, wenn auch auf einem etwas niedrigeren Niveau. Bemerkenswert ist überdies die unterschiedliche Erklärungskraft. Das Modell vermag lediglich die Kaufintention (r^2 = .65) und das Kaufverhalten (r^2 = .49) der australischen Probanden gut vorherzusagen. Die deutlich geringere Varianzaufklärung im Falle der chinesischen Studenten (r^2 = .36 bzw. .15) spricht dafür, dass das in Abbildung 81 vorgestellte Erklärungsmodell nicht umfassend universell gültig ist.

342 Teil D Konsumentenverhalten im interkulturellen Vergleich

Abb. 81: Pfadmodell „Vertrauensbildung & Kaufverhalten"

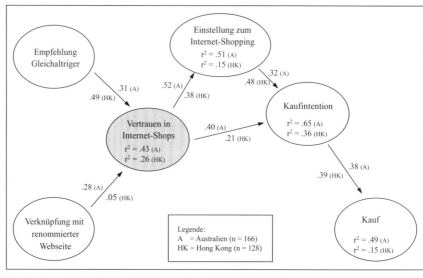

Quelle: eigene Darstellung auf Basis von Sia et al. (2009, S. 501 ff.)

5.2.3 Einstellung zum Online-Handel

Wahrgenommene Nützlichkeit & einfache Bedienbarkeit

Im individualistischen Kulturkreis entwickeln Konsumenten vor allem dann eine positive Einstellung zum Online-Handel, wenn sie von dessen Nützlichkeit überzeugt sind. Kollektivisten ist „einfache Bedienbarkeit" wichtiger (vgl. Schepers/Wetzels 2007). Eine besondere Rolle spielt dabei die Leichtigkeit der Navigation im Online-Shop. Wie Alexander et al. (2017a/b) berichten, fürchten vor allem Nutzer, die kulturbedingt Ungewissheit meiden, in den „Weiten des Internets" verloren zu gehen. Deshalb präferiert diese Zielgruppe eine übersichtliche, eindeutig strukturierte Menüführung. Darauf legen auch Angehörige von kontextunabhängigen Gesellschaften Wert (vgl. Calabrese et al. 2012). Denn sie sind es gewöhnt, sich vorrangig auf explizite Informationen zu verlassen (vgl. C-2.1.2). Weiterhin ist bekannt, dass Angehörige von ...

- kurzfristorientierten Gesellschaften, verglichen mit langfristorientierten Online-Shoppern, relativ wenig Zeit auf den von ihnen besuchten Webseiten verbringen, was bedeutet, dass sie Informationen eher oberflächlich zu erfassen suchen („scannen"), als sich eingehender damit zu befassen.
- Ungewissheit meidenden Gesellschaften das Informationsangebot einer Webseite intensiver nutzen als ungewissheitstolerante Shopper,
- kollektivistischen Gesellschaften es schätzen, wenn Plattformen, Unternehmenswebseiten etc. viele Funktionen anbieten, welche die Interaktion der Nutzer untereinander fördern (vgl. Cho/Cheon 2005),
- monochronen Gesellschaften aufgrund ihres linearen Zeitverständnisses linear-sukzessiv organisierte Navigationsstrategien präferieren, während Polychrone weniger strukturiert navigieren: „forward and backward moves and repeated accesses to the same page set" (Kralisch et al. 2005).

5.2 Online-Handel

Kulturelle Orientierung

Gemäß einer regressionsanalytischen Auswertung des 2012 mit 'social commerce' in 53 Ländern erzielten Umsatzes wirkt Genussorientierung als Promotor, während ungewissheitsmeidende Gesellschaften und solche, die Machtdistanz akzeptieren, ein eher ungünstiges Umfeld bieten. Mit dieser Modellierung (vgl. Abb. 82) konnten Yildirim/Barutçu (2016) mehr als die Hälfte der abhängigen Variable (= Umsatz) erklären.

- Genussorientierte sind überdurchschnittlich optimistisch. Ihrer positiven Lebenseinstellung ist es zuzuschreiben, dass sie anderen eher vertrauen als misstrauen, so auch Online-Anbietern. Weiterhin teilen sie ihre Shopping-Erlebnisse gerne mit Freunden und Followern, weshalb sie *Facebook* und andere soziale Netzwerke nicht nur für die Organisation und Gestaltung ihres sozialen Lebens nutzen, sondern auch für den Konsum. Nicht zuletzt ist Genussorientierten unverzügliche Bedürfnisbefriedigung wichtig. Dank des großzügigen Rückgaberechts können sie ihrer Shopping-Freude online fast ohne Reue frönen. Deshalb sind in den verschiedenen Phasen des Einkaufens (anschauen, vergleichen, auswählen, bestellen, zurückgeben) die Online-Kanäle bei diesem Segment gegenüber dem stationären Handel im Vorteil.
- Ungewissheitsmeider sorgen sich um Vielerlei: Ob ihre Kundendaten im Netz sicher sind? Ob ihre Kreditkartennummer „gefischt" werden kann? Ob der Eindruck, den sie von den Schuhen oder einem anderen Angebot im Netz gewonnen haben, in der Realität Bestand haben wird? Dies erklärt, warum dieser Kundentyp seltener als andere online einkauft (vgl. Lim et al. 2004).
- Wer Machtdistanz akzeptiert, neigt häufig zu einer gewissen Technikaversion. Zusammen mit einer unterdurchschnittlichen Änderungsbereitschaft sorgt dies dafür, dass Machtdistante nicht zu den besten Kunden des Online-Handels zählen.

Abb. 82: Social Commerce: Zusammenhang zwischen Landeskultur & Umsatzvolumen

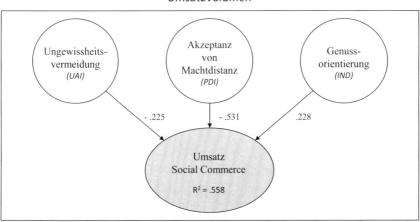

Quelle: Yildirim/Barutçu (2016, S. 413)

Eigene sekundärstatische Analysen des Erfolgs des Online-Handels in 28 europäischen Ländern bestätigen diese Aussage. Ein lineares Regressionsmodell mit zwei unabhängigen Variablen erklärt die abhängige Variable „Anteil Online-Käufer" weitestgehend (R^2 = .879): Genussorientierung (ß = .661) und Ungewissheitsvermeidung (ß = -.586). Vor allem in genussorientierten Gesellschaften wie Großbritannien (IND = 69) und Dänemark (IND = 69) haben große Teile der Bevölkerung in der jüngeren Vergangenheit online eingekauft (vgl. Tab. 52), während in Bulgarien (IND = 15), Rumänien (IND = 19), Italien (IND = 29) und anderen selbstbeherrschten Gesellschaften die weit überwiegende Mehrheit der Kunden nach wie vor die traditionellen stationären Kanäle nutzt (R = .74; p = .000). Auch ungewissheitsmeidende Gesellschaften wie Portugal (UAI = 104), Griechenland (UAI = 112) oder Kroatien (UAI = 80) bieten dem Online-Handel kein günstiges Betätigungsfeld. Akzeptanz von Machtdistanz wird zwar nicht in das Regressionsmodell aufgenommen, erzielt aber in der univariaten Korrelationsanalyse ein hochsignifikantes Zusammenhangsmaß (R = -.617, p = .000). Gleiches gilt für die Kaufkraft in den Ländern, die Gegenstand der Untersuchung waren (R = .633, p = .000): In wohlhabenden Ländern wird mehr online eingekauft als in ärmeren Ländern.

Tab. 52: Anteil Online-Käufer in Europa (2019, in %)

Großbritannien	80	Frankreich	58	Slowenien	45	Zypern	31
Dänemark	75	Estland	56	Tschechien	43	Portugal	28
Deutschland	71	Finnland	55	Polen	41	Italien	28
Niederlande	70	Belgien	55	Litauen	38	Rumänien	28
Schweden	70	Österreich	54	Ungarn	35	Bulgarien	14
Norwegen	67	Malta	50	Kroatien	35		
Luxemburg	63	Slowakei	47	Lettland	34		
Irland	59	Spanien	47	Griechenland	32		

Quelle: Statista 2020
Anmerkung: Anteil derer, die in den drei Monaten vor der Befragung zumindest einmal online eingekauft haben

Weiterhin ergab sich für den europäischen Wirtschaftsraum ein positiver Einfluss von Individualismus (R = .66; p = .000) und Kaufkraft (gemessen als BIP in Kaufkraftparität; R = .63; p = .000). Die klassische kulturvergleichende Forschung bestätigt – wenn auch auf wesentlicher schmalerer empirischer Basis, d.h. anhand von Zwei-, Drei- oder Vier-Länder-Studien – den positiven Zusammenhang zwischen Individualismus und Online-Handel und die negative Rolle von Ungewissheitsvermeidung:
- Mitglieder individualistischer Gesellschaften kaufen wesentlich häufiger online ein als die kollektivistische Vergleichsgruppe (vgl. Kahttab et al. 2012; Zhou et al. 2007), obwohl letzteren Online Shopping weniger risikoreich erscheint als Individualisten (vgl. Choi/Geistfeld 2004). Erklären lässt sich dieses scheinbare Paradoxon mit der von Risikoforschern beschriebenen 'cushion hypothesis' (vgl. C-1.3.2). Verantwortlich für die Kaufzurückhaltung dürfte im Übrigen auch nicht Technikaversion sein. Denn

Kollektivisten nutzen die Online-Medien gerne und häufig, allerdings primär, um zu kommunizieren und sich unterhalten zu lassen. Online-Einkäufen aber empfinden sie als eine sehr individualistische Art des Einkaufens, was ihrer ausgeprägten Beziehungsorientierung widerspricht. Wie in anderen kollektivistischen Gesellschaften, so ziehen auch im arabischen Raum lebende Menschen persönliche Kontakte anonymen Transaktionen vor, weshalb die Voraussetzungen für E-Business in diesen Ländern vergleichsweise schlecht sind (vgl. Yasin/Yavas 2007). Während türkische Studenten vorrangig hoffen, beim Online-Shopping neue Freundschaften schließen und bestehende vertiefen zu können, sind ihre amerikanischen Kommilitonen im wesentlichen convenience-orientiert. Ihnen ist es bspw. wichtig, mit Hilfe der Technik zeitraubende Kontakte mit anderen Menschen vermeiden zu können (vgl. Özen/Kodaz 2016). In ihrer Kundentreue unterscheiden sich individualistische Online-Kunden allerdings nicht von kollektivistischen Online-Kunden (vgl. Frost et al. 2010).
- Aufgeschlossenheit für innovative Ideen, Produkte, Verhaltensweisen etc. findet man bei Ungewissheitsmeidern eher selten. Deshalb ist es wahrscheinlich, dass sie auch der Innovation E-Commerce mit Skepsis begegnen. Chai/Pavlon (2004) konnten diese These für eine amerikanische Stichprobe bestätigen, nicht jedoch für eine griechische Stichprobe. Andererseits stellten Angeli/Kyriakoullis (2006) fest, dass griechische Zyprioten wesentlich mehr Bedenken gegenüber Online Shopping haben als Briten, wobei die Sorge vorrangig der Produktsicherheit und weniger der Transaktionssicherheit galt.

Studien zum Einfluss der individuellen kulturellen Orientierung auf Vertrauen und Absicht bzw. Bereitschaft, online einzukaufen, lieferten bislang widersprüchliche Ergebnisse. Während Yoon (2009) berichtete, dass im Falle von chinesischen Online-Kunden deren Langzeitorientierung und Ungewissheitsvermeidung diesen Zusammenhang moderieren, wurden bei einer Replikationsstudie in Italien Akzeptanz von Machtdistanz und Individualismus als Moderatoren ermittelt (vgl. Capece et al. 2013). Xu-Priour et al. (2014) wiederum konnten lediglich bei einer chinesischen Stichprobe einen signifikanten Zusammenhang zwischen wahrgenommenem Vertrauen und Kaufbereitschaft feststellen, nicht jedoch bei der französischen Vergleichsstichprobe.

5.2.4 Rücksendungen (Retouren) als Problem des Online-Handels

Das Retourverhalten von Online-Shoppern wurde bislang vorwiegend bei Angehörigen des westlichen Kulturraums analysiert. Dabei konnte gezeigt werden, dass eine restriktive Retourpolitik der Anbieter wirkt. Vor allem dann, wenn sie Rücksendeprozess erschweren und die Transaktionskosten der Kunden erhöhen, geht die Anzahl der zurückgesandten Artikel zurück – etwa wenn diese den Retourenschein selbst auf der Website des Anbieters ausdrucken müssen. Da allerdings diese Form des 'nudging' (vgl. A-3.4.3) zugleich die Wiederkaufwahrscheinlichkeit der Kunden mindert, wird gemeinhin eine eher großzügige Retourpolitik empfohlen (vgl. Janakiarman et al. 2016).

Gäthke/Gelbrich (2021) gingen empirisch erstmals der Frage nach, ob sich diese Erkenntnisse im Falle von Bekleidung auf den östlichen Kulturraum übertragen lassen. Denn diese Branche leidet besonders unter der Vielzahl an Retouren. In drei Studien mit amerikanischen und chinesischen Teilnehmern wurde untersucht, welchen Einfluss in diesen Ländern die Retourpolitik von Online-Shops sowie die von den Befragten wahrgenommene Wettbewerbsintensität auf das Retourverhalten wie auf die Wiederkaufabsicht der Kunden haben. Da die chinesischen Probanden beim 'manipulation check' mehrheitlich ein abhängiges und die amerikanischen Probanden ein unabhängiges Selbstbild zu erkennen gaben (vgl. C-6.3.1), kann in diesem Fall die Gleichsetzung von Land (z.B. China) mit Landeskultur (= östlicher Kulturraum) akzeptiert werden.

Im Ergebnis zeigte sich, dass die Landeskultur den Einfluss der unabhängigen Variablen moderiert. Demzufolge mindert eine restriktive Retourpolitik die Wahrscheinlichkeit, dass amerikanische Online-Kunden von ihnen bestellte Bekleidungsstücke zurücksenden. Chinesen hingegen lassen sich davon nicht beeinflussen. Sie orientieren sich stattdessen an der Wettbewerbsintensität als Ausdruck der sozialen Normen der institutionellen Umgebung dieser Branche (vgl. Orr/Scott 2008). Der Befund – Kunden, die einen starken Wettbewerb wahrnehmen, senden mehr Produkte zurück – lässt sich konflikttheoretisch begründen: Der Anbieter möchte, dass der Kunde das Produkt behält, weil ihm eine Retoure Kosten verursacht; der Kunde allerdings möchte kein Produkt behalten, welches ihm nicht passt oder gefällt. Entscheidend ist nun, dass Angehörige östlicher Kulturen anders mit derartigen Konflikten umgehen als Angehörige westlicher Kulturen. Asiaten befürchten im Regelfall, ihr Gesicht zu verlieren, und orientieren sich daher im Konfliktfall lieber an einer externen Autorität, einer „moralischen Instanz" (vgl. Ting-Toomey 2015). Beispielsweise gehen sie davon aus, dass eine starke Wettbewerbsintensität Online-Händler veranlasst, sich möglichst im Interesse ihrer Kunden zu verhalten, was chinesische Kunden dazu ermuntere, in einem wettbewerbsintensiven Umfeld ihre Eigeninteressen zu verfolgen: d.h. zu retournieren.

Die Wiederkaufwahrscheinlichkeit erwies sich jedoch nicht als kultursensibel. Ob man bei demselben Anbieter wieder etwas bestellt oder nicht, ist angesichts der Anonymität und großen sozialen Distanz im Internet kein offener Konflikt, selbst nicht für konfliktscheue chinesische Kunden. Ein neuerlicher Kauf impliziert für sie somit kein soziales Risiko, wohl aber das übliche Qualitätsrisiko: in diesem Fall die Möglichkeit, (wieder) ein Produkt zu bestellen, das nicht passt oder nicht gefällt. Da Risikoaversion universell ist (vgl. Weber/Hsee 1998), lässt sich in beiden Stichproben dasselbe Wiederkaufverhalten beobachten. Empfinden die Kunden Retourpolitik des Unternehmens als restriktiv, dann kaufen sie bei diesem eher nicht wieder. Wenn sie jedoch dessen institutionelle Umgebung und insb. die von diesem Anbieter zu beachtenden Gesetze als kundenfreundlich wahrnehmen, dann glauben sie, dass ihre Interessen auch bei einer möglichen weiteren Retoure gewahrt werden, weshalb Kunden unter dieser Bedingung dazu neigen, wieder bei diesem Anbieter zu kaufen.

6 Kaufintention & Kaufentscheidung

Nicht nur anhand welcher Kriterien (vgl. D-2), sondern auch auf welche Weise Menschen Entscheidungen treffen, hängt von ihrer kulturellen Prägung ab: Von der Landeskultur der Gesellschaft, in der sie leben, und vor allem von ihrer individuellen kulturellen Orientierung. Die individualistischen westlichen Gesellschaften idealisieren bekanntlich rationale Entscheidungen: Entscheidungen, die unabhängig von anderen Personen getroffen werden und primär den eigenen Bedürfnissen und Zielen Rechnung tragen. Gemäß der für den kollektivistischen Kulturkreis idealen interdependenten Selbstkonstruktion sollten Entscheidungen hingegen wesentlich den Bedürfnissen und Zielen der ⇒ In Group-Mitglieder dienen (vgl. Riemer et al. 2014).

> "The core insight is that independents may feel more comfortable, or justified, in making decisions based on their own subjective reactions. In contrast, interdependents feel the need to take others into account when making decisions. Hong/Chang (2015) reasoned that, as a result, interdependents will rely more on reasons to justify their choices, so that they can better account for the decisions that they make" (Shavitt/Barnes 2019, S. 73).

Anders als unter den kotrollierten und vereinfachten Bedingungen eines Laborexperiments werden reale Kaufentscheidungen von einer Vielzahl von Stimuli beeinflusst, bspw. von der Preispolitik der Unternehmen, von Werbemaßnahmen, Verkaufsförderungsmaßnahmen, Einkaufsatmosphäre und, und, und. Häufig unterschätzt werden in diesem Zusammenhang die Rolle der sozialen Kultur in Gestalt von Mythen, Helden, Ritualen und Symbolen (vgl. Müller/Gelbrich 2014, S. 172 ff.) sowie die Häufigkeit von impulsiven oder auf andere Weise ungeplanten Käufen.

6.1 Kaufintention

Im Regelfall ist es aufwändig und bisweilen auch unmöglich, reales Kaufverhalten systematisch zu beobachten. Deshalb wird in entsprechenden Studien häufig nach der Kaufabsicht gefragt. Um derartige Befragungsergebnisse angemessen interpretieren zu können, sollte man in Rechnung stellen, dass es sich dabei um subjektive Einschätzungen handelt, die in hohem Maße anfällig für Verzerrungseffekte aller Art sind: bspw. den 'error of extreme tendency' oder den 'error of central tendency'(vgl. Clarke 2001).

Ein Beispiel: In einem Experiment (d.h. unter vergleichbaren Bedingungen) kreuzten philippinische und italienische Probanden vier bis fünf Mal häufiger die extreme Antwortkategorie einer Skala zur Erfassung der Kaufabsicht an als japanische und schwedische Probanden (vgl. Pope 1991). Während sich die „Tendenz zur Mitte" der Japaner mit dem Kulturstandard „Konfliktvermeidung" erklären lässt und die der Schweden mit „Jantes Gesetz", neigen Italiener zum extremen Antwortstil. Dort, wie im gesamten Mittelmeerraum, lautet der entsprechende Kulturstandard: Es ist gut, Stellung zu beziehen und seine Gefühle zu offenbaren (vgl. Hui/Triandis 1989, S. 298).

Jantes Gesetz der Durchschnittlichkeit (Schweden): „Du sollst Dich nicht hervortun wollen, nicht besser sein wollen als die anderen"

Personalisiertes Produkt: Nach Maßgabe von Kundenwünschen mehr oder weniger individuell konfiguriertes Produkt (vs. Standardprodukt)

Moon et al. (2008) wollten wissen, wovon die Absicht, personalisierte Produkte (Computer-Desktop, Sonnenbrille) online zu kaufen, abhängt. Dazu haben sie an einer neuseeländischen Universität 116 Studenten aus 30 Herkunftsländern befragt. Erwartungsgemäß ergab die Auswertung der Daten, dass hauptsächlich Individualisten den primären Nutzen, den individualisierte Angebote den Käufern versprechen, honorieren. Für kollektivistisch sozialisierte Probanden ist es kulturbedingt weniger erstrebenswert, sich von anderen abzuheben, weshalb ihre Kaufabsicht geringer ist. Allerdings ließ sich dieser Kultureffekt nur dann nachweisen, wenn das personalisierte Produkt zum gleichen Preis angeboten wurde wie das Standardprodukt oder zu einem leicht erhöhten Preis (+ 15 %). Dass sich bei einem Preisaufschlag von 30 % die Verhältnisse umkehrten und nun die Kollektivisten mehr an einem Kauf interessiert waren, berichteten *Moon et al.* lediglich, gaben dafür aber keine Erklärung. Spekulativ kann man annehmen, dass dafür möglicherweise der Prestigeeffekt verantwortlich ist (vgl. D-4.5.2). Auch Kramer et al. (2007) haben Hinweise darauf gefunden, dass der Personalisierung bzw. Individualisierung des Produktnutzens kulturbedingt Grenzen gesetzt sind. Zumindest in öffentlichen Konsumsituationen sind Nutzenversprechen, welche sich an den Bedürfnissen einer Gruppe orientieren, für Kollektivisten ein stärkerer Anreiz als für Individualisten.

Für viele ist der Kauf eines Hybridfahrzeugs ein Statement, mit dem sie ihr Umweltbewusstsein demonstrieren. Plausiblerweise müsste angesichts ihrer unterschiedlichen Beziehungsorientierung der soziale Nutzen einer solchen Kaufentscheidung für kollektivistische Autokäufer größer sein und mehr Verhaltensrelevanz besitzen als für individualistische Autokäufer. Gestützt auf eine Online-Befragung von 783 koreanischen und 1.083 amerikanischen Autokäufern, konnten Oliver/Lee (2010) diese Hypothese jedoch nicht bestätigen. Denn bei beiden Stichproben erwies sich der vermutete soziale Nutzen als ein starker Prädiktor der Intention, ein Hybridfahrzeug zu kaufen (e.g., "If I bought a hybrid car, most people who are important to me would appreciate it").

Wurde allerdings nicht speziell nach einem Hybridfahrzeug, sondern allgemein nach der Absicht, umweltfreundliche Produkte zu kaufen, gefragt, dann minderte der wahrgenommene soziale Nutzen die Kaufabsicht amerikanischer Kunden (e.g. "If I bought an environmentally friendly product, most people who are important to me would appreciate it"). Leider blieben die beiden Wissenschaftler eine Erklärung hierfür schuldig. Ist das Kaufobjekt „Auto" ein emotionalisierter Sonderfall? Oder steht dahinter ein Problem der Informationsverarbeitung: z.B. konkretes („Hybridfahrzeug") vs. abstraktes Urteilsobjekt („umweltfreundliche Produkte)?

6.2 Impulsive vs. geplante Kaufentscheidungen

6.2.1 Grundlagen

Impulsive Kaufentscheidungen sind immer ungeplante Kaufentscheidungen. Umgekehrt gilt dies jedoch nicht. Ungeplante Kaufentscheidungen werden erst dann als impulsiv bezeichnet, wenn sie mit einer starken emotionalen Aktivierung einhergehen (vgl. Weinberg/Gottwald 1982), bis hin zu lustbetonten Kaufentscheidungen.

> **Beispiel:** "Impulse buying generates over $4 billion in annual sales volume in the United States. With the growth of e-commerce and television shopping channels, consumers have easy access to impulse purchasing opportunities" (Kacen/Lee 2002, S. 163).

Impulsives Konsumentenverhalten ist nicht nur ökonomisch relevant (d.h. gemessen am Umsatz), sondern auch wissenschaftlich interessant. Die einschlägige Diskussion konzentrierte sich zunächst auf die Frage, ob Persönlichkeitsmerkmale wie Impulsivität oder Materialismus (vgl. Badgaiyan/Verma 2014) bzw. das Bedürfnis nach Abwechslung ('variety seeking') oder nach Anregung ('sensation seeking') entscheidende Treiber ungeplanter Käufe sind (vgl. Iyer et al. 2019; Verplanken/Herabadi 2001). Anders als die internen Auslöser wurden mögliche externe Auslöser impulsiven Kaufverhaltens jedoch nur selten untersucht, mit einer Ausnahme: die wahrgenommene Knappheit eines Angebots. Verglichen mit südkoreanischen Konsumenten reagieren Chinesen auf Signale zeitlicher Knappheit sensibler als auf mengenmäßige Knappheit (vgl. Lee et al. 2015). Schließlich können auch Marketingstimuli (z.B. geschickte Warenpräsentation) und überschüssige Kaufkraft eine wichtige Rolle spielen, aber auch die geografische Positionierung von Marken: Bei Lebensmitteln erhöhen lokale Marken (vs. globale Marken) die Wahrscheinlichkeit von Impulskäufen (vgl. De Vries/Fennis 2019).

Problematisch ist, dass sich die meisten Studien mit den Ursachen und Konsequenzen impulsiven Kaufverhaltens amerikanischer Konsumenten befasst haben (z.B. Youn/Faber 2000). Andere Nationalitäten waren selten Gegenstand des Interesses, bspw. impulsive Käufe junger urbaner Vietnamesen (vgl. Mai et al. 2003). Nur selten wurde dieses Phänomen kulturvergleichend untersucht.

Zu den Ausnahmen zählt eine Untersuchung der Dimensionalität und Universalität impulsiven Konsumentenverhaltens. Aufbauend auf Sharma et al. (2010b) haben Sharma et al. (2011) drei Dimensionen identifiziert:
- affektive Ebene: darunter fallen Genussstreben ('self-indulgence = tendency to spend money on self, to buy things for own pleasure and enjoying life all the time'),
- kognitive Ebene: Mangel an Klugheit ('imprudence = inability to think clearly, plan in advance, and solve complex problems'),
- Verhaltensebene: Mangel an Selbstkontrolle ('lack of self-control = inability to control oneself, regulate emotions, manage performance, maintain self-discipline, and quit bad habits').

Empirisch bestätigen ließ sich diese dreidimensionale Struktur jedoch nur für kollektivistische Probanden. Individualisten unterscheiden nicht zwischen angestrebten ('self-indulgence') und unfreiwilligen ('lack of self-control') impulsiven Käufen, weshalb in ihrem Fall eine zweidimensionale Lösung aussagefähiger ist: 'imprudence' und 'hedonism'.

6.2.2 Rolle der Selbststeuerung

Die sozialpsychologisch inspirierte Forschung berief sich verschiedentlich auf diverse Mechanismen der Selbststeuerung (vgl. Kuhl 2018), um impulsives (Kauf)Verhalten zu erklären. Sharma et al. (2014) etwa haben die Kulturabhängigkeit der Faktorstruktur des von ihnen entwickelten Messansatzes mit Unterschieden in der individuellen Kontrollorientierung begründet. Anders als Kollektivisten seien Individualisten zumeist davon überzeugt, wesentliche Ereignisse, die sie betreffen, kontrollieren zu können. Dafür sorgt zum einen der in ihrem Fall interne 'locus of control' und zum anderen die Überzeugung, Träger bestimmter, weitgehend stabiler Persönlichkeitsmerkmale zu sein (z.B. „Ich bin vernünftig" = 'trait'). Im Gegensatz dazu begreifen sich Kollektivisten eher als eine situativ, d.h. in verschiedenen Situationen unterschiedlich reagierende Person (= 'state'). Gemäß ihrer Selbstwahrnehmung haben Individualisten bspw. im Italienurlaub die völlig überteuerten Lederschuhe nicht deshalb spontan gekauft, weil es ihnen an Selbstkontrolle mangelt, sondern weil sie genussfreudig sind.

Typische Befunde dieser Forschungsrichtung (⇒ Kontrollüberzeugung vs. Selbstregulation) sind:
- Impulsive Käufer haben die positiven Konsequenzen ihrer Handlungen im Blick und schenken möglichen negativen Konsequenzen wenig Aufmerksamkeit (vgl. Rook 1987).
- Verbraucher mit internaler Kontrollüberzeugung (vgl. C-4.5.4.2) neigen zu geplantem Einkaufsverhalten, Verbraucher mit externaler Kontrollüberzeugung zu impulsiven, ungeplanten Käufen (vgl. Busseri et al. 1998).
- Impulsive Käufer erkennt man u.a. an ihrer schwachen Selbstregulation (z.B. Vohs/Faber 2007). Vor allem Konsumenten mit einer unabhängigen Selbstregulation sind dafür anfällig.

> "People with a chronic independent self-construal tend to emphasize and pursue personal preferences and, therefore, are more likely to yield to impulsive desires, whereas people with a chronic interdependent self-construal practice restraining their personal goals, opinions, and desires to fit in with others and achieve group harmony" (Shavitt/Barnes 2019, S. 72).

Mittlerweile ist man sich weitgehend einig, dass impulsive Käufe eine Frage der Selbstkontrolle sind. Zwar wird dies, wie bereits erläutert, überwiegend kognitiv-attributionstheoretisch begründet. Es gibt aber auch den Vorschlag, dafür den kulturspezifischen Umgang mit Emotionen verantwortlich zu machen. Da Impulsivität eine starke emotionale Komponente aufweist und Kollektivisten erfahren darin sind, ihre Emotionen zu kontrollieren, vor allem negative Emotionen wie Ärger oder Wut (vgl. Riemer/Shavitt 2011), müsse man davon ausgehen, dass sie weniger als Individualisten zu impulsiven Kaufentscheidungen neigen. Dies auch deshalb, weil Kollektivisten es gewohnt sind, stärker auf die Ansichten und Meinungen anderer zu achten, weshalb sie weniger schnell und im Zweifel weniger impulsiv entschieden. Für Individualisten hingegen sei es identitätsstiftend, vor allem auf ihre eigenen Bedürfnisse zu achten und ihren persönlichen Überzeugungen zu folgen (vgl. Kacen/Lee 2002).

6.2.3 Einfluss kulturspezifischer Werte

Welcher Zusammenhang besteht zwischen Akzeptanz von Machtdistanz und Impulsivität? Ausgehend von der These, dass die Antwort auf diese Frage vom Grad an Selbstkontrolle der Probanden abhängt, haben Sharma et al. (2010b) erkannt: Wer Machtdistanz akzeptiert, ist es gewohnt, Regeln und Struktur zu beachten und folglich auch weniger anfällig für die Verlockungen impulsiver Kauferlebnisse. Dabei moderiert das Konstrukt „Selbstkontrolle" die Beziehung, die zwischen 'power distance belief' (geprimt) und Impulsivität besteht.

Sind impulsive Kaufentscheidungen für Ungewissheitsmeider ein unkalkulierbares Risiko? Unseres Wissens haben bislang lediglich Shoham et al. (2015) diese eigentlich naheliegende Hypothese kulturvergleichend untersucht, ohne sie jedoch bestätigen zu können, was aber weniger an mangelnder theoretischer Begründetheit als an Stichprobenproblemen liegen dürfte: Der individuell gemessene UAI-Wert der israelischen Probanden unterschied sich kaum von dem der amerikanischen Vergleichspersonen (0,71 vs. 0,61). Gleiches gilt für die These, dass in einem femininen Umfeld mit einer stärkeren Emotionalität zu rechnen sei, weshalb dort impulsive Kaufentscheidungen wahrscheinlicher seien als in einem maskulinen Umfeld (1,06 vs. 0,88). Noch ungeprüft ist weiterhin die gleichfalls plausible These, dass genussorientierte Konsumenten ('indulgence') impulsivere Käufer sind als selbstbeherrschte Konsumenten ('restraint').

Die Anwesenheit (Abwesenheit) anderer Personen triggert (unterdrückt) impulsives Verhalten. Konsumenten mit einer unabhängigen Selbstkonstruktion legen Wert darauf, spontan (Kauf)Entscheidungen zu treffen, die vor allem ihrem individuellen Wohlbefinden dienen und nicht, wie bei der Vergleichsgruppe (abhängige Selbstkonstruktion), dem Wohlergehen der 'in group' (vgl. Zhang/Shrum 2009). Weiterhin hängt davon ab, in welchem Maße die Betroffenen mit dem Ergebnis ihrer Entscheidung zufrieden sind. Wie Lee/Kacen (2008) mithilfe der Szenariotechnik gezeigt haben, sind Individualisten (= Amerikaner, Australier) generell zufriedener, wenn sie ihre Wahl ohne sozialen Einfluss treffen konnten, gleichgültig, ob es sich um eine geplante oder eine impulsive Kaufentscheidung handelt. Kollektivisten (= Malaien, Singapurer) hingegen sind mit einer impulsiven Entscheidung zufriedener, wenn sie diese in Anwesenheit eines Freundes oder Familienmitgliedes gefällt haben.

6.3 Kontext von Kaufentscheidungen

6.3.1 Konsummythen

> **Definiton Myth**
> "A story with symbolic elements that represents a culture's ideals. The story focuses on some kind of conflict between two opposing forces, and its outcome serves as a moral guide for listeners" (Solomon 2018, S. 522).

Mythen stiften einer Gesellschaft Sinn. An die Stelle politischer Mythen (z.B. amerikanischer Exzeptionalismus) traten im desillusionierten Nachkriegsdeutschland Konsummythen (vgl. Münkler 2010). *Volkswagen* („Er läuft und läuft") und *Lufthansa* versprachen den risikoscheuen Deutschen das, was ihnen in dieser unsicheren Zeit am wichtigsten war: Zuverlässigkeit. „*Lufthansa, Hansaplast, Hanse Merkur* – die Hanse steht für Zuverlässigkeit, Solidität, Unternehmertum, Vertrauenswürdigkeit, Nüchternheit und Weltläufigkeit" (www.ndr.de/geschichte/Alles-ist-Hanse-die-Erfindung-eines-Guetesiegels,mythen122.html). Globale Konsummythen schufen u.a. *Coca-Cola* („Genuss & Lebensfreude") und *Porsche* („Mehr als ein Sportwagen").

> **Beispiel:** „*Coca-Cola* hat mit seinen Kampagnen immer auch ein Lebensgefühl abgebildet – so auch seit 2016 unter der Überschrift >Taste the Feeling<. Das Genießen mit allen Sinnen steht im Mittelpunkt, vom Zischen beim Öffnen des Getränks über das Prickeln auf der Zunge, den viel versprechenden Geruch, den unverwechselbaren Geschmack, die vollkommene Erfrischung. Ein Genuss, der jeden noch so alltäglichen Moment zu einem besonderen macht" (www.coca-cola-deutschland.de/coca-cola-werbung-1886-2016).

Zu den großen Mythen individualistischer Gesellschaften gehört die Erzählung vom Recht auf Freiheit und Genuss. Die Marke *Marlboro* verdankt diesem Mythos ihren Erfolg.

> **Beispiel:** „*Marlboro* – der Geschmack von Freiheit und Abenteuer." Lange Zeit verkörperte die Figur des rauchenden Cowboys glaubhaft diesen Mythos, indem er die assoziative Brücke zum regel- und rechtlosen Wilden Westen mit seinen offenen Grenzen herstellte. In der jüngeren Vergangenheit musste man jedoch dem allgemeinen Wertewandel Rechnung tragen. Mit Rücksicht auf das wachsende Gesundheitsbewusstsein weiter Kreise der Bevölkerung verzichtete *Philipp Morris* ab 1993 auf eine Produktdarstellung: Nachdem mehrere Darsteller des *Marlboro*-Cowboys an Lungenkrebs verstorben waren, rauchten dessen Nachfolger nun nicht mehr. Dann, 2012, kam mit der MAYBE-Kampagne ein weiterer Bruch mit der Vergangenheit. Angesichts der wachsenden Urbanisierung der Weltbevölkerung und dem Streben nach Gleichberechtigung der Geschlechter konnte das traditionelle Prärie-Szenario wie aus der Zeit gefallen erscheinen. Slogans wie „MAYBE will never be her own boss" oder „MAYBE will never fall in love" wandten sich bewusst an Frauen und wurden unterlegt mit Bildmotiven eines städtischen Lebensstils. Ob die Hinwendung zu den Frauen als Beitrag zur Emanzipation gedacht war oder eher der Erkenntnis Rechnung trug, dass die vielen nicht-rauchenden Frauen eine bislang sträflich vernachlässigte Zielgruppe sind? Wer weiß?

Unstrittig jedoch ist, dass es *Marlboro* gelang, sich dank der Werbeikone des freiheitsliebenden Cowboys vom unbedeutenden Nischenanbieter zur weltweit bekanntesten und umsatzstärksten Zigarettenmarke aufzuschwingen. Allerdings hatte *Philipp Morris* mit dieser Werbebotschaft in manchen Weltregionen wesentlich weniger Erfolg als in anderen. Dass das Unternehmen, das 2013 in Europa einen Marktanteil von 19,0 % hielt, sich in Asien, einem Raucherparadies, mit 5,3 % begnügen musste, hat sicherlich mehrere Gründe (bspw. die unterschiedliche Durchlässigkeit der Distributionskanäle). Eine Erklärung, die sich aus kulturvergleichender Sicht anbietet, lautet: Während im individualistischen Europa die Botschaft „Recht des Einzelnen auf Freiheit und Genuss" kulturkonform war, kollidierte sie im kollektivistischen Asien mit der dort vorrangigen Norm „Pflichten des Einzelnen gegenüber der Gesellschaft".

6.3.2 Helden

> **Definition Heroes**
> "Persons, alive or dead, real or imaginary, who possess characteristics which are highly prized in culture, and who thus serve as models for behavior" (Hofstede 2010, S. 8)

Mit ihren besonderen Eigenschaften verkörpern Helden jene Werte, welche in einer Gesellschaft, Kultur bzw. Subkultur besonderes Ansehen genießen – bspw. Mut (vgl. Rothlauf 2012, S. 36) oder Unangepasstheit in einer individualistischen Gesellschaft. Da es leichter fällt, sich mit konkreten Personen zu identifizieren als mit abstrakten Werten, sind Helden wichtig für die Identifikation mit der eigenen Landeskultur.

Es gibt verschiedene Typen von Helden. Kulturheroen bspw., menschliche oder göttliche Helden, die zwischen den Göttern und den Menschen vermitteln und letzteren den Zugang zu den Kulturgütern verschaffen, bisweilen sogar gegen den Willen der Götter (z.B. *Prometheus* → Beherrschung des Feuers). Teil des chinesischen Gründungsmythos ist die Erzählung, dass Kulturheroen wie die „Drei Erhabenen", die „Fünf vergöttlichten Vorfahren" und der „Große Flutbändiger" dem damaligen China Ordnung und Sicherheit gebracht haben (= für den konfuzianischen Kulturraum nach wie vor maßgebliche Werte). Ein anderer Heldentypus sind Märchen- und Sagengestalten, bspw. der für die Nationalkultur Deutschlands so bedeutsame Drachentöter *Siegfried* aus dem Nibelungenlied. Nicht zuletzt können reale Menschen wie *M. Gandhi* zu Helden werden, wenn sie Außergewöhnliches geleistet haben und sich zur Idealisierung eignen. Denn „Heldenmenschen" verkörpern nicht nur zentrale Werte einer Gesellschaft, sondern auch deren Utopien (z.B. eine gerechte, gewaltlose Welt).

Für das IKKV am interessantesten aber sind Produkthelden: Fiktionen der Konsumwelt. In dem Maße, wie der technische und soziale Fortschritt die allgemeinen Lebensrisiken großer Teile der Gesellschaft reduziert hat, entwickelte sich ein unheroisches Gesellschaftsmodell. Als Reaktion auf den Mangel an Heldentum entstand ein ⇒ Bedürfnis nach Maskulinität, welches Werbeagenturen und andere Institutionen der Massenkultur stillten, indem sie das Männliche heroisch inszenierten und Möglichkeiten des kompensatorischen Konsums anboten: Markenkonsum (z.B. *Harley-Davidson*) als ikonographische Andeutung des Widerstand des Mannes gegen die Anmaßungen und Erniedrigungen des täglichen, weitestgehend regulierten Lebens in einer Industriegesellschaft (vgl. Holt/Thompson 2004).

Ikon: gr. = Bild

Ikonographie: Methodik der Bestimmung und Interpretation von Motiven in der Kunst

> **Beispiel:** "The community of *Harley* riders construct themselves as rebellious men who live for the open road. When riding these domineering machines, men experience a sense of liberation and personal autonomy from the constraints of polite society akin to the idealized frontiersman of the West. Compensatory consumption is the implicit theory for why these men are such enthusiastic riders. ›Liberation from what? The *Harley-Davidson* motorcycle/eagle/steed stands for liberation from confinement (including cars, offices, schedules, authority, and relationships) that may characterize their various working and family situations. … For the biker it is the reality of confinement that makes the myth of liberation so seductive and the temporary experience of flight so valuable‹" (Holt/Thompson 2004, S. 426).

Celebrity Advertising: Empfehlungswerbung mit bekannten Persönlichkeiten

M. Jordan und *Nike* waren Vorreiter der Strategie, mit Produkthelden zu werben (vgl. Wilson/Sparks 1996). Während das klassische 'celebrity advertising' bereits vorhandene positive Eigenschaften einer Berühmtheit nutzt und sie auf das Werbeobjekt überträgt (z.B. *Gerard Depardieu* = Franzose = Genießer = Weingenuss), werden Produkthelden gezielt kreiert. Dazu inszeniert eine Werbeagentur deren positive Eigenschaften vor der eigentlichen Werbekampagne in marktgerechter Form. So besaß der amerikanische Basketballspieler *M. Jordan* sein unvergleichliches Sprungvermögen und seine außerordentliche Raum-Zeit-Koordination natürlich schon, bevor er zu einer Werbeikone erhoben wurde. Aber die Marke *Air Jordan*, die einen gewöhnlichen Sportschuh in ein Luxusprodukt verwandelt und auch Unsportlichen Höhenflüge ermöglicht, ist das Werk einer Werbeagentur.

Die klassischen Produkthelden versprechen vor allem in maskulinen Gesellschaften (Werbe-)Erfolg. In femininen Gesellschaften wie den Niederlanden jedoch können auch Anti-Helden Vorbilder sein: gerade aufgrund der Art und Weise, wie sie mit ihren Schwächen umgehen. Die Schelmenromane über den mutmaßlich in Niedersachsen geborenen *Till Eulenspiegel* haben diesem Typus ein Denkmal gesetzt: dem, der es versteht, aus einer unterlegenen Position heraus den Herrschenden den Spiegel vorzuhalten und deren Macht zu erschüttern.

6.3.3 Rituale

ritus: lat, = religiöser Brauch, hergebrachte Weise der Religionsausübung

Definition Ritual

Symbolische „Verhaltensweisen, die bei bestimmten Anlässen in standardisierter Form ausgeführt werden. Als sichtbarer Ausdruck einer gemeinsamen Tradition begründen Rituale soziale Bindung. Dazu trägt auch deren emotionale Qualität bei (z.B. mit Kerzen geschmückter Geburtstagskuchen)" (Müller/Gelbrich 2014, S. 180).

Zahlreiche Ereignisse, Verhaltensweisen etc. sind ritualisiert, d.h. laufen als weitgehend festgelegte, symbolisch aufgeladene Sequenz ab. Man denke nur an verschiedene Formen des Alkoholkonsums (z.B. wie man ein Pils zapft, Trinksprüche und Zuprosten). Und Thanksgiving ist nicht nur eines der üblichen Erntedankfeste. Vielmehr zelebrieren und versichern sich Amerikaner mit diesem Fest, dass ihre Gesellschaft in der Lage ist, allen materiellen Überfluss zur Verfügung zu stellen (vgl. Wallendorf/Arnould 1991).

Traditionsreiche Rituale begleiten in Gestalt von Festen als Übergangs- bzw. Veränderungsrituale die einschneidenden Ereignisse der Lebensspanne des Menschen: Geburt, Ende der Kindheit, Hochzeit und Tod. Andere sind religiösen Ursprungs, insb. Ostern und Weihnachten (vgl. Otnes/Lowrey 2004). Und wieder andere sind eindeutig profaner Natur, primär kreiert, um umsatzschwache Phasen des Handels im Wirtschaftsjahr zu überbrücken (z.B. Valentinstag, Halloween, Black Friday). Anbieter profitieren davon, dass es der Konsumfreude dient, wenn der Kaufanlass ein Ritual ist. Schokolade, die als Geburtstagsgeschenk gekauft wurde, schmeckt besser, erscheint wertvoller und lässt sich teurer verkaufen als gewöhnliche, tatsächlich aber identische Schokolade (vgl. Vohs et al. 2013).

Ritualisierte Verhaltensweisen wie der Austausch von Geschenken sind nur vor dem Hintergrund des jeweiligen kulturellen bzw. religiösen Umfeldes verständlich.

- Wer wird beschenkt? Anlässlich des christlichen Osterfestes dürfen im Regelfall nur Kinder auf eine Gabe hoffen, während Muslime zum Fastenbrechen neben den Familienangehörigen auch Bedürftige erfreuen. Im sowohl konfuzianisch als auch buddhistisch geprägten China ist das Mondfest ein traditionsreicher, überaus bedeutsamer Festtag. Chinesen verschenken dann Mondkuchen, nicht zuletzt auch an Geschäftsfreunde.
- Was und mit welchem Ziel wird geschenkt? In den ostasiatischen Gesellschaften dienen regelmäßige ⇒ Geschenke der Pflege sozialer Beziehungen (vgl. Yau et al. 1999). Chinesen, die sich nicht nur an den traditionellen konfuzianischen und buddhistischen, sondern auch an den daoistischen Werten orientieren, achten beim Schenken sehr darauf, dass das Geschenk sowohl dem eigenen Selbstbild als auch dem des Beschenkten gerecht wird (vgl. Liu et al. 2010). Kein Geschenk zu bekommen oder ein Geschenk, welches der sozialen Stellung der Beschenkten nicht angemessen ist, bedeutet für alle Beteiligten Gesichtsverlust (vgl. Gao et al. 2017). Als ⇒ Gesicht wahrend werden Geschenke empfunden, die aufgrund der Exklusivität der Marke (vgl. Qian et al. 2007), der Produktherkunft (⇒ Country of Origin) oder der Verpackung (vgl. Yang/Paladino 2015) leicht als hochwertig bzw. teuer erkennbar sind. Wie Park (1998) berichtet, achten Koreaner überdies sehr darauf, beim Schenken keine Gruppennormen zu verletzen, während Amerikanern es entsprechend ihren individualistischen Werten wichtiger ist, mit ihrem Geschenk unmittelbaren Einfluss auf das Verhalten der Beschenkten auszuüben.

Fastenbrechen: Fest und gemeinsames Essen, welches den Fastenmonat Ramadan beendet

Mondfest: In China ist der Vollmond Symbol des Friedens und des Wohlstands

Daoismus: Neben Konfuzianismus und Buddhismus ist die „Lehre des Weges" eine der drei religiös-philosophischen Lehren Chinas

6.4 Externe Kaufanreize

Unternehmen setzen Kaufanreize wie Zugaben und Rabatte ein, um Verbraucher kurzfristig und möglichst direkt am PoS dazu veranlassen, ein bestimmtes Gut zu erwerben. Zu dem Instrumentarium der Sales Promotion zählen Coupons, Gewinnspiele, Preisnachlässe bzw. Preisbündelung, Produktproben, Werbegeschenke etc. (vgl. Gedenk 2016).

PoS: Point of Sales

Sales Promotion: Verkaufsförderung

In einer der ersten Studien hierzu wurde untersucht, wie Konsumenten in Malaysia, Taiwan und Thailand auf Coupons reagieren. Huff/Alden (1999) führen die dort eher schwache Akzeptanz dieses Instruments allerdings nicht auf kulturspezifische soziale Normen oder den grundsätzlichen Widerspruch zwischen der Kurzfristorientierung der Couponing-Strategie und der Langfristorientierung des ostasiatischen Kulturraumes zurück, sondern auf die geringere Vertrautheit der Befragten mit Coupons. Dieser These widerspricht jedoch die Beobachtung, dass Amerikaner hispanischer Herkunft negativ gegenüber Coupons eingestellt sind, obwohl diese in ihrer Wahlheimat USA weit verbreitet und beliebt sind. Ursächlich ist in diesem Fall vermutlich die Befürchtung von 'hispanics', als arm stigmatisiert zu werden, als unfähig, den vollen Preis zu bezahlen, wenn sie Coupons einlösen (vgl. de Mooij 2019, S. 349).

Coupon: Wertgutschein

Self Construal: Selbstkonstruktion (bzw. Konstruktion des Selbst)

Die aktuelle kulturvergleichende Forschung zu Akzeptanz und Wirkung von Verkaufsförderungsmaßnahmen stellt das Konstrukt der Selbstkonstruktion in den Mittelpunkt der Argumentation: 'self construal' (vgl. auch C-6.3.4: abhängiges vs. unabhängiges Selbstkonzept). Für die kulturvergleichende Forschung ist dies insofern von Interesse, als zwischen diesem Konstrukt und I-K ein enger Zusammenhang besteht. Eine individualistische Landeskultur begünstigt eine unabhängige (independente) Selbstkonstruktion und eine kollektivistische Landeskultur eine abhängige (interdependente) Selbstkonstruktion.

> „Zahlreiche Studien belegen, dass Personen in Abhängigkeit davon, ob sie sich selbst vor allem als eine autonome, von anderen unabhängige Einheit definieren (independente Selbstkonstruktion) oder aber ihre Identität vorwiegend in ihrer Verbundenheit mit anderen Menschen sehen (interdependente Selbstkonstruktion), soziale Information unterschiedlich verarbeiten" (Hannover/Kühnen 2002, S. 61).

Anagramm: Abfolge von Buchstaben, die in einer zu suchenden neuen Anordnung ein bestimmtes Wort ergeben

Menschen mit einer abhängigen Selbstkonstruktion lösen Coupons mit größerer Wahrscheinlichkeit ein als Vergleichspersonen (= unabhängige Selbstkonstruktion). Lalwani/Wang (2019) erklären dies mit einer kulturbedingt unterschiedlichen Beharrlichkeit. So lösten erstere in einem Test mehr Anagramm-Puzzles als letztere. Beharrlich muss auch sein, wer von Coupons profitieren will. Denn bei geplanten Einkäufen gilt es, den Kauf eines bestimmten Produkts so lange aufzuschieben, bis man den entsprechenden Coupon besitzt. Denkbar ist jedoch auch, dass Coupons Impulskäufe auslösen.

Fam et al. (2019) haben in acht Ländern aus dem pazifischen Raum untersucht, ob Wahrnehmung und Akzeptanz von Sales Promotion universell oder länder- bzw. kulturspezifisch sind. Wie sich zeigte, wird dieses Marketing-Instrument überall mehr oder weniger geschätzt, vor allem in Indonesien und Malaysia. Am wenigsten positiv äußerten sich die Befragten in Brunei und Neuseeland. Es gibt jedoch Abweichungen von dieser Regel. So sind Zugaben in 'down under' vergleichsweise schlecht angesehen, anders als Preissenkungen. Der Versuch einer kulturtheoretischen Begründung dieser Befunde vermag jedoch weder argumentativ noch mit Blick auf das Design der Studie zu überzeugen. Argumentativ deshalb nicht, weil in der Diskussion (vgl. Zitat) keinerlei Zusammenhang zwischen den allgemeinen Aussagen zu den unterschiedlichen Selbstkonzepten individualistischer vs. kollektivistischer Gesellschaften und den konkreten Befunden hergestellt wird. Und am Design ist zunächst die Zusammensetzung der Stichprobe zu kritisieren (sieben kollektivistische Länder und nur ein individualistisches Land), was keine verallgemeinernden Aussagen über den Einfluss der Landeskultur auf die Akzeptanz von Sales Promotion zulässt.

> "Consumers from independent self-construal cultures are more likely to rely on their feelings in contrast to consumers from interdependent self-construal cultures, who are more likely to rely on reasoning. Hence, Asian consumers may evaluate sales promotion in a more analytic holistic manner; information from the sales promotion may be perceived as more interconnected, part of a social context, related to social definitions and relationships. Western consumers, on the other hand, may view the sales promotion information more independently and emotionally, interpreting sales promotion techniques as more detached from the social context" (Fam et al. 2019).

Überraschende Werbegeschenke lösen, kulturbedingt, gleichfalls unterschiedliche Reaktionen aus. Konsumenten mit einer unabhängigen Selbstkonstruktion (z.B. weiße Amerikaner) reagieren darauf positiver als taiwanesische Versuchspersonen (= abhängige Selbstkonstruktion). Denn Überraschungen sind etwas Unkontrollierbares, was bedeutet, dass kollektivistische Empfänger überraschender Werbegeschenke befürchten müssen, eine im ostasiatischen Kulturraum überaus wichtige soziale Norm zu verletzen: jederzeit kontrolliert zu erscheinen (vgl. Valenzuela et al. 2010).

6.5 Rolle der Kaufkraft

Das konkrete Kaufverhalten hängt von zahlreichen Einflussfaktoren ab, bspw. vom …
- Familienstand: Ledige konsumieren anders und anderes als Familien mit Kindern.
- Alter: Jüngere Konsumenten neigen eher zu Impulskäufen als Ältere.
- Lebensstil: Hedonisten wollen sich etwas gönnen, Konservative sich und andere versorgen.

Dem allem übergeordnet aber ist die Kaufkraft, über die Konsumenten verfügen. Nur wenn der eigene Geldbeutel hinreichend gefüllt ist, können aus Konsumwünschen Käufe werden (vgl. Tab. 54).

Tab. 54: Bruttoinlandsprodukt & Kaufkraft in 46 Ländern (2019)

Nr.	Land	BIP/Kopf (in $)	BIP/KKP (in $)	Nr.	Land	BIP/Kopf (in $)	BIP/KKP (in $)
1	Luxemburg	115.636	68.724	24	Estland	23.330	19.641
2	Norwegen	81.550	45.023	25	Tschechien	23.113	21.884
3	Schweiz	83.161	32.814	26	Griechenland	20.317	23.006
4	Irland	78.335	46.033	27	Slowakei	19.579	17.611
5	USA	62.869	44.966	28	Litauen	18.994	15.622
6	Dänemark	60.897	36.039	29	Lettland	18.032	14.801
7	Australien	56.420	33.734	30	Ungarn	16.484	17.712
8	Schweden	54.356	31.386	31	Chile	15.902	12.544
9	Niederlande	53.228	31.670	32	Polen	15.425	14.842
10	Österreich	51.344	34.212	33	Kroatien	14.870	13.063
11	Finnland	49.738	32.056	34	Rumänien	12.270	8.841
12	Deutschland	47.662	31.823	35	Argentinien	11.658	13.967
13	Belgien	46.696	32.950	36	Russland	11.289	12.120
14	Kanada	46.290	36.134	37	Mexiko	9.796	10.529
15	Frankreich	42.935	30.882	38	China	9.580	7.285
16	Großbritannien	42.580	31.183	39	Türkei	9.405	9.034
17	Japan	39.304	34.503	40	Brasilien	8.959	9.001
18	Italien	34.321	30.412	41	Peru	7.007	6.126
19	Südkorea	33.320	21.127	42	Kolumbien	6.642	8.320
20	Spanien	30.733	27.328	43	Ekuador	6.368	4.517
21	Malta	30.608	20.839	44	Südafrika	6.354	13.162
22	Slowenien	26.145	23.826	45	Indonesien	3.871	3.723
23	Portugal	23.437	20.394	46	Indien	2.038	3.615

Quelle: CIA World Factbook, Eurostat

Gemessen am BIP pro Kopf sind diesbezüglich die Bewohner Luxemburgs, Norwegens und der Schweiz am besten gestellt, während Inder, Indonesier und viele andere mit einem Bruchteil davon auskommen müssen. Wie univariate Korrelationsanalysen gezeigt haben, besitzen vor allem individualistische ($R^2 = .65$, $p = .000$) und genussorientierte Gesellschaften ($R^2 = .34$, $p = .023$) eine überdurchschnittliche Kaufkraft, während in Gesellschaften, die Machtdistanz akzeptieren, die finanziellen Mittel eher begrenzt sind ($R^2 = -.67$; $p = .000$).

Der relativ enge Zusammenhang zwischen Landeskultur und Kaufkraft spricht dafür, in der IKKV-Forschung die Kaufkraft regelmäßig als Kontrollvariable zu nutzen.

7 Nachkaufverhalten

In der Nachkaufphase sammeln Konsumenten Erfahrungen mit der von ihnen erworbenen Leistung und bilden sich ein Urteil. War dies die richtige Entscheidung? Bin ich damit zufrieden oder unzufrieden? Kann ich den Anbieter, das Produkt etc. weiterempfehlen? Würde ich mich wieder so entscheiden?

7.1 Zufriedenheit & Unzufriedenheit

7.1.1 Annäherung an ein vielschichtiges Konstrukt

Was genau meinen wir eigentlich, wenn wir feststellen, dass wir mit dem Service Provider XY zufrieden sind und mit dem Eisbecher der Eisdiele XY eher unzufrieden? Aus wissenschaftlicher Sicht ist der Begriff „Zufriedenheit" weit weniger eindeutig, als es umgangssprachlich erscheinen mag (vgl. Giese/Cote 2000). Nicht anders verhält es sich mit dem Konstrukt der Kundenzufriedenheit, welches im Marketing als subjektives Maß der wahrgenommenen Güte von Marktleistungen genutzt wird und als Prädiktor von Zahlungsbereitschaft, Wiederkaufabsicht und anderen Facetten des Kundenwerts. Warum bspw. ist *Maria* mit dem Mittagessen zufrieden, *Jessica* jedoch unzufrieden, obwohl beide in der Mensa dasselbe Essen gewählt haben? Warum ist der Rücksacktourist, der die Nacht in einem einfachen Backpacker-Hotel verbracht hat, mit seiner Unterkunft zufriedener als der Gast eines Fünf-Sterne-Hotels?

Zunächst jedoch zu der Frage, ob Zufriedenheit eine Emotion ist oder eine Kognition oder beides.
- Trommsdorff/Teichert (2011) definieren Zufriedenheit als das „positive Gefühl nach einer Entscheidung bzw. Handlung".
- Blackwell/Miniard (2017) stehen für die kognitive Richtung der Zufriedenheitsforschung. Für sie ist Zufriedenheit die „nach einer Handlung gewonnene Erkenntnis, dass das erworbene Produkt den Erwartungen entspricht".

> **Definition Satisfaction**
> „A global affective construct based on feelings and emotions of the total purchase and consumption experience with a good or service over time" (Agarwal et al. 2010, S. 24)
> „Result of a post-consumption or post-usage evaluation containing both cognitive and affective elements" (Homburg et al. 2005, S. 87)

Als bislang überzeugendstes theoretisches Konzept der Zufriedenheitsforschung gilt das Confirmation/Disconfirmation-Paradigma (vgl. Oliver 1993). Es konzeptionalisiert Zufriedenheit als ein Konstrukt mit sowohl kognitiven als auch emotionalen Anteilen. Alternative Erklärungskonzepte wie „wahrgenommene Qualität" (vgl. Zeithaml/Bitner 2000) oder „Einstellung zum Produkt" (vgl. Sicilia et al. 2006) legen das Schwergewicht hingegen auf die kognitive Komponente.

7.1.2 C/D-Paradigma der Kundenzufriedenheit

Confirmation/Disconfirmation-Modell

Oliver (1980) argumentierte, dass Kunden im Vorfeld einer Transaktion (Kauf, Nutzung etc.) Erwartungen an diese Transaktion bilden. Erfüllt (= 'confirmation') oder übertrifft (= 'positive disconfirmation') ein Produkt bzw. eine Dienstleistung die Erwartungen des Käufers, ist dieser zufrieden. Entsprechend erzeugen nicht erfüllte Erwartungen Unzufriedenheit (= 'negative disconfirmation').

- Confirmation: Wenn die Erwartungen und die von den Kunden wahrgenommene Leistung einander entsprechen (d.h. Ist = Soll), ist der Kunde zufrieden.
- Positive Disconfirmation: Die wahrgenommene Leistung übertrifft die Kundenerwartungen (Ist > Soll). Der Kunde ist zunächst begeistert, wird aber Zug um Zug sein Erwartungsniveau dem ungewohnt hohen Leistungsniveau angleichen (d.h. erhöhen). Dies wiederum hat zur Folge, dass künftig das bislang zufriedenstellende Leistungsniveau nicht mehr als zufriedenstellend erlebt wird.
- Negative Disconfirmation: Entweder die Leistung ist unzureichend, oder der Kunde hatte zu hohe Erwartungen (Ist < Soll). So oder so: Der Kunde ist unzufrieden.

Erfüllte Erwartungen stiften Zufriedenheit, unerfüllte bzw. enttäuschte Erwartungen sorgen für Unzufriedenheit. Auf diese letztlich banale Aussage wird das C/D-Paradigma häufig reduziert. Tatsächlich beschreibt *R.L. Oliver* im oberen Teil seines Modells direkte und indirekte Effekte, die sowohl die Erwartungen als auch die wahrgenommene Leistungsgüte auf die Zufriedenheit ausüben (vgl. Abb. 83). Erstaunlich wenig Aufmerksamkeit aber hat der untere Teil des Erklärungsmodells gefunden. Er befasst sich mit Gerechtigkeitsüberlegungen (vgl. Oliver/Swan 1989) sowie mit der Attribution der durch die Leistungsmerkmale ausgelösten Gefühle der Kunden (vgl. Oliver 1993).

Abb. 83: Erweitertes Consumer Confirmation/Disconfirmation-Modell (C/D)

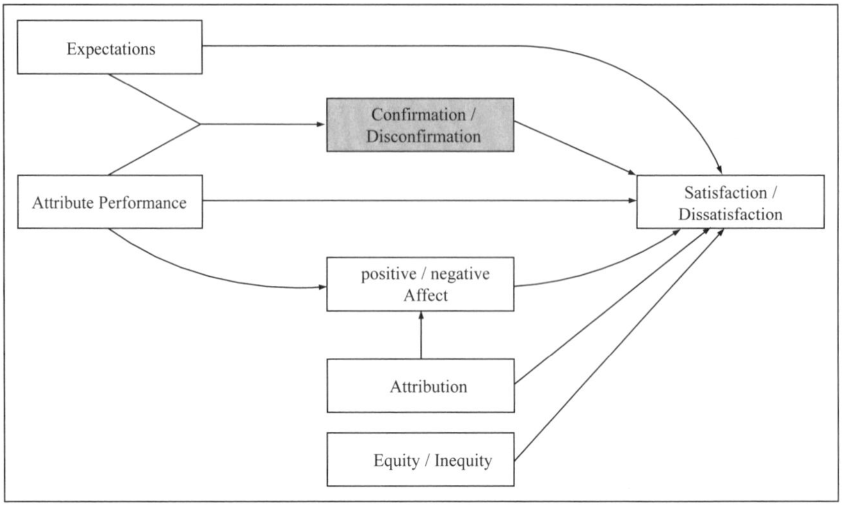

```
         Expectations ─────────────────────────┐
             │    │                            │
             │    └──► Confirmation /           │
             │         Disconfirmation ────┐    │
             │            ▲                │    ▼
   Attribute Performance ─┤                ├──► Satisfaction /
             │            │                │    Dissatisfaction
             │            ▼                │    ▲
             └──► positive / negative ─────┘    │
                    Affect                      │
                      ▲                         │
                      │                         │
                   Attribution ─────────────────┤
                                                │
                   Equity / Inequity ───────────┘
```

Quelle: Oliver (1993, S. 419)

Verschiedene Studien sprechen dafür, dass das C/D-Modell länderübergreifend einsetzbar ist (z.B. Brady et al. 2001 = USA vs. Ecuador; Spreng/Chiou 2000 = USA vs. Taiwan). Andere haben allerdings gezeigt, dass Menschen mit unterschiedlichem kulturellem Hintergrund mit vergleichbaren Leistungen nicht gleichermaßen zufrieden sind (vgl. zusammenfassend Veloutsou et al. 2005). Erklären lässt sich diese Diskrepanz u.a. mit dem Einfluss unterschiedlicher ...

- Erwartungen: Beispielsweise beobachteten Lee/Ulgado (1997), dass amerikanische Fast Food-Konsumenten vor allem dann zufrieden sind, wenn Burger etc. möglichst wenig kosten, während es den befragten Südkoreaner hauptsächlich auf Zuverlässigkeit und Einfühlungsvermögen der Servicemitarbeiter ankam.
- Antwortstile: Kollektivistisch sozialisierte Probanden nutzen auf den ihnen vorgelegten Antwortskalen überproportional häufig die mittleren Antwortkategorien (z.B. 'rather agree, rather disagee'). Dagegen neigen Individualisten zu Extremantworten (z.B. 'strongly agree, strongly disagree') (vgl. Smith/Reynolds 2002; Clarke III 2001).

Erwartungen

Das C/D-Paradigma hat die Zufriedenheitsforschung revolutioniert. Denn es machte deutlich, dass Art und Ausmaß der produkt- bzw. dienstleistungsspezifischen Erwartungen für die Kundenzufriedenheit nicht minder bedeutsam sind als die Leistungsmerkmale selbst (vgl. Anderson/Sullivan 1993). Für die Zufriedenheitsforschung bedeutet dies, dass Zufriedenheitsangaben nur dann aussagefähig sind, wenn man die Ausprägung der zugehörigen Erwartungen kennt: Obwohl Luxushotels unvergleichlich mehr bieten als Billighotels, reflektieren die Zufriedenheitsurteile ihrer jeweiligen Gäste diesen Unterschied häufig nicht – ganz einfach deshalb nicht, weil in

7.1 Zufriedenheit & Unzufriedenheit

Luxushotels verständlicherweise wesentlich anspruchsvollere Gäste nächtigen als in Billighotels.

> **Beispiel:** Wer hat das nicht schon selbst erlebt? Gute Freunde schwärmen von einem Restaurant, Hotel, Film etc. Wer daraufhin selbst dieses Restaurant bzw. Hotel aufsucht oder den Film ansieht, ist anschließend häufig eher enttäuscht. Was ist geschehen? Weder hat sich die Speisekarte verändert noch der Service noch die Leistung der Schauspieler. Was sich aber verändert hat, sind unsere Erwartungen. Aufgrund der begeisterten Schilderung unserer Freunde haben wir diese hoch geschraubt – möglicherweise zu hoch. Und an überhöhten Erwartungen kann die Realität nur scheitern.

In welchem Maße Erwartungen Urteile von Kunden beeinflussen, zeigt indirekt auch eine Studie, über die Šerić (2018) berichtet. Demzufolge billigen inländische – d.h. in diesem Fall kroatische – Gäste kroatischen Hotels ein höheres Qualitätsniveau zu als ausländische Gäste. Eine weitere Bestätigung des 'home bias', der systematischen Bevorzugung des Heimischen, Vertrauten (vgl. D-2.3.3)? Möglich, aber warum haben dann in derselben Studie italienische Hotelgäste die Qualität italienischer Häuser schlechter beurteilt, als ausländische Italienbesucher dies taten? Sind Italiener etwa gegen den 'home bias' immun? Sicher nicht, aber vermutlich sind sie anspruchsvollere Hotelgäste als die Kroaten – d.h. sie haben höhere Erwartungen.

Gerechtigkeit

Ob und in welchem Maße Kunden mit einem Produkt oder einer Dienstleistung zufrieden sind, hängt gemäß dem C/D-Paradigma auch von der wahrgenommenen Gerechtigkeit ab. Bei gleicher Leistung sind Kunden zufriedener, wenn sie den Eindruck gewinnen, dass der Kauf eine faire Transaktion ist (Produkt bzw. Dienstleistung vs. Preis). Kulturspezifisch ist das, was man unter Gerechtigkeit versteht: Ergebnis- oder Chancengerechtigkeit?

Equity: engl. = Gerechtigkeit, Fairness

Emotionen

Seit den Untersuchungen von Westbrook (1987), die auf der Emotionstheorie von Izard (1999) basieren, bezieht die Kundenzufriedenheitsforschung Emotionen in ihren Erklärungsansatz ein (vgl. C-5). Denn die Erfahrungen, die Kunden mit den von ihnen erworbenen Produkten bzw. Dienstleistungen sammeln, schlagen sich nicht nur als kognitive Bewertung des Kaufs nieder, sondern lösen auch emotionale Reaktionen aus. Beispielsweise ärgern sich Kunden, wenn sie einen Fehlkauf extern attribuieren, d.h. dafür die ungenügende Sachkenntnis, das Desinteresse etc. des Verkäufers verantwortlich machen (vgl. C-2.5.3). Die typischen Emotionen von Konsumenten können positiver (z.B. Freude, Dankbarkeit, Interesse) bzw. negativer Natur sein (z.B. Ärger, Ekel und Verachtung). Diese bilden kein Gegensatzpaar, sondern lassen sich statistisch unabhängig und kulturübergreifend nachweisen (vgl. DePaoli/Sweeney 2000).

Allerdings sind diese Emotionen nicht nur das Ergebnis von Kauf- und Verbrauchs- bzw. Nutzungserfahrungen, sondern teilweise auch persönlichkeitsbedingt. Extraversion zum Beispiel begünstigt erfahrungsgemäß positive Emotionen und Neurotizismus negative Emotionen (vgl. Matzler et al. 2005).

362 *Teil D Konsumentenverhalten im interkulturellen Vergleich*

Für den Zusammenhang Emotion – Zufriedenheit sind Attributionsprozesse entscheidend.

Attribution

Machleit/Mantel (2001) haben Konsumenten im Anschluss an einen Einkauf befragt und erkannt, dass deren Zufriedenheit mit dem Shopping-Erlebnis zum einen davon abhängt, ob der Einkauf als Erfolg oder als Misserfolg erlebt wird und zum anderen vom 'locus of control': Glaubt eine Person, dass die Auftretenswahrscheinlichkeit eines Ereignisses von ihrem Verhalten abhängt (= 'internal locus of control') oder von Umständen, welche sie nicht kontrollieren kann (= 'external locus of control')? Waren die Befragten bspw. verärgert darüber, dass ihrem Eindruck nach die Einkaufsstätte „übervoll" von Menschen und Gegenständen war, dann minderte dieses Gefühl die Einkaufszufriedenheit umso mehr, je mehr sie davon überzeugt waren, dass die Geschäftsleute zu wenig dafür getan hatten, das Crowding-Problem zu lösen.

Erwartungen können unter-, aber auch übererfüllt werden. Der Saldo beeinflusst nicht nur das Zufriedenheitsurteil, sondern auch den Attributionsprozess. Unerfüllte Erwartungen lösen ein stärkeres Attributionsbedürfnis aus als übererfüllte Erwartungen (vgl. Gendolla/Koller 2002).

7.1.3 Einflussfaktoren von Zufriedenheit & Unzufriedenheit

Kulturstandards & soziale Normen

Public Health: Oberbegriff für Institutionen und Maßnahmen, die der öffentlichen Gesundheit dienen

Zufriedenheitsurteile sind vergleichsweise leicht beeinflussbar, bspw. durch soziale Normen. Ein Beispiel: Obwohl, gemessen an objektiven Indikatoren wie Lebenserwartung oder Mortalitätsrate bei bestimmten Krankheiten, Amerikaner in Public Health-Untersuchungen eher schlechter abschneiden als Deutsche, äußern sich Amerikaner über ihren Gesundheitszustand erheblich positiver (vgl. Abb. 84). Vermutlich veranlassen unterschiedliche Weltbilder die einen, „das Glas als halbvoll" wahrzunehmen (bzw. dies vorzugeben) und die anderen „als halbleer". Es entspricht einem amerikanischen Kulturstandard, Sachverhalte möglichst positiv zu beurteilen, während es im deutschsprachigen Kulturraum als eher erstrebenswert gilt, ein möglichst sachgerechtes Urteil abzugeben.

Abb. 84: Zufriedenheit mit dem eigenen Gesundheitszustand

Deutsche		US-Amerikaner
8	sehr zufrieden	36
37	zufrieden	29
40	zufriedenstellend	24
12	weniger zufrieden	7
2	unzufrieden	3

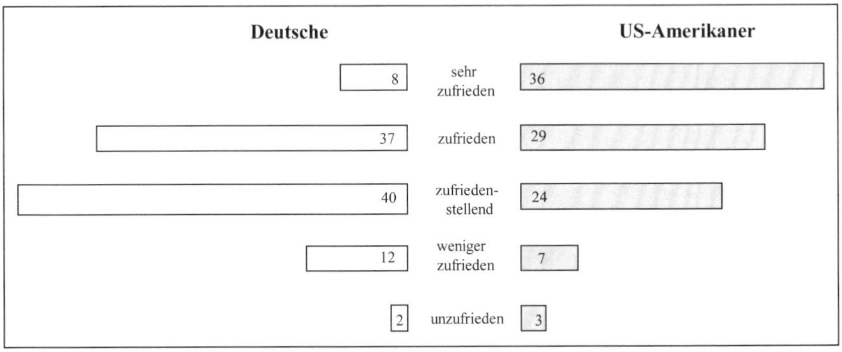

Persönlichkeit vs. Landeskultur

Ein wichtiger Befund der Lebensqualitätsforschung lautet: Die geäußerte Lebenszufriedenheit hängt vergleichsweise wenig von den konkreten Lebensumständen ab, in erheblichem Maße jedoch von der jeweiligen Persönlichkeit. So sind extravertierte Personen häufig zufriedener bzw. glücklicher, neurotische Menschen hingegen eher unzufrieden. Indirekt bestätigten Huang/Crotts (2019) diese These in zweierlei Hinsicht.

Reanalyse: Erneute Auswertung vorhandener Datensätze

- Ihre Reanalyse von Umfragedaten der „Tourism Research Australia's 2017 International Visitor Survey" und des „Hong Kong Tourist Satisfaction Index Project 2016" ergab, dass vier der sechs als mögliche Prädiktoren herangezogenen Kulturdimensionen zusammengenommen die Zufriedenheit der befragten Touristen nur wenig erklären (8 – 10 %, je nach Datensatz). Zufriedenheit fördernd sind demzufolge Individualismus und Genussorientierung, während Akzeptanz von Machtdistanz und Langfristorientierung negativ mit dem Zufriedenheitsindex korrelieren.
- Individualisten und Genussorientierte sind überdurchschnittlich extravertiert.

Wahrgenommene Qualität

Bei Bankdienstleistungen hängt Agarwal et al. (2010) zufolge die wahrgenommene Servicequalität für Individualisten (USA) stärker von der wahrgenommenen Zuverlässigkeit und Kompetenz der Dienstleister ab als für Kollektivisten (Indien). Das Kriterium der wahrgenommenen Servicequalität ist ein starker Indikator dafür, wie zufrieden die Kunden mit der Dienstleistung insgesamt sind. Im Geschäftskundenbereich (B-to-B) wird die Beziehung „wahrgenommene Servicequalität – Kundenzufriedenheit" durch die Kulturdimension Ungewissheitsvermeidung moderiert: Je mehr Kunden kulturbedingt zu Ungewissheitsvermeidung neigen, desto unzufriedener sind sie im Falle schlechter Servicequalität mit dem Anbieter. So äußerten Spanier (UAI = 86) signifikant höhere Unzufriedenheit, wenn sie ihre Erwartungen nicht erfüllt sahen, als deutsche (UAI = 65) und schwedische Kunden (UAI = 29). Vermutlich geht das Streben, Ungewissheit zu vermeiden, mit einer geringen Toleranzbereitschaft einher, weshalb bereits vergleichsweise geringfügige Abweichungen vom Erwarteten als Mangel empfunden werden (vgl. Reimann et al. 2008, S. 64).

B-to-B: Geschäftsbeziehung zwischen Unternehmen (Business-to-Business)

Wahrgenommene Verantwortung

Kommt es zu einem Servicefehler oder einem Produktmangel, dann hängt das Ausmaß der Unzufriedenheit der Kunden davon ab, wen sie dafür verantwortlich machen (vgl. auch C-2.5.3). Sind diese davon überzeugt, dass der Anbieter den Servicefehler bzw. Produktmangel leicht hätte vermeiden können, dann sind sie überdurchschnittlich unzufrieden. Ist hingegen nicht offensichtlich, wer dafür verantwortlich ist, dann fallen die Zufriedenheitsurteile weniger negativ aus (vgl. Choi/Mattila 2008).

7.1.4 Konsequenzen von Zufriedenheit & Unzufriedenheit

Cross Selling: Verkaufsstrategie, deren Ziel es ist, Kunden des Unternehmens weitere Angebote des eigenen Unternehmens zu verkaufen

Wie verhalten sich zufriedene Kunden? Normalerweise erfreuen sie sich des von ihnen erworbenen Gutes, empfehlen den Anbieter weiter (persönlich, ihren Freunden und Bekannten, oder mittels der sozialen Medien), kaufen dasselbe Gut desselben Anbieters wieder (= Kundentreue) und sind für Cross Selling-Angebote aufgeschlossen. Häufig lässt sich bei zufriedenen Kunden auch eine erhöhte Zahlungsbereitschaft beobachten. Die allgemeine und vielfach empirisch bestätigte Beziehung der einschlägigen Konstrukte wird, je nachdem, moderiert durch Variablen wie Einkaufsstättenimage (z.B. Bloemer/De Ruyter 1998) und diese wiederum durch die Art und Weise der Gestaltung der Geschäftsstätte (z.B. Baker et al. 2002; 1994):

> Kundenzufriedenheit → Kaufintention → Zahlungsbereitschaft → Kauf → Kundentreue (Wiederkaufabsicht, Cross, Selling, Weiterempfehlung etc.)

Variety Seeking: Bedürfnis nach Abwechslung

Aber auch Ausnahmen von dieser plausiblen Regel wurden beobachtet. So hängt die Wiederkaufabsicht von Fluggästen im Falle von Billigfliegern nicht von der Kundenzufriedenheit ab. Ob zufrieden oder unzufrieden: entscheidend ist für deren Buchungsverhalten der Preisvorteil (vgl. Kim 2015). Dass die Formel „zufriedene Kunden = treue Kunden" immer wieder zu kurz greift, belegt auch Folgendes: Nicht selten wechseln risikofreudige Kunden den Anbieter, die Marke etc., obwohl sie eigentlich zufrieden sind. Denn der Typus des 'variety seeker' möchte vor allem sein Bedürfnis nach Abwechslung stillen (vgl. C-4.5.2). Es kann aber auch sein, dass Kunden dem Anbieter oder der Marke treu bleiben, obwohl sie unzufrieden sind – z.B. weil der mit einem Anbieterwechsel verbundene Aufwand als zu groß eingeschätzt wird (vgl. Harris et al. 2017).

Darüber hinaus gibt es zahlreiche weitere Gründe, warum Kunden loyal sind und – häufig unabhängig vom Grad ihrer Zufriedenheit – ein bestimmtes Gut oder bei einem bestimmten Händler immer wieder kaufen. Bei technischen Angeboten etwa spielt die weit verbreitete Skepsis gegenüber allem Neuen eine Rolle, weshalb vor allem Angehörige von vergangenheitsorientierten Gesellschaften dann lieber das Vertraute kaufen als das Innovative und damit Unbekannte (vgl. Guo et al. 2012).

EVL: Exit, Voice & Loyalty

Was aber geschieht, wenn Kunden mit der erhaltenen Leistung unzufrieden sind? Abgesehen von der Möglichkeit, das Ereignis zu verdrängen bzw. zu vergessen, sind gemäß dem ⇒ EVL-Modell von Hirschman (1970) drei Reaktionen denkbar: Exit (Abwanderung), Voice (Beschwerde) und Loyalty (Kundentreue) (vgl. Abb. 85).

Abb. 85: Einfluss von Landeskultur & Kulturstandards auf die Reaktionen unzufriedener Kunden

Landeskultur	Kulturstandard	Handlungsoptionen		
		Exit	Voice	Loyalty
Ungewissheitsakzeptanz	„Reiz des Neuen"	☒	☐	☐
Individualismus	„Durchsetzungsfähigkeit"	☐	☒	☐
Kollektivismus	„Harmonie/Gesicht wahren"	☐	☐	☒

- Abwanderung ('exit'): Hierunter fallen Formen des manifesten Protests wie Markenwechsel, Abbruch der Geschäftsbeziehung oder Rückgabe der mangelhaften Leistung (vor allem bei Online-Geschäften). Diese Reaktionen sind vergleichsweise risikoreich, weshalb dazu wahrscheinlich hauptsächlich Kunden bereit sind, die kulturbedingt Risiken nicht scheuen (vgl. D-7.2.2).
- Negative Mundpropaganda & Beschwerde ('voice'): Sehr zufriedene wie auch sehr unzufriedene Kunden neigen zu Mundpropaganda. Sie berichten anderen von ihren Erfahrungen, warnen vor einem bestimmten Anbieter oder empfehlen ihn. Vor allem individualistische Kunden, zu deren Kulturstandards es gehört, sich im Konfliktfall durchzusetzen, scheuen die Konfrontation nicht und beschweren sich in aller Öffentlichkeit (vgl. D-7.3).
- Kundentreue ('loyality'): Es liegt nahe, Kundentreue auf Kundenzufriedenheit zurückzuführen. Es gibt jedoch auch eine Form von „resignativer Kundentreue". Bei geringwertigen oder anderweitig unbedeutenden Leistungen neigen unzufriedene, konfliktscheue Kunden dazu, ihre Erwartungen an das Produkt bzw. die Dienstleistung zu senken und „resignative Zufriedenheit" zu entwickeln. Sie bleiben dem Anbieter treu, weil sie den Aufwand einer Abwanderung scheuen (bspw. Kontowechsel bei einer Bank) oder die sozialen Kosten einer Beschwerde. Unzufriedene Kunden, die im kollektivistischen Kulturkreis aufgewachsen sind und deshalb offenen Konflikt möglichst vermeiden, wandern höchst selten ab und beschweren sich zumeist auch nicht, sondern arrangieren sich (vgl. D-7.2.1).

"Social media has expanded word of mouth (WOM) into a massive mean of online communication. Thus, consumers can now impact the reputation of a business by spreading positive or negative WOM worldwide. The hospitality industry is particularly vulnerable since the decision process is increasingly influenced by online reviews, especially about negative guests' experiences, which are considered highly valuable and helpful" (Fernandes/Fernandes 2018, S. 127).

7.2 Exit oder Loyality: Verhaltensreaktionen zufriedener & unzufriedener Kunden

7.2.1 Loyality: Kundentreue

Etymologie: Wissenschaft von der Herkunft und Bedeutung von Wörtern

Kundentreue wird üblicherweise handlungsorientiert operationalisiert: als Absicht, ein bestimmtes Produkt oder eine bestimmte Dienstleistung wieder zu kaufen (= Marken- oder Herstellerloyalität) bzw. wieder bei einem bestimmten Anbieter einzukaufen (= Geschäftsstellenloyalität). Ein alternativer, etymologisch begründbarer Vorschlag, der vom Begriff der „Treue" ausgehend darunter eine grundlegend positive Einstellung z.B. gegenüber einer Marke versteht (vgl. Day 1969), konnte sich letztlich nicht durchsetzen.

Aufgrund unterschiedlicher Antezedenzien kann man positive von resignativer Kundentreue unterscheiden. Erstere erwächst aus guten Erfahrungen mit dem Anbieter, letztere aus der Befürchtung, unverhältnismäßig hohe Wechselkosten in Kauf nehmen zu müssen. Es liegt auf der Hand davon auszugehen, dass unzufriedene kollektivistische Kunden vor allem deshalb nicht zu einem anderen Anbieter, einer anderen Marke etc. wechseln, weil sie die sozialen Folgekosten dieser Entscheidung fürchten – hauptsächlich eine Störung ihrer Beziehung zu den Mitarbeitern dieses Unternehmens. Zwar haben Frank et al. (2015) diese These auf landeskultureller Ebene empirisch bestätigt. Aber der kollektivistische Kulturraum ist in dieser Hinsicht keine Einheit. Den Analysen von Frank et al. (2012) zufolge scheuen nur Japaner vorrangig die sozialen Konsequenzen eines Anbieterwechsels, während für in Japan lebende Chinesen die finanziellen Wechselkosten bedeutsamer sind.

Lange Zeit ging man davon aus, dass Angehörige kollektivistischer Kulturen prinzipiell loyal sind, auch „ihrem" Unternehmen gegenüber. Selbst wenn sie schlechte Erfahrungen gemacht haben, sei es im Gegensatz zu individualistischen Kunden wenig wahrscheinlich, dass sie sich beschweren oder den Anbieter, die Marke etc. wechseln. Diese pauschale These ist mittlerweile in zweierlei Hinsicht einer differenzierteren Sicht gewichen.

- Erstens argumentieren manche, gestützt auf entsprechende Daten, dass Individualisten weniger empfänglich für sozialen Einfluss seien – ausgeübt von Medien, sozialen Bezugsgruppen, Freunden und Bekannten. In Verbindung mit ihrem unabhängigen Selbst (vgl. C-6.3.4) könnten sie deshalb den Einflüsterungen von Influencern, Market Mavens etc. besser als andere widerstehen. Auch ließen sich Individualisten weniger als Kollektivisten vom Image der Marken, Einkaufsstätten und Hersteller beeindrucken (vgl. Sharma 2010a; Lam 2007). Dies konnte nicht nur auf landeskultureller, sondern auch auf individuell-kultureller Ebene gezeigt werden. Kollektivisten wiederum gelten als eher risikoavers, konfliktscheu und harmoniebedürftig. Eine andere Geschäftsstätte aufzusuchen, eine andere Marke zu kaufen als Verwandte, Freunde, Geschäftskollegen etc. stört gemäß ihrem Wertesystem die soziale Harmonie und wird möglichst vermieden (vgl. Lee 2000). Deshalb seien Kollektivisten die Marken- und Geschäftsstättentreuen (z.B. Yoo 2009). Bei individualistischen Kunden senkt ein positives Markenimage sogar die Wiederkaufwahrscheinlichkeit (vgl. Frank et al. 2015).

- Zweitens ist strittig, ob die Nationalität der Probanden ein stärkerer Moderator ist als deren kulturelle Orientierung, wie Seock/Lin (2011) berichten, und die Landeskultur ein stärkerer Moderator als die individuelle Kultur (vgl. Frank et al. 2015).

Zu Kundenloyalität neigen jedoch nicht nur kollektivistische Kunden, sondern auch ...

- Ungewissheitsmeider. Diese sind nicht vorrangig deshalb treu, weil sie mit dem Produktangebot, den Dienstleistungen oder der Einkaufsatmosphäre besonders zufrieden sind (= positive Kundentreue), sondern aufgrund ihrer gleichfalls überdurchschnittlichen Risikoaversion. Neuem, Innovativem etc. begegnen sie zunächst einmal zurückhaltend. Markenwechsel, Geschäftsstättenwechsel etc. würde ja bedeuten, im Gegenzug das Vertraute aufgeben zu müssen – für Ungewissheitsmeider eine eher unangenehme Vorstellung und eine Form von negativer Kundentreue (vgl. Desmond 2007).
- Menschen, die Machtdistanz akzeptieren. Sie akzeptieren auch die bestehenden sozialen und ökonomischen Verhältnisse. Daraus lässt sich ableiten, dass zwischen dieser Kulturdimension und Kundentreue eine positive Beziehung besteht. Empirisch bestätigt wurde diese Hypothese bislang primär mit Blick auf Markentreue.
- Langfristorientierte. Sie kaufen beispielsweise mit größerer Wahrscheinlichkeit als Kurzfristorientierte 'functional food' wieder. Denn ihr Zeithorizont entspricht dem Nutzenversprechen dieser Lebensmittel: nicht nur kurzfristig zu nähren, sondern auch langfristig die Gesundheit zu fördern (vgl. Wang/Chu 2020).

Markenloyalität

> **Definition Brand Loyalty**
> "A deeply held commitment to rebuy or repatronize a preferred product or service consistently in the future, thereby causing repetitive same-brand or same brand-set purchasing, despite situational influences and market-ing efforts having the potential to cause switching behavior" (Oliver 1999, S. 34).

In Austauschbeziehungen (bspw. Produkt ↔ Kaufpreis) streben Individualisten danach, ihren persönlichen Nutzen zu maximieren. Weniger als Kollektivisten sind sie bereit, Abstriche an der erhaltenen Leistung oder gar Mängel zu tolerieren. Wettbewerb zwischen Unternehmen betrachten sie als eine gute Möglichkeit, sich einen Vorteil zu verschaffen. Es gibt für sie keinen Grund, Unternehmen bzw. Marken, die ihnen keinen Vorteil bieten, treu zu bleiben. Die deshalb geringere Markentreue individualistischer Konsumenten lässt sich nicht nur auf der aggregierten Ebene der Landeskultur nachweisen (vgl. Mourali et al. 2005), sondern auch mit Blick auf die individuelle kulturelle Orientierung (vgl. Yoo 2009).

Die allgemeine Kollektivismus-Hypothese der Loyalitätsforschung wurde mit Blick auf Markentreue durch eine Studie zum Zusammenhang zwischen Markenvertrauen und Markentreue konkretisiert bzw. differenziert. Moderator dieser Beziehung ist die – individuell gemessene – individualistisch/

Markenvertrauen: Neigung, dem Markenversprechen Glauben zu schenken

kollektivistische Orientierung. Dass ihre kollektivistischen Versuchspersonen selbst dann vergleichsweise starke Markentreue bekundeten, wenn sie einer Marke eher weniger vertrauten (jeweils im Vergleich zu Probanden mit individualistischen Werten), begründeten Thompson et al. (2014) damit, dass deren Kaufentscheidungen stärker von den Ansichten von Familienmitgliedern, Freunden und Bekannten beeinflusst werden als von eigenen Überzeugungen. In gleicher Weise hatte bereits Lam (2007) argumentiert: Für kollektivistisch sozialisierte Konsumenten sei es wichtiger, sich den sozialen Normen der für sie relevanten Gruppen anzupassen als sich auf die eigenen Nutzungserfahrungen zu verlassen.

Ungewissheitsmeider neigen zu Markentreue, weil sie das mit einem Wechsel verbundene Risiko scheuen (vgl. Lam 2007), und Konsumenten, die Machtdistanz akzeptieren, weil sie einmal getroffene Entscheidungen ungern revidieren (vgl. Yeniyurt/Townsend 2003; Palumbo/Herbig 2000).

In Ländern wie Großbritannien, deren Bewohner individualistisch sowie kurzfristorientiert sind und Machtdistanz ablehnen, fördern vorrangig innovative Marken Kundentreue (vgl. Eisingerich/Rubera 2010). Denn sie unterstützen die Selbstinszenierung der Kunden. Chinesen hingegen sprechen besser auf soziale Verantwortung und Kundenorientierung an. Denn sie gehören dem beziehungsorientierten ostasiatischen Kulturkreis an, für den u.a. Kollektivismus und Langfristorientierung charakteristisch sind.[1]

Individualisten und Kollektivisten unterscheidet jedoch nicht nur das Ausmaß ihrer Markentreue, sondern auch deren Treiber. So hängt die Loyalität individualistischer Kunden (Niederlande) stärker von Kosten/Nutzen-Erwägungen ab als die Loyalität kollektivistischer Kunden (China). Für sie hat die Befriedigung sozialer Bedürfnisse (z.B. Gesicht wahren, die Erwartungen anderer erfüllen) Vorrang (vgl. Zhang et al. 2014; Bao et al. 2003).

Einkaufsstättentreue

Reputation: Guter Ruf (z.B. eines Unternehmens)

Zu den Faktoren, die dafür sorgen, dass Kunden einer Einkaufsstätte treu sind, zählt nicht zuletzt auch die Reputation des Händlers (vgl. Helm 2006). Die Beziehung Reputation → Kundenzufriedenheit → Einkaufsstättentreue wird durch Kollektivismus moderiert. Beispielsweise ist sie bei südkoreanischen Online-Kunden ausgeprägter als bei amerikanischen Vergleichspersonen (vgl. Jin et al. 2008). Auch die Beziehung Vertrauenswürdigkeit des Anbieters → Einkaufsstättentreue ist bei kollektivistischen Dienstleistungskunden stabiler als bei individualistischen Kunden.

> "The results indicate that the switching behavior within the banking sector is largely determined by one's cultural background. While individualistic consumers are more prone to switch banks, collectivist consumers are highly risk averse and are unwilling to lose the established relations with a bank's personnel. These particular characteristics make them unlikely to switch banks irrespective of a merger and its related consequences" (Farah 2017, S. 254).

---

[1] Zwar sprechen *Eisingerich & Rubera* von Markencommitment. Aber die von ihnen gewählte Operationalisierung erfasst Kundentreue: „Even if [brand name] would be more difficult to buy, I would still keep buying it."

Kundenbindungsprogramme

Im Verlauf der in den 1990er-Jahren begonnenen Kundenwert-Diskussion wurde auch der ökonomische Wert, den treue, langjährige Kunden für Unternehmen haben, erkannt (vgl. Reichheld/Sasser 1990). Als Folge davon entwickelten zahlreiche Unternehmen Programme, um in diesem Sinn „wertvolle" Kunden möglichst langfristig an sich zu binden. Die kulturvergleichende Forschung hat in diesem Zusammenhang untersucht, ob die dabei eingesetzten Anreize kultursensibel oder indifferent sind. Gemäß den Erkenntnissen von Thompson/Chmura (2015) versprechen in kollektivistischen Märkten, in denen Machtdistanz abgelehnt wird, vor allem solche Programme Erfolg, in denen der in Aussicht gestellte Anreiz in unmittelbarem und offensichtlichem Zusammenhang mit den zugrundeliegenden Käufen steht (= 'related reward'). Fluggesellschaften, die Vielflieger mit Bonusmeilen belohnen, verfahren nach diesem Prinzip. In Märkten, in denen die Menschen Unsicherheit tolerieren und feminine Werte vertreten, wirken gemäß dieser Studie Anreize ohne thematischen Bezug besser (= 'unrelated reward'). In diese Kategorie fallen die Sammelbilder, die verschiedene Supermarktketten anlässlich großer Sportereignisse ihren Kunden anbieten (bspw. Fotos berühmter Fußballer).

Hwang/Mattila (2018) haben auf eine Besonderheit der Wirkung von Bonusprogrammen im ostasiatischen Kulturraum hingewiesen. Südkoreanische Fluggäste entwickelten ihrer Studie zufolge eine intensivere Kundenbindung, wenn der Versuchsleiter sie glauben ließ, sie verdankten den Bonus ihrem Glück – und nicht dem Stand ihres Flugmeilenkontos. Für die befragten amerikanischen Fluggäste spielte es hingegen keine Rolle, wie der Bonus begründet wurde ('luck-based vs. loyalty-based').

7.2.2 Exit: Wechsel des Anbieters

Manche Kunden wandern schleichend ab, Schritt für Schritt. Ihre Kundenbindung erodiert. Bei anderen kommt es zu einem plötzlichen Bruch, zumeist auf Grund eines schwerwiegenden negativ-kritischen Ereignisses. Die Rolle, welche die Landeskultur bzw. die individuelle kulturelle Orientierung dabei spielt, lässt sich gemäß den Erkenntnissen der einschlägigen kulturvergleichenden Forschung wie folgt zusammenfassen: Unzufriedene Kunden mit kollektivistischen Werten, einer Abneigung gegen ungewisse Entscheidungssituationen und/oder einer ausgeprägten 'face orientation' beschweren sich vergleichsweise selten. Ihnen liegt es näher, den Anbieter oder die Marke zu wechseln und/oder andere (insb. Freunde und Bekannte) vor diesem Anbieter bzw. dieser Marke zu warnen (vgl. z.B. Wan 2013; Ngai et al. 2007).

Chapa et al. (2014) haben diesen Befund insofern präzisiert, als gemäß ihrer Befragung von amerikanischen, ägyptischen, mexikanischen und türkischen Konsumenten Abwanderung häufig ein zweistufiger Vorgang ist. Für unzufriedene Individualisten hat eine materielle Wiedergutmachung des erlittenen Schadens Priorität (z.B. Austausch des fehlerhaften Produkts, Entschädigung). Es ist ihnen aber auch wichtig, mit anderen über ihre unerfreulichen Erfahrungen zu sprechen (negative Mundpropaganda). Unzufriedene Kollektivisten vermeiden es möglichst, den Anbieter zu wechseln. Ihre Vorzugsreaktion

Konsistenz-theorien: Richten den Fokus auf die Verträglichkeit und Stimmigkeit von Kognitionen

ist der Wechsel zu einer anderen Marke. Für alle gilt: Unzufriedene, die sich nicht direkt beim Anbieter beschweren, sondern im privaten Kreis Freunden und Bekannten über ihre negativen Erfahrungen berichten (= Stufe 1), werden früher oder später mit relativ großer Wahrscheinlichkeit auch zu einem anderen Anbieter wechseln (= Stufe 2). Erklären lässt sich dies mit einem konsistenztheoretisch begründbaren Sprichwort: Wer A sagt, muss auch B sagen – wer schlechte Erfahrungen gemacht hat, sollte konsequent sein und den Anbieter wechseln.

Im Einzelnen und mit Blick auf die wahrgenommenen Wechselkosten (z.B. Suchkosten, Verlust an Bindung, bspw. an die Mitarbeiter des Anbieters) sind die Aussagen jedoch zu differenzieren. Während Individualisten auch auf Probleme opportunistisch reagieren und die Beziehung zu dem Anbieter nur dann noch fortsetzen, wenn sie dennoch einen Vorteil davon haben, steigern wahrgenommene Wechselkosten bei Kollektivsten u.a. deren WoM-Intensität. Denn für sie sind indirekte, verbale Reaktionen die übliche Art und Weise des Umgangs mit unbefriedigenden Situationen. Auch leidet darunter nicht deren sichtbare Kundenloyalität. Denn sie sind es gewohnt, persönliche Präferenzen, Enttäuschungen etc. zum Wohle der Intensität und Güte sozialer Beziehungen – in diesem Fall zum Anbieter – zurückzustellen (vgl. Pick/Eisend 2016).

7.3 Voice: Verbale Reaktionen zufriedener & unzufriedener Kunden

WoM: Word of Mouth

Angesichts der Übermacht insb. größerer Unternehmen empfinden viele unzufriedene Kunden Ohnmacht. Um diesem unangenehmen Gefühl nicht ausgeliefert zu sein, nutzen immer mehr die Interaktivität des Netzes. Sie verbünden sich mit anderen Unzufriedenen und erlangen so mehr Marktmacht (z.B. *Facebook*-Gruppe „O_2-Forum für unzufriedene Kunden"). Nach wie vor am einfachsten und deshalb am verbreitetsten aber ist WoM: die klassische Mundpropaganda (vgl. Svari/Olsen 2012). Wie aber verhalten sich Konsumenten, die an den Leistungen eines Anbieters nichts auszusetzen haben? Dann sind viele bereit, diesen bzw. dessen Angebote Freunden und Bekannten zu empfehlen – und immer häufiger mit Hilfe der sozialen Medien „der halben Welt".

7.3.1 Beschwerden

> **Definition "Customer Complaint"**
> „A set of multiple (behavioural and nonbehavioural) responses, some or all of which are triggered by perceived dissatisfaction with a purchase episode" (Singh 1988, S. 94)

Für Kunden sind Beschwerden eine Chance, ihrer Unzufriedenheit unmissverständlich und gezielt Ausdruck zu verleihen und einen entstandenen Schaden beheben zu lassen. Aus Unternehmenssicht sind Beschwerden ein Problem, aber auch ein Chance. Zwar verursacht jede Beschwerde Kosten. Jedoch liefert sie auch wichtige Informationen, die helfen können, Schwächen im Leistungsprozess zu identifizieren und zu beseitigen. Vor allem aber ermöglichen sie es dem Anbieter einer mangelhaften Leistung, im konkreten Einzelfall den entstandenen Schaden wiedergutzumachen (vgl. Knox/Van Oest 2014). Dies bedeutet: Er kann negative Mundpropaganda verhindern, das Vertrauen der – je nachdem verärgerten oder enttäuschten – Kunden zurückgewinnen und deren Bindung an das Unternehmen wieder festigen (vgl. Chapa et al. 2014). Bisweilen gelingt es sogar, vom sog. Beschwerdeparadoxon zu profitieren (vgl. D-7.3.1.5).

7.3.1.1 Beschwerdewahrscheinlichkeit

Gemäß *Eurobarometer* beschweren sich 15 % der Kunden während eines Jahres zumindest einmal bei einem Anbieter. Innerhalb der *Europäischen Union* bestehen zwischen den Mitgliedsländern jedoch erhebliche Unterschiede. Die Spannweite reicht von 4 % Beschwerdeführern (= Bulgarien) bis zu 25 % in den Niederlanden. Wie lässt sich diese Diskrepanz erklären? Gibt es in manchen Ländern wesentlich mehr unzufriedene Kunden als in anderen? Ganz so einfach ist es nicht. Denn dass Kunden sich beschweren, weil sie mit einer Leistung unzufrieden sind, klingt zwar plausibel, ist aber nur bedingt richtig. Tatsächlich beschwert sich die Mehrzahl der unzufriedenen Kunden eben nicht (vgl. Chebat et al. 2005).

Die Beschwerdewahrscheinlichkeit unzufriedener Kunden hängt den Erkenntnissen der Beschwerdeforschung zufolge von drei übergeordneten Einflussfaktoren ab (vgl. Blodgett et al. 2018; Sharma et al. 2010a; Ngai et al. 2007):

- Merkmale der betroffenen Leistung: Als wie gravierend wird der entstandene Schaden wahrgenommen? Wie wichtig ist den Betroffenen subjektiv das mangelhafte Gut und wie sehr identifiziert sich der Kunde mit diesem? Und wie groß ist der Beschwerdeaufwand im Verhältnis zum Wert der strittigen Leistung?
- Merkmale der betroffenen Person: Frauen beschweren sich in einer vergleichbaren Situation wesentlich seltener als Männer. Sind die Betroffenen persönlichkeitsbedingt selbstbewusst und impulsiv oder eher zurückhaltend? Neigen sie zu Selbstkontrolle? Wen machen sie für den Fehler bzw. den Mangel verantwortlich? Welche Gefühle löst der Schaden in den Betroffenen aus?
- Kulturstandards, welche aufgrund der Landeskultur bzw. der individuellen Kultur der Betroffenen in dieser Situation aktiviert werden. Dies können die Genugtuung über das eigene Durchsetzungsvermögen in westlich-individualistischen Gesellschaften sein oder in östlich-kollektivistischen Gesellschaften das Bestreben, offene Konflikte unter allen Umständen zu vermeiden (vgl. Abb. 85).

Selbstkontrolle: self-monitoring (e.g., "I am concerned what others think of me")

Mit Blick auf die aktivierten Emotionen weiß man bspw., dass unzufriedene Kunden sich im Regelfall erst dann beschweren, wenn sie sich über eine ungenügende Leistung so richtig ärgern (vgl. Abb. 86). Dies wiederum hängt davon ab, wen sie – bspw. für das fehlerhafte Produkt – verantwortlich machen: den Anbieter? sich selbst? unglückliche Umstände? Beantworten lassen sich diese Fragen mit Hilfe der Attributionstheorie (vgl. C-2.5.3).

Abb. 86: Mediationsmodell der Beschwerdewahrscheinlichkeit

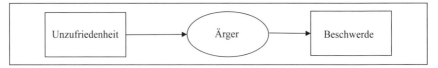

Bei jungen individualistischen Probanden (Kanadier) reduziert Wiedergutmachung (angemessene finanzielle Kompensation) den Ärger, vorausgesetzt, das Unternehmen reagiert schnell (= prozedurale Gerechtigkeit), während interaktive Gerechtigkeit (z.B. Höflichkeit, respektvoller Umgang) weder bei Individualisten noch erstaunlicherweise bei Kollektivisten (junge japanische Probanden) wirkt (vgl. Chebat et al. 2020).

7.3.1.2 Kollektivismus-These

Auch die Beschwerdeforschung billigt der I-K-Dimension eine Schlüsselrolle zu. Zum einen, weil diese Kulturdimension die Art Beziehung zwischen dem Individuum und dessen sozialem Umfeld erfasst, und zum anderen, weil Beschwerden häufig Ausdruck einer gestörten Anbieter/Kunde-Beziehung sind (vgl. Ha/Jang 2009, S. 320).

Dispositionale Attribution: Beobachtetes Verhalten wird mit Eigenschaften der handelnden Personen erklärt (vs. situative Attribution)

Die Bereitschaft bzw. Neigung, sich zu beschweren, ist in kollektivistischen Gesellschaften gewöhnlich erheblich geringer als in individualistischen Gesellschaften (vgl. Kim et al. 2002; Liu/McClure 2001, S. 61). Dies ist insofern erstaunlich und damit erklärungsbedürftig, als Kollektivisten mehr interagieren und intensiver kommunizieren als Individualisten (vgl. Goodrich/de Mooij 2014). Auf Produktmängel, Servicefehler etc. reagieren sie dennoch seltener verbal, weil sie – bspw. Chinesen – kulturbedingt diese eher situativ attribuieren (= unglückliche Umstände, für die niemand verantwortlich ist). Angehörige des individualistischen Kulturkreises attribuieren hingegen vorzugsweise dispositional. Für Produktmängel bzw. Servicefehler machen sie gewöhnlich eine der handelnden Personen haftbar. Und da es höchst ungewöhnlich wäre, die Schuld bei sich selbst zu suchen, und wenig sinnvoll, mit „unglücklichen Umständen" zu hadern, ist es am wahrscheinlichsten, dass der Anbieter für den Mangel verantwortlich gemacht wird. Dies hat zwei Konsequenzen: Erstens kann man sich über andere besser ärgern als über sich selbst und sich zweitens bei ihnen beschweren (vgl. Kim 2014; Sánchez-García/Currás-Pérez 2011).

Die Beschwerdewahrscheinlichkeit von Chinesen, Koreanern und anderen ist auch deshalb geringer, weil deren Kollektivismus sowohl im ⇒ Konfuzianismus als auch im ⇒ Buddhismus wurzelt. Dies wiederum bringt 'Yuarn' ins Spiel. Damit ist eine Wertvorstellung gemeint, die man als Karma übersetzen kann: das letztlich unausweichliche Schicksal eines Menschen. Wer an 'Yuarn' glaubt, wird weder Hersteller noch Verkäufer noch Dienstleister verantwortlich machen, sondern Produktmangel, Servicefehler etc. als Teil des gemeinsamen Schicksals von Hersteller, Verkäufer, Anbieter und Kunde begreifen – wofür niemand verantwortlich ist (vgl. Chan et al. 2009). Hinzu kommen ein ausgeprägtes Harmoniebedürfnis, das wesentlich für die kulturelle Identität konfuzianischer Gesellschaften ist, speziell die allgegenwärtige Furcht vor Gesichtsverlust, und die jahrhundertealte Tradition der Konfliktvermeidung (vgl. Huang et al. 1996, S. 241). Kollektivistisch sozialisierte Verbraucher neigen dazu, Anbieter, mit denen sie häufiger zu tun haben, als Partner, als Mitglied ihrer 'in-group' zu betrachten, mit dem sie keine Konflikte haben möchten. Gegen diese sozialen Normen verstößt, wer sich – womöglich öffentlich und lautstark – beschwert (vgl. Ngai et al. 2007).

Chan/Wan (2008) haben die Beschwerden der Kunden eines Computer-Reparaturdienstes kulturvergleichend untersucht und bestätigt, dass dessen chinesischen Kunden signifikant seltener reklamierten als die amerikanische Vergleichsgruppe. Neben der unterschiedlichen Beschwerdehäufigkeit war auch der jeweilige Beschwerdeanlass bemerkenswert. Während amerikanische Kunden zumeist das ihrer Meinung nach ungenügende Ergebnis der in Auftrag gegebenen Reparatur kritisierten, waren in den seltenen Fällen, in denen sich Chinesen beschwerten, Mängel des Leistungsprozesses der Auslöser (z.B. Unpünktlichkeit, unfreundliche Mitarbeiter).

Kollektivisten – bspw. Ägypter, Mexikaner und Türken – neigen dazu, Beschwerden als sichtbaren Ausdruck ihres persönlichen Scheiterns zu erleben. Amerikaner, die Chapa et al. (2014) befragt haben, verbanden damit hingegen eher etwas Positives: sich und anderen ihr Selbstbewusstsein und ihre Durchsetzungsfähigkeit zu demonstrieren (= im individualistischen Kulturkreis sehr angesehene Persönlichkeitsmerkmale). Einige Jahre zuvor hatten Chelminski/Coulter (2007b) diesen Zusammenhang mit folgendem Mediationsmodell konkretisiert und bestätigt: Individualismus → Selbstvertrauen → Beschwerde.

Mittlerweile weiß man jedoch, dass die allgemeine Kollektivismus-These präzisiert werden muss. So konnte Wan (2013) die Kollektivisten zugeschriebene Zurückhaltung nur bei weniger gravierenden Servicefehlern bestätigen. In schwerwiegenderen Fällen beschweren diese sich sogar häufiger als individualistische Versuchsteilnehmer (und erwiesen sich als wechselwilliger und mehr bereit zu negativer Mundpropaganda). Fan et al. (2015) wiederum haben in einem Quasi-Experiment nachgewiesen, dass es darauf ankommt, wer den Servicefehler (in einem Restaurant) miterlebt: Sind es Familienmitglieder, dann beabsichtigen Individualisten (= Amerikaner) häufiger als Kollektivisten (= Chinesen), sich zu beschweren. Sind hingegen Fremde Zeugen des Missgeschicks, dann sind Chinesen beschwerdewilliger als amerikanische Kunden. Demnach wird der Einfluss der Landeskultur auf die Beschwerdewahrscheinlichkeit durch die Variable 'concern for face' mediiert. In Anwesenheit von In Group-Mitgliedern (= Familie) verbietet es der Kulturstandard ⇒ Gesicht wahren den chinesischen Probanden, ihrem Ärger durch eine Beschwerde öffentlich Luft zu machen.

Quasi Experiment: Basiert, wie das klassische Experiment, auf verschiedenen Versuchsgruppen, denen die Versuchspersonen aber nicht zufällig zugewiesen werden

Überdies wird die Beschwerdewahrscheinlichkeit durch zwei weitere *Hofstede*-Kulturdimensionen moderiert: Akzeptanz von Machtdistanz und Tendenz zur Ungewissheitsvermeidung. Luria et al. (2016) haben *Eurobarometer*-Daten von 8.479 Befragten aus zwölf Ländern u.a. mit Blick auf die Wahrscheinlichkeit, sich wegen eines Servicefehlers zu beschweren, analysiert. Dabei zeigte sich:

- Angehörige von Gesellschaften, die Machtdistanz ablehnen, sind mehr als andere bereit, sich gegebenenfalls zu beschweren. Denn sie müssen nicht befürchten, damit gegen ungeschriebene Gesetze der sozialen Hierarchie zu verstoßen. Vor allem bei Personen mit hohem sozialem Status lässt sich dieser Effekt beobachten.
- Angehörige von Ungewissheit meidenden Gesellschaften neigen nicht dazu, sich zu beschweren. Denn Beschwerden schaffen soziale Situationen, deren Ausgang offen ist – d.h. Unsicherheit.

7.3.1.3 Beschwerdeformen & Beschwerdekanäle

Proaktiv: Vorausschauendes Planen und Handeln

Abhängig vom Adressaten bzw. Empfänger einer Beschwerde sind drei Beschwerdeformen zu unterscheiden: Unzufriedene Kunden …
- beschweren sich beim Unternehmen (= 'public responses'),
- erzählen Freunden und Bekannten von ihren schlechten Erfahrungen (= 'private responses'),
- berichten in den traditionellen bzw. den sozialen Medien über den Vorfall ('third-party-responses').

„Öffentlich" reagieren unzufriedene asiatische Kunden wesentlich seltener als nicht-asiatische Vergleichspersonen (vgl. Ngai et al. 2007). Gemäß Liu/McClure (2001) stimmten 61,0 % ihrer US-Probanden der Aussage "I discussed the problem with manager or other employee of the firm" zu, aber nur 27,3 % der von ihnen befragten Südkoreaner. Diese ziehen, wie folgender Vergleich zeigt, die eher dezenten „privaten Reaktionen" vor. Signifikant mehr Südkoreaner als Amerikaner bejahten Statements wie:
- "I avoided that firm's products or services from then on" (80,2 % vs. 53,4 %),
- "I bought from another firm the next time" (73,6 % vs. 56,6 %),
- "I spoke to my friends and relatives about my bad experience" (86,0 % vs. 77,9 %),
- "I convinced my friends and relatives not to do business with that firm" (56,2 % vs. 33,8 %).

Aus anderen Untersuchungen weiß man, dass kollektivistisch-konfuzianisch sozialisierte Beschwerdeführer zumeist ohne Vorwarnung den Anbieter wechseln, in ihrem engeren sozialen Umfeld negative Mundpropaganda betreiben etc. „Institutionellen Reaktionen", wie einen Beschwerdebrief an die Lokalzeitung zu schreiben, waren weitaus seltener zu beobachten (5,8 % vs. 4,1 %). Jeweils rund ein Viertel der Befragten zog es schließlich vor, das Ganze zu vergessen.

Ähnliche Ergebnisse erbrachten die zahlreichen Studien, welche amerikanische mit chinesischen Beschwerdeführern verglichen. Auch Letztere richten weit seltener als Amerikaner ihre Beschwerde direkt an den Anbieter bzw. dessen Mitarbeiter und ziehen es stattdessen vor, Freunden und Bekannten davon zu berichten. Denn Angehörige kollektivistischer Gesellschaften unterliegen nicht nur den konfuzianischen Normen „Harmonie wahren" und „Gesicht wahren", sondern …
- streben generell langfristige Beziehungen an (vgl. Watkins/Liu 1996, S. 74 f.),
- vermeiden es nach Möglichkeit, sich mit anderen Menschen zu messen (vgl. Triandis et al. 1988, S. 335),

- verbergen Fremden gegenüber möglichst ihre Emotionen, zumal in der Öffentlichkeit (vgl. Takahashi et al. 2002, S. 454 f.),
- neigen zu Passivität (vgl. Gelfand et al. 2004, S. 487).

> „The positive correlation of in-group collectivism practices and passiveness illustrates that the phenomena of signing petitions, boycotting, attending demonstrations, and joining strikes are less frequent in these societies" (Gelfand et al. 2004, S. 487).

Wie und wo können Kunden sich beschweren? Neben den traditionellen Kommunikationskanälen (z.B. Telefon, Brief, persönliches Gespräch) wurden vielfältige elektronische Kanäle eingerichtet (z.B. Beschwerdeforen, Chatrooms, Email und Online-Beschwerdeseiten, Webformular). In relativ kurzer Zeit hat das Internet bekanntlich dafür gesorgt, dass Beschwerden – bis hin zu Hasskommentaren – mittlerweile zum „täglichen Brot" von Unternehmen geworden sind. Denn dieses Medium ermöglicht es allen, sich auf bequeme und häufig anonyme Weise zu beschweren (vgl. Harris et al. 2013; Robertson 2012). Zugleich können sie ihrer Beschwerde dank des grenzlosen Internets ein bislang nicht für möglich gehaltenes Gewicht verleihen. Denn nunmehr erfährt buchstäblich die ganze Welt, dass sie in einem bestimmten Hotel unfreundlich bedient wurden, dieser oder jener Versender nicht kulant auf ihren Rückgabewunsch reagiert hat etc. Die ungewöhnliche Macht von eBeschwerden hat dazu geführt, dass immer mehr Bewertungsportale online gestellt werden (bspw. *Jameda* zur Bewertung von Ärzten).

Dass kollektivistische Konsumenten mögliche Beschwerdekanäle weniger gut kennen als die individualistische Vergleichsgruppe (vgl. Ngai et al. 2007), erscheint plausibel, sind doch für erstere Beschwerden generell weniger bedeutsam. Wie eine der bislang wenigen empirischen Studien zum Zusammenhang von „eBeschwerde & Landeskultur" zeigt, verändert das elektronische Medium das Beschwerdeverhalten allerdings nicht grundlegend. Gemäß einer inhaltsanalytischen Auswertung von insgesamt 964 Beschwerden, gepostet auf *Ctip.com* bzw. *TripAdvisor.com*, beschweren sich chinesische Reisende auch online seltener als Reisende, die aus dem Westen stammen – vor allem dann, wenn Zwischenmenschliches der Beschwerdegrund ist. Obwohl die Festlandchinesen den Eindruck hatten, dass sie grundsätzlich schlechter behandelt werden als Gäste westlicher Herkunft, beschweren sich nur 6 % von ihnen über das Personal, aber 13 % der „Westler" (vgl. Au et al. 2010, S. 290).

7.3.1.4 Reaktionen der Kunden auf das Beschwerdemanagement

Hat sich ein Kunde bei seinem Anbieter beschwert, dann steht diesem ein vielfältiges Instrumentarium an Möglichkeiten der Beschwerdebehandlung zur Verfügung. Proaktives Beschwerdemanagement ist im Gegensatz zu reaktivem Beschwerdemanagement ein Erfolgsfaktor (vgl. Gelbrich et al. 2018, S. 64 ff.). Neben den Handlungsoptionen …
- Entschuldigung,
- materielle Kompensation des erlittenen Schadens und
- Erklärung, wie es zu dem Schaden kommen konnte,

zählt dazu auch die Art und Weise, wie die Mitarbeiter des Unternehmens mit den Beschwerden sowie den Beschwerdeführern umgehen. Kurzum: Hat das Unternehmen eine kundenfreundliche ⇒ Beschwerdekultur etabliert? Beispielsweise leicht zugängliche Beschwerdekanäle eingerichtet, um die Kontaktaufnahme zu erleichtern? Die Mitarbeiter geschult, damit diese empathisch reagieren und Reklamationen unverzüglich bearbeiten (vgl. Liao 2007)?

Abb. 87 gibt einen Überblick über den gesamten Prozess, dessen Struktur empirisch intensiv untersucht und im Wesentlichen bestätigt wurde (vgl. Gelbrich/Roschk 2011).

Abb. 87: Handlungsoptionen & Konsequenzen des Beschwerdemanagements

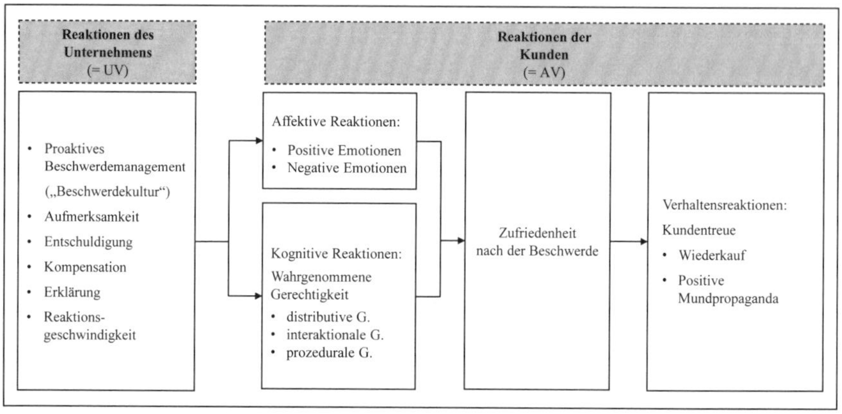

Reaktionen des Unternehmens (= UV)		Reaktionen der Kunden (= AV)	
• Proaktives Beschwerdemanagement („Beschwerdekultur") • Aufmerksamkeit • Entschuldigung • Kompensation • Erklärung • Reaktionsgeschwindigkeit	Affektive Reaktionen: • Positive Emotionen • Negative Emotionen Kognitive Reaktionen: Wahrgenommene Gerechtigkeit • distributive G. • interaktionale G. • prozedurale G.	Zufriedenheit nach der Beschwerde	Verhaltensreaktionen: Kundentreue • Wiederkauf • Positive Mundpropaganda

Quelle: Gelbrich/Roschk (2011); ergänzt und modifiziert

Auf das Beschwerdemanagement können die Beschwerdeführer auf dreierlei Weise reagieren: kognitiv, affektiv und konativ.

Kognitive Reaktionen

Beschwerdeführer können den Leistungsprozess (z.B. Wartezeit), die Art und Weise des Umgangs mit ihnen (z.B. freundlich) wie auch das Ergebnis der Beschwerdebehandlung (z.B. Höhe der angebotenen Kompensation) als gerecht oder ungerecht empfinden.
- Interaktionale Gerechtigkeit wird empfunden, wenn Beschwerdeführer die Art und Weise, wie das Unternehmen ihre Beschwerde behandelt, als fair und menschlich erleben. Schoefer (2010) hat chinesische und englische Studenten gebeten, sich an einen kürzlich selbst erlebten Beschwerdefall zu erinnern. Ihre wichtigste Erkenntnis: Empfundene interaktionale Gerechtigkeit stellt vor allem kollektivistische und langfristorientierte Beschwerdeführer zufrieden, was mit dem großen Stellenwert, den Aufbau und Pflege langfristiger Beziehungen in diesem Kulturraum haben, zusammenhängt.
- Prozedurale Gerechtigkeit wird empfunden, wenn der gesamte Vorgang der Beschwerdebehandlung transparent und nachvollziehbar erscheint. Dies stellt primär Menschen zufrieden, die kulturbedingt Ungewissheit scheuen. Denn sie wünschen sich mehr als andere eine überschaubare Welt mit eindeutigen Regeln und vorhersehbaren Prozessen (vgl. de Matos et al.

2011). Auch äußerten Ungewissheitsmeider (individuell gemessen) überdurchschnittlich hohe Erwartungen an die Transparenz des Beschwerdemanagements, weshalb dieser Kundentyp diesbezüglich auch nur schwer zufrieden zu stellen ist.
• Distributive Gerechtigkeit wird empfunden, wenn die Kompensation, welche das Unternehmen dem Beschwerdeführer anbietet, in einem subjektiv angemessenen Verhältnis zum erlittenen Schaden steht. Davon vor allem hängt ab, ob Beschwerdeführer mit dem Beschwerdemanagement zufrieden sind (vgl. Orsingher et al. 2010). Mehr als andere legen Individualisten Wert auf eine angemessene Kompensation (vgl. Mattila/Patterson 2004a/b).

Affektive Reaktionen

Im Zusammenhang mit Beschwerden können die unterschiedlichsten Gefühle aufkommen. Ärger, Wut, Unzufriedenheit, aber auch Schuldgefühle, wenn dem Beschwerdeführer die erhaltene Kompensation als „zu hoch" im Verhältnis zum erlittenen Schaden erscheint (vgl. Sparks/McColl-Kennedy 2001). Aus attributionstheoretischer Sicht ist die Frage nach der Verantwortlichkeit entscheidend. Wer auch immer von einem Produktmangel oder Servicefehler betroffen ist, wird unweigerlich die Frage nach der Verantwortlichkeit stellen: Wer ist schuld? Der Anbieter oder ungünstige Umstände (vgl. C-2.5.3)? Davon und ob man von dem Mangel selbst betroffen ist oder andere, hängt die Art der emotionalen Reaktion ab. Ärger empfinden die meisten, wenn sie selbst den Schaden haben und zugleich überzeugt sind, dass das Unternehmen verantwortlich ist (vgl. Abb. 88). Um mit diesem intensiv-unangenehmen Gefühl umgehen zu können („Luft abzulassen"), sind sogar vergleichsweise viele bereit, sich an einem Konsumboykott zu beteiligen (vgl. Hoffmann 2008, S. 47 ff.). Mitleid wiederum ist die wahrscheinliche emotionale Reaktion derer, die weder selbst betroffen sind noch das Unternehmen für den Mangel verantwortlich machen, sondern „unglückliche Umstände" (z.B. Zeitdruck).

Abb. 88: Emotionale & Verhaltensreaktionen von Beschwerdeführern

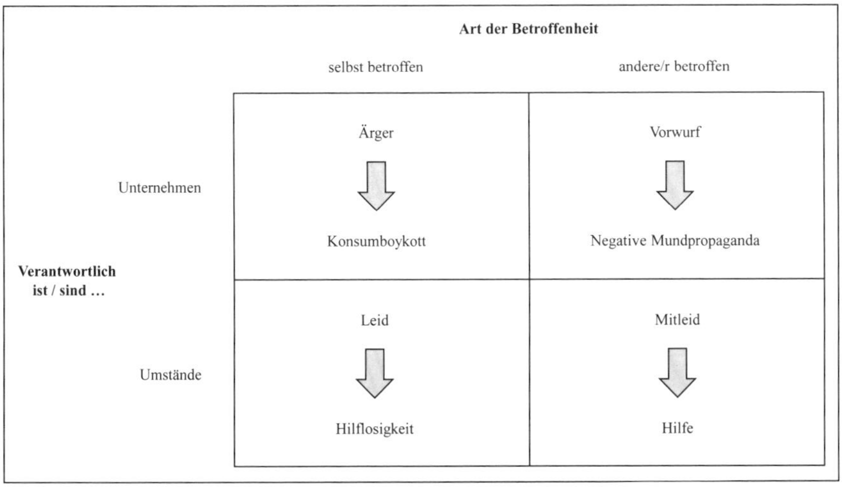

		Art der Betroffenheit	
		selbst betroffen	andere/r betroffen
Verantwortlich ist / sind ...	Unternehmen	Ärger ⇩ Konsumboykott	Vorwurf ⇩ Negative Mundpropaganda
	Umstände	Leid ⇩ Hilflosigkeit	Mitleid ⇩ Hilfe

Verhaltensreaktionen

Mediation: Freiwilliges, ergebnisoffenes, vertrauliches und strukturiertes Verfahren zur Konfliktbeilegung

Je nachdem, wie zufrieden Kunden mit Verlauf und Ergebnis des Beschwerdemanagements sind, werden sie positiv oder negativ über das Unternehmen oder den Vorfall berichten, sich dem Unternehmen stärker verbunden fühlen oder zu einem anderen Anbieter wechseln. In den Ländern der *Europäischen Union* stellt sich die Situation laut *Eurobarometer* wie folgt dar: 51 % der mit dem Beschwerdemanagement Unzufriedenen ließen die Angelegenheit auf sich beruhen, 14 % wandten sich mit ihrem Problem an eine Verbraucherschutzorganisation, 6 % beantragten eine Mediation und 4 % brachten die Angelegenheit vor Gericht. Der Anteil derer, die resignierten, war in Rumänien besonders groß (= 84 %) und in Dänemark besonders gering (= 38 %). Eine kollektivistische Landeskultur, in der Akzeptanz von Machtdistanz die soziale Norm ist, fördert offenbar Resignation. Geht hingegen Individualismus mit maskulinen Werten einher, dann ist die Wahrscheinlichkeit erhöht, dass unzufriedene Beschwerdeführer aggressiv reagieren und juristische Mittel einsetzen (vgl. de Mooij 2019, S. 411).

7.3.1.5 Beschwerdezufriedenheit

Moderationseffekt: Unter dem Einfluss des Moderators verändert sich die Beziehung zwischen unabhängiger und abhängiger Variable

Erfolgreiche Beschwerdebehandlung fördert positive und hemmt negative Gefühle. Deshalb ist es bemerkenswert, dass gemäß *Eurobarometer* 41 % der Beschwerdeführer innerhalb der *Europäischen Union* mit dem Beschwerdemanagement der Unternehmen unzufrieden sind. 3 % berichteten, das Unternehmen habe gar nicht reagiert hat. Auffallend groß war der Anteil der Unzufriedenen in Zypern (= 65 %) und Ungarn (= 66 %). Die kulturvergleichende Beschwerdeforschung hat vorrangig untersucht, ob und in welchem Maße Beschwerdekultur, Entschuldigung für den Mangel und Kompensation des erlittenen Schadens die Beschwerdezufriedenheit beeinflussen.

Auswirkungen einer Beschwerdekultur

Eine proaktive Beschwerdekultur verstärkt beim Beschwerdeführer den Eindruck
- prozeduraler Gerechtigkeit („Das Beschwerdemanagement ist transparent und gut nachvollziehbar") wie auch
- interaktionaler Gerechtigkeit („Das Unternehmen kümmert sich um mich").

In der Folge sind solche Kunden anschließend zufriedener als Kunden von Unternehmen, die keine Beschwerdekultur etabliert haben.

Besonders empfänglich für die positiven Auswirkungen einer Beschwerdekultur auf die empfundene interaktionale Gerechtigkeit sind Angehörige kollektivistischer Gesellschaften. Hui/Au (2001) verglichen chinesische (IDV = 15) mit kanadischen Probanden (IDV = 80) und zeigten, dass ein konstruktiver Umgang mit einer Beschwerde die Gerechtigkeitswahrnehmung chinesischer Beschwerdeführer überdurchschnittlich fördert. Patterson et al. (2006) bestätigten den moderierenden Effekt der Kulturdimension Individualismus-Kollektivismus in einer Befragung von Thailändern (IDV = 20) und Australiern (IDV = 90).

Nachdem kollektivistisch sozialisierte Kunden aufgrund des Harmoniegebots ihrer Gesellschaftsform öffentliche Beschwerden tendenziell scheuen, wirkt eine kundenorientierte Beschwerdekultur bei ihnen auf doppelte Weise:
- Erstens hilft es ihnen, ihre kulturbedingte Zurückhaltung zu überwinden und sich zu beschweren, womit sie dem Unternehmen die Chance auf Wiedergutmachung überhaupt erst einräumen.
- Zweitens fördert eine kundenorientierte Beschwerdekultur ihre Gerechtigkeitswahrnehmung und mithin die subjektive Wiedergutmachung des Servicefehlers.

Beschwerdekultur zeichnet sich aber nicht nur dadurch aus, dass sie Kunden zu einer Beschwerde ermutigt. Vielmehr erhöht sie gleichzeitig die Transparenz: Während der Kunde auf das Ergebnis seiner Beschwerde wartet, wird er darüber informiert, dass, wann, von wem und wie sein Anliegen bearbeitet wird. Transparenz fördert kognitive Kontrolle und mindert das Gefühl, einer Situation hilflos ausgeliefert zu sein und nicht zu wissen, ob und mit welchem Ergebnis die Beschwerde bearbeitet wird. Ungewissheitsmeider schätzen dies mehr als ungewissheitstolerante Kunden (vgl. Patterson et al. 2006). Deshalb stärkt eine aktive Beschwerdekultur die wahrgenommene prozessuale Gerechtigkeit in ungewissheitsmeidenden Kulturen mehr als in ungewissheitstoleranten Kulturen.

Auswirkungen einer Entschuldigung

Eine Entschuldigung gilt zwar mittlerweile als „Basisreaktion" auf eine Beschwerde. Aber gemäß einer Umfrage unter amerikanischen Konsumenten haben sich Dienstleister, die einen Servicefehler begangen haben, nur bei 32 % aller Befragten entschuldigt (vgl. CCMC 2013). Dies kann verschiedene Gründe haben. (Service-)Mitarbeiter …
- sind zu bequem, um sich zu entschuldigen (vgl. Ohtsubo/Watanabe 2009),
- schreiben anderen die Verantwortung zu (vgl. Kelley et al. 1993),
- haben Angst vor Zurückweisung (vgl. Leary 2010),
- wollen keine Gefühle zeigen, insb. nicht vorspielen (vgl. Hennig-Thurau et al. 2006; Tavuchis 1991, S. 8).

Wenn Mitarbeiter es aus den genannten oder anderen Gründen unterlassen, sich zu entschuldigen, dann nehmen kollektivistisch geprägte Kunden ihnen das besonders übel. Zwar beschweren diese sich zumeist seltener als individualistische Kunden. Aber wenn sie sich einmal beschwert haben, dann legen bspw. Bewohner von Singapur besonderen Wert auf eine angemessene Entschuldigung. Denn sie erwarten interaktionale Gerechtigkeit: einen fairen zwischenmenschlichen Umgang und die Wiederherstellung des Gesichts. Zu beidem kann eine empathische Entschuldigung beitragen. Individualisten (z.B. Amerikaner und Australier) nehmen aufgrund ihrer geringeren ⇒ Beziehungsorientierung derartige Schwächen weniger leicht übel (vgl. Wong 2004, S. 962).

Weltweit erhöhen glaubwürdige Entschuldigungen die wahrgenommene interaktionale Gerechtigkeit (vgl. Hui/Au 2001). Allerdings ist nicht nur wichtig, dass man sich entschuldigt, sondern auch wer. Plausiblerweise spielt in

Gesellschaften, die Machtdistanz akzeptieren, die hierarchische Stellung der Person, die sich entschuldigt, eine überproportional wichtige Rolle. Wie Patterson et al. (2006) berichten, steigert bei Thais (PDI = 64) die Entschuldigung eines Verkäufers mit hohem Status die wahrgenommene Gerechtigkeit, während Australier aufgrund ihrer eher egalitären Prägung (PDI = 36) darauf weniger Wert legen.

Auswirkungen einer Kompensation

Unter Kompensation versteht man die materielle Wiedergutmachung eines Fehlers, etwa durch ein Ersatzangebot, einen Gutschein oder einen Preisnachlass. Möglicherweise wird dem Kunden sogar der gesamte Kaufpreis erstattet. Diese Form der Beschwerdebehandlung hat sich als wirkungsvollstes Instrument des Service Recovery-Prozesses erwiesen (vgl. Gelbrich/Roschk 2010). Allerdings sorgt Kompensation bei individualistischen Beschwerdeführern für mehr wahrgenommene Gerechtigkeit und Nachbeschwerdezufriedenheit als bei kollektivistischen Vergleichspersonen (vgl. Mattila/Patterson 2004a/b; Wong 2004, S. 962; Hui/Au 2001). Dafür sorgt zum einen der Umstand, dass kollektivistische Gesellschaften allergrößten Wert auf harmonische Beziehungen und Konfliktvermeidung legen, was sich nicht mit der Forderung nach einer materiellen Entschädigung eines Mangels verträgt. Zum anderen, weil individualistisch sozialisierte Menschen überdurchschnittlich zielorientiert sind und erwarten, dass ihre Beschwerde zu einem konkreten Ergebnis führt – idealerweise zu einer materiellen Wiedergutmachung.

Beschwerdeparadoxon

Hat ein Unternehmen kompetent und großzügig auf eine Beschwerde reagiert, kann es sein, dass Beschwerdeführer anschließend sogar zufriedener sind als Kunden, die keinen Produktmangel oder Servicefehler erlebt haben (vgl. Gohary et al. 2016; Magnini et al. 2007; de Matos et al. 2007). Dies ist dann zu erwarten, wenn der Kunde ...

- den Mangel nicht als schwerwiegend einschätzt,
- mit diesem Anbieter erstmals negative Erfahrungen macht,
- das Vorkommnis im attributionstheoretischen Sinn (vgl. C-2.5.3.2) als variabel interpretiert (d.h. nicht als regelmäßig wiederkehrend) und als extern verursacht (d.h. nicht vom Anbieter kontrollierbar),
- wahrnimmt, dass der entstandene Schaden durch das Beschwerdemanagement des Unternehmens überkompensiert wird.

Erklären lässt es sich das Beschwerdeparadoxon damit, dass das Selbstwertgefühl des Beschwerdeführers durch die Art und Weise, wie das Unternehmen auf seine Beschwerde reagiert hat, gestärkt bzw. bestätigt wurde. Denn er hat sich mit seiner Beschwerde durchgesetzt und ist in der Folge loyaler als andere Kunden.

7.3.1.6 Rückgewinnungswahrscheinlichkeit

Gemäß der modifizierten Kollektivismus-These (vgl. D-7.3.1.2) vermeiden Angehörige kollektivistischer Gesellschaften bei weniger gravierenden Servicefehlern bzw. Produktmängeln 'public responses'; d.h. sie beschweren sich nur selten beim Anbieter. Stattdessen beschweren sie sich über den Anbieter, indem sie im Freundes- und Bekanntenkreis über das Negativerlebnis berichten (= 'privat responses'). Handelt es sich jedoch um schwerwiegendere Mängel, dann wechseln Kollektivisten mit großer Wahrscheinlichkeit unmittelbar den Anbieter und lassen sich dann auch nicht mehr umstimmen. Es sei denn, sie betrachten das Unternehmen als Teil der 'in group' und damit als prinzipiell vertrauenswürdig.

7.3.2 WoM: Mundpropaganda

Zwischen Beschwerde und Mundpropaganda besteht ein enger Zusammenhang. Beschwerdeführer empfinden Freude oder andere positive Gefühle, wenn sie mit ihrer Beschwerde Erfolg hatten, und Ärger oder andere negative Gefühle, wenn sie nicht wie erhofft behandelt wurden. Dies ist insofern bedeutsam, als Emotionen den Zusammenhang, der zwischen empfundener Gerechtigkeit und Nachbeschwerdeverhalten besteht, mediieren (vgl. Schoefer/Diamantopoulos 2008). Ärger bspw. steigert die Wahrscheinlichkeit von negativer, Freude bzw. Stolz von positiver Mundpropaganda. Je intensiver die Gefühle, desto größer die Bereitschaft, über das zugrunde liegende Ereignis im Freundes- und Bekanntenkreis zu berichten (vgl. Svari/Olsen 2012). Bei Kollektivisten ist die Wahrscheinlichkeit groß, dass sie in ihrer In-Group über kritische Ereignisse berichten und negative Mund-zu-Mund-Propaganda betreiben. Südkoreanische Restaurantbesucher etwa beschweren sich wesentlich seltener als unzufriedene amerikanische Gäste „öffentlich", sondern vorzugsweise „privat", durch negative Mundpropaganda unter Freunden und Bekannten (vgl. Liu/McClure 2001).

Davon abgesehen aber sprechen vor allem Personen, denen Mentoring bzw. 'market mavenism' ein persönliches Anliegen ist, gerne Empfehlungen aus. Erforderlich ist weiterhin ein hinreichender Grad an zwischenmenschlicher Vernetzung. Dies ist bekanntlich vor allem in kollektivistischen Gesellschaften gegeben, was zur Folge hat, dass dort Kunden vor einem Kauf mehr Empfehlungen einholen und sich davon stärker beeinflussen lassen als Angehörige individualistischer Gesellschaften. Sie vertrauen mehr auf objektive Informationen (z.B. Warentestergebnisse).

Zufriedengestellte Beschwerdeführer betätigen sich unbewusst als „Botschafter" für den Dienstleister und betreiben in besonderem Maße positive Mundpropaganda.

Mentoring: Unterstützung einer weniger erfahrenen Person durch einen erfahrenen Mentor

Market Mavens: Gut informierte Verbraucher, denen es Freude bereitet, ihr Wissen mit anderen zu teilen

7.4 Nachkaufdissonanz

Menschen fühlen sich unbehaglich, wenn ihr Denken und ihr Handeln nicht in Übereinstimmung zu bringen sind. Dann empfinden sie Dissonanz. Konsumenten sind davon vor allem in der Nachkaufphase bedroht, wenn sie aufgrund ihrer Gebrauchserfahrungen erkennen oder aufgrund neuer Informationen vermuten müssen, dass sie eine Fehlentscheidung getroffen haben.

Dissonanz: 'dis': lat. = unterschiedlich; 'sonare' = klingen

Beispiel: Nur wenige Tage, nachdem Herr Schmid ein Mountainbike der Marke *Downhill* erworben hat, veröffentlicht *Stiftung Warentest* einen Bericht, der just diesem Produkt erhebliche Sicherheitsmängel attestiert. Schon während der Lektüre empfindet Herr Schmidt ein unangenehmes Gefühl, das in dem Verdacht wurzelt, hereingefallen zu sein, was nicht mit dessen Selbstbild vereinbar ist. Ähnlich erging es Sohn Ralf, der anlässlich einer Ferienreise erfuhr, dass die nette Reisebekanntschaft auf dem Nebensitz für dieselbe Strecke ein wesentlich günstigeres Flugticket ergattert hat.

Ganz allgemein empfinden Konsumenten ...
- Dissonanz, wenn neue Informationen ihre bisherigen konsumrelevanten Überzeugungen in Frage stellen. Beispielsweise, wenn sie der Tageszeitung entnehmen, dass der Hersteller ihrer Lieblingsmarke diese in einem der ärmsten Länder der Welt unter menschenunwürdigen Bedingungen produzieren lässt. Oder: Die Hochzeitsreise soll eine Reise ins Glück werden. Darum haben die Neuvermählten keine Mühe gescheut und in den Vergleichsportalen alle Kommentare und Bewertungen gelesen, bevor sie ihre Südamerikarundreise gebucht haben. Wenig später wurde bekannt, dass viele dieser Bewertungen gekauft sind: Fake-Bewertungen.
- Nachkaufdissonanz, wenn sie im Laufe der Zeit erkennen, dass sie eine Fehlentscheidung getroffen haben. Vor allem beim Kauf hochwertiger Gebrauchsgüter ist die Gefahr groß, bspw. deshalb, weil man nach einigen Wochen weiß, dass der neue Wagen wesentlich mehr Benzin verbraucht als im Verkaufsprospekt angegeben. Messen lässt sich Nachkaufdissonanz mit der multidimensionalen Dissonanzskala von Sweeny et al. (2012).

Kognitionen: Einstellungen, Gedanken, Meinungen, Verhaltensabsichten, Wahrnehmungen etc.

Festinger (1957) hat mit der Theorie der kognitiven Dissonanz dargelegt, unter welchen Bedingungen sich dieses unangenehme Gefühl entwickelt und wie es beendet oder doch zumindest gemindert werden kann (für einen Überblick vgl. Cooper 2007).

7.4.1 Auslöser von Dissonanz

Anfänglich nahm man an, dass kognitive Dissonanz die Folge ist von Widersprüchen zwischen Kognitionen bzw. zwischen Einstellung und Verhalten (vgl. Vogrincic-Haselbacher et al. 2016). Ein typisches Beispiel sind Autokäufer, die sich selbst für umweltbewusst halten (= Kognition 1), aber erwägen, ein Modell zu kaufen, das mehr als 14 Liter Benzin auf 100 km verbraucht (= Kognition 2), weil der Verkäufer einen spürbaren Preisnachlass verspricht. Begründet wurde diese zentrale These der Dissonanztheorie damit, dass Unvereinbares das Bedürfnis nach Konsistenz verletzt: nach widerspruchsfreiem Denken und Handeln (vgl. Cialdini 2009).

Heute aber weiß man, dass nicht primär das Bedürfnis nach kognitiver Konsistenz, sondern das Bedürfnis nach einem positiven ⇒ Selbstbild entscheidend ist. Gemäß der Selbstaffirmationstheorie sorgen vor allem Widersprüche, welche das Selbstbild bedrohen, für kognitive Dissonanz (vgl. Sherman/Cohen 2006; Steele/Liu 1983). Wer sich für einen gewieften Verhandler hält, wird überproportional darunter leiden, wenn er/sie erfährt, dass Bekannte in einer vergleichbaren Situation (z.B. Überbuchung des Flugzeugs) eine größere Entschädigung herausgehandelt haben. Die Diskrepanz zwischen den eigenen Normen und Werten auf der einen Seite sowie den Verhaltensabsichten bzw. dem Verhalten auf der anderen Seite kann eine selbstbildbedrohende Dissonanz sein, die im Extremfall als verstörend erlebt wird (vgl. Aronson et al. 2014, S. 181 ff.).

Aber nicht nur „falsche", auch „richtige" Kaufentscheidungen lösen häufig Dissonanz aus – u.a. deshalb, weil kaum ein Gut denkbar ist, das ausschließlich positive, nutzen-stiftende Eigenschaften besitzt. Schokolade bspw. schmeckt gut, gefährdet aber die schlanke Linie. Diese wiederum kann durch das Jahresabo eines Fitnessstudios unterstützt werden, was aber anstrengend ist. Appetitzügler sind bequem, aber gefährlich .... Wer solche ambivalenten Güter erwirbt, empfindet unweigerlich Dissonanz.

Dafür sorgen nicht zuletzt auch Entscheidungssituationen, bei denen die verfügbaren Optionen mehr oder minder gleich attraktiv sind und deshalb die Wahrscheinlichkeit groß, nicht die optimale Wahl treffen zu können. Angesichts übervoller Verkaufsregale bzw. realer oder virtueller Kataloge ist leicht nachvollziehbar, warum das Kaufverhalten zu den wichtigsten Anwendungsgebieten der Dissonanzforschung zählt.

Weltweit kann man beobachten, dass Menschen, die sich zwischen zwei gleich attraktiven Optionen entscheiden müssen, Dissonanz empfinden. Allerdings gibt es auch Hinweise auf kulturspezifische Auslöser von Dissonanz. Japaner bspw. empfinden auch stellvertretend für andere Dissonanz (vgl. Sakai 1999).

7.4.2 Intensität der Dissonanz

Alle Menschen empfinden Dissonanz – allerdings in unterschiedlicher Intensität (vgl. Aronson et al. 2014, S. 191). Dass Angehörige kollektivistischer Gesellschaften dafür weniger anfällig sind als Angehörige individualistischer Gesellschaften, lässt sich auf den unterschiedlichen Umgang mit widersprüchlichen Informationen bzw. Kognitionen (vgl. C-2.5.1) sowie mit widersprüchlichen Emotionen zurückführen (vgl. Heine/Lehman 1997). Hinzu kommt, dass Einstellungen im östlichen Kulturraum weniger zur Definition des Selbstkonzepts beitragen als im westlichen Kulturraum, weshalb Einstellungsinkonsistenzen im Osten gewöhnlich weniger Dissonanz auslösen (vgl. Gawronski et al. 2008).

> „The cognitive dissonance effect is typical for individualistic cultures where people are driven by a need to classifiy their emotions, to evaluate them as positive or negative, and do not tolerate conflicting emotions. Seeking internal causes and consistency generates the dissonance effect. Collectivists realize that people behave differently under different circumstances and may be aware that their behavior is often caused by situational constraints. They can cope with the two types of emotions simultaneously without needing to resolve the incongruity between them" (de Mooij 2019, S. 256).

7.4.3 Konsequenzen von Dissonanz

Psychische Konsequenzen

Subjektiv erlebbar ist kognitive Dissonanz als ein unangenehmes Gefühl, das sich, abhängig von verschiedenen Randbedingungen, in unterschiedlicher Gestalt manifestiert:

- Ärger empfinden im Regelfall jene, die in einem wichtigen Bereich eigenständig eine Fehlentscheidung getroffen haben (z.B. wegen des dadurch eingetretenen finanziellen Schadens oder des beeinträchtigten Selbstwertgefühls).
- Wut ist die wahrscheinliche emotionale Reaktion, wenn die Erkenntnis hinzukommt, dass es zu dieser Fehlentscheidung kam, weil man von anderen getäuscht oder auf andere Weise manipuliert wurde (etwa vom Finanzberater, der nicht hinreichend über die grundsätzliche Problematik geschlossener Immobilienfonds informiert hat).
- Bedauern nennt sich das Gefühl von Verlust, das sich einstellt, wenn ein Ereignis, für das man selbst verantwortlich ist, nicht zu dem erwarteten bzw. erhofften bzw. nachträglich erkennbar möglichen Ergebnis geführt hat (vgl. D-8).
- Reue ist eine besondere Form des Bedauerns. Es verbindet das Wissen über eigenes unrechtes Tun (bspw. bewusst Markenpirateriewäre gekauft zu haben), verbunden mit der Absicht, dies in Zukunft zu unterlassen oder wieder gut zu machen.

Markenpiraterie: Geschäft mit nachgeahmter Markenware

> "After making a decision under uncertainty, a person may discover, on learning the relevant outcomes, that another alternative would have been preferable. This knowledge may impart a sense of loss, or regret" (Bell 1982, S. 961).

Ökonomische Konsequenzen

Soutar/Sweeney (2003) haben Käufer hochpreisiger Einrichtungsgegenstände je nach der Intensität ihrer Dissonanz drei Gruppen zugeteilt. Wer nach dem Kauf starke Dissonanz empfand, war nicht nur mit diesem insgesamt weniger zufrieden als Kunden mit geringerem Dissonanzempfinden, sondern bewertete auch das Preis/Leistungsverhältnis negativer und fühlte sich weniger an die Geschäftsstätte gebunden.

7.4.4 Dissonanzreduktion

Individualisten empfinden leichter Dissonanz als kollektivistische Vergleichspersonen, weshalb erstere auch stärker motiviert sind, Konsonanz zurückzugewinnen (vgl. Aggarwal et al. 2013). Dies ermöglichen die verschiedenen Strategien der Dissonanzreduktion:

Veränderung von Kognitionen

Wenn unvereinbare, widersprüchliche Kognitionen Dissonanz auslösen, dann liegt es nahe, diese so zu verändern, dass wieder Konsonanz hergestellt wird. Raucher, die sich in einem Zustand chronischer Dissonanz befinden, ergreifen gewöhnlich eine oder mehrere der folgenden Gegenmaßnahmen:
- Glaubwürdigkeit dissonanter Kognitionen bezweifeln („*Helmut Schmidt* hat ununterbrochen geraucht und wurde dennoch 97 Jahre alt"),
- dissonante Kognitionen relativieren („Gemessen an der allgemeinen Schadstoffbelastung durch Kohlefeuerung, Dieselabgase, Radioaktivität etc. fällt doch das Rauchen gar nichts ins Gewicht") bzw. meiden (z.B. Sendungen, welche die Gesundheitsgefahren von Rauchen thematisieren, abschalten),

- Wichtigkeit konsonanter Kognitionen erhöhen („Lieber 60 Jahre lang mit Freuden gelebt, als 90 Jahre lang auf alles Schöne verzichtet"),
- zusätzliche konsonante Kognitionen hinzufügen („Ich laufe regelmäßig. Rauchende Läufer haben eine höhere Lebenserwartung als nicht-rauchende Nicht-Läufer"),

Verantwortung für das eigene Verhalten bezweifeln

Suboptimale Entscheidungen und Verhaltensweisen lösen dann weniger Dissonanz aus, wenn man andere Personen dafür verantwortlich machen kann. Ein typisches Argument von Rauchern lautet deshalb: „In meiner Familie, meinem Unternehmen, meinem Verein etc. rauchen alle. Da kann man gar nicht anders. Da raucht man eben auch."

Rechtfertigung von Entscheidungen

Japanische Versuchspersonen sahen sich weniger als die kanadische Vergleichsgruppe veranlasst, eine Entscheidung, die sie im Rahmen eines Experimentes zu treffen hatten, zu rechtfertigen (vgl. Heine/Lehman 1997). Eine mögliche Erklärung dieses Befundes lautet: Dissonante Informationen bedrohen das Selbstbild von Asiaten (= abhängiges Selbst) nicht in dem Maße, wie sie das Selbstbild von Angehörigen des westlichen Kulturraumes (= unabhängiges Selbst) in Frage stellen.

Wenn Menschen ihre Entscheidungen rechtfertigen, dann primär mit Blick auf solche Kriterien des Selbstbildes, die in ihrem Kulturraum zentral, „vulnerabel" oder auf andere Weise von übergeordneter Bedeutung sind. Deshalb rechtfertigten sich in einem Experiment Nordamerikaner vor allem dann, wenn deren fachliche Kompetenz und Effizienz in Frage gestellt wurde. Japaner hingegen empfanden vor allem dann Rechtfertigungsdruck, wenn bezweifelt wurde, dass Personen, die ihnen wichtig sind, sie wertschätzen (vgl. Kitayama et al. 2004).

vulnus: lat. = Wunde

Hoshino-Browne et al. (2005) haben untersucht, unter welchen Bedingungen „europäische Kanadier" (d.h. in einem europäischen Land geborene Kanadier) und „asiatische Kanadier" (d.h. in Asien geborene Kanadier) ihre Entscheidungen rechtfertigen. Aufgabe der Versuchsteilnehmer war es gewesen, ein Mittagessen auszuwählen, entweder für sich selbst oder für einen guten Freund. Erwartungsgemäß rechtfertigten die individualistischen „europäischen Kanadier" ihre Entscheidung vor allem dann, wenn sie selbst davon betroffen waren. Im Gegensatz dazu sahen sich die beziehungsorientierten kollektivistischen „asiatischen Kanadier" hauptsächlich bei Entscheidungen, die sie stellvertretend für einen guten Freund getroffen hatten, zu einer Rechtfertigung veranlasst. Waren jedoch sehr gute Freunde ('close friends') davon betroffen, dann rechtfertigten auch „europäische Kanadier" ihre Entscheidung – aber immer noch weniger als eine Entscheidung, die sie für sich selbst getroffen hatten.

Selbsttäuschung & Selbstbestätigung

Wer sich konträr zu eigenen wichtigen Überzeugungen, Prinzipien etc. verhält, muss – um Dissonanz zu vermeiden – entweder sein Verhalten ändern oder seine Überzeugungen. Beides ist jedoch zumeist schwierig. Überzeugungen sind änderungsresistent, weil sie mit einer Vielzahl anderer Überzeugungen wechselseitig vernetzt sind und Änderungen an einer Stelle dieses Überzeugungs-Netzwerkes zwangsläufig zu Dissonanzen an anderer Stelle führen. Verhalten (z.B. Frühstücksbrötchen mit dem Auto besorgen) wiederum ist änderungsresistent, weil es von Anreizen bzw. Verstärkern (häufig Bequemlichkeit) unterhalten wird, die zu kontrollieren viel und nicht selten zu viel Willenskraft erfordert.

Zu den Ausweichstrategien, die helfen, den Aufwand gering zu halten, zählt Selbsttäuschung. Angenommen, es ist vorteilhaft oder gar unumgänglich, sich als umweltbewusst wahrzunehmen (z.B. weil man in einem Unternehmen arbeitet, das sich als umweltbewusst positionieren möchte). Im eigenen Verhalten lassen sich aber nur wenige Belege für diese Überzeugung finden. Liegt es dann nicht nahe, eine rosarote Brille aufzusetzen und den eigenen ökologischen Fußabdruck wesentlich geringer einzuschätzen, als er tatsächlich ist? Flugscham wehrt man dann bspw. mit dem „Argument" ab, das Flugzeug wäre doch auch ohne mich nach Peking geflogen. Ob ich da nun drin sitze, das macht doch keinen Unterschied.

Als Strategie der Dissonanzreduktion ist Selbstbestätigung eine Variante des „Hinzufügens neuer konsonater Kognitionen". Sie bietet sich immer dann an, wenn kognitive Dissonanz das Selbstwertgefühl nachhaltig bedroht. Wer sich eigener wichtiger positiver Eigenschaften vergewissert (bspw. „Ich setze mich für benachteiligte Menschen ein"), lindert das eigene Unwohlsein selbst dann, wenn die aktivierte positive Eigenschaft nichts mit dem dissonanzauslösenden Ereignis zu tun hat.

8 Regret: Das Bedauern nach dem Kauf

8.1 Grundlagen

Regret: Gefühl des Bedauerns, auf den Nutzen der verworfenen Kaufalternative verzichten zu müssen

Angeblich bereut bzw. bedauert jeder vierte Kunde eine Kaufentscheidung (vgl. Kroeber-Riel/Gröppel-Klein 2019, S. 223). Das Gefühl Nachkaufbedauern ist Gegenstand der 'regret theory' (vgl. Bell 1982). Ursprünglich formuliert, um Anomalien des Entscheidungsverhaltens – d.h. systematische Abweichungen von den Prognosen der klassischen Nutzentheorie – erklären zu können, wurde die „Theorie des Bedauerns" hauptsächlich in der Zufriedenheits- und Dissonanzforschung überprüft (z.B. Taylor 1997). Grundlegend ist die Erkenntnis, dass jede Art von Entscheidung immer auch Verzicht bedeutet – Verzicht auf die Nutzenkomponenten, welche die verworfene Alternative geboten hätte. Damit überwindet die Regrettheorie die simple Dichotomie „richtige vs. falsche Entscheidung". Für Autokäufer bspw. gibt es gute Gründe, zumal in einer regenreichen Gegend, kein Caprio zu kaufen, sondern ein traditionelles Coupé oder einen Van. An schönen Tagen jedoch gibt es ebenfalls gute Gründe, diese an sich richtige Entscheidung zu bedauern.

Ausgangspunkt der Regretforschung war die Erkenntnis, dass die Zufriedenheit mit einem bestimmten Ereignis (z.B. Kauf einer Marke, Besuch einer Einkaufsstätte) nicht nur von den Leistungsmerkmalen des jeweiligen Angebots abhängt, sondern immer auch von dem Vergleich mit alternativen Angeboten (vor allem von den in der konkreten Entscheidungssituation verworfenen Marken oder solchen, die man früher einmal erworben bzw. von denen man gehört hat). Fällt dieser Vergleich ungünstig aus – z.B. weil die verworfenen oder anderweitig bekannten Marken mehr Nutzen gestiftet hätten als die letztlich erworbene Marke –, dann empfinden viele Konsumenten Reue bzw. Bedauern. Im umgekehrten Fall – die letztlich erworbene Marke hat sich als überlegen erwiesen – überwiegt Freude bzw. Vergnügen.

8.2 Bedauern vs. Unzufriedenheit

Ist es aber mit Blick auf das Sparsamkeitsgebot der Theorienbildung überhaupt zweckmäßig, sich mit den Mitteln der Wissenschaft mit dem Phänomen Regret zu befassen (⇒ Parsimony & Simplicity)? Unterscheidet sich dieses Konstrukt in beachtenswerter Weise von möglicherweise ähnlichen Konstrukten wie Unzufriedenheit oder Ärger? Besitzt es Diskriminanzvalidität (⇒ Validität)?

Am Beispiel des Kaufs eines Computers konnten Tsiros/Mittal (2000) zeigen, dass Regret und Unzufriedenheit zwar signifikant, letzten Endes aber doch nur schwach korrelieren (Determinationskoeffizient = 5,5 %). Folglich sei es berechtigt und notwendig, beide Konstrukte als eigenständig zu betrachten. Inhaltlich, d.h. mit Blick auf die gewählte Fragestellung, wurde folgender Unterschied offenbar (vgl. Abb. 89): Während Unzufriedenheit sowohl die Wiederkaufwahrscheinlichkeit als auch die Beschwerdewahrscheinlichkeit mindert, beeinflusst Regret nur die Wiederkaufwahrscheinlichkeit direkt (negativ). Der ebenfalls negative Einfluss auf die Beschwerdewahrscheinlichkeit aber wird durch die Zufriedenheit mit dem Kauf mediiert.

Determinationskoeffizient: Anteil der Varianz, der zwei korrelierten Variablen gemeinsam ist

Abb. 89: Nachkaufreaktionen

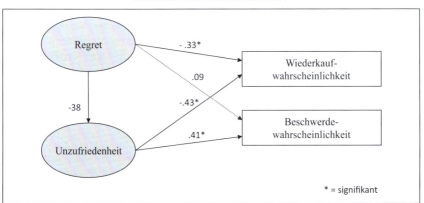

Quelle: Tsiros/Mittal (2000, S. 408)

8.3 Bedauern vs. Ärger

Weiterhin ist wichtig zu wissen, wen die betreffende Person verantwortlich dafür macht, dass sie nicht die optimale Wahl getroffen hat: sich selbst oder andere? Von der Antwort auf diese Frage – d.h. von der gewählten Attribution – hängt ab, ob die Konsumenten ihre Entscheidung bedauern oder sich darüber ärgern. Bei sog. 'self-caused attribution' ist Bedauern die wahrscheinliche emotionale Reaktion und Ärger bei 'other-caused attribution' (vgl. Roseman 2013, S. 143). Aus Unternehmenssicht ist dies ein gravierender Unterschied. Denn verärgerte Kunden sind wesentlich unzufriedener als Kunden, die eine Kaufentscheidung bedauern.

> **Beispiel:** Angenommen, Herr X erkennt nach dem samstäglichen Einkauf auf dem Wochenmarkt, dass er sich nicht für das – preislich oder qualitativ – beste Angebot an Frühkartoffeln entschieden hat. Falls er sich bewusst macht, dass er einfach keine Lust hatte, alle Verkaufsstände abzuschreiten, um sich einen umfassenden Überblick zu verschaffen, wird Herr X seinen Fehlkauf voraussichtlich bedauern. Jedoch wird er sich mit großer Wahrscheinlichkeit ärgern, wenn er glaubt, dass andere verantwortlich sind – bspw. der Kollege, den er zufällig auf dem Markt getroffen hat und der sich nicht davon abbringen ließ, ihm des Langen und des Breiten zu erklären, was auf dem gestrigen 'jour fix' – den Herr X geschwänzt hat – alles besprochen wurde. Und danach fühlte Herr X sich gedrängt, beim nächstbesten Stand einzukaufen, um nicht noch mehr Zeit zu verlieren.

8.4 Antizipiertes vs. Nachentscheidungs-Bedauern

Die Regret-Theorie hat der Konsumentenverhaltensforschung auch das Feld des 'prefactual' und des 'counterfactual thinking' erschlossen:
- Mit 'prefactual thinking' ist antizipiertes Bedauern gemeint – z.B. das ungute Gefühl, dass wenige Wochen, nachdem man ein Handy, einen PC etc. gekauft hat, ein leistungsfähigeres Modell in die Läden kommen könnte. Dreht sich 'prefactual thinking' im Wesentlichen um die Befürchtung, man müsse „woanders" für dieselbe Leistung womöglich weniger bezahlen, dann sind Preisgarantien das Gegenmittel der Wahl. McConnell et al. (2000) konnten empirisch nachweisen, dass garantierte Preise nicht nur antizipiertem Regret vorbeugen, sondern auch die langfristige Zufriedenheit selbst dann steigern, wenn die Garantie nicht in Anspruch genommen wird.
- Mit 'counterfactual thinking' ist spekulatives Bedauern gemeint: Bedauern über den entgangenen Nutzen von Entscheidungsalternativen, von denen man gar nicht weiß, ob es sie überhaupt gibt. „Was wäre wenn?". Was wäre, wenn es doch eine Spülmaschine gäbe, die wesentlich weniger Strom, Wasser oder/und Waschmittel verbraucht als das Modell, das ich im Begriff bin zu kaufen?

> "There are two types of regret: anticipated and postdecision. Both types will raise the emotional stakes of decisions. Anticipated regret will make decisions harder to make, and postdecision regret will make them harder to enjoy" (Schwartz 2004).

Mit 'regret' ist auch erklärbar, dass so mancher Konsument die (über)große Auswahl an weitgehend vergleichbaren Artikeln in den Verbrauchermärkten eher als „Tyrannei der Wahlmöglichkeit" denn als Entscheidungsfreiheit erlebt (vgl. Irons/Hepburn 2007).

Anhang

VALUES SURVEY MODULE 1994

QUESTIONNAIRE: English version
MAY BE FREELY USED FOR RESEARCH PURPOSESFOR REPRODUCTION IN COMMERCIAL PUBLICATIONS, PERMISSION IS NEEDED
Copyright © Geert Hofstede BV

**Please think of an ideal job, disregarding your present job, if you have one.
In choosing an ideal job, how important would it be to you to…**

1 = of utmost importance, 2 = very important, 3 = of moderate importance, 4 = of little importance, 5 = of very little or no importance

1. have sufficient time for your personal or family life
2. have good physical working conditions (good ventilation and lighting, adequate work space, etc.)
3. have a good working relationship with your direct superior
4. have security of employment
5. work with people who cooperate well with one another
6. be consulted by your direct superior in his/her decisions
7. have an opportunity for advancement to higher level jobs
8. have an element of variety and adventure in the job

In your private life, how important is each of the following to you?

9. Personal steadiness and stability
10. Thrift
11. Persistence (perseverance)
12. Respect for tradition
13. How often do you feel nervous or tense at work?

    1 = never, 2 = seldom, 3 = sometimes, 4 = usually, 5 = always

14. How frequently, in your experience, are subordinates afraid to express disagreement with their superiors?

    1 = very seldom, 2 = seldom, 3 = sometimes, 4 = frequently, 5 = very frequently

To what extent do you agree or disagree with each of the following statements?

1 = strongly agree, 2 = agree, 3 = undecided, 4 = disagree, 5 = strongly disagree

15. Most people can be trusted
16. One can be a good manager without having precise answers to most questions that subordinates may raise about their work
17. An organization structure in which certain subordinates have two bosses should be avoided at all costs
18. Competition between employees usually does more harm than good
19. A company's or organization's rules should not be broken, not even when the employee thinks it is in the company's best interest
20. When people have failed in life it is often their own fault

Some information about yourself (for statistical purposes):

21. Are you:

    1 = male, 2 = female

22. How old are you?

    1. under 20, 2. 20-24, 3. 25-29, 4. 30-34, 5. 35-39, 6. 40-49, 7. 50-59, 8. 60 or over

23. How many years of formal school education (or their equivalent) did you complete (starting with primary school)?

    1. 10 years or less, 2. 11 years, 3. 12 years, 4. 13 years, 5. 14 years, 6. 15 years, 7. 16 years, 8. 17 years, 9. 18 years or over

24. If you have or have had a paid job, what kind of job is it / was it?

    1. No paid job (includes full-time students), 2. Unskilled or semi-skilled manual worker, 3. Generally trained office worker or secretary, 4. Vocationally trained craftsperson, technician, informatician, nurse, artist or equivalent, 5. Academically trained professional or equivalent (but not a manager of people), 6. Manager of one or more subordinates (non-managers), 7. Manager of one or more managers

25. What is your nationality?

26. What was your nationality at birth (if different)?

IND-COL Scale (Lee/Brislin 1998)

Individualism

1. When I am not happy with my family, I stay away from them
2. When members of a family are not happy with one another, they should stay away from each other
3. I stick to my own point of view even if my group members may not agree with me
4. It is all right for a group member to stick to his/her point of view even if the others may not agree with it
5. I do not rely on my family members for any help
6. Members of a family should not have to rely on others for help
7. I pursue goals that are important to my own personal achievement, independent of the goals that my family may have
8. Members of a family should pursue goals that are important to their own personal achievement, regardless of family goals

Collectivism

9. I will stick with my family if they need me even when I am not happy with them
10. Members of a family should stick together, even when they are not happy with each other
11. I behave in a manner that my family expects me to, even though I may not agree with their expectations
12. Members of a family should behave in a manner that their family expects them to, even though they may not agree with those expectations
13. I strive to make an important contribution to my group
14. Members of a group should try to make an important contribution to their group
15. I pursue goals that are important to my group, even if these are not consistent with my own personal goals
16. Members of a group should pursue goals that are important to their group, even if these are not consistent with their own personal goals

CETSCALE[a]	Revised Consumer Ethnocentrism Scale (CES)
Reliability[b]	*Affective Reaction*
1. American people should always buy American-made products instead of imports. .65	1. I love the products and services from [Home Country].
2. Only those products that are unavailable in the U.S. should be imported. .63	2. I am proud of the products and services from [Home Country].
3. Buy American-made products. Keep America working. .51	3. I admire the products and services from [Home Country].
4. American products, first, last, and foremost. .65	4. I feel attached to the products and services from [Home Country].
5. Purchasing foreign-made products is un-American. .64	5. I hate the products and services from foreign countries.
6. It is not right to purchase foreign products, because it puts Americans out of jobs. .72	6. I despise the products and services from foreign countries.
7. A real American should always buy American-made products. .70	7. I am embarrassed by the products and services from foreign countries.
8. We should purchase products manufactured in America instead of letting other countries get rich off us. .67	8. I feel no attachment with the products and services from foreign countries.
8. It is always best to purchase American products .59	*Cognitive Bias*
9. There should be very little trading or purchasing of goods from other countries unless out of necessity. .53	1. East or West, the products and services from [Home Country] are the best.
10. Americans should not buy foreign products, because this hurts American business and causes unemployment. .67	2. Products from [Home Country] are examples of best workmanship.
12. Curbs should be put on all imports. .52	3. Service providers from [Home Country] have the best work attitudes.
13. It may cost me in the long-run but I prefer to support American products. .55	4. Products and services from foreign countries are no match for those from [Home Country].
14. Foreigners should not be allowed to put their products on our markets. .52	5. [Home Country] has the hardest working people in manufacturing industry.
15. Foreign products should be taxed heavily to reduce their entry into the U.S. .58	6. Service providers from [Home Country] are more caring than those in any foreign country.
16. We should buy from foreign countries only those products that we cannot obtain within our own country. .60	7. Products from [Home Country] are guaranteed for best performance.
17. American consumers who purchase products made in other countries are res-ponsible for putting their fellow Americans out of work. .65	8. [Home Country] provides the most pleasant service experience.
	Behavioral Preference
	1. For me, it's always the products from [Home Country] first, last and foremost.
	2. If I have a choice, I would prefer buying products and services from [Home Country].
	3. I prefer being served by service providers from [Home Country].

ᵃResponse format is 7-point Likert-type scale (strongly agree = 7, strongly disagree =1). Range of scores is from 17 to 119.

ᵇCalculated from confirmatory factor analysis of data from four-areas study.

4. As far as possible, I avoid buying products and services from foreign countries.
5. I often refuse to buy a product or service because it is from a foreign country.
6. I would much rather not buy a product or service, than buy one from a foreign country.
7. It may cost me in the long run but I support products and services from [Home Country].
8. I will never regret buying a product or service from [Home Country].

Notes:
1) Items in bold were dropped due to low factor loadings and item-to-total correlations.
2) Items in italics do not show metric invariance (equal factor loadings) across the four groups.

Literaturverzeichnis

A

Aaker, D.A.; Keller, K.L. (1990): Consumer Evaluations of Brand Extensions, Journal of Marketing, 54(1): 27–41.

Aaker, J.L. (1997): Dimensions of Brand Personality, Journal of Marketing Research, 34(3): 347–356.

Aaker, J.L.; Benet-Martinez, V.; Garolera, J. (2001): Consumption Symbols as Carriers of Culture. A Study of Japanese and Spanish Brand Personality Constructs, Journal of Personality and Social Psychology, 81(3): 492–508.

Aalto-Setälä, V.; Evanschitzky, H.; Kenning, P.; Vogel, V. (2006): Differences in Consumer Price Knowledge between Germany and Finland, International Review of Retail, Distribution and Consumer Research, 16(5): 591–599.

Abler, B.; Kessler, H. (2009): Emotion Regulation Questionnaire. Eine deutschsprachige Fassung des ERQ von Gross und John, Diagnostica, 55(3): 144–152.

Abosag, I.; Farah, M.F. (2014): The Influence of Religiously Motivated Consumer Boycotts on Brand Image, Loyalty and Product Judgment, European Journal of Marketing, 48(11/12): 2262–2283.

Abramson, L.Y.; Seligman, M.E.P.; Teasdale, J.D. (1978): Learned Helplessness in Humans. Critique and Reformulation, Journal of Abnormal Psychology, 87(1): 49–74.

Ackerman, D.; Tellis, G. (2001): Can Culture Affect Prices? A Cross-Cultural Study of Shopping and Retail Prices, Journal of Retailing, 77(1): 57–82.

Adams, F.M.; Osgood, C.E. (1973): A Cross-Cultural Study of the Affective Meanings of Color, Journal of Cross-Cultural Psychology, 4(2): 135–156.

Adaval, R.; Wyer Jr. R.S. (2011): Conscious and Nonconscious Comparisons with Price Anchors. Effects on Willingness to Pay for Related and Unrelated Products, Journal of Marketing Research, 48(2): 355–365.

Adler, N.J. (1983): A Typology of Management Studies Involving Culture, Journal of International Business Studies, 14(2): 29–47.

Adler, N.J.; Campbell, N.; Laurent, A. (1989): In Search of Appropriate Methodology. From Outside the People's Republic of China Looking in, Journal of International Business Studies, 20(1): 61–74.

Adorno, T.W.; Frenkel-Brunswik, E.; Levinson, D.J.; Sanford, R.N. (1950): The Authoritarian Personality, New York: Harper & Row.

Agarwal, J.; Malhotra, N.K.; Bolton, R.N. (2010): A Cross-National and Cross-Cultural Approach to Global Market Segmentation. An Application Using Consumers' Perceived Service Quality, Journal of International Marketing, 18(3): 18–40.

Aggarwal, P. (2004): The Effects of Brand Relationship Norms on Consumer Attitudes and Behavior, Journal of Consumer Research, 31(1): 87–101.

Aggarwal, P.; Kim, C.S.; Cha, T. (2013): Preference-Inconsistent Information and Cognitive Discomfort. A Cross-Cultural Investigation, Journal of Consumer Marketing, 30(5): 392–399.

Agrawal, J.; Grimm, P.; Kamath, S.; Foscht, T. (2011): A Cross-Country Study of Signals of Brand Quality, Journal of Product & Brand Management, 20(5): 333–342.

Ahluwalia, R. (2008): How Far Can a Brand Stretch? Understanding the Role of Self-Construal, Journal of Marketing Research, 45(3): 337–350.

Ahmed, M.; Jan, M.T. (2015): Applying the Factor Analytical Approach towards Aaker's Brand Personality Model from an Islamic Perspective, Malaysian Management Review, 50(1): 49–63.

Ahuvia, A.; Wong, N. (1998): The Effect of Cultural Orientation in Luxury Consumption, in: Arnould, E.J.; Scott, L.M. (Eds.), Advances in Consumer Research, Vol. 25, 29–32, Ann Arbor/MI: Association for Consumer Research.

Aichner, T.; Forza, C.; Trentin, A. (2017): The Country-of-Origin Lie. Impact of Foreign Branding on Customers' Willingness to Buy and Willingness to Pay When the Product's Actual Origin is Disclosed, International Review of Retail, Distribution and Consumer Research, 27(1): 43–60.

Aiello, G.; Donvito, R.; Godey, B.; Pederzoli, D.; Wiedmann, K.-P.; Hennigs, N.; Siebels, A.; Chan, P.; Tsuchiya, J.; Rabino, S.; Ivanovna, S.I.; Weitz, B.; Oh, H.; Singh, R. (2009): An International Perspective on Luxury Brand and Country-of-Origin Effect, Journal of Brand Management, 16(5–6): 323–337.

Ajzen, I. (1991): The Theory of Planned Behavior, Organizational Behavior and Human Decision Processes, 50(2): 179–211.

Ajzen, I.; Fishbein, M. (1973): Attitudinal and Normative Variables as Predictors of Specific Behavior, Journal of Personality and Social Psychology, 27(1): 41–57.

Ajzen, I.; Fishbein, M. (1980): Understanding Attitudes and Predicting Social Behavior, Englewood Cliffs/NJ: Prentice-Hall.

Ajzen, I.; Madden, T.J. (1986): Prediction of Goal-Directed Behavior. Attitudes, Intentions, and Perceived Behavioral Control, Journal of Experimental Social Psychology, 22(5): 453–474.

Akdeniz, M.B.; Talay, M.B. (2013): Cultural Variations in the Use of Marketing Signals. A Multilevel Analysis of the Motion Picture Industry, Journal of the Academy of Marketing Science, 41(5): 601–624.

Al Kailani, M.; Kumar, R. (2011): Investigating Uncertainty Avoidance and Perceived Risk for Impacting Internet Buying. A Study in three National Cultures, International Journal of Business and Management, 6(5): 76–92.

Alden, D.L.; Steenkamp, J.-B.E.M.; Batra, R. (1999): Brand Positioning through Advertising in Asia, North America, and Europe. The Role of Global Consumer Culture, Journal of Marketing, 63(1): 75–87.

Alexander, R.; Murray, D.; Thompson, N. (2017a): Cross-Cultural Web Usability Model, in: Bouguettaya et al. (Eds.), International Conference on Web Information Systems Engineering, 75–89, Cham: Springer.

Alexander, R.; Thompson, N.; Murray, D. (2017b): Towards Cultural Translation of Websites. A Large-Scale Study of Australian, Chinese, and Saudi Arabian Design Preferences, Behaviour & Information Technology, 36(4): 351–363.

Alicke, M.D.; Sedikides, C. (2009): Self-Enhancement and Self-Protection. What They Are and What They Do, European Review of Social Psychology, 20(1): 1–48.

Aliyev, F.; Wagner, R. (2018): Cultural Influence on Luxury Value Perceptions. Collectivist vs. Individualist Luxury Perceptions, Journal of International Consumer Marketing, 30(3): 158–172.

Alkailani, M.; Kumar, R. (2016): Impacting Innovativeness. The Role of Interpersonal Influences and Cultural Dimensions on Consumer Innovativeness, Journal of Strategic Innovation and Sustainability, 11(1): 62–79.

Allen, C.T.; Machleit, K.A.; Kleine, S.S. (1992): A Comparison of Attitudes and Emotions as Predictors of Behavior at Diverse Levels of Behavioral Experience, Journal of Consumer Research, 18(4): 493–504.

Allman, H.F.; Hewett, K.; Kaur, M. (2019): Understanding Cultural Differences in Consumers' Reactions to Foreign-Market Brand Extensions. The Role of Thinking Styles, Journal of International Marketing, 27(2): 1–21.

Al-Makaty, S.S.; van Tübergen, G.N.; Withlow, S.S.; Boyd, D.A. (1996): Attitudes toward Advertising in Islam, Journal of Advertising Research, 36(3): 16–26.

Alwin, D.F. (1986): Religion and Parental Child-Rearing Orientations. Evidence of a Catholic-Protestant Convergence, American Journal of Sociology, 92(2): 412–440.

Ames, D.L.; Fiske, S.T. (2010): Cultural Neuroscience, Asian Journal of Social Psychology, 13(2): 72–82.

Amir, Y.; Sharon, I. (1987): Are Social Psychological Laws Cross-Culturally Valid? Journal of Cross-Cultural Psychology, 18(4): 383–470.

Amos, C.; Holmes, G.R.; Keneson, W.C. (2014): A Meta-Analysis of Consumer Impulse Buying, Journal of Retailing and Consumer Services, 21(2): 86–97.

An, D.; Kim, S.H. (2008): A first Investigation into the Cross-Cultural Perceptions of Internet Advertising, Journal of International Consumer Marketing, 20(2): 49–65.

Anderson Jr. W.T.; Cunningham, W.H. (1972): The Socially Conscious Consumer, Journal of Marketing, 36(3): 23–31.

Anderson, B.B.; Brodowsky, G.H. (2001): A Cross-Cultural Study of Waiting as a Satisfaction Driver in Selected Service Encounters, Journal of East West Business, 7(1): 11–36.

Anderson, C.W.; Fedenia, M.; Hirschey, M.; Skiba, H. (2011): Cultural Influences on Home Bias and International Diversification by Institutional Investors, Journal of Banking & Finance, 35(4): 916–934.

Anderson, E.W.; Sullivan, M.W. (1993): The Antecedents and Consequences of Customer Satisfaction for Firms, Marketing Science, 12(2): 125–143.

Anderson, J.R. (2013): Kognitive Psychologie, 7. Aufl., Berlin: Springer.

Anderson, M.; Magruder, J. (2012): Learning from the Crowd. Regression Discontinuity Estimates of the Effects of an Online Review Database, The Economic Journal, 122(563): 957–989.

Anderson, S.L. (2019): The Importance of Attractiveness across Cultures, in: Keith, K.D. (Ed.), Cross-Cultural Psychology. Contemporary Themes and Perspectives, 598–613, New York/NY: Wiley.

Anderson, S.L.; Adams, G.; Plaut, V.C. (2008): The Cultural Grounding of Personal Relationship. The Importance of Attractiveness in Everyday Life, Journal of Personality and Social Psychology, 95(2): 352–368.

Andrés-Martínez, M.E.; Gómez-Borja, M.Á.; Mondéjar-Jiménez, J.A. (2014): A Model to Evaluate the Effects of Price Fairness Perception in Online Hotel Booking, Electronic Commerce Research, 14(2): 171–187.

Aoyama, Y. (2007): The Role of Consumption and Globalization in a Cultural Industry. The Case of Flamenco, Geoforum, 38(1): 103–113.

Appiah, K.A. (2007): Cosmopolitanism. Ethics in a World of Strangers, New York: Norton & Company.

Argyle, M. (2013): Körpersprache & Kommunikation, 10.Aufl., Paderborn: Junferman.

Ariel, M. (2001): Accessibility Theory. An Overview, in: Sanders, T.; Schilperoord, J.; Sporen, W. (Eds.), Linguistic and Psycholinguistic Aspects, 29–87, Amsterdam: John Benjamins.

Armitage, C.J.; Conner, M. (2001): Efficacy of the Theory of Planned Behaviour. A Meta-Analytic Review, British Journal of Social Psychology, 40(4): 471–500.

Armstrong, R.W.; Yee, S.M. (2001): Do Chinese trust Chinese? A Study of Chinese Buyers and Sellers in Malaysia, Journal of International Marketing, 9(3): 63–86.

Arnould, E.J.; Thompson, C.J. (2005): Consumer Culture Theory (CCT): Twenty Years of Research, Journal of Consumer Research, 31(4): 868–882.

Aronson, E.; Wilson, T.; Akert, R. (2014): Sozialpsychologie, 8. Aufl., München: Pearson.

Asch, S.E. (1946): Forming Impressions of Personality, Journal of Abnormal and Social Psychology, 41(3): 258–290.

Askegaard, S.; Linnet, J.T. (2011): Towards an Epistemology of Consumer Culture Theory. Phenomenology and the Context of Context, Marketing Theory, 11(4): 381–404.

Aslam, M.M. (2006): Are you Selling the Right Colour? A Cross-Cultural Review of Colour as a Marketing Cue, Journal of Marketing Communications, 12(1): 15–30.

Au, K.; Hui, M.K.; Leung, K. (2001): Who Should be Responsible? Effects of Voice and Compensation on Responsibility Attribution, Perceived Justice, and Post-Complaint Behavior across Cultures, International Journal of Conflict Management, 12(4): 350–364.

Au, N.; Law, R.; Buhalis, D. (2010): The Impact of Culture on eComplaints. Evidence from Chinese Consumers in Hospitality Organisations, in: Gretzel, U.; Law, R.; Fuchs, M. (Eds.), Information and Communication Technologies in Tourism 2010, 285–296, Berlin: Springer.

B

Badgaiyan, A.J.; Verma, A. (2014): Intrinsic Factors Affecting Impulsive Buying Behaviour. Evidence from India, Journal of Retailing and Consumer Services, 21(4): 537–549.

Bagozzi, R.P.; Wong, N.; Abe, S.; Bergami, M. (2000): Cultural and Situational Contingencies and the Theory of Reasoned Action. Journal of Consumer Psychology, 9(2): 97–106.

Baker, J.; Grewal, D.; Parasuraman, A. (1994): The Influence of Store Environment on Quality Inferences and Store Image, Journal of the Academy of Marketing Science, 22(4): 328–339.

Baker, J.; Parasuraman, A.; Grewal, D.; Voss, G.B. (2002): The Influence of Multiple Store Environment Cues on Perceived Merchandise Value and Patronage Intentions, Journal of Marketing, 66(2): 120–141.

Balabanis, G.; Diamantopoulos, A. (2004): Domestic Country Bias, Country-of-Origin Effects, and Consumer Ethnocentrism. A Multidimensional Unfolding Approach, Journal of the Academy of Marketing Science, 32(1): 80–95.

Balabanis, G.; Diamantopoulos, A. (2008): Brand Origin Identification by Consumers. A Classification Perspective, Journal of International Marketing, 16(1): 39–71.

Balabanis, G.; Diamantopoulos, A.; Mueller, R.D.; Melewar, T.C. (2001): The Impact of Nationalism, Patriotism and Internationalism on Consumer Ethnocentric Tendencies, Journal of International Business Studies, 32(1): 157–175.

Balabanis, G.; Siamagka, N.T. (2017): Inconsistencies in the Behavioural Effects of Consumer Ethnocentrism, International Marketing Review, 34(2): 166–182.

Balderjahn, I. (2013): Nachhaltiges Management und Konsumentenverhalten, München: UTB.

Balderjahn, I.; Peyer, M. (2012): Das Bewusstsein für fairen Konsum, Die Betriebswirtschaft, 72(4): 343–364.

Bandura, A. (1997): Self-Efficacy. The Exercise of Control, New York: Freeman.

Bao, Y.; Zhou, K.Z.; Su, C. (2003): Face Consciousness and Risk Aversion. Do they Affect Consumer Decision-Making? Psychology & Marketing, 20(8): 733–755.

Barbarossa, C.; De Pelsmacker, P.; Moons, I. (2018): Effects of Country-of-Origin Stereotypes on Consumer Responses to Product-Harm Crises, International Marketing Review, 35(3): 362–389.

Barber, B.R. (1995): Jihad vs McWorld, New York/NY: Times Books.

Bargh, J.A. (2002): Losing Consciousness. Automatic Influences on Consumer Judgment, Behavior, and Motivation, Journal of Consumer Research, 29(2): 280–285.

Barmeyer, C.; Romani, L.; Pilhofer, K. (2016): Welche Impulse liefert interkulturelles Management für Diversity Management? in: Genkova, P.; Ringeisen, T. (Hrsg.), Handbuch Diversity Kompetenz: Bd. 2, Gegenstandsbereiche, 1–22, Berlin: Springer.

Barnes, S.J.; Pressey, A.D. (2012): In Search of the Meta-Maven, Psychology & Marketing, 29(3): 167–185.

Bar-Tal, Y.; Raviv, A.; Spitzer, A. (1999): The Need and Ability to Achieve Cognitive Structuring, Journal of Personality and Social Psychology, 77(1): 33–51.

Basu, A.K.; Hicks, R.L. (2008): Label Performance and the Willingness to Pay for Fair Trade Coffee. A Cross-National Perspective, International Journal of Consumer Studies, 32(5): 470–478.

Batchelor, J.H.; Miao, C. (2016): Extreme Response Style. A Meta-Analysis, Journal of Organizational Psychology, 16(2): 51–62.

Batra, R.; Ahuvia, A.; Bagozzi, R.P. (2012): Brand Love, Journal of Marketing, 76(2): 1–16.

Batra, R.; Ramaswamy, V.; Alden, D.L.; Steenkamp, J.-B.E.M.; Ramachander, S. (2000): Effects of Brand Local and Nonlocal Origin on Consumer Attitudes in Developing Countries, Journal of Consumer Psychology, 9(2): 83–95.

Bauer, R.A. (1967): Consumer Behavior as Risk Taking, in: Cox, D.F. (Ed.), Risk Taking and Information Handling in Consumer Behavior, 23–33, Boston/MA: Harvard University Press.

Baumeister, R.F.; Bratslavsky, E.; Finkenauer, C.; Vohs, K.D. (2001): Bad is Stronger than Good, Review of General Psychology, 5(4): 323–370.

Baumgartner, H.; Steenkamp, J.-B.E.M. (1996): Exploratory Consumer Buying Behavior, International Journal of Research in Marketing, 13(2): 121–137.

Bearden, W.O.; Money, R.B.; Nevins, J.L. (2006a): A Measure of Long-Term Orientation. Development and Validation, Journal of the Academy of Marketing Science, 34(3): 456–467.

Bearden, W.O.; Money, R.B.; Nevins, J.L. (2006b): Multidimensional versus Unidimensional Measures in Assessing National Culture Values. The Hofstede VSM 94 Example, Journal of Business Research, 59(2): 195–203.

Bearden, W.O.; Netemeyer, R.G.; Teel, J.E. (1989): Measurement of Consumer Susceptibility to Interpersonal Influence, Journal of Consumer Research, 15(4): 473–481.

Beisswingert, B.M.; Zhang, K.; Goetz, T.; Fang, P.; Fischbacher, U. (2015): The Effects of Subjective Loss of Control on Risk-Taking Behavior. The Mediating Role of Anger, Frontiers in Psychology, 6: 1–17.

Beldona, S.; Kwansa, F. (2008): The Impact of Cultural Orientation on Perceived Fairness over Demand-Based Pricing, International Journal of Hospitality Management, 27(4): 594–603.

Belk, R. (2011): Benign Envy, AMS Review, 1(3-4): 117–134.

Belk, R.; Devinney, T.; Eckhardt, G. (2005): Consumer Ethics across Cultures, Consumption Markets & Culture, 8(3): 275–289.

Belk, R.W. (1995): Studies in the New Consumer Behaviour, in: Miller, D. (Ed.), Acknowledging Consumption, 58–95, London: Routledge.

Belk, R.W.; Price, L.; Peñaloza, L. (Eds.) (2013): Consumer Culture Theory, Bingley/UK: Emerald.

Bell, D. (1973): The Coming of Post-Industrial Society. A Venture in Social Forecasting, New York: Basic Books.

Bell, D.E. (1982): Regret in Decision Making under Uncertainty, Operations Research, 30(5): 961–981.

Bem, S.L. (1981): Bem Sex Role Inventory. Professional Manual, Palo Alto/CA: Consulting Psychologists Press.

Benedict, R. (1934): Patterns of Culture, Boston: Houghton Mifflin.

Bennett, M. (1993): Towards Ethnorelativism. A Developmental Model of Intercultural Sensitivity, in: Paige, M. (Ed.), Education for the Intercultural Experience, 21–71, Yarmouth/ME: Intercultural Press.

Berlyne, D.E. (1960): Conflict, Arousal, and Curiosity, New York: McGraw-Hill.

Berndt, C.; Grill, M. (2019): Geschenke mit Hintergedanken, Süddeutsche Zeitung, 103(241): 22.

Berridge, K.; Winkelman, P. (2003): What is an Unconscious Emotion? (The Case for Unconscious "Liking"), Cognition and Emotion, 17(2): 181–211.

Berry, J.W. (1989): Imposed Etics – Emics – Derived Etics, International Journal of Psychology, 24(6): 721–735.

Berry, J.W.; Poortinga, Y.P.; Segall, M.H.; Dasen, P.R. (2002): Cross-Cultural Psychology, 2nd Ed., Cambridge: Cambridge University Press (1st Ed. = 1992).

Besharat, M.A. (2011): Factorial and Cross-Cultural Validity of a Farsi Version of the Anger Rumination Scale, Psychological Reports, 108(1): 317–328.

Beugelsdijk, S.; Kostova, T.; Roth, K. (2017): An Overview of Hofstede-Inspired Country-Level Culture Research in International Business since 2006, Journal of International Business Studies, 48(1): 30–47.

Beugelsdijk, S.; Maseland, R. (2011): Culture in Economics. History, Methodological Reflections and Contemporary Applications, Cambridge: Cambridge University Press.

Beugelsdijk, S.; Maseland, R.; Van Hoorn, A. (2015): Are Scores on Hofstede's Dimensions of National Culture Stable over Time? A Cohort Analysis, Global Strategy Journal, 5(3): 223–240.

Beugelsdijk, S.; Welzel, C. (2018): Dimensions and Dynamics of National Culture. Synthesizing Hofstede with Inglehart, Journal of Cross-Cultural Psychology, 49(10: 1469–1505.

Bian, Q.; Forsythe, S. (2012): Purchase Intention for Luxury Brands. A Cross Cultural Comparison, Journal of Business Research, 65(10): 1443–1451.

Bielen, F.; Demoulin, N. (2007): Waiting Time Influence on the Satisfaction-Loyalty Relationship in Services, Managing Service Quality, 17(2): 174–193.

Bierbrauer, G.; Heyer, H.; Wolfradt, V. (1994): Measurement of Normative and Evaluative Aspects of Individualistic and Collectivistic Orientations. The Cultural Orientation Scale (COS), in Kim, U.; Triandis, H.C.; Kagitcibasi, C; Choi, S.; Yoon, G. (Eds.), Individualism and Collectivism, 189–199, Thousand Oaks/CA: Sage.

Bigalke, S. (2020): Russland. Regelwut und überpünktlich, Süddeutsche Zeitung, 104(225): 9.

Biswas, D.; Grau, S.L. (2008): Consumer Choice under Product Option Framing. Loss Aversion Principles or Sensitivity to Price Differentials, Psychology & Marketing, 25(5): 399–415.

Blackwell, R.D.; Miniard, P.W. (2017): Consumer Behavior, 10th Ed., Mason/OH: South-Western Thomas Learning.

Bleicher, K. (1986): Zum Zeitlichen in Unternehmenskulturen, Die Unternehmung, 40(4): 259–288.

Blodgett, J.G.; Bakir, A.; Mattila, A.S.; Trujillo, A.; Quintanilla, C. Elmadağ, A.B. (2018): Cross-National Differences in Complaint Behavior. Cultural or Situational? Journal of Services Marketing, 32(7): 913–924.

Bloemer, J.; De Ruyter, K. (1998): On the Relationship between Store Image, Store Satisfaction and Store Loyalty, European Journal of Marketing, 32(5/6): 499–513.

Blom, H.; Meier, H. (2002): Interkulturelles Management, Herne: Verlag Neue Wirtschaftsbriefe.

Boer, D.; Hanke, K.; He, J. (2018): On Detecting Systematic Measurement Error in Cross-Cultural Research. A Review and Critical Reflection on Equivalence and Invariance Tests, Journal of Cross-Cultural Psychology, 49(5): 713–734.

Boland, J.E.; Chua, H.F.; Nisbett, R.E. (2008). How We See It. Culturally Different Eye Movement Patterns Over Visual Scenes, in: Rayner, K.; Shen, D.; Bai, X.; Yan, G. (Eds.), Cognitive and Cultural Influences on Eye Movements, 363–378, Tianjin: Tianjin People's Publishing House.

Bolton, L.E.; Keh, H.T.; Alba, J.W. (2010): How do Price Fairness Perceptions Differ across Culture? Journal of Marketing Research, 47(3): 564–576.

Bolz, N.; Kittler, F.A.; Zons, R. (Hrsg.) (2000): Weltbürgertum und Globalisierung, München: Fink.

Bond, M.H. (1983): Chinese Value Survey, Unpublished Manuscript, Chinese University of Hong Kong.

Bond, M.H.; Smith, P.B. (1996): Cross-Cultural Social and Organizational Psychology, Annual Review of Psychology, 47(February): 205–235.

Borg, I.; Lingoes, J. (2012): Multidimensional Similarity Structure Analysis, New York: Springer.

Bosch, C.; Schiel, S.; Winder, T. (2006): Emotionen im Marketing, Wiesbaden: Gabler.

Bougie, R.; Pieters, R.; Zeelenberg, M. (2003): Angry Customers don't Come Back, they Get Back. The Experience and Behavioral Implications of Anger and Dissatisfaction in Services, Journal of the Academy of Marketing Science, 31(4): 377–393.

Bourne, L.E.; Ekstrand, B.R.; Dominowski, R.L. (1971): The Psychology of Thinking, Englewood Cliffs/NJ: Prentice Hall.

Bowen, M.; Freidank, J.; Wannow, S.; Cavallone, M. (2018): Effect of Perceived Crisis Response on Consumers' Behavioral Intentions During a Company Scandal. An Intercultural Perspective, Journal of International Management, 24(3): 222–237.

Brabham, D.C. (2008): Crowdsourcing as a Model for Problem Solving, Convergence, 14(1): 75–90.

Brachinger, H.W. (2005): Der Euro als Teuro? Die wahrgenommene Inflation in Deutschland, Wirtschaft und Statistik, 9: 999–1014.

Brady, M.K.; Robertson, C.J.; Cronin, J.J. (2001): Managing Behavioural Intentions in Diverse Cultural Environments, Journal of International Management, 7(2): 129–149.

Brandstätter, V.; Schüler, J.; Puca, R.M.; Lozo, L. (2018): Motivation und Emotion, 2.Aufl., Berlin: Springer.

Brengman, M.; Geuens, M.; Weijters, B.; Smith, S.M.; Swinyard, W.R. (2005): Segmenting Internet Shoppers Based on their Web-Usage-Related Lifestyle. A Cross-Cultural Validation, Journal of Business Research, 58(1): 79–88.

Brewer, M.B.; Chen, Y.R. (2007): Where (who) are Collectives in Collectivism? Toward Conceptual Clarification of Individualism and Collectivism, Psychological Review, 114(1): 133–151.

Brewer, P.; Venaik, S. (2012): On the Misuse of National Culture Dimensions, International Marketing Review, 29(6): 673–683.

Brewer, P.; Venaik, S. (2014): The Ecological Fallacy in National Culture Research, Organization Studies, 35(7): 1063–1086.

Brijs, K.; Vanhoof, K.; Brijs, T.; Karlis, D. (2006): Using Fuzzy Set Theory to Assess Country-of-Origin Effects on the Formation of Product Attitude, in: Torra, V.; Narukawa, Y.; Valls, A.; Domingo-Ferrer, J. (Eds.), Modeling Decisions for Artificial Intelligence: Third International Conference, MDAI 2006, 138–149, Berlin: Springer.

Briley, D.A.; Aaker, J.L. (2006): When Does Culture Matter? Effects of Personal Knowledge on the Correction of Culture-Based Judgments, Journal of Marketing Research, 43(3): 395–408.

Brislin, R.W.; Kim, E.S. (2003): Cultural Diversity in People's Understanding and Uses of Time, Applied Psychology, 52(3): 363–382.

Brodowsky, G.H.; Anderson, B.B.; Schuster, C.P.; Meilich, O.; Ven Venkatesan, M. (2008): If Time is Money is it a Common Currency? Time in Anglo, Asian, and Latin Cultures, Journal of Global Marketing, 21(4): 245–257.

Brosschot, J.F.; Thayer, J.F. (2003): Heart Rate Response is Longer after Negative Emotions than after Positive Emotions, International Journal of Psychophysiology, 50(3): 181–187.

Brown, N.R.; Siegler, R.S. (1992): The Role of Availability in the Estimation of National Populations, Memory & Cognition, 20(4): 406–412.

Bruhn, M.; Eichen, F. (2007): Marken-Konsumenten-Beziehungen, in: Florack, A.; Primosch, E. (Hrsg.), Psychologie der Markenführung, 220–256, München: Vahlen.

Bruner, J.S.; Postman, L. (1951): An Approach to Social Perception, in: Dennis, W.; Lippitt, R. (Eds.), Current Trends in Social Psychology, 71–118, Pittsburgh/PA: University of Pittsburgh Press.

Bruner, J.S.; Shapiro, D.; Tagiuri, R. (1958): The Meaning of Traits in Isolation and in Combination, in: Tagiuri, R.; Petrullo, L. (Eds.), Person Perception and Interpersonal Behavior, 277–288, Stanford/CA: Stanford University Press.

Budhathoki, T.; Schmitt, J.; Michaelidou, N. (2018): Does Culture Impact Private Label Performance? International Marketing Review, 35(1): 93–112.

Budner, S. (1962): Intolerance of Ambiguity as a Personality Variable, Journal of Personality, 30(1): 29–50.

Burmann, C.; Halaszovich, T.; Schade, M.; Hemmann, F. (2015): Identitätsbasierte Markenführung, 2. Aufl., Wiesbaden: Springer Gabler.

Burroughs, J.E.; Mick, G.D. (2004): Exploring Antecedents and Consequences of Consumer Creativity in a Problem-Solving Context, Journal of Consumer Research, 31(2): 402–411.

Busch, H. (2018): Machtmotivation, in: Heckhausen, J.; Heckhausen, H. (Hrsg.), Motivation und Handeln, 5. Aufl., 245–268, Berlin: Springer.

Busseri, M.A.; Lefcourt, H.M.; Kerton, R.R. (1998): Locus of Control for Consumer Outcomes. Predicting Consumer Behavior, Journal of Applied Social Psychology, 28(12): 1067–1087.

Butcher, J.N. (2001): Minnesota Multiphasic Personality Inventory-2: Manual for Administration, Scoring, and Interpretation, University of Minnesota Press.

Butler, E.A.; Lee, T.L.; Gross, J.J. (2007): Emotion Regulation and Culture. Are the Social Consequences of Emotion Suppression Culture-Specific? Emotion, 7(1): 30–48.

Buunk, A.P.; Park, J.H.; Duncan, L.A. (2010): Cultural Variation in Parental Influence on Mate Choice, Cross-Cultural Research, 44(1): 23–40.

C

Cai, H.; Sedikides, C.; Gaertner, L.; Wang, C.; Carvallo, M.; Xu, Y.; ... & Jackson, L.E. (2011): Tactical Self-Enhancement in China. Is Modesty at the Service of Self-Enhancement in East Asian Culture? Social Psychological and Personality Science, 2(1): 59–64.

Caillat, Z.; Mueller, B. (1996): The Influence of Culture on American and British Advertising. An Exploratory Comparison of Beer Advertising, Journal of Advertising Research, 36(3): 79–88.

Calabrese, A.; Capece, G.; Corbò, M.; Ghiron, N.L.; Marucchi, M.M. (2012): Cross-Cultural Strategies for Web Design, International Journal of Humanities and Social Sciences, 6(11): 2728–2733.

Camerer, C.F.; Loewenstein, G. (2004): Behavioral Economics, in: Camerer, C.F.; Loewenstein, G.; Rabin, M. (Eds.), Advances in Behavioral Ecomomics, 3–51, Princeton/NJ: Princeton University Press.

Capece, G.; Calabrese, A.; Di Pillo, F.; Costa, R.; Crisciotti, V. (2013): The Impact of National Culture on E-Commerce Acceptance. The Italian Case, Knowledge and Process Management, 20(2): 102–112.

Cappai, G. (2005): Der interkulturelle Vergleich. Herausforderungen und Strategien einer sozialwissenschaftlichen Methode, in: Srubar, I.; Renn, J.; Wenzel, U. (Hrsg.), Sozial- und kulturwissenschaftliche Grundlagen und Kontroversen, 48–78, Wiesbaden: Verlag für Sozialwissenschaften.

Carden, L.; Wood, W.; Neal, D.T.; Pascoe, A. (2017): Incentives Activate a Control Mind-Set, Journal of the Association for Consumer Research, 2(3): 279–290.

Carl, D.; Gupta, V.; Javidan, M. (2004): Power Distance, in: House, R.J.; Hanges, P.J.; Javidan, M.; Dorfman, P.W.; Gupta, V. (Eds.), Culture, Leadership, and Organizations. The GLOBE Study of 62 Societies, 513–563, Thousand Oaks/CA: Sage.

Carpenter, J.M.; Moore, M.; Alexander, N.; Doherty, A.M. (2013): Consumer Demographics, Ethnocentrism, Cultural Values, and Acculturation to the Global Consumer Culture, Journal of Marketing Management, 29(3–4): 271–291.

Carrillat, F.A.; Jaramillo, F.; Mulki, J.P. (2007): The Validity of the SERVQUAL and SERVPERF Scales. A Meta-Analytic View of 17 years of Research across five Continents, International Journal of Service Industry Management, 18(5): 472–490.

Carroll, B.A.; Ahuvia, A.C. (2006): Some Antecedents and Outcomes of Brand Love, Marketing Letters, 17(2): 79–89.

Caruana, R.; Chatzidakis, A. (2014): Consumer Social Responsibility (CnSR). Toward a Multi-Level, Multi-Agent Conceptualization of the "Other CSR", Journal of Business Ethics, 121(4): 577–592.

Carvalho, S.W.; Block, L.G.; Sivaramakrishnan, S.; Manchanda, R.V.; Mitakakis, C. (2008): Risk Perception and Risk Avoidance. The Role of Cultural Identity and Personal Relevance, International Journal of Research in Marketing, 25(4): 319–326.

Castelló, E.; Mihelj, S. (2018): Selling and Consuming the Nation. Understanding Consumer Nationalism, Journal of Consumer Culture, 18(4): 558–576.

CCMC (2013): Will we Ever Learn? The Sad State of Customer Care in America. Retrieved from http://www.customercaremc.com/the-2013-customer-rage-study/.

Cezar, A.; Ögüt, H. (2016): Analyzing Conversion Rates in Online Hotel Booking. The Role of Customer Reviews, Recommendations and Rank Order in Search Listings, International Journal of Contemporary Hospitality Management, 28(2): 286–304.

Chai, L.; Pavlou, P.A. (2004): From "Ancient" to "Modern". A Cross-Cultural Investigation of Electronic Commerce Adoption in Greece and the United States, Journal of Enterprise Information Management, 17(6): 416–423.

Chan, H.; Wan, L.C. (2008): Consumer Responses to Service Failures. A Resource Preference Model of Cultural Influences, Journal of International Marketing, 16(1): 72–97.

Chan, H.; Wan, L.C.; Sin, L.Y. (2009): The Contrasting Effects of Culture on Consumer Tolerance. Interpersonal Face and Impersonal Fate, Journal of Consumer Research, 36(2): 292–304.

Chan, K.; Li, L.; Diehl, S.; Terlutter, R. (2007): Consumers' Response to Offensive Advertising. A Cross Cultural Study, International Marketing Review, 24(5): 606–628.

Chandran, S.; Menon, G. (2004): When a Day Means More than a Year. Effects of Temporal Framing on Judgments of Health Risk, Journal of Consumer Research, 31(2): 375–389.

Chang, M.K.; Cheung, W.; Lai, V.S. (2005): Literature Derived Reference Models for the Adoption of Online Shopping, Information & Management, 42(4): 543–559.

Chao, C.W.; Reid, M. (2016): Does Consumer Innovativeness Influence Western and Eastern Customers' Really New Product Adoption Behavior Differently? in: Campbell, C.; Ma, J. (Eds.), Looking Forward, Looking Back. Drawing on the Past to Shape the Future of Marketing, 690–696, Springer: Cham.

Chao, P. (2001): The Moderating Effects of Country of Assembly, Country of Parts, and Country of Design on Hybrid Product Evaluations, Journal of Advertising, 30(4): 67–81.

Chapa, O.; Hernandez, M.D.; Wang, Y.J.; Skalski, C. (2014): Do Individualists Complain more than Collectivists? A Four-Country Analysis on Consumer Complaint Behavior, Journal of International Consumer Marketing, 26(5): 373–390.

Chartrand, T.L.; Huber, J.; Shiv, B.; Tanner, R.J. (2008): Nonconscious Goals and Consumer Choice, Journal of Consumer Research, 35(2): 189–201.

Chattopadhyay, A.; Gorn, G.J.; Drake, P.R. (1999): Roses are Red and Violets are Blue. Everywhere? Cultural Universals and Differences in Color Preference among Consumers, Unpublished Working Paper, Vancouver/BC: University of British Columbia.

Chatzipanagiotou, K.; Christodoulides, G.; Veloutsou, C. (2019): Managing the Consumer-Based Brand Equity Process. A Cross-Cultural Perspective, International Business Review, 28(2): 328–343.

Chaudhuri, A.; Holbrook, M.B. (2001): The Chain of Effects from Brand Trust and Brand Affect to Brand Performance. The Role of Brand Loyalty, Journal of Marketing, 65(2): 81–93.

Cheah, I.; Phau, I.; Kea, G.; Huang, Y.A. (2016): Modelling Effects of Consumer Animosity. Consumers' Willingness to Buy Foreign and Hybrid Products, Journal of Retailing and Consumer Services, 30(3): 184–192.

Chebat, E.; Roth, Y.; Chebat, J.C. (2020): How Culture Moderates the Effects of Justice in Service Recovery, Review of Marketing Science, https://doi.org/10.1515/roms-2019–0043 (09.11.2020)

Chebat, J.C.; Davidow, M.; Codjovi, I. (2005): Silent Voices. Why some Dissatisfied Consumers Fail to Complain, Journal of Service Research, 7(4): 328–342.

Chelminski, P.; Coulter, R.A. (2007a): On Market Mavens and Consumer Self-Confidence. A Cross-Cultural Study, Psychology & Marketing, 24(1): 69–91.

Chelminski, P.; Coulter, R.A. (2007b): The Effects of Cultural Individualism and Self-Confidence on Propensity to Voice, Journal of International Marketing, 15(4): 94–118.

Chen, C.L.; Yang, D.C. (1986): The Self Image of Chinese and American Adolescents. A Cross-Cultural Comparison, International Journal of Social Psychology, 32(3): 419–426.

Chen, C.Y. (2009): Who I Am and How I Think. The Impact of Self-Construal on the Roles of Internal and External Reference Prices in Price Evaluations, Journal of Consumer Psychology, 19(3): 416–426.

Chen, H.; Bolton, L.E.; Ng, S.; Lee, D.; Wang, D. (2018): Culture, Relationship Norms, and Dual Entitlement, Journal of Consumer Research, 45(1): 1–20.

Chen, H.; Ng, S.; Rao, A.R. (2005): Cultural Differences in Consumer Impatience, Journal of Marketing Research, 42(3): 291–301.

Chen, S.X.; Hui, N.H.; Bond, M.H.; Sit, A.Y.; Wong, S.; Chow, V.S., ... & Law, R.W. (2006): Reexamining Personal, Social, and Cultural Influences on Compliance Behavior in the United States, Poland, and Hong Kong, Journal of Social Psychology, 146(2): 223–244.

Chen, Y.C.; Shang, R.A.; Kao, C.Y. (2009): The Effects of Information Overload on Consumers' Subjective State towards Buying Decision in the Internet Shopping Environment, Electronic Commerce Research and Applications, 8(1): 48–58.

Chen, Y.H.; Wu, J.J.; Chung, Y.S. (2008): Cultural Impact on Trust. A Comparison of Virtual Communities in China, Hong Kong, and Taiwan, Journal of Global Information Technology Management, 11(1): 28–48.

Chernev, A. (2004): Goal Orientation and Consumer Preference for the Status Quo, Journal of Consumer Research, 31(3): 557–565.

Cheung, M.S.; Anitsal, M.M.; Anitsal, I. (2007): Revisiting Word-of-Mouth Communications. A Cross-National Exploration, Journal of Marketing Theory and Practice, 15(3): 235–249.

Cho, C.H.; Cheon, H.J. (2005): Cross-Cultural Comparisons of Interactivity on Corporate Web Sites, Journal of Advertising, 34(2): 99–115.

Choi, I.; Geistfeld, L.V. (2004): A Cross-Cultural Investigation of Consumer E-Shopping Adoption, Journal of Economic Psychology, 25(6): 821–838.

Choi, I.; Nisbett, R.E. (1998): Situational Salience and Cultural Differences in the Correspondence Bias and Actor-Observer-Bias, Personality and Social Psychology, 24(9): 949–960.

Choi, I.; Nisbett, R.E. (2000): Cultural Psychology of Surprise. Holistic Theories and Recognition of Contradiction, Journal of Personality and Social Psychology, 79(6): 890–905.

Choi, I.; Nisbett, R.E.; Norenzayan, A. (1999): Causal Attribution across Cultures. Variation and Universality, Psychological Bulletin, 125(1): 47–63.

Choi, I.; Nisbett, R.E.; Smith, E.E. (1997): Culture, Category Salience, and Inductive Reasoning, Cognition, 65(1): 15–32.

Choi, S.; Mattila, A.S. (2006): The Role of Disclosure in Variable Hotel Pricing. A Cross-Cultural Comparison of Customers' Fairness Perceptions, Cornell Hotel and Restaurant Administration Quarterly, 47(1): 27–35.

Choi, S.; Mattila, A.S. (2008): Perceived Controllability and Service Expectations. Influences on Customer Reactions Following Service Failure, Journal of Business Research, 61(1): 24–30.

Choi, Y.K.; Hwang, J.S.; McMillan, S.J. (2008): Gearing Up for Mobile Advertising. A Cross-Cultural Examination of Key Factors that Drive Mobile Messages Home to Consumers, Psychology & Marketing, 25(8): 756–768.

Choi, Y.K.; Miracle, G.E. (2004): The Effectiveness of Comparative Advertising in Korea and the United States. A Cross-Cultural and Individual-Level Analysis, Journal of Advertising, 33(4): 75–87.

Christodoulides, G.; Michaelidou, N.; Argyriou, E. (2012): Cross-National Differences in eWOM Influence, European Journal of Marketing, 46(11/12): 1689–1717.

Chua, H.F.; Boland, J.E.; Nisbett, R.E. (2005): Cultural Variation in Eye Movements during Scene Perception, Proceedings of the National Academy of Sciences of the United States of America, 102(35): 12629–12633.

Chung, C.M.; Darke, P.R. (2006): The Consumer as Advocate. Self-Relevance, Culture, and Word-of-Mouth, Marketing Letters, 17(4): 269–279.

Chung, S.C.; Kung, C. (2005): The Effects of Emotions in Risk-Taking, Journal of American Academy of Business, 6(2): 113–117.

Cialdini, R. (1994): Interpersonal Influence, in: Shavitt, S.; Brock, T.C. (Eds), Persuasion. Psychological Insights and Perspectives, 195–217, Boston/MA: Allyn and Bacon.

Cialdini, R. (2009): Influence. Science and Practice, Boston/MA: Pearson.

Cialdini, R. (2016): Pre-Suasion. A Revolutionary Way to Influence and Persuade, New York: Simon & Schuster.

Cialdini, R.; Kallgren, C.A.; Reno, R.R. (1991): A Focus Theory of Normative Conduct. A Theoretical Refinement and Reevaluation of the Role of Norms in Human Behavior, in: Zanna, M.P. (Ed.), Advances in Experimental Social Psychology, Vol. 24, 201–234, New York/NY: Academic Press.

Cialdini, R.; Wosinska, W.; Barrett, D.W.; Butner, J.; Gornik-Durose, M. (1999): Compliance with a Request in Two cultures. The Differential Influence of Social Proof and Commitment/Consistency on Collectivists and Individualists, Personality and Social Psychology Bulletin, 25(10): 1242–1253.

Clark, T. (1990): International Marketing and National Character. A Review and Proposal for an Integrative Theory, Journal of Marketing, 54(4): 66–79.

Clarke III, I. (2001): Extreme Response Style in Cross-Cultural Research, International Marketing Review, 18(3): 301–324.

Cleveland, M.; Bartikowski, B. (2018): Cultural and Identity Antecedents of Market Mavenism. Comparing Chinese at Home and Abroad, Journal of Business Research, 82(1): 354–363.

Cleveland, M.; Erdogan, S.; Arikan, G.; Poyraz, T. (2011): Cosmopolitanism, Individual-Level Values and Cultural-Level Values. A Cross-Cultural Study, Journal of Business Research, 64(9): 934–943.

Collett, P.; O'Shea, G. (1976): Pointing the Way to a Fictional Place. A Study of Direction Giving in Iran and England, European Journal of Social Psychology, 6(4): 447–458.

Coney, K.A. (1972): Dogmatism and Innovation, Journal of Marketing Research, 9(4): 453–455.

Conley, J. (1986): When the Going Gets Though the Patriots Cry „Be True Blue and Buy Australian", The Age, 6(9): 16.

Conner, M.; Armitrage, C.J. (1998): Extending the Theory of Planned Behavior. A Review and Avenues for Further Research, Journal of Applied Social Psychology, 28(15): 1429–1464.

Constantine, S. (1987): The Buy British Campaign of 1931, European Journal of Marketing, 21(4), 44–59.

Conway, A.R.; Cowan, N.L.; Bunting, M.F. (2001): The Cocktail Party Phenomenon Revisited, Psychonomic Bulletin & Review, 8(2): 331–335.

Cooper, A.C.; Woo, C.Y.; Dunkelberg, W.C. (1988): Entrepreneurs Perceived Chances for Success, Journal of Business Venturing, 3(2): 97–108.

Cooper, J. (2007): Cognitive Dissonance. 50 Years of a Classic Theory, Thousand Oaks/CA: Sage.

Correia, A.; Fyall, A.; Kozak, M. (2019): Experiental Consumption and Marketing in Tourism within a Cross-Cultural Context, Oxford: Goodfellow.

Coskun, M.; Gupta, S.; Burnaz, S. (2019): Human Crowding and Store Messiness. Drivers of Retail Shopper Confusion and Behavioral Intentions, Journal of Consumer Behaviour, 18(4): 313–331.

Costa, P.T.; McCrae, R.R. (1992): Normal Personality Assessment in Clinical Practice. The NEO Personality Inventory, Psychological Assessment, 4(1): 5–13.

Craig, C.S.; Douglas, S.P. (2005): International Marketing Research, Chichester: Wiley.

Craig, C.S.; Douglas, S.P. (2006): Beyond National Culture. Implications of Cultural Dynamics for Consumer Research, International Marketing Review, 23(3): 322–342.

Crawford, H.J.; Gregory, G.D. (2015): Humorous Advertising that Travels, Journal of Business Research, 68(3): 569–577.

Crocker, J.; Luhtanen, R. (1990): Collective Self-Esteem and Ingroup Bias, Journal of Personality and Social Psychology, 58(1): 60–67.

Cronin Jr J.J.; Taylor, S.A. (1992): Measuring Service Quality. A Reexamination and Extension, Journal of Marketing, 56(3): 55–68.

Croson, R.; Buchan, N. (1999): Gender and Culture. International Experimental Evidence from Trust Games, American Economic Review, 89(2): 386–391.

Cross, K.P. (1977): Not Can, but Will College Teaching be Improved? New Directions for Higher Education, 1977(17): 1–15.

Cuddy, A.J.; Fiske, S.T.; Kwan, V.S.; Glick, P.; Demoulin, S.; Leyens, J.P.; ... & Htun, T.T. (2009): Stereotype Content Model across Cultures. Towards Universal Similarities and some Differences, British Journal of Social Psychology, 48(1): 1–33.

Cutler, B.D.; Erdem, S.A.; Javalgi, R.G. (1997): Advertiser's Relative Reliance on Collectivism-Individualism Appeals. A Cross-Cultural Study, Journal of International Consumer Marketing, 9(3): 43–55.

Cutura, M.; Cicic, M.; Agic, E. (2014): Exploring the Influence of National Pride on Consumers' Orientation towards Domestic Products, in: Szymura-Tyc, M. (Ed.), Marketing-Theory Challenges in Emerging Markets, 49–57, 5th EMAC Regional Conference, Katowice/Poland.

Czapinski, J.; Panek, T. (2011): Social Diagnosis 2011. Objective and Subjective Quality of Life in Poland, Contemporary Economics, 5(3): 160–270.

D

Dahlhoff, H.-D. (1980): Kaufentscheidungsprozesse von Familien, Frankfurt/Main: Peter Lang.

Daley, A.J.; McGee, E.; Bayliss, S.; Coombe, A.; Parretti, H.M. (2019): Effects of Physical Activity Calorie Equivalent Food Labelling to Reduce Food Selection and Consumption, Journal of Epidemiology Community Health, Online First: 10 December 2019. doi: 10.1136/jech-2019-213216.

Darley, W.; Lim, J.S. (2018): Mavenism and E-Maven Propensity, Journal of Research in Interactive Marketing, 12(3): 293–308.

Das, G. (2015): Retail Shopping Behavior. Understanding the Role of Regulatory Focus Theory, International Review of Retail, Distribution and Consumer Research, 25(4): 431–445.

Dash, S.; Bruning, E.; Acharya, M. (2009): The Effect of Power Distance and Individualism on Service Quality Expectations in Banking. A Two-Country Individual- and National-Cultural Comparison, International Journal of Bank Marketing, 27(5): 336–358.

Davis, E.E. (1964). Zum gegenwärtigen Stand der Vorurteilsforschung, Politische Psychologie, 3: 51–66.

Davis, F.D. (1989): Perceived Usefulness, Perceived Ease of Use, and User Acceptance of Information Technology, MIS Quarterly, 13(3): 319–340.

Davis, F.D.; Bagozzi, R.P.; Warshaw, P.R. (1989): User Acceptance of Computer Technology, Management Science, 35(8): 982–1003.

Dawar, N.; Parker, P. (1994): Marketing Universals. Consumers' Use of Brand Name, Price, Physical Appearance, and Retailer Reputation as Signals of Product Quality, Journal of Marketing, 58(2): 81–95.

Day, G. (1969): A-Two-Dimensional Concept of Brand Loyalty, Journal of Advertising Research, 9(3): 29–35.

De Angeli, A.; Kyriakoullis, L. (2006): Globalisation vs. Localisation in E-Commerce. Cultural-Aware Interaction Design, in: Proceedings of the Working Conference on Advanced Visual Interfaces, doi:10.1145/1133265.1133314.

de Jong, M.G.; Steenkamp, J.B.E.; Fox, J.P.; Baumgartner, H. (2008): Using Item Response Theory to Measure Extreme Response Style in Marketing Research. A Global Investigation, Journal of Marketing Research, 45(1): 104–115.

de Matos, C.A.; Fernandes, D.V.D.H.; Leis, R.P.; Trez, G. (2011): A Cross-Cultural Investigation of Customer Reactions to Service Failure and Recovery, Journal of International Consumer Marketing, 23(3–4): 211–228.

de Matos, C.A.; Henrique, J.L.; Rossi, C.A.V. (2007): Service Recovery Paradox. A Meta-Analysis, Journal of Service Research, 10(1): 60–77.

De Meulenaer, S.; De Pelsmacker, P.; Dens, N. (2015): Have no Fear. How Individuals Differing in Uncertainty Avoidance, Anxiety, and Chance Belief Process Health Risk Messages, Journal of Advertising, 44(2): 114–125.

De Meulenaer, S.; De Pelsmacker, P.; Dens, N. (2018): Power Distance, Uncertainty Avoidance, and the Effects of Source Credibility on Health Risk Message Compliance, Health Communication, 33(3): 291–298.

de Mooij, M. (2003): Convergence and Divergence in Consumer Behaviour. Implications for Global Advertising, International Journal of Advertising, 22(2): 183–202.

de Mooij, M. (2010): Global Marketing and Advertising. Understanding Cultural Paradoxes, 3rd Ed., Thousand Oaks/CA: Sage.

de Mooij, M. (2019): Consumer Behavior and Culture, 3rd Ed., Thousand Oaks/CA: Sage.

de Mooij, M.; Hofstede, G. (2010): The Hofstede Model. Applications to Global Branding and Advertising Strategy and Research, International Journal of Advertising, 29(1): 85–110.

de Mooij, M.; Hofstede, G. (2011): Cross-Cultural Consumer Behavior. A Review of Research Findings, Journal of International Consumer Marketing, 23(3–4): 181–192.

de Swaan, A. (2010): Language Systems, in: Coupland, N. (Ed.), The Handbook of Language and Globalization, 56–76, Malden/MA: Wiley-Blackwell.

De Vries, E.L.; Fennis, B.M. (2019): Go Local or Go Global. How Local Brands Promote Buying Impulsivity, International Marketing Review, 37(1): 1–28.

Deci, E.L. (1975): Intrinsic Motivation, New York/NY: Plenum.

Decrop, A.; Derbaix, C. (2010): Pride in Contemporary Sport Consumption. A Marketing Perspective, Journal of the Academy of Marketing Science, 38(5): 586–603.

Deleersnyder, B.; Marnik, D.; Steenkamp, J.-B.; Leeflang, P. (2009): The Role of National Culture in Advertising's Sensitivity to Business Cycles. An Investigation across Continents, Journal of Marketing Research, 46(5): 623–636.

Delhey, J.; Newton, K.; Welzel, C. (2011): How General is Trust in "Most People"? American Sociological Review, 76(5): 786–807.

DePaoli, L.C.; Sweeney, D.C. (2000): Further Validation of the Positive and Negative Affect Schedule, Journal of Social Behavior and Personality, 15(4): 561–568.

DeShields Jr O.W.; De los Santos, G. (2000): Salesperson's Accent as a Globalization Issue, Thunderbird International Business Review, 42(1): 29–46.

DeShields Jr O.W.; Kara, A.; Kaynak, E. (1996): Source Effects in Purchase Decisions. The Impact of Physical Attractiveness and Accent of Salesperson, International Journal of Research in Marketing, 13(1): 89–101.

DeShields, Jr O.W; Kara, A. (2011): The Varying Influence of Spokesperson's Accent in Communication Effectiveness. A Comparative Study in two Different Regions of Mexico, Journal of Targeting, Measurement and Analysis for Marketing, 19(1): 55–65.

Desmond, L. (2007): Cultural Influence on Proneness to Brand Loyalty, Journal of International Consumer Marketing, 19(3): 7–21.

Devinney, T.M.; Auger, P.; Eckhardt, G.M. (2010): The Myth of the Ethical Consumer, Cambridge: Cambridge University Press.

Dhawan, N.; Roseman, I.J.; Naidu, R.K.; Thapa, K.; Rettek, S.I. (1995): Self-Concepts across Two Cultures: India and the United States, Journal of Cross-Cultural Psychology, 26(6): 606–621.

Diamantopoulos, A.; Davydova, O.; Arslanagic-Kalajdzic, M. (2019): Modeling the Role of Consumer Xenocentrism in Impacting Preferences for Domestic and Foreign Brands, Journal of Business Research, 104(11): 587–596.

Dichtl, E. (1991): Der Weg zum Käufer, 2. Aufl., München: DTV.

Dick, S. (2010): Ausgewogener Konfuzius. Westler und Asiaten buchstabieren Glück und Zufriedenheit unterschiedlich, Frankfurter Rundschau, www.fr.de/wissen/ausgewogener-konfuzius-11697928.html (08.01.2020).

Diehl, S.; Terlutter, R.; Chan, K.; Mueller, B. (2010): A Cross-Cultural and Gender-Specific Examination of Consumer Skepticism toward Advertising in General vs. Pharmaceutical Advertising, in: Terlutter, R., Diehl, S.; Okazaki, S. (Eds.), Advances in Advertising Research, Vol. 1, 297–312, Wiesbaden: Gabler.

Diener, E.; Diener, M. (2009): Cross-Cultural Correlates of Life Satisfaction and Self-Esteem, in: Diener, E. (Ed.), Culture and Well-Being. The Collected Works of Ed Diener, Social Indicators Research Series Vol. 38, 71–91, New York: Springer.

Dikcius, V.; Seimiene, E.; Casas, R. (2018): Brand Personality Scale. Is It Applicable for a Small Emerging Country? Organizations and Markets in Emerging Economies, 9(2): https://doi.org/10.15388/omee.2018.10.00017.

Diller, H. (2008): Preispolitik, 4.Aufl., Stuttgart: Kohlhammer.

Dion, K.; Berscheid, E.; Walster, E. (1972): What is Beautiful is Good, Journal of Personality and Social Psychology, 24(3): 285–290.

Djursaa, M.; Kragh, S.U. (1998): Central and Peripheral Consumption Contexts. The Uneven Globalization of Consumer Behaviour, International Business Review, 7(1): 23–38.

Dmoch, T. (1997): Interkulturelle Werbung. Verhaltenswissenschaftliche Grundlagen für die Standardisierung erlebnisbetonter Werbung, Aachen: Shaker.

Doi, T. (1962): Amae. A Key Concept for Understanding Japanese Personality Structure, in: Smith, R.J.; Beardsley, R.K. (Eds.), Japanese Culture. Its Development and Characteristics, 307–313, Chicago/MA: Aldine.

Doi, T. (1982): Amae. Freiheit in Geborgenheit. Zur Struktur japanischer Psyche, Frankfurt/Main: Suhrkamp.

Doney, P.M.; Cannon, J.P.; Mullen, M.R. (1998): Understanding the Influence of National Culture on the Development of Trust, Academy of Management Review, 23(3): 601–620.

Donthu, N.; Yoo, B. (1998): Cultural Influences on Service Quality Expectations, Journal of Service Research, 1(2): 178–186.

Doran, K. (2002): Lessons Learned in Cross-Cultural Research of Chinese and North American Consumers, Journal of Business Research, 55(10): 823–829.

Dörner, D. (2011): Die Logik des Misslingens. Strategisches Denken in komplexen Situationen, Frankfurt: Rowohlt.

Douglas, M. (1997): Risk and Blame. Essays in Cultural Theory, London: Routledge.

Douglas, M.; Wildavsky, A.B. (1982): Risk and Culture. An Essay on the Selection of Technical and Environmental Dangers, Berkeley/CA: University of California Press.

Douglas, S.P. (1986): Global Marketing Myopia, Journal of Marketing Management, 2(2): 155–169.

Douglas, S.P.; Craig, C.S. (1983): International Marketing Research, Englewood Cliffs/NJ: Prentice-Hall.

Duclos, R.; Barasch, A. (2014): Prosocial Behavior in Intergroup Relations. How Donor Self-Construal and Recipient Group-Membership Shape Generosity, Journal of Consumer Research, 41(1): 93–108.

Durand, R.M.; Davis, D.L.; Bearden, W.O. (1977): Dogmatism as a Mediating Influence on the Perception of Risk in Consumer Choice Decisions, Journal of Psychology, 95(1): 131–138.

E

Easterlin, R.A. (1974): Does Economic Growth Improve the Human Lot? Some Empirical Evidence, in: David, P.A.; Reder, M.W. (Eds.), Nations and Households in Economic Growth, 89–125, New York: Academic Press.

Eckhardt, G.M.; Belk, R.; Devinney, T.M. (2010): Why Don't Consumers Consume Ethically? Journal of Consumer Behaviour, 9(6): 426–436.

Eckhardt, G.M.; Houston, M.J. (2002): Cultural Paradoxes Reflected in Brand Meaning. McDonald's in Shanghai, China, Journal of International Marketing, 10(2): 68–82.

Edeler, B.; Wolfradt, U.; Pitschke, N. (1997): Einfluss kulturspezifischer Normen auf die soziale Urteilsbildung, Zeitschrift für Sozialpsychologie, 28(3): 161–171.

Ehlers, S. (2004): Der Kreis und die Linie. Die Geographie des Denkens, Psychologie Heute, 31(2): 48–53.

Eid, M.; Diener, E. (2009): Norms for Experiencing Emotions in Different Cultures. Inter- and Intranational Differences, Journal of Personality and Social Psychology, 81(5): 869–885.

Eisend, M. (2009): A Meta-Analysis of Humor in Advertising, Journal of the Academy of Marketing Science, 37(2): 191–203.

Eisend, M. (2010): A Meta-Analysis of Gender Roles in Advertising, Journal of the Academy of Marketing Science, 38(4): 418–440.

Eisend, M. (2011): How Humor in Advertising Works. A Meta-Analytic Test of Alternative Models, Marketing Letters, 22(2): 115–132.

Eisenführ, F.; Weber, M.; Langer, T. (2010): Rationales Entscheiden, 5.Aufl., Heidelberg: Springer.

Eisingerich, A.B.; Rubera, G. (2010): Drivers of Brand Commitment. A Cross-National Investigation, Journal of International Marketing, 18(2): 64–79.

Ekman, P. (1971): Universals and Cultural Differences in Facial Expressions of Emotions, in: Cole, J. (Ed.), Nebraska Symposium of Motivation, Vol.19, 207–282, Lincoln: University of Nebraska Press.

Ekman, P. (1992): An Argument for Basic Emotions, Cognition & Emotion, 6(3–4): 169–200.

Ekman, P. (1994): Strong Evidence for Universals in Facial Expressions. A Reply to Russell's Mistaken Critique, Psychological Bulletin, 115(2): 268–287.

Ekman, P.; Cordaro, D. (2011): What is Meant by Calling Emotions Basic, Emotion Review, 3(4): 364–370.

Ekman, P.; Levenson, R.W.; Friesen, W.V. (1983): Autonomic Nervous System Activity Distinguishes among Emotions, Science, 221(4616): 1208–1210.

Engelen, A.; Brettel, M. (2011): Assessing Cross-Cultural Marketing Theory and Research, Journal of Business Research, 64(5): 516–523.

Erdem, T.; Swait, J.; Louvierec, J. (2002): The Impact of Brand Credibility on Consumer Price Sensitivity, International Journal of Research in Marketing, 19(1): 1–19.

Erdem, T.; Swait, J.; Valenzuela, A. (2006): Brands as Signals. A Cross-Country Validation Study, Journal of Marketing, 70(1): 34–49.

Ergin, E.A.; Akbay, H.O.; Ozsacmaci, B. (2014): Insights into Consumer Preference of Foreign Brand Names. Reality or Myth? International Journal of Marketing Studies, 6(4): 157–164.

Espinoza, M.M. (1999): Assessing the Cross-Cultural Applicability of a Service Quality Measure. A Comparative Study between Quebec and Peru, International Journal of Service Industry Management, 10(5): 449–468.

Estelami, H.; Lehmann, D.R. (2001): The Impact of Research Design on Consumer Price Recall Accuracy. An Integrative Review, Journal of the Academy of Marketing Science, 29(1): 36–49.

Estelami, H.; Lehmann, D.R.; Holden, A.C. (2001): Macro-Economic Determinants of Consumer Price Knowledge. A Meta-Analysis of Four Decades of Research, International Journal of Research in Marketing, 18(4): 341–355.

Evanschitzky, H.; Emrich, O.; Sangtani, V.; Ackfeldt, A.L.; Reynolds, K.E.; Arnold, M.J. (2014): Hedonic Shopping Motivations in Collectivistic and Individualistic Consumer Cultures, International Journal of Research in Marketing, 31(3): 335–338.

Evanschitzky, H.; Wangenheim, F.; Woisetschläger, D.; Blut, M. (2008): Consumer Ethnocentrism in the German Market, International Marketing Review, 25(1): 7–32.

Eysenck, S.B.; Eysenck, H.J. (1969): Scores on three Personality Variables as a Function of Age, Sex and Social Class, British Journal of Clinical Psychology, 8(1): 69–76.

Eysenck, W.M.; Keane, M.T. (2015): Cognitive Psychology. A Student's Handbook, 7th Ed., London: Psychology Press.

F

Fagan, J.F.; Holland, C.R. (2007): Racial Equality in Intelligence. Predictions from a Theory of Intelligence as Processing, Intelligence, 35(4): 319–334.

Fam, K.S.; Brito, P.Q.; Gadekar, M.; Richard, J.E.; Jargal, U.; Liu, W. (2019): Consumer Attitude towards Sales Promotion Techniques. A Multi-Country Study, Asia Pacific Journal of Marketing and Logistics, 31(2): 437–463.

Fan, A.; Mattila, A.S.; Zhao, X. (2015): How Does Social Distance Impact Customers' Complaint Intentions? A Cross-Cultural Examination, International Journal of Hospitality Management, 47(May): 35–42.

Fan, A.; Shen, H.; Wu, L.; Mattila, A.S.; Bilgihan, A. (2018): Whom do We Trust? Cultural Differences in Consumer Responses to Online Recommendations, International Journal of Contemporary Hospitality Management, 30(39): 1508–1525.

Fang, T. (2003): A Critique of Hofstede's Fifth National Culture Dimension, International Journal of Cross Cultural Management, 3(3): 347–368.

Fang, T. (2005): From "Onion" to "Ocean". Paradox and Change in National Cultures, International Studies of Management and Organization, 35(4): 71–90.

Farah, M.F. (2017): Consumers' Switching Motivations and Intention in the Case of Bank Mergers. A Cross-Cultural Study, International Journal of Bank Marketing, 35(2): 254–274.

Farley, F. (1986): The Big T in Personality, Psychology Today, 20(5): 44–52.

Farley, J.U.; Lehmann, D.R. (1994): Cross-National "Laws" and Differences in Market Response, Management Science, 40(1): 111–122.

Farley, J.U.; Lehmann, D.R.; Ryan, M.J. (1982): Pattern in Parameters of Buyer Behavior Models, Management Science, 1(2): 181–204.

Faure, G.O.; Fang, T. (2008): Changing Chinese Values. Keeping Up with Paradoxes, International Business Review, 17(2): 194–207.

Fazio, R.H.; Olson, M.A. (2014): The MODE Model. Attitude-Behavior Processes as a Function of Motivation and Opportunity, in: Sherman, J.W.; Gawronski, B.; Trope, Y. (Eds.), Dual Process Theories of the Social Mind, 155–171, New York/NY: Guilford Press.

Featherman, M.S.; Pavlou, P.A. (2003): Predicting E-Services Adoption. A Perceived Risk Facets Perspective, International Journal of Human-Computer Studies, 59(4): 451–474.

Fehr, E.; Fischbacher, U. (2003): The Nature of Human Altruism, Nature, 425(6960): 785–791.

Feick, L.F.; Price, L.L. (1987): The Market Maven. A Diffuser of Marketplace Information, Journal of Marketing, 51(1): 83–97.

Fernandes, T.; Fernandes, F. (2018): Sharing Dissatisfaction Online. Analyzing the Nature and Predictors of Hotel Guests Negative Reviews, Journal of Hospitality Marketing & Management, 27(2): 127–150.

Fernandez, I.; Carrera, P.; Paez, D.; Alonso-Arbiol, I.; Campos, M.; Basabe, N. (2014): Prototypical Anger Components. A Multilevel Study, Cross-Cultural Research, 48(4): 400–424.

Fernández-Ferrín, P.; Bande-Vilela, B.; Klein, J.G.; del Rio-Araújo, M.L. (2015): Consumer Ethnocentrism and Consumer Animosity. Antecedents and Consequences, International Journal of Emerging Markets, 10(1): 73–88.

Ferrandi, J.-M.; Valette-Florence, P.; Fine-Falcy, S. (2015): Aaker's Brand Personality Scale in a French Context. A Replication and a Preliminary Test of its Validity, in: Proceedings of the 2000 Academy of Marketing Science (AMS) Annual Conference, 7–13, Cham/Schweiz: Springer.

Festinger, L. (1954): A Theory of Social Comparison Processes, Human Relations, 7(2): 117–140.

Festinger, L. (1957): A Theory of Cognitive Dissonance, Stanford/CA: Stanford University Press.

Fischer, M.; Völckner, F.; Sattler, H. (2010): How Important are Brands? A Cross-Category, Cross-Country Study, Journal of Marketing Research, 47(5): 823–839.

Fischhoff, B. (1975): Hindsight is not Equal to Foresight. The Effect of Outcome Knowledge on Judgment under Uncertainty, Journal of Experimental Psychology: Human Perception and Performance, 1(3): 288–299.

Fishbein. M.; Ajzen. I. (1975): Belief, Attitude, Intention, und Behavior, Reading/MA: Addison-Wesley.

Fiske, D.W.; Maddi, S.R. (1961): Functions of Varied Experience, Homewood/Ill: Dorsey.

Fong, J.; Burton, S. (2008): A Cross-Cultural Comparison of Electronic Word-of-Mouth and Country-of-Origin Effects, Journal of Business Research, 61(3): 233–242.

Foscht, T.; Maloles III, C.; Swoboda, B.; Morschett, D.; Sinha, I. (2008): The Impact of Culture on Brand Perceptions. A Six-Nation Study, Journal of Product & Brand Management, 17(3): 131–142.

Foscht, T.; Swoboda, B.; Schramm-Klein, H. (2015): Käuferverhalten, 5. Aufl., Wiesbaden: Springer Gabler.

Foxall, G.R.; Goldsmith, R.E.; Brown, S. (1998): Consumer Psychology for Marketing, 2nd Ed., London: Thomson.

Frank, B.; Abulaiti, G.; Enkawa, T. (2012): What Characterizes Chinese Consumer Behavior? A Cross-Industry Analysis of the Chinese Diaspora in Japan, Marketing Letters, 23(3): 683–700.

Frank, B.; Enkawa, T.; Schvaneveldt, S.J. (2015): The Role of Individualism vs. Collectivism in the Formation of Repurchase Intent. A Cross-Industry Comparison of the Effects of Cultural and Personal Values, Journal of Economic Psychology, 51(December): 261–278.

Frank, R.; Unfried, M.; Schreder, R.; Dieckmann, A. (2016): Ethischer Textilkonsum. Nur eine Frage der Selbstlosigkeit? GfK Marketing Intelligence Review, 8(1): 52–58.

Franke, G.R.; Richey, R.G. (2010): Improving Generalizations from Multi-Country Comparisons in International Business Research, Journal of International Business Studies, 41(8): 1275–1293.

Fredrickson, B.L.; Branigan, C. (2005): Positive Emotions Broaden the Scope of Attention and Thought-Action Repertoires, Cognition & Emotion, 19(3): 313–332.

Frey, B.S.; Steiner, L. (2012): Glücksforschung. Eine empirische Analyse, Wirtschafts-und Sozialstatistisches Archiv, 6(1–2): 9–25.

Fröhling, R. (2017): Markenliebe, Wiesbaden: Springer Gabler.

Frost, D.; Goode, S.; Hart, D. (2010): Individualist and Collectivist Factors Affecting Online Repurchase Intentions, Internet Research, 20(1): 6–28.

Fujimoto, Y.; Härtel, C.E. (2004): Culturally Specific Prejudices, Cross Cultural Management, 11(3): 54–69.

Fulmer, C.A.; Crosby, B.; Gelfand, M.J. (2014): Cross-Cultural Perspectives on Time, in: Shipp, A.J.; Fried, Y. (Eds.), Time and Work, Vol. 2, 53–75, London: Psychology Press.

Funk, C.A.; Arthurs, J.D.; Treviño, L.J.; Joireman, J. (2010): Consumer Animosity in the Global Value Chain. The Effect of International Production Shifts on Willingness to Purchase Hybrid Products, Journal of International Business Studies, 41(4): 639–651.

Furrer, O.; Liu, S.C.B.; Sudharshan, D. (2000): The Relationships between Culture and Service Quality Perceptions, Journal of Service Research, 2(4): 355–371.

Furukawa, E.; Tangney, J.; Higashibara, F. (2012): Cross-Cultural Continuities and Discontinuities in Shame, Guilt, and Pride. A Study of Children Residing in Japan, Korea and the USA, Self and Identity, 11(1): 90–113.

G

Gallagher, K.M.; Updegraff, J.A. (2011): Health Message Framing Effects on Attitudes, Intentions, and Behavior. A Meta-Analytic Review, Annals of Behavioral Medicine, 43(1): 101–116.

Ganguly, B.; Dash, S.B.; Cyr, D.; Head, M. (2010): The Effects of Website Design on Purchase Intention in Online Shopping. The Mediating Role of Trust and the Moderating Role of Culture, International Journal of Electronic Business, 8(4–5): 302–330.

Gao, H.; Huang, S.S.; Brown, G. (2017): The Influence of Face on Chinese Tourists' Gift Purchase Behaviour. The Moderating Role of the Gift Giver–Receiver Relationship, Tourism Management, 62(October): 97–106.

Gao, H.; Winterich, K.P.; Zhang, Y. (2016): All that Glitters is not Gold. How Others' Status Influences the Effect of Power Distance Belief on Status Consumption, Journal of Consumer Research, 43(2): 265–281.

Garcia, E.; Yang, K.C. (2006): Consumer Responses to Sexual Appeals in Cross-Cultural Advertisements, Journal of International Consumer Marketing, 19(2): 29–52.

Gäthke, J.; Gelbrich, K. (2021): A Cross-National Service Strategy to Manage Product Returns. E-Tailers' Return Policies and the Legitimating Role of the Institutional Environment, forthcoming.

Gawronski, B.; Bodenhausen, G.V. (2006): Associative and Propositional Processes in Evaluation. An Integrative Review of Implicit and Explicit Attitude Change, Psychological Bulletin, 132(5): 692–731.

Gawronski, B.; Hofmann, W.; Wilbur, C. (2006): Are "Implicit" Attitudes Unconscious? Consciousness and Cognition, 15(3): 485–499.

Gawronski, B.; Peters, K.R.; Strack, F. (2008): Cross-Cultural Differences versus Universality in Cognitive Dissonance. A Conceptual Reanalysis, in: Sorrentino, R.M.; Yamaguchi, S. (Eds.), Handbook of Motivation and Cognition across Cultures, 297–314, New York: Elsevier.

Gedenk, K. (2016): Einsatz der Verkaufsförderung für die Marketingkommunikation, in: Bruhn, M.; Esch, F.R.; Langner, T. (Hrsg.), Handbuch Instrumente der Kommunikation, 97–111, Wiesbaden: Springer Gabler.

Gelbrich, K.; Müller, S. (2011): Handbuch Internationales Management, München: Oldenbourg.

Gelbrich, K.; Müller, S.; Schneider, I. (2004): Grundzüge einer Theorie des Vertrauens. Dargestellt am Beispiel des Automobilverkaufs, in: Wiedmann, K.-P. (Hrsg.), Fundierung des Marketing, 155–176, Wiesbaden: Deutscher Universitäts-Verlag.

Gelbrich, K.; Roschk, H. (2011): A Meta-Analysis of Organizational Complaint Handling and Customer Responses, Journal of Service Research, 14(1): 24–43.

Gelbrich, K.; Roschk, H.; Gafeeva, R. (2016): A Cross-National Observation of Counter-Cultural Consumer Behaviour, Marketing ZFP, 38(3): 150–162.

Gelbrich, K.; Wünschmann, S.; Müller, S. (2018): Erfolgsfaktoren des Marketing, 2.Aufl., München: Vahlen.

Gelfand, M.J.; Bhawuk, D.P.S.; Nishi, L.H.; Bechtold, D.J. (2004): Individualism and Collectivism, in: House, R.J.; Hanges, P.J.; Javidan, M.; Dorfman, P.W.; Gupta, V. (Eds.), Culture, Leadership, and Organizations. The GLOBE Study of 62 Societies, 437–512, Thousand Oaks/CA: Sage.

Gelfand, M.J.; Raver, J.L.; Nishii, L.; Leslie, L.M.; Lun, J.; Lim, B.C., ... & Aycan, Z. (2011): Differences between Tight and Loose Cultures. A 33-Nation Study, Science, 332(6033): 1100–1104.

Gelfand, M.J.; Shteynberg, G; Lee, T.L.; Lun, J.; Lyons, S.; Bell, C.; Chiao J.Y. (2012). The Cultural Contagion of Conflict, Philosophical Transactions of The Royal Society, B367(1589): 692–703.

Gendolla, G.H.; Koller, M. (2002): Surprise and Motivation of Causal Search. How are they Affected by Outcome Valence and Importance? Motivation and Emotion, 25(4): 327–349.

Gendron, M.; Roberson, D.; van der Vyver, J.M.; Barrett, L.F. (2014): Perceptions of Emotion from Facial Expressions are not Culturally Universal, Emotion, 14(2): 251–262.

Gentry, L.; Calantone, R. (2002): A Comparison of three Models to Explain Shop-Bot Use on the Web, Psychology & Marketing, 19(11): 945–956.

Ger, G.; Belk, R.W. (1996): I'd Like to Buy the World a Coke. Consumptionscapes of the „Less Affluent World", Journal of Consumer Policy, 19(3): 271–304.

Gerhards, J.; Sawert, T.; Kohler, U. (2019): Des Kaisers alte Kleider. Fiktion und Wirklichkeit des Nutzens von Lateinkenntnissen, Kölner Zeitschrift für Soziologie und Sozialpsychologie 71(2): 309–326.

Gerrig, R.J. (2016): Psychologie, 20.Aufl., Hallbergmoos: Pearson.

Geuens, M.; Weijters, B.; De Wulf, K. (2009): A New Measure of Brand Personality, International Journal of Research in Marketing, 26(2): 97–107.

Gierl, H.; Großmann, T. (2008): Werbung mit irrelevanten Produktattributen, der markt, 47(4): 148–162.

Giese, J.L.; Cote, J.A. (2000): Defining Consumer Satisfaction, Academy of Marketing Science Review, 1(1): 1–22.

Gigerenzer, G.; Gaissmaier, W. (2006): Denken und Urteilen unter Unsicherheit. Kognitive Heuristiken, in: Funke, J. (Hrsg.), Denken und Problemlösen, Enzyklopädie der Psychologie, Ser.2, Bd.8, 329–374, Göttingen: Hogrefe.

Gigerenzer, G.; Gaissmaier, W. (2011): Heuristic Decision Making, Annual Review of Psychology, 62(1): 451–482.

Gigerenzer, G.; Selten, R. (2001): Bounded Rationality. The Adaptive Tool Box, Cambridge/MA: MIT.

Gigerenzer, G.; Todd, P.M. (1999): ABC Research Group. Simple Heuristics that Make Us Smart, New York: Oxford University Press.

Gilal, F.G.; Zhang, J.; Gilal, N.G.; Gilal, R.G. (2018): Integrating Self-Determined Needs into the Relationship among Product Design, Willingness-to-Pay a Premium, and Word-of-Mouth. A Cross-Cultural Gender-Specific Study, Psychology Research and Behavior Management, 11: 227–241.

Gilbert, D.T.; Malone, P.S. (1995): The Correspondence Bias, Psychological Bulletin, 117(1): 21–38.

Gilmore, G.W. (1919): Animism, Boston/MA: Marshall Jones Company.

Gineikiene, J.; Schlegelmilch, B.B.; Ruzeviciute, R. (2016): Our Apples are Healthier than your Apples. Deciphering the Healthiness Bias for Domestic and Foreign Products, Journal of International Marketing, 24(2): 80–99.

Gipper, H. (1972): Gibt es ein sprachliches Relativitätsprinzip? Untersuchungen zur Sapir-Whorf-Hypothese, Frankfurt/Main: S. Fischer.

Glaeser, E.L.; Laibson, D.I.; Scheinkman, J.A.; Soutter, C.L. (2000): Measuring Trust, Quarterly Journal of Economics, 115(3): 811–846.

Godey, B.; Pederzoli, D.; Aiello, G.; Donvito, R.; Chan, P.; Oh, H.; ... & Weitz, B. (2012): Brand and Country-of-Origin Effect on Consumers' Decision to Purchase Luxury Products, Journal of Business Research, 65(10): 1461–1470.

Gohary, A.; Hamzelu, B.; Pourazizi, L. (2016): A Little Bit More Value Creation and a Lot of Less Value Destruction! Exploring Service Recovery Paradox in Value Context, Journal of Hospitality and Tourism Management, 29(December): 189–203.

Goldman, A.; Hino, H. (2005): Supermarkets vs. Traditional Retail Stores. Diagnosing the Barriers to Supermarkets' Market Share Growth in an Ethnic Minority Community, Journal of Retailing and Consumer Services, 12(4): 273–284.

Goldsmith, R.E.; Hofacker, C.F. (1991): Measuring Consumer Innovativeness, Journal of the Academy of Marketing Science, 19(3): 209–221.

Goldstein, D.G.; Gigerenzer, G. (2002): Models of Ecological Rationality. The Recognition Heuristic, Psychological Review, 109(1): 75–90.

Goldstein, N.J.; Cialdini, R.; Griskevicius, V. (2008): A Room with a Viewpoint. Using Social Norms to Motivate Environmental Conservation in Hotels, Journal of Consumer Research, 35(3): 472–482.

Goodenough, W.H. (1981): Culture, Language, and Society, 2nd Ed., Menlo Park/CA: Cummings.

Goodrich, K.; de Mooij, M. (2014): How 'Social' are Social Media? A Cross-Cultural Comparison of Online and Offline Purchase Decision Influences, Journal of Marketing Communications, 20(1–2): 103–116.

Goodwin, C.; Frame, C.D. (1989): Social Distance within the Service Encounter. Does the Consumer Want to Be Your Friend? Advances in Consumer Research, 16(1): 64–71.

Gough, H.G. (1956): California Psychological Inventory, Palo Alto/CA: Consulting Psychologists Press.

Gould, S.J.; Gupta, P.B.; Grabner-Kräuter, S. (2000): Product Placements in Movies. A Cross-Cultural Analysis of Austrian, French and American Consumers' Attitudes, Journal of Advertising, 29(4): 41–58.

Granzin, K.L.; Painter, J.J. (2001): Motivational Influences on „Buy Domestic" Purchasing. Marketing Management Implications from a Study of Two Nations, Journal of International Marketing, 9(2): 73–96.

Greco, V.; Roger, D. (2001): Coping with Uncertainty. The Construction and Validation of a New Measure, Personality and Individual Differences, 31(4): 519–534.

Greenwald, A.G.; Banaji, M.R. (1995): Implicit Social Cognition. Attitudes, Self-Esteem, and Stereotypes, Psychological Review, 102(1): 4–27.

Greenwald, A.G.; Nosek, B.A.; Banaji, M.R. (2003): Understanding and Using the Implicit Association Test: I. An Improved Scoring Algorithm, Journal of Personality and Social Psychology, 85(2): 197–216.

Gross, J.J.; John, O.P. (2003): Individual Differences in two Emotion Regulation Processes, 85(2): 348–362.

Grubb, E.L.; Grathwohl, H.L. (1967): Consumer Self-Concept, Symbolism and Market Behavior. A Theoretical Approach, Journal of Marketing, 31(4): 22–27.

Gruber, V.; Schlegelmilch, B.B. (2014): How Techniques of Neutralization Legitimize Norm- and Attitude-Inconsistent Consumer Behavior, Journal of Business Ethics, 121(1): 29–45.

Grunert, K.G. (1997): What's in a Steak? A Cross-Cultural Study on the Quality Perception of Beef, Food Quality and Preference, 8(3): 157–174.

Gudykunst, W.B.; Yoon, Y.C.; Nishida, T. (1987): The Influence of Individualism-Collectivism on Perceptions of Communication in Ingroup and Outgroup Relationships, Communications Monographs, 54(3): 295–306.

Guilbault, R.L.; Bryant, F.B.; Brockway, J.H.; Posavac, E.J. (2004): A Meta-Analysis of Research on Hindsight Bias, Basic and Applied Social Psychology, 26(2–3): 103–117.

Guiso, L.; Sapienza, P.; Zingales, L. (2006): Does Culture Affect Economic Outcomes? Journal of Economic Perspectives, 20(2): 23–48.

Guo, T.; Ji, L.J.; Spina, R.; Zhang, Z. (2012): Culture, Temporal Focus, and Values of the Past and the Future, Personality and Social Psychology Bulletin, 38(8): 1030–1040.

Gupta, V.; de Luque, M.S.; House, R.J. (2004): Multisource Construct Validity of GLOBE Scales, in: House, R.J.; Hanges, P.J.; Javidan, M.; Dorfman, P.W.; Gupta, V. (Eds.), Culture, Leadership, and Organizations. The Globe Study of 62 Societies, 152–177, Thousand Oaks/CA: Sage.

Gürhan-Canli, Z.; Maheswaran, D. (2000): Cultural Variations in Country of Origin Effects, Journal of Marketing Research, 37(3): 309–317.

Gürhan-Canli, Z.; Sarıal-Abi, G.; Hayran, C. (2018): Consumers and Brands across the Globe. Research Synthesis and New Directions, Journal of International Marketing, 26(1): 96–117.

Gutchess, A.H.; Welsh, R.C.; Boduroǧlu, A.; Park, D.C. (2006): Cultural Differences in Neural Function Associated with Object Processing, Cognitive, Affective & Behavioral Neuroscience, 6(2): 102–109.

Güth, W.; Schmittberger, R.; Schwarze, B. (1982): An Experimental Analysis of Ultimatum Bargaining, Journal of Economic Behavior & Organization, 3(4): 367–388.

Gutman, J. (1997): Means-End Chains as Goal Hierarchies, Psychology & Marketing, 14(6): 545–560.

Güttler, P.O. (2003): Sozialpsychologie, 4.Aufl., München: Oldenbourg.

H

Ha, J.; Jang, S.S. (2009): Perceived Justice in Service Recovery and Behavioral Intentions. The Role of Relationship Quality, International Journal of Hospitality Management, 28(3): 319–327.

Haag, L.; Stern, E. (2000): Non scholae sed vitae discimus? Auf der Suche nach globalen und spezifischen Transfereffekten des Lateinunterrichts, Zeitschrift für Pädagogische Psychologie.

Hage, S.; Hesse, M.; Jung, B.; Zand, B. (2019): Chinesische Falle, Der Spiegel, 10: 56–59.

Haidt, J. (2012): The Righteous Mind. Why Good People are Divided by Politics and Religion, New York/NY: Pantheon Books.

Hall, E.T. (1959): The Silent Language, New York: Doubleday.

Hall, E.T. (1976): Beyond Culture, Garden City/NY: Anchor Books.

Hall, E.T.; Hall, M.R. (1990): Understanding Cultural Differences, Yarmouth/ME: Intercultural Press.

Haller, F.; Schaffmeister, N. (2018): Erfolgreicher Markenaufbau in den großen Emerging Markets, Berlin: Springer.

Hallikainen, H.; Laukkanen, T. (2018): National Culture and Consumer Trust in E-Commerce, International Journal of Information Management, 38(1): 97–106.

Hamamura, T. (2012): Are Cultures Becoming Individualistic? A Cross-Temporal Comparison of Individualism – Collectivism in the United States and Japan, Personality and Social Psychology Review, 16(1): 3–24.

Hamamura, T.; Meijer, Z.; Heine, S.J.; Kamaya, K.; Hori, I. (2009): Approach - Avoidance Motivation and Information Processing. A Cross-Cultural Analysis, Personality and Social Psychology Bulletin, 35(4): 454–462.

Han, C.M. (1988): The Role of Consumer Patriotism in the Choice of Domestic versus Foreign Products, Journal of Advertising Research, 28(3): 25–32.

Han, C.M. (1989): Country Image. Halo or Summary Construct? Journal of Marketing Research, 26(2): 222–229.

Han, C.M. (2017): Individualism, Collectivism, and Consumer Animosity in Emerging Asia. Evidence from Korea, Journal of Consumer Marketing, 34(4): 359–370.

Han, C.M.; Guo, C. (2018): How Consumer Ethnocentrism (CET), Ethnocentric Marketing, and Consumer Individualism Affect Ethnocentric Behavior in China, Journal of Global Marketing, 31(5): 324–338.

Han, C.M.; Won, S.B. (2018): Cross-Country Differences in Consumer Cosmopolitanism and Ethnocentrism. A Multilevel Analysis with 21 Countries, Journal of Consumer Behaviour, 17(1): e52-e66.

Han, J.K.; Schmitt, B.H. (1997): Product-Category Dynamics and Corporate Identity in Brand Extensions. A Comparison of Hong Kong and US Consumers, Journal of International Marketing, 5(1): 77–92.

Hanges, P.J.; Dickson, M.W. (2004): The Development and Validation of the GLOBE Culture and Leadership Scales, in: House, R.H.; Hanges, P.J.; Javidan, M.; Dorfman, P.W.; Gupta, V. (Eds.), Culture, Leadership and Organizations. The GLOBE Study of 62 Societies, 122–151, Thousand Oaks/CA: Sage.

Hannover, B.; Kühnen, U. (2002): Der Einfluss independenter und interdependenter Selbstkonstruktionen auf die Informationsverarbeitung im sozialen Kontext, Psychologische Rundschau, 53(2): 61–76.

Harkness, J.A.; van de Vijver, F.J.R.; Mohler, P.P. (Eds.) (2003): Cross-Cultural Survey Methods, Hoboken/NJ: Wiley.

Harmeling, C.M.; Magnusson, P.; Singh, N. (2015): Beyond Anger. A Deeper Look at Consumer Animosity, Journal of International Business Studies, 46(6): 676–693.

Harris, K.L.; Thomas, L.; Williams, J.A. (2013): Justice for Consumers Complaining Online or Offline. Exploring Procedural, Distributive, and Interactional Justice, and the Issue of Anonymity, Journal of Consumer Satisfaction, Dissatisfaction & Complaining Behavior, 26: 19–39.

Harris, K.L.; Williams, J.A.; Richardson Jr C.W. (2017): Global Consumers' Complaint Inclinations. A 90 Country Analysis of Differences in Cultural Dimensions, Journal of Consumer Satisfaction, Dissatisfaction & Complaining Behavior, 30: 12–13.

Harrison, R.; Newholm, T.; Shaw, D. (Eds.) (2007):The Ethical Consumer, London: Sage.

Harzing, A.W.; Brown, M.; Köster, K.; Zhao, S. (2012): Response Style Differences in Cross-National Research, Management International Review, 52(3): 341–363.

Hasenstab, M. (1999): Interkulturelles Management, Sternenfels: Wissenschaft & Praxis.

Hassan, L.M.; Shiu, E.; Parry, S. (2016): Addressing the Cross-Country Applicability of the Theory of Planned Behaviour (TPB). A Structured Review of Multi-Country TPB Studies, Journal of Consumer Behaviour, 15(1): 72–86.

Hatzithomas, L.; Zotos, Y.; Boutsouki, C. (2011): Humor and Cultural Values in Print Advertising. A Cross-Cultural Study, International Marketing Review, 28(1): 57–80.

Häubl, G.; Elrod, T. (1999): The Impact of Congruity between Brand Name and Country of Production on Consumers' Product Quality Judgments, International Journal of Research in Marketing, 16(3): 199–215.

Haws, K.L.; Bearden, W.O. (2006): Dynamic Pricing and Consumer Fairness Perceptions, Journal of Consumer Research, 33(3): 304–311.

Heckhausen, J.; Heckhausen, H. (Hrsg.) (2010): Motivation und Handeln, 4. Aufl., Berlin: Springer.

Hegner, S. (2012): Die Relevanz des Vertrauens für das identitätsbasierte Management globaler Marken. Ein interkultureller Vergleich zwischen Deutschland, Indien und Südafrika, Wiesbaden: Springer.

Heidenhof, F. (2014): Essen für eine Milliarde Menschen. Indien, Ernährung im Fokus, 11, @Online Spezial (01.07.2018).

Heider, F. (1944): Social Perception and Phenomenal Causality, Psychological Review, 51(6): 358–374.

Heider, F. (1958): The Psychology of Interpersonal Relations, New York: Wiley.

Heidtmann, J. (2019): Kapitalistisches Kollektiv, Süddeutsche Zeitung, 103(76): 4.

Heilman, C.M.; Nakamoto, K.; Rao, A.G. (2002): Pleasant Surprises. Consumer Response to Unexpected In-Store Coupons, Journal of Marketing Research, 39(2): 242–252.

Heine, S.J. (2003): An Exploration of Cultural Variation in Self-Enhancing and Self-Improving Motivations, in: Murphy-Berman, V.; Berman, J.J. (Eds.), Cross-Cultural Differences in Perspectives of the Self, Nebraska Symposium on Motivation, Vol. 49, 101–128, Lincoln: University of Nebraska Press.

Heine, S.J. (2015): Cultural Psychology, 3rd Ed., New York: Norton.

Heine, S.J.; Hamamura, T. (2007): In Search of East Asian Self-Enhancement, Personality and Social Psychology Review, 11(1): 4–27.

Heine, S.J.; Lehman, D.R. (1996): Hindsight Bias. A Cross-Cultural Analysis, The Japanese Journal of Experimental Social Psychology, 35(3): 317–323.

Heine, S.J.; Lehman, D.R. (1997a): Culture, Dissonance, and Self-Affirmation, Personality and Social Psychology Bulletin, 23(4): 389–400.

Heine, S.J.; Lehman, D.R. (1997b): The Cultural Construction of Self-Enhancement. An Examination of Group-Serving Biases, Journal of Personality and Social Psychology, 72(6): 1268–1283.

Heine, S.J.; Lehman, D.R.; Markus, H.R.; Kitayama, S. (1999): Is there a Universal Need for Positive Self-Regard? Psychological Review, 106(4): 766–794.

Heine, S.J.; Raineri, A. (2009): Self-Improving Motivations and Collectivism. The Case of Chileans, Journal of Cross-Cultural Psychology, 40(1): 158–163.

Helfrich, H. (2003): Verbale Kommunikation im Kulturvergleich, in: Thomas, A. (Hrsg.), Kulturvergleichende Psychologie, 2.Aufl., 385–413, Göttingen: Hogrefe.

Helgesen, O.; Nesset, E. (2010): Gender, Store Satisfaction and Antecedents. A Case Study of a Grocery Store, Journal of Consumer Marketing, 27(2): 114–126.

Helm, S. (2006): Exploring the Impact of Corporate Reputation on Consumer Satisfaction and Loyalty, Journal of Customer Behaviour, 5(1): 59–80.

Hennigs, N.; Wiedmann, K.P.; Klarmann, C.; Strehlau, S.; Godey, B.; Pederzoli, D.; ... & Taro, K. (2012): What is the Value of Luxury? A Cross-Cultural Consumer Perspective, Psychology & Marketing, 29(12): 1018–1034.

Hennig-Thurau, T.; Groth, M.; Paul, M.; Gremler, D.D. (2006): Are all Smiles Created Equal? How Emotional Contagion and Emotional Labor Affect Service Relationships, Journal of Marketing, 70(3): 58–73.

Hennig-Thurau, T.; Gwinner, K.P.; Gremler, D.D.; Paul, M. (2005): Managing Service Relationships in a Global Economy. Exploring the Impact of National Culture on the Relevance of Customer Relational Benefits for Gaining Loyal Customers, Advances in International Marketing, 15(1): 11–31.

Hennig-Thurau, T.; Gwinner, K.P.; Walsh, G.: Gremler, D.D. (2004): Electronic Word-of-Mouth via Consumer-Opinion Platforms. What Motivates Consumers to Articulate Themselves on the Internet? Journal of Interactive Marketing, 18(1): 38–52.

Henrich, J.; Heine, S.J.; Norenzayan, A. (2010): The Weirdest People in the World? Behavioral and Brain Sciences, 33(2–3): 61–83.

Henseler, J.; Horváth, C.; Sarstedt, M.; Zimmermann, L. (2010): A Cross-Cultural Comparison of Brand Extension Success Factors. A Meta-Study, Journal of Brand Management, 18(1): 5–20.

Herker, A. (1993): Eine Erklärung des umweltbewussten Konsumentenverhaltens. Eine internationale Studie, Frankfurt/Main: Lang.

Herrmann, A.; Heitmann, M. (2006): Providing More or Providing Less? Accounting for Cultural Differences in Consumers' Preference for Variety, International Marketing Review, 23(1): 7–24.

Herrmann, S. (2019a): Dann ist es gekippt. Negative Entwicklungen werden schneller wahrgenommen, Süddeutsche Zeitung, 103(291): 14.

Herrmann, S. (2019b): Warum musste das passieren? Süddeutsche Zeitung, 103(35): 16.

Herrmann, S. (2020): Fieslinge am Werk, Süddeutsche Zeitung, 104(245): 13.

Herz, M.F.; Diamantopoulos, A. (2013): Country-Specific Associations Made by Consumers. A Dual-Coding Theory Perspective, Journal of International Marketing, 21(3): 95–121.

Herz, M.F.; Diamantopoulos, A. (2017): I Use it but will Tell you that I Don't. Consumers' Country-of-Origin Cue Usage Denial, Journal of International Marketing, 25(2): 52–71.

Hewstone, M.; Ward, C. (1985): Ethnocentrism and Causal Attribution in Southeast Asia, Journal of Personality and Social Psychology, 48(3): 614–623.

Higgins, E.T. (1998): Promotion and Prevention. Regulatory Focus as a Motivational Principle, in: Zanna, M. (Eds.), Advances in Experimental Social Psychology, Vol. 30, 1–46, San Diego/CA: Academic Press.

Higgins, E.T. (2002): How Self-Regulation Creates Distinct Values. The Case of Promotion and Prevention Decision Making, Journal of Consumer Psychology, 12(3): 177–191.

Higgins, E.T. (2005): Value from Regulatory Fit, Current Directions in Psychological Science,14(4): 209–213.

Hirschman, A.O. (1970): Exit, Voice, and Loyalty. Responses to Decline in Firms, Organizations, and States, Cambridge/MA: Harvard University Press.

Hirschman, E.C. (1989): Interpretive Consumer Research, Provo/UT: Association for Consumer Research.

Hirschman, E.C.; Holbrook, M.B. (1982): Hedonic Consumption. Emerging Concepts, Methods and Propositions, Journal of Marketing, 46(3): 92–101.

Ho, D.Y.-F.; Chiu, C.-Y. (1994): Component Ideas of Individualism, Collectivism and Social Organisation, in: Kim, U.; Triandis, H.C.; Kagitçibasi, C.; Cho, S.-C.; Yoon, G. (Eds.), Individualism and Collectivism, 137–156, Thousand Oaks/CA: Sage.

Hofer, J.; Hagemeyer, B. (2018): Soziale Anschlussmotivation. Affiliation und Intimität, in: Heckhausen, J.; Heckhausen, H. (Hrsg.), Motivation und Handeln, 5. Aufl., 223–243, Berlin: Springer.

Hoffmann, S. (2008): Boykottpartizipation, Wiesbaden: Gabler.

Hoffmann, S. (2014): Does National Culture Impact Consumer Boycott Prevalence? A Multi-Country Study, European Journal of International Management, 8(2): 141–159.

Hoffmann, S., Mai, R.; Cristescu, A. (2013): Do Culture-Dependent Response Styles Distort Substantial Relationships? International Business Review, 22(5): 814–827.

Hoffmann, S.; Akbar, P. (2016): Konsumentenverhalten, Wiesbaden: Springer.

Hoffmann, S.; Balderjahn, I.; Seegebarth, B.; Mai, R.; Peyer, M. (2018): Under Which Conditions Are Consumers Ready to Boycott or Buycott? The Roles of Hedonism and Simplicity, Ecological Economics, 147(May): 167–178.

Hoffmann, S.; Fischer, S.; Schwarz, U.; Mai, R. (2013): State of the Art der Forschung zum Interkulturellen Konsumentenverhalten, Journal für Betriebswirtschaft, 63(1): 45–86.

Hoffmann, S.; Franck, A.; Schwarz, U.; Soyez, K.; Wünschmann, S. (2018): Marketing-Forschung. Grundlagen der Datenerhebung und Datenauswertung, München: Vahlen.

Hoffmann, S.; Lee, M.S. (2016): Consume Less and Be Happy? Consume Less to Be Happy! Journal of Consumer Affairs, 50(1): 3–17.

Hoffmann, S.; Mai, R.; Smirnova, M. (2011): Development and Validation of a Cross-Nationally Stable Scale of Consumer Animosity, Journal of Marketing Theory and Practice, 19(2): 235–252.

Hoffmann, S.; Müller, S. (2009): Consumer Boycotts Due to Factory Relocation, Journal of Business Research, 62(2): 239–247.

Hoffmann, S.; Schwarz, U.; Dalicho, L.; Hutter, K. (2014): Humor in Cross-Cultural Advertising, Procedia: Social and Behavioral Sciences, 148(August): 94–101.

Hofstede, G. (1980): Culture's Consequences. International Differences in Work-Related Values, Beverly Hills/CA: Sage.

Hofstede, G. (1984): Cultures' Consequences, Newbury Park: Abridged Edition.

Hofstede, G. (1991): Cultures and Organisations. Software of the Mind, London: Berkshire.

Hofstede, G. (1993): Interkulturelle Zusammenarbeit. Kulturen, Organisationen, Management, Wiesbaden: Gabler.

Hofstede, G. (1997): Lokales Denken, globales Handeln. Kulturen, Zusammenarbeit und Management, München: DTV.

Hofstede, G. (2001): Culture's Consequences. Comparing Values, Behaviors, Institutions, and Organizations across Nations, 2nd Ed., Thousand Oaks/CA: Sage (1st Ed. = 1980).

Hofstede, G. (2002): Culture's Consequences. International Differences in Work-Related Values, 2nd Ed., Beverly Hills/CA: Sage (1st Ed. = 1980).

Hofstede, G. (2006): What did GLOBE Really Measure? Researchers' Minds versus Respondents' Minds, Journal of International Business Studies, 37(6): 882–896.

Hofstede, G. (2011): Dimensionalizing Cultures. The Hofstede Model in Context, Online Readings in Psychology and Culture, http://dx.doi.org/10.9707/2307–0919.1014

Hofstede, G.; Bond, M.H. (1988): The Confucius Connection. From Cultural Roots to Economic Growth, Organizational Dynamics, 16(4): 4–21.

Hofstede, G; Hofstede, G.J.; Minkov, M. (2010): Cultures and Organizations. Software of the Mind, 3rd Ed., New York: McGraw-Hill (2nd Ed. = 1994; 1st Ed. = 1991).

Hofstede, G.; Hofstede, G.J.; Minkov, M. (2017): Lokales Denken, globales Handeln: Interkulturelle Zusammenarbeit und globales Management, 6. Aufl., München: Beck.

Holbrook, M.B.; Hirschman, E.C. (1982): The Experiential Aspects of Consumption. Consumer Fantasies, Feelings, and Fun, Journal of Consumer Research, 9(2): 132–140.

Hollensen, S. (2020): Global Marketing, 8th Ed., Harlow: Pearson.

Holt, D.B.; Quelch, J.A.; Taylor, E.L. (2004): How Global Brands Compete, Harvard Business Review, 82(9): 68–75.

Holt, D.B.; Thompson, C.J. (2004): Man-of-Action Heroes. The Pursuit of Heroic Masculinity in Everyday Consumption, Journal of Consumer Research, 31(2): 425–440.

Homburg, C.; Koschate, N.; Hoyer, W.D. (2005): Do Satisfied Customers Really Pay More? A Study of the Relationship between Customer Satisfaction and Willingness to Pay, Journal of Marketing, 69(2): 84–96.

Hong, J.; Chang, H.H. (2015): "I" Follow my Heart and "We" Rely on Reasons. The Impact of Self-Construal on Reliance on Feelings versus Reasons in Decision Making, Journal of Consumer Research, 41(6): 1392–1411.

Hong, Y.Y.; Morris, M.W.; Chiu, C.Y.; Benet-Martinez, V. (2000): Multicultural Minds. A Dynamic Constructivist Approach to Culture and Cognition, American Psychologist, 55(7): 709–730.

Hornikx, J.; de Groot, E. (2017): Cultural Values Adapted to Individualism - Collectivism in Advertising in Western Europe. An Experimental and Meta-Analytical Approach, International Communication Gazette, 79(3): 298–316.

Hornikx, J.; O'Keefe, D.J. (2009): Adapting Consumer Advertising Appeals to Cultural Values. A Meta-Analytic Review of Effects on Persuasiveness and Ad Liking, Annals of the International Communication Association, 33(1): 39–71.

Hornsey, M.J. (2008): Social Identity Theory and Self-Categorization Theory. A Historical Review, Social and Personality Psychology Compass, 2(1): 204–222.

Hoshino-Browne, E.; Zanna, A.S.; Spencer, S.J.; Zanna, M.P.; Kitayama, S.; Lackenbauer, S. (2005): On the Cultural Guises of Cognitive Dissonance. The Case of Easterners and Westerners, Journal of Personality and Social Psychology, 89(3): 294–310.

House, R.J.; Hanges, P.J.; Javidan, M.; Dorfman, P.W.; Gupta, V. (2004): Culture, Leadership and Organizations, The GLOBE Study of 62 Societies, Thousand Oaks/CA: Sage.

House, R.J.; Javidan, M. (2004): Overview of GLOBE, in: House, R.J.; Hanges, P.J.; Javidan, M.; Dorfman, P.W.; Gupta, V. (Eds.), Culture, Leadership, and Organizations. The Globe Study of 62 Societies, 9–28, Thousand Oaks/CA: Sage.

Houston, J.P.; Mednick, S.A. (1963): Creativity and the Need for Novelty, Journal of Abnormal and Social Psychology, 66(2): 137–141.

Howard, J.A.; Sheth, J.N. (1969): The Theory of Buyer Behavior, New York: Wiley.

Hoy, R.R.; Stone, R. (1993): A 'Model Minority' Speaks out on Cultural Shyness, Science, 262(5136): 1117–1119.

Hsieh, M.H. (2002): Identifying Brand Image Dimensionality and Measuring the Degree of Brand Globalization. A Cross-National Study, Journal of International Marketing, 10(2): 46–67.

Hu, Y.; Wang, X. (2010): Country-of-Origin Premiums for Retailers in International Trades. Evidence from eBay's International Markets, Journal of Retailing, 86(2): 200–207.

Huang, J.-H.; Huang, C.-T.; Wu, S. (1996): National Character and Response to Unsatisfactory Hotel Service, International Journal of Hospitality Management, 15(3): 229–243.

Huang, S. S.; Crotts, J. (2019): Relationships between Hofstede's Cultural Dimensions and Tourist Satisfaction. A Cross-Country Cross-Sample Examination, Tourism Management, 72(June): 232–241.

Huang, Y.A.; Phau, I.; Lin, C. (2010): Effects of Animosity and Allocentrism on Consumer Ethnocentrism. Social Identity on Consumer Willingness to Purchase, Asia Pacific Management Review, 15(3): 359–376.

Huber, F.; Regier, S.; Vollhardt, K. (2006): Determinanten des Markenvertrauens und dessen Einfluss auf die Markenloyalität, in: Bauer, H. (Hrsg.), Konsumentenvertrauen, 235–248, München: Vahlen.

Huettinger, M. (2008): Cultural Dimensions in Business Life. Hofstede's Indices for Latvia and Lithuania, Baltic Journal of Management, 3(3): 359–376.

Huff, L.C.; Alden, D.L. (1998): An Investigation of Consumer Response to Sales Promotions in Developing Markets, Journal of Advertising Research, 38(3): 47–56.

Hui, M.K.; Au, K. (2001): Justice Perceptions of Complaint-Handling. A Cross-Cultural Comparison between PRC and Canadian Customers, Journal of Business Research, 52(2): 161–173.

Hult, G.T.M.; Ketchen, D.J.; Griffith, D.A.; Finnegan, C.A.; Gonzalez-Padron, T.; Harmancioglu, N.; Huang, Y.; Talay, M.B.; Cavusgil, S.T. (2008): Data Equivalence in Cross-Cultural International Business Research, Journal of International Business Studies, 39(6): 1027–1044.

Hulverscheidt, C. (2019): Bitter im Abgang, Süddeutsche Zeitung, 75(76): 25.

Huntington, S.P. (1996): The Clash of Civilizations and the Remaking of World Order, New York: Simon & Schuster.

Hurt, H.T.; Joseph, K.; Cook, C.D. (1977): Scales for the Measurement of Innovativeness, Human Communication Research, 4(1): 58–65.

Hutter, K.; Hoffmann, S. (2014): Surprise, Surprise. Ambient Media as Promotion Tool for Retailers, Journal of Retailing, 90(1): 93–110.

Hwang, K.-K. (2006): Moral Face and Social Face. Contingent Self-Esteem in Confucian Society, International Journal of Psychology, 41(4): 276–281.

Hwang, Y.; Mattila, A.S. (2018): Is it My Luck or Loyalty? The Role of Culture on Customer Preferences for Loyalty Reward Types, Journal of Travel Research, 57(6): 769–778.

I

Ilg, P. (2018): So muss ein Auto aussehen, www.zeit.de/mobilitaet/2018–08/autodesign-porsche (05.10.2018).

Imada, T.; Kitayama, S. (2010): Social Eyes and Choice Justification. Culture and Dissonance Revisited, Social Cognition, 28(5): 589–608.

Imbusch, P. (2007): Benetton. Authentizität oder Massenbetrug? in: Rucht, P. (Hrsg.), Profit oder Gemeinwohl? 271–303, Wiesbaden: VS Verlag für Sozialwissenschaften.

Inglehart, R. (1977): The Silent Revolution. Changing Values and Political Styles among Western Publics, Princeton/NJ: Princeton University Press.

Inglehart, R. (1998): Modernisierung und Postmodernisierung. Kultureller, wirtschaftlicher und politischer Wandel in 43 Gesellschaften, Frankfurt/Main: Campus.

Inglehart, R.; Basanez, M.; Diez-Medrano, J.; Halman, L.; Luijkx, R. (2004): Human Beliefs and Values. A Cross-Cultural Sourcebook Based on the 1999–2002 Values Surveys, Mexico City: Siglo XXI Editores.

Inglehart, R.; Norris, P. (2003): The True Clash of Civilizations, Foreign Policy, 135: 63–70.

Inglehart, R.; Welzel, C. (2005): Modernization, Cultural Change and Democracy. The Human Development Sequence, New York: Cambridge University Press.

Inkeles, A.; Levinson, D.J. (1969): National Character. The Study of Modal Personality and Sociocultural Systems, in: Lindzey, G.; Aronson, E. (Eds.), The Handbook of Social Psychology, Vol.4: Group Psychology and Phenomena of Interaction, 2nd Ed., 418–506, Reading: Addison-Wesley.

Inman, J.J.; Zeelenberg, M. (2002): Regret in Repeat Purchase versus Switching Decisions, Journal of Consumer Research, 29(1): 116–128.

Irons, B.; Hepburn, C. (2007): Regret Theory and the Tyranny of Choice, Economic Record, 83(261): 191–203.

Iwata, O. (2006): An Evaluation of Consumerism and Lifestyle as Correlates of a Voluntary Simplicity Lifestyle, Social Behavior and Personality, 34(5): 557–568.

Iyer, G.R.; Blut, M.; Xiao, S.H.; Grewal, D. (2019): Impulse Buying. A Meta-Analytic Review, Journal of the Academy of Marketing Science, https://doi.org/10.1007/s11747-019-00670-w.

Izard, C.E. (1977): Human Emotions, New York: Plenum.

J

Jack, R.E.; Garrod, O.G.; Yu, H.; Caldara, R.; Schyns, P.G. (2012): Facial Expressions of Emotion are not Culturally Universal, Proceedings of the National Academy of Sciences, 109(19): 7241–7244.

Jackson, P. (2004): Local Consumption Cultures in a Globalizing World, Transactions of the Institute of British Geographers, 29(2): 165–178.

Jaffe, E.D.; Nebenzahl, I.D. (2006): National Image & Competitive Advantage. The Theory and Practice of Place Branding, Copenhagen: Business School Press.

Jamal, A.; Goode, M.M. (2001): Consumers and Brands. A Study of the Impact of Self-Image Congruence on Brand Preference and Satisfaction, Marketing Intelligence & Planning, 19(7): 482–492.

James, W. (1884): What is an Emotion? Mind, 9(34): 188–205.

James, W. (1890/1950): The Emotions, in: The Principles of Psychology, Vol. II, 442–485, New York: Dover.

Jameson, K. (2005): Culture and Cognition. What is Universal about the Representation of Color Experience? Journal of Cognition and Culture, 5(3–4): 293–348.

Janakiraman, N.; Syrdal, H.A.; Freling, R. (2016): The Effect of Return Policy Leniency on Consumer Purchase and Return Decisions. A Meta-Analytic Review, Journal of Retailing, 92(2): 226–235.

Javidan, M.; House, R.J.; Dorfman, P.W. (2004): A Nontechnical Summary of GLOBE Findings, in: House, R.J.; Hanges, P.J.; Javidan, M.; Dorfman, P.W.; Grupta, V. (Eds.), Culture, Leadership and Organizations. The GLOBE Study of 62 Societies, 29–48, Thousand Oaks/CA: Sage.

Javidan, M.; House, R.J.; Dorfman, P.W.; Hanges, P.J.; Sully de Luque, M. (2006a): Conceptualizing and Measuring Cultures and their Consequences. A Comparative Review of GLOBE's and Hofstede's Approaches, Journal of International Business Studies, 37(6): 897–914.

Javidan, M.; Dorfman, P.W.; Sully de Luque, M.; House, R.J. (2006b): In the Eye of the Beholder. Cross Cultural Lessons in Leadership from Project GLOBE, Academy of Management Perspectives, 20(1): 67–90.

Jensen, M. (2020): Da stinkt doch was, Die Zeit, 75(40): 27.

Ji, L.J.; Zhang, Z.; Guo, T. (2008): To Buy or to Sell. Cultural Differences in Stock Market Decisions Based on Price Trends, Journal of Behavioral Decision Making, 21(4): 399–413.

Ji, L.J.; Zhang, Z.; Nisbett, R.E. (2004): Is it Culture or is it Language? Examination of Language Effects in Cross-Cultural Research on Categorization, Journal of Personality and Social Psychology, 87(1): 57–65.

Jiang, F.; Yue, X.D.; Lu, S. (2011): Different Attitudes toward Humor between Chinese and American Students. Evidence from the Implicit Association Test, Psychological Reports, 109(1): 99–107.

Jiménez, N.; San Martín, S. (2014): The Mediation of Trust in Country-of-Origin Effects across Countries, Cross Cultural Management, 21(2): 150–171.

Jin, B.; Kang, H. J. (2011): Purchase Intention of Chinese Consumers toward a US Apparel Brand. A Test of a Composite Behavior Intention Model, Journal of Consumer Marketing, 28(3): 187–199.

Jin, B.; Park, J.Y.; Kim, J. (2008): Cross-Cultural Examination of the Relationships among Firm Reputation, E-Satisfaction, E-Trust, and E-Loyalty, International Marketing Review, 25(3): 324–337.

Jo, M.S.; Sarigollu, E. (2007): Cross-Cultural Differences of Price-Perceived Quality Relationships, Journal of International Consumer Marketing, 19(4): 59–74.

Johnson, T.; Kulesa, P.; Cho, Y.I.; Shavitt, S. (2005): The Relation between Culture and Response Styles. Evidence from 19 Countries, Journal of Cross-Cultural Psychology, 36(2): 264–277.

Johnson, T.P. (1998): Approaches to Equivalence in Cross-Cultural and Cross-National Survey Research, in: Harkness, J.A. (Ed.), ZUMA Spezial. Cross-Cultural Survey Equivalence, Vol.3, 1–40, Mannheim: ZUMA.

Jonauskaite, D.; Abu-Akel, A.; Dael, N.; Oberfeld, D.; Abdel-Khalek, A.M.; Al-Rasheed, A. S.; ... & Corona, V. (2020): Universal Patterns in Color-Emotion Associations Are Further Shaped by Linguistic and Geographic Proximity, Psychological Science, 0956797620948810.

Jones, E.L. (1963): The Courtesy Bias in South-East Asian Surveys, International Social Science Journal, 15(1): 70–76.

Jones, J.M.; Brown, W.T. (2005): Any Time is Trinidad Time! Cultural Variations in the Value and Function of Time, in: Strathman, A.; Joireman, J. (Eds.), Understanding Behavior in the Context of Time, 305–323, Hillsdale/NJ: Erlbaum.

Josiassen, A.; Lukas, B.A.; Whitwell, G.J. (2008): Country-of-Origin Contingencies. Competing Perspectives on Product Familiarity and Product Involvement, International Marketing Review, 25(4): 423–440.

Joy, A.; Li, E.P.H. (2012): Studying Consumption Behaviour through Multiple Lenses. An Overview of Consumer Culture Theory, Journal of Business Anthropology, 1(1): 141–173.

Jung, J.M.; Kellaris, J.J. (2004): Cross-National Differences in Proneness to Scarcity Effects. The Moderating Roles of Familiarity, Uncertainty Avoidance, and Need for Cognitive Closure, Psychology & Marketing, 21(9): 739–753.

Jung, J.M.; Kellaris, J.J. (2006): Responsiveness to Authority Appeals among Young French and American Consumers, Journal of Business Research, 59(6): 735–744.

Jung, J.M.; Polyorat, K.; Kellaris, J.J. (2009): A Cultural Paradox in Authority-Based Advertising, International Marketing Review, 26(6): 601–632.

Jung, K.; Ang, S.H.; Leong, S.M.; Tan, S.J.; Pornpitakpan, C.; Kau, A.K. (2002): A Typology of Animosity and its Cross-National Validation, Journal of Cross-Cultural Psychology, 33(6): 525–539.

K

Kacen, J.J.; Lee, J.A. (2002): The Influence of Culture on Consumer Impulsive Buying Behavior, Journal of Consumer Psychology, 12(2): 163–176.

Kahneman, D.; Deaton, A. (2010): High Income Improves Evaluation of Life but Not Emotional Well-Being, Proceedings of the National Academy of Sciences, 107(38): 16489–16493.

Kahneman, D.; Knetsch, J.L.; Thaler, R.H. (1991): Anomalies. The Endowment Effect, Loss Aversion, and Status Quo Bias, Journal of Economic Perspectives, 5(1): 193–206.

Kahneman, D.; Tversky, A. (1979): Prospect Theory. An Analysis of Decisions Under Risk, Econometrica, 47(2): 263–291.

Kahttab, S.A.; Al-Manasra, E.A.; Zaid, M.K.S.A.; Qutaishat, F.T. (2012): Individualist, Collectivist and Gender Moderated Differences toward Online Purchase Intentions in Jordan, International Business Research, 5(8): 85–93.

Kalafatis, S.P.; Pollard, M.; East, R.; Tsogas, M.H. (1999): Green Marketing and Ajzen´s Theory of Planned Behavior. A Cross-Market Examination, Journal of Consumer Marketing, 16(5): 441–460.

Kalliny, M.; Cruthirds, K.W.; Minor, M.S. (2006): Differences between American, Egyptian and Lebanese Humor Styles, International Journal of Cross Cultural Management, 6(1): 121–134.

Kalliny, M.; Hausman, A. (2007): The Impact of Cultural and Religious Values on Consumer's Adoption of Innovation, Academy of Marketing Studies Journal, 11(1): 125–136.

Kalliny, M.; Hausman, A.; Saran, A.; Ismaeil, D. (2017): The Cultural and Religious Animosity Model. Evidence from the United States, Journal of Consumer Marketing, 34(2): 169–179.

Kang, S.-M.; Lau, A.S. (2013): Revisiting the Out-Group Advantage in Emotion Recognition in a Multicultural Society. Further Evidence for the In-Group Advantage, Emotion, 13(2): 203–215.

Kaptein, M.; De Ruyter, B.; Markopoulos, P.; Aarts, E. (2012): Adaptive Persuasive Systems, ACM Transactions on Interactive Intelligent Systems (TiiS), 2(2): 10–25.

Kashima, Y.; Triandis, H.C. (1986): The Self-Serving Bias in Attributions as a Coping Strategy, Journal of Cross-Cultural Psychology, 17(1): 83–97.

Kassinove, H.; Sukhodolsky, D.G.; Tsytsarev, S.V.; Solovyova, S. (1997): Self-Reported Anger Episodes in Russia and America, Journal of Social Behavior and Personality, 12(2): 301–324.

Kastanakis, M.N.; Voyer, B.G. (2014): The Effect of Culture on Perception and Cognition. A Conceptual Framework, Journal of Business Research, 67(4): 425–433.

Katz, K.L.; Larson, B.M.; Larson, R.C. (1991): Prescription for the Waiting-in-Line Blues, Sloan Management Review, 32(2): 44–54.

Keeney, R.L.; Raiffa, H. (1993): Decisions with Multiple Objectives. Preferences and Value Tradeoffs, Cambridge: Cambridge University Press.

Keith, K.D. (2014): Categorization, The Encyclopedia of Cross-Cultural Psychology, Vol. 1, 160–161, New York: Wiley.

Keller, M.; Walker, M.; Reutner, L. (2020): Sex Sells? The Role of Female Agency in Sexualized Advertisements, Social Psychological Bulletin, 15(1): 1–27.

Kelley, H.H. (1967): Attribution Theory in Social Psychology, in: Jones, E.E. (Ed.), Nebraska Symposium on Motivation, 192–238, Lincoln/NE: University of Nebraska Press.

Kelley, H.H. (1972): Causal Schemata and the Attribution Process, in: Jones, E.E.; Kanouse, D.E.; Kelley, H.H.; Nisbett, R.E.; Valins, S.; Weiner, B. (Eds.), Attribution. Perceiving the Causes of Behavior, 151–176, Morriston/NJ: General Learning Press.

Kelley, H.H. (1973): The Process of Causal Attribution, American Psychologist, 28(2): 107–128.

Khalbous, S.; Vianelli, D.; Domanski, T.; Dianoux, C.; Maazoul, M. (2013): Attitudes toward Product Placement. A Cross-Cultural Analysis in Tunisia, France, Italy, and Poland, International Journal of Marketing Studies, 5(2): 138–153.

Kim, D.; Pan, Y.; Park, H.S. (1998): High- versus Low-Context Culture. A Comparison of Chinese, Korean, and American Cultures, Psychology & Marketing, 15(6): 507–521.

Kim, H.; Markus, H.R. (1999): Deviance or Uniqueness, Harmony or Conformity? A Cultural Analysis, Journal of Personality and Social Psychology, 77(4): 785–800.

Kim, H.R.; Lee, M.; Ulgado, F.M. (2005): Brand Personality, Self-Congruity and the Consumer-Brand Relationship, Asia Pacific Advances in Consumer Research, 6, 111–117.

Kim, H.S.; Drolet, A. (2003): Choice and Self-Expression. A Cultural Analysis of Variety Seeking, Journal of Personality and Social Psychology, 85(2): 373–382.

Kim, J.; Hatfield, E. (2004): Love Types and Subjective Well-Being. A Cross-Cultural Study, Social Behavior and Personality, 32(2): 173–182.

Kim, J.E.; Johnson, K.K. (2013): The Impact of Moral Emotions on Cause-Related Marketing Campaigns. A Cross-Cultural Examination, Journal of Business Ethics, 112(1): 79–90.

Kim, J.E.; Johnson, K.K. (2014): Shame or Pride? European Journal of Marketing, 48(7/8): 1431–1450.

Kim, J.O.; Forsythe, S.; Gu, Q.; Moon, S.J. (2002): Cross-Cultural Consumer Values, Needs and Purchase Behavior, Journal of Consumer Marketing, 19(6): 481–502.

Kim, K.; Park, J.; Yeo, J. (2007): Cultural Differences in Brand Extension Judgments and Feedback Effects., Advances in Consumer Research – North American Conference Proceedings, 34: 114–115.

Kim, M.G.; Mattila, A.S. (2010): The Impact of Mood States and Surprise Cues on Satisfaction, International Journal of Hospitality Management, 29(3): 432–436.

Kim, R.Y. (2019): Does National Culture Explain Consumers' Reliance on Online Reviews? Cross-Cultural Variations in the Effect of Online Review Ratings on Consumer Choice, Electronic Commerce Research and Applications, 37, www.sciencedirect.com/science/article/pii/S1567422319300559

Kim, S.H. (2014): Consumers' Attributions and Emotional Responses to Negative Expectancy Disconfirmation. Anger and Regret, South African Journal of Business Management, 45(2): 15–24.

Kim, Y. (2015): Assessing the Effects of Perceived Value (Utilitarian and Hedonic) in LCCs and FSCs. Evidence from South Korea, Journal of Air Transport Management, 49(October): 17–22.

King, R.A.; Racherla, P.; Bush, V.D. (2014): What we Know and don't Know about Online Word-of-Mouth. A Review and Synthesis of the Literature, Journal of Interactive Marketing, 28(3): 167–183.

Kirkman, B.L.; Lowe, K.B.; Gibson, C.B. (2006): A Quarter Century of Culture's Consequences. A Review of Empirical Research Incorporating Hofstede's Cultural Values Framework, Journal of International Business Studies, 37(3): 285–320.

Kirkman, B.L.; Lowe, K.B.; Gibson, C.B. (2017): A Retrospective on Culture's Consequences. The 35-Year Journey, Journal of International Business Studies, 48(1): 12–29.

Kirton, M.J. (1981): A Reanalysis of two Scales of Tolerance of Ambiguity, Journal of Personality Assessment, 45(4): 407–414.

Kitayama, S. (2002): Culture and Basic Psychological Processes – toward a System View of Culture. Comment on Oyserman et al., Psychological Bulletin, 128(1): 89–96.

Kitayama, S.; Cohen, D. (Eds.) (2010): Handbook of Cultural Psychology, New York: The Guilford Press.

Kitayama, S.; Markus, H.R., Matsumoto, H.; Norasakkunkit, V. (1997): Individual and Collective Processes in the Construction of the Self. Self-Enhancement in the United States and Self-Criticism in Japan, Journal of Personality and Social Psychology, 72(6): 1245–1267.

Kitayama, S.; Snibbe, A.C.; Markus, H.R.; Suzuki, T. (2004): Is There Any "Free" Choice? Self and Dissonance in two Cultures, Psychological Science, 15(8): 527–533.

Kjeldgaard, D.; Askegaard, S. (2006): The Glocalization of Youth Culture. The Global Youth Segment as Structures of Common Difference, Journal of Consumer Research, 33(2): 231–247.

Kko/dpa (2019): Salvini boykottiert Nutella, www.spiegel.de/politik/ausland/warum-matteo-salvini-nutella-boykottiert-a-1300164.html (07.12.2019).

Klein, J.G.; Ettensoe, R. (1999): Consumer Animosity and Consumer Ethnocentrism. An Analysis of Unique Antecedents, Journal of International Consumer Marketing, 11(4): 5–24.

Klein, J.G.; Ettensoe, R.; Morris, M.D. (1998): The Animosity Model of Foreign Product Purchase. An Empirical Test in the Peoples Republic of China, Journal of Marketing, 62(1): 89–100.

Klein, J.G.; Smith, N.C.; John, A. (2004): Why we Boycott. Consumer Motivations for Boycott Participation, Journal of Marketing, 68(3): 92–109.

Kluckhohn, C. (1951): Values and Value-Orientation in the Theory of Action, in: Parsons, T.; Shils, E. (Eds.), Toward a General Theory of Action, 388–433, Cambridge/MA: Harvard University Press.

Kluckhohn, F.R.; Strodtbeck, F.L. (1961): Variations in Value Orientations, Oxford: Row, Peterson.

Knapp, K. (2003): Interpersonale und interkulturelle Kommunikation, in: Bergmann, N.; Sourisseaux, A.L.J. (Hrsg.), Interkulturelles Management, 3. Aufl., 109–135, Berlin: Springer.

Knetsch, J.L.; Sinden, J.A. (1984): Willingness to Pay and Compensation Demanded. Experimental Evidence of an Unexpected Disparity in Measures of Value, Quarterly Journal of Economics, 99(3): 507–521.

Knight, N.; Nisbett, R.E. (2007): Culture, Class and Cognition. Evidence from Italy, Journal of Cognition and Culture, 7(3): 283–291.

Knoppen, D.; Saris, W. (2009): Do We Have to Combine Values in the Schwartz' Human Values Scale? A Comment on the Davidov Studies, Survey Research Methods, 3(2): 91–103.

Knox, G.; Van Oest, R. (2014): Customer Complaints and Recovery Effectiveness. A Customer Base Approach, Journal of Marketing, 78(5): 42–57.

Ko, D.; Seo, Y.; Jung, S. (2015): Examining the Effect of Cultural Congruence, Processing Fluency, and Uncertainty Avoidance in Online Purchase Decisions in the U.S. and Korea, Marketing Letters, 26(3): 377–390.

Ko, H.; Jung, J.; Kim, J.; Shim, S.W. (2004): Cross-Cultural Differences in Perceived Risk of Online Shopping, Journal of Interactive Advertising, 4(2): 20–29.

Kock, F.; Josiassen, A.; Assaf, A.G.; Karpen, I.; Farrelly, F. (2018): Tourism Ethnocentrism and Its Effects on Tourist and Resident Behavior, Journal of Travel Research, http://journals.sagepub.com/doi/full/10.1177/0047287518755504 (07.05.2018).

Kock, F.; Josiassen, A.; Assaf, G. (2019): Toward a Universal Account of Country-Induced Predispositions. Integrative Framework and Measurement of Country-of-Origin Images and Country Emotions, Journal of International Marketing, 27(3): 43–59.

Kogut, B.; Singh, H. (1988): The Effect of National Culture on the Choice of Entry Mode, Journal of International Business Studies, 19(3): 411–432.

Kornadt, H.-J. (2003): Beiträge des Kulturvergleichs zur Motivationsforschung, in: Thomas, A. (Hrsg.), Kulturvergleichende Psychologie, 2.Aufl., 347–383, Göttingen: Hogrefe.

Koschate-Fischer, N.; Diamantopoulos, A.; Oldenkotte, K. (2012): Are Consumers Really Willing to Pay More for a Favorable Country Image? A Study of Country-of-Origin Effects on Willingness to Pay, Journal of International Marketing, 20(1): 19–41.

Kosterman, R.; Feshbach, S. (1989): Toward a Measure of Patriotic and Nationalistic Attitudes, Political Psychology, 10(2): 257–274.

Kouider, S.; de Gardelle, V.; Dehaene, S.; Dupoux, E.; Pallier, C. (2010): Cerebral Bases of Subliminal Speech Priming, Neuroimage, 49(1): 922–929.

Krahpol, S. (2003): Risk Regulation in the EU between Interests and Expertise. The Case of BSE, Journal of European Public Policy, 10(2): 189–207.

Kralisch, A.; Eisend, M.; Berendt, B. (2005): The Impact of Culture on Website Navigation Behaviour, in: Salvendy, G. (Ed.), Proceedings of the 11th International Conference on Human-Computer Interaction, 1–9, Las Vegas: CRC Press.

Kramer, T.; Spolter-Weisfeld, S.; Thakkar, M. (2007): The Effect of Cultural Orientation on Consumer Responses to Personalization, Marketing Science, 26(2): 246–258.

Kroeber, A.L.; Kluckhohn, C. (1952): Culture. A Critical Review of Concepts and Definitions, Papers of the Peabody Museum of American Archaeology and Ethnology, Vol. 47, Cambridge/MA: Harvard University Press.

Kroeber-Riel, W.; Gröppel-Klein, A. (2013): Konsumentenverhalten, 10. Aufl., München: Vahlen.

Krohn, K. (2009): Die Polen sind misstrauischer geworden, Sächsische Zeitung, http://www.sz-online.de/nachrichten/artikel.asp?id=2318832 (20.11.2009).

Kruglanski, A.W. (2013): Lay Epistemics and Human Knowledge, Berlin: Springer.

Krummenacher, J.; Müller, H. (2017): Aufmerksamkeit, in: Müsseler, J.; Rieger, M. (Hrsg.), Allgemeine Psychologie, 103–151, 3. Aufl., Berlin: Springer.

Kuhl, J. (2018): Individuelle Unterschiede in der Selbststeuerung, in: Heckhausen, J.; Heckhausen, H. (Hrsg.), Motivation und Handeln, 389–422, Berlin: Springer.

Kullmann, K.; Roth, G. (2020): Es gibt nur eine Art von Glück, die einem nicht langweilig wird, www.spiegel.de/wissenschaft/mensch/hirnforscher-gerhard-roth-a-09485b7c-700d-4ae4-9eea-71343450b0f2 (28.01.2020).

Kuppelwieser, V.G.; Grefrath, R.; Dziuk, A. (2011): A Classification of Brand Pride Using Trust and Commitment, International Journal of Business and Social Science, 2(3): 36–45.

Kurilla, R. (2013): Emotion, Kommunikation, Konflikt. Eine historiographische, grundlagentheoretische und kulturvergleichende Untersuchung, Bd.2, Wiesbaden: Springer VS.

Kutschker, M.; Schmid, S. (2011): Internationales Management, 7. Aufl., München: Oldenbourg.

Kuzmanovic, B.; Rigoux, L.; Tittgemeyer, M. (2018): Influence of vmPFC on dmPFC Predicts Valence-Guided Belief Formation, Journal of Neuroscience, 38(37): 7996–8010.

L

Labrecque, L.I.; Krishen, A.S.; Grzeskowiak, S. (2011): Exploring Social Motivations for Brand Loyalty. Conformity versus Escapism, Journal of Brand Management, 18(7): 457–472.

Lai, J.; He, P.; Chou, H.M.; Zhou, L. (2013): Impact of National Culture on Online Consumer Review Behavior, Global Journal of Business Research, 7(1): 109–115.

Lalwani, A.K;, Forcum, L. (2016): Does a Dollar Get You a Dollar's Worth of Merchandise? The Impact of Power Distance Belief on Price-Quality Judgments, Journal of Consumer Research, 43(2): 317–333.

Lalwani, A.K.; Shavitt, S. (2013): You Get what You Pay For? Self-Construal Influences Price-Quality Judgments, Journal of Consumer Research, 40(2): 255–267.

Lalwani, A.K.; Shavitt, S.; Johnson, T. (2006): What is the Relation between Cultural Orientation and Socially Desirable Responding? Journal of Personality and Social Psychology, 90(1): 165–178.

Lalwani, A.K.; Wang, J.J. (2019): How do Consumers' Cultural Backgrounds and Values Influence their Coupon Proneness? Journal of Consumer Research, 45(5): 1037–1050.

Lalwani, A.K.; Wang, J.J.; Silvera, D.H. (2020): How Does Cultural Self-Construal Influence Regulatory Mode? Journal of Business Research, 117(September): 368–377.

Lam, D. (2007): Cultural Influence on Proneness to Brand Loyalty, Journal of International Consumer Marketing, 19(3): 7–21.

Lam, D.; Lee, A.; Mizerski, R. (2009): The Effects of Cultural Values in Word-of-Mouth Communication, Journal of International Marketing, 17(3): 55–70.

Landes, D.S. (1998): The Wealth and Poverty of Nations. Why Some Are so Rich and Some Are so Poor, New York: Norton.

Langer, E.J. (1975): The Illusion of Control, Journal of Personality and Social Psychology, 32(2): 311–328.

Langlois, J.H.; Kalakanis, L.; Rubenstein, A.J.; Larson, A.; Hallam, M.; Smoot, M. (2000): Maxims or Myths of Beauty? A Meta-Analytic and Theoretical Review, Psychological Bulletin, 126(3): 390–423.

Laroche, M.; Ueltschy, L.C.; Abe, S.; Cleveland, M.; Yannopoulos, P.P. (2004): Service Quality Perceptions and Customer Satisfaction. Evaluating the Role of Culture, Journal of International Marketing, 12(3): 58–85.

Laroche, M.; Kalamas, M.; Cleveland, M. (2005): "I" versus "we". How Individualists and Collectivists Use Information Sources to Formulate their Service Expectations, International Marketing Review, 22(3): 279–308.

Laros, F.J.; Steenkamp, J.-B.E.M. (2005): Emotions in Consumer Behavior. A Hierarchical Approach, Journal of Business Research, 58(10): 1437–1445.

Lasarov, W.; Mai, R.; de Frutos, N.G.; Egea, J.M.O.; Hoffmann, S. (2019): Counter-Arguing as Barriers to Environmentally Motivated Consumption Reduction. A Multi-Country Study, International Journal of Research in Marketing, 36(2): 281–305.

Lau, H.P.B.; White, M.P.; Schnall, S. (2013): Quantifying the Value of Emotions Using a Willingness to Pay Approach, Journal of Happiness Studies, 14(5): 1543–1561.

Lauer, K. (2007): Piresen raus! Meinungsforschungsinstitut entlarvt Ungarns Xenophobie, Süddeutsche Zeitung, 63(63): 11.

Lavack, A.M.; Kropp, F. (2003): A Cross-Cultural Comparison of Consumer Attitudes toward Cause-Related Marketing, Social Marketing Quarterly, 9(2): 3–16.

Lavoie, D.; Chamlee-Wright, E. (2000): Culture and Enterprise, London: The Cato.

Lazarus, R.S. (1982): Thoughts on the Relations between Emotion and Cognition, American Psychologist, 37(9): 1019–1024.

Lazarus, R.S. (1991): Cognition and Motivation in Emotion, American Psychologist, 46(4): 352–367.

Leach, M.P.; Liu, A.H. (1998): The Use of Culturally Relevant Stimuli in International Advertising, Psychology & Marketing, 15(6): 523–546.

Leary, M.R. (2010): Affiliation, Acceptance, and Belonging, in: Fiske, S.T.; Gilbert, D.T.; Lindzey, G. (Eds.), Handbook of Social Psychology, 864–897, Hoboken: Wiley.

LeBlanc, R.P.; Herndon Jr N.C. (2001): Cross-Cultural Consumer Decisions. Consideration Sets – a Marketing Universal? Marketing Intelligence & Planning, 19(7): 500–506.

Leclerc, F.; Schmitt, B.H.; Dubé, L. (1994): Foreign Branding and its Effects on Product Perceptions and Attitudes, Journal of Marketing Research, 31(2): 263–270.

Lee, A.Y.; Aaker, J.L. (2004): Bringing the Frame into Focus. The Influence of Regulatory Fit on Processing Fluency and Persuasion, Journal of Personality and Social Psychology, 86(2): 205–218.

Lee, C. (1990): Modifying an American Consumer Behavior Model for Consumers in Confucian Culture. The Case of Fishbein Behavioral Intentions Model, Journal of International Consumer Marketing, 3(1): 27–50.

Lee, C.; Green, R.T. (1991): Cross-Cultural Examination of the Fishbein Behavioral Intentions Model, Journal of International Business Studies, 22(2): 289–305.

Lee, E.-J.; Fairhurst, A.; Dillard, S. (2002): Usefulness of Ethnicity in International Consumer Marketing, Journal of International Consumer Marketing, 14(4): 25–48.

Lee, E.M.; Jeon, J.O.; Li, Q.; Park, H.H. (2015): The Differential Effectiveness of Scarcity Message Type on Impulse Buying. A Cross-Cultural Study, Journal of Global Scholars of Marketing Science, 25(2): 142–152.

Lee, H.; Lalwani, A.K.; Wang, J.J. (2020): Price No Object! The Impact of Power Distance Belief on Consumers' Price Sensitivity, Journal of Marketing, journals.sagepub.com/doi/abs/10.1177/0022242920929718 (29.08.2020).

Lee, H.S.; Park, J.S. (2012): Cultural Orientation and the Persuasive Effects of Fear Appeals, Journal of Medical Marketing, 12(2): 73–80.

Lee, J.A. (2000): Adapting Triandis's Model of Subjective Culture and Social Behavior Relations to Consumer Behavior, Journal of Consumer Psychology, 9(2): 117–126.

Lee, J.A.; Kacen, J.J. (2008): Cultural Influences on Consumer Satisfaction with Impulse and Planned Purchase Decisions, Journal of Business Research, 61(3): 265–272.

Lee, K.; Shavitt, S. (2006): The Use of Cues Depends on Goals. Store Reputation Affects Product Judgments when Social Identity Goals are Salient, Journal of Consumer Psychology, 16(3): 260–271.

Lee, M.; Ulgado, F. (1997): Consumer Evaluations of Fast-Food Services. A Cross National Comparison, Journal of Services Marketing, 11(1): 39–52.

Lee, R.; Lee, K.T.; Li, J. (2017): A Memory Theory Perspective of Consumer Ethnocentrism and Animosity, Determinants of Animosity and Consumer Ethnocentrism, Journal of International Consumer Marketing, 21(4): 299–308.

Lee, W.-N.; Hong, J.-Y.; Lee, S.-J. (2003): Communicating with American Consumers in the Post 9/11 Climate. An Empirical Investigation of Consumer Ethnocentrism in the United States, International Journal of Advertising, 22(4): 487–510.

Lee, Y.H. (2000): Manipulating Ad Message Involvement through Information Expectancy. Effects on Attitude Evaluation and Confidence, Journal of Advertising, 29(2): 29–43.

Leinsle, P. (2017): Determinanten der Preisfairness, Wiesbaden: Springer Gabler.

Leng, C.Y.; Botelho, D. (2010): How does National Culture Impact on Consumers Decision-Making Styles? A Cross Cultural Study in Brazil, the United States and Japan, Brazilian Administration Review, 7(3): 260–275.

Lennertz, S.; Kuß, A.; Tomczak, T. (2018): Käuferverhalten, 5. Aufl., Stuttgart: Lucius & Lucius.

Lenski, G.E. (1963): The Religious Factor. A Sociological Study of Religion's Impact on Politics, Economics, and Family Life, Garden City/NY: Doubleday.

Leo, C.; Bennett, R.; Hartel, C.E. (2005): Cross-Cultural Differences in Consumer Decision-Making Styles, Cross Cultural Management, 12(3): 32–62.

Leong, C.H.; Ward, C. (2006): Cultural Values and Attitudes toward Immigrants and Multiculturalism. The Case of the Eurobarometer Survey on Racism and Xenophobia, International Journal of Intercultural Relations, 30(6): 799–810.

Leonidou, L.C.; Kvasova, O.; Christodoulides, P.; Tokar, S. (2019): Personality Traits, Consumer Animosity, and Foreign Product Avoidance. The Moderating Role of Individual Cultural Characteristics, Journal of International Marketing, 27(2): 76–96.

Lesch, M.F.; Rau, P.L.P.; Zhao, Z.; Liu, C. (2009): A Cross-Cultural Comparison of Perceived Hazard in Response to Warning Components and Configurations, US vs. China, Applied Ergonomics, 40(5): 953–961.

Levav, J.; Kivetz, R.; Cho, C.K. (2010): Motivational Compatibility and Choice Conflict, Journal of Consumer Research, 37(3): 429–442.

Levenson, R.W.; Ekman, P.; Heider, K.; Friesen, W.V. (1992): Emotion and Autonomic Nervous System Activity in the Minangkabau of West Sumatra, Journal of Personality and Social Psychology, 62(6): 972–988.

Levin, I.P.; Gaeth, G.J. (1988): How Consumers Are Affected by the Framing of Attribute Information Before and After Consuming the Product, Journal of Consumer Research, 15(3): 374–378.

Levine, R.V.; Norenzayan, A. (1999): The Pace of Life in 31 Countries, Journal of Cross-Cultural Psychology, 30(2): 178–205.

Levine, R.V.; Sato, S.; Hashimoto, T.; Verma, J. (1995): Love and Marriage in Eleven Cultures, Journal of Cross Cultural Psychology, 26(5): 554–571.

Levine, R.V.; West, L.J.; Reis, H.T. (1980): Perceptions of Time and Punctuality in the United States and Brazil, Journal of Personality and Social Psychology, 38(4): 541–550.

Lewin, K. (1937): Psychoanalysis and Topological Psychology, Bulletin of the Menninger Clinic, 1: 202–211.

Lewin, K.; Heider, F.; Heider, G.M. (1936): Principles of Topological Psychology, New York: McGraw-Hill.

Li, C.; Li, D.; Chiu, C.Y.; Peng, S. (2019): Strong Brand from Consumers' Perspective. A Cross-Cultural Study, Journal of Cross-Cultural Psychology, 50(1): 116–129.

Li, D.; Gallup, A.M. (1995): In Search of the Chinese Consumer, China Business Review, 22(5): 19–22.

Li, F.; Shooshtari, N.H. (2007): Multinational Corporations' Controversial Ad Campaigns in China. Lessons from Nike and Toyota, Advertising & Society Review, 8(1): http://muse.jhu.edu/journals/asr/v008/8.illi_shooshtari.html (13.12.2011).

Li, J.; Wang, L.; Fischer, K. (2004): The Organisation of Chinese Shame Concepts, Cognition and Emotion, 18(6): 767–797.

Li, J.; Zhang, X.A.; Sun, G. (2015): Effects of "Face" Consciousness on Status Consumption among Chinese Consumers, Psychological Reports, 116(1): 280–291.

Li, N.P.; van Vugt, M.; Colarelli, S.M. (2018): The Evolutionary Mismatch Hypothesis, Current Directions in Psychological Science, 27(1): 38–44.

Liao, H. (2007): Do it Right this Time. The Role of Employee Service Recovery Performance in Customer-Perceived Justice and Customer Loyalty after Service Failures, Journal of Applied Psychology, 92(2): 475–489.

Liao, J.; Wang, L. (2009): Face as a Mediator of the Relationship between Material Value and Brand Consciousness, Psychology & Marketing, 26(11): 987–1001.

Lichtenstein, D.R.; Ridgway, N.M.; Netemeyer, R.G. (1993): Price Perceptions and Consumer Shopping Behavior. A Field Study, Journal of Marketing Research, 30(2): 234–245.

Liefeld, J.P. (2004): Consumer Knowledge and Use of Country-of-Origin Information at the Point of Purchase, Journal of Consumer Behaviour, 4(2): 85–87.

Lill, F. (2019): Lieber rot als tot, Rheinpfalz am Sonntag (4.8.2019), 8.

Lin, M.; Viswanathan, S. (2015): Home Bias in Online Investments. An Empirical Study of an Online Crowdfunding Market, Management Science, 62(5): 1393–1414.

Linton, R. (1938): Culture, Society, and the Individual, Journal of Abnormal and Social Psychology, 33(4): 425–436.

Lis, B. (2013): In eWOM We Trust, Wirtschaftsinformatik, 55: 121–134.

Littrell, R.F. (2008): Book Review: Minkov, M. (2007). What Makes us Different and Similar. A New Interpretation of the World Values Survey and other Cross-Cultural Data, Journal of Cross-Cultural Psychology, 39(5): 654–658.

Liu, F.; Cheng, H.; Li, J. (2009): Consumer Responses to Sex Appeal Advertising. A Cross-Cultural Study, International Marketing Review, 26(4/5): 501–520.

Liu, F.; Kanso, A.; Zhang, Y.; Olaru, D. (2019): Culture, Perceived Value, and Advertising Acceptance. A Cross-Cultural Study on Mobile Advertising, Journal of Promotion Management, 25(7): 1028–1058.

Liu, R.R.; McClure, P. (2001): Recognizing Cross-Cultural Differences in Consumer Complaint Behavior and Intentions. An Empirical Examination, Journal of Consumer Marketing, 18(1): 54–75.

Liu, S.; Lu, Y.; Liang, Q.; Wei, E. (2010): Moderating Effect of Cultural Values on Decision Making of Gift-Giving from a Perspective of Self-Congruity Theory, Journal of Consumer Marketing, 27(7): 604–614.

Lockwood, P.; Marshall, T.; Sadler, P. (2005): Promoting Success or Preventing Failure. Cultural Differences in Motivation by Positive and Negative Role Models, Personality and Social Psychology Bulletin, 31(3): 379–392.

Lopes, P.N.; Brackett, M.A.; Nezlek, J.B.; Schütz, A.; Sellin, I.; Salovey, P. (2004): Emotional Intelligence and Social Interaction, Personality and Social Psychology Bulletin, 30(8): 1018–1034.

Lord, R.A.; Maher, K.J. (1991): Leadership and Information Processing. Linking Perceptions and Performance, Boston: Unwin Hyman.

Lorenzo, G.L.; Biesanz, J.C.; Human, L.J. (2010): What is Beautiful is Good and More Accurately Understood. Physical Attractiveness and Accuracy in First Impressions of Personality, Psychological Science, 21(12): 1777–1782.

Lourenço, E. (2001): Mythologie der Saudade. Zur portugiesischen Melancholie, Frankfurt/Main: Suhrkamp.

Low, W.S.; Lee, J.D.; Cheng, S.M. (2012): The Link between Customer Satisfaction and Price Sensitivity, Journal of Retailing and Consumer Services, 20(1): 1–10.

Lowe, A.C.-T.; Corkindale, D.R. (1998): Differences in "Cultural Values" and their Effects on Responses to Marketing Stimuli. A Cross-Cultural Study between Australians and Chinese from the People's Republic of China, European Journal of Marketing, 32(9/10): 843–867.

Luhmann, N. (2003): Liebe als Passion. Zur Codierung von Intimität, 7. Aufl., Frankfurt/Main: Suhrkamp.

Luna, D.; Gupta, S.F. (2001): An Integrative Framework for Cross-Cultural Consumer Behavior, International Marketing Review, 18(1): 45–69.

Lund, I.O.; Rundmo, T. (2009): Cross-Cultural Comparisons of Traffic Safety, Risk Perception, Attitudes and Behaviour, Safety Science, 47(4): 547–553.

Lupton, R.A.; Rawlinson, D.R.; Braunstein, L.A. (2010): Private Label Branding in China. What do US and Chinese Students Think? Journal of Consumer Marketing, 27(2): 104–113.

Luque-Martínez, T.; Ibáñez-Zapata, J.A.; del Barrio-García, S. (2000): Consumer Ethnocentrism Measurement. An Assessment of the Reliability and Validity of the CETSCALE in Spain, European Journal of Marketing, 34(11/12): 1353–1374.

Luria, G.; Levanon, A.; Yagil, D.; Gal, I. (2016): Status, National Culture and Customers' Propensity to Complain, Social Indicators Research, 126(1): 309–330.

M

Ma, Z.; Yang, Z.; Mourali, M. (2014): Consumer Adoption of New Products. Independent versus Interdependent Self-Perspectives, Journal of Marketing, 78(2): 101–117.

Machleit, K.A.; Mantel, S.P. (2001): Emotional Response and Shopping Satisfaction. Moderating Effects of Shopper Attributions, Journal of Business Research, 54(2): 97–106.

MacInnis, D.J.; Folkes, V.S. (2010): The Disciplinary Status of Consumer Behavior. A Sociology of Science Perspective on Key Controversies, Journal of Consumer Research, 36(6): 899–914.

Madan, S.; Basu, S.; Ng, S.; Ching Lim, E.A. (2018): Impact of Culture on the Pursuit of Beauty. Evidence from Five Countries, Journal of International Marketing, 26(4): 54–68.

Maddi, S.R. (1961): Exploratory Behavior and Variation-Seeking in Man, in: Fiske, D.W.; Maddi, S.R. (Eds.), Functions of Varied Experience, 253–277, Homewood/Ill: Doney.

Maddux, W.W.; Brewer, M.B. (2005): Gender Differences in the Relational and Collective Bases for Trust, Group Processes & Intergroup Relations, 8(2): 159–171.

Maddux, W.W.; Yang, H.; Falk, C.; Adam, H.; Adair, W.; Endo, Y.; ... & Heine, S.J. (2010): For Whom is Parting with Possessions more Painful? Cultural Differences in the Endowment Effect, Psychological Science, 21(12): 1910–1917.

Mäder, R. (2005): Messung und Steuerung von Markenpersönlichkeit, Wiesbaden: Gabler.

Magnini, V.P.; Ford, J.B.; Markowski, E.P.; Honeycutt Jr, E.D. (2007): The Service Recovery Paradox. Justifiable Theory or Smoldering Myth? Journal of Services Marketing, 21(3): 213–225.

Magnusson, P.; Westjohn, S.A.; Sirianni, N.J. (2019): Beyond Country Image Favorability. How Brand Positioning via Country Personality Stereotypes Enhances Brand Evaluations, Journal of International Business Studies, 50(3): 318–338.

Maher, A.A.; Mady, S. (2010): Animosity, Subjective Norms, and Anticipated Emotions During an International Crisis, International Marketing Review, 27(6): 630–651.

Maheswaran, D. (1994): Country of Origin as a Stereotype. Effects of Consumer Expertise and Attribute Strength on Product Evaluations, Journal of Consumer Research, 21(2): 354–365.

Maheswaran, D.; Chen, C.Y. (2006): Nation Equity. Incidental Emotions in Country-of-Origin Effects, Journal of Consumer Research, 33(3): 370–376.

Maheswaran, D.; Meyers-Levy, J. (1990): The Influence of Message Framing and Issue Involvement, Journal of Marketing Research, 27(3): 361–367.

Mai, N.T.T.; Jung, K.; Lantz, G.; Loeb, S.G. (2003): An Exploratory Investigation into Impulse Buying Behavior in a Transitional Economy. A Study of Urban Consumers in Vietnam, Journal of International Marketing, 11(2): 13–35.

Mai, R. (2011). Der Herkunftslandeffekt. Eine kritische Würdigung des State of the Art, Journal für Betriebswirtschaft, 61(2–3): 91–121.

Mai, R.; Hoffmann, S. (2015): How to Combat the Unhealthy = Tasty Intuition. The Influencing Role of Health Consciousness, Journal of Public Policy & Marketing, 34(1): 63–83.

Malhotra, N.K. (1982): Information Load and Consumer Decision Making, Journal of Consumer Research, 8(4): 419–430.

Malhotra, N.K.; McCort, J.D. (2001): A Cross-Cultural Comparison of Behavioral Intention Models, International Marketing Review, 18(3): 235–269.

Mannetti, L.; Pierro, A.; Kruglanski, A. (2007): Who Regrets more after Choosing a Non-Status-Quo Option? Post Decisional Regret under Need for Cognitive Closure, Journal of Economic Psychology, 28(2): 186–196.

Marhenke, D. (2009): British, isn't it? Einige Bemerkungen zum britischen Humor, Mondial, 2: 8–11.

Markus, H.R.; Kitayama, S. (1991a): Culture and the Self. Implications for Cognition, Emotion, and Motivation, Psychological Review, 98(2): 224–253.

Markus, H.R.; Kitayama, S. (1991b): Cultural Variation in the Self-Concept, in: Strauss, J.; Goethals, G.R. (Eds.), The Self. Interdisciplinary Approaches, 18–48, New York/NY: Springer.

Martínez-Ruiz, M.P.; Jiménez-Zarco, A.I.; Cascio, R. (2011): Assessing the Maximum Level of Customer Satisfaction in Grocery Stores. A Comparison between Spain and the USA, International Journal of Retail & Distribution Management, 39(7): 504–521.

Maslow, A.H. (1954): Motivation and Personality, New York: Harper & Row.

Masuda, T.; Nisbett, R.E. (2001): Attending Holistically versus Analytically. Comparing the Context Sensitivity of Japanese and Americans, Journal of Personality and Social Psychology, 81(5): 922–934.

Matsumoto, D. (2007): Individual and Cultural Differences on Status Differentiation. The Status Differentiation Scale, Journal of Cross-Cultural Psychology, 38(4): 413–431.

Matsumoto, D.; Hwang, H.S.; Yamada, H. (2012): Cultural Differences in the Relative Contributions of Face and Context to Judgments of Emotions, Journal of Cross-Cultural Psychology, 43(2): 198–218.

Matsumoto, D.; Kudoh, T.; Takeuchi, S. (1996): Changing Patterns of Individualism vs. Collectivism in the United States and Japan, Culture and Psychology, 2(1): 77–107.

Matsumoto, D.; LeRoux, J.A.; Iwamoto, M.; Choi, J.W.; Rogers, D.; Tatani, H.; Uchida, H. (2003): The Robustness of the Intercultural Adjustment Potential Scale (ICAPS), International Journal of Intercultural Relations, 27(5): 543–562.

Matsumoto, D.; Yoo, S.H. (2006): Toward a New Generation of Cross-Cultural Research, Perspectives on Psychological Science, 1(3): 234–250.

Matsumoto, D.; Yoo, S.H.; Fontaine, J. (2008): Mapping Expressive Differences around the World. The Relationship between Emotional Display Rules and Individualism versus Collectivism, Journal of Cross-Cultural Psychology, 39(1): 55–74.

Mattauch, C. (2017): Die Generation Z als Kunde. Bodenständig, selbstbewusst und … verwöhnt, www.absatzwirtschaft.de/die-generation-z-als-kunde-bodenstaendig-selbstbewusst-und-verwoehnt-109395/ (06.05.2018).

Matthes, J. (1991): „Das Gesicht wahren". Eine kulturelle Regel im interkulturellen Vergleich, Universitas, 5: 429–439.

Mattila, A.S.; Patterson, P.G. (2004a): Service Recovery and Fairness Perceptions in Collectivist and Individualist Contexts, Journal of Service Research, 6(4): 336–346.

Mattila, A.S.; Patterson, P.G. (2004b): The Impact of Culture on Consumers' Perceptions of Service Recovery Efforts, Journal of Retailing, 80(3): 196–206.

Mattila, A.S.; Wirtz, J. (2001): Congruency of Scent and Music as a Driver of In-Store Evaluations and Behavior, Journal of Retailing, 77(2): 272–289.

Matusitz, J.; Musambira, G. (2013): Power Distance, Uncertainty Avoidance, and Technology. Analyzing Hofstede's Dimensions and Human Development Indicators, Journal of Technology in Human Services, 31(1): 42–60.

Matzler, K.; Faullant, R.; Renzl, B.; Leiter, V. (2005): The Relationship between Personality Traits (Extraversion and Neuroticism), Emotions and Customer Self-Satisfaction, Innovative Marketing, 1(2): 32–39.

Maxwell, J.P.; Sukhodolsky, D.G.; Chow, C.C.; Wong, C.F. (2005): Anger Rumination in Hong Kong and Great Britain. Validation of the Scale and a Cross-Cultural Comparison, Personality and Individual Differences, 39(6): 1147–1157.

Maxwell, S.; Nye, P.; Maxwell, N. (1999): Less Pain, Same Gain. The Effects of Priming Fairness in Price Negotiations, Psychology & Marketing, 16(7): 545–562.

Mayo, M. (2005): Global Citizen. Social Movements and the Challenge of Globalization, London: Zed Books.

McAndor, M.A.; Gerster, A.; Gillingham, K.T.; Horvath, M. (2020): Running a Car Costs Much More than People Think; www.nature.com/articles/d41586-020-01118 (20.04.2020).

McClelland, D.C. (1961): The Achieving Society, 2nd Ed., Princeton/NY: Free Press.

McClelland, D.C. (1995): Human Motivation, Cambridge/GB: Cambridge University Press.

McClelland, D.C.; Atkinson, J.W.; Clark, R.W.; Lowell, E.L. (1953): The Achievement Motive, Princeton/NY: Appleton-Century-Crofts.

McClelland, D.C.; Koestner, R.; Weinberger, J. (1989): How Do Self-Attributed and Implicit Motives Differ? Psychological Review, 96(4): 690–702.

McConnell, A.R.; Niedermeier, K.E.; Leibold, J.M.; El-Alayli, A.G.; Chin, P.P.; Kuiper, N.M. (2000): What if I Find it Cheaper Someplace Else? Role of Prefactual Thinking and Anticipated Regret in Consumer Behavior, Psychology & Marketing, 17(4): 281–298.

McCoy, S.; Galletta, D.F.; King, W.R. (2007): Applying TAM across Cultures. The Need for Caution, European Journal of Information Systems, 16(1): 81–90.

McCrae, R.R.; Costa Jr P. T. (2008): The Five-Factor Theory of Personality, in: John, O.P.; Robbins, R.W.; Pervin, L.A. (Eds.), Handbook of Personality, 3rd Ed., 159–181, New York: Guiford.

McCrae, R.R.; Costa Jr P.T. (1997): Personality Trait Structure as a Human Universal, American Psychologist, 52(5): 509–516.

McCrae, R.R.; Costa Jr P.T.; de Lima, M.P.; Simoes, A.; Ostendorff, F.; Angleitner, A.; Marusic, I.; Bratko, D.; Caprara, G.V.; Barbaranelli, C.; Chae, J.H.; Piedmont, R.I. (1999): Age Differences in Personality across the Adult Life Span, Development Psychology, 35(2): 466–477.

McGinnis, L.P.; Gentry, J.W. (2009): Underdog Consumption. An Exploration into Meanings and Motives, Journal of Business Research, 62(2): 191–199.

McGowan, K.M.; Sternquist, B.J. (1998): Dimensions of Price as a Marketing Universal. A Comparison of Japanese and US Consumers, Journal of International Marketing, 6(4): 49–65.

Mead, M. (1928/1974): Coming of Age in Samoa, New York: Morrow (dt.: Kindheit und Jugend in Samoa, 3. Aufl., München: DTV).

Meffert, H.; Bolz, M. (1998): Internationales Marketing-Management, 3. Aufl., Stuttgart: Kohlhammer.

Mellers, B.A.; Schwartz, A.; Ho, K.; Ritov, I. (1997): Decision Affect Theory. Emotional Reactions to the Outcomes of Risky Options, Psychological Science, 8(6): 423–429.

Melnyk, V.; Klein, K.; Völckner, F. (2012): The Double-Edged Sword of Foreign Brand Names for Companies from Emerging Countries, Journal of Marketing, 76(6): 21–37.

Meng, J.G.; Meng, Y.; Liu, M.T. (2012): The Impact of Consumer Animosity on Country-of-Origin Effect, Journal of Euromarketing, 21: 219–227.

Meng, J.G.; Nasco, S.A. (2009): Cross-Cultural Equivalence of Price Perceptions across American, Chinese, and Japanese Consumers, Journal of Product and Brand Management, 18(7): 506–516.

Menon, T.; Morris, M.W.; Chiu, C.-Y.; Hong, Y.-Y. (1999): Culture and the Construal of Agency. Attribution to Individual versus Group Dispositions, Journal of Personality and Social Psychology, 76(5): 701–717.

Merritt, A. (2000): Culture in the Cockpit. Do Hofstede's Dimensions Replicate? Journal of Cross-Cultural Psychology, 31(3): 283–301.

Merz, M.A.; He, Y.; Alden, D.L. (2008): A Categorization Approach to Analyzing the Global Consumer Culture Debate, International Marketing Review, 25(2): 166–182.

Mesquita, B.; Frijda, N.H. (1992): Cultural Variations in Emotions. A Review, Psychological Bulletin, 112(2): 179–204.

Mezulis, A.H.; Abramson, L.Y.; Hyde, J.S.; Hankin, B.L. (2004): Is there a Universal Positivity Bias in Attributions? A Meta-Analytic Review of Individual, Developmental, and Cultural Differences in the Self-Serving Attributional Bias, Psychological Bulletin, 130(5): 711–747.

Mick, D.G.; Pettigrew, S.; Pechmann, C.; Ozanne, J.L. (2012): Transformative Consumer Research for Personal and Collective Well-Being, New York: Routledge.

MillardBrown (2017): BrandZ Top 100 Global Brands, http://www.millwardbrown.com/brandz/top-global-brands/2017 (01.10.2018).

Miller, D.T.; Ross, M. (1975): Self-Serving Biases in the Attribution of Causality. Fact or Fiction? Psychological Bulletin, 82(2): 213–225.

Miller, G.A. (1956): The Magical Number Seven, Plus or Minus Two. Some Limits on our Capacity for Processing Information, Psychological Review, 63(2): 81–97.

Miller, J.G. (1984): Culture and Development of Everyday Social Explanation, Journal of Personality and Social Psychology, 46(5): 961–978.

Min, I.; Cortina, K.S.; Miller, K.F. (2016): Modesty Bias and the Attitude-Achievement Paradox across Nations. A Reanalysis of TIMSS, Learning and Individual Differences, 51(October): 359–366.

Minkov, M. (2007): What Makes Us Different and Similar. A New Interpretation of the World Values Survey and other Cross-Cultural Data, Sofia: Klasika i Stil Publishing House.

Minkov, M. (2018): A Revision of Hofstede's Model of National Culture. Old Evidence and New Data from 56 Countries, Cross Cultural & Strategic Management, 25(2): 231–256.

Minkov, M.; Bond, M.H.; Dutt, P.; Schachner, M.; Morales, O.; Sanchez, C.; ... & Mudd, B. (2018a): A Reconsideration of Hofstede's Fifth Dimension. New Flexibility versus Monumentalism Data from 54 Countries, Cross-Cultural Research, 52(3): 309–333.

Minkov, M.; Dutt, P.; Schachner, M.; Jandosova, J.; Khassenbekov, Y.; Morales, O., ... & Mudd, B. (2018b): What Values and Traits do Parents Teach to their Children? New Data from 54 Countries, Comparative Sociology, 17(2): 221–252.

Minkov, M.; Dutt, P.; Schachner, M.; Jandosova, J.; Khassenbekov, Y.; Morales, O.; Blagoev, V. (2019): What Would People Do with their Money if They Were Rich? A Search for Hofstede Dimensions across 52 Countries, Cross Cultural & Strategic Management, 26(1): 93–116.

Minkov, M.; Dutt, P.; Schachner, M.; Morales, O.; Sanchez, C.; Jandosova, J., ... & Mudd, B. (2017): A Revision of Hofstede's Individualism-Collectivism Dimension. A New National Index from a 56-Country Study, Cross Cultural & Strategic Management, 24(3): 386–404.

Minkov, M.; Hofstede, G. (2012): Hofstede's Fifth Dimension. New Evidence from the World Values Survey, Journal of Cross-Cultural Psychology, 43(1): 3–14.

Minkov, M.; Hofstede, G. (2014): Clustering of 316 European Regions on Measures of Values. Do Europe's Countries have National Cultures? Cross-Cultural Research, 48(2): 144–176.

Minton, E.A.; Spielmann, N.; Kahle, L.R.; Kim, C.H. (2018): The Subjective Norms of Sustainable Consumption. A Cross-Cultural Exploration, Journal of Business Research, 82(1): 400–408.

Miyamoto, Y.; Uchida, Y.; Ellsworth, P.C. (2010): Culture and Mixed Emotions. Co-Occurrence of Positive and Negative Emotions in Japan and the United States, Emotion, 10(3): 404–415.

Mohler, P.P.; Wohn, K. (2005): Persönliche Wertorientierungen im European Social Survey, ZUMA-Arbeitsbericht 2005/01, Mannheim: Zentrum für Umfragen, Methoden und Analysen.

Möller, J.; Eisend, M. (2010): A Global Investigation into the Cultural and Individual Antecedents of Banner Advertising Effectiveness, Journal of International Marketing, 18(2): 80–98.

Möller, M. (1997): Landesimage und Kaufentscheidung, Wiesbaden: DUV.

Money, R.B.; Crotts, J.C. (2003): The Effect of Uncertainty Avoidance on Information Search, Planning, and Purchases of International Travel Vacations, Tourism Management, 24(2): 191–202.

Monga, A.B.; John, D.R. (2007): Cultural Differences in Brand Extension Evaluation. The Influence of Analytic versus Holistic Thinking, Journal of Consumer Research, 33(4): 529–536.

Monga, A.B.; John, D.R. (2008): When does Negative Brand Publicity Hurt? The Moderating Influence of Analytic versus Holistic Thinking, Journal of Consumer Psychology, 18(4): 320–332.

Monga, A.B.; John, D.R. (2010): What Makes Brands Elastic? The Influence of Brand Concept and Styles of Thinking on Brand Extension Evaluation, Journal of Marketing, 74(3): 80–92.

Monin, B.; Norton, M.I. (2003): Perceptions of a Fluid Consensus. Uniqueness Bias, False Consensus, False Polarization, and Pluralistic Ignorance in a Water Conservation Crisis, Personality and Social Psychology Bulletin, 29(5): 559–567.

Monsuwé, T.P.; Dellaert, B.G.C.; de Ruyter, K. (2004): What Drives Consumers to Shop Online? A Literature Review, International Journal of Service Industry Management, 15(1): 102–121.

Montaño, D.E.; Kasprzyk, D. (2008): Theory of Reasoned Action, Theory of Planned Behavior, and the Integrated Behavioral Model, in: Glanz, K.; Rimer, B.K.; Viswanath, K. (Eds.), Health Behavior and Health Education, 4th Ed., 67–96, San Francisco/CA: Jossey-Bass.

Moon, B.J.; Jain, S.C. (2001): Consumer Processing of International Advertising. The Roles of Country of Origin and Consumer Ethnocentrism, Journal of International Consumer Marketing, 14(1): 89–109.

Moon, J.; Chadee, D.; Tikoo, S. (2008): Culture, Product Type, and Price Influences on Consumer Purchase Intention to Buy Personalized Products Online, Journal of Business Research, 61(1): 31–39.

Moon, W.; Balasubramanian, S.K. (2003): Willingness to Pay for Non-Biotech Foods in the US and UK, Journal of Consumer Affairs, 37(2): 317–339.

Morewedge, C.K. (2009): Negativity Bias in Attribution of External Agency, Journal of Experimental Psychology: General, 138(4): 535–545.

Morewedge, C.K.; Shu, L.L.; Gilbert, D.T.; Wilson, T.D. (2009): Bad Riddance or Good Rubbish? Ownership and not Loss Aversion Causes the Endowment Effect, Journal of Experimental Social Psychology, 45(4): 947–951.

Morris, M.W.; Chiu, C.-H.; Benet-Martinez; V. (2000): Multicultural Minds. A Dynamic Constructivist Approach to Culture and Cognition, American Psychologist, 55(7): 709–720.

Mourali, M.; Laroche, M.; Pons, F. (2005): Individualistic Orientation and Consumer Susceptibility to Interpersonal Influence, Journal of Services Marketing, 19(3): 164–173.

Mudambi, S.M.; Schuff, D. (2010): What Makes a Helpful Online Review? A Study of Customer Reviews on Amazon.com, MIS Quarterly, 34(1): 185–200.

Mueller-Loose, S.; Remaud, H. (2013): Impact of Corporate Social Responsibility Claims on Consumer Food Choice. A Cross-Cultural Comparison, British Food Journal, 115(1): 142–166.

Mullen, M.R. (1995): Diagnosing Measurement Equivalence in Cross-National Research, Journal of International Business Studies, 26(3): 573–596.

Müller, A.; Schade, M. (2012): Der symbolische Nutzen von Luxusmarken, in: Burmann, C.; König, V.; Meurer, J. (Hrsg.), Identitätsbasierte Luxusmarkenführung, 69–82, Wiesbaden: Springer Gabler.

Müller, M.M. (2007): Atlas der Sorgen, Süddeutsche Zeitung, 63(125): 9.

Müller, S.; Gelbrich, K. (2014): Interkulturelle Kommunikation, München: Vahlen.

Müller, S.; Gelbrich, K. (2015): Interkulturelles Marketing, 2. Aufl., München: Vahlen.

Müller, S.; Kesselmann, P. (1996): Buy Regional. Der Stellenwert des Made in Sachsen für die Kaufentscheidung ostdeutscher Konsumenten, Zeitschrift für Betriebswirtschaft, 56(3): 363–378.

Müller, S.; Wünschmann, S.; Wittig, K.; Hoffmann, S. (2007): Umweltbewusstes Konsumentenverhalten im interkulturellen Vergleich, Göttingen: Cuvillier.

Münkler, H. (2010): Die Deutschen und ihre Mythen, Berlin: Rowohlt.

Muramoto, Y. (2003): An Indirect Self-Enhancement in Relationship among Japanese, Journal of Cross-Cultural Psychology, 34(5): 552–566.

Murphy, S.T.; Zajonc, R.B. (1993): Affect, Cognition, and Awareness. Affective Priming With Optimal and Suboptimal Stimulus Exposures, Journal of Personality and Social Psychology, 64(5): 723–739.

Myers, M.D.; Tan, F. (2002): Beyond Models of National Culture in Information Systems Research, Journal of Global Information Management, 10(1): 24–32.

N

Nakata, C.; Sivakumar, K. (1996): National Culture and New Product Development, Journal of Marketing, 60(1): 61–72.

Nantel, J.; Glaser, E. (2008): The Impact of Language and Culture on Perceived Website Usability, Journal of Engineering and Technology Management, 25(1–2): 112–122.

Nasif, E.G.; Al-Daeaj, H.; Ebrahimi, B.; Thibodeaux, M.S. (1991): Methodological Problems in Cross-Cultural Research. An Updated Review, Management International Review, 31(1): 79–91.

Nazifi, A; Gelbrich, K.; Grégoire, Y.; Koch, S.; El-Manstrly, D.; Wirtz, J. (2020): Proactive Handling of Flight Overbooking, Journal of Service Research, forthcoming.

Nazifi, A.; Roschk, H.; Wilson, A. (2020): Gamification and its Role in Service Recovery, in: Frontiers in Service 2020, Babson Park: Babson College.

Ndubisi, N.O.; Nataraajan, R. (2018): Customer Satisfaction, Confucian Dynamism, and Long-term Oriented Marketing Relationship, Psychology & Marketing, 35(6): 477–487.

Neilson, L.A. (2010): Boycott or Buycott? Understanding Political Consumerism, Journal of Consumer Behaviour, 9(3): 214–227.

Nelson, A.J.; Yon, K.J. (2018): Core and Peripheral Features of the Cross-Cultural Model of Romantic Love, Cross-Cultural Research, 1069397118813306.

Netemeyer, R.G.; Durvasula, S.; Lichtenstein, D.R. (1991): A Cross-National Assessment of the Reliability and Validity of the CETSCALE, Journal of Marketing Research, 28(3): 320–327.

Neuberg, S.L.; Newsom, J.T. (1993): Personal Need for Structure, Journal of Personality and Social Psychology, 65(1): 113–131.

Neuliep, J.W.; Chaudoir, M.; McCroskey, J.C. (2001): A Cross-Cultural Comparison of Ethnocentrism among Japanese and United States College Students, Communication Research Reports, 18(2): 137–146.

Newell, A.; Simon, H.A. (1972): Human Problem Solving, Englewood Cliffs/NJ: Prentice-Hall.

Newman, K.L.; Nollen, S.D. (1996): Culture and Congruence. The Fit between Management Practices, Journal of International Business Studies, 27(4): 753–779.

Neyer, F.J.; Asendorpf, J.B. (2018): Psychologie der Persönlichkeit, 6. Aufl., Berlin: Springer.

Ng, S.I.; Lee, J.A.; Soutar, G.N. (2007): Are Hofstede's and Schwartz's Value Frameworks Congruent? International Marketing Review, 24(2): 164–180.

Ngai, E.W.; Heung, V.C.; Wong, Y.H.; Chan, F.K. (2007): Consumer Complaint Behaviour of Asians and Non-Asians about Hotel Services. An Empirical Analysis, European Journal of Marketing, 41(11/12): 1375–1391.

Nguyen, A.; Heeler, R.M.; Taran, Z. (2007): High-Low Context Cultures and Price-Ending Practices, Journal of Product & Brand Management, 16(3): 206–214.

Nicolle, A.; Fleming, S.M.; Bach, D.R.; Driver, J.; Dolan, R.J. (2011): A Regret-Induced Status Quo Bias, Journal of Neuroscience, 31(9): 3320–3327.

Niemand, T.; Hoffmann, S.; Mai, R. (2014): Einsatzpotenziale und Grenzen bei der Anwendung des Impliziten Assoziationstests (IAT) in der Marketing-Forschung, Marketing-ZFP, 36(3): 187–202.

Nieschlag, R.; Dichtl, E.; Hörschgen, H. (2002): Marketing, 19. Aufl., Berlin: Duncker & Humblot.

Nijssen, E.J.; Douglas, S.P. (2004): Examining the Animosity Model in a Country with a High Level of Foreign Trade, International Journal of Research in Marketing, 21(1): 23–38.

Nisbett, R.E. (2003): The Geography of Thought. How Asians and Westerners Think Differently... and Why, New York: Simon/Schuster.

Nisbett, R.E.; Peng, K.; Choi, I.; Norenzayan, A. (2001): Culture and Systems of Thought. Holistic versus Analytic Cognition, Psychological Review, 108(2): 291–310.

Nisbett, R.E.; Ross, L. (1980): Human Inference. Strategies and Shortcomings of Social Judgment, Englewood Cliffs/NJ: Prentice Hall.

Nitzsch, R.; Stolz, O. (2006): Zu welchen Renditeeinbußen führt der Home Bias? Finanzbetrieb, 8: 106–113.

Noh, M.; Lee, K.; Kim, S.; Garrison, G. (2013): Effects of Collectivism on Actual S-Commerce Use and the Moderating Effect of Price Consciousness, Journal of Electronic Commerce Research, 14(3): 244–260.

Norenzayan, A.; Nisbett, R.E. (2000): Culture and Causal Cognition, Current Directions in Psychological Science, 9(4): 132–135.

Nowak, M.A.; Page, K.M.; Sigmund, K. (2000): Fairness versus Reason in the Ultimatum Game, Science, 289(5485): 1773–1775.

Nunes, J.C.; Boatwright, P. (2004): Incidental Prices and their Effect on Willingness to Pay, Journal of Marketing Research, 41(4): 457–466.

O

O'Brien, E. (2019): When Small Signs of Change Add Up. The Psychology of Tipping Point, Current Directions in Psychological Science, https://journals.sagepub.com/doi/full/10.1177/0963721419884313O (18.12.2019).

Oberecker, E.M.; Diamantopoulos, A. (2011): Consumers' Emotional Bonds with Foreign Countries. Does Consumer Affinity Affect Behavioral Intentions? Journal of International Marketing, 19(2): 45–72.

Oberecker, E.M.; Riefler, P.; Diamantopoulos, A. (2008): The Consumer Affinity Construct. Conceptualization, Qualitative Investigation, and Research Agenda, Journal of International Marketing, 16(3): 23–56.

Oberzaucher, E. (2017): Die unendliche Faulheit des Gehirns, in: Oberzaucher, E. (Hrsg.), Homo Urbanus, 59–63, Berlin: Springer.

Oeser, E. (2015): Die Angst vor dem Fremden. Die Wurzeln der Xenophobie, Darmstadt: Theiss.

Offer, D.; Howard, K.I. (1972): An Empirical Analysis of the Offer Self-Image Questionnaire for Adolescents, Archives of General Psychiatry, 27(4): 529–533.

Ogden, D.T.; Ogden, J.R.; Schau, H.J. (2004): Exploring the Impact of Culture and Acculturation on Consumer Purchase Decisions. Toward a Microcultural Perspective, Academy of Marketing Science Review, 3(1): 1–22.

Ohala, J.J. (2006): The Frequency Code Underlies the Sound-Symbolic Use of Voice Pitch, in: Ohala, J.J.; Hinton, L.; Nichols, J. (Eds.), Sound Symbolism, 325–347, Cambridge: Cambridge University Press.

Ohtsubo, Y.; Watanabe, E. (2009): Do Sincere Apologies Need to Be Costly? Test of a Costly Signaling Model of Apology, Evolution and Human Behavior, 30(2): 114–123.

Okazaki, S.; Mueller, B.; Chan, K.; Li, L.; Diehl, S.; Terlutter, R. (2007): Consumers' Response to Offensive Advertising. A Cross Cultural Study, International Marketing Review, 24(5): 499–518.

Okazaki, S.; Mueller, B.; Taylor, C.R. (2010): Global Consumer Culture Positioning. Testing Perceptions of Soft-Sell and Hard-Sell Advertising Appeals between US and Japanese Consumers, Journal of International Marketing, 18(2): 20–34.

Oliver, J.D.; Lee, S.H. (2010): Hybrid Car Purchase Intentions. A Cross-Cultural Analysis, Journal of Consumer Marketing, 27(2): 96–103.

Oliver, R.L. (1977): Effect of Expectation and Disconfirmation on Postexposure Product Evaluations, Journal of Applied Psychology, 62(4): 480–486.

Oliver, R.L. (1980): A Cognitive Model of the Antecedents and Consequences of Satisfaction Decisions, Journal of Marketing Research, 17(4): 460–469.

Oliver, R.L. (1993): Cognitive, Affective, and Attribute Bases of the Satisfaction Response, Journal of Consumer Research, 20(3): 418–430.

Oliver, R.L. (1999): Whence Consumer Loyalty? Journal of Marketing, 63(4.1): 33–44.

Oliver, R.L.; Swan, J.E. (1989): Equity and Disconfirmation Perceptions as Influences on Merchant and Product Satisfaction, Journal of Consumer Research, 16(3): 372–383.

Olsen, M.E. (1991): Social Dynamics. Exploring Macrosociology, Englewood Cliffs/NJ: Prentice Hall.

Orji, R. (2016): Persuasion and Culture. Individualism, Collectivism and Susceptibility to Influence Strategies, Proceedings of Personalization in Persuasive Technology, 30–39, Workshop PPT '16.

Orr, R.J.; Scott, W.R. (2008): Institutional Exceptions on Global Projects, Journal of International Business Studies, 39(4): 562–588.

Orsingher, C.; Valentini, S.; de Angelis, M. (2010): A Meta-Analysis of Satisfaction with Complaint Handling in Services, Journal of the Academy of Marketing Science, 38(2): 169–186.

Ortony, A.; Clore, G.; Collins, A. (1988): The Cognitive Structure of Emotions, New York: Cambridge University Press.

Osgood, C. (1951): Culture. Its Empirical and Non-Empirical Character, Southwestern Journal of Anthropology, 7(2): 202–214.

Osnabrügge, G.; Stahlberg, D.; Frey, D. (1985): Die Theorie der kognizierten Kontrolle, in: Frey, D.; Irle, M. (Hrsg.), Theorien der Sozialpsychologie, Band III, 127–172, Bern: Huber.

Osterhus, T.L. (1997): Pro-Social Consumer Influence Strategies. When and How Do they Work? Journal of Marketing, 61(October): 16–29.

Osterkamp, U. (1997): Kontrollbedürfnis, in: Frey, D.; Greif, S. (Hrsg.), Sozialpsychologie, 4. Aufl., 222–226, Weinheim: Beltz.

Otnes, C.C.; Lowrey, T.M. (Eds.) (2004): Contemporary Consumption Rituals, Mahwah/NJ: Taylor & Francis.

Otte, G. (2005): Hat die Lebensstilforschung eine Zukunft? Kölner Zeitschrift für Soziologie und Sozialpsychologie 57(1): 1–31.

Ouschan, L.; Boldero, J.M.; Kashima, Y.; Wakimoto, R.; Kashima, E.S. (2007): Regulatory Focus Strategies Scale. A Measure of Individual Differences in the Endorsement of Regulatory Strategies, Asian Journal of Social Psychology, 10(4): 243–257.

Overby, J.W.; Gardial, S.F.; Woodruff, R.B. (2004): French versus American Consumers' Attachment of Value to a Product in a Common Consumption Context. A Cross-National Comparison, Journal of the Academy of Marketing Science, 32(4): 437–460.

Oyserman, D.; Coon, H.M.; Kemmelmeier, M. (2002): Rethinking Individualism and Collectivism. Evaluation of Theoretical Assumptions and Meta-Analyses, Psychological Bulletin, 128(1): 3–72.

Oyserman, D.; Lee, S. W. (2008): Does Culture Influence What and How We Think? Effects of Priming Individualism and Collectivism, Psychological Bulletin, 134(2): 311–342.

Oyserman, D.; Spike, W.; Lee, S. (2007): Priming 'Culture'. Culture as Situated Cognition, in: Kitayama, S.; Cohen, D. (Eds.), Handbook of Cultural Psychology, 255–279, New York: Guilford Press.

Özen, H.; Kodaz, N. (2016): Utilitarian or Hedonic? A Cross Cultural Study in Online Shopping, in: Plangger, K. (Ed.), Thriving in a New World Economy, 234–239, Cham: Springer.

P

Pachur, T.; Galesic, M. (2013): Strategy Selection in Risky Choice. The Impact of Numeracy, Affect, and Cross-Cultural Differences, Journal of Behavioral Decision Making, 26(3): 260–271.

Palumbo, F.; Herbig, P. (2000): The Multicultural Context of Brand Loyalty, European Journal of Innovation Management, 3(3): 116–125.

Papadopoulos, N. (1993): What Product and Country Images Are and Are not, in: Papadopoulos, N.; Heslop, L.A. (Eds.), Product Country Images. Impact and Role in International Marketing, 3–38, New York: International Business Press.

Papadopoulos, N.; Heslop, L.A. (Eds.) (2014): Product-Country Images. Impact and Role in International Marketing, New York: Routledge.

Parasuraman, A.; Zeithaml, V.A.; Berry, L.L. (1985): A Conceptual Model of Service Quality and its Implication for Future Research, Journal of Marketing, 49(4): 41–50.

Parasuraman, A.; Zeithaml, V.A.; Berry, L.L. (1988): SERVQUAL. A Multiple-Item Scale for Measuring Consumer Perceptions of Service Quality, Journal of Retailing, 64(1): 12–40.

Parasuraman, A.; Zeithaml, V.A.; Berry, L.L. (1994): Reassessment of Expectations as a Comparison Standard in Measuring Service Quality, Journal of Marketing, 58(1): 111–124.

Park, C.; Jun, J.K. (2003): A Cross-Cultural Comparison of Internet Buying Behavior, International Marketing Review, 20(5): 534–553.

Park, J. (2017): Comparison of Consumer Ethnocentrism in Developed and Developing Countries, Journal of Global Media Studies, 20: 49–61.

Park, J.; Gunn, F.; Han, S.L. (2012): Multidimensional Trust Building in E-Retailing. Cross-Cultural Differences in Trust Formation and Implications for Perceived Risk, Journal of Retailing and Consumer Services, 19(3): 304–312.

Park, N.K.; Pae, J.Y.; Meneely, J. (2010): Cultural Preferences in Hotel Guestroom Lighting Design, Journal of Interior Design, 36(1): 21–34.

Park, S.Y. (1998): A Comparison of Korean and American Gift-Giving Behaviors, Psychology & Marketing, 15(6): 577–593.

Parrott, W.G. (Ed.) (2014): The Positive Side of Negative Emotions, New York: The Guilford Press.

Parsons, T; Shils, E.A. (1951): Toward a General Theory of Action, Cambridge/MA: Harvard University Press.

Parts, O.; Vida, I. (2011): The Effects of Consumer Cosmopolitanism on Purchase Behavior of Foreign vs. Domestic Products, Managing Global Transitions, 9(4): 355–370.

Patterson, A.; Khogeer, Y.; Hodgson, J. (2013): How to Create an Influential Anthropomorphic Mascot, Journal of Marketing Management, 29(1–2): 69–85.

Patterson, P.G.; Cowley, E.; Prasongsukarn, K. (2006): Service Failure Recovery. The Moderating Impact of Individual-Level Cultural Value Orientation on Perceptions of Justice, International Journal of Research in Marketing, 23(3): 263–277.

Pavlou, P.A.; Chai, L. (2002): What Drives Electronic Commerce across Cultures? A Cross-Cultural Empirical Investigation of the Theory of Planned Behavior, Journal of Electronic Commerce Research, 3(4): 240–253.

Peabody, D. (1985): National Characteristics, New York/NY: Cambridge University Press.

Peng, K.; Nisbett, R.E. (1999): Culture, Dialectics, and Reasoning about Contradiction, American Psychologist, 54(9): 741–754.

Pennebaker, J.W.; Rimé, B.; Blankenship, V.E. (1996): Stereotypes of Emotional Expressiveness of Northerners and Southerners, Journal of Personality and Social Psychology, 70(2): 372–380.

Pentina, I.; Zhang, L.; Basmanova, O. (2013): Antecedents and Consequences of Trust in a Social Media Brand. A Cross-Cultural Study of Twitter, Computers in Human Behavior, 29(4): 1546–1555.

Peracchio, L.A.; Luna, D. (2006): The Role of Thin-Slice Judgments in Consumer Psychology, Journal of Consumer Psychology, 16(1): 25–32.

Peter, J.P.; Ryan, M.J. (1976): An Investigation of Perceived Risk at the Brand Level, Journal of Marketing Research, 13(2): 184–188.

Petrova, P.K.; Cialdini, R.; Sills, S.J. (2007): Consistency-Based Compliance across Cultures, Journal of Experimental Social Psychology, 43(1): 104–111.

Pfister, H.R.; Jungermann, H.; Fischer, K. (2017): Die Psychologie der Entscheidung, 4.Aufl., Berlin: Springer.

Pharr, J.M. (2005): Synthesizing Country-of-Origin Research from the Last Decade. Is the Concept Still Salient in an Area of Global Brands? Journal of Marketing Theory and Practice, 13(4): 34–45.

Phau, I.; Chao, P. (2008): Country-of-Origin. State of the Art, International Marketing Review, 25(4): 349–353.

Pick, D.; Eisend, M. (2016): Customer Responses to Switching Costs. A Meta-Analytic Investigation of the Moderating Influence of Culture, Journal of International Marketing, 24(4): 39–60.

Pinker, S. (2007): The Language Instinct. How the Mind Creates Language, New York: HarperCollins.

Plaut, V.C.; Adams, G.; Anderson, S.L. (2009): Does Attractiveness Buy Happiness? It Depends on Where You're from, Personal Relationships, 16(4): 619–630.

Plutchik, R. (1991): The Emotions, Maryland: University Press of America.

Pohl, R.F.; Bender, M.; Lachmann, G. (2002): Hindsight Bias around the World, Experimental Psychology, 49(4): 270–282.

Polegato, R.; Bjerke, R. (2009): Cross-Cultural Differences in Ad Likeability and Ad Element Likeability. The Case of Benetton, Journal of Promotion Management, 15(3): 382–399.

Pons, F.; Laroche, M. (2007): Cross-Cultural Differences in Crowd Assessment, Journal of Business Research, 60(3): 269–276.

Pons, F.; Laroche, M.; Mourali, M. (2006): Consumer Reactions to Crowded Retail Settings. Cross-Cultural Differences between North America and the Middle East, Psychology & Marketing, 23(7): 555–572.

Poon, P.S.; Hui, M.K.; Au, K. (2004): Attributions on Dissatisfying Service Encounters. A Cross-Cultural Comparison between Canadian and PRC Consumers, European Journal of Marketing, 38(11/12): 1527–1540.

Poortinga, Y.H.; van de Vijver, F.J.; van Hemert, D.A. (2002): Cross-Cultural Equivalence of the Big Five, in: McCrae, R.R.; Alik, J. (Eds.), The Five-Factor Model of Personality across Cultures, 281–302, New York: Kluwer.

Pradkhan, E. (2016): Impact of Culture and Patriotism on Home Bias in Bond Portfolios, Review of Managerial Science, 10(2): 265–301.

Putz, U. (2018): Köttbullar in Hyderabad, www.spiegel.de/wirtschaft/unternehmen/ikea-in-indien-wie-sich-der-konzern-dem-indischen-markt-anpasst-a-1223447.html (19.08.2018).

Q

Qian, W.; Razzaque, M.A.; Keng, K.A. (2007): Chinese Cultural Values and Gift-Giving Behavior, Journal of Consumer Marketing, 24(4): 214–228.

Quan, S.; Wang, N. (2004): Towards a Structural Model of the Tourist Experience. An Illustration from Food Experiences in Tourism, Tourism Management, 25(3): 297–305.

R

Raab, G.; Unger, A.; Unger, F. (2016): Marktpsychologie, 4. Aufl., Wiesbaden: Springer Gabler.

Raghubir, P.; Krishna, A. (1996): As the Crow Flies. Bias in Consumers' Map-Based Distance Judgments, Journal of Consumer Research, 23(1): 26–39.

Raghunathan, R.; Naylor, R.W.; Hoyer, W.D. (2006): The Unhealthy = Tasty Intuition and its Effects on Taste Inferences, Enjoyment, and Choice of Food Products, Journal of Marketing, 70(4): 170–184.

Rajamma, R.K.; Pelton, L.E.; Hsu, M.K.; Knight, D.K. (2010): The Impact of Consumers' Need for Uniqueness and Nationality on Generation Y's Retail Patronage Behaviors. Investigating American and Taiwanese Consumers, Journal of Global Marketing, 23(5): 387–410.

Rammstedt, O. (1975): Alltagsbewusstsein von Zeit, Kölner Zeitschrift für Soziologie und Sozialpsychologie, 27(1): 47–63.

Ramos-Cejudo, J.; Salguero, J.M.; Kannis-Dymand, L.; García-Sancho, E.; Love, S. (2017): Anger Rumination in Australia and Spain. Validation of the Anger Rumination Scale, Australian Journal of Psychology, 69(4): 293–302.

Ramoser, T. (2008): Chinas Blogger bestrafen Kritiker, Absatzwirtschaft, 48(10): 22.

Ranganathan, C.; Ganapathy, S. (2002): Key Dimensions of Business-to-Consumer Web Sites, Information & Management, 39(6): 457–465.

Ratner, R.K.; Kahn, B.E. (2002): The Impact of Private versus Public Consumption on Variety-Seeking Behavior, Journal of Consumer Research, 29(2): 246–257.

Rawwas, M.Y.A.; Rajendran, K.N.; Wuehrer, G.A. (1996): The Influence of Worldmindedness and Nationalism on Consumer Evaluation of Domestic and Foreign Products, International Marketing Review, 13(2): 20–38.

Reichheld, F.F.; Sasser, W.E. (1990): Zero Defections. Quality Comes to Services, Harvard Business Review, 68(5): 105–111.

Reimann, M.; Lünemann, U.F.; Chase, R.B. (2008): Uncertainty Avoidance as a Moderator of the Relationship between Perceived Service Quality and Customer Satisfaction, Journal of Service Research, 11(1): 63–73.

Renko, N.; Crnjak Karanović, B.; Matić, M. (2012): Influence of Consumer Ethnocentrism on Purchase Intentions. The Case of Croatia, Ekonomska misao i praksa, 2: 529–544.

Renn, O.; Rohrmann, B. (Eds.) (2000): Cross-Cultural Risk Perception. A Survey of Empirical Studies, Dordrecht: Kluwer.

Rennie, L.J.; Dunne, M. (1994): Gender, Ethnicity, and Students' Perceptions about Science and Science-Related Careers in Fiji, Science Education, 78(3): 285–300.

Reynes, E.; Berthouze-Aranda, S.E.; Guillet-Descas, E.; Chabaud, P.; Deflandre, A. (2013): French Validation of the Anger Rumination Scale, L'Encephale, 39(5): 339–346.

Reysen, S.; Katzarska-Miller, I. (2013): A Model of Global Citizenship. Antecedents and Outcomes, International Journal of Psychology, 48(5): 858–870.

Rice, T.W.; Steele, B.J. (2004): Subjective Well-Being and Culture across Time and Space, Journal of Cross-Cultural Psychology, 35(6): 633–647.

Richeson, J.A.; Shelton, J.N. (2003): When Prejudice Does Not Pay. Effects of Interracial Contact on Executive Function, Psychological Science, 14(5): 287–290.

Riefler, P.; Diamantopoulos, A. (2007): Consumer Animosity. A Literature Review and a Reconsideration of its Measurement, International Marketing Review, 24(1): 87–119.

Riefler, P.; Diamantopoulos, A. (2009): Consumer Cosmopolitanism. Review and Replication of the CYMYC Scale, Journal of Business Research, 62(4): 407–419.

Riefler, P.; Diamantopoulos, A.; Siguaw, J.A. (2012): Cosmopolitan Consumers as a Target Group for Segmentation, Journal of International Business Studies, 43(3): 285–305.

Riemer, H.; Shavitt, S. (2011): Impression Management in Survey Responding. Easier for Collectivists or Individualists? Journal of Consumer Psychology, 21(2): 157–168.

Riemer, H.; Shavitt, S.; Koo, M.; Markus, H.R. (2014): Preferences Don't Have to be Personal. Expanding Attitude Theorizing with a Cross-Cultural Perspective, Psychological Review, 121(4): 619–648.

Rischmüller, G. (1980): Die multi-attributive Nutzentheorie. Ein Entscheidungshilfeverfahren bei mehrfacher Zielsetzung, Zeitschrift für betriebswirtschaftliche Forschung, 32(6): 498–518.

Robertson, N. (2012): Self-Service Technology Complaint Channel Choice. Exploring Consumers' Motives, Managing Service Quality, 22(2): 145–164.

Robinson, W.S. (1950): Ecological Correlations in the Behavior of Individuals, American Sociological Review, 15: 151–157.

Roccas, S.; Sagiv, L.; Schwartz, S.H.; Knafo, A. (2002): The Big Five Personality Factors and Personal Values, Personality and Social Psychology Bulletin, 28(6): 789–801.

Roggeveen, A.L.; Bharadwaj, N.; Hoyer, W.D. (2007): How Call Center Location Impacts Expectations of Service from Reputable versus Lesser Known Firms, Journal of Retailing, 83(4): 403–410.

Rohrmann, B.; Chen, H. (1999): Risk Perception in China and Australia. An Exploratory Cross-Cultural Study, Journal of Risk Research, 2(3): 219–241.

Rokeach, M. (1968): Beliefs, Attitudes, and Values, San Francisco/CA: Jossey Bass.

Rokeach, M. (1969): The Role of Values in Public Opinion Research, Public Opinion Quarterly, 32(4): 547–559.

Rokeach, M. (1973): The Nature of Human Values, New York/NY: Free Press.

Römhild, J. (2017): Kundenstolz im B2C-Bereich, Wiesbaden: Springer Gabler.

Rook, D.W. (1987): The Buying Impulse, Journal of Consumer Research, 14(2): 189–199.

Rosa-Díaz, I.M. (2004): Price Knowledge. Effects of Consumers' Attitudes towards Prices, Demographics, and Socio-Cultural Characteristics, Journal of Product & Brand Management, 13(6): 406–428.

Roseman, I.J. (2013): Appraisal in the Emotion System. Coherence in Strategies for Coping, Emotion Review, 5(2): 141–149.

Rosenberg, M.J.; Hovland, C.I. (1960): Cognitive, Affective, and Behavioural Components of Attitudes, in: Hovland, C.I.; Rosenberg, M.J. (Eds.), Attitude Organization and Change. An Analysis of Consistency among Attitude Components, 1–14, New Haven/CT: Yale University Press.

Ross, L. (1977): The Intuitive Psychologist and his Shortcomings. Distortions in the Attribution Process, in: Berkowitz, L. (Ed.), Advances in Experimental Social Psychology, Vol. 10, 173–220, New York: Academic Press.

Ross, L.; Nisbett, R.E. (1991): The Person and the Situation. Perspectives of Social Psychology, New York: McGraw-Hill.

Rothermund, K.; Eder, A. (2011): Allgemeine Psychologie. Motivation und Emotion, Wiesbaden: Springer.

Rothermund, K.; Wentura, D. (2004): Underlying Processes in the Implicit Association Test. Dissociating Salience from Associations, Journal of Experimental Psychology: General, 133(2): 139–165.

Rothlauf, J. (2012): Interkulturelles Management. Mit Beispielen aus Vietnam, China, Japan, Russland und den Golfstaaten, 4. Aufl., Berlin: de Gruyter.

Rotter, J.B. (1966): Generalized Expectancies for Internal versus External Control of Reinforcement, Psychological Monographs, 80(1): 1–28.

Rozin, P.; Royzman, E.B. (2001): Negativity Bias, Negativity Dominance, and Contagion, Personality and Social Psychology Review, 5(4): 296–320.

Ruby, M.B.; Falk, C.F.; Heine, S.J.; Villa, C.; Silberstein, O. (2012): Not all Collectivisms are Equal. Opposing Preferences for Ideal Affect between East Asians and Mexicans, Emotion, 12(6): 1206–1209.

Ruckriegel, K. (2007): Glücksforschung, Wirtschaftswissenschaftliches Studium, 36(10): 515–521.

Ruiu, G. (2013): The Origin of Fatalistic Tendencies, Economics & Sociology, 6(2): 103–125.

Ruiz de Maya, S.; López-López, I.; Munuera, J.L. (2011): Organic Food Consumption in Europe, Ecological Economics, 70(10): 1767–1775.

Ruiz-Mafe, C.; Bigné-Alcañiz, E.; Currás-Pérez, R. (2020): The Effect of Emotions, eWOM Quality and Online Review Sequence on Consumer Intention to Follow Advice Obtained from Digital Services, Journal of Service Management, https://doi.org/10.1108/JOSM-11-2018-0349.

Ruvio, A.; Shoham, A.; Brenčič, M.M. (2008): Consumers' Need for Uniqueness. Short-Form Scale Development and Cross-Cultural Validation, International Marketing Review, 25(1): 33–53.

Rybina, L.; Reardon, J.; Humphrey, J. (2010): Patriotism, Cosmopolitanism, Consumer Ethnocentrism and Purchase Behavior in Kazakhstan, Organizations & Markets in Emerging Economies, 1(2): 92–107.

S

Saba, A.; Messina, F.; Turrini, A.; Lumbers, M.; Raats, M.M. (2008): Older People and Convenience in Meal Preparation. A European Study on Understanding their Perception towards Vegetable Soup Preparation, International Journal of Consumer Studies, 32(2): 147–156.

Sachs, J.; Becchetti, L.; Annett, A. (2019): World Happiness Report 2019, New York: Sustainable Development Solutions Network.

Sackmann, S.A. (2002): Unternehmenskultur, Neuwied: Luchterhand.

Sakai, H. (1981): Induced Compliance and Opinion Change, Japanese Psychological Research, 23(1): 1–8.

Sakai, H. (1999): A Multiplicative Power-Function Model of Cognitive Dissonance. Toward an Integrated Theory of Cognition, Emotion, and Behavior after Leon Festinger, in: Harmon-Jones,

E.; Mills, J.S. (Eds.), Cognitive Dissonance. Progress on a Pivotal Theory in Social Psychology, 267–294, Washington/DC: American Psychological Association.

Salzberger, T. (2005): Daten- und Messäquivalenz in der internationalen Marktforschung, in: Holzmüller, H.H.; Schuh, A. (Hrsg.), Innovationen im sektoralen Marketing, 199–218, Heidelberg: Physica.

Samaha, S.A.; Beck, J.T.; Palmatier, R.W. (2014): The Role of Culture in International Relationship Marketing, Journal of Marketing, 78(5): 78–98.

Samiee, S.; Jeong, I. (1994): Cross-Cultural Research in Advertising. An Assessment of Methodologies, Journal of the Academy of Marketing Science, 22(3): 205–217.

Samiee, S.; Leonidou, L.C. (2011): Relevance and Rigor in International Marketing Research, in: Jain, S.C.; Griffith, D.A. (Eds.), Handbook of Research in International Marketing, 2nd Ed., 68–87, Cheltenham/UK: Elgar.

Samiee, S.; Shimp, T.A.; Sharma, S. (2005): Brand Origin Recognition Accuracy. Its Antecedents and Consumers' Cognitive Limitations, Journal of International Business Studies, 36(4): 379–397.

Sánchez-Franco, M.J.; Martínez-López, F.J.; Martín-Velicia, F.A. (2009): Exploring the Impact of Individualism and Uncertainty Avoidance in Web-Based Electronic Learning, Computers & Education, 52(3): 588–598.

Sánchez-García, I.; Currás-Pérez, R. (2011): Effects of Dissatisfaction in Tourist Services. The Role of Anger and Regret, Tourism Management, 32(6): 1397–1406.

Sapir, E. (1921): An Introduction to the Study of Speech, New York: Harcourt.

Saum-Aldehoff, T. (2012): Die Psychologie der Jahreszeiten, Psychologie Heute, 39(2): 28–33.

Schachter, S.; Singer, J. (1962): Cognitive, Social, and Physiological Determinants of Emotional State, Psychological Review, 69(5): 379–399.

Schank, R.; Abelson, R.P. (1977): Scripts, Plans, Goals and Understanding. An Introduction into Human Knowledge Structures, Hillsdale/NJ: Erlbaum.

Schein, E. H. (2010): Organisational Culture and Leadership, 4th Ed., San Francisco/CA: Jossey-Bass. (1985 = 1st Ed.)

Schepers, J.; Wetzels, M. (2007): A Meta-Analysis of the Technology Acceptance Model, Information & Management, 44(1): 90–103.

Scherer, K.R.; Wallbott, H.G.; Matsumoto, D.; Kudoh D. (1988): Emotional Experience in Cultural Context. A Comparison between Europe, Japan, and the United States, in: Scherer, K.R.; Mahwah, N.J. (Eds.), Facets of Emotion, 5–30, Hillsdale/NJ: Erlbaum.

Schimmack, U.; Oishi, S.; Diener, E. (2005): Individualism. A Valid and Important Dimension of Cultural Differences between Nations, Personality and Social Psychology Review, 9(1): 17–31.

Schmeh, K. (2008): Wie Pepsi den großen Rivalen Coca Cola ärgerte, www.heise.de/tp/features/Wie-Pepsi-den-grossen-Rivalen-Coca-Cola-aergerte-3416879.html

Schmied, G. (1989): Zyklische Zeit - lineare Zeit, in: Wendorff, R. (Hrsg.), Im Netz der Zeit. Menschliches Zeiterleben interdisziplinär, 118–127, Stuttgart: Hirzel.

Schneider, H.; Kenning, P.; Hartleb, V.; Eberhardt, T. (2009): Implizites Preiswissen von Konsumenten – wirklich genauer als ihr explizites Preiswissen? Marketing ZfP, 31(4): 219–233.

Schoefer, K. (2010): Cultural Moderation in the Formation of Recovery Satisfaction Judgments. A Cognitive-Affective Perspective, Journal of Service Research, 13(1): 52–66.

Schoefer, K.; Diamantopoulos, A. (2008): The Role of Emotions in Translating Perceptions of (In)Justice into Postcomplaint Behavioral Responses, Journal of Service Research, 11(1): 91–103.

Schölgens, G. (2019): So viele Sklaven schuften für meinen Konsum, Frankfurter Rundschau, www.fr.de/ratgeber/geld/viele-sklaven-schuften-meinen-konsum-11226065.html (28.12.2019).

Scholz, C. (2014): Generation Z. Wie sie tickt, was sie verändert und warum sie uns alle ansteckt, Weinheim: Wiley.

Schueth, S.; O'Loughlin, J. (2008): Belonging to the World. Cosmopolitanism in Geographic Contexts, Geoforum, 39(2): 926–941.

Schuh, A. (1997): Kulturgebundenheit als Bestimmungsfaktor internationaler Marketingstrategien im Konsumgüterbereich, in: Engelhard, J. (Hrsg.), Interkulturelles Management, 75–94, Wiesbaden: Gabler.

Schuh, H. (1988): Risikoangst und Risikolust, Die Zeit, 43(15): 82.

Schumann, J.H.; von Wangenheim, F.; Stringfellow, A.; Yang, Z.; Praxmarer, S.; Jiménez, F.R.; ... & Komor, M. (2010a): Drivers of Trust in Relational Service Exchange. Understanding the Importance of Cross-Cultural Differences, Journal of Service Research, 13(4): 453–468.

Schumann, J.H.; von Wangenheim, F.; Stringfellow, A.; Yang, Z.; Blazevic, V.; Praxmarer, S.; ... & Jiménez, F.R. (2010b): Cross-Cultural Differences in the Effect of Received Word-of-Mouth Referral in Relational Service Exchange, Journal of International Marketing, 18(3): 62–80.

Schut, F.T.; Greß, S.; Wasem, J. (2003): Consumer Price Sensitivity and Social Health Insurer Choice in Germany and the Netherlands, International Journal of Health Care Finance and Economics, 3(2): 117–138.

Schwartz, B. (2004): The Paradox of Choice. Why More is Less, New York: Harper Collins.

Schwartz, S.H. (1973): Normative Explanations of Helping Behavior. A Critique, Proposal, and Empirical Test, Journal of Experimental Social Psychology, 9(4): 349–364.

Schwartz, S.H. (1977): Normative Influences on Altruism, in: Berkowitz, L. (Ed.), Advances in Experimental Social Psychology, Vol.10, 221–279, New York: Academic Press.

Schwartz, S.H. (1992): Universals in the Content and Structure of Values. Theoretical Advances and Empirical Tests in 20 Countries, in: Zanna, M.P. (Ed.), Advances in Experimental and Social Psychology, Vol. 25, 1–65, Orlando/FL: Academic Press.

Schwartz, S.H. (1994a): Beyond Individualism/Collectivism. New Cultural Dimensions of Values, in: Kim, U.; Triandis, H.C.; Kagitcibasi, C.; Choi, S.; Yoon, G. (Eds.), Individualism and Collectivism, 85–119, Thousand Oaks/CA: Sage.

Schwartz, S.H. (1994b): Are there Universal Aspects in the Structure and Contents of Human Values? Journal of Social Issues, 50(4): 19–45.

Schwartz, S.H. (1999): A Theory of Cultural Values and some Implications for Work, Applied Psychology, 48(1): 23–47.

Schwartz, S.H. (2010): Basic Values. How they Motivate and Inhibit Prosocial Behavior, in: Mikulincer, M.E.; Shaver, P.R. (Eds.), Prosocial Motives, Emotions, and Behavior. The Better Angels of our Nature, 221–241, Washington/DC: American Psychological Association.

Schwartz, S.H.; Huismans, S. (1995): Value Priorities and Religiosity in Four Western Religions, Social Psychology Quarterly, 58(2): 88–107.

Sedikides, C.; Gaertner, L.; Toguchi, Y. (2003): Pancultural Self-Enhancement, Journal of Personality and Social Psychology, 84(1): 60–79.

Sedikides, C.; Gaertner, L.; Vevea, J.L. (2005): Pancultural Self-Enhancement Reloaded. A Meta-Analytic Reply to Heine (2005), Journal of Personality and Social Psychology, 89(4): 531–551.

Sedikides, C.; Gregg, A.P. (2008): Self-Enhancement. Food for Thought, Perspectives on Psychological Science, 3(2): 102–116.

Seleim, A.; Bontis, N. (2009): The Relationship between Culture and Corruption. A Cross-National Study, Journal of Intellectual Capital, 10(1): 165–184.

Seligman, M.E.P. (1975): Helplessness, San Francisco/CA: Freeman.

Seock, Y.K.; Lin, C. (2011): Cultural Influence on Loyalty Tendency and Evaluation of Retail Store Attributes, International Journal of Retail & Distribution Management, 39(2): 94–113.

Šerić, M. (2018): A Cross-Cultural Study on Perceived Quality in Upscale Hotels in Italy and Croatia, Journal of Hospitality and Tourism Insights, 1(4): 340–366.

Shankarmahesh, M.N. (2006): Consumer Ethnocentrism, International Marketing Review, 23(2): 146–172.

Sharma, D. (2008): Dogmatism and Online Consumption, Marketing Management Journal, 18(1): 63–76.

Sharma, P. (2010a): Measuring Personal Cultural Orientations. Scale Development, Journal of the Academy of Marketing Science, 38(6): 787–806.

Sharma, P. (2010b): Cultural Influences on Consumer Ethnocentrism, Journal of Euromarketing, 19(2–3): 175–196.

Sharma, P. (2011a): Country of Origin Effects in Developed and Emerging Markets, Journal of International Business Studies, 42(2): 285–306.

Sharma, P. (2011b): Demystifying Cultural Differences in Country-of-Origin Effects, Journal of International Consumer Marketing, 23(5): 344–364.

Sharma, P. (2015): Consumer Ethnocentrism. Reconceptualization and Cross-Cultural Validation, Journal of International Business Studies, 46(3): 381–389.

Sharma, P.; Marshall, R.; Reday, P.A.; Na, W. (2010a): Complainers versus Non-Complainers. A Multi-National Investigation of Individual and Situational Influences on Customer Complaint Behaviour, Journal of Marketing Management, 26(1–2): 163–180.

Sharma, P.; Sivakumaran, B.; Marshall, R. (2010b): Exploring Impulse Buying and Variety Seeking, Journal of Business Research, 63(3): 276–283.

Sharma, P.; Sivakumaran, B.; Marshall, R. (2011): Deliberate Self-Indulgence vs. Involuntary Loss of Self-Control. Towards a Robust Cross-Cultural Consumer Impulsiveness Scale, Journal of International Consumer Marketing, 23(3–4): 229–245.

Sharma, P.; Sivakumaran, B.; Marshall, R. (2014): Looking beyond Impulse Buying. A Cross-Cultural and Multi-Domain Investigation of Consumer Impulsiveness, European Journal of Marketing, 48(5/6): 1159–1179.

Shavitt, S.; Barnes, A.J. (2019): Cross-Cultural Consumer Psychology, Consumer Psychology Review, 2(1): 70–84.

Shavitt, S.; Cho, H. (2016): Culture and Consumer Behavior. The Role of Horizontal and Vertical Cultural Factors, Current Opinion in Psychology, 8(April): 149–154.

Shavitt, S.; Johnson, T.P.; Zhang, J. (2011): Horizontal and Vertical Cultural Differences in the Content of Advertising Appeals, Journal of International Consumer Marketing, 23(3–4): 297–310.

Shavitt, S.; Lalwani, A.K.; Zhang, J.; Torelli, C.J. (2006): The Horizontal/Vertical Distinction in Cross-Cultural Consumer Research, Journal of Consumer Psychology, 16(4): 325–342.

Shen, H.; Wan, F.; Wyer Jr R.S. (2011): Cross-Cultural Differences in the Refusal to Accept a Small Gift. The Differential Influence of Reciprocity Norms on Asians and North Americans, Journal of Personality and Social Psychology, 100(2): 271–281.

Shen, L.; Coles, V.B. (2015): Fear and Psychological Reactance, Zeitschrift für Psychologie, 223(4): 225–235.

Sherman, D.K.; Cohen, G.L. (2006): The Psychology of Self-Defense. Self-Affirmation Theory, in: Zanna, M.P. (Ed.), Advances in Experimental Social Psychology, Vol. 38, 183–242, San Diego/CA: Academic Press.

Sherry, J.F. Jr Carmago, E.G. (1987): May Your Life Be Marvelous. English Language Labeling and the Semiotics of Japanese Promotion, Journal of Consumer Research, 14(3): 174–188.

Sheth, J.N.; Sethi, S.P. (1977): A Theory of Cross-Cultural Buyer Behavior, in: Woodside, A.G.; Sheth, J.N.; Bennett, P.D. (Eds.), Consumer and Industrial Buyer Behavior, 369–386, New York: North Holland.

Shi, Y.; Chung, J.M.; Cheng, J.T.; Tracy, J.L.; Robins, R.W.; Chen, X.; Zheng, Y. (2015): Cross-Cultural Evidence for the Two-Facet Structure of Pride, Journal of Research in Personality, 55(April): 61–74.

Shimp, T.A.; Andrews, J.C. (2013): Advertising, Promotion, and other Aspects of Integrated Marketing Communications 9th Ed., Mason/OH: Thomson/South-Western.

Shimp, T.A.; Sharma, S. (1987): Consumer Ethnocentrism. Construction and Validation of the CETSCALE, Journal of Marketing Research, 24(3): 280–289.

Shirai, T.; Beresneviciene, D. (2005): Future Orientation in Culture and Socio-Economic Changes. Lithuanian Adolescents in Comparison with Belgian and Japanese, Baltic Journal of Psychology, 6(1): 21–31.

Shoham, A.; Davidow, M.; Klein, J.G.; Ruvio, A. (2006): Animosity on the Home Front. The Intifada in Israel and its Impact on Consumer Behavior, Journal of International Marketing, 14(3): 92–114.

Shoham, A.; Gavish, Y.; Segev, S. (2015): A Cross-Cultural Analysis of Impulsive and Compulsive Buying Behaviors among Israeli and US Consumers, Journal of International Consumer Marketing, 27(3): 187–206.

Shukla, P.; Purani, K. (2011): Comparing the Importance of Luxury Value Perceptions in Cross-National Contexts, Journal of Business Research, 65(10): 1417–1424.

Shukla, P.; Singh, J.; Banerjee, M. (2015): They are not all Same. Variations in Asian Consumers' Value Perceptions of Luxury Brands, Marketing Letters, 26(3): 265–278.

Shuper, P.A.; Sorrentino, R.M.; Otsubo, Y.; Hodson, G.; Walker, A.M. (2004): A Theory of Uncertainty Orientation. Implications for the Study of Individual Differences within and across Cultures, Journal of Cross-Cultural Psychology, 35(4): 460–480.

Sicilia, M.; Ruiz, S.; Reynolds, N. (2006): Attitude Formation Online. How the Consumer's Need for Cognition Affects the Relationship between Attitude towards the Website and Attitude towards the Brand, International Journal of Market Research, 48(2): 139–154.

Sijoria, C.; Mukherjee, S.; Datta, B. (2019): Impact of the Antecedents of Electronic Word of Mouth on Consumer Based Brand Equity, Journal of Hospitality Marketing & Management, 28(1): 1–27.

Silberer, G. (1983): Einstellungen und Werthaltungen, in: Irle, M. (Hrsg.), Handbuch der Psychologie, Bd. 12,1: Marktpsychologie als Sozialwissenschaft, 533–625, Göttingen: Hogrefe.

Simmers, C.S.; Parker, R.S.; Schaefer, A.D. (2014): The Importance of Fashion. The Chinese and US Gen Y Perspective, Journal of Global Marketing, 27(2): 94–105.

Simmers, C.S.; Schaefer, A.D.; Parker, R.S. (2015): Counterfeit Luxury Goods Purchase Motivation. A Cultural Comparison, Journal of International Business and Cultural Studies, 9(1): 1–15.

Simpson, B.; White, K.; Laran, J. (2018): When Public Recognition for Charitable Giving Backfires. The Role of Independent Self-Construal, Journal of Consumer Research, 44(6): 1257–1273.

Singelis, T.M.; Triandis, H.C.; Bhawuk, D.P.; Gelfand, M.J. (1995): Horizontal and Vertical Dimensions of Individualism and Collectivism. A Theoretical and Measurement Refinement, Cross-Cultural Research, 29(3): 240–275.

Singh, J. (1988): Consumer Complaint Intentions and Behavior, Journal of Marketing, 52(1): 93–107.

Singh, S. (2006): Cultural Differences in, and Influences on, Consumers' Propensity to Adopt Innovations, International Marketing Review, 23(2): 173–191.

Sinus-Institut (2015). Informationen zu den Sinus-Milieus(R) 2015. http://www.sinus-institut.de/fileadmin/user_data/sinus-institut/Downloadcenter/Informationen_zu_den_Sinus-Milieus.pdf. (12.03.2016).

Slovic, P. (1987): Perception of Risk, Science, 236(4): 280–285.

Slovic, P. (1992): Perception of Risk. Reflections on the Psychometric Paradigm, in: Krimsky, S.; Golding, D. (Eds.), Social Theories of Risk, 117–152, New York: Praeger.

Smarandescu, L.; Shimp, T.A. (2015): Drink Coca-Cola, Eat Popcorn, and Choose Powerade. Testing the Limits of Subliminal Persuasion, Marketing Letters, 26(4): 715–726.

Smith, A.; Anderson, M. (2016): Online Shopping and E-Commerce, Washington/D.C.: Pew Research Center Retrieved (http://www.pewinternet.org/2016/12/19/online-shopping-and-e-commerce (03.11.2020).

Smith, A.M.; Reynolds, N.L. (2002): Measuring Cross-Cultural Service Quality. A Framework for Assessment, International Marketing Review, 19(5): 450–481.

Smith, P.B. (2004): Nations, Cultures and Individuals. New Perspectives and Old Dilemmas, Journal of Cross-Cultural Psychology, 35(1): 6–12.

Smith, P.B.; Bond, M.H.; Kağitçibaşi, Ç. (2006): Understanding Social Psychology across Cultures, London: Sage.

Smith, P.B.; Easterbrook, M.J.; Celikkol, G.C.; Chen, S.X.; Ping, H.; Rizwan, M. (2016): Cultural Variations in the Relationship between Anger Coping Styles, Depression, and Life Satisfaction, Journal of Cross-Cultural Psychology, 47(3): 441–456.

Snijders, T.A.; Bosker, R.J. (2011): Multilevel Analysis, 2nd; Ed., London: Sage.

Snyder, C.R.; Fromkin, H.L. (1977): Abnormality as a Positive Characteristic. The Development and Validation of a Scale Measuring Need for Uniqueness, Journal of Abnormal Psychology, 86(5): 518–527.

Soares, A.M.; Farhangmehr, M.; Shoham, A. (2007): Hofstede's Dimensions of Culture in International Marketing Studies, Journal of Business Research, 60(3): 277–284.

Sobrevilla, D. (1971): Der Ursprung des Kulturbegriffs, der Kulturphilosophie und der Kulturkritik, Diss., Universität Tübingen.

Sojka, J.; Tansuhaj, P.S. (1995): Cross-Cultural Consumer Research. A Twenty-Year Review, in: Kardes, F.R.; Sujan, M. (Eds.), Advances in Consumer Research, Vol. 22, 461–474, Provo/UT: Association for Consumer Research.

Sokolowski, K.; Heckhausen, H. (2010): Soziale Bindung, Anschlussmotivation und Intimitätsmotivation, in: Heckhausen, J.; Heckhausen, H. (Hrsg.), Motivation und Handeln, 4. Aufl., 193–210, Berlin: Springer.

Solomon, M.R. (2018): Consumer Behaviour. Buying, Having, and Being (Global Edition), 12th Ed., Harlow/England: Pearson Education.

Solomon, M.R.; White, K.; Dahl, D.W. (2017): Consumer Behaviour, 12th Ed., London: Pearson.

Søndergaard, M. (1994): Research Note. Hofstede's Consequences - a Study of Reviews, Citations and Replications, Organization Studies, 15(3): 447–456.

Song, H.; Schwarz, N. (2009): If it's Difficult to Pronounce, it Must be Risky. Fluency, Familiarity, and Risk Perception, Psychological Science, 20(2): 135–138.

Song, R.; Moon, S.; Chen, H.A.; Houston, M.B. (2018): When Marketing Strategy Meets Culture. The Role of Culture in Product Evaluations, Journal of the Academy of Marketing Science, 46(3): 384–402.

Sood, J.; Nasu, Y. (1995): Religiosity and Nationality. An Exploratory Study of Their Effect on Consumer Behavior in Japan and the United States, Journal of Business Research, 34(1): 1–9.

Sousa, C.M.; Bradley, F. (2008): Cultural Distance and Psychic Distance. Refinements in Conceptualisation and Measurement, Journal of Marketing Management, 24(5–6): 467–488.

Soutar, G.N.; Sweeney, J.C. (2003): Are there Cognitive Dissonance Segments? Australian Journal of Management, 28(3): 227–249.

Sparks, B.A.; McColl-Kennedy, J.R. (2001): Justice Strategy Options for Increased Customer Satisfaction in a Services Recovery Setting, Journal of Business Research, 54(3): 209–218.

Spencer-Rodgers, J.; Peng, K.; Wang, L. (2010): Dialecticism and the Co-Occurrence of Positive and Negative Emotions across Cultures, Journal of Cross-Cultural Psychology, 41(1): 109–115.

Spencer-Rodgers, J.; Williams, M.J.; Peng, K. (2010): Cultural Differences in Expectations of Change and Tolerance for Contradiction. A Decade of Empirical Research, Personality and Social Psychology Review, 14(3): 296–312.

Spreng, R.A.; Chiou, J.S. (2002): A Cross-Cultural Assessment of the Satisfaction Formation Process, European Journal of Marketing, 36(7/8): 829–839.

Srivastava, S.; John, O.; Gosling, S.; Potter, J. (2003): Development of Personality in Early and Middle Adulthood, Journal of Personality and Social Psychology, 84(5): 1041–1053.

Srull, T.K.; Wyer Jr R.S. (1980): Category Accessibility and Social Perception, Journal of Personality and Social Psychology, 38(6): 841–856.

Stahl, G.K.; Voigt, A. (2008): Do Cultural Differences Matter in Mergers and Acquisitions? Organization Science, 19(1): 160–176.

Stanzel, F.K. (1998): Europäer. Ein imagologischer Essay, 2. Aufl., Heidelberg: Winter.

Stanzel, F.K. (Hrsg.) (1999): Europäischer Völkerspiegel. Imagologisch-ethnographische Studien zu den Völkertafeln des frühen 18. Jahrhunderts, Heidelberg: Winter.

Stapel, D.A.; Koomen, W. (2005): When Less is More. The Consequences of Affective Primacy for Subliminal Priming Effects, Personality and Social Psychology Bulletin, 31(9): 1286–1295.

Steele, C.M.; Liu, T. J. (1983): Dissonance Processes as Self-Affirmation, Journal of Personality and Social Psychology, 45(1): 5–19.

Steenkamp, J.-B.E.M. (2001): The Role of National Culture in International Marketing Research, International Marketing Review, 18(1): 30–44.

Steenkamp, J.-B.E.M. (2002): Consumer and Market Drivers of the Trial Probability of New Consumer Packaged Goods, Working Paper, Tilburg University.

Steenkamp, J.-B.E.M. (2019): Global versus Local Consumer Culture, Journal of International Marketing, 27(1): 1–19.

Steenkamp, J.-B.E.M.; Baumgartner, H. (1998): Assessing Measurement Invariance in Cross-National Consumer, Journal of Consumer Research, 25(1): 78–107.

Steenkamp, J.-B.E.M.; de Jong, M.G. (2010): A Global Investigation into the Constellation of Consumer Attitudes toward Global and Local Products, Journal of Marketing, 74(6): 18–40.

Steenkamp, J.-B.E.M.; Hofstede, F.T.; Wedel, M. (1999): A Cross-National Investigation into the Individual and National Cultural Antecedents of Consumer Innovativeness, Journal of Marketing, 63(2): 55–69.

Stepien, B.; Lima, A.P.; Sagbansua, L.; Hinner, M.B. (2016): Comparing Consumers' Value Perception of Luxury Goods. Is National Culture a Sufficiently Explanatory Factor? Economics and Business Review, 2(2): 74–93.

Sternquist, B.; Byun, S.-E.; Jin, B. (2004): The Dimensionality of Price Perceptions. A Cross-Cultural Comparison of Asian Consumers, International Review of Retail, Distribution and Consumer Research, 14(1): 83–100.

Stevenson, B.; Wolfers, J. (2013): Subjective Well-Being and Income. Is there any Evidence of Satiation? American Economic Review, 103(3): 598–604.

Stevenson, C.E.; Heiser, W.J.; Resing, W.C. (2016): Dynamic Testing. Assessing Cognitive Potential of Children with Culturally Diverse Backgrounds, Learning and Individual Differences, 47(April): 27–36.

Stich, A. (1997): Herkunftszeichen als Qualitätssignal, Lohmar: Eul.

Stipek, D. (1998): Differences between Americans and Chinese in the Circumstances Evoking Pride, Shame, and Guilt, Journal of Cross-Cultural Psychology, 29(5): 616–629.

Stolz, J. (2000): Soziologie der Fremdenfeindlichkeit, Frankfurt/Main: Campus.

Strack, M.; Gennerich, C.; Hopf, N. (2008): Warum Werte? in Witte, E.H. (Hrsg.), Sozialpsychologie und Werte, 90–129, Lengerich: Pabst Science Publishers.

Strahan, E.J.; Spencer, S.J.; Zanna, M.P. (2005): Subliminal Priming and Persuasion. How Motivation Affects the Activation of Goals and the Persuasiveness of Messages, in: Kardes, F.R.; Herr, P.M.; Nantel, J. (Eds.), Applying Social Cognition to Consumer-Focused Strategy, 267–280, Mahwah/NJ: Erlbaum.

Straub, D.; Keil, M.; Brenner, W. (1997): Testing the Technology Acceptance Model across Cultures, Information & Management, 33(1): 1–11.

Strittmatter, K. (2019): Frauen an die Macht, Süddeutsche Zeitung, 103(286): 4.

Strizhakova, Y.; Coulter, R.A. (2015): Drivers of Local Relative to Global Brand Purchases. A Contingency Approach, Journal of International Marketing, 23(1): 1–22.

Strong, N.; Xu, X. (2003): Understanding the Equity Home Bias. Evidence from Survey Data, Review of Economics and Statistics, 85(2): 307–312.

Suchanek, A. (2007): Der homo oeconomicus. Verfehltes Menschenbild oder leistungsfähiges Analyseinstrument? in: Lang, R.; Schmidt, A. (Hrsg), Individuum und Organisation, 251–276, Wiesbaden: Deutscher Universitätsverlag.

Sugiarto, C.; de Barnier, V. (2019): Are Religious Customers Sceptical toward Sexually Appealing Advertising? Qualitative Market Research, 22(5): 669–686.

Sukhodolsky, D.G.; Golub, A.; Cromwell, E.N. (2001): Development and Validation of the Anger Rumination Scale, Personality and Individual Differences, 31(5): 689–700.

Sumner, W.G. (1906): Folkways. A Study of the Sociological Importance of Usages, Manners, Custom, Mores, and Morals, New York: Ginn & Co.

Sung, Y.; Tinkham, S.F. (2005): Brand Personality Structures in the United States and Korea. Common and Culture-Specific Factors, Journal of Consumer Psychology, 15(4): 334–350.

Supphellen, M.; Grønhaug, K. (2003): Building Foreign Brand Personalities in Russia. The Moderating Effect of Consumer Ethnocentrism, International Journal of Advertising, 22(2): 203–226.

Svari, S.; Olsen, L.E. (2012): The Role of Emotions in Customer Complaint Behaviors, International Journal of Quality and Service Sciences, 24(1): 121–126.

Swann, W. B. Jr; Griffin, J.J.; Predmore, S.C.; Gaines, B. (1987): The Cognitive-Affective Crossfire. When Self-Consistency Confronts Self-Enhancement, Journal of Personality and Social Psychology, 52(5): 881–889.

Sweeney, J.C.; Hausknecht, D.; Soutar, G.N. (2000): Cognitive Dissonance after Purchase. A Multidimensional Scale, Psychology & Marketing, 17(5): 369–385.

Swinyard, W.R.; Rinne, H.; Kau, A.K. (1990): The Morality of Software Piracy. A Cross-Cultural Analysis, Journal of Business Ethics, 9(8): 655–664.

Symmank, C.; Hoffmann, S. (2017): Leugnung und Ablehnung von Verantwortung, in: Heidbrink, L.; Langbehn, C.; Loh, J. (Hrsg.), Handbuch Verantwortung, 949–973, Wiesbaden: Springer VS.

Synovate (2005): Quantitative Evaluation of Alternative Food Signposting Concepts of Work, U.K. Food Standards, www.food.gov.uk/multimedia/pdfs/signpostquanresearch.pdf.

Sznycer, D.; Xygalatas, D.; Agey, E.; Alami, S.; An, X.F.; Ananyeva, K.I.; ... & Fukushima, S. (2018): Cross-Cultural Invariances in the Architecture of Shame, Proceedings of the National Academy of Sciences, 115(39): 9702–9707.

T

Tabassi, S.; Esmaeilzadeh, P.; Sambasivan, M. (2012): The Role of Animosity, Religiosity and Ethnocentrism on Consumer Purchase Intention. A Study in Malaysia toward European Brands, African Journal of Business Management, 6(23): 6890–6902.

Tai, S.H.; Chan, R.Y. (2001): Cross-Cultural Studies on the Information Content of Service Advertising, Journal of Services Marketing, 15(7): 547–564.

Tajfel, H. (1978): Differentiation between Social Groups. Studies in the Social Psychology of Intergroup Relations, London: Academic Press.

Tajfel, H.; Turner, J.C. (1986): The Social Identity Theory of Intergroup Behavior, in: Worchel, S.; Austin, W.G. (Eds.), Psychology of Intergroup Relations, 2nd Ed., 7–24, Chicago/Il: Nelson-Hall.

Tajfel, H.; Wilkes, A.L. (1963): Classification and Quantitative Judgement, British Journal of Psychology, 54(2): 101–114.

Takahashi, K.; Ohara, N.; Antonucci, T.C.; Akiyama, H. (2002): Commonalities and Differences in Close Relationships among the Americans and Japanese, International Journal of Behavioral Development, 26(5): 453–465.

Tanaka-Matsumi, J. (1995): Cross-Cultural Perspectives on Anger, in: Kassinove, H. (Ed.), Anger Disorders, 81–90, Philadelphia/PA: Taylor & Francis.

Tansuhaj, P.; Gentry, J.W.; John, L.; Manzer, L.; Cho, B.J. (1991): A Cross-National Examination of Innovation Resistance, International Marketing Review, 8(3): 7–20.

Taras, V.; Kirkman, B. L.; Steel, P. (2010): Examining the Impact of Culture's Consequences. A Three-Decade, Multilevel, Meta-Analytic Review of Hofstede's Cultural Value Dimensions, Journal of Applied Psychology, 95(3): 405–439.

Taras, V.; Rowney, J.; Steel, P. (2009): Half a Century of Measuring Culture. Review of Approaches, Challenges, and Limitations Based on the Analysis of 121 Instruments for Quantifying Culture, Journal of International Management, 15(4): 357–373.

Taras, V.; Steel, P.; Kirkman, B.L. (2012): Improving National Cultural Indices Using a Longitudinal Meta-Analysis of Hofstede's Dimensions, Journal of World Business, 47(3): 329–341.

Taras, V.; Steel, P.; Kirkman, B.L. (2016): Does Country Equate with Culture? Beyond Geography in the Search for Cultural Boundaries, Management International Review, 56(4): 455–487.

Tavuchis, N. (1991): Mea Culpa. A Sociology of Apology and Reconciliation, Stanford/CA: Stanford University Press.

Taylor, D.M.; Jaggi, V. (1974): Ethnocentrism and Causal Attribution in a South Indian Context, Journal of Cross-Cultural Psychology, 5(2): 162–171.

Taylor, K. (1997): A Regret Theory Approach to Assessing Consumer Satisfaction, Marketing Letters, 8(2): 229–238.

Tellis, G.J.; Stremersch, S.; Yin, E. (2003): The International Takeoff of New Products. The Role of Economics, Culture, and Country Innovativeness, Marketing Science, 22(2): 188–208.

Terlutter, R.; Dobrenova, F. (2012): Internationales Konsumentenverhalten, in: Binckebanck, L.; Belz, C. (Hrsg.), Internationaler Vertrieb, 243–262, Wiesbaden: Springer Gabler.

Thakor, M.V. (1996): Brand Origin. Conceptualization and Review, Journal of Consumer Marketing, 13(3): 27–42.

Thakor, M.V.; Pacheco, B.G. (1997): Foreign Branding and its Effects on Product Perceptions and Attitudes. A Replication and Extension in a Multicultural Setting, Journal of Marketing Theory and Practice, 5(1): 15–30.

Thaler, R. (1980): Toward a Positive Theory of Consumer Choice, Journal of Economic Behavior & Organization, 1(1): 39–60.

Thaler, R.H.; Sunstein, C.R. (2008): Nudge. Improving Decisions about Health, Wealth and Happiness, New Haven: Yale University Press.

The Chinese Culture Connection (1987): Chinese Values and the Search for Culture-Free Dimensions of Culture, Journal of Cross-Cultural Psychology, 18(2): 143–164.

Thomas, A. (1997): Psychologische Bedingungen und Wirkungen internationalen Managements – analysiert am Beispiel deutsch-chinesischer Zusammenarbeit, in: Engelhard, J. (Hrsg.), Interkulturelles Management, 111–134, Wiesbaden: Gabler.

Thomas, A. (2003): Analyse der Handlungswirksamkeit von Kulturstandards, in: Thomas, A. (Hrsg.), Psychologie interkulturellen Handelns, 107–135, 2. Aufl., Göttingen: Hogrefe.

Thomas, A. (2006): Die Bedeutung von Vorurteil und Stereotyp im interkulturellen Handeln, interculture journal. Online Zeitschrift für interkulturelle Studien, 5(2): 3–20.

Thompson, C.J.; Arsel, Z. (2004): The Starbucks Brandscape and Consumers' (Anticorporate) Experiences of Glocalization, Journal of Consumer Research, 31(3): 631–642.

Thompson, F.M.; Chmura, T. (2015): Loyalty Programs in Emerging and Developed Markets. The Impact of Cultural Values on Loyalty Program Choice, Journal of International Marketing, 23(3): 87–103.

Thompson, F.M.; Newman, A.; Liu, M. (2014): The Moderating Effect of Individual Level Collectivist Values on Brand Loyalty, Journal of Business Research, 67(11): 2437–2446.

Thompson, S.C. (1981): Will It Hurt Less if I Can Control It? A Complex Answer to a Simple Question, Psychological Bulletin, 90(1): 89–101.

Thompson, S.C.; Schlehofer, M.M. (2008): The Many Sides of Control Motivation, in Shah, J.Y.; Gardner, W.L. (Eds.), Handbook of Motivation Science, 41–56, New York/NY: Guilford Press.

Thomson, D.R.; Milliken, B.; Smilek, D. (2010): Long-Term Conceptual Implicit Memory. A Decade of Evidence, Memory & Cognition, 38(1): 42–46.

Tian, K.T.; Bearden, W.O.; Hunter, G.L. (2001): Consumers' Need for Uniqueness. Scale Development and Validation, Journal of Consumer Research, 28(1): 50–66.

Ting-Toomey, S. (2015): Identity Negotiation Theory, in: The SAGE Encyclopedia of Intercultural Competence, Vol. 1, 325–330, Los Angeles/CA: Sage.

Torelli, C.J.; Özsomer, A.; Carvalho, S.W.; Keh, H.T.; Maehle, N. (2012): Brand Concepts as Representations of Human Values. Do Cultural Congruity and Compatibility between Values Matter? Journal of Marketing, 76(4): 92–108.

Torres, C.V.; Allen, M.W. (2009): Human Values and Consumer Choice in Australia and Brazil, Psicologia: Teoria e Pesquisa, 25(4): 489–497.

Tracy, J.L.; Robins, R.W. (2008): The Nonverbal Expression of Pride. Evidence for Cross-Cultural Recognition, Journal of Personality and Social Psychology, 94(3): 516–530.

Tracy, J.L.; Shariff, A.F.; Zhao, W.; Henrich, J. (2013): Cross-Cultural Evidence that the Nonverbal Expression of Pride is an Automatic Status Signal, Journal of Experimental Psychology: General, 142(1): 163–180.

Triandis, H.C. (1964): Cultural Influences upon Cognitive Processes, in Berkowitz, L. (Ed.), Advances in Experimental Social Psychology, Vol.1, 1–49, New York: Academic Press.

Triandis, H.C. (1990): Cross-Cultural Studies of Individualism and Collectivism, in: Berman, J. (Ed.), Nebraska Symposium on Motivation, 1989, 41–133, Lincoln: University of Nebraska Press.

Triandis, H.C. (1994): Culture and Social Behavior, New York: McGraw-Hill.

Triandis, H.C. (1995): Individualism and Collectivism, Boulder/CO: Westview.

Triandis, H.C.; Albert, R.D. (1987): Cross-Cultural Perspectives, in: Jablin, F.M.; Putnam, L.L.; Roberts, K.; Porter, L. (Eds.), Handbook of Organizational Communication, 264–295, Thousand Oaks/CA: Sage.

Triandis, H.C.; Bontempo, R.; Villareal, M.J.; Asai, M.; Lucca, N. (1988): Individualism and Collectivism. Cross-Cultural Perspectives on Self-Ingroup Relationships, Journal of Personality and Social Psychology, 54(2): 323–338.

Triandis, H.C.; Carnevale, P.; Gelfand, M.; Robert, C.; Wasti, A.; Probst, T. et al. (2001): Culture and Deception in Business Negotiations. A Multilevel Analysis, International Journal of Cross-Cultural Management, 1(1): 73–90.

Triandis, H.C.; Leung, K.; Villareal, M.J.; Clack, F.L. (1985): Allocentric versus Idiocentric Tendencies. Convergent and Discriminant Validation, Journal of Research in Personality, 19(4): 395–415.

Triandis, H.C.; Marin, G.; Lisansky, J.; Betancourt, H. (1984): Simpatìa as a Cultural Script of Hispanics, Journal of Personality and Social Psychology, 47(6): 1363–1375.

Trommsdorff, G. (2008): Kultur und Sozialisation, in: Hurrelmann, K.; Grundmann, M. (2008): Handbuch Sozialisationsforschung, 229–239, Weinheim: Beltz.

Trommsdorff, V.; Teichert, T. (2011): Konsumentenverhalten, 8. Aufl., Stuttgart: Kohlhammer.

Trompenaars, F. (1993): Riding the Waves of Culture. Understanding Cultural Diversity in Business., London/UK: Economist Books.

Trompenaars, F. (1996): Resolving International Conflict. Culture and Business Strategy, Business Strategy Review, 7(3): 51–68.

Trompenaars, F.; Hampden-Turner, C. (2011): Riding the Waves of Culture. Understanding Diversity in Global Business, London: Brealey.

Tropp, L.R.; Wright, S.C. (2003): Evaluations and Perceptions of Self, Ingroup, and Outgroup. Comparisons between Mexican-American and European-American Children, Self and Identity, 2(3): 203–221.

Truong, Y. (2013): A Cross-Country Study of Consumer Innovativeness and Technological Service Innovation, Journal of Retailing and Consumer Services, 20(1): 130–137.

Tsai, W.S.; Yoo, J.J.; Lee, W.N. (2013): For Love of Country? Consumer Ethnocentrism in China, South Korea, and the United States, Journal of Global Marketing, 26(2): 98–114.

Tsalikis, J.; DeShields Jr O.W.; LaTour, M.S. (1991): The Role of Accent on the Credibility and Effectiveness of the Salesperson, Journal of Personal Selling & Sales Management, 11(1): 31–41.

Tse, D.K.; Lee, W.N. (1993): Removing Negative Country Images. Effects of Decomposition, Branding, and Product Experience, Journal of International Marketing, 1(4): 25–48.

Tse, D.K.; Wong, J.K.; Tan, C.T. (1988): Towards Some Standardized Cross-Cultural Consumption Values, in: Houston, M.J. (Ed.), Advances in Consumer Research, Vol. 15, 387–395, Provo/UT: Association for Consumer Research.

Tseng, T.H. (2014): The Impact of Need for Variety on Country Image Effects, Global Journal of Business Research, 8(2): 45–53.

Tsiros, M.; Mittal, V. (2000): Regret. A Model of its Antecedents and Consequences in Consumer Decision Making, Journal of Consumer Research, 26(4): 401–417.

Tversky, A.; Kahneman, D. (1974): Judgment under Uncertainty. Heuristics and Biases, Science, 185(4157): 1124–1131.

Tversky, A.; Kahneman, D. (1981): The Framing of Decisions and the Psychology of Choice, Science, 211(4481): 453–458.

Tylor, E.B. (1871): Primitive Culture. Researches into the Development of Mythology, Philosophy, Religion, Language, Art and Custom, New York: Holt.

U

Uchida, Y.; Norasakkunkit, V.; Kitayama, S. (2004): Cultural Constructions of Happiness. Theory and Empirical Evidence, Journal of Happiness Studies, 5(3): 223–239.

Uskul, A.; Sherman, D.; Fitzgibbon, J. (2009): The Cultural Congruency Effect. Culture, Regulatory Focus, and the Effectiveness of Gain- vs. Loss-Framed Health Messages, Journal of Experimental Social Psychology, 45(3): 535–541.

Usunier, J.-C. (2011): The Shift from Manufacturing to Brand Origin. Suggestions for Improving CoO Relevance, International Marketing Review, 28(5): 486–496.

Usunier, J.-C.; Walliser, B. (1993): Interkulturelles Marketing, Wiesbaden: Gabler.

V

Valenzuela, A.; Mellers, B.; Strebel, J. (2010): Pleasurable Surprises. A Cross-Cultural Study of Consumer Responses to Unexpected Incentives, Journal of Consumer Research, 36(5): 792–805.

van de Vijver, F. J. (2003): Bias and Equivalence. Cross-Cultural Perspectives, in: Harkness, J.A.; Mohler, P.Ph.; van de Vijver, F.J.R. (Eds.), Cross-Cultural Survey Methods, 143–155, New York: Wiley.

van Trijp, H.C.; Steenkamp, J.-B.E.M. (1992): Consumers' Variety Seeking Tendency with Respect to Foods, European Review of Agricultural Economics, 19(2): 181–195.

Vanhuele, M.; Drèze, X. (2002): Measuring the Price Knowledge Shoppers Bring to the Store, Journal of Marketing, 66(4): 72–85.

Vecchi, A.; Brennan, L.; Theotokis, A. (2010): RFID Acceptance amongst Customers. A Cross-Cultural Framework based on Hofstede, International Journal of Electronic Customer Relationship Management, 4(3): 228–251.

Veloutsou, C.; Gilbert, G.R.; Moutinho, L.A.; Goode, M.M. (2005): Measuring Transaction-Specific Satisfaction in Services. Are the Measures Transferable across Cultures? European Journal of Marketing, 39(5/6): 606–628.

Venaik, S.; Brewer, P. (2010): Avoiding Uncertainty in Hofstede and GLOBE, Journal of International Business Studies, 41(8): 1294–1315.

Verlegh, P.W.J. (2007): Home Country Bias in Product Evaluation. The Complementary Roles of Economic and Sociopsychological Motives, Journal of International Business Studies, 38(3): 361–373.

Verlegh, P.W.J.; Steenkamp, J.-B. E.M. (1999): A Review and Meta-Analysis of Country-of-Origin Research, Journal of Economic Psychology, 20(5): 521–546.

Verlegh, P.W.J.; Steenkamp, J.-B.E.M.; Meulenberg, M.T. (2005): Country-of-Origin Effects in Consumer Processing of Advertising Claims, International Journal of Research in Marketing, 22(2): 127–139.

Vermeulen, I.E.; Seegers, D. (2009): Tried and Tested. The Impact of Online Hotel Reviews on Consumer Consideration, Tourism Management, 30(1): 123–127.

Verplanken, B.; Herabadi, A. (2001): Individual Differences in Impulse Buying Tendency. Feeling and No Thinking, European Journal of Personality, 15(1): 71–83.

Vickers, J.S.; Renand, F. (2003): The Marketing of Luxury Goods. An Exploratory Study, The Marketing Review, 3(4): 459–478.

Viklund, M.J. (2003): Trust and Risk Perception in Western Europe. A Cross-National Study, Risk Analysis, 23(4): 727–738.

Vink, J.M.; Staphorsius, A.S.; Boomsma, D.I. (2009): A Genetic Analysis of Coffee Consumption in a Sample of Dutch Twins, Twin Research and Human Genetics, 12(2): 127–131.

Vinson, D.E.; Scott, J.E.; Lamont, L.M. (1977): The Role of Personal Values in Marketing and Consumer Behavior, Journal of Marketing, 41(2): 44–50.

Vogrincic-Haselbacher, C.; Asal, K.; Fischer, P.; Frey, D. (2016): Theorie der kognitiven Dissonanz, in: Bierhoff, H.-W.; Frey, D. (Hrsg.), Soziale Motive und soziale Einstellungen. Enzyklopädie der Psychologie, Bd. 2., 469–490, Göttingen: Hogrefe.

Vohs, K.D.; Faber, R.J. (2007): Spent Resources. Self-Regulatory Resource Availability Affects Impulse Buying, Journal of Consumer Research, 33(4): 537–547.

Vohs, K.D.; Wang, Y.; Gino, F.; Norton, M.I. (2013): Rituals Enhance Consumption, Psychological Science, 24(9): 1714–1721.

Völckner, F.; Hofmann, J. (2007): The Price-Perceived Quality Relationship. A Meta-Analytic Review and Assessment of its Determinants, Marketing Letters, 18(3): 181–196.

Völckner, F.; Sattler, H. (2006): Drivers of Brand Extension Success, Journal of Marketing, 70(2): 18–34.

Volery, T.; Bergmann, H. (2008): Vertrauen zahlt sich aus. Eine Studie über das Vertrauen in Geschäftsbeziehungen von mittelständischen Unternehmen in der Schweiz, Ernest & Young/ Universität St. Gallen: Schweizerisches Institut für Klein- und Mittelbetriebe.

von Nitzsch, R.; Stolz, O. (2006): Zu welchen Renditeeinbußen führt der Home Bias? Finanzbetrieb, 8: 106–113.

Vora, D.; Martin, L.; Fitzsimmons, S.R.; Pekerti, A.A.; Lakshman, C.; Raheem, S. (2019): Multiculturalism within Individuals, Journal of International Business Studies, 50(4): 499–524.

Vuylsteke, A.; Wen, Z.; Baesens, B.; Poelmans, J. (2010): Consumers' Search for Information on the Internet. How and why China Differs from Western Europe, Journal of Interactive Marketing, 24(4): 309–331.

W

Wagner, W. (2020): Der Niedergang des einstigen Wirtschaftswunderlandes, www.spiegel.de/ politik/japan-a-00000000-0002-0001-0000-000161577237 (28.01.2020).

Wallendorf, M.; Arnould, E.J. (1991): We Gather Together. Consumption Rituals of Thanksgiving Day, Journal of Consumer Research, 18(1): 13–31.

Wallendorf, M.; Reilly, M.D. (1983): Ethnic Migration, Assimilation, and Consumption, Journal of Consumer Research, 10(3): 292–302.

Walmsley, J.; O'Madagain, C. (2020): The Worst-Motive Fallacy. A Negativity Bias in Motive Attribution, Psychological Science, 0956797620954492.

Walsh, G.; Lindridge, A.; Mitchell, V.W.; Deseniss, A.; Lippold, A. (2016): Investigating Consumer Confusion Proneness Cross-Culturally, International Journal of Markets and Business Systems, 2(3): 226–242.

Wan, L.C. (2013): Culture's Impact on Consumer Complaining Responses to Embarrassing Service Failure, Journal of Business Research, 66(3): 298–305.

Wang, C.S.; Whitson, J.A.; Menon T. (2012): Culture, Control, and Illusory Pattern Perception, Social Psychological and Personality Science, OnlineFirst (19.01.2012).

Wang, E.S.T.; Chu, Y.H. (2020): Influence of Consumer's Long-Term Orientation and Safety Consciousness on Intention to Repurchase Certified Functional Foods, Journal of Food Products Marketing, 26(4): 247–261.

Wang, J.J.; Esteky, S.; Lalwani, A.K.; Li, X. (2019): The Role of Power Distance Belief in Consumers' Preference for Brand Logo Designs, in: Bagchi, R.; Block, L; Lee, L. (Eds.), Advances in Consumer Research, Vol. 47, 905–906, Duluth/MN: Association for Consumer Research.

Wang, J.J.; Lalwani, A.K. (2019): The Distinct Influence of Power Distance Perception and Power Distance Values on Customer Satisfaction in Response to Loyalty Programs, International Journal of Research in Marketing, 36(4): 580–596.

Wang, Y.; Ollendick, T.H. (2001): A Cross-Cultural and Developmental Analysis of Self-Esteem in Chinese and Western Children, Clinical Child and Family Psychology Review, 4(3): 253–271.

Watkins, H.S.; Liu, R. (1996): Collectivism, Individualism and In-Group Membership. Implications for Consumer Complaining Behavior in Multicultural Contexts, Journal of International Consumer Marketing, 8(3–4): 69–96.

Webber, R.A. (1969): Convergence or Divergence? Columbia Journal of World Business, 4(3): 75–93.

Weber, E.U.; Hsee, C.K. (1998): Cross-Cultural Differences in Risk Perception, but Cross-Cultural Similarities in Attitudes towards Perceived Risk, Management Science, 44(9): 1205–1217.

Wegmann, C. (2015): Regionalität von Lebensmitteln aus Marketingsicht, Journal für Verbraucherschutz und Lebensmittelsicherheit, 10(1): 57–63.

Weinberg, P.; Gottwald, W. (1982): Impulsive Consumer Buying as a Result of Emotions, Journal of Business Research, 10(1): 43–57.

Weiner, B. (1986): Attribution, Emotion, and Action, in: Sorrentino, R.M.; Higgins, E.T. (Eds.), Handbook of Motivation and Cognition, 281–312, New York/NY: Guilford.

Wendorff, R. (1985): Zeit und Kultur. Geschichte des Zeitbewusstseins in Europa, 2. Aufl., Opladen: Westdeutscher Verlag.

Wendorff, R. (1989): Zeitbewusstsein in Entwicklungsländern, in: Wendorff, R. (Hrsg.), Im Netz der Zeit. Menschliches Zeiterleben interdisziplinär, 105–117, Stuttgart: Hirzel.

Wersich, R. (2013): Schmelztiegel USA? in: Köppl, S. (Hrsg.), Was hält Gesellschaften zusammen? 125–137, Wiesbaden: Springer VS.

Werth, L.; Mayer, J. (2008): Sozialpsychologie, Berlin: Spektrum.

Westbrook, R.A. (1987): Product/Consumption-Based Affective Responses and Postpurchase Processes, Journal of Marketing Research, 24(3): 258–270.

Westjohn, S.A.; Magnusson, P.; Peng, Y.; Jung, H. (2019): Acting on Anger. Cultural Value Moderators of the Effects of Consumer Animosity, Journal of International Business Studies, 50(1): 1–25.

Westlake, S. (2017): A Counter-Narrative to Carbon Supremacy. Do Leaders Who Give Up Flying Because of Climate Change Influence the Attitudes and Behaviour of Others? https://papers.ssrn.com/sol3/papers.cfm?abstract_id=3283157.

Wette, W. (2002): Die Wehrmacht. Feindbilder, Vernichtungskrieg, Legenden, Frankfurt: Fischer.

Wetzel, H. (2019): Die Denim-Frage, Süddeutsche Zeitung, 103(283): 62.

Wheeler, L.; Kim, Y. (1997): What is Beautiful is Culturally Good. The Physical Attractiveness Stereotype has Different Content in Collectivistic Cultures, Personality and Social Psychology Bulletin, 23(8): 795–800.

White, K.; MacDonnell, R.; Dahl, D.W. (2011): It's the Mind-Set that Matters. The Role of Construal Level and Message Framing in Influencing Consumer Efficacy and Conservation Behaviors, Journal of Marketing Research, 48(3): 472–485.

White, L.T.; Valk, R.; Dialmy, A. (2011): What is the Meaning of 'on Time'? The Sociocultural Nature of Standards of Punctuality, Journal of Cross-Cultural Psychology, 42(3): 482–493.

White, R.W. (1959): Motivation Reconsidered. The Concept of Competence, Psychological Review, 66(5): 297–333.

Whorf, B.L. (1956): Language, Thought and Reality, Cambridge/MA: MIT Press.

Wiedemann, P.M.; Mertens, J. (2005): Sozialpsychologische Risikoforschung, Technologiefolgenabschätzung: Theorie und Praxis, 14(3): 38–45.

Wierzbicka, A. (1986): Human Emotions. Universal or Culture-Specific? American Anthropologist, 88(3): 584–594.

Wilcox, K.; Kim, H.M.; Sen, S. (2009): Why do Consumers Buy Counterfeit Luxury Brands? Journal of Marketing Research, 46(2): 247–259.

Wilke, F. (2019): Neues im Becher, Süddeutsche Zeitung, Beilage Plan W: Frauen verändern die Wirtschaft, 01: 8.

Williams, G.; Zinkin, J. (2008): The Effect of Culture on Consumers' Willingness to Punish Irresponsible Corporate Behaviour, Business Ethics, 17(2): 210–226.

Williams, J.E.; Best, D.L. (1990): Measuring Sex Stereotypes. A Multination Study, Thousand Oaks/CA: Sage.

Wilson, B.; Sparks, R. (1996): It's Gotta be the Shoes. Youth, Race, and Sneaker Commercials, Sociology of Sport Journal, 13(4): 398–427.

Wind, Y.J. (1971): Life Style Analysis. A New Approach, in: Allvine, F.C. (Ed.), AMA 1971 Combined Proceedings, 302–305, Chicago/Il: American Marketing Association.

Wind, Y.J.; Green, P.E. (1974): Some Conceptual Measurement and Analytical Problems in Life Style Research, in: Wells, W.D. (Ed.), Life Style and Psychographics, 99–126, Chicago/Il: American Marketing Association.

Winsted, K.F. (1999): Evaluating Service Encounters. A Cross-Cultural and Cross-Industry Exploration, Journal of Marketing Theory and Practice, 7(2): 106–123.

Winterich, K.P.; Gangwar, M.; Grewal, R. (2018): When Celebrities Count. Power Distance Beliefs and Celebrity Endorsements, Journal of Marketing, 82(3): 70–86.

Winterich, K.P.; Mittal, V.; Ross, W. (2009): Donation Behavior toward In-Groups and Out-Groups. The Role of Gender and Moral Identity, Journal of Consumer Research, 36(2): 199–214.

Winterich, K.P.; Zhang, Y. (2014): Accepting Inequality Deters Responsibility. How Power Distance Decreases Charitable Behavior, Journal of Consumer Research, 41(2): 274–293.

Wirtz, D.; Chiu, C.Y.; Diener, E.; Oishi, S. (2009): What Constitutes a Good Life? Cultural Differences in the Role of Positive and Negative Affect in Subjective Well-Being, Journal of Personality, 77(4): 1167–1196.

Wirtz, J.G.; Sparks, J.V.; Zimbres, T.M. (2018): The Effect of Exposure to Sexual Appeals in Advertisements on Memory, Attitude, and Purchase Intention. A Meta-Analytic Review, International Journal of Advertising, 37(2): 168–198.

Witkowski, T.H.; Wolfinbarger, M.F. (2002): Comparative Service Quality. German and American Ratings across Service Settings, Journal of Business Research, 55(11): 875–881.

Witte, K. (1992): Putting the Fear back into Fear Appeals. The Extended Parallel Process Model, Communications Monographs, 59(4): 329–349.

Wong, N.Y. (2004): The Role of Culture in the Perception of Service Recovery, Journal of Business Research, 57(9): 957 963.

Wong, Y.H.; Chan, R.Y.K. (1999): Relationship Marketing in China, Journal of Business Ethics, 22(2): 107–118.

Wood, N.L.; Cowan, N. (1995a): The Cocktail Party Phenomenon Revisited. Attention and Memory in the Classic Selective Listening Procedure of Cherry (1953), Journal of Experimental Psychology: General, 124(3): 243–262.

Wood, N.L.; Cowan, N. (1995b): The Cocktail Party Phenomenon Revisited. How Frequent are Attention Shifts to One's Name in an Irrelevant Auditory Channel? Journal of Experimental Psychology. Learning, Memory, and Cognition, 21(1): 255–260.

Wu, L.; Mattila, A.S.; Hanks, L. (2015): Investigating the Impact of Surprise Rewards on Consumer Responses, International Journal of Hospitality Management, 50(September): 27–35.

X

Xia, L.; Monroe, K.B.; Cox, J.L. (2004): The Price is Unfair! A Conceptual Framework of Price Fairness Perceptions, Journal of Marketing, 68(4): 1–15.

Xiao, J.; Li, C.; Peng, L. (2018): Cross-Cultural Effects of Self-Discrepancy on the Consumption of Counterfeit Branded Luxuries, Asia Pacific Journal of Marketing and Logistics, 30(4): 972–987.

Xie, X.; Wand, M.; Xu, L. (2003): What Risks Are Chinese People Concerned about? Risk Analysis, 23(4): 685–695.

Xu-Priour, D.L.; Truong, Y.; Klink, R.R. (2014): The Effects of Collectivism and Polychronic Time Orientation on Online Social Interaction and Shopping Behavior. A Comparative Study between China and France, Technological Forecasting and Social Change, 88(October): 265–275.

Y

Yama, H. (2018): Thinking and Reasoning across Cultures, in: Ball, L.J.; Thompson, V.A. (Eds.), The Routledge International Handbook of Thinking and Reasoning, 624–638, Oxon/New York: Routledge.

Yama, H.; Manktelow, K.I.; Mercier, H.; Henst, J.B.V.D.; Soo Do, K.; Kawasaki, Y.; Adachi, K. (2010): A Cross-Cultural Study of Hindsight Bias and Conditional Probabilistic Reasoning, Thinking & Reasoning, 16(4): 346–371.

Yama, H.; Nishioka, M.; Horishita, T.; Kawasaki, Y.; Taniguchi, J. (2007): A Dual Process Model for Cultural Differences in Thought, Mind & Society, 6(2): 143–172.

Yamaguchi, S.; Gelfand, M.; Ohashi, M.M.; Zemba, Y. (2005): The Cultural Psychology of Control. Illusions of Personal versus Collective Control in the United States and Japan, Journal of Cross-Cultural Psychology, 36(6): 750–761.

Yamaguchi, S.; Greenwald, A.G.; Banaji, M.R.; Murakami, F.; Chen, D.; Shiomura, K.; ... & Krendl, A. (2007): Apparent Universality of Positive Implicit Self-Esteem, Psychological Science, 18(6): 498–500.

Yamauchi, H. (1988): Effects of Actor's and Observer's Roles on Causal Attributions by Japanese Subjects for Success and Failure in Competitive Situations, Psychological Reports, 63(2): 619–626.

Yan, W.; Gaier, E.L. (1994): Causal Attributions for College Success and Failure. An Asian-American Comparison, Journal of Cross-Cultural Psychology, 25(1): 146–158.

Yang, H. (2013): A Cross-Cultural Study of Market Mavenism in Social Media, International Journal of Internet Marketing and Advertising, 8(2): 102–124.

Yang, J. (2015): The Influence of Culture on Koreans' Risk Perception, Journal of Risk Research, 18(1): 69–92.

Yang, X. (2019): Ob in China ..., Die Zeit, 74(16): 3.

Yang, Y.; Paladino, A. (2015): The Case of Wine. Understanding Chinese Gift-Giving Behavior, Marketing Letters, 26(3): 335–361.

Yang, Z.; Sun, S.; Lalwani, A.K.; Janakiraman, N. (2019): How Does Consumers' Local or Global Identity Influence Price – Perceived Quality Associations? Journal of Marketing, 83(3): 145–162.

Yap, S.; Ji, L.J.; Hong, E. (2018): Culture and Cognition, in: Pashler, S.; Yantis, S. (Eds.), Stevens' Handbook of Experimental Psychology and Cognitive Neuroscience, 3rd. Vol, 4th Ed., 1–29, New York: Wiley.

Yaprak, A. (2008): Culture Study in International Marketing. A Critical Review and Suggestions for Future Research, International Marketing Review, 25(2): 215–229.

Yasin, M.M.; Yavas, U. (2007): An Analysis of E-Business Practices in the Arab Culture, Cross Cultural Management, 14(1): 68–73.

Yau, O.H.M; Chan, T.S; Lau, K.F. (1999): Influence of Chinese Cultural Values on Consumer Behavior. A Proposed Model of Gift-Purchasing Behavior in Hong Kong, Journal of International Consumer Marketing, 11(1): 97–116.

Yaveroglu, I.S.; Donthu, N. (2002): Cultural Influences on the Diffusion of New Products, Journal of International Consumer Marketing, 14(4): 49–63.

Ye, D.; Ng, Y.K.; Lian, Y. (2015): Culture and Happiness, Social Indicators Research, 123(2): 519–547.

Yelkur, R.; Chakrabarty, S.; Bandyopadhyay, S. (2006): Ethnocentrism and Buying Intentions. Does Economic Development Matter? Marketing Management Journal, 16(2): 26–37.

Yeniyurt, S.; Townsend, J.D. (2003): Does Culture Explain Acceptance of New Products in a Country? International Marketing Review, 20(4): 377–396.

Yildirim, E.; Barutçu, M.T. (2016): How Uncertainty Avoidance, Power Distance and Indulgence Affect Social Commerce Expenditure, International Journal of Science Culture and Sport, 4(4): 403–421.

Yildiz, H.; Heitz-Spahn, S.; Belaud, L. (2018): Do Ethnocentric Consumers Really Buy Local Products? Journal of Retailing and Consumer Services, 43(July): 139–148.

Yoo, B. (2009): Cross-National Invariance of the Effect of Personal Collectivistic Orientation on Brand Loyalty and Equity, Asia Pacific Journal of Marketing and Logistics, 21(1): 41–57.

Yoo, B.; Donthu, N. (2002): Testing Cross-Cultural Invariance of the Brand Equity Creation Process, Journal of Product & Brand Management, 11(6): 380–398.

Yoo, B.; Donthu, N. (2005): The Effect of Personal Cultural Orientation on Consumer Ethnocentrism. Evaluations and Behaviors of US Consumers toward Japanese Products, Journal of International Consumer Marketing, 18(1–2): 7–44.

Yoo, B.; Donthu, N.; Lee, S. (2000): An Examination of Selected Marketing Mix Elements and Brand Equity, Journal of the Academy of Marketing Science, 28(2): 195–211.

Yoo, B.; Donthu, N.; Lenartowicz, T. (2011): Measuring Hofstede's Five Dimensions of Cultural Values at the Individual Level. Development and Validation of CVSCALE, Journal of International Consumer Marketing, 23(3–4): 193–210.

Yoon, C. (2009): The Effects of National Culture Values on Consumer Acceptance of E-Commerce. Online Shoppers in China, Information & Management, 46(5): 294–301.

Yoon, S.O.; Suk, K.; Lee, S.M.; Park, E.Y. (2011): To Seek Variety or Uniformity. The Role of Culture in Consumers' Choice in a Group Setting, Marketing Letters, 22(1): 49–64.

Youn, S.; Faber, R.J. (2000): Impulse Buying. Its Relation to Personality Traits and Cues, in: Hoch, S.J.; Meyer, R.J. (Eds.), Advances in Consumer Research, Vol. 27, 179–185, Provo/UT: Association for Consumer Research.

Youngdahl, W.E.; Kellog, D.L.; Nie, W.; Bowen, D.E. (2003): Revisiting Customer Participation in Service Encounters. Does Culture Matter? Journal of Operations Management, 21(1): 109–120.

Yuan, X.; Liu, H.; Xu, S.; Wang, Y. (2005): The Impact of Different Cultures on E-Business Web-Design. Comparison Research of Chinese www.joyo.com and American www.amazon.com, Proceedings of the 11th International Conference on Human-Computer Interaction, Las Vegas/NV: Mira Digital Publishing.

Yue, X.D. (2011): The Chinese Ambivalence to Humor, Humor, 24(4): 463–480.

Yuki, M.; Maddux, W.W.; Masuda, T. (2007): Are the Windows to the Soul the Same in the East and West? Cultural Differences in Using the Eyes and Mouth as Cues to Recognize Emotions in Japan and the United States, Journal of Experimental Social Psychology, 43(2): 303–311.

Z

Zainal, N.T.A.; Harun, A.; Lily, J. (2017): Examining the Mediating Effect of Attitude towards Electronic Words-of Mouth (eWOM) on the Relation between the Trust in eWOM Source and Intention to Follow eWOM among Malaysian Travellers, Asia Pacific Management Review, 22(1): 35–44.

Zeithaml, V.A.; Bitner, M.J. (2000): Services Marketing. Integrating Customer Focus across the Firm, New York/NY: McGraw-Hill.

Zeng, H.; Hao, L. (2016): Cross-Cultural Examination of the Effects of Promotional Framing on Consumers' Responses, International Business Review, 25(5): 1020–1029.

Zeugner-Roth, K.P. (2017): Country-of-Origin Effects, in: van Herk, H.; Torelli, C.J. (Eds.), Cross Cultural Issues in Consumer Science and Consumer Psychology, 111–128, Cham: Springer.

Zeugner-Roth, K.P.; Žabkar, V.; Diamantopoulos, A. (2015): Consumer Ethnocentrism, National Identity, and Consumer Cosmopolitanism as Drivers of Consumer Behavior. A Social Identity Theory Perspective, Journal of International Marketing, 23(2): 25–54.

Zhang, J.; Beatty, S.E.; Walsh, G. (2008): Review and Future Directions of Cross-Cultural Consumer Services Research, Journal of Business Research, 61(3): 211–224.

Zhang, Q. (2005): Immediacy, Humor, Power Distance, and Classroom Communication Apprehension in Chinese College Classrooms, Communication Quarterly, 53(1): 109–124.

Zhang, S.; van Doorn, J.; Leeflang, P.S.H. (2018): Face Concerns and Purchase Intentions. A Cross-Cultural Perspective, in: Leonidou, L.C.; Katsikeas, C.S.; Samiee, A.B. (Eds.), Advances in Global Marketing, 213–249, Berlin: Springer.

Zhang, S.; van Doorn, J.; Leeflang, P.S.H. (2014): Does the Importance of Value, Brand and Relationship Equity for Customer Loyalty Differ between Eastern and Western Cultures? International Business Review, 23(1): 284–292.

Zhang, Y.; Winterich, K.P.; Mittal, V. (2010): Power-Distance Belief and Impulsive Buying, Journal of Marketing Research, 47(October): 945–954.

Zhang, Y.; Khare, A. (2009): The Impact of Accessible Identities on the Evaluation of Global versus Local Products, Journal of Consumer Research, 36(3): 524–537.

Zhang, Y.; Shrum, L.J. (2009): The Influence of Self-Construal on Impulsive Consumption, Journal of Consumer Research, 35(5): 838–850.

Zhong, S.; Chew, S.H.; Set, E.; Zhang, J.; Xue, H.; Sham, P.C.; ... & Israel, S. (2009): The Heritability of Attitude toward Economic Risk, Twin Research and Human Genetics, 12(1): 103–107.

Zhou, K.Z.; Su, C.; Bao, Y. (2002): A Paradox of Price–Quality and Market Efficiency. A Comparative Study of the US and China Markets, International Journal of Research in Marketing, 19(4): 349–365.

Zhou, L.; Dai, L.; Zhang, D. (2007): Online Shopping Acceptance Model. A Critical Survey of Consumer Factors in Online Shopping, Journal of Electronic Commerce Research, 8(1): 41–62.

Zhou, L.; Yang, Z; Hu, M.K. (2010): Non-Local or Local Brands? A Multi-Level Investigation into Confidence in Brand Origin Identification and its Strategic Implications, Journal of the Academy of Marketing Science, 38(2): 202–218.

Zhou, Z.; Nakamoto, K. (2001): Price Perceptions. A Cross-National Study between American and Chinese Young Consumers, in: Gilly, M.C.; Meyers-Levy, J. (Eds.), Advances in Consumer Research, Vol.28, 161–168, Valdosta/GA: Association for Consumer Research.

Zhu, R.; Meyers-Levy, J. (2009): The Influence of Self-View on Context Effects. How Display Fixtures can Affect Product Evaluations, Journal of Marketing Research, 46(1): 37–45.

Zielke, S.; Komor, M. (2015): Cross-National Differences in Price–Role Orientation and their Impact on Retail Markets, Journal of the Academy of Marketing Science, 43(2): 159–180.

Zimbardo, P.G.; Boyd, J.N. (2015): Putting Time in Perspective. A Valid, Reliable Individual-Differences Metric, in: Stolarski M.; Fieulaine N.; van Beek W. (Eds.), Time Perspective Theory, 17–55, Cham: Springer.

Zimbardo, P.G.; Gerrig, R.J. (2004): Psychologie, 16. Aufl., München: Pearson.

Zizzo, D.J.; Oswald, A.J. (2001): Are People Willing to Pay to Reduce Others' Incomes? Annales d'Economie et de Statistique, 63/64: 39–65.

Zoll, R. (1992): Zeiterfahrung und Gesellschaftsform, in: Zoll, R. (Hrsg.), Zerstörung und Wiederaneignung von Zeit, 72–88, Frankfurt/Main: Suhrkamp.

Zorell, C.V. (2016): Varieties of Political Consumerism. From Boycotting to Buycotting, Berlin: Springer.

Stichwortverzeichnis

A
Abwanderung 369
Actor-Observer Bias 172
Affektheuristik 169
Akzeptanz von Machtdistanz 81 f.
Akzeptanz von Werbung 255 ff.
Allozentrismus 113
Alphabetschriften 177
Alterseffekt 11 f.
amae 223
Änderungsbereitschaft 23
Angebotsvielfalt 333 f.
Angst 213
Animosität 315 ff.
Ankerheuristik 168
Anschlussmotiv 189
Antwortstile 360 f.
Antworttendenzen 135 ff.
Anwesenheit 351
Appraisal-Tendency-Theory 148
Appraisal-Theorien 204
Aquarium-Experiment 144, 177
Äquivalenz 129 ff.
Ärger 216, 318 f., 384
Artefakte 68
Assoziationstest, impliziter 186
Attraktivität 14
Attraktivitätsforschung 156
Attribution 178
Attributionsfehler
– fundamentaler 114, 180, 182
– gruppendienlicher 181
– selbstwertdienlicher 180
Aufmerksamkeit 143 f.
Autorität 33 ff.

B
Basisemotionen 204
Bedauern 384, 386
Bedürfnis 187 f.
– nach Abwechslung 196 f.
– nach Einzigartigkeit 195 f.
– nach Kontrolle 199
– nach Sicherheit 198
Beeinflussungsstrategie 31 ff.
Beeinflussungsstrategie, informationsbasierte 36 ff.
behavioral universals 42
Beliebtheit 33 ff.
Bescheidenheitsfehler 172, 183, 235
Beschwerden 370 ff.
– Beschwerdemanagement 22
– Beschwerdeparadoxon 380
– Beschwerdezufriedenheit 22
Besitztumseffekt 171
Bewährtheit, soziale 32 ff.
Beziehungsqualität 335 f.
Bias 30, 170 ff.
Big Five 225
Blickverlauf 145
Bounded Rationality 28
Boykott 307 f.
Brand Personality Scale 288
Bückzone 40
Buykott 307 f.
Buy National 311 f.

C
CETSCALE 227, 312 f.
Cocktail-Party-Phänomen 144
Concepta und Percepta 69
Confirmation/Disconfirmation-Modell 359 ff.
consumer confusion 252
Consumer Culture Theory 18 f.
Consumer Social Responsibility 54
Correspondence Bias 180
Country of Origin 296 ff.
– Bias 300 f.
– Effekt 25 f.
Coupons 355 f.
Courtesy Bias 172
Cultural Bias 84
Cushion-Hypothese 149

Customer Journey 21
CVSCALE 115

D
Datenerhebungsäquivalenz 130
Denken
- abstraktes 161, 177
- analytisches 176
- holistisches 174 ff., 183
- kausales 178 ff.
- konkretes 177
Denkstil 145, 174 ff., 253 f.
Determinismus 176
- linguistischer 159
Dienstleistung, personalisierte 285
Dissonanz, kognitive 238, 382 ff.
Dissonanzreduktion 384
Distanz, soziale 285
Dogmatismus 226 f.

E
Ecological Fallacy 112
Economic Man 3 f., 27
Ehre 331
Eigengruppeneffekt 300
Einfluss, sozialer 31, 351
Einkaufsatmosphäre 334
Einkaufsstättenimage 336 f.
Einstellungen 184 ff., 254 ff., 310 ff.
- implizite 185
- prosoziale 267
- zum Online-Einkauf 339 ff.
- zur Werbung 260 f.
Einstellungs/Verhaltensdiskrepanz 186, 237 ff.
Eisbergmodell 67
Emotionen 203 ff., 350
- negative 222 ff.
- pankulturelle 204
- soziale 219
Emotionsregel 45 f.
Emotionstheorien, kognitive 204
Emotionstheorien, physiologische 203
Endowment Effect 171, 173
Enkulturation 112 f.
Entscheidungen, rationale 347
Entscheidungsanomalien 28

Entscheidungsarchitektur 40 f.
Entscheidungstheorie, deskriptive 28
Entscheidungstheorie, normative 27
Entschuldigung 375 ff.
Equality 117, 182
Equity 182
Erbe, soziales 64
Erfahrungsgut 25
Erwartungen 281 ff., 284 f., 359 ff.
Erzeugnisse, regionale 58
Ethnorelativismus 228
Ethnozentrismus 26, 227 ff.
EVL-Modell 364
Evolution 204, 221
Evolutionstheorie 21, 29
eWOM 269 f.
Exit 369 f.
Extraversion 225

F
Fairness 40
False Uniqueness Bias 235
Farbwahrnehmung 155 f.
Fatalismus 199, 228 f., 283
Fehlschluss, ökologischer 112, 165
Feminine vs. maskuline Orientierung 83
Fishbein-Modell 239 f.
Flexibilität 85 f.
Foreign Bias 302
Foreign Branding 303 f.
Framing 8, 36 ff.
Fremde 146
Freundlichkeit 285
Furcht 213, 318 f.
fWoM 267 ff.

G
Generationen 12
Genussorientierung 86 f., 133
Gerechtigkeit 332, 361, 376 f.
Geschenke 355
Geschlechterstereotyp 14 f., 165
Gesicht wahren 44, 65, 183, 306 f.
Gewissenhaftigkeit 225
Gewohnheit 56

Gleichheit 137
Global Consumer Culture 55
GLOBE-Kulturmodell 102 ff.
Glocal Consumer Culture 46
Glück 87, 208 ff., 222, 224, 369
Group Serving Bias 172, 181
Güter, ambivalente 383

H
Harmonie 65, 223, 252
Helden 353 f.
Heuristik 30, 167 ff., 286
High Context-Kulturen 159
Hilflosigkeit, erlernte 200
Hindsight Bias 171, 173
Höflichkeit 172, 285
Home Bias 174, 186, 301
homo oeconomicus 27
Humor 260
Hypothesentheorie der sozialen Wahrnehmung 142

I
Identität 67
– kulturelle 72
– soziale 214
Idiozentrismus 113
Impression Management 172
Individualismus, horizontaler 117
Individualismus, vertikaler 117
Individualismus vs. Kollektivismus 80 f.
Indulgence vs. Restraint 86
Inequality 117
Influencer 272
Informationsbedarf 250 ff.
Informationsüberlastung 136
Informationsverarbeitungskapazität 143
Inglehart/Welzel-Landkarte 52
In-Group Advantage 224
Innovationen 153
– disruptive 278
– inkrementelle 277
Involvement 8, 30
Irrtum, selbstwertdienlicher 179

K
Kaufabsicht 347 f.
Kaufbereitschaft 157
Kaufentscheidungen 347 ff.
– impulsive 348 ff.
– habitualisierte 30
Kaufkraft 357 f.
Kaufrisiko 305 f.
– funktionelles 198
– soziales 198
Kausalitätsbedürfnis 178 ff., 181
Knappheit 33 ff.
Kognitionsforschung 175
Kohäsion, kulturelle 124
Kohorte 92
Kohorteneffekt 11 f.
Kollektivismus, horizontaler 117
Kollektivismus, vertikaler 117
Kommunikation, implizite 159
Kompensation 131, 375 ff., 380
Konfliktvermeidung 65
Konformität 31
Konfuzianische Dynamik 84
Konsistenz 32 ff.
Konsistenz, interne 92
Konstruktäquivalenz 130 f.
Konsum, demonstrativer 81, 118, 306
– egoistischer 308
Konsumentenaffinität 26
Konsumentenanimosität 315 ff.
Konsumentenethnozentrismus 311 ff., 313
Konsumentenforschung, verstehende 17
Konsumenten, globale 46
Konsumenteninnovativität 278
Konsumentenkosmopolitismus 320 ff.
Konsumentennationalismus 314
Konsumentenverhalten, ethisch sensibles 308
– kulturkonträres 275
Konsumentenverhaltensforschung 5 ff.
Konsumentenverwirrtheit 252
Konsument, lokaler 57
Konsumerismus, politischer 307

Konsum, ethischer 54
Konsumkontext 50
Konsummythen 351 f.
Konsumpatriotismus 319 f.
Kontext 144, 160, 176, 177
Kontrollillusion 200, 201
Kontrollorientierung 199 ff., 350
Kontrolltheorie 300
Kontrollüberzeugung 350
Kontrollverlust 283
Konvergenz 56
Konvergenzthese 47 ff.
Konvergenzvalidität 122
Kosmetika 157
Kritik 252
Kultur 63 ff.
– egalitäre 7
– fatalistische 7
– hierarchische 7
– individuelle 111
– multiple 110
Kulturheroen 353
Kulturmodell von G. Hofstede 77 ff.
Kulturprofil, nationale 95 f.
Kulturräume 100, 109 f.
Kulturstandard 44 f., 222
Kulturwandel 92
Kulturzwiebel 67
Kundennähe 57
Kundentreue 38, 366 ff.
Kundenzufriedenheit 358 ff.

L
Laddering 194
Ladendiebstahl 309 f.
Länderstereotyp 146
Landeskultur 110
Landkarte, kulturelle 95
Langfrist- vs. Kurzfristorientierung 84
Lautsymbolik 42
Lebensstil 13
Leichtigkeit, wahrgenommene 245
Leistungsmotiv 188 f.
Liebe 207
Locus of Control 82, 199, 362
Low Context-Kulturen 160

Low Cost-Hypothese 237
Loyality 366 ff.
Lüge 4 f.

M
Machtmotiv 189 f.
Markenbewusstsein 293 f.
Markenerweiterung 294 f.
Marken, globale 56
Markenliebe 207 f.
Markenpersönlichkeit 288 ff.
Markentreue 271
Markenvertrauen 290 f.
Marketing Universals 43
Market Mavens 272
Marmeladen-Paradoxon 333 f.
Means End-Analyse 193 ff.
Mediationsmodelle, moderierte 26
Mediator 24 ff.
Mediennutzung 256
Menschenbild 3 f., 175
Messäquivalenz 131 f.
Minimax-Heuristik 169
Mitleid 377
Mobile Advertising 256
Moderator 24 ff.
Modernität 70
Monumentalismus 85 f.
Motiv 187 ff.
Motivation 187 ff.
M-Time-Kulturen 152
Multi Level-Analysen 118 f.
Mundpropaganda 267 ff., 370
Mythen 352

N
Nachkaufdissonanz 381 ff.
Nachkaufverhalten 358 ff.
Nationalstolz 52, 219
Need for Cognitive Closure 170
Need for Uniqueness 195 f.
Negativity Bias 171
Neid 216
Netzwerke, soziale 269
Neurokulturelle Theorie der Emotionen 45 f.
Neurotizismus 225
Nonkonformismus 275

Normen 44, 76, 117
- soziale 31, 362
Nutzen 4, 7 f., 208
- sozialer 293
Nutzentheorie, multiattributive 27
Nützlichkeit 245, 342

O
Offenheit 225
- für neue Erfahrungen 226
Online-Shopping 339 ff.
Opportunistic Availability 127
Other-Serving Bias 179

P
Partialmodelle 22, 24
Paternalismus, libertärer 40
Patriotismus 319 f.
PCO-Scale 115
Personenwahrnehmung 156 ff.
Persönlichkeit 225 ff., 363
Phobie 213
Piratenware 309
Positivity Bias 235
Postmaterialismus 51 ff., 307
Pragmatische vs. normative Orientierung 85
Praktiken 66
Präventionsfokus 38
Prefactual Thinking 388
Preisbewusstsein 324 ff.
Preisfairness 331 f.
Preisgefühl 323
Preiskenntnis 323
Preis/Qualitäts-Heuristik 286 f.
Preis/Qualitätsschema 322
Preissensibilität 326 f.
Preiswahrnehmung 321 ff.
Preiswerbung 257
Preiswissen 323 f.
Prestige 25 f.
Priming 39 ff., 120 ff.
Produkte, kulturell zentrale 48
- kulturfreie 49, 273
- kulturgebundene 48
Produkthelden 353 f.
Produktqualität 43, 279 ff.
Promotionsfokus 38

Prospect-Theorie 28, 37
Prozessmodelle 21
Psychological Man 3 f.
P-Time-Kulturen 152
Public Health 37
Pünktlichkeit 154 f., 284

Q
Qualitätsrisiko 286
Qualitätssignale, externe 280

R
Rational Choice-Theorie 27
Rauchen 274
Realitätskonstruktion 141 ff.
Realität, subjektive 65
Regret 386
Regulatory Focus-Theorie 38 f.
Rekognitionsheuristik 168
Relativismusthese 223
Relativitätsprinzip, linguistisches 159
Reputation 368
Resignation 378
Reue 384
Reziprozität 32 ff.
RFID 338
Risiko
- -aversion 37
- -bereitschaft 37, 150, 229 f.
- funktionelles 305 f.
- soziales 189, 305 f., 309
- subjektives 148
- -wahrnehmung 148 ff., 198, 340 f.
Risk/Return-Hypothese 229
Rituale 354 f.
Rokeach Value Scale 77

S
Sales Promotion 355 f.
Saudade 223
Schadenfreude 204
Scham 218
Schema, kausales 163
Schematheorie 39, 161
Schönheit 157
Schriftzeichen 177
Schriftzeichensprache 161

Schuldgefühle 377
S-Commerce 339
Sekundäremotionen 205
Selbst, abhängiges 116
Selbstaffirmationstheorie 382
Selbstbeherrschung 86 f.
Selbstbild 180, 231, 382 f.
Selbstkonzept 230 ff.
Selbstregulation 38, 350
Selbststeuerung 350
Selbstwertdienliche Fehler 172
Selbstwerterhöhung 173
Selbstwirksamkeit 190, 199
Self-Effacing Bias 172
Self-Serving Bias 172, 174, 179
Servicequalität 280 ff.
– wahrgenommene 363
Service Recovery 22
SERVQUAL 280 f.
Sex Appeals 263
Sicherheit 52
Sichtzone 40
Silent Language 159
simpatia 222
Simulationsheuristik 168
Single-Haushalt 10
Skript 163
Small Agent-Argument 55, 201
Social Desirability Bias 171
Sorgen 157
Sparsamkeit, demonstrative 8
Spezifitätsproblem 238
Spieltheorie 3 f.
Sprache 233
– alphabetische 161
Status Quo-Bias 170, 173
Status, sozialer 10, 314
Stereotype 163 ff.
Stolz 86, 219 ff.
Subkultur 9, 111

T
Tabu 76
Technologie-Akzeptanz-Modell 245 f.
Tendenz zur Mitte 137
Theorie der sozialen Identität 164, 231, 300
Theorie des geplanten Verhaltens 241
Theorie des überlegten Handelns 239 ff.
Tight/Loose-Ansatz 117 f.
Totalmodelle 19, 23
Tradition 70
Treatment, experimentelles 35

U
Überraschung 221 f.
Ultimatumspiel 3 f.
Ungeduld 120
Ungewissheitsvermeidung 82 f.
Unity 34
Universalismus/Relativismus-Debatte 41
Untersuchungsdesign 24

V
Value-Belief Theory of Culture 102
Value Survey 51
Vampireffekt 264
Variety Seeking 197, 364
Verantwortungsdiffusion 201
Verantwortung, soziale 56
– wahrgenommene 363, 377
Verfügbarkeitsheuristik 167
Vergangenheitsorientierung 153
Verhalten, prosoziales 54
Verhaltensintention 239
Verhaltensvorhersage 118, 239
Verlustaversion 170
Verstehen 17
Verträge 160
Verträglichkeit 225
Vertrauen 26, 210 ff., 270, 340 ff.
Verzerrungseffekte 347
Voice 370 ff.
Voreingenommenheit, kulturelle 173
Vorsorgeprinzip 150
Vorurteile 166

W
Wahrnehmung 141 ff.
– soziale 39
Wartezeit 120, 283

Erfolgsstrategien zum Interkulturellen Marketing.

Müller/Gelbrich
Interkulturelles Marketing
2. Auflage. 2015. 806 Seiten.
Gebunden € 49,80
ISBN 978-3-8006-3735-5

Marketing-Mix perfekt anpassen

Angehörige unterschiedlicher Kulturen unterscheiden sich darin, wie sie Produkte nutzen, wie viel sie dafür zu zahlen bereit sind, wie sie sich informieren, wo sie gerne einkaufen – ja sogar, warum sie ein Produkt kaufen. Dieses Werk stellt diese Unterschiede systematisch dar und erläutert praxisorientiert, wie Unternehmen ihren Marketing-Mix anpassen müssen, um auch in ausländischen Märkten erfolgreich agieren zu können.

Die 2. Auflage

wurde vollständig überarbeitet, aktualisiert und um zwei Kulturkonzepte erweitert, die in der kulturvergleichenden Forschung eine wichtige Rolle spielen:
- Schwartz Value Survey
- GLOBE-Studie

Die Autoren

Prof. Dr. Stefan Müller, Dresden, und Prof. Dr. Katja Gelbrich, Eichstätt-Ingolstadt.

Vahlen

Weltbild 68, 175
Werbebotschaften
- erotische 263
- furchterregende 263
- humorvolle 260
- kulturkonträre 258
- provozierende 261 f.
Werbegeschenke 357
Werbung 255 ff.
Werte 44, 76, 92, 194
- asiatische 84
- globale 236
- universale 100
Wertekonsens 124
Wertekreis 99
Werte-Paradoxon 137
Wertewandel 46, 51 ff., 122, 262
WoM 370
Wut 384

X
Xenophilie 226
Xenophobie 213 ff., 226
Xenozentrismus 313

Y
Yuarn 372

Z
Zahlungsbereitschaft 54, 168, 327 ff.
Zeitauffassung 283 f.
Zeiteffizienz 284
Zeitwahrnehmung 151
Zufriedenheit 209, 358 ff., 387 f.
Zukunftsorientierung 153
Zusammengehörigkeit 34
Zwiebelmodell 67